ISBN 978-0-282-07621-4
PIBN 10607021
Printed and bound by CPI Group (UK) Ltd, Croydon, CR0 4YY

For support please visit www.forgottenbooks.com

1 MONTH OF
FREE
READING

at
www.ForgottenBooks.com

By purchasing this book you are
eligible for one month membership to
ForgottenBooks.com, giving you
unlimited access to our entire
collection of over 1,000,000 titles via
our web site and mobile apps.

To claim your free month visit:
www.forgottenbooks.com/free607021

English
Français
Deutsche
Italiano
Español
Português

www.forgottenbooks.com

Mythology Photography **Fiction**
Fishing Christianity **Art** Cooking
Essays Buddhism Freemasonry
Medicine **Biology** Music **Ancient
Egypt** Evolution Carpentry Physics
Dance Geology **Mathematics** Fitness
Shakespeare **Folklore** Yoga Marketing
Confidence Immortality Biographies
Poetry **Psychology** Witchcraft
Electronics Chemistry History **Law**
Accounting **Philosophy** Anthropology
Alchemy Drama Quantum Mechanics
Atheism Sexual Health **Ancient History**
Entrepreneurship Languages Sport
Paleontology Needlework Islam
Metaphysics Investment Archaeology
Parenting Statistics Criminology
Motivational

MAISON RUSTIQUE

DU XIXᵉ SIÈCLE.

———— ⚬◆⚬ ————

ENCYCLOPÉDIE D'AGRICULTURE PRATIQUE.

LISTE DES COLLABORATEURS.

ANTOINE (de Roville), professeur à l'institut agricole de Roville (Meurthe).

AUDOUIN, professeur au Muséum d'histoire naturelle, membre de la Société centrale d'agriculture.

BEAUVAIS (Camille), directeur des bergeries de Senart (Seine-et-Oise), correspondant de la Société d'Agriculture.

BERLÈZE (l'abbé), des Soc. d'agricultnre et d'horticulture.

BIERNAKI. cultivat , anc. ministre de l'intérieur en Pologne.

BIXIO (Alexandre), docteur en médecine.

BONAFOUS, directeur du Jardin botanique de Turin, correspondant de l'Institut, de la Société d'agriculture.

BOUCHARD (L.), propriét.-cultivateur.

CHAPELAIN (Octave de), propriét.-cultiv. dans la Lozère.

DAILLY, propriét -cultiv. à Trappes (Seine-et-Oise), des Sociétés d'agriculture et d'horticulture de Paris et de Versailles.

DEBONNAIRE DE GIF, cons. d'État, de la Soc. d'agricult.

DEBY, propriét.-cultivateur dans le Loir-et-Cher, de la Société d'agriculture.

DESJOBERTS, député, cultiv. à Rieux (Seine-Inférieure).

DUPIN (Charles), député, président de l'Académie des Sciences, professeur au Conservatoire des arts et métiers, etc.

FÉBURIER, des Sociétés d'agriculture et d'horticulture de Paris et de Versailles.

GASPARIN (de), sous-secrétaire d'État de l'intérieur, de la Société d'agriculture, etc.

GIRARD, de la Société d'agriculture, ex-directeur de l'École vétérinaire d'Alfort.

GIRARD, de l'Acad. des sciences, de la Soc. d'agriculture.

GIRARDIN (Émile de), député, fondateur de l'Institut gratuit agricole de Coëtbo.

GIROU DE BUZAREINGUES, correspondant de l'Institut et de la Société d'agriculture.

GODEFROY, ancien notaire.

GOURLIER, architecte des Travaux-Publics de Paris, de la Société d'encouragement, etc.

GUYOT (Jules), docteur en médecine, à Gyé-sur-Seine (Aube).

HÉRICART DE THURY (vicomte), de l'Académie des sciences, président des Sociétés d'agricult. et d'horticult.

HERPIN, propriét.-cultiv. dans l'Indre, de la Société d'agric.

HOMBRES-FIRMAS (le baron d'), correspondant de l'Institut et de la Société royale et centrale d'agriculture, propriétaire agronome dans le Gard, etc.

HUERNE DE POMMEUSE. des Sociétés d'agriculture, d'horticulture et d'encouragement.

HUZARD père, de l'Académie des sciences, archiv. de la Soc. d'agricult., inspecteur des écoles vétérinaires de France.

HUZARD fils, des Soc. d'agric., d'hortic. et d'encouragement.

JAUME-SAINT-HILAIRE, de la Société d'agriculture, auteor de la Flore et de la Pomone Française.

LABBÉ, Société d'agriculture et d'horticulture.

LADOUCETTE, député, des Sociétés d'agriculture, d'horticulture et d'encouragement.

LASSAIGNE. professeur à l'école vétérinaire d'Alfort.

LEBLANC, professeur au Conservatoire des arts et métiers.

LECLERC-THOUIN (Oscar), des Sociétés d'agric. et d'hort.

LOISELEUR DES LONGCHAMPS, des Sociétés d'agriculture et d'horticulture.

MACAREL, conseiller d'État, professeur de droit administratif, des Sociétés d'horticulture et d'encouragement.

MALEPEYRE, avocat à la Cour royale de Paris.

MASSONFOUR, ex-professeur à l'École forestière de Nancy, directeur du Journal d'agriculture pratique.

MICHAUT, corresp. de l'Institut, de la Société d'agriculture.

MIRBEL, de l'Académie des sciences, de la Société d'Agriculture, professeur au Muséum d'histoire naturelle.

MOLARD, de l'Acad. des sciences et de la Soc. d'agriculture.

MOLL, professeur à l'institut agricole de Roville.

MORIN DE SAINTE-COLOMBE, des Sociétés d'agriculture et d'horticulture.

NOIROT (de Dijon), auteur de plusieurs ouvrages d'agriculture forestière.

NOIROT-BONNET, géom.-forest. à Langres (Haute-Marne).

ODART (le comte), président de la section d'agriculture de la Société de Tours, propriét.-agronome dans Indre-et-Loire.

ODOLANT DESNOS, auteur de plusieurs ouvrages sur les arts industriels et agricoles.

PAYEN, manufacturier-chimiste, des Sociétés d'agriculture, d'horticulture et d'encouragement.

POITEAU, des Sociétés d'agriculture et d'horticulture, auteur du Bon Jardinier, etc.

POLONCEAU, inspecteur-divisionnaire des ponts et chaussées, des Sociétés d'agric., d'horticult. et d'encouragement.

POMMIER, directeur de l'Écho des halles et marchés.

PUVIS, président de la Société d'agriculture de l'Ain.

RAMBUTEAU (de), député, conseiller d'État, préfet de la Seine, président de la Société d'agriculture.

RIVIÈRE (Baron de), propr. cultivateur dans la Camargue, correspondant de la Société d'agriculture.

SOULANGE-BODIN, des Sociétés d'agriculture, d'horticulture et d'encouragement, fondateur de l'Institut horticole de Fromont (Seine-et-Oise).

SYLVESTRE (baron de), de l'Académie des sciences, secrétaire perpétuel de la Société d'agriculture.

TESSIER, de l'Acad. des sciences et de la Société d'agricult.

TURPIN, de l'Académie des sciences et de la Société d'hortic.

VALCOURT (de), cultivateur, inventeur de divers instrumens d'agriculture.

VILMORIN, des Sociétés d'agriculture et d'horticulture, propr.-cultivateur aux Barres (Loiret), etc.

VIREY, député, de la Société d'agriculture, etc.

YVART, directeur de l'École vétérinaire d'Alfort, de la Société d'agriculture.

YUNG, rédact. du Bull. des sciences agric. et de l'Agronome.

MAISON RUSTIQUE

DU XIXe SIÈCLE.

Encyclopédie d'Agriculture pratique,

CONTENANT

LES MEILLEURES MÉTHODES DE CULTURE USITÉES PARTICULIÈREMENT EN FRANCE, EN ANGLETERRE, EN ALLEMAGNE ET EN FLANDRE; — TOUS LES BONS PROCÉDÉS PRATIQUES PROPRES A GUIDER LE PETIT CULTIVATEUR, LE FERMIER, LE RÉGISSEUR ET LE PROPRIÉTAIRE, DANS L'EXPLOITA-TION D'UN DOMAINE RURAL; — LES PRINCIPES GÉNÉRAUX D'AGRICULTURE, LA CULTURE DE TOUTES LES PLANTES UTILES, — L'ÉDUCATION DES ANIMAUX DOMESTIQUES, L'ART VÉTÉRINAIRE; — LA DESCRIPTION DE TOUS LES ARTS AGRICOLES; — LES INSTRUMENS ET BATIMENS RURAUX; — L'ENTRETIEN ET L'EXPLOITATION DES VIGNES, DES ARBRES FRUITIERS, DES BOIS ET FORÊTS, DES ÉTANGS, ETC.; — L'ÉCONOMIE, L'ORGANISATION ET LA DIRECTION D'UNE ADMINISTRATION RURALE; ENFIN LA LÉGISLATION APPLIQUÉE A L'AGRICULTURE

TERMINÉE

PAR DES TABLES MÉTHODIQUE ET ALPHABÉTIQUE,

PAR LA LISTE DES FIGURES ET CELLE DES ABRÉVIATIONS ET OUVRAGES CITÉS;

Cours élémentaire, complet et méthodique

D'ÉCONOMIE RURALE,

AVEC PLUS DE 2000 FIGURES REPRÉSENTANT TOUS LES INSTRUMENS, MACHINES, APPAREILS, RACES D'ANIMAUX, ARBRES ARBUSTES ET PLANTES, BATIMENS RURAUX, ETC.,

Rédigé et professé

Par une réunion d'Agronomes et de Praticiens appartenant aux Sociétés agricoles de France

Sous la direction de M. C. Bailly,

DES SOCIÉTÉS D'AGRICULTURE ET D'HORTICULTURE.

TOME PREMIER.

AGRICULTURE PROPREMENT DITE.

Paris

AU BUREAU, QUAI AUX FLEURS, N° 15.

M DCCC XXXVI.

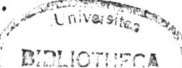

TABLE DES MATIÈRES CONTENUES DANS CE VOLUME.

f

Livre Premier.

AGRICULTURE PROPREMENT DITE.

CHAPITRE PREMIER. — DU CLIMAT ET DE SON INFLUENCE EN AGRICULTURE.

Dans ses rapports avec les lois de la végétation et les principes de la culture, l'étude du *climat* comprend celle de l'*atmosphère* considérée d'abord en elle-même, puis sous l'influence en quelque sorte accidentelle ou variable, d'un petit nombre de circonstances principales, telles que *les alternatives de sécheresse et d'humidité*, *les changemens de température*, et la *rupture de l'équilibre électrique* ou, en d'autres termes, l'action de la foudre et des orages. Cette étude comprend encore la connaissance des influences de la *situation* plus ou moins éloignée des pôles ou de l'équateur, et plus ou moins élevée au-dessus du niveau de la mer, ainsi que celle de l'*exposition*, c'est-à-dire de l'aspect au nord, au midi, à l'est, à l'ouest, etc. Ce chapitre sera complété par l'indication des *moyens*

AGRICULTURE.

de juger du climat d'un pays, par celle des *signes et pronostics* qui permettent de prévoir le temps plus ou moins long-temps à l'avance, et de régler en conséquence les travaux agricoles; enfin, par un aperçu du climat de la France.

SECTION 1ʳᵉ. — *De l'atmosphère et de son influence en agriculture.*

Le *milieu aériforme* qui enveloppe de toutes parts le globe terrestre, et auquel on a donné le nom d'atmosphère, est formé d'*air;* il contient en outre divers autres *corps gazeux*, une quantité toujours assez considérable d'*eau*, du *calorique* et du *fluide électrique.*

L'*air*, qu'on a considéré long-temps comme un élément, est cependant composé de gaz ou vapeurs légères invisibles et impalpables comme lui, qui agissent différemment sur la végétation, et que nous devons par conséquent étudier séparément. — Dans son état de pureté, il contient un peu moins d'un quart de *gaz oxigène*, et plus des trois quarts de *gaz azote*. Il est toujours mêlé à une certaine quantité de *gaz acide carbonique.* — Bien peu de lignes nous suffiront pour faire comprendre l'importance de ces trois gaz à ceux de nos lecteurs qui ne sont pas familiers avec la chimie.

§ Iᵉʳ. — Action chimique.

L'*air* se décompose facilement. Son oxigène se combine naturellement avec une foule de corps. En les pénétrant, il cause leur combustion; il donne naissance aux oxides ou terres qui font la masse du sol arable; avec l'hydrogène il devient eau. Dans d'autres circonstances, il forme les oxacides, qui jouent dans la nature un rôle de première importance.

L'*oxigène* fait partie, sous mille formes, de la substance des animaux et des végétaux. Il alimente la respiration des uns, il préside à la germination et au développement des autres, et, même après la mort, en favorisant la décomposition et la transformation des produits du règne organique, il est un des agens les plus actifs de la vie. -- Il se fait donc continuellement une consommation considérable de ce gaz, et cependant ses proportions ne semblent pas diminuer dans l'atmosphère. C'est aux végétaux, ainsi que nous le verrons tout-à-l'heure, qu'il a été donné de le régénérer.

L'*azote* est un gaz simple comme l'oxigène, mais ses effets sur la végétation sont beaucoup moins appréciables. On a pu faire germer et vivre des plantes dans des milieux qui en étaient dépourvus. Aussi suppose-t-on généralement qu'il est plutôt destiné à tempérer par sa présence la trop grande énergie de l'oxigène, et probablement des autres gaz nutritifs, qu'à agir par lui-même. — Cependant il abonde dans tous les animaux, et l'on sait qu'il existe dans un grand nombre de substances végétales.

Le *gaz acide carbonique* est le résultat de la combinaison de l'oxigène avec le *carbone*, ou l'élément du charbon. Il se forme journellement dans l'atmosphère, non seulement par suite de la fermentation, de la putréfac-

tion, de la combustion et de la respiration, mais encore de la décomposition naturelle ou artificielle de certaines substances minérales. — Ce gaz est impropre à la respiration des animaux. Lorsqu'il surabonde dans l'air, il cause rapidement l'asphyxie. — Sa destination principale est évidemment de concourir à la nutrition des végétaux. — En présence de tant de causes de production, il serait en effet difficile de trouver celles de l'absorption continuelle du *gaz acide carbonique* qui se fait à la surface du globe, si l'on n'avait découvert que, sous l'influence de la lumière, il est inspiré et décomposé par les organes foliacés des plantes, qui retiennent son carbone et émettent en grande partie son oxigène. Nous chercherons plus tard, en parlant de la nutrition des végétaux, à pénétrer dans ses détails ce phénomène, l'un des plus importans, je ne dirai pas seulement de la végétation mais de la nature entière.

Quant aux autres gaz, produits de la décomposition successive des corps, et qu'on voit, comme le gaz acide carbonique, se former et se transformer sans cesse, tels que l'*hydrogène* à divers états de combinaison, l'*ammoniaque*, etc., etc., leur influence générale sur la végétation est encore trop peu connue pour que nous ayons à les signaler ici. — Disons cependant que, quoique les expériences des chimistes aient démontré, d'une manière aussi précise que le permet l'état de la science, que les principes constituans de l'atmosphère sont sensiblement les mêmes à des hauteurs et dans des climats fort différens, on peut dans un assez grand nombre de cas trouver des exceptions à cette règle. — Sans parler de ces grottes dans lesquelles le gaz acide carbonique vicie l'air au point de le rendre mortel, de ces vallées dont le sol pestilentiel est en quelque sorte blanchi par les ossemens des animaux qui s'en sont approchés dans leur imprévoyance, personne n'ignore combien des contrées entières sont rendues malsaines par le voisinage de marais de quelque étendue.

A température égale, privés de l'air vif et léger des hautes régions, les végétaux des montagnes réussissent difficilement dans la plaine, et ceux de la plaine, lorsqu'ils peuvent croître à de grandes élévations, y végètent toujours moins vigoureusement; souvent même ils s'éprouvent des variations accidentelles, qui pourraient parfois faire douter de l'identité des espèces. — Les plantes des vallées profondes et abritées languiraient à une exposition découverte; celles des localités marécageuses viendraient mal sur les bords des eaux courantes, et celles de l'intérieur des terres périraient sur les côtes, tandis que le petit nombre des plantes propres aux dunes cesseraient de prospérer, si on les privait des émanations salines des vents de mer.

§ II. — Action physique et mécanique

Mais ces influences ne sont pas les seules que l'atmosphère exerce. — Comme on doit le conclure de la connaissance de sa composition, l'*air est pesant.* Sa pression, pour n'être pas sentie, parce qu'elle se compense en agissant en tous sens, et que la force élastique de nos organes lui est proportionnee, n'en équivaut pas moins au poids d'une colonne d'eau de 32 pieds environ, qui envelopperait de toutes parts le globe terrestre, et cette pression, démontrée jusqu'à l'évidence par le jeu des pompes et les phénomènes du baromètre, est une condition première de notre existence. — On a acquis la preuve, en s'élevant en ballon à de grandes hauteurs, et mieux encore, au moyen de la machine pneumatique, que si elle venait à cesser, les vaisseaux sanguins et ceux qui charrient dans les plantes les liquides séveux, se distendraient aussitôt au point de se rompre.

Lorsque l'atmosphère devient trop pesante, la santé des animaux parait en souffrir. — Lorsqu'elle se conserve pendant un certain temps dans un grand état de légèreté, on a cru remarquer que la végétation se ralentit. C'est à cette circonstance qu'on a attribué en partie la moindre élévation des végétaux sur les montagnes que dans la plaine. Ajoutons que le poids et le ressort de l'air, sa dilatation et sa condensation dans les changemens de température, paraissent être un des moyens employés par la nature pour déterminer les mouvemens de la sève.

Les variations dans la pesanteur de l'atmosphère sont presque nulles entre les tropiques ; elles deviennent de plus en plus sensibles en raison de la plus grande proximité des pôles. — Sous les mêmes latitudes, elles sont généralement moins considérables à une petite qu'à une grande élévation ; pendant la belle que pendant la mauvaise saison. Le baromètre a une tendance générale à descendre à l'époque de la nouvelle et de la pleine lune ; à monter, au contraire, aux approches des quartiers. — Enfin, les vents sont encore une des causes les plus directes des variations du poids de l'atmosphère.

Des vents. — Les physiciens les ont divisés : en *généraux*, ceux dont l'action est régulière et continue dans un même rhombe ; *périodiques*, ceux qui soufflent constamment pendant plusieurs mois dans une direction, et pendant plusieurs autres mois dans une direction contraire ; *irréguliers*, ceux qui se font sentir dans une même contrée sans observer une marche, une époque, ni une durée précise.

La dilatation de l'air par la chaleur solaire, sa condensation par le froid, les commotions électriques et les ébranlemens qui en résultent dans l'atmosphère, peuvent servir à expliquer l'origine des vents. Il suffit, en effet, que par l'une de ces causes l'air ait été raréfié sur quelque point du globe, pour que celui qui n'a pas éprouvé le même effet se répande aussitôt de ce côté, avec d'autant plus de rapidité que la raréfaction est plus grande. — Les vents agitent sans cesse et mélangent les diverses parties de l'atmosphère ; sans eux, les gaz délétères retenus par leur propre poids à la surface de la terre la rendraient bientôt inhabitable ; des contrées entières seraient privées de pluie, etc., etc.

Selon les contrées qu'ils ont parcourues, ils possèdent des propriétés fort différentes. Quand ils sont saturés d'humidité, surtout lorsque cette humidité est accompagnée de chaleur, ils favorisent les progrès de la végétation, ils sont nourrissans, comme le disent les habitans des campagnes ; quand ils n'en contiennent pas, ils produisent un effet tout contraire ; sous leur influence désastreuse, on voit souvent, pendant le cours de la belle saison, le sol se dessécher plus rapidement que par l'effet d'un soleil ardent ; la germination ne peut avoir lieu, les feuilles se flétrissent, les fleurs et les fruits tombent.

En France, les vents dominans sont, sur tout le littoral et jusqu'à une distance assez considérable des bords de l'Océan, ceux d'ouest et de sud-ouest ; dans les départemens du nord, ceux du sud-ouest, et dans les départemens méridionaux, ceux du nord-ouest et du nord-est. — Les deux premiers sont presque toujours pluvieux et parfois très-violens. — Les vents du midi charrient aussi fréquemment d'épais nuages. — Ceux du nord accompagnent d'ordinaire le beau temps. — Ceux de l'est et du nord-est sont vifs et desséchans.

Si tout effort humain vient échouer devant les effets terribles des tempêtes et des ouragans, l'impétuosité des veuts n'est pas toujours si grande qu'on ne puisse la contenir ou la modérer. — Les montagnes, les forêts, forment autant d'obstacles naturels qu'un cultivateur intelligent peut mettre à profit, lorsqu'il connait bien le climat qu'il habite. — Des murailles, des massifs de plantation, de simples palissades, deviennent des abris suffisans pour la petite culture.

§ III. — Moyens de connaitre la pression, la force
et la direction de l'air.

De tous les instrumens de météorologie, le *baromètre* est le plus utile pour le cultivateur. Quoique son but principal soit d'indiquer la pression de la colonne d'air, les variations de cette même pression sont, comme on le verra à la fin de ce chapitre, si étroitement liées avec les divers autres phénomènes atmosphériques, qu'on peut presque journellement recourir utilement à ses indications. *Fig.* 1.

Le baromètre, en sa plus grande simplicité, est un tube recourbé en siphon (*fig.* 1), fermé par le haut, élargi en poire du côté opposé, complètement vide d'air et en partie rempli de mercure. — Lorsqu'on place ce tube verticalement, le métal, après quelques oscillations, se fixe à une hauteur qui représente le poids de l'atmosphère, et qui varie en plus ou en moins, selon que ce poids augmente ou diminue.

Au moyen d'un mécanisme ingénieux, Torricelli a adapté au baromètre à syphon un cadran (*fig.* 2) sur lequel une aiguille indique extérieurement les mouvemens du mercure. Quoique le frottement des poulies qu'il a été obligé d'employer rende les résultats moins sensibles, comme on est parvenu à en diminuer beaucoup l'effet, cet instrument, assez répandu, peut néanmoins être consulté avec fruit.

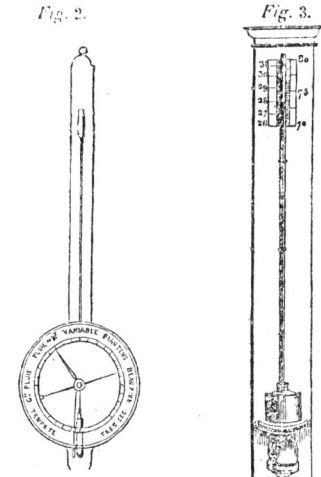

Fig. 2.   Fig. 3.

Le baromètre (*fig.* 3) offre, avec les précédens, cette différence, que le tube, au lieu
d'être recourbé, plonge perpendiculairement
dans une cuvette en partie remplie de mercure. Il est fixé à une planchette, graduée
d'un côté en pouces et lignes, de l'autre en
centimètres et millimètres.

Un bon baromètre à cuvette coûte 36 fr.,
celui à cadran 20 fr., et le baromètre à syphon de M. Gay-Lussac, très-commode pour
les voyages, parce qu'il tient dans une canne,
est du prix de 50 fr.

L'*anémomètre* fait connaître la force, la
direction et la rapidité du vent. Il n'aurait
guère, pour le cultivateur, plus d'utilité que
les *girouettes.* — Les meilleures sont celles qui, sous le plus grand volume, offrent
le moins de poids possible. Nous en donnons divers dessins (*fig.* 4, 5, 6). Leur
Fig. 4.   construction est simple et peu dispen-
dieuse; l'essentiel est
que leur pivot soit
*placé bien verticale-
ment* et qu'elles tour-
nent facilement sur
lui.

Fig. 5.

Fig. 6.

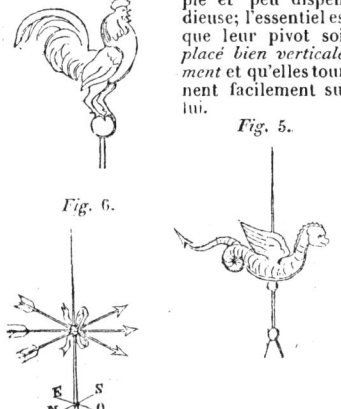

SECTION II.—*De l'humidité, de la sécheresse, et de leur influence en agriculture.*

J'ai dit que l'atmosphère contenait toujours
une certaine quantité d'*eau* en vapeur.—Elle
est aussi indispensable à la vie des plantes
que l'air lui-même, dont nous connaissons
maintenant les propriétés. — Les gaz oxigène
et hydrogène, qui la composent, font partie
de tous les végétaux et de toutes les substances végétales, comme de tous les animaux et
de toutes les substances animales.

Diverses plantes végètent entièrement dans
l'eau; toutes sont susceptibles d'y vivre momentanément, et il n'en est probablement
aucune dont les racines ne puissent trouver
dans ce seul liquide, amené par la distillation
à son plus grand état de pureté, un aliment
suffisant pour entretenir plus ou moins long-
temps leur existence. Concevoir un climat
entièrement sec, c'est se faire l'idée d'une
complète stérilité.

Dans un sens absolu, *l'humidité*, ce serait
l'eau elle-même; *la sécheresse*, l'absence totale de l'eau. Mais ici ces deux expressions
ont une signification relative. — L'humidité
excessive est produite dans le sol par une surabondance d'eau, et dans l'atmosphère par
un excès de vapeur du même liquide, rendue
sensible au moment où l'air, qui en était saturé, ne pouvant plus la dissoudre tout entière, en abandonne une partie.

§ Ier. — De l'humidité et de la sécheresse du sol.

L'humidité du sol agit différemment selon
les saisons. — *A l'époque des chaleurs*, elle
favorise la germination; — elle dissout les
substances nutritives, produit de la décomposition des engrais et des terreaux; — elle sert
elle-même d'aliment aux racines; — elle divise le terrain et le rend plus perméable à
l'air et aux jeunes chevelus. — Mais, quand
elle est surabondante, si elle ne fait pas pourrir les germes ou les autres parties souterraines des plantes, elle produit une végétation incomplète dans laquelle le développement excessif et le peu de consistance des
organes foliacés, nuit à la production et encore plus à la qualité des fruits et des graines.

Pendant les froids, elle contribue à rendre
l'effet des gelées plus funestes, comme l'observation l'a démontré de tout temps, même
pour les arbres de nos climats, et comme ne
l'éprouvent que trop souvent les propriétaires
de vignobles plantés dans les lieux bas.

*L'affinité plus ou moins grande, la capacité
de certaines terres pour l'eau*, et *la force avec
laquelle elles le retiennent*, influent beaucoup sur leurs propriétés physiques. — Les
sols humides sont froids, et conséquemment
tardifs; mais ils conservent mieux que d'autres leur fertilité à l'époque des sécheresses.
— Ceux qui ne se pénètrent pas d'eau sont,
au contraire, précoces; mais les chaleurs de
l'été arrêtent de bonne heure et détruisent
souvent leur végétation. — Les premiers
donnent ordinairement des produits plus volumineux; — les seconds, des produits plus
savoureux.

Dans tous les cas, le cultivateur a un égal
intérêt à éviter une humidité excessive et à

empêcher la diminution de celle qui se rencontre dans le sol en de justes proportions.
— Pour atteindre le premier but, il peut recourir aux travaux de *dessèchement* et d'*écoulement,* dont l'importance n'est pas assez généralement sentie dans nos campagnes; — pour approcher le plus possible du second, aux *arrosemens* et aux divers moyens propres à retarder l'évaporation, tels que le *paillage,* les différentes *couvertures* utilisées en jardinage, et la culture de plantes dont l'épais feuillage couvre promptement le sol d'un ombrage salutaire.

§ II. — De l'humidité et de la sécheresse de l'atmosphère.

L'eau répandue dans l'atmosphère agit sur les feuilles à peu près de la même manière que celle de la terre sur les racines. Elle contribue à la nutrition des végétaux par elle-même et par les gaz qu'elle tient en dissolution.

Pendant la belle saison, une *trop grande humidité de l'air* peut devenir nuisible aux récoltes. En causant la coulure des fleurs, elle réagit sur la production des graines, et lors même qu'elle ne diminue pas la quantité des produits agricoles, elle nuit toujours à leur qualité et rend leur conservation très-difficile, parfois impossible.

L'excessive sécheresse n'est pas moins dangereuse. Elle entrave, plus encore qu'une humidité surabondante, les travaux importans des labours et des semailles. — Lorsqu'elle se prolonge, les organes foliacés des végétaux, ne trouvant plus dans l'air la nourriture habituelle, et perdant, par l'évaporation, leurs sucs les plus nécessaires, cessent d'exercer leurs fonctions conservatrices; ils se flétrissent, et leur destruction entraîne souvent celle de la plante entière. — L'évaporation des feuilles dans une atmosphère desséchée par les effets du soleil ou du vent est parfois si grande que, malgré des arrosemens fréquens, elle arrête la végétation. L'humidité du sol ne peut donc suppléer qu'en partie à celle de l'air, et l'on comprend dès-lors de quelle utilité doivent être les arrosemens donnés sur les parties aériennes des végétaux.

C'est en empêchant l'évaporation produite par la sécheresse qu'on peut faire réussir les greffes, les boutures chargées de leurs feuilles; — qu'on peut transplanter avec succès les plantes herbacées, même les arbres, au cœur de l'été; — qu'on peut, enfin, rendre fertiles, par des plantations, des terrains arides et brûlans.

La *sécheresse du sol* augmente avec celle de l'atmosphère, et l'une et l'autre s'accroissent en raison de la force et de la durée de la chaleur; aussi se font-elles sentir avec plus d'intensité dans le midi que dans le nord. Cette circonstance apporte des modifications importantes dans la végétation des divers climats. — Les régions intertropicales sont peuplées principalement de grands végétaux ligneux, dont les racines peuvent trouver encore, à l'époque des sécheresses, l'humidité qui s'est conservée à des profondeurs considérables. — A mesure qu'on se rapproche des pôles, on voit, au contraire, diminuer le

nombre des arbres et augmenter celui des plantes herbacées, base des cultures les plus productives des climats tempérés.

§ III. — Des nuages et des brouillards.

La vapeur d'eau répandue dans l'atmosphère s'y rencontre sous forme de vésicules imperceptibles à l'œil nu, creuses comme des bulles de savon, qui se dilatent et se dissolvent dans l'air lorsque la température s'élève; qui se condensent et se tranforment en *nuages,* en *brouillards* et en *pluie,* lorsqu'elle se refroidit.

Les nuages, en raison de leur légèreté, s'élèvent plus ou moins au-dessus de la surface de la terre. Luke Howard, dans un travail curieux et qui ne manque pas d'intérêt pour les cultivateurs, a cherché à les déterminer et à les classer d'après leurs formes particulières et la place que leur assigne leur densité dans les basses ou les hautes régions de l'atmosphère.

Les nuages les plus simples affectent trois formes principales : — tantôt ce sont des espèces de filets parallèles, tortueux ou divergens, susceptibles de s'étendre dans toutes les directions (*fig.* 7, A, voir en tête de ce chapitre); tantôt des masses convexes ou coniques à base irrégulièrement plane (B); tantôt enfin, de longues lignes horizontales et continues dans toutes leurs parties (C). En se réunissant de diverses manières, ils forment les *nuages intermédiaires,* dont on peut prendre une idée sur la figure précitée aux lettres D et E, et les *nuages composés,* qui résultent de la combinaison de tous les autres (*Voy.* F, G, H). — Les nuages simples de la *première des modifications* que je viens d'indiquer semblent être les plus légers; ils sont aussi généralement les plus élevés. Ils varient beaucoup en forme et en étendue. On les voit paraître les premiers sur un ciel serein. Aux approches des tempêtes, ils s'épaississent et s'abaissent ordinairement du côté opposé à celui d'où soufflera le vent. — Ceux de la *seconde modification* sont les plus denses. Ils se rapprochent par conséquent davantage de la terre. Une petite tache irrégulière, qui paraît d'abord dans l'atmosphère, forme en quelque sorte le noyau autour duquel ils se condensent. Lors des beaux temps, ils commencent à paraître quelques heures après le lever du soleil, parviennent à leur maximum au moment de la plus forte chaleur, et se dispersent totalement aux approches de la nuit. Avant la pluie, ils s'accroissent rapidement; leurs contours se dessinent en larges protubérances floconneuses. Leur agglomération sous le vent, lorsque l'air est fortement agité, présage du calme et de la pluie. Lorsqu'au lieu de disparaître ou de s'abaisser au moment du soleil couchant, ils continuent à s'élever, on doit s'attendre à de l'orage pour la nuit. — Enfin les nuages de la *troisième modification,* quoique d'une densité moyenne, sont cependant ceux qui s'élèvent le moins. Leur base repose communément sur le sol même. Ils se forment pendant la nuit de toutes ces vapeurs blanchâtres qu'on voit le matin se répandre comme une vaste inondation du fond des vallées ou de la surface des lacs et des rivières, et disparaître bientôt ou se transformer diversement sous l'influence des rayons solaires. On sait qu'ils sont un indice de beau temps.

Non seulement les nuages sont les dispensateurs de la pluie et les principaux moteurs des orages; ils interceptent les rayons solaires ; — ils diminuent les effets de l'évaporation, et s'opposent à l'émission du calorique de la terre par le rayonnement.

Les brouillards sont de véritables nuages que leur densité plus grande retient dans les basses régions de l'atmosphère. Lorsqu'ils s'élèvent par l'effet de la dilatation, ils se transforment en nuages proprement dits, et lorsque les nuages s'abaissent par suite de leur condensation, ils forment les brouillards. — L'odeur fétide qui émane assez souvent de ces derniers prouve suffisamment qu'ils peuvent retenir et entraîner divers gaz, et donne à penser qu'ils doivent agir chimiquement sur la végétation. On a pu remarquer, en effet, qu'en général ils fertilisaient la terre; mais, d'un autre côté, il est vrai qu'ils contribuent indirectement, en abaissant la température et en entretenant une humidité particulière, à faciliter la propagation de la rouille des blés, l'avortement des fleurs, la fermentation des fruits, etc., etc.

§ IV. — De la pluie.

Les pluies sont dues principalement au refroidissement des couches d'air saturées de vapeurs d'eau, et à l'action électrique des nuages.—Elles contiennent une quantité souvent inappréciable d'électricité, de l'air, du gaz acide carbonique, et quelques sels minéraux.

Toutes choses égales d'ailleurs, on sait qu'il pleut plus souvent dans le voisinage des grandes masses d'eau que dans les contrées arides, sur les montagnes que dans les plaines, dans les localités couvertes de grands arbres que dans les lieux découverts. — Il est aussi démontré qu'il pleut plus abondamment dans les pays chauds que dans les pays froids, quoique, dans ces derniers, les pluies soient plus fréquentes. La quantité moyenne d'eau qui tombe annuellement à Saint-Domingue est environ de 308 centimètres; à Calcutta, de 205; à Naples, de 95; à Paris, de 53, et à Saint-Pétersbourg de 46 seulement. — A mesure qu'on s'éloigne de l'équateur, les pluies sont donc moins abondantes ; mais, comme elles deviennent plus fréquentes, et comme l'évaporation diminue, il en résulte que les pays froids sont plus humides que les pays chauds, et que si, dans le midi, il n'est pas de cultures possibles sans arrosement, dans le nord il en est peu de productives sans desséchement. — Dans quelques parties des vastes déserts de l'Afrique, des contrées septentrionales de l'Asie et de la côte occidentale d'Amérique, depuis le cap Blanc jusqu'à Coquimbo, il ne pleut presque pas; mais partout où il existe de la végétation, des rosées abondantes et d'épais brouillards suffisent pour l'alimenter et l'entretenir.

Chez nous, les pluies les plus fréquentes et les plus favorables aux travaux et aux produits de la culture sont généralement celles de printemps et d'automne.—En hiver, elles pénètrent profondément le sol et régénèrent

les sources. — En été, elles réparent les pertes occasionées par l'excessive évaporation.

Enumérer ici tous les avantages et les inconveniens des pluies, ce serait répéter ce qui a été dit au commencement de ce chapitre, ou entrer, saison par saison, dans des détails que nous devons renvoyer à la pratique de chaque sorte de culture.

§ V.— Des instrumens propres à déterminer l'humidité ou la sécheresse de l'air.

Pluviomètre. Un vase de forme carrée, au fond duquel on aurait adapté un robinet, et qu'on aurait placé dans des circonstances telles qu'il pût recevoir librement l'eau du ciel, serait le plus simple des instrumens de ce genre; mais il aurait l'inconvénient d'offrir une trop grande surface à l'évaporation. — Pour éviter cet inconvénient, on emploie de préférence des vases à gouleau étroit, surmontés d'entonnoirs dont on connaît le diamètre. — Voici la description et la figure données par M. Bailly de Merlieux, dans sa *Météorologie*, d'un des pluviomètres à la fois les plus simples et les plus exacts: — « Il consiste en un entonnoir de cuivre ou de fer-blanc (*fig.* 8) de 5 pouces de diamètre à son ouverture, et qui communique avec un tube de verre, muni d'un robinet à son extrémité inférieure. On examine l'instrument chaque jour à dix heures, et s'il a tombé de la pluie dans les 24 heures, on en mesure la quantité dans ce même tube d'un 5ᵉ de pouce de diamètre, et pourvu d'une échelle divisée en pouces et en 10ᵉˢ de pouce : de la sorte, la pluie tombée sur une aire circulaire de 5 pouces de diamètre, étant rassemblée dans un espace d'un 5ᵉ de pouce, les pouces et dixièmes de pouce d'eau du tube correspondent à des centièmes et à des millièmes de pouce de pluie tombée sur la surface de la terre.»

Fig. 8.

Le pluviomètre de la *fig.* 9 fait connaître, sans mesurage, la quantité d'eau tombée, par la longueur dont la tige portée par un morceau de liège sort du vase.

Fig. 9.

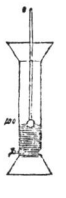

Comme il a été démontré par de longues observations que la quantité moyenne des pluies est à peu près annuellement la même dans chaque pays, et comme les expériences faites mois par mois donnent des résultats assez variables, il ne faut pas s'exagérer l'importance des pluviomètres.

Les *hygromètres* sont sans contredit plus utiles. En indiquant la progression croissante de l'humidité ou de la sécheresse de l'atmosphère, ils mettent le cultivateur à même de prévoir et d'empêcher, dans plusieurs circonstances, les fâcheux effets de l'une et de l'autre.

L'hygromètre le plus répandu et le plus parfait, mais aussi le plus cher (il coûte 30 f.), est celui de *Saussure* (*fig.* 10); il est formé d'un cheveu préalablement lessivé, qui fait mouvoir, en se dilatant lorsqu'il s'humecte, en se contractant lorsqu'il se dessèche, une aiguille disposée de manière à marquer, sur un quart de cercle divisé en cent parties, entre les deux extrêmes, le degré d'humidité ou de sécheresse de l'air environnant.

Tout le monde connaît ces autres hygromètres de *cordes à boyaux* adaptées au capuchon d'un moine (*fig.* 11) ou au sabre d'un Turc, etc., peints sur bois, et dont les effets, quoique grossiers, peuvent encore donner d'utiles indications. Leur prix est fort modique.

Fig. 10.   Fig. 11.

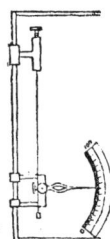   

SECTION III. — *De la température et de son influence en agriculture.*

Le *calorique* est, aux yeux des physiciens, un fluide impondérable, abondamment répandu dans l'atmosphère, et dont une des principales sources est le soleil. Il agit sur les corps de deux manières bien distinctes et en quelque sorte indépendantes l'une de l'autre : d'une part, en s'interposant entre leurs molécules, il tend à les désunir et à les disséminer ; il liquéfie les solides, il vaporise les liquides, et augmente ainsi sensiblement leur volume ; — de l'autre, il produit la chaleur.

§ I. — Effets généraux sur la végétation.

La chaleur. Lorsqu'au retour du printemps, la terre et l'atmosphère commencent à s'échauffer, la végétation, jusque là arrêtée et comme engourdie, reprend une nouvelle vigueur. C'est sous l'influence d'une chaleur douce et humide que se font dans la graine les modifications chimiques indispensables à la germination, que les matières fermentescibles qui se trouvent dans le sol donnent peu-à-peu aux racines leurs sucs fécondans, et que les gaz nourriciers commencent à se répandre dans l'air au profit des jeunes feuilles. — La chaleur active les mouvemens de la sève ; — elle aide aux transformations que ce liquide éprouve dans le végétal ; — elle ajoute à l'énergie reproductive des organes sexuels, et contribue plus que tout le reste à la maturité des fruits et des graines. D'un autre côté, lorsqu'elle se prolonge et qu'elle est accompagnée d'une excessive sécheresse (*Voy. la sect. précéd.*), elle devient nuisible à la santé des animaux, et destructive de la vie des plantes.

Le froid produit des effets tout contraires.

Dans nos climats, lorsqu'il augmente progressivement d'intensité, il est peu dangereux. A son approche, la circulation se ralentit ; la sève abandonne les tiges ; — les feuilles tombent ; — la vie active disparaît, et ce sommeil léthargique, en quelque sorte analogue à celui de certains animaux pendant l'hiver, peut se prolonger fort longtemps sans altérer en rien l'organisation végétale. Mais, lorsque le froid survient d'une manière intempestive ou subite, il cause, comme nous l'expliquerons bientôt, des ravages souvent irrémédiables.

La température atmosphérique varie en raison de la latitude, de l'élévation plus ou moins grande au-dessus du niveau de la mer, de l'exposition, et de la succession des saisons.

Le changement de latitude la modifie d'une manière remarquable. S'il a été donné à quelques plantes de vivre dans tous les climats, et souvent à toutes les hauteurs, la plupart des végétaux que nous avons le plus d'intérêt à cultiver, resserrés par la nature dans des limites plus étroites, ne peuvent croître et prospérer au-delà de ces limites qu'à l'aide d'une température artificielle. — Depuis l'équateur, où la chaleur solaire s'élève, à l'abri des réverbérations, jusqu'à près de 40° du thermomètre de Réaumur (50° centigrades), et n'est jamais moindre de 12 à 15, jusqu'aux régions qui avoisinent les pôles et dans lesquelles l'intensité du froid n'a pu être déterminée faute d'instrumens, on voit la végétation suivre pour ainsi dire pas à pas chaque modification de température, et il est parfois aussi difficile de naturaliser une plante d'un pays froid dans un pays chaud, qu'une autre plante d'un pays chaud dans un pays froid.

La chaleur diminue dans l'atmosphère en raison de l'élévation du sol, et cela dans une proportion d'autant plus rapide que cette élévation est plus considérable. Sous la même latitude on peut donc, à diverses hauteurs, trouver une température fort différente, et réunir par conséquent les productions végétales de contrées souvent très-éloignées.

Enfin, sous une même latitude et à la même hauteur, *la température peut encore varier selon l'exposition*, comme le savent très-bien tous ceux qui s'occupent de la culture délicate des plantes exotiques ou des primeurs. Mais une dernière cause, pour nous la plus importante, des changemens de température, *c'est la succession des saisons.*

§ II. — Durée des étés et des hivers.

Le printemps des astronomes commence à l'époque fixe où le soleil, traversant l'équateur, se rapproche de nos contrées. Il n'en est pas ainsi de celui du cultivateur ; car ses effets se font sentir plus tôt ou plus tard, non seulement de contrée à contrée en raison de la latitude, mais d'année en année au gré des météores atmosphériques. Il agit véritablement dès le moment où la sève se met ostensiblement en mouvement, c'est-à-dire, pour le climat de Paris, vers le courant de février.

D'un autre côté, les chaleurs estivales se prolongent ordinairement dans l'automne, de sorte que, vers le centre de la France, la-

végétation peut conserver son activité pendant les deux tiers de l'année. Elle se repose pendant le troisième tiers ; encore son inaction n'est-elle vraiment complète que dans les temps de gelée.

Entre le printemps et cette dernière époque, les *plantes annuelles* commencent et achèvent, pour la plupart, leur courte existence. Cependant il en est qui peuvent résister aux froids de nos climats, et qu'il est profitable en pratique de semer en automne. Elles deviennent ainsi en quelque sorte bisannuelles. — On sait combien les céréales d'automne sont plus productives que celles de mars ; — combien il est préférable pour obtenir en jardinage des fleurs plus précoces et plus belles, des graines de meilleure qualité, de semer avant qu'après l'hiver.

Les plantes vivaces ne se distinguent des plantes annuelles que par la plus grande durée de leurs racines.

Les végétaux sous-ligneux et ligneux conservent seuls leurs tiges pendant l'hiver.

Sous l'influence des chaleurs et des pluies de printemps, les premières poussent leurs tiges florales, — les secondes lèvent et se développent rapidement, — les derniers ajoutent à leurs troncs et à leurs branches de nouveaux bourgeons. — Le soleil de l'été consolide chez tous cette organisation ébauchée, arrête la production des tiges et des feuilles au profit de celle des fleurs et des fruits.—L'automne complète la maturité des graines, et prépare progressivement les végétaux à supporter les froids de l'hiver. Toutefois, dans les contrées tempérées, elle ne présente pas ce seul avantage ; car, sitôt que les pluies d'équinoxe rendent à la terre un peu d'humidité, le sol, encore échauffé, se prête au développement de la végétation. —Non seulement la germination de beaucoup de graines peut avoir lieu, mais, après le desséchement de leurs tiges florales, les plantes vivaces donnent immédiatement naissance à de nouvelles feuilles. Les yeux ou gemmes des arbres grossissent et se perfectionnent.; les racines poussent de jeunes chevelus ; enfin la vie végétale semble renaître, comme pour prendre l'avance sur le printemps suivant. Nous venons de voir que les semis d'automne sont une heureuse application de cette remarque. Ajoutons que l'avantage incontestable, dans le plus grand nombre de cas, des plantations faites de bonne heure, en est une autre conséquence non moins importante.

Pendant *un long été*, le cultivateur intelligent trouve les moyens d'augmenter son avoir par des récoltes tardives. — Les plantes exotiques ont le temps de donner leurs fleurs et de mûrir leurs fruits. — Les climats, enfin, semblent s'avancer vers le nord, tandis que *les longs hivers* les font rétrograder vers le sud.

Du reste, la durée d'un froid modéré ne paraît avoir d'autre inconvénient que de retarder les progrès de la végétation ; car l'état d'inaction dans lequel elle retient les organes des plantes de nos climats, lors même qu'il se prolonge au-delà du terme ordinaire, n'altère pas sensiblement leurs propriétés conservatrices. A. THOUIN cite, à cet égard, un fait curieux dont on n'a pas, ce me semble,

assez médité les conséquences. — Ce savant agronome avait fait en Russie un envoi de végétaux, parmi lesquels se trouvait un ballot d'arbres fruitiers qui tomba dans une glacière, où il fut oublié pendant vingt et un mois. —Après un si long hivernage, et dans de semblables circonstances, on devait croire que tous auraient péri. — Il en fut autrement. M. Demidoff, à qui ils avaient été adressés, remarquant que leur organisation ne semblait pas altérée, les fit planter avec soin. — Pas un ne mourut.

§ III.—Intensité de la chaleur et du froid.

Quoique *la température moyenne* de chaque climat ne varie pas autant qu'on pourrait le croire, il n'en est pas moins vrai que l'intensité de la chaleur et du froid est loin d'être annuellement la même.—A Paris, le thermomètre est monté à 30° (38° centigrade) en juillet 1793.—Il est descendu à —19°.(23° 1/2 cent.) au-dessous de 0° en janvier 1795.Et cependant, années communes, les chaleurs de l'été ne s'élèvent pas au-dessus de 20 à 26° (25° à 31 centig.), et les froids sont rarement de plus de — 6 à 12° (7 1/2 à 15 centigrade).

Il est à peine besoin d'ajouter que les froids augmentent ou diminuent d'intensité en raison inverse des chaleurs, à mesure qu'on s'avance du point que je viens d'indiquer vers le nord et vers le sud.

D'après cette considération, Olivier de Serres divisait la surface entière de la France en quatre zones principales ; — *Le climat de l'oranger*, qui ne s'étend guère au-delà du littoral de la Méditerranée ; — *Celui de l'olivier*, qui se prolonge un peu au-dessus du 43ᵉ degré de latitude ;—*Celui de la vigne*, qui s'avance au nord jusque dans le voisinage du 49ᵉ degré ; — Enfin *celui du pommier*.

Sous le point de vue plus général de la grande culture, d'autres agronomes ont partagé le même pays en trois climats seulement : —*Celui du midi*, des Pyrénées à Bordeaux, et de Marseille à Valence ; — *Celui du centre*, de ces deux villes à Paris ; — *Celui du nord*, de Paris jusqu'aux frontières de la Belgique. Arthur YOUNG, adoptant une division analogue, caractérise chaque région de la manière suivante : 1° celle du nord, où il n'y a pas de vignobles, et dont on peut tracer la démarcation par une ligne droite tirée depuis Guerande (Loire-inférieure) jusqu'à Coucy (Aisne); 2° celle du centre, où il n'y a pas de maïs; et dont la limite est assez exactement indiquée par une ligne droite tirée de Ruffec (Charente) jusqu'au pays entre Lunéville et Nancy (Meurthe); il est remarquable qu'elle est presque parallèle à la ligne qui marque la séparation des vignobles ; 3° celle du midi où l'on trouve les vignes, les oliviers et le maïs. (*Le Cult. anglais*, t. 17.)

L'intensité de la chaleur peut, dans certaines circonstances, remplacer sa durée. Linné, et , depuis lui, plusieurs naturalistes ont observé que, pour parvenir à la parfaite fructification, chaque plante exige une quantité particulière de chaleur. En Russie, où les étés sont plus courts mais plus chauds qu'en France, la végétation de l'orge s'accomplit parfois en moins de deux mois, tandis que chez nous elle se termine rarement avant cinq mois.

Quoique la seule intensité des froids, comme l'attestent quelques hivers extrêmement rigoureux, puisse causer de grands désastres en pénétrant le sol assez profondément pour atteindre l'extrémité des grosses racines ; cependant la durée et la rigueur des gelées sont moins à redouter que leur inopportunité. Nous allons en trouver la raison.

§ IV. — Du refroidissement et de la congélation.

On sait que, pendant une nuit calme et sereine, les corps qui se trouvent à la surface du globe deviennent plus froids que l'atmosphère, parce que, dans l'échange de calorique qui s'établit par le rayonnement entre eux et le ciel, ils émettent plus qu'ils ne reçoivent. — Certains corps, mauvais conducteurs de la chaleur, jouissent particulièrement de cette propriété d'émission. Telles sont les parties herbacées des végétaux. Aussi la vapeur d'eau répandue dans l'air se condense à leur surface et produit, selon les saisons, la *rosée* ou la *gelée blanche.*

La *rosée* n'exerce qu'une influence heureuse sur la végétation.—Dans les climats et pendant les saisons où les pluies sont peu fréquentes, elle peut, jusqu'à un certain point en tenir lieu.

La *gelée blanche* est d'autant plus à craindre qu'elle est ordinairement frappée par les rayons du soleil, et qu'en fondant rapidement, elle doit enlever aux parties des plantes avec lesquelles elle se trouve en contact assez de chaleur pour occasioner de graves désordres dans leur organisation.

La *glace* n'est qu'une modification de la gelée blanche. — Le même effet peut la produire par sa continuité. Le plus ordinairement, cependant, elle résulte de l'abaissement général de la température. Par suite d'une exception remarquable qui les ordinaires de la physique, l'eau, en passant à l'état solide, augmente sensiblement de volume. Sa force expansive est telle en cet état qu'elle peut soulever des masses de rochers et briser des métaux. — Lors donc que les froids surprennent les végétaux en sève, celle-ci se dilatant tandis que les vaisseaux qui la contiennent diminuent de diamètre par la congélation, il en résulte nécessairement des lésions toujours fort graves et souvent mortelles.

Ce fait suffit pour expliquer d'une manière générale pourquoi les plantes les plus sensibles à la gelée sont celles dont la végétation, comme dans les pays chauds, est constamment active, et pourquoi celles de nos climats redoutent bien plus les alternatives de froid et de dégels subits que des gelées progressives et durables, fussent-elles beaucoup plus fortes. — Plusieurs de nos lecteurs se rappellent sans doute les froids qui se firent subitement sentir le 12 et le 13 octobre 1805. — L'année ayant été tardive, la végétation était encore en pleine activité ; le thermomètre descendit à peine, à Paris, au-dessous de deux degrés et demi, et pourtant une foule de végétaux indigènes ou cultivés en France depuis long-temps, et qui avaient supporté, par conséquent, des gelées incomparablement

plus rigoureuses, furent atteints par celle-la. Beaucoup d'arbres perdirent leurs feuilles, leurs fruits et leurs rameaux encore mal aoûtés. Des vignobles entiers furent détruits jusqu'à rez-terre, tandis que les raisins dont ils étaient chargés, décolorés, sans saveur et même sans acidité, durent être en partie abandonnés sur les ceps.

Les effets de ces brusques gelées semblent être d'autant plus funestes que le soleil vient frapper immédiatement les parties qui en ont été saisies. Que cela soit dû au refroidissement considérable produit par l'évaporation, ce qu'on ne peut guère admettre que lorsque la surface du végétal est couverte de glaçons, ou à la température différente des parties qui sont ou ne sont pas en contact direct avec les rayons calorifiques, le fait est avéré, et les jardiniers mettent fréquemment à profit pour la conservation des végétaux la connaissance qu'ils en ont acquise. Lorsque les plantes sont en pot, ils les rentrent dans des lieux fermés quelques instans avant l'apparition du soleil. Privées pendant vingt-quatre heures de la grande lumière et de la chaleur du jour, elles dégèlent lentement, également, et éprouvent rarement les accidens qui se feraient sentir à l'air libre.—Si elles sont en pleine terre, ils cherchent à leur procurer de l'ombre ; ils enveloppent leur tige de paille. — Lors de la plantation, ils préfèrent, dans beaucoup de cas, l'exposition du nord à celle du midi, qui paraîtrait cependant plus favorable au premier aperçu. — Enfin, ils évitent un dégel subit avec autant de soin que la gelée elle-même.

Les agriculteurs n'ont pas les mêmes ressources. Dans un jardin, des paillassons, de simples toiles de canevas, des fanes sèches ou des feuilles peuvent arrêter jusqu'à un certain point les effets des gelées passagères, comme le sont presque toujours celles qui se font sentir à contre-saison. — Dans les champs, le mal est souvent irrémédiable. Cependant les brûlis d'herbages humides, en produisant une épaisse fumée qui intercepterait les rayons solaires, seraient sans doute parfois de quelque utilité et devraient être employés en pareil cas, comme on l'a recommandé, dans les localités cultivées en vignes, en oliviers et même en orangers. Un autre moyen applicable aux plantes herbacées cultivées en plein champ, consiste à faire traîner par deux personnes un cordage plus ou moins pesant, de manière à courber et frotter une ou plusieurs fois toutes les plantes du champ qu'on veut préserver des fâcheux effets des gelées blanches.

Indépendamment de ces inconvéniens, les gelées ne sont en encore un qui n'est que trop général dans certaines localités. En soulevant les terres d'une certaine nature, elles déracinent et détruisent en partie les céréales d'automne. — Mais aussi, par suite de la même action, elles ajoutent aux bons effets des labours dans les terres fortes, et elles rendent, d'ailleurs, un service réel en détruisant une foule de larves d'insectes et des générations entières d'animaux nuisibles.

La *neige* se forme lorsque les vapeurs aqueuses perdent, par suite du refroidissement subit de l'atmosphère, une quantité de calorique plus que suffisante pour se condenser en gouttes d'eau. — Il est certain que la présence prolongée de la neige à la surface du sol est avantageuse aux produits de la culture. Sans chercher, comme autrefois, à expliquer ce fait par des propriétés chimiques qu'elle ne peut pas posséder à un degré plus éminent que la pluie, il est naturel de penser qu'elle agit physiquement en empêchant les effets des gelées et en retenant au profit de la végétation la chaleur de la terre et le peu de gaz qui peuvent se dégager sous son influence. — C'est donc un véritable abri que la nature prévoyante a destiné aux pays froids.

§ V.— Des moyens de déterminer la température.

Il importe fréquemment en agriculture de pouvoir apprécier les variations de la température. — Le *thermomètre* en offre les moyens. Cet instrument, basé sur la propriété que nous avons reconnue au calorique de dilater les corps, se compose d'un tube en verre (*fig.* 12) terminé par une boule creuse, en partie rempli

Fig. 12.

d'un liquide qui gèle difficilement, tel que le mercure ou l'esprit-de-vin, et duquel tube on a expulsé l'air le plus exactement possible. — L'instrument est gradué de manière qu'il gèle indique le terme de la congélation, et que l'espace qui se trouve entre ce point et celui de l'eau bouillante est divisé en 80 ou en 100 parties, selon qu'on veut obtenir un thermomètre de Réaumur ou un thermomètre centigrade. — Les mouvemens progressifs de la colonne liquide au-dessus et au-dessous de zéro indiquent l'augmentation de la chaleur ou du froid.

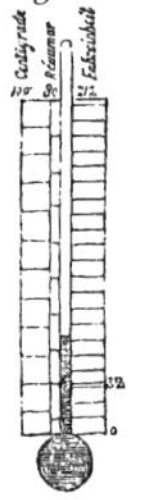

Le thermomètre de Reaumur est le plus répandu en France, quoique les physiciens fassent ordinairement usage du centigrade. En Angleterre et en Allemagne on emploie celui de Fahrenheit, qui est divisé en 212 parties, et dans lequel le nombre 32 correspond au zéro des deux autres.

Un bon thermomètre à mercure, monté sur bois ou sur ardoise, coûte 4 fr.; à esprit-de-vin 3 fr. 50 c.

SECTION IV. — *De l'électricité et de son influence en agriculture.*

Le *fluide électrique,* principe du tonnerre, abonde dans la nature entière. On le considère généralement comme composé de deux fluides différens, dont la manière d'agir est telle, que les molécules de chacun d'eux se repoussent et attirent celles du fluide contraire.

Dans l'état ordinaire des choses, c'est-à-dire dans l'état du repos, tous les corps paraissent retenir à leur surface une égale quantité de ces deux fluides qui se neutralisent mutuellement; mais, d'après leur nature, ces mêmes corps sont prédisposés à se

dessaisir de l'un plutôt que de l'autre. Selon qu'ils offrent sous ce rapport de l'analogie avec la résine ou le verre, ils émettent, dans certaines circonstances, de l'*électricité* qu'on a nommée *résineuse* ou *vitrée.*

L'équilibre électrique une fois détruit tend sans cesse à se rétablir. — De là les phénomènes terribles que présentent les *orages.* En effet, lorsque des nuages sont électrisés différemment, ou lorsque l'électricité dont ils sont surchargés a décomposé, dans sa sphère d'action, celle de la surface du globe, il s'établit aussitôt de ces nuages entre eux ou avec la terre, au moyen de la foudre, des échanges qui ne cessent d'avoir lieu que lorsque les deux électricités, de nouveau combinées en de justes proportions, se retrouvent à l'état d'*électricité neutre.*

On ne connaît encore que fort imparfaitement l'action directe du fluide électrique sur la végétation. A la vérité on sait que, communément, pendant les temps orageux, la germination se fait plus facilement, — le développement des tiges est plus rapide, — la maturité des fruits plus prompte, — la vie végétale plus active dans toutes ses parties; mais, hors de ces généralités, lorsqu'on a cherché à pénétrer les causes d'un semblable phénomène, ou seulement à le suivre dans ses détails et à le reproduire artificiellement, on a rencontré le doute et souvent à sa suite la contradiction. Cependant, après les beaux travaux de DAVY sur la décomposition des oxides terreux par l'action de la pile galvanique, M. BECQUEREL a fait voir, par de récentes expériences, que si les grandes forces électriques ne paraissent agir sur les plantes que d'une manière destructive, il n'en est pas ainsi des forces très-petites, dont l'étude fait en ce moment espérer des découvertes importantes pour la science, et par suite pour la pratique.

Les orages, fort rares dans les climats septentrionaux et pendant la saison des froids, sont d'autant plus fréquens et plus violens, qu'on se rapproche davantage de l'équateur. Ils exercent une influence tantôt heureuse, tantôt nuisible. — Sans eux, à l'époque des sécheresses, les régions intertropicales seraient inhabitables, et les climats tempérés eux-mêmes ne recevraient plus la quantité d'eau nécessaire au maintien de la santé des animaux et des végétaux. — Mais, sous d'autres rapports, on ne connaît que trop les désastreux effets du tonnerre, des ouragans, des torrens de pluie et des ondées de grêle qui l'accompagnent ordinairement.

La grêle surtout, dont on ne peut expliquer convenablement l'origine qu'à l'aide des théories électriques, est d'autant plus redoutable pour le cultivateur, qu'elle tombe particulièrement alors que le sol est couvert de ses plus riches produits.—Non seulement elle détruit en peu d'instans des récoltes entières, mais elle laisse sur les végétaux ligneux des traces que plusieurs années parviennent à peine à effacer.

On avait pensé que des espèces de paratonnerres, nommés *paragrêles,* placés de distance en distance dans les champs cultivés, pourraient, en soutirant le fluide électrique, arrêter la production de la grêle.

— Malheureusement l'effet n'a pas répondu à l'attente. Ce qu'on peut conseiller de mieux aux cultivateurs, c'est d'avoir recours aux compagnies d'assurance contre la grêle, où, moyennant une prime légère payée annuellement, ils se trouveront indemnisés, en tout ou en partie suivant les conventions, des dégâts qu'ils éprouveront.

Les *paratonnerres* (*fig.* 13) sont ces verges

Fig. 13.

métalliques qu'on voit dominer les édifices, et qui communiquent avec le sol jusqu'à une certaine profondeur, ou, mieux encore, avec l'eau d'un puits, au moyen de fils de fer ou de laiton roulés en corde. Leur théorie est basée sur la connaissance de deux faits également positifs : la propriété dont jouissent les pointes métalliques de soutirer peu à peu le fluide électrique, et d'empêcher ainsi dans leur sphère d'action les fortes détonations; et cette autre propriété que possèdent particulièrement les métaux d'être d'excellens conducteurs de ce même fluide. — La puissance protectrice des paratonnerres ne s'étend pas beaucoup au-delà d'un rayon double de leur longueur. La connaissance de ce fait donne la distance à laquelle on doit les placer. — Un autre fait d'une égale importance, c'est que, toutes choses égales d'ailleurs, la foudre menace toujours les points les plus rapprochés d'elle, et que par conséquent plus les paratonnerres sont élevés, mieux ils remplissent leur destination. — C'est donc à la partie culminante des édifices qu'il faut les fixer.

La tige d'un paratonnerre vaut à Paris environ 2 fr. 70 c. le mètre. — On lui donne ordinairement 10 mètres de haut, ce qui fait 27 fr. La pointe en platine, garnie d'une enveloppe de cuivre, vissée sur celle de fer, est du prix de 18 à 20 fr. La corde, d'un diamètre de 8 à 9 lignes, coûte 2 fr. 50 c. le mètre; on peut d'après cela calculer facilement pour chaque localité, et en raison de la hauteur, la dépense des matériaux et de la pose d'un paratonnerre.

L'électromètre sert à mesurer la quantité et à déterminer la nature du fluide électrique. Peut-être cet instrument, à peu près inconnu des cultivateurs, deviendra plus tard pour eux d'une grande importance. Dans l'état actuel de nos connaissances, j'ai dû me borner à l'indiquer ici.

Oscar Leclerc-Thouin.

SECTION V. — *Influence de la situation en agriculture.*

Il ne faut que jeter un coup-d'œil sur les différentes formes et les différentes applications que l'art de cultiver la terre prend ou reçoit entre les mains qui l'exercent dans les diverses contrées du globe, pour être convaincu que chaque culture territoriale est principalement fondée sur une différence de position géographique qui constitue *la situation générale*. L'influence de la situation s'étend non seulement sur l'espèce de plantes et d'animaux que l'agriculture locale embrasse, mais encore sur la manière de les élever; l'étude de cette influence doit précéder tout essai de naturalisation et de cultures nouvelles. Les principales causes sont la *latitude* et l'*élévation*, auxquelles on peut ajouter l'*exposition* et les *abris*. Les deux premières se modifient l'une l'autre : c'est-à-dire que sous le même climat, à des hauteurs diverses, et réciproquement, aux mêmes hauteurs, sous des climats différens, on ne retrouve pas les mêmes végétaux. En effet, plus on se rapproche de la ligne équinoxiale, ou *équateur* (*fig.* 14), plus il faut s'élever

Fig. 14.

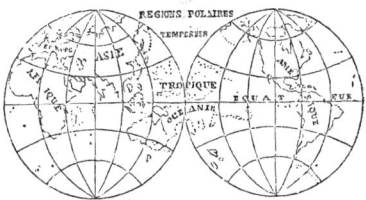

avant d'atteindre la région des neiges perpétuelles; tandis qu'en s'éloignant de la zone torride ou des tropiques, dans la direction de l'un ou l'autre pôle, on rencontre, à des hauteurs de moins en moins grandes, le froid susceptible d'empêcher toute végétation.

§ 1ᵉʳ. — De la latitude.

Peu des plantes utiles à l'homme viennent partout indifféremment; et parmi celles qui appartiennent à l'agriculture, on n'en trouve guère qui soient dans ce cas, hors les graminées prairiales annuelles, qui donnent les pâturages et les foins, et les graminées céréales annuelles, telles que le blé, le seigle et l'orge. Mais, en même temps qu'on les retrouve en plus de lieux, leur courte durée et la nécessité de leur réensemencement artificiel empêchent de regarder comme tout-à-fait impossible l'hypothèse de leur disparition complète. D'un autre côté, l'avoine, les pois, les haricots, les navets, les pommes-de-terre et les graminées vivaces composant le fonds des prairies ne peuvent croître dans des régions ou trop chaudes ou trop froides; il faut au maïs, au millet, au riz une contrée chaude, à l'avoine une région tempérée. Les racines et fruits de ce qu'on appelle les climats chauds, tels que le manioc, l'ygname, le bananier, l'arbre à pain, etc., y sont rigoureusement limités; et il en est de même des grands arbres fournissant les bois de construction, tels que le chêne des pays tempérés, et l'acajou de la zone torride.

Les animaux sont soumis au climat aussi bien que les plantes ; et, parmi les animaux domestiques, il en est qu'on trouve partout, comme le bœuf, le cochon, tandis que d'autres sont confinés dans certaines contrées, comme le renne, le chameau, l'éléphant. Le cheval et l'âne suivent aussi l'homme à peu près sous toutes les latitudes. Le mouton peut vivre aussi dans l'Inde et au Groënland; mais il y perd ses qualités utiles : au Groënland, il a besoin d'être abrité pendant neuf mois de l'année ; dans l'Inde, la laine se transforme en poils, et la chair est trop maigre pour donner de bonne viande de boucherie.

La culture de chaque espèce de plantes, comme la conduite des animaux, sont donc matériellement subordonnées au climat; la quantité et la valeur des productions d'un pays en dépendent dans quelques cas. La même espèce d'arbres qui, sous un climat tempéré, s'élève à une grande hauteur, ne produit qu'une tige petite et chétive dans une situation exposée aux vents froids. Sous un climat favorable et chaud, les sols les plus stériles, qui dans une contrée moins favorable resteraient incultes, peuvent avec avantage être livrés à la culture. La nature des produits dépend même du climat; ainsi, sir J. SINCLAIR nous apprend que dans plusieurs des parties les plus élevées de l'Angleterre et de l'Ecosse, on ne peut pas cultiver le froment avec avantage. Dans plusieurs des comtés septentrionaux de l'Ecosse, on a trouvé nécessaire de semer, au lieu de l'orge à deux rangs, la petite orge quadrangulaire, quoique de qualité bien inférieure; l'expérience a fait voir que l'avoine, à cause de sa rusticité, était d'un produit plus certain et plus profitable que toute autre espèce de grains ; dans les districts humides on ne peut cultiver les pois avec avantage à cause des pluies. Chaque localité offre des phénomènes de ce genre, qu'il est indispensable au cultivateur d'étudier, pour ne pas être trompé par les résultats de ses cultures.

Celui qui n'a pas voyagé se fera difficilement une juste idée des grandes variations que le climat apporte dans la culture des espèces de plantes. En Italie et en Espagne, où prévalent les cultures inondées, et où la plupart des récoltes, en grains ou en racines, demandent un copieux arrosage, il en est quelques-unes cependant qui viennent de la manière ordinaire, dans la saison des pluies, telles que les melons en Italie, et les ognons en Espagne.
— Mais en Arabie, en Perse et dans l'Inde, on ne peut entreprendre aucune culture sans eau, excepté sur les parties les plus élevées des montagnes. Dans ces contrées, le procédé fondamental de la culture est de préparer la surface du sol à recevoir l'eau, à l'y faire circuler dans des fossés ou rigoles, et à s'en procurer autant qu'il en faut, à l'aide de machines qui l'élèvent de la profondeur des puits ou du lit des rivières. Le manque d'eau nécessaire à l'irrigation des champs les prive de toute culture régulière, et s'oppose invinciblement à la production du blé. Mais la

nature, dans de telles situations, produit spontanément des récoltes périodiques de plantes annuelles, succulentes ou bulbeuses; et l'homme peut, jusqu'à un certain point, imiter la nature et tirer parti du climat en substituant, dans ces circonstances, des plantes annuelles bulbeuses utiles à des plantes de même nature qui ne le sont pas. Celles-ci, dans plus d'un cas, pourraient être avantageusement remplacées par les autres.

La culture, dans le nord de l'Europe, consiste au contraire, en grande partie, plutôt dans l'art de débarrasser les terres de leurs eaux superflues, que dans celui de leur en procurer artificiellement. Si l'on y a recours à l'irrigation, elle est limitée aux prairies, et c'est moins pour en accroître l'humidité, que pour en stimuler la végétation par la dissolution plus prompte des engrais qu'on leur donne, et pour augmenter ou diminuer la chaleur de la terre. Cette opération doit être conduite avec beaucoup de soins pour ne pas devenir plus pernicieuse qu'utile.— Elle n'offre, au contraire, aucun danger dans les pays chauds, et elle y sert à modérer plutôt qu'à augmenter la température du sol. L'eau, dans le nord de l'Europe, est fournie à la terre par l'atmosphère en quantité souvent plus que suffisante aux besoins de la végétation. Aussi le principal objet du cultivateur y est-il de maintenir le sol dans un parfait état d'égouttement à l'aide de rigoles superficielles et de conduits souterrains; de le tenir bien ameubli pour que l'humidité s'évapore et que les racines s'y étendent à l'aise; de lui fournir des engrais chauds et abondans ; de le tenir débarrassé des mauvaises herbes, et d'employer en un mot tous les moyens propres à faciliter l'accès de la lumière, de l'air, et de toutes les influences atmosphériques, aux plantes cultivées qui doivent en profiter.

Toutefois ces deux grandes divisions géographiques que l'on peut faire de l'agriculture, en agriculture du Midi et en celle du Nord, ne sont pas tellement rigoureuses qu'elles doivent être uniquement déterminées par les degrés de latitude. Elles sont, au contraire, très-souvent modifiées par des circonstances physiques, telles que l'élévation du pays au-dessus du niveau de la mer, l'aspect qu'il présente par l'abondance de ses eaux, de ses forêts, de ses montagnes; son caractère topographique de continent, d'île ou de péninsule ; sa constitution géologique; enfin la nature du sol cultivé.

§11. — De l'élévation.

L'élévation, quand elle n'est pas considérable, ne nuit pas aux divers procédés de la culture, ni aux habitudes des animaux. Mais la valeur d'une ferme diminue si, par sa position et celle des terres, il est difficile et dispendieux d'y exécuter les transports.

La situation locale mérite donc, de la part du cultivateur, une sérieuse attention. Le maïs, le riz et le millet, qui donnent en Asie et en Afrique de si abondans produits, ne réussissent point dans le nord de l'Europe; différentes espèces de grains, de légumes, de racines prospèrent dans certains cantons de la France et non dans d'autres. Les graminées vivaces se plaisent mieux aux lieux où la température et la lumière sont modérées pendant toute l'année, comme dans le voisinage des côtes, où la douceur du temps est due à l'influence de la mer, et la continuité de la lumière à l'absence ou à la courte durée de la neige. Dans le nord de l'Amérique et en Russie, où l'intensité du froid n'éprouve point de relâche durant tout l'hiver, et où le sol reste enseveli six ou sept mois sous une épaisse croûte de neige, toute la végétation herbacée périt.

Le froment, le seigle, l'orge, l'avoine, se cultivent avec profit, quoique la chaleur moyenne annuelle descende au-dessous de 2° centigrades, pourvu que la chaleur de l'été se maintienne entre 11 et 12°. L'orge, suivant Wahlemberg, donne en Laponie une bonne récolte partout où les mois d'été atteignent une température de 8 à 9° ; c'est pourquoi on trouve les céréales ainsi que les pommes-de-terre jusque dans les plaines de Lyngen, à 69° 1/2 de latitude, et, près de Munioniska, au 68e degré, mais à la hauteur de 116 toises. Dans la zone tempérée, par exemple à Edimbourg, le froment donne une abondante récolte, si, pendant 7 mois, du 20 mars au 20 octobre, la température moyenne est de 13° ; la chaleur moyenne de ce climat descend souvent à 10° 1/2 ; à 2° plus bas, l'orge, l'avoine et les autres céréales ne mûriraient pas. Dans les Alpes maritimes et auprès d'Alais, M. De Candolle a trouvé le seigle cultivé à la hauteur de 1100 toises, et le froment à celle de 900. Les diverses espèces de froment supportent difficilement les chaleurs de la plage équinoxiale. Cependant, par l'effet de causes locales particulières, non suffisamment observées, le froment se cultive dans la plaine de Caracasena, près de Victoria, à la hauteur de 270 toises ; et, ce qui est plus remarquable encore, dans la partie intérieure de l'île de Cuba, latitude 23°, près de Las Quattrovillas, dans une plaine peu élevée au-dessus de la mer. (*Humboldt.*)

Si, au contraire, l'élévation est considérable, elle exerce sur l'agriculture une influence rigoureuse ; elle oblige surtout l'agriculteur d'isoler son habitation, et de demeurer constamment au milieu de son exploitation ; c'est le cas de la Suisse et de la Norvége. En Suisse, les villages sont souvent situés à cinq mille pieds au-dessus du niveau de la mer. Les maisons sont construites en bois, avec un toit saillant, et couvertes en ardoises, tuiles ou bardeaux. L'extrême division des propriétés fait que chacun est obligé de cultiver la sienne, et cette obligation entraîne celle de la résidence. Les pommes-de-terre et l'orge peuvent être cultivées en Savoie à 4,500 pieds ; le fromage, le lait, un peu de maïs pour le potage, complètent la nourriture des paysans. La moisson, qui se fait dans les plaines à la fin de juin, n'est mûre dans les montagnes qu'à la fin de septembre. Dans les régions montagneuses de la Norvége, les habitations rurales ne sont point non plus réunies en corps de villages, mais elles sont éparses et bâties séparément sur le terrain que le propriétaire cultive. Elles sont faites en planches, et couvertes d'écorces de bouleaux ou de gazons (*fig.* 15).

Fig. 15.

Toute élévation abaissant proportionnellement la température suivant qu'elle s'éloigne du niveau de la mer, son influence se fait aussi proportionnellement sentir sur les plantes et sur les animaux. Trois cents pieds de hauteur sont regardés comme équivalant à un demi-degré de latitude, et causent une différence de température analogue. Il suit de là que l'agriculture des zones tempérées peut quelquefois être introduite sous la zone torride, et quelques-unes des montagnes de la Jamaïque peuvent contenir, de la base à leur sommet, presque toutes les plantes du monde. Sous la latitude de 50°, l'élévation de 600 pieds environ est la plus grande à laquelle on puisse cultiver le froment avec profit ; et même là, le grain sera très-léger, et mûrira souvent un mois plus tard que celui semé au bas de la montagne. Sir J. SINCLAIR considère la hauteur de 6 à 800 pieds, en Angleterre, comme le maximum d'élévation pour les espèces de grains les plus rustiques, et encore, dans les saisons tardives, le produit sera de peu de valeur, et se bornera à la paille. Quelques localités font exception à ces règles.

En Europe, le point des neiges et des glaces perpétuelles est à au moins 1500 toises environ au-dessus du niveau de la mer. Immédiatement au-dessous, se trouvent des pâturages couverts de neige 7 ou 8 mois de l'année ; viennent ensuite les mélèzes, au-dessous desquels croissent les sapins, les pins, les hêtres, les chênes, etc. Il faut à ces plantes un degré de chaleur et d'humidité très-peu variable. M. de Humboldt a donné un tableau intéressant et curieux des limites des *neiges perpétuelles dans diverses contrées.*

L'élévation au-dessus du sol environnant expose aussi les plantes, les animaux et les édifices à l'action des grands vents, et doit influer par conséquent sur la disposition des champs, des clôtures, des plantations, des bâtimens d'exploitation, aussi bien que sur les plantes et les animaux eux-mêmes. Dans certaines localités, elle influe sur la densité de l'air, la formation des nuages, l'abondance des eaux, et, sous ce rapport, elle peut modifier le caractère même des opérations agricoles. En Suisse et en Norvége, les fermes établies sur les montagnes supérieures se trouvent tout-à-fait au-dessus de la couche la plus épaisse des nuages, et ceux qui les habitent sont souvent des semaines entières sans apercevoir les plaines et les vallées qui sont à leurs pieds.

La position soit maritime, soit intérieure, influe beaucoup sur le climat d'un pays : la première procure une température plus égale; la chaleur y est modérée, parce qu'une moins grande étendue de terre est exposée aux rayons du soleil; le froid y est moins intense, parce que la mer conserve toujours à peu près la même température et ne gèle que dans les régions polaires. Les îles et les côtes jouissent donc d'un climat plus égal, plus tempéré et plus humide que les parties intérieures des continens.

§ III. — Du sol et de la constitution géologique.

Que la nature du *sol*, celle du *sous-sol*, et même *la constitution géologique* du pays, observées à une certaine profondeur, influent puissamment sur l'agriculture, c'est ce que personne ne met en doute. Le voisinage des volcans, l'existence des sources minérales chaudes peuvent élever la température intérieure au point de réagir sensiblement à la surface. Les flancs du Vésuve nourrissent aujourd'hui le vin dit *Lachryma-Christi*, qui a succédé au Falerne.

Les productions de l'agriculture ne seront pas les mêmes sur un fond ayant au-dessous de lui de grands bancs d'argile, retenant des eaux profondes qui s'échapperont au dehors en sources multipliées, et dans un sol reposant sur d'épaisses masses de craie.

Le sol est la terre considérée comme base de la végétation. Ce sujet est si vaste et si important en agriculture qu'il fera l'objet du *chapitre suivant*. Nous dirons seulement ici que les plaines sablonneuses et sèches, les montagnes schisteuses sont plus précoces, toutes choses égales d'ailleurs, que les plaines argileuses et humides, que les montagnes granitiques.

§ IV. — De l'exposition.

Si les *montagnes* jouent un grand rôle dans la géologie, elles influent prodigieusement sur l'agriculture même des pays qui en sont éloignés. C'est d'elles que sortent toutes les rivières; elles déterminent la direction des vents, et par conséquent la chute des pluies fécondantes; elles forment de puissans abris qui font varier singulièrement la température des climats, et elles protégent d'une manière efficace les essais de naturalisation.

C'est à la chaîne des Alpes à ses prolongemens que la plus grande partie de la France, Paris surtout, doit la pluie que lui amène le vent du sud-ouest, et la sécheresse dont le vent du nord la frappe. Dans le bas Languedoc, c'est le vent nord-ouest qui donne les beaux jours.

Plus les montagnes sont élevées et les pluies abondantes, plus la superficie de leurs pentes rapides est exposée à être entraînée par les eaux dans le fond des vallons ; de là le danger des défrichemens qu'on y a si inconsidérément pratiqués, et l'urgente nécessité de s'occuper de leur reboisement, seul moyen de parvenir à leur reconsolidation.

« La terre dépouillée dans une très-grande partie de la France des forêts qui la couvraient autrefois, ne présente plus qu'une surface nue que les nuages parcourent sans trouver

d'obstacles qui les arrêtent et les résolvent en pluies. Le sol, exposé aux rayons d'un soleil brûlant, en est pénétré à une grande profondeur; les sources tarissent et les fleuves remplissent à peine le tiers de leur lit pendant l'été. — Enfin les vents n'ayant plus à parcourir ces immenses forêts, sous l'ombrage desquels ils étaient rafraîchis, et où ils s'imprégnaient pendant la belle saison d'une humidité chaude qu'ils répandaient sur les campagnes, n'y portent plus la fraîcheur et la vie ; forcés au contraire de se diriger sur de grandes étendues de terrains brûlés par le soleil, ils s'échauffent et amènent avec eux le hâle et la stérilité. — Considérons ce qu'était l'Amérique septentrionale à l'arrivée des Européens. La terre, couverte d'épaisses forêts dans la plus grande partie de son étendue, n'offrait à ses habitans qu'un séjour de frimas et de glaces pendant la moitié de l'année; mais les Européens changèrent cet état de choses; l'écoulement procuré aux eaux stagnantes, et plus encore les grands abattis de bois qu'ils firent près de leurs établissemens, ne tardèrent pas à diminuer l'abondance des pluies, et par conséquent à dessécher le sol et à le rendre moins froid. Maintenant les Américains jouissent des avantages que leur ont procurés leur travail et leur industrie ; mais qu'ils se gardent de passer la ligne de démarcation qui règle la masse de bois qu'il convient de conserver pour avoir toujours la quantité d'eau nécessaire à la fertilité des terres, qu'ils se gardent surtout de toucher à ces grandes forêts qui, par leur position, se trouvent à portée d'arrêter les nuages. — Le mal qui menace la France de stérilité n'est cependant pas sans remède : des lois sages et réfléchies, dont l'exécution serait surveillée avec vigilance, pourraient prévenir ce malheur; il faudrait qu'elles réglassent l'exploitation des forêts placées sur les montagnes ; qu'elles empêchassent leur dégradation et qu'elles fixassent les plantations à faire dans les lieux où elles sont nécessaires pour arrêter les nuages. La théorie de l'établissement de ces masses de plantations serait aisée à servir : la nature nous l'indique. Presque toute la France est composée de vastes bassins environnés de collines et de montagnes assez hautes ; ces lieux élevés semblent destinés par la nature à se couronner d'arbres, comme les collines à se tapisser de vignes et d'oliviers, et les plaines à se couvrir de moissons. — Ménager ces masses de forêts dans les lieux élevés où il s'en trouve déjà, les augmenter dans ceux où l'on a trop diminué leur étendue, et en former de nouvelles sur les points où elles manquent, c'est à quoi doit se réduire le plan d'amélioration de cette partie importante de l'agriculture. Dans les pays de plaines trop étendues et trop découvertes, il serait avantageux d'employer tous les mauvais terrains et même une partie des médiocres à la plantation des forêts. Mais ces grandes améliorations, auxquelles doit présider un esprit d'ensemble sagement combiné, ne peuvent avoir lieu que par une volonté constante des gouvernemens et d'après des établissemens proportionnés à ces importans objets. » (*A. Thouin.*)

Les inégalités et les variations de sol ou d'*aspect* qui existent à chaque pas dans les montagnes, rendent nécessairement le mode de leur culture différent de celui des plaines. L'agriculture des plus élevées est généralement chétive, et bornée au pâturage des troupeaux durant une partie de l'année. Leurs habitans sont ordinairement pauvres, et émigrent périodiquement ou pour un certain nombre d'années, dans des contrées plus riches, pour y gagner ce que refuse leur sol natal. Le défaut d'instruction, qui engendre et entretient la misère, fait aussi que les pays granitiques sont loin d'être cultivés comme ils pourraient l'être.

C'est dans les *vallées,* c'est-à-dire dans les grands intervalles de deux chaînes de montagnes à peu près parallèles, que la petite agriculture, c'est-à-dire celle qui se pratique par les propriétaires eux-mêmes, et le plus souvent à bras, montre tous ses avantages; mais il faut d'abord considérer leur position géographique. Une vallée qui est tournée au *midi* acquiert un degré de chaleur très-supérieur à celui des plaines et des montagnes du même climat qui ne jouissent pas de cette *exposition,* en général très-avantageuse dans nos climats tempérés. Ces vallées se remarquent surtout dans les Cévennes et dans les Alpes maritimes, sur la limite de la culture de l'olivier et du figuier. Les vallées qui ont leur ouverture au *nord* présentent l'effet contraire; on ne peut pas y cultiver fructueusement la vigne dans le climat de Paris, et même plus au midi. Les vallées exposées au *levant* jouissent d'une partie de la chaleur du jour; celles au *couchant* n'en recevant

presque pas, ne seront guère plus chaudes que celles exposées au nord; mais, comme dans la plus grande partie de la France les vents du levant sont très-froids, et ceux de l'ouest passablement chauds, ces deux dernières sortes d'expositions seront entre elles, sauf quelques modifications, à peu près d'une égale température.

§ VI.—De l'inclinaison et des abris.

Les *inclinaisons* plus ou moins rapides de la surface des sols cultivés, ainsi que les *abris naturels ou artificiels* qui entrecoupent cette surface, tels que les massifs de bois, le rideau des plantations en ligne, et même l'obstacle, léger en apparence, que de simples haies opposent au cours des vents bas et à la circulation des agens météoriques, produisent aussi des modifications dont le résultat assure le succès de diverses récoltes.

Nous avons vu précédemment que l'effet des inclinaisons ainsi que celui des aspects, se fait fortement remarquer dans les coteaux consacrés à la culture de la vigne; et, quant aux bois, leur destruction par grandes masses peut forcer à changer toute l'agriculture d'une contrée. SOULANGE BODIN.

Les plus puissans des *abris naturels,* ce sont les montagnes : ROZIER cite, dans le climat de la France, un exemple bien frappant de cette influence sur la culture. Si l'on tire une ligne de Nice en Piémont jusqu'à Saint-Sébastien en Espagne, en traversant les provinces les plus méridionales de la France, on y trouve quatre climats bien caractérisés. (Voir *la carte. fig.* 16.) — Le premier est

Fig. 16.

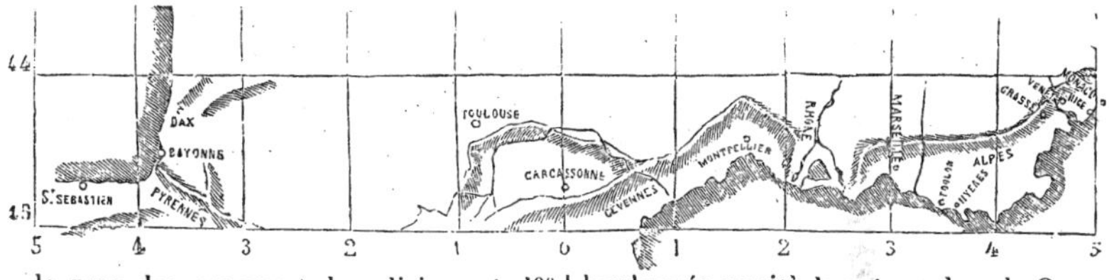

le pays des orangers, des oliviers et des vignes; il a au sud la Méditerranée et les climats brûlans de l'Afrique, et immédiatement derrière lui les Alpes coupées presque à pic, qui l'abritent du nord. — Le second, depuis Toulon, le pays des oliviers et des vignes, sans orangers ; il a encore au sud la mer; mais les montagnes qui lui servent d'abri sont éloignées de la côte.— Le troisième, depuis Carcassonne, est le pays des vignes sans orangers ni oliviers : il a en effet au sud les Pyrénées. — Le quatrième, à partir de Bayonne, le pays sans vignes, a au sud les Pyrénées, et elles sont si voisines qu'elles l'abritent entièrement de tous les vents du midi; les pommiers y sont cultivés comme en Normandie, en Bretagne; et cette contrée est cependant plus méridionale que Grasse et Nice. — En étudiant de cette manière, dans tout le reste du royaume, l'influence des abris naturels, on y trouvera très-souvent la cause physique déterminante de la culture de chaque pays, cependant su-

bordonnée aussi à la nature du sol. On se mettra donc en garde contre les systèmes de culture qui embrassent le royaume entier, et, avant d'introduire de nouvelles cultures dans son exploitation, le cultivateur consultera les influences analogues qui agissent sur la localité qu'il habite. Perfectionnez les méthodes et les cultures de votre canton, mais ne les changez jamais complètement, quant au fond, sans avoir auparavant fait bien des expériences.

On reconnaît encore, dans la même contrée, l'influence des abris sous un autre point de vue. Le midi de la France est en général privé de pluies; mais à Toulouse il pleut beaucoup : ce cas particulier provient de ce que cette ville est couverte au sud par les Pyrénées, et au nord, à peu près à égale distance, par les montagnes du Rouergue; de sorte que les nuages, attirés d'une part ou d'une autre, se dégorgent dans l'espace qu'ils ont à parcourir, parce que la longueur du trajet d'une chaîne de montagne à l'autre

excède la force de leur direction. On peut
appliquer cet exemple à toutes les contrées
du royaume, et cela fera concevoir pourquoi
un canton est pluvieux plus qu'un autre;
pourquoi tel ou tel terroir est, pour ainsi
dire, chaque année abimé par la grêle, tandis que le terroir limitrophe en est exempt.
    C'est surtout dans les régions froides que
l'effet des *abris artificiels* est le plus efficace:
sir J. SINCLAIR (*Code of Agric.*) assure que,
dans les seules îles Hébrides, on a, par des
clôtures bien entendues, augmenté infiniment
le rapport de 800,000 acres de terre. Les Anglais ont depuis long-temps senti les avantages de garantir les terres des vents du nord
et de l'est par la plantation de petits bois ou
de haies, parce que le froid ralentit la végétation et nuit à la fertilité: de même que
le bétail se tient plus volontiers sur le côté
méridional des haies et des bosquets, ainsi les
plantes poussent mieux à cette exposition.
Les vents arrivant au sol sous un angle très-
aigu, on peut admettre qu'un bouquet de bois
(*fig. 17*) garantit les terres adjacentes à une

Fig. 17.

distance décuple de sa hauteur, ou même davantage, s'il est sur une éminence; si l'on
y ajoute des haies vives de manière à encein-
dre tout le champ, l'abri sera bien plus efficace, parce qu'il conservera mieux le calorique accumulé à la partie méridionale du bosquet. Non seulement ces haies augmentent la
température, mais encore elles empêchent le
desséchement du sol et l'évaporation des gaz
fécondans.—C'est d'après ces considérations
que M. NEBBIEN (*Einrichtungskunst der Land-
güter*) conseille de diviser chaque domaine
(*fig.* 18) en une certaine quantité d'enclos
dont les angles seront arrondis; il les enceint
chacun d'une lisière d'arbres plantés très-serrés, et de 20 à 50 pieds d'élévation, qui, tout
en abritant le sol, produisent du bois que
l'on ne doit cependant exploiter que partiellement pour ne pas dégarnir les terrains enfermés. Entre ces pièces, il laisse une bande
de 96 pieds de largeur environ, qui sert de
pâturage et d'abri au bétail, et qu'on laboure
et ensemence de temps en temps. Dans l'intérieur de ces clos on plante des rangées
d'arbres fruitiers, que l'élévation de la température fait prospérer parfaitement. Les
beaux produits qu'on obtient par une culture
analogue dans le riche pays de Waes en Bel-

Fig. 18.

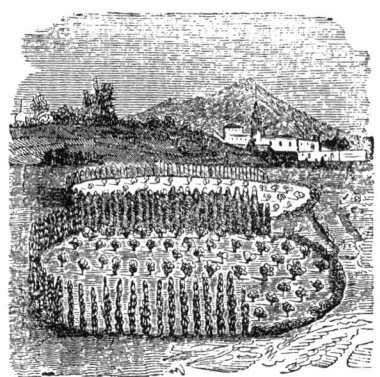

gique, et dans la fameuse vallée d'Auge dans
la Normandie, démontrent les avantages de
ce système.
    Dans les situations basses et plates, on
doit, au contraire, écarter tout ce qui gênerait la libre circulation de l'air, en agran-
dissant les enclos, diminuant la hauteur des
haies, et élaguant judicieusement les arbres;
car lorsqu'un canton est couvert de bois, il est
plus humide. On peut donc améliorer le climat d'un pays qui est dans ces conditions,
en abattant une partie de ses bois. L'accumulation des terres marécageuses et de tourbes inertes et spongieuses rend aussi le
climat plus froid; les desséchemens ont donc
le double avantage de livrer à la culture des
terrains presque sans valeur, et de rendre
plus favorables les influences atmosphériques.   C. B. DE M.

SECTION VI. — *Moyens de juger du climat
par les végétaux.*

    Nous avons vu combien est grande l'in-
fluence du climat sur les diverses cultures,
et par conséquent de quelle importance il
est pour le cultivateur de la connaître. A cet
égard, il est difficile de suppléer aux notions
que fournit une longue observation et une
habitation prolongée dans un canton. Le
propriétaire qui achète un domaine dans un
pays nouveau pour lui, le fermier qui va y
prendre une exploitation, ne sauraient donc
se dispenser de consulter, sur cet important
sujet, les habitudes et les pratiques des habitans du lieu, tout en les éclairant de leurs
propres lumières. Ils peuvent aussi puiser
quelques renseignemens dans l'étude des
plantes qui croissent naturellement sur le
sol, et qui, influencées aussi bien que les végétaux cultivés par le climat, peuvent le lui
indiquer jusqu'à un certain point.
    Nous n'essaierons pas de donner les carac-
tères généraux de la végétation des tropiques,
ni de celle des régions septentrionales, ce
qui serait sans application pour le cultivateur
français; nous citerons seulement ce qui peut

contribuer à indiquer la nature du climat local.

Dans les lieux et les situations où le vent est fréquent et violent, les arbres ont une forme trapue et peu d'élévation; ils sont très-rameux, et indiquent, par une inclinaison générale et par le plus grand alongement des branches du côté opposé, le point de l'horizon d'où le vent souffle d'une manière prédominante. Dans les vallées et les lieux tranquilles, on voit, au contraire, des arbres bien filés élancer vers le ciel une tige grêle, peu rameuse, et couverte de feuilles énormes.

Le caractère général de la végétation d'un territoire indique aussi très-bien si l'humidité ou la sécheresse y domine. Les arbres y affectent, dans le premier cas, une grande vigueur; dans le deuxième, au contraire, les pousses annuelles sont très-faibles. On y voit aussi dominer les arbres et les plantes des sols secs et humides, qui seront indiquées dans le chapitre suivant.

Les localités qui sont à la fois humides et mal exposées relativement au soleil, sont indiquées par des végétaux en quelque sorte étiolés. Les pousses sont alongées, mais faibles, d'une consistance aqueuse, jaunes ou d'un vert pâle; les rameaux sont peu nombreux et espacés; les fleurs, également peu nombreuses, avortent ou coulent souvent; les boutons à fleurs tombent au moment de la floraison ou peu après avoir noué; le tissu intérieur de ces végétaux est lâche; leur épiderme est sans poils, quoique souvent il en présente dans leur état naturel.

Les lieux qui se rapprochent de la condition des montagnes offrent comme elles des plantes basses, ramifiées dès les racines, d'une nature sèche et dure; leurs fleurs et en général tout l'appareil de la fructification est fort développé, comparé au reste de l'individu; les graines sont grosses, bien mûres, et avortent rarement; la surface des feuilles et des tiges est souvent couverte de poils, plus nombreux sur les sommités que sur le reste de la plante.

La couleur et les odeurs des plantes peuvent même servir à indiquer le climat. Dans les lieux bien exposés, dans ceux dont le ciel est généralement serein, peu couvert de nuages et où les brouillards sont rares, là où l'air est fréquemment renouvelé, les odeurs des plantes sont plus prononcées et plus pénétrantes, et leurs couleurs plus foncées que dans les contrées où le climat est dans des conditions opposées. Chez plusieurs plantes, on voit même les fleurs, blanches ordinairement, prendre une teinte plus ou moins foncée: les ombellifères particulièrement présentent, plusieurs se teignent en rose sur les sommités, comme le cerfeuil, etc. Le vert des plantes alpines est généralement foncé; celui des plantes de tourbières pâle et tirant sur le bleu; celui des plantes de bois ou qui croissent dans les pays ombragés, d'un vert pâle tirant sur le jaune.

SECTION VII. — *Des moyens de prévoir le temps.*

Les instrumens de météorologie indiqués

dans les 1res *sections* de ce chapitre font apprécier plus exactement les influences atmosphériques et l'état actuel du temps; mais ils ne contribuent qu'accessoirement à faire prévoir cet état à l'avance. Or, nul n'est plus intéressé a ce résultat que le cultivateur, le vigneron, le jardinier, qui pourraient alors modifier leurs cultures, hâter ou retarder leurs travaux, prendre des mesures pour se préserver ou tirer parti des météores dont ils auraient prévu l'arrivée prochaine. On peut dire sans exagération qu'une telle connaissance augmenterait de plus vrai que la plupart des habitans des campagnes acquièrent par leur expérience personnelle l'art de prévoir le temps dans leur localité, on ne saurait douter de l'importance qu'il y a pour eux à profiter de toutes les observations faites sur ce sujet, et à pouvoir éclairer à cet égard leur expérience, en quelque sorte instinctive, par la connaissance des signes qui sont de véritables *indicateurs ou pronostics des divers changemens du temps.* Dans un climat aussi variable que le nôtre, cet art est fort difficile et demande toujours la connaissance des localités, en outre de celle du résultat des observations générales que nous allons reproduire.

§ Ier.—Pronostics fournis par les instrumens.

I. *Tirés du baromètre.* — Le baromètre monte ordinairement plus ou moins le matin jusqu'à 9 ou 10 heures, et descend jusqu'à 2 ou 4, pour remonter ensuite. Les *mouvemens contraires* à cette marche sont un indice probable de changement de temps. — Ces changemens s'annoncent presque toujours *la veille au moins.* — Lorsque le baromètre, étant déjà au variable ou au-dessous, descend, il *annonce ordinairement la pluie.* Le mercure monte quand le *temps tourne au beau.* — Les vents du nord ou du nord-ouest tiennent ordinairement le baromètre au-dessus de la hauteur moyenne; ceux du sud-est et du sud-ouest le tiennent au-dessous. — Quand le temps est à l'orage, les agitations du baromètre sont plus marquées; il remonte précipitamment quand l'orage est près de finir. — Lorsque le mercure baisse par un temps chaud, c'est *signe d'orage;* — en hiver, lorsqu'il monte, c'est *signe de froid.* — S'il baisse pendant le froid, c'est *signe de dégel.* — Un *gros temps* accompagné de la baisse subite du baromètre *ne sera pas de longue durée; il en sera de même du beau temps* accompagné d'une hausse subite; de même si l'ascension a lieu par le mauvais temps et continue avec ce mauvais temps pendant deux ou trois jours, *attendez un beau temps continu;* mais, si par un beau temps le mercure tombe bas et continue de tomber durant 2 ou 3 jours, cela *présage beaucoup de pluie* et probablement de grands vents.

II. *Tirés du thermomètre.* — Le thermomètre n'indique rien autre chose que les variations de température; mais il les indique de la manière la plus exacte et la plus certaine.

On ne peut donc s'en servir pour prévoir le temps que d'après les conséquences souvent très-concluantes que fournit le changement de température. En général, lorsqu'il fait très-chaud et que le temps fraîchit, ou qu'il fait froid et que l'air se radoucit, cela *indique de la pluie ou de la neige*, selon la saison.

III. *Tirés des girouettes.* — Les girouettes, en indiquant d'où vient le vent, sont des pronostics très-précieux à consulter. En parlant des vents, on a indiqué leurs caractères dominans et généraux pour la France. Personne n'ignore, après avoir habité un pays pendant quelque temps, quel changement dans le temps est indiqué par celui du vent.

IV. *Tiré de l'hygromètre.* — Les variations les plus importantes provenant de l'état d'humidité ou de sécheresse de l'atmosphère, cet instrument est un des plus utiles à consulter. En donnant une mesure ou une indication de l'humidité, il dénote assez souvent à l'avance la pluie ou les brouillards.

§ II.—Pronostics fournis par les astres.

I. *Tirés du soleil.* — *Indices de vent :* Le soleil se lève pâle et reste rouge; son disque est très-grand; il paraît avec un ciel rouge au nord; il conserve une couleur de sang; il demeure pâle, avec un ou plusieurs cercles obscurs ou des raies rouges; il paraît concave ou creux. — Quand le soleil semble partagé ou quand il est accompagné d'une parhélie, c'est *indice d'une grande tempête.*

Signes de pluie : Le soleil est obscur et comme baigné d'eau; il se lève rouge et avec des bandes noires entremêlées avec ses rayons, ou devient noirâtre; il est placé au-dessus d'un nuage épais; il se montre entouré d'un ciel rouge à l'est. — Les pluies subites ne sont jamais de longue durée; mais quand le ciel se charge petit-à-petit et que le soleil, la lune ou les étoiles s'obscurcissent peu-à-peu, il pleut généralement pendant six heures.

Signes de beau temps : Le soleil se lève clair et le ciel l'a été pendant la nuit; les nuages qui l'entourent à son lever se dirigent vers l'ouest, ou bien il est environné d'un cercle, pourvu que ce cercle s'en écarte également de tous côtés : alors on peut attendre un temps constamment beau; il se couche au milieu de nuages rouges, d'où ce dicton populaire, que « *rouge soirée et grise matinée sont signes certains d'une belle journée.*»

II. *Tirés de la lune.* — *Indices de vent :* La lune paraît fort grosse; elle montre une couleur rougeâtre; ses cornes sont pointues et noirâtres; elle est environnée d'un cercle clair et rougeâtre. Si le cercle est double ou paraît brisé, c'est *signe de tempête.* A la nouvelle lune, il y a souvent changement de vent.

Signes de pluie : Son disque est pâle; les extrémités de son croissant sont émoussées. Le cercle autour de la lune accompagné d'un vent du midi, *annonce la pluie pour le lendemain.* Lorsque le vent est sud et que la lune n'est visible que la 4ᵉ nuit, cela annonce *beaucoup de pluie pour le mois.*

Signes de beau temps : Les taches de la lune

sont bien visibles; un cercle brillant l'entoure lorsqu'elle est pleine. Ses cornes sont-elles pointues le 4ᵉ jour, c'est du beau temps jusqu'à la pleine lune. Son disque bien brillant trois jours après le changement de lune et avant qu'elle soit pleine, dénote toujours le beau temps. Après chaque nouvelle et pleine lune, il y a souvent de la pluie suivie d'un beau temps.

III. *Tirés des étoiles.* — *Signes de pluie :* Elles paraissent grossies et pâles; leur scintillation est imperceptible, ou elles sont environnées d'un cercle. Dans l'été, quand le vent souffle de l'est et que les étoiles paraissent plus grandes que de coutume, alors attendez-vous à une *pluie soudaine.*

Signes de beau temps et de froid : Les étoiles se montrent en grand nombre, sont brillantes et étincellent du plus vif éclat.

§ III. —Pronostics fournis par l'atmosphère.

I. *Tirés des nuages.* — *Signes de vent :* Lorsque les nuages fuient légèrement, qu'ils se montrent subitement au sud ou à l'ouest, qu'ils sont, ainsi que le ciel, rouges, notamment le matin. — Une giboulée après un grand vent est un indice certain que *la tempête approche de sa fin,* d'où ce dicton populaire : « Petite pluie abat grand vent. »

Indices de pluie : La source la plus féconde des pronostics météorologiques a toujours été l'apparence diverse et les changemens d'aspect des nuages; cause prochaine de la pluie ou de la neige, on les a toujours regardés comme fournissant les signes les plus sûrs et les plus directs des changemens du temps. Malgré leurs changemens rapides et leurs formes fugaces, nous citerons les principaux renseignemens qu'on en peut tirer. — Par un temps nuageux, quand le vent souffle, la pluie doit s'ensuivre. Les nuages sont encore *indices de pluie* quand ils s'amoncèlent et ressemblent à des rochers ou à des montagnes qui s'entassent les unes sur les autres quand ils viennent du sud ou changent souvent de direction. Quand ils sont nombreux au nord-est le soir, quand ils sont noirs et viennent de l'est, c'est de la *pluie pour la nuit;* s'ils viennent de l'ouest, c'est *pour le lendemain;* quand ils ressemblent à des flocons de laine, c'est de la *pluie après deux ou trois jours.*

Lorsqu'il a beaucoup plu dans un endroit voisin de celui où l'on se trouve, dans l'été particulièrement, il se forme plusieurs couches de nuages; on doit donc attendre de la pluie, mais de peu de durée, parce que l'humidité qui en avait été la cause était peu considérable, alors on a ce qu'on nomme des *pluies d'orages.* — La *pluie est de peu de durée* quand le ciel, couvert de nuages le matin, et l'air étant tranquille, les rayons du soleil viennent à percer les nuages; car la chaleur, en dilatant alors l'air supérieur, le rend capable de contenir plus d'humidité, et le temps devient serein. Mais si plusieurs couches de nuages existent dans l'air et qu'il règne des vents humides, la *pluie sera de longue durée.* Il en sera de même, mais *par ondées,* si ces couches se meuvent avec des vitesses différentes, de façon à laisser des intervalles en passant l'une sur l'autre. — Si la pluie commence une heure ou deux avant le lever du soleil, il est à croire qu'il fera *beau à midi;* mais s'il pleut une heure ou deux après le lever du soleil, en général il *continuera à pleuvoir pendant* tout le jour, et alors la pluie cessera. Quand la pluie arrive du sud avec un grand vent pendant deux ou trois heures, que le vent cesse et qu'il continue à pleuvoir, dans ce cas la *pluie se prolongera durant* 12 *heures* ou même davantage, et cessera ensuite. Ces longues pluies durent rarement plus de 24 heures.

Indices de beau temps : Quand, au coucher du soleil, les nuages paraissent dorés ou semblent s'évanouir; que de petits nuages semblent descendre ou aller contre le vent; qu'ils sont blancs ou que le ciel est ce qu'on appelle *pommelé,* le soleil étant élevé sur l'horizon. On a observé que le ciel pommelé, qui dénote un beau temps pour le jour où il se montre, est en général suivi de pluie deux ou trois jours après.

II. *Tirés des brouillards.* — *Signes de pluie :* Lorsque les brouillards semblent attirés vers les sommets des hauteurs, il pleuvra dans un jour ou deux; si, par un temps sec, les brouillards paraissent monter plus que de coutume, pluie subite.

Signes de beau temps : Si les brouillards se dissipent ou semblent descendre peu après la pluie; si, après le coucher ou avant le lever du soleil, il s'élève, des eaux et des prairies, un brouillard blanchâtre, c'est pour le jour suivant de la chaleur et du beau temps. Le dépôt d'humidité à l'intérieur des carreaux de vitres est signe de beau temps pour la journée.

III. *Tirés du vent.* — Dans presque toute la France les vents d'ouest et du nord-ouest donnent de la pluie ou des giboulées; celui du sud et du sud-est y dispose le temps. Le vent d'ouest donne quelquefois de petites pluies, quoique le baromètre soit fort haut. — Quand le temps est orageux, il règne dans l'atmosphère plusieurs vents opposés; la marche des nuages en divers sens, ou dans une direction contraire à celle indiquée par les girouettes, est donc signe d'orage.

§ IV. — Pronostics fournis par les végétaux.

Signes de pluie : Le Liseron des champs, le Mouron des champs, le Souci pluvial et beaucoup d'autres plantes, ferment leurs fleurs aux approches de la pluie; ce qui a même fait appeler le Mouron, *baromètre du pauvre homme.*

§ V. — Pronostics fournis par les animaux.

L'air pénètre presque tout le corps des oiseaux, les organes de la respiration se continuant dans leurs os; il n'est donc pas surprenant qu'ils paraissent plus sensibles aux variations et aux influences de l'atmosphère que les autres animaux. Ce sont eux que le navigateur, le chasseur et toute personne obligée de passer sa vie au dehors, consulte principalement : ils nous fourniront les indices les plus nombreux.

Indices du vent : Les oiseaux aquatiques se rassemblent sur le rivage et s'y ébattent, surtout le matin; les Foulques et les Canards sont inquiets et criards; les Corbeaux s'élancent dans l'air ou folâtrent sur les rivages. Les poissons de mer et d'eau douce, lorsqu'ils sautent souvent à la surface de l'eau, *présagent un orage.*

Indices de calme : Le retour de l'Alcyon à la mer quand le vent dure encore; la sortie des Taupes de leurs trous; le chant ordinaire des petits oiseaux; les jeux des Dauphins sur l'eau pendant l'orage.

Signes de pluie : Les oiseaux d'eau quittent la mer pour venir à terre; les oiseaux de terre, et notamment les Oies, les Canards, vont à l'eau et y font de grands mouvemens et de grands cris; les Corbeaux et les Corneilles se rassemblent et disparaissent ensuite subitement; les Pies et les Geais s'attroupent et jettent de grands cris; les Corneilles crient le matin d'une manière entrecoupée ou plus que de coutume; les Hérons, les Buses volent bas; les Hirondelles rasent la surface des eaux; les petits oiseaux oublient leur nourriture et fuient vers leurs nids; les Pigeons gardent leurs demeures; les Poules, les Perdrix, etc., se roulent dans le sable et secouent leurs ailes; le Coq chante le soir et le matin et bat des ailes; l'Alouette et les moineaux chantent très-matin; le Pinçon fait entendre son cri de bonne heure près des maisons; les Paons et les Hibous crient plus fort et plus souvent que de coutume pendant la nuit; etc. etc. — Les Anes braient plus que de coutume; les Bœufs ouvrent leurs naseaux, regardent du côté du sud, se couchent et se lèchent; les Chevaux hennissent avec violence et gambadent; les Moutons et les Chèvres sautent beaucoup et se querellent; les Chats nettoient leur face et leurs oreilles; les Chiens grattent la terre avec ardeur, et un grand bruit se fait entendre dans leur ventre; les Rats et les Souris font plus de bruit que de coutume, etc., etc. — Les Grenouilles et les Crapauds croassent dans les fossés; les Vers sortent de terre en abondance; les Araignées travaillent peu et se retirent dans leurs coins; les Mouches sont plus lourdes et plus piquantes; les Fourmis gagnent à la hâte leur habitation, ainsi que les Abeilles; les Cousins chantent plus que de coutume, etc.

Signes de beau temps : Les Milans, les Butors volent en criant; les Hirondelles volent bien haut (parce qu'alors les insectes se tiennent dans les régions supérieures); les Tourterelles roucoulent lentement; le Rouge-Gorge s'élève dans les airs et chante; les Roitelets chantent le matin de 9 à 10 heures et l'après-midi de 4 à 5 heures, etc. — Les Cousins et les Mouches jouent dans les airs après le coucher du soleil; les Frelons, les Guêpes paraissent le matin en grand nombre; les Araignées se montrent dans l'air et sur les plantes, filent tranquillement, et étendent beaucoup leurs rêts.

§ VI. — Signes et pronostics divers.

Indices de pluie tirés des corps inanimés.

—Ils sont sans nombre : on peut citer le gonflement du bois, le dépôt d'humidité sur les pierres et le fer qui semblent suer; on voit alors les cordes des instrumens de musique se briser, les toiles des tableaux et les papiers de teinture se relâcher, le sel devenir humide, un cercle remarquable se montrer autour des lumières, les étangs devenir troubles et boueux, etc.

Signes d'orage : Quand le temps est étouffant et que le sol se fend, c'est toujours un présage que *l'orage est proche;* dans l'éte, quand le vent a soufflé du sud pendant 2 ou 3 jours, que le thermomètre est élevé et que les nuages forment de grands amas blancs, comme des montagnes qui s'entassent les unes sur les autres, accompagnés de nuages noirs en dessous; si deux nuages de cette espèce apparaissent des deux cotés. On a observé que c'est le vent du sud qui amène le plus d'orages, et le vent de l'est qui en amène le moins.

Signes de grêle et de neige : Les nuages d'un blanc jaunâtre et qui marchent lentement, quoique le vent soit fort. Si, avant le lever du soleil, le ciel vers l'est est pâle, et si les rayons réfractés se montrent dans des nuages épais, attendez alors de *grands orages avec grêle.* Les nuages blancs dans l'été sont signes de grêle, mais dans l'hiver, de neige, surtout quand l'air est un peu adouci. Au printemps et dans l'hiver, quand les nuages sont d'un blanc bleuâtre et s'étendent beaucoup, on doit *s'attendre à du gresil,* qui n'est autre chose qu'un brouillard congelé.

Signes de froid et de gelée : L'apparition prématurée des Oies sauvages et autres oiseaux de passage; la réunion des petits oiseaux en bandes ; l'éclat du disque de la lune, et l'aspect pointu de ses cornes après le changement de lune ; si le ciel est brillant d'étoiles; si de petits nuages bas voltigent vers le nord; si la neige tombe fine, tandis que les nuages s'amoncèlent comme des rochers.

Signes du dégel : La chute de la neige en gros flocons tandis que le vent souffle du sud, les craquemens qui se font entendre dans la glace; si le soleil paraît baigné d'eau, et les cornes de la lune émoussées; si le vent tourne au sud ou est très-changeant. On voit que ce sont en général les mêmes indices que pour l'humidité.

SECTION VIII.— *Du climat de la France.*

L'Anglais Arthur YOUNG rend ce témoignage en faveur du climat de la France, que de toutes les coutrées de l'Europe il n'en est peut-être pas une qui soit dans des conditions pareilles de prospérité. Sachons donc profiter des avantages naturels de notre situation. Ceux qui tiennent au climat sont aussi essentiels que la qualité du sol, et il est impossible d'avoir une idée exacte de l'abondance et des ressources d'un État, si l'on ne connaît pas les avantages et les désavantages naturels de ses différens districts. Mais il faut avouer que, pour le cultivateur praticien, il n'en est pas tout-à-fait ainsi : des généralités sur le climat des différens bassins de la France auraient pour lui peu d'utilité,

et il trouvera plus de profit à méditer les considérations consignées dans les sections précédentes, afin de les appliquer à la localité qui l'intéresse.

Qu'il nous soit permis de dire seulement que le climat général de la France est tempéré, et que, considéré dans l'ensemble, il n'est ni sec ni humide; il se prête merveilleusement à toutes les tentatives des cultivateurs, qui le verront récompenser leurs efforts s'ils savent choisir avec discernement les cultures convenables à chaque localité. En effet, le territoire français est trop vaste et trop varié pour qu'il soit possible d'y prescrire une culture uniforme. Ainsi, la Normandie et une partie de la Bretagne sont mises, par le voisinage de la mer, dans des conditions analogues au climat de l'Angleterre, et il en résulte que l'air est plus humide et plus favorable aux pâturages, que la température y est plus égale, c'est-à-dire les étés moins chauds, et les hivers moins froids.

D'un autre côté, Arthur Young dit qu'en Angleterre, le fermier qui, ayant labouré en automne, sème en février, jette les semailles dans un bourbier; tandis qu'il sème dans une terre de jardin, si après avoir labouré en février, il confie immédiatement ses semences à la terre. Il en est tout autrement dans la culture du midi: l'homme qui laboure en hiver et sème en février, travaille dans une terre de jardin; celui dont les labours sont exécutés en février, ne sème plus souvent que dans des mottes à peine brisées, et est obligé à un grand nombre de travaux préparatoires. La sécheresse de l'été oblige les cultivateurs des terres fortes en Provence à se servir beaucoup du rouleau après chaque labour; un hersage qui suit l'action du rouleau, émiette parfaitement la terre ; lorsque les printemps sont secs, on est obligé d'employer d'énormes rouleaux de pierre, dont le travail difficile et pénible reste quelquefois imparfait. Les seconds labours d'été offrent dans ces régions un autre genre de difficultés, lorsqu'il ne pleut pas ou que les pluies estivales sont peu abondantes, ce qui est le plus ordinaire : un labour fait imprudemment gâte la terre, et y fait croître une multitude de coquelicots et de crucifères qui épuisent le sol et le couvrent pour plusieurs années de leurs semences abondantes. — Ces considérations font sentir combien on doit insister sur l'influence des climats dans l'application des principes de l'agriculture.

ROZIER fait remarquer que la France est divisée en 14 *bassins*, dont 4 grands et 10 petits : on entend par bassin tout le pays qui a pour ses eaux une même voie d'écoulement; ainsi la portion du terrain qui sépare un bassin d'un autre est nécessairement plus élevée, puisqu'elle détermine la pente des eaux. Nous nous bornerons ici à nommer ces *bassins.*

Les 4 *grands* sont ceux du Rhône, de la Seine, de la Loire et de la Garonne, qui doivent être subdivisés chacun en un assez grand nombre d'autres. Les 10 *petits bassins* admis par Rozier, sont ceux de la Basse-Provence ou du Var; du Bas-Languedoc, formé par plusieurs petites rivières, et principalement par l'Aude et l'Hérault; de la

Navarre ou de l'Adour ; des Landes de Bordeaux ; de la Saintonge ou de la Charente ; de la Bretagne et de la Normandie, composé de la Bretagne proprement dite, où le principal cours d'eau est la Vilaine, et de la partie de la Normandie arrosée par la Vire, l'Orne, la Touque, etc. ; de la Picardie ou de la Somme ; de l'Artois ou de l'Escaut ; de la Meuse ; de la Moselle ; on peut encore y ajouter celui du Rhin pour la rive gauche de ce fleuve depuis Béfort.

C. B. de M.

CHAPITRE SECOND.—DU SOL, DE SES PROPRIÉTÉS ET DE LA NATURE DIVERSE DES TERRES.

Les premiers objets, les premiers motifs d'étude dans la science agricole, sont les *qualités du sol*, question importante et l'une des plus difficiles de celles que présente l'agriculture, ces qualités variant en raison de la nature et de la composition des terres, de leurs propriétés physiques, de l'influence qu'exerce la couche inférieure, enfin de leur degré de fertilité. La connaissance de ce qui concerne les sols sera complétée par l'indication des moyens de juger des qualités des sols d'après l'aspect et les propriétés physiques, d'après les plantes qui y croissent spontanément, enfin par l'analyse chimique.

SECTION Ire. — *De la formation des sols.*

Le sol arable, c'est-à-dire la couche terreuse propre à la végétation, et qui se rencontre à la surface de notre globe, dans tous les lieux que n'occupent pas les eaux et les rochers, est composé d'une multitude d'élémens divers ; ce sol varie autant que les couches géologiques qui ont contribué à sa formation par leur décomposition plus ou moins rapide, plus ou moins complète, et il a la même nature, mais sous un autre état.

Les roches, à leur état primitif, se présentent sous la forme de masses très-solides, compactes, souvent pierreuses : transformées en *terre,* elles sont devenues friables, pulvérulentes, à un degré plus ou moins grand en raison des propriétés chimiques et physiques des élémens qui les composent, et du mélange de leurs diverses espèces.

La *végétation elle-même* contribue à la formation des terres : c'est ainsi que sur les rochers les plus nus s'établit d'abord quelques lichens imperceptibles qui retiennent l'humidité, agissent sur le roc et contribuent, avec les variations du temps et les influences atmosphériques, à le décomposer peu-à-peu. Bientôt cette première décomposition, mêlée aux débris de cette première végétation, forme une petite couche de *terre végétale ;* c'est alors que naissent d'autres plantes plus fortes, telles que les grands lichens, les mousses, des graminées, etc., dont l'action plus puissante et les débris plus considérables accroissent avec plus de rapidité la couche de terre, et finissent par en faire un sol arable.

Tel a été, nous devons le croire, son premier mode de formation sur un grand nombre de terrains, et, si nous voyons encore aujourd'hui des rochers à nu, c'est que leur situation abrupte a empêché l'établissement de toute végétation, on a laissé successivement entraîner par les pluies, dans les lieux plus bas, le produit de la décomposition des rocs et de la végétation des plantes. C'est par cette raison que le *sol des vallées* est toujours plus profond, d'une épaisseur inégale, et d'une composition très-variée, tandis que celui *des plateaux* offre peu de profondeur, mais beaucoup d'uniformité dans son épaisseur et sa composition.

Certaines couches géologiques sont naturellement à un état terreux qui rend leur désagrégation ou mélange bien plus facile. Ces couches peuvent généralement être rapportées à trois espèces d'après lesquelles les terres arables ont été divisées en trois classes, savoir : 1°. les *terres argileuses,* plus ou moins compactes ; 2° les *terres sableuses,* plus ou moins légères, et 3° les *terres calcaires,* plus ou moins pures.

Le degré de fertilité de ces différentes espèces de terre dépend du mélange qui en a été opéré par la nature ou par la main de l'homme ; chacune d'elles isolément ne possède guère plus de propriétés végétatives que les rochers dont elles proviennent, tandis que leur mixtion constitue tous les sols, depuis les plus médiocres jusqu'aux plus riches, en raison de ce que l'une ou l'autre de ces terres domine, ou bien qu'elles sont combinées dans des proportions convenables.

14 *janv.* 1834.—L. HÉRICART DE THURY.

SECTION II. — *Composition, qualités des différens sols.*

Les différens terrains propres à la culture offrent des variations très-nombreuses dans leur nature, leur composition et leurs qualités ; mais tous doivent réunir les conditions générales suivantes.

§ Ier. — Nature et qualités des sols.

1° *Être assez divisées* pour que les racines les pénètrent facilement, et que les plumules ou germes les soulèvent ; assez pesans pour que les tiges ébranlées par les vents résistent à l'aide de l'espèce de scellement des racines.

Ainsi, par exemple, si l'on considère une plante à tige haute et feuilles très-développées, comme le Soleil (*Helianthus annuus*) de la *figure* 19, on conçoit que le poids de toute cette partie volumineuse hors de terre, augmenté par les mouvemens que l'air agité lui imprime, sera difficilement contrebalancé par le poids du volume de terre que comprennent les racines. Cette condition de stabilité ne sera donc pas remplie dans les sols trop allégés, soit par l'abondance du terreau, soit par des proportions trop fortes de calcaire magnésien, et un seul coup de vent pourra renverser une plantation de ces végétaux à haute tige. L'arrachage à la main de ces plantes et de diverses autres peut donner des indices sur la nature d'un sol, notamment sa *ténacité,* sa

Fig. 19.

perméabilité aux racines, sa *légè-reté* qui favorise le développement de celles-ci, etc.

2° *Etre assez perméables aux eaux pluviales* et retenir l'eau, au point de se conserver humides à quelques pouces de profondeur, sans former, après les pluies, et d'une manière durable, une sorte de pâte ou bouillie qui chasse la presque totalité de l'air libre, et sans présenter pendant les temps secs de ces larges crevasses qui déchirent les racines, et les font souffrir en les mettant en partie à l'air libre.

3° *Etre assez légers* pour absorber, contenir et exhaler sous certaines influences l'air atmosphérique et les gaz ou *vapeurs* des engrais.

4° Avoir au moins près de sa superficie, *une couleur jaunâtre, fauve,* ou *brune,* assez foncée pour s'échauffer aux rayons solaires, et présenter aux plantes une *chaleur humide* (air et gaz chargés à une température douce de vapeur d'eau), circonstances qui excitent si puissamment la végétation.

5° *Contenir de l'humus* (débris organiques ou restes de végétaux et d'animaux morts, plus ou moins *pourris* ou *consommés*), susceptible, par une décomposition spontanée, de fournir aux plantes des alimens solubles ou volatils.

6° *Renfermer de l'argile, du sable* (argileux, siliceux ou calcaire), *et de la chaux carbonatée* en proportions telles que les caractères précédens soient ou puissent être réunis, et surtout assez de la dernière substance (carbonate de chaux) pour qu'il ne puisse s'y produire ou s'y perpétuer un excès d'acide.

7° *Avoir les propriétés précédentes dans une profondeur* égale au moins à celles que les racines des plantes en culture doivent habituellement atteindre. Ainsi, par exemple, les betteraves jaunes, dites de Castelnaudary (*Beta major*), exigeraient une profondeur d'environ 45 centimètres, ou 15 à 16 pouces de terre meuble, puisque leur racine charnue fusiforme A (*fig.* 20), peut atteindre facilement cette longueur, et que si le sous-sol, trop graveleux ou formé de tuf ou d'argile peu perméable, était plus rapproché, la racine pivotante se bifurquerait en radicelles sans valeur ou difficiles à utiliser. — Plu-

Fig. 20.

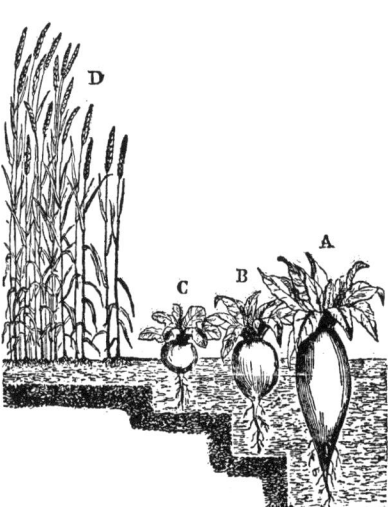

sieurs variétés de betteraves blanches ou roses pyriformes, comme on le voit en B, s'enfoncent moins en terre ; une profondeur de 9 à 12 pouces (24 à 33 centimètres) leur suffit; d'autres plantes, telles que les navets C, exigent moins encore; enfin les céréales peuvent être cultivées sur un sol offrant, comme l'indique D, seulement 5 et 6 pouces (15 à 17 centimètres) de terre meuble.

Lorsque la profondeur du sol est suffisante, mais que de très-nombreux fragmens de rochers, des pierrailles, cailloux, y sont interposés, on y peut cultiver diverses plantes dont les racines ne sont ni charnues, ni tuberculeuses, ou du moins dans lesquelles cette partie souterraine n'est pas le produit que l'on doive récolter. Il suffit, dans ce cas, que les intervalles entre les pierres offrent une terre perméable aux racines, à l'eau, et, en un mot, réunissant les propriétés ci-dessus indiquées, et mieux décrites plus loin.

8° *Au-dessous* de cette profondeur *ne pas offrir un sol imperméable* qui ne laisse aucun passage à l'eau.

§ II. — Composition des sols en culture ou des terres arables.

On rencontre généralement dans les terrains fertiles, de l'argile, du carbonate de chaux, du sable, de l'*humus,* des débris non entièrement déformés de végétaux, de l'oxide de fer, de l'eau, de l'air et différens gaz, et accidentellement du carbonate de magnésie, du mica, du sulfate de chaux, et plusieurs autres sels.

I. *L'argile* constitue souvent la moitié ou la plus grande partie du sol ; elle-même est formée de silice et d'alumine mélangées en différentes proportions. La silice domine généralement : elle forme souvent les 75 centièmes du mélange, et rarement moins des 40 centièmes.

La *silice*, que l'on croyait autrefois un corps simple, est véritablement un oxide métallique (oxide de Silicium), blanc, rude au toucher, qui peut se combiner comme un acide avec d'autres oxides; ainsi, par exemple, unie à la soude (oxide de Sodium),ou à la potasse (oxide de Potassium), la silice forme des composés (silicates de soude ou de potasse) fusibles à chaud, blancs, diaphanes, que l'on connaît sous le nom de *verres* ou de *glaces*, et dont chacun sait quels sont les nombreux usages. La silice pure, ou presque pure, se montre dans le cristal de roche; unie à la potasse et à l'oxide de plomb (silicate de potasse et de plomb), elle forme le cristal artificiel qui, soufflé, taillé ou moulé sous mille formes, se prête aux décors de nos tables et de nos appartemens.

L'*alumine* est aussi un oxide métallique (oxide d'Aluminium) blanc,insoluble,qui, uni naturellement avec la silice dans certaines argiles blanches ou très-peu colorées,comme dans le kaolin (argile maigre) de Saint-Yrieix, près de Limoges, forme la base de la fabrication de la porcelaine.

L'*argile grasse*, ou *argile plastique*, est compacte, douce au toucher, susceptible de former pâte avec l'eau, dont elle absorbe une si grande quantité, qu'en se desséchant ensuite elle diminue considérablement de volume et se fend à l'air comme au feu, toutes les fois que ce retrait ne peut s'opérer très-librement. — Chauffée au-dessous du rouge, et plongée dans l'eau, elle l'absorbe si rapidement, qu'elle tombe en poudre, qui aussi ôt se réunit en pâte. — Chauffée au rou , elle durcit de plus en plus, et cesse de pouvoir être délayée dans l'eau. C'est sur cette propriété que se fondent les arts du briquetier, du potier, du faïencier, du fabricant de porcelaine, qui tous moulent l'argile en pâte, la font dessécher, puis la durcissent au feu. Nous verrons que l'on essaie facilement ainsi les *terres argileuses*.

C'est en général l'argile plastique qui, par sa présence, rend les terres *fortes, grasses, froides* et *humides*.

Une argile qui intéresse beaucoup le cultivateur est connue sous le nom de *marne;* elle est en général facile à délayer, se désagrège même en séchant, se met dans l'eau en une bouillie qui n'a pas de liant; mais ce qui surtout la distingue, c'est la grande proportion de carbonate de chaux (du quart aux deux tiers) qu'elle renferme et qui lui donne des propriétés utiles si remarquables, sur lesquelles nous reviendrons,et les moyens de la reconnaitre et de la doser par sa facile dissolubilité par les acides et l'espèce de bouillonnement (effervescence) qu'elle forme dans ces liquides.

II. Le *sable*, dans les sols, est généralement formé de silice dont la cohésion est extrêmement forte, et de quelques traces de matières étrangères qui le colorent; les cailloux, les pierres à fusil, la pierre meulière, les grès blancs, le cristal de roche, etc., offrent tous la composition siliceuse. Sous le rapport de leur utilité dans les sols, c'est bien plutôt leur dureté, leur résistance à

tous changemens par l'humidité et la sécheresse qu'il faut considérer que leur nature chimique. Ainsi, les sables d'argiles maigres et dures,et les sables calcaires, produisent les mêmes effets; toutefois, en se désagrégeant à la longue, ces derniers font partie de la *terre* divisée.

III. Le *carbonate de chaux*, dont la présence et les proportions déterminent la dénomination de *calcaires* donnée à divers sols, marnes, pierres, sables, albâtres, etc., est composé d'oxide de calcium (chaux), combiné à l'acide carbonique; ce dernier acide étant susceptible d'être séparé et volatilisé par une haute température, permet d obtenir la *chaux* par une simple calcination du carbonate.

Depuis les marbres qui présentent le carbonate de chaux presque pur, jusques aux mélanges en diverses proportions avec l'argile et d'autres corps étrangers formant les marnes calcaires et tous les sols fertiles, *on rencontre le carbonate de chaux sous mille formes* dans la nature. Ainsi, il se trouve dans ces bancs d'une immense étendue d'où l'on extrait les pierres de taille et les moellons à bâtir, dans ces diverses roches compactes qui donnent les pierres lithographiques, les pierres à chaux hydraulique et à chaux grasse, dans ces énormes dépôts de craie qui se rencontrent à diverses profondeurs.

Le *carbonate de chaux, facilement décomposé* par plusieurs acides, laisse alors dégager son acide carbonique et peut former d'autres sels plus solubles; c'est ainsi que, passant dans la sève des végétaux, la chaux se retrouve dans leurs cendres. On trouve encore le carbonate de chaux dans les os des animaux.

Enfin *la chaux*, unie à l'eau (*éteinte*) et répandue sur les sols ou dans divers composts, absorbe l'acide carbonique de l'air et reproduit le carbonate de chaux. Nous verrons que soit dans ce dernier état, soit seulement hydratée(*éteinte à l'eau*),soit combinée à l'acide sulfurique (sulfate de chaux ou *plâtre*), la chaux est un des plus utiles agens de la végétation.

IV. L'*humus*, qui forme une partie des sols fertiles, est le résidu de la décomposition des végétaux et des animaux que les cultures et les engrais y ont déposés. Comme eux, il contient de l'hydrogène,de l'oxigène, du carbone et ordinairement de l'azote. — Cette substance est encore décomposable, même lorsqu'elle est devenue acide, et s'est fixée tellement que l'eau bouillante ne l'enlève pas à la terre. Elle forme souvent une sorte de sel (ulminate de chaux), résultant de l'acide ulmique qui se rencontre dans la plupart des détritus de végétaux pourris, les tourbières, etc. Dans cet état, elle peut fournir un aliment aux végétaux, à plus forte raison lorsque sa décomposition est moins avancée.

Les débris des engrais et des plantes qui ont conservé une partie de leurs formes et de leur dureté sont utiles en se pourrissant peu-à-peu et laissant dégager des gaz qui nourrissent les plantes. Nous verrons comment on accélère cette décomposition, en prévenant une *acidité* nuisible.

Nous verrons aussi comment à l'aide de la chaux vive ou hydratée (*éteinte*),on sature non seulement l'excès d'acide que contiennent souvent les débris accumulés des plantes, mais encore on décompose les sels ammoniacaux, on dégage utilement de l'ammoniaque et l'on communique au résidu une alcalinité convenable.

§ III.— Substances contenues accidentellement dans les sols en culture.

La magnésie, le mica, l'oxide de fer, le charbon, le bitume, le sulfate de chaux et divers sels insolubles ou offrant une solubilité variable, se rencontrent accidentellement dans les sols : nous devons donc en dire un mot :

I. *Magnésie*. Cet oxide métallique (oxide de Magnésium), blanc, insoluble, uni à l'acide carbonique, forme un carbonate que l'on rencontre toujours accompagné de carbonate de chaux dans la nature. Les terrains ainsi magnésifères participent des propriétés du carbonate de magnésie : trop froids ou trop humides par la grande quantité d'eau qu'ils recèlent après les pluies, trop friables et arides par leur légèreté et la grande proportion d'air qui remplace l'eau après leur dessiccation, ils nuisent aux plantes dans chacune de ces alternatives.

II. *Mica*. Cette substance est assez souvent répandue en très-petits feuillets minces, luisans, blancs ou jaunâtres, dans les terres arables. Le mica reste au fond des vases avec le sable lorsqu'on sépare les portions les plus fines en troublant et décantant l'eau dans laquelle la terre a été délayée ; la silice, l'alumine, la potasse et quelques centièmes de fer oxidé le constituent ordinairement; quelquefois il s'y joint un peu de chaux magnésifère. — *Ce composé agit*, en raison de sa forme et de sa cohésion, à peu près comme le ferait du sable de même grosseur; cependant sa faculté pour absorber l'eau et la retenir est plus grande et son poids spécifique un peu moindre (terme moyen 2264), en sorte qu'il peut rendre un sol *plus léger* sans le rendre aussi *chaud* que le sable.

III. *Oxide de fer*. C'est généralement à l'état de peroxide, c'est-à-dire contenant tout l'oxigène qui peut entrer dans sa composition, que le fer se trouve dans les terres en culture. Il communique à toutes une coloration qui contribue à leur faire mieux absorber la chaleur des rayons solaires ; il en retient d'ailleurs plus que le sable et rend les sols plus chauds. — Quant aux propriétés nuisibles de l'oxide de fer, elles ne se sont manifestées que lors d'une grande proportion de cette substance, et nous verrons que divers amendemens peuvent les faire disparaître.

IV. *Charbon*. Ce corps à l'état poreux et très-divisé est fort utile dans les sols arables; son pouvoir très-remarquable d'absorption des rayons calorifiques et de condensation pour divers gaz, en font un puissant intermédiaire entre les agens extérieurs et les plantes ; il concourt à l'allégement de la terre et ralentit très-utilement la décomposition de certains détritus (urine, sang, matières fécales, etc.), trop altérables : nous y reviendrons plus loin en traitant des *engrais*.

V. *Bitume*. Diverses roches désagrégées, des schistes et certaines argiles sont imprégnées de bitume. Lorsque cette sorte *d'huile* ou de *goudron minéral* est assez peu abondante pour laisser les terres aisément divisibles, sa présence en petite quantité peut servir à les colorer dans la superficie du terrain. Mais en trop forte proportion, et pour peu qu'il fasse adhérer entre elles les particules terreuses, il rend les sols impropres à la culture ; il peut quelquefois, dans ce dernier cas, servir de combustible et laisser un résidu propre à l'amendement des terres cultivées.

VI. *Sulfate de chaux (plâtre cru, gypse).* Ce sel, très-peu soluble, est composé d'acide sulfurique et de chaux (oxide de Calcium); il se trouve naturellement dans quelques sols en faible proportion, mais c'est surtout comme stimulant de la végétation de certaines plantes qu'il nous intéresse, et qu'on l'ajoute à dessein sur les trèfles, les luzernes et toutes les légumineuses : nous y reviendrons en parlant des sels stimulans.

Plusieurs autres sels offrent des *stimulans* spéciaux pour d'autres plantes : nous nous en occuperons plus loin.   A. PAYEN.

SECTION III. — *Des différentes sortes de terres et de leur classification.*

Selon que l'alumine, la silice ou le carbonate de chaux domine dans la masse du sol arable, on distingue trois principales espèces de terres, auxquelles on a donné le nom d'*argileuse, sableuse* ou *calcaire ;* elles se subdivisent, comme nous allons le voir, en un grand nombre de variétés, dont la connaissance, assez difficile à acquérir dans un livre, est cependant d'une haute importance pour le cultivateur, puisque, d'après les proportions variables de chacune de leurs parties constituantes, elles exigent des travaux et donnent des produits parfois tout différens.

A ces trois sortes de terres s'en joignent quelques autres, moins importantes pour nous, parce qu'elles n'existent pas en France en masses aussi considérables, mais qui devront cependant fixer notre attention dans l'intérêt des localités où elles se rencontrent ; telles sont les terres *tourbeuses*, *magnésiennes*, etc.

§ 1ᵉʳ. — Des sols argileux.

Généralités. L'argile pure est composée de silice, d'alumine, et presque toujours d'oxide de fer, dans un état de combinaison assez intime pour qu'aucune de ces parties ne puisse être séparée des autres par suite de l'ébullition dans l'eau. — Celle qui a été analysée par SCHUBLER contenant 58 pour 100 de silice, 36,2 d'alumine et 5,2 d'oxide de fer.

Par suite de leurs propriétés physiques, les sols dans lesquels l'argile se rencontre seule ou presque seule, sont tout à-fait impropres aux cultures économiques. — Lorsqu'ils contiennent au plus un quinzième seulement de sable séparable par l'ébullition, l'auteur que je viens de citer leur donne le nom d'*argileux* auquel on substitue fréquemment celui de *glaiseux*. — En pratique, on reconnaît à ces sortes de sols *les inconvéniens suivans*, qui s'étendent, à divers degrés, à toutes les terres dans lesquelles l'argile surabonde :

Les terres glaiseuses sont humides et froides pendant les trois quarts de l'année; elles procurent parfois d'assez abondans produits, mais des produits tardifs et presque touj ours de qualité médiocre. — Les arbres y donnent des bois moins durs, moins sains, conséquemment de moindre prix que partout ailleurs; ils y sont plus impressionnables aux fâcheux effets des fortes gelées et de diverses maladies; — les fromens, dans les années favorables, peuvent y végéter; ils y présentent même parfois de belles apparences; mais ils grènent peu, et leurs grains, gonflés d'eau avant la maturité, diminuent considérablement de volume à cette époque.— Certains herbages y croissent assez bien, mais leurs foins sont peu suceulens. — Enfin, les racines, les légumes et les fruits y acquièrent du volume, mais ils sont d'ordinaire peu savoureux et peu nourrissans.

Les cultures qui conviennent le mieux aux sols argileux sont celles des grands végétaux ligneux, dont les racines, plus fortes que nombreuses, ont la propriété de s'étendre sans pousser, dans certains cas du moins, d'abondans chevelus; celles des plantes annuelles ou vivaces qui jouissent de la même propriété, comme les féves de marais, les luzernes, etc.

Du reste, des terres de diverses natures dont nous allons nous occuper, celles qui contiennent de l'argile en excès, moins que toute autre peut-être, se prêtent à l'adoption d'un bon système d'assolement, et plus que toute autre se montrent rebelles à la culture. — Il est presque toujours fort difficile de trouver le moment de les labourer. — En hiver, elles forment une pâte tenace, que la charrue soulève sans la diviser autrement qu'en longues lanières. — Le même inconvénient se fait sentir au printemps. — En été, elles deviennent d'une dureté souvent insurmontable, et lors même que les circonstances se montrent les plus favorables, les labours qu'elles exigent sont encore laborieux et très-coûteux.

Cependant un des meilleurs moyens de rendre les terres argileuses productives, c'est de les *labourer fréquemment* et de les diviser par tous les moyens possibles.

Tous les amendemens susceptibles de concourir physiquement à ce but sont bons. Le sable, les graviers, les marnes calcaires, la chaux, l'argile elle-même amenée à un état voisin de la calcination, peuvent être employés avec succès.

Les marnes calcaires qu'on peut répandre sur ces sortes de terres, en proportions considérables, agissent mécaniquement sur elle en les divisant. Elles agissent de plus chimiquement, comme tous les calcaires, par leur propriété stimulante.

Quant à la chaux, dont les effets remarquables sur la végétation devront nous occuper plus tard, il faut avoir été témoin de ceux qu'elle produit sur les sols argileux, pour concevoir toute son importance. Plusieurs de nos départemens lui doivent en grande partie la prospérité croissante de leur agriculture.

Les récoltes enfouies produisent un excellent effet sur les terres trop tenaces, parce qu'elles sont à la fois des engrais et des amendemens. —Les fumiers longs de litière présentent le même avantage. Cependant, comme il n'y a rien d'absolu en agriculture, il faut distinguer : lorsque les terres argileuses sont de nature humide et froide, ce qui arrive dans la plupart des cas pour peu qu'elles aient de la profondeur ou qu'elles soient situées dans les lieux bas, les engrais verts ou d'une décomposition peu avancée seraient insuffisans, parce qu'ils ne trouveraient pas dans le sol la chaleur nécessaire pour se transformer en *humus*. Ils agiraient à la vérité comme amendemens, mais fort peu comme alimens. Dans de telles circonstances, pour obtenir le double but qu'on se propose, on doit donc chercher à faciliter leur fermentation, en employant la chaux ou en les mêlant à d'autres engrais très-chauds, c'est-à-dire très-actifs, tels que celui de mouton, de cheval, le noir animal, etc. Lorsque les terrains argileux offrent au contraire peu de profondeur, qu'ils sont situés sur des hauteurs, l'emploi des engrais chauds pourrait devenir dangereux. Alors surtout les récoltes vertes, enfouies par un labour avant la floraison, sont particulièrement avantageuses.

Les travaux d'écoulement des eaux sont souvent indispensables dans les argiles. Malheureusement, s'ils donnent les moyens d'éviter une humidité excessive, ils ne peuvent remédier qu'à ce seul inconvénient. — Les pluies d'averse ne battent pas moins le sol de manière à le couvrir d'une croûte épaisse, compacte, imperméable aux gaz atmosphériques et à l'eau elle même, lorsqu'elle tombe momentanément ou en faible quantité. — La chaleur solaire ne lui fait pas moins éprouver un retrait qui met à nu dans de larges crevasses ou qui comprime les racines outre mesure.

A ces graves inconvéniens, le jardinier trouve jusqu'à un certain point remède, par des *paillages* et de fréquens binages; l'agriculteur, moins heureux, ne peut recourir qu'à de coûteux amendemens destinés à changer la nature même du sol. Encore ne le peut-il pas toujours avec profit.

Mais tous les terrains dans lesquels l'argile domine sont loin d'être aussi homogènes dans leur composition que nous les avons jusqu'ici supposés; lorsqu'ils contiennent de l'oxide de fer en surabondance, du sable et de la chaux carbonatée en proportions plus appréciables, leurs propriétés se modifient. — De là ces diverses sortes de terres auxquelles on a donné les noms d'*argilo-ferrugineuses*, — *argilo-calcaires*, — *argilo-sableuses*, — *argilo-ferrugino-calcaires*, — *argilo-ferrugino-siliceuses ou sableuses,—argilo-calcaro-sableuses,—argilo-sablo-calcaires*, etc.

I. *Terres argilo-ferrugineuses.* Quelquefois les argiles contiennent une quantité si grande d'oxide de fer, qu'elles ressemblent à de véritables ocres rouges.—Dans cet état, à tous les défauts des argiles plus ou moins compactes, elles en joignent d'autres qui sont dus à la présence du métal. — Lorsqu'il surabonde, il les rend complètement impropres à la végétation. — Lorsqu'il est moins abondant et mêlé à du sable ou des graviers, il ne produit pas des effets si fâcheux. — On a cru même remarquer qu'une petite quan-

tité d'oxide de fer favorise le développement des plantes, et on en découvre en effet, par l'analyse, quelque peu dans leurs
divers tissus; mais il n'en est pas moins vrai
que les argiles ferrugineuses sont généralement très-peu favorables à la culture; — à
peine pourrait-on citer quelques végétaux
qui puissent y croître médiocrement, à moins
qu'elles n'aient été préalablement amendées
avec des marnes ou toute autre substance
calcaire, et richement fumées.

J'aurai occasion un peu plus loin de parler des *terres sablo-ferrugineuses.*

II. *Les terres argilo-calcaires* sont de plusieurs sortes, et peuvent présenter divers
degrés de fertilité.

Lorsque le carbonate de chaux qu'elles
contiennent se présente à l'état de sable ou
de petits graviers, elles ne diffèrent pas beaucoup, sous le point de vue de la culture, des
terres argilo-sableuses qui devront bientôt
nous occuper;. — lorsque, par une combinaison plus intime, l'argile et le calcaire
forment une masse en apparence homogène,
comme on peut le remarquer dans certaines
marnes, elles offrent des particularités remarquables.

Les argiles marneuses, autant au moins et
plus peut-être que les sols glaiseux, conservent les eaux des pluies. Elles s'en pénètrent
si facilement et à des profondeurs telles, qu'il
n'est pas rare de les voir réduites en une sorte
de bouillie, jusqu'au-delà de la portée des
plus longues racines des plantes qui les couvrent. C'est assez dire que dans les années
pluvieuses on ne peut guère compter sur
leurs produits. — Les semis de printemps y
sont le plus souvent impossibles ;—ceux d'automne doivent être faits de très-bonne heure;
malgré cette précaution, ils n'en sont pas
moins trop fréquemment détruits, soit par
l'humidité constante et surabondante de l'hiver, soit par l'effet des gelées qui se font
sentir sur ces sortes de terres plus que sur
d'autres. — Toutefois, après la mauvaise saison, lorsqu'elles ont été égouttées et qu'elles
sont assez saines pour être travaillées, on
peut encore, si les autres récoltes ont manqué,
leur confier quelques plantes d'une végétation rapide ou susceptible de se prolonger
après l'été, telles que le sarrasin, les pommes-de-terre, et parmi les fourrages, les navets, les vesces, etc., etc.

Dans certaines localités, les argiles marneuses servent de sous-sol à des sables presque purs. Dè deux terres à peu près improductives, il est alors possible, sans de grands
frais, de composer un excellent sol, puis qu'il
suffit de les mêler et d'attendre un ou deux
ans les effets quelquefois prodigieux d'un tel
amendement.

Depuis les argiles qui contiennent une faible quantité de carbonate de chaux, jusqu'à
celles qui perdent ce nom pour prendre celui de terres calcaires proprement dites, il
existe une foule de nuances impossibles à
décrire utilement. — J'ai dû choisir les plus
tranchées. J'ajouterai cependant, d'après TIL-
LET et BERGMANN, que deux sols d'une fertilité remarquable, l'un pour le climat de Paris, l'autre pour celui de la Suède, étaient
composés :

Le 1ᵉʳ : de 37,5 d'argile ;
      37,5 pierre à chaux pulvérisée ;
      25 sable quartzeux,
Le 2ᵉ : de 40 argile ;
      30 calcaire,
      30 sable quartzeux.

III. *Les terres argilo-sableuses*, dans leurs
rapports avec l'agriculture, ont pu être divisées assez bien en *terres fortes* et *terres franches* qui correspondent à peu près, les unes :
aux *glaises grasses* de SCHUBLER; c'est-à-dire
qu'on peut en séparer jusqu'à un tiers environ et même plus de sable fin par l'ébullition et le lavage; les autres aux *glaises maigres* du même auteur qui en abandonnent
du tiers à la moitié et au-delà.

1º *Terres fortes.* Elles tiennent le milieu
entre les terres vulgairement dites *glaiseuses*
et les terres *franches.* — Elles partagent à un
moindre degré les inconvéniens dont je viens
de parler pour les premières, et les avantages
que nous reconnaîtrons bientôt aux secondes.—Un sol de semblable nature susceptible de produire, année commune, d'assez
beaux fromens, a donné :

Argile. 50
Sable quartzeux. . 29
Calcaire dû en partie à l'usage fréquent
de la chaux. . . . 16
Perte et humus. . . 5

et sur une autre partie du même champ :

Argile. 49,5
Sable 24
Calcaire. 18
Perte et humus. . . 8,5

Dans l'un et l'autre cas l'argile ne m'a
paru qu'assez imparfaitement dépouillée du
sable qu'elle contenait. Au reste, la moindre
erreur en de semblables opérations peut
changer tellement les résultats, les erreurs
sont si faciles hors des laboratoires d'habiles
chimistes, et tant de causes peuvent d'ailleurs
changer les propriétés physiques de sols composés à peu près des mêmes élémens, que
sans prétendre que les analyses ne puissent
être parfois d'un grand intérêt, je les regarde en partie comme plus satisfaisantes
pour l'esprit qu'utiles à la pratique. — Un
réactif qui ne trompe jamais le laboureur,
c'est sa charrue et le nombre d'animaux de
labour qu'il est obligé d'employer pour la
mouvoir.

Dans les années favorables, c'est-à-dire ni
trop sèches, ni trop humides, lorsque les
labours ont pu être convenablement effectués, que le terrain est suffisamment égoutté et ameubli à l'époque des semis; que les
pluies de printemps et d'été se succèdent à
de courts intervalles sans tomber par averses
avant que la végétation couvre complètement
le sol, les terres fortes sont très-productives.
Pendant les étés peu pluvieux, elles conservent même plus long-temps que d'autres une
humidité favorable que se fait remarquer de
la manière la plus heureuse sur leurs produits. Mais le concours d'un si grand nombre de circonstances favorables est rare. Aussi
peut-on dire, d'une manière générale, que ces
terres, années communes, sont non seulement
moins faciles et plus coûteuses à cultiver, mais
d'un produit moins assuré que beaucoup d'autres.—Elles conviennent aussi à un moindre

nombre de plantes ; toutefois, il en est quelques-unes qui ont la propriété de les améliorer, et qu'il est toujours facile de faire entrer dans un bon système d'assolement. La luzerne et le trèfle sont dans ce cas. Toutes deux, par leur racines, pénètrent et divisent le sol à diverses profondeurs, et le rendent plus léger pendant les années suivantes.

Parmi les céréales, le froment et l'avoine conviennent particulièrement aux terres fortes. — Pour peu qu'elles soient plus humides que sèches, ce qui est le cas le plus ordinaire, les graminées vivaces y forment de bonnes prairies naturelles. — Les fèves y réussissent de préférence. — Les pois, les vesces et les gesses, la chicorée, les choux y donnent des fourrages foliacés; — les rutabagas, les choux-raves, et même les betteraves; des racines alimentaires dont chacun connaît les divers usages; — enfin, quelques plantes, telles que le colza, le pavot, la moutarde, des produits économiques ou industriels.

Quand les terres fortes sont situées dans des localités basses, elles deviennent excessivement humides, surtout si elles sont abritées du soleil du midi et des vents absorbans, par des montagnes ou des forêts ; elles prennent alors plus particulièrement le nom de *terres froides*. Lorsqu'on ne peut les débarrasser des eaux surabondantes de l'hiver, la chaleur les pénètre si lentement que la végétation n'y fait presque aucuns progrès. — Dans les climats chauds elles offrent à la vérité quelques chances favorables ; mais, dans le nord et le centre de la France, elles donnent des produits sans saveur, qui ne parviennent pas toujours à leur complète maturité, et qui sont fréquemment détruits par les gelées. — Le meilleur, parfois le seul moyen d'utiliser ces sortes de sols, c'est de les planter en arbres. Les bois blancs y réussissent généralement : conduits en taillis ou en têtards, comme cela se pratique pour les oseraies, ils rapportent beaucoup.

Les schistes argileux, très-abondans à la surface du globe, donnent naissance, par leur décomposition successive, à des sols d'une ténacité d'autant plus grande qu'ils contiennent moins de silice.—Ce sont de véritables terres fortes, mais qui, dans certains cas, avant d'arriver à cet état, présentent des particularités remarquables. Dans une partie de la Vendée, les métayers achetaient et achètent encore fort cher, malgré l'emploi du noir animal et de la chaux, les terres de jardin produites par la décomposition de ces schistes, dès qu'elles ont été améliorées par un certain nombre d'années de culture et des engrais suffisans. — Les vendeurs, ayant ainsi mis à nu le sous-sol, s'empressent aussitôt de le défoncer à une profondeur proportionnée aux cultures dont ils veulent le couvrir.—Le schiste se lève par plaques lamellaires, plus ou moins volumineuses, qu'ils concassent, sans beaucoup de soin, en très-grossiers fragmens; de sorte qu'après cette opération, le sol présente plutôt l'aspect d'un résidu de carrière que d'une terre labourable. — Cependant, à peine les pluies et les gelées d'une seule année ont-elles fait effeuiller à leur surface celles de **ces pierres qui se trouvent en contact avec** l'atmosphère, qu'on recommence à cultiver. — On conçoit que ces rocailles soient pendant quelque temps peu propres à la culture des légumes et des plantes à racines chevelues; mais, pour peu qu'elles soient mêlées à un reste de terre végétale, les arbres y prennent un développement remarquable.—En Maine-et-Loire, les schistes dont je parle, sous le nom de *roc*, sont habituellement employés pour l'amendement des vignes. Tant qu'ils ne sont pas complètement décomposés, ils divisent la terre, empêchent qu'elle ne se durcisse à sa surface par l'effet des pluies, et qu'elle ne soit trop promptement privée d'eau par les effets de l'évaporation. — Ils augmentent plus tard la couche de terre végétale. A la vérité, leur nature argileuse les rend peu propres alors à l'améliorer, et nécessite l'emploi de nouveau roc.

2° *Les terres franches* font le passage insaisissable en pratique, des sols argileux aux sols sableux, et semblent faire alternativement partie des uns et des autres. Les proportions de sable qu'elles contiennent varient, ainsi qu'il a déjà été dit, du tiers environ à la moitié et quelquefois au-delà.—J'en ai vu dont on pouvait extraire de 25 jusqu'à près de 40 pour cent de calcaire, d'autres qui, sans être sensiblement moins fertiles, en donnaient à peine 10.

Les terres franches conviennent au plus grand nombre de végétaux usuels. — Toutes les céréales y prospèrent ainsi que la plupart des plantes économiques. — Rarement elles ont besoin d'amendemens. — Elles s'accommodent de tous les engrais.—Elles partagent enfin presque tous les avantages des meilleures terres sablo-argileuses.

§ II. — Des Sols sableux.

LES TERRAINS SABLEUX offrent des inconvéniens et des avantages diamétralement opposés à ceux des argiles. — Ils ne peuvent retenir l'eau au profit de la végétation; celle des pluies ou des arrosemens les traverse comme elle ferait d'un crible. — Ils s'échauffent à la vérité facilement au printemps, mais, par la même raison, ils se dessèchent promptement et deviennent brûlans en été. — Dans les contrées froides et pluvieuses ils sont parfois fertiles alors que les terres argileuses cessent de l'être; dans les pays chauds ou tempérés sujets à des sécheresses de quelque durée, ils se dépouillent au contraire de toute végétation pendant le cours de la belle saison, tandis que les terres fortes sont encore couvertes de verdure.

Les terres sableuses changent d'aspect selon la nature du sable ou du sablon qui domine dans leur composition. — Leur couleur est ordinairement jaunâtre ou brunâtre ; parfois d'un blanc plus ou moins pur qui leur donne au premier aspect une apparence crétacée.

Leur culture est peu coûteuse. Il est toujours facile de trouver le moment de les labourer; car, quelque humides qu'elles soient, elles ne forment jamais pâte comme les argiles, et quelque peu sèches elles n'offrent pas une grande résistance.

Elles n'exigent pas d'ailleurs des **labours** aussi fréquens, parce qu'elles se laissent **dans** tous les cas facilement pénétrer par les gaz atmosphériques et par les racines ; mais aussi leur mobilité les rend peu propres à offrir à ces dernières un point d'appui de solidité convenable.—On peut presque toujours ne pas leur donner les hersages ou émottages qui doivent rigoureusement précéder les semis sur les terres fortes. Pour celles qui nous occupent maintenant la herse n'a d'autre usage que de recouvrir les semences; encore lui substitue-t-on parfois assez maladroitement, pour cette operation, un simple fagot chargé de quelques pierres.

Les plombages sont plus nécessaires et doivent être plus pesans, en raison de la plus grande légèreté du sol. A la herse retournée les bons cultivateurs préfèreront toujours, dans ce cas, des rouleaux d'un bois lourd, de pierre et même de fonte.

Une condition première de fertilité des argiles, c'est, en général, qu'elles soient débarrassées de leur humidité surabondante. Il est indispensable de procurer ou de conserver aux sables celle qui leur manque,ou qu'ils sont toujours prédisposés à perdre trop rapidement. — Avec des irrigations, la plupart des inconvéniens de ces sortes de terres disparaissent; l'eau est pour elles plus que les engrais; mais il faut pouvoir en donner d'autant plus souvent, qu'elles sont plus exposées aux effets de l'évaporation. De là. les soins qu'on doit prendre pour les abriter, par tous les moyens possibles, des rayons trop directs du soleil de l'été.—Les jardiniers font usage de paillis. Les agriculteurs ne peuvent malheureusement que bien rarement les imiter. Cependant, dans quelques parties du département du Gard, et notamment aux environs d'Aigues-Mortes, ils couvrent leurs champs de jonc qu'ils font piétiner par les moutons, de manière à le fixer sur le sol après l'époque des semailles, afin d'éviter en même temps le vent qui entraîne une partie du sable, et la sécheresse qui s'oppose à la germination des graines. — En Toscane, la culture des plantes économiques se fait pour ainsi dire à l'ombre des grands arbres, auxquels on marie la vigne. Pour les terrains sablonneux du midi de la France, la position est presque la même. Pourquoi ne pas recourir à des moyens analogues? — Des palissades, des haies de végétaux à racines peu traçantes, devraient être multipliées parallèlement entre elles, et en regard du midi sur toute la surface du sol. — Les plantes cultivées devraient, autant que possible, être choisies parmi celles dont la végétation rapide s'achève avant les fortes chaleurs, ou dont les feuillages épais couvrent la terre complètement. — Enfin, des plantations par rangées, dirigées du levant au couchant, devraient être faites à des distances plus ou moins rapprochées, au moyen de végétaux annuels ou vivaces, dont les tiges parviennent à une certaine hauteur, et peuvent procurer un ombrage salutaire, tout en donnant d'utiles produits, tels que le maïs, le sorgho, le millet, le topinambour, etc., etc.

Dans certaines localités, l'eau se trouve à une petite distance de la surface du sol. On peut alors, comme cela se pratique sur quelques points de l'Egypte, de l'Espagne, de l'I-

talie (*fig.* 21), abaisser le niveau du terrain de

Fig. 21.

manière à lui communiquer le degré d'humidité convenable à chaque localité, et même à chaque culture. — Par un semblable moyen mieux encore peut-être que par des irrigations, on peut quintupler les récoltes et couvrir des sables peu fertiles, des cultures propres aux meilleures terres.

La chaleur n'est pas seule à redouter dans ces sortes de sols; par suite du peu de consistance de leurs parties, ils présentent quelquefois à la suite des gelées de graves inconvéniens : je veux parler du *déchaussement des blés.* — La glace qui s'y forme en longs filets perpendiculaires, d'autant plus fréquens et plus rapprochés que la terre est plus riche en terreau ou plus pulvérulente, la soulèvent parfois de plusieurs pouces, et mettent ainsi à nu les racines, ce qui entraîne habituellement la mort des tiges.

Il est dans certains cas assez facile d'*amender les terrains sableux;* car fréquemment ils reposent, à une faible profondeur, sur une couche d'argile dont on peut ramener une partie à la surface, en donnant un second trait de charrue au fond de chaque sillon.—A la vérité, l'effet d'un pareil défoncement est ordinairement de rendre les terres moins productives, parfois même à peu près improductives, pendant un certain temps, jusqu'à ce que le sol nouvellement remué se soit pénétré des gaz atmosphériques et convenablement incorporé avec le sable; mais l'avenir indemnisera amplement de cette courte non-valeur. — Si le sous-sol est à une plus grande profondeur, l'opération devient plus coûteuse; car alors il faut extraire et transporter les amendemens, et il peut arriver que les frais s'élèvent au-delà de l'augmentation de produit qu'on est raisonnablement en droit d'attendre.

Tous les amendemens qui peuvent augmenter la consistance des sols sableux leur sont favorables. Il en est cependant qui conviennent plus que d'autres. Parmi ceux-ci, il faut citer les argiles marneuses, dont les effets dépassent pour ainsi dire toute croyance. J'ai vu par leur moyen de misérables cultures de sarrasin se transformer en peu d'années en de bonnes cultures de froment.

Les alluvions boueuses de la mer, dont les Hollandais savent depuis des siècles tirer un si bon parti, et que les habitans de certains comtés d'Angleterre recherchent à l'égal des engrais les plus actifs et les plus durables, pourraient à coup sûr être employées avec un égal succès sur quelques-unes de nos côtes et dans le voisinage des marais salans, comme amendement et comme fumure des terres trop légères.

Les fumiers qui conviennent le mieux dans ces sortes de terres sont en effet ceux qui contiennent et qui conservent le plus d'humidité. — C'est pour cela qu'on préfère à tous autres celui des bêtes à cornes, et qu'on a préconisé avec autant de raison, au moins, que pour les terres argileuses, l'enfouissement des récoltes vertes.—Les engrais très-actifs ont, en général, sur les sables une action d'autant moins favorable, que ces derniers sont plus secs et plus chauds. L'expérience de tous les temps est à cet égard d'accord avec la pratique de tous les lieux.

I. *Terres sablo-argileuses.* Elles viennent naturellement se placer à côté des terres franches, dont elles ne diffèrent que parce que la proportion du sable siliceux qu'elles contiennent l'emporte sur celle de l'argile.

En pratique, le passage des unes aux autres est inappréciable, et ce que j'ai dit des premières se rapporte encore aux secondes. Tant que le sable ne domine que faiblement, le mélange change à peine d'aspect; mais, à mesure qu'on s'éloigne du point moyen, où les sols argilo-sableux se confondent avec les terres sablo-argileuses, il devient assez facile de distinguer celle de l'argile. Humides, elles sont moins boueuses;— sèches, elles offrent moins d'adhérence. La simple pression des doigts peut les réduire en une poussière grenue et rude au toucher.

Tantôt, quelle que soit leur origine, elles sont *éloignées des grands cours d'eau*, ou, ce qui revient au même, *insubmersibles* par eux; — tantôt elles proviennent d'alluvions récentes des rivières et des fleuves, et sont sujettes aux inondations.

Dans l'un et l'autre cas, elles doivent à leur légèreté plus grande quelques avantages de plus que les terres franches; également favorables à toutes les cultures qui réussissent sur ces dernières, elles peuvent l'être encore à celles des chanvres, des lins, et de divers végétaux qui aiment comme eux les sols légers et pourtant substantiels. L'analyse d'un sol de cette nature qui venait de produire en Touraine un beau chanvre a donné :

Sable grossier. . . 49
Argile. 26
Calcaire. 25

Ni trop compactes, ni trop meubles, ces terres sont également perméables aux pluies, à l'air atmosphérique et aux faibles chevelus des plantes délicates.—Elles absorbent l'eau, s'en pénètrent, sans jamais s'en imbiber outre mesure ou la retenir en nappes comme les argiles. — Elles s'échauffent au printemps moins promptement que les terres purement sableuses, mais plus facilement que les sols argileux, et, presqu'autant que ces derniers, elles conservent leur humidité à l'époque des chaleurs. — Enfin, pour citer encore un seul de leurs autres avantages, elles sont, par suite des propriétés que nous venons de leur reconnaître, dans l'état le plus favorable à la décomposition des engrais, puisqu'elles les entourent presque constamment pendant l'époque de la végétation, d'une humidité chaude et modérée, et qu'elles laissent l'oxigène de l'air pénétrer facilement

jusqu'à eux.—Par cette dernière raison, elles exigent de moins fréquens labours. Ceux qu'on leur donne sont faciles, et l'on est presque toujours à même de les donner en temps opportun. — Tous les engrais conviennent à ces sortes de terres. Elles ne sont point assez froides pour retarder les bons effets des fumiers peu décomposés, pas assez chaudes pour rendre dangereux les effets des fumiers actifs. Pour peu qu'elles aient un peu de fond, elles se prêtent encore à l'emploi modéré de la chaux. En un mot, dans des circonstances favorables, on peut les regarder presqu'à l'égal des suivantes, comme types des meilleures terres.

Les terres sablo-argileuses d'alluvion récente et submersibles sont fréquemment recouvertes, à l'époque des inondations, d'une couche souvent assez épaisse, d'un limon qui a été tenu plus ou moins long-temps en suspension dans les eaux, et transporté par elles parfois à de fort grandes distances. — La nature de ce limon varie nécessairement en raison de celle des terrains que dépouillent les cours d'eau auxquels il doit sa formation. Onctueux, doux au toucher, il contient ordinairement, en quantité prédominante, de l'argile, d'autres fois du calcaire, toujours beaucoup d'engrais et de substances végétales à divers degrés de décomposition. En se mêlant progressivement par suite des labours aux sols qu'il recouvre, il leur communique en partie ses propriétés fécondantes, et conserve avec eux le nom de *terres limoneuses, terres de vallées,* etc.

Il n'est personne qui n'ait entendu vanter la fécondité prodigieuse *des terres limoneuses* des bords du Nil, et les effets remarquables des débordemens annuels de ce fleuve. — S'il menace de loin en loin de ne pas sortir de son lit, l'Egypte redoute une famine. — L'autorité prend des mesures extraordinaires pour prévenir les suites d'un tel événement.—En France, nous avons aussi des terres limoneuses d'une fertilité qui ne peut être bien appréciée que par ceux qui les ont vues couvertes de leur luxueuse végétation, et surtout qui ont été à même de les cultiver. — Telles sont celles de la plupart des îles et des rives de notre belle Loire. — Sur divers points, les cultures épuisantes du lin, du froment et du chanvre, peuvent s'y succéder sans interruption et donner constamment, à l'aide de fumures moyennes, d'admirables produits.—Aux céréales d'automne, qui sont fréquemment submergées et détruites par les inondations d'hiver, on est souvent dans l'obligation de substituer celles de printemps; aussi en sème-t-on rarement au-delà du besoin de chaque famille, la terre étant plus avantageusement occupée par les plantes textiles.—Les lins y sont de qualité supérieure; on a commencé à introduire ceux de Flandre, qui, loin de se détériorer, semblent au contraire s'améliorer.—Quant à la culture des chanvres, elle y prend annuellement plus d'extension à mesure que le commerce apprécie davantage la bonté de ses produits.— Dans ces sols favorisés le besoin des prairies artificielles se fait rarement sentir; car chaque coin de terre, dès qu'il est abandonné sans cultures, se couvre de riches pâturages.

Les graminées qui y croissent spontanément arrêtent, lors des grandes eaux, le limon fertilisant; elles augmentent ainsi peu-à-peu l'élévation du sol et résistent aux efforts désastreux des forts courans. C'est pourquoi on laisse en *pâtures* ou en prés les parties les plus exposées des rivages que l'on défend en outre par des plantations d'osiers et par le couchage périodique de celles de leurs branches qui se trouvent directement sur les bords du fleuve.—Les frênes, les ormeaux cultivés en *têtards*, donnent de trois en trois ans des coupes superbes, et produisent chaque été par leurs feuillages un riche supplément de fourrage.—Les peupliers croissent avec une rapidité remarquable.—Les arbres fruitiers, à pépins surtout, se couvrent d'abondans et d'excellens fruits. Les noyers, les châtaigniers, les mûriers blancs, etc., etc., ne prennent nulle part un développement plus grand et plus rapide. — Enfin, les légumes d'été et les racines alimentaires que chaque habitant cultive avec parcimonie dans son petit jardin, acquièrent un volume considérable sans rien perdre de leur goût : privilége particulier à ces sortes de terrains, dans lesquels l'humidité féconde qui développe, est combinée en de justes proportions avec la chaleur qui mûrit et qui donne la saveur.

Toutes *les terres de nature sablo-argileuse* sont faciles à travailler. Celles dont je parle actuellement sont tellement divisées entre les petits propriétaires ou leurs fermiers, que chacun cultive sa parcelle sans le secours de la charrue.—Les labours se font au moyen d'une large *houe* (*fig.* 22). — On dirait un

Fig. 22.

vaste jardin entretenu avec le plus grand soin.

Tant que les sables sont mélangés à une certaine quantité de terre végétale, on peut leur demander d'utiles produits. — Nous venons de voir que leur fertilité augmente à mesure qu'ils prennent plus de consistance, jusqu'à former sans nul doute les meilleures terres connues. — Elle diminue au contraire à mesure qu'ils prennent trop de leur adhérence. — Le premier degré de cette progression décroissante, est le passage *des terres à froment* aux *terres à seigle*. — En pratique une telle modification en résume une foule d'autres.

Dans ces sortes de terres, les végétaux qui font la base des assolemens sont le seigle, l'orge, l'épeautre et le sarrasin, parmi les plantes panaires ; — le sainfoin, la lupuline, le mélilot, les cicers, les lentillons et quelques autres, parmi les fourrages verts ; — les raves ou turneps, et les navets, parmi les racines alimentaires ; — enfin la navette, la ca-

meline, la gaude, etc., etc., parmi les plantes propres aux arts.

Au nombre des arbres qui y croissent le mieux, on peut citer, après le saule marsault, l'osier des sables, le peuplier blanc et le bouleau, les chênes et particulièrement le rouvre et le tauzin, l'orme, le charme, l'érable commun et celui de Montpellier, le frêne à fleur, le hêtre et la plupart des pins.

II. *Terres quartzeuses et graveleuses.* — Le quartz, pierre à base de silice, se rencontre dans une foule de roches, et par suite dans un grand nombre de terrains. — On donne le nom de quartzeux, non pas à tous ceux qui en contiennent, même en proportion assez considérable, des fragmens plus ou moins volumineux, mais à ceux qui en sont composés en majeure partie. Ils ne se distinguent pas alors sensiblement, sous le point de vue de la culture, des *sols graveleux;* seulement les petites pierres roulées de la grosseur moyenne d'une noisette, qui composent ces derniers, ne sont pas toutes de même nature; selon la formation géologique des montagnes dont elles ont été détachées, elles sont tantôt siliceuses, tantôt alumineuses, et tantôt calcaires. Cependant presque toujours les graviers siliceux prédominent dans la masse, et presque toujours aussi ils y sont mêlés à une certaine quantité d'argile, produite, soit par la propre décomposition des roches, soit par les sédimens entraînés par le cours des eaux. Les terrains graveleux doivent donc être considérés dans la plupart des cas, comme des sols sablo-argileux. Lorsque les cailloux qui les caractérisent sont volumineux, et qu'ils ne sont pas unis par une quantité suffisante de terre végétale, on ne peut guère les utiliser autrement que par des plantations. Les bouleaux, le saule marsault et quelques autres, l'orme, et, quand ils offrent un peu plus de consistance à une certaine profondeur, les chênes y réussissent communément. — A leur défaut, les conifères y croissent parfaitement. — Les arbres fruitiers y donnent des produits exquis. — La vigne à bonne exposition y procure en petite quantité un vin d'excellente qualité.

Si les sols graveleux sont composés de fragmens moins gros et mélangés à une plus grande quantité de terre, on peut leur confier diverses plantes annuelles parmi lesquelles on devra choisir de préférence celles qui arrivent à maturité ayant la grande sécheresse, comme le seigle, l'orge, etc., etc., ou celles qui donnent des produits de jardinage d'un prix assez élevé pour indemniser des frais inévitables d'arrosement.—Du reste, les terres de graviers fins rentrent tout-à-fait, quant à leur culture, dans la classe des terres sablonneuses ou sableuses dont j'ai parlé au commencement de ce paragraphe avec des détails suffisans pour y renvoyer le lecteur.

III. *Terres granitiques.*—Elles sont encore à peu près dans le même cas. La décomposition du granite donne naissance à un sable argileux très-aride par lui-même et assez peu susceptible d'amélioration , à moins d'amendemens calcaires ou argilo-calcaires, et d'abondans engrais.—Le seigle, l'épeautre font la base de la grande culture des pays granitiques.—Il faut, pour que les prairies naturelles et artificielles y réussissent, qu'elles se trouvent dans les vallées, et par conséquent dans une position qui n'exclut pas toute humidité à l'époque des chaleurs estivales. Bosc, qui avait parcouru en tous sens la plupart des contrées granitiques de la France, recommandait le turneps comme une des plantes les plus propres à y donner aux bestiaux une nourriture à la fois abondante et très-succulente. « Ce qui doit encore plus engager à le semer dans ces sortes de sols, c'est, dit-il, que les bestiaux, quoiqu'en général de petite taille, y réussissent fort bien. Les chevaux y sont fins et vifs, voyez ceux du Limousin; les bœufs ardens au travail, voyez ceux de l'Auvergne; les moutons y ont la chair savoureuse, voyez ceux des Ardennes. Sous le double rapport de la production des engrais qui manquent surtout aux terres granitiques et de la valeur des animaux, les habitans de ces pays doivent donc se livrer de préférence aux spéculations qui ont pour but l'education tion des bestiaux, même des volailles, puisque, comme chacun sait, c'est du revers des Cévennes et du Limousin que sortent ces excellentes cuisses d'oies dont on fait un fort grand commerce. »

Presque toutes les montagnes granitiques de l'est de la France sont couvertes de beaux chênes et de châtaigniers dont les fruits font, pendant une partie de l'année, la base de la nourriture des hommes et de certains animaux, comme les cochons et la volaille, auxquels ils donnent en peu de temps une fort bonne graisse.

IV. *Les terres volcaniques* sont aussi plus communes dans l'est que dans toute autre partie de la France. C'est en Auvergne et en Languedoc, c'est-à-dire dans le Cantal, le Puy-de-Dôme, la Haute-Loire, l'Hérault, etc. qu'il faut aller les étudier. Généralement ce sont encore des terres légères, faciles à distinguer par leur couleur noire ou noirâtre, souvent pulvérulentes, et qui exigent les mêmes cultures que les terres sableuses ou sablo-argileuses. — Jusqu'ici, sans qu'on ait pu se rendre bien compte du pourquoi, elles sont, lorsqu'on peut leur procurer en été une humidité suffisante, d'une fertilité qui dépasse de beaucoup, non seulement celle des sols granitiques avec lesquels elles offrent cependant d'assez nombreux rapports, mais encore celle de la plupart des autres sols connus. — Les cendres de laves, pendant long-temps impropres à toute végétation, acquerraient-elles, et conserveraient-elles après des siècles une propriété stimulante? — Quoi qu'il en soit, dans des circonstances ordinaires, les céréales, les plantes fourrageuses, et tous les végétaux économiques des terres légères, croissent avec plus de vigueur sur les débris des anciens volcans que partout ailleurs. — Il n'est personne qui n'ait entendu parler des châtaigniers monstrueux du mont Etna.

V. *Terres sablo-argilo-ferrugineuses.*—Elles ont deux inconvéniens de plus que les terres simplement sablonneuses.—La couleur brunâtre ou violâtre qu'elles doivent à l'oxide de fer, et qui les caractérise autant au moins que leur fâcheuse disposition à s'agglomérer en

espèces de pouddingues plus ou moins compactes, les rend d'un accès plus facile encore à l'excessive chaleur, et la surabondance de cet oxide s'oppose parfois complètement à toute végétation. — Il est presque toujours préférable de les cultiver en bois que de toute autre manière. Les taillis de châtaigniers y donnent de lents, mais de bons produits. Les bouleaux y croissent bien, et divers autres arbres peuvent, sinon y prospérer, du moins y végéter avec assez de force pour acquérir de la valeur.

A force d'engrais peu chauds, on peut aussi risquer sur de semblables terrains la culture du seigle, mais on doit s'attendre à le voir manquer complètement, pour peu que les pluies ne soient pas fréquentes pendant la belle saison. — Au moyen d'arrosemens plus multipliés qu'abondans, on obtient généralement dans ces sables ferrugineux, en fruits maraîchers et en racines légumineuses, des produits d'une excellente qualité.

VI. *Terres de sable de bruyères.* Ces terres, que je placerais au rang des meilleures et des plus utiles en jardinage, sont, au contraire, des moins fertiles pour la grande culture.— Elles contiennent cependant, uni à un sable ordinairement très-fin, à une petite quantité d'alumine et d'oxide de fer, une quantité de terreau considérable, dû à la décomposition successive des plantes qui les recouvrent.— Quand elles se trouvent dans des circonstances favorables, leur fertilité est très-grande, au moins pour beaucoup de plantes; mais, d'une part, comme il n'est que trop facile de s'en convaincre en parcourant les vastes landes de Bordeaux, celles de la Bretagne, de la Sologne, etc., elles offrent rarement assez de profondeur, ou elles reposent sur un sous-sol argileux qui retient l'eau de manière à ce qu'elles deviennent de véritables marais pendant l'hiver, tandis qu'elles se dessèchent complètement pendant l'été; de l'autre, elles ont trop peu de consistance.—Le seul moyen de remédier à ce double inconvénient, c'est de faciliter l'écoulement des pluies, et de défoncer.

Pour atteindre le premier but, on fait des fossés, ou, si le terrain ne présente pas une pente suffisante, on creuse, de distance en distance, aux endroits les plus bas, de petits étangs, qui n'ont pas d'ailleurs l'unique avantage d'assainir la surface du sol.—Lors même qu'ils ne sont pas susceptibles de recevoir du poisson, ils donnent naissance à des plantes aquatiques que les cultivateurs ont grand soin de retirer pour transformer en engrais, et ils se couvrent sur leurs bords d'herbes, que leur mauvaise qualité n'empêche pas d'utiliser, faute de meilleurs ou de suffisans pâturages.— Quant aux moyens d'augmenter la masse de terre labourable, nous reviendrons nécessairement sur cet important sujet en traitant prochainement des *défrichemens.*

Dans la plupart des *pays de landes,* après avoir ensemencé deux ou trois ans de suite une petite partie du sol en seigle, en sarrazin, en pommes-de-terre, etc., on le laisse en jachères beaucoup plus long-temps.—Cependant, dans la Campine, où de vastes landes d'un sable très-maigre reposent sur un fond

argilo-ferrugineux, on est parvenu, malgré
leur stérilité naturelle, à les transformer en
champs fertiles par l'adoption de l'assolement suivant : aux bruyères défrichées succèdent les pommes-de-terre, puis l'avoine et
le trèfle, du seigle, de la spergule, des navets,
assez souvent pâturés sur place, ou du sarrazin enterré en vert; et enfin une seconde
récolte de seigle, qui fait parfois place à un
bois taillis.—Dans le Hanovre, sur un défrichement fait à la pioche par des colons pauvres auxquels le terrain était concédé à peu
près gratuitement pour de longues années,
un assolement analogue a produit des effets
aussi satisfaisans. — Bien d'autres preuves
attestent que les landes les plus maigres sont
susceptibles de devenir d'une culture productive. Si l'on en tire communément un si
mauvais parti, il ne faut pas pourtant toujours en accuser l'incurie des propriétaires;
car, quelque facile que soit théoriquement
leur amélioration, en pratique elle est souvent rendue impossible par les frais qu'elle
occasionerait dans des pays d'autant moins
peuplés qu'ils sont naturellement plus im-
productifs.

Lorsque les terres de bruyères ont une certaine profondeur, elles *se prêtent à la culture
du bois.* — Les Bouleaux, les Chênes rouvre
et tauzin, le Châtaignier même, si les eaux
ont de l'écoulement, y réussissent assez bien.
—Le Pin maritime procure dans les landes
de Bordeaux de riches produits par la résine, le goudron qu'on en extrait, et par son
bois.— Le Pin sylvestre contribue à l'amélioration des bruyères de la Campine presque
aussi puissamment qu'à celle des craies de
la Champagne.—Le Pin du lord ou Weimouth
réussit de préférence dans des sables un peu
frais. Grâce à M. DE MOROGUES, il commence,
je crois, à être cultivé avec succès dans la
Sologne. — Enfin le Pin rigida, qui vient également dans les graviers arides et dans les
terres marécageuses, s'accommode surtout
de ces dernières, et pourrait ainsi couvrir
certaines landes d'une végétation productive.

VII. *Sols de sable pur.*—Ils se présentent
tantôt en monticules qui bordent les rivages
de la mer sous le nom de *dunes;*— tantôt en
masses plus ou moins régulièrement planes
et mouvantes, que les vents poussent de
proche en proche dans l'intérieur des terres;
— tantôt enfin en plaines dont la surface
mieux abritée se couvre de quelques plantes
d'une végétation chétive, qui donnent au sol
un premier degré de stabilité.

Conquérir à la culture de semblables terrains, c'est une opération difficile, dont les
résultats sont lents, parfois douteux, mais
dont l'importance exige que j'entre ici dans
quelques détails.

Des dunes. Presque partout, entre la laisse
des hautes marées et la base des premières
dunes, se trouve un espace assez vaste,
à peu près plane, sur lequel les sables, entraînés par le vent, glissent sans s'arrêter.
— Tous les cultivateurs qui ont cherché à
fixer les dunes sont à peu près d'accord sur
ce point, que c'est par cette partie qu'il faut
commencer.—On fera bien de ne pas opérer
à la fois sur une trop grande étendue.

Les végétaux qui conviennent particulière-

ment sont ceux qui, non seulement peuvent
croître dans les sables les plus arides et vivre
dans une atmosphère imprégnée d'émanations salines, même d'eau de mer dans les
temps de tourmente, mais encore dont les
racines ont la propriété de tracer de proche
en proche jusqu'à de grandes distances, et
les tiges, lorsqu'elles appartiennent à des
plantes vivaces, de présenter une consistance
coriace qui les maintient et les conserve le
plus long-temps possible à leur place. — Je
crois devoir citer particulièrement :

1° *Pour le nord de la France,* —parmi les
plantes vivaces : Les Eryngium maritime et
champêtre, les Elymus gigantesque et des
sables, l'Arundo ou Oya des Côtes du Nord,
le Ray-grass, le Crambé ou chou marin et le
Topinambour ; — parmi les *arbrisseaux :* Le
Rhamnoïde ou liciet d'Europe, l'Ephèdre ou
raisin de mer, l'Ajonc et le Saule des dunes;
Parmi les *arbres* de diverses hauteurs : Le
Pin laricio, le Pin d'Écosse, le PinWeimouth,
l'Epicea , le Sapin argenté, le Génevrier de
Virginie. les Peupliers blanc et noir, le Tremble, le Saule marsault, le Saule à feuilles d'a-
mandier, le Saule helix ou bleuâtre;

2° *Pour le midi du même pays,* — parmi
les *plantes vivaces :* Le Sparte d'Espagne, l'E-
chinophora maritime, la Christe-marine ou
perce-pierre, le Panicum Pied-de-poule, l'Asperge maritime, et le Jonc marin;—parmi les
arbrisseaux : Le Chalef à feuilles étroites, le
Genêt épineux, le Genêt d'Espagne, l'Arro-
che ou pourpier de mer, l'Asperge à feuilles
aiguës;—enfin, parmi les *arbres verts*, outre
les espèces déjà désignées pour le nord : Le Pin
d'Alep, le Pin maritime, et même le Cyprès
commun, et parmi les *arbres à feuilles cadu-
ques*, le Tamarix de Narbonne, le Chêne
yeuse ou chêne vert, etc.

On multiplie ces divers végétaux de graines,
de boutures au moyen de leurs tiges, ou d'é-
clats de leurs racines.— On peut donc, selon
les circonstances, les semer ou les bouturer
en place, ou les planter après les avoir élevés
en pépinière.

Je parlerai d'abord *des semis.* Quelles que
soient les graines qu'on aura pu se procurer,
on devra mêler, à un tiers de celles des arbres
et des arbrisseaux, deux tiers, non pas en poids
et en volume, mais en nombre, des semences
de plantes vivaces, dont les tiges, d'une croissance, autant que possible, rapide, abriteront
pendant leurs premières années les jeunes végétaux ligneux, et empêcheront le sable d'être
entraîné de manière à mettre leurs faibles
racines à nu. — Les semis se font épais et
à la volée; on enterre les graines par
un léger hersage. Puis, pour diminuer la
mobilité du terrain, on étend et on fixe à sa
surface, au moyen de piquets, des branchages d'arbres verts, ou, à leur défaut, de
genêts, d'ajoncs, etc., etc., qui produisent en
même temps un obstacle efficace contre les
vents, et un abri favorable contre les rayons
et la réverbération du soleil. — Ce mode
est préférable à tout autre.— Mais si l'on ne
peut pas se procurer ces branchages en suffisante quantité, pour suppléer le mieux possible à leurs bons effets, on réunit en cordons
des fascines de quelque épaisseur, qu'on dispose ensuite comme les cases d'un damier

(*fig.* 23), et entre lesquelles on fait les semis.

Fig. 23.

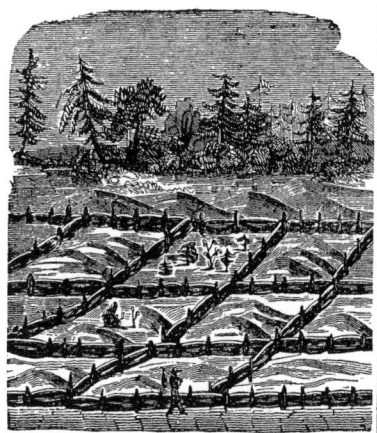

— Enfin, lorsque ces cases présentent une trop grande étendue, on peut augmenter les chances de réussite en substituant, par moitié dans le mélange de graines dont j'ai parlé ci-dessus, aux semences des plantes vivaces, d'autres semences de plantes annuelles d'une croissance plus rapide, telles, par exemple, que diverses soudes, des arroches, des anserines ou Chenopodium, la glaciale (Mesembrianthemum cristallinum), quelques amaranthes, etc., etc. Toutes ces plantes, et beaucoup d'autres qu'il serait trop long de citer, croissent de préférence dans les sables marins, et peuvent y donner quelques produits, au moyen de la soude qu'on en extrait par la combustion.

Par de semblables moyens, en peu d'années, on doit obtenir une première ligne de plantation, à l'abri de laquelle d'autres semis réussissent bien plus facilement que les premiers. — Toutefois, sans attendre des années, rien n'empêche de continuer progressivement sur toute la surface du terrain l'opération que je viens de décrire, et qui, à de légères modifications près, peut fort bien s'étendre aux dunes elles-mêmes.

Les boutures se détachent des arbres à la fin de l'automne, après la chute complète des feuilles. — On choisit des scions de 3 à 5 et 6 décimètres (de 1 à 2 pieds) de long, qu'on réunit en petites bottes. —Si le lieu où elles doivent être plantées est éloigné de plusieurs journées, il est utile de les envelopper de mousse fraîche, et de les empailler à la manière des arbres qu'on fait voyager au loin. — Arrivées à leur destination, elles seront déballées et enterrées par leur gros bout à l'exposition du nord, sans délier les paquets qui peuvent rester dans cette position jusqu'au moment de la plantation. — Lorsque les pluies ont pénétré et affermi les sables à une profondeur assez considérable, on transporte sur le terrain autant de paquets de boutures qu'on croit pouvoir en planter dans la journée· on les

couvre provisoirement d'une toile humectée ou d'un paillasson, pour les abriter, si besoin est, de la sécheresse de l'air. — Enfin, on les fixe au plantoir à 2, 3 ou 4 décimètres de profondeur (6 po. à un pi. et plus) aux endroits où l'on juge convenable de les planter, de manière à ne laisser hors de terre que les 2 ou 3 derniers yeux. — Les arbres, les arbrisseaux et les arbustes qui se prêtent le mieux à ce mode de multiplication sont, parmi ceux que j'ai précédemment indiqués, les divers peupliers, les saules, le tamarix, le rhamnoïde, le chalef, l'éphèdre, et les arroches ligneuses.

Les plaines de sable mouvant, plus encore que les dunes, sont désastreuses pour les cultures voisines. L'agent qui les a formées, par son action continue, les transporte de proche en proche dans l'intérieur du pays; elles stérilisent chaque année une étendue toujours croissante de terres labourables. — Les moyens de les fixer et de les féconder sont en tout les mêmes que ceux que je viens d'indiquer.

Quant aux sables qui se trouvent entre ces cultures nouvelles et l'intérieur des terres, leur étendue est parfois si grande, surtout sur les côtes méridionales de l'Océan, et les frais de plantation seraient par conséquent si considérables, que l'on ne peut guère recourir qu'aux semis. Ceux de graines de plantes maritimes annuelles et vivaces, mêlées à d'autres arbres, d'arbrisseaux et d'arbustes d'une germination prompte et d'une croissance rapide, offrent le plus de chances de succès, surtout lorsque la nature du climat ou celle des végétaux permet de les faire en automne.

Si l'on pouvait les couvrir en partie, comme précédemment, par des ramilles, il y a lieu de croire qu'en effectuant ces semis par lignes parallèles et croisées, qui formeraient plus tard des brise-vents et des abris contre l'excessive chaleur, on rendrait infiniment plus facile pour l'avenir le boisement complet.

Les sables des bords des fleuves, ou les grèves, lorsqu'on a le droit de se les approprier, sont d'une amélioration facile. — On peut les fixer et les accroître rapidement au moyen du marcottage des luisettes d'osier qui bordent le rivage (*fig.* 24), ou de boutures

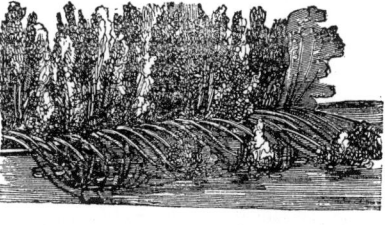

faites a peu près de la manière que j'ai indiquée. Pour paralyser les efforts du courant pendant les grandes eaux, on dispose de distance en distance, dans une direction oblique, des *haies d'arçons* en saule (*fig.* 25), derrière lesquelles les sables et le limon ne manquent jamais de s'amonceler. La portion inférieure des deux figures 24 et 25 fait concevoir le détail de l'opération.

Fig. 25.

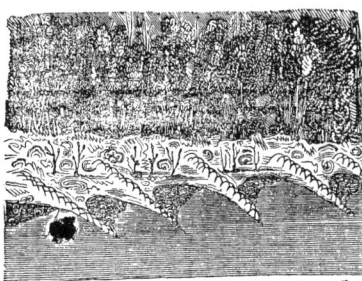

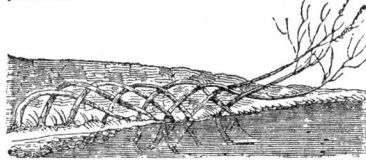

§ III. — Des sols calcaires.

Il est bien peu de terrains dans lesquels on ne rencontre pas une certaine quantité de calcaire, tantôt en graviers plus ou moins gros, détachés par les cours d'eau des montagnes primitives et secondaires, et auxquels on a donné le nom de sables calcaires, tantôt sous forme pulvérulente.

I. *Sables calcaires.* — Presque toujours mêlés aux sables siliceux dont, à cause de l'homogénéité de leur composition et de leur dureté, ils partagent à peu près les propriétés physiques, ces sols ne sont ni assez nombreux ni assez différens des sols graveleux pour nous occuper ici bien longuement. Comme ils se modifient cependant à la longue par suite de l'effet des pluies, des gelées et du soleil, et comme le résultat de leur altération est la production d'une terre calcaire le plus ordinairement mêlée d'argile, ils se trouvent dans des circonstances agricoles plus favorables que les sables purement quartzeux.

La chaux carbonatée à l'état pulvérulent forme la base des terrains crayeux, marneux et de tuf.

II. *Sols crayeux.* — Ces sols, tels qu'on les rencontre dès les environs de Troyes, d'où ils se répandent indéfiniment dans tout le nord-ouest et l'ouest du département de l'Aube et au-delà, sont composés, dans la plupart des cas, de deux tiers environ de calcaire et d'une quantité variable de sable fin, d'argile, et par fois probablement de magnésie, ou plutôt de carbonate de magnésie. — En cet état, ils sont à bien peu près stériles, à moins de frais considérables de culture. — Quel-

ques-unes des plantes des terrains sableux, telles que l'orge, le trèfle, le sarrasin, les topinambours, les pommes-de-terre, les turneps y donnent çà et là de chétives récoltes. — Un petit nombre de fourrages, parmi lesquels il faut citer, en première ligne, le sainfoin, y végètent plus ou moins bien; enfin, ceux des arbres qu'on y fait croître avec le plus de succès sont les pins.

La craie absorbe et retient l'eau avec une force qui paraît plus nuisible qu'utile à la végétation, parce qu'elle ne s'en dessaisit que lorsqu'elle est sursaturée, c'est-à-dire qu'elle devient boueuse. — En séchant elle s'agglomère à la surface en une croûte, plus ou moins épaisse; qui, quoique très-friable, réunit au désavantage de se fendiller comme les argiles, celui de ne se laisser traverser ni par l'air, ni par des pluies peu durables. — Ces dernières produisent d'autant moins d'effet sur les sols crétacés, que le tuf, qui se trouve communément à peu de profondeur, est doué d'une puissance d'absorption assez grande pour s'emparer en quelques heures de l'humidité des couches supérieures.

La craie, par sa couleur blanche, reflète les rayons solaires; elle les empêche de pénétrer la masse du sol, et cause à sa surface une réverbération brûlante, double effet également nuisible à la végétation.

Les gelées ont aussi plus de prise sur les terres de cette nature que sur d'autres; elles les soulèvent de manière à déchausser quelquefois complètement les racines peu profondes.

Mais un dernier inconvénient, de tous le plus grave, c'est que, soit que la chaux carbonatée, même à l'état pulvérulent, absorbe moins facilement et moins abondamment l'oxigène de l'air, que les sols plus riches en argile et en terreau, — soit qu'elle jouisse de la propriété de hâter particulièrement la transformation des engrais, — soit enfin que, par suite de l'extrême mobilité de ses molécules, elle en soit plus facilement dépouillée par les pluies, toujours est-il que *la craie a besoin de fumures plus fréquentes* que toute autre terre. — Dans l'impossibilité où l'on se trouve trop généralement de lui donner les amendemens convenables, il faut donc chercher par tous les moyens possibles à y suppléer par le choix et la quantité des fumiers.

Une très-bonne pratique consiste à *creuser au bas de chaque champ,* le long des chemins d'exploitation, partout où se dirigent les eaux pluviales, des fossés ou des mares destinées à recevoir les terreaux et les bonnes terres entraînées pendant les temps d'averses et d'orages. — On fait de ces dépôts des amas plus ou moins considérables qu'on mêle ensuite avec des engrais liquides ou solides, de manière à les transformer en composts excellens pour toutes les cultures.

C'est surtout dans les sols crayeux que la *multiplication des prairies artificielles* devient la base de tout bon assolement. Malheureusement peu de plantes y prospèrent comme fourrages. Le sainfoin y donne d'assez bons produits, bien qu'il faille les attendre]ʼ.ᵉ sieurs années. La pimprenelle s'y élève peu; elle convient d'ailleurs plutôt aux moutons

aux animaux de labour. Les raves, et au-
-s fourrages des terrains secs et légers,sont
loin d'y venir partout, même à moitié bien,
et il est une foule de localités où aucun d'eux
ne peut offrir un dédommagement suffisant
des frais de culture. Dans une position aussi
désavantageuse, bien peu de ressources restent au cultivateur le plus industrieux.

La plantation des pins lui en offre cependant une importante ; mais ce n'est encore
qu'à regret que la nature semble lui faire cette
concession, car les semis qui réussissent avec
un plein succès dans les sables les plus arides du Maine, peuvent à peine être tentés
dans les plaines calcaires de la triste Champagne.—Jusqu'à présent, à ma connaissance,
au lieu de semer on plante, et, comme cette
opération, si elle acquérait une grande extension, serait excessivement coûteuse, on
se borne à disposer à la surface du sol des
porte-graines dont les premiers produits devront se faire attendre parfois pr$_{ès}$ d'un
quart de siècle (*fig.* 26).—C'est le pin sylvestre
ou d'Ecosse (*Pinus sylvestris*) qu'on cultive le
plus généralement
dans les terrains
crayeux. — Quoi-
qu'on doive, pour
mieux assurer le
succès, le planter
fort jeune, il con-
vient de donner de
suite l'espacement
convenable, c'est-
à-dire 5 mètres en-
viron en tous sens
entre chaque indi-
vidu, et afin de di-
minuer la prise des
vents, autant que
pour conserver un
peu d'humidité et
pour éviter quel-
ques-uns des in-
convéniens du dé-
chaussement par
les gelées, il est
bon de le buter jus-
qu'à une certaine
hauteur avec le sol
environnant. Là se
bornent les soins de la plantation, qui s'effectue vers le mois d'avril, autant que possible
en bonnes mottes. — Des binages seront
nécessaires dans la suite pour faciliter l'extension des racines.

Par un semblable moyen, à mesure que les
pins commencent à donner de l'ombrage,
le sol se couvre en partie de mousses qui
favoriseront plus tard les semis naturels. De
quinze à vingt ans, on voit lever une infinité
de plants dont la réussite est assurée, parce
que leurs radicules sont protégées efficacement contre les trop grandes chaleurs, les sécheresses excessives et surtout les gelées produites par le rayonnement.

Cette culture n'exigeant pas, comme on le
voit, de frais considérables, n'a vraiment contre elle que la lenteur excessive avec laquelle
elle donne ses résultats. Ne pourrait-on pas
arriver au même but par des moyens plus
prompts? A-t-on essayé de tous les modes de se-

mis qui sembleraient offrir des chances de
succès ?—Les sables blanchâtres d'une partie
du Maine sont aussi arides et aussi brûlans
que les craies de la Champagne. Les semis
de pins, et notamment celui du pin maritime,
qui se refuse obstinément à croître dans ce
dernier pays, y réussissent cependant, sans le
secours d'aucun abri, d'une manière vraiment admirable ; mais il y a entre les deux
localités cette différence capitale, que les
effets du *déchaussement* sont peu appréciables sur les sables, tandis qu'ils le sont
beaucoup sur les terrains crayeux.— Si l'on
voulait semer ceux-ci au lieu de les planter,
ce serait donc aux froids de l'hiver bien plus
qu'aux chaleurs de l'été qu'il faudrait opposer un abri ; or, l'une n'est pas aussi facile que
l'autre en une telle circonstance.

III. *Sols tuffeux.*—Le tuf, qui accompagne
très-souvent la craie à une certaine profondeur, n'est lui-même qu'une craie plus compacte qui acquiert assez de dureté pour être
utilisée dans les constructions. Nous n'avons
pas à nous en occuper ici comme sous-sol.

Fig. 26.

Lorsqu'il est ramené à la surface, son premier
effet, ainsi que celui de toutes les terres qui ont
été constamment soustraites aux influences
atmosphériques, est de causer la stérilité. Plus
que d'autres il possède cette fâcheuse propriété ; il la conserve aussi plus long-temps.
— Dans une foule de cas cependant, les re-
coupes de pierre calcaire d'une autre nature,
les marnes, la craie sont d'excellens amendemens ; le *tufeau* est généralement considéré comme impropre à cet usage, et j'ai été
à même d'éprouver plus d'une fois que les
vieilles traditions qui proscrivent son usage
ne sont pas de simples préjugés. Toutefois il
est évident qu'on s'est exagéré ses inconvéniens dans beaucoup de cas.

Les terrains de tuf mélangés à une certaine
quantité d'argile et de sable ne sont point
infertiles ; le temps, la culture et les engrais
les améliorent sensiblement. — Lorsqu'ils
offrent une profondeur suffisante, ils convien-

nent aux productions des terres légères. — Les céréales peuvent même y acquérir une bonne qualité.— Les sainfoins, les luzernes, les trèfles, les raves, etc., y réussissent.—Les arbres seuls, ceux surtout qui ont une disposition à pivoter, s'en accommodent fort mal, ce qui est facile à concevoir. La vigne, et, parmi ses nombreuses espèces, celles qui produisent des vins blancs, y donnent particulièrement de très-bons produits sur les hauteurs convenablement exposées.

Les personnes qui ont parcouru les coteaux du Cher, de la Creuse, de l'Indre, une partie d'Indre-et-Loire et de la Vienne depuis Châtelleraut jusqu'à l'embouchure de cette rivière dans la Loire, et qui ont surtout visité avec attention les rives de ce fleuve entre Tours et Saumur, ont pu remarquer avec l'auteur d'un ancien Mémoire inséré dans le tome 3 des *Mémoires de la Société d'agriculture de la Seine*, que, tantôt les bancs de tuf sont recouverts d'une poussière calcaire, qui communique sa couleur blanchâtre au sol entier, et tantôt, lorsqu'ils se trouvent à une plus grande profondeur, d'un terrain jaunâtre ou rougeâtre dans lequel la quantité du calcaire diminue en proportion de l'augmentation de celle d'argile. Au moyen de cette seule indication, on peut distinguer très-aisément dans ces cantons les terres à vins blancs, des terres à vins rouges.

Quand les sols de tuf sont peu profonds, leur amélioration est d'autant plus lente et plus difficile que le sous-sol jouit plus efficacement de la propriété absorbante dont j'ai déjà parlé, et qu'on ne peut le ramener à la surface, même en petite quantité, sans compromettre plus ou moins long-temps la fécondité de la couche labourable. — Dans pareil cas cependant, au risque de diminuer encore momentanément les produits, dans l'espérance fondée de les accroître pour l'avenir, on fera bien d'entamer légèrement le tuf inférieur chaque année, lors du premier labour, jusqu'à ce qu'on soit parvenu à une profondeur suffisante.

IV. *Terres marneuses.* — Les marnes (qui devront être considérées dans un autre chapitre *comme amendemens*) se trouvent quelquefois à la superficie du terrain, et forment alors des sois calcaires à divers degrés qui sont assez communs pour nous occuper utilement ici.

Les marnes argileuses sont de couleur blanchâtre, grisâtre ou jaunâtre ; elles se délaient à la moindre pluie, dessèchent et se durcissent par l'effet de la sécheresse la moins prolongée.—Dans ce dernier état elles ne sont pas friables comme la craie. Mais elles se rapprochent des argiles en ce qu'elles retiennent souvent l'eau des pluies, ce qui les rend d'autant plus froides que leur couleur empêche qu'elles ne soient pénétrées par la chaleur solaire. — Elles *déchaussent* presque aussi facilement que les craies, et, comme ces dernières, elles manquent généralement d'humus.

En des circonstances particulières, lorsqu'elles contiennent peu d'argile, qu'elles présentent une surface inclinée, et qu'elles peuvent être humectées à une certaine profondeur, par suite de leur gonflement et du peu d'adhérence de leurs parties, entraînées par leur propre poids, elles se laissent aller sur elles-mêmes, et glissent parfois à des distances considérables.

Les sols marneux sont peu fertiles. Lorsque l'argile domine dans leur composition, ils rentrent dans la classe des terres glaiseuses ou argilo-calcaires; — quand c'est la chaux carbonatée, ils se rapprochent plus ou moins de la craie.

§ IV. — Des sols magnésiens.

La magnésie combinée au gaz acide carbonique se montre çà et là dans les terres arables, unie, dans la plupart des cas, à la chaux carbonatée. Quand elle est saturée de çe gaz, elle n'exerce sur la végétation aucune action défavorable, ainsi qu'on peut en acquérir la preuve plutôt en Angleterre et en Allemagne qu'en France. LOUDON rapporte qu'elle existe en proportion très-notable dans le Lizard, l'une des parties les plus fertiles du Cornwal. — Il serait facile de citer des exemples an alogues sur plusieurs autres comtés, tels que le Leicestershire, le Derbishire, l'Yorkshire, etc., etc., dans lesquels on trouve d'abondans calcaires magnésiens.

Mais, lorsqu'elle a été artificiellement dépouillée de son acide carbonique par la calcination, ou lorsqu'elle a été simplement ramenée à l'état de sous-carbonate (et elle existe parfois ainsi dans la nature), elle exerce une influence des plus fâcheuses, que DAVY attribue à son affinité moins grande que la chaux pour le gaz précité. — Elle devient alors un véritable poison pour une foule de végétaux. — Je me vois de nouveau forcé, afin d'éviter des répétitions, de renvoyer le lecteur au *chapitre des amendemens* pour de plus amples détails.

Les cultivateurs anglais ont constaté, par plusieurs faits, ainsi que l'indiquait la théorie, que le meilleur moyen de neutraliser l'action de la magnésie, c'était d'une part de la mettre en contact dans le sol avec des tourbes ou des engrais qui pussent lui procurer une quantité suffisante de gaz acide carbonique, et de l'autre, d'éviter complètement l'emploi de la chaux sur les terres dans lesquelles elle surabonde.

§ V. — Des sols tourbeux et marécageux.

Lorsque les végétaux se décomposent à la surface du globe sous l'influence de l'oxigène de l'air, ils donnent naissance à du terreau. Quand ils fermentent et s'altèrent dans l'eau, ils *forment la tourbe* qui s'en distingue par des propriétés chimiques fort différentes. — Tandis que l'un est d'une fertilité, on peut dire excessive, la seconde est complètement impropre à la végétation de toutes plantes autres que celles que la nature a fixées par exception sur les tourbières. Ce dernier fait, qu'on le regarde comme la suite d'une fermentation acide particulière, de la transformation du mucilage en une substance huileuse que les tourbes paraissent contenir en quantité plus considérable que les terreaux, de l'action probable, dans quelques cas seulement, des pyrites, ou de toute autre cause, ce fait, dis-je, est démontré par toutes les expériences connues.

I. *Terrains tourbeux.* — Ils ont un aspect qui dénote au premier coup-d'œil leur origine. On reconnaît facilement dans leur masse les détritus diversement agglomérés des végétaux qui les ont produits. — Ils sont spongieux et élastiques. — En se desséchant, ils perdent la majeure partie de leur poids. — Leur couleur est d'un brun noirâtre. — Ils s'échauffent cependant et se refroidissent avec une égale lenteur, de sorte qu'on pourrait encore les reconnaître en été à leur fraîcheur; en hiver, à une température plus élevée que celle des terres d'une autre nature.

Il n'est pas toujours avantageux de transformer les tourbières en terres labourables; car, partout où le bois a une grande valeur, la tourbe peut, jusqu'à un certain point, le suppléer, et la mise en culture de ces sortes de sols n'est rien moins que facile. Cependant, dans certaines circonstances, on peut trouver profitable de la tenter, ainsi que l'atteste la pratique des habitans des *moors* hollandais, et des *peat-mosses* de diverses parties des îles Britanniques.

Après un desséchement prealable, indispensable dans tous les cas, sur quelques points de l'Ecosse, on *recouvre* à grands frais *les tourbières de terre végétale.* — Quelques pouces de sable ou de graviers, de calcaires coquilliers, de vase de mer, et principalement d'argile, ont transformé des tourbières improductives en terrains d'un très-bon rapport.

D'autres fois on *brûle le plus complètement possible* toutes les herbes qui recouvrent la surface du terrain. — On donne ensuite un premier labour destiné à détruire les racines de celles qui repoussent avec une grande facilité, telles que les *Eriophorum,* les *Nardus,* etc., etc. — On les réunit en tas avec la tourbe soulevée par la charrue; on les brûle quand elles sont suffisamment desséchées, et on en répand également les cendres. — Cette opération terminée, après un second labour, on transporte sur le sol une quantité de marne, qui n'est pas moindre de 200 yards cubes par acre (l'yard cube correspond à 0 ᵐ·, 7645 cubes; l'acre anglaise à 40ᵃ, 467).—Puis quand elle a été répandue en temps opportun, on ajoute une quantité raisonnable d'engrais. Une tourbière ainsi amendée peut pro-

duire dès la première année, non seulement une récolte de pommes-de-terre, de navels, etc., mais de toute espèce de blés.

Le meilleur moyen d'entretenir ensuite sa fertilité, est de continuer l'emploi des calcaires, et de donner de loin à loin quelques fumures. — On contribue mécaniquement au même but en faisant passer à la surface du sol, afin de diminuer sa porosité trop grande, un rouleau de pesanteur moyenne, autant de fois que le comporte l'état des cultures et les frais de main-d'œuvre.—Nous donnons, d'après LOUDON, l'idée d'un *rouleau triple* de bois (*fig.* 27), fort convenable pour cette destination.

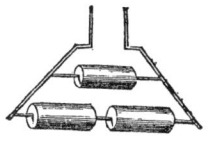

Fig. 27.

Les tourbières, simplement égouttées jusqu'à une certaine profondeur, se couvrent spontanément d'une foule d'herbes, en général d'une assez mauvaise nature pour les bestiaux, qui produisent cependant des pâturages recherchés, parce que leur végétation tardive au printemps, se prolonge pendant une grande partie de l'hiver.

Sans autres frais que quelques écobuages et l'emploi de la chaux, j'ai vu *de pareils terrains quintupler de valeur.* Sous l'influence de ce double stimulant, les plantes marécageuses disparaissent successivement et font place d'autant plus sûrement et plus promptement à des herbages d'une excellente qualité, qu'on répand au hasard à la surface du sol quelques boisseaux de graines ramassées pêle-mêle avec la poussière d'un grenier à bon foin.

De tous les végétaux, *les arbres sont les derniers* à prospérer dans les tourbières. — M. le comte D'OURCHES rapporte qu'il a vu en Souabe, près de Memmingen, dans une plaine à surface tourbeuse, des houblonnières d'une beauté remarquable, et qu'il a depuis obtenu en France, sur des terrains analogues desséchés par d'étroites saignées, des houblons magnifiques, des plantes oléagineuses d'un grand produit, et des asperges d'un volume considérable. Sans doute, il a voulu parler de tourbières déjà améliorées par une culture préalable.

II. *Terrains uligineux.* — Les sols auxquels Bosc a donné ce nom ont de l'analogie avec les tourbes proprement dites et avec les simples marais, quoiqu'ils diffèrent essentiellement des uns et des autres. «Un terrain en pente (*fig.* 28) et inférieur à des sommets susceptibles de laisser facilement infiltrer les eaux des pluies, est toujours *uligineux,* lorsqu'il est formé d'un banc d'argile ou de marne très-argileuse, surmonté d'une couche de terre tourbeuse au plus d'un pied d'épaisseur, lorsque l'eau qui le rend marécageux est celle de la

Fig. 28.

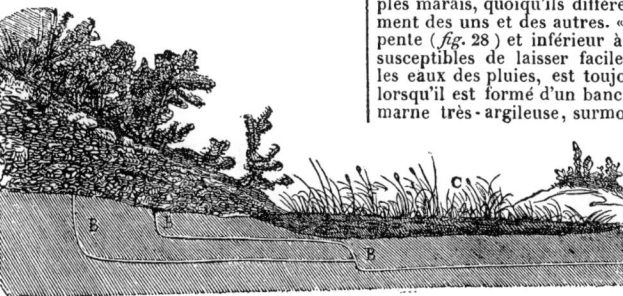

pluie tombée sur les sommets et arrêtée par le banc argileux, laquelle s'épanche par filets imperceptibles et très-nombreux, de sorte que la totalité de la couche supérieure en est à peu près également imbibée.» (*Bosc*).

Explication de la figure : A, *montagne graveleuse* susceptible de laisser infiltrer l'eau des pluies et qui repose sur un lit d'argile; — B, B, B, *fentes* qui se trouvent dans l'argile et direction des eaux qui la pénètrent; —C, *terrain uligineux*.

Les terres uligineuses diffèrent de la tourbe des lieux submergés, en ce que celle qui les compose est toujours mêlée d'une certaine quantité d'argile, de sable et même de terreau dû à la décomposition des diverses parties des végétaux qui a eu lieu à la superficie du sol, et par conséquent en présence de l'air.—Aussi est-il plus facile de les amener promptement à l'état de terre végétale, et ne faut-il pour cela que les soustraire aux effets toujours agissans des infiltrations, les exposer en couches minces aux influences atmosphériques pendant quelques mois, ou leur donner de la chaux.

Les terrains uligineux sont très-communs sur divers points de la France. Il en existe tout près de Paris, autour de la plupart des buttes à plâtre; il en existe aussi dans la forêt de Montmorency, et on peut les aller étudier dans le voisinage du château de la Chasse, non loin du tombeau vénéré de l'excellent homme qui les a décrits. — En général, comme les véritables tourbières, ils se couvrent exclusivement de plantes qui leur sont propres. — L'aune, le saule aquatique, le frène et le bouleau sont à peu près les seuls arbres qui puissent, non pas y prospérer, mais y vivre languissamment.

Les *obstacles que la culture rencontre* dans de telles localités sont donc de plusieurs sortes, puisqu'à une humidité permanente et presque toujours froide, se joint la qualité semi-tourbeuse du sol et son peu de profondeur.—Pour obvier au premier inconvénient, il est indispensable de creuser à la partie supérieure du terrain uligineux un fossé assez profond pour couper la nappe d'eau qui filtre sur le sous-sol, et de diriger cette eau dans d'autres fossés, jusqu'au fond de la vallée. — J'ai dit plus haut comment on peut parer au second; j'ajouterai cependant qu'à l'emploi réitéré de la chaux ou, à son défaut, de tout autre amendement calcaire, on fera bien de joindre de loin en loin la pratique de l'écobuage, dont les excellens effets, en pareil cas, ne peuvent être contestés. — Enfin, quant au peu de profondeur de la couche labourable, on peut y remédier en défonçant et en mélangeant l'argile ou la marne argileuse du fond avec la tourbe de la superficie; opération coûteuse à la vérité, mais d'un effet certain et durable.

III. *Sols marécageux*.—Ils se confondraient avec les précédens, si, comme eux, ils avaient de la pente et étaient susceptibles de s'égoutter. — Ce sont des terrains sensiblement horizontaux, couverts d'eaux stagnantes, au moins une partie de l'année, et qui ne peuvent en être naturellement débarrassés que par les effets de l'évaporation.

Lorsqu'ils sont totalement et constamment submergés, ils deviennent complètement impropres à toute culture. *Deux plantes usuelles* y croissent cependant spontanément · le cresson et la macre ou châtaigne-d'eau (*Trapa natans*, *fig.* 29). Le fruit bizarre de ce

Fig. 29.

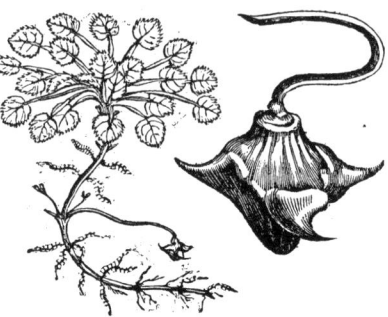

végétal, très-répandu dans les eaux stagnantes d'une partie de l'ouest de la France, contient une pulpe farineuse, nourrissante et d'un goût assez agréable, qui le fait rechercher par beaucoup de personnes à l'égal de la châtaigne, et qui mérite d'être plus généralement apprécié.

Lorsque les terrains marécageux ne sont submergés qu'une partie de l'année, ils se couvrent d'une végétation qu'on pourrait appeler mixte, dans laquelle, à côté des joncs, des scirpes, des souchets, etc. (*voy.*, *fig.* 30), on reconnaît d'autres plantes qui appartiennent aux prairies. Aussi donnent-ils dans les années favorables des *foins que leur mauvaise qualité* n'empêche pas d'utiliser pour la nourriture des ruminans, quoiqu'ils soient fort peu de leur goût et souvent assez malsains. Il est telles localités où les bœufs perdent toute énergie et se couvrent de poux, dès qu'on est obligé de les nourrir d'herbages de marais.

Dans ces sortes de terrains *quelques arbres peuvent croître assez bien* sans dessèchement préalable, pour peu que l'argile du fond soit à une assez grande profondeur. Cependant beaucoup manquent à la transplantation ou périssent de ses suites, même parmi les espèces qui réussissent le mieux après la reprise. En beaucoup de cas, les plantations du printemps, si elles étaient possibles, remédieraient en partie du moins à ce grave inconvénient.—Au nombre des arbres qui peuvent croître avec profit dans les marais et contribuer à-la-fois à leur altérissement et à leur assainissement, il faut citer en première ligne les saules, les peupliers, puis l'aune, le bouleau, qui a l'heureuse prérogative de prospérer sur les sables arides des coteaux et dans les fonds vaseux, le cyprès dystique, qui deviendra peut-être un des grands végétaux ligneux les plus utiles en pareil cas, enfin le frène, etc., etc.

Les *contrées marécageuses* ne sont pas seulement improductives, elles sont surtout *insalubres*. Sous ce double rapport, il est également désirable de les dessécher ou de les

Fig. 30.

transformer en étangs.—Nous verrons dans un des chapitres suivans comment il est possible, et dans quels cas il est profitable de faire l'un ou l'autre. Les marais une fois convenablement égouttés, sont ordinairement d'une fertilité d'autant plus grande et plus durable qu'il est facile de leur procurer un degré d'humidité convenable, et qu'ils conservent long-temps quelques débris des végétaux encore imparfaitement décomposés, dont les générations se sont succédé jadis inutilement à leur surface.

Les marais salés, lorsqu'on parvient par des digues à les soustraire aux effets des hautes marées, peuvent devenir fertiles dès que le sel dont ils sont imprégnés a été en grande partie entraîné par les eaux pluviales, ou décomposé par la végétation de quelques-unes des plantes dans lesquelles on retrouve particulièrement des muriates ou hydrochlorates, et qu'on cultive parfois pour en extraire la soude; telles sont celles que j'ai déjà citées en parlant des dunes.

Les anciens marais salés donnent des foins pour lesquels tous les herbivores montrent une avidité remarquable.—Sur les bords submersibles de la basse Tamise, il existe, tout près de Londres, des prairies marécageuses, légèrement salines, dans lesquelles on envoie, moyennant un prix très-élevé, les chevaux fatigués ou malades, pour les rétablir promptement en état de santé, et dans lesquelles aussi les animaux destinés à la boucherie ne manquent jamais d'acquérir en peu de semaines une qualité supérieure, sur laquelle spéculent avec grand avantage les propriétaires de ces sortes de pâturages.—Nous pouvons citer en France, comme exemple des bons effets des herbages salins, les moutons de la plupart des côtes de Normandie; les bœufs des mêmes contrées; ceux d'une partie de la Charente-Inférieure, des îles de Ré et d'Oleron, etc., etc. Oscar Leclerc-Thouin.

Section iv. — Propriétés physiques des sols.

Les sols arables varient bien plus en raison des propriétés physiques des substances qui les composent, que par la composition chimique de celles-ci. — En effet, toute la masse du sol, à quelques centièmes près, ne sert que mécaniquement, soit à loger et maintenir les racines, soit à tenir interposés l'eau, les gaz, les solutions alimentaires ou stimulantes, etc., véritables agens de la végétation. —Ces fonctions du sol dépendent évidemment surtout de ses caractères physiques, et d'ailleurs ceux-ci sont souvent indépendans de la composition intime, et peuvent varier sans que la nature de leurs composans change.

Citons quelques exemples : L'argile plastique (terre glaise), mêlée avec cinq ou six centièmes de craie, contient tous les élémens d'un bon sol (sauf les engrais et les stimulans); mais ce mélange est tellement compacte, lourd, difficile à diviser, qu'il ne saurait être mis en culture.—Qu'on le calcine au rouge naissant, puis qu'on le pulvérise, il offrira, au contraire, une sorte de sable léger, poreux, trop sec, propre à rendre plus meubles et meilleures les terres trop compactes.—La chaux carbonatée en parcelles dures, telles que les menus débris de marbres, d'albâtres, de diverses roches, de pierres de taille, etc., ne retiendra que 25 à 30 centièmes de son poids d'eau, tandis que la même substance, en poudre beaucoup plus fine, retiendra de 80 à 90 centièmes d'eau. — Nous rencontrerons d'autres faits de ce genre tout aussi remarquables, en traitant des amendemens; enfin, nous dirons que *le soufre, le charbon, le sable,* et tous les corps insolubles dans un état pulvérulent convenable, avec de l'eau et un engrais organique *azoté,* peuvent développer et soutenir une très-belle végétation.

§ Ier. — Densité ou poids spécifique des terres.

On désigne ainsi le *poids d'un volume de terre* comparé au même volume d'eau. — Pour le trouver, il suffit de constater le poids de la terre bien séchée que l'on emploie en remplissant un vase déjà à demi plein d'eau. Ainsi, supposons que dans un flacon A (*fig.* 31) contenant exactement 2 litres, on ait versé d'abord 1 litre d'eau exactement mesuré, qu'ensuite on ait employé pour le remplir entièrement B, 2 kil. 75, ou 2750 gramm. de sable terreux ; il est évident que ces 2750 gramm. de sable occupent le même volume ou tiennent autant de place qu'un litre d'eau, puisqu'il manquait seulement un litre pour remplir toute la capacité. Or, on sait qu'un litre d'eau, à la température où l'on opère, pèse 1 kil. ou 1000 grammes, donc le sable pèse sous le même volume 2750 gramm. ou 2 fois 3/4 davantage. Ainsi 2750 est le poids spécifique du sable comparé à celui de l'eau qui est 1000.

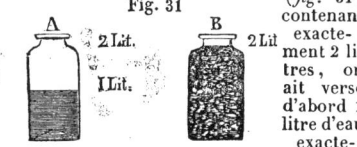

Fig. 31

En opérant ainsi, le docteur Schubler a trouvé les *poids spécifiques* suivans *pour les diverses substances* qui forment les sols.

Substances terreuses.	Poids spécifique.		Poids de l'eau.
Sable calcaire.	2822	.	1000
Sable siliceux.	2753	.	1000
Glaise *maigre* (sableuse).	2700	.	1000
Glaise *grasse.*	2652	.	1000
Terre argileuse.	2603	.	1000
Argile privée de sable. .	2590	.	1000
Terre calcaire fine. . . .	2468	.	1000
Terre de jardin.	2332	.	1000
Terres arables.	2400	.	1000
	2525	.	1000
Magnésie carbonatée. . .	2232	.	1000
Humus.	1225	.	1000

Le poids spécifique des terres donne des indices sur leur nature et leur composition; mais il est en sens inverse de la *compacité* des sols pour l'argile et le sable. — Ainsi, les sables forment la partie la plus lourde des terres, et abondent cependant sur les sols légers, secs et chauds. — Les argiles, qui constituent les sols compactes, humides et froids, sont d'autant plus légères qu'elles contiennent moins de sable. — La terre calcaire, le calcaire magnésien en poudre et l'humus diminuent la densité et rendent les sols légers, pulvérulens et secs.

§ II. — Ténacité et qualité plastique.

La *ténacité d'un sol peut se reconnaître* approximativement d'une manière fort simple : on humecte la terre avec assez peu d'eau pour que, tassée et roulée entre les mains, elle forme une boule dure d'environ un pouce de diamètre, on la laisse sécher au soleil ou sur un poêle, puis on l'examine comparativement. — Pour *les sols très-sableux* et légers, la consistance sera si faible que les boules s'écraseront sous une pression faible, ou même *spontanément* sous leur propre poids. — Les *bonnes terres arables* résisteront plus ou moins à la pression entre les doigts, mais s'écraseront en poudre sous un certain effort ou un léger choc. — Les *glaises, terres argileuses* fortes, exigeront le choc d'un corps dur, et resteront en fragmens que l'on ne pourra mettre en poudre sous les doigts.

Si l'on fait chauffer au rouge cerise toutes ces boules, qu'on les laisse refroidir, puis qu'on les mette dans l'eau, les *terres sableuses* se désagrégeront instantanément. — Les *terres très-calcaires* se délaieront plus lentement ou même exigeront une pression entre les doigts. — Les *argiles* et terres argileuses fortes conserveront leurs formes, et même seront beaucoup plus dures qu'avant d'être chauffées. — *Si l'on chauffait au rouge presque blanc,* les *terres calcaires* donneraient de la chaux ou se vitrifieraient. — Les *argiles* et terres argileuses deviendraient de plus en plus dures.

On a essayé de soumettre à des essais rigoureux *la ténacité des terres;* nous indiquerons les moyens employés et les nombres obtenus. — On devait aussi chercher à *mesurer à l'état humide* la consistance plastique, la résistance à la division et le frottement sur les instrumens aratoires, pour mieux apprécier les qualités des terres fortes ou faciles à travailler, ou trop légères. — Les agriculteurs s'en rendent à peu près compte à la quantité en surface et profondeur de terrain humide labouré, pour une égale force employée. En général, une terre est d'autant plus consistante, plus adhérente aux outils, qu'elle renferme plus d'argile plastique. Nous indiquerons les données expérimentales y relatives.

La ténacité et la consistance du sol ont une très-grande influence sur la végétation et sur les procédés de la culture. Ce sont surtout ces propriétés que les cultivateurs désignent par les dénominations de *sol léger* ou *pesant;* il convient donc de les soumettre à un examen approfondi, soit à l'état sec, soit à l'état humide.

Pour éprouver la *ténacité des terres à l'état sec,* on a fait de chaque terre en particulier, dans son état d'humidité moyenne, des morceaux longs (parallélipipèdes), au moyen d'une forme en bois de la longueur de 20 lignes (45,2, millim.), 6 lignes de largeur (13,5 millim.), et autant de hauteur. Dès qu'ils étaient parfaitement secs, on les posait sur deux points d'appui éloignés l'un de l'autre de 15 lignes (33,6 millim.), puis on les chargeait peu-à-peu de grains de plomb suspendus au milieu des morceaux de terre, au moyen d'un plateau de balance, jusqu'à ce qu'ils vinssent à casser. Le poids qu'ils avaient supporté servait de mesure à leur tenacité.

La quantité de poids dont on est obligé, pour les rompre, de charger les terres contenant de l'argile, est énorme. Elle s'est montee, pour l'argile pure, à 11 kil. 100 gramm.; la chaux fine et pure, au contraire, ne supportait que 1 kilogramme 720 grammes. Alors, prenant la ténacité de l'argile (11,10 kilog.) pour mesure commune de 100 degrés, on compare à cette mesure les ténacités des autres terres, comme on le verra dans la table qui va suivre.

Cohésion du sol dans l'état humide, et son adhérence aux instrumens d'agriculture.—En travaillant une terre dans l'état humide, il ne faut pas seulement vaincre sa cohésion, mais principalement son adhérence aux instrumens d'agriculture. On s'est servi du moyen suivant pour déterminer la résistance en ce sens des différentes espèces de sols : deux disques d'une égale grandeur, de fer ou de bois de hêtre (ce sont les 2 substances dont on se sert le plus souvent pour confectionner les instrumens de culture), sont attachés aux deux extrémités des bras d'une balance, en ayant soin qu'ils y soient en équilibre. Alors on met un de ces disques en contact, le plus exact possible, avec la terre à examiner, et l'on charge l'autre disque de poids, jusqu'à ce que le premier se détache de la terre ; la quantité des poids ajoutés indique l'adhérence de la terre avec l'autre disque.

Afin de comparer les terres dans un état également *humide*, ce qui est très-important, on les emploie chaque fois dans l'état où elles se trouvent quand elles sortent des tamis (*V.* page 42), au moment où elles ne laissent plus dégoutter d'eau.

Les résultats différens obtenus par les deux modes d'essais précités sont réunis dans le tableau suivant :

Espèces de terres.	Ténacité de la terre sèche celle de l'argile étant 100.	Ténacité en poids.	Adhérence à l'état humide aux instrumens d'agriculture, sur décimètre carré,	
			de fer.	de bois.
		kilog.	kilog.	kilog.
Sable siliceux.	0　0	0,	0, 17	0, 19
Sable calcaire.	0　0	0,	0, 19	0, 20
Terre calcaire fine. . .	5　0	0,55	0, 65	0, 71
Humus.	8　7	0,97	0, 40	0, 42
Magnésie carbonatée..	11　5	1,27	0, 26	0, 32
Glaise maigre.	57　3	6,36	0, 35	0, 40
Glaise grasse.	68　8	7,64	0, 48	0, 52
Terre argileuse.	83　3	9,25	0, 78	0, 86
Argile pure (privée de sable par décantation)	100　0	11,10	1, 22	1, 32
Terre de jardin.	7　6	0,84	0, 29	0, 34
Terres arables . . . . {	33　0	3,66	0, 26	0, 28
	22　0	2,44	0, 24	0, 27

Conclusions que l'on peut tirer du tableau qui précède.

1° La désignation de *sol léger* et de *sol pesant* ou terre forte, si généralement usitée parmi les agriculteurs, se fonde sur la ténacité de la terre et sur son adhérence aux instrumens d'agriculture : ces dénominations marquent donc surtout un sol plus ou moins facile à travailler, ou un sol plus ou moins adhérent aux outils et consistant. — Par les moyens ci-dessus indiqués, on peut apprécier ces propriétés avec une exactitude suffisante. Un sol est très-facile à travailler si sa ténacité, dans l'état sec, n'excède pas dix degrés ; au contraire, il est déjà assez difficile quand cette ténacité va jusqu'à quarante degrés. — Un sol, dans son état humide, est facile à travailler lorsqu'une surface d'un décimètre n'est retenue que par un poids de 0,20 à 0,30 kilog. ; mais il est déjà difficile quand il lui faut une force de 0,40 kilog. ; l'argile *pure* exige même 1 kilog. 32 gr. : les terres arables sont entre ces extrêmes avec différens degrés de ténacité et d'adhérence, comme l'indique le tableau ci-dessus.

2° La *ténacité d'un sol n'est pas en proportion* directe de sa faculté de retenir l'eau ; la terre calcaire fine et l'humus, qui la possèdent éminemment et à un bien plus haut dégré que l'argile, ont néanmoins bien moins de ténacité et d'adhérence, et forment un sol facile à travailler. — Plusieurs espèces de sols légers (les sols sablonneux) gagnent beaucoup de cohésion par l'humidité. Le sable sec n'en a aucune ; mouillé, il en acquiert une assez considérable.

3° *L'adhérence à une surface de bois* est toujours plus forte qu'à une égale surface de fer ; ce phénomène se montre dans chaque terre en particulier, et il se reproduit en grand de plusieurs manières.

4° En général, la consistance d'une terre arable est d'autant plus grande qu'elle contient plus d'argile.

Diminution de la cohésion par l'effet des gelées. — On sait combien la cohésion des mottes de terre diminue quand une terre fraîchement labourée vient à geler, et combien elle devient alors plus friable. Pour suivre ce phénomène de plus près, on forme de longs morceaux de terre d'une égale épaisseur et largeur, on les expose dans un état humide, pendant plusieurs jours, à un froid rigoureux, jusqu'à ce qu'ils soient complètement *gelés;* puis on les laisse sécher peu-à-peu dans un appartement habité, avec d'autres morceaux des mêmes terres qui n'avaient pas été exposées au froid : on détermine alors leur ténacité par la méthode précédemment exposée.

La *cohésion de ceux qui ont été exposés aux froids* diminue quelquefois jusqu'à moitié. Celle de la *glaise grasse* descend de 68,8 degrés à 45,0 ; celle de la *terre arable d'Hoffwill*, de 33 à 20 degrés. L'*argile pure* se laissait réduire en poudre par la seule pression du doigt, ce qui n'était pas possible pour la même argile séchée sans l'influence du froid.

L'humidité est nécessaire pour produire

cet effet ; des terres séchées avant d'être soumises à la gelée ne perdent pas de leur ténacité. Voici comment on explique ces effets : la glace prend plus de volume que l'eau dont elle provient ; les particules de terre entre lesquelles s'interposent les cristaux de glace se trouvent donc écartées et désunies. Mais cette diminution de consistance n'est pas toujours de longue durée. En labourant bien la terre dégelée, elle acquiert la même cohésion qu'elle avait auparavant. On voit par là l'influence favorable des labours d'automne ; la gelée (produite par une température au-dessous de zéro) peut pénétrer beaucoup plus dans l'intérieur de la terre ; la masse de celle-ci se gèle mieux et garde plus long-temps sa porosité au printemps ; les labours sont alors moins utiles dans cette saison ; car, opérés par un temps un peu humide, ils font perdre à la terre cette porosité que le froid lui avait procurée.

Si toute la terre est humide lors de ces labours du printemps, dans un sol argileux, le préjudice est considérable et est souvent sensible pendant plusieurs mois (1).

La consistance d'un sol diminue aussi considérablement en le brûlant. — La plupart des qualités physiques changent alors ; l'argile pure, qui auparavant formait le sol le plus compacte, devient, par cette opération, plus friable ; elle perd sa consistance et sa ténacité ordinaires. Il n'est plus possible de la lui rendre en l'humectant. Dans des contrées de l'Ecosse, il est d'usage d'améliorer le sol en *brûlant l'argile*.

Nous traiterons de cet important phénomène en parlant de l'*écobuage*.

Une simple dessiccation divise les terres argilo-calcaires, parce que l'argile diminuant plus que le carbonate de chaux, toutes les parties se désagrégent successivement.

§ III. — Perméabilité du sol.

On conçoit combien est utile la perméabilité du sol qui doit laisser arriver aux extrémités spongieuses des racines, l'eau, les solutions nutritives ou stimulantes, l'air et les gaz. C'est ainsi que l'expérience a fait connaître l'importance de tenir la terre meuble pour les plantes annuelles, de diviser la superficie au-dessus des racines des arbres, etc., etc.

Les *expériences comparatives sur la perméabilité* sont faciles : — On prend un poids égal de deux ou plusieurs terres sèches à essayer, 1 kil. par exemple ; on délaye chacune d'elles avec un litre d'eau, on jette sur des tamis A, B, C (*fig.* 32), séparés, posés de niveau sur deux traverses D, E, et qui sont vus en coupe dans la figure.

On arrose ensuite successivement avec 10 litres d'eau, en ayant soin que le niveau se dérange peu, et même aplanissant à chaque fois la superficie avec une pa-

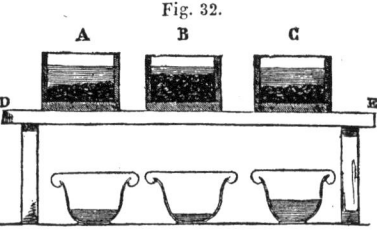

Fig. 32.

lette en bois (*fig.* 33).

Fig. 33.

— La vitesse avec laquelle la filtration de l'eau aura lieu indiquera le degré de perméabilité du sol entre les deux extrêmes : le sable qui laissera filtrer aussi vite que l'on versera, et les argiles plastiques qui laisseront à peine couler goutte à goutte.

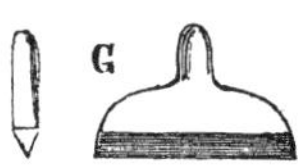

Nous indiquerons plus loin, en parlant des *amendemens*, les moyens de donner le degré de perméabilité le plus convenable.

§ IV. — Faculté d'absorber l'eau.

Cette propriété des sols est évidemment une des plus importantes, car elle livre à la sève une partie indispensable de l'humidité, fournie quelquefois à de longs intervalles par les pluies.

On *l'apprécie facilement* en prenant sur un des tamis dont nous venons de parler, et lorsque l'eau ne s'en égoutte plus, 500 grammes de terre toute mouillée ; on en connaît le poids en la plaçant dans une large assiette plate, tarée d'avance, puis on pose cette assiette ainsi pesée, soit sur la sole d'un four après la cuisson du pain, soit sur un poêle : lorsque la dessiccation est complète, c'est-à-dire que le poids ne diminue plus, la différence du poids trouvé alors indique la quantité d'eau que la terre retenait absorbée entre ses parties. — Ainsi, lorsque 500 grammes de terre mouillée seront réduits après la dessiccation à 400, on en conclura que les 400 grammes de terre avaient retenu 100 d'eau, et que 100 auraient retenu 25.

De cette manière on a trouvé les résultats qui suivent.

Substances terreuses essayées, 100 parties retiennent.	Eau.
Sable siliceux	25
Sable jaune	29
Glaise maigre	40
Glaise grasse	50
Terres argileuses	60
Argile exempte de sable . .	70
Terre calcaire fine	85
Terre de jardin	89

(1) M. DE GASPARIN rapporte avoir vu dans son climat du midi un champ ouvert, un peu humide au printemps, qui ne put être semé en automne, faute d'en pouvoir briser les mottes. — J'ai souvent observé ce fait dans quelques champs placés au bas des buttes qui environnent Paris ; et dont le sol est en grande partie composé d'argile mêlée à du sable.

Terres arables... .... $\left\{\begin{array}{l}52\\48\end{array}\right.$
Magnésie carbonatée...... 456
Humus............ 190

Le *tableau précédent montre :* 1° Que *les sables* retiennent le moins d'eau (20 à 30 pour 100); — 2° Que *les terres argileuses* en retiennent d'autant plus qu'elles contiennent moins de sable; — 3° Que la *chaux carbonatée* absorbe d'autant plus d'eau qu'elle est plus divisée; — 4° Que *l'humus* en retient le plus, sauf la *magnésie carbonatée* qui ne se trouve jamais pure dans les sols, mais leur fait contenir un excès d'eau.

§ V.—Faculté des terres pour se dessécher.

Cette propriété est fort intéressante à connaître ; car il est évident que les sols qui se dessèchent le plus rapidement sont les plus secs et chauds, et doivent recevoir des amendemens appropriés ; réciproquement il faut faciliter la dessiccation des terres qui retiennent trop longuement l'eau pluviale. M. SCHUBLER propose *d'essayer cette faculté* en constatant par la perte en poids, pendant une égale durée de temps, dans le même air, combien chaque sorte de terre très-mouillée laisse exhaler d'eau sur la proportion qu'elle renferme. La terre égouttée sur les tamis, comme nous l'avons dit ci-dessus, peut encore servir à ce 3e mode d'expérimentation. — On en prendra de chacune 200 grammes, par exemple; on l'étendra pendant 5 heures en couche également mince sur une assiette, puis on pèsera de nouveau. Si ces 200 grammes contenaient 120 d'eau et qu'ils en eussent perdu 60, on calculera ainsi : 120 ont laissé évaporer 60 ; 100 auraient perdu 50. Cet essai approximatif donne les résultats suivans.

Substances terreuses.	100 parties d'eau perdent
Sable siliceux..........	88,4
Sable calcaire...........	75,9
Glaise maigre............	52
Glaise grasse...........	45,7
Terre argileuse.........	34,9
Argile sans sable........	31,6
Chaux carbonatée fine.....	28
Terre de jardin.........	24,3
Terres arables...........	$\left\{\begin{array}{l}32\\40\end{array}\right.$
Magnésie carbonatée......	10,8
Humus...............	20,5

D'après les *résultats de ce tableau* on observe : 1° Que les *sables siliceux et calcaire* perdent le plus d'eau dans le même temps, ou se dessèchent le plus vite; aussi concourent-ils à former les sols les plus chauds; — 2° Que la *chaux carbonatée* agit d'une manière toute différente, suivant ses différentes formes. En effet, le *sable calcaire* constitue un sol très-chaud, tandis que la *terre calcaire* retient très-long-temps l'humidité, et même plus long-temps que l'*argile*. Toutefois elle mérite une préférence marquée sur cette dernière terre, parce que son action sur les acides lui donne une influence chimique utile sur l'humus, et d'ailleurs parce qu'elle reste toujours *légère;* — 3° Que l'*argile* perd de l'eau qu'elle contient, une proportion d'au-

tant moindre qu'elle renferme moins de sable; — 4° Que l'*humus* retient l'eau plus que la plupart des substances terreuses ; une faible proportion entretient donc une humidité utile; — 5° Que la *magnésie carbonatée* contribue à rendre les sols froids et humides ; car elle contient le plus d'eau et en laisse exhaler le moins. Nous verrons plus loin qu'elle s'échauffe moins et conserve moins de chaleur que toutes les autres.

§ VI.—Diminution de volume par la dessiccation.

La plupart des terres se serrent davantage quand elles sont desséchées, et il s'ensuit le plus souvent des *crevasses dans le sol,* qui, trop larges, sont nuisibles à la végétation, en ce que les *racines chevelues* qui fournissent le plus de nourriture aux plantes, se dessèchent et se rompent dans ces ouvertures.

Pour *soumettre cette propriété à une mesure* comparative, on s'est servi du moyen suivant :On forme, avec les différentes espèces de terre également humectées, des morceaux cubiques égaux de dix lignes de hauteur, longueur et largeur (c'est-à-dire mille lignes cubes); on les fait dessécher à l'ombre dans un appartement, par une température de 15 à 18 degrés, et pendant plusieurs semaines, jusqu'à ce qu'ils ne perdent plus de leur poids; alors on détermine leur volume, à l'aide d'une mesure pouvant évaluer chaque côté à un dixième de ligne près. Voici les résultats ainsi obtenus :

Espèce de terres.	1000 parties perdent de leur volume :
Chaux carbonatée fine.....	50
Glaise maigre..........	60
Glaise grasse..........	89
Terre argileuse.........	114
Argile pure (sans sable)....	183
Magnésie carbonatée......	154
Humus...............	200
Terre de jardin.........	149
Terre arable...........	120

NOTA. Les sables siliceux et calcaire ne diminuent pas de volume ou du moins fort peu, et se brisent au plus léger attouchement.

Il résulte du tableau qui précède : 1° De toutes les substances que contiennent les terres, l'*humus* prend le retrait le plus considérable; il est égal au cinquième de son volume. L'humus acquiert aussi beaucoup de volume, à mesure qu'on l'humecte. Cela explique un *phénomène observé dans les bas-fonds de tourbe :* on remarque souvent dans ces contrées un exhaussement considérable de la surface du sol, qui devient surtout sensible quand un temps humide est suivi par un temps froid rigoureux : la terre s'élève quelquefois alors de plusieurs pouces. La cristallisation de l'eau gelée, qui ajoute une autre cause d'accroissement de volume, contribue ici à cette élévation des terrains tourbeux. — 2° Entre toutes les terres qui ne contiennent pas d'humus, l'*argile* est celle qui perd le plus de son volume par la dessiccation; cette qualité diminue quand on y ajoute du *sable* ou de la *chaux carbonatée* ou de la *marne.* — 3° La réduction du volume par la dessiccation n'est pas, comme on pourrait le croire, proportionnée à la faculté des terres pour retenir l'eau. En effet, la *chaux carbonatée fine* retient une grande proportion d'eau ; et cependant son retrait n'est que de 50 parties sur 1000, tandis que l'*argile* perd 183 parties. Cette qualité n'a pas non plus de rapport avec la consistance du sol : l'humus possède une ténacité bien moindre que l'argile ; néanmoins son retrait est beaucoup plus considérable. — 4° La *pulvérisation de la marne*, par les influences atmosphériques, s'explique en partie par la différence de retrait de ses composans, l'*argile* et la *chaux carbonatée fine* ; les points de contact des différentes parties sont écartés par le retrait inégal, et les blocs de marne se pulvérisent spontanément. — 5° Ce fait explique encore une partie de l'*influence de la marne calcaire*, bien préférable à un mélange de sable et d'argile : le carbonate de chaux diminue la consistance et la ténacité du sol, mais en outre il possède un plus grand pouvoir absorbant pour l'eau, il est capable de saturer les acides, propriétés que le *sable* ne peut offrir.

§ VII.—De l'effet de la capillarité des sols.

L'*action capillaire*, qui détermine l'ascension et les infiltrations des liquides dans les sols, est fort importante à considérer, bien que cette cause n'agisse pas seule.—On peut facilement se rendre compte de cet effet en plongeant dans l'eau un petit tube ouvert des deux bouts : on verra que le liquide s'élevera dans le tube au-dessus de son niveau dans le vase, et la différence sera d'autant plus grande que le diamètre du tube sera plus petit, comme le montre la *figure 34.*

Fig. 34.

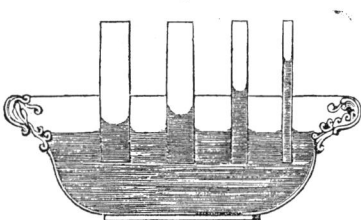

Fig. 35.

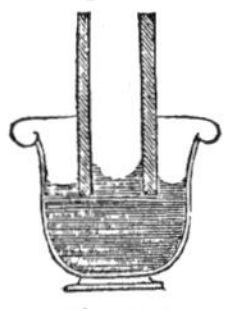

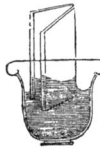

Fig. 36.

Si, comme on le voit *fig.* 35, on approche deux lames de verre plongées en partie dans l'eau, le liquide s'élevera entre elles, mais moins que dans les tubes pour un écartement égal au diamètre intérieur de ceux-ci. Enfin, si au lieu de maintenir ces lames parallèles, on les joint sur une de leurs arêtes, de manière à former un angle, comme dans la *fig.* 36, on verra le liquide s'élever graduellement davantage en s'approchant des arêtes en contact. On voit

d'ailleurs sur toutes les surfaces que l'eau peut mouiller, ce liquide s'élever sur la ligne de contact, comme le montrent encore les figures ci-dessus.

Ces phénomènes, qui dépendent et de l'attraction des surfaces précitées, et de l'attraction entre les parties du liquide, ont lieu dans les interstices des corps en grains informes, tels que le sable, et plus sensiblement encore dans les substances poreuses dont les cavités en rapport forment une suite de tubes irréguliers : tels sont les éponges, les platras, les pierres tendres, les terres plus ou moins légères ; aussi voit-on ces substances s'humecter à une hauteur plus ou moins grande lorsqu'elles sont en contact avec l'eau seulement par leur partie inférieure. Cela explique l'humidité constante au-dessus du sol dans les carrelages, murs, etc., construits en matériaux poreux. et une foule de faits qu'il serait trop long de rapporter ici.

La capillarité dans les sols est une de leurs plus importantes propriétés. En effet, c'est elle surtout qui conduit près des parties spongieuses des racines, les liquides environnans, lorsque les solutions en contact sont absorbées ; elle ramène à la superficie les liquides infiltrés, au fur et à mesure que l'évaporation entraine l'eau dans l'atmosphère. — Ce dernier effet fait aussi revenir près de la surface du sol les substances solubles fixes qui suivent l'eau liquide, mais l'abandonnent lorsqu'elle se vaporise. — Parmi les substances solubles, plusieurs sels augmentent considérablement les effets de la capillarité, en lui fournissant de nouveaux points d'appui ; aussi les voit-on grimper à de grandes hauteurs, ou venir en efflorescence à la superficie du sol.

Ces efflorescences salines permettent de faire de véritables récoltes de sels par un simple balayage en certaines localités. C'est ainsi qu'on se procure le *salpêtre de Houssage dans l'Inde*.

Dans les terrains trop salés les mêmes phénomènes débarrassent en partie le sol de l'excès du sel. On pourrait augmenter cet effet utile en écroûtant ces terrains pendant les sécheresses, puis exposant à des lavages naturels les eaux pluviales, ou par des irrigations artificielles, les terres ainsi enlevées, avant de les répandre sur les champs, ou avant de les livrer de nouveau à la culture. Les labours en sillons profonds ont d'ailleurs une efficacité plus immédiate dans la culture des terres trop salées.

La capillarité des sols *dépend surtout d'une perméabilité* convenable (*V*. page 42) ; ainsi, trop sableux ou trop argileux, ils entravent la force capillaire : dans le 1ᵉʳ cas, en offrant de trop larges interstices et se desséchant trop complètement ; dans le 2ᵉ cas, en rétrécissant tellement les interstices, que toute circulation de l'eau y devient impossible. C'est ce qui arrive aux argiles plastiques ; lorsque celles-ci constituent le sous-sol, la capillarité seule dans la couche arable supérieure peut ramener à la superficie, où elle s'évapore, l'eau excédante que le fonds argileux retenait, et qui eût altéré les racines des plantes.

§ VIII. — Propriété des terres pour absorber l'humidité atmosphérique.

Cette propriété des terres, évidemment favorable à la végétation, est principalement utile durant les temps secs, afin de compenser en partie par l'absorption dans la nuit, l'énorme évaporation opérée pendant le jour.

On a soumis cette propriété à une mesure approximative à l'aide de plaques en fer-blanc, sur lesquelles on répandait en une couche unie des quantités égales des différentes terres en poudre fine et sèche. Ces terres étaient exposées à un air également chargé de vapeur d'eau, en les enfermant à la même température (de 15 à 18 degrés) sous une cloche de contenance égale et qui était fermée en bas par de l'eau. Après 12, 24, 48, 72 heures de temps, la terre, pesée avec la plaque, indiquait la quantité d'eau absorbée.

SUBSTANCES TERREUSES.	Absorption de 500 centigrammes de terre, étendus sur une surface de 36,000 millimètres carrés.			
	12 h.	24 h.	48 h.	72 h.
	cent.	cent.	cent.	cent.
Sable siliceux.	0,"	0,"	0,"	0,"
Sable calcaire.	1,0	1,5	1,5	1,5
Glaise maigre.	10,5	13,0	14,0	14,0
Glaise grasse.	12,5	15,0	17,0	17,5
Terre argileuse.	15,0	18,0	20,0	20,5
Argile (pure ou sans sable).	18,5	21,0	24,0	24,5
Terre calcaire fine..	13,0	15,5	17,5	17,5
Magnésie carbonatée. . . .	34,5	38,0	40,0	41,0
Humus..	40.0	48,5	55,0	60,0
Terre de jardin.	17,5	22,5	25,0	26,0
Terres arables. . . . . . . {	8,0	11,0	11,5	11,5
	7,0	9,5	10,0	10,0

Remarques générales sur le tableau qui précède : — 1° Les terres absorbent plus pendant les premières heures ; l'absorption diminue à mesure qu'elles ont acquis plus d'humidité, et cesse après quelques jours ; les terres alors paraissent être saturées ; elles absorbent plus pendant la nuit que durant le jour, sans doute en raison de la température moins élevée dans le 1ᵉʳ cas. — 2° De toutes les substances terreuses, l'humus absorbe le plus d'humidité, et surpasse même, pour cette faculté, le carbonate de magnésie. — 3° Les argiles absorbent d'autant mieux l'humidité, qu'elles contiennent moins de sable, mais jamais autant que l'humus. — 4° Le sable siliceux absorbe à peine l'humidité, ainsi que le sable calcaire ; ils forment ainsi un sol aride, sec, chaud. — 5° Quoique les terres absorbent ordinairement d'autant plus d'humidité qu'elles contiennent plus d'humus, la fertilité du sol ne peut se juger par cet indice seul ; car l'argile, la terre calcaire fine et la magnésie, absorbent beaucoup d'humidité sans contenir d'humus ; d'ailleurs, une terre de jardin très-fertile, qui contenait 7,2 pour cent d'humus, absorbait en 12 heures 17,5 d'humidité ;

une terre arable fertile, 8,0, tandis que l'argile infertile seule absorbait, dans le même espace de temps, 18,5 ; la terre calcaire, 13,0, et la magnésie carbonatée, 34,5 (1). — 6° Cette faculté est souvent, mais non dans tous les cas, proportionnée à la faculté des terres pour retenir l'eau ; elle s'accorde moins avec la faculté de se dessécher. Au reste, l'inégalité de la surface et le volume de la terre influent beaucoup sur ces phénomènes.

§ IX. — Faculté d'absorption des terres pour les gaz.

Cette propriété est encore fort importante à considérer ; elle n'a pas été éprouvée d'une manière assez approximativement exacte pour que nous reproduisions les nombres trouvés. — Il est probable qu'elle est relative à la faculté de retarder l'évaporation de l'eau, d'autant plus que l'état de porosité lui est également favorable. Elle suivrait donc à peu près l'ordre indiqué par les nombres du tableau du § V, surtout pour les sables et les 5 dernières substances ; les argiles feraient seules exception dans leur état plastique, tandis que légèrement calcinées (brûlées), elles peuvent devenir très-absorbantes pour les gaz.

L'utilité d'absorber et de retenir les gaz est évidente ; car les uns, comme l'oxigène de l'air, sont indispensables à la germination ; les autres, et notamment tous ceux qui renferment du carbone ou de l'azote, sont utiles à la nutrition des plantes, ou pour stimuler leur force végétative ; c'est par suite de ces deux effets que des terres infertiles à une certaine profondeur, peuvent devenir fécondes par un aérage de quelques mois.

Il est démontré, en effet, par un grand nombre de faits, que l'oxigène joue un grand rôle dans l'économie animale et végétale, qu'il favorise beaucoup le développement des parties organiques, principalement la germination des semences, selon les observations de MM. Th. DE SAUSSURE et DE CANDOLLE. Par la culture et le labourage, plusieurs couches de terre sont mises en contact avec l'air, et, pour ainsi dire, fertilisées par l'absorption de l'oxigène. Ces travaux sont d'autant plus nécessaires, que l'oxigène ne pénètre que lentement à plus de quelques lignes de profondeur, étant d'ailleurs souvent rencontré par des substances organiques avec lesquelles il produit des combinaisons, et notamment de l'acide carbonique.

Si l'on compare plusieurs couches de terres arables, on remarque toujours que les plus profondes sont moins fertiles que celles qui sont en contact immédiat avec l'atmosphère, et qu'il faut quelque temps pour les faire arriver à un même degré de fertilité, même quand leur composition chimique est identique à cela près des gaz interposés. On remarque souvent ce phénomène sur les terres nouvellement défrichées, qui, ayant été autrefois fertiles, paraissent avoir perdu momentanément cette qualité pour avoir été privées long-temps de l'influence de l'air.

(1) DAVY, dans ses Élémens de chimie agricole, avait comparé la faculté d'absorber l'humidité de plusieurs espèces de terres arables, et avait toujours trouvé qu'elle était plus grande dans les terres fertiles ; de sorte qu'il indique cette propriété comme une marque de la fertilité du sol.

Cela explique encore pourquoi l'argile et les terres contenant de l'humus, si elles possèdent en même temps la porosité convenable, sont ordinairement des plus fertiles, l'absorption de l'air ayant lieu très - facilement dans ces sols.

Utilité de l'aérage des sols.—Depuis longtemps on a constaté généralement l'utilité de cette pratique, qu'on opère, soit par des labours ou même des défonçages faits à l'avance, soit par des trous profonds creusés plusieurs mois avant la plantation des arbres.

Ces travaux ont plusieurs effets utiles : — 1° Ainsi que nous l'avons démontré plus haut, les terres exposées sur une grande surface aux alternatives de sécheresse et d'humidité, aux variations de la température, se divisent, deviennent plus poreuses, plus facilement perméables aux racines, et plus absorbantes. — 2° L'air et les gaz absorbés sont indispensables, soit à la germination, soit au développement des plantes : c'est ainsi que diverses graines, et de même les tubercules des pommes-de-terre, ne peuvent germer à une profondeur quelquefois peu considérable, où la formation et le séjour de l'acide carbonique a exclu ou combiné tout l'oxigène de l'air.— C'est ainsi que l'on conçoit comment des graines enfermées dans le sol, et même des pommes-de-terre, y peuvent séjourner une, deux ou plusieurs années sans pousser, tandis que ramenées par hasard ou à dessein près de la surface, elles développent rapidement une belle végétation.

§ X.— Faculté d'absorber et de retenir la chaleur.

Cette propriété des sols est fort importante; en effet, elle offre une des plus puissantes causes de l'activité végétative ; détermine la germination ; compense en partie les inégalités brusques de température de l'atmosphère entre les jours et les nuits, comme entre certains jours; évite les transitions trop brusques qui sont si nuisibles aux plantes et aux animaux, et constitue la principale cause de la température générale de la surface du globe, qui peut entretenir la vie des animaux et des plantes. FOURIER a démontré, en effet, que la chaleur centrale avait peu d'influence aujourd'hui sur la température de la croûte terrestre. La température de l'atmosphère au milieu de laquelle nous vivons, est, en conséquence, entretenue à peu près exclusivement par l'absorption des rayons calorifiques solaires.

Les différentes sortes de terre *sont échauffées à différens degrés* par les rayons du soleil; cet effet doit avoir une grande influence sur la végétation, principalement lorsque, au printemps, la terre n'est pas encore ombragée par les feuilles. — C'est sur cette propriété que se fonde en général la dénomination de *sol froid ou chaud;* et , quoique l'agriculteur ne semble pas indiquer par là des caractères certains, ils sont néanmoins conformes aux données précédentes. En effet , un sol formé d'une *argile humide et de couleur claire* sera beaucoup moins et plus lentement échauffé par le soleil qu'un *sol sableux de couleur foncée ;* ce que le thermomètre peut démontrer facilement. Une *terre*

de jardin, noire et contenant de l'humus, s'échauffera beaucoup plus qu'une *terre maigre, calcaire ou argileuse.*

Le degré d'échauffement des différentes terres dépend surtout des 4 circonstances suivantes : 1° De la nature de la superficie de la terre; — 2° De la composition des terres ; — 3° Des différens degrés d'humidité de la terre lorsqu'elle est exposée au soleil ;—4° Des différens angles que forment les rayons du soleil en tombant sur la superficie du sol.

Diverses expériences ont été entreprises *pour déterminer numériquement* les facultés des sols pour absorber et retenir la chaleur; mais elles n'offrent pas assez d'exactitude pour être rapportées ici. Les considérations suivantes nous semblent de nature à donner des notions suffisantes et plus certaines. Au 1ᵉʳ rang des conditions d'absorption du calorique il faut placer *la couleur la plus foncée ;* la moyenne d'un grand nombre d'essais a fait voir que la coloration en noir d'un sol blanchâtre peut augmenter de 50 p. 100 sa propriété absorbante. LAMPADIUS a démontré l'efficacité puissante de cette coloration, en recouvrant d'un pouce de *charbon en poudre* la surface de la terre d'une caisse où des melons cultivés à découvert vinrent à maturité pendant l'été frais de 1813 dans le district des mines de Saxe. La température s'éleva de 37 à 48°, tandis qu'à la superficie du sol ordinaire elle resta entre 25 et 38°. Le *noir animalisé,* dont nous parlerons en traitant des engrais, produit un effet semblable ; enfin les *murs des espaliers peints en noir* hâtent et complètent la maturation des fruits.

Pour apprécier l'influence de la couleur de la surface de la terre sur l'échauffement du sol, on fit les essais suivans : des quantités égales de différentes terres furent mises dans des vases d'une égale contenance et d'une superficie de quatre pouces carrés pour un demi-pouce de profondeur, au milieu et au fond desquels étaient placés les boules de thermomètres comparés, capables d'évaluer un dixième de degré. On exposait à l'ardeur du soleil un de ces vases avec sa surface de couleur naturelle; la superficie de l'autre était teinte en noir, au moyen de noir de fumée, saupoudré à l'aide d'un tamis ; le troisième était coloré en blanc par le moyen de la magnésie carbonatée très-fine et très-blanche. On laissa chaque fois ces vases exposés à l'ardeur du soleil pendant un laps de temps égal, sous un ciel serein (dans les mois d'été entre onze heures et 3 heures, ordinairement pendant 1 heure). En général, une *surface noircie* acquérait une température plus forte. La température de l'*argile teinte en blanc* augmentait, par l'action du soleil, de 16° centigrades, pendant que la température d'une quantité égale de *terre colorée en noir* augmentait de 24°. — *Cette augmentation de température,* occasionée par les surfaces noires, n'est pas seulement passagère, mais elle *demeure constamment plus forte* pendant toute la durée de l'action solaire. Exposez au soleil pendant des heures entières les mêmes espèces de terre, avec des surfaces noires et blanches, celles-ci auront constamment une température moindre. — C'est encore sur ce fait que se fonde la pratique de semer au printemps *des cendres et de la terre* sur la neige pour la faire fondre plus vite (1). — Diverses observations montrent combien *la température des couches supérieures* du sol est différente de celle de l'air. —On a observé à Tarascon jusqu'à 51° de température près de la superficie d'une terre sablonneuse, légère, rougeâtre, au mois de juillet.

La plus grande influence de capacité (quantité absorbée) pour la chaleur tient au *poids spécifique* du sol (*Voy.* p. 40); car, d'un côté, l'air interposé dans une terre très-légère est mauvais conducteur; de l'autre, à profondeur égale jusqu'à laquelle la température du terrain augmente, la substance terreuse plus lourde offre une plus forte masse, qui, d'après les essais, contient plus de chaleur.

Enfin la *quantité d'eau interposée* est une cause de refroidissement, par la grande proportion de chaleur que son évaporation exige, et les sols humides sont en effet généralement *froids.* — La *quantité d'humidité* influe beaucoup sur l'échauffement des terres par le soleil. Des terres humides ont une température moindre de quelques degrés que des terres de la même espèce sèches. Cette moindre température se maintient même au soleil jusqu'à ce que l'évaporation de l'eau soit presque complète. On ne peut pas douter que la grande quantité de chaleur nécessaire à l'évaporation ne soit la cause principale de ce phénomène. La différence de température se montait dans divers essais de 6° à 8°. — Les terres d'une couleur claire et ayant une grande faculté de retenir l'eau, ne s'échauffent donc que très-lentement et faiblement par une double raison : un sol froid, argileux, contient beaucoup d'eau et en perd peu, tandis que le sable, au contraire, forme un sol sec et chaud, en raison du peu d'humidité qu'il contient, et qui d'ailleurs s'évapore bientôt.

Les pentes du terrain ont encore une influence très-marquée sur son échauffement par les rayons du soleil; la quantité de chaleur absorbée, toute autre circonstance égale d'ailleurs, est d'autant plus grande que les rayons solaires sont plus long-temps dans une situation le plus rapprochée de la perpendiculaire avec la superficie du sol. On conçoit en effet que la même quantité de rayons qui tombe obliquement s'étend sur une surface double doit produire un effet d'environ moitié moindre. —On se rend facilement compte ainsi des effets très-remarquables observés pour les expositions différentes, et on peut choisir celles qui conviennent le mieux aux diverses cultures.

§ XI. —Influence de l'état électrique des sols.

Les nombreuses observations faites dans ces derniers temps attestent une action puissante de la part de l'électricité dans les phénomènes chimiques comme dans les réactions entre les matières inorganiques et les corps organisés. Une science tout entière, *l'électro-chimie*, est maintenant fondée sur ces principes; elle se lie à toutes les sciences d'observation, et les plus récentes expérimentations, notamment de M. Becquerel, prouvent combien les faibles forces électriques, portées par des courans continus, agissent sur la vie et les développemens des végétaux.

On a constaté ainsi que l'*électricité négative* avait une action stimulante très-favorable sur la végétation, tandis que l'électricité positive était défavorable. — Ces observations s'accordent d'ailleurs avec les faits incontestables qui prouvent l'*utilité d'un léger excès des bases alcalines* électro-négatives (chaux, ammoniaque, potasse, soude) dans les engrais, tandis que les acides libres électro-positifs sont souvent nuisibles, et peuvent même, à faibles doses, arrêter toute germination.— C'est ainsi que divers détritus de végétaux, des fonds de tourbières infertiles, peuvent être rendus très-propres à l'engrais des terres par un mélange avec quelques centièmes de chaux vive ou éteinte, tandis que tous les débris d'animaux susceptibles de donner, par leur décomposition spontanée, une réaction alcaline, forment sans mélange d'excellens *engrais*, comme nous le démontrerons plus loin.   A. Payen.

Section v. — *Du sous-sol et de son influence.*

On désigne sous la dénomination de *sous-sol,* la couche de terre, de pierre ou de roche, placée immédiatement au-dessous du sol cultivé, et sur laquelle repose celui-ci. Préservé en tout ou en partie par la terre arable des influences de l'air, le sous-sol présente ses couches géologiques presque dans leur état de pureté ou dans un très-faible commencement de désagrégation. Son influence sur les qualités des terres et l'avantage ou le désavantage que présente son mélange en raison de sa nature, rendent son étude et sa connaissance très-importante pour le cultivateur.

Au commencement de ce chapitre nous avons donné une idée de la manière dont les sols se sont formés peu-à-peu par l'action lente, mais toujours croissante, des élémens atmosphériques et de la végétation. Les roches et les couches dont la décomposition et le mélange ont donné naissance aux terres labourables, sont disposées dans un certain ordre qu'il est bon que le cultivateur instruit connaisse ; nous indiquerons donc, mais brièvement, la succession de ces roches et de ces couches, dont la *Géognosie* a pour but de faire connaître le gisement et les rapports, dont la *Minéralogie* étudie la composition intime, et dont la *Géologie* conclut la structure et la composition du globe, ainsi que les changemens et les révolutions qu'il a subis.

§ Ier.—Notions de géologie et de géognosie.

Les géologues divisent généralement les roches en *terrains primitifs, terrains secondaires* et *terrains tertiaires.*

Les *terrains primitifs* ou ceux qui paraissent les plus anciens puisque tous les autres

---

(1) C'est de la terre noire que répandent sur la neige les habitans de Chamouny pour en accélérer la fonte et avancer l'époque où ils pourront ensemencer leurs champs.   (de Saussure.)

leur sont généralement superposés, se composent principalement des *roches granitiques*, *quartzeuses* et *feldspathiques*, de *schistes micacés*, et de *roches amphiboliques*.—Le quartz, le feld - spath, le mica et l'amphibole dominent en différentes proportions dans ces roches qui constituent les plus hautes montagnes du globe, et se trouvent aussi aux plus grandes profondeurs que l'industrie humaine ait encore pu atteindre.

Les *terrains secondaires*, appelés aussi *intermédiaires* ou *de transition*, et dont l'âge, et par conséquent la position générale, est intermédiaire entre les roches primitives et celles des terrains tertiaires, comprennent : les *schistes* plus ou moins semblables à l'ardoise ; des *calcaires* en couches très-épaisses, plus ou moins semblables au marbre, et qui commencent à contenir des coquillages fossiles ; des *grès* et des *pouddingues* souvent très - durs, accompagnés dans certaines localités des *houilles* ou charbons de terre ; les *grès bigarrés* ; le *lias* ou *calcaires alpin* et *jurassique*, très-riches en débris fossiles, et au milieu desquels on trouve diverses couches de *marnes schisteuses* noires ou de couleurs variées; la formation de la *craie*, composée de *grès*, d'*argiles* et de *calcaires*, où domine la craie proprement dite, et qui forme des couches très-épaisses, très-étendues et très-nombreuses.

Les *terrains tertiaires* renferment un petit nombre de roches dures ; les sols y sont par conséquent plus profonds. Les couches principales qu'on y distingue sont : les *grès des terrains tertiaires*, quelquefois durs comme celui des pavés de Paris, quelquefois complètement à l'état de sable ; des *argiles* plastiques en couches plus ou moins épaisses qui alternent souvent avec des marnes ; enfin les *calcaires de formations marines et de formations d'eau douce* qui se distinguent principalement par les caractères de leurs fossiles : ces calcaires offrent une multitude de variétés qui en font des *calcaires marneux* ou *siliceux*, présentant tous les intermédiaires depuis les *marnes argileuses*, jusqu'au *silex* ou *pierres meulières*. Ces formations, très-étendues, disposées constamment en couches horisontales, se trouvent souvent placées les unes au-dessus des autres, et leur alternance se répète même plusieurs fois dans la même localité, en sorte qu'on peut concevoir que la mer après avoir occupé tel ou tel lieu, a été déplacée, qu'un bassin d'eau douce lui a succédé, puis que ce bassin a fait place à une nouvelle mer, et ainsi de suite. C'est dans ces terrains que se trouvent les *lignites* ou terres noires bitumino-pyriteuses, entre les argiles plastiques et le calcaire marin ; et au-dessus de celui-ci des *gypses* ou pierres à plâtre,quelquefois transparens et très-purs,mais plus souvent terreux et calcarifères. — Les terrains tertiaires couvrent de vastes contrées où le sol est généralement fertile, parce qu'il résulte du mélange d'un grand nombre d'élémens divers, et se trouve par conséquent favorablement constitué pour la végétation ; ces élémens sont en effet empruntés à tous les terrains plus anciens, dont les débris entrainés par les eaux ont été déposés par elles et mêlés ensemble soit dans les lacs, soit

dans le fond des mers. Lorsqu'il se rencontre quelques parties infertiles dans les terrains tertiaires, l'agriculteur peut presque toujours les rendre facilement productives, parce qu'on peut trouver dans ses diverses couches celles dont le mélange devra produire la fertilité: c'est ce que nous verrons dans le *chapitre des amendemens*. Ainsi, lorsque les grès de la formation marine se trouvent à la surface du sol, ou ne laissent pas une couche cultivable assez épaisse, la terre est infertile parce qu'elle est trop sablonneuse ; mais, presque toujours au-dessous de ces grès ou sables marins, se trouvent des couches de marnes argileuses que l'agriculteur doit exploiter et répandre sur ses champs. Quand ce sont les calcaires ou les argiles qui dominent, les terres sont encore peu fertiles, et c'est le sable ou le sable argileux qu'il faut se procurer pour les améliorer. Du reste, les qualités et les défauts des différens sols ont été traités dans une des précédentes sections ; ce serait nous répéter que d'en parler à propos du sous-sol.

Une 4ᵉ classe, moins importante pour le géologue que pour l'agronome, comprend les *terrains diluviens* et *post-diluviens*. On y rencontre d'abord les *sables* et *cailloux roulés*, qu'on trouve en abondance dans certains sols ; puis les *formations marines* ou *lacustres*, qui continuent à s'accumuler dans les mers ou dans les lacs par le dépôt des substances que les eaux contiennent ; enfin les *dépôts de transport* et d'*alluvion*, que les cours d'eau actuels charrient et déposent dans leur sein ou vers leurs bords. Ces sols ont été pareillement étudiés précédemment, ainsi que ceux qui appartiennent à la classe des *formations volcaniques*.

Ces *terrains*, dits *plutoniques*, c'est-à-dire qui doivent leur formation à l'action du feu ou des volcans, comprennent un assez grand nombre de roches remarquables, et sont assez répandus dans certaines contrées qui n'offrent plus maintenant aucun signe d'éruptions volcaniques; les principales de ces roches sont: le *porphyre* et la *serpentine*,qu'on trouve en filons ou en masses épanchées au milieu des terrains primitifs et secondaires; le *trachyte* et les *basaltes*, qui se montrent assez fréquemment taillés en prismes ou piliers naturels; enfin les *laves* et les *scories*, que vomissent journellement les volcans en activité, et qu'ont vomies précédemment les volcans éteints.

Complétons cette esquisse géognostique en disant que les veines qui renferment les *substances métalliques*, telles que les gangues ou minerais dont on extrait le plomb, le cuivre, l'argent, l'or, etc., etc., sont des fissures ou des fentes remplies de matières différentes de celles qui composent les roches qu'elles traversent en tous sens et sous toutes les inclinaisons possibles. On nomme *filons* ces fentes ainsi remplies de diverses matières et de substances métalliques, pour les distinguer des *failles*, qui sont des fentes ne contenant que des matières stériles. Les géologues et les minéralogistes ont déterminé des caractères qui permettent de préjuger la rencontre et la richesse de ces filons métallifères.

Il est évident, d'après ce qui précède, qu'on peut rencontrer au-dessous des terres labourables autant de couches différentes qu'il existe de roches ou de formations diverses; il en résulte aussi qu'il existe au moins autant de variétés de sols que les roches qui se trouvent à la surface de la terre offrent d'espèces. Dans le fait, il y en a beaucoup plus; car, sans parler des changemens produits par l'industrie humaine et par la culture, les matières dont se composent les couches ont été mêlées et transportées d'un lieu dans un autre par les diverses révolutions qui ont eu lieu sur le globe et par l'action continue des eaux. Une classification scientifique des sols serait inutile; celle qui est généralement adoptée par les agronomes, et qui a été l'objet de la section 2ᵉ de ce chapitre, suffit; il nous reste à indiquer l'influence du sous-sol dans la culture.

§ II.—Imperméabilité du sous-sol pour les racines.

La couche inférieure du sol est tantôt composée des mêmes élémens que la couche supérieure, à l'exception de l'humus et des principes que celle-ci tire de l'atmosphère avec laquelle elle est en contact; tantôt elle est composée de substances d'une nature différente.

Lorsque la couche arable repose sur des roches dures et non désagrégées ou dans un commencement de décomposition, elle est ordinairement peu fertile; on ne pourrait lui donner plus de profondeur que par des transports de terre, toujours trop dispendieux en agriculture sur une surface un peu étendue; elle offre en outre l'inconvénient de causer fréquemment la rupture des instrumens aratoires. Si cette couche est très-mince, et que la roche n'offre pas de fissures, la terre est presque improductive, et ne présente que peu de chances d'amélioration. Mais, quand le sous-sol est *composé de blocs détachés* ou qui laissent entre eux des fentes, lors même que quelques parties se montrent au dehors, ces sols peuvent être utilisés surtout en bois, les racines des arbres trouvant moyen de pénétrer dans les fissures et les crevasses, entre les blocs, et d'y puiser l'humidité qui s'y conserve très-bien. On peut aussi les cultiver en plantes céréales ou autres; mais on est alors obligé le plus communément de se servir des outils à main.

Dans les lieux où le *sous-sol est composé de couches compactes*, soit argileuses, soit calcaires, soit argilo-calcaires, soit enfin argilo-sableuses, la manière dont le cultivateur doit se comporter dépend de la nature de la terre et des qualités ou défauts qui y dominent.— Lorsque le sous-sol est *de nature à améliorer la terre labourable*, ou à augmenter son épaisseur sans la détériorer, on doit, par le défoncement ou les labours profonds, en ramener une partie à la surface; au premier abord, ce mélange amoindrit quelquefois le sol, mais ensuite le terrain en est sensiblement amélioré : telle est la conduite qu'on doit tenir, par exemple, quand un sol léger repose sur une couche compacte ou sur une marne argileuse, ou qu'un terrain trop tenace est superposé à un tuf composé de petites pierres calcaires, de graviers siliceux ou de cailloux.— Au contraire, quand le sous-sol est doué *des propriétés qui sont déjà en excès* dans la terre qu'on cultive, il faut s'en tenir aux labours superficiels, ou du moins n'attaquer la couche inférieure qu'avec de grands ménagemens, et après de nombreux essais sur les effets que ce mélange doit produire.

Dans les terres qui ont peu de profondeur, la couche inférieure agit donc d'une manière très-importante à apprecier, en arrêtant les racines ou les laissant passer avec plus ou moins de facilité. Dans le premier cas, on doit se borner à la culture des plantes à racines traçantes, les seules qui puissent prospérer dans ces sols; dans le deuxième, c'est-à-dire si le sous-sol est composé de cailloux, de galets, de pierres, mêlés de substances à l'état friable, il pourra permettre aux racines longues et fortes de s'y insinuer avec avantage pour la végétation, ou bien il se laissera pénétrer par toutes les racines fibreuses, et l'on devra choisir les cultures en conséquence.

§ III.—Du mélange du sous-sol avec la couche végétale.

M. DARBLAY a parfaitement expliqué comment le précepte que lorsqu'on ramène à la surface, par un labour profond, les terres d'un mauvais sous-sol, on rend la couche supérieure, anciennement cultivée, infertile pour quelques années, comment ce précepte, vrai dans le cas de mauvaises cultures, devient inexact dans le cas de bonnes cultures, où la rotation des récoltes est bien entendue. Si le cultivateur veut immédiatement obtenir une bonne récolte de céréales, sans s'embarrasser de l'amélioration progressive du sol, il n'y a pas de doute que le sous-sol non imprégné d'engrais et des influences atmosphériques, soit-il même de bonne qualité, ne nuise à la végétation de la céréale au lieu de lui être favorable; il n'y a pas de doute qu'il ne diminue même considérablement la récolte s'il est de mauvaise qualité.

Mais, *si le cultivateur veut améliorer le fonds de sa terre;* si, au lieu de regarder à la récolte d'une seule année, il fait attention aux récoltes suivantes, alors les labours profonds deviennent les plus avantageux, parce qu'après quelques cultures ils ont augmenté l'épaisseur de la couche cultivable, ont ainsi donné aux racines la possibilité de s'enfoncer plus avant, et les ont mises en contact avec une plus grande étendue de matière qui les alimente. Par cette raison, la plante est mieux nourrie, les tuyaux sont plus gros, les végétaux tiennent plus au sol, et les pluies et les vents ne peuvent les renverser, les coucher que difficilement; un autre avantage, c'est qu'un temps sec long-temps continué les fait moins languir, parce que la couche inférieure conserve plus long-temps de l'humidité que la surface. Enfin les labours profonds enfouissent à une grande profondeur et font périr une foule de graines qui, enterrées moins profondément, auraient encore végété et nui à la récolte.

Pour arriver à l'amélioration progressive de cette couche inférieure du sol, il faut une meilleure culture; il faut que les plantes sarclées et fumées, la pomme-de-terre surtout, commencent la rotation, et que tous les deux ans, dans les commencemens, une nouvelle culture sarclée remplace une culture non sarclée; il ne faut pas qu'une jachère non labourée vienne permettre au sol de se tasser de nouveau, et aux plantes inutiles de se multiplier en produisant leurs semences. C'est au moyen d'une pareille culture qu'on approfondit sans inconvénient le sol d'un à plusieurs pouces, et qu'on rend, avec le temps et sans frais, très-productifs des terrains qui payaient d'abord à peine leurs frais de culture.

L'effet, nuisible pour les premières récoltes, du mélange du sous-sol avec la terre végétale, a fait rechercher des *instrumens avec lesquels on pût remuer et ameublir la couche inférieure,* sans la retourner et la remuer à la surface immédiatement et avant qu'elle ait pu être améliorée par l'infiltration des engrais et par les influences atmosphériques. M. le Mis DE LA BOESS. ÈRE a inventé pour cet usage une machine qu'il a appelée *drague à claies* (1), et qu'on peut comparer à une très-grande et *très-forte ratissoire* de jardin, montée sur quatre roues, et assez solide pour résister aux efforts les plus puissans. Cette machine paraît bien remplir son objet; nous regrettons de ne pouvoir la décrire ni la figurer; on lui reproche avec quelque fondement d'être trop compliquée, trop dispendieuse, et de nécessiter l'emploi de 10 à 12 chevaux pour la faire fonctionner. M. VILMORIN emploie dans sa pratique, pour augmenter l'épaisseur de la couche arable d'un à cinq pouces, sans mêler immédiatement cette terre non préparée avec celle de la surface, le *cultivateur* ordinaire, ou *buttoir à pommes-de-terre,* instrument très-simple, et qui commence à être assez généralement répandu. Pour lui donner cette destination, il suffit d'en enlever les versoirs ou oreilles, et de lui faire suivre la charrue, dans le même sillon ouvert par elle, en l'attelant d'un cheval ou de deux chevaux placés à la file.

§ IV.—Imperméabilité du sous-sol pour les eaux.

C'est le plus communément à l'imperméabilité de la couche inférieure qu'est due la trop grande humidité du sol : lorsqu'il en est ainsi, et que le terrain n'a pas de pente, l'eau, ne pouvant ni s'égoutter ni s'écouler, est retenue comme dans un bassin, la terre meuble devient semblable à une bouillie, et cette humidité excessive est très-nuisible à la plupart des plantes cultivées; ces terrains, dans leur état naturel, ne peuvent être ressuyés qu'à la longue par l'évaporation. On voit d'après cela combien il importe de bien étudier, dans les champs qu'on veut exploiter, la nature du sous-sol, puisqu'en livrant aux eaux un passage trop facile ou trop difficile, il en résulte que la couche de terre labourable est exposée à être trop desséchée, ou imbibée et même noyée entièrement.

Une *couche d'argile sous un sol sablonneux* contribue à sa fertilité, en retenant l'eau qui filtre trop facilement au travers, et en y conservant une humidité plus constante;

mais si la couche d'eau retenue par l'argile mouille trop les racines, les plantes languissent. Un *sol argileux ou marneux qui repose sur un lit de pierre calcaire* et poreuse, est plus fertile que lorsqu'il est assis sur de la roche dure, imperméable à l'eau : parce que dans le 1er cas l'eau filtre et s'échappe, tandis que dans le second elle reste stagnante dans un sol pâteux qui ne retient déjà que trop d'humidité.

On ne peut *guère remédier* au défaut de laisser passer les eaux comme un tamis que par des moyens indirects, c'est-à-dire en humectant le terrain par des *irrigations* supérieures ou souterraines lorsque cela est possible, ou en l'abritant de l'action des vents desséchans et du soleil au moyen de plantations en bordures.

Quant à l'imperméabilité du sol inférieur pour les eaux, on en diminue les inconvéniens en donnant les labours par sillons plus ou moins relevés, en pratiquant des écoulemens dans les champs et les prairies, au moyen de saignées plus ou moins profondes et nombreuses, ou bien en formant des couches de cailloux ou de pierrailles sous la terre végétale. En Angleterre, où l'excès de l'humidité a fait plus qu'en France chercher les moyens d'y obvier, on est dans l'usage de percer de nombreux trous de sonde les couches inférieures qui retiennent les eaux, lorsqu'elles sont d'une nature compacte, d'une épaisseur peu considérable, et ont au-dessous d'elles une couche perméable ; on doit pratiquer ces trous dans les endroits où le terrain offre de la déclivité, et dans ceux où les eaux s'amassent davantage à la surface. Au reste, nous devons renvoyer pour plus de détails à ce sujet au chapitre des *desséchemens,* et à la section qui traite des *propriétés physiques des sols* pour apprendre à reconnaître dans le sous-sol les qualités ou les défauts que venons de signaler ; on peut aussi consulter sur le dessèchement des terres argileuses et humides, sujettes à être annuellement inondées, les considérations que nous avons publiées pour servir de programme au prix mis au concours par la Société royale et centrale d'agriculture (2)

§ V.—Principaux sous-sols qu'on rencontre en agriculture.

Dans l'impossibilité de spécifier les variétés des couches inférieures aux terres arables, et qui sont multipliées à l'infini, nous citerons, d'après THAÈR, celles qu'on rencontre le plus communément.

Lorsque le sous-sol est marneux ou calcaire, et que la couche supérieure offre à peine des traces de chaux, l'approfondissement du sol, par le défoncement complet ou successif, produit des effets surprenans, et l'améliore en même temps d'une manière durable, parce que la marne, quelque tenace qu'elle soit dans les couches inférieures, lorsqu'elle est amenée à la superficie et mise en contact avec l'air, se divise et se pulvérise, de ma-

(1) Voyez *Annales d'Agriculture française.* Février 1834.
(2) *Du desséchement des terres cultivables sujettes à être inondées, pour servir de Programme au prix proposé par la* Société royale et centrale d'agriculture, *sur le desséchement des terres argileuses et humides, au moyen de puisards artificiels, de sondages, etc.* —Paris, in-8°, chez Mme *Huzard.*

nière à pouvoir facilement être mêlée avec le sol.

Sous un terrain argileux ou glaiseux on trouve aussi quelquefois une couche/de terre sablonneuse : si elle n'est placée ni trop près de la superficie du sol, ni à une trop grande profondeur, c'est-à-dire si elle est à trois ou quatre décimètres (1 pied ou 1 pied $\frac{1}{4}$) au-dessous de la surface, et si sa couche est assez épaisse, elle produit un sol éminemment fécond, qu'on qualifie de pesant et chaud tout à la fois, qui ne souffre jamais de l'humidité en en laissant toujours écouler la partie surabondante.

Le sol où la terre végétale n'a qu'une petite épaisseur et recouvre une *couche inférieure de sable,* est fortement exposé aux sécheresses, lors même qu'il paraît très-fertile dans les saisons humides.

Quelquefois la couche de sable ou de gravier est très-mince, et recouvre elle-même une couche d'argile imperméable. Si le terrain n'a pas de pente, l'eau s'amasse dans la couche de sable comme dans un réservoir et refloue vers la surface; alors il s'y forme des fondrières, des places humides, le terrain devient froid et stérile, parce que l'eau entraîne les particules d'engrais dissoutes, et les dépose dans la couche de sable où elles sont à peu près perdues pour la végétation. Cette espèce de terrain est une des plus mauvaises, si on ne l'améliore par des saignées qui fournissent un écoulement à l'eau : mais à l'aide de ces saignées, ce terrain peut être complètement corrigé.

Plus le sable qui est au-dessous d'un sol déjà sablonneux *est sans fond et mouvant,* plus ce terrain est sec. Si à une certaine profondeur, le sable prend plus de consistance, et que l'écoulement de l'humidité soit ainsi un peu arrêté, le sol a plus de fraîcheur et est meilleur.

Quelquefois, surtout dans les montagnes et sur les plateaux des collines de formation tertiaire, le *sous-sol est composé de pierres* qui ne laissent souvent qu'une épaisseur de quelques pouces à la couche végétale. — Lorsqu'il est composé de *pierres à chaux,* c'est la circonstance la plus favorable ; à la superficie de la couche, cette pierre est le plus souvent délitée et pleine de crevasses ; elle absorbe l'eau, et les racines des plantes, notamment du sainfoin et des arbres et arbrisseaux, y pénètrent très-bien. Les roches calcaires et gypseuses sont donc moins stériles que les autres.

Le schiste argileux, couvert d'une légère couche de terre végétale, se délite lorsque la charrue l'entame ou enlève des morceaux ; on peut ainsi rendre plus profonde et améliorer la couche arable.

Le terrain qui n'a que peu d'épaisseur, et qui recouvre *le granit* et autres roches presque indécomposables, ne peut s'améliorer qu'en y transportant de la terre végétale ou des déblais et démolitions pour en augmenter la couche.

Lorsque la couche inférieure est *composée de cailloux roulés,* s'ils sont suffisamment recouverts de terre végétale, ils ne sont pas nuisibles; et même, si le terrain est argileux, ils peuvent être très-utiles en procurant un écoulement aux eaux surabondantes.

L'ocre ou la mine de fer limoneuse, que l'on trouve assez fréquemment au-dessous de la superficie du sol, est très-nuisible à la végétation, qu'il empoisonne, pour ainsi dire, lorsqu'il n'est pas recouvert d'une couche de terre végétale assez épaisse pour qu'il ne soit pas atteint par les racines. Il est ordinairement au-dessous d'une couche de terre âpre et de couleur brune, de même nature que lui, qui devient plus dure à mesure qu'elle descend, et est enfin transformée en pierre. Les arbres dépérissent aussitôt que leurs racines atteignent cette terre.

25 fév. 1834. — L. Héricart de Thury.

SECTION VI. — *De la phorométrie, agronométrie, statique agricole, ou du degré de fertilité des terres.*

On désigne sous ces noms la méthode par laquelle les Allemands ont cherché, dans ces dernières années, à mesurer exactement les variations de la fécondité du sol, à les évaluer en chiffres, et à les rendre comparables en les rapportant à une commune échelle. Thaer a le premier ouvert cette voie, que de Wulfen et de Voght ont ensuite élargie et affermie.

Thaer suppose qu'*une terre qui donne annuellement,* dans une récolte moyenne, 12 *hectol.* 84 *de froment* par hectare, possède 100 degrés *de fécondité,* suppléant, par ce mot abstrait, à tout ce que nous ignorons des qualités réelles du sol. Ces 100° ne sont pas épuisés après la récolte, mais ils ont subi une diminution ; et, pour reconnaître la valeur de cet abaissement, Thaer a eu recours à deux procédés qui se sont contrôlés l'un l'autre : 1° il a pris l'ensemble des résultats fournis par des exploitations bien dirigées dans des années moyennes ; 2° il a aussi fondé ses déductions sur les analyses qu'Einhof a faites de différentes céréales, d'après le principe que les récoltes absorbent les sucs nourriciers contenus dans le sol en proportion directe de la substance nutritive qu'elles-mêmes contiennent, surtout dans leurs graines. Au moyen de ces deux ordres de considérations, il a trouvé qu'une récolte qui succéderait immédiatement et sans engrais à celle que nous avons prise pour type, produirait 7 hectol. 70 du même grain ; d'où il a déduit, par une simple règle de proportion, un épuisement de 40 p. 0/0 sur la première récolte. Par le même procédé, il a été conduit à attribuer un épuisement de 30 p. 0/0 au seigle, de 25 p. 0/0 à l'orge et à l'avoine. Or, il résulte de la que pour donner un hectolitre sur un hectare, le froment consomme 3° 21 de fécondité, le seigle 2,34, l'orge 1,64 et l'avoine 1,18.

On a différens moyens de réparer le déficit de la fécondité, ou de l'augmenter elle-même, entre autres les engrais, le repos de la terre ou sa conversion en pâturage, et la jachère. Thaer estime qu'un chariot de fumier de 2,000 livres augmente de 2° 55 la fécondité d'un hectare ; il ne cherche pas d'ailleurs à faire exactement la part de la qualité du fumer ni celle de l'état de la terre. Il regarde au contraire cette dernière condition comme influant directement sur l'accroissement de la fécondité par le repos. Selon lui, une terre qui a 10° gagne par année 4°

20°	6°
30°	8°
40°	10°
50°	11°
60° etc.	12°

— De même l'amélioration par la jachère est proportionnelle à la fécondité de la terre, au moment où elle reçoit les cultures. Thaër estime cet effet à 10° pour une terre qui en possède déjà 40, et il l'augmente d'un degré par chaque dizaine de degré au-dessus de cette limite inférieure.

Au moyen de l'échelle phorométrique de Thaër, de même qu'avec celles de ses successeurs, il est facile d'apprécier la valeur comparative des divers assolemens, et de discerner celui qui épuise le moins le sol; mais le système sur lequel elle s'appuie est incomplet. Toutes les terres ne peuvent pas se ranger dans une seule catégorie; elles ne cèdent pas toutes les 40/100 de leur fécondité; elles ne mettent pas toutes en action les engrais dans la même proportion; elles ne reçoivent pas toutes un même accroissement de valeur par la jachère. Les termes de la formule doivent être également changés suivant les climats. Ainsi, leur valeur peut être affectée de plusieurs variables que Thaër sont, pour ainsi dire, les coefficiens. Ainsi, par exemple, suivant M. de Gasparin, il y a dans le midi de la France des terres qui, sans engrais et au moyen de la jachère seule qui revient tous les 2 ans, peuvent produire 8 hectol. 16 par hectare; elles possèdent donc 63° de fécondité, et, pour qu'il puisse y avoir égalité entre les récoltes avant et après la jachère, il faut que celle-ci fournisse les 25°68 dont les 8 hectol. 16 ont épuisé le sol. Or, Thaër n'aurait admis dans ce cas que 12°30 de restitution; il y aurait donc dans ces terrains une faculté de réparation double de celle des climats où il observait; et, en donnant ces 12°30 pour coefficient à la formule de la fécondité croissante du sol, il faudrait, pour le cas qui nous occupe, multiplier ce coefficient par 1 en Allemagne et par 2,08 dans le midi de la France, pour avoir la vraie valeur de ce terrain. Cette distinction ne tarda pas à être faite. M. de Wulfen conçut que la *fécondité devait résulter* et des principes nutritifs contenus dans le sol, et de l'aptitude de ce sol à les mettre en action pour les approprier à la végétation. Il vit donc dans la *fécondité* la résultante de la *richesse* du sol en matières organiques assimilables par les végétaux, et de sa *force* ou de son *activité* à les rendre susceptibles de cette assimilation, en les élaborant dans un temps plus ou moins long, et en transformant ainsi la richesse en fécondité. C'est d'après ce point de vue qu'il donna à l'agronométrie le nom de *statique agricole*. Les ouvrages où M. de Wulfen a exposé ces idées neuves sont restés inconnus en France; nous ne pouvons donc donner à nos lecteurs qu'une idée imparfaite de son système d'après le peu que les journaux allemands en ont dit.

1° *Le produit en céréales* est dans un rapport direct avec la fécondité du sol.

2° *Lorsque le nombre des degrés de la fécondité est connu* (c'est-à-dire, apparemment,

lorsqu'on a fixé arbitrairement un nombre quelconque, qui sert ensuite de mesure invariable, pour représenter le produit d'un champ), on trouve les nombres qui doivent représenter les deux facteurs de la richesse et de l'activité, dont le produit forme la fécondité, au moyen de la différence des produits que donne une même plante cultivée deux fois de suite sur le même champ, en la supposant chaque fois précédée d'une jachère, afin que l'activité reste égale à elle-même; cette différence est au degré de fécondité indiqué par la première récolte ce que l'épuisement est à la richesse. La proportion ainsi posée donne le facteur de la richesse, par lequel on divise le nombre des degrés de la fécondité pour avoir le facteur de l'activité. M. de Wulfen a donné dans la langue algébrique un procédé général qui sert à déterminer ces deux facteurs.

3° *La valeur numérique de l'activité* doit toujours être une fraction de l'unité; car il n'y a jamais qu'une portion de la richesse qui se transforme en fécondité, et par conséquent celle-ci est plus faible que celle-là. Le produit de la multiplication de la richesse par l'activité est donc toujours moindre que le nombre qui représente la richesse.

4° *L'épuisement du sol par les céréales* est proportionnel à la quantité de matière nutritive contenue dans le grain, et cet épuisement doit être soustrait du nombre qui exprime la richesse.

5° *On peut compenser la diminution de l'activité* du sol, ou produire un effet analogue à une élévation de cette activité, par de fréquentes cultures données au sol.

Dans ses estimations et ses calculs, M. de Wulfen paraît n'avoir été guidé que par des vues *a priori* et des déductions d'observations vagues, banales et peu nombreuses; lui-même n'a pas entrepris les expériences nécessaires pour confirmer la justesse de ses ingénieux aperçus, et pour donner à ses déterminations le degré de précision convenable.

Mais ce qui manquait à sa théorie sous ce rapport, M. de Voght, propriétaire du domaine de Flotbeck, près de Hambourg, s'est chargé de le suppléer, et les expériences auxquelles il s'est livré ont été si bien faites, si variées, si fréquemment répétées, qu'elles doivent nous inspirer une pleine confiance.

En adoptant le système de M. de Wulfen, le propriétaire de Flotbeck y a introduit un changement important. Au mot *activité* il a substitué le mot *puissance*, qui exprime une autre manière d'envisager les faits. En effet, selon M. de Wulfen, l'effet de l'activité sur la richesse est une fécondité inférieure à cette richesse, parce que, selon lui, les substances organiques contenues dans le sol sont les seules matières qui puissent fournir des principes nutritifs aux plantes, et leur propre masse est toujours supérieure à celle de ces principes élaborés. Selon M. de Voght, au contraire, l'effet de la puissance sur la richesse est une fécondité supérieure à cette richesse, parce que, suivant lui, la terre a la faculté d'absorber les fluides atmosphériques qui s'insinuent aussi dans les végétaux à travers les suçoirs de leurs racines, soit directement, soit après s'être combinés avec quelques-uns des élémens de l'humus. Il résulte de là que les sols qui ont le moins d'*activité* aux yeux de l'un, ont le plus de *puissance* aux yeux de l'autre, et réciproquement que ceux qui ont le plus d'*activité* ont le moins de *puissance*, c'est-à-dire que les deux échelles sont inverses l'une de l'autre.

Pour point stable de la sienne, M. de Voght a pris un champ de 21 ares, qui, ayant reçu 5 voitures de fumier demi-consommé, formant 435 pieds cubes, avait produit 840 liv. de blé, mesure de Hambourg, ou 406,81 kil. (environ 5 hectol. 35 lit.); il a désigné cette fécondité par le chiffre 720, terme qui a déterminé le nombre des divisions dans une étendue donnée de son échelle, et qu'il a choisi parce qu'il croyait rapprocher ainsi sa mesure de celle de M. de Wulfen. Au moyen de cette unité métrique, il pouvait désormais apprécier la fécondité relative de ses autres pièces de terre, par une simple règle de proportion, en connaissant leur produit. Parmi ces essais, il en est un qu'il faut distinguer, parce qu'il a servi d'étalon, de norme pour la détermination des deux facteurs de la fécondité. Situé immédiatement à côté du premier, il produisit 700 livres de blé la même année, sur la même surface de 21 ares et dans des circonstances du reste égales, mais sans avoir été fumé. Il possédait donc 600° de fécondité. Ce point établi, on examina tour-à-tour avec soin ses propriétés physiques et chimiques, ainsi que les plantes qu'il produisait naturellement, et on lui assigna pour l'expression de sa puissance le nombre 8, par la même raison qui avait fait choisir le nombre 720 pour l'expression normale de la fécondité. Pour trouver la richesse naturelle de ce sol ou la décomposition précédente des substances organiques qu'il contenait, il n'y avait plus qu'à diviser le nombre 600° exprimant la fécondité, par le chiffre 8 de la puissance; on obtint ainsi 75.

Le champ qui avait reçu 5 voitures de fumier par 21 ares ayant manifesté une fécondité de 720°, et sa puissance étant la même que celle du second champ, puisqu'il était dans des conditions identiques, si ce n'est celle du fumier, il en résulte que 435 pieds cubes de fumier par 21 ares ont augmenté la richesse de 15° et la fécondité de 120°; ainsi chaque voiture de fumier a augmenté de 3° le facteur de la richesse. Tel est l'effet que M. de Voght attribue en moyenne à l'espèce de fumier qu'il emploie.

Si un champ ayant reçu le même engrais eût, dans des circonstances égales, produit plus de 840 livres, 1050 par exemple, c'eût été le résultat d'une plus grande puissance. Pour la déterminer, on chercherait d'abord la fécondité que supposent 1050 livres proportionnellement à 840 livres; on diviserait ensuite les 900° trouvés par 90, nombre qui exprime la richesse dans ce cas, et l'on trouverait 10° de puissance. Si avec la même quantité d'engrais il produisait moins de 700 livres de blé, qui ne supposent que 600° de fécondité, ce serait dans l'abaissement de la puissance du sol qu'il faudrait chercher la cause de l'abaissement du chiffre de la fécondité, et l'on y parviendrait par un procédé analogue. C'est ainsi que M. de Voght a mesuré la puis-

sance du sol par l'effet d'un engrais de même quantité et de même qualité sur ce sol, toutes les autres circonstances étant exactement les mêmes.

Des influences étrangères, notamment les phénomènes atmosphériques, peuvent faire varier la puissance du sol. Pour échapper autant que possible à ces causes de trouble, M. de Voght a choisi comme base de son système la récolte sur laquelle l'action atmosphérique se fait le moins sentir, savoir, le froment. D'ailleurs il tient note de la température et de son influence sur les phases de la végétation; puis, combinant ces observations avec le jugement porté par les praticiens sur la *productivité* de l'année pour chaque espèce de plantes cultivées par lui, il apprécie de combien pour cent elle a été au-dessus ou au-dessous des années moyennes, et hausse ou baisse en conséquence le chiffre de la puissance, qui, par sa multiplication avec celui de la richesse resté le même, lui donne la différence en plus ou en moins de l'année par rapport à une année moyenne. Une seule année ne suffit pas, au reste, pour fixer irrévocablement la puissance du sol; il faut des comparaisons multipliées pour arriver à une certitude raisonnable.

Ainsi les premières bases de la phorométrie étant une fois posées, *on apprécie* avec la plus grande facilité *le degré de la puissance* quand celui de la richesse est connu, ou le degré de celle-ci quand celui de l'autre est déjà déterminé; on peut savoir avec une exactitude auparavant impossible à atteindre, de combien on augmente la fécondité par une égale quantité de fumier, sur des champs de puissance différente, et de combien par conséquent le produit sera plus considérable. La phorométrie fournit par là le moyen de connaître ce qu'il faut d'engrais à tel ou tel champ pour le faire arriver à une fécondité moyenne, au-delà de laquelle les effets de l'engrais deviennent plutôt pernicieux qu'utiles. Elle nous apprend qu'il y a une proportion à garder entre les degrés de la puissance et ceux de la richesse, selon la fertilité plus ou moins grande du sol, et selon l'espèce des végétaux qu'on y veut cultiver. C'est ainsi, par exemple, qu'à Flotbeck le colza exige 1000 degrés, et n'en supporte guère plus de 1200, et que par conséquent pour être cultivé avec avantage, il doit être placé sur des terres dont la puissance soit au moins de 10°. Les pommes-de-terre fines exigent 800°, les pommes-de-terre communes 600°, l'orge 650 à 700, la spergule 500, etc.

Par des expériences continuées pendant plusieurs années, M. **DE VOGHT** *a trouvé que la production de* 100 *livres de froment* épuise 1°19 de richesse, et enlève 5 à 10 p. 0/0 de la puissance; que *le seigle* exerce le même effet sur la puissance, mais qu'il épuise la fécondité de 10 p. 0/0 de moins; que *l'orge* épuise la richesse à l'égal du seigle, et *l'avoine* à l'égal du froment; que, néanmoins, *les grains de printemps* ne détériorant pas le sol, la fécondité n'est diminuée que de l'épuisement de la richesse; que *le sarrasin* rend à la puissance ce qu'il enlève à la richesse; que *les vesces* et *la spergule* produisent le même effet, ou même peuvent quelquefois ajouter à la puissance et à la richesse; que *le colza* épuise la richesse de 1° 60, tandis qu'il élève la puissance de 5 p. 0/0; que *les pommes-de-terre* enlèvent 1/10 de degré à la richesse, mais qu'elles rendent 1 1/2 à 2 p. 0/0 à la puissance; enfin, que *la troisième coupe du trèfle*, enterrée de 3 à 6 pouces, augmente la puissance de 5 p. 0/0 et la richesse de 6 à 12°. Au moyen de ces données, il est facile de calculer l'augmentation ou la diminution de la fécondité selon l'état préexistant de ses deux facteurs.

Malgré ses immenses travaux, M. de Voght n'a pu arriver à un ensemble systématique de faits généraux et constans; car chacune de ses données devra subir, dans les différentes localités, une correction dépendant de la différence du climat et même du sol; mais il a établi, sur de solides fondemens, une méthode dont l'adoption procurera aux agriculteurs tous les avantages attachés à la précision et à l'exactitude, et qu'il serait inutile d'énumérer.

Pour la compléter, M. de Voght a dressé une *table destinée à faciliter*, dans les pays où l'agriculture est le plus avancée, *l'application de l'échelle phorométrique* à l'appréciation des récoltes exprimées par les poids et les mesures de ces pays. Pour connaître ce qu'un champ, de quelque fécondité que ce soit, peut produire :

D'hectolit. par hectare en France, divisez le degré de fécondité par 28,56

Bushels	acre.	Angleterre.	24,98
Viertel.	hunder.	Brabant.	15,61
Mutt.	juchart.	Suisse (Berne)	140,07
Meizen.	joch	Autriche.	34,66
Scheffel.	morgen.	Prusse.	60,21
Tonne mesure.	tonno areal Holstein.		75
Tch-tvert.	désiatine. Russie.		80,60

Réciproquement, pour remonter du produit exprimé en mesures locales de superficie et de capacité, on le multiplierait par le nombre indiqué pour chaque pays; de cette manière la table phorométrique, désignant purement et simplement le rapport du produit à la faculté productive, ne fait rien préjuger sur les circonstances dont celle-ci dépend, et rend ainsi inutiles des descriptions toujours plus ou moins vagues. Son adoption introduirait plus d'uniformité dans la langue agricole.   J. YUNG.

SECTION VII. — *Fonctions des sols dans la végétation.*

De la germination des graines et de leur premier développement dans les substances terreuses. — Pour observer l'influence diverse des substances que renferment les sols sur la germination, on en mit des quantités égales dans des vases d'une égale capacité, d'un pouce et demi de profondeur et de quatre pouces carrés de surface, exposés à l'air au mois de juillet, de manière à ce qu'ils pouvaient par un temps serein recevoir huit à neuf heures la lumière du soleil. On les arrosa tous en même temps, et aussi souvent que l'eau de la pluie ne paraissait pas suffisante. L'arrosage de la terre arable ordinaire servait de guide, y ayant mis des grains de froment de la même espèce.

Dans le sable quartzeux, les graines germèrent en peu de jours; les tiges prirent la longueur d'un pouce, mais se flétrirent et séchèrent rapidement par un temps d'été.

Dans le sable calcaire, elles germèrent de même en peu de jours, devinrent de la hauteur d'un pouce et demi, et parurent croître plus vigoureusement que dans le sable de quartz; mais les tiges se flétrirent et séchèrent par un temps chaud.

Dans la glaise maigre, les semences germèrent bien; il se développa une radicule et une plumule d'une ligne et demie; mais elles moururent avant d'avoir percé la surface de la terre, qui se couvrait d'une croûte serrée; les germes paraissaient être trop faibles pour se faire jour au travers de cette croûte.

Dans la glaise grasse on observait la même chose, mais à un degré plus fort; la radicule et la plumule ne parvenaient pas à une ligne de longueur, et mouraient bientôt.

Dans la terre argileuse plastique, le développement était moindre encore que dans les précédentes.

On ne pouvait plus remarquer aucune germination dans l'argile exempte de sable; les semences, pendant quinze jours, y restèrent sans développement, soit que la terre fût mouillée ou sèche, à l'ombre, ou au soleil. Cette argile formait une masse très-ferme et très-consistante.

Les mêmes graines qui paraissaient mortes, mises dans une terre arable ordinaire, germèrent en quelques jours, et poussèrent de belles tiges.

Dans le carbonate de chaux, les graines germaient en peu de jours; leurs tiges parvenaient à une hauteur considérable; beaucoup de petites racines se formaient, et paraissaient parfaitement saines.

Dans la magnésie carbonatée, es graines germaient bien aussi en peu de jours, parvenaient vite à une hauteur considérable, et les plantes étaient d'une belle couleur verte et pleines de suc.

Elles poussaient dans l'humus de la même manière que dans la magnésie.

Les semences confiées à la terre de jac hère et à la terre arable germaient et se dév eloppaient bien; seulement les plantes pa raissaient croître moins vite que semées dans l'humus et dans la magnésie; ce qui rés ulte sans doute de la grande proportion d'eau que retiennent ces dernières substances, et de leur porosité, qui permet aux plantes d'être en contact avec l'atmosphère.

Ces résultats montrent que la porosité e l'humidité des terres sont deux des conditions les plus indispensables pour la végéta tion, et que l'argile pure a une influence nui sible moins par sa grande faculté de ret eni l'eau que par sa grande ténacité et sa con si tance, enfin, parce qu'elle oppose méca n quement des obstacles au développement d la jeune plante, et qu'elle la prive du co n tact de l'air, indispensable à la végétation.

On peut conclure, des données qui précèdent, que les sols servent essentiellement :

1° A offrir *aux graines les conditions* d'humidité, de température, de présence d'oxigène qui déterminent la germination;

2° A *présenter des interstices* dans lesquels les radicules et les plumules puissent s'insinuer, et que les racines, les tubercules et les tiges puissent ensuite élargir, afin de se développer graduellement en assurant à la plante une sorte de scellement ou de base solide qui la fasse résister aux efforts de l'air agité et de quelques autres agens extérieurs ;

3° A *conduire l'eau, les solutions alimentaires et stimulantes* vers les extrémités spongieuses des racines qui les entraînent dans les conduits *séveux,* au fur et à mesure que les feuilles et les parties herbacées exhalent dans l'atmosphère l'excès d'humidité ;

4° Et réciproquement, *le sol reçoit en réserve l'humidité atmosphérique* condensée par les feuilles, et qui compense la déperdition trop considérable éprouvée durant les sécheresses ;

5° A *emmagasiner, durant la journée, la chaleur* des rayons solaires pour rayonner la chaleur à son tour, pendant les nuits, en plus grande abondance qu'elle n'en reçoit alors : c'est ainsi que se forme un milieu tempéré, dans lequel les plantes sont soustraites à de trop brusques variations de température ;

6° A *entretenir l'excitation électrique* qui contribue au développement des plantes ;

7° A *fournir à l'eau de très-minimes parties de sa propre substance,* et notamment de sels calcaires qui, ne pouvant suivre l'eau lorsqu'elle se volatilise dans l'air, restent interposés dans le tissu des végétaux ;

8° A *offrir aux détritus végétaux,* restés après les récoltes, et aux divers autres engrais organiques répandus à dessein, les circonstances d'humidité et de chaleur qui favorisent leur décomposition, en même temps que la porosité du sol retient une partie des gaz nourriciers résultant de cette altération spontanée.

On voit par ces données, conformes à la théorie comme à la pratique, que l'épuisement du sol n'est jamais à craindre toutes les fois que l'on peut lui rendre la faible proportion d'amendemens, de stimulans et d'engrais que les récoltes lui enlèvent, et que les *jachères* peuvent être supprimées dans toutes les localités qui ne seront pas inaccessibles aux agens de la fertilisation.

SECTION VIII.—*Moyens d'apprécier les qualités des sols.*

Les propriétés et l'apparence physique peuvent servir très-utilement à apprécier les qualités des sols ; nous citerons aussi les indices que l'on peut tirer des plantes qui croissent spontanément ; enfin nous indiquerons les réactions chimiques qui permettront de faire facilement l'analyse des terres.

§ Ier.—Par aspect et ses propriétés physiques.

Une terre brune ou de couleur jaune, et divisée, offrira les 1ers *indices de fertilité.* A quelques centimètres, elle devra être assez humide et tenace pour s'agglomérer sous la pression des mains, et redevenir pulvérulente ou facilement divisible entre les doigts.

Au 1er aspect, on peut souvent reconnaître un *sol de mauvaise nature,* lorsque, par exemple, les parties sableuses ne contractent aucune adhérence entre elles, ou qu'au contraire, fortement plastiques, elles présentent de très-larges crevasses durant les sécheresses, ou se couvrent d'eau pendant les pluies, et adhèrent très-fortement aux pieds comme à tous les ustensiles aratoires.

L'aspect particulier aux sols trop argileux, ou trop sableux, ou meubles et offrant les conditions physiques utiles, se dénote en général très-bien après le labour et le 1er hersage. Ainsi la *terre argileuse humide* reste en mottes ou tranches consistantes, comme l'indique la *fig.* 37, et en sillons informes.

Fig. 37.

Le *sol sableux* est alors, au contraire, pulvérulent, en grains sans adhérence, offrant à peine des traces de sillons, comme on l'a indiqué dans la *fig.* 38.

Fig. 38.

Le *sol meuble* et la terre bien amendée, contenant des débris organiques, offrent, dans les mêmes circonstances, une forme moins pulvérulente ; ses parties adhèrent légèrement entre elles, en sorte que les sillons y restent largement tracés, comme on le voit dans la *fig.* 39.

Fig. 39

En décrivant plus haut les propriétés physiques les plus importantes, nous avons donné les moyens de les constater.

A. PAYEN.

§ II.—Par l'inspection des végétaux qui croissent spontanément sur le sol.

Cette partie de nos connaissances est encore fort peu avancée, et probablement elle parviendra difficilement au degré d'exactitude et de précision nécessaire pour qu'on puisse lui accorder la confiance que méritent les analyses. Depuis que LINNÉ en a réuni les premières notions, plusieurs botanistes et agronomes y ont joint le fruit de leurs observations; mais, à mesure que l'on recueillait des faits, les exceptions se présentaient en plus grand nombre.

La sécheresse, l'humidité, la hauteur des sols, les abris et l'ombrage ont une si grande influence sur la station des plantes, que la nature même de la terre semble perdre tout-à-fait la sienne vis-à-vis de beaucoup de végétaux. Ainsi, une terre peu élevée au-dessus du niveau de la mer produit des plantes fort différentes de celles qui croissent sur une terre de même nature, mais placée à quelques centaines de toises plus haut. Si un sable sec et aride, qui produit à peine quelques Bruyères, quelques Véroniques et quelques Canches, vient à recevoir une humidité permanente, ces plantes disparaîtront pour faire place à des Laiches, à des Scirpes, des Scrophulaires, des Lysimachies, des Linaigrettes, même à des Saules et des Peupliers. Quand on abat une forêt, non seulement les petites plantes qui croissaient sur ses lisières disparaissent, mais il en vient d'autres à la place de la forêt même, et qu'on n'y avait jamais vues.

D'un autre côté, il y a *beaucoup de plantes* qui, par la simplicité de leur organisation, *s'accommodent de terres fort différentes*. Ainsi M. DE CANDOLLE observe que les montagnes granitiques des Vosges, et les montagnes calcaires du Jura, nourrissent presque toutes les mêmes plantes. Ce célèbre botaniste dit même « qu'il ne saurait trouver un seul végétal qu'on puisse affirmer n'avoir été trouvé que dans des terrains calcaires ou que dans des terrains granitiques, » et déjà il avait reconnu que la nature de la terre n'a qu'une très-faible influence sur l'habitation générale des végétaux ; mais il en accorde une très-grande : 1° à la *température,* qui est déterminée par la distance de l'équateur, la hauteur au-dessus de la mer, et l'exposition au sud et au nord ; 2° au *mode d'arrosement,* qui comprend la quantité plus ou moins considérable d'eau qui peut arriver à la plante, la manière plus ou moins rapide dont cette eau peut se filtrer au travers du sol, les matières utiles ou nuisibles à la végétation de telle ou telle plante, qui sont dissoutes dans l'eau ; 3° au *degré de ténacité ou de mobilité du sol.*

A ces considérations générales, j'ajouterai que, dans un ouvrage de la nature de celui-ci, il est bien plus question de chercher à donner aux végétaux une terre propre à leur faire prendre le plus de développement possible et toutes leurs qualités, que d'examiner celle où ils croissent spontanément ; car un grand nombre de plantes sont plus parfaites dans nos cultures que dans leur station naturelle. Voyez le Trèfle, la Chicorée sauvage, la Laitue vivace le long de nos chemins ; la Carotte dans les clairières et dans les prés secs ; le Houblon dans nos haies : et considérez ensuite ces mêmes plantes dans nos cultures ! à peine pourrez-vous les reconnaître tant elles y gagnent en volume et en perfection. Le Tussilage (*Tussilago farfara*), qu'on ne trouve à l'état sauvage que dans l'argile presque une et noyée d'eau pendant l'hiver, prospère à merveille transplanté en terre calcaire dans nos jardins. Le Salsifis des prés humides, pressé de toutes parts par les herbes à foin, développe une végétation luxuriante cultivé en plante sarclée. Des végétaux même que la nature ne fait croître que dans des fentes de rocher, tels que le Figuier, le Rhododendron, deviennent vingt fois plus grands et plus fertiles en bonne terre dans nos cultures que dans leur station naturelle. Je n'ai jamais trouvé le Buis nain à l'état sauvage que dans des terres argilo-calcaires, et pourtant il prospère dans tous les jardins, quelle que soit la nature de la terre. Dans le Périgord, la terre où croissent les Châtaigniers ne ressemble p s à celle où ils croissent dans la forêt de Montmorency ni dans le bois de Meudon. J'ai trouvé en Virginie plusieurs espèces d'Andromèdes en terre grouéteuse et granitique, que nous ne pouvons faire vivre ici qu'en terre dite de bruyère.

Des considérations d'un autre ordre nous amènent encore à n'accorder qu'une faible importance à la connaissance de la nature de la terre où croissent spontanément les plantes que nous voulons introduire dans nos cultures. Dans les terres légères, les racines se multiplient aux dépens de leur grosseur et de leur longueur ; dans les terres substantielles, mais perméables, elles grossissent et s'alongent aux dépens du nombre. C'est au cultivateur à savoir quelle est celle de ces deux modifications qui lui est le plus utile pour faire choix de la terre. C'est surtout à l'égard des racines alimentaires que nous devons donner, aux plantes qui les produisent, une terre plus riche en parties nutritives que celles où elles croissent naturellement, puisqu'il n'y a pas d'exemple que la nature nous les donne toute seule aussi grosses et aussi succulentes que quand nous les cultivons dans une terre que l'expérience a appris leur convenir.

Les produits végétaux sont généralement de meilleure qualité dans une terre légère que dans une terre forte ; mais on doit attribuer cette supériorité à la juste proportion d'humidité que retient la terre légère, et à la facilité qu'elle offre à l'air de la pénétrer. Si on la rend aquatique, ses produits perdent de leur qualité ; si on la dessèche outre mesure, il n'y croît plus rien. Donc, la nature de la terre est tellement maîtrisée par la température, la sécheresse et l'humidité, que, quoique indispensable à la végétation, son influence sur le développement d'un végétal plutôt que d'un autre n'est pas aussi grande qu'on se l'imagine généralement.

Je suis loin cependant de vouloir dire que l'étude des différentes sortes de terre que les plantes paraissent affecter dans leur station naturelle doive être négligée par le cultivateur ; j'ai seulement voulu montrer que jusqu'ici cette étude n'a encore offert que peu de ressources à l'agriculture. Pour en tirer tout le parti possible, il faudrait, je crois, la combiner avec la température et le degré d'humidité et de sécheresse dont elle est habituellement affectée chaque année. Alors cette étude deviendrait compliquée ; on ne se bornerait plus à dire : telle plante croît spontanément dans telle terre, mais on ajouterait : sous l'influence de telle température, de telle lumière, à telle hauteur, à tel degré d'humidité ou de sécheresse. Ce travail n'étant pas fait et ne pouvant se faire que par l'observation durant une suite de plusieurs années, je suis obligé de suivre le sentier battu, et de me borner à présenter ici le tableau des plantes qui croissent spontanément dans chacune des principales sortes de terres sur le sol de la France. Si d'un côté j'en ajoute quelques-unes aux listes déjà publiées, de l'autre j'en élimine un certain nombre dont la station ne me paraît pas aussi limitée à telle ou telle nature de terre que les collaborateurs du dernier Cours complet d'agriculture l'ont pensé.

La première ou les deux ou trois premières plantes de chaque section sont celles qui se montrent les premières de leur section dès que la terre qui leur est propre a subi assez de mélange pour que la végétation puisse commencer à s'y établir (car, tant que l'argile, la silice et le calcaire restent purs, il n'y a guère de végétation possible), et les deux ou trois dernières indiquent que la terre se trouve déjà assez mélangée pour que la plupart des cultures puissent y prospérer. Ainsi le Tussilage est donné comme exemple de la plante qui se montre la première dans l'argile encore presque pure, et la Chicorée sauvage comme exemple de celles qui ne s'y rencontrent que lorsque l'argile est assez mélangée de silice, de calcaire, ou enfin de terreau, pour que beaucoup d'autres plantes puissent y croître également.

I. Terrains argileux.
Tussilage pas-d'âne.
Laitue vireuse.
Sureau yèble.
Lotier corniculé.
Orobe tubéreux.
Agrostis traçante.
Chicorée sauvage.

II. Terrains argilo-calcaires.
Anthyllide vulnéraire.
Potentille anserine.
— rampante.
Mélique bleue.
Laitue vivace.
Sainfoin cultivé.
Chondrille joncée.
Frêne commun.

III. Terrains calcaires.
Brunelle à grandes fleurs.
Boucage saxifrage.
Germandrée petit chêne.
Potentille printanière.
Seslerie bleuâtre.
Globulaire commune.
Noisetier commun.

IV. Terrains sablonneux.
Jasione des montagnes.
Elyme des sables.
Statice des sables.
Laiche des sables.
Roseau des sables.
Fléole des sables.
Saule des sables.
Sabline pourpre.
— à feuilles menues.
Canche naine.
— blanchâtre.
Fétuque rouge.
Drave printanière.
Orpin âcre.
— blanc.
Ciste hélianthème.
— moucheté.
Anémone pulsatille.
Oseille petite.
Agrostide des vents.
Véronique en épi.
Saxifrage tridactyle.
Filago des champs.
Œillet armerie.
— des chartreux.
Spergule des champs.
Alysse calicinale.
Carline vulgaire.
Réséda jaune.
Plantain corne-de-cerf.
Géranion sanguin.
Genêt d'Angleterre.

Genêt sagitté.
Bouleau commun.
Châtaignier commun.

V. Terrains ombragés (1).
Lauréole commune.
Cornouiller sanguin.
Paturin des bois.
Brome géant.
Stellaire des bois.
Mélique uniflore.
Pervenche grande.
Viorne mancienne.
Géranion robertin.
Mélampyre des bois.
Euphorbe des bois.
Jacinthe des bois.
Pédiculaire des bois.
Anémone sylvie.
Lierre de Bacchus.
Lierre terrestre.
Moschateline commune.
Muguet des bois.
Mélite à feuilles de Mélisse.
Pulmonaire officinale.
Sanicle d'Europe.
Mercuriale vivace.
Circée parisienne.
Benoîte commune.
Aspérule odorante.
Balsamine des bois.
Laiche (plusieurs espèces).
Verge d'or des bois.
Chevrefeuille des bois.
Luzule printanière.
Froment des bois.

VI. Plantes plus ou moins aquatiques.

A Dans l'eau toute l'année.
Macre.
Fétuque flottante.
Laiche (plusieurs espèces).
Scirpe (plusieurs espèces).
Souchet (deux espèces).
Nénuphar (deux espèces).
Renoncule (deux espèces).
Roseau à balais.
Massette (deux espèces).
Ményanthe à trois feuilles.
Gratiole officinale.
Butome à ombelle.
Fléchière.
Plantain d'eau.
Véronique (trois espèces).

Menthe poivrée.
Epilobe (deux espèces).
Lythre salicaire.
Et beaucoup d'autres.
B Dans l'eau une partie de l'année seulement.
Saule (beaucoup d'espèces).
Peuplier (plusieurs espèces).
Eupatoire d'Avicenne.

Obier.
Scrophulaire aquatique.
Spirée ulmaire.
Menthe aquatique.
Jonc (plusieurs espèces).
Linaigrette (deux espèces).
Laiche (plusieurs espèces).
Et beaucoup d'autres.

POITEAU.

§ III. — De l'analyse chimique des sols.

Les sols ou terres dans lesquels les végétaux se développent et croissent varient considérablement dans leur composition ou dans les proportions des différentes substances qui les constituent. Ces substances sont de certains mélanges ou combinaisons de quelques-unes des terres primitives, de matières animales ou végétales en état de décomposition, et de certains composés salins. Parmi les premières l'on trouve la *silice*, l'*alumine*, la *magnésie*, la *chaux*, le *peroxide de fer* et quelquefois le *peroxide de manganèse*, et au nombre des derniers l'on compte le *carbonate de chaux* (craie), le *sulfate de chaux* (gypse), le *phosphate de chaux*, quelquefois le *sulfate de potasse* et le *nitrate* de la même base.

Les substances que nous venons de signaler comme se rencontrant le plus ordinairement dans la composition des terres propres à la culture des végétaux, retiennent l'eau avec plus ou moins de force; elles existent en proportions très-diverses dans les différens terroirs, à l'état de sable siliceux, d'argile et de terre calcaire; et c'est pour en déterminer les quantités et découvrir leur mode d'union, qu'on soumet ces terres aux expériences de l'analyse.

En général, lorsqu'on examine un sol stérile dans la vue de l'améliorer, il faut, si cela est possible, le comparer avec un sol extrêmement fertile, voisin du sien, et dans une situation semblable; la différence que présentera l'analyse de ces sols indiquera les procédés d'amélioration à apporter. En effet, si le sol fertile contenait une grande quantité de sable ou de silice, en proportion de ce qui existe dans le sol stérile, le procédé consisterait simplement à en fournir à ce dernier une certaine quantité, ou bien à y ajouter de l'argile ou de la terre calcaire si ces deux dernières terres étaient en quantité insuffisante.

Il importe de *prendre des échantillons* de la terre du champ qu'on veut examiner, en différens endroits, à 6 ou 7 pouces de profondeur, et de les bien mêler ensemble; car il arrive quelquefois que dans les plaines tout le sol supérieur est de la même espèce, mais dans les vallées et le voisinage des rivières il y a de grandes différences.

Les bornes dans lesquelles nous devons renfermer cet article, et le but pratique de cet ouvrage, nous forcent de décrire d'une manière très-succincte les procédés les plus exacts en même temps que les plus simples.

(1) Quoique ce soit plus en vertu de l'ombre qu'en vertu du terrain que plusieurs plantes croissent sous bois plutôt que dans les plaines découvertes, j'en citerai cependant ici quelques-unes; je relaterai même dans une section à part plusieurs plantes plus ou moins aquatiques, plutôt pour ne pas rétrécir le cadre tracé par mes prédécesseurs, que par conviction d'utilité dans un ouvrage de la nature de celui-ci.

La proportion d'humidité peut être évaluée en desséchant un poids connu de la terre à analyser, et en ayant soin de ne pas décomposer les substances organiques qui s'y trouvent.

Après cette détermination, on *séparera les graviers et pierres*, on les pèsera, et on s'assurera de quelle nature ils sont au moyen de l'acide hydrochlorique ou nitrique; ils seront dissous avec effervescence s'ils sont formés de craie (ou carbonate de chaux), et resteront insolubles si c'est la silice qui en fait la base.

Les sols, outre les graviers et les pierres qui y sont mélangés en quantité variable, contiennent une plus ou moins grande *proportion de sable fin*, dont on peut opérer la séparation en agitant la terre quelque temps dans l'eau. Le sable, plus lourd, se précipite en moins d'une minute; on le recueille dans un vase par décantation, et après l'avoir séché on le pèse. Sa nature est aussi facile à reconnaitre par un acide que celle des graviers.

Les *parties terreuses les plus ténues*, et *la matière animale et végétale*, moins pesantes que le sable, restent plus long-temps en suspension dans l'eau. On filtre la liqueur à travers un papier pour les séparer.

Quant à l'eau qui a servi à cette opération, elle contient les *matières salines et les matières organiques solubles*, s'il en existait dans la terre; on l'évapore à siccité dans une capsule pour peser le résidu et l'examiner à part.

La *matière divisée du sol*, séparée par la filtration, est la plus importante à connaitre; elle renferme ordinairement des débris de matière organique, de la silice, de l'alumine, du peroxide de fer, du carbonate de chaux et parfois du carbonate de magnésie. On en calcine au rouge blanc une portion dans un creuset, pour connaitre le poids de la matière organique par la perte de poids éprouvée; mais comme une partie de cette perte est due aussi à l'acide carbonique qui provient du carbonate calcaire, on estime la quantité de celui-ci par la perte qu'éprouve un autre poids de terre en la dissolvant dans une quantité connue d'acide hydrochlorique faible; soustrayant alors ce dernier poids de celui qui exprime la pâte par la calcination, on a celui de la matière organique.

Le *résidu de la calcination* est traité par l'acide hydrochlorique bouillant dans un petit ballon de verre; tous les oxides sont dissous, à l'exception de la silice, qu'on recueille sur un filtre, et qui, après avoir été bien lavée à l'eau distillée chaude, doit être calcinée avant d'en prendre le poids réel.

La dissolution hydrochlorique est précipitée par une solution de bi-carbonate de potasse. Le peroxide de fer, l'alumine et la chaux sont séparés, tandis que la magnésie reste dans la dissolution filtrée et peut en être retirée en la faisant bouillir.

Le *précipité formé par le bi-carbonate de potasse* est recueilli par décantation ou filtration; on le met encore humide avec une solution de potasse caustique, et on fait bouillir pour séparer l'alumine, qu'on sépare ensuite de cette solution alcaline par une solution d'hydrochlorate d'ammoniaque.

La portion du précipité insoluble dans la potasse ne contient plus que le peroxide de fer et le carbonate de chaux; on les redissout dans l'acide hydrochlorique, et, en ajoutant ensuite de l'ammoniaque, le peroxide de fer est isolé de la chaux, qui reste dans la liqueur surnageante, et qu'on précipite à son tour par une solution de carbonate de potasse.

Chaque principe séparé par la méthode indiquée doit être fortement calciné et pesé, afin de connaitre dans quel rapport il se trouve dans l'échantillon de terre soumise à l'analyse.

De l'humus et de sa composition. — On a donné le nom d'*humus* au résidu que forme le détritus de la décomposition plus ou moins avancée des substances organiques exposées au contact de l'air. Ce résidu noirâtre, en raison de son aspect terreux, est désigné encore sous le nom de *terreau végétal* ou *animal*, suivant qu'il provient des substances végétales ou animales; il fournit à l'agriculture, un engrais excellent et parait agir dans l'acte de la végétation, non seulement par les principes solubles qu'il renferme, mais encore par la propriété qu'il a, suivant les observations de MM. Théodore DE SAUSSURE et DE HUMBOLT, d'absorber par son carbone une certaine quantité d'oxigène à l'air, et de produire du gaz acide carbonique qui, décomposé par les plantes, devient pour elles un de leurs principaux alimens.

Les recherches entreprises par M. Théodore de Saussure ont démontré que le terreau végétal contenait une très-petite quantité de matière extractive soluble dans l'eau et l'alcool, mais qu'il était presqu'entièrement formé d'une matière brune noirâtre, soluble dans les solutions alcalines, et ayant les caractères de l'*ulmine ;* et que, à poids égaux, il contenait plus de carbone et d'azote, et moins d'hydrogène et d'oxigène que les végétaux qui l'avaient fourni.

Bien que la composition des terreaux se rapproche en général de celle que nous avons présentée, elle varie suivant la nature de la substance organique qui les produit.

Principaux ustensiles employés dans l'analyse chimique des sols. — Tous les réactifs que nous avons employés pour l'analyse des terres se trouvent à très-bon marché chez tous les pharmaciens. — Les ustensiles ou vases nécessaires pour l'exécution des différentes opérations que nous avons rapportées plus haut, ne sont également ni nombreux, ni dispendieux.

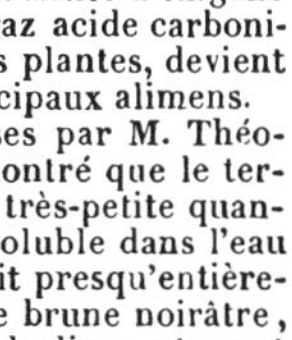

Ce sont : (*figure 40*) *capsule en porcelaine* A sur son fourneau pour dessécher un poids déterminé de terre, et connaitre la proportion d'eau qu'elle renferme.

Fig. 40.

(*Figure* 41) *Grand vase cylindrique en verre* pour séparer par décantation dans l'eau le sable de la partie fine de la terre.

(*Figure* 42) *Petit matras en verre*, ou *ballon* sur son fourneau pour traiter la terre par l'acide hydrochlorique, afin de dissoudre tous les principes solubles dans cet acide.

(*Figure* 43). *Creu-
set et son couvercle*
en porcelaine, ou en
terre fine, pour cal-
ciner les différens pro-
duits extraits par l'a-
nalyse.
(*Figure* 44) *Coupe
d'un fourneau ordinai-
re,* dans lequel le creu-
set est disposé au mi-
lieu des charbons pour
une calcination au
rouge obscur.
      J. Lassaigne.

Fig. 41.

Fig. 42.

Fig. 43.

Fig. 44.

CHAPITRE III. — DES AMENDEMENS.

Section Iʳᵉ. — *Considérations générales.*

On a vu dans le *chapitre précédent* comment une proportion excessive de quelques-unes des terres élémentaires et même d'humus peut être nuisible au sol, en dérangeant l'équilibre de ses propriétés physiques, en détruisant sa consistance ou sa disposition, soit à retenir, soit à laisser écouler l'humidité, etc.; c'est *amender le sol,* que de corriger ces défauts par l'emploi de substances ayant des qualités opposées.

Avant d'appliquer des amendemens sur les champs, la première chose est donc de déterminer exactement la nature, les propriétés et les parties constituantes du sol; la deuxième est de connaître, également d'une manière bien positive, la nature, les propriétés et la composition des substances qu'on veut employer. Ces notions se trouvent enseignées avec détail dans les articles relatifs aux *différentes espèces de terre* et à leurs *propriétés physiques*, et les moyens de connaître leur composition se trouvent indiqués dans le § qui traite des *indices de la qualité des terres* et notamment de leur *analyse chimique*, nous n'avons pas ici à nous occuper du choix des amendemens en général pour les différentes espèces de terres, choix qui sera suffisamment enseigné en parlant de chaque amendement en particulier.

L'amendement du sol est appelé, par **Thaer**, une *amélioration physique,* pour la distinguer de *l'amélioration chimique* qui consiste dans l'emploi, non seulement des *engrais* proprement dits, c'est-à-dire des alimens destinés à la nutrition des végétaux, mais encore des *stimulans,* c'est-à-dire des substances dont le rôle principal paraît être de développer ces alimens et d'exciter les organes des plantes à les assimiler. Cette amélioration des qualités physiques de la terre, par l'addition d'une substance dont le mélange corrige les défauts du terrain qu'il s'agit d'améliorer, est sans doute toujours dans l'ordre des choses possibles; mais les circonstances où elle peut s'opérer avec profit sont loin de se rencontrer constamment.

§ Iᵉʳ. — Études préliminaires.

En conséquence, avant de songer à employer des amendemens à l'amélioration des terres, *le fermier et le propriétaire* doivent déterminer rigoureusement les circonstances dans lesquelles ils se trouvent placés relativement à cette opération. Faisons remarquer avant tout que ces deux classes d'exploitans ne sont pas, sous ce rapport, dans une situation semblable. L'amélioration qui résulte de l'emploi des amendemens ayant des effets durables et quelquefois assez lents, il s'ensuit qu'une opération de cette nature, avantageuse dans certaines conditions pour *le propriétaire,* peut ne pas l'être dans ces mêmes circonstances pour *le fermier,* du moins si son bail n'a pas une longue durée. — De même, comme l'extraction et les charrois sont en général les principales dépenses qu'entraînent l'amendement d'une terre, *le cultivateur qui a des bras* et des moyens de transport économiques à sa disposition, ou qui serait obligé de les laisser chômer s'il ne les appliquait à ce travail, est dans une position qui lui permet de donner à ses champs cette sorte d'amélioration avec avantage, tandis que celui qui serait obligé de la faire exécuter à prix d'argent n'y trouverait que de la perte.

L'examen préliminaire auquel on doit se livrer consiste donc :

1° A bien *connaître la nature, l'état et la composition du sol* qu'on se propose d'amender;

2° A *rechercher les substances* les plus proches et les plus faciles à extraire propres à cet amendement. Les *indices géognostiques* doivent à cet égard être consultés, et conduiront souvent à d'heureux résultats; mais ce sont surtout les *sondages* auxquels on doit demander cette solution : car il arrive assez souvent que les couches inférieures d'un terrain recèlent à une profondeur plus ou moins considérable, sans que rien semble l'indiquer à la surface, des substances très-convenables à l'amélioration de la couche cultivable. Les divers moyens d'opérer les sondages seront décrits et figurés dans le *chapitre des desséche-mens ;* .

3° A *étudier la nature, les propriétés et la composition* de la substance qu'on se propose d'employer, d'abord chimiquement; mais cette étude ne suffit pas, attendu les effets très-différens que produisent souvent, en raison de la diversité de leurs propriétés physiques, des matières d'une composition semblable. Si l'on ne connaît pas déjà par avance le mode d'action et les résultats de l'amendement, on doit donc, pour en juger, avoir recours à un essai direct sur le champ à améliorer. Presque toujours l'examen de la manière dont se comportera dans ce cas l'amendement, et les changemens qu'il apportera dès la première année dans les qualités physiques du sol, suffiront pour faire apprécier ses effets, et l'on n'aura pas besoin d'attendre, pour se livrer en grand à l'opération, l'expérience de la culture durant toute la période d'action de l'amendement;

4° A *examiner la situation respective* du terrain à amender et du gisement de l'amendement ; ce qui comprend: la distance à parcourir ; la facilité ou la difficulté que le terrain ou les chemins offrent à franchir cette distance ; le plus ou le moins de peines et de travaux que nécessitera l'extraction, en raison des terres supérieures à enlever ou détourner, de la profondeur où gît la substance à extraire, de la résistance que présente cette substance à l'emploi de la pioche ou de la pelle; la possibilité d'amener les voitures de transport à l'endroit même où se fera l'extraction ; etc.

5° Pour *les amendemens stimulans* qui sont rarement sur le lieu même à la disposition du cultivateur, mais aussi qu'on emploie souvent à de très-faibles doses, les calculs ci-dessus sont remplacés par ceux du prix d'achat et d'expédition, soit dans les villes de commerce, soit dans les centres de production, soit dans les usines où l'on peut se les procurer.

De l'examen des circonstances que nous venons d'énumérer sortira la *solution de la question* de savoir s'il y aura avantage à opérer l'amendement. En effet, l'agriculteur n'aura plus qu'à comparer entre eux, d'une part, *les effets de l'amendement* sur ses terres, et par conséquent les résultats qu'il est en droit d'en attendre pour l'accroissement de ses récoltes ou la facilité et l'extension de ses cultures; d'une autre part, *les dépenses qu'entraînera l'opération* et qu'il est à même d'établir avec une exactitude suffisante, puisqu'il connaît la dose d'amendement qu'il doit employer, sa situation ou son prix, et par conséquent qu'il lui est facile de calculer approximativement les frais d'extraction, de chargement, ou ceux d'achat, et enfin ceux de transport, d'éparpillement sur le terrain, et du mélange de l'amendement avec la terre végétale.

Il reste maintenant à traiter des divers amendemens et de leur emploi; ce qui comprend leurs propriétés, leurs effets, leur durée, la dose qu'il convient d'employer, l'époque et la manière de les répandre, etc.

C. B. de M.

§ II.—Importance de l'usage des amendemens.

La question des amendemens est d'un grand intérêt dans l'agriculture ; ce moyen d'améliorer le sol est trop peu connu et surtout trop peu pratiqué dans une grande partie de la France, et cependant c'est une condition absolument nécessaire à la prospérité agricole d'un pays : le départ. du Nord, la Belgique, l'Angleterre leur doivent en grande partie leur prospérité ; le départ. du Nord dépense tous les ans, sur deux tiers de son sol, en chaux, marne, cendres de mer, cendres pyriteuses, cendres de tourbe et de houille, 1,000,000 de fr. (1), etc. C'est principalement à ces agens d'amélioration que paraît due cette suite non interrompue de fécondité qui étonne tous ceux qui ne voient pas tous les jours leurs produits.

Dans le moment où nous sommes, sur tous les points de la France, l'agriculture, à l'exemple des autres arts industriels, est en travail d'amélioration ; de toutes parts, surtout, on essaie ou on veut essayer la chaux, la marne, les cendres, le noir animal. C'est le point particulièrement en progrès, celui qu'il faut surtout éclairer ; c'est cette pensée qui a présidé à la rédaction de cet article. Depuis près de 30 ans l'auteur s'est livré par goût à l'agriculture ; mais les amendemens calcaires ont été pour lui un sujet spécial d'études, dans la pratique de beaucoup de pays, dans le sien propre, dans ses essais personnels, et dans ce qu'en ont écrit les étrangers et les nationaux.

§ III. — Résultats de l'emploi des amendemens sur le sol français.

Les trois quarts de l'étendue du territoire français ont besoin, pour être fécondés, des agens calcaires; si le tiers de cette étendue en reçoit déjà, ce que nous croyons au-dessus du vrai, sur les deux autres tiers qui font moitié du tout, les produits agricoles, par cette opération, croîtront de moitié en sus ou d'un quart au total. Mais par ce même moyen, en s'aidant encore de l'écobuage, la plus grande partie des sept millions d'hectares en friche et sans produit donnerait au moins un sixième du produit total actuel; le produit brut du sol français, accru de plus d'un tiers en sus, pourrait donc occuper et nourrir une population aussi d'un tiers en sus de la population actuelle ; et cette révolution, due successivement au travail du sol, à des améliorations annuelles, qui se ferait avec les accroissemens progressifs des récoltes, serait insensible. L'État croîtrait en force, en vigueur, en richesse, en population active, morale, et qui serait dévouée à la paix et au pays, parce qu'elle prendrait sa part de ce sol nouveau et amélioré.

Sur notre *étendue de 54 millions d'hectares,* notre population, accrue et portée à 44 millions, où chaque individu a un hectare et quart, serait moins pressée que les 24 millions d'habitans qui sont anglais qui n'ont pas un hectare par tête; et cependant notre sol est au moins aussi bon et il est plus favorisé

(1) *Statistique du département du Nord.*

du climat; et puis nos voisins consomment au moins un quart ou un cinquième de viande dans leur nourriture, tandis que notre population n'en consomme pas un quinzième. Or, comme il faut douze à quinze fois plus d'étendue pour produire la viande que le pain, il s'ensuit qu'il faut, pour nourrir un Anglais, presque une fois plus d'étendue que pour nourrir un Français: d'où il résulte qu'avec l'accroissement d'un tiers en sus, notre population serait encore une fois plus au large pour sa nourriture que la population anglaise.

Mais cette prospérité du pays, sans doute encore bien éloignée de nous, vers laquelle cependant nous marchons chaque jour, serait encore bien *moindre que dans le département du Nord,* où un hectare nourrit presque deux habitans; et cependant ils ont encore plus du sixième de leur sol en bois, marais et terres non productives; ils ont en outre un autre sixième de leur meilleur sol en récoltes de commerce qui consomment une grande partie de leurs engrais, et qui s'exportent presque en entier. Ce résultat prodigieux est sans doute dû en partie à une étendue de bon sol plus grande là qu'ailleurs; mais il est dû surtout, aussi bien qu'en Angleterre, à l'emploi régulier des amendemens.

Après ce grand résultat sur la production, *celui sur la salubrité,* quoique s'appliquant à de moindres étendues, serait encore très-précieux; sur un sixième au moins de notre sol, la population est maladive, sujette à des fièvres intermittentes souvent funestes, et les morts dépassent les naissances. Eh bien! sur ce sol sans marais les agens calcaires détermineraient une progression de population croissante, celle qui règne dans nos pays sains, et comme le travail s'offrirait de tous côtés, ces pays assainis seraient bientôt ceux où la population serait la plus heureuse, la plus riche, et croîtrait le plus rapidement.

SECTION II. — *Des amendemens calcaires.*

Les principales substances que nous comprenons sous le nom d'amendemens calcaires sont la chaux, la marne, les plâtras et débris de démolition, le falun ou substances coquillères.

ARTICLE 1ᵉʳ. — *Du chaulage ou de l'emploi de la chaux comme amendement.*

§ Iᵉʳ. — Des terres auxquelles la chaux convient.

Nous avons vu qu'au milieu de l'immense variété des substances et des combinaisons diverses qui composent les premières couches terreuses du globe, trois substances, la silice, l'alumine et la chaux, forment à peu près exclusivement la surface du sol. Nous avons vu également quels sont les qualités et les défauts des terres où domine l'un ou l'autre de ces principes. Les amendemens bien appropriés portent avec eux sur les sols les qualités qu'ils n'ont pas, et c'est notamment le principe calcaire et ses diverses combinaisons qu'on emploie à cet effet. Il suffit de les y répandre en petite proportion:

une quantité de chaux qui ne dépasse pas un millième de la couche labourable, une même proportion de cendres lessivées, un deux-centième de marne, suffisent pour modifier la nature, changer les produits, accroître de moitié les récoltes dans le sol qui ne contient pas le principe calcaire.

La chaux convient aux sols qui ne contiennent pas déjà en excès les combinaisons calcaires. Tout sol composé de débris granitiques, de schistes, presque tous les sols sablo-argileux, ceux humides et froids de ces immenses plateaux argilo-siliceux qui lient entre eux les bassins des grandes rivières; le terrain sur lequel la fougère, le petit ajonc, la bruyère, les petits carex blancs, le lichen blanchâtre viennent spontanément; presque tous les sols infestés d'avoine à chapelet, de chiendent, d'agrostis, d'oseille rouge, de petite matricaire; celui où l'on ne recueille que du seigle, des pommes-de-terre et du blé noir; où l'esparcette et la plupart des végétaux de commerce ne peuvent réussir; où cependant les bois de toute espèce, et surtout les essences résineuses, le pin sylvestre. le pin maritime, le mélèze, le pin Weimouth et les châtaigniers réussissent mieux que dans les meilleures terres; tous ces sols ne contiennent pas le principe calcaire, et tous les amendemens où il se rencontre leur donneront les qualités et y feront naître les produits des sols calcaires.

Mais là, plus encore qu'ailleurs, il faut *se garder de trop de hâte;* les chaulages, sur une grande échelle, ne doivent se faire qu'après avoir réussi dans des essais en petit, sur plusieurs points de l'exploitation.

Etendue du sol auquel la chaux convient. — Une grande partie du sol français ne contient pas le principe calcaire: les pays primitifs, les montagnes dont la roche n'est pas calcaire, une foule de ceux dont le sous-sol renferme des formations calcaires, la grande et dernière alluvion qui a couvert la surface et qui la compose encore partout où les eaux en se retirant ne l'ont pas entraînée; toute cette étendue, qui compose au moins les trois quarts du sol français, demande, pour être fécondée, des amendemens calcaires. En admettant qu'un tiers de ce sol reçoive déjà de la chaux, de la marne, des cendres de bois, de tourbe, du noir d'os, des os pilés, il resterait encore la moitié du sol français à féconder, tâche immense sans doute, mais dont le résultat serait bien plus prodigieux encore, puisqu'on verrait croître de moitié en sus tous les produits de cette grande étendue.

§ II. — Des divers moyens d'employer la chaux sur le sol.

Trois procédés principaux sont en usage pour répandre la chaux. *Le premier et le plus simple,* celui qu'on emploie dans la plupart des lieux où la chaux est à bon marché, la culture peu avancée, la main-d'œuvre chère, consiste à mettre la chaux immédiatement sur le sol par petits tas, distans entre eux de 20 pieds (6 m. 30) en moyenne (*fig.*45), et contenant, suivant les doses du chaulage, depuis un demi-pied (18 déc.) jusqu'à un pied (36 déc.) cube. Lorsque la chaux, par suite de son

Fig. 45.

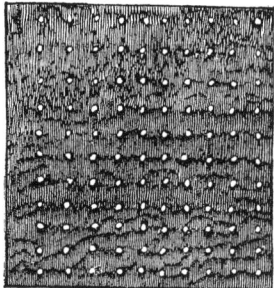

exposition à l'air, est réduite en poussière, on la répand sur le sol de manière à ce qu'elle y soit exactement répartie.

Le deuxième procédé diffère du premier en ce qu'on recouvre chaque tas d'une couche de terre, de 6 pouces (0 m. 16) à un pied (0 m. 33) d'épaisseur (*fig.* 46), suivant la gros-

Fig. 46.

seur des tas, et qui équivaut à cinq ou six fois le volume de la chaux éteinte; lorsque la chaux commence à se gonfler pour fuser, on remplit de terre les fentes et les crevasses qui se font dans la terre de l'enveloppe, et lorsqu'elle est réduite en poussière, on remanie chaque tas en mélangeant la terre et la chaux. Si rien ne presse dans les travaux, on recommence quinze jours après cette même opération, et après une troisième quinzaine on étend le tout sur le sol.

Le troisième procédé, usité dans les pays les mieux cultivés, lorsque la chaux est chère, et qui réunit tous les avantages des chaulages, sans offrir aucun de leurs inconvéniens, consiste à faire des composts de chaux et terre ou terreau. Pour cela on fait un premier lit de terre, terreau ou gazon d'un pied (0 m. 33) d'épaisseur, d'une longueur double de sa largeur; on recoupe les mottes de terre; on recouvre d'un lit de chaux d'un hectolitre par 20 pi. (6ᵐ·50) ou d'un tonneau par 45 pi. cubes de terre; sur cette chaux on place un second lit de terre, puis un second de chaux, et successivement un troisième lit de terre et de chaux qu'on recouvre encore de terre. Si la

terre est humide et la chaux récente, huit à dix jours suffisent pour fuser la chaux; on coupe alors et on mélange le compost; on le recoupe une seconde fois avant l'emploi, qu'on retarde autant que possible, parce que l'effet sur le sol est d'autant plus puissant que le mélange est plus ancien, plus parfait, et surtout lorsqu'il aura été fait avec de la terre contenant plus d'humus. Cette méthode est la plus usitée en Belgique, en Flandre; elle devient presque exclusive en Normandie; elle est seule pratiquée, et avec le plus grand succès, dans la Sarthe. La chaux en compost ne nuit jamais au sol, elle porte avec elle le surplus d'engrais que demande le surplus de produit. Les sols légers, graveleux ou sablonneux ne peuvent jamais en être surchargés. Enfin, ce moyen nous semble le plus sûr, le plus utile et le moins dispendieux d'appliquer la chaux au sol.

La réduction de la chaux en poussière par *le moyen de l'immersion momentanée* dans l'eau avec des paniers à anse, peut beaucoup hâter le chaulage, soit qu'on le fasse immédiatement sur le sol ou par le moyen d'un compost; quelques heures alors suffisent au lieu d'une quinzaine de jour d'attente. Si de grandes pluies surviennent, cette manipulation n'est pas sans inconvéniens, parce qu'alors la chaux se met plus facilement en pâte, et c'est ce qu'on doit éviter par-dessus tout.

La réduction de la chaux en poussière, qu'elle soit spontanée ou par immersion, produit dans les composts un volume moitié eh sus de la chaux en pierre : 10 pieds (68 c. m. 81) cubes en produisent 15 (89 c. m. 53), ou un tonneau produit 10 pieds cubes.

§ III.—Chaulages en usage dans divers pays.

I. *Chaulages dans le département de l'Ain.*

Les chaulages dans ce pays datent de 50 ans; le sol chaulé à cette époque est encore plus productif que le sol voisin non chaulé; toutefois les chaulages ne font que commencer à prendre de l'extension, tandis que les marnages, entrepris 15 ans plus tard, ont déjà couvert plusieurs milliers d'hectares; c'est que le marnage est une opération à la portée des cultivateurs pauvres, parce qu'il s'accomplit avec de la main-d'œuvre seulement, tandis que le chaulage demande des avances considérables, surtout dans ce pays où la chaux est chère et où la dose employée est forte.

En effet, les doses varient de 60 à 100 hectolitres par hectare, suivant la nature du terrain ou plutôt suivant le caprice du cultivateur.

Quoique ces chaulages n'aient pas été faits avec tout le soin et l'économie désirables, ils ont été très-efficaces, lorsque le sol qu'on a chaulé a été suffisament égoutté.

Le dépouillement des registres des produits de trois domaines contigus, pendant 12 ans, 3 avant et 9 pendant les chaulages, nous donne le moyen d'apprécier leurs résultats. Les quantités de semences et produits sont calculés en doubles décalitres.

Tableau du produit du domaine de la
Croisette.

ANNEES.	SEIGLE.		FROMENT.	
	Semences.	Produit.	Semenc.	Produit.
1822	110	600	24	146
1823	110	764	24	136
1824	110	744	24	156
1825	107	406	27	251
1826	106	576	28	210
1827	100	504	30	249
1828	90	634	36	391
1829	82	538	48	309
1830	60	307	60	459
1831	78	350	48	417
1832	55	478	68	816
1833	61	529	52	545

Tableau du produit du domaine de
Meyzériat.

ANNÉES.	SEIGLE.		FROMENT.	
	Semences.	Produit.	Semenc.	Produit.
1822	120	487	16	100
1823	120	708	16	103
1824	120	644	18	84
1825	112	504	28	228
1826	120	677	20	115
1827	115	594	20	162
1828	118	726	40	328
1829	104	566	41	277
1830	79	298	71	477
1831	91	416	43	326
1832	79	411	75	786
1833	76	661	48	351

Tableau du produit du domaine
La Baronne.

ANNEES.	SEIGLE.		FROMENT.	
	Semences.	Produit.	Semenc.	Produit.
1822	110	505	22	180
1823	110	652	22	138
1824	110	662	24	149
1825	102	398	32	252
1826	110	612	32	187
1827	107	546	34	204
1828	98	696	35	343
1829	84	608	40	268
1830	91	389	59	374
1831	92	411	40	295
1832	70	512	80	649
1833	75	511	51	471

L'emploi de 3,000 hectolitres de chaux d'une
valeur de 6,000 fr. sur 32 hectares de terrain,
fait successivement pendant 9 ans, a donc
plus que doublé le produit des céréales d'hiver, semences prélevées. Les autres récoltes
du domaine ont reçu un accroissement proportionnel, et le revenu du propriétaire
en doublant s'est accru annuellement des
deux tiers au moins de la somme capitale
dépensée en achats de chaux, et cependant
il n'y a pas encore la moitié du sol labourable chaulé, puisque sur 76 hectares de terre,
32 seulement ont reçu l'amendement.

D'autres exemples nombreux appuient ces
résultats, et il en ressort particulièrement
que le produit du froment s'accroît de deux
à trois semences, que les terres à seigle passent du produit de 4 à 5 en seigle à 7 à 8 en
froment, et que les autres produits ont un
accroissement analogue. L'amélioration est
beaucoup plus considérable sur les mauvais
fonds que sur les bons, puisqu'il est de deux
tiers en sus dans les terres à froment, et que
la récolte est triple en valeur dans les terres
à seigle.

II. Chaulages flamands.

L'usage des amendemens calcaires dans le
département du Nord comme dans la Belgique, paraît aussi ancien que leur bonne agriculture; il est beaucoup moins fréquent en
Belgique. Des chaulages anciens et successifs
ont, à ce qu'il semble, fourni à de grandes
parties de ce sol ce qui lui en est pour le moment nécessaire; mais le départ. du Nord
reçoit encore de la chaux, de la marne ou des
cendres partout à peu près où la chaux n'entre pas comme composant du sol. On distingue dans le pays le chaulage foncier et le chaulage d'assolement; le premier consiste à
donner au sol, tous les dix à douze ans, avant
la semaille d'automne, 4 mètres cubes ou 40
hectolitres de chaux par hectare; on mêle le
plus souvent à la chaux en poudre des cendres de houille et de tourbe qui entrent dans
le mélange dans la proportion d'un tiers à
moitié.

Le chaulage à tous les renouvellemens d'assolement ou sur les grains de mars, se donne
en compost; il est d'usage régulier dans ce
pays, plus encore qu'en Belgique, sur les
prairies ou pâtures froides qui ne reçoivent
pas des eaux d'irrigation; il en réchauffe le
fonds, accroît et améliore les produits; plus
le compost est ancien, plus grand est l'effet: il se prolonge pendant 15 ou 20 ans, au
bout desquels on recommence.

Les chaulages de Normandie, les plus anciens de France, se sont soutenus dans les
environs de Bayeux, pendant qu'ailleurs on
les défendait dans les baux. Cependant maintenant ils gagnent toute la surface qui en a
besoin; mais au lieu d'être employée immédiatement sur le sol, comme dans les anciens
chaulages, la chaux est presque toujours mise
en compost.

III. Chaulages de la Sarthe.

De tous les procédés, ceux de la Sarthe
semblent à préférer; ils sont à la fois économiques, productifs et garantissent le sol de
tout épuisement. Ils ont lieu tous les trois
ans, à chaque reprise d'assolement, de la
quantité moyenne de 10 hectolitres par hectare, en compost fait à l'avance avec 7 à 8
volumes de terreau ou de bonne terre contre
un de chaux. On emploie le compost sur le
sol pour la semaille d'automne, en rangs alternatifs avec le fumier. Ce procédé, dont le
succès s'accroît de jour en jour, se répand
sur les bords de la Loire et semblerait devoir
être adopté partout où le sol s'égoutte facilement.

Nous croyons devoir insister sur la convenance et les avantages éminens de l'emploi

simultané de la chaux et des engrais. Ici on fait mieux encore, en employant simultanément le compost de chaux terreauté et le fumier; aussi, depuis un demi-siècle que les Manceaux ont commencé leur chaulage, la fécondité du sol n'a pas cessé de s'accroître.

Les pays dont nous avons parlé sont ceux de France où le chaulage est le plus étendu; cependant plus de la moitié des départemens en a, je pense, commencé l'usage, et dans un quart il est tout-à-fait établi. Sans doute les premiers essais ne réussissent pas partout; il faut une réunion de conditions rares pour que des essais, même couronnés de succès, soient imités par les masses; cependant les succès se multiplient et deviennent des centres d'impulsion qui propageront l'amélioration.

IV. Chaulages anglais.

Les chaulages anglais semblent établis sur un tout autre principe que les chaulages français; ils sont pratiqués avec une telle prodigalité, que l'amélioration sur le sol chaulé a souvent lieu pour n'y plus revenir. Pendant qu'en France on se contente de donner depuis un millième jusqu'à un centième de chaux à la terre labourable, depuis 10 jusqu'à 100 hectolitres par hectare, on en donne en Angleterre depuis un jusqu'à six-centièmes, ou depuis 100 jusqu'à 600 hectolitres par hectare. Le plein succès de la méthode de notre pays nous fait regarder la méthode anglaise comme une prodigalité sans nécessité. On sacrifie un capital cinq, six, dix fois plus fort pour n'avoir pas un résultat supérieur; et, à moins de prodiguer à la suite les engrais, on peut même compromettre entre les mains d'un cultivateur avide l'avenir de son sol. Toutefois, il paraît en être résulté peu d'inconvéniens, probablement en raison du terrain, dans les sols très-humides; on a sans doute par là assaini le sol, et sa nature semble modifiée pour un long avenir.

V. Chaulages superficiels.

En Allemagne, où les chaulages et les marnages, comme la plupart des améliorations agricoles, ont pris depuis peu un grand développement, outre les procédés ordinaires, on trouve l'emploi de la chaux superficielle. On saupoudre au printemps le seigle avec un compost contenant 8 à 10 hectolitres de chaux par hectare, quinze jours après avoir semé du trèfle.

On l'emploie aussi immédiatement sur le trèfle de l'année précédente, en poussière et éteinte dans l'eau de fumier, à une dose moitié moindre. Son effet sur le trèfle et le froment qui le suit est très-avantageux.

En Flandre, lorsqu'on emploie la chaux mêlée avec les cendres, c'est particulièrement pour les prairies naturelles et artificielles. L'emploi s'en fait donc à la surface.

§ IV. — Soins à prendre dans le chaulage.

Quel que soit le procédé en usage pour l'emploi de la chaux, il est essentiel que, comme tous les amendemens calcaires, elle soit *employée en poudre et non en pâte,* sur le sol non mouillé. On doit absolument évi-

ter, avant de la recouvrir, toute pluie qui la mouillerait, la réduirait en grumeaux ou en pâte, ce qui nuit essentiellement à son effet, plus encore que le raisonnement ne peut l'expliquer.

Elle ne doit être placée que *sur un sol dont la couche végétale et la surface s'égouttent* naturellement. Dans un sol marécageux, à moins que la couche supérieure ne soit bien desséchée, dans un sol très-humide, dont l'eau de la surface ne s'écoule pas très-facilement, les propriétés de la chaux restent comme enchaînées, et ne se font apercevoir que lorsque, par de nouveaux travaux, on a assaini et égoutté la couche végétale.

Dans un sol argileux et très-humide, l'emploi de la marne, qui se fait en grande masse, est préférable à celui de la chaux, parce qu'elle peut assainir plus puissamment la couche végétale productrice. Dans un sol de cette nature, un labour profond est une condition préliminaire essentielle au succès du chaulage et du marnage, parce qu'en augmentant l'épaisseur de la couche cultivée, on augmente aussi les moyens d'assainir la surface.

Les sols légers, graveleux ou sablonneux, ne peuvent en être surchargés; car l'emploi irréfléchi de la chaux peut devenir dangereux dans ces sortes de sols lorsqu'ils sont très-chauds et peu profonds. Il n'est pas sans exemple qu'elle ait *brûlé* des récoltes.

Pour que la chaux produise son effet *sur la première récolte,* elle doit être mélangée au sol quelque temps avant la semaille; cependant, lorsqu'on l'emploie en compost, il suffit que le compost soit anciennement fait.

La chaux ou le compost répandus secs sur le sol sec *doivent être enterrés* par un premier labour peu profond ou demi-labour précédé d'un petit hersage, afin que la chaux, dans la suite de la culture, reste toujours autant que possible placée au milieu de la couche végétale. En effet, la chaux réduite en molécules tend à s'enfoncer dans le sol, elle glisse entre les parties ténues d'argile et de silice, et descend au-dessous de la sphère de nutrition des plantes, s'arrête sous la couche labourable, et lorsqu'elle s'y trouve abondante, elle y forme par ses combinaisons une espèce de plancher qui arrête les eaux et nuit beaucoup aux récoltes; c'est là l'inconvénient de la chaux en grande dose enterrée par des labours profonds.

§ V. — Qualités diverses de chaux.

Il est nécessaire de connaître la qualité de la chaux que l'on emploie : la chaux peut être pure ou mélangée de silice, d'argile ou de magnésie. *La chaux pure* est la plus économique, la plus active, celle qui peut produire le plus d'effet sous le moindre volume.

La chaux mêlée de silice s'emploie en plus grande quantité; elle prend le nom de *chaux chaude* comme celle qui précède, dont elle diffère peu dans l'emploi, sinon qu'il en faut davantage.

La chaux mélangée d'argile est la même que la chaux hydraulique ou *chaux maigre* des constructeurs; il paraît que les deux premières favorisent davantage la grenaison tandis que celle-ci est plus favorable au fourrage, à la croissance de la paille, aux légumineuses ; elle ménage davantage le sol, mais demande une dose plus forte.

La chaux magnésifère agit d'une manière très-active, mais épuise le sol si on la donne en grande dose ou si on ne la fait pas suivre d'engrais abondans ; elle a épuisé quelques cantons d'Angleterre, des provinces entières d'Amérique, et c'est à elle que sont dus la plupart des reproches qu'on fait à la chaux.

On peut, à l'aide de procédés chimiques fort simples, s'assurer de la nature de la chaux qn'on emploie. (*Voyez* la sect. qui traite de l'*analyse des sols,* à la fin du chap. précédent.)

§ VI. — Des seconds chaulages.

Lorsque le champ chaulé revient à l'état où il était avant l'opération, que les mêmes végétaux inutiles y reparaissent, que les récoltes baissent dans leurs produits, il est temps de revenir à la chaux. L'époque d'un second chaulage dépend de la dose du premier ; lorsque la dose a été petite, il faut, comme les Flamands et les Manceaux, la recommencer en entier ; lorsqu'elle a été forte, on peut la réduire de moitié. On doit d'ailleurs, dans cette circonstance, prendre conseil de l'état du sol et de l'expérience, parce qu'il est des terrains qui demandent et consomment de plus fortes doses que d'autres.

§ VII. — Doses des chaulages.

Les doses des premiers, comme des seconds chaulages, *varient* avec la consistance des sols ; elles doivent être faibles dans les sols légers et sablonneux, elles peuvent sans inconvénient être fortes dans les terrains argileux. La dose doit aussi varier suivant que le sol est plus ou moins bien égoutté ; les faibles doses, dans un sol où les eaux ne s'écoulent pas facilement, sont peu sensibles ; mais, si la dose est forte et les labours profonds, la chaux facilite l'écoulement et l'assainissement de la terre. On conçoit que la dose doit aussi s'accroître avec la quantité annuelle de pluies qui tombe dans un pays, parce qu'à mesure que cette quantité s'accroît, les conditions de l'écoulement du sol deviennent plus difficiles.

Toutefois, les procédés des départemens du Nord et de la Sarthe semblent nous avoir indiqué *la dose moyenne de chaux* qui convient en général au sol. Ainsi, le chaulage foncier du Nord, qui tous les dix ou douze ans donne au sol 40 hectol. de chaux par hect., un peu plus de 3 hectol. par an, concorde avec celui de la Sarthe qui en donne 8 à 10 hectolitres tous les trois ans ; le 1ᵉʳ donne en une fois ce que l'autre distribue petit-à-petit. Comme tous deux sont une moyenne, on pourrait en induire que la terre demande par an 3 hectol. de chaux par hect., pour soutenir sa fécondité. Cependant, comme ni le sol ni les plantes ne consomment cette chaux, il est à croire qu'au bout d'un temps plus ou moins long le sol en aura reçu assez pour n'en avoir plus besoin pendant un certain espace de temps.

§ VIII. — Conduite à tenir dans les sols chaulés.

Après avoir doté son sol d'une grande fécondité, l'avoir mis dans le cas de produire les récoltes les plus précieuses, qui sont souvent les plus épuisantes, il faut le ménager, *lui donner des engrais en compensation des produits obtenus,* employer en litière et non en nourriture les pailles accrues de moitié, faire produire des fourrages à un sol qui désormais les porte avec avantage, modifier enfin l'ensemble et les détails de sa culture d'après les forces nouvelles de son sol, les prix de commerce et les convenances locales.

Toutefois, il ne faut pas se presser de changer d'assolement : une pareille opération est longue, difficile, très-dispendieuse, et ne doit être faite qu'avec une grande maturité.

§ IX. — Effets de la chaux sur le sol.

Les effets de la chaux, quoique analogues, ne sont point identiques avec ceux produits par la marne, et les qualités des sols chaulés diffèrent en quelques points de celles des sols calcaires : le blé d'un fonds chaulé est plus rond, plus fin, donne moins de son et de farine que celui d'un sol non chaulé, d'un sol calcaire ou d'un sol marné ; le grain du sol marné est plus gris, donne plus de son et ressemble au blé sur trèfle, quoiqu'il lui soit préférable : le blé du sol chaulé a plus d'analogie avec celui produit par les terres amendées avec les cendres lessivées. Le sol chaulé craint moins la sécheresse pour sa semaille que le sol calcaire ou le sol marné ; il n'est pas sujet à laisser verser, dans le printemps, sa récolte au moment de sa floraison, lorsque la semaille a été faite dans une terre sèche.

Dans le sol chaulé, les mauvaises herbes et les insectes disparaissent ; la terre prend de la consistance lorsqu'elle est trop légère, et s'adoucit lorsqu'elle est trop argileuse. La surface du sol argilo-siliceux, auparavant unie et blanchâtre, s'ameublit, et devient rousse et comme cariée, elle sèche, durcit et se fend par la chaleur, et fuse et se délite par la pluie qui succède ; cet ameublissement spontané facilite beaucoup la main-d'œuvre du cultivateur, le travail et la marche des racines dans le sol, et l'action réciproque de l'atmosphère sur le sol qui reste ouvert à ses influences.

§ X. — Quantité de chaux absorbée par la végétation.

Les végétaux des sols calcaires ou devenus tels par amendement, renferment dans leurs cendres 30 pour cent de carbonate ou de phosphate de chaux qui sont perdus pour le sol ; mais le produit du sol chaulé, de qualité moyenne, est à peu près, pendant les 2 années de l'assolement, de 20 milliers pesans de produits secs par hectare, qui contiennent un peu moins d'un hectolitre de chaux ; la végétation en a donc employé un demi-hectolitre par an. Nous avons vu qu'il en fallait en moyenne, par an, 3 hectol. par hectare, la végétation n'absorbe donc en nature qu'un 6ᵉ de la chaux qu'on donne avec profit au sol ;

les 5 autres 6ᵉˢ se perdent, sont entraînés par les eaux descendues aux couches inférieures du sol, se combinent ou servent à former d'autres composés : une portion encore sans doute reste en nature dans le sol et sert à former cette réserve qui, à la longue, dispense, pendant longues années, de continuer les chaulages.

§. XI.—De l'épuisement du sol par la chaux.

La chaux, dit-on, *n'enrichit que les vieillards ou enrichit les pères et ruine les enfans :* c'est là effectivement ce qu'a prouvé l'expérience, lorsque dans les sols légers chaulés abondamment ou sans l'intermédiaire des composts, on a fait des récoltes successives de grains, sans rendre au sol des engrais dans une proportion convenable, ou quand la magnésie mêlée à la chaux a porté dans le sol son influence malfaisante; mais, lorsque la chaux a été employée avec mesure, que sans surcharger le terrain de récoltes épuisantes on les a alternées avec les fourrages, qu'on a donné au sol des engrais en proportion des produits obtenus, le cultivateur prudent voit alors continuer la fécondité nouvelle que la chaux lui a apportée, sans que son sol donne aucun signe d'épuisement.

Nulle part on ne parle de sols argileux qui aient eu à se plaindre de la chaux, et la fécondité s'est soutenue dans les sols légers toutes les fois que la chaux y a été employée en composts et avec modération.

En Amérique, là où la chaux d'écailles d'huîtres a pris la place de la chaux magnésienne, les plaintes sur les effets épuisans de la chaux ont cessé.

ART. II.— *Du marnage ou de l'emploi de la marne comme amendement.*

§ Iᵉʳ. — **Composition, recherche et choix de la marne.**

Nature et composition de la marne. — La marne est un composé de carbonate de chaux et d'argile plus ou moins sablonneuse ; on la trouve en général sur les bords des plateaux en grand nombre que présentent les terrains d'alluvion, et sous la couche qui les forme, à plus ou moins de profondeur. Ainsi, la Sologne, sur tous les bords et dans la plupart des bassins qui la sillonnent; la Bresse, sous ses terrains blancs; les environs de Toulouse, sous ses boulbennes; la Puisaye, sous ses blanches terres; la Normandie, sous ses terres froides, trouvent la marne comme placée par une main bienfaisante pour donner à ces sols l'activité et les moyens de production que la nature ne leur avait pas départis.

La marne se présente sous différens aspects et sous diverses variétés qui offrent une composition très-variable. Elle durcit à mesure que la quantité de carbonate de chaux augmente jusqu'à 70 pour 100 où elle commence à devenir pierreuse; passé 80 p. 100 elle cesse d'être utilement employée dans le sol. On rencontre des marnes en poudre qui contiennent une très-grande proportion de carbonate de chaux.

Les différentes compositions et les changemens d'aspect ont fait diviser la marne

en *argileuse, sablonneuse* et *pierreuse,* dénominations un peu vagues, il est vrai, mais qui cependant sont utiles dans la pratique.

Recherche de la Marne. — L'importance de la marne en agriculture doit la faire rechercher partout où elle peut être de quelque utilité. Les tussilages, l'ononis, les sauges, le trèfle jaune, les ronces, les chardons, le mélampyre, sont ordinairement un indice des sols dans lesquels la marne se trouve à peu de profondeur: les creusemens de fossés, de puits la mettent souvent au jour; plus souvent encore on la trouve en arrachemens sur les pentes ; les couches sablonneuses l'annoncent aussi : presque toujours elles la recouvrent ou la supportent.

Si aucun de ces signes ne l'indique, on peut la *rechercher par des sondages* dans les parties inférieures du sol ; mais les grands sondages engageant dans de fortes dépenses, l'extraction de la marne ne se ferait qu'à grands frais, et le plus souvent on rencontre des cours d'eau souterrains qui s'opposent à toute exploitation économique. Toutefois, lorsque l'eau ne nuit pas, l'extraction à de grandes profondeurs est encore beaucoup moins dispendieuse que son transport de lieux éloignés. Les extractions de marne à de grandes profondeurs ne sont pas nouvelles en France. Pline parle de marne qu'on tirait dans les Gaules à plus de cent pieds de profondeur; en Normandie, on en extrait encore de cette manière : dans ce cas un manège à bœuf ou à cheval peut beaucoup diminuer la main-d'œuvre.

Dans les sols où l'eau arrive à peu de profondeur, les grands sondages sont inutiles, une petite sonde (*fig.* 47) suffit : elle consiste en une barre de fer de 10 à 12 pieds de longueur qui se termine par une pointe aciérée surmontée d'une cuiller; on la manœuvre avec un manche de tarière que traverse la barre, qui s'élève ou s'abaisse à volonté et se fixe par une vis de pression.

Fig. 47.

La marne est plus près de la surface dans les endroits où la terre paraît plus sèche, où le sol argilo-siliceux est rougeâtre plutôt que gris. Lorsqu'on l'a trouvée, si elle n'est pas profonde, il est préférable de la tirer à ciel ouvert; dans ce cas quelques veines d'eau ne doivent pas empêcher l'extraction: on met à fond dans un jour tout ce qu'on a commencé; l'eau pendant la nuit remplit le creux de la veille, et le lendemain on s'en débarrasse, ou l'on fait une extraction à côté en laissant un contrefort du côté de l'eau.

Lorsqu'on a trouvé la marne, ou ce qu'on croit en être, car rien ne simule mieux la marne terreuse que certaines argiles, on s'assure de sa nature en la touchant avec de l'acide nitrique, muriatique ou même de fort vinaigre; un mouvement d'effervescence annonce de la marne, mais on n'a que de l'argile si l'acide s'étend sans boursoufflement. D'autre part, si on jette dans l'eau un morceau de marne sèche, il y a sur-le-champ une légère ébullition, ses molécules s'écartent l'une de l'autre comme repoussées à distance, et elles tombent en bouillie au fond du vase; c'est là encore un des caractères spécifiques qu'elle communique au sol à un haut degré. Tous ces caractères ne se rencontrent pas au même degré dans la marne pierreuse ou dans la marne argileuse : la marne pierreuse a souvent besoin sur le sol du secours des gelées pour se déliter.

Sols auxquels la marne convient.—La marne agit par le carbonate de chaux qu'elle porte au sol, car l'argile seule ne produit sur le sol qu'un effet mécanique; la plus petite quantité du principe calcaire se fait sentir au sol qui n'en contient pas, mais dans les sols calcaires son emploi est le plus souvent nuisible. L'emploi sur le sol de quelques tombereaux de marne, avant la semaille d'hiver ou de printemps, décide mieux la question que tout autre essai.

§ II.—Procédés de marnages dans divers pays.

Il y a encore plus de variations dans les marnages que dans les chaulages. Le plus souvent, dans un pays, les marnages sont dus au hasard : des terres de fouille, de fossés, de puits, ont été épanchées sur le sol, y ont produit une fécondité inattendue; si le cultivateur est actif et entreprenant, il étend l'opération à ses autres fonds, et s'il inspire de la confiance à ses voisins, les marnages se propagent; mais alors les procédés se règlent au hasard, et les doses sont presque toujours trop fortes, parce qu'on ne croit pas pouvoir trop donner au sol de cette substance fécondante.

Nous ne trouvons pas entre les *marnages anglais* et français les mêmes disparates que pour la chaux. Ce que nous devons surtout imiter des Anglais, c'est l'association du fumier à la marne; souvent ils les réunissent en compost; leurs doses de marne sont plus ou moins fortes, suivant qu'il s'agit de 1ᵉʳ ou de 2ᵉ marnages; les 1ᵉʳˢ sont de 4 à 5 lignes (9 à 12 mm.) d'épaisseur sur la surface, et les seconds du tiers au plus, et se succèdent tous les 15 ou 20 ans. Les doses varient ensuite suivant le plus ou moins de consistance des sols, la richesse ou la pauvreté de la marne. Dans quelques cantons on marne les pâturages et les prés non arrosés; on emploie la marne pour accroître les fourrages et la chaux pour les grains. Le marnage a fait changer de face à plusieurs comtés; le Norfolk, jadis couvert de bruyères et de landes, est devenu, par suite des marnages, la province modèle en agriculture. La marne pierreuse, sous le nom de *graviers calcaires,* féconde de grandes étendues. En Irlande, on en a mis sur le sol une quantité telle qu'on a tout-à-fait

changé sa nature et qu'on ne sera plus dans le cas d'y revenir.

Les marnages en Flandre sont aussi anciens que les chaulages; ils y sont devenus une opération régulière d'agriculture, et consistent en 22 voitures à deux chevaux par hectare, dose équivaut à peu près à 500 pieds (17 m.,13) cubes par hectare, couvre à peine le sol de 2/3 de ligne (1 mm. 5), et forme un centième de la couche labourable. Les arrondissemens de Bergues et de Hazebrouck l'emploient sur les deux tiers de leur surface, et les autres arrondissemens en usent en moins grande quantité parce qu'ils emploient plus de chaux. On tire la marne pierreuse des environs de Sᵗ.-Omer; elle coûte de 4 à 6 fr. la voiture, parce qu'on va souvent la prendre à plus d'une lieue. On renouvelle les marnages tous les 20 à 30 ans : ce marnage coûte trois fois autant que le chaulage sur des fonds tout-à-fait analogues, c'est-à-dire de 4 à 6 fr. par hectare et par an en moyenne, tandis que le chaulage ne revient que de 1 fr. 50 c. à 2 fr.

Les marnages sur le plateau argilo-silicieux de la Puisaye (Yonne) sont faits avec une marne pierreuse et très-abondamment; ils s'élèvent à 3,000 pieds (103 m.) cubes par hectare, forment une couche sur le sol de 4 lignes (9 mm.) d'épaisseur d'une marne qui contient 80 p. 100 de carbonate de chaux : cette abondance s'explique, parce que la marne se délite assez difficilement, et qu'un hiver et souvent même plusieurs années ne suffisent pas pour cela. Le marnage avait lieu sur quelques points de temps immémorial, aussi les doses n'y sont que du tiers ou du quart de cette quantité; ils n'ont commencé à s'étendre que depuis 40 ou 50 ans : maintenant la surface est marnée presque tout entière, et le sol a triplé de valeur partout où il a reçu cette amélioration.

Les marnages des environs de Montreuil en Picardie couvrent le sol d'une ligne (2 mm.) d'épaisseur à peu près d'une marne précieuse qu'on extrait sous le sol même par des puits; ce marnage, qu'on renouvelle tous les 20 ans, coûte 20 fr. par hectare.

Les marnages de la Normandie, ceux de la *Haute-Garonne,* ne nous apprendraient rien d'important; ceux de *l'Isère* peuvent au contraire nous donner d'utiles leçons. Ils se font sur un sol de graviers silicieux avec une marne graveleuse qui appartient au sous-sol : ce sol fait partie de la grande alluvion de graviers silicieux rougeâtres qui couvre les 3/4 du fond du bassin du Rhône, et qui se compose de débris roulés des Alpes primitives, liés entre eux par une terre rougeâtre. Ces marnages dus au hasard si faits avec une marne à portée, sont très-abondans; ils couvrent le sol d'une couche de 4 à 5 lignes (10 mm.) d'une marne sablonneuse qui contient depuis 30 jusqu'à 60 p. 100 de carbonate de chaux. Cette quantité de marne jetée sur un sol aride double au moins ses produits : l'agriculteur avait presque sans fumier une récolte de seigle tous les deux ans qui triplait rarement la semence; maintenant il recueille, pendant 10 ou 12 ans après les marnages, 8 pour un en froment · cependant la récolte a baissé successivement, et elle est maintenant, après 40 ans de marnage, réduite à quatre pour un; ceux qui n'ont pas vu les récoltes avant le marnage se plaignent de l'épuisement de leur sol, mais le produit brut est encore triple de ce qu'il était auparavant. Au reste, on trouve ici réunies toutes les circonstances qui devaient conduire à l'épuisement : fortes doses de marne très-riche et sablonneuse sur un sol aride, graveleux et peu consistant; une culture sans fourrages; une suite presque exclusive de récoltes épuisantes. Aussi il en est résulté que sur les parties les plus sèches et les plus arides de ce sol qui ne peut presque nourrir aucun arbre et à peine des taillis, le terrain est encore devenu plus sec, et qu'avec des récoltes de grains d'hiver d'une valeur double des anciennes, il est vrai, les récoltes de printemps et les trèfles surtout craignent encore davantage la sécheresse. L'opération du marnage, qui pourrait se répandre avec de si grands avantages sur une étendue décuple au moins du même sol depuis Genève jusqu'à la mer, sur le Bugey, la Valbonne, les plaines de Valence, les garrigues du Comtat, la plaine de la Crau, commence à peine à se répandre hors de quelques cantons de l'Isère : les essais suivis de succès dans l'Ain et la Drôme ont pris peu d'extension.

Les *marnes du grand plateau argilo-siliceux* qui couvrent une partie de l'Ain, de Saône-et-Loire et du Jura, sont argileuses et contiennent de 30 à 40 p. 0/0 de carbonate de chaux; leur efficacité a été révélée par un cultivateur de l'Ain. Il y a 40 ans, l'habitude ancienne d'amender le sol avec de grandes masses de terres charriées sur la surface a provoqué des marnages très-abondans; ils ont commencé par être d'une couche de 15 à 18 lignes (3 à 4 c.m.) sur toute l'étendue, comme les terremens ordinaires. Cette dose a été réduite d'abord d'un tiers, puis de moitié, quantité encore énorme, puisque dans le pays, où les labours ne sont que de trois pouces au plus, le marnage forme un quart ou le tiers même de la couche labourable.

Les *cultivateurs voisins de Saône-et-Loire* ont imité ces marnages mais sans en prendre l'abus; ils ne donnent à un sol analogue qu'un quart de cette quantité d'une marne qui n'a souvent que 30 p. 0/0 de carbonate de chaux, et les marnages sont moins durables sans doute, mais sont aussi productifs que dans l'Ain.

Les fortes doses de marne ont nui en quelques lieux; dans le sol très-argileux, la ténacité du terrain a été accrue, et on a eu plus de peine à le travailler; le blé noir et les pommes-de-terre y ont moins bien réussi; et dans les sols légers et les sables, sans améliorer beaucoup la consistance, on a rendu le sol trop chaud et multiplié les coquelicots et les rhynanthus.

Nous trouvons *en Sologne* une leçon frappante de l'amélioration des terrains légers et sablonneux par la marne : la dose de marne argileuse, analogue dans sa composition et toutes ses apparences à celle de l'Ain, est de 240 à 300 pieds cubes par hectare, et cette dose, de 2/5es de ligne sur la surface, suffit pour féconder le sol pendant 10 ans.

§ III.—De la dose de marne à donner au sol.

Au milieu de tant de procédés on peut toutefois arriver, pour les sols de consistance moyenne, à une dose rationnelle de marne qui se modifie ensuite suivant la nature du sol : c'est un grand service à rendre à la pratique qui manque sur ce point de direction précise.

Le but du marnage est d'amener le sol à avoir les qualités et les avantages des sols calcaires. Or, l'analyse des meilleurs sols calcaires, des meilleurs sols de Flandre entre autres; la pratique des pays où le marnage est le plus ancien et le mieux raisonné; les doses que conseille Thaer; le résumé des marnages nombreux que donne Arthur Young, nous a mis dans le cas de conclure, dans l'*Essai sur la marne* (1), que la proportion de 3 p. 0/0 en moyenne de carbonate de chaux dans la couche labourable doit suffire : mais la marne plus ou moins riche, et les labours plus ou moins profonds donnent une couche labourable plus ou moins épaisse; avec la proportion fixe de carbonate de chaux que nous avons admise, les doses de marne doivent donc varier suivant la richesse de la marne et les profondeurs du labour.

Pour faciliter l'application de cette donnée d'expérience et de raisonnement, nous donnons un *tableau qui renferme tous les élémens du marnage,* et dont il sera facile de faire usage; il est fait pour toutes les compositions de marne depuis 10 p. 0/0 *de carbonate de chaux* jusqu'à 90, et pour toutes les couches labourables depuis trois pouces jusqu'à 8; en prenant les moyennes intermédiaires on aura pour toutes les profondeurs de labours et pour toutes les qualités de marne, le nombre de pieds cubes à charrier sur un hectare : les pieds cubes s'évalueront d'après la capacité des tombereaux, parce que la marne, en se délitant sur le sol, prend autant de volume qu'elle en occupe dans le tombereau au moment de l'extraction.

Nombre de pieds cubes de marne nécessaire à une couche labourée d'une épaisseur de						Lorsque 100 part. de marne contiennent en carbonate de chaux :
3 po.	4 po.	5 pouc.	6 pouc.	7 pouc.	8 pouc.	
Pieds cubes.	Pieds cubes.	Pieds cubes.	Pieds cubes.	Pieds cubes.	Pieds cubes.	Parties.
7,106	9,474	11,842	14,212	16,580	18,948	10
3,553	4,737	5,921	7,101	8,290	9,424	20
2,368	3,158	3,947	4,737	5,527	6,316	30
1,776	2,368	2,860	3,552	4,144	4,736	40
1,420	1,880	2,350	2,820	3,290	3,720	50
1,178	1,570	1,962	2,354	2,748	3,140	60
1,020	1,360	1,700	2,040	2,380	2,720	70
888	1,184	1,480	1,776	2,072	2,368	80
775	1,032	1,292	1,550	1,809	2,027	90

Mais cette dose moyenne doit encore varier dans beaucoup de cas : si la marne est argileuse dans un sol très-argileux, la dose doit être diminuée. Il en est de même surtout à mesure que le sol devient plus léger,

(1) 1 vol. in-8°. Paris, chez Mme Huzard.

et nous pensons que la dose doit alors s'abaisser presqu'à celle de la Sologne (250 pieds cubes par hectare), dose que nous regardons comme rationnelle, et comme le résultat de l'experience autant que de l'économie dans les sols très-légers. La proportion doit au contraire s'élever avec l'humidité du sol; dans un sol très-humide, une petite dose pourrait ne pas suffire; mais il faut néanmoins se garder de rendre son sol trop argileux.

§ IV. —Soins à prendre dans le marnage.

La 1re condition du succès de la marne dans un sol, c'est *qu'il s'égoutte et se débarrasse des eaux* de la surface; la marne peut sans doute y aider beaucoup, mais elle ne suffit pas pour assainir le sol marécageux; elle ne peut, comme la chaux, exercer son action sur le sol que quand, par la nature de sa position ou par suite du travail qu'on lui donne, il peut se débarrasser des eaux surabondantes.

Les *charrois des marnages* doivent être faits par un beau temps afin que les terres ne soient pas broyées et pétries sous les pas des animaux, des hommes et des voitures; il faut un temps sec ou de la gelée; cependant, si on a de bons chemins, on peut profiter par tous les temps des loisirs des attelages; on dispose la marne sur un coin de la pièce à marner pour la répandre ensuite en temps convenable avec des tombereaux ou des brouettes: l'exposition de la marne à l'air, avant de la répandre, est toujours utile, sans être indispensable.

Dans un sol humide il est à propos de faire précéder le marnage par un labour profond, parce que la terre offre alors à l'eau une couche plus épaisse à pénétrer, qu'elle craindra alors moins l'humidité, et que la couche améliorée et ameublie par la marne sera plus épaisse.

La *marne doit être disposée sur le sol* en lignes parallèles, en petits tas égaux, placés à 20 pieds de distance au plus entre les tas et entre les lignes. (Voy. *fig.* 45.) On profite des premiers loisirs de beau temps pour l'épancher aussi régulièrement que possible; après quelques jours et des alternatives de soleil et de pluie, on repasse sur le sol pour égaliser la marne et pour qu'elle se couvre le mieux possible de ses débris en poussière : la bonté et la promptitude des résultats dépendent en grande partie de ce soin : on laisse ensuite essorer la couche de marne sur le sol aussi long-temps que possible; il s'établit un travail réciproque à l'aide de l'air et des variations atmosphériques de la surface du sol sur la marne, qui prépare ses effets, les hâte et leur donne plus d'énergie.

La *marne ne doit être enterrée* que pendant un beau temps, lorsqu'elle est bien délitée et presque sèche; en l'enterrant mouillée on lui fait reprendre son adhérence, et alors elle ne peut se distribuer dans le sol : il faut aussi que le labour soit peu profond, parce qu'elle se conserve plus aisément alors, pour les cultures qui suivent, dans l'épaisseur de la couche végétale.

Lorsque le marnage a été trop fort, on peut, par un labour profond, ramener à la surface de la terre non marnée qui diminue la masse proportionnelle de marne; cette opération, en augmentant l'épaisseur de la couche ameublie, diminue pour le sol les inconvéniens des grandes pluies.

La *marne s'emploie avec avantage* sur les récoltes d'hiver comme sur celles de printemps: elle s'emploie très-utilement en composts, soit avec du fumier, soit avec du terreau ou des gazons; toutefois ils sont un peu plus embarrassans à faire, à charrier et à mêler avec la marne argileuse qu'avec la marne pierreuse. Les Anglais emploient beaucoup de marne sous cette forme, surtout lorsqu'ils sont éloignés de la marnière, parce que, pour la marne comme pour la chaux, les composts sont le moyen de multiplier les effets avec une petite dose.

Les effets de la marne ne sont pas toujours très-sensibles sur les premières récoltes, et cela arrive lorsqu'elle a été épanchée avec peu de soin, lorsqu'elle n'a pas été bien mêlée au sol par les labours, qu'elle a été enterrée par la pluie ou par un labour trop profond, ou qu'enfin elle a éprouvé une suite non interrompue de pluies ou de sécheresse; il faut une alternative de chaleur ou d'humidité pour que les combinaisons à l'aide desquelles la marne agit sur les végétaux se forment dans le sol.

Les effets de la marne sur le sol ressemblent beaucoup à ceux de la chaux. Le sol ameubli peut se travailler en tout temps, se délite à la première pluie, devient plus accessible, ainsi que les plantes qu'il porte, à toutes les influences atmosphériques; les racines le traversent plus facilement; dans ce sol rendu perméable, les sucs qui forment la sève peuvent circuler et par conséquent être plus facilement aspirés par les racines: on conçoit que toutes ces qualités rendent meilleurs le sol et ses produits.

§ V. — Des seconds marnages.

Les seconds marnages ne conviennent plus et doivent être long-temps différés là où le premier a été très-abondant. S'ils n'ont point réussi dans l'Ain, dans l'Isère, dans l'Yonne, c'est qu'on a employé dans les premiers marnages des doses qui ont fourni au sol 4, 5, 6, 8, 10 p. o/o de carbonate de chaux, proportion beaucoup au-dessus du besoin et souvent même de la convenance, et que le sol en a pour un temps indéfini; mais, là où les marnages sont devenus une opération régulière d'agriculture, nous pouvons prendre des points de départ qui nous éclaireront. En analysant la plus grande partie des procédés réguliers de marnages cités par Arthur Young, on trouve que l'hectare de terre reçoit par an de 10 à 20 hectolitres de carbonate de chaux. Dans les marnages plus réguliers encore du départ. du Nord, le sol reçoit tous les 20 ans 166 hectolitres de marne pierreuse qui contient 3/4 au moins de carbonate de chaux; c'est donc 8 hectolitres par an que demande le sol pour continuer ses produits avec la même énergie.

Une quantité qui suffirait aux sols argileux devient trop forte pour les sols légers; nous avons vu qu'on donne en Sologne, tous les dix ans, de 240 à 300 pieds cubes par hectare

d'une marne qui contient 40 p. o/o de carbonate de chaux, c'est 4 hectolitres par an du
principe calcaire; nos seconds marnages seraient donc donnés de manière à fournir au
sol par an depuis 4 jusqu'à 8 hectolitres de
carbonate de chaux suivant la consistance du
sol.

§ VI. — Épuisement du sol par la marne.

Lorsque dans un sol léger ou très-sec on
a mis une forte dose de marne, qu'on ne lui
rend pas des engrais animaux en proportion
des produits qu'on en tire, que les récoltes
épuisantes s'y succèdent, on voit petit-à-
petit les récoltes diminuer, le sol prendre
les caractères de sol calcaire peu fécond; il
produit encore plus qu'avant le marnage,
mais on le dit épuisé, et une nouvelle dose
de marne ne le rappelle pas à sa fécondité
première: nous avons vu ce cas arriver dans
l'Isère, où se trouvent réunies toutes les circonstances défavorables. Dans le sol argileux,
ce résultat se montrerait plus difficilement
et après un plus long terme. La marne ne
dispense donc pas de fumier, mais elle est
loin d'épuiser le sol; nous pensons, au contraire, que pour en soutenir les grands produits, une dose de fumier beaucoup moindre est nécessaire. La marne double donc
l'action du fumier, et on a, dans les fonds
marnés, ce grand avantage d'un bon sol, de
pouvoir obtenir de grands produits avec une
quantité modérée d'engrais.

Toutefois, nous devons dire que le premier
marnage comme le premier chaulage produisent en quelque sorte un premier élan de
fécondité dont le plus souvent on ne soutient
pas toute la puissance. Pour que cela fût, il
faudrait que l'année même du marnage, le
fumier fût donné comme à l'ordinaire, ou
que la marne fût livrée au sol en compost
sans retrancher le fumier, comme dans beaucoup de seconds marnages en Angleterre.
Mais cela a rarement lieu : partout on veut
profiter de la faculté nouvelle donnée au sol
de produire sans fumier, et on place son engrais dans les fonds qui n'ont pas encore reçu
d'amendemens; toutefois la Belgique, le
département du Nord, la Normandie, la
Sarthe, et une grande partie de l'Angleterre
ont soutenu avec des soins la fécondité première donnée par la marne, et cela est dû, à
la fois, à la quantité d'engrais et à la bonne
culture qu'ils ont donnée à leur sol marné.

§ VII. — Culture du sol après les marnages.

Après tout ce que nous avons dit, on comprend que la culture du sol après les marnages doit être conduite avec discernement
et mesure; il ne faut profiter de la fécondité
nouvelle du sol qu'en ménageant les forces
artificielles qu'on lui a données; il faut donc
lui rendre des engrais en raison de ses produits, multiplier par conséquent les fourra-
ges-feuillus et les fourrages-racines, profiter enfin de la fécondité de son sol autant
en faveur des animaux producteurs du fumier qu'au profit du grenier: alors la marne
est un immense moyen de fécondité présent
et avenir. Nous ne conseillerons point cependant de changemens brusques dans l'as-

solément : dans tous les systèmes agricoles on peut faire produire au sol des
récoltes productives de fumier.

§ VIII.—Assainissement produit par la marne.

Une foule de faits et de raisonnemens ont
établi que la chaux et ses composés portent
dans le sol un principe d'assainissement en
même temps que de fécondité. Les agens
calcaires ôtent au sol l'humidité stagnante
qui nuit à la végétation; le sol devient poreux,
perméable, les eaux peuvent mieux circuler
dans l'intérieur, n'y stagnent plus et par
conséquent ne s'y arrêtent pas.

Toutes les eaux qui séjournent ou qui coulent sur la marne ou sur la pierre calcaire
restent claires et limpides, portent partout
la fécondité et assainissent le sol et les produits du sol. Dans le sol marné, tous les végétaux des sols assainis croissent et prospèrent, le sol lui-même est donc assaini aussi
bien dans ses émanations, que dans ses eaux,
que dans ses produits : la marne, en donnant
au sol toutes les qualités des sols calcaires,
leur donne donc aussi la salubrité qui les
distingue partout, et la marne doit agir dans
ce cas plus énergiquement encore que la
chaux, parce qu'on la donne plus abondamment au sol, et qu'elle y développe à un plus
haut point les qualités des sols calcaires; *la
marne* est donc comme la chaux, comme tous
les agens calcaires, un principe de salubrité
aussi bien que de fécondité.

Art. III.— *Emploi des plâtras ou débris de démolition comme amendemens.*

Les débris de démolition ont une *grande
influence sur la végétation;* leur effet sur le
sol semble quelquefois plus avantageux que
celui de la chaux. Ils contiennent, en outre
du carbonate de chaux et d'un peu de chaux
encore caustique, des sels déliquescens à
base de chaux, des nitrates et des muriates
de chaux, de potasse et de soude, qui ajoutent
à l'effet du principe calcaire sur les végétaux. Leur effet fécondant s'exerce exclusivement sur les sols non calcaires; ailleurs
ils sont plutôt nuisibles qu'utiles et rendent
les sols plus sensibles à la sécheresse.

Les débris de démolition ont un *effet très-
durable;* ils sont très-avantageux sur les prés
ou pâturages humides non calcaires, mais
qui ne sont cependant ni marécageux ni
inondés; ils améliorent la récolte en quantité et en qualité. On les emploie avantage, avant et après l'hiver, sur les récoltes
d'hiver comme sur celles de printemps, ils
font produire plus de grains à proportion
que de paille, et le grain est d'excellente qualité: on les emploie le plus souvent sans l'intermédiaire des composts parce qu'ils ont
déjà formé dans les murs une partie des
composés qui se forment dans les composts ;
cependant, employés sous cette forme, leur
effet s'accroîtrait encore en imprégnant de
leurs forces fécondantes une masse de terre
7 à 8 fois plus considérable que la leur.

Les plâtras, comme les autres amendemens
calcaires, demandent à *être répandus sur la
terre* non mouillée, et veulent être enterrés
peu profondément par un beau temps; au-

trement leur effet est beaucoup moindre.

Il paraît qu'*en Italie* ils sont très-estimés comme amendement : on les emploie préférablement dans les sols argileux. Aux environs de Rimini, nous dit Philippe RÉ, on les emploie pour les oliviers : une charretée suffit pour 15 à 20 arbres ; en Toscane, on les emploie pour le même objet, mais en compost ; dans le Milanais, on les donne aux vignes et aux mûriers ; dans le pays Bressan et les environs de Reggio, on en saupoudre d'une couche légère les prairies naturelles.

Dans le *département de l'Aïn*, on les employait sur le sol argilo-siliceux avant que la marne et la chaux fussent introduites ; mais, depuis cette époque, on les a beaucoup plus recherchés, depuis surtout que l'emploi de la chaux se popularise ; le tombereau de 12 pieds cubes qu'on avait pour 50 c. se vend 1 fr. pris à Bourg.; l'amendement devient beaucoup plus cher que celui de chaux lorsqu'on doit le conduire à grande distance.

La dose moyenne est de 600 pieds cubes (200 hectolitres) par hectare, qui équivaudraient à 40 hectolitres de chaux ; la dose, sans doute, pourrait être moindre, surtout dans les sols légers ; mais on veut absolument voir le sol couvert, et puis la durée est plus longue ; au bout de 20 ans, le sol est encore très-sensiblement amélioré.—Les plâtras paraissent bien aux 3/4 perdus pour l'agriculture française, car on en néglige généralement l'emploi ; cependant presque partout ils pourraient être utilisés, parce qu'on rencontre presque partout des sols non calcaires.

ART. IV.— *Du falunage ou emploi des coquilles comme amendemens.*

On donne le nom de *faluns* à des bancs de coquilles fossiles qu'on trouve, soit sur les bords de la mer, soit dans l'intérieur des terres ; dans certains lieux, le falun est employé sous le nom de *marne coquillière*, mais c'est seulement le *falun de Touraine* dont l'emploi en agriculture est bien connu. La falunière y forme un banc de 3 lieues de longueur et d'une épaisseur et largeur variables ; on extrait le falun de plusieurs pieds de profondeur, et, comme les eaux y abondent, on ne l'obtient qu'à force de bras dont les uns puisent les eaux et les autres sortent le falun (*fig.* 48).

On le *met sur le sol* à la quantité de 30 à 60 charretées par hectare suivant la nature du terrain ; son action paraît au moins aussi efficace que celle de la marne, et sa durée se prolonge long-temps.

On l'emploie *en Angleterre* à moindre dose qu'en France, à moitié de la plus faible dose de la Touraine ; les qualités particulières et les forces fécondantes peuvent être différentes, car les bancs sont composés de familles de coquilles très-diverses ; en sorte que chacun peut avoir raison dans sa pratique. La durée d'un falunage en Angleterre se prolonge plus que celle de la marne ; on en renouvelle l'énergie avec un compost de fumier et coquilles ; le sol en est grandement amélioré, plus, à ce qu'il semble, que par la chaux ou la marne ; ces coquillages peuvent en effet contenir quelques parties animales qui ajouteraient à l'effet du carbonate de chaux qui en forme la base principale.

On trouve *en France des bancs de coquillages* dans beaucoup de lieux. C'est une de nos richesses minérales dont nous sommes bien loin de tirer tout le parti convenable ; car, en employant le falun à la dose de 100 hectolitres par hectare comme en Angleterre, on pourrait le transporter à distance, soit par eau, soit par des voitures, et en faire ainsi une branche de commerce de quelque intérêt. **M. A. PUVIS.**

SECTION III. — *Des amendemens stimulans.*

La théorie de l'action des substances qui paraissent jouer dans le sol le double rôle d'amendement et de stimulant, et l'explication de leurs effets, étant intimement liées aux mêmes notions relatives aux engrais, elles seront exposées au commencement du chapitre suivant, afin d'éviter des répétitions inutiles et d'en rendre l'intelligence plus parfaite. Ici nous devons nous borner à l'examen de l'emploi pratique de ces substances qu'on peut réunir sous les dénominations principales de plâtre, de cendres, et de substances salines. **C. B. DE M.**

ART. Iᵉʳ. — *Du plâtre, sulfate de chaux, ou gypse.*

Le sulfate de chaux est un composé calcaire qui se distingue de tous les autres par ses effets sur le sol : ses espèces, sa composition et sa théorie seront exposées dans le chapitre des engrais.

L'usage du plâtre n'est pas ancien en agriculture ; il n'a commencé à se répandre que depuis les expériences du pasteur MEYER, qui les publia en 1765 et années suivantes. Son emploi se répandit, à dater de cette époque, en Allemagne, pénétra en Suisse et en France.

Le plâtre paraît convenir particulièrement sur les légumineuses, son effet est contesté sur les graminées ; cependant en Amérique, on s'en loue sur le maïs ; entre les mains de quelques-uns, il a donné beaucoup d'activité à la végétation du chanvre. Ce sont là des faits particuliers que nous ne nions pas, mais il est à peu près certain qu'ils ne se reproduiraient pas partout : on l'emploie donc spécialement sur le trèfle, la luzerne et l'esparcette. Il paraît que les légumineuses contiennent beaucoup de sulfate de chaux, et que ce serait au besoin qu'elles en ont dans leur composition intime que pourrait être dû en grande partie l'effet qu'il produit sur leur végétation. Cette explication paraît d'autant plus vraisemblable que l'expérience a constaté que le plâtre reste à peu près sans effet sur les sols qui le contiennent en certaine proportion : ainsi, les plaines du Comtat-Venaissin et des comtés entiers en Angleterre n'éprouvent aucun effet du plâtre, et leur sol, analysé par M. GASPARIN en France et par Humphry DAVY en Angleterre, a donné une certaine proportion de sulfate de chaux.

Le plâtre s'emploie avec succès sur les fèves, les haricots et les pois, mais on l'accuse alors de rendre les graines produites d'une difficile cuisson. Nous venons de voir que ces graines contenaient déjà du plâtre; il semble que la dose, en s'augmentant, tend à rendre la cuisson plus difficile : nous savons d'ailleurs que les eaux séléniteuses empêchent la cuisson des légumes; un effet analogue se reproduit par le plâtre contenu en trop grande abondance dans leur substance elle-même.

Lorsque le sol et la saison sont favorables, *le plâtre double souvent le produit* des fourrages; les plantes prennent alors un vert intense, une vigueur extraordinaire qui les font contraster avec celles des portions non plâtrées. Lorsque FRANKLIN voulut faire connaître et répandre l'usage du plâtre en Amérique, pour convaincre ses compatriotes, il écrivit sur un champ de trèfle (*fig.* 49),

Fig. 49.

aux portes de Washington, avec de la poussière de plâtre, cette phrase : *Ceci a été plâtré;* l'effet du plâtre fit saillir en relief ces mots en tiges vigoureuses et plus vertes; tout le monde fut convaincu, et le plâtre fut popularisé en Amérique. Les Américains ont été long-temps à tirer leur plâtre de Paris, mais ils en exploitent maintenant chez eux.

On recommande de *semer le plâtre au printemps* sur la végétation déjà commencée, lorsque les fourrages ont 5 à 6 pouces de hauteur : cependant *semé au mois d'août,* après la moisson, sur les trèfles de l'année,

il en fait produire une bonne coupe au mois d'octobre, et les récoltes de l'année suivante en éprouvent encore tout l'effet.

On *le répand à la main,* le soir ou le matin, à la rosée, par un temps calme et couvert, avant ou après une petite pluie; de grandes pluies nuisent beaucoup à son effet; aussi, pour éviter les grandes pluies de printemps, dans les environs de Marseille, on préfère ne l'employer qu'après la première coupe.

Les expériences de M. SOQUET semblaient avoir constaté que le plâtre répandu sur le sol, sans contact avec les plantes, ne produisait aucun effet; cependant la pratique de pays entiers établit qu'il réussit très-bien sur le trèfle et la luzerne à peine sortis du sol, et les expériences de MM. SAGERET et D'HARCOURT ont constaté que le plâtre semé en même temps que la graine produisait encore beaucoup d'effet.

Sa *dose ordinaire* est égale en volume à la semence, soit de 5 à 6 quintaux par hectare; à cette dose il ne fait sur le sol qu'une couche de moins de 1/100 de ligne ou un six-millième d'une couche labourable de 5 pouces d'épaisseur; à dose moitié moindre, son effet est encore très-sensible; il est donc de tous les amendemens celui dont l'effet se produit à plus petite dose.

Le plâtrage ne doit pas être répété trop souvent sur le même sol, surtout s'il est médiocre; le sol aime à changer d'engrais comme de récolte, et le plâtre serait comme beaucoup de bonnes choses qui demandent à être employées avec mesure et modération, comme le trèfle lui-même qui, pour bien faire, ne doit reparaître sur le même sol que tous les six ans.

Le *plâtre, employé dans des composts* de terre ou de fumier, augmente beaucoup leur activité; les essais sur ce sujet n'ont pas été poussés assez loin pour se résumer en directions précises de pratique : cela est fort à regretter, parce que les expériences faites promettaient les plus heureux résultats.

Le plâtre, en donnant aux feuillages et aux branches des plantes un grand développement, *produit sur les racines un effet* aussi très-sensible; les expériences de M. SOQUET ont établi que les racines du trèfle plâtré pèsent un tiers de plus que celles du trèfle non plâtré. On conçoit dès-lors que des racines plus longues, plus fortes et plus rameuses, doivent puiser davantage dans le sol. Cependant le froment qui succède au trèfle plâtré est ordinairement plus beau que celui qui remplace le trèfle non plâtré; cet effet doit être attribué à la plus grande masse d'engrais végétal due au trèfle plus vigoureux qui a laissé plus de feuilles sur la surface et plus de racines dans le sol; mais cet engrais végétal ne dure qu'une année, car la récolte sarclée qui suit le froment doit recevoir plus d'engrais après le trèfle plâtré que celle où le trèfle ne l'a pas bien été.

Le plâtre est quelquefois *employé sur les prairies sèches,* et il augmente la quantité du produit; il y fait prédominer les légumineuses, et par conséquent améliore le fourrage; mais il faut alterner son emploi avec les engrais animaux, autrement la fécondité qu'il produit ne se soutient pas, et peu d'années après des plâtrages répétés, le produit du pré descendrait plus bas qu'auparavant.

On accroît, par le plâtrage, *la qualité distinctive des légumineuses :* les feuilles, qui sont leurs organes absorbans dans l'atmosphère, prennent plus de vigueur, sont doublées, triplées peut-être en surface, et par conséquent en puissance, tandis que les racines n'ont pris qu'un tiers d'accroissement, et par conséquent, pourrait-on dire, n'empruntent qu'un tiers de plus au sol. C'est ce vide néanmoins qu'il faut remplir dans les sols médiocres où il devient sensible.

Le plâtrage est donc une excellente méthode, mais dont il faut user avec réserve et circonspection ; par cette raison, dans des pays on a réduit les doses du plâtrage, dans d'autres on l'a divisé avec succès en deux saisons, moitié après la récolte de la céréale qui couvre le fourrage, et l'autre moitié au printemps suivant.

ART. II. — *Des diverses sortes de cendres.*

§ Ier. — Des cendres de bois.

Ces cendres, qu'on néglige encore dans beaucoup de lieux, se vendent fort cher dans un grand nombre de localités, après qu'elles ont été lessivées, sous le nom de *charrée.*

Les *effets des cendres sur la végétation et sur le sol* sont très-remarquables ; elles ameublissent les sols argileux, et donnent de la consistance aux sols légers ; elles détruisent les mauvaises herbes ; elles conviennent plutôt aux sols humides qu'aux secs, mais il est nécessaire qu'ils soient bien égouttés ; la dose doit s'accroître avec l'humidité du sol.

Elles demandent à être répandues sèches par un temps non pluvieux et sur un sol non mouillé ; elles favorisent la végétation de toutes les récoltes, des récoltes d'hiver et de printemps, des céréales et des légumineuses.

Elles *donnent une couleur vert-foncé* aux végétaux qu'elles font croître ; elles favorisent plus encore la production du grain que celle de la paille : le grain produit ressemble à celui des fonds chaulés ; il est peut-être encore plus fin et à écorce plus mince, et comme tel il a plus de prix sur les marchés. On emploie les cendres avec grand avantage sur les prés et les pâturages, et leurs effets sont surtout remarquables sur le blé noir, la navette et le chanvre. Leur effet, à petite dose, est peu durable ; au bout de deux ans il est peu sensible, et cependant, dans les terres qu'on a cendrées à plusieurs reprises, dix ans après qu'on a cessé, l'amélioration s'aperçoit encore.

L'emploi des cendres est très-répandu sur le grand plateau de terrain argilo-siliceux qui appartient aux bassins du Rhône et de la Saône, et qui se prolonge depuis les portes de Lyon jusque dans les départ. de l'Ain, de Saône-et-Loire, du Jura et de la Haute-Saône.

Lyon, après avoir fourni des cendres lessivées à l'agriculture de ses environs, qui les emploie en grande abondance, les envoie par les rivières à une grande partie de leurs rives et des pays voisins, qui les paient de 1 fr. 50 c. à 3 fr. l'hectolitre. La dose ordinaire est moins forte que dans les environs de Lyon ; elle est cependant de 20 à 30 hectolitres par

hectare. On les sème sur le sol avant le labour de semaille ; la terre et les cendres doivent être sèches, et on les laisse s'essorer 24 heures sur le sol si le temps est bien disposé ; on jette ensuite la semence, et on recouvre le tout d'un léger trait de charrue. On les emploie très-souvent aussi pour la semaille de blé noir sur jachère, au mois de juin ; elles en assurent le produit, ainsi que celui du froment ou du seigle qui succède. L'effet des cendres est peu sensible au bout de deux ans ; on les alterne alors avec du fumier, parce qu'elles sont encore plus profitables au sol si on ne les emploie que tous les quatre ans. Dans les environs de Lyon on les jette avec beaucoup d'avantage sur les prés sains, à la quantité de 50 hectolitres par hectare ; aussi leur effet se prolonge très-longtemps : leurs doses sur le sol labourable sont aussi assez fortes, et semblent plutôt en rapport avec leur prix peu élevé, qui, sur les lieux, est de 1 fr. à 1 fr. 50 c. l'hectolitre, qu'avec les besoins du sol.

Dans *la Sarthe,* elles sont très-chères et très-estimées ; on les emploie concurremment avec la chaux, à laquelle on les préfère beaucoup pour les terres légères ; leur dose est de 12 hectolitres par hectare, et leur effet est grand sur le blé noir et le froment qui lui succède.

Dans *l'Indre,* on les emploie, surtout pour la navette, à la quantité de 20 hectolitres par hectare ; avec ce seul engrais, on recueille 20 à 30 hectolitres de navette.

On emploie les cendres plus souvent seules et sans fumier ; cependant, dans les pays où l'on en connaît mieux le prix et l'usage, on est resté convaincu que, comme pour l'emploi de la marne et de la chaux, l'union du fumier avec les cendres double réciproquement leur action, et que ce mélange accroît beaucoup la fécondité naturelle du sol. Dans une commune des environs de Louhans (Saône-et-Loire), on emploie les cendres plus volontiers pour le froment ; ils joignent moitié de la dose ordinaire de fumier à 8 à 10 hectolitres de cendres par hectare, et cette demi-dose de l'une et de l'autre substance produit plus que leur dose entière séparée. Dans la commune de Saint-Etienne, près de Bourg, on joint aussi l'emploi du fumier à celui des cendres ; le fumier leur offre l'avantage de tenir un terrain froid et compacte un peu soulevé et plus accessible aux agens atmosphériques.

Dans les sols humides, la dose doit s'augmenter en raison de l'humidité du sol ; mais si les eaux y stagnent, leur effet est nul jusqu'à ce qu'on parvienne à l'égoutter complètement ; on conçoit alors que dans les années pluvieuses l'effet est peu sensible sur les sols humides.

Les cendres, comme nous l'avons dit, *s'emploient dans toutes les saisons,* à l'exception de l'hiver : au printemps on les emploie de bonne heure sur les prés et pâturages, puis à la semaille des orges, des avoines, du maïs ; dans le cours de l'été elles fécondent les navettes et les blés noirs, et enfin, en automne, on les emploie pour la semaille des fromens et des seigles.

On *enterre les cendres* par un léger labour

dans le sol, ou on les jette sans les couvrir sur les récoltes en végétation. Jetées, au printemps, sur les orges et les fromens, elles les améliorent sensiblement ; cependant cet emploi est assez rare. Des expériences faites sur les mêmes récoltes, dans un même sol, de cendres enterrées à la semaille, ou répandues à la surface sur les plantes en végétation, m'ont donné un produit plus utile dans le sol qu'à la surface, et ont démontré la justesse de la pratique qui préfère les enterrer.

La pratique *préfère* aussi *les cendres lessivées* aux cendres vives : le raisonnement n'appuie pas ces faits ; mais, en agriculture plus encore qu'ailleurs, « *experientia rerum magistra ;* » je m'en suis moi-même assuré par des essais comparés. Nous n'en conclurons pas néanmoins que ce résultat doit toujours avoir lieu : sur le sol que les substances salines féconderaient, je pense que les cendres vives produiraient plus d'effet ; mais sur ceux auxquels suffit le phosphate de chaux, on conçoit que les cendres lessivées, qui ont perdu leurs parties solubles, en contiennent davantage, et doivent par conséquent produire plus d'effet sous un même volume.

Prix de revient et produit net des cendres. L'emploi des cendres lessivées fait produire au sol 2 semences de plus en froment et moitié en sus du produit ordinaire en menus grains ; c'est un surplus de produit par hectare de 4 hectolitres en froment, soit 70 à 80 fr. la première année, et en menus grains, la seconde année, d'une valeur moyenne de 50 à 60 fr., en tout 130 fr. en deux années ; mais les dépenses, frais de transport compris, de cet engrais, à la dose, pour les sols humides, de 30 hectolitres, au prix de 3 fr., sont de 90 fr. ; ce qui donne 40 fr. de bénéfice, non compris les pailles et les fumiers qu'on a portés à d'autres fonds, qui, pour les deux années, valent au moins le double de cette somme, soit en argent, soit en surplus de denrées produites par ce surplus d'engrais. Les cendres, en les comptant à un prix élevé, sont donc un prêt usuraire fait au sol, et qui double son capital en deux années.

La *production des cendres* est bien considérable ; car, sur 8 millions de feux qu'entretient la population française, 7 millions au moins sont alimentés exclusivement par le bois ; les ⅔ qui se perdent peut-être en très-grande partie, appelleraient la prospérité et la richesse sur de grandes étendues de sol médiocre, feraient croître de moitié en sus les produits sur plusieurs centaines de milliers d'hectares, et seraient un bienfait de plus qu'on devrait à nos six millions d'hectares de bois, qui se trouveraient ainsi féconder un 10ᵉ au moins de leur étendue en sol labourable.

§ II. — Des cendres de tourbes et de houille.

Ces cendres sont regardées en Flandre, dans le dép. du Nord et en Belgique, comme l'un des grands agens de la végétation. On distingue les cendres de tourbe de celles de houille.

I. *Cendres de Hollande.* — On donne particulièrement le nom de cendres de Hollande aux cendres de mer, ou aux cendres de tourbe du pays ; les 1ʳᵉˢ sont beaucoup plus estimées que les secondes ; il en faut 4 fois moins pour produire autant d'effet : elles sont le produit de la combustion de la tourbe de Hollande. Cette tourbe, qui a été formée ou qui, du moins, a séjourné long-temps sous les eaux de la mer, est un meilleur combustible, et surtout donne des cendres blanches de meilleure qualité ; ces cendres contiennent sans doute une plus grande proportion de principes salins et de principes calcaires.

On les emploie, ainsi que les cendres de tourbe et de houille, sur les fourrages artificiels, sur les récoltes de printemps, et sur les prairies non arrosées. Elles sont devenues indispensables à la culture dans l'arrondissement de Lille, où l'on emploie peu les amendemens calcaires ; dans les autres arrondissemens et particulièrement dans celui d'Avesnes, on les mêle très-souvent à la chaux depuis moitié jusqu'à un quart du volume total.

Les composts de cendres et de chaux sont particulièrement employés sur les prairies et les grains de mars, à la même dose que si c'était de la chaux pure, c'est-à-dire 4 mètres cubes ou 40 hectolitres par hectare tous les 10 ou 12 ans.

Les *cendres de mer* s'emploient volontiers sur les trèfles ; on y en met de 5 à 10 hectolitres par hectare, et le trèfle donne un superbe produit qui ne manque presque jamais en Flandre ; le blé qui succède se ressent de la fécondité du fourrage.

Le haut prix auquel les Flamands étaient obligés d'acheter les cendres de mer, leur a fait chercher et trouver un amendement moins cher ; ils vont prendre en Picardie et sur leur propre sol un produit minéral extrait du sol, auquel on donne le nom de *cendres noires, cendres rouges,* qui suppléent les cendres de mer, vendues trop chèrement par leurs voisins les Hollandais ; nous en traiterons dans le § suivant.

II. *Cendres de houille.* — Elles s'emploient au défaut de toutes les ressources qui précèdent ; cependant elles sont encore très-actives, et elles composent en partie les boues de rue qu'on achète chèrement dans toutes les villes et bourgs. Nous avons à regretter que ce produit soit généralement perdu en France : c'est presque à leur insu que ceux qui recueillent les boues à Lyon en ramassent une quantité considérable dont ils éprouvent les bons effets sans savoir qu'ils les leur doivent.

III. *Cendres de tourbe en general.* — En Picardie, on les emploie en grande abondance ; les vallées de la Somme et de ses affluens renferment de grandes masses tourbeuses qu'on exploite avec grand profit pour faire des briques, de la tuile, et pour le chauffage domestique : en outre, on en brûle encore beaucoup pour se procurer de l'engrais. On y emploie les cendres de tourbe pour les prairies naturelles et artificielles et pour les blés d'automne ; on y en met 40 hectolitres par hectare ; leur prix est peu élevé, c'est-à-dire de 40 c. l'hect. pris sur les lieux.

En Angleterre on en emploie beaucoup aussi, mais les règles de leur emploi et leurs doses varient avec chaque pays. Leur composition est tellement variable, qu'on ne peut guère donner de directions précises ; cependant elles doivent être mises sèches sur des sols bien égouttés. On les emploie en engrais superficiels ou enterrés; la dose doit être double quand on les enterre; jointes au fumier, elle forment un compost d'excellente qualité.

12 tombereaux de tourbe fournissent en moyenne un tombereau de cendres; pour produire 40 hectolitres, engrais nécessaire à un hectare, il faudrait donc 100 tombereaux de tourbe.

Pour *brûler la tourbe*, en Allemagne, on a une grille de fer (*fig.* 50), sous laquelle on

Fig. 50.

place du bois; sur la grille on met des tourbes sèches, et sur les dernières des tourbes humides; on entretient la combustion de manière à la faire durer le plus long-temps possible, parce que l'expérience a démontré que les cendres de tourbes brûlées lentement sont meilleures.

Cependant, disons qu'il est toujours bien regrettable qu'un combustible propre à tant d'usages perde sa chaleur sans aucune utilité, quand de toutes parts les arts du tuilier, du chaufournier, du potier et l'économie domestique paient chèrement les combustibles. « Heureux le pays qui brûle sa mère! ». Ce proverbe, né dans les pays que l'exploitation de la tourbe a enrichis, devrait être une grande leçon pour les pays de France où elle se trouve en grande quantité, et ces pays sont nombreux. Partout donc où se trouve de la tourbe facilement exploitable, sans qu'on l'emploie ni dans l'agriculture ni dans les arts, on laisse enfoui un trésor d'où pourrait naître la prospérité et la richesse du pays.

§ III. — *Des cendres pyriteuses ou cendres noires, cendres rouges.*

Ces cendres, qui servent à la fabrication de la couperose ou sulfate de fer, et de l'alun ou sulfate d'alumine, *se trouvent dans un grand nombre de lieux du nord de la France*, à plus ou moins de profondeur dans le sol; dans le départ. de l'Aisne, elles sont souvent près de la surface; celles de La Fère n'en sont pas à plus de six pieds. Le lignite y est en général recouvert (*fig.* 51) : 1° d'une couche d'argile; 2° d'un banc de coquillages fossiles; 3° d'une formation de grès arénacé, tantôt en roches, tantôt friable. On extrait cette substance sous la forme d'une poudre noire, dans laquelle on rencontre souvent des coquillages, des débris végétaux de différente nature, des

bois bitumineux plus ou moins décomposés. L'étude de ces diverses substances les fait regarder par les géologues comme une variété de lignites d'une formation postérieure à la craie, contemporaine de l'argile plastique, et antérieure à la formation du calcaire grossier des environs de Paris.

Fig. 51.

Lorsqu'on entasse ces cendres, au bout d'une quinzaine de jours elles s'échauffent, s'enflamment même, subissent une combustion lente; là surface se couvre d'efflorescences en forme de petits cratères. La combustion dure de 15 jours à un mois; le monceau exhale une forte odeur sulfureuse; pendant le jour on voit à la surface une vapeur légère, mais la nuit on aperçoit une petite flamme. Après cette combustion les cendres se vendent sous le nom de *cendres rouges*, et leur effet est presque double: on les emploie à dose moitié moindre.

Depuis trente ans que je n'ai vu les extractions des environs de La Fère, l'usage de ces cendres s'est beaucoup multiplié. A cette époque, *les cultivateurs du départ. du Nord* venaient en grand nombre, quelquefois de 20 lieues, charger leurs immenses voitures de cendres pyriteuses dans leurs divers états; ils avaient cependant déjà trouvé sur leur sol les cendres noires de Sarspoterie. Ces cendres sont à une assez grande profondeur sous terre; elles sont employées particulièrement par l'arrondissement d'Avesnes dans lequel elles se trouvent; l'arrondissement de Cambrai continue à s'approvisionner en grande partie de cendres de Picardie, dont il n'est pas beaucoup plus éloigné, et auxquelles on trouve plus d'énergie. Les Flamands ont, en grande partie, remplacé les cendres de Hollande, cendres de mer, par les cendres pyriteuses; cependant quelques cultivateurs préfèrent encore l'emploi des premières, quoique plus chères. Les cendres pyriteuses leur reviennent en moyenne à 3 fr. l'hectolitre, et ils en emploient de quatre à six par hectare sur les prairies et pâtures : sur les prairies artificielles la dose est un peu plus forte. On ne les emploie sur les prairies et pâtures que dans les arrondissemens de Cambrai et d'Avesnes, mais dans tous on en amende les prairies artificielles ; c'est l'amendement pour lequel les Flamands font les plus fortes dépenses. Ils les emploient aussi pour les récoltes de printemps, et particulièrement pour les graines légumineuses ; mais alors la dose employée n'est guère que de moitié. Elles se mettent sur les récoltes de printemps au moment de la semaille, et sur les trèfles, prairies et pâtures, dès le mois de février; plus tard dans la saison, on craindrait que leurs principes solubles ne vinssent à agir trop activement sur le sol, si avant les chaleurs elles n'avaient pas subi les pluies de printemps. L'usage de ces cendres donne le moyen d'avoir des prairies productives sans fumier et sans arrosemens; il suffit de les y répandre tous les quatre ans.

Le *départ. de l'Aisne* (1) et les départ. environnans en font aussi un grand usage ; on les y a cherchées avec soin, et l'on en a trouvé dans un grand nombre de lieux. Sur presque tous les points d'un plateau de 50 lieues carrées au moins, coupé par des bassins de petites rivières, les cendres de ces diverses extractions présentent entre elles beaucoup d'analogie, en sorte qu'elles peuvent être considérées comme un seul et même dépôt fait à la même époque. Celles de La Fère sont dans les bois dont le sol, comme celui du reste du plateau, appartient à la formation argilo-siliceuse humide; cette formation se rencontrant dans presque tous les départemens de France, il est à espérer que la France du nord ne sera pas seule à posséder ce puissant amendement, et on pourra toujours le reconnaître à sa couleur, à ses caractères extérieurs et à son inflammation spontanée ou déterminée par une petite quantité de combustible, après quelque temps d'exposition à l'air.

Dans les lieux où on avait les cendres pyriteuses à sa disposition, on en a souvent abusé; il est des *parties de sol sur lesquelles de nouvelles doses ne produisent plus aucun effet;* on dit le sol épuisé; nous pensons plutôt qu'il n'a pas consommé tous les principes salins et calcaires qui lui ont été donnés, et que pour cette raison de nouvelles doses ne produisent aucun effet. Les cendres pyriteuses sont comme les amendemens calcaires; la chaux ne produit aucun effet sur les sols qui la contiennent, et les cendres pyriteuses cessent d'en produire, lorsque le sol contient déjà les principes qu'elles renferment. Toutefois la fécondité qu'elles avaient apportée a disparu; nous pensons que c'est parce qu'on n'a point donné au sol une quantité de fumier proportionnée au produit; on a trop exigé de lui. Le cas enfin est le même qu'à la suite de l'abus des amendemens calcaires; le remède serait donc le même : alterner l'emploi des cendres avec des engrais abondans, ou plutôt faire des composts avec le fumier, le terreau et les cendres; donner, au besoin, au sol un labour profond qui, par le mélange d'une terre neuve avec la couche labourable, diminuera la proportion des cendres dans le sol.

Les Flamands qui emploient ces cendres sur les prairies artificielles sont loin de s'en plaindre; pour leurs terres labourables, ils les mettent en compost avec la chaux et une les emploient que tous les quatre ans sur leurs prairies et pâtures. La culture flamande peut donc encore, sur ce point, servir de modèle à celle de leurs voisins.

§ IV.— Engrais de mer, sable, vase ou limon de mer; tangue, cendres de Varech.

Tous ces divers amendemens que la mer offre à ses riverains sont à la fois calcaires et salins; leur effet est grand, mais ne se produit pas sur toutes les nuances de terrain. Ces amendemens stimulans n'agissent pas, selon nous, sur les laisses de mer, ni sur les sols qui lui doivent leur formation depuis les temps modernes, mais principalement sur les sols argilo-siliceux.

Lorsque l'*engrais de mer est sablonneux*, il est aussi actif, mais n'est point aussi profitable que *lorsqu'il est vaseux*, et qu'il contient des substances animales et végétales en décomposition; dans ce dernier état, c'est une espèce de compost de sable calcaire, de coquillages, d'herbes marines et de sel; c'est alors l'un des engrais les plus fécondans que l'agriculture connaisse.

L'engrais de mer est en usage en Angleterre comme en France; dans beaucoup de pays, on comprend sous ce nom les Varechs ou Goémon (*Fucus*) et autres plantes marines. Ce n'est pas ici le lieu de traiter de cet engrais végétal, mais la vase de mer s'emploie presque aussi souvent que les plantes marines; son emploi cependant ne peut pas s'étendre aussi loin dans les terres, parce qu'elle nécessite beaucoup plus de transport. Un meilleur état des chemins vicinaux faciliterait et étendrait beaucoup l'emploi de ce puissant moyen d'amélioration, d'autant mieux que, dans l'intérieur des terres, l'étendue du sol auquel il convient est relativement beaucoup plus grande.

En Angleterre, on l'emploie volontiers en *top-dressing* ou engrais sur la surface, pour les grains d'hiver et les herbages au printemps; on remarque que le froment, l'avoine et l'orge, auxquels on a donné cet amendement, sont moins sujets à la carie. Dans le Cheshire, la vase marine qu'on tire des marais salans est regardée comme le meilleur de tous les engrais; on lui trouve l'activité de la marne et la graisse du fumier; on en fait ordinairement des composts au printemps avec du fumier qu'on mélange, à plusieurs reprises dans la saison, pour les employer au moment de la semaille du froment.

Cet amendement est très-recherché du côté d'*Avranches, dans la Manche;* on l'y préfère à la chaux et à la marne. Avec des composts faits avec douze à quinze voitures de *tangue ou vase de mer* par hectare, qu'on mêle avec un quart de plus de fumier ou une quantité proportionnée de terreau, on forme un excellent engrais qui se fait sentir au

(1) Dans ce département, 70 cendrières en pleine exploitation ont produit, pendant le 4e trimestre de 1833, 800,000 hectolitres de cendres noires, qui ont été livrés aux usines ou à l'agriculture, pour une somme de 400,000 francs.

moins pendant toute la rotation de l'assolement. Dans tout ce pays, l'usage de la chaux
est très-répandu, mais aussitôt qu'on approche assez des bords de la mer, et que les
chemins permettent de se procurer la vase
de mer, on n'emploie plus la chaux.

En Bretagne, l'usage du sable de mer, du
côté de Saint-Brieuc et de Matignon, s'est
aussi, depuis 30 ans, beaucoup répandu; il
n'était connu qu'à Hilion, où il s'était établi
depuis moins de 50 ans; mais depuis quelque
temps, à l'exemple de M. Desmoland, tout le
canton de Matignon l'emploie avec le plus
grand profit, et son usage se serait encore
beaucoup plus étendu si l'état des chemins vicinaux n'enchaînait cette importante amélioration. Le sable de mer convient à la culture
du trèfle, de la luzerne, au lin, au chanvre,
aux pommes-de-terre; sur les prairies, il
détruit le jonc, augmente la quantité et la
qualité des fourrages, convient enfin beaucoup aux terres argileuses qu'il ameublit et
rend beaucoup plus pénétrables aux eaux.

On prend plus volontiers la *vase à l'embouchure des ruisseaux ou des rivières,* parce
qu'alors elle contient plus de débris tant
marins que fluviatiles, qui y sont amenés de
la mer et des terres par le flux et le reflux;
ailleurs le sable ne contient presque que des
principes terreux, des débris de coquilles et
du sol marin.

Dans les pays où le varech *ou* goémon *ne
convient pas* au sol ou se recueille beaucoup
au-delà du besoin, on le brûle pour avoir
ses cendres; elles peuvent se vendre alors
comme contenant un peu de soude de mauvaise qualité, mais elles sont encore plus
profitables comme engrais. Des essais en ont
été faits en Ecosse et ont très-bien réussi
pour toutes sortes de cultures : cinq quintaux
(250 kilog.) de *kelp* (nom des *cendres de varech*) par acre d'Ecosse, ont donné une grande
augmentation de produit. Elles sont employées depuis long-temps en Bretagne, et
leur usage, depuis quelques années, s'est
beaucoup étendu.

L'*Île de Noirmoutier* et quelques points du
littoral brûlent le varech qu'ils n'emploient
point, le mélangent avec de la terre, du sable, des dessous de monceaux de sel, du
goémon frais, du fumier d'étable, des coquillages, et toute espèce de débris végétaux et
animaux; on mouille, pendant l'année, le
tas, de temps en temps, d'eau salée; on le remanie à cinq ou six reprises différentes; alors
le mélange ressemble à des cendres. Il y a
quelques années, cinq à six petits bâtimens
suffisaient pour conduire cet engrais dans les
lieux où on l'emploie; en 1832, on a débarqué
à Pornic 1236 charges presque toutes de cendres, chaque charge contenant dix charretées de dix hectolitres chacune.

*On emploie dix charretées ou cent hectoli-
tres* de ces cendres par hectare; elles s'appliquent à toute espèce de culture, mais particulièrement au blé noir ou aux légumes
d'été ainsi qu'aux prés de hauteur; on les répand au moment de l'ensemencement: en les
mélangeant avec une petite quantité de fumier, on diminuerait d'un tiers la quantité
nécessaire et on aurait un engrais au moins
aussi profitable.

*L'amélioration par l'engrais de mer ne de-
vrait pas se borner aux lieux voisins de ses
bords:* les chemins vicinaux sont trop mauvais pour qu'on le transporte facilement à
distance, mais la navigation des rivières, des
ruisseaux même à leur embouchure, au
moyen de la marée, permet sans doute qu'on
le conduise à peu de frais à une assez grande
distance dans l'intérieur des terres. La quantité nécessaire par hectare, 2 à 300 pieds cubes (6,ᵐ 85 à 10,ᵐ 28) au plus, est relativement
peu considérable; la durée de son effet sur
le sol se prolonge donc beaucoup au-delà de
celle du fumier auquel on l'allie; le flux et le
reflux de la mer faciliteraient beaucoup la
main-d'œuvre; le chargement se ferait à
marée basse sur la vase découverte, et la
marée haute emmènerait le navire et son
chargement (*fig.* 52).

Fig. 52.

ART. III. — *Des substances salines.*

§ Iᵉʳ.— Du sel marin ou hydrochlorate de soude.

La grande question est ici le sel marin, les
autres sels ne sont qu'accessoires. Le sel marin est l'une des substances qui *pourra être
fournie par le commerce au moindre prix,*
lorsque l'impôt qui pèse sur cet objet de première nécessité aura été aboli. Sur les bords
de la mer et dans les mines de sel gemme,
le quintal ne coûterait que 50 c. Les mines
qui peuvent le fournir, dont les filons paraissent d'une épaisseur indéfinie, semblent
presque inépuisables; si donc le sel peut être
d'une grande utilité en agriculture, avec la
facilité des communications qui s'organisent
en France, il y aurait plus de la moitié de la
surface de notre pays où le prix du sel serait
à peine à un franc le quintal; et, comme ses
effets sur le sol se produisent à petites doses
et que néanmoins ils paraissent très-grands,
les résultats seraient d'une bien grande importance.

Voyons les faits qui appuient sa grande
influence sur la fécondité du sol. *L'usage
du sel en agriculture est bien ancien :* les Hin-
dous et les Chinois en fécondent, depuis la plus
haute antiquité, leurs champs et leurs jardins; les Assyriens, nous dit PLINE, le met-
taient à quelque distance autour de la tige
de leurs palmiers: toutefois on savait qu'en

quantité notable il stérilisait le sol; ainsi, nous dit la Bible, Abimelech s'étant rendu maître de Sicem, détruisit cette ville de fond en comble et sema du sel sur l'emplacement qu'elle occupait.

Dans les temps modernes, *les Anglais* ont beaucoup plus étudié cette question que nous; le chancelier BACON a constaté, par ses expériences, l'emploi avantageux de l'eau salée en agriculture : plus tard BROWNRIGG, WATSON et CARTWRIGHT ont confirmé par leurs expériences l'efficacité du sel sur la végétation ; les Sociétés d'agriculture ont ouvert des concours, et DAVY, SINCLAIR, JOHNSON et DAORE en ont vérifié, approuvé et conseillé l'emploi. — Dans le comté de Cornwall, les composts du sel impur des sécheries avec le sable de mer, la terre, le terreau ou des débris de poissons, sont fréquemment employés, et les fermiers du Cheshire, nous dit DAVY, leur attribuent l'abondance de leurs récoltes. Dans l'île de Mann, l'emploi du sel sur le sol détruit la mousse des prairies. La composition ordinaire des composts pour les prairies est de 20 voitures de terre et 14 hectolitres de sel par hectare.

Dans plusieurs cantons de pays à cidre, on rend plus robustes et plus fertiles les pommiers en enfouissant autour et à quelque distance de la tige une petite dose de sel marin; les greffes et boutures qu'on expédie au loin, trempées dans l'eau salée, reprennent plus facilement à leur arrivée.

Le gouvernement anglais, à la demande de l'agriculture, fait *mêler avec de la suie* et vend à plus bas prix les sels qu'on lui demande pour employer sur le sol. En Allemagne, où il y a moins de littoral, et où le sel est plus rare et plus cher, cette question a moins occupé; cependant en Bavière, le roi a ordonné qu'on vendît à bas prix tout le sel employé en agriculture, soit pour les bestiaux, soit comme amendement.

En France, une foule de faits appuient aussi l'efficacité, sur certains sols, du sel comme amendement. La grande fécondité produite par les engrais de mer est sans doute souvent due aux sels qu'ils contiennent, et cela est encore plus évident pour les cendres de Pornic, dans la composition desquelles on fait entrer les dessus des monceaux de sel, et qu'on arrose soigneusement pendant tout l'été avec de l'eau salée. L'usage du Morbihan d'arroser le fumier avec l'eau de mer ne s'est sans doute établi que sur la preuve donnée par l'expérience de l'efficacité du sel allié au fumier. Enfin le grand effet du varech, du goémon et de leurs cendres, qui contiennent peut-être moitié de leur poids de muriate de soude ou de soude, vient encore à l'appui. Dans quelques cantons du littoral, on sème à la fois la soude (*Salsola soda*) et le froment dans des terrains salés envahis quelquefois par les eaux de la mer. Lorsque des pluies viennent diminuer la quantité de sel, le froment devient très-beau et la soude reste faible ; lorsque les pluies sont peu abondantes, la soude grandit alors aux dépens du froment.

Lorsque le sel n'est pas très-abondant, il favorise la végétation et donne des produits d'excellente qualité; les prés salés sont en réputation pour la quantité, la qualité de leurs fourrages et l'engrais de leurs moutons. J'ai habité quelque temps en Picardie près des pâtures souvent envahies par les grandes marées : lorsque les pluies viennent laver la surface et entraîner la trop grande portion de sel, leur produit fournit un pâturage abondant et d'excellente qualité.

Expériences sur l'action des sels sur la végétation. — Aucun écrit ne démontre mieux cette action, ne précise mieux la quantité des doses nécessaires et la plupart des circonstances de leur emploi que les expériences de M. LECOQ de Clermont ; il a fait faire un grand pas à la question générale et particulière de l'emploi des diverses substances salines que la nature et l'industrie offrent à l'agriculture. Nous allons donc faire connaître les résultats de ces expériences, en nous bornant toutefois aux faits spéciaux et précis qui intéressent le plus la pratique agricole.

Sur un champ d'orge, en bonne terre franche, fumée l'année précédente, il a divisé un espace de 8 ares en huit lots égaux ; sur les six premiers il a répandu, à la fin d'avril, des doses progressives de sel marin, et il n'a rien mis sur les nᵒˢ 7 et 8.

Tableau des opérations et des résultats.

Numéros.	Doses de sel.	Produit en grains.
1	. . . 1 ¼	 30
2	. . . 3	. . . . 29 ½
3	. . . 5	 33
4	. . . 6	 41
5	. . . 9	 35
6	. . 12	 48
7	. . . 00	 28
8	. . . 00	 31

Le nᵒ 1ᵉʳ, qui n'avait reçu qu'une livre et demie, a différé peu de ceux qui n'ont rien reçu; le nᵒ 2 avait la paille plus longue, l'orge plus touffue; le nᵒ 3 devenait encore meilleur; nᵒ 4, végétation très-vigoureuse, paille surpassant de 10 pouces les nᵒˢ non salés, et de 4 pouces ceux plus ou moins salés que lui : les épis étaient en outre plus gros, plus longs et plus fournis que lui; nᵒ 5, inférieur au nᵒ 4, se rapprochant du nᵒ 2, mais plus élevé que lui; nᵒ 6, la plus forte dose, semble malade malgré son produit en grains assez fort; sa paille n'est pas plus grande que celle des nᵒˢ non salés.

Il résulte de ces expériences que *la dose la plus productive pour l'orge* serait de 6 liv. (3 kil.) par are, ou de 6 quintaux (300 kil.) par hectare; l'are qui a reçu 6 liv. a produit de plus que les nᵒˢ 7 et 8, qui n'avaient rien reçu, 11 liv. de grains ou 11 quintaux par hectare, ou plus de trois fois et demie la semence, qui est en moyenne de trois quintaux par hectare.

Cette expérience, avec les mêmes données, a été faite en même temps *sur un champ de froment* en sol un peu maigre, léger et élevé; les résultats se sont montrés presque les mêmes, malgré les différences de sol, de position et de plantes; cependant il y avait peu de différence entre les nᵒˢ 3 et 4, dont le premier avait reçu 4 livres et demie, et le second 6 liv. de sel par are.

La dose la plus convenable pour le froment

serait donc au-dessous de 6 liv. par are, ou de 5 quintaux par hectare.

Sur un champ de luzerne divisé, de même, avec les mêmes doses et la même étendue, on a eu les résultats suivans.

Numéros.	Doses de sel.	Luzerne sèche.
1	. . . 1 ¼	 87
2	. . . 3	 131
3	. . . 5	 102
4	. . . 6	 75
5	. . . 9	 62
6	. . . 12	 48
7	. . . 00	 85
8	. . . 00	 85

On voit que l'effet, peu sensible sur le n° 1ᵉʳ qui n'avait reçu qu'une livre et demie de sel, s'est élevé à son apogée sur le n° 2, qui en a reçu 3 liv., pour aller en diminuant jusqu'au n° 6, qui en a reçu 12 liv. dont la récolte s'est réduite à 48 liv. ou un peu plus du tiers du n° 2. Sur la deuxième coupe l'effet a été à peu près le même ; cependant les pluies ont lavé les n°ˢ où le sel était en excès, qui ont alors un peu augmenté en produit.

La *dose la plus convenable pour les fourrages légumineux* serait donc de 3 liv. (1 kil. 50) par are, 3 quintaux par hectare, ou moitié de celle qui convient aux terres ensemencées en graminées céréales.

La proportion la plus productive *pour les pommes-de-terre* serait, comme pour les grains, de 6 liv. (3 kil.) par are : c'est la dose du moins qui a donné plus de vigueur aux tiges.

Pour le lin, 5 liv. (2 kil. 50) par are paraissent la dose la plus convenable. Cependant le produit en grains n'est pas plus considérable que celui du lin non salé ; une dose de 8 liv. a donné un produit sensiblement moindre que 5 liv.

Il en est de l'emploi du sel comme de l'emploi de la chaux ; à moins de très-fortes doses, il *produit peu d'effet sur les sols humides ;* 6 liv. de sel par are répandues sur un pré froid et un pré sec, ont doublé le produit du dernier, et n'ont fait que changer la couleur du pré humide. *Sur une avoine* en terrain frais, l'effet a été très-peu sensible, tandis que la vigueur s'est beaucoup accrue sur une avoine en sol sec. Enfin, des lots pris sur un sol humide et tourbeux ont reçu par are 6, 12, 24 liv. de sel ; les deux premiers n°ˢ avaient de l'avantage sur les parties non salées, et les deux derniers ont beaucoup plus produit que les autres.

3 quintaux sur les fourrages légumineux ont produit le même effet par hectare que 5 milliers de plâtre, d'où il résulte que le sel marin pourrait remplacer le plâtre dans les pays où ce dernier est rare et cher. Mais ce qu'il y a eu surtout de remarquable, en comme pour les engrais calcaires, c'est l'*amélioration de qualité dans le fourrage* des prés humides ; les bestiaux l'ont consommé autant de plaisir qu'ils semblaient en avoir peu avant l'expérience.

L'*effet général du sel sur les récoltes* de toute espèce, n'est sans doute d'augmenter leur saveur, de les rendre plus agréables et probablement plus nourrissantes pour les bestiaux : nous pensons qu'il en est de même des produits destinés aux hommes. Il est à

croire en outre que les produits qui conviennent mieux à l'instinct et à l'appétit des animaux donnent aussi à leur chair plus de qualité et de saveur, ce que semblerait d'ailleurs prouver le haut prix que les gourmets attachent au mouton de pré salé. L'effet général du sel sur les récoltes a été d'augmenter tous les produits, mais en plus grande proportion les produits foliacés. Aussi la dose pour les fourrages n'est-elle que moitié de celle des grains.

Les engrais salins *réussissent à peu près aussi bien en poudre qu'en dissolution ;* comme le premier moyen est beaucoup plus commode, il est par conséquent bien préférable, d'autant plus qu'en employant le sel en dissolution, pour que son effet ne soit pas nuisible et pour qu'il puisse couvrir toute l'étendue, il faut l'employer dissous dans beaucoup d'eau.

§ II. — De l'hydrochlorate ou muriate de chaux (*Chlorure de calcium*).

Les *effets du muriate de chaux sur la végétation* avaient été jusqu'ici très-contestés ; il serait toutefois assez important que son action favorable sur le sol fût constatée, parce qu'il s'offre souvent en grands résidus dans les fabriques de produits chimiques. Dans les expériences de M. Lecoq, ses effets ont été presque égaux à ceux du muriate de soude ; toutefois il a semblé moins énergique sur les luzernes, et la dose la plus féconde, au lieu d'être de 3 liv. par are, comme pour le sel marin, serait entre 3 et 6.

Son emploi est plus embarrassant que celui du sel marin à cause de sa déliquescence ; il est par la même raison d'un transport plus difficile et ne pourrait pas être répandu en poudre.

On s'est borné ici à des expériences en petit ; mais celles de M. Dubuc, de Rouen, lui sont très-favorables. Il pense que les cendres lessivées, le charbon, la sciure de bois, les plâtras, doivent lui servir d'*excipient pour le répandre,* et que 30 kilog. suffiraient pour l'amendement d'un hectare.

Son *effet a été grand* sur le maïs, les pommes-de-terre, sur des arbres et arbustes de différentes espèces. Il pense qu'il conviendrait beaucoup au chanvre, au lin, aux graines oléagineuses ; il a doublé le volume des ognons et des pavots auxquels il l'a appliqué.

§ III. — Du sulfate de soude.

Le sulfate de soude a été *employé sur un pré et une terre* semée en froment, à la dose de 3, 6 et 12 liv.

Numéros.	Doses de sel.	Produit en grains.	Luzerne sèche.
1	. . 3	. . 25	. . . 137
2	. . 6	. . 34	. . . 156
3	. . 12	. . 32 ½	. . . 187
4	. . 00	. . 26	. . . 99

Il en résulte que *dans les terres* la dose la plus convenable serait de 6 liv. (3 kil.) par are, plutôt néanmoins au-dessus qu'au-dessous, et que *dans les prés* l'effet avantageux croîtrait jusqu'à 12 liv. et peut-être au-delà ; — On peut se procurer ce sel à très-bas prix dans les fabriques de soude.

§ IV. — Du nitrate de potasse ou salpêtre.

Son succès sur le sol, contesté par quelques-uns, a été fort grand dans de nombreuses expériences faites en Angleterre. Les essais comparatifs avec le sel marin paraissent lui avoir donné l'avantage. En Angleterre le prix du salpêtre qu'on extrait de l'Inde est assez peu considérable pour qu'il puisse encore être employé avec avantage par l'agriculture.

La *dose la plus utile* du salpêtre est à peu près la même que celle du sel marin ; elle varie de 3 à 5 quintaux par hectare. On l'a employé avec succès sur les diverses céréales ; cependant son effet a été plus remarquable sur les prairies naturelles et sur les trèfles. CURLING l'a mêlé avantageusement avec les cendres, ce qui lui a permis d'en diminuer la dose. M. John LEE, qui l'a employé pendant quinze ans, pense qu'il fait produire en proportion plus de paille que de grains, et que son effet se prolonge sur la 2ᵉ récolte ; mais d'autres agriculteurs ne partagent pas cette opinion. — On est *peu d'accord sur la nature des terrains* auxquels convient le mieux l'application du salpêtre ; son effet a été avantageux sur un grand nombre de variétés de sols, mais il semble avoir été plus satisfaisant sur les terrains calcaires.

§ V. — Remarques générales.

M. LECOQ a encore constaté plusieurs circonstances de l'emploi des substances salines. Ainsi, il les a *répandues en poussière au printemps* sur les plantes en végétation. Une partie de sol semée en froment sur laquelle, au mois d'octobre, il répandit une dose de sel, a été moins productive qu'un autre lot contigu salé au mois de mars.

Le *moment le plus favorable* pour donner le sel aux pommes-de-terre serait celui qui précède le buttage ; il en serait sans doute de même du maïs ; dans ce cas, c'est sur ce sol, et non sur les plantes en végétation que le sel est répandu.

L'effet produit par les substances salines est instantané, mais il est peu sensible pour les sols humides et de peu de durée. Elles agissent à petites doses, toutes circonstances qui lui donnent le plus grande analogie avec le plâtre : c'est donc comme stimulant que ces substances agissent, et l'on n'a à point à craindre qu'elles épuisent le sol, à la condition qu'on y joindra une quantité de fumier proportionnée au produit, comme on le fait pour les sols amendés par les engrais de mer.

Après tous les développemens que nous venons de donner, nous sommes bien en droit de conclure que les substances salines aident puissamment la végétation ; mais *leur effet malheureusement n'est pas uniforme,* n'est pas général, et ce n'est que sur certains sols qu'il se produit. Depuis le mémoire de M. Lecoq, M. DE DOMBASLE a essayé le sel sur son sol ; mais, comme la chaux, il ne lui a pas réussi. Nous avons fait nous-mêmes, à ce sujet, des essais assez nombreux : au printemps dernier, nous avons employé les doses les plus productives des expériences de M. Le-

coq avec deux variétés de sel : le sel ordinaire du commerce et le sel de morue ; cette dernière variété moins chère nous semblait devoir être plus énergique à cause des parties animales qu'elle contient. Ce sel, répandu sur quatre portions de prés de position et de sol variés, n'a produit aucun effet sensible : employé sur des portions de champs de froment, en sol de gravier, en sol argilo-siliceux et en sol calcaire, il en a été de même ; enterré à la première façon des pommes-de-terre et au buttage du maïs, il n'a donné aucun résultat ; il a seulement semblé exciter un peu plus la vigueur des vesces d'hiver.

A. PUVIS.

SECTION IV. — *Des amendemens par le mélange des terres.*

Si les *amendemens stimulans,* dont il a été question dans la section précédente, s'appliquent à des sols très-divers, ce qui doit être puisqu'ils agissent plutôt en excitant les forces végétatives qu'en modifiant les propriétés physiques du terrain, nous avons vu au contraire que les *amendemens calcaires,* dont il a été traité dans la 2ᵉ section, ne conviennent qu'aux terres de nature sableuse ou argileuse. Il nous reste à indiquer les amendemens qu'il convient d'employer sur les sols naturellement calcaires, et à citer quelques faits isolés fournis par la pratique de diverses localités, et qui n'ont pas encore trouvé place.

Les *terres où domine la chaux* sont les plus ingrates et les plus difficiles à amender convenablement. L'argile paraît l'amendement le plus favorable ; l'humus, surtout lorsqu'il est d'une couleur noire ou très-foncée, donne aussi de bons résultats. Mais on ne peut dissimuler que le transport et le mélange de l'argile ne soient souvent difficiles et dispendieux. Cependant, lorsqu'elle se trouve constituer le sous-sol des terrains calcaires ou sableux, on peut la ramener à la surface avec de grands avantages. Si la charrue à deux socs, ou deux charrues à versoir marchant l'une derrière l'autre, ne peuvent l'atteindre, on remplacera la seconde charrue par celle à deux socs, ou l'on aura recours au moyen pratiqué par M. VILMORIN pour approfondir la couche arable (voir page 50, article *Sous-sol*).

Lorsqu'on ne se trouve pas dans cette situation favorable, il faut le plus ordinairement se borner à *l'emploi des engrais,* qu'on doit choisir, pour les terrains calcaires, *d'une nature grasse et d'une couleur noirâtr*

M. PUVIS recommande aussi le *brûlement de la terre argileuse,* qu'il considère à peu près comme le seul amendement pour cette nature de sol, comme le seul moyen d'y produire un effet analogue aux amendemens calcaires sur les autres terres. Il regarde en quelque sorte l'argile brûlée, dont il sera parlé à l'article *Écobuage,* comme le complément du système général des amendemens et de leur application à tous les terrains.

Notre savant collaborateur cite encore les faits suivans, dont l'application, dans des circonstances analogues, pourra être tentée par les cultivateurs intelligens.

L'argile est très-employée dans l'agriculture

anglaise : dans quelques cantons même du Norfolk, on la préfère à la marne; il est cependant à croire que cette préférence a lieu pour des sols anciennement marnés et où une nouvelle addition de marne est inutile, comme il s'en rencontre beaucoup dans le Norfolk, où le marnage est ancien. D'ailleurs, fréquemment on prend l'une pour l'autre; dans les pays surtout où l'on emploie la marne pierreuse, la marne terreuse grise est employée, comme dans le Holstein, sous le nom de *glaise*, ce qui peut donner lieu à d'assez graves erreurs. Cependant l'argile elle-même est fécondante lorsqu'on la met sur des terrains légers.

THAER dit qu'on ne peut attendre une *action* véritablement *améliorante de l'argile ou de la glaise* qu'autant qu'elles ont été exposées pendant plusieurs années aux influences de l'atmosphère ; telles sont les argiles qui ont servi à construire des tranchées, des murs ou des digues, surtout dans le voisinage des habitations ou des cours rustiques; la glaise se divise alors plus facilement, et se mêle mieux avec le sol.— Le même savant dit que lorsqu'on transporte du sable sur un terrain argileux, ou de la terre argileuse sur un sol léger ou calcaire, il faut, pour en opérer le mélange, labourer fréquemment, d'abord aussi superficiellement que cela est possible, et ensuite peu-à-peu plus profondément; puis herser, passer le rouleau, et quelquefois briser les mottes avec des maillets. Toutes ces opérations, qui ne peuvent bien réussir qu'au moment où l'argile a atteint le degré de siccité pendant lequel les mottes peuvent être divisées et brisées par les instrumens, ne se font pas sans de grands frais.

M. le baron DE MOROGUES recommande pour *l'amendement des terres sableuses,* outre le fumier gras et la marne argileuse, le limon des fossés et les décombres des bâtimens construits en torchis : ces amendemens conviendraient aussi sans doute très-bien aux *terres calcaires.*

Pour les terres argileuses, outre l'usage des amendemens calcaires, on a obtenu dans beaucoup de cas les meilleurs résultats de l'emploi des fumiers chauds et pailleux. Le savant que nous venons de citer recommande particulièrement les fumiers composés de joncs, de bruyères, de fougères ou de genêts, lorsque, ayant servi de litières, ils ne sont qu'à demi consommés. Il en sera question dans le *chap. des Engrais.*

M. OSCAR LECLERC-THOUIN nous a fait part de plusieurs faits intéressans relatifs au *mélange des terres.*

Le roc (*schiste argileux*) des environs de Chalonnes-sur-Loire est employé habituellement et en quantité considérable pour l'amendement des vignes. (Voir ci-dessus, *page* 27.) Ce schiste n'est pas toujours de même nature: tantôt, par sa dureté, il se rapproche un peu de la nature de l'ardoise, et prend dans le pays le nom de *roc ardoisé;* alors sa décomposition est moins rapide. Dans l'Anjou, les personnes jalouses de faire de bon vin préfèrent de beaucoup l'usage du schiste argileux à celui du fumier.— Le schiste dont il s'agit se trouve presque partout en sous-sol à une faible profondeur; une fois la première

entaille faite, il se bêche assez facilement. On le transporte dans les vignes, au moyen de chevaux, au prix de 2 à 3 sous la charge, selon la distance, ou, lorsque cette dernière est peu considérable, dans des hottes portées par des enfans qu'on paie de 12 à 15 et 20 sous, selon leur âge, leur force et la capacité de leur hotte. Le roc a le double avantage de diviser les terres trop tenaces, et, comme on peut l'employer en fortes proportions, d'augmenter la profondeur de la couche végétale. Notre savant collaborateur s'est parfaitement trouvé de faire couvrir un sol peu profond, planté en arbres, de 8 à 10 po. de cette même roche argileuse. A la vérité, ce qui est possible dans la petite culture ne le serait pas dans la grande.

Dans les sols siliceux, les terres qui font la base des divers composts, celles qu'on mêle à la chaux, etc., doivent être argileuses. — Les boues argileuses qu'on retire des fossés, des mares, etc., sont à la fois de bons engrais et d'excellens amendemens pour ces mêmes terres.

L'utilité du sable, des graviers, des cailloux, dans certains sols, est si réelle, que A. THOUIN cite ce singulier jugement qui condamna, à Rouen, un ingénieur du gouvernement à reporter sur un champ une grande quantité de cailloux de diverses grosseurs qu'il en avait extraits sous le prétexte d'y ferrer une route voisine. — En effet, *dans les terres fortes,* la présence en suffisante quantité de petits fragmens quartzeux est un indice certain de fécondité.

Pour améliorer le sol rude et tenace de certains jardins, on fait venir, à raison de 3 à 4 sous la charge de cheval, des sables d'alluvion qui servent à la fois d'engrais et d'amendement. Cette pratique est fort ordinaire sur divers points du littoral de la Loire, pour la petite culture.

Les métayers de l'ouest faisaient il y a une 15° d'années et font encore un *emploi considérable des terres légères* pour amender leurs champs. On a payé ces terres jusqu'à 6 et 7 fr. la charretée, et on venait les chercher à de fort grandes distances par des chemins difficiles. Maintenant l'usage en est moins général, on va les chercher moins loin; mais le mélange des terres est toujours en faveur, et c'est sur la propriété même qu'on les prend pour en faire des composts dans lesquels entre la chaux.

« Dans certains endroits du Vicentin, dit PHIPPORE, lorsque les terres sont trop fortes, on y *mêle du sable pour les rendre plus légères;* dans les environs de Reggio, ceux qui soignent le mieux leurs plantations, et qui veulent en assurer le résultat, mettent du sable au pied des jeunes arbres plantés dans des terrains forts, principalement au pied des vignes. Ces terrains, devenus ainsi plus légers, se crevassent moins en été, et les plantes se trouvent garanties de la sécheresse de la saison. »

L'utilité de cette sorte d'amendement a été constatée dans l'Agogna, par une expérience curieuse que fit le docteur BIROLI, professeur d'agriculture à Novare, rapporte : « Dans cette partie de la vallée du Ticin, on trouve des rizières à fond marécageux et excessivement argileux. Les rives du Ticin sont formées de couches d'un gros gravier silico-calcaire tout-à-fait stérile. Un proprié*aire fit jeter une certaine quantité de ce gravier passé à la claie, pour exhausser un petit enfoncement qui se trouvait sur une rizière voisine. Le riz végéta à cette place d'une manière si vigoureuse qu'il contracta la rouille (*brusone*), comme cela arrive dans les rizières trop fertiles. Cette maladie continua pendant trois années consécutives, et rendit pour ainsi dire témoignage de la fécondité excessive du terrain. Au bout de ce temps, et pendant le cours d'une vingtaine d'années, la récolte du petit espace qui avait été recouvert de gravier, surpassa de beaucoup celle du restant de la rizière. Ce propriétaire en fit dès-lors porter sur toutes ses terres, mais à une dose beaucoup moindre que la première fois ; le succès fut tel que ses voisins se déterminèrent tous à en faire usage. Ceux qui possédaient des terres extrêmement tenaces s'en sont constamment bien trouvés. Ils répandent ce sable en automne, et en règlent la quantité sur la nature du terrain. »

Pour améliorer les terrains riches, mais qui manquent de consistance et sont exposés à l'humidité, THAER dit qu'on emploie le sable avec le plus grand avantage. Lorsqu'on le charrie sur ces terrains, il s'y enfonce peu-à-peu et pénètre dans le terreau, dont il raffermit le tissu spongieux : il faut donc, autant que possible, le maintenir à la superficie. Il n'est jamais plus efficace que quand, au lieu de l'enterrer, on le répand sur le sol pendant qu'il est en herbages; ce sable donne de la vigueur à la végétation des plantes, et en améliore la nature comme le ferait un fumier très-actif.

Les faits suivans, rapportés par M. Puvis, indiquent encore plusieurs cas dans lesquels *le sable améliore beaucoup le sol.*

« M. Saunier d'Anchald, dans le Puy-de-Dôme, a fécondé ses champs avec du sable mis en litière sous ses bestiaux, béaucoup plus qu'ils ne l'eussent pu être avec la même quantité d'engrais animaux que celle mélangée au sable. — Dans les domaines de Chavannes, situés sur le grand plateau du bassin de la Saône, dont le sol est argileux, des veines de sable, placées dans des chemins creux, sont exploitées toutes les fois que les loisirs des fermiers le permettent; le sable est charrié directement, ou sur le sol pour y être épanché, ou dans les cours pour séjourner dans l'eau de fumier. Dans l'été, quand la paille manque, on met le sable en litière sous les bestiaux. Dans ces trois circonstances différentes, l'effet du sable sur le sol a été très-grand. » C. B. DE M.

CHAPITRE IV. — DES ENGRAIS.

Définition : — On désigne sous le nom d'engrais *les divers débris des animaux et des végétaux dont la décomposition peut fournir des produits liquides ou gazeux propres à la nutrition des plantes.*

Ainsi, on doit se garder de confondre ces substances organiques ou résidus de l'organisation, susceptibles de se décomposer spontanément à l'air, jusqu'à se réduire en terreau de plus en plus consomme et moins actif, soit avec les *amendemens terreux* ou inorganiques qui ne se décomposent pas d'eux-mêmes par une simple fermentation, dont la fonction principale est d'améliorer le fonds ou les qualités physiques du sol, en le rendant ou plus léger ou plus compact ; soit avec les *stimulans* que forment différens sels, composés également non organisés, non décomposables spontanément, et dont les fonctions utiles paraissent être, en général, d'exciter les forces végétatives.

Ajoutons que certains sels insolubles ou solubles, compris dans les *amendemens* ou dans les *stimulans*, et qui remplissent les fonctions que nous venons de rappeler, peuvent être décomposés sous l'influence de certains agens, comme les acides ou sels acides qui seuls nuiraient, et alors laisser dégager un gaz, de l'acide carbonique par exemple, comme cela arrive pour le carbonate de chaux; ils peuvent ainsi indirectement servir d'aliment ou *d'engrais;* mais cette fonction, indirectement remplie, ne doit changer ni la distinction ci-dessus établie, ni la définition que nous donnons des engrais.

Les divers détritus organiques, ou débris des végétaux et des animaux dans leur décomposition, élèvent la température, déterminent des courans électriques, laissent dégager ou dissoudre plusieurs composés nouveaux de leurs élémens, et surtout l'acide carbonique, dont les plantes assimilent le carbone et le carbonate d'ammoniaque qui paraît assurer aux engrais azotés des *debris animaux* une incontestable supériorité sur les *engrais végétaux,* surtout dans la reproduction des graines et des autres parties azotées des plantes.

Si l'action intime de tous les produits solubles ou gazeux que fournissent les engrais n'a pas été encore suffisamment étudiée, il est toutefois certain que la plupart de leurs *effets,* récemment bien précisés, *se reproduisent partout où les conditions favorables sont remplies.*

Nous commencerons donc par l'exposé de ces conditions et des moyens de les réunir.

SECTION Ire. — *Des circonstances favorables à l'action des engrais.*

§ Ier. — De l'humidité.

Au premier rang parmi les agens extérieurs qui favorisent l'action des engrais, se place *l'humidité :* en effet, sans une certaine proportion d'eau, la décomposition des engrais n'a pas lieu ou se trouve trop retardée, et d'un autre côté la végétation des plantes, trop ralentie par suite de la même cause, ne peut même profiter des émanations gazeuses, dont le défaut d'humidité rend encore le contact moindre et l'absorption plus difficile.

Ainsi, durant les sécheresses, on a souvent remarqué, et notamment l'an dernier (1833), que les engrais n'avaient produit aucun effet sensible; mais que ceux dans lesquels un agent de désinfection avait suspendu la décomposition spontanée produisaient enfin des résultats très-avantageux sous l'influence d'une première pluie. Cette dernière circonstance s'est encore réalisée en 1833 : dans beaucoup de localités elle a produit une récolte inattendue, et amplement dédommagé d'une fumure que l'on croyait désormais inerte. Nous verrons que l'on peut artificiellement obtenir cette humidité si favorable, à l'aide d'arrosages, d'engrais verts, de marcs de fruits ou de substances hygrométriques qui peuvent être considérées comme de puissans auxiliaires des engrais.

Un excès d'humidité dans le sol, empêchant l'accès de l'air et des gaz, asphyxiant en quelque sorte les racines, ou rendant leur tissu trop lâche, trop lymphatique, est très-nuisible à l'action des engrais comme au développement ou à la force des plantes; toutes les fois donc que l'eau est persistante à la superficie du sol ou à quelques centimètres de profondeur, on doit chercher à s'en débarrasser. L'un des moyens les plus économiques consiste à creuser des rigoles d'écoulement, les unes parallèles entre elles, les autres perpendiculaires aux premières, et d'autant plus rapprochées que la terre, moins poreuse, est moins facile à égoutter. On choisit les lignes des plus grandes pentes naturelles, afin d'avoir moins à creuser, et, lorsque la pente est assez rapide pour charrier les terres, on creuse transversalement quelques fossés plus profonds dans lesquels on reprend chaque année l'espèce de terre d'alluvion entraînée, puis on la répand à la superficie du sol.

Si l'excès d'eau n'est pas susceptible d'être écoulé ainsi, parce que le terrain est généralement horizontal et près d'une nappe d'eau, on laboure en sillons très-profonds à des distances de 1 à 2 mètres, en sorte que le champ est divisé en ados, dont le sommet est suffisamment sec quand même le fond des sillons serait rempli d'eau, fig. 53 où ce champ

Fig. 53.

est vu en coupe, et fig. 54 où on l'a montré en perspective.

Fig. 54.

§ II. — De la chaleur et de la porosité

Une certaine température n'est pas moins indispensable à la décomposition des engrais qu'aux progrès de la végétation.

La porosité du sol, que nous avons donné les moyens de reconnaître et d'obtenir, offre aux gaz émanés des engrais un puissant et utile réservoir. Aussi trouve-t-on du profit à recouvrir de terre ou mélanger avec elle les engrais, mais surtout ceux qui sont trop rapidement altérables.

On rend facilement évidente cette propriété du sol : que l'on enferme dans un terrain meuble le cadavre d'un animal, qu'on le recouvre seulement de 8 à 10 pouces de terre, et à peine pourra-t-on sentir au dehors des traces de l'odeur de sa putréfaction, tandis que, laissé découvert ou même enfermé dans une caisse assemblée sans précaution, il eût répandu l'infection aux alentours. La terre au-dessus de lui sera d'ailleurs fertilisée pour plusieurs années sans que les racines viennent toucher l'animal en putréfaction.

La cohésion plus ou moins forte des engrais insolubles, la solubilité également variable de plusieurs autres, ont une grande influence sur la durée de leur décomposition, et de cette durée dépend surtout l'effet utile des engrais: voici à cet égard la donnée générale que nous avons déduite d'une foule d'essais, et qui s'accorde avec toutes les observations pratiques : Les engrais agissent d'autant plus utilement que leur décomposition est le mieux proportionnée aux développemens des plantes.

Nous verrons, en traitant de chacun des engrais en particulier, qu'il est toujours possible de les modifier de manière à se rapprocher de cette condition, soit en ralentissant la décomposition des engrais trop actifs, soit en l'accélérant pour les autres; qu'il est généralement avantageux de le faire, et qu'enfin une foule d'anomalies apparentes dépendent des variations de la durée de leur altération spontanée, dont on n'avait pas assez tenu compte dans les précédentes recherches sur les engrais. Nous pouvons encore indiquer comme une des conditions les plus essentielles du succès de presque toutes les fumures, la présence dans le sol d'une base qui puisse saturer les acides; c'est là un des effets constans et les plus utiles de la chaux, de la marne calcaire, des cendres de végétaux, etc.

Voyons comment cela se peut prouver : déjà nous avons démontré qu'un excès d'acide est généralement nuisible aux plantes cultivées; or, l'un des produits de la germination est un acide excrété par les racines de plusieurs espèces de plantes, notamment des céréales, et rejeté dans le sol; presque tous les débris végétaux, en se décomposant, donnent des solutions acides; enfin plusieurs résidus de débris animaux ont une réaction acide, bien que les gaz qui s'en sont exhalés aient eu un caractère alcalin : on voit donc que l'acidité nuisible tend sans cesse à dominer. Il n'est pas moins évident que le carbonate de chaux des marnes et des cendres, les carbonates de soude et de potasse des cendres non épuisées, peuvent saturer des acides même faibles; qu'enfin la chaux éteinte ou hydratée sature avec plus d'énergie des acides plus faibles encore, et peut quelque temps maintenir une légère réaction alcaline favorable à la végétation.

En saturant les acides, soit excrétés pendant la végétation, soit produits par l'altération de divers engrais, les substances précitées (carbonate de chaux, de soude et de potasse) déterminent encore un résultat fort avantageux. Elles laissent dégager lentement de l'acide carbonique, et celui-ci, comme on le démontrera en parlant de la *respiration des plantes*, est le principal agent de leur nutrition; il laisse assimiler son carbone et exhaler dans l'air l'oxigène.

Ces dernières réactions, qui contribuent à fournir du carbone aux plantes et de l'oxigène à l'air atmosphérique, sont reproduites même par la chaux lorsque celle-ci s'est peu-à-peu unie avec l'acide carbonique ambiant; alors elle offre un *carbonate calcaire* d'autant plus favorable qu'il est en général beaucoup plus divisé, plus pur, plus facilement attaquable que le *calcaire* des marnes et de diverses roches.

Nous verrons, en parlant des engrais végétaux, que la chaux est encore fort utile comme un excellent moyen de désagréger et d'utiliser comme engrais les débris ligneux trop consistans qui pourraient être nuisibles dans le sol par leur volume et leur dûreté.

§ III. — Des stimulans et de leurs effets généraux.

Enfin, l'efficacité des engrais dépend encore de la présence et des proportions de divers sels *stimulans :* la plupart des sels neutres ou alcalins, en petite proportion, paraissent utiles à toutes les plantes, et cela peut tenir à la conductibilité et aux courans électro-chimiques qu'ils favorisent.

Il importe d'autant plus de ne pas confondre l'action de ces substances avec celle des engrais, que, loin de servir eux-mêmes d'alimens aux plantes, ils les rendent plus actives dans leur végétation et capables d'assimiler une plus forte dose des produits des engrais;-que par conséquent on doit augmenter la proportion de ceux-ci lorsque l'on ajoute les stimulans convenables. C'est sous cette condition, et toutes autres circonstances étant favorables d'ailleurs, que l'on obtient de ces deux sortes d'agens un plus grand effet utile.

Quant à la *nature et aux proportions des stimulans* qu'il convient d'employer pour favoriser l'action des engrais, elles varient suivant les diverses plantes et la nature du sol.

Plâtre. — Nous avons vu dans le chap. précédent, que le *sulfate de chaux* ou *plâtre* que l'on emploie en poudre fine, produit ses effets les plus remarquables sur les terres argilo-siliceuses qui en exigent plus que les terrains calcaires; les luzernes, le trèfle, les fèves, haricots, pois, vesces, et toutes les légumineuses en profitent le plus. On l'em-

ploie avec succès au pied des oliviers, des mûriers, des orangers et de la vigne. Les doses usitées aux environs de Philadelphie, où l'on s'en sert depuis 1772 sans interruption, sont annuellement de 75 à 500 kil. par hectare. Dans un grand nombre de localités, la quantité la plus faible de plâtre employé en poudre fine est à peu près égale à celle de la graine ensemencée.

L'époque qui paraît le plus convenable pour déterminer le maximum d'effet, est celle où les feuilles de la plante sont assez développées pour qu'une grande partie du plâtre soit retenu par elles. On conçoit que, dans cette circonstance, ce sel peu soluble, offrant une plus grande surface à l'action de la rosée, des brouillards et de l'humidité extraite du sol par la plante, doit être dissous en plus grande proportion.

Il est d'ailleurs très-probable que le plâtre n'agit qu'autant qu'il est dissous; que par conséquent le sulfate de chaux *anhydre (plâtre natif)*, qui, ne contenant pas d'eau de cristallisation, ne peut être *cuit* ni gâché, de même que le plâtre trop *calciné*, dit *brûlé*, ne seraient doués que d'une très-faible énergie. Or, pour que le plâtre soit trop calciné, il suffit qu'il ait été chauffé jusqu'au rouge brun; alors il ne peut plus se gonfler et se prendre en absorbant l'eau; mélangé en bouillie avec ce liquide, il reste sans gonflement, sans agrégation, comme le serait de la poudre grossière d'argile calcinée, qu'il pourrait même remplacer s'il n'était trop cher. Le plâtre cru mis en poudre ne se gonfle pas non plus dans l'eau; il reste sableux. On voit donc que, dans les trois états précédens, le plâtre offre à l'eau moins de prise, moins de surface que lorsqu'il a été cuit au point convenable ou plutôt desséché à une température inférieure au rouge naissant, c'est-à-dire entre 150 et 300 degrés centésimaux (1).

Cuit entre ces limites, le bon plâtre, celui de Montmartre ou de Belleville par exemple, gâché avec son volume d'eau, commencera à prendre de la solidité au bout de 7 à 10 minutes; si alors on le délaie avec une 2e fois la même dose d'eau, et, dès que le mélange recommence à faire prise, on ajoute encore une 3e dose égale d'eau, et on continue ainsi jusqu'à six fois, le mélange peut encore acquérir une faible consistance. Si on le laisse sécher divisé en mottes à l'air, on peut le réduire très-aisément en poudre fine. En cet état le plâtre agit d'autant mieux qu'il offre une très-grande surface à l'action de l'eau.

On conçoit en effet qu'à chaque addition d'eau le plâtre se gonflant, augmente graduellement de volume, que par conséquent les parties se divisent de plus en plus jusques à occuper 6 fois plus de volume par l'interposition de l'eau.

Lorsqu'au contraire on emploie *le plâtre trop cuit*, il n'absorbe pas même un volume d'eau égal au sien, ne se gonfle pas et n'é-

(1) J'ai démontré que même un peu au-dessous de 100 degrés le plâtre chauffé avec le contact de l'air peut perdre son eau de cristallisation, et se gâcher ensuite de manière à faire une prise solide, ou se gonfler par l'eau au point de présenter une division convenable; mais on ne doit pas conseiller, dans la pratique, de cuire le plâtre à une aussi basse température, parce qu'il faudrait trop de temps ou une couche trop mince pour que cela fût économique.　　　　　　　　　　P.

prouve aucune division ultérieure ; par cette cause, retenant donc à peine la sixième partie de l'eau interposée que peut renfermer le plâtre *bien cuit*, il offre d'autant moins de prise à l'action dissolvante.

Ces phénomènes, que chacun peut à volonté reproduire, expliquent les anomalies apparentes observées dans les effets du plâtre cuit ; anomalies qui ont porté quelques agronomes à penser que le plâtre cru agit aussi efficacement que le plâtre cuit. Cela est vrai si ce dernier a été mal divisé, soit par suite d'une trop forte calcination, soit par toute autre cause. En effet, le plâtre cru mis en poudre cède au moins autant à l'action dissolvante de l'eau, que le plâtre trop calciné.

Ainsi, la seule *utilité de la cuisson du plâtre pour l'agriculture* étant dans la grande et facile division qui peut en résulter, on doit comprendre combien il importe d'éviter l'excès de température qui produirait l'effet contraire.

Si *la meilleure pierre à plâtre pour les constructions est celle qui, calcinée à point, nécessite le moins d'eau pour se gâcher, et peut en absorber le plus par des prises successives* (1), il n'en est pas de même pour l'agriculture ; et cela se conçoit, puisque la divisibilité est la principale condition de son meilleur effet.

Il résulte évidemment de cette considération que les *gypses lamelleux, fibreux ou à grains très-fins* qui, calcinés à la température convenable, exigent beaucoup d'eau pour se gâcher et peuvent à peine faire une 2ᵉ prise avec un volume d'eau égal au premier, sont susceptibles de peu de solidité dans les constructions ; mais que, se gonflant beaucoup immédiatement, et très-faciles à diviser, ils offrent les propriétés convenables pour l'agriculture.

En réunissant les conditions précitées dans l'emploi des pierres gypseuses dont on pourrait disposer, on obtiendra le *maximum d'effet du plâtre*; et une dose de 250 kil. par hectare répandue chaque année, pourra quelquefois produire plus d'effet qu'une quantité double ou triple de plâtre mal divisé.

Les *plâtras de démolitions* peuvent souvent être d'un emploi très-avantageux : non seulement leur forme spongieuse les rend faciles à diviser, mais encore les matières organiques et les nitrates qui s'y sont peu-à-peu introduits ajoutent aux engrais et aux stimulans du sol.

On peut encore obtenir économiquement des effets analogues de certains *résidus* composés *de sulfate de chaux*, et notamment du produit de la saturation de l'acide sulfurique par le carbonate de chaux, en excès dans la fabrication du sirop de fécule.

Nous avons cru devoir entrer dans beaucoup de détails sur cet important sujet, parce que nous pouvions donner des notions précises qui, récemment démontrées, ne se trouvent dans aucun ouvrage relatif à l'agriculture publié jusqu'aujourd'hui.

On a *reproché au plâtrage* des luzernes d'avoir donné lieu, en quelques endroits, à *la météorisation des bestiaux*. Cet effet, rarement observé, nous paraît tenir à une végétation rapide sous les influences favorables réunies d'humidité, de température, d'engrais et de stimulans : dans ce cas en effet la laxité du tissu des végétaux admettant une surabondance d'eau, doit produire les effets bien constatés des nourritures trop aqueuses. Un moyen de parer à cet inconvénient consiste à mélanger un peu de sel commun aux alimens.

Plusieurs agronomes ont observé le peu d'effet du plâtre dans les sols qui déjà contiennent du sulfate de chaux en proportion notable ; il est évident que ce sel étant assez abondant pour que l'eau puisse s'en saturer, un nouvel excès qu'on ajouterait serait inutile.

Nous traiterons dans un même article de la Division des *Arts agricoles*, des fours à *cuire* le plâtre, *à calciner* la pierre à chaux et l'argile.

Cendres noires, terres noires de Picardie, cendres pyriteuses.—On peut encore regarder comme un puissant auxiliaire des engrais ce stimulant, dont l'usage se répand de plus en plus.

Son efficacité nous paraît tenir à trois causes principales : 1° la couleur noire terne dont nous avons démontré l'heureuse influence comme moyen d'échauffer le sol (*Voy.* chap. II, p. 46) ; 2° le sulfure de fer, dont la combustion lente augmente l'échauffement de la terre et l'excitation électrique ; 3° les sulfates acides de fer et d'alumine. L'action de ces deux sels solubles sur le carbonate de chaux que renferme le sol donne lieu à la formation du sulfate de chaux, qui agit sur les plantes comme nous venons de le dire, et au dégagement d'acide carbonique, qui offre un aliment aux parties vertes des végétaux. Ainsi donc la présence du carbonate de chaux dans le sol est ici fort utile, et on doit en remplacer la déperdition par des marnages ou des chaulages bien entendus.

Sans doute *l'addition d'un engrais azoté* est indispensable, après cette réaction, pour assurer la récolte des graines, tandis qu'il est moins nécessaire pour obtenir le produit des prairies, surtout dans les terres en bon état de culture.

Quant aux mêmes *matières qu'on a lessivées* pour en extraire les sulfates solubles dans la fabrication des *magmas* (*sulfates d'alumine et de fer*), et préparer *l'alun*, elles agissent de même, mais plus faiblement ; car elles retiennent toujours des mêmes sels, mais en moindres proportions.

Enfin *les mêmes terres calcinées* en tas, à l'aide d'une petite quantité de combustible, peuvent être tellement brûlées par suite du charbon ou du sulfate de fer qu'elles renfer-

---

(1) De cette propriété, et de plusieurs autres que j'ai observées, j'ai déduit cette théorie de la solidification du plâtre : les premières parties unies avec l'eau dans le gâchage se solidifiant les premières, forment une sorte de scellement qui retient celles hydratées plus tard, s'opposent à leur écartement, donnent une masse plus serrée, plus solide ; les meilleurs plâtres sont donc ceux dont les particules s'hydratent le plus lentement.   *P.*

ment, qu'alors elles prennent une couleur rougeâtre due au peroxide de fer, et qu'elles ne contiennent presque plus rien de soluble. Les sulfates de fer et d'alumine décomposés n'ayant laissé que de l'oxide de fer et de l'alumine, en cet état elles n'offrent plus qu'un amendement sableux, analogue à l'argile calcinée propre à l'amélioration des sols trop compacts.

L'argile calcinée, mise en poudre, est en effet un excellent amendement des sols argileux, froids, ou terres trop fortes ; elle les rend plus perméables à l'eau et aux solutions nutritives ou stimulantes. Son mélange augmentant la *porosité* du sol, le rend capable d'absorber et de retenir beaucoup mieux les gaz utiles à la nutrition des plantes.

C'est encore par la même influence que la *cendre de houille* est très-utilement employée pour diviser les terres fortes humides, en Belgique, tandis que, essayée sur les terrains légers et secs, elle n'a produit que de mauvais résultats.

Nous avons vu que les *cendres de bois* ont, en outre, l'avantage d'introduire des bases alcalines, des sels stimulans, et une grande proportion de carbonate de chaux, si utile dans les sols privés ou peu pourvus de calcaire.

Les *cendres de mer*, ou résidus de la combustion des plantes marines, contiennent, en outre, une plus forte proportion de chlorure de sodium (sel marin), et de sulfate de soude et de potasse, que toutes les autres ; aussi leur action stimulante est - elle bien plus énergique.

L'action stimulante des sels, si spéciale à certaines plantes, et si bien constatée pour le sulfate de chaux (plâtre) sur toutes les légumineuses, peut être nuisible sur d'autres plantes, du moins à égales proportions. C'est ainsi qu'un terrain trop *salé,* par suite de l'évaporation de l'eau de mer, pour donner d'abondantes récoltes en céréales, produit un développement très-remarquable sur les *Salsola,* au point que, passé en grande partie dans ces plantes, le sol peut être par suite assez *dessalé* pour que les blés y viennent bien.

Les *coquilles d'huître*, les *bancs coquilliers* dits *faluns,* exploités notamment en Touraine, et les *varechs,* ramassés sur les côtes de la Bretagne, contiennent, outre les sels stimulans et le carbonate de chaux, des substances animales qui constituent *les engrais azotés.* Nous y reviendrons plus loin en traitant le ces derniers.

Les *nitrates de chaux, de potasse et de soude,* qui forment une partie active des matériaux salpêtrés, des plâtras tirés des murs de caves, des écuries, etc., sont aussi très-favorables au développement de diverses plantes ; quelques-unes en peuvent absorber d'énormes quantités : c'est ainsi que des betteraves cultivées dans un sol fumé avec des boues de Paris mêlées de plâtras salpêtrés, m'ont donné, en les analysant, une quantité de nitrates presque égale à la quantité de sucre qu'elles contenaient pour un même poids. Ces racines, ayant d'ailleurs rencontré dans le sol une proportion convenable d'humidité et d'engrais, avaient acquis un très-grand développement.

La culture d'une année en betteraves offrirait donc un des bons moyens de *dessaler* un sol trop salpêtré.

SECTION II. — *Action des divers engrais.*

Les différens débris de végétaux et d'animaux qui ont été doués de la vie sont destinés à servir d'alimens aux plantes ; c'est en se désorganisant de plus en plus qu'ils fournissent les produits solubles ou volatils assimilables. Ainsi, lorsque des plantes arrachées sont mises en tas, *une fermentation s'établit,* échauffe la masse, dégage de la vapeur d'eau et des gaz que décèle leur odeur plus ou moins forte ; des sucs altérés, n'étant plus contenus par les tissus organisés qui se déchirent peu-à-peu, s'écoulent ou se dissolvent dans les eaux pluviales : ce sont ces gaz dégagés avec la vapeur d'eau, et ces substances dissoutes, qui peuvent servir d'engrais.

Les *débris des animaux morts* présentent des phénomènes analogues : les produits de leur décomposition, solubles ou gazeux, développent une odeur plus forte ; ils diffèrent notamment par la présence d'une beaucoup plus abondante production d'ammoniaque et par une action plus vive et plus grande, qui doit en faire réduire la quantité relativement à d'égales superficies de terres en culture.

Enfin, les *déjections animales* donnent directement des produits liquides et gazeux assimilables par les plantes, et qui constituent la partie la plus active de tous les fumiers.

Ces *décompositions spontanées,* que favorisent l'oxigène de l'air et sa température plus élevée, exhalent notamment l'acide carbonique libre ou combiné dont les plantes peuvent extraire le carbone qui accroît leurs parties solides.

Plusieurs savans avaient dit, sans toutefois être d'accord avec tous leurs confrères, que dans la fermentation des engrais le dégagement d'une grande partie des produits volatils constituait une importante déperdition des principes utiles à la végétation. Cependant presque tous les agriculteurs avaient observé une influence défavorable plus ou moins fortement marquée de la part des fumiers non consommés, et surtout de diverses matières animales, telles que la chair, le sang, les viscères, etc. Ainsi donc la science indiquait tous les principes utiles, et la pratique semblait avoir appris combien il en fallait perdre pour assurer au résidu une incontestable efficacité.

La question en était à ce point lorsque, dans un concours ouvert par la Société centrale d'agriculture, le mémoire qui obtint le 1ᵉʳ prix démontra que l'on *pouvait* appliquer sans aucune déperdition toutes les matières organiques, même les plus putrescibles, à fertiliser les terres, et doubler, tripler, quelquefois même décupler ainsi leur effet utile. Depuis je reconnus encore que dans les sols fertiles *une faible réaction alcaline, due, soit à la chaux, soit au carbonate de soude ou de potasse* qui se trouvent dans les cendres, etc. *soit au carbonate d'ammoniaque* dégagé par les matières animales, *peut activer beaucoup la végétation ;*

Que la plupart des acides ou des sels acides sont, en général, nuisibles à la germination et au développement des plantes, mais qu'ils peuvent, au contraire, indirectement les favoriser lorsque, sans être en contact avec les extrémités des racines, *ils réagissent sur le carbonate de chaux, le décomposent lentement, et dégagent l'acide carbonique, véritable aliment de la végétation.*

Voici d'autres déductions non moins importantes de la pratique mise d'accord avec la théorie par une discussion grave de tous les faits naguère souvent contradictoires, et que nous nous sommes empressés de soumettre aux savans comme aux praticiens éclairés.

Déjà nous avons dit que les engrais de matières organiques agissent d'autant plus utilement que leur décomposition spontanée est lente et mieux proportionnée au développement des végétaux ; les résultats suivans ne sont pas moins constans.

Les engrais les plus actifs, de même que ceux qu'une forte résistance à la décomposition rend trop lents à réagir et presque inertes, *peuvent être mis dans les conditions favorables* précitées.

En rapprochant de l'état le plus convenable les engrais dont la dissolution et la décomposition spontanée sont le plus rapides, on *parvient à quadrupler et même à sextupler l'effet* réalisable (1).

La chair musculaire, le sang, divers détritus des animaux, ainsi que les fumiers, qu'on laissait autrefois s'altérer au point de perdre des 0,5 aux 0,9 de leurs produits, pourront *être utilisés aujourd'hui sans éprouver aucune déperdition* préalablement.

L'action énergique desséchante et désinfectante des *substances charbonneuses* ou des *charbons* ternes très-poreux, peut être *appliquée à la conservation des engrais* très-altérables et à la solution de problèmes du plus haut intérêt pour la salubrité publique.

Diverses matières organiques, dissoutes ou en suspension, en très-faibles proportions, dans l'eau, employées en irrigations abondantes, peuvent *assurer les plus remarquables effets* d'une belle végétation.

Les engrais dont les émanations putrides ne sont pas convenablement modérées peuvent *passer en partie sans assimilation* dans les plantes, au point d'y maintenir l'odeur forte qui les caractérise. Par la désinfection préalable, on peut *prévenir cet inconvénient* grave. Une expérience directe démontre, en outre, que certains principes odorans peuvent être sécrétés de même dans la chair des animaux, et notamment des poissons.

Les anomalies les plus frappantes dans l'action des os employés comme engrais *sont rationnellement expliquées,* rentrent dans la théorie générale, et peuvent être évitées dans la pratique ou reproduites à volonté.

Les charbons ternes, en poudre très-poreuse, imprégnés de substances organiques très-divisées ou solubles, agissent utilement : 1° par la *faculté spéciale de ralentir la décomposition* spontanée, de mieux proportion-

ner ainsi les émanations assimilables au pouvoir absorbant des plantes (car le charbon seul ne cède sensiblement rien de sa propre substance à l'action des extrémités spongieuses des racines) ; 2° et encore *comme agent intermédiaire capable de condenser les gaz* et de les céder aux plantes, sous les influences de température, de pression et d'humidité qui font varier ce pouvoir de condensation ; 3° enfin *en absorbant la chaleur* des rayons solaires et la transmettant au sol, et durant la nuit aux parties des plantes hors de terre, compensant ainsi les causes d'un trop subit et trop grand refroidissement momentané.

A. PAYEN.

SECTION III. — *Des différens engrais.*

Après avoir résumé les principes généraux relatifs aux engrais organiques sous différens états, nous allons les appliquer aux traitemens et à l'emploi des substances spécialement destinées à servir d'engrais en agriculture.

ART. 1er. —*Engrais tirés du règne végétal.*

§ 1er. — Des plantes terrestres.

I. *Engrais produits par les parties vertes.*

Dans tous les temps sans doute on a su utiliser les végétaux comme engrais. *Les Grecs,* au dire de THÉOPHRASTE ; *les Romains,* d'après PLINE, COLUMELLE et presque tous les auteurs qui nous restent de l'antiquité, recouraient fréquemment à ce moyen pour leur grande culture. « Quelquefois, dit VARRON, on sème diverses plantes non pour elles-mêmes, mais pour améliorer la récolte suivante en procurant par leurs fanes aux terres maigres une fertilité plus grande. C'est ainsi qu'on est dans l'habitude d'enfouir, au lieu d'engrais, des *lupins* avant que leur gousse commence à se former, et d'autres fois, des *fèves* dont la maturité n'est point assez avancée pour qu'on puisse les récolter. » — Columelle recommande d'une manière plus explicite encore d'employer le même moyen. Il veut que dans les terrains sablonneux on enterre ces végétaux lorsqu'ils sont tendres encore, afin qu'ils pourrissent promptement, et dans les sols plus tenaces, qu'on les laisse devenir durs et roides pour qu'ils puissent soutenir plus long-temps les mottes dans un état de division.

La pratique des engrais verts est encore générale *en Italie ;* PHILIPPO RE et son excellent traducteur M. DUPONT nous en offrent des preuves nombreuses. — Dans toute la Toscane on sème du *maïs* au mois d'août pour l'enterrer à la charrue vers le commencement d'octobre. — Les Bressans emploient une méthode analogue sur les terrains légers qu'ils se proposent de cultiver en froment. Ils sèment les *lupins* sur un second labour, à l'époque précitée, dans la proportion d'un hectolitre environ par hectare. — Dans le Bolonais et le territoire de Cesène, dès que

(1) Ainsi le charbon animal, contenant 0,15 de sang sec soluble, agit mieux à poids égal que le sang soluble ; c'est-à-dire que la putréfaction ralentie sextuple l'effet utilisé.

la moisson est faite, on profite de la première pluie pour semer des *féves* sur les ados de chaque sillon dans la proportion de près de 2 hectolitres par hectare ; à l'automne, lorsqu'elles sont en fleur, on les enterre à la bêche pour préparer le sol à recevoir, en mars suivant, une récolte de chanvre. — Dans le Vicentin, on coupe les féves en janvier et on les enfouit peu de temps avant de semer la plante qu'elles sont destinées à alimenter. — Les Toscans les coupent à la fin d'août ou au commencement de septembre, et les font servir à l'amélioration des fonds légers dans lesquels ils les enterrent au moment des semailles. — La *roquette* (*Sisymbrium*), quoique les cultivateurs éclairés ne la regardent pas comme une des plantes qui présentent le plus d'avantages pour ce genre d'amélioration du sol, est cependant employée assez en grand dans la campagne Bolonaise et dans quelques parties de l'ancienne Romagne. Semée à la fin d'août à raison de 4 à 5 kilogrammes par hectare, elle est en état d'être enfouie de la mi-novembre à la fin de ce mois. — Aux alentours de Côme ce sont les *haricots* qu'on préfère. — Sur quelques points du Milanais, depuis un temps immémorial on enfouit le *navet* en vert, malgré les utiles produits qu'on pourrait en tirer pour la nourriture des bestiaux. — Enfin, dans le val d'Arno, le pays de Reggio, la Calabre, etc., etc., on sème encore, selon les localités, pour le même usage, le *galega* ou *rue-chèvre*, l'*ers*, la *vesce*, le *sainfoin* commun et celui d'Espagne, le *millet* et le *maïs*.

La pratique des récoltes enfouies est aussi assez générale dans quelques-uns de nos *départemens méridionaux*. Le *lupin* et le *sarrasin* y sont cultivés communément dans l'unique but de suppléer à l'insuffisance des engrais. Ces deux plantes, d'une croissance rapide, peu difficiles sur le choix du terrain, riches en parties foliacées et d'une végétation à l'épreuve des sécheresses, peuvent être semées à l'aide d'un seul labour, sur un chaume retourné immédiatement après la moisson, et enfouies au moment de l'épanouissement de leurs fleurs, de manière à ne retarder aucunement les semailles d'automne. — Le sarrasin, dont on peut partout se procurer les graines à bas prix et dont un hectolitre environ suffit pour ensemencer un hectare dans le cas dont il s'agit, offre particulièrement de grandes ressources pour les pays pauvres : mieux que le lupin, il réussit dans nos contrées septentrionales, ainsi que le *trèfle*, la *spergule* et les *raves* qu'on y cultive dans le même but sur les terrains secs et légers. — Les *fèves*, les *pois* et les *vesces* sont préférés pour les terres argileuses.

C'est une coutume déjà fort ancienne sur *divers points des bords du Rhône*, et notamment aux environs de Bescenay, de semer des *vesces* ou du *sarrasin* aussitôt après la récolte du froment et de les enterrer à la fin de septembre pour semer du seigle. — Après la récolte du seigle, la même culture recommence pour préparer la terre à recevoir du froment en octobre.

Suivant M. SUTIÈRES, la *féve* est le meilleur des engrais verts pour le froment et les

prés. Cette plante peut, avec le temps, fertiliser les terrains les plus médiocres. On la fauche pendant le cours de la floraison ou peu de temps après, puis on l'enterre à la charrue au fond des sillons.

Les beaux chanvres du Bolonais sont dus à l'enfouissement du *seigle* en fleur, et les habitans de Turin utilisent la même céréale comme engrais, entre la culture du maïs et celle du froment.

Je ne chercherai pas à citer un plus grand nombre d'exemples, parce que nous aurons nécessairement à nous occuper encore de la pratique des récoltes enfouies, en traitant avec détail des *assolemens*.

A mesure qu'on remonte du midi vers le nord, les *avantages des engrais verts sont moins grands;* aussi, malgré quelques expériences heureuses faites en Angleterre et en Irlande, les cultivateurs de ce pays ont-ils pour la plupart renoncé à ce mode de fumure, regardant comme beaucoup plus avantageux de convertir les récoltes vertes en fumier, en les faisant consommer par les bestiaux, que de les enterrer.

On ne trouve pas toujours et partout assez de temps, ou un temps assez favorable entre la moisson et les semailles, pour obtenir une récolte propre à être enfouie aux approches de cette seconde époque. En pareil cas, les cultures-engrais ne peuvent être utilisées que sur jachère. Elles tiennent lieu d'une semence de printemps, mais elles préparent infiniment mieux le sol appauvri pour celle d'automne qu'une jachère d'été, lorsque celle-ci eût été nécessaire, puisqu'elles équivalent à une fumure, dont la masse surcroît bien sensible de travail et de dépense, attendu que les labours ne sont guère plus et souvent pas plus nombreux, et qu'avec un peu de soin, il est toujours facile de se procurer, sur la propriété même, les graines nécessaires.

Il est des circonstances dans lesquelles l'enfouissement des plantes vertes précède les semis de mars. Cela arrive, assez rarement, lorsque dans des terrains de mauvaise qualité on enterre successivement plusieurs récoltes différentes dont la dernière ne peut se commencer qu'aux approches des froids, et lorsqu'on a intérêt à ne retourner qu'au printemps un vieux trèfle ou toute autre prairie artificielle. — D'autres fois, après une ou plusieurs coupes pendant le cours de la belle saison, on en réserve une dernière pour être enterrée en automne. — Plus communément, on n'enterre que les racines ; mais une pareille pratique sort du sujet qui nous occupe en ce moment.

Les végétaux herbacés ne sont pas les seuls qu'on utilise comme engrais verts. On *emploie au même usage des arbustes et même des arbrisseaux.* Lors du défoncement des friches couvertes de *genêts*, d'*ajoncs* ou de *bruyères*, au lieu de brûler, ou tout en brûlant une partie de ces végétaux sur le sol, on enfouit quelquefois les rameaux au fond de la jauge de labour pour en obtenir un engrais durable et un excellent amendement des terres fortes.

Il arrive aussi qu'on les réunit par bottes et qu'*on les transporte dans les vignes* épuisées par une longue production, pour leur rendre la fécondité sans nuire à la qualité de leurs produits. En pareil cas, entre chaque rang de ceps, on creuse une rigole de 8 à 10 po.(0 m. 217 à 0 m. 270) de large, sans trop craindre de couper quelques chevelus, et, après l'avoir remplie de branchages, on recouvre au moyen de la terre enlevée de la rigole suivante. L'effet de cette opération, applicable surtout aux terres un peu fortes, se fait sentir pendant un grand nombre d'annees.

Les engrais tirés du règne végétal ayant moins que ceux qui proviennent du règne animal l'inconvénient de changer la saveur des fruits, les rameaux d'if, les tontures de buis, etc., etc., sont recherchés presque partout pour ajouter à la vigueur des arbres fruitiers. — Divers cistes, des gnaphalium et autres plantes qui abondent dans les lieux les plus arides des contrées méridionales de l'Europe, sont soigneusement réunis en Toscane sous le nom de *tignamiche*, et placés au pied des oliviers après avoir séjourné en tas assez long-temps pour éprouver un commencement de fermentation. J'ai vu cette méthode reproduite sur quelques points des *garrigues* du département de l'Hérault. — Du reste, toutes les tiges herbacées ou sous-ligneuses et toutes les parties vertes des végétaux, lorsqu'on ne leur trouve pas un meilleur emploi, peuvent être transformées immédiatement en engrais.—Elles fermentent d'autant plus promptement qu'elles contiennent davantage de substance parenchymateuse et moins de parties ligneuses, et que la décomposition de leur fibre est rendue plus facile par l'abondance des matières saccharines et mucilagineuses.

J'ai dit que *les plantes enfouies comme engrais* conviennent mieux aux climats chauds qu'aux autres. Par la même raison elles *conviennent mieux* aussi *aux terres sèches qu'aux terres humides.* — L'eau qu'elles abandonnent progressivement en se décomposant produit une humidité égale et constante on ne peut plus favorable au développement de toute végétation, lorsqu'elle est accompagnée de chaleur et qu'elle se trouve, comme dans le cas dont il s'agit, en contact avec des matières solubles.—Plus une plante sera riche en parties herbacées et charnues, mieux elle remplira donc son but comme engrais vert, non seulement par la raison que je viens de donner, mais parce qu'on peut induire du nombre et de l'épaisseur de ses feuilles qu'elle aura puisé dans l'atmosphère une plus grande quantité de principes nutritifs.

Pour les localités argileuses et humides, il faudrait au contraire choisir des tiges rameuses, coriaces et d'une lente décomposition, afin d'obtenir aussi un amendement. Cette vérité n'est pas neuve; on a vu qu'elle était parfaitement connue des Romains.

Le *meilleur moment d'enfouir les récoltes vertes* est celui de la floraison. Alors, surtout, elles sont gonflées de sucs sans avoir presque rien enlevé à la terre, car il a été démontré qu'elles ne commencent généralement à épuiser, ou, pour me servir de l'expression consacrée, à *effriter* celle-ci, que

depuis le moment où les graines se forment jusqu'à celui de la maturation.

Les engrais verts sont loin d'être suffisamment appréciés partout où ils pourraient être employés avec avantage.

II. *Engrais produits par les parties mortes ou desséchées.*

Les plantes, en séchant, ont perdu de leur qualité nutritive. Aussi ne les emploie-t-on guère en cet état à l'amélioration des terres, qu'après les avoir transformées en litière. Elles font alors le plus souvent partie des *engrais mixtes* dont il sera parlé ci-après. Les *tiges de maïs, de seigle,* les chaumes des *céréales, les pailles, les foins avariés* sont particulièrement dans ce cas.

Les feuilles qui puisent une grande partie de leur nourriture dans l'atmosphère, fertilisent à la longue de leurs dépouilles les fonds les plus ingrats S'il est impossible d'imiter avec avantage dans la pratique de la grande culture, en couvrant de feuilles des champs entiers, les procédés que la nature emploie dans les bois, il est au moins fort ordinaire d'utiliser, dans les jardins, ces précieux produits des arbres. — On les transforme de diverses manières en terreaux légers favorables à la végétation de plantes délicates. — On les mêle aussi aux autres fumiers pour en augmenter et en améliorer la masse, et je connais telles localités voisines de vastes plantations de conifères, où cet usage n'est pas un des moindres avantages de pareilles cultures.

Les fougères dans les terrains où elles abondent; — les *fanes de toutes les mauvaises herbes* détruites dans les champs ou sur les bords des chemins avant la maturité de leurs graines qui saliraient le sol en se développant; — les *mousses;* — les *feuilles* qu'on peut se procurer en abondance et à si peu de frais en employant des enfans à les ramasser dans les taillis ou les futaies, procurent dans quelques lieux et pourraient fournir dans beaucoup d'autres, par les mêmes moyens, d'importantes ressources.

Malgré la fécondité du *terreau végétal* qu'on trouve *dans les vieux troncs* pourris, je ne ferai que l'indiquer ici parce que son emploi ne se rattache pas à l'agriculture. — Il en est de même de la *sciure de bois* que sa lente décomposition rend très-propre à entrer dans la formation des terres de bruyères artificielles.

Quant aux *écorces extraites des fosses des tanneurs* où elles ontperdu, en grande partie du moins, leurs principes astringens, il est reconnu qu'elles sont néanmoins, par elles-mêmes dans cet état, peu favorables à la végétation. Parfois on les mêle à la poudrette, mais c'est une fraude doublement condamnable; car en augmentant la masse elles diminuent la qualité. — Comme la tannée est presque entièrement composée de fibre ligneuse, pour la faire entrer plus facilement en fermentation, DAVY a recommandé l'usage de la chaux.

Les *balles* qui se détachent des épis pendant le battage, les *chenevottes*, résidus de la préparation des chanvres ou du lin, peuvent aussi, quoiqu'elles contiennent peu de substances nutritives, être converties en engrais. Dans presque toutes nos campagnes on les jette sans précaution sur les fumiers. Il paraît qu'on n'est pas partout aussi insouciant. — *Dans le Frioul* on les fait ramollir quelque temps dans l'eau avant de les réunir en tas. Elles fermentent ainsi beaucoup plus promptement. — *Dans le Bressan* on les répand sur les prairies naturelles dans la proportion de 15 à 30 charretées par hectare. — Ailleurs on s'en sert pour fumer les vignes et les arbres fruitiers.

III. *Engrais produits spécialement par les graines et les fruits.*

Philippo Ré rapporte qu'il a vu mettre dans des fours *des graines de lupin* pour leur faire perdre leur propriété germinative et les employer ensuite comme engrais au pied des orangers et des oliviers. L'effet de cette substance devient très-promptement sensible, et l'on doit d'autant moins s'en étonner, qu'après les matières animales, les graines sont probablement de toutes les parties végétales celles qui jouissent, sous un moindre volume, de la plus grande faculté engraissante. — Dépouillées même de plusieurs de leurs principes, elles conservent cette faculté à un haut degré.

Tous les marcs de fruits, lorsqu'on ne leur trouve pas un emploi plus avantageux, peuvent donc devenir des engrais. — *Celui de raisin,* après avoir fermenté quelque temps en masse et à couvert, sert à féconder les vignes, les vergers, les prairies et même les cultures de céréales dans le midi de l'Europe. On l'utilise presque partout en jardinage.

Le marc de pommes et de poires, quoique moins actif, peut être employé en partie aux mêmes usages. Mis à pourrir, mêlé ensuite par moitié à de la terre et porté sur les champs secs et arides, il y produit un bon effet. En Normandie on lui reconnaît surtout la propriété d'améliorer les prairies et les jeunes plantations de pommiers.

Le marc de drèche, que son emploi à l'engraissement des bestiaux et son peu d'abondance en France ne permet guère de classer parmi les substances végétales fécondantes du sol dans nos contrées, est, aux environs de Londres où sa production est immense, est recherché presqu'à l'égal des meilleurs fumiers, puisque la quantité qu'on en répand par arpent n'est que de 26 à 39 décalitres. On peut expliquer cet effet par la proportion de matière azotée qu'il retient.

Enfin les *marcs de graines ou de fruits oléagineux* font surtout d'excellens engrais. Ceux-là méritent ici une attention particulière. *Dans le département du Nord,* les *tourteaux* sont devenus pour ainsi dire une des conditions de la bonne culture du pays. On les emploie sur les terres légères et franches, principalement pour les cultures de céréales et pour celles des colzas et du lin. Là il n'est pas rare de voir les fermiers répandre sur moins de 20 hectares, indépendamment de tout autre fumier, au-delà de 8,000 tourteaux de colza et de cameline qui leur coû-

tent, année commune, de 14 à 1500 francs.

En Angleterre, où l'usage des tourteaux de navette s'est étendu de plus en plus et où leur prix s'est élevé, au lieu d'en employer comme autrefois jusqu'à un demi *ton* par *acre* (1,400 kilog. par hectare), on n'en met plus maintenant qu'un millier de kilogrammes et même moins sur une semblable surface, et il paraît que les résultats sont encore très-bons fonds on a réussi avec une quantité qui ne dépassait pas de beaucoup la plus faible que je viens d'indiquer. Ailleurs on l'a portée de 6 à 700 kilogrammes; ailleurs encore, pour des sols de moindre qualité, jusqu'à 8 et 900 et même au-delà de 1000 kilogrammes. Enfin, dans le Bolonais, pour la culture exigeante du chanvre, on a été jusqu'à 16 et 1700 en employant de préférence, après le marc de colza, ceux de lin et de noix.

On n'utilise pas toujours les marcs oléagineux de la même manière. Dans le Bolonais dont je viens de parler, presque dans toute l'Angleterre et une partie de nos départemens, après les avoir plus ou moins finement pulvérisés, on les répand à la main quelques jours avant les semences et on les recouvre en même temps qu'elles. Sur les autres points de l'Italie, aux environs de Lille, de Valenciennes, etc., on en saupoudre au printemps les jeunes plantes déjà développées, comme on le fait dans d'autres circonstances au moyen des fumiers et des stimulans les plus puissans.

Quelques expériences concluantes ont démontré que la *macération des tourteaux dans l'eau* produit un engrais liquide d'une grande énergie. Dans la Flandre on les mêle aussi aux urines des étables ou à d'autres substances animales.

Le *marc des olives* qui offre la peau, le parenchyme et les noyaux, quelque bien pressé qu'il soit, même dans les moulins de recense, contient encore de l'huile qu'on en retire en le faisant pourrir dans des citernes; la boue qu'il laisse au fond de ces citernes est un excellent engrais, dont Bosc assure cependant qu'on ne tire guère parti dans les cantons de la France où l'on cultive l'olivier. Je l'ai vu çà et là employé dans les pépinières, et au pied de chaque arbre dans les oliveraies.

Il y a un petit nombre d'années, on a cherché à substituer l'usage *de l'huile* même à celui des gâteaux oléagineux. Je ne crois pas qu'une telle pratique puisse être recommandée; car, si les tourteaux produisent de si bons effets sur les terres, cela tient sans doute bien plus à ce qu'ils contiennent beaucoup de substance azotée albumineuse, qu'à ce qu'ils conservent une certaine quantité d'huile. D'ailleurs on ne peut pas douter que la question d'économie ne fasse proscrire entièrement l'emploi de l'huile comme engrais.

D'après tout ce que j'ai lu et ce que j'ai vu, particulièrement dans le Nord, je regarde les tourteaux oléagineux comme un excellent engrais. Toutefois, la note suivante de notre collègue VILMORIN, dont la riche expérience a été déjà tant de fois utile à l'agriculture française, engagera le lecteur à ne pas les employer, dans tous les cas, sans quelques essais préalables.

OSCAR LECLERC-THOUIN.

Quoique l'efficacité, comme engrais, des tourteaux de graines oléagineuses, soit tellement prouvée par une longue expérience, en Flandre, en Belgique et en Angleterre, qu'on ne puisse la révoquer en doute, il est cependant certain que leur emploi, en poudre et à sec, présente quelquefois des exceptions fort étranges, jusqu'au point de produire des effets destructifs de la végétation. Voici ce que j'ai éprouvé à cet égard :

En septembre 1824, voulant faire, sur une terre très-calcaire et maigre, l'essai comparatif de divers engrais et amendemens pulvérulens, je fis diviser en cinq bandes égales une pièce d'un demi-hectare qui allait être semée en trèfle incarnat, et chacune d'elles reçut, immédiatement après la semence, l'engrais qui lui était destiné : 1° poudrette; 2° marc de colza ; 3° urate; 4° chrysolin (engrais que fabriquait alors mon ami le docteur RANQUE, d'Orléans); 5° cendres de tourbe. La semence et les amendemens furent enterrés par le même hersage. Les bandes 1, 3, 4 et 5 levèrent parfaitement; mais la deuxième, qui avait reçu la poudre de colza, resta absolument nue; rien n'y parut, qu'une faible plante çà et là ; enfin c'était comme une allée entre deux pelouses bien vertes. Le tourteau avait été employé sur le pied de 1,000 kilogrammes à l'hectare, quantité indiquée par tous les ouvrages que j'avais consultés et que des cultivateurs flamands m'avaient également donnée comme convenable.

Une autre pièce de 75 ares, semée en vesces d'hiver et en pois gris d'hiver, et traitée de la même manière, présenta absolument les mêmes résultats; ces deux graines levèrent très-bien sur toute la pièce, excepté sur les deux bandes amendées avec la poudre de tourteau. Les pois et les vesces, examinés peu de temps après, avaient, en général, leur germe sorti; mais il était noirci, retrait, et les graines semblaient brûlées comme si elles eussent passé par le feu. La quantité avait été la même que dans l'essai précédent, et je ne pense pas qu'il ait pu y avoir d'erreur: j'avais fait peser et ensacher devant moi les doses destinées pour chaque bande, chaque sac était étiqueté et la semaille avait été faite par un homme intelligent, sachant lire, et accoutumé à des expériences minutieuses.

Dans les années subséquentes, j'ai plusieurs fois essayé le marc de colza, au printemps, sur des céréales fatiguées et dans des terrains silico-argileux tout-à-fait différens du précédent; je l'ai vu, dans toutes ces épreuves, produire des effets plus ou moins nuisibles : sur les portions de champ ainsi traitées, les plantes ont, en général, dépéri au lieu de se remettre; là où le hersage avait laissé une traînée ou quelques parcelles de colza à découvert, on trouvait celles-ci couvertes de moisissure. Une dernière tentative que j'ai faite en 1833, à moitié dose, c'est-à-dire à raison de 500 kil. seulement, avec du tourteau de graine de radis, sur un hectare d'avoine en herbe, a également produit de mauvais effets assez marqués. — Quoique je ne puisse me rendre compte de résultats si opposés à ceux que l'on dit avoir lieu partout ailleurs, il m'a paru cependant essentiel de les faire connaître, pour appeler l'attention des observateurs et des praticiens sur les effets de la poudre de tourteaux *employée à sec et sans mélange*. Cela peut être d'autant plus utile, qu'aucun des ouvrages modernes que j'ai consultés ne fait mention de rien de semblable. C'est dans DUHAMEL seulement, qu'à force de chercher, j'ai trouvé une indication confirmative de mes observations et un moyen de prévenir des accidens tels que ceux que j'ai éprouvés (du moins pour l'emploi au moment de la semaille). Dans les *Élemens d'agriculture* de cet auteur, t. 1, p. 193, il est dit que « le marc des graines oléagineuses doit être répandu 10 à 12 jours avant de semer le grain : » sans cela, ajoute M. Van Eslande, qui dit Duhamel tenait ces notes, « les graines qui s'envelopperaient de cette poudre, avant qu'elle eût éprouvé l'action du soleil, ne germeraient point.» Depuis, j'ai su de M. M. A. PUVIS, de Bourg, savant aussi distingué que bon agronome, que dans le département de l'Ain, où les cultivateurs emploient habituellement les marcs de graines grasses pour l'amendement des chenevières, ils ont soin de répandre et herser cet engrais environ 15 jours avant de semer le chanvre.

VILMORIN.

§ II. — Des plantes aquatiques.

I. *Engrais produits par les herbes d'eau douce.*

Parmi les herbes qui croissent dans les eaux douces, il faut distinguer, eu égard à leur emploi comme engrais, celles qui, en se décomposant sous l'eau, ont donné naissance à de la tourbe, et celles qu'on arrache encore vertes pour les utiliser dans cet état à la fertilisation du sol.

La tourbe, dont il a déjà été parlé en traitant des terrains tourbeux, semblable en cela à toutes les substances organiques et inorganiques qui ont été long-temps soustraites au contact immédiat des gaz atmosphériques, est d'abord complétement impropre à la végétation. À mesure qu'elle éprouve une seconde décomposition sous l'influence de l'oxigène de l'air, elle devient un bon engrais; mais cet effet est d'une lenteur excessive; aussi préfère-t-on généralement la faire brûler pour en répandre les cendres (*V.* Chap. *Amendemens*, p. 74) que de l'utiliser directement. Dans maintes circonstances, cependant, il peut être désirable de s'en servir pour augmenter la masse des fumiers. — On y parvient de différentes manières.

En Irlande, après l'avoir simplement desséchée et pulvérisée, on l'emploie plus tard avec l'addition d'un peu de chaux, pour toutes les cultures économiques et plus spécialement pour celle des pommes-de-terre.

Comme cette substance, par suite de sa formation chimique, est infiniment peu soluble, afin de provoquer sa fermentation, lord MEADOWBANK a judicieusement recommandé de la *mêler à d'autres substances* moins fixes, telles que des engrais facilement putrescibles et déjà dans un état de décomposition, et cet avis a été généralement suivi de succès.

— L'emploi de la chaux magnésienne, de la chaux ordinaire, des marnes calcaires et des cendres alcalines a produit des effets analogues toutes les fois qu'on a cherché par leur moyen, soit à rendre des tourbières cultivables, soit à transformer des masses de tourbe en engrais. — On peut donc arriver de deux manières aux mêmes résultats. — L'agronome anglais que je viens de citer établit en fait qu'une seule partie de fumier chaud suffit pour amener 3 ou 4 parties de tourbe à un état suffisant de fermentation. — D'un autre côté, l'Allemand KASTELER s'est convaincu, à la suite d'expériences directes, que la chaux nouvellement éteinte et à l'état d'hydrate, c'est-à-dire réduite en poussière au moyen de l'eau, au sortir du fourneau, agit sur la tourbe de manière à transformer peu-à-peu les parties fibreuses et résineuses qu'elle contient en acide humique, lequel forme aussitôt un *humate de chaux*, engrais très-durable, qu'on pourrait ainsi préparer pour les besoins de la culture avec une grande facilité. — La pratique la plus fréquente, qui consiste à *stratifier le fumier d'étable et la tourbe* desséchée et pulvérisée, et à mêler un peu plus tard le tout, résume donc tous les avantages de l'une et de l'autre théories.

La plupart des cultivateurs anglais emploient souvent le terreau de tourbe comme *top-dressing*, c'est-à-dire en la *semant au printemps sur les plantes* déjà développées. Ils trouvent qu'en suivant cette méthode il y a autant à gagner pour l'effet produit, l'économie de main-d'œuvre et celle de l'engrais.

Il est bien peu de contrées où l'on ne recueille pas les *plantes aquatiques des marais et des étangs* pour suppléer aux fumiers ou en accroître la masse. — Tantôt on laisse ces plantes étendues sur le sol pendant quelques jours, après les avoir arrachées, puis on les enterre simplement à la charrue; — tantôt on les réunit par tas pour qu'elles se décomposent, et on les transforme en composts, en les mélangeant en diverses proportions avec de la terre.

II. *Engrais produits par les plantes marines.*

Ces plantes, telles que *le fucus, les algues les conferves*, etc., sont encore plus recherchées que les autres, partout où l'on peut se les procurer sans trop de frais. — Elles contiennent en abondance une substance mucilagineuse facilement séparable, et une quantité de sel marin qui augmente sans nul doute leurs propriétés fécondantes.

Dans beaucoup de cantons, c'est une *source très-importante de fertilité*; et lorsqu'on les emploie judicieusement, elles ne manquent jamais d'enrichir les districts situés sur les côtes de la mer, soit qu'on aille couper ces herbes sur les rochers, soit que la mer les jette sur le rivage. Cependant les effets qu'elles produisent sont loin d'être aussi durables que ceux du fumier, car ils ne se font sentir que sur une ou deux récoltes.

Les herbes marines, appliquées aux terres arables, *ne peuvent pas être répandues et enterrées trop tôt* après qu'elles ont été recueillies. Si on ne peut pas le faire immédiatement, à cause de la saison ou pour toute autre cause, on doit en faire des composts avec de la terre et du fumier long ou de la chaux.

En répandant ces herbes *sur d'anciens pâturages*, non seulement on en augmente la quantité, mais on améliore la qualité de l'herbe. Le bétail à cornes ainsi que les bêtes à laine la mangent avec plus d'avidité, prospèrent mieux et s'engraissent plus promptement. — Cette substance ne convient pas autant que le fumier *pour l'avoine* ou pour une récolte de *turneps;* mais elle réussit parfaitement bien *pour l'orge.* Lorsqu'on l'applique sur les jeunes pousses *du trèfle*, après la moisson, elle les détruit. On peut la mêler avantageusement avec le fumier de cour de ferme. On emploie par acre un tiers en plus, en poids, d'herbes marines que de fumier.

Cet engrais présente *divers avantages particuliers :* — il ne contient pas de semences de mauvaises herbes; — il se décompose rapidement; — il est immédiatement utile aux plantes, sans exiger un long procédé de préparation. Avec son secours, le cultivateur peut semer plus fréquemment des céréales ou des récoltes vertes, et augmenter ainsi la quantité de ses fumiers. On ne peut révoquer en doute ses bons effets, et on ne peut rien objecter à son emploi, si ce n'est qu'on prétend que les grains qu'il produit sont de qualité inférieure. (*Agriculture pratique et raisonnée*, par sir John SINCLAIR.)

Dans la Normandie et la Bretagne, on fait usage des plantes marines depuis un temps immémorial; on préfère les *varecs de rochers*, c'est-à-dire ceux qu'on va arracher à marée basse, aux *varecs d'échouage*, qui cependant contiennent évidemment beaucoup plus de matières animales. — Les premiers, enterrés sur place au sortir même de la mer, se décomposent plus rapidement que les autres. On les emploie seuls, tandis que les fucus ramassés sur la plage ne sont ordinairement utilisés que comme litière.

Assez souvent on *mêle les débris de plantes marines aux autres fumiers;* parfois on les *laisse pourrir* isolément ou on les *stratifie avec de la terre*, pour les transformer en compost. — Ces méthodes paraissent être préférées, *en Italie*, à l'enfouissement immédiat qui est au contraire préféré, je crois avec raison, dans d'autres lieux. Aux environs d'ANCÔNE, on ne connaît presque pas d'autres engrais que les algues et la zostera réduites en terreau par une fermentation naturelle dans un lieu couvert. — Sur d'autres points de la rive adriatique, on les étend sur les chemins, et, lorsqu'elles y ont été en partie triturées, mêlées aux urines, aux excrémens des animaux et à la poussière du sol, on les réunit à la masse commune des autres fumiers.

L'emploi des varecs ou fucus, sur les côtes de France, a été considéré comme assez important pour qu'une *ordonnance ait fixé l'époque de leur récolte* entre la pleine lune de mars et celle d'avril, parce qu'à cette époque ils ont répandu leurs granules reproducteurs et ne sont point encore couverts du frai des poissons.   Oscar LECLERC-THOUIN.

ART. II.—*Des engrais animaux.*

Ce sont les animaux qui fournissent les engrais les plus puissans : la *chair musculaire,* le *sang,* la *corne,* les *débris des peaux,* des *tendons,* la *laine,* la *soie,* la *matière fécale,* les *os* et quelques préparations de ces substances, objets de grandes exploitations industrielles, telles que le *noir animalisé,* tiennent à cet égard le 1er rang ; ils peuvent être expédiés à des distances considérables et offrir un complément indispensable aux engrais végétaux et aux fumiers des écuries. Ainsi, l'on peut dire que les débris des animaux et les déjections animales offrent les plus riches agens de la fertilisation des sols. — Nous croirons donc devoir exposer avec quelque étendue cette large base sur laquelle repose l'agriculture, la prospérité des peuples, et même, nous le verrons bientôt, la salubrité des grandes villes.

§ 1er.— De quelques substances peu employées.

Aucune expérience certaine n'autorise à considérer *les matières grasses* comme susceptibles de servir d'engrais directement.

Les tendons sont en général trop difficiles à diviser pour former des engrais pulvérulens ; il faudrait se borner à les trancher en menus morceaux.

Sabots, ergots, onglons, cornes.—Ces débris d'animaux constituent un des plus riches engrais azotés ; mais leur forte cohésion et la difficulté de les diviser, autant souvent que leurs prix élevés, précisément en raison de leur volume et de leur moindre coloration, en font réserver la plus grande partie pour les usages de la tabletterie. Ceux qui sont défectueux ou d'un petit volume, se vendent aux fabricans de bleu de Prusse ; enfin les *râpures de corne,* déchets des tabletiers, se présentent comme engrais dans les conditions les plus favorables. Il convient de les couvrir de terre près des plantes, afin d'éviter que le vent ne les déplace. Cet engrais, d'un prix élevé, a été employé avec succès, de même que ceux indiqués ci-après, pour les oliviers, les mûriers et les vignes.

Plumes, crins, poils, bourres de laine et de soie. — Les plumes défectueuses et toutes celles qui ne peuvent servir ni pour les lits, ni pour écrire, ni pour les tubes des pinceaux, ainsi que les crins, poils, bourres de laine et de soie, qui ne peuvent être employés plus avantageusement dans divers ouvrages de sellerie, bourrelerie, tissus, etc., seront aisément utilisés aussi comme un excellent engrais, en les mettant dans des sillons creusés près des plantes et les recouvrant de terre. Toutes ces substances, de même que celles comprises dans le paragraphe précédent, quelque divisées mécaniquement qu'elles soient, offrent encore une trop grande résistance à la décomposition pour suivre les progrès de la végétation et réaliser leur maximum d'effet ; nous verrons plus loin qu'il en est généralement de même pour une autre substance résistante, les os, tandis que la chair, le sang et la matière fécale, qui sont peut-être trop vite décomposables, peuvent être mises dans les conditions le plus favorables et réaliser la plus grande proportion de leur effet utile.

La viande des animaux morts, cuite et divisée comme il est dit dans le livre des *Arts agricoles,* et que l'on ne se déciderait pas à donner aux bestiaux, formerait l'un des meilleurs engrais (et même le meilleur de tous préparée comme nous le dirons plus bas). Pour en faire usage, on la mélange le plus intimement possible avec environ six fois son poids de terre du champ, afin de la répandre en petite quantité et bien également sur les terres emblavées. Cet engrais, mis à la main près du pied de la plupart des plantes potagères et de grande culture, des vignes, pommes-de-terre, betteraves, etc., sans être en contact immédiat avec la tige, active la végétation d'une manière remarquable. On peut encore la semer comme du grain, à la volée, pour l'engrais des terres qu'elle fertilise extraordinairement. Mélangée avec deux fois son volume de terre pulvérulente, son dosage devient extrêmement facile, et 1500 kil. de ce mélange suffisent à la fumure d'un hectare de terre. Nous nous sommes assurés, par des essais comparatifs, que cette substance est sensiblement préférable comme engrais au sang sec en poudre.

§ II. — Du sang desséché.

Sang. — Ce liquide, cependant (surtout lorsqu'il a été soumis à la coction qui, le coagulant, retarde sa décomposition dans la terre), est reconnu si utile à la végétation des cannes à sucre, que depuis peu, on l'expédie de Paris, avec une valeur de 20 fr. les 100 kilogrammes, aux colonies, où il arrive coûtant 40 fr. Le sang, en quelque état qu'il se trouve et de quelque animal qu'il provienne, offre donc aux habitans des campagnes une précieuse *ressource comme engrais,* et déjà, sous ce rapport, il a formé la base d'une spéculation importante à Paris.

Voici un des *procédés les plus simples* pour l'utiliser : On fait dessécher au four, immédiatement après la cuisson du pain, de la terre exempte de mottes, que l'on a soin de remuer de temps à autre au moyen du rable ; il en faut environ quatre à cinq fois plus que l'on n'a de sang liquide ; on tire sur le devant du four cette terre chaude, et on l'arrose, en la retournant à la pelle, avec le sang à conserver ; on renfourne de nouveau le mélange, et on l'agite avec le rable, jusqu'à ce que la dessiccation soit complète. On peut alors remettre le tout dans de vieux barils ou caisses, à l'abri de la pluie pour s'en servir au besoin. La terre, dans cette préparation, est utile surtout pour présenter le sang dans un état de division convenable, et rendre sa décomposition dans les champs plus régulière et plus lente. On saura d'ailleurs quelle surface ces mélanges pourront couvrir comme engrais, en se rappelant que 3,000 kil. de sang liquide donnent 750 kil. de sang coagulé et séché qui suffit à la fumure d'un hectare. 100 kilogr. de sang en cet état équivalent, comme engrais, à 300 kilog. d'os concassés, ou six voies de bon fumier de cheval, pesant ensemble 7,200 kil. C'est un engrais de beaucoup supérieur à tous ceux connus et désignés sous les noms de poudrette, tourteaux, etc.; il ne le cède qu'à la viande séchée mise en poudre.

§ III.—Issues, vidanges et déchets des boyaux.

Toutes les parties internes des animaux, telles que le foie, les poumons, la cervelle, le cœur, ainsi que les déchets de boyaux, doivent être hachées le plus menu possible, puis mélangées, ainsi que la vidange des intestins, avec de la terre fortement séchée, celle-ci dans la proportion de six fois le volume des matières animales. Lorsque cette composition est bien malaxée à la pelle, on la répand sur les sols à fumer, dans la proportion d'un kilogramme par mètre de superficie ou 10,000 kilog. par hectare.

Cet engrais donne de très-bons résultats: il est notamment très-favorable à la végétation du blé. Si l'on ne pouvait pas le répandre immédiatement après la préparation, il faudrait le conserver dans une fosse ou tout autre endroit frais, et, dans tous les cas, à l'abri ou recouvert de terre.

§ IV. —Os : explication des divers résultats de leur emploi dans l'agriculture.

Aucune des substances dures, débris de l'organisation animale, n'offre de plus remarquables exemples d'effets variés dans son action comme engrais que les os sous différens états. On trouve dans les nombreux mémoires agricoles y relatifs les plus singulières questions que la pratique puisse laisser à résoudre.

Les os, qui se trouvent en masses assez importantes à la disposition des agronomes et des spéculateurs, se présentent sous les différentes formes suivantes: *Frais*, tels qu'ils ont été extraits des animaux récemment abattus, *plus ou moins divisés*, et *entiers*: sous chacun de ces trois états, leur décomposition est presque toujours trop lente, activée d'ailleurs par les influences bien connues de l'air, de la température et de l'humidité; mais, toutes choses égales d'ailleurs, on avait observé des différences énormes et qui semblaient inexplicables dans la durée de la décomposition, et par conséquent dans l'effet utile produit en un temps donné.

Des expériences spéciales m'ont conduit à démontrer la *cause de ces anomalies apparentes*. Les os contiennent, dans leurs parties celluleuses et dans diverses cavités, une substance grasse, sécrétée à part, plus ou moins consistante. Cette substance est libre dans le tissu adipeux de toutes les anfractuosités qui la recèlent, car il suffit de lui ouvrir un passage, en les tranchant, et de plonger les os ainsi coupés dans l'eau bouillante, pour la faire sortir et la voir aussitôt nager à la superficie du liquide. La proportion moyenne que l'on peut obtenir des divers os de bou-

cherie est d'environ 0,1, bien que les parties très-spongieuses, qui en renferment le plus, en contiennent jusqu'à 0,5.

La proportion de la matière grasse extraite par ce procédé diminue graduellement au fur et à mesure que les os se dessèchent. Elle devient presque nulle lorsque la dessiccation a lieu sous une température élevée, soit au soleil, soit à l'étuve. On conçoit, en effet, qu'au fur et à mesure de l'évaporation de l'eau qui remplissait les interstices de la substance osseuse, la graisse liquéfiée par la chaleur a pu graduellement prendre sa place. Un des effets de cette pénétration a été d'imprégner le réseau organique qui renferme le phosphate et le carbonate de chaux. Ce réseau, déjà difficilement attaquable par suite de sa cohésion et de son insolubilité, défendu, d'ailleurs, par les substances inorganiques interposées, est devenu bien moins altérable encore lorsque la matière grasse, non seulement l'imprègne et le défend de la pénétration de l'eau, mais encore lorsque, peu-à-peu acidifiée, elle forme avec la chaux un savon calcaire, dont M. d'Arcet a démontré l'inaltérabilité sous les influences atmosphériques.

Les *os, dans cet état si difficilement alterables*, ne doivent donc exercer qu'une action insensible comme engrais, à moins qu'ils ne soient excessivement divisés. Ce qui confirme et explique encore l'observation pratique qui semblait anomale, c'est que, mis pendant quatre années dans la terre, ces os ont à peine perdu 0,08 de leur poids, tandis que tout récemment extraits des animaux et privés par l'eau bouillante de la presque totalité de la graisse, ils laissent facilement altérer leur réseau organique et perdent dans le même temps de 25 à 30 centièmes de leur poids.

Voici trois autres résultats curieux et singuliers en apparence, de l'emploi des os traités à la vapeur.

Les *os concassés dont on a obtenu de la gélatine* par l'action de l'eau et de la température dans divers appareils, forment un résidu dont l'application comme engrais a été maintes fois essayée. Dans quelques expériences, plusieurs agriculteurs ont obtenu de ces résidus, la première année, plus d'effet utile que des os eux-mêmes. Dans d'autres, une action à peu près égale à celle des os, mais peu durable, fut observée. Enfin, plus généralement on obtint très-peu ou point d'influence favorable sur la végétation. Des analyses multipliées et leur discussion attentive m'ont permis d'apercevoir l'état différent sous lequel ce résidu, en apparence le même, produisait trois sortes de phénomènes si tranchés.

Les os, traités par le procédé en question, laissent un résidu variable; je l'ai rencontré tantôt contenant de 80 à 95 centièmes de matière organique azotée altérable des os, tantôt en renfermant seulement 25 à 33, plus ordinairement 1 à 2 p. %; enfin, quelquefois à peine quelques millièmes. Voici les causes et les effets de ces proportions variées : La température est presque toujours élevée dans ces opérations, au point de rendre la plus grande partie du réseau soluble, et, par conséquent, les os sont désagrégés et faciles à rompre. Mais, bien que soluble, la substance organique altérable peut être encore engagée dans les interstices, soit que les lavages propres à l'entraîner aient été opérés en proportions insuffisantes ou dirigés par des *fausses voies*, ou encore que la vapeur ait à peine saturé l'espace ou se soit presque exclusivement condensée sur les parois des digesteurs. Cette matière, soluble dans la proportion de 0,8 à 0,9 de celles que renferment les os, agira plus rapidement comme engrais, puisque sa dissolution et son altération seront plus rapides sous les mêmes influences ; mais, au lieu de se prolonger 4 à 5 années, son action sera presque épuisée en une saison ; la pratique a toujours confirmé cette déduction rationnelle. Un lavage mieux opéré, mais incomplet, rend facilement compte de la présence et de la solubilité de 0,25 à 0,33 de matière gélatineuse dans le résidu : on en déduit de même la démonstration de l'action prompte, mais moindre et moins durable encore que dans l'exemple précédent. Quant à la réduction à 0,01 ou à 0,02 au plus dans la proportion de la substance azotée altérable (1), elle amène évidemment l'inefficacité comme engrais organique d'un tel résidu. Mais cet état résulte, je l'ai constaté, de l'une des deux circonstances principales suivantes ou de leurs concours :

Lorsque l'on traite en grand les os dont on a tranché les parties celluleuses seulement et extrait la matière grasse, la division n'étant pas poussée assez loin, les lavages sont insuffisans et on n'obtient que 13 à 15 centièmes de gélatine sèche ; il devrait donc rester environ 15 centièmes de tissu fibreux, ou des produits de son altération ; mais à peine ces marcs sont-ils mis en tas, qu'une vive fermentation s'y développe et dégage d'abondantes vapeurs ammoniacales ; la plus grande partie de la matière organique disparaît ainsi graduellement.

La deuxième circonstance qui produit également un résidu fort pauvre résulte d'un traitement bien dirigé s'appliquant à des os suffisamment divisés, et enfin épuisés par des lavages méthodiques, comme cela se pratique habituellement dans les appareils des hôpitaux.

On doit donc généralement s'attendre à ne trouver dans les fabriques de colle d'os que des résidus très-appauvris et sans valeur comme engrais.

Aussi l'usage en a-t-il été abandonné par les agriculteurs même quand d'abord en avaient obtenu des résultats avantageux ; ces différences sont donc maintenant très-facilement expliquées, et une simple analyse consistant dans l'épuisement à l'eau bouillante d'une partie de ces résidus séchés et mis en poudre, suffirait pour les indiquer, *à priori*, puisqu'en desséchant et pesant de nouveau la substance pulvérulente épuisée, on constaterait la quantité dont l'eau bouillante aurait

diminué le poids total, et, par conséquent, la proportion de matière organique soluble, tout le reste étant presque entièrement inerte comme engrais et ne pouvant agir que comme amendement calcaire.

Application des os à l'agriculture. —Dans leur état naturel, les os réduits en poudre forment un excellent engrais que l'on répand dans la proportion moyenne de 1500 kilogrammes par hectare, et dont l'influence remarquable se fait sentir en décroissant pendant trois à cinq années successives, suivant le sol et les saisons ; tous les os sont, au reste, propres à cette application, lorsque l'éloignement ou le manque de communications ne permet pas d'en tirer un meilleur parti pour les industries que nous ferons connaître dans la Div. des *Arts agricoles* (2), et lorsque d'ailleurs on peut se procurer la machine assez dispendieuse de premier établissement, et coûteuse de force motrice, pour les broyer.

Au reste, à défaut de cette machine, on emploiera souvent avec avantage, surtout dans les intervalles que laissent les travaux des champs, les *procédés d'écrasement à la main*, en coupant d'abord les os avec une hachette, et les écrasant ensuite à l'aide d'un gros marteau.

J'ai remarqué qu'*il est beaucoup plus facile de concasser les os fortement desséchés* et chauffés qu'à l'état frais ; il conviendrait donc de les enfermer dans un four aussitôt après la cuisson du pain, et de les écraser ensuite tout chauds.

En France, dans le département du Puy-de-Dôme, on emploie les os concassés comme engrais ; en Allemagne, cette pratique est plus répandue : 10 hectolitres y remplacent 80 voitures de fumier pour un hectare. Mais ce sont les Anglais qui ont le plus en grand appliqué ce mode de fumure ; ils tirent de Russie et des Indes des chargemens considérables d'os, outre une grande partie de ceux qui résultent de leur forte consommation en viandes. L'hectolitre de poudre grossière d'os coûte aux agriculteurs environ 15 francs ; ils en emploient de 15 à 40 hectolitres pour un hectare ; cette fumure produit des effets durant 10 à 25 ans et accroît énormément toutes les récoltes, notamment celles des prairies et des turneps. On a remarqué qu'un mélange de cendres de bois à volume égal ou de 2 à 3 p. °/₀ de salpêtre, rendait plus efficace encore cet engrais.

Les os en poudre peuvent être déposés dans les fossettes avec les pommes-de-terre, ou semés sur les graines avant de passer la herse ou le rouleau qui les recouvrent de terre.

On préfère quelquefois les mélanger avec la terre préalablement labourée et hersée en repassant la herse et le rouleau à deux reprises.

Si les os étaient en poudre fine, on pourrait avec avantage les déposer sur les plants

---

(1) Il reste en outre toujours une proportion variable entre 0,03 et 0,08 d'un savon calcaire, mais qui est sans influence sur la végétation.

(2) Les os employés à la fabrication du noir animal ne sont pas perdus pour l'agriculture, car nous verrons qu'après avoir à l'état du charbon en poudre, servi à raffiner le sucre, ils recèlent du sang coagulé dont ils concourent à rendre l'effet comme engrais très-remarquable.

repiqués et les recouvrir en refermant le trou du plantoir.

§ V. — Des engrais liquides.

Le sang et l'urine des divers animaux, la gélatine en solution visqueuse, les oléates, stéarates et autres sels gras dissous et accompagnés de matières organiques en solution ou suspension émulsive, les matières plus ou moins fluides extraites des intestins, et en général tous les liquides chargés de substances organiques, mis dans les circonstances atmosphériques où leur décomposition s'opère rapidement et en contact avec les jeunes plantes, fatiguent d'abord ou altèrent leurs faibles organes, puis bientôt, presque complètement dissipés, ne sauraient plus contribuer au développement ultérieur des végétaux échappés à l'énergie trop forte de leur première action.

Cependant, tous ces liquides, sans exception, ceux mêmes qui sont le plus chargés des substances le plus rapidement altérables, peuvent, dans des circonstances données, constituer d'excellens engrais; nous allons en citer quelques exemples frappans.

Etendus d'eau au point de contenir seulement 4 à 5 millièmes du poids total de substances organiques sèches, puis employés en abondantes irrigations, tous peuvent déterminer des effets extraordinaires sur la rapidité des progrès de la végétation; mais, à défaut d'irrigations économiquement praticables, ils exigeraient souvent des arrosages trop dispendieux.

C'est ainsi que *les eaux savonneuses et ménagères,* mêlées aux liquides écoulés de plusieurs boucheries, des étables très-nombreuses et des lessives d'une foule de buanderies dans deux villages populeux près de Paris, entraînées d'abord par une faible source dans les rigoles d'un vaste jardin maraîcher, y produisent des récoltes plus que doubles de celles obtenues ordinairement dans cette petite culture; dirigées ensuite dans une prairie naturelle, dont elles recouvrent à volonté successivement toutes les parties, elles donnent lieu à 5 coupes des plus abondantes, dans un sol qui n'en permettait qu'une autrefois.

J'ajouterai que *la plupart des eaux naturelles* contenant des proportions notables de matière organique, comme celles que j'ai rencontrées en analysant l'eau d'un puits foré rue de la Roquette, et comme le démontre encore la composition reconnue par M. Chevreul de l'eau des puits forés à Tours; ces eaux, dis-je, employées en irrigations, offriraient elles-mêmes un aliment à l'accroissement des plantes.

Si l'on se rappelle, en effet, que diverses plantes peuvent exhaler chaque jour dans l'atmosphère plusieurs fois leur poids de vapeur d'eau, retenant dans leurs tissus, soit assimilées, soit interposées, presque toutes les matières non volatiles qui y étaient dissoutes, on concevra l'influence notable de quelques 10 millièmes de ces substances solubles sur leur poids après une végétation de plusieurs mois.

Les *riches cultures des Flamands et des Belges* démontrent le parti avantageux que l'on peut tirer des engrais azotés fluides plus ou moins étendus d'eau (1). Voici comment on les obtient et on les emploie dans cette contrée :

Des réservoirs en maçonnerie citernés (*fig.* 55), sont construits le plus à portée possible pour recueillir les urines des étables, les vidanges des latrines, et, d'un autre côté, près des chemins qui conduisent aux champs en culture.

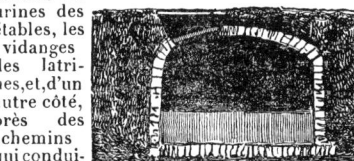

Fig. 55.

Ces matières mélangées ainsi et conservées dans ces sortes de vases clos, enterrés sous le sol, sont à l'abri des plus fortes causes de leur fermentation, c'est-à-dire de l'accès de l'air et de l'élévation de la température.

Lorsque l'on veut s'en servir en arrosages, on en tire une portion que l'on étend de 5 à 6 fois son volume d'eau, puis *on emplit des tonneaux* avec ce mélange que l'on répand sur les terres en le laissant couler, soit par un tube percé de trous, si le liquide est déposé, soit sur une planche lorsqu'il est très-trouble (*fig.* 56 *et* 57).

Fig. 56.

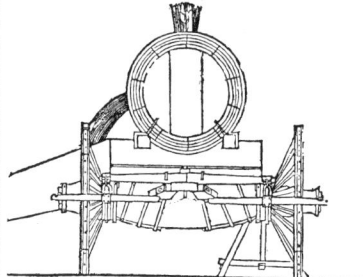

Fig. 57.

On arrose ainsi les champs ensemencés et les prairies récemment fauchées. La force végétative imprimée par cet engrais aqueux, bien que de peu de durée, peut avoir une grande influence; car la terre, une fois re-

_____

(1) On trouve dans l'excellent ouvrage : *l'Agriculture de la Flandre,* par M. Cordier, tous les détails de ces pratiques agricoles perfectionnées.

couverte de jeunes plantes vertes, est défendue d'une dessiccation accidentelle; et, d'ailleurs, les plantes elles-mêmes acquièrent rapidement ainsi la force nécessaire pour résister à diverses influences, et pour puiser dans l'atmosphère et le sol leur alimentation ultérieure.

Le *deuxième mode pour répandre l'engrais flamand* consiste à le prendre dans la citerne sans l'étendre d'eau, puis à le porter dans des tonneaux (*fig.* 58), et à le verser dans des baquets. On peut encore employer à cet usage la petite charrette (*fig.* 59), en usage dans l'Allemagne.— Comme cet engrais est alors trop actif ou trop rapidement altérable pour être mis en contact avec les plantes ou leurs racines, on en dépose, sans toucher les tiges, une cuillerée au

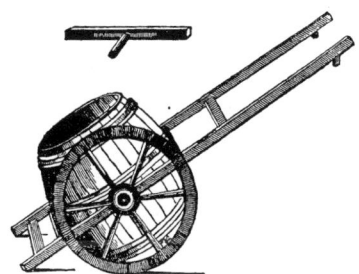

Fig. 58.

Fig. 59.

pied de chaque touffe, ou encore on le fait couler dans les sillons entre les rangées de plantes alignées.

L'arrosage, soit avec des urines ou eaux surnageant les vidanges, soit avec les matières pâteuses mélangées avec ces liquides, soit enfin en ajoutant encore des *tourteaux* (marcs de graines oléagineuses) divisés, exige les précautions suivantes :

Si l'on répand ces engrais sur la terre déjà labourée et hersée avant la semence, on doit choisir un temps humide ou légèrement pluvieux, et herser avant l'ensemencement, afin de mélanger l'engrais avec le plus de terre possible, et éviter son contact immédiat avec les graines.

Dans le même but, lorsque l'on veut arroser après avoir hersé et répandu la semence, il faut encore préalablement recouvrir la graine et entasser légèrement, à deux reprises, la terre au rouleau : le plus grand nombre des graines sont ainsi défendues, par une couche de terre comprimée, du contact de l'engrais trop actif qui ferait périr les

radicules et les plumules, ou même empêcherait la germination.

Pour les plants espacés, on isole encore l'engrais flamand des tiges, feuilles et racines, en versant celui-ci dans des trous de plantoirs pratiqués entre les pieds de colza, œilletes, tabacs, et sur la même ligne. Cette méthode permet de herser ou biner entre les rangées sans déranger la fumure ; on choisit, d'ailleurs, les soirées et les temps humides, afin d'éviter que la décomposition trop rapide par la chaleur du jour, ne *brûle* les feuilles.

Aux environs de Lille, 1 tonneau d'engrais flamand coûte environ 30 c. d'achat, plus 30 c. de transport et 60 c. d'emploi ; il contient 125 kil. de matière et couvre (répandu à l'écope ou au tonneau d'arrosement) un cercle de 7 mètres de rayon. Une cave ordinaire de ce pays coûte à emplir 154 fr. et contient 32 mètres cubes ou 256 tonneaux.

Lorsque l'engrais flamand vient d'être répandu à l'aide de l'un des moyens précédens, une forte odeur putride s'en exhale aux alentours. Ce phénomène indique un dégagement rapide, hors de proportion avec la faculté d'absorption des plantes ; il donne lieu à un goût désagréable dans les produits comestibles de la culture, et nuit quelquefois momentanément au développement de la végétation.

En Suisse, on prépare avec beaucoup de soin un engrais liquide connu sous le nom de *lizier*. Voici la description relative à cet engrais, donnée par M. DE CANDOLLE, dans sa notice sur les engrais en usage dans ce pays : on établit dans les écuries, derrière la place occupée par les bestiaux, une rigole profonde qui reçoit leurs urines ; on y mélange leurs excrémens, et cette rigole peut aussi recevoir l'eau d'un réservoir ; plusieurs fois par jour, après avoir opéré ce mélange avec soin, on vide la rigole dans le *creux à lizier*, fosse avec laquelle elle communique, et qui doit avoir assez de capacité pour contenir l'engrais produit en une semaine. Cet engrais doit alors rester tranquille dans la fosse pendant un mois, ce qui oblige par conséquent à avoir 5 de ces trous à lizier, que l'on emplit ainsi successivement chaque semaine, jusqu'à ce que le premier ait été vidé, puis le second, et ainsi de suite. M. BELLA a fait établir à la ferme modèle de Grignon, des fosses à engrais d'une disposition analogue.

Mais les engrais liquides ou très-étendus d'eau ne peuvent pas être dans toutes les localités employés économiquement en arrosages assez fréquens ou en irrigation ; ils ont, d'ailleurs, quelques inconvéniens réels que des améliorations récentes permettent d'éviter, comme nous le verrons plus loin.

Au lieu de les étendre d'eau, on peut quelquefois avec profit réduire par l'évaporation les engrais à un poids moins considérable. Ainsi, pour *le sang des animaux,* plusieurs procédés de dessiccation peuvent être employés et offrir sous des poids égaux des différences remarquables dans les propriétés des produits obtenus.

La cohésion, l'insolubilité acquises aux produits, ont alors évidemment pour effet de retarder la décomposition du sang sec ainsi obtenu, et de l'assimiler presque, sous ce rapport, à la chair musculaire traitée de même à 100°, puis desséchée et mise en poudre.

Le sang et la chair musculaire ainsi obtenus à l'état sec suivent donc mieux et plus graduellement, dans leur altération spontanée, les progrès de la végétation, et sont bien préférables, comme engrais, au sang qui, desséché à une température plus basse, a conservé sa dissolubilité dans l'eau. Ce dernier mode de dessiccation doit donc être rejeté, quoique plus économique quelquefois, à moins que l'on ne destine le sang sec à la clarification des sirops de betteraves, de cannes, de fécule, etc.

L'expérience, en effet, a démontré que pour fumer un hectare de terre en culture, si l'on emploie 850 kilog. de sang sec *soluble*, c'est-à-dire desséché à l'air ou à basse température, 750 de sang coagulé insoluble, ou seulement 650 kilog. de chair musculaire suffiront encore; ces deux derniers agens fourniront plus aux derniers développemens des plantes qu'il importe le plus de favoriser, c'est-à-dire aux époques de la floraison et de la fructification, et permettront d'obtenir la plus forte proportion des produits qui ont le plus de valeur.

Une autre *circonstance propre à retarder la décomposition des substances animales, molles ou liquides,* et à augmenter considérablement ainsi leur effet réalisable comme engrais, résulte de leur mélange avec des charbons poreux en poudre. Nous donnerons dans le § VIII quelques détails sur cet important phénomène.

§ VI. — Fabrication et emploi de la poudrette.

Parmi les substances liquides ou molles que l'on peut réduire par l'évaporation à un volume et un poids moindres, on doit compter *la matière fécale,* base de l'engrais flamand dont nous avons parlé. Voici comment *on opère sa dessiccation* depuis un temps fort reculé près des grandes villes : on construit dans un local voisin de la ville, et assez distant toutefois des habitations pour éviter d'y porter une trop forte odeur, des bassins d'une grande étendue et de peu de profondeur, soit en maçonnerie, soit en terre glaisée. Leur capacité totale doit pouvoir contenir la vidange de 6 mois au moins; ils doivent être au nombre de 4 ou 5 et disposés par étage, de manière à pouvoir être vidés les uns dans les autres sans frais de main-d'œuvre. Le bassin le plus élevé reçoit chaque nuit toutes les vidanges opérées, et lorsqu'il est rempli jusque près des bords, on lève une vanne qui fait écouler dans le deuxième bassin la partie la plus liquide surnageante. Plusieurs décantations ont lieu de même successivement, et le liquide écoulé laisse déposer dans ce deuxième bassin une partie de la matière solide très-divisée qu'il tenait en suspension. Lorsque ce bassin est rempli, on décante de même le liquide surnageant à l'aide d'une vanne, dans le troisième bassin, où un nouveau dépôt et une nouvelle décantation s'opèrent encore de la même manière.

Enfin, à l'issue du quatrième ou du cinquième bassin, le liquide surnageant s'écoule au fur et à mesure que les nouvelles matières arrivent, et va se perdre, soit dans un cours d'eau, soit dans des puisards, ou, comme on l'a pratiqué dernièrement, dans des puits artésiens.

Lorsque le dépôt est assez abondant dans le bassin supérieur, on le laisse égoutter le plus possible en abaissant la vanne, et pendant ce temps les vidanges journalières sont versées dans une série de bassins disposés comme nous venons de le dire et latéralement aux premiers. La matière égouttée garde fort long-temps une consistance pâteuse; on l'extrait en cet état, à l'aide de dragues, de louchets ou d'écopes en fer, et on l'étend sur un terrain battu, disposé en pente comme une chaussée bombée, de manière à ce que les eaux pluviales ne puissent s'y accumuler. De temps à autre, on retourne cette matière, à l'aide de pelles, afin de changer la surface en contact avec l'air et de hâter la dessiccation. On continue cette manœuvre jusqu'au moment où la matière fécale a perdu assez d'eau par cette évaporation spontanée pour être devenue pulvérulente : c'est en cet état qu'on l'expédie sous le nom de *poudrette.*

On la conserve autant que possible sous des hangars à l'abri de la pluie, ou du moins on la relève en tas d'une forme pyramidale et bien battue, en sorte que les eaux pluviales pénètrent peu et s'écoulent rapidement.

L'opération que nous venons de décrire est fort simple, mais elle *entraîne de graves inconvéniens :* la dessiccation, irrégulièrement opérée, dure de 4 à 6 années, suivant que les circonstances atmosphériques sont plus ou moins favorables; pendant un temps aussi long, le contact de l'air et l'humidité entretiennent une fermentation constante qui développe les émanations les plus infectes jusqu'à près d'une lieue de distance. Outre le dégoût profond que de telles émanations répandent aux alentours, elles ont encore le mauvais effet d'entraîner, en pure perte pour l'agriculture, la plus grande partie des gaz qui auraient dû concourir à la nutrition des plantes.

L'emploi de la poudrette en agriculture ne présente d'ailleurs aucune difficulté; elle est répandue sur les terres au moment des labours, dans la proportion de 20 à 30 hectolitres par hectare : cette fumure active puissamment les premiers progrès de la végétation et développe beaucoup les parties vertes des plantes; mais, trop rapidement épuisée, on lui reproche de manquer au moment de la floraison et de la fructification des céréales.

Répandue sur les prairies, dans la proportion de 18 à 24 hectolitres par hectare, elle ranime souvent d'une manière remarquable leur végétation, mais occasione un goût désavantageux à la vente des produits de la récolte, ainsi que plusieurs autres engrais infects dont nous allons parler.

Urate.—On a donné ce nom à des *mélanges d'urine avec du plâtre en poudre* ou quelquefois de la craie, de la marne séchées. L'engrais pulvérulent qui en résultait pouvait offrir une certaine activité, mais tellement passagère, que l'effet produit ne pouvait indemniser des moindres frais de transport. Il ne pouvait en être autrement, car l'urine employée ne contenait guère plus de 3 à 4 centièmes de matière sèche réellement active, les 96 à 97 centièmes restant n'étant que de l'eau; or, cette urine mêlée à la substance en poudre ne constituait que 40 à 50 centièmes au plus du mélange dit *urate*; ainsi donc, le produit ne contenait que 1, 5 à 2 p. °/₀ de matière utile, et quelquefois même moins lorsque l'action de l'air et de l'eau pluviale l'avaient encore appauvri. On explique clairement ainsi le discrédit dans lequel est bientôt tombé l'urate chez les agriculteurs; toutefois, la démonstration précédente aurait pu prévenir même l'essai en grand d'un engrais aussi peu chargé de principes organiques.

§ VII. — **Inconvéniens des engrais infects.**

(*Sang putréfié, urine, poudrette, marcs de colle, larves de ver-à-soie, boues des villes.*)

Dans les engrais liquides usités, *la matière utile agit en sens inverse* des progrès de la végétation, puisque, rapidement décomposée, ses émanations diminuent au fur et à mesure que les surfaces absorbantes des végétaux s'étendent de plus en plus. La forme, le poids et l'inaltérabilité de ces engrais liquides rendant leur transport pénible, ils restent généralement en excès inutile au point même de leur production.

Enfin, l'abondance de leurs produits gazeux ou solubles en contact à la fois avec toutes les surfaces absorbantes des végétaux, peut être telle que *ces produits y restent en partie interposés*, sans décomposition, avec leurs propriétés et notamment leur odeur spéciale repoussante. Parmi les faits nombreux qui depuis long-temps ont démontré ces phénomènes, nous choisirons trois exemples :

Si l'on dépose trois ou quatre fois pendant la végétation, près de diverses plantes sarclées, de la matière fécale délayée dans de l'eau ou de l'urine (*engrais flamand*), le suc de ces plantes sera fortement imprégné de l'odeur infecte particulière à cet engrais.

La saveur dégoûtante due à la fumure en question, est encore transmise par les *boues des villes*, le *sang putréfié*, et elle est d'autant plus sensible que les parties vertes des diverses plantes comestibles sont plus développées.

Si l'on essaie de soutenir la végétation d'une prairie à l'aide de la poudrette, le fourrage obtenu pourra contracter une odeur désagréable, et par suite être déprécié, comparativement avec le produit des prairies voisines.

On observerait sans doute des effets analogues dans l'emploi des *marcs de colle-forte* et des *larves de vers-à-soie*, dont la putréfaction rapide développe l'odeur la plus repoussante. Toutefois, chacun de ces engrais donne lieu à une végétation active, en les divisant, par leur mélange avec leur volume de terre du champ, et les répandant avant les premiers labours.

Nous verrons dans le paragraphe suivant combien il est facile aujourd'hui d'éviter les graves inconvéniens précités, en employant même les matières le plus fortement putrides.

§ VIII. — **Du noir animal et du noir animalisé.**

J'avais observé depuis 1820 et fait connaître en 1822, dans un *Mémoire sur les charbons*, qui fut couronné par la Société de pharmacie de Paris, les effets remarquables d'un mélange (*résidu des raffineries*) dans lequel le sang coagulé formait au plus 0,10 à 0,15 du poids total. Cependant la putréfaction n'avait préalablement rien enlevé à ce produit dont j'avais essayé l'emploi comme engrais : la présence même de 0,85 à 0,90 de *produits inorganiques carbonisés* retardait encore avec énergie la décomposition de la substance azotée.

Par suite de la publication de ce fait nouveau, tous les résidus des raffineries, qui étaient alors jetés aux décharges publiques, furent peu-à-peu entièrement utilisés; bientôt après, tirés de toutes nos usines, importés même de diverses contrées européennes, ils ont ajouté annuellement la masse énorme de 20 millions de kilogrammes du nouvel engrais aux moyens de fertilisation de nos terres. Il constitue aujourd'hui avec le noir animalisé la plus grande masse des engrais transportables.

Ce sont surtout *les départemens de l'Ouest*, approvisionnés de Nantes par mer et en suivant le cours de la Loire, qui, manquant d'ailleurs le plus d'engrais, ont consommé la plus forte quantité de *charbon* ou *noir animal*. Des sols naguère en jachère une année sur deux et même deux années sur trois, par suite de son emploi, sont emblavés tous les ans, et ont doublé et triplé la valeur de leurs produits nets.

La mesure de l'énergie acquise à ce mélange offre ce résultat étonnant au 1ᵉʳ abord, mais constaté expérimentalement dans de grandes cultures : les 15 parties de sang sec qu'il renferme agissent comme engrais d'une manière plus utile que 400 parties liquides, représentant environ 100 parties de sang à l'état sec.

Ainsi, *la matière organique réunie au charbon* agit six fois plus qu'employée seule; ce fait explique la consommation énorme des résidus de raffineries, et leur prix bien plus élevé que celui de leur équivalent en sang desséché. On le répand d'ailleurs avec la plus grande facilité et une économie de main-d'œuvre très-remarquable; car il suffit de le semer après la graine, et de le recouvrir avec elle par la herse.

Son action fertilisante est constante sous les conditions favorables ordinaires.

Cependant j'ai reconnu directement que *le charbon ne perd rien de son poids*, soumis pendant 3 mois aux lumières atmosphériques, à l'action de l'eau distillée et des racines des plantes, lors même que le développement de ces dernières était à dessein favorisé par des *émanations gazeuses* de substances azotées en putréfaction.

Une autre anomalie apparente curieuse s'est bientôt offerte à nos méditations; on verra qu'elle présente une preuve nouvelle à l'appui de la théorie générale que nous avons exposée. Des résidus de raffineries contenant des proportions variables entre 5 et 15 centièmes de sang sec ont eu plusieurs fois une influence défavorable sur la végétation, et cependant ils augmentèrent sans addition d'engrais les produits d'une récolte suivante. Ces observations ont déterminé quelques agriculteurs à *laisser une 1ʳᵉ fermentation s'établir* dans ces résidus avant de les répandre sur leurs terres. En cherchant quels pouvaient être les effets de cette 1ʳᵉ réaction spontanée pour ceux de ces résidus que l'on disait être trop *chauds*, j'y reconnus la présence de 5 à 10 centièmes de sucre altéré, qui donnait lieu à une abondante production d'alcool et d'acide carbonique, puis d'acide acétique et hydrosulfurique ; à ces 1ᵉʳˢ produits succédèrent, bien plus lentement dégagés, du carbonate, de l'acétate d'ammoniaque, et tous les résultats de la décomposition des substances azotées : à dater de cette époque, l'influence de l'engrais dans diverses expériences a constamment été évidemment très-favorable sur la végétation. Dès-lors il me parut probable que les altérations du sucre pouvaient seules exercer l'influence défavorable observée. En effet, dans une série de faits spéciaux, tous les mélanges, en diverses proportions, d'alcool et d'acide acétique avec le charbon, ont toujours été nuisibles aux progrès de la végétation, et d'autant plus que la proportion d'acide fut plus forte. Voulant savoir si ces phénomènes étaient indépendans de l'influence du charbon, et s'ils auraient lieu en présence des produits liquides azotés comme des débris solides des animaux, j'abandonnai en vase clos et en vases ouverts des mélanges de sucre : 1° jusqu'à saturation dans de l'albumine battue ; 2° dans l'albumine étendue de parties égales d'eau ; 3° dans des œufs divisés, sans en rien séparer, tels qu'on les emploie dans les clarifications ; 4° dans du suc exprimé de la chair musculaire, et enfin dans le même liquide contenant des lambeaux de chair.—Tous ces mélanges, pendant 2 ans, éprouvèrent plus ou moins lentement des réactions qui produisirent de l'alcool, de l'acide carbonique, puis de l'acide acétique et des traces d'hydrogène sulfuré. Les morceaux de chair bien lavés n'avaient sensiblement rien perdu de leurs principes constituans ni de leurs propriétés. Il était donc évident que la présence du sucre dans les résidus employés avait occasioné les réactions défavorables ; que celles - ci devaient avoir lieu en quelque état que fût la substance azotée, et qu'il était utile d'éliminer le sucre, soit par des lavages, soit par une légère fermentation, en ne laissant ainsi au sang coagulé interposé dans la matière charbonneuse que son action utile ; qu'enfin un essai préliminaire très-facile, consistant dans un simple lavage du noir sur un petit filtre, permettrait de reconnaître la présence du sucre, et en conséquence l'utilité des précautions précitées, ou enfin l'inopportunité de celles-ci lorsque les lavages ont été convenablement opérés dans les raffineries (1).

D'autres essais démontrent que *le charbon peut être utile* non seulement pour faire durer plus long-temps et augmenter ainsi l'effet

du sang, mais encore qu'il peut servir d'agent intermédiaire en absorbant les gaz et la chaleur, et les transmettant ensuite aux plantes. En effet, si l'on fait germer et végéter plusieurs plantes, comparativement, dans deux vases contenant du charbon en poudre épuré, arrosé chaque jour avec de l'eau pure, que l'on ajoute à l'un tous les jours 1/100 de ce charbon, et à l'autre autant du même charbon imprégné des gaz qui se dégagent par la fermentation spontanée des matières animales ; dans ce dernier vase la végétation sera très-belle, tandis que dans l'autre elle restera faible et languissante.

§ IX.— Fabrication des engrais désinfectés.

Une des découvertes les plus importantes dans les annales industrielles offrit alors à l'agriculture, à la salubrité publique, de nouveaux faits à enregistrer, vint affermir le système des engrais non altérés, et ajouter une démonstration directe de l'utilité de la désinfection, au lieu de la putréfaction préalable.

Le résidu charbonneux, sorti des raffineries, ne suffisait déjà plus aux besoins de l'agriculture, lorsque M. SALMON imagina de fabriquer de toutes pièces un engrais analogue plus efficace encore, et surtout plus constant dans ses effets. Il y parvint en mélangeant divers détritus organiques azotés, dans un grand état de division, avec une terre rendue éminemment poreuse, charbonneuse et absorbante, par une calcination en vase clos.

Pour faire bien apprécier l'immense avantage de conserver ainsi, par ce moyen breveté, aux détritus organiques employés comme engrais, toutes leurs parties altérables, loin d'en laisser préalablement dissiper la plus grande partie dans l'atmosphère, il suffira de faire remarquer que le nouvel engrais, connu sous le nom de *noir animalisé*, représente un effet utile au m_0in_s décuple de celui que l'on obtiendrait d'une masse égale de matière fécale, par exemple, lentement desséchée selon les procédés usuels. Les résultats discutés d'une fabrication journalière d'environ 300 hectolitres près de Paris, et les données recueillies par nos agronomes les plus distingués sur de vastes étendues de terres en culture, ne peuvent laisser aucun doute à cet égard ; déjà des traités conclus dans des villes populeuses assurent l'extension de cette production d'engrais non consommés.

Nous avons vu que la dessiccation de la matière fécale donne lieu depuis des temps reculés à de grandes exploitations près des villes ; que cette dessiccation s'effectue par intervalles irréguliers entre les saisons pluvieuses ou humides. La poudrette obtenue en définitive est donc le résidu d'une altération de plusieurs années, durant lesquelles la plus grande partie des principes assimilables exhalés dans l'atmosphère, ont laissé en excès toutes les matières *terreuses* inertes et celles qui sont le moins altérables.

(1) M. DUTROCHET a observé que le sucre même dissous dans l'eau, mis en contact avec les spongioles des racines, fait périr les plantes très-promptement.

A ce procédé généralement usité encore aujourd'hui, et qui répand au loin l'infection, succède déjà peu-à-peu le mode bien plus rationnel que nous avons indiqué ci-dessus. Cette application importante promet d'assainir par degrés tous les centres de fortes populations; applicable d'ailleurs à convertir immédiatement en engrais tous les fluides suffisamment chargés de matière organique azotée et tous les débris des animaux convenablement divisés, il constitue le procédé le plus général de la fertilisation des terres, et doit graduellement suppléer partout à l'insuffisance des *fumiers*.

Ce procédé consiste à mélanger le plus intimement possible les parties molles, divisées ou fluides des animaux, fraîches ou même déjà putréfiées, avec environ la moitié de leur poids d'une substance poreuse, charbonnée, réduite en poudre fine absorbante, et présentant à peu près sous ce rapport les propriétés du charbon d'os fin.

À l'instant où le mélange est opéré, *la décomposition spontanée est dès-lors pour toujours ralentie*, presque au même degré que dans les substances dures, les os, la corne, mises en poudre. L'acide hydro-sulfurique qui se dégageait, uni avec l'ammoniaque avant l'opération, est si rapidement absorbé, qu'une lame d'argent plongée dans le produit, même encore très-humide, conserve sa couleur et son éclat métallique, tandis que, dans la matière organique employée, elle serait en quelques secondes irisée ou noircie sur toute sa surface.

Effets et modes d'emploi du noir animalisé.—La fabrication de l'engrais nouveau, le *noir animalisé*, est alors finie; il réunit toutes les conditions utiles de la division et d'une décomposition lente. On peut immédiatement en faire usage, le mettre en contact avec les graines ensemencées, les radicules, les plumules, les tiges et les feuilles les plus délicates; il ne cède que très-lentement, aux influences atmosphériques et à l'action des extrémités spongieuses des racines, les produits gazeux ou solubles assimilables qu'il renferme. Il fournit graduellement ainsi, sans être même complètement épuisé, à tous les développemens des plantes annuelles.

L'un des effets les plus utiles et les plus remarquables de cette décomposition lente et progressive, que l'accroissement de la température et de l'humidité accélère comme la végétation, est signalé dans un développement plus soutenu des céréales à l'époque de la floraison, et dans une production de grain plus abondante que sous l'influence d'engrais contenant une proportion double de matière organique, mais qui, trop rapidement décomposée, exhale en pure perte des gaz dont l'excès, nuisible d'ailleurs, est décelé par une odeur plus ou moins forte et repoussante.

L'engrais nouveau, employé même en grand excès, *ne change en rien la saveur agréable* la plus légère des racines, des feuilles ni des fruits comestibles, et contribue, au contraire, par une assimilation complète, au développement de tous les principes aromatiques.

Les *prairies naturelles ou artificielles* dont on a ranimé la végétation en y semant (autant que possible, par un temps humide ou lors d'une 1ʳᵉ pluie du printemps) 12 à 15 hectolitres de cet engrais bien émotté, donnent des produits plus abondans et d'un goût plus agréable. Ces faits sont constans aujourd'hui pour les nombreux agriculteurs qui continuent l'usage de cet engrais.

Quoique 15 hect. suffisent à la fumure d'un hectare de terre, on en a quelquefois employé des *proportions décuples dans les jardins*, et toujours avec succès, notamment pour aider à la reprise des jeunes arbres à fruits, ranimer les orangers transplantés, remplacer le terreau sur tous les massifs, activer la végétation des pelouses ensemencées vers l'arrière-saison.

On doit *émotter à la pelle* le noir animalisé au moment de l'employer; quelquefois même, afin de le mieux diviser et de le répartir plus également, on le mêle avec son volume de terre du champ.

On le *sème sur la terre* après la graine et avant le hersage pour les *blés, orges, avoines, betteraves, rabettes, navets, colzas, maïs,* le *chanvre,* le *lin,* etc.

On le *dépose par petites poignées* dans les fossettes ou les sillons avec les *pommes-de-terre,* les *haricots,* les *pois,* les *fèves.*

Pour les divers plants repiqués, un enfant, suivant le planteur, le dépose dans le trou du plantoir sur la racine, que l'on recouvre immédiatement de terre. On opère de même pour les boutures, les marcottes et les plants provignés.

Un ou deux hectolitres sur les plates-bandes d'un jardin *remplacent un tombereau de terreau ordinaire.* Mélangé avec dix fois son volume d'un terreau épuisé, il ranime son action d'une manière très-remarquable. Ce mélange est très-utile pour alléger et fumer à la fois les terres des jardins.

Le noir mélangé avec la terre des trous, dans la proportion d'un à deux litres *pour chaque arbre transplanté*, assure la reprise et soutient la végétation de la manière la plus graduée; 1/2 à 1/4 de litre employé de même pour les *ceps de vigne,* les *touffes de dahlias,* les *rosiers,* les *mûriers,* et diverses autres plantes, activent constamment la végétation sans altérer le goût des fruits, ni des feuilles, ni la coloration des fleurs.

On en répand une couche de 4 à 6 lignes d'épaisseur à la surface des *fosses d'asperges :* il hâte la pousse en échauffant le sol, et augmente le volume en alimentant la plante.

Dans toutes ces applications, on n'a jamais éprouvé ces accidens que déterminent tous les engrais trop actifs, ceux-là même qui renferment à peine 0,1 des principes utiles contenus dans le *noir animalisé.*

Il est d'ailleurs évident : 1° qu'on ne pourrait craindre dans l'emploi de cet agent les inconvéniens de ces myriades d'insectes parasites importés avec les fumiers, les engrais végétaux et le terreau ordinaire ; et 2° que la présence et le mélange intime du charbon offrent, en outre, un obstacle aux attaques des petits animaux qui, parfois, ont dévasté les champs fumés avec le sang et la chair musculaire.

Entre autres *exemples curieux de ce dernier genre de danger,* dans l'usage des débris animaux purs, nous citerons ce qui èst arrivé lors d'un 1ᵉʳ essai du sang sec aux colonies : un champ de cannes à sucre venait de recevoir, au pied de chacune des touffes, une petite poignée de l'engrais pulvérulent déposé à la surface du sol ; des milliers de rats arrivèrent de toutes parts, et fouillant entre les racines, afin d'y rechercher le sang sec, ils détruisirent toute espérance de récolte pour cette fois.

L'un des *moyens de multiplier les bons effets de la poudre charbonneuse,* base du noir animalisé, consisterait à l'expédier pour être employée partout où se rencontrent abondamment des détritus riches en matières animales, et dont on perd la plus grande partie de l'action trop vive, en même temps que l'on altère le goût des produits de la culture et que l'on infecte l'air des alentours. C'est ainsi qu'un **simple** mélange, en proportion suffisante **pour** désinfecter ces matières (et qui varierait **entre** un dixième et un quart de leur volume), pourrait tripler au moins et souvent sextupler leur effet utile, en faisant disparaître tous les inconvéniens inséparables de la putridité. Enfin, ne fût-ce que pour éviter que les engrais de chair musculaire et de sang desséchés ne fussent enlevés par les rats et divers petits animaux, il conviendrait même, pour ces derniers engrais riches, d'avoir recours au mélange avec 10 à 15 p. 0/0 de poudre charbonneuse.

§ X. — Imitations diverses et falsifications du noir animalisé ; moyens de les reconnaître.

(*Cendres animalisées , tourbe animalisée , cendres noires , poussiers de charbon et de houille, fraziers de forge, résidus de bleus de Prusse, noir en grains.*)

Depuis que l'usage du noir animalisé s'est tellement répandu en France que l'on s'occupe d'en établir des centres de fabrication dans les principales villes du royaume, on a cherché les moyens d'imiter ce produit par des mélanges moins coûteux, qui eussent une action analogue ; nous dirons un mot des résultats auxquels on est ainsi parvenu en animalisant les cendres et la tourbe.

Cendres animalisées. — En substituant des cendres, résidus de la combustion des bois, houille, tourbe, à la substance charbonneuse calcinée exprès en vases clos, on conçoit qu'il a été facile de réaliser une économie notable, mais qu'aussi l'on a perdu les avantages qui permettent de faire supporter au noir animalisé, comme aux autres engrais riches, des frais de transport à une assez grande distance.

En effet, *la propriété désinfectante des cendres étant considérablement moindre* que celle de la substance charbonneuse dont nous avons parlé, on n'y peut mélanger qu'une proportion bien moindre de matière animale putrescible ; et encore, celle-ci, trop rapidement décomposée, agit-elle moins long-temps et moins utilement, puisqu'elle devance, dans sa décomposition, le développement des plantes. Elle peut même nuire par le

goût désagréable qu'elle leur communique.

Un autre motif d'infériorité résulte encore des variations inévitables dans la nature des diverses cendres qu'on peut se procurer : ainsi, les cendres des divers bois diffèrent entre elles suivant que ceux-ci ont été brûlés neufs ou flottés, et suivant encore que l'incinération a été poussée plus ou moins loin. Les mêmes causes produisent des effets plus marqués encore dans les résidus de la combustion des tourbes ou moins terreuses, et des houilles dont la composition est extrêmement variable. Ces dernières présentent toujours d'ailleurs une multitude de petits grains en scories, en partie vitrifiés, très-rudes et peu propres à être mis en contact avec les racines des plantes.

Il arrivera donc rarement que ces diverses cendres, plus ou moins chargées des matières animales, pourront améliorer le fond du sol, et surtout offrir assez d'avantage aux agriculteurs pour être transportées à de grandes distances. Cependant, dans certaines terres fortes que la plupart des cendres peuvent amender, on trouvera presque toujours du profit à les mélanger avec des déjections animales qu'elles rendront plus faciles à répandre.

La *dose de cendres le plus animalisées,* employée comme engrais, pourra être de 25 à 30 hectolitres par hectare : il conviendra d'éviter de les mettre en contact immédiat avec les graines ou les racines des plantes repiquées. On devra en conséquence les répandre à la surface du champ, après avoir recouvert la semence par le rouleau ou la herse, ou encore enterrer préalablement cet engrais à l'aide d'un hersage avant de semer, ou enfin les répandre entre les rangées des jeunes plantes sarclées, ou près des touffes, sans être en contact avec les tiges.

Tourbe animalisée. — La tourbe non incinérée, mêlée avec un tiers ou un quart de son poids de matière fécale, a été essayée comme engrais. Il est probable que dans les localités où on l'obtiendrait à très-bas prix et presque sans frais de transport, elle serait utilement employée, répandue sur les terres, comme les *fumiers d'étable(Voy.* plus loin*)*; elle pourrait cependant trop alléger certains sols : pour éviter cet inconvénient, on devrait la mélanger avec un engrais plus riche qui permît de diminuer le volume total employé : nous ne pouvons d'ailleurs avoir de certitude à cet égard avant que l'expérience en grand soit venue vérifier ces conjectures.

Cendres noires, poussiers de charbon, fraziers de forge.—Plusieurs autres imitations des résidus de raffineries ou du noir animalisé peuvent être considérées comme de *véritables falsifications.* C'est ainsi que des spéculateurs se sont proposé d'augmenter la quantité de ces engrais, par des mélanges de matières semblables en apparence, mais d'une bien moindre valeur, et ne contenant ni le sang ni les autres matières animales qui font la base de la principale action de ces deux engrais à l'état de pureté.

Il importe beaucoup aux agriculteurs de reconnaître ces mélanges frauduleux, et rien n'est plus facile, surtout relativement à la terre noire de Picardie (1), qui est le plus généralement employée dans ces falsifications, et que l'on transporte à cet effet par forts chargemens dans la Bretagne.

Pour constater cette fraude, il suffit d'étendre une pincée de l'engrais à essayer sur une pelle, et de le chauffer au rouge pendant quelques minutes, *puis de le laisser refroidir.*

Alors, si l'engrais était pur, la cendre restée sur la pelle formerait une poudre fine offrant une couleur grisâtre uniforme. S'il contenait de la *terre noire,* la cendre serait graveleuse et présenterait des parties rougeâtres ou couleur de rouille d'autant plus nombreuses que la quantité de terre noire mélangée aurait été plus grande. Nous ne saurions trop engager les agriculteurs à faire cet essai si facile, ou à le confier à un pharmacien de la localité.

On falsifie encore les mêmes engrais, en y mélangeant du *frazier de forge,* et des *poussiers terreux* qu'on trouve au fond des magasins de charbon de bois et de houille : en général, ces divers mélanges se décèlent à la simple inspection; ils présentent des parties inégalement nuancées de couleur brune, jaunâtre ou blanchâtre, surtout dans la plupart des grains les plus volumineux que l'on écrase. Enfin, serrés entre les doigts, ils sont plus ou moins graveleux ou rudes au toucher, et grenus, tandis que les résidus de raffineries et le noir animalisé exempts de ces mélanges, sont d'une nuance brune, foncée, très-régulière et d'une grande finesse ; pressés entre les doigts, ils ne présentent aucune partie grossièrement pulvérisée, à moins qu'il ne s'en soit joint quelques-unes accidentellement; mais alors elles doivent être en très-petit nombre.

Résidus de bleu de Prusse. — On nomme ainsi le résidu épuisé, grisâtre, pulvérulent, de la fabrication du bleu de Prusse ; il ne contient aucune trace de matière organique, et ne pourrait être utilement employé que comme amendement capable d'alléger la terre et de stimuler les forces végétatives par suite de la faible proportion de carbonate et de sels de potasse qu'il retient. Sous ce rapport, l'emploi des résidus précités serait utile, si leur transport était peu dispendieux et leur prix d'achat presque nul.

Il n'en a pas été souvent ainsi : cette substance, évidemment inerte comme engrais, a été mélangée frauduleusement avec les charbons de raffineries et le noir animalisé.

Voici *les moyens de reconnaître cette fraude :* d'abord une ténuité en général moindre, et une moindre proportion de substances organiques rendent le mélange plus rude au toucher; quelquefois même on y aperçoit des grumeaux charbonneux, durs, qui ne se rencontrent pas dans les deux engrais non altérés.

Si l'on fait brûler, sur une pelle rouge, ce mélange, la cendre obtenue, délayée dans l'eau et jetée sur un *filtre* (*Voy.* ci-devant, p. 42, *fig.* 32), donne un liquide salé, assez fortement alcalin. Enfin, en calcinant dans une *cornue* (page 59, *fig.* 44) le même mélange, et recevant, dans l'acide sulfurique étendu, les gaz dégagés, on obtient moins d'ammoniaque dans la proportion de 30 à 50 et même 80 pour cent. Ce dernier moyen, que nous avons indiqué ci-devant plus en détail, serait applicable à déceler tous les genres de fraude qui précèdent ; mais les procédés plus simples décrits ci-dessus suffisent pour ceux-ci.

Noir en grains. — Depuis quelques années seulement on emploie dans les raffineries une sorte de charbon animal grenu comme de la poudre de guerre, et sur lequel le sirop clarifié filtre aisément sans addition de sang ; on le nomme *noir en grains* : il ne retient pas de sang ni d'autres matières organiques azotées, mais seulement des traces de sucre. Ce n'est donc point un engrais, et son mélange avec les résidus de raffineries ordinaires *est une véritable sophistication;* heureusement il est très-facile de le reconnaître à la grosseur de ses grains : il suffit de le faire glisser entre les doigts.

Nous dirons en terminant que le plus sûr moyen de se mettre à l'abri de toute fraude, consiste à recevoir directement des fabriques ou entrepôts garantis, le noir animalisé comme les résidus de raffineries.

ART. III. — *Des engrais mixtes, plus particulièrement désignés sous la dénomination de* FUMIERS.

Nous avons vu combien est préjudiciable la méthode ancienne des *engrais consommés,* relativement aux débris des animaux et à la matière fécale, si l'on compare cette méthode avec l'emploi des mêmes débris sans déperdition. Nous allons voir que les mêmes données s'appliquent aux divers fumiers, et nous montrerons que l'on confond à tort, pour ceux-ci, une *fermentation préalable* toujours nuisible par le dégagement de gaz qui eussent été assimilables, avec une *macération* quelquefois utile.

C'est généralement à une désagrégation des parties solides que se borne l'utilité des réactions préalables dans les fumiers et composts mis en tas et abandonnés à dessein pendant un temps plus ou moins long.

Ici, la *macération* spontanée produit un des effets précités de la chaux, en favorisant la dissolution des matières organiques; mais, presque toujours, la déperdition des substances les plus altérables, dans ces mélanges, est loin d'être compensée par l'effet obtenu ainsi des parties résistantes.

Nous allons démontrer encore cette asser-

(1) Cette matière, désignée aussi sous les noms de *cendres noires* ou de *cendres pyriteuses,* se rencontre très-abondamment en plusieurs localités, notamment dans le département de l'Aisne : elle se compose d'argile, de sulfure de fer, de sulfate de fer et d'alumine, de substances organiques charbonnées et bitumineuses : délayée dans l'eau, elle donne une solution acide rougissant fortement le papier de tournesol.

Nous avons indiqué plus haut l'application qu'on en peut faire en agriculture, non comme engrais, mais bien comme stimulant propre à utiliser le carbonate de chaux et les restes des fumures anciennes. (*V.* ci-devant, page 75.)

tion par des faits dans l'application la plus générale. Si l'on opère un mélange aussi régulier que possible des fumiers frais d'écuries et d'étables, réunis en une masse de 10 voitures, ou environ 12,000 kil.; que l'on répande et qu'on recouvre immédiatement par un léger labour et le rouleau, la ¼ du tas ou 6,000 kil. sur 10 ares (1,000 mèt.) de terre meuble, le plus possible épuisée d'engrais et de débris organiques; que, d'un autre côté, on laisse en tas à l'air les 6,000 kil. restans pendant 4 mois, puis qu'on les répande sur une surface moitié moindre (500 mèt. ou 5 ares) d'un même sol; qu'enfin, on cultive comparativement par bandes des céréales et diverses plantes sarclées et repiquées sur les deux terrains ainsi fumés, en rendant le plus possible toutes les circonstances égales d'ailleurs; d'après les faits nombreux recueillis en opérant de cette manière, les récoltes mesurées, puis estimées par leur équivalent en poids de la substance sèche contenue, seront à peu près égales. *L'effet utile du fumier frais aura donc évidemment été double.*

Elle pourra être *plus que triple* de celle du fumier mis en tas, si les alternatives d'une haute température et d'une humidité suffisante ont, pour ce dernier, favorisé l'action de l'air, la fermentation et le dégagement des produits gazeux.

Sur certaines cultures dont l'allégement de la terre favorise le développement des produits, comme cela se remarque surtout dans la production des tubercules de la pomme-de-terre, *l'effet réel pourra être quadruplé.*

Il paraîtra peut-être également bien démontré qu'en faisant le plus promptement possible usage des fumiers, on aura souvent l'occasion de mieux distribuer le travail des champs; de réserver aux fumiers des étables toute leur utilité, non seulement comme engrais, mais encore comme agens physiques de division; de ménager ainsi aux engrais pulvérulens leur maximum d'effets complémentaires; enfin de permettre leurs transports à de plus grandes distances, par suite des produits mieux assurés et plus économiques de leur application (1).

§ Ier.—Mode général d'emploi de tous les fumiers frais et de tous les engrais infects ou rapidement décomposables.

Les engrais les plus actifs, qui par un contact immédiat nuiraient aux graines et aux racines des plantes, peuvent tous, sans exception, être directement appliqués à l'agriculture, pourvu qu'une masse suffisante de terre les sépare des graines et des extrémités spongieuses des racines, pendant les premiers temps de la végétation; les gaz produits rapidement peuvent alors être disséminés et en grande partie retenus dans les interstices du sol, puis fournis plus lentement ensuite à la végétation,

Un *exemple remarquable* de cette méthode a été donné dans les environs d'une grande boyauderie à Grenelle, il y a près de 20 ans. On ouvrit une tranchée de 18 pouces de profondeur, dans toute la largeur d'une pièce de terre, puis on y déposa sur toute la surface du sol une couche de 3 pouces d'épaisseur d'*intestins* en putréfaction; ceux-ci furent immédiatement recouverts de 6 à 8 pouces de terre; le lendemain on acheva de creuser en avant une 2e tranchée égale et parallèle, dont on rejeta la terre sur la 1re, puis on déposa, comme la veille, des intestins surtout le fond de la tranchée ouverte. En continuant chaque jour de la même manière, on obtint en définitive une fumure sous-jacente au fond de toutes les tranchées et sous toute la surface du champ (*fig.* 60), où les parties om-

Fig. 60

brées indiquent la place de l'engrais putride, et les lignes ponctuées la terre relevée chaque jour par dessus). Des blés, semés sur cette terre, y prirent un développement énorme, et donnèrent une quantité de grain quadruple de celle récoltée, à surface égale, sur la même terre contenant les proportions usuelles de fumiers d'étable. La même fumure prolongea, à l'aide de labours superficiels, son action durant 8 années pour des cultures en blé, seigle, choux, etc.; les deux dernières, en racines pivotantes et tuberculeuses (betteraves et pommes-de-terre), offrirent des résultats non moins remarquables, et profitèrent encore de la couche inférieure de l'engrais consommé.

Les labours en *ados* ou *billons* (2), qui se pratiquent avec tant d'avantage aux Etats-Unis et en Angleterre, pour les navets, rutabagas, choux, maïs, betteraves et toutes les plantes sarclées, permettent de donner aux racines le double de profondeur en terre meuble, et de maintenir sous cette couche épaisse la totalité de la fumure. On ne saurait douter qu'à l'aide de cette méthode il ne fût très-avantageux d'employer directement les engrais les plus actifs, et cela sans leur faire éprouver aucune déperdition préalable.

§ II. — Des fumiers d'étable ou litières.

On peut diviser en deux classes tous les fumiers : 1° les *fumiers chauds*; 2° les *fumiers frais*. Ces derniers résultent surtout de la

(1) Diverses communications accueillies et vérifiées par les Sociétés d'agriculture de Paris et des départemens, ainsi que les récentes publications dues à plusieurs de nos notabilités agricoles, et notamment à MM. BELLA, de Grignon, DAILLY, le général BUGEAUD, le comte DE RAINEVILLE; enfin, les faits nombreux constatés par MM. DE SILVESTRE, BIOT, BECQUEREL, DUMAS, DUTROCHET, membres de l'Institut, et par MM. BRIAUNE, le colonel BURGRAFF, le vicomte Emmanuel D'HARCOURT, MONTGOLFIER, DELAVILLE-LEROUX, CAMILLE BEAUVAIS, le comte D'ANGEVILLE, le comte DE MONTLOSIER, HUZARD fils, DELAMARRE, DE LA CHAUVINIÈRE, DUTFOY, DEBY, etc., ne laissent plus aucun doute à cet égard.
(2) On trouve dans le dernier numéro (avril 1834) du *Cultivateur*, un excellent article de M. DE VAYCOURT *sur les moyens les plus économiques de pratiquer ces labours.*

nourriture aqueuse, consommée abondamment par les vaches. En effet, même après la saison des herbages, on donne à ces animaux des betteraves ou leur pulpe provenant des fabriques de sucre indigène, des pommes-de-terre ou les marcs de ces tubercules dans les féculeries. Les excrémens contiennent par suite une grande proportion d'eau qui les distend et les rend plus spongieux, plus capables de retenir l'humidité ambiante et d'entretenir ainsi la *fraîcheur* près des racines.

La plupart des autres fumiers résultant d'une alimentation en fourrages ou grains secs, et notamment ceux des chevaux, poules, dindons, etc., sont considérés comme *fumiers chauds :* ils se dessèchent plus rapidement et absorbent moins d'eau sous les mêmes influences atmosphériques que les fumiers frais.

Il est facile de comprendre que les fumiers chauds conviennent mieux aux terres *humides et froides,* et que les fumiers frais sont préférables pour les sols *secs, sableux* et *chauds.*

Comme *engrais,* ils peuvent d'ailleurs, les uns et les autres, être utilisés dans tous les sols, sauf l'addition préalable des *amendemens* spéciaux. Ils se trouvent souvent mélangés en proportions variables, et les moyens de les conserver et d'en faire usage sont les mêmes.

On peut encore diviser les fumiers en deux espèces très-distinctes et dont les usages ne sont pas les mêmes : les *fumiers longs,* qui n'ont éprouvé qu'un léger commencement de fermentation, qui occupent beaucoup d'espace, font beaucoup de volume et durent long-temps ; les *fumiers courts* ou *gras,* dont la décomposition est très-avancée, qui sont très-lourds, se coupent souvent à la bêche, et dont l'action est instantanée, mais de peu de durée. Les premiers conviennent particulièrement aux terres grasses, tenaces, argileuses et froides ; les seconds, aux sols maigres, légers, sablonneux, chauds ; pour obtenir ceux-ci, il a fallu que les pailles éprouvassent dans la fosse une décomposition presque complète, et en arrivant à cet état, l'engrais a perdu une grande partie de ses gaz nourriciers ; afin d'en tirer des résultats prompts et plus grands, on renonce à des effets durables, et on sacrifie une grande partie des sucs que la lente décomposition des fumiers longs dans le sol lui-même, y dépose successivement au profit de plusieurs récoltes. En résumé, c'est l'avis des plus savans auteurs de *chimie agricole,* l'emploi des fumiers longs est en général préférable ; mais, pour qu'il soit adopté dans tous les cas où le fumier est acheté, il faudrait que la fourniture en fût faite au poids et non à la mesure.

Récolte et conservation des fumiers des étables. — En général, les fumiers d'étable sont *réunis au milieu de la cour de la ferme,* enceinte par les bâtimens d'habitation, les granges et les écuries, et quelquefois ombragée par des ormes élevés ou des mûriers qui maintiennent une température uniforme, et retardent la dessiccation et l'évaporation du fumier.

.Cette cour est creuse, l'eau des toits s'y réunit, et le fumier est constamment mouillé. Il est bien que l'eau qui le baigne ne puisse

s'en échapper, le fumier étant dans un fond de terre alumineuse ou garni d'une couche de glaise qui empêche les infiltrations et la perte des substances organiques solubles.

Le fumier est ainsi tenu à l'ombre la plus grande partie de la journée, toujours humide, sans être lavé dans les temps de pluie, mais, du reste, il est jeté sans soin : les bestiaux qui le piétinent, les poules et les pigeons qui le grattent, occasionent une plus forte déperdition en multipliant les surfaces en contact avec l'air et suspendant la macération.

Sous le point de vue de la salubrité, *cette pratique paraît essentiellement vicieuse.* L'eau du fumier arrive souvent jusqu'aux portes de l'habitation et des écuries ; elle attire, en été, un grand nombre d'insectes qui tourmentent les bestiaux ; l'atmosphère est humide et remplie de gaz malfaisans ou du moins fort incommodes, qui s'en dégagent, quelque lente que soit la putréfaction.

Afin d'éviter les inconvéniens précités, il faudrait *creuser derrière les écuries de chaque ferme* de larges fosses, à l'ombre et au nord, où ils seraient rangés avec soin et tenus en contact avec les liquides écoulés des étables et même les urines des habitans.

Alors on pourrait même *séparer en des cases* particulières les fumiers frais et les fumiers chauds, ou même ceux de porc, de vache ou de bœuf, de cheval, de moutons, etc., et ne plus les confondre, comme la plupart des cultivateurs en ont à tort l'habitude.

Cette *séparation des fumiers* est au reste moins nécessaire dans certaines localités où, comme en Flandre, les chevaux et les vaches ont la même nourriture la plus grande partie de l'année, c'est-à-dire du trèfle et de l'orge en vert en été, et en hiver de la paille hachée, de la drèche ou résidu lavé de l'orge et autres céréales germées des brasseries. Il résulte de ce système de nourriture des bestiaux, que le fumier de vache est moins *frais,* et celui des chevaux moins *chaud* que dans les pays où la nourriture des vaches et des chevaux est très-différente.

Cependant, en général les déjections animales, mêlées aux litières et aux débris de la nourriture des bestiaux, ou les fumiers de basse-cour, ont des propriétés différentes : *le fumier de porc* est le moins chaud et le moins concentré ; vient ensuite celui *des vaches* et *des bœufs :* il convient donc de les employer spécialement dans les sols maigres, légers et secs. Le degré de force des fumiers place ensuite celui composé des déjections *des chevaux,* puis celui *des moutons,* et enfin des volailles et colombiers, dont nous parlerons tout-à-l'heure.

Le *mode le plus général d'emploi des fumiers* consiste à les porter sur les champs à l'aide de voitures. Celles-ci sont vidées en 4 ou 6 tas, que des hommes étalent ensuite à la fourche en une couche continue et régulière ; un labour sert ensuite à recouvrir le fumier de terre, puis le rouleau et la herse à diviser celle-ci convenablement.

En Flandre, *les fumiers ne sont conduits sur les champs* que le jour même où la terre est labourée ; ainsi, en un jour, on transporte le fumier, on le répand sur la terre et on le recouvre par le labourage. Quand la pièce est grande, on la divise en plusieurs parties, et on exécute en un jour sur chacune un travail complet. Les cultivateurs de ce pays pensent, avec raison, que le fumier perd la plus grande partie de sa valeur lorsqu'il est exposé quelque temps à la pluie et surtout au soleil, et lorsqu'il est employé long-temps avant les semailles. Aussi ensemencent-ils la terre le jour même qu'elle est fumée.

On pourrait, au reste, différer l'ensemencement de quelques jours, pourvu toutefois que l'engrais fût, immédiatement après qu'il est répandu, recouvert de terre, qu'on doit même tasser plus ou moins à l'aide du rouleau: en opérant ainsi, on retiendrait dans le sol la plus grande partie des gaz et des liquides utiles, dont la végétation profiterait ultérieurement; enfin on retarderait la décomposition par l'interposition des substances terreuses.   A. PAYEN.

§ III.— De l'engrais produit par le parcage.

Le fumier des bestiaux est employé de deux manières : d'abord mêlé avec la litière de l'étable, puis par le moyen du *parcage des animaux sur le sol*, dans les pays et les saisons où cette pratique a lieu. Elle est principalement usitée pour les moutons, et quoique combattue par de fort habiles agronomes, notamment par M. le vicomte DE MOREL VINDÉ, les fermiers d'un grand nombre de contrées y attachent une haute importance. Ce mode d'engrais, évitant les transports, convient d'abord aux champs éloignés ou d'un abord difficile. Ensuite, s'il est moins abondant que le fumier qu'on pourrait obtenir à l'étable d'un nombre égal de bêtes, il ménage les fourrages et litières, et fait profiter le terrain, non seulement de toutes les déjections solides et liquides, mais encore du suint de la toison dont les molécules terreuses s'imprègnent.

Dans la division des *Animaux domestiques* on fera connaître les modes, les saisons et les diverses particularités du parcage des moutons : ici nous devons seulement noter ses effets comme engrais sur les terres et les récoltes.

Avant de commencer à parquer une pièce de terre, on doit la *labourer deux fois*, afin de la mettre en état de recevoir les urines et la fiente des animaux. — On *proportionne l'étendue du parc*, d'abord au nombre des bêtes, mais aussi en raison de leur taille, de leur nourriture plus ou moins aqueuse, de l'état plus ou moins amendé du sol. — Après le parcage, on *donne un labour* qui ne doit pas renverser la terre entièrement, mais la remuer seulement (Voy. *Labours*). — Le parcage a été employé avec avantage *sur les prairies* naturelles et artificielles; mais il faut qu'elles soient sèches, afin de ne pas exposer les bêtes à laine à la pourriture (cachexie aqueuse). — Bosc dit que c'est une assez bonne méthode que de faire parquer *sur des champs de froment* ensemencés et levés, mais dans les terres légères, auxquelles on ne saurait donner trop de compacité; les moutons mangent les feuilles du froment, et tassent le terrain en l'imprégnant de leur fiente et de leur urine.

L'engrais du parcage est sensible pendant 2 années; et le froment qu'on met d'abord, puis la récolte qui lui succède, viennent mieux que s'ils avaient été engraissés par tout autre fumier. Dans les pays de grandes exploitations, comme on ne peut parquer qu'une petite portion des terres chaque année, afin que toutes puissent en profiter successivement, les cultivateurs se gardent bien de mettre le parc 2 fois de suite sur le même champ. — Des observations répétées établissent, en moyenne, que 200 moutons ne peuvent fumer, par le parcage d'un été, plus de 10 arpens de terre de moyenne qualité.

Dans certaines *contrées de l'Angleterre*, d'après HOME, les cultivateurs font des parcs permanens ou bergeries temporaires pour l'été, en élevant des murs de 3 pieds de haut; ces murs sont détruits à la fin de l'automne, et on les répand, ainsi que la terre du sol de ces parcs, sur les champs voisins. On pourrait adopter ce mode pour l'hiver, où le parcage à l'air libre aurait des inconvéniens pour la plupart des races de moutons.

Dans le même pays, on tient, en automne, sur les chaumes, les bœufs à l'engrais dans des parcs où on leur donne chaque jour l'excédant de leur nourriture, comme turneps, betteraves, pommes-de-terre, etc., qu'on répand sur le sol. Lorsqu'ils ont consommé l'herbe du parc, on les conduit dans un autre, et on les remplace dans le premier, d'abord par des vaches, ensuite par des brebis, et enfin par des cochons; de sorte que rien de mangeable n'est perdu et que le terrain est engraissé autant que possible. L'avantage de cette pratique économique est très-grand sur les sols légers, et devrait déterminer à l'employer plus généralement en France.

Dans *une partie de l'Auvergne*, on fait parquer pêle-mêle les chevaux, les ânes, les bœufs, les cochons, les moutons, et on se trouve fort bien de cet usage qu'on pourrait imiter dans beaucoup d'autres localités, principalement celles où les champs sont clos.
          C. B. DE M.

§ IV.—Excrémens des oiseaux.

Fiente des Pigeons. — Cette sorte de fumier, exempt presque entièrement de paille, offre la déjection presque pure ou mêlée de débris de plumes, très-riches eux-mêmes en substance azotée, dans l'état de division le plus convenable. Conservé et desséché d'ailleurs à l'abri, cet engrais est sans contredit le plus riche parmi ceux qu'on nomme *fumiers*; mais il a beaucoup moins d'action que les engrais pulvérulens obtenus des débris d'animaux.

Les agriculteurs intelligens connaissent les excellens effets de la fiente des pigeons; ils vont au loin en chercher. Dans les grandes fermes du Pas-de-Calais, les pigeonniers sont nombreux et très-peuplés: ils se louent pour un an, ou par bail de plusieurs années, à raison de 100 francs pour la fiente à récolter annuellement de 600 à 650 pigeons. Un colombier de cette importance donne une forte voiture de fiente, qui coûte ainsi 100 francs.

Une voiture de ce fumier peut servir pour féconder 80 ares; par conséquent la fumure d'un hectare revient à 125 fr., non compris les frais de transport qui la portent à environ 200 fr. pour les localités où cet engrais parvient.

On emploie principalement cet engrais dans les cultures industrielles, notamment celles du lin, du tabac et des colzas.

Fiente des oiseaux aquatiques. — On a découvert, dans les îles de l'océan Pacifique, des bancs énormes de fiente accumulée depuis des siècles par les oiseaux aquatiques qui se tiennent dans ces parages. Ces résidus, riches en matières organiques azotées putréfiables, contiennent aussi beaucoup d'acide urique. Il se fait un commerce important de cet engrais, entre l'Amérique méridionale et le Pérou, vers lequel on le dirige.

Il est probable que cet engrais, exploité sous le nom de *guano*, a beaucoup d'analogie, quant à ses effets et son usage, avec celui des colombiers dont nous venons de parler. Voici ce qu'en ont rapporté MM. DE HUMBOLDT et BONPLAND :

« *Le guano* se trouve très-abondamment dans la mer du Sud, aux îles de Chinche, près de Pisco ; mais il existe aussi sur les côtes et les îlots plus méridionaux, à Ilo, Iza et Arica. Les habitans de Chançay, qui font le commerce du guano, vont et viennent des îles de Chinche en 20 jours ; chaque bateau en charge 1,500 à 2,000 pieds cubes. Une vanega vaut à Chançay 14 livres, à Arica 15 livres tournois. Il forme des couches de 50 à 60 pi. d'épaisseur, que l'on travaille comme des mines de fer ocracé. Ces mêmes îlots sont habités par une multitude d'oiseaux, surtout d'ardea, de phénicoptères, qui y couchent la nuit ; mais leurs excrémens n'ont pu former, depuis trois siècles, que des couches de 4 à 5 lignes d'épaisseur. La fertilité des côtes stériles du Pérou est fondée sur le guano, qui est un grand objet de commerce. Une cinquantaine de petits bâtimens, qu'on nomme guaneros, vont sans cesse chercher cet engrais et le porter sur les côtes : on le sent à un quart de lieue de distance. Les matelots, accoutumés à cette odeur d'ammoniaque, n'en souffrent pas : nous éternuions sans cesse en nous en approchant. C'est le maïs surtout pour lequel le guano est un excellent engrais. Les Indiens ont enseigné cette méthode aux Espagnols. Si l'on jette trop de guano sur le maïs, la racine en est brûlée et détruite. » M. de Humboldt remit une certaine quantité de guano à MM. FOURCROY et VAUQUELIN, pour en faire l'analyse et y chercher l'acide urique. On peut conclure de leur examen que *cet engrais n'est,* pour ainsi dire, *autre chose que des excrémens d'oiseaux.*

On rencontre dans plusieurs grottes des dépôts semblables de *fiente,* formés par *des chauves-souris.* Nous citerons pour exemple les grottes d'Arcis-sur-la-Cure, près d'Auxerre.

Tous ces dépôts forment sans aucun doute des engrais plus ou moins chauds et qui peuvent être assimilés, quant à la valeur approximative, aux quantités à employer et aux effets, à la fiente de pigeons dont nous venons de parler.

Dans les pays où l'on élève en grand *les vers-à-soie, leurs excrémens* et *la larve* elle-même qui reste après le dévidage des cocons, **forment encore un excellent engrais.**

§ V.—Vases des mares, étangs, fossés, pièces d'eau, ports de mer, et boues des villes.

Vases des mares, étangs et fossés. — Au fond de toutes les eaux stagnantes, ou très-lentement renouvelées, se dépose une foule de substances, notamment des débris organiques de végétaux et d'animaux, des feuilles de diverses plantes, des insectes, des graines, des plumes, la poussière des routes ou terres voisines, et toutes les particules légères emportées par les vents. Des solutions d'eaux ménagères ou savonneuses se joignent assez ordinairement à ces matières ; enfin les oiseaux aquatiques et quelquefois les poissons y déposent encore des déjections qui entrent dans la composition des vases précitées.

Au premier abord, il paraît difficile d'assigner des *propriétés communes* à cette réunion si variable de corps divers mêlés en toutes proportions. Toutefois, on observe généralement que, au fond de ces vases boueuses, s'opère un dégagement d'*hydrogène sulfuré* (acide hydro-sulfurique), et il est évident d'ailleurs qu'une grande partie de ces dépôts, et notamment tous les débris animaux et végétaux, peuvent servir d'engrais à l'agriculture.

On peut conclure de ces deux observations que *l'addition d'une certaine quantité de chaux,* capable de saturer l'acide hydro-sulfurique et tout autre acide dont l'excès pourrait nuire, offrirait le moyen d'éviter les inconvéniens des vases récentes, et de rompre la cohésion de certains détritus trop résistans. Quant à la proportion de chaux la plus convenable, il serait impossible de la déterminer *à priori ;* mais l'excès de cet agent, dans de certaines limites, ne peut être nuisible, puisque, employé seul ainsi, il communique une légère réaction alcaline favorable à la végétation, et que dans les sols très-peu calcaires, il est même une des premières conditions de fertilité.

On pourra donc ajouter aux vases récemment extraites 0,005 (environ un vingtième de leur volume) de chaux vive ; cette addition servira en outre à hâter la dessiccation, et dès que le mélange sera assez sec pour être émotté à la pelle, passé au crible, et ainsi réduit pulvérulent, on le répandra sur la terre avant le 1er labour et dans la proportion de 50 à 100 hectolitres par hectare.

Vases mêlées aux débris de poissons. — Les négocians de Dunkerque arment, pour la pêche, un grand nombre de navires qui reviennent chargés de morues ou de harengs. Les habitans en consomment et en salent une grande quantité ; les débris et les poissons mal conservés sont jetés dans les boues qui, remplies de parties animalisées, fermentent rapidement.

Les *fermiers des environs de Bergues,* très-industrieux, paient le droit d'enlever les boues et de balayer la ville de Dunkerque. Ils recueillent ces vases dans des bateaux, les transportent à une ou deux lieues, en font de gros tas qu'ils mélangent par des lits successifs avec de la marne, de la craie et de la terre, et n'emploient ces composts qu'après une année ou deux de repos.

Il ne manque à cette pratique utile que d'ajouter de la chaux, dans la proportion de 8 à 10 pour 100 des boues animalisées, et d'opérer plus rapidement, par cet agent actif, les effets qu'on n'obtient que plus incomplètement et plus lentement avec de la marne. La chaux coûte peu à Bergues, et les cultivateurs de ces cantons ont l'habitude de l'employer en la semant sur leurs terres en octobre et en novembre. Le mélange de la chaux, en hâtant la désagrégation des substances organiques, permettrait d'employer cet engrais au bout d'un mois de macération, suivant qu'il contiendrait de 6 à 18 pour 100 (approximativement évalués) de matières organiques et de débris de poissons. On en pourrait employer de 36 à 100 hectolitres par hectare. On observerait d'ailleurs la méthode indiquée ci-dessus.

Poissons morts, animaux marins. — Ces substances, déposées sur les côtes par les marées ou jetées par les tempêtes, sont de très-puissans engrais pour les localités qui se trouvent à portée de les recueillir. — *Les coquillages,* et notamment *les écailles d'huîtres,* contenant une forte proportion de substance calcaire, ne conviennent pas dans les sols où ce principe domine déjà, mais sont fort avantageux dans les terres argileuses, humides et froides qu'ils divisent et amendent.

Boues des villes. — Dans les villes populeuses, et surtout aux alentours des marchés aux volailles, poissons, légumes, et dans les rues étroites, on enlève chaque jour des matières boueuses contenant une foule de détritus organiques.

Cette sorte d'engrais mixte, amoncelé en tas souvent énormes, abandonné ordinairement un ou même deux ans. Alors il s'est réduit d'un tiers ou de moitié du volume primitif, et, durant tout cet espace de temps, il a répandu une odeur infecte, cause de perte et de grave incommodité pour le voisinage.

On étend alors dans les champs, avant les premiers labours, puis on enterre, en labourant, ces *boues consommées,* comme les fumiers ordinaires. On emploie jusqu'à 36 voies de 2 mètres ou 86,400 kilog. de boues pour un hectare. Cette fumure a d'ailleurs les inconvéniens des engrais infects, dont nous avons parlé d'une manière générale plus haut.

Il serait bien préférable de *mélanger les boues récentes avec de la chaux,* en les amoncelant. A cet effet, on immerge la chaux dans l'eau à l'aide d'un panier pendant 5 minutes, puis on la tire de l'eau et on la laisse en tas sur le sol battu ou dans des baquets; là elle se réduit peu-à-peu en poudre, en se combinant à l'eau ; on l'arrose avec ménagement pendant l'extinction, afin qu'elle reste pulvérulente et conserve l'apparence sèche. Cette poudre fine est facile à répandre et diviser sur les couches de boues que l'on superpose successivement après avoir ajouté environ un vingtième de cette chaux sur chacune d'elles. L'addition de la chaux, qui hâte la macération et sature les acides, permet d'employer l'engrais au bout d'un mois.

Il serait mieux encore d'employer, au lieu de chaux, *la poudre charbonneuse absorbante* qui retiendrait la plus grande partie des gaz utiles, retarderait la décomposition et triplerait l'effet réalisé. Des expériences que nous avons faites avec M. Salmon, ont eu ce résultat, relativement aux boues de Paris, qui seront sans doute un jour traitées ainsi.

§ VI. — Suie des cheminées.

La suie des cheminées et des poêles où l'on brûle du bois est composée d'un grand nombre de corps. M. Braconnot, en l'analysant, y a trouvé 20 pour 100 d'une matière azotée, de l'alumine, du carbonate, phosphate, sulfate et acétate de chaux, divers autres sels à base de chaux, potasse, magnésie et ammoniaque, une matière charbonneuse ; il faut y ajouter une huile essentielle empyreumatique, et quelquefois un léger excès d'acide acétique, d'autres fois une petite proportion de carbonate de potasse.

On augmenterait l'action stimulante de la suie, en la mélangeant avec son volume de cendres de bois.

On se sert, *près de Lille,* de la suie de cheminée comme engrais, et surtout dans le but de garantir les jeunes pousses de colza des insectes qui les dévorent. On en répand 5 hectolitres pour 10 ares; quelquefois on jette aussi de la suie sur les feuilles de colza repiqué dans le mois de mars et d'avril.

Si l'on délaie la suie dans 2 ou 3 fois son volume d'eau, puis que l'on filtre sur une toile ou sur un tampon de paille, on obtient une solution capable de conserver la chair des animaux, en lui donnant un goût analogue à celui des viandes fumées.

Le *mélange de la suie,* à volume égal, avec les matières animales pures, telles que le sang coagulé et la chair musculaire divisée, est très-convenable pour ralentir la putréfaction, diminuer l'odeur infecte, garantir l'engrais et les plantes des petits animaux et des insectes.   A. Payen.

§ VII. — Des composts, ou du mélange des terres et des fumiers.

La masse principale des engrais est fournie par les litières mêlées aux excrémens des bestiaux; lorsque leur rareté oblige de les ménager ou de s'en servir pour la nourriture des animaux, on peut y suppléer en couvrant le sol des écuries et bergeries de *terre bien meuble* et à moitié sèche, laquelle servira d'excipient pour les déjections animales, se chargera en outre des substances exhalées par leur transpiration, et formera un fort bon engrais. Cette méthode offre encore l'avantage d'amender le sol en même temps qu'on le fumera : à cet effet, il suffit de déposer dans les étables une terre qui ait des qualités opposées à celle où l'on doit transporter l'engrais.

On compose dans le même but les *composts,* mélanges d'engrais formés de substances de diverses natures, placées par couches les unes sur les autres. Destine-t-on le compost à l'engrais et à l'amendement *d'une terre argileuse et compacte,* on peut emprunter à

M. Chaptal la préparation suivante : on fait une première couche de plâtras, de gravois ou de débris de démolition ; on la recouvre de fumier de litière de mouton ou de cheval ; on en compose une 3ᵉ de balayures des cours, des chemins, des granges, de marne maigre, sèche et calcaire, de matières fécales, de débris de foin et de paille, et on la recouvre du même fumier que la 1ʳᵉ. La fermentation s'établit d'abord dans les couches de fumier dont le jus se mêle bientôt avec les autres substances : quand on reconnaît que la décomposition est suffisamment avancée, on démonte le tas, on mêle les couches et on les transporte dans les champs. — *Pour les sols légers,* poreux et calcaires, le compost doit être composé de substances argileuses, telles que les glaises à demi cuites et broyées, les marnes grasses, de matières compactes, de fumiers froids, de limon des mares et des étangs, et la fermentation doit être poussée jusqu'à ce que la masse forme une pâte liante et glutineuse.

On a récemment annoncé pouvoir préparer un excellent engrais en 24 heures, en établissant un lit, épais d'un pied, d'*herbes parasites vertes,* sur lequel on étendra une couche mince de chaux vive pulvérisée ; l'on continuera de superposer alternativement ces différentes couches : il est essentiel d'empêcher l'inflammation spontanée qui pourrait résulter de l'échauffement de la masse, en la recouvrant de terre et de gazons.

Le procédé suivant de préparation et de conservation des engrais, a été indiqué d'après la méthode de M. Da-Olmi (1). On construit, dans l'endroit le plus convenable et à proximité de la ferme, une citerne formant un carré assez spacieux pour contenir les quantités de fumier qu'on veut conserver. Sur l'une des faces on ménage un abord facile et une ouverture suffisante pour laisser passer une charrette ; on tient habituellement cette ouverture fermée au moyen d'une écluse ou porte en bois. Dans le voisinage de la citerne, on construit un puits profond de 8 pieds et large de 3 ; c'est dans ce puits qu'on prépare une *lessive d'engrais,* en jetant dans ce réservoir rempli d'eau, de la chaux éteinte à l'air, des cendres neuves, et ayant soin d'agiter chaque jour ce mélange avec une perche. Dès que le liquide est assez chargé des principes salins, ce que l'on connaît à sa couleur d'un blanc de lait grisâtre, et à la diminution de sa fluidité, on porte le fumier dans la citerne, on en fait un amas de l'épaisseur de 5 à 6 pieds, qu'on arrose sur toute la surface, à l'aide d'un arrosoir ordinaire, avec le liquide puisé dans le réservoir ; cela fait, on recouvre le tout avec une couche de terre assez épaisse. Les amas successifs de fumier qu'on ajoutera, seront placés, assaisonnés et couverts de terre de la même manière jusqu'au dernier, sur lequel on mettra la terre la plus compacte qu'on pourra trouver, en lui donnant une épaisseur de 5 à 6 pouces au moins. Quand on tirera le fumier de la citerne, on mettra des planches sur la charge de chaque charrette, afin d'empêcher, autant que possi-

ble, l'évaporation des principes gazeux ; et, arrivé au champ, le laboureur l'enfouira sans délai.

C. B. DE M.

Joncs employés comme engrais. — Les joncs que l'on récolte dans les marais du département du Gard sont considérés à la fois comme une importante production agricole et un des principaux agens de la fertilisation des terres de cette localité. En effet, lorsque la saison est favorable, la coupe d'un hectare de joncs suffit à la *fumure* de trois hectares de vignes ; aussi le desséchement de ces marais, long-temps réclamé avec de vives et publiques instances, et même commencé, est-il maintenant abandonné. Ce qui contribue le plus au développement de ces joncs est, sans contredit, l'immersion des marais par les eaux du Rhône. Sans cette addition d'eau douce, l'excès de sel arrêterait la végétation ; les joncs acquerraient seulement quelques pouces de hauteur, tandis qu'ils s'élèvent de 6 à 8 pieds lorsqu'ils ont été baignés.

On *coupe les joncs* dans le mois de juillet, et on les met en bottes ; achetés dans cet état, ils sont transportés et étendus sur la terre ; quelquefois on les fait préalablement tremper dans l'eau douce. Les pieds de vigne, espacés de 5 pieds 3 po. entre eux, permettent l'accès des hommes chargés d'une aussi volumineuse fumure.

Cet engrais agit utilement, surtout en s'opposant à la dessiccation des terres et fournissant même peu-à-peu son humidité au sol, ce qui fait comprendre l'avantage de son immersion préalable dans l'eau ; plusieurs agronomes ont donc blâmé à tort cette pratique. C'est encore ainsi que, dans les terrains sableux, et surtout pour la culture des racines tuberculeuses ou abondantes en sucs, les pommes-de-terre, les betteraves, j'ai obtenu des produits considérables par l'addition de marcs de pommes-de-terre, n'agissant presque qu'en raison de leur forme spongieuse, et retenant fortement l'humidité. M. DE RAINNEVILLE est parvenu même à quadrupler une récolte de pommes-de-terre en enterrant un engrais vert semé à dessein entre les lignes. D'ailleurs, les joncs trépignés par les hommes et les moutons, après les récoltes, se rompent et se désagrégent de plus en plus, et fournissent par leur décomposition un léger engrais.

La fumure au moyen des joncs *est très-dispendieuse,* surtout en raison des frais de transport et de main-d'œuvre pour être répandue ; elle revient, suivant les distances, de 200 et 400 fr. l'arpent de 30 ares, qui contient 1200 *souches,* ce qui porterait à plus de 600 ou de 1200 fr. la fumure d'un hectare.

SECTION IV. — *Prix et effets comparés des divers engrais.*

§ Iᵉʳ. — Fixation du prix de revient des divers engrais.

Établir une comparaison rigoureusement exacte entre les divers engrais, sous les **rap-**

---

(1) *Journal des propriétaires ruraux du midi de la France.*

ports combinés de leur prix coûtant et de leurs effets, serait sans doute chose impossible; car les nombreux élémens de ce calcul sont tous très-variables.Ainsi, le prix coûtant des engrais varie avec ceux des transports, qui dépendent des distances, des relations commerciales, des saisons, de l'état des chemins, de la proportion d'eau qu'ils recèlent.

Les fumiers des écuries sont, *dans les grandes villes* surtout, un produit très-secondaire. Ainsi, le lait des vaches et la force motrice des chevaux y laissent un bénéfice suffisant pour que leurs fumiers y soient de peu d'importance; mais, en compensation, les terres en culture étant éloignées, les frais de transport sont plus considérables.

La question change *dans les exploitations agricoles* : là, le prix moins élevé du lait ou de ses produits, une plus grande proximité des terres arables, peut faire considérer les bestiaux comme un moyen d'obtenir des engrais qui multiplient les produits des diverses cultures ; et, considérant le fumier comme l'objet important de la production des bestiaux, il convient de résumer sur lui la balance des dépenses et recettes.

La *fixation de la valeur des fumiers* est difficile. On peut dire toutefois que celui qui contient le moins de litière est le meilleur. On a donc un double intérêt à faire passer le plus possible de paille en nourriture.

Quant à *l'estimation des quantités*, elle devrait être faite au poids, qui varie bien moins que le volume. En effet, un hectolitre de fumier contenant beaucoup de paille ne pèse, même tassé, que 50 à 60 kilos; tandis que, quand la proportion de litière a été très-faible, le même volume peut représenter un poids de 110 à 115 kilogrammes.

On obtiendrait *une approximation plus exacte* encore en comptant seulement l'équivalent à l'état sec. Ainsi, après avoir reconnu que l'hectolitre pèse 100 kilos, on en ferait dessécher, en l'étalant au soleil ou sur un poêle, un kilogramme, et, s'il perdait 400 grammes ou 40 p. 0/0, on ne compterait l'hectolitre que pour 60 kilogrammes. Il conviendrait d'ailleurs ensuite de cuber les tas équarris ou les voitures, et de multiplier par 60 le nombre d'hectolitres, ou par 600 le nombre de mètres cubes.

Nous croyons devoir citer ici, comme exemple d'une comptabilité de ce genre (établie, à la vérité, sur le fumier humide), celle que vient de publier, dans le dernier numéro du *Cultivateur*, M. le comte d'Angeville, propriétaire à Lompnès, dans les montagnes du département de l'Ain.

Produit annuel d'une vache, sur une moyenne de 35 têtes à l'étable.

1° 915 lit. de lait { 89 kil. fromage *Gruyère*.. 85 44
　donnant. { 22 kil. *idem*, 2ᵉ qualité. . 6 60
2° Valeur de la cuite. . . . . 1 »
3° Veau (vendu à 8 jours parce qu'il consommerait trop de lait). . . . . 5 »
4° Travail: 6,136 heures à 10 c. Pour 35 vaches
　— 613,60 : par tête —. 17 53

Produit d'une vache, moins le fumier. . . . 115 57

Dépense annuelle pour une vache,

1° Fourrage, 2300 kil. à 4 fr. . . . . 92 f. »
2° Paille, 50 kil. (pour litière). . . . . 2 »
3° Intérêts de la valeur à 5 pour °/₀ par chaque tête, à 100 fr. . . . . 5 »
—— à 10 pour °/₀ pour menus frais des écuries, dépérissemens, maladies. 10 »
4° Taureau à 150 f. pour 50 vaches; pour une 3 »
5° Vachers, 2 pour 35 vaches; gages 200 fr. ou par tête. 5 71
—— nourriture, 394 fr. 20 c. ou par tête. 11 26
6° Frais de fabrication du fromage, 10 f. par 100 kil. ou pour 89 kil. 8 90
7° Loyers : vacherie et grange contenant les approvisionnemens, 200 fr. ou par tête. 5 71
8°Intérêts du capital pour les ustensiles de la *fruitière*, constructions de caves à fromage, rayons, laiterie, chaudières { 560 fr. à 5 p. °/₀ } 84 fr.
　　　　　{ 560 　à 10 p. °/₀ }
pour 65 vaches, ou par chaque tête. 1 29

Total de la dépense annuelle. 144 87
Total de la recette. 115 57

Différence ou prix coûtant du fumier. . . . 29 30

La moyenne du fumier produit par toutes les vaches étant à la quantité de fourrage consommé comme 216 est à 100, les 2,350 kilos de foin que consomme chaque vache donnent 5,070 kilos de fumier, qui coûtent 29 fr. 30 c. — D'où l'on voit que 100 kilos du fumier produit par les vaches mises en fruitière, coûtent 58 centimes.

Mais les vaches n'étant pas ordinairement attelées, il convient de retrancher, pour ce cas plus général, le prix du travail, porté ci-dessus à 17 fr. 3 c., et de le remplacer par la valeur du lait, que de nombreux essais font estimer au quart de la valeur du travail, c'est-à-dire à 4 fr. Il en résulte que la somme du produit ne sera plus que 102 f. 42 c., la dépense étant la même, ou 144 fr. 87 c.; la différence sera 42 fr. 45 c. pour le prix coûtant des 5,070 kilos de fumier. D'où l'on tire, pour le prix coûtant de 100 kilos de fumier, 84 centimes.

Si les agriculteurs *calculent exactement tous les frais* de leurs exploitations, ils verront que le fumier leur revient au moins à ce prix; et cela explique l'empressement que beaucoup d'entre eux mettent à rechercher les fumiers qu'on se procure de la moitié au tiers de ce prix dans les villes, lorsqu'ils y portent leurs denrées et peuvent compter pour peu de chose les transports opérés en retour.

On pourrait *augmenter la quantité de paille* employée à faire la litière, afin d'augmenter le poids du fumier; mais elle donnerait au plus le double de son poids de fumier, qui coûterait alors plus de 84 cent. les 100 kilos, et serait de moins bonne qualité.

Il serait à désirer que l'on fît le compte du prix de revient des fumiers, comparé à l'effet, pour les divers animaux qui consomment le fourrage, dans chaque localité : c'est un travail utile à tous les propriétaires, dont nous avons voulu seulement citer un exemple.

§ II.—Détermination des effets des engrais.

Quant à la comparaison entre les effets

des différens engrais, elle n'est pas moins indispensable à la solution définitive du problème suivant : *Quels sont pour chaque localité les modes de fumure le plus économiques ?* en prenant toutefois en considération les effets secondaires comme amendemens. Nous ne pouvons citer à cet égard de meilleur exemple à suivre que le mode d'expérimentation publié tout récemment par l'un de nos meilleurs agronomes. (*Annales de Grignon*, 5e liv.)

En 1832, M. BELLA avait déjà fait des expériences comparatives sur le noir animalisé et la poudrette appliqués à des semis d'avoine avec lupuline, et reconnu que l'avantage restait au noir animalisé, bien qu'il eût choisi la meilleure qualité de poudrette. Toutefois, les résultats n'ayant pas été traduits en chiffres, des expériences plus variées furent reprises en 1833.

La pièce fut divisée en sept parties, comme le montre la *figure* 60.

Fig. 60.

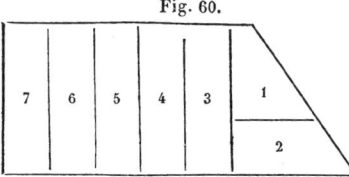

Toutes les sections furent ensemencées en froment; pour chacune d'elles, les quantités suivantes d'engrais y avaient été employées par arpent :

Le n° 1, après un colza, fumé avec 18,000 *kil. fumier.*

N° 2, déjà amélioré par un engrais vert avorté, reçut 6 *hect. poudrette.*

N° 3 ne reçut que 5 *hect.* 37 *noir animalisé.*

N° 4 reçut 6 *hect. de poudrette ;* il avait été parqué en 1829 à raison d'un mouton par 64 décim. carrés, tandis que le reste de la pièce n'avait eu ni fumier ni parcage depuis 1826.

N° 5, fumé avec 6 *hect. noir animalisé.*

N° 6, fumé avec 5 *hect.* 27 *poudrette.*

N° 7 reçut 4 *hect.* 44 *de noir animalisé.*

La poudrette employée dans ces expériences avait été choisie de 1re qualité ; le noir animalisé sortait de la fabrique de MM. Salmon, Payen et Lupé.

TABLEAU *des quantités d'engrais employés, nombre des gerbes, poids de la paille et des grains récoltés, par arpent :*

NUMÉROS.	ENGRAIS.		GERBES.	PAILLE.	GRAINS.	
					hectol	kilog.
1. Fumier.. .			228	1662	10,45	812
2. Poudrette.	6 hect.		288	2240	10,80	912
3. Noir. . . .	5	37	312	2192	13,	1040
4. Poudrette.	6	»	252	2284	12,27	903
5. Noir. . . .	6	»	252	2284	12,91	1008
6. Poudrette.	5	27	324	2416	12,54	1053
7. Noir. . . .	4	44	252	1837	9,55	787

M. BELLA ajoute les observations suivantes : « On voit que le noir animalisé produit, à quantités égales, plus de grain et moins de paille que la poudrette. Il paraîtrait en résulter que le noir serait d'une plus longue durée que la poudrette; car les engrais moins durables produisent toujours un plus grand développement herbacé. »

Prenant la moyenne des produits, on trouve : 1 hect. de grain exige 40 lit. *de noir* et 48 lit. 5 *de poudrette ;* 100 kil. de paille exigent 26 lit. *de noir* et 24,75 *de poudrette.*

Si l'on porte le noir et la poudrette à 5 fr. l'hect., le froment à 16 fr. l'hect. et la paille à 2 fr. les 100 kil., on trouve : 1 hect. *noir* à 5 fr. produit 2 hect. 24 lit. de froment ou 35 fr. 84 c., plus 400 kil. de paille ou 8 f. ; total, 43 f. 84 c.: 1 hect. *poudrette* à 5 fr. donne 2 hect. 6 lit. de froment ou 32 f. 96 c., plus 402 kil. de paille ou 8 fr. 2 c.; total, 41 fr. Il reste donc en faveur du noir animalisé 2 fr. 84 c. par hectolitre (1).

On peut remarquer encore que, si l'on déduit la valeur de l'excédant de produit, 2 fr. 84 c., du prix coûtant du noir, 5 fr., il restera 2 fr. 16 c. pour prix de revient de cet engrais, tandis que, à produit égal, l'engrais en poudrette coûtant 5 fr. reviendrait à un prix plus que double. La durée du noir étant d'ailleurs plus longue, puisque sa décomposition est moins rapide, il reste plus de cette fumure dans le sol pour la culture suivante. Enfin, le fonds doit être plus amélioré par le résidu charbonneux en poudre fine et absorbante non décomposée.

§ III. — Détermination de la proportion d'engrais contenue dans divers mélanges

Il est souvent utile aux agronomes, pour fixer les prix d'achat ou de transport qu'ils y peuvent mettre, de connaître approximativement la proportion d'engrais que représentent divers mélanges de détritus végétaux et animaux, tels qu'ils se rencontrent dans les boues des villes, la vase des étangs, mares, fossés, etc.

La valeur relative de ces sortes de composts est proportionnée à la quantité de matière organique y contenue, et celle-ci peut être *déterminée par la calcination ou l'incinération* d'un échantillon bien desséché : la perte en poids indiquerait approximativement cette quantité, qui aurait d'autant plus d'effet utile qu'elle serait plus azotée. Le procédé pour déterminer l'azote ne serait pas à la portée de la plupart des agriculteurs ; mais on peut considérer généralement la perte en poids par l'incinération comme représentant une égale quantité du meilleur fumier supposé sec ; on obtiendrait donc ainsi une approximation suffisante. Supposons, par exemple, qu'après avoir fait dessécher fortement la vase, on en prenne 100 grammes; qu'alors on fasse brûler ceux-ci dans une capsule en platine, en fer ou en fonte chauffée au rouge, et en remuant, à l'aide d'une tige métallique, jusqu'à ce qu'il ne

(1) M. BELLA termine en annonçant de nouvelles expériences pour l'année prochaine; car l'influence atmosphérique est si grande que l'on ne saurait trop multiplier les essais avant d'avancer des résultats comme incontestables.

reste plus de particules charbonneuses: qu'on laisse refroidir, et que le poids du résidu se trouve être de 70 grammes, la perte de 30 grammes ou 30 p. 0/0 représentera la quantité de matière organique ou la proportion de fumier très-sec que pouvait représenter la vase. Si la matière essayée contenait une *proportion notable de carbonate de chaux,* il faudrait tenir compte de l'acide carbonique dégagé par la calcination ; on constaterait sa quantité en saturant par l'acide sulfurique étendu de 0,9 d'eau, et constatant la perte. (*Voy.* les détails sur l'analyse des terres donnés page 57.)

Enfin, si une proportion importante de *débris d'animaux* se trouvait dans ces vases boueuses, comme nous avons vu que cela se rencontre quelquefois près des bords de la mer, on l'apprécierait en faisant calciner dans une cornue l'échantillon desséché, en recueillant les gaz dégagés dans de l'acide sulfurique étendu d'eau, tenant note, soit de l'acide saturé, soit du sulfate d'ammoniaque produit (1). Nous avons indiqué plus haut ce mode d'essai en parlant des débris d'animaux. La proportion de matière animale ainsi représentée augmenterait de beaucoup l'influence et la valeur comme engrais de la matière organique, puisqu'elle pourrait au moins être assimilée au sang soluble, dont 850 kil. produisent comme engrais un effet à peu près égal à celui de 54,000 kil. (ou 63 fois plus) de fumier d'étable.

§ IV.—Comparaison des prix et des effets des divers engrais, avec les doses nécessaires.

Les recherches faites jusqu'à ce jour nous permettent *d'estimer approximativement les effets et prix* comparés des divers engrais en usage. Sans doute, un grand nombre d'essais, et dans des circonstances de sols, saisons, cultures plus diverses, seraient utiles pour fixer ces données ; mais encore seraient - elles sujettes à des variations entre certaines limites pour les différentes localités ; telles que nous les présentons, elles serviront du moins de 1ʳᵉ base à chaque agriculteur pour de nouvelles observations spécialement applicables à son exploitation.

Les *prix des transports* devront aussi être rectifiés suivant les distances et l'état des voies de communication. Nous avons d'ailleurs supposé les engrais qu'on achète dans les villes transportés à 2 lieues, et ceux produits par les exploitations rurales rendus sur le champ ; enfin, dans une 2ᵉ colonne, nous avons ajouté 50 c. pour frais de transport. On verra que les engrais riches seuls

peuvent supporter jusqu'à 5 fr. de frais de transport, tandis que les fumiers et les divers composts supporteraient à peine quelques centimes.

Tableau des frais de fumure d'un hectare de terre (ou 3 arpens de Paris), *avec divers engrais.*

Quantités, espèces et prix par mesure, des divers engrais.	PRIX COURANT.	50 cent. de transport en plus.
1,500 kil. 15 hectol. noir animalisé à 5 f. .	75 »	82 50
2,000 id. 20 id. noir résidu des raffineries, à 5 fr.	100 »	110 »
550 kil. chair musculaire en poudre, à 20 fr. le 100 de kil. .	110 »	112 75
1,750 kil. ou 25 hect. poudrette, à 5 fr... .	125 »	133 75
750 id. sang coagulé sec, en poudre, à 20 f. le 100.	150 »	153 75
850 id sang soluble sec, en poudre, à 20 fr.	170 »	174 25
2,500 id. fiente de pigeons (rendue, en Flandre).	200 »	200 »
2,000 id. os concasses, à 12 fr. le 100.	240 »	250 »
1,125 id. cornes en rapures, à 25 f.	280 52	285 62
33,750 id. engrais flamand rendu à 1 f. 20 c. les 125 kil.	304 »	304 »
90,000 id. engrais vert, plus chaud, à 35 c. le 100. . . .	315 »	»
54,000 fumiers, à 40 c. tiré des villes.	216 »	486 »
à 58 c. dans les fermes	297 »	565 »
à 84 c. id. le 100.	459 »	729 »
86,400 boues des villes, à 50 c. (2).. .	432 »	864 »

Nous n'avons pas mentionné dans ce tableau divers autres engrais, tels que les marcs de colle, les cendres animalisées, les terreaux, plusieurs composts et détritus, soit parce que leur composition est trop variable, soit parce que leurs effets n'ont pas été constatés.

Rappelons, en terminant, que l'on ne devra jamais se baser sur le prix de revient seulement des engrais pour fixer son choix, mais qu'il faut encore prendre en considération leur influence spéciale sur le développement de la partie herbacée ou la production de la graine, le goût des fourrages ou des plantes comestibles, leur action plus ou moins régulière, l'effet secondaire comme amendement ou stimulant, enfin la main-d'œuvre pour les répandre, et les soins particuliers à ceux qui sont rapidement actifs pour éviter de les mettre en contact avec les graines, les jeunes tiges ou les extrémités spongieuses des racines.   A. PAYEN.

CHAPITRE V. — DES OPÉRATIONS AGRICOLES PROPRES A RENDRE LE SOL CULTIVABLE.

La France renferme encore, malheureusement, un bien grand nombre de terres Vagues et incultes, de Landes, de Bruyères, de Sa- varts, qui ne sont dévoués à la stérilité que faute d'être fécondés par des bras laborieux. Non seulement dans certaines parties du ter

---

(1) On obtient ainsi environ 9 de sulfate d'ammoniaque pour cent des os calcinés, et 18 à 20 du sang sec, des chiffons de laine, de la chair musculaire, des cornes, etc.

(2) Ce prix est composé presque en entier des frais de ramassage et de transport à une distance d'une à deux lieues.

ritoire, de vastes étendues de terrain sont ainsi improductives, mais, même dans les départemens les plus riches, les plus peuplés, les mieux cultivés, on rencontre encore çà et là quelques portions de sol que des travaux bien entendus rendraient facilement à la culture. Tantôt ces terrains sont occupés par des pierres, des broussailles, des arbustes; la marche des instrumens aratoires y est gênée par des roches; le guéret n'y a pas encore été entamé par la charrue. Tantôt l'abondance ou la stagnation des eaux le constitue, perpétuellement ou temporairement, en marais ou en terres marécageuses, ou bien l'invasion extraordinaire ou périodique de ces eaux y interdit les cultures réglées, et même menace le sol de l'envahissement ou de la destruction. L'objet de ce chapitre est de mettre les propriétaires et les cultivateurs à même de convertir en terres arables les terrains plus ou moins étendus, qui, par une cause quelconque, sont encore en friches et pourraient cesser d'y être.

C. B. DE M.

¹SECTION Iʳᵉ. — *Des défrichemens.*

Les défrichemens qu'on a quelquefois considérés comme l'ensemble de toutes les opérations propres à transformer les terrains incultes en terres labourables, ou des cultures permanentes en cultures d'une autre sorte, et qui embrassent dans ce sens tout ce qui se rattache *aux desséchemens, aux nivellemens, au défonçage, à l'écobuage, aux amendemens, aux semis divers*, et même à la pratique *des assolemens*, dans un ouvrage de la nature de celui-ci, où chacun de ces importans sujets devra être traité séparément avec tous les détails qu'il comporte, ne peuvent avoir une aussi grande importance. Pour nous, défricher un terrain, ce sera donc simplement *le débarrasser de tous les végétaux ou autres obstacles qui se rencontrent à la surface*, pour le mettre en état de recevoir selon sa nature, soit des céréales, soit des plantes fourragères, légumineuses ou industrielles, soit des végétaux ligneux; et notre tâche sera remplie, quand nous aurons fait voir les difficultés et donné les moyens d'arriver à ce 1ᵉʳ but.

§ Iᵉʳ.—Conditions avantageuses ou désavantageuses aux défrichemens.

Depuis un certain nombre d'années, à mesure que notre population s'est augmentée, que le prix des terres et avec lui le taux des fermages se sont progressivement élevés, les défrichemens sont devenus *assez fréquens en France.* Cependant, d'après des documens officiels, résultant d'opérations effectuées sur les lieux mêmes par les agens des contributions directes, contradictoirement avec les délégués des communes, on voit dans l'excellent travail de M. HUERNE DE POMMEUSE (1), que sur une superficie de 52,874,614 hectares que présentent ensemble les quatre-vingt-six départemens, il en existe encore d'*incultes au moins* 7,185,475 hectares, c'est-à-dire environ la septième partie du territoire.

A l'exception des rochers, des crêtes de montagnes dépourvues de terre végétale, et des pentes trop escarpées, il n'est, à vrai dire, aucun sol dont on ne puisse tirer parti, toutefois, les dépenses diverses qu'entraîn rait dans bien des cas sa mise en culture sont telles qu'il serait plus qu'imprudent de les faire avant d'avoir bien calculé préalablement toute la portée de l'opération et les résultats profitables qu'on est raisonnablement en droit d'en attendre, eu égard non seulement à la *nature de chaque terrain*, mais à la *position topographique* de chaque localité, et aux *moyens d'exécution* dont on peut disposer.

Lors même que les défrichemens doivent s'opérer dans le voisinage et pour ainsi dire à la suite d'une ancienne exploitation, à l'aide d'attelages, d'ouvriers, de tout un matériel enfin déjà existant, *ce sont* encore *souvent des entreprises coûteuses*, peu à la portée des petits cultivateurs si elles sont faites sur une certaine échelle, et qui ne peuvent devenir profitables qu'autant qu'elles sont convenablement dirigées. Ce serait un fort mauvais calcul de croire qu'on pourra cultiver des étendues plus grandes, sans autres débours qu'un surcroît de main-d'œuvre. A la vérité, sur des défriches de genêts, d'ajoncs ou de bruyères, à l'aide de simples brûlis, presque sans engrais et souvent même sans engrais, on peut bien de loin en loin obtenir une ou deux chétives récoltes de seigle ou de sarrasin et de pommes-de-terre, qui paient tant bien que mal les frais de labours. A la vérité encore, sur l'emplacement de bois nouvellement déracinés, d'anciens marais desséchés, de vieilles prairies retournées, on peut quelque temps se fier à la fécondité surnaturelle du sol; mais, dans le premier cas, le terrain épuisé par une si faible production, se refuserait à en donner aucune autre sans une nouvelle jachère de 8 à 10 ans; dans le second, il ne faut voir qu'une exception momentanée à la règle; dans l'un et l'autre, on arriverait à coup sûr à la stérilité, sans le concours des engrais.

Dans les terres de médiocre qualité, les défrichemens qui auraient pour but d'ajouter à la quantité des terres assolées d'une ferme ou à plus forte raison d'en créer une nouvelle, seraient généralement de fort mauvaises opérations, si elles n'étaient exécutées partiellement ou par des personnes en état de faire grandement les avances nécessaires. En pareil cas, bien souvent, les *semis d'essences ligneuses*, particulièrement ceux de Pins qui se montrent généralement si peu difficiles sur le choix des terrains, offrent le meilleur et le plus sûr moyen d'amélioration.

Pour les sols de meilleure qualité, les chances de succès augmentent en raison inverse de la difficulté de maintenir leur fécondité; mais, là encore, loin de sacrifier l'avenir au présent, il faut au contraire savoir ne demander à la terre que ce qu'elle peut produire sans épuisement, et songer, avant tout, *à augmenter la masse des fourrages pour obtenir plus d'engrais.* Tel est en résumé le

(1) *Des colonies agricoles et de leurs avantages.* Un vol. in-8°, 1832. Chez Mᵐᵉ Huzard.

grand secret de la réussite; car il est bien reconnu qu'avec moins de frais, la somme des fumiers restant la même, on peut tirer davantage de produits sur un champ de moyenne que de grande étendue, et qu'il est infiniment préférable de bien cultiver l'un que de cultiver l'autre en entier.

§ II.—Des divers procédés de défrichement.

5. *Trois obstacles matériels* peuvent rendre les défrichemens d'une exécution parfois fort difficile et toujours assez dispendieuse. Ce sont : *les racines* qui occupent le sol, *les pierres* qui en pénètrent la masse de manière à entraver les labours, ou enfin les *eaux stagnantes* qui en recouvrent la surface.

Lorsqu'ils ont lieu sur d'anciennes pâtures ou des landes couvertes de sous-arbrisseaux d'une faible consistance, on connaît plusieurs moyens de les effectuer. Un des plus en usage, et dans beaucoup de cas des meilleurs, est d'*écroûter* d'abord le sol et de brûler ensuite les produits végéto-terreux ainsi enlevés, comme on le dira ci-après en traitant de l'*écobuage*.

Un *second moyen*, recommandé avec raison par THAER, consiste également à enlever, jusqu'à une faible profondeur, la surface du terrain, comme pour l'écobuage; à diviser les gazons en morceaux irréguliers, et à les mettre en tas avec des fumiers d'étable ou de la chaux, puis à les laisser en cet état jusqu'à ce que leur décomposition soit accomplie. Pendant ce temps, on donne plusieurs labours au champ écroûté, on y répand ensuite le compost, et on l'enterre en semant sous raie ou par un fort hersage. Cette méthode, d'après la même auteur qui l'a éprouvée plusieurs fois, procure des récoltes très-abondantes, et met le sol dans un état de prospérité admirable, parce qu'il en résulte la décomposition absolue du gazon, sa transformation en humus, et une aération plus complète que cela n'aurait lieu de toute autre manière. Mais il est évident qu'un tel moyen est très-coûteux et ne peut être mis en pratique que sur des espaces peu étendus.

§ III.— Défrichemens à la charrue.

D'autres fois on se borne à donner, pendant un an et même deux ans, *plusieurs labours successifs,* combinés de manière à détruire aussi complètement que possible la végétation des plantes adventices. Le *premier de ces labours* doit être assez profond seulement pour ramener à la surface la majeure partie des racines, et mettre les autres dans l'impossibilité de repousser. On le donne dans le courant des mois de décembre, janvier, février et mars, lorsqu'il ne gèle pas trop fort, et que la terre est suffisamment pénétrée et amollie par les eaux pluviales, ce qui contribue à diminuer la résistance qu'offre le labour.

Le défrichement se fait par larges planches et dans la direction la plus convenable à l'écoulement des eaux vers des fossés dont, presque toujours, il convient d'entourer le terrain avant de commencer le travail.

Dès que les gazons renversés sont suffisamment desséchés ou pourris, vers le mois

de juillet, on donne un *second labour* dans le même sens, mais un peu plus profondément, afin de recouvrir les tranches, précédemment soulevées, d'une certaine quantité de terre de la couche inférieure.

D'autres cultivateurs *remplacent ce labour par un simple hersage* au moyen de la herse roulante (*fig.* 62) qu'ils promènent sur le

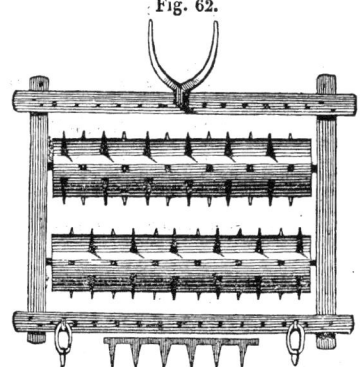

Fig. 62.

défrichement dans la direction de la charrue et non en travers, car les mottes n'offriraient dans ce sens que peu de résistance aux dents de la herse sous lesquelles elles rouleraient sans se briser, tandis que, suivant la direction des traits de la charrue, les dents éprouvent une résistance qui favorise leur effet. Un *troisième labour,* exécuté en travers et suivi d'un *hersage* vers le mois de mars suivant, contribue encore à ameublir le sol et à détruire de plus en plus les mauvaises herbes. Il est le plus souvent suivi immédiatement des semailles de printemps; cependant, comme à cette époque la terre n'est pas toujours assez nettoyée, il peut, dans certains cas, paraître préférable de donner encore quelques labours pendant une nouvelle jachère d'été. Dans notre opinion, il est généralement tout aussi convenable pour achever de nettoyer le sol, et beaucoup plus productif, de recourir dès-lors à des cultures qui exigent des sarclages, des binages ou des butages.

Toutes les défriches ne peuvent être destinées à produire des céréales ou à être converties en prairies. Il est des sols qu'il serait difficile d'*utiliser* autrement qu'*en les plantant en bois.* C'est pour ceux-là surtout (et dans cette catégorie on doit comprendre une grande partie des landes immenses de la Bretagne, de Bordeaux, etc.), c'est pour ceux-là, dis-je, qu'il convient surtout d'employer la charrue. Cet instrument présente une économie telle, que deux hommes et un bon attelage de 4 ou 6 chevaux, suivant la nature du terrain, défrichent autant de landes en un jour que 50 homm s en pourraient faire au pic ou à la pioche en travaillant avec assiduité.

Parmi *les charrues* qu'on a surtout préconisées *pour les défrichemens,* il en est certainement fort peu qui donnent des résultats plus satisfaisans que celle de M. **MATHIEU**

DE DOMBASLE sur les terres enherbées, telles que les trèfles, les luzernes et les vieilles pâtures, même lorsqu'elles exigent un fort tirage. Toutefois, lorsque les terrains sont surchargés de racines ligueuses, la charrue simple ne convient plus autant, parce qu'alors elle devient très-difficile à conduire, et que le système de coutre et de soc de cette charrue n'est pas approprié à un travail qui exige une force aussi extraordinaire. En pareil cas, nous pensons qu'on devra tâcher de se procurer *la charrue de* M. TROCHU (*fig.* 63).

Fig. 63.

Son soc est plat, ayant la forme d'une demi-langue de carpe bien acérée et aiguisée de son côté oblique. Un large coutre, d'une forme demi-circulaire, tient au soc, étant forgé de la même pièce de fer; il se termine par une pointe qui dépasse de 10 ou 15 centimètres, ou 4 pouces, l'extrémité du soc à laquelle il fait suite. Trois autres coutres, de longueurs inégalement progressives, suivent le premier. Chacun de ces derniers est denté à sa partie basse, ce qui donne à l'instrument la forme et l'effet d'une scie. Le 1er coutre,

du côté de l'attelage, s'enfonce en terre d'environ 2 pouces; il entame par deux secousses successives la pierre ou la racine qu'il rencontre. Le 2e coutre, un peu plus long, prend aussitôt la place du premier, et entame comme lui la pierre ou la racine par deux secousses, mais à une plus grande profondeur; le 3e fait le même effet, si ce n'est qu'étant encore plus long que le précédent, il augmente encore de près d'un pouce l'incision faite à la pierre ou à la racine par les 2 autres coutres, qui sont venus avant lui; et il est difficile que l'obstacle résiste à ce 3e choc. Si cependant il n'était pas totalement détruit, le 4e coutre attenant au soc le reprend en dessous, du côté opposé à l'entaille que lui ont faite les coutres précédens, et il ne peut plus offrir, par ce moyen, qu'une dernière et bien faible résistance.

Avec cet instrument très-facile à mouvoir et parfaitement approprié à sa destination, M. Trochu a pu, en attelant au besoin jusqu'à 10 forts chevaux, défricher de certaines landes à grand ajonc.

Terme moyen, le prix de défrichement d'un hectare ne lui coûtait pas cependant au-delà de 100 fr.

M. LEMASNE, ayant fait une entreprise de *défrichement de landes en Bretagne,* a cherché à avoir un instrument à la fois solide, simple et économique, et surtout peu dispendieux. Persuadé que, pour assurer l'assiette de la charrue de manière à ce qu'elle pût résister aux plus grands assauts de tirage avec le moins de frottement possible, il parviendrait à ce résultat en renforçant la *charrue nantaise* déjà forte de sa nature, il y a fait quelques modifications. Il a changé le soc qu'il a rendu plat et tranchant, a ajouté un second coutre au premier, et il a consolidé la flèche et le sep par un boulon de fer transversal qui empêche l'écartement.

Cet instrument n'exige l'emploi que de deux paires de bœufs médiocres. Employé dans des landes prises d'ajoncs et de bruyères, mêlées de pierres, il les a levés facile-

ment. La raie qu'il trace est droite, et les bandes de friche qu'il soulève sont retournées entièrement et avec uniformité.

Dans un défrichement exécuté à la charrue, l'action de cet instrument a moins pour objet d'effectuer des raies droites et de retourner complètement le sol, que de le dégager aussi profondément que possible des racines et des pierres qu'il renferme, en les amenant à sa surface. Aussi, la charrue de M. TROCHU paraît-elle avoir sur celle de M. LEMASNE un avantage qui doit en faire recommander de préférence l'usage, bien qu'elle exige un plus grand nombre de bêtes de trait, et que le prix de sa construction soit plus élevé.

§ IV. — Défrichemens à la main.

Pour opérer sur de petites portions de terrains des *défrichemens à la main,* on emploie, selon les localités, *le pic à pointe et à taillant* (*fig.* 64), propre à remplacer en quelque sorte la pioche et la coignée; la *tournée* ordinaire (*fig.* 65), ordinairement pré-

Fig. 65.   Fig. 64.

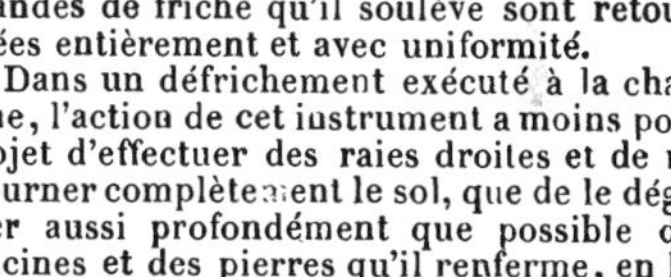

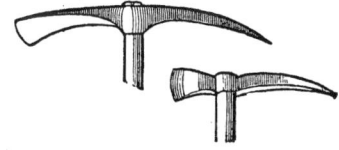

férée pour ouvrir des tranchées, arracher les arbres, et extraire les pierres d'une moyenne dimension.

On se sert encore de fortes houes, telles que l'*écobue* (*fig.* 66), fort en usage pour les défriches de gazons, de bruyères ou de genêts, et l'*étrapa de Bretagne* (*fig.* 67), également recherchée pour le même usage dans une partie de l'ouest de la France, etc.

Fig. 67.   Fig. 66.

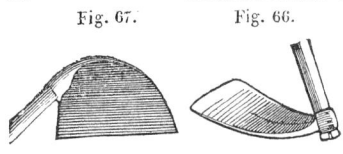

Dans le département du Gers, on supplée à ces instrumens par un autre outil (*fig.* 68)

Fig. 68.

composé de deux fortes dents de fer de 2 centimètres ou 6 lignes d'épaisseur, et de 5 centimètres ou 1 pouce de largeur, et d'une longueur de 20 centimètres ou 10 pouces; un manche en bois de 90 centimètres ou 3 pieds y est adapté ; il permet à l'ouvrier de travailler presque droit. Il peut enfoncer cet instrument dans le sol à une profondeur d'environ 20 centim. ou 10 po., et le travail se fait plus rapidement qu'avec le pic ; aussi, dans les terrains qui ont besoin d'un défonçage moins profond, peut-il être employé de préférence.

Parfois, *pour déraciner des arbrisseaux*, on se sert d'un levier armé à l'une de ses extrémités d'un très-fort trident de fer dont les pointe sont ordinairement 20 po. de longueur (*fig.* 72).   Fig. 69.

« Comme elles doivent pouvoir supporter un grand effort, il faut que la partie de la fourche par laquelle elles tiennent à la douille, et cette douille elle-même, soient aussi très-solides. C'est dans cette douille qu'on introduit la perche servant de levier, qui doit être épais, de bois dur, si cela est possible de frêne, et avoir 15 à 20 pieds de long. A l'extrémité postérieure de ce manche on attache une corde longue de 8 à 10 pieds, à laquelle est suspendue une traverse, au moyen de laquelle plusieurs hommes peuvent employer à la fois leur force sur le levier. Après que les plus fortes racines latérales ont été coupées, on chasse le trident sous la souche dans une position inclinée, puis on place au-dessous du manche ou levier, un bloc que l'on rapproche de la souche jusqu'à ce que l'extrémité postérieure de ce manche soit élevée de 10 ou 12 pieds; alors, par le moyen de la traverse attachée à la corde, les ouvriers abaissent la partie postérieure du manche jusqu'à ce que la souche cède à leurs efforts. A l'aide de cet instrument, tout simple qu'il soit, on peut souvent opérer des choses surprenantes, et lorsque ce moyen est insuffisant, des machines plus compli-

quées courraient grand risque de se rompre. » (THAER, *Principes raisonnés d'agriculture.*)

Enfin, *lorsque ce sont des arbres qui occupent le terrain*, on est bien obligé ou d'entourer chacun d'eux de tranchées profondes et de couper leurs principales racines, à mesure qu'on les découvre, pour ensuite entraîner l'arbre entier au moyen d'une corde attachée le plus près possible de la sommité, ou de les abattre rez terre, abandonnant comme salaire toute la partie qui reste dans le sol, et même les menus branchages, aux ouvriers chargés de l'extraction des racines.

La *présence de grosses pierres* rend souvent la mise en culture des friches beaucoup plus difficile. Dans quelques cas, on trouve économique de les enfouir dans le champ même, à une profondeur assez grande pour ne gêner en rien la marche de la charrue. En d'autres circonstances, si ce moyen n'est pas praticable, si l'on trouve à utiliser les pierres dans le voisinage pour l'entretien des chemins ou pour des constructions rurales, on peut recourir, selon la nature du rocher, soit au cio et au coin du mineur, soit à la poudre à canon, dont l'emploi, qui exige d'ailleurs des frais assez considérables, n'est pas malheureusement sans danger en des mains inexpérimentées. Enfin, sans encourir le même inconvénient, on réussit encore parfois assez bien en faisant chauffer fortement la pierre sur un seul point, au moyen d'un feu aussi ardent que possible; et, lorsque cette vive chaleur a produit une dilatation inusitée, en arrosant subitement le bloc avec de l'eau froide, et en le frappant en même temps de lourds marteaux ou de maillets métalliques à manches de bois durs et élastiques comme le houx.

Quant aux *obstacles que peut présenter l'eau*, en traiter ici serait faire double emploi avec l'article *Desséchement* auquel nous devons renvoyer le lecteur.

Vicomte DEBONNAIRE DE GIF.

SECTION II. — *De l'écobuage.*

D'après l'étymologie que M. DESVAUX *donne du mot écobuage*, ce mot dérive du latin *scopula*, petit balai, ou du celtique *scod*, bâton, morceau de bois, dont on a fait plus tard *écot*, *écobues*. Ecouer ne s'appliquerait ainsi proprement qu'à l'extraction des fragmens de végétaux qui se trouvent à la surface et dans l'épaisseur des friches qu'on veut mettre en culture. Cependant, on réunit sous la même dénomination non seulement l'incinération de ces fragmens, tiges et racines, encore adhérens à une partie de la terre qui les portait, mais aussi le brûlis de la terre dépouillée de toute végétation.

Cette pratique, dans le sens général que nous devons lui donner ici, comprend donc trois opérations distinctes dont nous nous occuperons séparément, et dont la *figure* 70 représente l'ensemble.

Le but de l'écobuage, but dont nous verrons plus loin qu'il approche évidemment, dans beaucoup de cas, sans cependant l'atteindre complètement ou toujours, est de débarrasser la couche labourable des plantes

Fig. 70.

qui en sont en possession; **de détruire, autant que possible, jusqu'à leurs germes par l'action du feu; de diminuer directement, en détruisant leurs larves, ou indirectement, en les éloignant par une odeur particulière, la multiplication ou les ravages des insectes nuisibles; de modifier favorablement la disposition moléculaire et les propriétés physiques du sol; d'ajouter enfin à la puissance fécondante des engrais, de les suppléer même** parfois presque entièrement en pratique.

L'usage de l'écobuage est fort ancien. On peut juger, d'après les écrits de VIRGILE, que les bons effets qu'il produit étaient connus et justement appréciés des Romains du temps d'Auguste. Il s'est conservé en Italie, particulièrement sur les Apennins, d'où il se répandit de proche en proche, d'abord en France, vers le commencement du 17e siècle, et, une 50e d'années plus tard, en Angleterre. De nos jours il n'est pas une contrée d'Europe où il ne soit plus ou moins connu.

On écobue principalement les friches couvertes d'arbrisseaux et d'arbustes ligneux ou sous-ligneux, tels que les genêts, les ajoncs, les bruyères; les terres depuis plus ou moins long-temps cultivées en fourrages artificiels vivaces, comme la luzerne, le sainfoin; les vieilles prairies, les pâtures, les tourbières et les marais nouvellement desséchés.

Eu égard à ces diverses circonstances, les moyens d'opérer ne sont pas tout-à-fait les mêmes.

      ART. 1er. — *Du découpage du sol.*

Si ce sont des végétaux de consistance ligneuse qui occupent le sol, quels que soient les moyens dont on aura fait choix pour les déraciner (voy. la sect. *Défrichemens*), si l'on ne juge pas plus profitable de les utiliser comme chauffage, on les laisse sécher en partie, et on les réunit ensuite en petits tas équidistans sur toute la surface du champ, pour

les brûler en place, ainsi que je le dirai plus loin.

Si l'on doit opérer sur des friches en pâture ou sur de vieilles prairies, la première chose à faire est de détacher le gazon en plaques aussi régulières que possible. — Dans beaucoup de localités on emploie exclusivement pour cela une simple bêche acérée et terminée en pointe triangulaire (*fig.* 71).

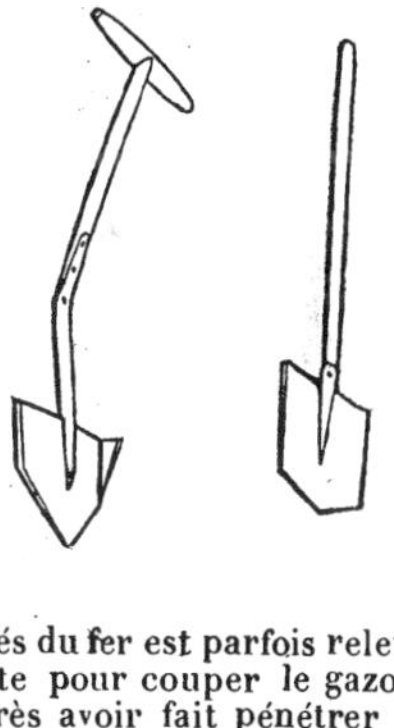

En Angleterre, on fait fréquemment usage d'un instrument à peu près semblable, auquel on donne le nom *debreast spade*, et, assez improprement, celui de *breastplough* (*fig.* 72), dont le manche est légèrement convexe, et

Fig. 72.   Fig. 71.

dont un des côtés du fer est parfois relevé en lame tranchante pour couper le gazon latéralement. Après avoir fait pénétrer cette bêche à la profondeur de 1 à 2 po. (0 m. 0,27 à 0 m. 0,54), l'ouvrier la dirige avec force devant lui, et soulève ainsi des espèces de lanières plus ou moins longues, qu'il retourne ensuite sens-dessus-dessous.

D'autres fois, comme un pareil travail est excessif pour un seul homme, on divise d'abord régulièrement le terrain au moyen du *tranche-gazon* (*fig.* 73), et on détache les plaques avec le *lève-gazon* (*fig.* 74), soit qu'un ouvrier seul le fasse mouvoir, soit que, au moyen d'un anneau fixé près de la base du manche et d'une corde qu'on y attache, un second ouvrier puisse le tirer, ainsi que nous l'avons représenté (*fig.* 70 et 75), tandis que le premier le dirige à peu près à la manière d'une charrue.

Fig. 75.

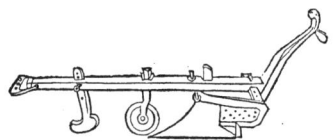

Fig. 73.

Fig. 74.

En Bretagne, sur les landes, on préfère l'*étrapa* (voy. *fig.* 67, *page* 116), très-commode pour couper entre deux terres les racines d'une certaine tenacité.

Ailleurs on choisit l'*écobue* (voy. *fig.* 66, *page* 116), avec laquelle il est facile de lever des plaques de 2 à 5 po. (0 m. 054 à 0 m. 135) de long sur 6 à 8 po. (0, 162 à 0, 217) de large.

LOUDON nous apprend que dans les contrées marécageuses de l'Ecosse, où l'écobuage se pratique sur une grande échelle, on a généralement recours à une *charrue* (*fig.* 76)

Fig. 76.

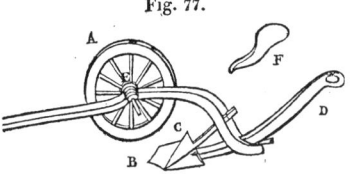

dont le coutre est remplacé par un disque métallique tranchant, tournant sur son axe, dont le soc large et plat est relevé en arête acérée, disposée de manière à diviser le gazon en lanières d'une largeur voulue à mesure qu'il est soulevé par le soc, et dont l'enture est réglée, comme dans la charrue belge, par une roulette ou un sabot.

Dans le département du Tarn, M. DE VILLENEUVE a introduit une autre *charrue*, dont il a donné le dessin (*fig.* 77), et la description suivante : «*A*, deux roues, dont l'une a été enlevée, afin de mieux laisser voir tous les détails de l'arrière-train; *B*, soc en fer, ayant 1 pi. 2 po. de long sur 10 po. de large, terminé en pointe; *C*, fort couteau en fer, destiné à

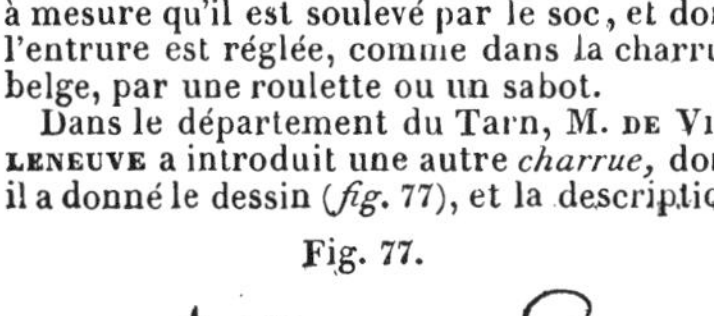

couper le gazon sur le côté opposé au versoir; *D*, pièce servant à diriger la charrue; *E*, réunion par une charnière en fer des deux parties de la charrue; elle donne non seulement la facilité de mieux diriger la charrue, mais en même temps celle de replier le train de derrière sur le train de devant porté par les roues; ce qui rend le transport très-facile; *F* est le versoir de la charrue; il a 1 pi. 8 po. de long.»

Une *autre machine* au moyen de laquelle on peut obtenir des résultats d'une régularité remarquable, est celle de REY DE PLANAZU. Elle se compose (*fig.* 78), : 1° d'une partie *A* armée de 3 à 6 coutres équidistans,

Fig. 78.

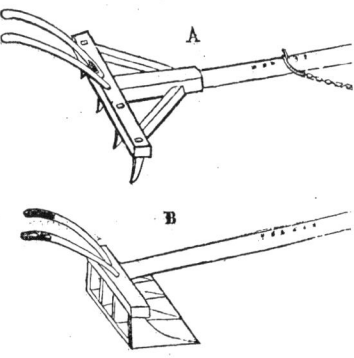

droits ou même recourbés en arrière afin de présenter moins de résistance dans le sol, et assez finement acérés pour couper le gazon en bandes parallèles, ordinairement de 8 à 10 po. (0 m. 217 à 0 m. 271), sans exiger trop d'efforts de la part du conducteur; — 2° d'une partie *B*, espèce de soc plat, en forme de bêche à deux ou trois compartimens, de largeur égale à l'écartement des coutres, destinée à pénétrer le sol à la profondeur voulue, et à détacher les bandes de gazon dont je viens de parler en plaques régulières, par un travail à angle droit du premier, comme on a cherché à l'indiquer (*fig.* 70); — 3° et enfin, d'un avant-train propre à recevoir indistinctement et tour-à-tour les deux parties *A* et *B*.

Mais, malgré l'économie de temps et de main-d'œuvre que peuvent présenter les machines perfectionnées dont je viens de parler, elles ne sont guère connues que sur de grandes exploitations et dans les contrées où la pratique de l'écobuage est fréquente. La *charrue à versoir* ordinaire, nonobstant l'irrégularité de ses résultats, attendu qu'elle se trouve partout, est assez communément employée. Entre des mains exercées, si on remplaçait le coutre par un disque coupant et tournant, et si, comme cela se pratique en Angleterre, au dire de sir JOHN SINCLAIR, on adaptait seulement un soc à écobuer, elle deviendrait, à peu de frais, d'un usage infiniment plus commode. — Au reste, quoique l'emploi des instrumens mus à bras d'homme soit certainement plus dispendieux, il est cependant assez commun, non seulement parce qu'il ne nécessite aucune forte dépense d'acquisition première, mais aussi parce que tous les terrains ne se prêtent pas également, par leur régularité, à l'écobuage aux charrues.

On ne donne pas toujours aux plaques de gazon la même épaisseur. Ordinairement on *écroûte* seulement le sol à la profondeur de un ou deux pouces (0 m. 0,27 à 0 m. 0,54). Il est des circonstances où, pour augmenter la masse des cendres végétales et de la terre brûlée, il ne peut y avoir que de l'avantage à pénétrer plus avant.

Lorsque les plaques ont été détachées d'une manière ou d'une autre, pour les faire sécher, on les laisse quelques jours sens-dessus-dessous, et on les retourne ensuite, afin d'exposer la face gazonnée au soleil. Enfin, s'il en est besoin. on les oppose deux-à-deux, par leur sommet, en forme de petites tentes, comme nous l'avons représenté *figure* 70.

ART. II. — *Du brûlis des terres contenant des végétaux.*

On n'emploie pas les produits de l'écobuage exclusivement en les soumettant à l'action du feu; on les utilise encore, quelques-uns du moins, comme engrais et comme amendemens, soit en les enterrant à la charrue sur le sol même dont on vient de les arracher, soit en les déposant au fond de chaque tranchée de défoncement, soit enfin de toute autre manière. Je n'ai à m'ocuper ici que du brûlis. :

Quelquefois on fait brûler à la surface du terrain tous les végétaux frutescens et suffrutescens qu'il a produits; plus communément on ne brûle que leurs racines, après les avoir réunies, comme je l'ai indiqué au commencement de l'article précédent, en petits morceaux, auxquels on met le feu avant leur entière dessiccation. De cette sorte, on enrichit le sol de stimulans favorables à un surcroît de fertilité, sans diminuer sensiblement la proportion des matières fermentescibles qui sont restées dans la couche de terre labourable, mais aussi en ne soumettant qu'une faible partie de celle-ci à l'action du feu.

On brûle assez souvent les chaumes, et parfois même, dit-on, dans le Lincoln, *de la paille,* qu'on répand à cet effet à la surface du sol dans la proportion d'environ 5 tons par acre, ou 1250 kilog. par hectare. Aux environs de Bayonne et ailleurs, dans le midi et l'ouest de la France, en Espagne, etc., la première de ces pratiques s'est continuée sans interruption.

Pour les résidus tourbeux et les plaques gazonnées qui retiennent fort peu de terre, les ouvriers les amoncèlent à la distance de 10 à 12 pi. (3 à 4 mètres). Il est facile de les enflammer au moyen d'une petite quantité de cendres incandescentes prises sur les tas dont la combustion s'achève.

Il arrive fréquemment dans les marais, dit JOHN SINCLAIR, au lieu d'amasser les gazons en tas *de les brûler incomplètement en les laissant répandus à la surface* dans l'état où les a laissés la bêche à écobuer, et cette pratique est suivie d'excellens effets.

Mais, lorsque les plaques contiennent une plus grande quantité de matières terreuses, tous ces procédés deviennent insuffisans. Voilà celui qui a été recommandé le plus communément, d'après notre célèbre DUHAMEL. — On construit avec les plaques, en les superposant à plat, la face gazonnée la première, de petits fours (Voy. *fig.* 70) d'un à deux pieds de diamètre dans œuvre, au bas desquels on a soin de ménager, sous le vent, une ouverture carrée de 8 à 10 pouc. (0^m 217 à 0^m 271), et qui se terminent à la partie supérieure par une autre ouverture destinée à activer, au premier moment, la combustion des broussailles diverses dont on a rempli complètement la cavité du four avant de l'achever. — Dès que le bois est allumé convenablement, on ferme, avec de nouvelles plaques, la porte et la cheminée; on bouche même les fentes par lesquelles la fumée pourrait s'échapper trop abondamment, précisément comme les charbonniers le font à leurs fourneaux. — Dans cet état, la combustion continue lentement jusqu'à ce que la masse entière ait subi ses effets.

Un tel moyen est incontestablement fort bon; toutefois, par sa régularité même, il entraîne des frais de main-d'œuvre considérables. Il est un *autre procédé plus simple,* fort en usage dans la Catalogne française et espagnole, dans une grande partie de la Provence, et, d'après M. GASTON DE LA BEAUME, dans toute la belle vallée du Grésivaudan. Voici la description qu'en a donnée mon vénérable collègue M. DE LASTEYRIE : « Comme les plaines de la Catalogne sont dépourvues de bois, les cultivateurs vont chercher sur les coteaux ou montagnes voisines des broussailles; des racines de lavande, de romarin, etc., pour la combustion de leurs terres(1). Après avoir labouré une ou deux fois le champ qu'ils veulent brûler, ils placent sur toute la superficie, à des distances convenables, de petits fagots pour l'ordinaire de forme presque ronde et quelquefois plus alongée : un ouvrier forme les monceaux, que les Espagnols nomment *formigus,* par allusion à l'habitation des fourmis; on leur donne 1 mètre de base sur 3 ou 4 d'élévation, et on ramène avec un râteau la terre qu'on range autour des fagots jusqu'à ce qu'il s'en trouve une suffisante quantité pour la formation du monceau. On recouvre le fagot des mottes de terre les plus grosses, ayant soin de laisser au sommet une petite ouverture pour le passage de la fumée et de l'air. C'est par cette ouverture qu'on met le feu, après avoir recouvert le fagot de quelques poignées de chaume, de paille ou autres combustibles facilement inflammables.... Ceux qui construisent les *formigus* se contentent de laisser, dans la partie supérieure, de petits interstices entre les mottes pour donner accès à l'air. Après avoir entassé sur le fagot de petites mottes, on recouvre celles-ci avec la terre fine que l'on enlève au moyen d'une houe

_____

(1) Cette méthode décrite ici pour la combustion des terres dépouillées de végétation dont nous nous occuperons plus spécialement dans la section suivante, est cependant applicable et souvent appliquée aux brûlis des plaques engazonnées. C'est sous ce point de vue que je la reproduis ici.

ordinaire. Les monceaux ainsi disposés, on y met le feu et l'on a soin, durant la combustion, de jeter de la terre dans les endroits où la fumée sort en trop grande abondance; on bouche pareillement le trou par lequel on a mis le feu. Lorsque le monceau s'affaisse par l'effet de la combustion, on y jette un peu de terre afin d'en exposer la plus grande quantité possible à l'effet de la chaleur et de la fumée. »

Dès que les résidus de l'écobuage sont suffisamment refroidis, on répand les cendres le plus également possible à la surface du champ, par un temps humide et calme, afin d'éviter les effets du vent,et sans attendreque des pluies fortes ou continues aient pu entraîner, au profit d'une partie du sol seulement, les substances solubles qu'elles contiennent. —Il est avantageux de ne différer cette opération que le moins possible, et, par la même raison, de la faire suivre promptement d'un premier labour, auquel il importe toutefois de ne donner que peu de profondeur.

Le moment le plus convenable pour les brûlis est donc celui qui précède immédiatement l'époque des semailles.

Presque toujours on établit les fourneaux ou les monceaux qui les remplacent à des distances égales de manière à employer, sur la surface du terrain, *tous les produits qu'on lui a enlevés;* or, comme la nature et la quantité de ces produits sont essentiellement variables, il serait aussi difficile, en théorie qu'en pratique, d'indiquer des proportions fixes.

Quant aux frais de main-d'œuvre, ils varient aussi d'une manière impossible à préciser, selon la ténacité du sol, l'espèce des herbes qui le recouvrent, les instrumens qu'on emploie, et le prix des journées dans chaque localité. Le *dégazonnement* étant l'opération la plus longue et la plus pénible, entraîne une assez forte dépense que l'usage des charrues peut réduire considérablement.

ART. III.—*Du brûlis de la terre dépouillée de toute végétation.*

Jusqu'à présent nous ne nous sommes occupés que du brûlis des végétaux eux-mêmes, ou de la terre qui contenait en plus ou moins grande quantité diverses parties végétales. Avant de parler des effets de l'écobuage, il me reste à traiter du *brûlis de la terre seule,* c'est-à-dire dépouillée de toute végétation. *Cette pratique, qui semble de nos jours acquérir une nouvelle importance,* est déjà ancienne. Dans son *Country Gentlemann's companion,* imprimé à Londres en 1732, STEPHEN SWITZER cite le comte DE HALIFAX comme l'inventeur de cet utile procédé, qui était dès-lors fort répandu dans le Sussex. Il donne deux dessins de fourneaux employés, l'un en Angleterre, l'autre en Ecosse, pour brûler l'argile. Il affirme que des terres appauvries par la culture peuvent produire une excellente récolte de turneps, si, après avoir été labourées plusieurs fois, elles sont amendées avec des cendres argileuses. Il rapporte enfin diverses lettres écrites en 1730 et 1731, qui établissent que sur plusieurs points des îles Britanniques, l'argile brûlée a produit

des effets supérieurs à ceux de la chaux et du fumier. — ELLIS, dans son *Practical farmer,* fit connaître tout au long, la même année, la manière de conduire cette sorte de brûlis. En 1786, JAMES ARBUTHNOT, de Peterhead, tenta sur le même sujet plusieurs expériences heureuses qui furent répétées dans divers comtés. — En 1814, CRAIG chercha à faire revivre la même pratique, qui paraissait avoir été abandonnée à cause des frais qu'elle entrainait, et peu de temps après lui, le général BEATSON, CURWEN, BURROWS, CARTWRIGHT et plusieurs autres, attirèrent de plus-en-plus sur elle l'attention des cultivateurs.

La *méthode la plus ordinaire de brûler l'argile* en Angleterre, est, d'après LOUDON, de former un carré long de 15 pieds sur 10, au moyen de plaques de gazon qu'on élève en petites murailles de 3 ½ à 4 pieds. — A l'intérieur de cette construction, on dirige diagonalement des conduits d'air qui aboutissent à des ouvertures ménagées à chaque angle, et qui sont formés de plaques gazonnées, posées sur champ, à des distances telles les unes des autres, que d'autres plaques placées horizontalement puissent les recouvrir facilement. — Dans le quadruple intervalle qui se trouve entre ces conduits et les murs extérieurs, on allume d'abord un feu vif de bois et de gazons bien secs, puis on remplit en entier toute la cavité supérieure de ces derniers qui prennent feu très-promptement, et sur lesquels, dès qu'ils sont suffisamment incandescens, on jette l'argile en petite quantité chaque fois, mais aussi souvent que le permet l'intensité de la combustion. — Les conduits d'air ne sont vraiment utiles que pour commencer l'opération, car les plaques qui les forment sont bientôt réduites en cendres. — L'ouverture qui se trouve sous le vent est seule laissée ouverte; il serait nécessaire de la clore et d'en déboucher une autre si celui-ci venait à changer de direction. — A mesure que l'intérieur de la construction se remplit d'argile, on élève les murs extérieurs de manière qu'ils dépassent constamment au moins de 10 pouces les plus hautes mottes, dans le but d'empêcher l'action du vent sur le feu. Lorsque la flamme se fait jour sur quelque point d'un de ces murs, comme cela arrive assez souvent, surtout lorsque la sommité du brûlis est surchargée d'argile, la brèche doit être immédiatement réparée, ce qui ne peut parfois se faire qu'en élevant un nouveau mur apposé parallèlement à celui qui menace ruine et qui, dans cette nouvelle position, se consume rapidement.

La *première condition de succès pendant l'opération,* c'est que chaque mur soit assez hermétiquement clos, et la partie supérieure du monceau recouverte constamment d'une quantité d'argile suffisante pour que l'air extérieur ne puisse, en pénétrant tout-à-coup dans la masse, arrêter l'incandescence. — De tels mouvemens exigent presque les mêmes soins que ceux dont on fait usage pour la fabrication du charbon.

Une *seconde condition,* c'est que cette même argile soit brûlée humide; sèche, elle se durcirait au feu en forme de brique, et ne produirait plus tous les effets qu'on en attend. — Humide, au contraire, elle donne après la combustion des mottes poreuses que le moindre choc réduit facilement en poussière.

En suivant *la méthode de* CARTWRIGHT, au lieu d'établir de simples conduits d'air et de recouvrir à plat le combustible par l'argile, après avoir creusé une tranchée de 3 pieds de profondeur et de largeur, sur une longueur de 20 pieds, on la recouvre d'une voûte en briques, grossièrement maçonnée, et percée de trous nombreux pour laisser passer la flamme. On élève ensuite à 2 pieds de chacun des côtés de ladite voûte, sous laquelle sont entassés les combustibles, des murs de plaques de gazon semblables à ceux dont il a déjà été parlé, et l'on conduit du reste l'opération à peu près de la même manière que dans le cas précédent, c'est-à-dire qu'on recouvre les mottes d'argile de nouvelles mottes, à mesure que les premières commencent à prendre la couleur rouge obscure, indice de leur vive chaleur. — D'après ce procédé, CARTWRIGHT a calculé que son argile brûlée lui revenait à 1 fr. le tombereau de 20 pieds cubes, c'est-à-dire un peu moins qu'au général BEATSON, puisque ce dernier estime au même prix les 16 pieds cubes.

Mais il est des *moyens plus économiques*. — M. DE SCHINDLER, en Autriche, sans autre construction préalable, fait disposer les mottes de terre en monceaux volumineux, et en quelque sorte à claire-voie; à leur base on ménage des conduits destinés à recevoir une quantité suffisante de bois refendu de trois pieds. — Il obtient ainsi, pour le prix de 8 fr., jusqu'à 24 chariots.

Enfin, dans d'autres lieux, on imite le *procédé espagnol*, à cette seule différence près qu'on creuse une étroite tranchée, sur laquelle on dépose les fagots de manière à en former une espèce de voûte propre à recevoir les amas oblongs qui remplacent les *formigas;* ou bien encore, en élevant les monceaux de mottes, on les stratifie, pour ainsi dire, avec des branchages, des bûches; ou mieux, dans les localités où l'on peut s'en procurer, avec des plaques de tourbe, dont les cendres ajoutent puissamment à l'énergie de l'amendement.

Le général BEATSON *emploie l'argile brûlée* une fois par rotation, c'est-à-dire tous les quatre ou cinq ans, à raison de 20 charretées de 16 boisseaux par acre ou 800 pi. cubes par hectare. — Lorsqu'il sème du froment sur du froment, ce qu'il croit pouvoir faire sans inconvénient d'après sa nouvelle méthode, parce que le terrain se maintient propre, il augmente d'un tiers la dose ordinaire. — CARTWRIGHT s'est bien trouvé d'en répandre environ un cinquième de plus. — On conçoit que ces proportions puissent varier encore en plus avec avantage, lorsque le surcroît de dépense n'est pas un obstacle.

L'application de cet amendement est, du reste, à peu près la même que celle de la chaux. — Lorsque, par suite de l'humidité atmosphérique ou d'une division mécanique, toujours facile quand l'opération a été bien faite, l'argile est réduite en cendre ou plutôt en poussière, on la répand, aussi également que possible, à la surface du sol, et on l'en-

terre par un léger labour avant ou en même temps que la semence. D'autres fois on la transporte et on l'étend sur les vieux trèfles avant de les enfouir.

On peut brûler de la même manière toutes les terres fortes et les diverses marnes argilo-calcaires. — Les résultats ne paraissent pas être sensiblement différens, quoique, dans ce dernier cas, il puisse cependant se produire une quantité plus notable de chaux.

ART. IV. — *Des effets de l'écobuage.*

§ Ier. — Effets chimiques et physiques.

L'écobuage *exerce sur la végétation et sur le sol une double action.* — Il agit chimiquement et physiquement.

Chimiquement, surtout lorsqu'on l'opère sur des végétaux dépouillés de terre ou sur des terres qui contiennent une quantité notable de racines ou d'autres parties végétales, en produisant divers sels dont la propriété stimulante a dû nous occuper ailleurs; — peut-être, dans certains cas, conformément aux théories allemandes, en modifiant les particules terreuses de manière à les rendre plus solubles dans l'acide humique; — en favorisant diverses combinaisons nouvelles favorables à la nutrition des plantes; — enfin en pénétrant les terres soumises à son action de principes volatils, dont la présence se manifeste, pendant un temps fort long, au simple odorat, et dont j'ai lieu de croire que la puissance fécondante n'a pas été appréciée à sa valeur.

Physiquement, surtout lorsqu'on l'opère sur des terres dépouillées de végétaux ou qui n'en contiennent que des quantités inappréciables, en diminuant la consistance du sol. Ainsi que l'a déjà dit notre collaborateur PAYEN, la plupart des propriétés physiques changent par suite de la combustion. L'argile pure, qui formait la terre la plus compacte, devient friable, perd sa ténacité au point qu'il n'est plus possible de la lui rendre en l'humectant, et qu'elle ne revient qu'insensiblement, peut-être jamais, à son état primitif; — en détruisant, par suite de ce premier effet, la tendance des terres fortes à se sur-saturer d'eau, et en les rendant conséquemment plus accessibles à la chaleur solaire; — en augmentant leur porosité, ce qui les dispose à une absorption plus grande des gaz atmosphériques, tout en favorisant l'extension des chevelus. Si, en général, les terres recuites perdent, en partie, surtout lorsqu'elles ont été chauffées jusqu'à la calcination, la propriété chimique de se combiner à de nouvelles quantités d'oxigène, il est certain qu'elles acquièrent, par l'effet d'un feu moins vif, une disposition plus grande à se pénétrer, par simple addition, de ce gaz et de tous ceux avec lesquels elles se trouvent en contact. — Telle est particulièrement la disposition des argiles.

§ II. — Terres qu'il convient d'écobuer.

D'après de telles considérations, je n'aurai que peu de choses à ajouter pour indiquer *quelles sont les terres qu'il est avantageux d'écobuer,* et il me sera plus facile de faire voir que le raisonnement vient parfaitement à l'appui des faits.

Il est clair que *les brûlis détruisent* en peu d'instans toutes *les matières organiques* qui se trouvent exposées à leur action, et qui, sans eux, auraient subi dans le sol une décomposition plus ou moins lente. Quoiqu'il ne faille pas en induire, comme on le voit, que dans cette opération tout soit perte pour la végétation, il n'en est pas moins vrai que l'écobuage souvent répété, sans le concours d'aucun engrais, épuiserait inévitablement le sol même le plus riche, et il n'est pas douteux que cette circonstance n'ait contribué, dans bien des cas, à la faire regarder comme plus funeste que profitable. — On a confondu l'abus avec l'usage.

Dans les tourbières, où la matière organique surabonde, l'écobuage ne peut avoir que des avantages. Il produit une poussière alcaline et terreuse qui s'interpose favorablement entre les débris des végétaux; qui favorise, à la manière de la chaux, leur décomposition naturelle ; et qui sature, dans les circonstances assez nombreuses où ils se dégagent, divers acides essentiellement nuisibles à la végétation. Aussi, en pareil cas, cette opération est-elle un des plus puissans et des plus prompts moyens de mise en culture.

Dans les marais desséchés, les terrains tenaces, couverts de plantes à racines nombreuses ou charnues, comme la plupart de celles qui végètent de préférence dans les localités humides, l'utilité de l'écobuage est incontestable.

Sur les vieilles prairies, partout où les élémens du terreau sont nombreux et ont besoin d'être, pour ainsi dire, excités à la fermentation, il en est de même.

Cette utilité est aussi positive *sur les terres glaiseuses, argilo-marneuses,* et en général sur toutes celles qui pêchent par une trop grande tenacité.

Quant aux *sols légers, sablonneux,* naturellement chauds et peu riches en matières végétales, on doit juger, d'après ce qui précède, que l'écobuage leur est peu profitable. — Comme amendement, il tend à diminuer encore leur consistance ; — physiquement, il n'exerce aucune action sensible sur les sables, et chimiquement, il agit à peu près comme pourrait le faire un excitant prodigué à des convives affamés devant une table pauvrement servie. — Sur de tels terrains, l'écobuage ne doit donc être approuvé, en de rares circonstances, qu'avec le concours d'abondans engrais.

Du reste, les brûlis, dans les cas les plus ordinaires, *n'excluent nullement l'usage des fumiers.* Ils augmentent puissamment leur énergie, sans pour cela les remplacer.

A la vérité, dans trop de localités, sur des landes pauvres, sur le penchant de collines arides, après un écobuage, et sans le secours d'engrais ou presque d'aucun engrais, on sème une ou deux fois de suite du seigle, de l'avoine ou du sarrazin, puis on laisse le terrain se couvrir de nouveau de bruyères, de genêts ou d'ajoncs, qui devront l'occuper pendant 6, 7 ans, et quelquefois plus long-

temps ; mais une telle routine ne peut être citée comme exemple.

§ III.—Plantes auxquelles convient l'écobuage.

De même que l'écobuage ne réussit pas sur toutes les terres, il *ne paraît pas convenir également à tous les végétaux.* — Les crucifères, comme les turneps et autres raves, les navets, le colza, la navette, etc., s'en trouvent particulièrement bien. L'odeur âcre et durable du brûlis paraît éloigner les altises. — Lorsque le sol n'est que d'une fertilité moyenne, les Anglais préfèrent les turneps à toute autre plante, parce que, soit qu'ils les fassent pâturer sur place par les moutons, au moyen du parcage, soit qu'ils les portent à l'étable ou à la bergerie pour les convertir en fumiers, qui devront être reportés sur le même terrain, ils obtiennent ainsi, l'année suivante, une orge ou une avoine toujours fort belle, sur laquelle le trèfle se développe avec une vigueur inusitée. Celui-ci, après un ou deux ans, est retourné avant la dernière coupe, et brûlé de nouveau pour faire place, sans addition d'engrais, à du froment.

La plupart des plantes légumineuses réussissent aussi fort bien après l'écobuage. — Les pommes-de-terre et les blés sont dans le même cas. Toutefois, il est généralement de bonne pratique de n'amener, sur une défriche, les céréales panaires qu'en seconde ou troisième récolte. — Sans entrer ici dans des détails qui seront plus utilement placés à l'article *Assolemens,* j'ajouterai seulement, par anticipation, que les bons résultats et la durée des effets de l'opération qui nous occupe en ce moment, sont étroitement liés au choix d'une bonne rotation de culture.

§ IV. — Causes des effets de l'écobuage, et opinions diverses sur cette opération.

Les *chaumes,* que dans beaucoup de lieux on est dans l'usage de brûler sur place, bien qu'on puisse croire qu'il serait plus profitable de les utiliser comme litière, produisent cependant, par suite du brûlis, un effet incontestable qu'il serait difficile d'attribuer exclusivement à l'incinération ; car, selon l'observation très-judicieuse de M. Puvis, dans un produit moyen de 12 hectolitres par hectare, un chaume de 5 pouces de longueur ne pèse pas plus de 12 quintaux, qui, brûlés, ne donnent que 50 livres de cendres ou à peine 1 pied cube, et ces cendres contiennent au moins moitié de substance terreuse; or, on a vu qu'une telle quantité serait tout au plus le centième de celle qui conviendrait pour amender convenablement un espace de semblable étendue. — L'effet produit est donc dû en partie à l'action du feu sur le sol.

Les brûlis de racines et de branchages, ceux des argiles surtout, sont une nouvelle preuve de cette vérité. Dans le premier cas, les places où se trouvaient établis chaque tas, lors même qu'on a enlevé rigoureusement toutes les cendres, conservent encore une fertilité telle que les récoltes y versent fréquemment; dans le second, il est bien évident que la proportion de matière végétale est le plus souvent fort minime.

Si personne, en présence d'une pratique journalière, n'a pu nier les effets du brûlis des terres engazonnées, il n'en a pas toujours été de même de celui des argiles dépouillées de végétation.—Tandis que le général BEAT-SON le recommande comme moyen infaillible de remplacer avantageusement le fumier, les amendemens calcaires et les stimulans de toutes sortes, qu'il cite à l'appui de ses assertions une pratique de 6 années, M. MA-THIEU DE DOMBASLE, après des essais trop courts peut-être, a cru pouvoir se prononcer contre toute efficacité, au moins sur les terres de Roville, de l'emploi du même moyen. — Entre deux opinions aussi contradictoires, l'une et l'autre sans doute beaucoup trop absolues pour être généralisées, il paraît ressortir clairement des faits observés, principalement chez nos voisins les Anglais et les Allemands, que si le brûlis des terres n'a pas répondu toujours ou complètement à l'attente de l'expérimentateur, d'après les espérances exagérées qu'on lui faisait concevoir, il a du moins produit en certains lieux, et dans des circonstances une commencement de cette section contribuera peut-être à faire reconnaître, des effets assez satisfaisans pour fixer sérieusement l'attention de nos agriculteurs.

Sur des parcelles de même qualité et d'égale étendue, en employant comparativement l'argile brûlée en proportion moindre d'un cinquième que la suie, et des deux tiers que les cendres végétales, CARTWRIGHT a obtenu des résultats constamment plus avantageux sur des turneps, des pommes-de-terre et des choux-raves.—Sans revenir sur les étranges résultats des essais prolongés du général BEATSON, à côté de bien d'autres faits récens trop nombreux et trop précis pour qu'il soit permis de les laisser passer inaperçus ou de les rejeter sans examen, je pourrais citer encore la pratique de l'Irlande où, depuis près d'un siècle, l'argile brûlée est, dit-on, la base de la principale culture du pays, celle des pommes-de-terre ; les vieilles et durables coutumes du Sussex, de la Catalogne, etc., etc. — Essayons donc d'abord en petit, en cherchant un guide dans la théorie, sans pourtant nous en rapporter à elle, car «expérience passe science.»
Oscar LECLERC-THOUIN.

SECTION III.—*Des endiguages ou embanquemens, ou des moyens de prévenir les envahissemens des eaux pluviales et de la mer.*

Après quelques observations générales, nous indiquerons successivement les principaux moyens employés avec succès pour préserver des envahissemens des eaux et soutenir les bords des *ruisseaux,* particulièrement de ceux qu'on appelle *rus,* des *torrens,* des *rivieres et fleuves,* et les *rives de la mer :* ces terrains sont presque toujours d'une grande valeur.

ART. Ier. — *Observations générales sur les endiguages.*

§ Ier. —Principes généraux.

On sait que l'eau, comme tout autre corps

qui vient frapper une surface, est réfléchie ou renvoyée sous un angle égal à celui d'incidence, et que la vitesse de l'eau, toutes choses égales d'ailleurs, est en proportion de la pente de la surface sur laquelle elle coule.

Les endiguages doivent d'abord être considérés en ce qui regarde leur situation, leur direction, leur construction, les matériaux qu'on doit y employer.

La *situation* d'une digue doit être telle que sa base ne soit pas, sans nécessité, exposée à l'action immédiate du courant ou des vagues; et quand la quantité d'eau est limitée, plus on laisse de largeur au lit, moins la digue a besoin de hauteur et de force.

La *direction* de l'endiguage doit n'offrir que le moins possible de résistance, soit au courant, soit à l'inondation ou à la marée.

Quant à la *construction ou à la forme* de la digue, sa hauteur et sa force doivent toujours être en rapport avec la profondeur et la pression de l'eau qu'elle peut avoir à soutenir ; afin d'augmenter la puissance, il est bon que sa face postérieure ait la forme d'un arc-boutant ou contre-fort, quand on a une grande pression à redouter. C'est de la face antérieure que dépend surtout la force et la durée de la digue : elle doit être en talus très aplati, afin de mieux résister au poids et à l'action destructrice de l'eau. Une chaussée de 3 pieds de hauteur doit avoir 9 à 12 pieds à la base; une moindre épaisseur suffit lorsque la terre est compacte ou graveleuse.

Les *matériaux,* tant pour le corps de la digue et sa surface postérieure, que pour l'antérieure, lorsque les eaux sont à peu près stagnantes et que le fond est solide, sont en général la terre même du lieu ; mais, quand le courant de l'eau ou les vagues doivent venir frapper la digue, il est indispensable que ce point soit revêtu très-solidement. Quant à la base, elle doit être bien fortifiée, parce qu'il est difficile de la réparer : c'est pourquoi on agit sagement en gazonnant les digues qui sont en terre ordinaire, ce qui est suffisant pour résister aux eaux stagnantes ou aux inondations accidentelles; tout le talus de la digue sera ainsi garni d'herbes, lorsque cela sera possible. Mais, quand la fréquence ou la nature du courant ne le permettra pas, un revêtement est indispensable ; on peut le faire en pierres, en galets, en graviers, en pailles, fagots ou fascines qu'on retient au moyen de piquets ou d'agraffes en bois.

§ II. — Procédés généraux d'endiguage.

Les moyens de préserver du ravage des eaux les bords des rivières et des torrens, sont d'un grand intérêt pour les propriétaires de terres situées dans les contrées montagneuses et dans les plaines au-dessous, où les inondations causent souvent de grands dommages sur les rives, quelquefois même changent le lit naturel du courant. Non seulement ces ravages sont souvent très-considérables, mais encore ils donnent lieu à de fréquentes contestations entre les propriétaires voisins ; en sorte qu'un cours d'eau, qui doit être la limite la plus avantageuse d'une propriété, devient au contraire dans ce cas la plus mauvaise. Les propriétaires ont donc un double intérêt, toutes les fois que les circonstances le permettent, à faire les travaux nécessaires pour fixer d'une manière invariable le lit et les limites des cours d'eaux.

Les *opérations* pour ce genre d'amélioration ont pour objet d'empêcher les cours d'eau d'attaquer leurs rives, d'accélérer la vitesse de l'écoulement des eaux, de diminuer l'espace de terrain qu'elles occupent, enfin de changer ou de modifier leur lit. On obtient ces résultats par différens travaux d'art, tels que la construction de jetées, de môles, de défenses, d'épis, ou bien en changeant, redressant, ou creusant le lit du cours d'eau.

La *destruction des bords des rivières* est le plus ordinairement la suite des inondations, et provient souvent de ce qu'un arbre ou une grosse branche (*a fig.* 79), entraînés par

Fig. 79.

le courant et déposés ou retenus sur une rive, viennent créer un obstacle qui rejette l'eau de l'autre côté en changeant son impulsion naturelle. L'effet continué, même après l'enlèvement de l'obstacle, si l'on n'y porte remède, est de creuser et miner petit-à-petit l'endroit où le courant vient frapper, et de porter le sable sur l'autre bord, ce qui accroît encore l'effet produit. On empêchera ces ravages, si l'on place des *jetées ou défenses* (*d, d,*) destinées à recevoir l'impulsion du courant; mais il faut avoir grand soin qu'elles ne fassent que renvoyer le courant dans le milieu de la rivière, autrement elles pourraient avoir pour résultat de donner lieu à un contre-courant qui causerait sur l'autre rive des ravages analogues à ceux auxquels on voulait obvier. On peut encore remédier aux ravages des fortes eaux *en chargeant les points attaqués* des rives de matériaux capables de résister au courant (*b, b, c*). Ce dernier procédé est souvent difficile, dispendieux et sans grand résultat quand le courant a de la puissance, tandis que le changement de direction qui résulte d'une jetée, dont la *figure* 80 représente la coupe et le plan, s'obtient ordinairement avec de moindres frais, et est plus efficace et plus durable.

Dans l'établissement de ces jetées, on doit avoir grand soin de *construire solidement les fondations*, soit en composant les premières assises de grosses pierres, soit en garnissant tout le côté où le courant de la rivière doit venir frapper, de pilotis placés de distance en distance, sur un ou deux rangs (*a, fig.* 80).

Dans les cas importans, et quand les crues d'eaux sont fréquentes, on *construit ces jetées en pierres* qu'on réunit régulièrement et solidement, selon les meilleurs procédés de construction.

Fig. 80.

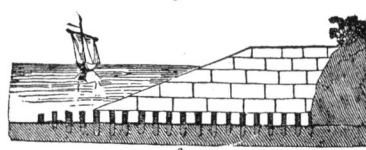

Mais, dans bien des circonstances, il suffit d'un *panier d'osier*, de forme et de taille convenable, que l'on fixe et que l'on remplit avec des pierres détachées, de la terre et des racines chevelues, afin de retenir cette terre. On forme de cette manière des barrages très-solides pour quelques années; il est même probable que leur utilité ne se borne pas à la durée des paniers, et que lorsqu'ils viennent à se détruire, les matériaux qui y étaient contenus se sont suffisamment consolidés pour remplir leur objet sans de nouveaux soins, surtout parce que le courant de l'eau s'est déjà modifié en raison de l'obstacle qu'il a rencontré, et a formé des dépôts qui étaient la conséquence de cette nouvelle direction. Dans les cas les plus simples, une *claie vivace* est souvent suffisante.

Les *rivières et torrens dont le cours est en droite ligne* ou à peu près, n'agissent presque pas d'une manière destructive sur leurs bords, excepté dans les grandes crues. Il y a donc en général beaucoup d'avantages à redresser le lit d'un cours d'eau, si ce n'est lorsqu'on veut qu'il humecte le terrain par infiltration, ou même à lui en creuser un nouveau. Il sera question de ces travaux à l'article *Desséchemens,* auquel nous renvoyons, ainsi que pour les moyens d'élever les eaux au-dessus du niveau de leur écoulement naturel.

Les moyens d'endiguer les lais et relais de la mer, les baies et golfes où l'eau est souvent très-basse, les hauts-fonds et les attérissemens qui occupent souvent sur les côtes des espaces immenses, nécessitent des travaux d'art qui sont le plus ordinairement au-dessus des forces des cultivateurs, et qui exigent la réunion des plus habiles ingénieurs et de grands capitalistes.

En Angleterre et en Hollande surtout, il y a des exemples prodigieux des résultats obtenus par des endiguages savamment combinés et solidement construits; dans ce dernier pays, des contrées entières ont été conquises sur l'empire de la mer et sont inférieures à son niveau, en sorte que la moindre négligence dans l'entretien des digues les menacerait d'une inondation générale.

La *pression de l'eau* contre les parois du vase qui la contient étant en rapport avec sa profondeur, il s'ensuit qu'une digue composée de matériaux impénétrables à l'eau, et dont la coupe a la forme d'un triangle à angle droit, pourra toujours résister, quelle que soit l'étendue de la surface, pourvu que sa hauteur soit égale à celle qu'atteignent les eaux. Sous ce rapport, il n'est donc pas plus difficile de contenir l'Océan qu'un étang ou une rivière de peu d'étendue.

Quoique la branche d'amélioration et de conquête des terrains, qui consiste à les endiguer, ait été assez bien comprise dans beaucoup de pays, cependant on commet encore souvent de grandes bévues dans l'exécution des travaux d'endiguages; il arrive souvent qu'on calcule mal ou qu'on indique inexactement à l'ingénieur *la plus grande portée de la marée*. Il arrive aussi souvent que pour éviter la dépense on ne donne pas à la digue une *base assez large,* et on cause par là sa prompte destruction qui entraîne des frais de réparation bien plus considérables que les dépenses de premier établissement. Pour les digues opposées à la mer, il ne suffit pas de les élever, comme pour les rivières, de 16 pouces environ au-dessus des plus hautes eaux; il faut calculer cette hauteur en raison des circonstances particulières, qui sont l'élévation des eaux les jours des marées de quadrature, et celle des vagues poussées par l'action du vent. Dans les situations défavorables, le talus antérieur de la digue doit avoir sept de base sur un de hauteur, et le talus postérieur être plus doux que 45 degrés (*fig.* 81).

Fig. 81.

Les moëres, polders ou terrains conquis sur la mer, ont besoin d'être *délivrés des eaux intérieures* par un système combiné de canaux de desséchement et d'écluses. Dans les cas ordinaires, l'écluse est placée dans un conduit de décharge pratiqué à travers la digue, dans l'endroit le plus convenable en raison de la pente du terrain et de l'afflux des eaux. Elle est protégée par des piliers de défense ou une jetée, et sa porte est construite de façon qu'elle ne permet pas l'entrée des eaux extérieures, mais seulement la sortie de celles de l'intérieur. Plusieurs écluses remplissent cet objet: nous représenterons seulement ici celle *fig.* 82, qui agit d'elle-même, et est employée à l'embanquement de Bar Loch en Angleterre.

Fig. 82.

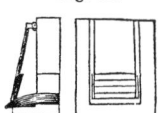

Les *canaux et fossés* nécessaires pour recueillir les eaux surabondantes du terrain endigué et les conduire aux écluses, ainsi que celles venant de loin qui pourraient le traverser, sont le résultat d'opérations entièrement analogues à celles qu'on aura à exécuter pour les *desséchemens* auxquels nous renvoyons.

Nous devons aussi renvoyer aux *sols siliceux* (T. I, p. 32) pour les moyens de s'opposer aux envahissemens des dunes ou sables que la mer rejette sur certaines côtes, et pour l'amélioration et la culture de ces sables, ainsi que des grèves ou sables des bords des rivières.   C. B. DE M.

ART. II. — *Des meilleurs moyens d'endiguer les ruisseaux, torrens, rivières, fleuves et les bords de la mer.*

§ Iᵉʳ.—Des claies vivaces sur le bord des ruisseaux.

Il y a dans divers pays des ruisseaux appelés *rus* ou *rupts*, qui, faibles une partie de l'année, franchissent leur lit, par suite des pluies et de la fonte des neiges, et qui minent, dévastent et entraînent leurs bords. Pour protéger ces bords, il faut commencer par faire une tranchée au bord du ru; examiner s'il n'est pas trop sinueux, s'il n'y a pas de l'avantage à rectifier dans quelques points son lit, qui doit être, autant que possible, sur une ligne droite, afin que les eaux s'écoulent facilement avec ce qu'elles ont enlevé, ne heurtent pas la claie et ne creusent pas le sol par-dessous et derrière elles. Si le terrain à garantir présente des angles, travaillez à les adoucir; la moindre négligence vous priverait du fruit de vos peines.

Choisissez pour votre *claie vivace* (*fig.* 83) le

Fig. 82.

saule et l'osier: vous pourrez la fortifier avec le peuplier. Employez l'aune, si l'osier vous manque; mais ne les entremêlez pas : le premier, devenu fort, étoufferait son rival. Le saule rouge est préférable, parce que son bois est plus dur, et qu'on peut vendre ses pousses avec celles de l'osier. Pour celui-ci, préférez le rouge, et surtout celui qui est vulgairement connu sous le nom d'*osier à panier.* On peut se servir aussi pour nos digues du Mûrier à papier (*Broussonetia papyrifera,* Ventenat), et dans le midi, du *Tamarix.* Le saule doit provenir du bottelage de cinq à six ans; on le prendra assez long pour qu'il puisse entrer de 18 pouces à 2 pieds dans la terre, afin que les pieux dépassent la claie d'environ un pied. Leur pourtour sera de 10 à 12 pouces. Enfin on coupe dans un taillis de 15 à 18 ans, et l'on conduit sur le terrain des gaules de 6 pouces de pourtour, et qu'il vaut mieux avoir en saule qui reprend, sinon en chêne qui est dur, ou en noisetier qui est flexible. Le charme et le frêne ne sont pas à employer, parce qu'ils passent rapidement et ne donnent pas le temps aux jets de la claie vivace de les remplacer.

Ces dispositions achevées, faites avec un pieu ferré, et à 2 ou 3 pieds de distance, suivant l'étendue et la disposition des rives à garantir, des trous pour y recevoir les piquets des saules, que vous y introduirez sur-le-champ, afin que le gravier ne vienne pas en obstruer les trous. Prenez ensuite des branches de saule dont vous piquez le gros bout dans le talus, en biais, de manière à les ramener et à les tresser comme des claies de parc, et à ce que la pointe de ces branches suive le courant, pour n'offrir aucun obstacle à la marche de l'eau. Mettez et tassez de la terre contre ce lit de saule. Agissez de même pour les branches d'osier piquées contre la rive, et s'enlaçant dans la claie; si votre plant vivace peut compléter la claie, n'employez les gaules dont nous avons déjà parlé, que pour la brider jusqu'à son extrémité, afin de la soutenir et la consolider. A cet effet, insinuez l'une de celles-ci par son gros bout dans la terre, derrière la claie où vous la ramenez et la conduisez par des entrelacemens successifs, tantôt devant, tantôt derrière chaque piquet, et en suivant toujours la direction de l'eau. Une nouvelle gaule s'appuie entre les pieux sur celle qui l'a précédée. La claie faite, on l'ébrousse, et avec une serpe on rafraîchit les pieux à 6 pouces de la claie, en mettant la partie taillée du côté du couchant, afin de la défendre contre les intempéries qui feraient pourrir bientôt un bois si tendre : le côté du nord serait le plus pernicieux.

Pour *prévenir les affouillemens et les dégradations* de la claie, on place en avant de celle-ci et entre chaque pieu, des piquets en chêne ou en saule, d'une hauteur égale à la moitié de la claie. Au bout de quelques années les racines forment en s'entrelaçant une sorte de digue vivace. Si la claie venait à être forcée, on retrouve ce même avantage dans les racines de peupliers que, pour obtenir des produits, on a placés à 18 pouces les uns des autres et à pareille distance derrière la claie. A cet effet, on a choisi des plançons sur les sujets élagués l'année d'avant, et que l'on a réduits à une longueur de 12 à 15 pouces ; on les a tenus le pied dans l'eau pendant une douzaine de jours, afin de hâter leur végétation. Tous les peupliers conviennent, surtout ceux d'Italie, qui trouvent une humidité habituelle dès qu'ils ont atteint le niveau du torrent.

C'est peu d'avoir établi un système de défense, s'il est ensuite négligé, exposé aux attaques du torrent ou à la dent des bestiaux, dont on connaît les funestes effets sur les plantations. Dans le cas où l'on ne pourrait tenir les animaux loin de la claie vivace, il faudrait au moins la défendre soit par une barrière en bois, soit par une haie vive ou sèche.

Quant aux *soins*, aux *dépenses* qu'exigent la construction et l'entretien de ces digues, il faut observer qu'ils sont compensés par les produits, et que d'ailleurs elles conservent des terrains précieux. On a calculé, dans

la Brie champenoise, qu'un hectare, occupé par elles, rapporte plus de 120 francs.

On peut employer avec succès les claies vivaces *sur le bord des rivières et des torrens*, dans les parties qui n'exigent pas une défense plus solide. J'ai vu des paniers ou des piquets plantés soit en triangle, soit en cercle, pour protéger les rives, et dont l'intérieur était rempli de pierres recouvertes de gravier. Quelquefois on place au-dessus une claie. L'osier à racines bien chevelues est toujours utile à planter, il remplace ensuite le panier. Sur les bords de la Loire, ce sont des quinconces de saules et de peupliers. (*Voir* T. I, pag. 33 et fig. 24 et 25.) Suivant les *Transactions de la Société de la haute Écosse,* des pieux ou poteaux (*fig.* 84), formés avec

Fig. 84.

les eclaircis des plantations de pins, sont enfoncés de 5 à 6 pieds dans le sable; on remplit leurs intervalles avec des bruyères ou des broussailles au milieu desquelles on entasse des pierres et du sable ; on défend ces pieux contre la rivière, par de grosses pierres amoncelées en forme de talus.

Tous ces travaux, au reste, varient selon la disposition des lieux. On a moins besoin d'y recourir sur les rus que sur les rivières et torrens. Mais souvent il est d'un grand avantage d'encaisser celles-là, et nécessaire, pour arrêter les envahissemens de ceux-ci, d'établir des barrières redoutables.

§ II. — Moyens d'encaisser les rivières et torrens.

Jusqu'à ces derniers temps, on avait élevé le long des rivières et torrens des chaussées revêtues d'un pavé que protégeaient des enrochemens; la dépense en était considérable, surtout loin des carrières : ces digues, exposées à des affouillemens, avaient besoin d'être souvent rechargées. D'autres ingénieurs, pour forcer le torrent à changer de direction, plaçaient un barrage en travers de son lit ; d'autres enfin lui en ouvraient un nouveau à force de bras.

M. FIARD, architecte à Gap (Hautes-Alpes), s'est occupé spécialement des *pays montagneux,* qui forment le tiers de la France, et ses procédés économiques peuvent s'appliquer, avec quelques modifications, aux autres provinces. La *fig.* 85 représente les travaux exécutés sous sa direction sur les bords de la Durance. Prenant une montagne pour point de départ, il cherche en dessus ou en dessous l'endroit de la rivière où les eaux, étant basses, laissent à découvert la plus forte largeur de graviers entre le grand bras et le point de la rive à laquelle il veut attacher son ouvrage. Ce point déterminé, il trace un épi incliné vers l'amont, qu'il conduit jusqu'au point arrêté par l'Administra-

Fig. 85.

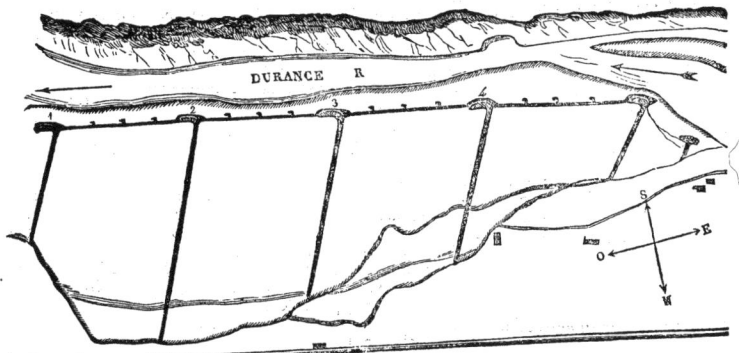

tion des ponts-et-chaussées pour conserver aux eaux un débouché convenable. A
ce point, il établit la tête de l'épi, espèce
de môle qui a 25 mètres de longueur parallèlement au lit de la rivière et 30 mètres
perpendiculairement à cette direction (*fig*
85 et 86). C'est un ouvrage en gravier,
Fig. 85 et 86.

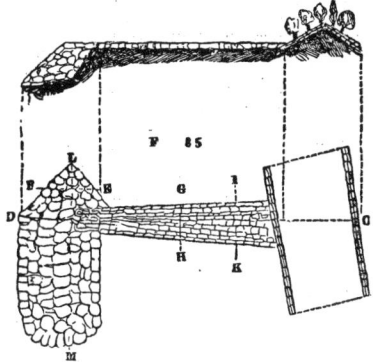

de forme prismatique, terminé en quart
de cercle vers l'amont et en demi-cercle vers
l'aval, revêtu d'un pavé incliné de 1 mètre 1/3 sur 1 mètre de base, et fortifié encore
en amont par une jetée en pierres, dont la
figure 87 donne les détails, et sous forme de
cône aplati. Il réunit ensuite la partie de ce
môle, dirigée vers la rive du lit majeur, par
une levée en gravier, dont la partie supérieure arrase celle du môle, et qui vient s'at-

Fig. 87.

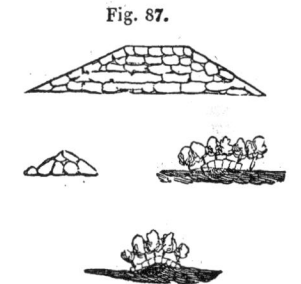

tacher à la rive en terminant l'épi. Vers
l'amont, le talus de cette levée a 2 mètres de
base sur 1 de hauteur, et vers l'aval, on lui
laisse prendre l'inclinaison qu'adoptent les
graviers versés avec la brouette. Si cet épi
traverse un des petits bras de la rivière, on
a soin de le fermer, à son origine, au moyen de
fascines, de pierrailles et de gravier. Ce premier épi étant formé, s'il survient une crue extraordinaire, B (*fig*.88), soit en novembre, soit
au printemps, les eaux en amont de l'épi occuperont généralement le lit d'une rive à
l'autre : alors les eaux, rencontrant l'épi,
perdront une grande partie de leur vitesse
sur une certaine étendue, viendront se confondre avec le grand courant en retournant
vers l'amont, effet aidé encore par la jetée
conique qui fortifie le môle en amont, et
elles s'éloigneront ainsi de l'ouvrage destiné
à déterminer leur direction, au lieu de venir
l'attaquer. Mais a la fin de la crue, le lit se
sera approfondi de 4 à 5 pieds en amont, et

Fig. 88.

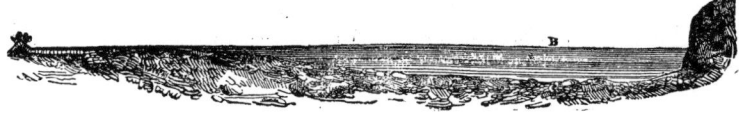

à une certaine distance du môle établi parallèlement au courant; enfin, l'épi se trouvera
chaussé par un amas de gravier déposé sous
la forme d'un triangle. Quant à l'aval, la rivière aura continué de creuser son lit sur une
étendue de plus de 500 mètres, en s'encais-
sant sur cette longueur, de manière à ne plus
l'abandonner ; et elle aura en même temps
relevé le terrain qui la borde, en y jetant les
graviers provenant du lit creusé. Si l'on continue ensuite sur le même plan, en établissant
des épis à 400 mètres environ les uns des autres, on éprouvera toujours les mêmes effets.
Il ne faut renvoyer le courant qu'au milieu du
lit de la rivière; autrement un contre-courant irait ravager l'autre bord.

Il est question maintenant *d'utiliser le terrain* qui a été garanti contre les attaques de la
rivière, et d'empêcher que les eaux ne s'y répandent d'une manière nuisible. On obtiendra
cet effet en formant entre les môles, et à 10 mètres environ en arrière de leur face extérieure,
une levée en gravier et pierrailles, de 5 mètres
de base pour 1 de hauteur, et arrondie en
arc de cercle; mais on ne s'en occupera qu'a-
près avoir donné aux eaux le temps d'élever
le terrain compris entre les deux épis à réunir. La hauteur de cette levée sera de 40 centimètres à sa naissance, sous le môle inférieur
du premier épi, et de 1 mèt. 1/2 à son extrémité
contre la jetée de l'épi inférieur. Ensuite, on
emploiera les plus grosses pierres entre celles
qui ont été élevées par les eaux sur les terrains , pour revêtir ces digues, et l'on y pi-
quera de jeunes plants d'osiers, d'aunes, de
peupliers et de saules, qu'on ne laissera sortir que de 6 pouces au-dessus de la surface
de la levée au moment de la plantation. Enfin, pour compléter le système, on construira
de 100 mètres en 100 mètres, immédiatement
en avant de la levée arrondie, placée longitudinalement, de petits ouvrages auxquels on
emploiera les pierres susceptibles d'être ma-
niées par un homme; lesdits ouvrages ayant
la même inclinaison que les bords de la rivière, inclinés comme les épis vers l'amont,
et terminés par des môles de la forme de
ceux qui accompagnent ces épis. Alors, pour
introduire et faire arriver sur les dépôts
limoneux des eaux d'arrosage, et favoriser
encore l'attérissement , on réservera dans
le premier épi en amont des ouvertures que
l'on garnira de vannes, et l'on pratiquera
des aqueducs dans les épis inférieurs.

Tel est le système de M. Fiard; il a été appliqué avec succès *aux rives de la Durance*,
dans les Hautes-Alpes, et a valu à son ingénieux auteur une gratification de 3,000 francs,
allouée par le ministre du commerce, ainsi
que des médailles d'or décernées par la Société royale et centrale d'agriculture et par
celle d'encouragement pour l'industrie nationale; puisse-t-on former une école sous sa
direction !

Dans les digues, on pratiquait ordinairement des *martellières, espèces d'écluses ou de
vannes,* prenant l'eau à un point supérieur,
soit pour arroser les champs ou les prairies,
soit pour transformer les délaissés en terrains cultivables, dans des délais calculés sur
la quantité de limon que le torrent charrie,
et qu'on évalue. dans les Hautes-Alpes, de 3

à 4 ans pour la Durance. S'il est des ga_
lets que ne puisse atteindre l'eau, on l'attire
dans des trous voisins, où elle dépose son
résidu qu'on porte en temps utile sur les
points qu'on veut rendre productifs. Ce mode
est en usage sur les bords du Rhône.

Quant aux *rives de la mer*, l'avantage d'élever successivement le sol par des dépôts journaliers cède devant l'inconvénient qu'entraîne l'introduction des eaux salées qui, dans
le nord de la France , diminuent fortement
pendant quinze années les produits des ter_
rains submergés. Dans l'Ouest, et surtout à
Noirmoutiers, on se hâte d'interdire aux
eaux, à tout jamais, leur rentrée sur les parties
à conquérir par les ouvrages d'art dont nous
allons parler tout-à-l'heure. Une mer favorable déposerait des sédimens qui élèveraient
le sol; mais il suffirait de vents impétueux
pour le couvrir de galets, et d'une tempête
pour le dévaster.

§ III. — Des polders ; — des digues sur les bords
des fleuves et de la mer.

On appelle *polders* les terrains défendus
par des digues contre les invasions de la mer
ou des fleuves. Nous allons citer ici le Rhin.

Ce fleuve fait des affouillemens sur l'un
de ses bords, tandis que sur l'autre il abandonne une partie des terres. En général, de
Bâle à Clèves la rive gauche est moins élevée que la droite, et c'est pour la protéger
que Frédéric II , en 1767, établit la législation relative au grand-duché de Clèves, y
organisa les associations, et détermina les
principes à suivre pour les ouvrages d'art.
J'essayais de remettre en vigueur tout ce
que renfermait d'utile ce réglement, lorsque
l'empereur nomma M. Maillard directeur-
général des polders. Dans l'ancien département de la Roër, chacune de deux divisions
fut composée de deux chefs députés, dont les
fonctions étaient gratuites, d'un deichgraff,
de trois jurés, d'un greffier, et l'on y attacha
un messager garde-digues. Le décret du 22 janvier 1813 fixa la tenue des assemblées, le mode
des contributions et le concours pour la défense.

Il y a dans cette belle province des digues
d'hiver et des digues d'été, toutes formées de
terre, et dont on exclut autant que possible le
sable, qui facilite les affouillemens : celles-ci,
protégées par des oseraies, lorsque les alluvions le permettent, s'opposent aux crues
occasionées par la fonte des neiges, et qui,
amenant une immense masse d'eau dans la
partie septentrionale du fleuve où cette
fonte n'a pas été encore effectuée, soulèvent
parfois jusqu'à une hauteur de 40 à 60 pieds
les glaces qui se précipitent sur les digues, et
les déchirent. Les digues d'été sont des rem-
parts en seconde ligne, moins élevés, et qui
quelquefois se trouvent insuffisans, comme en
1810, où je fus obligé d'appeler toute la population voisine pour empêcher que le Rhin
ne se jetât dans le Wahal, et ne submergeât
la Hollande.

Les statuts des polders de la Roër furent
à peu près les mêmes que ceux de l'Escaut,
de la Lys, des Bouches-du-Rhin et des Deux-
Nèthes.

Les plus grands travaux des polders s'exécutent à l'embouchure des fleuves et sur les bords de la mer, au-dessous du niveau des hautes marées de quadrature. Là il s'agit non seulement de défendre, mais de conquérir, souvent sur une vaste échelle, les alluvions qui se nomment *schorres*. En Hollande, celles dont ne peut produire de titres appartiennent au prince, sans l'octroi préalable duquel on ne peut endiguer. Le réglement d'administration publique du 28 décembre 1811 contient tout ce que les anciennes ordonnances, surtout celle de janvier 1791, et l'expérience des temps antérieurs, pouvaient offrir de meilleur pour la Zélande. Les polders, divisés en cinq arrondissemens, concoururent à la défense commune, en venant au secours de ceux qu'on avait déclarés calamiteux, et qui ne recevaient cette dénomination qu'après avoir consacré le revenu de deux années de suite à l'entretien des ouvrages d'art, et plus de la moitié de la troisième année. Des formalités étaient établies pour les subsides des polders calamiteux, ainsi que pour le versement et l'emploi des fonds. Tous les ans, avant le 1ᵉʳ mai, les résolutions qui intéressaient l'association se discutaient dans une assemblée générale des plus forts propriétaires du polder, dont la direction se composait d'un dykgraff, d'un ou deux jurés, d'un receveur faisant les fonctions de greffier : on avait déterminé les attributions de chacun d'eux. Les garde-digues et éclusiers étaient nommés et révocables par le dykgraff. Comme la Zélande n'est vraiment qu'un archipel de polders, en partie calamiteux, le gouvernement est obligé de lui fournir des secours annuels.

On aimerait à citer comme des modèles les digues de Breskens ; mais, non seulement M. LAMANDÉ, ingénieur en chef, les a imitées avec succès *à la porte de Devin, dans la Vendée* (*fig.* 89), mais il y a encore conçu et exécuté l'idée neuve de résister aux courans, de diviser par des épis les vagues, et d'en amortir, d'en détruire la force dans un intervalle laissé à cet effet entre le bec de mer et les ouvrages d'art. Les détails qu'on va lire, sur la manière dont on opéra, sont extraits des notes du premier livre de *La Vendée militaire*, par un officier supérieur.

Fig. 89.

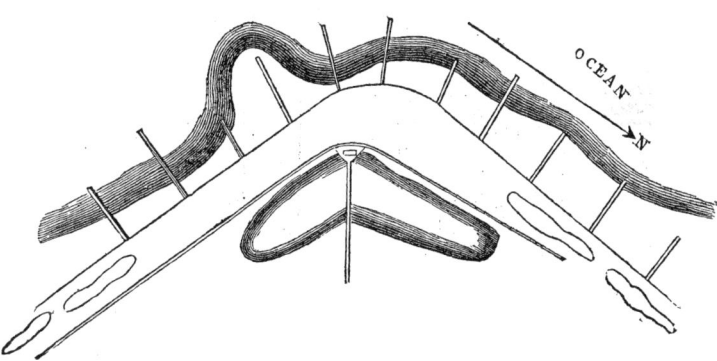

M. LAMANDÉ couvrit la partie menacée d'un bec ou talus ayant l'inclinaison de 1/7ᵉ, telle que l'ont beaucoup de parties de la rive afin que les eaux y causent moins de ravages (*fig.* 90 et 91). La portion la plus exposée y est en tunage blocaillé, de 9 mètres environ de développement ; de gros blocs de

Fig. 90 et 91.

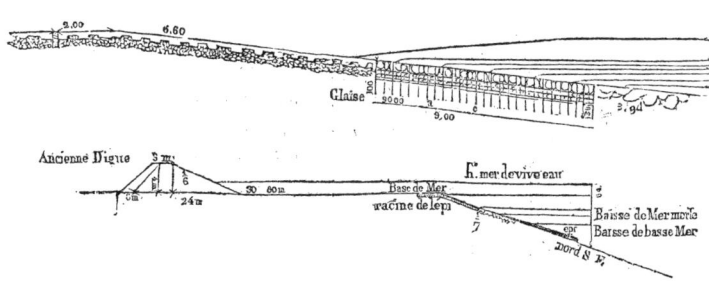

pierre le terminent et se prolongent de
60 centimètres au-dessous de l'estran, afin de
prévenir les affouillemens. On a construit en
pierres de taille de 30 centimètres d'épaisseur, posant sur 25 centimètres de pierre, la
partie supérieure du bec, et 2 mètres de tête
horizontale. Un cours de madriers et une zone
de 2 mètres de revêtement règnent en amont
de la tête horizontale et sur le même plan
(*fig.* 91). Comme ce bec est de 60 et 100 mètres en avant de l'ancienne digue, les 2 mètres de hauteur excédante d'eau vive n'arrivent à celle-ci qu'après avoir perdu presque
toute leur force, et sont arrêtés par ce rempart désormais indestructible. Onze épis, en
général perpendiculaires à la direction du
bec de mer, et distans entre eux de 125 mètres environ, représentant le plan et la coupe
de la queue d'un épi (*Voir les fig.*), avancent de
50 à 100 mètres vers l'Océan, pour diviser l'effet des vagues, et préserver du courant les
parties opposées du talus : ils ont 8 mètres
de largeur à la racine, 6 mètres à la queue,
et sont fondés à 0ᵐ, 60 au-dessus de l'estran
(*fig.* 92 et 93); le mouvement de la marée

Fig. 92 et 93.

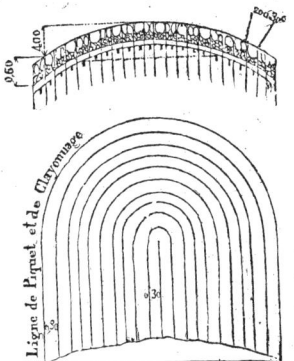

comble successivement les intervalles de ces
épis, et donne chaque jour à ceux-ci plus de
consistance.

Les épis et la partie du talus en clayonnage
furent exécutés par des ouvriers hollandais,
sous la direction de M. Plantier, sur un banc
d'argile d'un mètre de hauteur. Une couche
de paille, épaisse de 5 centimètres, fut consolidée en travers par des cours parallèles de
saucissons en paille. Ces liens, épais de
20 centimètres de centre en centre, furent
confectionnés et enfoncés de 20 centim. dans
l'argile, au moyen d'instrumens particuliers
(*fig.* 94), et à chaque
intervalle de 30 centi-
mètres, comme cela
est indiqué dans le
plan et la coupe figu-
rés du revêtement en
paille (*fig.* 95 et 96). Au-
dessus de la paille, on
posa 2 rangées de fas-
cines (*fig.* 97 et 98),
dans le sens de la ligne

Fig. 94.

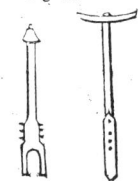

Fig. 95.

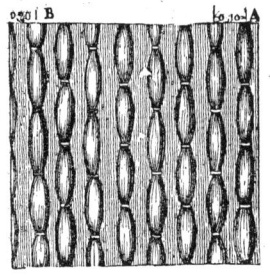

Fig. 96.

Fig. 98.   Fig. 97.

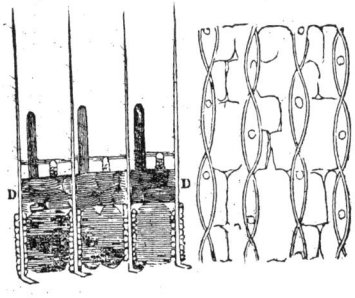

de plus grande pente. Ce lit de fascines et de
paille fut traversé par des piquets à crochets,
distans entre eux de 25 à 33 centim. dans le
sens du talus et de 40 centimètres sur l'horizontale. On dépassa ainsi les fascines de 30
cent., et on affleura le revêtement en maçonnerie du bec de mer; un clayonnage, haut de
30 centimètres, relia les piquets d'une même
horizontale, et ils furent tenus par leurs crochets de tête; une grosse blocaille remplit
les intervalles des tunages. Les 50 premiers
mètres d'épi sont à tunes serrées, distantes
de 20 centimètres; le reste est en tunage blocaillé décrit ci-dessus.

L'officier supérieur qui nous fournit ces
détails regarde cet ouvrage comme unique en
France, et peut-être en Europe : commencé
en 1825 et terminé en 1828, il a coûté
500,000 francs ; toute l'île de Noirmoutiers se
trouve préservée d'une inondation qui paraissait imminente.

J.-C.-F. LADOUCETTE.

Un autre travail qui mérite également d'être
cité pour exemple, c'est *l'endiguage de la
baie de Kurnic*. La digue est longue d'environ

1340 pieds et haute de 20 pieds. Sa largeur varie de 50 à 120 pieds. Hors de toute atteinte désormais, elle preserve d'une manière certaine le territoire qu'elle domine. Moins d'un an a suffi au propriétaire actuel du Kurnic, M. Derrien, pour construire ce môle; il est formé sur ses deux flancs d'amas de pierres grossières rangées sur deux files; l'intervalle compris entre ces deux lignes de défense, a été comblé par un double mur de gazon et de sable blanc. Les parois extérieures ont ensuite été garanties par une maçonnerie sèche. Maintenant la mer apporte contre le pied de la digue des sables dont l'entassement s'accroît tous les jours et qui formeront un bouclier indestructible. Les varecs commencent aussi à lier entre elles les pierres du môle. Au total l'état de celui-ci est parfait et ne laisse prise à aucune inquiétude.

Nos côtes fourmillent d'anses et de baies susceptibles d'être enlevées aux flots, et dont l'endiguement présenterait assez peu de difficultés. Les terres ainsi arrachées à la mer sont toutes, comme on le sait, d'une admirable fertilité, et les essais multipliés qui ont été faits ne laissent plus aucun doute sur la possibilité d'en obtenir la plus riche production. On peut donc affirmer sans crainte que les plus belles affaires agricoles de notre pays sont dans le desséchement des baies susceptibles d'être fermées. Malheureusement les lais de mer, si propres à la fondation de vastes fermes modèles, n'ont été obtenus jusqu'à présent que difficilement, et le gouvernement a toujours été fort avare de concessions de ce genre. Espérons mieux des ministres actuels qui ont promis de mettre désormais en adjudication les terrains de cette espèce que l'industrie pourrait réclamer.   C. B. de M.

SECTION IV. — *Du desséchement des marais et des terres marécageuses, et de leur mise en valeur.*

L'eau, si nécessaire à la végétation, est quelquefois, par sa surabondance, un obstacle à la culture, et il existe en France près d'un million d'hectares de terres incultes et improductives par la présence constante, ou à de certaines époques de l'année, d'eaux qui en forment des marais. La grande quantité de plantes aquatiques qui vivent dans les terrains marécageux et dont les débris enrichissent le sol, l'activité de végétation que procure une humidité modérée, les avantages des arrosemens dont il est facile de se réserver la possibilité, font du desséchement des marais une des améliorations agricoles les plus fructueuses, lorsque les résultats en ont été bien conçus et que l'exécution en est bien dirigée; sans parler encore du but philantropique de ces entreprises qui assainissent le pays et transforment en fertiles guérets des foyers d'exhalaisons insalubres et de fièvres intermittentes toujours perfides pour la population.

Le desséchement des grands marais nécessite des travaux d'art et un ensemble d'opérations pour lesquels l'intervention du gouvernement est obligatoire : ces difficultés, jointes aux capitaux considérables que ces belles entreprises exigent, expliquent pourquoi un si petit nombre ont été mises à exécution. Nous ne nous occuperons ici de ces grands travaux que pour les parties qui ont besoin du concours et des lumières des agriculteurs; le surplus dépasse les limites ordinaires de leur capacité, et exige tout à la fois la réunion de puissans capitalistes et de très-habiles ingénieurs.   C. B. de M.

ART. 1er. — *Observations générales sur les causes de l'existence des marais et sur les moyens de les assainir.*

Le choix des moyens qu'on doit employer pour assainir et livrer à la culture les terrains marécageux doit varier suivant les dispositions locales. Nous allons considérer successivement ceux dont l'expérience a le plus éminemment constaté l'utilité.

Quand il y a déclivité quelconque du terrain, on doit en profiter pour *diriger les eaux vers le cours d'eau* qu'il est le plus facile d'aborder; mais les terrains creux ou sans pente, exposés à subir des inondations ou à recevoir des sources, et dont le sol est de nature à conserver l'eau, peuvent éprouver, de sa stagnation, des préjudices d'autant plus importans et redoutables qu'outre les pertes qui en rejaillissent immédiatement sur l'agriculture, il en résulte une insalubrité qui a souvent les suites les plus déplorables pour la santé et même pour l'existence des hommes et des animaux.

Lorsque le terrain présente de telles dispositions, il faut tâcher de reconnaître le sous-sol et la nature des couches inférieures, en recourant à cet effet à des sondages qu'on peut faire aisément au moyen des sondes employées ordinairement dans ce but.

Si on reconnaît que les couches imperméables du sous-sol peuvent être traversées jusqu'à ce qu'on arrive à une couche inférieure dont la perméabilité promet de donner l'issue qu'on veut obtenir, il faut *pratiquer des forages* que l'expérience a rendus faciles, et si le terrain présente une certaine étendue, on doit recourir à de bons nivellemens pour reconnaître l'inclinaison des couches afin de se régler sur ces inclinaisons.

Si la nature ou l'épaisseur des couches imperméables s'oppose à l'assainissement au moyen du forage de ces couches, on peut, par suite de bons nivellemens, pratiquer des *tranchées à fonds de pierres*, dirigées vers une déclivité plus ou moins éloignée, et recouvertes ensuite de terres, de sorte que le sol ne perde rien de ce que sa superficie peut offrir à la culture. Quand la pierre est rare, on peut remplir ces *tranchées de fascines de mauvais bois, ou même de paille* si le bois est trop cher.

Dans les pays *où la brique est à bas prix*, on en fait qui sont propres à recouvrir les tranchées.

Mais lorsque les marais sont au-dessous des cours d'eau voisins, qu'ils forment ainsi des espèces de lacs, et que le forage ne peut être employé avec succès, il faut recourir à des épuisemens qui ne s'opèrent généralement qu'avec des *ouvrages d'art*, lesquels exigent souvent de grands moyens et des dépenses dont on doit se rendre préalablement compte, tels que des *moulins à vent* qui mettent en mouvement des *roues à pot* ou des *vis d'Archimède*, placées quelquefois à divers étages superposés pour atteindre le niveau du seuil que les eaux doivent franchir pour trouver leur écoulement.

Aujourd'hui, on emploie même à un but si important la force motrice des *machines à vapeur*. Pour élever les eaux, ces machines à vapeur mettent en action des roues d'un grand diamètre pourvues d'aubes qui prennent l'eau dans le niveau à dessécher et la font monter et déverser au-dessus du niveau du seuil qu'il faut franchir.

Il est digne d'un gouvernement de s'occuper de tels travaux pour assainir et vivifier des contrées entières, et la Hollande présente des exemples de ces moyens d'amélioration, non moins admirables par la grandeur de leur conception et la perfection de leur exécution, que par l'étendue des avantages et même des bénéfices qui en résultent, malgré les dépenses qu'ils exigent.

Nous avons vu sur les lieux mêmes, et notamment près le beau canal d'Amsterdam au Helder, qui reçoit des vaisseaux de ligne, de vastes lacs convertis ainsi en beaux pâturages, et nous citerons entre autres le lac Burmster dont la superficie était d'environ 10,000 hectares et dont le fond était de 5 mètres au-dessous de la basse mer.

Du reste, ces grands travaux nécessitent des capitaux et des connaissances que nous ne devons pas supposer aux propriétaires et aux cultivateurs auxquels nous parlons, et par cette raison nous n'entrerons pas à cet égard dans plus de détails. Lorsque ces vastes et belles entreprises ne sont pas exécutées par le gouvernement, elles doivent l'être par de puissantes compagnies de capitalistes, qui s'adressent à des ingénieurs habiles pour dresser les plans et projets et diriger l'exécution des travaux jusqu'à leur perfection ; pour ces entreprises, souvent longues et fort dispendieuses, il faut ordinairement le concours d'un grand nombre de propriétaires, et lorsqu'on ne peut l'obtenir amiablement, il faut se prévaloir des dispositions de la loi du 16 septembre 1807, qui régle le mode d'exécution des travaux, celui d'acquittement des indemnités dues, et des expropriations dans le cas où elles sont indispensables. On voit encore que ces spéculations sortent du domaine de l'agriculture. Quoi qu'il en soit, lorsque les travaux de desséchement sont achevés et les terrains rendus cultivables, une nouvelle série de travaux véritablement agricoles commence, et nous devrons par ce motif nous y arrêter ; ce sera l'objet de l'art. III.

§ 1er. — Desséchemens par remblaiement et par colmates.

Il est un moyen d'assainissement applicable à certaines localités et auquel on donne généralement la dénomination de *colmate*.

Avant de nous en occuper plus particulièrement, nous ferons observer que quelquefois certaines localités indiquent comme moyen d'assainissement le *remblaiement du sol* par des terres rapportées, qu'on répand sur la surface en quantité et jusqu'à une hauteur telles que le dessus du remblai soit suffisamment élevé pour l'écoulement des eaux pluviales, et supérieur aux eaux courantes qui peuvent le traverser. Ce moyen, toujours très-dispendieux, est souvent impraticable, soit par la grande étendue du sol marécageux, soit par le manque de terres nécessaires pour le comblement : nous l'avons cependant vu employé, en grand et avec succès, à Lyon, près du confluent du Rhône et de la Saône, sur l'emplacement où l'on établit actuellement le beau quartier Perrache.

Le moyen connu plus particulièrement sous la dénomination de *colmates*, consiste à diriger des eaux troubles dans les fonds où elles peuvent déposer, au moyen de dispositions convenables, les terres qu'elles tiennent en dissolution. Il est très-répandu en Italie, où l'on s'en est servi depuis long-temps, et où l'on continue d'en faire usage avec beaucoup d'avantage et de profit. Plusieurs auteurs estimés ont donné des préceptes généraux sur la méthode des colmates (1), et nous renvoyons à leurs ouvrages, car il serait difficile d'analyser ce qu'ils ont dit sur cette matière.

Nous nous bornerons à observer que le succès de l'emploi de la méthode des colmates tient principalement à la promptitude avec laquelle on expulse, du terrain qu'on se propose d'exhausser par alluvion, les eaux limoneuses qu'y ont été introduites, lorsque ces eaux, ayant déposé leur limon, sont devenues claires; c'est par la rapidité de cet écoulement qu'on se procure le double avantage et de renouveler le plus souvent qu'il est possible, pendant un temps donné, les eaux troubles sur la surface du sol à colmater, et de réduire à rien ou à très-peu de chose le mélange de ces eaux troubles avec les eaux déjà clarifiées.

Il est donc manifeste que l'établissement d'un système de colmates suppose l'établissement préliminaire d'un système d'écoulement, et que la réussite du premier dépend absolument de la perfection du second ; bien entendu que les eaux destinées à former les alluvions satisfont encore à d'autres conditions indispensables.

D'un autre côté, on concevra aisément, avec quelques réflexions, que, lorsqu'un système d'écoulement est établi conformément aux principes exposés ci-dessus, rien n'est plus aisé, si on le juge convenable, que de s'en servir pour faire des colmates, soit sur la surface entière du sol à bonifier, soit sur quelques parties de cette surface, l'introduction et l'expulsion des eaux troubles n'exigeant que la construction de quelques ouvrages faciles et bien connus, qu'on exécute sans rien changer d'ailleurs au système des canaux et des fossés d'écoulement.

Nous avons vu sur les lieux mêmes de beaux exemples de résultats obtenus en France par l'emploi des colmates, surtout dans le midi; nous citerons entre autres l'attérissement progressif de l'*étang de Capestang* (*caput*

(1) Les traités de GUGLIELMINI, *Natura de'fiumi;* de ZENDRINI, *Leggi e fenomeni dell'acque correnti;* FOSSOMBRONI, *Memorie idraulico-storico sopra la Val-di-Chiana,* etc.

stagni), dont la superficie était de près de 2,000 hectares et qui est situé à environ 12,000 mètres de la ville de Narbonne et 1200 du canal du Midi. Par suite de mesures prises relativement à ce beau canal et au desséchement de cet étang qui était d'une grande insalubrité, on dérive à volonté les eaux de l'Aude, lorsque ses crues lui font charrier des troubles considérables et rendraient l'approche de cette rivière dangereuse pour le canal, et on introduit alors les eaux de l'Aude dans l'étang de Capestang, avec des moyens combinés de manière à effectuer le plus efficacement possible le dépôt des troubles que charrie cette rivière dans ses crues.

Nous citerons, dans le prolongement de la même ligne navigable, l'attérissement progressif de l'*étang de Mauguio*, autrefois traversé par le canal des Étangs qu'on en a séparé, et qui s'attérit par le dépôt des eaux du Vidourle ; cette rivière torrentielle, lors de ses crues, charrie et dépose dans cet étang les troubles qu'elle reçoit dans son cours à partir des montagnes des Cevennes, et le comble ainsi progressivement. — Nous citerons encore les beaux attérissemens qui se font par des moyens analogues et des colmates, à *l'embouchure du canal de Beaucaire à Aigues-Mortes*, ancien port où s'embarqua saint Louis pour la Terre-Sainte, et maintenant séparé de la mer par un espace de 12,000 mètres d'attérissemens déposés par les torrens dont les crues se dirigent sur ce point.

Nous devons citer pour exemple de desséchement par un moyen opposé, par celui de l'écoulement, *l'étang de Marseillette* dont la superficie était de plus de 2,000 hectares, et qui, entièrement assaini maintenant, voit prospérer dix-huit fermes ou métairies sur son sol autrefois entièrement sous l'eau (1). Nous pourrions citer de nombreux exemples de ce genre, pratiqués en France depuis l'édit d'Henri IV et les mesures prises par ce bon roi pour les desséchemens ; mais, comme ce qu'il y a de plus important ici est d'exposer les systèmes ou moyens reconnus les plus avantageux, nous allons en donner les principales idées.

§ II. — Desséchement par un système de canaux.

Pour les desséchemens des grands marais qui se trouvent généralement dans des vallées ayant peu de pente, où affluent des rivières, des torrens et des ruisseaux qui n'ont pas de lit, ou qui en ont d'insuffisans pour le débit de leurs eaux, le problème à résoudre consiste à ouvrir un *canal principal* et des *canaux secondaires* qui soient capables d'écouler les plus grandes eaux, et de les maintenir au-dessous des terrains les plus bas à dessécher.

Ce problème peut avoir un grand nombre de solutions : la meilleure est celle qui atteint le but désiré avec la moindre dépense possible, et qui lègue à l'avenir des ouvrages stables et d'un entretien peu dispendieux.

Pour arriver à ces résultats, il faut *commencer par reconnaître, niveler et jauger les différens cours d'eau* dans toutes les saisons de l'année ; il faut en étudier avec soin le régime, *examiner les surfaces inondées* et la nature du sol, et *dresser un plan général de nivellement et de sondes* de tout l'ensemble des marais. Cela fait, il faut *s'occuper d'écouler les affluens principaux* en les isolant autant que possible des eaux locales, et en débouchant celles-ci dans les premières le plus en aval possible, ou assez loin pour que les accrues ou remous ne se fassent pas sentir jusque sur les parties basses à assainir. C'est par le même motif que l'on a éloigné, à Lyon, l'embouchure de la Saône dans le Rhône, à Grenoble, l'embouchure du Drac dans l'Isère, et à Avignon, l'embouchure de la Durance dans le Rhône.

On doit *diriger les canaux des affluens le plus directement* que faire se peut, vers le débouché général des marais, et éloigner ces affluens des parties basses pour les établir au contraire sur les faîtes ou parties hautes. Par ces dispositions importantes, les canaux principaux ont une pente plus forte et mieux soutenue, les eaux ont plus de vitesse et moins de section, les déblais sont diminués et rendus plus faciles ; on se crée la faculté de pouvoir le plus souvent établir des prises d'eau pour des usines, des arrosages, et des chasses sur les canaux secondaires ; l'on évite enfin les changemens trop brusques de pente où il se forme des attérissemens qui exigent des curages difficiles et continuels.

L'idée qui se présente d'abord d'ouvrir un canal principal à travers les parties les plus basses des marais à dessécher, est donc généralement la plus mauvaise, puisqu'elle aurait pour résultat de porter sur ces parties basses des eaux étrangères qu'il faut au contraire en éloigner, et que l'on ne pourrait ensuite évacuer convenablement qu'en donnant au canal, ayant alors naturellement peu de pente, une grande section très-profonde, et en baissant considérablement le seuil du débouché des marais ; ce qui amènerait des difficultés immenses en pure perte, puisqu'on peut les éviter en se pénétrant bien de l'idée principale, que nous avons exprimée ci-dessus, qui est d'isoler autant que possible des marais *les eaux affluentes* qui les inondent. Cette idée capitale, qui n'a pas malheureusement toujours été mise en pratique, a été très-bien sentie en 1642 par Jean DE VAN-ENS, Hollandais, conseiller de Louis XIII, et auteur du desséchement des marais d'Arles. Il a conduit, à travers les marais, jusqu'à l'étang du Galéjon, communiquant avec la mer, le cours d'eau considérable appelé Vigueirat, débitant environ 25 mètres cubes d'eau par seconde dans le Crau, et a créé à cet effet un grand canal en remblai de 39,000 mètres de longueur, ayant 0ᵐ 10 de pente par 1,000 mètres ; il a fait passer sous ce canal, de la rive droite à la rive gauche, par des aqueducs à syphon appelés *nocs* en hollandais, et *bottes* en italien, différens

<hr/>

(1) On peut consulter, pour de plus amples détails sur les desséchemens qu'on vient de citer, ce qui est dit dans notre ouvrage *sur les canaux navigables*, publié en 1822, in-4° de 600 pages, accompagné d'un atlas, chez Mᵐᵉ *Huzard*.

petits canaux d'écoulement qu'il a fait déboucher plus ou moins loin, suivant les cas, dans un second grand canal nommé *Vidange*, ayant 38,000 mètres de longueur, une pente beaucoup plus faible que celle du Vigueirat, se développant sur la ligne du Thalweg, débouchant aussi dans l'étang du Galéjon, et débitant dans les plus grandes eaux jusqu'à 35 mètres cubes par seconde à sa partie inférieure. Il s'est aussi ménagé la faculté de jeter en plusieurs points à sa volonté, tout ou partie des eaux du Vigueirat dans le Rhône ou dans la Vidange, et celles de la Vidange dans le Rhône; enfin, pour mieux abaisser les eaux de plusieurs petits lacs et autres parties basses, il a ouvert différens petits canaux qu'il n'a point évacués immédiatement sur la Vidange, mais bien à quatre ou cinq mille mètres en aval, en se réservant de les y verser à volonté en chemin au moyen de marteillères, ou petites écluses à vannes. Si tous ces travaux ne produisent plus aujourd'hui leur effet, il ne faut point en accuser le génie de Van-Ens, mais la négligence qu'on a mise à entretenir son œuvre admirable.

Dans la recherche du volume des eaux à débiter par les différens canaux, et surtout par le canal principal, lorsque les localités le demandent, il faut avoir attention que les grandes eaux des affluens qui viennent de très-loin, n'arrivent dans les canaux de desséchement que lorsque les crues des cours d'eau plus rapprochés se sont écoulées, et que, par conséquent, le canal principal ne doit pas débiter toutes les eaux en masse, mais les évacuer successivement. Un fait qui vient à l'appui de notre observation, c'est qu'avant le desséchement des marais de Bourgoin, les crues de la rivière de Bourbr , qui traverse ces marais, s'élevaient, en aval de leur débouché, considérablement plus haut qu'après l'exécution des travaux; ce que l'on explique en faisant remarquer qu'avant le desséchement tous les petits affluens s'accumulaient dans les marais, et n'arrivaient à l'issue générale qu'après avoir donné aux grands cours d'eau le temps de les y joindre, tandis que maintenant les eaux locales s'écoulent successivement et sont déjà évacuées lorsque les eaux éloignées arrivent. La Bourbre débite à son entrée dans les marais, lors des crues, 50 mètres cubes par seconde, et environ 60 mètres cubes à sa sortie. La pente du grand canal, réunissant toutes les eaux, est de 0 ᵐ 45 par 1,000 mètres.

Tous les principes exposés ci-dessus ne sont pas également susceptibles d'application sur les différens marais; il suffit d'en avoir signalé l'esprit pour que l'on puisse en tirer le meilleur parti possible dans l'occasion.

Les *canaux principaux* doivent être ouverts les premiers, en tout ou en partie, suivant les cas. La marche des travaux n'est pas non plus indifférente : elle doit être étudiée et prescrite avec soin. Il ne faut s'occuper des *canaux secondaires et autres* que lorsque les eaux courantes sont dans les grands canaux, pour qu'elles puissent entraîner alors les vases qui s'accumuleraient sans cette attention au débouché des canaux latéraux.

Pour *activer aussi l'évacuation de ces vases*, il est important que le canal principal soit plus profond sur son axe qu'au pied des berges. Cette disposition a encore l'avantage de rendre le curage plus facile. Il faut également se ménager la faculté, autant que faire se peut, de détourner les eaux d'un canal dans un autre, afin de faire des chasses dans ce dernier, et de pouvoir curer le premier plus commodément. On doit enfin choisir, par motif de salubrité, l'hiver ou les temps pluvieux pour déboucher les eaux des plages inondées et marécageuses.

On doit encore *éviter de faire passer les canaux sur les parties tremblantes* ayant une grande profondeur de vase: lorsqu'on ne peut faire mieux, il faut s'attendre à de grandes difficultés d'exécution, parce que les rives des tranchées se rapprochent, que la croûte flottante s'affaisse et se crevasse à une grande distance, et que l'on ne parvient à dessiner l'ouvrage qu'en l'ouvrant à plusieurs reprises au milieu des éboulis, et à travers les remblais en bonne terre que l'on est obligé d'y faire. Le parti de rapporter ainsi des terres dans les ouvertures des canaux éboulés, réussit aussi très-bien sur les marais qui sont formés d'une couche de gazon reposant sur un fond indéfini de sable. Si le terrain, sans être sablonneux, n'a cependant point assez de consistance pour résister au courant des eaux, on consolide les berges avec des fascinés et clayons, en laissant libres et oscillantes du côté de l'eau les extrémités des branches, lesquelles divisent alors le courant, lui font abandonner les matières en suspension, et occasionent des dépôts là où il y aurait eu des affouillemens; si, enfin, le cours d'eau est trop rapide, on diminue sa pente au moyen de chutes convenablement disposées. Au marais de Bourgoin, la rivière de Bourbre entrait dans les marais avec une pente de cinq mètres par 1,000 mètres. On a réduit cette pente à moitié au moyen de plusieurs chutes.

Les *canaux de ceinture* que l'on recommande ordinairement dans les projets, sont rarement exécutables, parce que le périmètre qu'ils devraient parcourir est presque toujours trop irrégulier, et composé de contre-pentes plus ou moins rapides. Il faut donc renoncer à ces canaux et se contenter de ceindre les marais par de simples fossés.

Des *francs-bords* doivent accompagner tous les canaux; aux marais de Bourgoin, déjà cités, ils ont été fixés sur chaque rive, ainsi qu'il suit : une berme de deux mètres pour les grands canaux, une berme d'un mètre et demi pour tous les autres; et généralement pour tous une levée ayant à sa base la largeur du canal à sa superficie.

§. III. — Observations sur les travaux d'art nécessaires dans les desséchemens.

L'exécution d'un grand desséchement exige souvent des ouvrages d'art assez difficiles, tels que digues, aquéducs, chutes, barrages, ponts, canaux d'irrigation, etc., etc., qui nécessitent presque toujours les connaissances de l'ingénieur, et sur lesquels par conséquent nous ne croyons pas devoir nous étendre dans cet ouvrage. Cependant, à cette occasion, **nous** allons consigner ici quelques faits qui peuvent attirer l'attention des ingénieurs aussi bien que des agriculteurs.

Si l'on est dans le cas de *battre des pieux* dans des lits de rivière à fond de gravier, comme sont, par exemple, ceux de l'Isère, du Drac et de la Durance, il est bon d'être prévenu qu'on ne peut les y faire entrer que d'environ 4 mètres, et que lorsqu'ils doivent prendre une fiche plus grande, il faut draguer l'emplacement de manière à ce que les pieux n'aient plus à entrer dans le gravier que de 4 mètres en contre-bas du fond de la fouille. Pour n'avoir pas connu ce fait d'expérience, l'auteur du pont de Bon-Pas, sur la Durance, n'a pu donner aux pieux des palées une fiche suffisante en contre-bas de la superficie du gravier, en sorte que plusieurs de ces palées ont été emportées, et que l'on n'a sauvé les autres, déjà plus ou moins affaissées, qu'en défendant leur pied par de solides enrochemens en fortes dalles perdues d'environ 2 mètres de longueur, de 0^m 66 de largeur et de 0^m 33 d'épaisseur, qui sont capables de résister à une vitesse de 15 mètres par seconde (voyez *Gauthey*, page 272, tome II). Ainsi dans les enrochemens exposés à l'action d'un courant destructeur, il ne faut point employer des masses rondes et informes, mais des blocs minces et longs (1).

Quelquefois, sous le gravier, les pieux atteignent un banc de roche : si l'on continue alors à battre, le bout des pieux s'émousse, sort du sabot, se barbelle comme un champignon; l'on compte sur une fiche que l'on n'a pas, et l'ouvrage est emporté à la première grande crue qui remue le gravier jusqu'au fond solide. C'est ce qui est arrivé, le 26 mai 1818, au pont de Furan, à peine terminé, dans le département de l'Isère.

Si les marais étaient longés par un cours d'eau contre lequel il fallût les défendre, comme les marais d'Arles qui sont voisins et en contre-bas du Rhône, ou s'ils étaient traversés par un torrent considérable ou une rivière torrentielle, il faudrait *diguer ou encaisser ces cours d'eau*. Le meilleur mode, selon nous, serait d'imiter en partie celui qui est en usage dans le Midi, sur la Durance et le Rhône, lequel consiste, suivant que les localités s'y présentent, à former un lit mineur propre à écouler les eaux ordinaires et les petites crues, au moyen de berges solides submersibles en enrochemens ou en fascinages; à border ce lit par deux ségonneaux ou bandes de terrain également submersibles, et à terminer le tout par deux fortes levées en terre surmontant les plus hautes eaux et formant le lit majeur. Les *ségonneaux* ne sont point pour cela enlevés à l'agriculture, ils sont seulement exposés aux inondations. Dans les ségonneaux de la Durance, il y a des terrains plantés en vignes et cultivés en céréales, et dans ceux du Rhône on trouve même des bâtimens d'exploitation.

L'aspect effrayant *du lit des torrens* ne doit point faire préjuger un volume d'eau trop considérable en rapport avec la vaste étendue des terrains submergés; il faut jauger le volume d'eau aussi bien que possible, et ne pas craindre ensuite de réduire le nouveau lit, s'il doit être encaissé, à la faible largeur nécessaire pour le débit des plus grandes eaux. La détermination de cette largeur demande de longs détails que les bornes de cet article ne nous permettent pas de développer ici; il nous suffira de dire, comme résultats d'une grande expérience, qu'une trop grande largeur a les plus graves inconvéniens, et que l'endiguement des torrens est soumis à de nombreuses considérations importantes et délicates qui méritent toute l'attention des ingénieurs.

Comme *exemples frappans du peu de largeur* que l'on peut donner aux lits encaissés des grands cours d'eau, nous citerons : 1° le *Drac*, torrent considérable qui a son embouchure dans l'Isère, un peu en aval de Grenoble, et débite jusqu'à 4,000 mètres cubes d'eau par seconde. En aval du pont de Claix, d'une seule arche de 47 mètres d'ouverture, il a 3 mètres de pente par 1000 mètres, et un lit de 130 mètres de largeur entre les digues insubmersibles; tandis qu'en amont dudit pont où sa pente est de 4 à 5 mètres par 1000 mètres, il occupe une largeur de 2,000 à 3,000 mètres.

2° L'*Isère*, qui, avant d'entrer en France, sillonne et inonde une grande surface, débite dans Grenoble 2,000 mètres cubes au moyen d'un lit de 90 mètres de largeur et d'une pente d'un mètre par 1,000 mètres, et avec la même pente, après avoir reçu le Drac, écoule ses eaux, ayant alors un débit de près de 6,000 mètres, au moyen d'un canal de 240 mètres de largeur, formé par des digues insubmersibles.

3° Le *Rhône*, dont le lit vague et très-large en amont de Lyon, débitant environ 4,000 mètres cubes, passe sous le pont Morand, de 200 mètres d'ouverture, conserve cette même largeur au pont de Sainte-Colombe, à Vienne, quoiqu'ayant reçu la Saône fournissant 2,000 mètres, et encore la même largeur au pont de Valence, après avoir reçu l'Isère;

4° Enfin, la *Durance*, à laquelle nous avons reconnu qu'en avant du pont de Bon-Pas, ayant 546 mètres d'ouverture, un lit encaissé de 300 mètres de largeur serait suffisant, avec une pente de 2^m 50 par 1,000 mètres pour écouler les plus grandes eaux évaluées au maximum à 6,000 mètres cubes; tandis que le lit actuel entre Mirabeau et le Rhône a une largeur variable de 1,000 à 2,000 mètres.

Les digues doivent être assez larges à leur couronnement pour recevoir des *approvisionnemens de prévoyance* destinés à leur entretien et à la réparation des avaries; pour permettre en outre le passage d'une ou deux voitures, et pour recevoir sur le talus extérieur une ou deux lignes de plantations d'arbres qui sont d'un grand secours en cas de rupture des levées.

---

(1) Voir, pour plus de développement, l'ouvrage de M. DE PRONY, *sur les marais Pontins;* l'extrait qui en a été fait par M. NAVIER dans les *Annales de physique et de chimie*, tome XI, an 1819; et le chapitre VIII des *canaux de desséchement*, tome des *Principes hydrauliques*, par DUBUAT.

§ IV. — Résultats généraux et vues sur l'exécution des desséchemens.

Nous avons tâché de donner une idée des principaux moyens qui sont employés avec le plus de succès pour le desséchement des marais; mais ce que nous devons rappeler ici, comme un des objets les plus dignes des vœux de l'humanité, des méditations de nos publicistes, des efforts de l'émulation particulière, des soins et des encouragemens du gouvernement, c'est l'importance qu'on doit mettre à effectuer progressivement le desséchement et l'assainissement des 600,000 hectares de marais qui existent encore en France, et qu'on peut considérer généralement comme des foyers d'insalubrité et des causes déplorables de dégénération physique et morale pour les populations limitrophes, tandis qu'elles trouveraient dans leur assainissement de nouvelles ressources pour le travail, de nouveaux moyens de bien-être, et feraient coopérer ainsi à la dignité, à la richesse du pays, les lieux même où la nature ne présente que des préjudices et des dommages affligeans.

Que si dans une si vaste étendue de marais il s'en trouve, qui, soit par le degré de leur insalubrité, soit par la nature et la difficulté des travaux jugés nécessaires pour les assainir, feraient regretter à l'humanité d'employer à ces travaux l'ouvrier honnête et laborieux, dont elle doit chérir et protéger l'existence; pourquoi cette même humanité, contrainte ainsi à des réflexions douloureuses, ne les étendrait-elle pas à ce que lui présente de déplorable pour elle le sort actuel des criminels; pourquoi, dans le désir de le rendre moins affligeant, ne considérerait-elle pas alors ce que réclame d'une part la justice pour leur intimidation et leur punition, et d'autre part, l'ordre social et la religion pour leur amélioration et l'expiation de leurs crimes? car le concours de ces réflexions devient plus que jamais important dans un pays où les progrès de la civilisation tendent à y supprimer de fait la peine capitale, quand bien même on la laisserait encore subsister dans le Code pénal, puisqu'il est reconnu maintenant que la majorité d'un jury préfère presque toujours proclamer la non-culpabilité, c'est-à-dire l'impunité, qui remet le coupable dans la société, quand une déclaration contraire livrerait le coupable à la mort; pourquoi, en présence de considérations si puissantes, ne regarderait-on pas comme punition expiatoire pour la conscience même et la réhabilitation du criminel, ainsi que pour l'ordre social, les travaux qu'exigeraient les marais dont il serait trop pénible d'effectuer le desséchement en n'y employant que des ouvriers dont l'honnêteté et la bonne conduite doivent faire diriger les travaux vers des buts encourageans pour eux, pour leur famille, et propres à conserver à l'État une utile et estimable existence (1)?

Huerne de Pommeuse.

(1) Voir, pour le moyen d'exécution des mesures convenables et nécessaires, ce qui en est dit à ce sujet dans l'ouvrage sur les *Colonies agricoles et leurs avantages*, etc., par M. Huerne de Pommeuse, ouvrage que la Société centrale d'agriculture a fait publier à ses frais et que l'Académie française a fait participer au prix fondé par M. de Monthyon pour l'ouvrage le plus utile aux mœurs. (In-8° de 900 pages, chez Mᵐᵉ *Huzard*.)

Art. II. — *Travaux particuliers pour le desséchement des terrains inondés.*

Il ne s'agit point dans cet article du desséchement des grands marais, mais seulement des terres cultivées ou cultivables sujettes à être annuellement inondées par la stagnation des eaux pluviales ou des fontes de neige.

L'humidité de la terre est utile, elle est nécessaire à la végétation; mais sa surabondance est nuisible et pernicieuse à la plupart des plantes, et particulièrement à toute bonne culture. Lorsque l'eau séjourne en hiver *dans un champ*, la terre y devient stérile le reste de l'année; souvent on ne peut la labourer en temps convenable ou lorsqu'il le faudrait, et, dans les années pluvieuses, une terre ainsi retardée ne peut plus rien rapporter. *Dans les prairies*, la stagnation des eaux fait périr les meilleures plantes; les mauvaises ou les moins précieuses y résistent; elles s'y multiplient; elles altèrent, elles détériorent peu-à-peu toute l'étendue de la prairie. Le desséchement des champs et des prairies est donc également nécessaire. Lorsqu'un desséchement a lieu sur de grands espaces de pays, l'air en devient plus sain en été et moins froid en hiver; l'époque des récoltes est plus hâtive et leur succès plus grand et plus assuré. Ces principes posés, je passe à leur application.

Les terrains sont inondés: 1° par la stagnation des eaux pluviales et de celles des fontes de neige; 2° par des eaux provenant de réservoirs souterrains, dans lesquels elles s'accumulent et d'où elles s'élèvent à la surface par l'effet de leur propre pression; et 3° parce que les terrains inondés sont plus bas que tout le pays environnant. J'examinerai successivement les moyens employés pour parvenir au desséchement de ces trois espèces de terrains inondés, et, dans un dernier §, je parlerai des puits perdus ou puisards naturels, de leurs effets en agriculture, et, par suite, du desséchement au moyen de puisards artificiels, de coulisses ou rigoles souterraines et de sondages.

§ Iᵉʳ. — Desséchement des terrains inondés par la stagnation des eaux pluviales ou celle des fontes de neige.

Le desséchement des terres cultivables sujettes à être inondées par la stagnation des eaux pluviales ou par celles des fontes de neige, s'opère de deux manières: ou par des *rigoles*, espèces de fossés ouverts, ou par des fossés fermés ou couverts, communément appelés *coulisses* ou rigoles souterraines. Il ne sera pas ici traité des rigoles dont l'explication se confond avec ce que l'on aura à dire des *raies d'écoulement* et du *billonnage* dont il sera question à l'article *Labours*.

Le desséchement des terres cultivables par fossés ouverts ayant le grand inconvénient d'interrompre la libre circulation des voitures ou de la charrue, et d'exiger la construction d'un grand nombre de ponts, on a cherché à y remédier par le *dessèchement au moyen des rigoles souterraines* ou fossés couverts.

Les rigoles souterraines, communément désignées sous le nom de *coulisses*, sont des fossés garnis de pierres ou d'autres matières qui ont assez de solidité ou de durée pour maintenir les vides par lesquels l'eau doit s'écouler. On recouvre le tout de mousse, de gazon et de terre, de manière que la charrue ou la voiture passent par-dessus les coulisses sans jamais être arrêtées, comme elles le sont par les fossés ouverts.

L'usage de ces petits aquéducs pour le dessèchement des terres remonte à l'antiquité la plus reculée. Les Perses recueillent encore aujourd'hui les fruits et les avantages d'un grand nombre de ces canaux, construits, à une époque inconnue, dans des terrains humides et inondés, dont les eaux servent à arroser et enrichir d'autres terrains qui étaient trop secs. CATON, PALLADIUS, COLUMELLE, PLINE, etc., parlent de ces aquéducs souterrains employés de leur temps pour le dessèchement des terres cultivables inondées et dont la culture était gênée par la stagnation des eaux. Après avoir ouvert les fossés, on les remplissait en pierres sèches, ou en branches tressées grossièrement, puis on les couvrait en pierres plates ou en gazon. Les coulisses des anciens avaient de 0ᵐ 90 à 1ᵐ et 1ᵐ 20 de profondeur. On ne leur donne plus que 0ᵐ 60 à 0ᵐ 70; mais les grandes coulisses qui doivent recevoir les eaux des coulisses transversales sont plus larges et plus profondes.

Aujourd'hui, les coulisses se font, comme chez les anciens, en pierres, et, à défaut de pierres, en fascines ou en branchages, et dans beaucoup de pays tout simplement en gazon. Pour faire les *coulisses en fascines* (*fig.* 99),

Fig. 99.

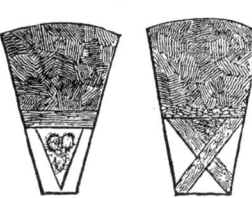

on place, de distance en distance, dans le fond du fossé, deux pieux croisés en chevalet ou en croix de Saint-André, destinés à porter les fascines, au-dessus desquelles on met de la paille, de la mousse ou des feuilles, que l'on recouvre ensuite de terre. Suivant les localités, en emploie indistinctement les fascines de chêne, d'épines noires, de saule, d'orme, d'aune, de peupliers, etc., etc. Ces coulisses durent 30 à 40 ans et au-delà, suivant l'essence du bois des fascines, et la grosseur des branches.

Dans le Lancashire et dans le Buckinghamshire, on dessèche les prairies par des *coulisses étroites* (*fig.* 100), pratiquées avec un fort louchet; mais dans beaucoup d'endroits, on se sert avec plus de succès de la *charrue-taupe*.

Fig. 100.

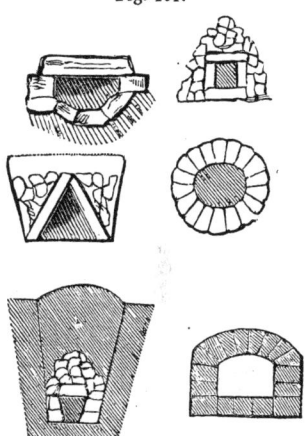

Les *coulisses en pierre* (*fig.* 101) durent plusieurs siècles. Ainsi, celles qui ont été faites par
Fig. 101.

les anciens en Grèce, en Asie, en Perse, en Syrie, etc., sont encore bien conservées et remplissent parfaitement leurs fonctions sans que jamais on soit obligé d'y travailler. La figure en présente de plusieurs genres de construction, qui n'ont pas besoin de description spéciale, et entre lesquelles on peut choisir selon les besoins des localités et les matériaux disponibles.

L'argile cuite ou *terre à briques et à poteries* peut aussi servir à établir des coulisses très-durables, très-faciles à poser, et qui, pour certains pays, seront très-peu dispendieuses. La *fig.* 102 en offre de plusieurs formes. Il serait à désirer qu'on se mît à en fabriquer dans un grand nombre de nos départemens; en attendant M. GOURLIER a établi à Vaugirard, près Paris, une manufacture où l'on trouve des caniveaux de différentes sortes qui rempliront très-bien l'usage que nous indiquons.

Les *coulisses* faites *en gazon* (*fig.* 103) durent 10, 12, 15 ans et quelquefois plus. On donne en général à ces fossés un mètre de profondeur et un demi-mètre de largeur. Lorsque le terrain où on les ouvre est gazonné, on met d'abord à part les gazons que l'on coupe en compartimens égaux et convenables pour être placés renversés au fond du fossé; ce fond ne doit avoir que de 3 à 6 pouces de largeur. La première terre extraite, comme elle

Fig. 102.

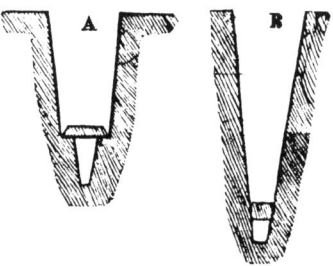

Fig. 103.

est la meilleure, est ensuite jetée à part d'un côté du fossé afin de servir à le combler et à niveler le sol ; celle extraite du fond a été jetée de l'autre côté et sera replacée immédiatement après le gazon.

§ II. — Desséchement des terrains inondés par des sources provenant de réservoirs souterrains d'eaux comprimées.

Sans chercher à développer ici la théorie des sources, je crois ne pouvoir me dispenser de présenter quelques considérations sur l'effet des glaises ou argiles dans la constitution des terres désignées sous le nom de terres froides, fortes, et sujettes à être inondées par des sources provenant de réservoirs souterrains d'eaux comprimées. La propriété essentielle des glaises ou argiles, et par conséquent des terrains argileux, est de fournir des *réservoirs aux sources et aux fontaines*. Les grandes formations argileuses ou les dépôts d'argile, présentent des séries de couches plus ou moins épaisses, séparées assez généralement par des lits de sable ou de gravier, qui contiennent toujours des nappes d'eau plus ou moins abondantes. Rarement ces couches sont parfaitement horizontales; elles sont communément inclinées sous divers angles et dans différentes directions. Quelquefois elles se montrent à la surface de la terre et vont plonger à une grande profondeur, pour se relever et se remonter également plus loin

les faire
grande
s grands
ongueur
aboutir,
amifica-
lans les-
que l'on
e. Si les
étaient
e sonde
endicu-
et tant
rous de
l'effet de
'écoule-
peu de
les ter-
dessé-
plaine,
rer une
-dessus
d'une
autour
au som-
le là où
service

en An-
méritée
'sséche-
aux fo-
iciles et
s le voi-
ais pro-
t et in-
plus de
e le ré-
x ou les
nens de
kenhill,

a mise en pratique dans le comté de Warwick et dans celui d'Aylesford, pour le desséchement des terrains inondés, est une modification de celle d'ELKINGTON. Au lieu de fossés ouverts, il fait des coulisses ou rigoles souterraines, et avant de les fermer, il donne dans leur fond autant de coups de sonde qu'il est nécessaire pour parvenir à l'entier épuisement des réservoirs souterrains. Par ce procédé, M. *Wedge* a fait de très-grands et de très-beaux desséchemens qui ont donné une haute valeur à des terres qui jusqu'alors n'en avaient aucune.

En France, plusieurs desséchemens de ce genre pourraient être mis en parallèle avec ceux de l'Angleterre et de l'Allemagne ; il est même peu de départemens qui ne nous en offrent quelques exemples plus ou moins remarquables, et qui tous ont produit les résultats les plus avantageux. En Provence, en Dauphiné, en Languedoc, et en général dans tout le Midi, on trouve de ces desséchemens faits par rigoles souterraines à une époque inconnue. Les habitans les attribuent, les uns aux Romains, les autres aux Sarrasins. Ces rigoles ont généralement été faites avec soin, et, dans quelques localités, on voit que les Anciens avaient un double système de desséchement et d'arrosement, puisque souvent les eaux de ces rigoles, après avoir été recueillies dans des bassins, servent ensuite à l'irrigation des terrains inférieurs.

Enfin, c'est par de semblables opérations, suivant le rapport fait en 1808, par notre vénérable collègue, M. TESSIER, au ministre de l'intérieur, qui l'avait envoyé visiter l'établissement d'Hofwil ; c'est, dis-je, par de semblables opérations que le célèbre M. DE FELLENBERG, que l'on ne saurait trop citer quand il s'agit d'un bon procédé ou d'une bonne méthode à indiquer, a commencé ses perfectionnemens et son excellent système de culture, qui a fait la réputation du bel établissement agricole d'Hofwil (1).

Plusieurs membres de la Société royale et centrale d'agriculture ont travaillé sur cette importante question. Ainsi VARENNES DE FENILLE, auquel l'agriculture doit tant d'améliorations, a fait de très-grands travaux en ce genre. CRETTÉ DE PALLUEL, après avoir remporté en 1789 le prix proposé par la Société d'agriculture de Laon, sur le desséchement des marais du Laonnois, examina l'utilité qu'on peut tirer des marais desséchés et la manière de les cultiver. CHASSIRON, qui s'était spécialement occupé de la législation des cours d'eau et des irrigations, se livra à l'étude des moyens d'opérer les desséchemens par des procédés simples et peu dispendieux, tels que ceux qui furent employés par les Hollandais, dans le seizième siècle, pour le desséchement des marais des anciennes provinces d'Aunis, Poitou, Saintonge, etc. DE PERTHUIS, qui embrassait tout ce qui était

contre les eaux, qui nuisaient à sa culture. Pour y remédier, rassembler toutes les eaux pour les faire servir à l'irrigation t de plus de trois cents mètres. Sans cette galerie, M. DE FELté avec le succès qui lui a acquis une si haute réputation. En t par les fontes de neige des montagnes de Gromval. Cette de Berne, est sur un monticule environné d'autres monticules couvertes de ····· et de glaciers toute l'année. (*Note de*

Fig. 102.

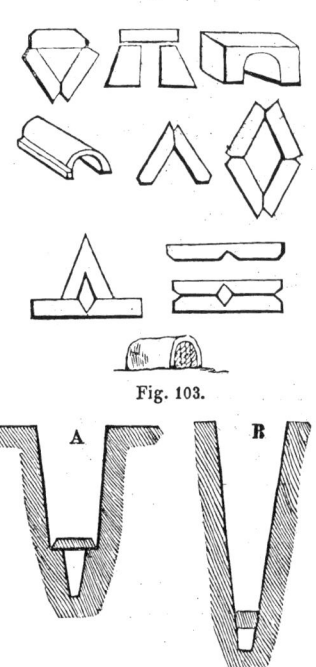

Fig. 103.

est la meilleure, est ensuite jetée à part d'un côté du fossé afin de servir à le combler et à niveler le sol ; celle extraite du fond a été jetée de l'autre côté et sera replacée immédiatement après le gazon.

§ II. — Desséchement des terrains inondés par des sources provenant de réservoirs souterrains d'eaux comprimées.

Sans chercher à développer ici la théorie des sources, je crois ne pouvoir me dispenser de présenter quelques considérations sur l'effet des glaises ou argiles dans la constitution des terres désignées sous le nom de terres froides, fortes, et sujettes à être inondées par des sources provenant de réservoirs souterrains d'eaux comprimées. La propriété essentielle des glaises ou argiles, et par conséquent des terrains argileux, est de fournir des *réservoirs aux sources et aux fontaines*. Les grandes formations argileuses ou les dépôts d'argile, présentent des séries de couches plus ou moins épaisses, séparées assez généralement par des lits de sable ou de gravier, qui contiennent toujours des nappes d'eau plus ou moins abondantes. Rarement ces couches sont parfaitement horizontales; elles sont communément inclinées sous divers angles et dans différentes directions. Quelquefois elles se montrent à la surface de la terre et vont plonger à une grande profondeur, pour se relever et se rémontrer également plus loin

à la surface du sol. Souvent ces couches sont brisées, rompues et coupées par des fentes ou des retraites remplies de sable ou de gravier. De telles variations dans la manière d'être des dépôts de glaise en déterminent dans la compacité des terres argileuses, dans leur perméabilité, et par suite, dans le gisement des nappes d'eau plus ou moins nombreuses et plus ou moins abondantes entre chaque couche perméable et imperméable. Si les terrains argileux, de quelque espèce d'ailleurs qu'ils soient, s'enfoncent également dans tous les sens, de manière à revêtir de toutes parts le fond d'un bassin souterrain d'une couche de glaise imperméable, les eaux, après s'y être amassées, ne trouveront aucune issue : elles exerceront alors une sorte de réaction ou de pression contre les couches supérieures, et, comme elles continueront toujours d'affluer dans le bassin, elles finiront par se faire jour dans la ligne de moindre résistance, en perçant ces couches, pour surgir à la surface du sol, qu'elles maintiendront constamment humide ou même marécageux, si celui-ci présente une dépression sans pente et sans écoulement. Et telle est, en effet, très-souvent et beaucoup trop souvent, l'action des eaux comprimées des réservoirs souterrains sur nos grandes plaines de terres argileuses.

Il existe en France d'immenses *terrains* incultes, *inondés et submergés par des sources de réservoirs d'eau comprimée*, et qu'il serait facile de rendre à la culture, au moyen du percement des glaises qui empêchent l'infiltration des eaux dans les terrains inférieurs. Ce percement peut se faire et se fait à peu de frais, à l'aide de cette même sonde dont le fontainier se sert pour faire jaillir les eaux à la surface ; enfin il se fait promptement et toujours avec certitude d'un plein succès.

Cette manière de dessécher les terrains inondés est depuis long-temps connue et pratiquée en Allemagne et en Angleterre ; elle est également en usage en Italie, et c'est peut-être de ce pays qu'elle s'est propagée dans les autres.

Dans son Rapport au Bureau d'agriculture du parlement d'Angleterre, M. Johnston en a attribué la découverte à *Joseph* Elkington, du comté de Warwick ; mais, long-temps avant lui, les Allemands avaient appliqué la sonde au desséchement des terres inondées : d'ailleurs, *James* Anderson, d'Aberdeen, avait publié, dès 1775, sur cette matière, un ouvrage élémentaire sous le titre de : *Vrais principes sur lesquels repose la théorie du desséchement des terrains que des sources rendent marécageux :* un heureux hasard, dit-il, lui ayant fait dessécher un marais par le creusement d'un puits dans une couche de glaise compacte, dont le percement fit jaillir avec impétuosité des eaux abondantes, et obtenir par suite le desséchement de ce marais, desséchement qu'il ne s'était point proposé.

Pour opérer le desséchement des terrains inondés par des sources provenant de réservoirs d'eaux comprimées, suivant le procédé d'Elkington (*fig.*104), on ouvre, dans la partie la plus basse, des fossés de largeur suffisante, pour recevoir toutes les eaux, et l'on perce, de distance en distance, dans le fond de ces fossés des *coups de sonde*, pour donner un

fig. 104.

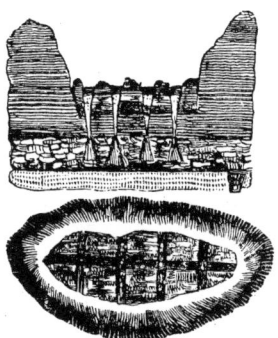

libre essor aux eaux comprimées et les faire écouler. S'il s'agit d'une surface d'une grande étendue, il faut ouvrir un ou plusieurs grands fossés d'écoulement dans toute la longueur du terrain à dessécher, et l'on y fait aboutir, comme autant de branches ou de ramifications, tous les fossés transversaux, dans lesquels sont percés les trous de sonde, que l'on multiplie suivant que le besoin l'exige. Si les bancs de pierre sous la terre végétale étaient inclinés, il faudrait que les coups de sonde fussent faits dans une direction perpendiculaire au plan de ces bancs de pierre, et tant qu'il ne sortira pas d'eau par les trous de sonde, ils devront être approfondis. L'effet de ces coups de sonde et des fossés d'écoulement est de rendre solides en très-peu de temps les terrains inondés et même les terrains tourbeux les plus humides. En desséchant, par ce procédé, des marais en plaine, ELKINGTON est parvenu à se procurer une grande masse d'eau, qu'il élevait au-dessus de son niveau précédent, au moyen d'une tour creuse, garnie de glaise, bâtie autour de l'endroit perforé. L'eau parvenue au sommet de la tour était ensuite conduite là où elle pouvait être nécessaire pour le service des usines ou des irrigations.

Le docteur ANDERSON, qui a acquis en Angleterre une réputation justement méritée par le succès de ses opérations de desséchement, préfère le *percement des puits* aux forages à la sonde. Quoique plus difficiles et plus dispendieux, les puits percés dans le voisinage des terrains inondés ou des marais produisent en effet un résultat prompt et infaillible; mais ce moyen présente plus de difficultés; il est plus dispendieux, je le répète, et souvent l'abondance des eaux ou les glaises coulantes rendent les percemens de puits très-difficiles.

La *méthode que M. Wedge*, de Bickenhill,

a mise en pratique dans le comté de Warwick et dans celui d'Aylesford, pour le desséchement des terrains inondés, est une modification de celle d'ELKINGTON. Au lieu de fossés ouverts, il fait des coulisses ou rigoles souterraines, et avant de les fermer, il donne dans leur fond autant de coups de sonde qu'il est nécessaire pour parvenir à l'entier épuisement des réservoirs souterrains. Par ce procédé, M. *Wedge* a fait de très-grands et de très-beaux desséchemens qui ont donné une haute valeur à des terres qui jusqu'alors n'en avaient aucune.

En France, plusieurs desséchemens de ce genre pourraient être mis en parallèle avec ceux de l'Angleterre et de l'Allemagne; il est même peu de départemens qui ne nous en offrent quelques exemples plus ou moins remarquables, et qui tous ont produit les résultats les plus avantageux. En Provence, en Dauphiné, en Languedoc, et en général dans tout le Midi, on trouve de ces desséchemens faits par rigoles souterraines à une époque inconnue. Les habitans les attribuent, les uns aux Romains, les autres aux Sarrasins. Ces rigoles ont généralement été faites avec soin, et, dans quelques localités, on voit que les Anciens avaient un double système de desséchement et d'arrosement, puisque souvent les eaux de ces rigoles, après avoir été recueillies dans des bassins, servent ensuite à l'irrigation des terrains inférieurs.

Enfin, c'est par de semblables opérations, suivant le rapport fait en 1808, à notre vénérable collègue, M. TESSIER, au ministre de l'intérieur, qui l'avait envoyé visiter l'établissement d'Hofwil; c'est, dis-je, par de semblables opérations que le célèbre M. DE FELLENBERG, que l'on ne saurait trop citer quand il s'agit d'un bon procédé ou d'une bonne méthode à indiquer, a commencé ses perfectionnemens et son excellent système de culture, qui a fait la réputation du bel établissement agricole d'Hofwil (1).

Plusieurs membres de la Société royale et centrale d'agriculture ont travaillé sur cette importante question. Ainsi VARENNES DE FENILLE, auquel l'agriculture doit tant d'améliorations, a fait de très-grands travaux en ce genre. CRETTÉ DE PALLUEL, après avoir remporté en 1789 le prix proposé par la Société d'agriculture de Laon, sur le desséchement des marais du Laonnois, examina l'utilité qu'on peut tirer des marais desséchés et la manière de les cultiver. CHASSIRON, qui s'était spécialement occupé de la législation des cours d'eau et des irrigations, se livra à l'étude des moyens d'opérer les desséchemens par des procédés simples et peu dispendieux, tels que ceux qui furent employés par les Hollandais, dans le seizième siècle, pour le desséchement des marais des anciennes provinces d'Aunis, Poitou, Saintonge, etc. DE PERTHUIS, qui embrassait tout ce qui était

(1) M. DE FELLENBERG avait à lutter contre les eaux, qui nuisaient à sa culture. Pour y remédier, il creusa une grande galerie à l'effet de rassembler toutes les eaux pour les faire servir à l'irrigation des prés. La longueur de cette galerie est de plus de trois cents mètres. Sans cette galerie, M. DE FELLENBERG n'aurait pu exploiter sa propriété avec le succès qui lui a acquis une si haute réputation. En été, elle était noyée presque entièrement par les fontes de neige des montagnes de Gromval. Cette propriété, située à deux lieues et demie de Berne, est sur un monticule environné d'autres monticules qui sont au pied de hautes montagnes couvertes de neiges et de glaciers toute l'année. (*Note de M.* TESSIER.)

avantageux, pour l'appliquer au perfectionnement de l'industrie et de l'agriculture, de Perthuis avait cherché à faire connaître et a répandu en France l'usage des *kerises* de la Perse, espèce de puits perdus ou puisards, communiquant avec des galeries ou rigoles souterraines, ouvertes dans le double motif du desséchement des hautes plaines argileuses et de l'irrigation des terres qui manquaient d'eau. C'est par ces kerises, dont quelques-uns ont, dit-on, plus de 50 mètres de profondeur, que ces peuples avaient porté leur culture au plus haut point de prospérité.

§ III. — Desséchement des plaines humides, sans pente, sans écoulement, et des marais plus bas que tout le pays environnant.

Il est facile de concevoir que des plaines sans pente et sans écoulement soient constamment humides, que, dans les années pluvieuses, elles soient imbibées profondément, et que les eaux, ne pouvant s'épancher d'aucun côté, restent stagnantes sur leur surface. Il existe dans beaucoup de pays, au milieu des grandes plaines, de vastes espaces noyés et inondés une partie de l'année, leur fond argileux et retenant les eaux, qui y forment même quelquefois des marais assez étendus. L'*Allemagne* et l'*Angleterre* offrent de nombreux exemples de plaines inondées et de marais plus bas que tout le pays environnant, autrefois incultes, aujourd'hui parfaitement desséchées, bien cultivées et donnant de belles et abondantes récoltes. Le docteur NUGENT paraît être le premier qui, dans la *Relation de son Voyage d'Allemagne*, publiée en 1768, ait fait connaître les procédés suivis par les Allemands pour le desséchement de ces terrains, et l'on trouve dans l'*Encyclopédie britannique*, à l'article *Desséchement*, une description détaillée et comparée de la *méthode des Allemands* et de celle qui est suivie en Angleterre dans le comté de Roxburgh.

Lorsque le terrain à dessécher est plus bas que tout le pays environnant, de manière que, pour parvenir à son desséchement, on serait obligé de creuser un grand nombre de tranchées profondes qui coûteraient plus que le terrain ne vaudrait après son desséchement, on commence par déterminer le point le plus bas de la plaine ou du marais à dessécher, et on le prend comme centre de l'opération, qui doit se faire dans la belle saison, et surtout dans une année de sécheresse. On s'établit le plus économiquement que l'on peut sur cet endroit avec des fascines et des planches, et l'on perce au centre avec des bêches, des louchets ou des dragues, suivant la nature du terrain, un puits ou puisard que l'on descend aussi profondément qu'il est possible de le faire à travers les terres, les glaises ou les tourbes, en les soutenant avec des branches d'arbres et des planches. On remplit ensuite le puits avec des pierres brutes irrégulières, jetées pêle-mêle et amoncelées sans aucun ordre les unes au-dessus des autres, autour d'un tube ou coffre de bois placé verticalement dans le centre du puits et destiné à la manœuvre de la sonde. Lorsque le remblais est fait, on descend la

sonde dans le coffre et l'on perce jusqu'à ce que la tarière atteigne quelque terrain perméable qui absorbe toutes les eaux de la surface. Enfin, lorsque la sonde a fait connaître un de ces terrains perméables, on fait, sur toute la surface du terrain à dessécher, des fossés ou des coulisses qui aboutissent au puisard comme à un centre commun. Si le terrain présente une grande étendue, on perce plusieurs de ces puits, et souvent, pour éprouver moins de difficulté dans leur percement, on les ouvre, non dans le terrain à dessécher, mais dans son pourtour, et l'on dirige les fossés, du centre du terrain ou du marais, vers les puits percés en dehors. Lorsqu'on est assuré que les sondages produisent tout leur effet, on remplit les fossés avec des pierres ou des fascines, et on les recouvre de gazon et de terre, en nivelant ensuite toute la surface.

§ IV. — Des puits perdus et puisards naturels, de leurs effets en agriculture, et du desséchement des terrains inondés, au moyen des puits perdus ou puisards artificiels et de sondages.

On désigne communément sous les noms de *boitouts*, *bétoirs* ou *boitards*, des *puits perdus*, ou *puisards naturels* plus ou moins profonds, de diamètres très-variés, le plus souvent verticaux, et cependant quelquefois obliques sous différentes inclinaisons. Les *gouffres*, *entonnoirs*, ou *engoultouts* ne diffèrent de ces puits que par leurs plus grandes dimensions. Ces puits et ces gouffres sont d'une grande utilité pour l'agriculture dans les pays argileux et de terres fortes et humides, pour absorber les eaux abondantes que la compacité de ces terres retient à la surface, et qui porteraient le plus grand préjudice aux récoltes. C'est à cette propriété d'absorber les eaux que sont dues les dénominations sous lesquelles les habitans des campagnes désignent ces gouffres et ces puits.

Des affaissemens d'anciennes exploitations de marnières ou de carrières, vers lesquels se rendaient naturellement les eaux pluviales et celles des fontes de neige, pour y disparaître et s'y perdre entièrement, ont dû, il y a long-temps, donner l'idée de creuser des puisards ou boitouts artificiels pour dessécher les terres que la charrue ne pouvait cultiver.

Il existe des terrains perméables presque généralement sous les argiles : ainsi, dans quelques endroits, sous les glaises ou les masses argileuses, on trouve des sables, des graviers, ou des couches de galets ; ailleurs ce sont des calcaires lacustres ou des calcaires siliceux, caverneux et chambrés, ou fendus et lézardés dans toute leur épaisseur ; ici, ce sont de grands dépôts de gypse ou de calcaire marin, dont les couches, rompues et bouleversées, présentent de longues et larges fentes qui se croisent dans tous les sens ; là, c'est la grande masse de craie, qui, fendillée par une sorte de retrait qu'elle a probablement éprouvé lors de sa dessiccation, forme un filtre toujours prêt à absorber les eaux lorsque les argiles de la surface ne s'opposent pas à leur infiltration ; au-delà, ce sont les calcaires oolithiques, coralliques, jurassiques, etc., qui tantôt sont divisés en lames minces ou feuilletées, tantôt sont caverneux, et tantôt rompus ou bouleversés, de manière à donner un libre accès aux eaux de la surface ; plus loin, ce sont des terrains schisteux, qui alternent avec des grès, des p amm t , des phyllades, des pouddingues et des brèches plus ou moins perméables ; et plus loin, enfin, sont les terres argileuses des pays primitifs, des schistes micacés, alternant avec des gneiss, des porphyres et des granits, qui laissent encore filtrer les eaux entre leurs lits de superposition, ou dans les fissures et les fentes qui les coupent et les recoupent en diverses directions. D'où l'on voit : 1° que presque généralement partout, en perçant les glaises et les argiles, dont la compacité s'oppose à l'infiltration des eaux pluviales, on trouve au-dessous des terrains perméables, dans lesquels il y a certitude de les faire perdre ou disparaître plus ou moins promptement ; et 2° que parmi les moyens de desséchement des terres cultivables sujettes aux inondations, quelle qu'en soit d'ailleurs la cause, on ne saurait trop recommander aux propriétaires et cultivateurs l'établissement de *puits perdus*, *boitouts* ou *bétoirs artificiels*, puisqu'une fois bien établis ils n'exigent plus aucuns frais, et qu'ils remplissent constamment le but proposé sans qu'il y ait jamais aucune réparation, aucun entretien à y faire, comme aux autres modes de desséchement.

Les *embughs* des anciens marais *de la plaine des Paluns*, près de Marseille, aujourd'hui couverts de vignes, sont peut-être le plus bel exemple que l'on puisse citer en France d'un grand desséchement au moyen de boitouts artificiels, et, en Angleterre, ceux du comté de Roxburg.

L'*établissement d'un puits perdu ou boitout* est facile et peu dispendieux lorsque le terrain à dessécher est plat ; mais lorsqu'il y a des fondrières ou des parties profondes et marécageuses (*fig.* 105), il exige plus de temps et plus de frais.

Fig. 105.

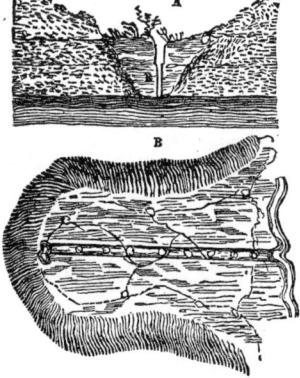

Avant d'entreprendre une opération de ce genre, on doit se pourvoir d'une *sonde de*

fontainier-mineur, de 25 à 30 mètres de longueur, avec ses principaux instrumens. La dépense peut en être évaluée de 300 à 500 fr., suivant le nombre des instrumens que l'on prend (1). Cette dépense première ne peut ni ne doit arrêter ; cette sonde, qu'on peut d'ailleurs louer, si on ne veut pas l'acheter, devant également servir, d'une part, pour dessécher un terrain inondé, comme pour se procurer des eaux jaillissantes, et, d'autre part, pour rechercher des marnes, des plâtres, des terres pyriteuses, etc.; enfin, la sonde peut être successivement louée à tous ceux qui voudront s'en servir pour faire des desséchemens ou faire des recherches.

La première condition pour assurer le succès d'un desséchement, au moyen des puits perdus ou boitouts artificiels, est la *levée du plan et le nivellement exact* de tout le terrain à dessécher, pour connaître l'endroit ou les endroits les plus bas, parce que, s'ils sont éloignés des uns des autres, ils détermineront l'ouverture d'autant de boitouts qu'il y a de fondrières, afin d'éviter le creusement de grandes tranchées pour l'établissement de coulisses ou rigoles souterraines, qui doivent recueillir toutes les eaux de la surface.

On devra *profiter d'une année de sécheresse et de la belle saison*, pour ne pas s'exposer à être obligé de suspendre les travaux pendant plusieurs mois.

Les *emplacemens des boitouts* ayant été déterminés par le nivellement, on fera, sur l'un d'eux, un *sondage d'exploration*, si on ne connaît pas encore la nature ou la composition du fond du sol, ce dont on peut communément s'assurer dans les ravins, les escarpemens, ou les marnières et carrières ouvertes dans les environs. Lorsqu'on a acquis la connaissance exacte de la nature du sol, on commence l'ouverture du boitout sur un diamètre de cinq à six mètres, suivant l'étendue du terrain à dessécher ou la distance d'un boitout à un autre, et l'on pousse rapidement son creusement par banquettes en spirale, autour du cône ou de l'entonnoir, en soutenant les terres avec des pieux et des branches d'arbres ou des palplanches. Si, malgré ces moyens, on craint, ou si l'on éprouve des glissemens et des éboulemens de terre, on donne au talus ou à l'évasement du cône un angle de cinquante à soixante degrés.

La nature du terrain détermine la *profondeur du puisard*. Elle peut n'être que de 3 à 4 mètres, comme elle peut l'être de 5 à 6 et au-delà, ainsi qu'on l'a vu plus haut. Quelquefois, sous les glaises, on trouve, à un ou deux mètres, des couches dures et pierreuses, sur lesquelles on s'arrête, mais le plus souvent les glaises et argiles ont plusieurs mètres d'épaisseur, et alors il faut les creuser entièrement pour former le cône tronqué, au fond duquel on place de grosses pierres brutes en cercles, en laissant entre elles des intervalles, dans lesquels on fait entrer de force d'autres pierres irrégulières, qui doivent les serrer, tout en laissant cependant des vides ou des interstices pour l'arrivée des eaux. A défaut de pierres, on jette dans le fond du puisard quelques vieux arbres, tels que des chênes, des ormes, des aunes, des saules ou autres, avec des fascines ou des bourrées.

Au centre du cône, on fait un *sondage* de 5 à 6 mètres de profondeur, jusqu'à ce qu'on atteigne quelque terrain perméable, et l'on place dans le trou du sondage un tube ou coffre de bois d'aune, ou d'orme, ou de chêne, dont l'ouverture dépasse le cercle de pierres ou les troncs d'arbres de quelques décimètres. Pour prévenir l'engorgement du tube, on met dessus quelques épines, et sur celles-ci une pierre plate dont les extrémités portent sur trois ou quatre pierres placées autour du tube. On remplit ensuite tout le cône du boitout soit avec des pierres entassées irrégulièrement les unes sur les autres, soit avec des fascines, jusqu'à un mètre environ de la surface de la terre.

Si, lorsqu'on est arrivé à quelques mètres de profondeur dans le creusement des glaises, l'abondance des eaux ne permettait pas d'approfondir le cône, on devrait se hâter de placer au centre le tube de sondage, puis, comme on l'a vu précédemment, on remplirait immédiatement, soit en pierres brutes et irrégulières, jetées pêle-mêle les unes sur les autres, soit en fascines, le cône du puisard, et l'on procèderait au sondage au moyen du tube.

Dans la circonférence, on ouvre 4, 6, 8 *fossés*, ou un plus grand nombre, suivant le terrain à dessécher. Ces fossés ont d'un à deux mètres de profondeur; on les garnit, à leur embouchure dans le puisard, de pierres brutes, ou de branchages et fascines, que l'on recouvre de tuiles ou de pierres plates.

Enfin, et avant de fermer les tranchées, lorsqu'on n'a pas de pierres à sa disposition, on met des *fascines,* des *branches,* ou des *gazons,* et l'on recouvre le tout en nivelant les terres, pour que la charrue et les voitures puissent passer partout et dans tous les sens.

Ces puisards ou boitouts peuvent rester ouverts, mais les accidens qui en résultent souvent pour les hommes et pour les bestiaux qui s'y précipitent, doivent en décider la fermeture. A cet effet, sur les pierres qu'on y a entassées, on met des fascines ou bourrées, de la paille, des feuilles, de la mousse, du gazon et de la terre. Ainsi recouverts ou fermés, ils produisent leurs effets aussi bien que les boitouts ouverts et ils n'en présentent point les inconvéniens.

Ce mode de desséchement une fois bien établi, l'est pour toujours. Il est infaillible, il est peu dispendieux, il n'est sujet à aucun entretien. Enfin, il n'est point subordonné, comme celui de PATERSON, à l'assentiment de tous les propriétaires ou cultivateurs d'une commune ou d'un canton, assentiment si difficile et malheureusement presque toujours impossible à obtenir, indépendamment de l'inconvénient qu'il présente encore de couper tout un pays de fossés dans toutes les directions, outre celui de l'entretien annuel.

On pourra objecter que cette méthode exige des frais et des dépenses plus élevés que la valeur du terrain à dessécher; aussi ne la conseillera-t-on que lorsque l'étendue du terrain et la certitude d'en recueillir des récoltes abondantes pourront dédommager de ces premières avances, comme on l'a fait avec tant de succès en Allemagne et en Angleterre.

Quant à l'acquisition de la sonde, on ne doit pas hésiter, puisque cet instrument peut servir à tout autre usage, et que, d'ailleurs, on peut louer une sonde pour la durée des opérations du sondage, ou les faire faire par un sondeur.—Une autre objection mieux fondée est la crainte que le sondage, au lieu de produire le desséchement par la perte des eaux dans le terrain perméable, ne ramenât au contraire des eaux ascendantes à la surface de la terre. Il est bien vrai que des sondages profonds pourraient produire ce résultat; mais ce ne sont pas des coups de sonde aussi peu profonds que ceux dont il est question qui doivent ramener des sources jaillissantes : d'ailleurs, le remède serait encore dans la cause même du mal. La sonde offre en effet le moyen de se débarrasser des eaux jaillissantes lorsqu'on ne veut pas les employer, puisqu'elle fait connaître à toute profondeur des terrains perméables dans lesquels on peut replonger et faire perdre les eaux ascendantes. Ainsi, dans le grand sondage que M. MULLOT d'Epinay a fait sur la place aux Gueldres, à Saint-Denis, après avoir, par deux tubes placés l'un dans l'autre, ramené de deux profondeurs différentes (de 53 mètres et de 66 mètres) deux sources jaillissantes l'une à 1 mètre et l'autre à 2 mètres au-dessus du pavé de cette place, cet habile mécanicien a établi un troisième tube d'un plus grand diamètre et contenant les deux premiers, au moyen duquel il fait perdre à volonté l'une de ces deux sources, ou même toutes les deux ensemble par leurs infiltrations dans un terrain perméable, lorsqu'on ne veut pas les laisser couler à la surface de la terre.

Enfin, lorsqu'on veut éviter la dépense des boitouts que ne comportent point de petites surfaces qu'il est cependant important de dessécher, on peut se borner à ouvrir des coulisses ou rigoles souterraines, dans lesquelles on donne de distance en distance quelques *coups de sonde.* De tels sondages ont été faits en France avec le plus grand succès dans plusieurs endroits, pour faire perdre les eaux pluviales sur des terrains dont la dépression causait annuellement l'inondation. L'ingénieur DEGOUSÉE a fait plusieurs sondages de ce genre, et je citerai entre autres celui qu'il a exécuté aux Thermes, près Paris, parce qu'il prouve la facilité avec laquelle, dans tout établissement, usine ou manufacture, on peut, à peu de frais, perdre les eaux-mères et infectes que, trop souvent dans les villes ou faubourgs, on laisse couler sur la voie publique, à son détriment et au préjudice de tous les voisins.

Le Code civil *n'assujettit les fonds inférieurs* à recevoir les eaux des fonds supérieurs, que lorsqu'elles en découlent naturellement et sans que la main de l'homme y ait contribué ; le moyen de desséchement que nous venons d'indiquer évitera donc encore les difficultés sur l'interprétation de cette disposition, et permettra de ne plus jeter sur les fonds inférieurs les eaux que la main de l'homme aurait rassemblées dans les fossés du champ supérieur pour le dessécher.

En rédigeant cette instruction sur le desséchement des terres cultivables sujettes à être inondées, je n'ai point oublié que la pratique éclaire bien plus que la théorie. Je me suis donc attaché à décrire des méthodes connues et pratiquées avec succès. J'ai voulu parler aux agronomes et aux cultivateurs de toutes les classes. J'ai voulu les faire participer aux avantages que les nouvelles méthodes ont procurés à ceux qui les ont adoptées en Flandre, en Hollande, en Allemagne, en Angleterre, en Amérique, etc. Heureux si, par le dessé-chement de nos terres inondées et de nos marais infects et pestilentiels, nous pouvons enfin parvenir à en faire des campagnes fertiles comme on l'a fait dans ces différens pays! Voilà le vrai point de grandeur et de prospérité; voilà les hautes destinées auxquelles la France est appelée et qu'il faut sans cesse avoir devant les yeux, disait, il y a trente ans, l'un de nos collègues, le bon et estimable Chassiron, en nous exposant son grand système de dessèchement!

Paris, 4 juillet 1834. — L. Héricart de Thury.

§ V.—De la confection des fossés ouverts et couverts.

Le succès des opérations de dessèchement des terrains marécageux dépend en grande partie des soins qu'on apporte dans l'établissement des fossés ouverts ou couverts ; il est donc utile d'entrer à cet égard dans quelques détails particuliers de pratique.

Dans la confection des fossés ouverts il est très-essentiel d'en jeter la terre assez loin, non seulement pour qu'elle n'exerce pas sur les bords de ce fossé une pression nuisible, mais encore pour que, dans le cas assez fréquent où l'on serait obligé de rélargir ce fossé, la terre enlevée la première fois n'y apporte pas d'empêchement. Pour ces sortes de fossés, il ne suffit pas de les tracer et les creuser, il faut encore avoir soin de les curer et entretenir. Par conséquent il faut prévoir et calculer non seulement les frais d'établissement, mais encore ceux d'entretien, lesquels varient suivant les localités et les circonstances.

Dans les terres composées de chaux ou de glaise tenace, les labours n'ont ordinairement lieu que très-superficiellement à cause de la difficulté du travail dans les sols de ce genre; il en résulte que la couche inférieure se durcit fortement, de sorte qu'elle ne laisse point écouler l'eau de la couche supérieure, et que lorsque les pluies viennent en ajouter une nouvelle quantité, la terre se trouve transformée en une espèce de bouillie, état très-nuisible aux plantes, qui occasione la putréfaction de leurs racines, et par conséquent leur mort.— Dans ces cas on ne doit pas pratiquer de fossés couverts, car ces tranchées étant recouvertes de 9 à 10 pouces de terre au moins, cette couche de terre est trop épaisse pour que l'eau puisse passer au travers et pénétrer dans la coulisse. C'est pour ne pas avoir tenu compte de ces circonstances qu'on a quelquefois accusé les tranchées souterraines de ne pas produire d'effets ou de n'avoir qu'une très-courte durée, parce que la terre dont on les avait recouvertes, quoique meuble alors, n'avait pas tardé à se durcir et à former au-dessus de la tranchée une masse imperméable. Les tran-

chées ouvertes sont dont alors préférables, et lorsqu'on y a recours, on leur donne la direction où la pente est la plus sensible, c'est-à-dire celle qui conduit plus promptement l'eau dans le lieu où elle doit arriver.

Dans les pentes des montagnes on rencontre quelque fois des portions de terrains marécageuses, superposées les unes aux autres, parce que les inflexions ou concavités des roches ou des couches d'argile retiennent les eaux à différentes hauteurs. Dans ces situations, lorsque quelques coupures dans le sol (fig. 106) sembleraient devoir dé-

Fig. 106.

barrasser facilement des eaux, il peut arriver qu'on ne fasse que les reporter un peu plus bas; il est donc préférable de faire courir les eaux à la surface ou de les faire p ng r par un trou de sonde au-dessous du banc d'argile le plus inférieur.

Les tranchées souterraines, pour produire leur effet, ne doivent jamais être disposées dans le sens de la pente du terrain, parce qu'elles ne rassembleraient pas toutes les eaux qui découleraient du sol; elles doivent au contraire couper cette pente transversalement. Cependant elles doivent, dans cette direction, avoir une légère inclinaison vers le point où l'eau a son écoulement; mais cette inclinaison ne doit pas aller au-delà d'un pouce sur 10 mètres, autrement elles pourraient facilement se combler.—La meilleure issue à donner à ces tranchées souterraines, c'est dans un fossé ou canal d'écoulement qu'on garnit de pieux afin qu'il ne s'éboule pas. Quelquefois on réunit plusieurs coulisses dans une seule; mais cette pratique est à éviter autant que possible, parce qu'il n'est pas rare que les rigoles se bouchent et qu'alors on ne découvre pas facilement où est le mal.

On donne aux tranchées souterraines des profondeurs variées : si, sous une couche de terrain poreux, il s'en trouve une imperméable, il faut pénétrer jusqu'à celle-ci et y creuser le canal dans lequel l'eau doit couler; si au contraire la couche de terre argileuse a peu d'épaisseur, il suffit que la tranchée soit recouverte d'un pied de terre ou même seulement de 10 pouces, lorsque la terre qui est à la surface du sol est passablement tenace; bien entendu, cependant, que le labour ne doive pas excéder 6 pouces de profondeur. Dans les terres légères et meubles, il faut quelquefois que la tranchée soit recouverte de 18 et même de 24 pouces de terre. — Quant à la partie de la tranchée qui est destinée au passage de l'eau, il suffit qu'elle ait de 9 à 10 pouces de hauteur et une largeur souvent fort peu considérable. Cela dépend au reste de la nature des matériaux : si la tranchée doit être garnie avec des pierres brutes, on peut lui donner jusqu'à 16 pouces à sa sommité et 10 au bas; si on doit la remplir avec des branchages, il ne faut pas dépasser 12 pouces et même 9 dans la partie supérieure, et 2 ou 3 dans l'inférieure. Quant à l'ouverture à la superficie du sol, on lui donne assez de largeur pour qu'on puisse travailler commodément dans le fossé et creuser à la profondeur nécessaire. (Thaer.)

Une précaution qu'il ne faut pas omettre dans les champs assainis par des coulisses, rigoles ou tranchées souterraines, c'est de ne pas laisser passer des voitures fortement chargées précisément dans le sens de leur direction longitudinale.

Dans tous les cas où cela est possible, et ils sont fort nombreux, on doit *faire usage de la charrue* pour commencer l'ouverture des fossés et même pour en remuer la terre à une certaine profondeur, de manière à ce que les ouvriers n'auront plus qu'à la ramasser et la jeter à la pelle. Le travail s'exécutera de cette manière beaucoup plus promptement et plus économiquement ; au premier trait de charrue on l'introduit à environ un pied de profondeur et on éloigne le plus possible la terre du bord ; au second trait on s'efforce de fouiller le sol à 6 ou 8 pouces plus bas. On accomplit alors le creusement avec des instrumens à main, soit la louche ou bêche ordinaire (voir à l'art. *Labours*), soit plutôt avec deux ou trois instrumens analogues dont le premier est très-large et les suivans vont toujours se rétrécissant, comme le représente la *fig.* 107. En disposant

Fig. 107.

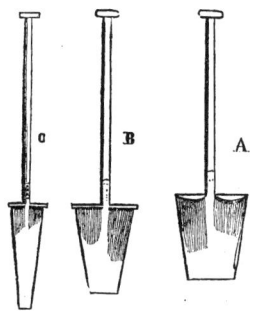

les ouvriers à la suite les uns des autres pour enlever la terre remuée par la charrue, donner le premier, le second et enfin le troisième coup de bêche, la besogne marche très-vite et la tranchée est immédiatement achevée.

Charrues-taupes. — On a proposé divers appareils sous le nom de *charrues-taupes*, pour établir des rigoles souterraines, sans être obligé d'ouvrir des tranchées, ni d'employer des matériaux étrangers au sol. Ces appareils sont très-compliqués, et par conséquent difficiles à manœuvrer et dispendieux, notamment celui de William Robinson, décrit par M. Byerley et figuré dans les *Mémoires de la Société royale d'Agriculture* (tome 1, de 1827), ce qui nous porte à ne pas le représenter ; on peut en dire autant de ceux indiqués dans l'ouvrage de M. Loudon. La *charrue-taupe* dont nous donnons le dessin (*fig.* 108) nous semble,

Fig. 108.

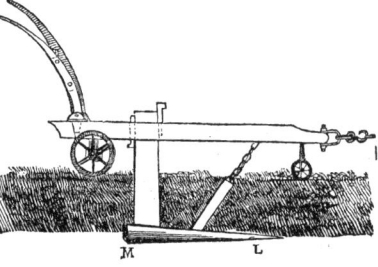

après quelques tentatives, devoir remplir son objet ; nous n'avons encore pu la faire construire d'après ce dernier modèle ni de livrer à l'essai dans des terrains difficiles. On conçoit que les tiges de support qui remplacent le coutre et s'attachent au coulissoir M, L qui tient lieu de soc, doivent être minces et tranchantes, afin d'occasioner moins de résistance et de couper le terrain sans y laisser de traces ; le coulissoir doit être long et très-pointu afin d'agir à la manière d'un coin et de laisser derrière lui une rigole parfaitement cylindrique. Il serait facile d'ajouter à cet appareil un système de leviers analogues à ceux de plusieurs nouvelles charrues, et au moyen duquel on pourrait toujours donner aux rigoles un tracé horizontal, malgré les légères inflexions de la surface du sol. Du reste, ces appareils ne peuvent avoir plein succès que dans les terrains un peu ou très-tenaces, et surtout dans les prairies.   C. B. DE M.

§ VI. — Des machines à épuiser l'eau.

Lorsque les terrains sont inondés parce qu'ils forment des *bas-fonds* moins élevés que le lit des cours d'eau ; que par conséquent ils ne peuvent se débarrasser des eaux surabondantes qui arrivent des hauteurs environnantes, ou qui suintent et transsudent dans les terres en y formant des marais, des eaux croupissantes ou des mares ; si l'on ne peut avoir recours aux boitouts ou en percemens à la sonde pour leur donner écoulement, et qu'il soit également impossible de couper les eaux qui descendent des collines au moyen d'un canal, dans une position assez haute, quelque éloignée qu'elle soit, pour les conduire dans le courant qui doit les emmener : il ne reste plus qu'à avoir recours à des *machines pour puiser les eaux* dans les bas-fonds et les élever dans un canal de transport dont le niveau soit supérieur à celui de la rivière. Ce sont les Hollandais qui ont devancé tous les habitans des contrées basses, par leurs inventions et leurs modèles en ce genre. Généralement leurs machines à épuiser sont mises en mouvement par le vent ; les qualités qu'on doit le plus rechercher dans ces machines, sont de n'avoir pas besoin de beaucoup de vent pour être mises en mouvement, et d'être d'une construction qui les mette à l'abri de fractures ou de dérangemens fréquens : sans cela elles se trouveraient souvent hors de service au moment où elles seraient le plus nécessaires.—On est quelquefois obligé de mettre en œuvre à la fois plusieurs de ces machines pour pouvoir élever l'eau à la hauteur convenable, notamment avec les *moulins hollandais*; il en existe un grand nombre de variétés : celui à palettes (*fig.* 109),

Fig. 109.

donné par **MOOLENBOOK**, n'élève guère l'eau, en la poussant, à plus d'un pied et demi ou deux pieds.

On peut encore employer comme machines à épuisement la plupart des machines qui servent à élever l'eau pour les *irrigations* (voir cet art.), et notamment la *pompe à chapelet* (*fig.* 110), le *noria à godets de cuir coniques* (*fig.* 111), et la *vis d'Archimède* (*fig.* 112), qui n'ont pas besoin de description, et qu'on met en mouvement soit avec un manége auquel on attèle un mauvais cheval, un âne ou une va-

Fig. 110.

Fig. 111.

Fig. 112.

che, soit avec une manivelle à main, soit avec les ailes d'un moulin à vent. Le *Mémorial encyclopédique* a décrit, dans le n° de juin 1834, une nouvelle machine pour élever l'eau, de l'invention de M. Edwards Lucas, de Birmingham ; on doit aussi à M. Laperelle une machine à épuisement, simple et puissante, qui sera décrite et figurée à l'article *irrigations*.

Dans les contrées entrecoupées de nombreux cours d'eau, il n'est pas rare de trouver auprès des rivières des bas-fonds plus profonds que le lit de celles-ci, en sorte qu'il est impossible de procurer par le moyen de la rivière aucun écoulement aux eaux qui refluent dans ces bas-fonds. Dans ce cas, pour opérer l'assainissement, qui semble impraticable autrement que par des machines à épuiser, on peut encore, après avoir encaissé par le moyen de digues le cours plus élevé de la rivière, faire passer l'eau sous les digues et sous le lit de la rivière,

soit par le moyen de tuyaux ou de conduits en bois, soit par celui de canaux, aquéducs ou tunnels en maçonnerie et couverts, à l'aide desquels on conduit l'eau dans quelques ruisseaux inférieurs. Cretté de Paluel a mis cette méthode en pratique dans plusieurs circonstances avec un plein succès. C. B. de M.

§ VII. — Des outils et instrumens de sondage.

Nous ne devons pas entrer ici dans le détail des grandes opérations de sondage, ni dans la description des moyens et appareils que nous avons souvent employés pour vaincre les difficultés qu'on rencontre dans ces travaux. Parmi les sondages difficiles que nous avons dirigés, nous pourrions citer celui exécuté à Cormeilles en Parisis, où j'ai traversé 230 pieds de gypse crevassé, mêlé de grès et de sables coulans ; plusieurs fois mes tiges se sont rompues. J'ai eu à vaincre à Chartres une agglomération de silex de 90 pieds : c'est avec la pointe et la boucharde que j'y suis parvenu. A la Brosse-Monceau, près Montereau, pour traverser 300 pieds de craie mêlée de silex, le trépan m'a souvent servi. A Riocourt, près Chaumont, j'ai traversé 250 pieds de calcaire jurassique avec des ciseaux plats dentelés de diamètres successifs. Au Luard (Sarthe), 240 pieds de sable et de pyrites ont été traversés avec la tarière à clapet, le tire-bourre et la pointe. Aux Batignolès, près Paris, j'ai rencontré souvent le sable coulant alternant avec les grès, et je suis parvenu à 221 pieds, malgré une multitude de difficultés. Avec la boucharde et le ciseau carré, j'ai percé, chez M. le comte de Gonteau, à Mongermont, une masse de calcaire siliceux de plus de 100 pieds d'épaisseur. Avec la tarière ouverte et la pointe, j'ai fait

dans la vallée de Montmorency, trois sondages qui donnent des eaux jaillissantes au-dessus
du sol ; le premier de ces sondages a duré sept
jours, le second quatre, et le troisième dix.
Ils donnent ensemble près de 800,000 litres
d'eau par vingt-quatre heures. — Les percemens opérés à Tours ont été jugés par la Société royale et centrale d'agriculture avoir
fait surmonter deux des principales difficultés, savoir : le percement de la craie et la traversée du sable coulant ; ils m'ont valu son
grand prix en 1831, et une médaille de rappel
en 1833. Ces puits forés ont donné pour cette
ville des résultats d'un immense intérêt.

Dans les *sondages qui intéressent spécialement l'agriculture* et qui ont pour objet les
opérations de dessèchement, il ne faut ordinairement que des instrumens simples, d'un

prix peu élevé et qui n'atteignent pas à une
grande profondeur. Il suffit d'une sonde de 50
pieds, de 3 pouces de diamètre, et à emman-
chement à vis, qui coûte 350 f., ou celle à em-
manchement à enfourchement, qui coûte 450 f.
Elle se compose d'un manche, de cinq tiges,
d'une tarière, d'un ciseau plat, d'un tourne-
à-gauche.

Tous les instrumens que nous avons décrits
et figurés dans notre notice spéciale (1) sont
loin d'être nécessaires pour faire un sondage.
La tarière à clapet (*fig.* 113), la tarière ouverte (*fig.* 114), et la tarière américaine ou
celle rubanée (*fig.* 115 et 116), ainsi que des
ciseaux (*fig.* 117), peuvent souvent suffire,
mais, suivant les localités, pour activer le travail et atteindre en un jour une profondeur
qui nécessiterait une semaine, j'emploie l'a.

Fig. 113.   114.   115.   116.   117.   118.   119.   120.   121.   122.   123.

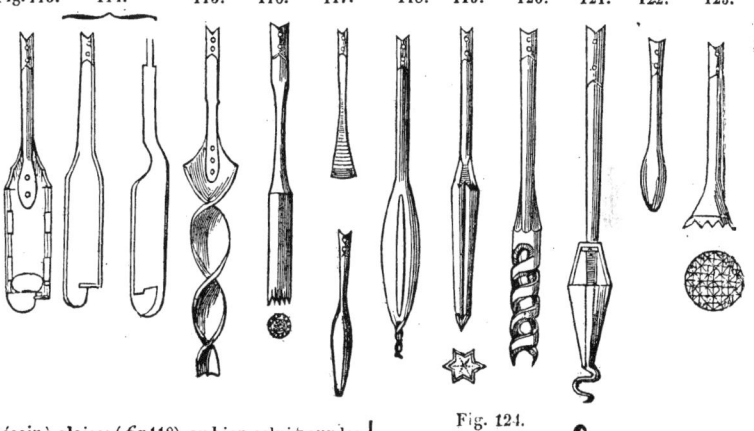

lésoir à glaises (*fig.*118), ou bien celui pour les
roches (*fig.* 119), le tire-bourre (*fig.* 120), ou
l'entonnoir à sable (*fig.* 121) ; on, pour briser
des roches plus activement que ne peut le faire
un ciseau, j'emploie la pointe de diamant (*fig.*
122), ou la boucharde (*fig.* 123). On a souvent
aussi besoin de la chèvre simple (*fig.* 124).

Pour ce qui est du procédé chinois, dont
on s'occupe beaucoup en ce moment, il semble être plutôt avantageux pour les sondages
à de grandes profondeurs, et je ne le crois
applicable que dans des terrains constamment
uniformes; l'application n'en est pas nouvelle
en France et en Allemagne; les mines de Rou-
champ, dans les Vosges, ont plusieurs fois
employé ce moyen dans des sondages de 8 à
900 pieds. Mais ce mode est impraticable
lorsque le terrain ne fait pas masse compacte
et continue; il est également inapplicable dans
les sables et les argiles; en un mot, il ne me
paraît bon que dans une roche plus ou moins
compacte, mais surtout constamment continue. M. Héricart de Thury partage, je crois,
mon sentiment à ce sujet.

Je me suis plusieurs fois occupé de dessè-
chemens : pour employer la sonde avec avantage il faut que la partie argileuse qui s'op-

Fig. 124.

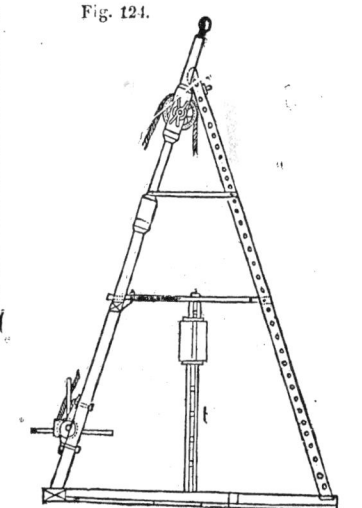

(1) *Entreprise de sondages et fabrication de sondes*, de J. DÉGOUSÉE. Broch. in-8° et 3 planch. A Paris,
rue de Chabrol, n° 13.

pose à l'écoulement des eaux n'ait pas plus de 8 à 10 mètres de puissance. Alors, avec une tarière ouverte (*fig.* 114), ou une tarière rubanée (*fig.* 116), 3 hommes peuvent faire 2 à 3 puisards par jour. Le mieux est de se servir d'un instrument de 24 à 30 cent. (9 à 11 pouces) de diamètre. Lorsque le trou de sonde est fait, l'on a un saucisson en épines ou autres menues branches, que l'on introduit pour empêcher le resserrement des argiles, et l'on donne ensuite les pentes nécessaires pour amener les eaux au boitout ; 3 ou 4 m'ont suffi pour assainir un hectare, surtout lorsque l'argile traversée repose sur du jarre ou gros sable.   J. DEGOUSÉE.

ART. III. — *Entretien des travaux et emploi du sol après le dessèchement.*

OBSERVATIONS PRÉLIMINAIRES.

Les desséchemens tentés en France depuis 30 ou 40 ans ont presque tous complètement réussi sous le rapport de l'art, mais la plupart ont donné peu de bénéfices aux compagnies qui les ont effectués, quelques-uns les ont ruiné. Dans les Pays-Bas, au contraire, où ces opérations sont généralement plus dispendieuses que la plupart de celles qu'on a tentées en France, le bénéfice est à peu près assuré, et bien souvent pourrait être escompté d'avance. C'est qu'en Hollande on sait, avant d'opérer, ce que sera le sol après l'opération, et comment on devra l'administrer pour en tirer parti. On détermine le système de dessèchement d'après cette connaissance, tandis qu'en France on dessèche à tort et à travers, sans calculer comment on pourvoira économiquement à l'entretien des travaux, quel usage on fera du sol, quels moyens on emploiera pour maintenir la fertilité, quels débouchés on aura pour les produits. Nos ingénieurs sont les plus habiles de l'Europe, mais non les plus économes ; nos spéculateurs et nos capitalistes sont, tout à la fois, les plus timides et les plus improvoyans, les plus défians et les plus faciles à se laisser duper par leurs propres illusions ou celles des intrigans qui les obsèdent.

Je ne puis qu'effleurer ici les importantes considérations qui se rattachent à ces questions ; je me propose de les traiter dans un ouvrage spécial ; cependant, ce que je vais dire pourra mettre sur la voie de mes idées les dessiccateurs à venir.

L'effet utile de toute opération de ce genre est l'assainissement de la contrée où elle a lieu et l'augmentation des produits du sol. Selon qu'on vise plus particulièrement à l'un ou l'autre but, l'opération doit se modifier.

Le devoir de l'administration publique est de faire prévaloir à tout prix l'intérêt sanitaire, et s'il en résulte un accroissement de dépense ou une diminution de bénéfice pour le dessicateur, il doit être indemnisé. Je supposerai donc dans ce qui suit que l'entrepreneur de dessèchement vise surtout à l'augmentation de son revenu.

Avant d'opérer, il a dû déterminer, d'après le nivellement de la surface, les portions de terrain qui seront tout-à-fait desséchées, celles qui ne subiront qu'un demi-

dessèchement et celles qui seront complètement abandonnées aux eaux. Il a dû calculer ensuite la manière la plus économique d'exécuter les travaux, les moyens de pourvoir à leur entretien, et le parti le plus convenable à tirer du sol après l'opération. L'exécution des travaux de dessèchement étant l'objet des articles qui précèdent, nous allons nous occuper des deux autres points.

§ 1ᵉʳ. — Entretien des travaux de dessèchement.

I. *Réparation et conservation des travaux.*

A. *Envasement et attérissement des canaux.*

Pour réduire au minimum les frais d'entretien des canaux d'écoulement, de navigation ou d'irrigation, il faut prévoir et empêcher autant qu'on le peut l'envasement de leur lit et l'éboulement de leurs talus.

L'*envasement* a lieu par deux causes principales : le *dépôt que laissent les eaux limoneuses* affluentes, et le détritus des végétaux aquatiques. Pour atténuer l'effet de la première cause, il faut donner aux eaux la plus grande rapidité possible, si ce n'est constamment, au moins par intervalles, pour enlever par le courant les dépôts formés à eau dormante. Dans certains cas, on peut aussi ne laisser entrer dans les canaux que les eaux déjà clarifiées ; lorsque, par exemple, on possède en amont des terrains tourbeux ou graveleux qui ont besoin pour être fertilisés d'être recouverts d'une couche de limon, il est alors doublement avantageux d'y faire séjourner les eaux avant de les laisser entrer dans les canaux d'écoulement. Si l'on n'a pu empêcher les envasemens limoneux, il faudra *faire des curages*, soit à bras d'homme en mettant les canaux à sec, soit, si l'assèchement est impossible, à l'aide des dragues mues à la main ou par un manège, ou même par une machine à vapeur, selon l'importance des repurgemens. Dans beaucoup de cas, la curure de ces canaux, employée comme engrais, indemnisera d'une partie notable des frais ; mais, quoi qu'il en coûte, on ne doit jamais négliger cette opération pour les canaux non plus que pour les rigoles.

Lorsque l'*attérissement* a lieu *par la végétation* des plantes aquatiques, rien de plus facile que de l'empêcher ; il suffit d'extirper ces plantes, une ou deux fois par an, à l'aide du râteau hollandais, dont nous donnons la figure (*fig.* 125), ou de tout instrument analo-

Fig. 125 et 126.

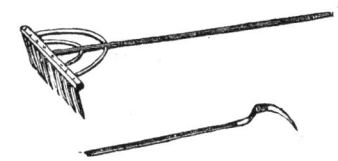

gue. On fait précéder cette opération d'un

fauchage à rez du sol, s'il se trouve dans le canal des végétaux implantés dans le plafond ou sur le talus. On se sert pour ce fauchage dans l'eau d'une faucille emmanchée d'une perche suffisamment longue, qui fait avec son croissant un angle d'environ 60 degrés (*fig.*126).La litière que fournissent ces plantes extraites de l'eau paiera presque toujours les 2/3 de la dépense, qui, du reste, est bien peu de chose si l'on emploie des ouvriers ayant l'habitude de ce travail. Elle est d'autant moindre qu'elle est plus souvent répétée.

Les autres instrumens le plus généralement employés pour les divers travaux d'entretien des desséchemens sont les suivans : les *écopes* (*fig.* 127 et 128), qui servent à nettoyer le fond des fossés des branchages, herbes, pierres, boues ou autres objets qui les obstruent ; le *coupe-gazon* (*fig.* 129), très-commode pour tailler et couper le gazon dans la confection des fossés ; différentes *bêches* en fer (*fig.* 130) ou en bois (*fig.* 131), pour travailler dans des terrains plus ou moins difficiles ; la bêche ou *louche des pionniers* (*fig.*132), instrument un peu concave, que les ouvriers préfèrent, en général, pour creuser les étangs et canaux, afin de jeter la terre à de grandes distances

Fig. 130.   127. 131. 128. 129.   132.

A. THIEBAULT.

B. Conservation des talus. Gazonnement.

La rapidité du courant que nous venons de recommander pour empêcher les envasemens a l'inconvénient d'attaquer les talus, d'occasioner des éboulemens, et par suite, bien souvent, des engorgemens qui empêchent la circulation de l'eau et causent des désastres.

Quand le sol a peu de consistance ou qu'il est très-sablonneux, les *éboulemens* ont lieu même à eau dormante. Si l'on n'a pas donné un talus très-doux aux berges, il faut le rendre tel, quand on peut, à l'aide d'un *recoupement;* sinon il faut gazonner ce talus, le complanter en osiers ou tamarix, et même le revêtir d'un pierré, si l'action du courant est trop forte.

Nous ne dirons rien ici des recoupemens non plus que des pierrés, il en est question autre part. Nous renverrons aussi au Tome IV ce qui concerne les plantations. Nous allons seulement dire deux mots sur le gazonnement. La première chose à faire, c'est de chercher un tapis de verdure formé par des espèces de plantes en harmonie avec le sol où l'on veut établir son gazonnement, de manière à ne pas placer des végétaux qui exigent un fond sablonneux sur un ter-

rain argileux, ceux qui redoutent l'humidité, dans l'eau, etc. On sent par conséquent qu'il faudra en outre, pour réussir complètement, considérer dans ce talus trois zones, chacune demandant trois espèces de gazon différentes. La première, constamment sous l'eau, ne devra être garnie que de joncs ou autres plantes aquatiques ; la seconde, tantôt sous l'eau, tantôt à sec, comportera des plantes analogues et, de plus, quelques graminées, quelques légumineuses ; la troisième enfin ne devra se gazonner qu'avec des végétaux qui ne craignent pas trop la sécheresse tels que ceux qui croissent le long des fossés qui longent les routes dans les prairies sèches, etc. — Le choix des gazons fait, il faudra commencer par régaler parfaitement les talus, afin de pouvoir y placer régulièrement les mottes par assises parallèles, comme un maçon place les pierres de taille ; on coupera ensuite des gazons égaux en longueur, largeur et épaisseur ; on les placera de manière que le supérieur porte sur deux inférieurs, et qu'il y ait le moins d'intervalle possible entre les joints ; on garnira même ces joints avec de la terre meuble, on battra le tout et l'on arrosera, si l'on peut. (On sent combien il importe de placer les gazons aussi fraîchement arrachés que possible, et point endommagés par le transport.) — D'habiles ouvriers acquièrent promptement l'habitude de faire des mottes sensiblement égales, à l'aide des instrumens ordinaires des terrassiers, mais il serait bien plus avantageux d'employer le double instrument inventé pour cet usage dans les Pays-Bas nommé *zoden-mes.* L'instrument (*fig.* 133) a la forme d'une lame courbe munie d'un anneau pour attacher une corde ; il est emmanché dans un bâton : il tranche par sa partie convexe ; l'instrument (*fig.*134) est en forme de croissant, muni comme l'autre d'un anneau, mais emmanché dans une douille. Ce croissant a de 28 à 30 centimètres de largeur.

Fig. 134.   Fig. 133.

Avec le premier instrument, on divise en petits carrés égaux d'environ 30 centimètres le terrain à dégazonner ; avec l'autre on détache ces carrés du sol en leur donnant l'épaisseur qu'on juge convenable (ordinairement de 7 à 8 centim.).Un homme tire l'instrument *fig.* 133, tandis qu'un autre le dirige, le maintient en terre et le fait trancher. Un autre homme vient ensuite, tirant par saccades l'instrument *fig.* 134 ; à chaque saccade il détache un gazon (comme on le voit en action dans la *fig.* 70, T. I, p. 117), que l'ouvrier placé par-derrière soulève et met de côté pour recommencer. J'ignore si cet instrument est connu en France ; il mériterait d'être propagé partout. Deux hommes coupent ainsi 400 mètres carrés de gazon par jour.

Un moyen qui me paraît avantageux pour conserver les digues dans les canaux à large dimension et à eau dormante, c'est celui qui a été employé sur le canal du Languedoc : une sorte de *brise-lame* en mottes de jonc (*Juncus acutus*), placé de 50 centimètres à 1 mètre en avant du talus. On dirait une bordure de jardin, tant elle est régulière et bien entretenue dans ce beau canal.

Nous ne parlerons pas ici des clayonnages et autres ouvrages analogues, quoique l'on soit obligé quelquefois d'y recourir pour la conservation des talus. Il en a été traité dans la section des *Endiguages*.

C. *Entretien et conservation des digues.*

Quand la terre des digues n'a pas une grande consistance, il convient d'empêcher les bestiaux de grande taille d'y passer jusqu'à ce qu'elles soient couvertes d'une végétation suffisante. On hâte ce moment par des ensemencemens et des plantations appropriées au terrain et au climat, quelquefois par des amendémens et des engrais, surtout par le parcage des bêtes à laine en temps opportun. Outre l'engrais, le parcage donne au sol un tassement précieux.

Souvent on a été obligé de revêtir les digues, en les construisant, d'un gazonnement, d'un *nattage*, d'un fascinage et même d'un pierré ; alors il importe plus que dans tout autre cas de veiller à ce que toutes les dégradations soient soigneusement réparées avant la saison des *sinistres*. Il faut en outre, en temps opportun, *mettre en magasin*, à portée des endroits les plus exposés, tous les outils et approvisionnemens qui peuvent être utiles au moment des accidens extraordinaires. Dans les polders des Pays-Bas, le long de l'Escaut, de la Meuse, du Rhin, du Zuiderzée, etc., on a toujours en réserve, auprès des digues, des magasins abondamment pourvus d'instrumens de terrassiers, de brouettes, de brancards, de piquets, de fascines, de clayons de roseaux, de paille, d'osier, et surtout de claies en bois toutes faites, analogues à celles qui forment les parcs des bergeries aux environs de Paris, mais plus légères. Ces claies sont extrêmement utiles lorsque surviennent les coups de mer. La digue est-elle entamée par le batillage ? on y applique une ou plusieurs claies que l'on fixe avec des piquets ou des clayons : c'est assez pour diminuer et souvent empêcher tout-à-fait les corrosions. Après la tempête, on enlève les claies et l'on fait un remblai recouvert d'un *nattage* ou d'un fascinage, selon l'opportunité. Se fait-il une rupture ? avant qu'elle s'agrandisse on place verticalement une claie en dehors, une autre en dedans ; l'on forme ainsi un encaissement qu'on remplit promptement en terre, et la rupture est fermée. Enfin, désire-t-on traverser un large fossé ou un canal pour aller chercher des matériaux ou pour tout autre besoin urgent ? on met deux ou trois poutres en travers du fossé, et sur ces poutres des claies qui font en quelques minutes un pont de service très-solide pour les

hommes, pour les animaux et même pour les petits chariots hollandais que j'ai vus y passer sans accident.

Ce qu'on ne saurait trop recommander, c'est de faire surveiller les digues par des *gardes champêtres cantonniers*, chargés de rétablir les portions endommagées par le bétail, de boucher les trous de renard, de lapin, et même ceux de taupes et de rats ; de réparer les moindres avaries ; d'empêcher tout dommage de la part des malveillans ou des maraudeurs ; d'avertir enfin les chefs de l'entreprise de tout ce qu'il leur importe de savoir pour la conservation, le perfectionnement ou la réparation des ouvrages confiés à leur surveillance.

Dans les Pays-Bas, on a de plus l'appui d'une législation sévère qui oblige tous les citoyens, sous les peines les plus graves, à se porter sur les points menacés au premier signal du danger.

D. *Entretien et réparation des ouvrages d'art.*

Dans un desséchement, il faut que toutes les parties soient toujours prêtes à fonctionner ; aussi doit-on tenir en bon état les ponts, les écluses, les vannes, et réparer sans délai les dégradations qui s'y manifestent ; faire remplacer soigneusement toutes les pièces qui dépérissent et qui ont éprouvé un dommage accidentel irréparable ; boucher tous les trous, mastiquer tous les joints de la maçonnerie ; repeindre à l'huile les bois et les fers ; graisser les serrures, les gonds, les charnières. Tous ces soins, en apparence dispendieux, produisent au bout du compte une économie considérable et assurent le service. Le garde cantonnier, plus spécialement chargé d'ouvrir et de fermer les écluses et les vannes, peut faire la plupart de ces réparations d'entretien.

II. *Moyen de pourvoir aux dépenses d'entretien.*

A. *Parti qu'on peut tirer des canaux pour l'irrigation, pour la navigation ou pour des usines.*

Il peut se faire que les canaux creusés pour dessécher soient d'un niveau convenable pour *arroser* et convertir en prairies des propriétés inférieures ; la vente de l'eau peut servir alors à payer une grande partie des frais de construction, à plus forte raison si ces propriétés inférieures appartiennent au dessiccateur. Il se peut aussi que ces eaux puissent servir à mettre en mouvement des *usines*. Le dessiccateur, avant de commencer, a dû calculer ces circonstances pour procéder de manière à en tirer le meilleur parti possible.

Le plus souvent l'eau a peu de pente ; alors il a dû s'efforcer de tracer ses canaux de desséchement de manière à ce qu'ils puissent servir à la *navigation*. Il est telle localité où cette combinaison peut rapporter l'intérêt de l'argent employé à leur construction. Si les canaux ne peuvent servir pour des étrangers, ils peuvent du moins être utilisés par le dessiccateur et faire un service important, lors même qu'ils sont fort étroits, tels que celui de Charleroi à Bruxelles, où des bateaux très-longs, mais larges seulement de 2 mètres, portent une immense quantité de marchandises. On connaît l'utilité des canaux de petite navigation dans certains comtés de l'Angleterre.

B. *Pécherie.*

Il sera aisé de disposer les canaux de manière à former une *pécherie* plus où moins lucrative, selon la masse plus ou moins grande et la qualité des eaux. Si elles ont beaucoup de rapidité, les truites, les écrevisses, etc., s'y multiplieront; si elles sont moins rapides et plus abondantes, les carpes, les anguilles, les brochets, les tanches, etc.; si elles sont tout-à-fait stagnantes, les mêmes espèces, mais bien moins bonnes. Enfin il n'est pas jusqu'aux eaux croupissantes et aux cloaques dont on ne puisse tirer parti en y faisant multiplier les sangsues, genre d'industrie que la médecine moderne a créé, mais qui n'est pas encore assez connu, quoiqu'on assure qu'il existe des personnes qui ont fait des bénéfices considérables en s'y adonnant. On cite entre autres les sœurs hospitalières d'une ville importante dont le nom m'échappe.

Je n'ai pas parlé des oies, des canards qui peuvent trouver une partie de leur nourriture dans l'eau; c'est un objet peu important, mais qui mérite considération.

C. *Végétation dans les canaux et sur les francs-bords.*

Quand les canaux ont peu de profondeur et que l'eau y reste stagnante, les poissons n'y réussissent pas très-bien, mais la végétation des *plantes marécageuses* qui s'y établit, fournit un produit assez important. Ce sont des roseaux (*Arundo phragmites*), ils peuvent être fanés et servir à l'alimentation du gros bétail en hiver, ou bien être conservés pour couvrir les habitations, pour natter les digues, etc. Si ce sont des carex, des souchets, des joncs, etc., ils peuvent être mangés en vert par les bêtes à cornes, ou plutôt être fauchés pour litière. Il est même quelques espèces de joncs qu'on peut employer à faire des nattes d'un effet très-agréable. On en voit de telles dans les salles à manger des Hollandais qui servent de tapis de pied.

Les *talus et les francs-bords* du canal se garniront aussi d'une végétation plus ou moins abondante, selon la plus ou moins grande fertilité du sol. Dans les Pays-Bas on fauche presque tous ces talus; on en retire ainsi un revenu assez considérable. Si on ne pouvait les faucher, on aurait du moins un pâturage abondant; mais il faudrait prendre garde que le piétinement du bétail n'occasionât des dégradations à ces talus et aux francs-bords.

D. *Plantations.*

Les francs-bords, les banquettes et les talus des canaux peuvent être rendus productifs par des *plantations* appropriées au terrain; mais, avant d'y procéder, il convient de bien reconnaître la qualité du sol, sa consistance, son niveau, son exposition; d'étudier le climat, les besoins locaux, l'emploi qu'on pourra trouver des produits; en un mot, de prendre note de toutes les circonstances dans lesquelles on va agir.

Si le canal doit servir à la navigation, il ne faut planter entre le chemin de halage et l'eau que des *osiers coupés rez de terre*, qui sont taillés tous les ans pour des liens de cercle, pour des paniers ou pour tout autre usage analogue. Encore risque-t-on de nuire à cette navigation quand le bief du canal est très-étroit, et de voir ces plantations dépérir si le halage a lieu fréquemment.

Je ne prétends pas faire à cet égard considération, je conseille de placer un rang d'osier au rez de l'eau, puis un second rang à un pied au-dessus, mais alternant avec celui d'au-dessous, de manière que la plante supérieure se trouve entre deux inférieures. Si l'on a un espace suffisant, on plantera au haut des talus un rang de *saule*, de *peuplier*, d'*aune*, ou de *frene*, selon qu'on le jugera convenable et selon l'emploi qu'on en prévoira. On pourra ensuite complanter les francs-bords, par-delà des banquettes, avec les espèces susceptibles d'y croître le mieux.

Je n'entrerai pas à cet égard dans des développemens plus étendus, on les trouvera dans d'autres parties de cet ouvrage. Seulement je ferai observer que, pour épargner la bourse des dessiccateurs, qui ont déjà tant de dépenses à supporter, on peut se borner à planter des *pourrettes d'ormes* et autres arbres analogues, au lieu de sujets tirés des pépinières, en supposant toutefois qu'il soit facile de les garantir de la dent du bétail. Un homme plantera, dans une terre meuble comme l'est celle des francs-bords d'un canal nouvellement creusé, jusqu'à cinq cents pourrettes par jour, et si les dessiccateurs ont semé eux-mêmes ces pourrettes, elles ne reviendront pas à plus de 2 ou 3 fr. le mille, de sorte qu'on peut à très-bon marché garnir ses canaux d'une multitude d'arbres. Je conseillerais de les mettre d'abord très-épais; on les éclaircit ensuite facilement et avec bénéfice en vendant les plants qu'on a de trop.

Avant de terminer ce paragraphe, je recommanderai la culture du *chéne en têtard* comme dans la Belgique. Il fournit un bois de chauffage de fort bonne qualité.

Je dois observer que, dans tout ce qui précède, j'ai supposé que le terrain n'était pas salé et l'eau non plus. Dans le cas contraire, il faudrait substituer à la plantation des arbres ci-dessus, celle des tamarix; aux gazonnemens en graminées, l'ensemencement et la transplantation des plantes alcalines, telles que le *Chenopodium fruticosum*, l'*Atriplex portalocoides*, etc.; aux cypéracés enfin, les plantations du *Juncus acutus*, le seul qui résiste bien, sinon à l'eau salée, du moins à l'eau saumâtre.

Il est entendu aussi qu'on choisira entre les diverses variétés d'*osier* et de *tamarix* celles qui réussissent le mieux et ont un meilleur débit. Parmi les osiers il y en a de plus propres aux cours d'eau rapides, d'autres aux cours paisibles, d'autres aux marais, d'autres aux lais de mer; il y en a qui sont préférés pour les corbeilles, d'autres pour la tonnellerie, d'autres pour le fagotage. Parmi les

Tamarix, l'*africana* est préférable dans les climats chauds, le *gallica* dans les climats tempérés, et le *germanica* dans les climats froids.

Je n'ai rien dit non plus de la culture du roseau à quenouille (*Arundo donax*), qui réussit très-bien dans les sables, sert à les fixer, et peut être utilement employé à faire des paniers très-solides, des *canisses* à vers à soie, des castellets de pêcheurs, etc.

Sur les bords du canal de Beaucaire on a planté, il y a peu d'années, des *mûriers* qui ont très-bien réussi. On y sème de la *luzerne*. On eût pu y cultiver avec profit les espèces de vigne qui sont propres à produire le vin de chaudière, ou introduire toute autre culture appropriée au sol.

On sent, par tout ce qui précède, qu'il faudrait des circonstances bien défavorables pour que les frais d'entretien des digues et des canaux ne fussent pas couverts par une bonne administration de leurs produits. La plupart du temps, si l'on sait en tirer parti, ils donneront un excédant imputable sur l'intérêt de l'argent qu'on y aura dépensé.

§ II. — Emploi du sol après le desséchement.

Observation préliminaire.

L'usage qu'on fera du terrain desséché dépendra, comme dans toutes les autres exploitations, du climat, du sol, des ouvriers qu'on pourra employer, des débouchés, etc. Nous n'entrerons dans aucun détail à cet égard, afin d'éviter des répétitions ; nous ne parlerons que des opérations spéciales et des modifications aux règles générales qu'exige ou que comporte l'état particulier de ces terrains.

Pour mettre de l'ordre dans nos idées, nous diviserons les sols desséchés en trois classes : 1° *sols endigués* contre les torrens, rivières ou fleuves ; 2° *sols goutteux, étangs et marais d'eau douce* ; 3° *lais et relais de la mer*. Dans chacune de ces classes nous considérerons : 1° les terrains complètement desséchés ; 2° ceux qui ne le sont qu'imparfaitement ; 3° enfin, ceux qui sont tout-à-fait abandonnés aux eaux.

I. *Sol garanti des crues de torrens, rivières et fleuves.*

A. *Lits de torrens et de rivières torrentielles endigués.*

Les torrens et les rivières qui en ont l'impétuosité ne laissent guère sur leur passage, dans les premières parties de leur route, que d'énormes cailloux et des blocs de rochers. Il est rare alors qu'on puisse les endiguer avec avantage ; mais lorsque, parvenus dans de larges vallées, ils ne déposent plus que des galets, du gravier et du sable, il peut être très-profitable de conquérir sur leur lit tout ce qui n'est pas indispensable pour contenir les fortes eaux.

Cependant, cette conquête une fois réalisée par un bon système d'endiguement, on se trouverait souvent n'avoir acquis qu'une plaine stérile, si le torrent lui-même ne fournissait le moyen de fertiliser le sol qu'on lui

a ravi. Il suffit pour cela de pratiquer, le long de la digue, des *déversoirs* disposés de telle sorte que les eaux de submersion n'arrivent qu'à reculons sur la plaine endiguée. Ce n'est plus du sable et du gravier qu'elles apportent alors, mais du limon. Ce résultat est d'autant plus assuré, que l'opération a été mieux combinée. Le moyen le plus sûr de l'obtenir est de construire, immédiatement en aval de chaque déversoir, une petite digue qui traverse la grève perpendiculairement au cours du torrent, de manière qu'elle retienne l'inondation, afin que, au lieu de dévaster le sol, elle forme autant de bassins à eau dormante qu'il y a d'intervalles entre deux digues. A chaque crue tous les bassins sont submergés, mais nullement engravés, le sable et le gravier restent dans le lit du torrent.

Souvent les eaux torrentielles n'arrivent pas assez fréquemment dans ces bassins pour produire un effet utile ; alors il convient de recourir au *terrement* (*warping* des Anglais), si on le peut sans trop de frais. Cette opération, peu connue en France, mais usitée dans quelques cantons de l'Allemagne, de l'Angleterre et de l'Italie, consiste à diriger un cours d'eau rapide sur le sol qu'on veut amender ainsi, et à faire charrier par cette eau la terre qu'on y jette à force de bras. (Voir ci-devant, pag. 132.)

Si par l'un ou l'autre de ces procédés l'on parvient à créer un sol susceptible de cultures régulières, cette grève se trouve assimilable aux terres ordinaires analogues nous n'en parlerons pas. Mais si on ne peut rien faire de semblable, on sera obligé de se contenter de la végétation qui convient aux sols de cailloux : la vigne, le mûrier, l'olivier, le figuier dans les contrées méridionales ; quelques autres espèces d'arbres fruitiers dans des climats moins heureux, et par tout pays des arbres forestiers de diverses espèces.

Il arrive souvent que l'endiguement n'est pas tellement complet, que le terrain ne soit sujet à être *submergé accidentellement*. Dans ce cas, il faudrait n'y cultiver que les espèces d'arbres qui ne craignent pas de pareils accidens, le bouleau, le frène, l'orme, le chêne, etc.

Si ce terrain est trop *fréquemment inondé*, soit par l'imperfection des travaux, soit par l'adoption d'un des systèmes d'atterrissement dont nous avons parlé tout-à-l'heure ; en attendant qu'on puisse y introduire des cultures ordinaires, il faudra le couvrir de peupliers de diverses espèces, de saules, d'aunes, de trembles, etc., qui, réussissant par boutures, coûtent très-peu de plantation, retiennent les eaux les font déposer, et augmentent, par la chute annuelle de leurs feuilles, la couche de bonne terre végétale. Leur rapide végétation permet d'ailleurs des coupes très-fréquentes et très-lucratives.

Quelquefois, l'endiguement fait, il se trouve des *fonds de cuve* qui, par les infiltrations affluentes ou par toute autre cause, se remplissent d'eau et ne peuvent être desséchées ; si l'on désespère de parvenir à les attérir ou si l'opération paraît trop dispendieuse, il faudra faire de ces fonds de cuv des réservoirs pour le poisson, y faire croî tre des végétaux aquatiques, ne fût-ce que du cresson, les entourer d'arbres, et, s'il est impossible d'en tirer un parti plus utile, tâcher d'en faire une pièce d'eau d'agrément.

Il est inutile que j'observe ici que les cultures devront être modifiées dans les divers cas selon la nature des alluvions, argileuses, calcaires, siliceuses ou mixtes, sur lesquelles on opère.

B. *Alluvions des fleuves et rivières à pente douce.*

L'endiguement des fleuves et rivières à pente douce donne des terrains presque toujours très-fertiles. Leur traitement, quand le desséchement a été complet, est trop connu pour que j'en parle ici. Je me bornerai à recommander de conserver à ces terrains, surtout dans les pays chauds, les moyens d'irrigation que les pentes peuvent fournir.

Lorsqu'après les travaux de desséchement on est encore exposé à des *inondations accidentelles,* le parti le plus sage c'est de faire en sorte que ces inondations enrichissent le sol au lieu de l'appauvrir, et pour cela de ralentir autant qu'on le peut par des haies transversales, des palissades et des plantations, le cours des eaux submergeantes, tout en adoptant un système de rigoles d'écoulement assez bien combiné pour qu'après l'inondation l'eau s'écoule le plus tôt possible. Les cultures qui conviennent le mieux dans cette circonstance sont celles qui craignent le moins ces accidens et celles dont les produits sont récoltés avant les crues.

On trouve en général plus commode et plus souvent avantageux de disposer les terrains de cette nature pour le *pâturage du gros bétail.* Il y aurait danger à y conduire les bêtes à laines.

Les fonds de cuve et les *terrains indessé-chables* qui restent quelquefois après les opérations de desséchement, ne peuvent guère être employés qu'à des pêcheries, s'ils ont beaucoup de profondeur; s'ils en ont peu, une végétation abondante et très-profitable peut s'y établir.

Les *terrains à moitié desséchés* peuvent devenir, selon le plus ou moins long séjour des eaux, des terres susceptibles d'être cultivées en céréales de printemps, en légumes, en plantes textiles, ou de toute autre manière, sinon être laissées, à l'état de pré marécageux ou de roselières, genre de propriété trop peu connu et sur lequel voici quelques détails.

Il existe dans le Midi et notamment à Bellegarde, département du Gard, de ces *roselières,* c'est-à-dire des espèces de prés palustres où domine le roseau (*Arundo phragmites*), et souvent une autre espèce (*Arundo egyptiaca*) dont la coupe annuelle se vend jusqu'à 150 fr. et 200 fr. par hectare, sans autres frais pour le propriétaire que la mise aux enchères. Ce sont des plaines fertiles inondées en hiver par l'eau du Rhône, et convenablement arrosées par submersion au printemps. Ces roseaux fournissent tout à la fois la nourriture et la litière aux mulets et aux chevaux qui labourent les beaux vignobles des environs. Cette nourriture suffit,

avec une médiocre quantité d'avoine, pour maintenir en bon état, durant les pénibles travaux de l'hiver, ces bêtes de labour. L'on a reconnu qu'avec ce régime ces animaux se portent toujours bien, malgré les rudes fatigues qu'on en exige. Cette nourriture est la plus saine, sinon la plus substantielle, qu'on connaisse.

II. *Sols goutteux, étangs et marais proprement dits.*

A. *Sols goutteux.*

Les *sols goutteux* ne peuvent être complètement assainis qu'autant que, par une tranchée creusée à l'entour jusqu'à la couche imperméable, on s'est emparé de toutes les eaux qui, des coteaux environnans, viennent former une sorte de lac entre deux terres, et dont le siphonnement fatigue la végétation des terrains qui le subissent.

Quand cette opération a complètement réussi, ces terrains rentrent dans la catégorie des sols superposés à une couche argileuse plus ou moins rapprochée de la surface; nous n'avons pas à nous en occuper spécialement ici. Mais, quand elle a échoué, on peut *couper la surface goutteuse par des fossés* parallèles très-rapprochés, pour planter sur le talus des aunes ou des saules qui réussissent fort bien, et, dans les espaces intermédiaires, des peupliers, des ormes, des bouleaux, etc. On se procure ainsi en peu de temps un revenu avantageux, et on change un sol nu et fangeux en un riant bosquet. L'aune et le saule se coupent tous les 4 ans, au rez de terre, et donnent une grande quantité de bourrées, de barres, etc. Les fossés doivent être dirigés dans le sens de la pente pour mieux égoutter, et pour qu'en réunissant les suintemens on puisse en former un réservoir d'eau, et, s'il y en a suffisamment, un étang. D'autres préfèrent pratiquer des tranchées, qu'on remplit de gravier ou de fascines, et qu'on couvre de terre, pour que le sol ne reste pas dépecé en lanières.

Parmi les terrains goutteux, les plus ingrats sont ceux que M. Bosc appelle *ulígineux;* ils sont tout à la fois goutteux et tourbeux; ce qui en a été dit (*Tome 1ᵉʳ, page* 37) nous dispense de nous en occuper ici.

Nous renvoyons ce qui concerne les *étangs proprement dits* à l'article qui les concerne. Nous nous bornerons à observer que ceux qui sont alternativement cultivés pendant 2 ou 3 ans consécutifs, submergés ensuite, et empoissonnés pendant un pareil nombre d'années, donnent un excellent revenu, mais qu'on ne peut pas toujours réunir les conditions nécessaires pour adopter cette espèce d'assolement, un des plus avantageux qu'on connaisse.

Les *étangs,* s'ils n'ont pas une grande profondeur, *peuvent nourrir plusieurs espèces de végétaux* d'un bon produit, tels que le roseau dont nous avons déjà parlé; le *Scirpus lacustris,* qui fournit pendant sa végétation une abondante litière, et dont les racines, après le desséchement, présentent aux cochons une nourriture tellement attrayante pour eux que ceux qui les gardent ont bien de la peine à les empêcher de s'échapper pour aller fouiller la terre qu'ils savent en contenir et bouleverser les céréales qui y sont ensemencées; je citerai encore le fenouil d'eau (*Phellandrium aquaticum*), que les vaches mangent volontiers, ainsi que la brouille (*Festuca fluitans*) (1); enfin diverses espèces de souchets et de joncs, parmi lesquelles plusieurs peuvent alimenter le bétail, toutes fournir de la litière, quelques-unes servir dans les arts pour faire des nattes ou des paillassons, garnir des chaises, etc.

Nous ne pouvons entrer dans des détails circonstanciés sur le meilleur système d'administration de ces terrains, non plus que sur les précautions sanitaires les plus importantes; cela nous mènerait trop loin.

B. *Marais proprement dits.*

Les marais peuvent être de diverses nature : argileux, sablonneux, calcaires, mixtes ou tourbeux. Nous n'avons à nous occuper ici que des terrains de la dernière espèce; les autres, une fois desséchés, rentrent dans l'ordre des cultures ordinaires, avec cette modification, toutefois, que les détritus végétaux dont ils sont couverts *conservent une certaine acidité* qui tromperait les espérances de l'agriculteur s'il avait pu penser que ces détritus fussent un humus de la même nature que celui des bois ou prés desséchés. Les engrais calcaires, quelques autres agens physiques et chimiques sagement et économiquement employés, pourront diminuer et même faire disparaître à la longue cette acidité que leur état prolongé de submersion leur a fait contracter.

Mais si le *sol* est *tout-à-fait tourbeux*, ce n'est qu'à la longue et par un traitement approprié à sa nature qu'il peut être rendu apte à nourrir un petit nombre de végétaux d'abord, et devenir ensuite une le temps susceptible des plus riches cultures, la luzerne, la garance, la betterave.

Lorsque sous la couche tourbeuse on trouve de la bonne terre, ce qu'il y a de mieux à faire c'est d'exploiter la tourbe pour alimenter les foyers ou les usines du voisinage, s'il y a une consommation suffisante. On connaît les procédés d'extraction, la fabrication des mottes, etc., nous n'en parlerons pas, mais nous devons mentionner le *procédé pour carboniser la tourbe* introduit dans les marais de Bourgoin par le général Evain, aujourd'hui ministre de la guerre en Belgique, alors employé de M. Lapierre, adjudicataire de ces marais. C'est une sorte d'alambic à l'aide duquel on sépare, de la tourbe par la distillation, la partie bitumineuse, et l'on convertit le surplus en morceaux de charbons propres à être employés dans les fabriques d'acier, comme le goudron obtenu peut l'être dans la marine. Il existe aux environs de Paris (à Croï) un grand établissement où ce procédé est, dit-on, en pleine activité. (Voir le livre des *Arts agricoles*, où cet objet sera traité dans un article spécial.)

Comme on n'a pas toujours à sa portée une ville où le besoin de combustibles fasse rechercher la tourbe, et comme d'ailleurs, même dans ce cas, il serait la plupart du temps trop long d'attendre la consommation de toute la couche tourbeuse pour tirer du sol un produit agricole, il faut tâcher de *faire croître une végétation avantageuse* sur ces tourbes elles-mêmes. Le plus simple de tous les moyens, c'est de les rendre à l'état marécageux; mais, outre que le produit des marais est bien mince, ce serait perpétuer des foyers d'infection. Il vaut mieux, quand on est convenablement placé pour cela, recourir au moyen employé par les Hollandais dans plusieurs de leurs principaux *polders*. Le sol est divisé par de larges fossés en lanières étroites et longues, légèrement relevées en ados sur le milieu. Chacune de ces lanières reçoit au printemps et jusqu'à l'automne le nombre de bœufs ou de vaches qu'elle peut nourrir; ces animaux n'en sortent ni nuit ni jour, ils se gardent seuls, grâce à la largeur des fossés dont le fond vaseux est un obstacle suffisant pour les vaches de ce pays naturellement paresseuses et sédentaires, accoutumées d'ailleurs par des corrections et des entraves à ne pas sortir de leurs *domaines* respectifs, où du reste elles se trouvent trop bien pour tenter fortune ailleurs. Chacune de ces lanières contient de 3 à 4 et jusqu'à 7 et 8 vaches, d'après son étendue et d'après la plus ou moins grande abondance et la qualité de l'herbe. Les propriétaires soigneux font *épargir* fréquemment la fiente de ces animaux, afin qu'il ne se forme pas d'inégalités et que le sol soit uniformément amendé partout; ils font aussi arracher les chardons avec un *échardonnoir*, espèce de grandes tenailles en bois, très-commode pour cet objet (*fig.* 135).

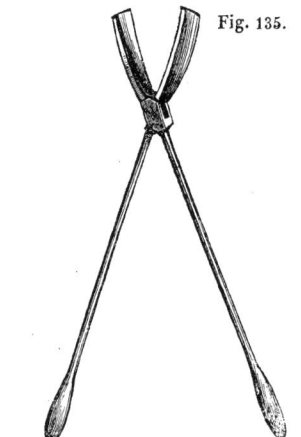

Fig. 135.

---

(1) « Un étang *brouilleux* de 6 hectares et demi peut nourrir parfaitement 40 têtes de gros bétail » depuis le commencement du printemps jusqu'au milieu du mois de mai, et depuis la fin d'août jus- » qu'aux premiers froids. Au milieu de l'été les feuilles continuent à tapisser la surface des eaux, mais » le bétail a cessé d'en être avide. » (*Statistique de l'Ain*, p. 536.)

Pour conserver à ces pâturages toute l'activité de leur végétation, ils ont soin de *tenir les fossés pleins d'eau* pendant l'été, afin que la surface intermédiaire reçoive une humidité convenable par l'infiltration et l'ascension capillaire de cette eau. En hiver ils les couvrent d'une forte couche d'eau fertilisante, s'ils en ont à leur portée, d'abord à cause de l'engrais que ces eaux charrient, en second lieu pour que leur poids tasse le gazon et la terre naturellement trop spongieuse de ces pâturages. Ils ont soin de renouveler ces eaux ou du moins de les rafraîchir le plus souvent qu'ils peuvent. Ils obtiennent par tous ces soins des pâturages magnifiques et d'un très-bon produit.

Quand on n'a pas le moyen d'entretenir durant l'été l'humidité nécessaire à la végétation de ces pâturages, et qu'on en est réduit à chercher à *tirer parti de ces sols tourbeux complètement desséchés*, il faut tâcher d'abord d'amender une couche plus ou moins épaisse de la surface, afin de la rendre propre à la production. L'écobuage poussé jusqu'à la conversion en cendres d'une couche assez considérable du sol, est un des moyens les plus efficaces, surtout si l'on peut ensuite recouvrir la surface brûlée d'une quantité de terre forte capable de donner une certaine consistance à ces cendres. Mais c'est souvent fort difficile et toujours très-dispendieux, à moins que la couche de tourbe soit peu épaisse et qu'on puisse, avec une forte charrue, aller puiser cette bonne terre à la couche inférieure pour la mettre au-dessus. Je ne parle pas du cas où l'on serait placé convenablement pour introduire des eaux troubles, naturelles ou *artificielles* (*warping*); ce serait sans contredit le procédé le meilleur et le plus économique.

L'avoine est la première céréale qu'on puisse cultiver dans les tourbes amendées; en général, celle de mars ou d'avril convient mieux que celle d'automne, lors même qu'on n'aurait rien à craindre des inondations; cette nature de terre étant très-spongieuse, les gelées la soulèvent et arrachent la plante. Un agriculteur praticien (M. CA-BAIL), qui a fait construire une belle ferme sur les marais tourbeux de Bourgoin, dans les environs de la Volpilière, m'a montré de belles avoines qu'il récoltait pour la 15ᵉ fois sans interruption sur le même terrain, m'assurant qu'il y mettait fort peu d'engrais, et que chaque année la terre s'amendait par le seul effet de la culture prolongée, et donnait de cette même céréale un produit de plus en plus considérable (jusqu'à 30 pour un). Il cultive aussi avec quelque succès dans ces tourbes, du ray-grass d'Italie, des pommes-de-terre, du chanvre, des betteraves, des haricots, des betteraves et diverses plantes potagères. Dans les terrains environnans de même nature, mais un peu plus améliorés, on sème de la fenasse, du trèfle, de la lupuline, etc. Les simples cultivateurs du village de la Volpilière cultivent dans leurs petits héritages des plantes potagères qui réussissent très-bien et deviennent superbes (1).

Je n'y ai pas vu de *sarrasin*, quoiqu'on le cultive dans tous les environs. C'est cependant la principale culture des terres de bruyères et des tourbières desséchées de la Frise et de l'Over-Issel; là, non seulement on emploie son grain aux usages ordinaires, mais on utilise la fleur pour l'alimentation des abeilles. Chaque année, au printemps, les ruches, au sortir des champs de colza où elles sont portées pendant la floraison de cette crucifère, sont placées au milieu des sarrasins d'où elles vont compléter leurs approvisionnemens dans les bruyères en fleur, où on les transporte avant de les rentrer dans leurs quartiers d'hiver.

La *préparation qu'on fait subir aux tourbes* dans la Hollande pour les mettre en culture, consiste surtout dans l'écobuage; après quoi l'on sème de la supergule ou du sarrasin, si l'on manque d'engrais, des pommes-de-terre si l'on en a, et quelquefois de l'avoine, du trèfle, etc.; mais, lorsque le sol est trop tourbeux, on l'abandonne, après une ou deux récoltes, à la végétation des plantes sauvages. On va écobuer un autre morceau, et l'on ne revient au premier qu'après un laps de temps assez considérable.

On connaît la fertilité du *comtat Venaissin*, ses belles cultures, ses magnifiques garancières, etc. Eh bien! la majeure partie était autrefois marécages, et des sols aujourd'hui d'un produit immense, dont l'hectare s'est vendu pour planter la garance ju u' 6,000 francs, ne sont que des terrains tourbeux autrefois, fertilisés peu-à-peu. C'est le cas des environs d'Avignon et d'une bonne partie du territoire de la commune appelée le Tor et de plusieurs autres.

III. *Lais et relais de la mer.*

Les lais et relais de la mer sont de diverses natures: les dunes et terrains sablonneux qui en dérivent; les sols d'alluvion des embouchures des fleuves; les salans, autrement dits salobres ou sansouires; enfin les tangues ou alluvions boueuses de la mer.

A. *Dunes et sols sablonneux qui en dérivent.*

Les *dunes* une fois fixées par les travaux dont il est question à l'article dessèchement et à celui des sols sablonneux, il reste à en tirer le meilleur parti possible. Nous n'en voyons d'autre que les plantations en chêne-liège dans les climats qui lui conviennent, en pins et autres arbres résineux dans la plupart des localités. Cependant, quand on est assuré des débouchés, on peut y introduire diverses cultures, même des cultures de jardin; celle des asperges, par exemple, qui viennent très-bien et sont très-hâtives dans les sables de mer sortis depuis peu du sein de l'eau.

Un objet surtout me paraît mériter de

(1) J'ai cité de préférence les marais de Bourgoin parce que la compagnie qui les a desséchés, faute d'avoir suffisamment connu les moyens de tirer parti des tourbes, a fait d'énormes pertes, tandis qu'elle aurait pu faire des bénéfices convenables. Du reste, elle a fait la fortune de toutes les communes environnantes en les assainissant.

fixer toute l'attention du spéculateur agricole, c'est la masse d'eau douce que les dunes recèlent bien souvent. Elle est telle qu'en certains endroits elle peut donner lieu à des cours d'eau très-importans pour l'agriculture (comme aux environs de Katwik près de Leyde), et presque toujours alimenter des canaux de navigation, du moins sur les côtes de l'Océan.

Derrière les dunes on trouve des terres sablonneuses qui prennent le nom de *landes* lorsqu'elles ne sont pas cultivées ni en apparence cultivables. Nous ne devons pas nous étendre ici sur cette matière qui à elle seule exigerait un traité spécial, non plus que sur la culture des sols plus ou moins sablonneux qui leur sont contigus (voir ci-devant, p. 32).

B. *Terrains d'alluvions, schores et polders.*

La plupart des lais de mer sont dus aux fleuves qui, exhaussant peu-à-peu le fond de la mer par leurs dépôts successifs, ont fini par ajouter au continent de nouvelles surfaces, d'abord presque toujours submergées, puis au-dessus du niveau de l'étiage, enfin au-dessus des marées ordinaires. Parvenues à ce dernier point, si elles reçoivent beaucoup plus souvent les inondations du fleuve que celles de la mer, et si les eaux salées n'y séjournent pas après leur invasion, il s'y établit une abondante, une riche végétation dont on peut tirer un grand parti pour toute espèce de cultures; c'est ce qu'on appelle *schores* dans la Flandre. Dans le cas contraire, il faut, avant de les cultiver, un traitement particulier, dont nous parlerons tout-à-l'heure.

Dans les Pays-Bas et particulièrement vers les bouches de l'Escaut, on considère un *schore* comme parvenu à *son point de maturité* pour être converti en polder, lorsque la végétation des roseaux et autres plantes amphibies (qu'on me passe l'expression), est assez riche et établie depuis assez long-temps pour qu'il se soit formé une couche d'humus abondante au-dessus des attérissemens; alors seulement on l'endigue et il prend le nom de *polder*.

Les *premières récoltes dans les schores* endigués sur les bords de l'Escaut, réussissent si bien, que des Hollandais accourent dès qu'il y a un endiguement achevé, font à leurs frais le défrichement, et donnent jusqu'à trois et quatre cents francs de loyer par hectare pour les premières années. Ils y sèment du lin et réalisent, à ce qu'il paraît, d'énormes bénéfices lorsqu'il réussit. Quelques propriétaires préfèrent exploiter pour leur compte cette première fertilité. Ordinairement ils sèment du colza deux années de suite, ils prétendent avoir encore plus de profit qu'en cédant aux Hollandais. Après les premières récoltes, les schores entrent dans la catégorie des meilleures terres à froment et à fourrage, selon la nature du sol. Nous n'en parlerons pas davantage ici.

Il existe quelquefois dans les schores des *terrains situés* de manière à ce qu'on ne puisse empêcher complètement les eaux pluviales des portions plus élevées de s'y rendre; d'autres qui sont inondées par le siphonne-

ment des eaux intérieures, ou bien par des submersions du fleuve. Ces terrains convenablement traités peuvent former d'excellentes roselières, ou bien nourrir diverses plantes marécageuses, parmi lesquelles nous indiquerons particulièrement les *Typha*, à cause de leur fibre éminemment propre à la fabrication du papier, qu'on exploite sous ce rapport aux environs de Fox (Bouches-du-Rhône).

Dans les *endroits submergés* durant toute l'année, on aura une pêcherie abondante. On pourrait peut-être aussi y nourrir avec profit des tortues d'eau douce, si rares aujourd'hui, et cependant si recherchées par les médecins. Ces sortes de marécages leur conviennent parfaitement. Les marais d'Arles en nourrissaient beaucoup avant que la médecine leur eût fait une chasse si acharnée. Il n'y en a plus maintenant.

C. *Salans, salobres ou sansouires.*

Nous ne pouvons ici qu'effleurer les questions au risque d'omettre souvent des choses essentielles; nous nous bornerons en conséquence à dire que *lorsqu'on dispose,* au moins par intervalles, *d'un cours d'eau supérieur* aux terrains salans, ce qu'il y a de mieux pour leur amélioration, c'est de les submerger et arroser le plus souvent qu'on peut, jusqu'à ce que la végétation, triomphant de la salure, ait *converti ces sansouires en schores artificiels* qu'on traite ensuite comme les schores ordinaires, sauf l'attention de ne donner qu'avec précaution des cultures profondes, de crainte d'amener au-dessus la terre infertile.

D'autres personnes conseillent de cultiver ces sols, puis de les submerger; aussitôt après d'évacuer les eaux chargées de sels qu'elles auront dissous puis de les cultiver de nouveau; de les submerger encore, et ainsi de suite jusqu'à ce que l'on puisse les semer avec confiance. Cette méthode, peut-être plus expéditive, n'est pas aussi sûre que la première, car l'humus se dissout et s'en va avec l'eau, tandis que par le premier procédé il s'accroît sans cesse.

Bien souvent après l'endiguement des salans *on n'a pas d'eau fluviale ou torrentielle* à portée pour faire cette opération. Alors on a encore le choix entre deux des méthodes analogues. La première consiste à *diviser la surface en petits carrés* par de petits fossés ou de forts sillons de charrue, dont les déblais retiennent l'eau pluviale et l'obligent à séjourner à l'endroit même où elle est tombée. Elle y fait croître peu-à-peu des végétaux qui à la longue forment une couche d'humus superposée au salant susceptible de donner d'abondantes récoltes. Par la seconde on *cultive la terre à grosses glèbes,* qu'on laisse ainsi sans les briser pour faciliter le lavage de la couche superficielle où doit s'établir la culture; on ne permet jamais à la terre de se tasser, tant qu'elle n'est pas couverte par une végétation suffisante; car le soleil, en pompant l'humidité supérieure, ferait remonter avec l'eau, par l'effet de l'attraction capillaire, les sels qu'on s'était efforcé de faire descendre par l'infiltration de l'eau fluviale à travers la terre ameublie.

Les plantes cultivées ou non, qui croissent dans les salans, donnent des produits moins abondans, mais de bien meilleure qualité que ceux des autres natures de terrains. Les animaux qui s'y nourrissent (tels que les moutons de prés salés) y sont de bien meilleur goût, la race ovine n'y est pas sujette à la pourriture, elle est plus robuste, sa laine est plus nerveuse.

Je devrais peut-être parler ici de la culture de quelques plantes particulières aux terrains salés, les *Salicornia*, les *Salsola*, etc.; mais la valeur de ces produits est descendue si bas depuis qu'on fabrique de la soude avec le sel marin, qu'on ne peut conseiller de les ensemencer, quoique ce soit le genre de plante qui s'accommode le mieux de la salure du sol.

Nous avons déjà parlé du *tamarix;* on ne saurait trop multiplier les arbres de cette espèce; ils amendent peu-à-peu le sol, donnent un combustible d'autant plus précieux que ce sont les seuls qui y croissent, et leurs cendres contiennent une telle quantité de sulfate de soude et autres sels, qu'on les lessiverait avec avantage si l'on en brûlait une assez grande quantité. D'ailleurs, il suffit, pour avoir un tamarin, d'enfoncer en terre, en temps opportun, une cheville de ce bois.

Les *parties indesséchables* peuvent devenir de bonnes pêcheries si on leur a ménagé une communication facile avec un fleuve ou avec la mer. Dans le premier cas, elles sont en même temps converties en excellentes *roselières*, dans le second on pourrait essayer avec profit d'y nourrir des huîtres et autres testacés. Mais il serait plus profitable d'y faire des *salines*, si la nature du sol le comportait et si l'on avait un débouché assuré pour le sel.

Il a été question dans le chap. des amendemens des *tangues ou alluvions des bords de la mer (Tome 1ᵉʳ, page* 76). On a vu que sur les côtes de l'ouest, où il y a beaucoup de lais de mer de cette nature, elles sont d'une prodigieuse fertilité, et qu'on transporte avec succès cette substance pour l'amendement des terres voisines.

Conclusion.

J'ai dû abréger ce chapitre, parce que le temps et l'espace me manquaient. Il n'est pas de paragraphe qui n'eût comporté de plus longs développemens, et cependant j'ai omis plusieurs objets importans qui eussent pu faire la matière d'autres paragraphes: tels que les précautions sanitaires à prendre pendant et après l'opération du desséchement; la manière d'attirer la population nécessaire à la culture des terrains desséchés; la division en fermes, la colonisation, l'amodiation, et enfin les ventes pour réaliser des bénéfices. La plupart de ces sujets seront traités dans le livre consacré à l'*Administration rurale.*

Je crois cependant m'être assez étendu pour engager les bons esprits à étudier à fond cette matière, et pour montrer aux personnes prévenues contre les travaux de desséchement, qu'il est peu d'entreprises présentant autant de chances de succès à ceux qui savent les diriger convenablement, puisqu'il n'est point de terrain submergé, si mauvais qu'il soit, desséchable ou non, dont l'industrie éclairée d'un habile entrepreneur ne puisse tirer des produits importans; encore n'ai-je fouillé qu'avec réserve dans mes notes, et surtout dans celles que j'ai recueillies pour le *Voyage en Hollande* que je me propose de publier.   Baron DE RIVIÈRE.

SECTION V. — *Des calculs qui doivent précéder les opérations agricoles.*

Quelle que soit l'étendue des opérations auxquelles on se livre pour améliorer l'état des terres et les rendre cultivables, qu'on les limite à des portions restreintes de ses propriétés, ou qu'on en fasse l'objet de vastes entreprises, il est très-essentiel, avant de s'y engager, d'en *calculer approximativement les résultats*, afin de constater d'abord si l'opération sera définitivement profitable, et ensuite de s'assurer de la somme nécessaire pour la mener à bonne fin.

D'accord en cela avec la marche tracée par la loi du 16 septembre 1807, qui régit cette matière pour les entreprises faites sur les terrains qui sont la propriété d'autrui, nous dirons que la première chose à faire est de fixer exactement la *valeur du sol avant l'opération* : la cote des contributions, l'estimation cadastrale, l'enquête faite auprès des habitans du lieu, l'examen du sol et de ses produits, permettront d'assigner sa véritable valeur à chaque parcelle dont l'état doit être modifié par suite de l'opération projetée.

Lorsqu'on n'est pas propriétaire et maître du terrain, cette estimation primitive, base des opérations, doit être rendue publique avec le plan parcellaire et les projets d'exécution, afin d'être contrôlée et contestée, s'il y a lieu, par les intéressés, et enfin arrêtée après cet examen par des experts. Dans le cas contraire elle n'est pas moins indispensable, puisque c'est elle qui doit décider l'exécution ou l'abandon de l'entreprise.

Le 2ᵉ point à considérer est le *montant des dépenses de l'opération*, ce qui suppose l'exacte connaissance des travaux à exécuter, et par conséquent un plan préliminaire bien arrêté et un devis détaillé de ces travaux. Il a déjà été dit que, relativement aux travaux d'art, il est le plus souvent nécessaire, pour ces plans et devis, comme pour la surveillance de l'exécution, d'avoir recours aux ingénieurs et architectes. Presque tous les autres travaux se résolvent en main-d'œuvre, qu'il est assez facile de calculer à l'avance. Ainsi, lorsqu'on a déterminé si un défrichement s'opèrera à bras d'hommes ou à la charrue, et qu'on s'est bien rendu compte des obstacles; lorsque dans un écobuage on a fixé l'épaisseur des couches de gazon à enlever, la forme des fours à incinérer, etc.; quand, pour un endiguement ou un desséchement, on sait quels canaux, quels fossés ouverts ou couverts, quels sondages il faut ouvrir, ou bien à quelle élévation, à quelle distance il faut conduire les eaux affluentes ou surabondantes, etc., on doit, avant de mettre la main à l'œuvre, réduire toutes ces opérations en journées de travail, et, d'après le prix de cette journée dans le pays, calculer la somme totale qu'il faudra débourser pour terminer l'opération. Au moyen de quelques mesures ou même d'opérations partielles faites çà et là à titre d'essais, il sera facile de trouver le cube des terres à déblayer ou remblayer, et de mesurer également chacune des autres opérations ; on pourra dès-lors les adjuger à de sous-entrepreneurs ou à des maîtres ouvriers, moyennant un prix à forfait ou par tâches à tant du mètre cube, ou du mètre courant, modes qui sont ordinairement très-préférables à l'emploi d'ouvriers à la journée. En raison des difficultés du travail, on sait bien ce que peut faire par jour un ouvrier ordinaire : on calcule d'après cela combien il faudra de journées pour l'exécution de tous les travaux, et l'on a ainsi le montant total des dépenses.

La facilité ou la difficulté de ces opérations, le nombre d'ouvriers dont on peut disposer, et diverses autres considérations, règlent la *durée du temps* dans lequel on présume pouvoir achever l'entreprise. Ce temps, qu'il est en soi-même intéressant de connaître, importe aussi pour le calcul des dépenses ; car on ne peut négliger, dans ces opérations qui ont souvent une longue durée, de tenir compte des intérêts des capitaux employés à l'exécution des travaux des premières années, et même quelquefois des travaux préliminaires.—On pourra souvent d'un autre côté en défalquer, ou porter en ligne de compte, les recettes présumées à provenir des produits qu'on pourra obtenir des terrains soumis les premiers à l'amélioration projetée.

Lorsqu'on a les connaissances agricoles nécessaires, on jugera fort bien d'avance quels seront sur le terrain les effets de l'opération, et à quelles cultures productives il sera devenu propre après leur achèvement. On fixera d'après cela quelle *valeur nouvelle sera donnée au sol*, et on verra si cette nouvelle valeur est supérieure à la valeur primitive du sol, augmentée du coût de tous les travaux, des intérêts des capitaux, en un mot des frais de tout genre de l'opération, et enfin d'un légitime bénéfice, sans l'espérance duquel il serait imprudent de tenter une entreprise quelconque. — L'estimation des terrains avant et après l'opération, détermine donc la *plus-value définitive* qui est le résultat des travaux entrepris. C'est cette plus-value dont le partage entre les propriétaires du sol et les entrepreneurs est fixé dans l'acte de concession pour les opérations dans lesquelles intervient l'autorité publique ; c'est pour la débattre que les uns et les autres

sont presque toujours en désaccord, et que chacun, dans l'espoir de faire prévaloir ses prétentions, engage souvent des procès qui causent la ruine des meilleures entreprises. C'est pour cette raison que les entrepreneurs de ces grands et utiles travaux reculent quelquefois devant ceux qui doivent être les plus fructueux, lorsqu'ils ne peuvent pas, par des transactions préliminaires, statuer d'avance et invariablement sur les droits et les prétentions de tous les intéressés, de manière à éviter les embarras, les ennuis et les pertes souvent leur apporter en récompense de leurs soins et de leurs risques.

Quoi qu'il en soit, faisons remarquer, particulièrement pour les propriétaires qui exécutent les opérations d'amélioration qui nous occupent, sur leur propre terrain, que, pour bien apprécier la plus-value d'un terrain amélioré, il ne faut pas seulement considérer sa *valeur vénale nouvelle après l'opération*, valeur qui souvent, par suite des préjugés ou de l'ignorance des habitans, par suite de l'étendue des terrains améliorés et du défaut d'acheteurs, serait fort peu considérable ; mais qu'il faut prendre en principale considération la *capacité acquise au sol pour des cultures productives*. — D'où l'on voit que dans les grandes entreprises de ce genre, la *mise en culture* est une conséquence presque toujours nécessaire de l'opération qui a pour but de rendre les terrains cultivables, et que sans elle le succès définitif pourrait souvent être gravement compromis.

Ici se présente donc une nouvelle série de *calculs purement agricoles*, dont les résultats devront aussi puissamment influer sur la détermination à prendre pour entreprendre une opération de ce genre. Quels produits le sol pourra-t-il donner, et quels travaux seront nécessaires pour les obtenir ? par quelles mains l'exploitation pourra-t-elle en être faite ? quels débouchés trouveront ces produits souvent nouveaux dans la contrée où l'on va les faire naître ? quelle sera leur valeur en raison de ces circonstances et des moyens de transport ? Toutes ces questions et beaucoup d'autres, lorsqu'on leur aura d'avance préparé des solutions, feront juger si l'amélioration projetée, profitable dans tel lieu et telles circonstances, ne peut pas être nulle ou onéreuse dans la position où l'on se trouve placé, et par conséquent elles la feront embrasser avec ardeur ou rejeter pour des temps où les circonstances seront devenues plus favorables.

C. B. de M.

CHAPITRE VI. — DES FAÇONS GÉNÉRALES A DONNER AU SOL.

SECTION Iʳᵉ. — *Des Labours.*

Rien peut-être n'indique mieux l'état prospère de l'agriculture d'une contrée, que la perfection avec laquelle on y pratique les labours.—Le sol le mieux amendé, le plus riche-

chement fumé, répondrait fort mal aux espérances du cultivateur, s'il n'était convenablement façonné pour recevoir les semences qui lui seront confiées. Aussi des agronomes tels que TULL et DUHAMEL ont ils pu considérer *le labourage* comme la prin-

cipale et presque la seule source de fécondité de la terre. — Pour se faire une juste idée de son importance, il faut, remontant jusqu'aux premiers élémens de la science agricole, se rappeler le grand rôle des gaz atmosphériques dans l'acte de la nutrition des végétaux. — Les terres les plus riches en matières organiques, comme les tourbes, les vases retitirées d'étangs, de mares nouvellement desséchées, etc.; celles de diverses natures qui se trouvent à une certaine profondeur en sous-sol, telles que les tufs, les marnes, les argiles, etc., etc., lorsqu'on les ramène à la surface, restent improductives tant qu'elles n'ont pas été plus ou moins long-temps exposées au contact de l'air, de sorte que la croûte la plus superficielle du globe réunit seule les conditions nécessaires à la végétation.

Les labours n'ont donc pas pour unique but de détruire les mauvaises herbes; de faciliter l'extension des racines et le développement des minces chevelus dont les nombreuses extrémités reçoivent par imbibition les sucs nutritifs épandus autour d'elles; — de mélanger les engrais superficiels dans toute la masse de la couche végétale; — d'aider à l'égale répartition de la chaleur atmosphérique et de l'humidité des pluies; — de mettre les matières solubles ou fermentescibles dans les circonstances les plus favorables à leur dissolution dans l'eau ou à leur décomposition au moyen de l'oxigène de l'air : —Ils ont encore la propriété, et ce n'est pas, dans maintes circonstances, leur moindre avantage, en divisant la terre, en la rendant plus poreuse, et en exposant un plus grand nombre de points de sa surface au contact de l'atmosphère, d'augmenter mécaniquement et peut-être chimiquement sa capacité pour les fluides fécondans, sans lesquels il n'est point de végétation. — D'après cela, quoique les labours ne puissent suppléer complètement aux engrais, comme l'ont avancé, dans leur préoccupation, les hommes célèbres que je viens de citer, on ne peut se refuser à croire qu'ils ajoutent en quelque sorte à leur masse aussi bien qu'à leurs effets, et, ce qui le prouverait, c'est que, s'il est démontré que, toutes choses égales d'ailleurs, les terres les plus absorbantes des gaz sont les plus fertiles, il l'est également que les champs les mieux labourés contiennent le plus d'air. Ce n'est donc pas sans raison que le cultivateur le moins instruit des causes naturelles voit d'un œil d'espérance ses guérets nouvellement retournés baignés, aux approches des semailles, par les épais brouillards d'automne chargés de leurs fétides émanations; qu'il croit à la puissance fécondante des rosées ; et qu'il est persuadé qu'en remuant le sol au pied de ses jeunes arbres, il porte de la nourriture à leurs racines.

D'après ce qui précède, on voit déjà que *les principales conditions d'un bon labour,* c'est que la terre soit suffisamment ameublie et que les parties soulevées par le soc au fond de la raie soient non seulement déplacées, mais ramenées à la surface, tandis que celles de la surface sont au contraire entraînées au fond du sillon. De là l'immense différence entre le travail d'une charrue avec ou sans

versoir; de là aussi la perfection plus grande des labours faits à la main, toutes les fois que l'ouvrier veut se donner la peine de remplir cette double condition.

Les diverses opérations qui ont pour but de fendre et de remuer la terre sont, à vrai dire, des labours. Toutefois nous traiterons exclusivement ici de ceux qui doivent précéder les semailles, nous réservant de parler des autres, en nous occupant, après les travaux de préparation, de ceux d'entretien des cultures.

Lorsque le sol a été débarrassé par le défrichement des obstacles divers qui pouvaient s'opposer à sa mise en culture; lorsqu'après une récolte il doit être préparé pour une récolte nouvelle, le premier soin de l'agriculteur est de l'ouvrir, sa première attention de proportionner la profondeur du travail à la végétation particulière des végétaux qu'il veut lui confier.

Tantôt les labours ne ramènent à la surface que la terre qui a été précédemment remuée; — tantôt ils atteignent le sous-sol. Dans ce dernier cas ils prennent le nom de défoncemens.

ARTICLE 1ᵉʳ. — *Des défoncemens.*

Les labours de défoncement ont en général de grands avantages; cependant, comme toutes les bonnes pratiques, ils présentent aussi quelques inconvéniens qu'il importe de connaître.

Il est certain qu'en *augmentant la couche de terre végétale,* ils permettent aux racines de prendre plus de développement et de nourriture, et qu'ils ajoutent nécessairement aux excellens effets des labours superficiels, en les étendant à une plus grande masse du sol. Leur importance sous ce seul rapport est si bien attestée par les faits, que je croirais oiseux de m'y arrêter. — Il est également certain qu'ils peuvent, en mélangeant deux couches de nature différente, procurer accidentellement un amendement propre à changer parfois complètement la qualité du sol ; transformer un sable aride en une terre substantielle et féconde; dessécher comme par enchantement une localité fangeuse en ouvrant aux eaux qui la couvraient une issue vers un sous-sol plus perméable, ou, simplement, en leur permettant de s'infiltrer au-delà de la portée des racines ; — qu'ils concourent encore, dans la saison des sécheresses, à retarder les effets d'une évaporation complète; car, plus les terrains sont profonds, plus ils peuvent absorber d'eau au moment des pluies, et moins leur dessiccation est rapide; — enfin qu'ils offrent le moyen le plus infaillible de détruire les plantes nuisibles, et particulièrement celles qui se reproduisent avec le plus de persévérance de leurs longues racines, comme les chardons, les fougères, etc.

Mais, d'une autre part, *déjà dispendieux par eux-mêmes,* ils le deviennent encore indirectement en exigeant, surtout pendant les premières années, une plus grande quantité d'engrais, et, assez fréquemment, en diminuant momentanément, au lieu de l'augmenter, la fécondité du sol. Ce dernier effet, dont il a déjà été parlé (art. *Sous-sol,* t.I, p.49), a principalement lieu quand on ramène tout-à-coup à la surface une masse considérable de tuf ou d'argile ocreuse. On en sait la raison, et, si l'on se rappelle ce qui a été dit ailleurs à ce sujet, on jugera qu'en pareil cas un défoncement profond serait une faute d'autant plus grave, que le temps seul pourrait remédier à ses désastreux effets, tandis qu'en opérant petit-à-petit et d'année en année, on arrive sans efforts et sans inconvéniens sensibles au même but. J'ai tout lieu, pour ma part, d'être partisan des *défoncemens progressifs*, parce que j'ai constamment vu que, lorsqu'on peut les faire à la charrue, ils exigent une faible augmentation de travail, et que la terre se *mûrit* convenablement sans cesser un instant d'être productive. Toutefois, il est des circonstances où les *défoncemens complets* sont seuls raisonnablement praticables. Tels sont, entre autres, ceux qu'on doit opérer à bras d'hommes; car, en pareil cas, recommencer à deux ou trois fois une opération naturellement si coûteuse, ce serait à peu près doubler ou tripler la dépense. — On peut aussi approfondir la couche labourable, sans ramener immédiatement la terre neuve à la surface. Ce moyen, déjà indiqué à l'article *Sous-sol* (page 50), est généralement suivi de bons résultats.

§ Iᵉʳ. —De la profondeur des défoncemens.

La profondeur des défoncemens, comme celle des labours, doit varier en raison des cultures confiées au sol. Les racines de quelques graminées fourragères pénètrent tout au plus à quelques centimètres; celles des blés s'accommodent, à la rigueur, de 5 à 6 po. (0ᵐ 135 à 0ᵐ 162); celles des navets, des raves, des carottes, etc., s'étendent davantage; il est quelques betteraves qui acquièrent jusqu'à 15 et 18 po. (45 à 48 centimètres). Or, comme elles ne peuvent prendre tout leur accroissement que dans une terre ameublie, il est, je crois, suffisamment établi, par ce qui précède, que, non seulement le défoncement doit atteindre au moins une profondeur égale à leur plus grande longueur, mais qu'il est utile qu'il la dépasse. — Quant aux arbres qui pivotent quelquefois à plusieurs mètres, s'il est impossible de remplir pour eux les mêmes conditions, on trouvera toujours avantageux, sur de bonds fonds, d'en approcher le plus possible. On n'est pas assez généralement convaincu que leur avenir tout entier se ressent de cette première opération.

§ II. — Des divers modes de défoncemens.

Les labours de défoncement se font *à bras d'hommes* ou *à la charrue.*

I. *Défoncemens à bras d'hommes.*

D'après le premier mode, quels que soient les outils dont on se sert (1), on commence ordinairement par ouvrir, sur l'un des côtés du terrain. une tranchée longitudinale dont la profondeur, une fois fixée, règle celle du défoncement entier, et dont la largeur, propor-

tionnée à cette profondeur, doit être telle que l'ouvrier puisse travailler sans gêne au fond de la *jauge.* — On transporte les terres extraites à l'autre extrémité de la pièce, de manière à pouvoir combler le dernier vide, et on remplit successivement chacune des tranchées intermédiaires, en ouvrant celle qui fait suite, de manière que la terre de la superficie, rejetée la première, recouvre le sous-sol, tandis que celle des couches inférieures est ramenée vers la surface.

Dans les terrains de consistance moyenne on emploie avec avantage la *pioche à deux dents (fig.* 136), nommée dans quelques lieux *bicorne,* au fer de laquelle on donne communément de 15 à 18 po. (0ᵐ 406 à 0ᵐ 487).—Avec cet outil, dont les dents pénètrent avec facilité et dont la partie opposée est acérée de manière à couper les racines qui se rencontrent accidentellement à sa portée, on détache de grosses mottes, qu'il est ensuite très-facile de briser en les frappant une seule fois de la douille, c'est-à-dire de la partie moyenne de l'outil qui sert à recevoir un manche de 2 pi. quelques pouces (0ᵐ 704 à 0ᵐ 758), et à le fixer au moyen d'un coin de fer ou de bois. — On rejette ensuite la terre ainsi divisée avec la pelle, et on continue de la même manière jusqu'à ce que la jauge ait atteint les dimensions en tous sens qu'on désire lui donner.

Fig. 136.

Le choix des pelles n'est pas indifférent. Pour quiconque a mis la main à l'œuvre, il est bien démontré que la première condition de ces outils, c'est de pouvoir pénétrer avec facilité dans la terre ou les pierrailles. — La légèreté vient ensuite. Sous le premier de ces rapports la *pelle-bêche concave (fig.* 137), qui est tout en fer et qui sert indistinctement aux travaux de labour et de terrasse, est sans contredit une des meilleures. Sous le second, il est évident qu'une *pelle en bois* simplement doublée de tôle à son extrémité (*fig.* 138) est préférable. — Cette dernière qualité doit l'emporter sur la première dans les terres faciles.

Fig. 137.

Les dimensions des pelles sont communément de 12 à 15 po. (0ᵐ 325 à 0ᵐ 406) de long sur une dizaine de pouces (0ᵐ 271) de large.

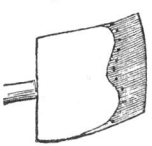

Fig. 138.

— Le manche varie dans sa longueur, de 2 pi. (0ᵐ 704) à 1 mètre; rarement il a plus de 2 pi. 6 po. (0ᵐ 812).

(1) Tous ceux figurés dans cette section peuvent être mesurés sur une échelle de 17 lignes pour 3 pieds (0ᵐ 043 pour 1 mètre.)

Les figures suivantes donnent une idée des variations de formes qu'on a fait subir dans differens pays à ces sortes d'outils : la *fig.* 139

Fig. 143. 142.   139. 140. 141.

représente une pelle entièrement en bois d'aune ou de hêtre, employée, à défaut d'autres, sur des sols peu pierreux et peu consistans; la *fig.* 140, une pelle ferrée, ceintrée et à béquille, plus propre au même usage ; la *fig.* 141, une pelle anglaise en fer; la *fig.* 142, une autre pelle anglaise également en fer, ainsi que la suivante, *fig.* 143, dont on fait un fréquent usage dans le Dauphiné.

Lorsque le sol offre une grande résistance ou contient beaucoup de pierres, à la pioche précédemment décrite on substitue la *tournée* déjà figurée page 115, la tournée dauphinoise, *fig.* 144, dont on garnit la pointe

Fig. 146. 147.   145.   144.

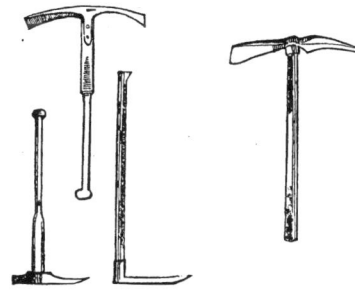

d'acier trempé, ou les *pics*. Le premier et second de ces outils, *fig.* 145 et 146, sont en usage sur les bords du Rhône et du Rhin pour les défoncemens qui précèdent la plantation de la vigne, dans les terrains complètement rocailleux; le second surtout, qui se termine du côté opposé à la pointe par une sorte de marteau, convient également pour bêcher et pour casser la pierre —Le troisième, *fig.*147, à deux taillans opposés, est employé en Belgique pour faire des tranchées dans les sous-sols d'une consistance pierreuse, homogène

et d'une décomposition facile, tels que diverses marnes, des tufs, des schistes argileux, etc. Du reste, l'opération se conduit de la même manière qu'avec la pioche.

Les pics, destinés à vaincre des obstacles puissans, doivent avoir plus de force encore que les tournées; aussi leur épaisseur est-elle plus considérable, comparativement à leurs autres dimensions.—Le fer des plus longs ne dépasse guère 1 pied (0 m 325). Cependant le dernier, *fig.* 147, atteint parfois de 15 à 18 po. (0 m 406 à 0 m 487).—Pour faire les manches, on emploie le pommier sauvage, l'érable, le houx et de préférence le frêne.

Rarement un défoncement d'une certaine profondeur peut s'opérer à bras sans l'aide de quelques-uns des outils dont je viens de parler. Toutefois, dans des sols remarquablement faciles, de consistance légère, de nature sableuse ou sablo-argileuse, sans presque aucune pierre, il arrive que l'*emploi de la bêche* est possible. — Dans ces sortes de terrains, bien qu'on ne les travaille ordinairement que superficiellement, les pluies entraînent facilement les sucs extractifs des engrais à une profondeur telle que les racines ne peuvent plus en profiter. Il est avantageux, de loin en loin, d'atteindre les couches inférieures. Cette sorte de défoncement, pratiqué dans divers lieux, à la profondeur d'un fer de bêche seulement, en renouvelant la terre, produit d'excellens effets, notamment sur les cultures du lin, du chanvre et des céréales, qui se succèdent à de courts intervalles sur les mêmes champs.

La dimension du fer des bêches doit être proportionnée, non seulement à la profondeur ordinaire des labours, mais aussi à la force de l'ouvrier et à la nature du terrain. — Dans plusieurs localités on lui donne d'un pied (0 m 325) à 18 po. (0 m 487) de long, sur 8 à 10 po. (0m 217 à 0m 271) de large. Dans d'autres, seulement 9 à 10 po. (0 m 244 à 0 m 271) sur 8 (0m 217). — La longueur des manches varie de 2 pi. à 2 pi. 6 po. (0m 650 à 0 m 812). — Le plus souvent il est simple; quelquefois il se termine par une poignée en forme de béquille. — Nous avons réuni dans les figures ci-jointes les principales bêches particulièrement propres aux défoncemens, telles qu'elles sont employées dans divers pays : *fig.* 148, bêche de Paris; *fig.* Fig.148. 149. 150. 149, bêche anglaise; *fig.* 150, bêche Louchet de Picardie ; *fig.* 151, bêche italienne à oreilles carrée; *fig.*152, 153, 2 bêches du Puy-de-Dôme; *fig.*154, bêche de Normandie; *fig.*155, bêche de Poncins ; *fig.* 156, bêche romaine; *fig.* 157, bêche belge; *fig.* 158, bêche à oreilles de Lucques; *fig.* 159, bêche à hoche-pied de Toulouse; *fig.* 160, bêches à chevilles du midi de la France.

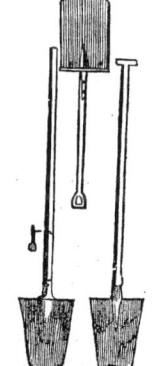

Les bêches *fig.* 148, 149, 150 et 151, et notamment les trois premières, qui diffèrent

Fig. 151.   152.   153.   154.

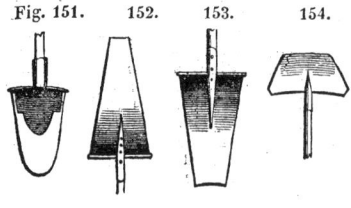

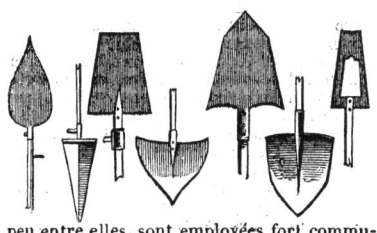

peu entre elles, sont employées fort communément dans les terres légères et sans mélange de pierrailles.--Celles qui sont désignées par les n°ˢ 152 et 153, destinées plus particulièrement à creuser des rigoles d'arrosement dans les prairies naturelles, produisent, en cas de besoin, un défoncement plus profond; il en est de même de la bêche *fig.* 155, qui se recommande, ainsi que celle 154, par sa légèreté.—Les bêches *fig.* 159 et 160 rendent le travail plus facile au moyen du hoche-pied mobile ou des chevilles, sur lesquelles l'ouvrier peut mettre le pied, sans user aussi promptement ses chaussures. — Enfin les bêches *fig.* 156, 157, 158 et 160 sont préférables, à cause de leur forme, dans les terrains un peu rocailleux ou traversés par de minces racines. — Toutefois, dans ces sortes de sols, pour peu qu'ils offrent assez de consistance, on remplace la bêche par la fourche.

Le défoncement à la fourche, fig. 161, en-

Fig 161.

traîne en pareil cas moins de fatigue, produit plus de travail et peut donner du reste à peu près les mêmes résultats. — La fourche, comme la bêche, doit néanmoins être considérée plutôt comme un outil de simple labour que de défoncement.

Les défoncemens exécutés à bras d'hommes offrent généralement plus de perfection, mais ils sont beaucoup plus dispendieux que les autres. Aussi les emploie-t-on rarement dans la grande culture. Cependant il est des cas où, faute de machines convenables, ou, comme on peut le conclure de ce qui précède, d'après la nature ou la disposition du terrain, il est impossible de recourir à la charrue.

II. *Défoncemens à la charrue.*

Les défoncemens progressifs peuvent s'effectuer, dans beaucoup de cas, jusqu'à une profondeur suffisante, en donnant, d'année en

année, ou de labour en labour, un peu plus d'entrure au soc de la charrue ordinaire, sans rien changer d'ailleurs à sa marche habituelle, que d'augmenter plus ou moins le nombre d'animaux de tirage.

Pour atteindre plus profondément, on fait usage assez fréquemment, dit-on, chez nos voisins d'outre-mer, de *charrues à plusieurs socs,* auxquelles on attribue de grands avantages. Il en existe aussi en France, mais je n'ai point été à même d'apprécier leurs effets. Il y a lieu de croire qu'elles pourraient faciliter et simplifier beaucoup le défoncement, et il est probable que si, depuis qu'on les connaît, elles ne se sont pas multipliées plus qu'elles ne l'ont fait, cela tient surtout, d'une part, à leur imperfection et à leur prix élevé, de l'autre à leurs usages nécessairement restreints, et enfin à la possibilité de les remplacer tant bien que mal, comme nous le verrons tout-à-l'heure, sans rien ajouter au matériel le plus ordinaire de chaque exploitation. — Parmi les charrues de défoncement à double soc, celle de Morton (*fig.* 162) me pa-

Fig. 162.

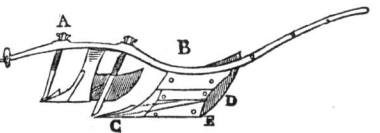

raît une des plus simples et des mieux conçues. — Elle se compose de deux parties A et B dont la seconde pénètre de 4 ou 6 pouces plus profondément que la première. Celle-ci A, soulève le sol à la profondeur de 5 pouces et le retourne dans le sillon plus ou moins profond ouvert par la partie B, laquelle laboure ordinairement à 10 ou 12 pouces et peut être disposée de manière à atteindre jusqu'à 15 ; — le long de son versoir s'élève un plan incliné indiqué sur la figure par une double ligne ponctuée, qui s'étend de la partie postérieure de la lame du soc C jusqu'à la partie postérieure du versoir D, où elle se termine à environ 6 pouces au-dessus du niveau du sep E. Par suite de cette disposition, la terre, soulevée du fond du sillon, glisse obliquement de bas en haut, et se trouve renversée sur le sommet de la bande formée par l'avant-corps A.

A défaut de semblables machines, il n'est pas rare de voir approfondir la couche labourable en faisant passer, à la suite l'une de l'autre, *deux charrues à versoir* dans le même sillon, et quoique le travail présente ainsi moins de perfection et devienne plus coûteux, ce moyen, facilement praticable, et incomparablement plus économique que tout défoncement à bras d'hommes, est suivi d'excellens résultats. Je dois ajouter qu'à mesure que l'importance des labours profonds s'est fait mieux sentir, on a construit des charrues à un seul soc qui suffisent aux défoncemens ordinaires ; au nombre de ces dernières je pourrais citer particulièrement celle d'*Écosse,* dont tout le corps est en fer coulé, *l'araire grand modèle de Grignon* la *charrue Val-*

court, celle de Fellemberg, etc. (Voy. la section suivante.)

Pour atteindre et diviser le sous-sol sans le ramener à la surface, M. le marquis DE LA BOESSIÈRE a inventé récemment un instrument dont il a déjà été parlé (voy. *Page* 30). — Le *cultivateur* ou *binot*, dépouillé de ses versoirs et conduit derrière une charrue ordinaire, de manière à approfondir successivement chaque raie, sans exiger une grande force de tirage, produit plus simplement à peu près le même effet. Si je reviens ici sur son emploi pour les défoncemens de ce genre (voyez *page* 30), c'est moins dans le but de compléter le présent article que dans celui de recommander plus particulièrement à l'attention des cultivateurs une amélioration à la fois importante et facile.

III. *Des défrichemens à la charrue et à bras d'hommes.*

Ce dernier mode, en quelque sorte mixte, puisqu'il participe des deux autres, consiste à ouvrir d'abord un sillon large et profond au moyen d'une forte charrue, et à creuser au fond de ce sillon une jauge à bras d'hommes, en échelonnant dans toute sa longueur un nombre considérable d'ouvriers. On rejette ainsi la terre du sous-sol sur la crête de l'ados formé par la charrue. Cette pratique fort commune, sous le nom de *Ravagliatura*, dans le Bolonais, pour la culture des chanvres, est aussi assez générale dans une grande partie du littoral du département des Côtes-du-Nord et ailleurs. Dans les deux pays précités, on n'emploie pas moins de 24 journaliers pour l'effectuer. — Combien ne serait-il pas désirable qu'une bonne charrue fût employée en pareil cas !

ART. II.—*Des Labours ordinaires en général.*

§ Iᵉʳ. — De la profondeur des labours.

La profondeur des labours proprement dits, ou, en d'autres termes, de ceux qui n'attaquent pas le sous-sol, est nécessairement déterminée, assez souvent, par la mince épaisseur de la couche arable. Quand on ne peut pas augmenter cette dernière aux dépens du terrain inférieur, on n'a d'autre ressource, comme il sera expliqué bientôt, que de l'élever sur certains points en la diminuant encore sur d'autres, par un travail en ados ou billons. — Dans les cas moins défavorables, la profondeur doit varier selon certaines règles qu'il n'est pas impossible de généraliser dans un traité de culture.

Il est toujours avantageux de commencer *par le labour le plus profond*, afin que la terre ait mieux le temps de se mûrir. Malheureusement, tout en reconnaissant la justesse de ce principe, très-souvent on est obligé de s'en écarter en pratique ; car, sur certains sols, dans l'impossibilité ou l'extrême difficulté de donner, et prime-abord, au soc l'entrure nécessaire, on n'a d'autre parti à prendre que de l'augmenter progressivement.

Une fois que le terrain a été retourné et ameubli à une profondeur convenable, les labours suivans peuvent, et, dans la plupart des cas, doivent même *devenir moins profonds*.— Ils le doivent lorsqu'on vient de répandre à la surface les amendemens divers, les cendres produites par l'écobuage ou les engrais que la charrue pourrait entraîner au-dessous de la portée des racines ; — lorsqu'aux approches des semis de printemps on ne veut pas compromettre les excellens effets de l'ameublissement produit par les gelées, et ouvrir, plus qu'il n'est nécessaire, le sol à l'excessive évaporation produite par les vents secs et les vifs rayons de soleil de cette saison. — En pareil cas, un ou deux traits d'extirpateur, parfois quelques hersages, peuvent être une préparation suffisante.

Dans les contrées où les fromens se sèment sous raies, le labour doit varier non seulement en raison de la composition générale des terres, mais aussi de leur disposition accidentelle au moment des semailles. Ainsi, il doit être plus profond sur des sols légers que sur des terres fortes ; — sur des terres sèches que sur des terres humides ;—sur des craies exposées aux effets du déchaussement que sur des sables également légers, mais qui ne sont pas sujets aux mêmes inconvéniens ;—sur des champs salis de mauvaises herbes que sur ceux qui en sont nettoyés, etc., etc.

Enfin, il est évident que, comme les défrichemens, les labours doivent *varier en raison de la longueur des racines* des plantes cultivées. — Ils doivent varier encore eu égard à la végétation particulière des espèces. Quelques-unes, telles que les pommes-de-terre, les turneps, les fèves, etc., réussissent sensiblement mieux lorsque le soc a ramené à la surface une certaine quantité de terre neuve. JOHN SINCLAIR, à la suite de recherches attentives, affirme que, sans les labours profonds, ces récoltes diminuent ordinairement, après un certain temps, en quantité, en qualité et en valeur. D'autres plantes sarclées, également propres à la culture des défriches, sont dans le même cas ; tandis qu'il en est qui s'accommodent assez bien d'un fonds moins nouvellement travaillé et par conséquent plus solide.

La plupart des agronomes ont recommandé, d'après ROZIER, sinon de faire alterner régulièrement les labours profonds et les labours superficiels, au moins de recourir de temps en temps aux premiers, ce qui est sans contredit fort profitable. — SINCLAIR a établi, par une table, les règles suivantes :

Premier labour de jachère.	6 à 8	
ou mieux 10 à 12 po.		
Second	6	7 po.
Troisième.	5	1/2 po.
Quatrième.	5	po.
Labour de semaille.	4	po.
Avoine sur turneps.	4	5 po.
— sur trèfle rompu.	5	6 7 po.
Fèves sur un seul labour. . .	6	7 8 9 po.
— sur un second labour. . .	5	po.
Premier labour pour l'orge. .	6	7 po.
Second.	5	po.
Troisième.	5	po.
Premier labour pour les pommes-de-terre.	4	6 po.
Second.	5	po.

THAER a cru pouvoir poser en principe, en restant même au-dessous des bornes du vrai, que la valeur de la couche arable s'augmente de 8 p. 100 avec chaque pouce de profondeur qu'on peut lui donner en sus de 6 jusqu'à 10 pouces, et qu'elle diminue proportionnément de 6 à 3 pouces. —On sait qu'à la ferme-modèle de Grignon la culture repose sur de semblables principes, et que tous les ans on a successivement labouré ou plutôt défoncé de 9 à 11 po. (0 m. 240 c.) toutes les terres destinées à former la sole des plantes sarclées.

§ II. — Du nombre des labours.

Plusieurs causes fort différentes contribuent particulièrement à modifier le nombre des labours. Ce sont: leur destination, la nature et la disposition des terres qui les reçoivent, et les circonstances atmosphériques qui les précèdent, les accompagnent ou les suivent.

Nous verrons, en traitant *de chaque culture en particulier,* quelles sont celles qui exigent, avant les semailles, plus ou moins de labours préparatoires. De pareilles spécialités, si elles n'étaient déplacées au point où nous en sommes, entraîneraient tout au moins à des redites que nous devons épargner à nos lecteurs.

Les labours de jachère doivent être assez multipliés (non seulement pour ouvrir le sol aux influences bienfaisantes de l'atmosphère); mais aussi pour détruire complètement les racines et les germes des plantes adventices qui l'occuperaient au détriment des cultures plus productives.— Il n'est pas sans exemple qu'on en donne jusqu'à 5 et 6 dans le courant de l'année, et, quoique de telles pratiques soient devenues assez rares à mesure que les bons assolemens se sont répandus, et qu'on soit parvenu à entretenir le sol dans un état de produit constant sans pour cela le laisser envahir par les mauvaises herbes, il faut encore reconnaître qu'une jachère d'été est parfois le meilleur moyen de nettoyer un terrain, et que, dans ce cas, les labours ne peuvent être trop nombreux.

Les terres argileuses exigent des labours d'autant plus fréquens qu'elles offrent une plus grande ténacité, et par une fâcheuse coïncidence, ces labours sont d'autant plus dispendieux qu'ils sont plus nécessaires. — Pour les rendre plus faciles, un Anglais, M. Finlayson, a imaginé de remplacer le versoir de la charrue ordinaire par 3 ou 4 baguettes en fer qui en forment, pour ainsi dire, le squelette (voyez plus loin la *charrue squelette, skeleton plough*). Après plusieurs essais, il a pu prononcer que les sols les plus tenaces, pris encore un peu humides, peuvent être facilement labourés au moyen de cette charrue à laquelle ils n'adhèrent que faiblement.—Un autre cultivateur du même pays, afin de diminuer le frottement du sep, a imaginé de le relever obliquement à partir du soc (voyez la *charrue Wilkie*), et de le remplacer, en quelque sorte, par une roue inclinée sur son axe à environ 30 degrés de la perpendiculaire et qui tourne dans l'angle du rayon formé par le coutre et le soc. La charrue Wilkie ayant été essayée publiquement en 1829, il a été reconnu, dit M. Loudon, qu'elle xige une force de tirage de 30 p. 100 moindre

que la meilleure charrue ordinaire. — Enfin, le major Beatson, dans le but de multiplier, aux moindres frais possibles, les labours sur les terres qui exigent impérieusement de fréquentes façons, a introduit sur ses propriétés un *extirpateur* à 7 dents de 10 po. fixées à 9 po. de distance les unes des autres, sur deux lignes parallèles écartées entre elles de 11 po. Cet instrument, attelé d'un seul cheval et qui ne pénètre d'abord qu'à une faible profondeur, à force de revenir sur le même sol, finit par atteindre la portée des labours ordinaires.

Les terrains légers, sablonneux et chauds exigent moins de labours que les sols argileux. Cela dérive si naturellement de tous les principes posés dans le cours de cet article, qu'il serait superflu d'entrer dans de nouveaux détails.

Remarquons encore que des façons nombreuses, sur des collines en pente tant soit peu rapides, tendent à dénuder leur sommité de terre, et par suite à les rendre improductives,à moins de frais considérables;—que dans les localités exposées aux inondations, les terres sont d'autant plus sujettes à être entraînées par le courant, qu'elles sont labourées plus fréquemment, et que, bien souvent, sous peine de désastres inappréciables, on est contraint de ne les pas labourer du tout.

Quant aux circonstances atmosphériques, elles exercent une très-grande influence surtout relativement aux terres d'un travail naturellement difficile. — Le champ le plus compacte, labouré pendant le cours de l'automne dans un état convenable, c'est-à-dire *ni trop sec ni trop humide,* après qu'il a été soumis à l'action puissante des gelées d'un hiver *plus froid que pluvieux*, n'a pour ainsi dire besoin, s'il est exempt de mauvaises herbes, que d'être gratté à sa surface avant l'époque des semailles. Il se réduit presque de lui-même en terre meuble, tandis que de nombreux et profonds labours pourraient lui devenir mécaniquement plus nuisibles qu'utiles si la saison se comportait mal. Un M. Crowe, dit Arthur Young, donna à une pièce de terre argileuse une jachère complète de deux ans. A la St.-Michel de la seconde année, il sema cette pièce en froment avec *douze labours.* Quel fut le résultat de cet essai? une magnifique récolte sans doute? Point du tout. Le blé leva fort bien, mais le printemps fut pluvieux : plus la surface était belle et bien atténuée, plus elle fut apte à se prendre comme un mortier. La récolte ne produisit que 14 bushels par acre, encore le grain fut-il de mauvaise qualité. On voit par cet exemple que le nombre des labours n'équivaut pas toujours à leur opportunité.

Assez généralement *dans les terres à froment*, et pour les semis de cette céréale, on donne de 3 à 4 labours. — Arthur Young établit que ce dernier nombre est à peu près indispensable. — Rozier veut au moins trois labours de préparation, indépendamment de ceux qui doivent précéder coup sur coup les semailles.—John Sinclair indique 4 labours de jachère avant celui des semailles. Enfin, ainsi que je l'ai déjà dit, il est des contrées où la pratique va même au-delà sans apprécier toujours à leur valeur les frais considérables auxquels entraîne inévitablement la multiplicité de semblables travaux.—Répétons que le moyen le plus certain d'éviter le retour trop fréquent des labours, c'est de savoir les faire à propos.

§ III.— Époques favorables aux divers labours.

Les terrains facilement perméables à l'eau peuvent, à vrai dire, être labourés à peu près en tout temps ; mais il est loin d'en être de même des autres. — Lorsqu'ils surabondent d'humidité, tantôt ils adhèrent au soc et au versoir de la charrue, tantôt ils se compriment en bandes boueuses, sans aucune porosité, et que la sécheresse transforme en véritables pierres ; les animaux, en les piétinant, rendent plus sensible encore un tel inconvénient.—Lorsqu'ils sont trop secs, outre qu'il est presque impossible de les travailler, ils se divisent en mottes d'une extrême dureté que la herse ne peut briser. Il est donc indispensable de choisir le moment où les pluies les ont humectés assez profondément sans les saturer, ce moment ne se présente pas toujours d'une manière opportune.

Dans tout le midi de la France, par exemple, la principale difficulté que rencontre le laboureur, est la brièveté du temps qu'il peut employer à la préparation des terres. Si, pour ménager quelques dépaissances à ses moutons, il ne profite pas des journées favorables de l'automne et de l'hiver, les pluies printanières sont si peu fréquentes, que dès la dernière quinzaine de mai il lui devient presque impossible de faire un travail passable; aussi une jachère complète lui paraît-elle le seul moyen de donner à ses champs une culture suffisante.— Sur les prairies artificielles destinées à être retournées, à moins qu'on ne diffère les premiers labours jusqu'à la veille des semailles, ce qui présente le grave inconvénient de ne pas donner au sol le temps de s'aérer, ils sont d'autant plus difficiles que la saison est déjà fort sèche après les coupes. Les seconds labours ne le sont pas moins ; car en été, ainsi que le savent ceux qui ont habité la Provence, la pluie même devient un obstacle quand elle ne pénètre que partiellement la couche labourable. Dans ce cas, dit M. DE GASPARIN, un labour imprudent produit un effet que l'on désigne dans ce pays par l'expression de *gâter la terre*. Il consiste dans la sortie d'une multitude de mauvaises herbes, principalement de coquelicots et de crucifères, plantes à graines oléagineuses qui épuisent beaucoup le sol et le couvrent, pour plusieurs années, de leurs semences abondantes. — On conçoit, d'après ces divers motifs, combien la sécheresse et la chaleur de ces contrées opposent de difficultés au labourage. — En remontant vers le nord nous verrions que l'humidité constante de certaines années en présente assez souvent de non moins graves.

En théorie, il est avantageux de labourer les terres fortes *peu de temps après qu'elles ont été dépouillées de leurs produits, les labours d'automne* contribuant, plus que tous autres, à leur ameublissement. Après eux *ceux*

d'hiver, en tant qu'ils précèdent la gelée, remplissent à peu près le même but. Cependant, en pratique, assez ordinairement on attend la fin de cette saison, de sorte qu'il faut ensuite labourer coup sur coup *au printemps*, ce qui n'est jamais à beaucoup près aussi profitable. — Au reste, les labours de l'arrière-saison offrent bien aussi parfois quelques inconvéniens. Voici ce qu'en dit ARTHUR YOUNG, d'après les expériences faites par lui sous le ciel humide de l'Angleterre : « On voit qu'il est incontestablement utile de labourer en automne les chaumes que l'on destine à la culture des fèves. Il paraît aussi qu'il y a de l'avantage à labourer en automne une jachère que l'on destine aux turneps ; mais on ne voit pas que cet usage soit également utile pour la culture des blés de mars, attendu qu'à moins que la terre ne fût parfaitement nette, ce serait provoquer la végétation des mauvaises herbes, sans se ménager les moyens de les détruire. Il offre au surplus tant d'autres avantages, qu'on doit être étonné de voir si peu de fermiers s'y conformer, sous prétexte qu'il leur faut une pâture, toujours misérable, pour leurs bêtes à laine. Cependant je dois avertir le lecteur que ce que je dis ici n'est pas applicable à tous les sols. Supposons que la nature d'une terre soit telle qu'aux premiers jours secs du printemps elle se réduise en terreau aussi aisément que celle qui aura été labourée en automne. Supposons que ce soit pour elle un désavantage de rester exposée et ouverte aux pluies d'hiver, parce qu'elle demande à rester comme elle a été laissée par la dernière récolte, en masses compactes et arrondies, en sorte que l'eau puisse rouler dessus sans la pénétrer; alors je conçois, et même il me paraît clair, qu'une semblable terre, s'il en existe, demande plutôt à être labourée au printemps qu'en automne. »

Les labours d'été ne sont en usage que dans deux cas : 1° pour la préparation des terres qui viennent de porter des récoltes et qu'on veut semer immédiatement ; cas peu ordinaire, mais qui peut présenter, en des circonstances favorables, de précieux avantages avec un bon système d'assolement ; — 2° pour détruire les mauvaises herbes pendant une jachère complète. Dans ce cas, ils doivent être combinés de manière que celles-ci n'aient pas le temps de fructifier, ce qui s'accomplit en cette saison avec une extrême rapidité.

ART. III. —*Des divers modes de labours.*

Comme les défoncemens, les labours s'effectuent à bras d'hommes ou à l'aide de machines mues par des animaux.

Les outils dont on se sert dans le premier cas étant en partie les mêmes que ceux dont il a déjà été parlé, je n'aurai que peu de choses à ajouter ici.

§ Iᵉʳ. — Des labours à bras d'hommes.

Dans plusieurs localités, pour *parer* la terre, c'est-à-dire pour lui donner un premier labour de préparation, on emploie la *bicorne* (*fig.* 136, *page* 160), diverses autres pioches; ou des hoyaux avec lesquels on divise la surface en mottes plus ou moins grosses. Ce travail, quoiqu'imparfait, puisqu'il ne retourne pres-

que pas le sol et qu'il ne détruit que fort imparfaitement les plantes adventices, est assez
rapide, et produit sur de petites étendues de
défriches ou de jachères un bon effet.

La pioche ovale, *fig.*163, et la variété, *fig.*164,

Fig. 167.   166.   165.   164.   163.

sont communément utilisées sur les bords
de la Meuse pour les terres faciles.—Dans les
localités caillouteuses, on leur préfère la pioche à marteau, *fig.* 165, ou à pic, *fig* 166. Aux
environs de Paris on se sert du hoyau, *fig.* 167.

Fig. 168.   169.   170.   171.

Les labours à la houe sont en usage dans
presque toute l'Europe. A l'avantage de retourner la terre comme les suivans, ils joignent celui d'une exécution rapide ; mais, d'un
autre côté, ils sont peu profonds et néanmoins très-fatigans ; car, pour employer ces
sortes d'outils, dont le manche forme avec le
fer un angle excessivement aigu, l'ouvrier est
obligé de se courber en deux, soit qu'après
avoir soulevé la terre presque entre ses jambes il là rejette derrière lui, soit que, marchant au contraire en arrière, il la rejette sur
le côté pour en combler la jauge précédemment ouverte.

Les houes, selon la nature du terrain dans
lequel on les emploie, sont tantôt *pleines*,
tantôt *à dents* ou *à pointes*. — Les unes conviennent aux labours des sols meubles, dépourvus de pierres et dépouillés de racines ;
les autres pénètrent plus facilement dans les
terres rocailleuses, graveleuses ou liées par
des racines traçantes. — Nous avons réuni sur
les figures suivantes quelques-unes des espèces les plus usitées : — *fig.* 168, houe ordi-

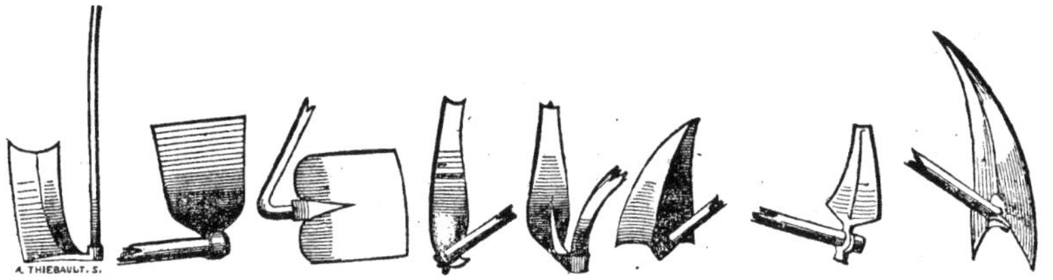

Fig. 176.   177.   178.   179.   180.   181.   182.   183.   184.

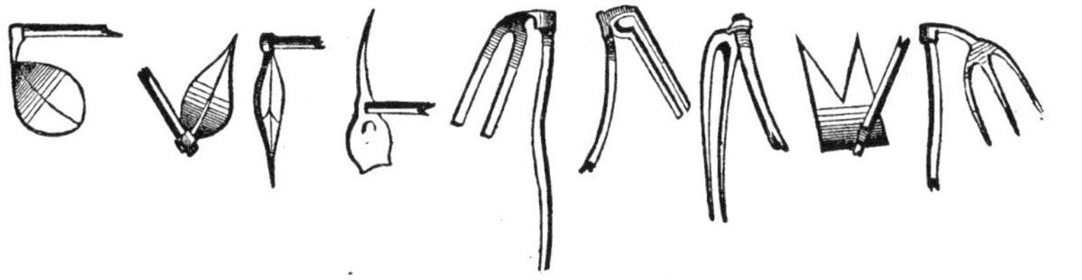

naire du nord de la France ; — *fig.* 169, houe de
Bretagne ; — *fig.* 170, houe d'Amérique, dont
la courbure du manche permet à l'ouvrier de
travailler sans se courber beaucoup ; — *fig.* 171,
houe essade du midi ; — *fig.* 172, houe
plate de Château-Thierry ; — *fig.* 173, houe
triangulaire ; — *fig.* 174, houe du département
de l'Hérault ; — *fig.* 175, houe à oreilles des
Pyrénées-Orientales ; — *fig.* 176, houe ronde
de Brest ; — *fig.* 177, houe escaoussadou du
midi ; — *fig.* 178, houe des vignes du département des Bouches-du-Rhône ; — *fig.* 179, autre
houe destinée au même usage ; — *fig.* 180, houe
fourchue des environs de Paris ; — *fig.* 181,
houe bident à manche courbe de la Sarthe ;
— *fig.* 182, houe à longues dents de Maine-et-
Loire ; — *fig.* 183, houe bi-triangulaire de la
Crau ; — *fig.* 184, houe trident de plusieurs
parties du centre de la France.

La fourche à deux ou à trois dents (voyez
fig. 161, *page* 162) convient aux labours des
terres compactes et humides, qui s'attachent

aux fers des outils ou qui sont remplies de
racines. Dans ce dernier cas surtout, en facilitant l'extraction de ces dernières, elles sont
d'un usage fort avantageux.

Quant aux labours à la bêche, malheureusement dans les sols même qui se prêtent le
mieux à leur emploi, à côté des avantages incontestables qu'ils présentent, ils ont par
compensation l'inconvénient de donner des
résultats si lents, qu'on ne peut en faire usage
hors des jardins que dans les contrées très-
populeuses et cultivées avec un soin particulier. C'est ainsi que dans quelques parties du
nord on laboure les champs à la bêche tous
les six ou huit ans. — A Paris on nomme labour à un fer de bêche celui qui pénètre de
9 po. à un pi. (0ᵐ 244 à 0ᵐ 325), et à un demi-
fer de bêche, celui qui ne retourne le sol qu'à
la profondeur de 4 à 6 po. (0ᵐ 108 à 0ᵐ 162).
— Ce dernier est parfois préférable pour
ne pas porter les engrais au-delà de la portée
des plantes à courtes racines.

§ II. — Des labours à la charrue.

Dans tout labour à la charrue, trois points doivent particulièrement fixer l'attention du laboureur ; ce sont : 1° l'épaisseur de la bande à soulever, 2° sa largeur, et 3° la position dans laquelle doit la placer le versoir.

L'épaisseur et la largeur comparatives de la bande de terre a donné lieu parmi les agronomes à une assez grave divergence d'opinions. Les uns pensent que, pour être bon, un labour doit toujours être plus profond que large. Ils veulent que la profondeur soit à la largeur dans la proportion de 2 tiers au tiers, c'est-à-dire que si la bande a 9 pouces dans le premier sens, elle ne doit en avoir que six dans le second, la terre étant ainsi mieux ameublie, plus émiettée et remarquablement plus productive, surtout en temps de sécheresse ; aussi, quels que soient les frais plus considérables qu'entraîne une pareille pratique en augmentant le nombre de *traits*, ils soutiennent que tout labour qui soulève une tranche de terre plus large qu'elle n'est profonde, est tout-à-fait contraire aux bonnes lois du labourage.—Les autres, retournant la proposition, demandent au contraire que la largeur soit à la profondeur dans la proportion de deux à un. Selon eux, un labour beaucoup plus profond que large est une opération que sa lenteur et sa complète inutilité, dans la plupart des cas, doit faire, à très-peu d'exceptions près, rejeter de la pratique. Ils ont pour eux l'exemple général, et je partage leur avis.

Du reste, quelle que soit l'opinion qu'on se fasse à cet égard, il est des cas où l'on doit transgresser l'une ou l'autre règle. En effet, plus le sol est tenace, plus la bande doit être étroite, pour faciliter l'action de la herse ; et plus le labour est profond, moins il doit être large, parce que la charrue aurait à vaincre une trop forte résistance. — Sur des terrains meubles ou pour des labours superficiels, les choses peuvent se passer différemment.

Lorsqu'on cherche à diviser un sol tenace, 6 à 7 po. (0ᵐ 162 à 0ᵐ 189) peuvent paraître une largeur suffisante avec un attelage ordinaire. Plus communément on donne à la bande une largeur moyenne de 9 po. (0ᵐ 244). — M. MATHIEU DE DOMBASLE, dans ses terres les plus fortes, au moyen de sa charrue attelée de trois bêtes au plus, pour les premiers labours, et en donnant au soc de 6 à 8 po.. (0ᵐ 162 à 0ᵐ 217) d'entrure, ouvre une raie qui atteint constamment de 9 à 10 po. (0ᵐ 244 à 0ᵐ 271).

La position de la bande de terre retournée par le versoir dépend de la fois de l'épaisseur proportionnelle de cette même bande, et de la disposition particulière des charrues. — Si la tranche est environ d'un tiers moins profonde que large, elle aura une propension naturelle à s'incliner sur la tranche précédente de manière à laisser une de ses arêtes au-dessus ; — si elle a, au contraire, une largeur comparativement beaucoup plus grande, elle retombera presqu'à plat. Il est à remarquer que la plupart des charrues perfectionnées dans ces derniers temps donnent le premier de ces résultats, que l'on considère, à bon droit, comme le meilleur. « Beaucoup de bons cultivateurs ont regardé, au premier coup-d'œil, ce labour comme imparfait, et ne l'ont pas trouvé aussi propre que celui où les tranches de terre sont retournées à plat ; cependant ils ont bientôt senti les motifs qui rendent ces labours préférables : en effet, dans les terres fortes, la herse exerce une action bien plus énergique, soit pour ameublir la terre, soit pour enterrer la semence, sur un labour qui présente à la surface un angle de chaque tranche de terre, que lorsque ses dents ne font que gratter le côté plat de la tranche. D'un autre côté, ce labour expose bien mieux toute la terre labourée à l'influence de l'air, des pluies et des gelées, qu'un labour plat. Il est vrai que lorsqu'on rompt une éteule, un trèfle, etc., on aperçoit ordinairement, après le labour, quelques herbes entre les tranches, dans le fond des sillons ou cannelures que laisse le labour à la surface de la terre ; mais un trait de herse les recouvre entièrement, lorsque cela est nécessaire, en abattant les arêtes des tranches. Dans tous les cantons où l'on a apporté quelque attention à ce sujet, on a reconnu, par expérience, que ce mode de labour est celui qui est le plus parfait dans toutes les terres et dans presque toutes les circonstances.» (MATHIEU DE DOMBASLE.)

§ III.— De la direction des labours.

Habituellement on dirige les labours dans le sens de la pente générale du terrain (*fig.* 185), pour donner aux eaux un écoule-

Fig. 185.

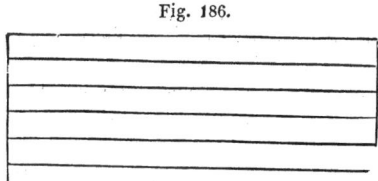

ment plus facile. Cependant, sur les champs d'une inclinaison considérable, surtout lorsqu'on a plus à redouter la sécheresse que l'humidité, il vaut mieux tracer les sillons perpendiculairement à cette même pente (*fig.*186),

Fig. 186.

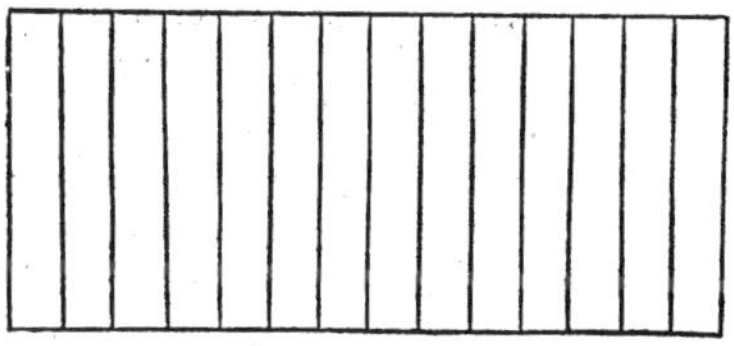

non seulement pour diminuer le travail de l'attelage, mais afin que la terre et les engrais soient moins facilement entraînés par les pluies, et que celles-ci aient mieux le temps de pénétrer la couche labourable. — Les labours de ces sortes de terrains offrent toujours d'assez grandes difficultés. D'une part, ils sont fort imparfaits dans les parties où la bande de terre est rejetée en haut, parce qu'elle est rarement retournée et qu'elle retombe dans la raie ; et de l'autre, parce que, si l'on rejette la tranche constamment en bas, on finit par dénuder de terre le haut de la pièce. Cependant ce dernier moyen est celui que préfèrent les bons cultivateurs ; et, comme la charrue à tourne-oreille, par suite de la forme de son soc et de son versoir, produit un travail vicieux, on a cherché à lui en substituer d'autres, qui seront décrites dans l'article suivant, sous le nom de *charrues jumelles, charrues dos-à-dos,* etc., et qui peuvent labourer mieux, tout en rejetant de même la terre de droite à gauche, ou de gauche à droite, selon le besoin.

Dans beaucoup de cas, au lieu de sillonner de bas en haut ou en travers, on trouve un grand avantage à labourer obliquement, en ayant soin de diriger la charrue à droite et non à gauche, en partant de la partie élevée du champ ; car, d'après ce second mode, comme on en peut juger d'après la *fig.* 188,

Fig. 187.

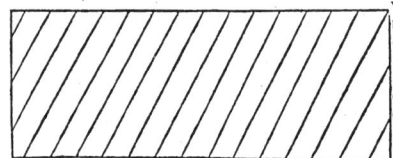

la terre serait jetée en haut par le trait qui va en remontant ; ce qui fatiguerait beaucoup l'attelage, sans donner un bon labour : tandis que, d'après le premier (*fig.* 187), lorsque la

Fig. 188.

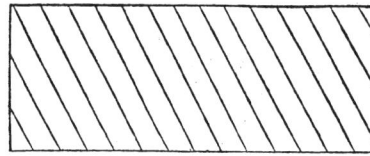

charrue remonte, elle déverse la terre en bas. — Il y a ainsi moins de fatigue, et la bande, n'étant jamais poussée contrairement à la pente du terrain, retombe librement du versoir dans l'une comme dans l'autre direction. — Toutes les fois que les coteaux n'offrent pas sur des points rapprochés une très-grande inégalité de pentes, on peut les labourer ainsi, lors même que cela serait impraticable par tout autre moyen.

§ IV. — Des différentes espèces de labours.

Selon les circonstances, mais le plus souvent sans autres motifs que les habitudes locales, on laboure tantôt à *plat,* ou *en planches,* tantôt *en billons.*

Pour labourer à plat on fait ordinairement usage de la charrue à tourne-oreille qui, en allant et en revenant, jette toujours la terre du même côté de l'horizon, et remplit ainsi successivement chaque raie, en en traçant une

autre à côté, comme l'indique la *fig.* 189.—La

Fig. 189.

pièce se trouve à la fin former une surface unie, sans autres subdivisions que celles qui résultent de la disposition plus ou moins régulière des rigoles d'écoulement des eaux. Cependant on verra tout-à-l'heure qu'on peut obtenir les mêmes résultats avec des charrues à versoir fixe.

Dans un labour à plat, lorsque la superficie du champ est régulièrement divisée en parallélogrammes alongés, d'égale largeur entre eux, sensiblement planes et séparés par des rigoles, on dit que ce *labour est en planches.*

Pour former des billons avec une charrue à versoir fixe, on ouvre successivement des rayons parallèles dans la longueur et des deux côtés de chaque billon, les uns dans une direction, les autres dans une direction opposée ; c'est-à-dire que si on commence, par exemple, par lever une première bande A, (*fig.* 190), du sud au nord, on vient en prendre

Fig. 190.

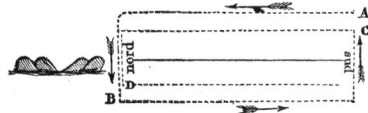

une seconde B du nord au sud, puis une troisième C à côté de la première, une quatrième D à côté de la seconde, et ainsi de suite, en déversant toujours la terre de gauche à droite, de manière à laisser en définitive un sillon vide au milieu. — Cette première opération s'appelle *fendre* ou *érayer* le billon. — Pour le labour suivant, on commence au contraire au milieu, en sorte que les deux premières tranches soient appuyées l'une contre l'autre à la place précédemment occupée par la raie, et on continue de verser toutes les autres bandes de terre vers le milieu du billon jusqu'à ce qu'on arrive aux deux côtés, où il reste nécessairement deux raies ouvertes. Cela s'appelle *endosser* ou *enrayer.* Lorsqu'on *refend* des billons qui avaient été précédemment *endossés* une seule fois, il en résulte un labour presque plat ; et si l'on continue à *érayer* et à *enrayer* alternativement à une égale profondeur, il ne se forme à la surface du terrain aucune élévation sensible : — on obtient ainsi des planches plutôt que des billons.—Lorsqu'on *endosse,* au contraire, plusieurs fois de suite les mêmes billons, on leur donne une forme de plus en plus bombée.

On a nommé billons simples (*fig.* 191), ceux qui ne présentent qu'un seul segment de cercle entre deux raies creusées au même

Fig. 191.

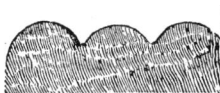

niveau.—Il y a des billons simples composés de deux traits de charrue seulement, c'est-à-dire d'environ 2 pi. (66 c. m.) de large; — il y en a de quatre, de huit, de dix traits; — il y en a aussi de vingt et même de trente, qui acquièrent par conséquent de 6 à 10 mètres de largeur.

Les *billons doubles* (*fig.* 192) sont subdi-

Fig. 192.

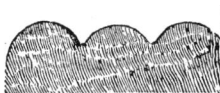

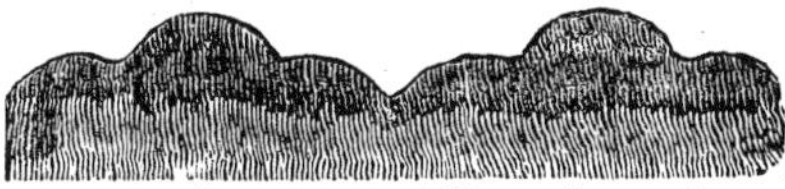

vises en trois ou quatre billons plus petits, séparés par des rigoles moins profondes que les deux principales, et creusées à des niveaux différens et à la double pente du grand billon.—Cette disposition est peu ordinaire.

De même qu'il y a des billons de toutes les largeurs, entre deux tiers de mètre jusqu'à 15 mètres et plus, il y en a aussi de toutes les hauteurs, entre ceux qui se confondent presqu'avec les planches, et ceux qui s'élèvent au-delà de 3 à 4 pi. (1 m. à 1 m. 325).

Avantages et inconvéniens du billonnage.
— On a beaucoup dit pour et contre la pratique du billonnage. Les uns trouvent qu'au moyen de billons bien faits on fournit aux plantes une couche labourable plus épaisse, qui contribue efficacement à leur belle végétation, qui les fait jouir, même sur les fonds les moins riches en terre végétale, des avantages des labours profonds, et qui permet (résultat incalculable dans l'état actuel de notre agriculture) d'introduire sur ces terrains peu privilégiés les récoltes de racines sarclées; — que sur les ados, l'humidité n'est jamais trop grande, quoique la sécheresse soit rarement redoutable, parce que la terre meuble du dessous conserve et communique pendant long-temps sa fraîcheur jusqu'aux racines; — que cette disposition du sol, procurant aux cultures tout-à-la-fois plus d'air et de lumière, favorise la formation du grain dans les épis et la maturation; —que, dans les temps de pluie, l'eau dont les plantes sont surchargées est plus promptement essuyée; — que ces plantes courent moins le risque de verser; — enfin, que le sarclage est plus facile.

D'un autre côté, on répond : que si les billons sont larges et fort relevés, la meilleure terre se trouve inutilement amassée dans le milieu, et peu-à-peu mise hors d'action par la profondeur à laquelle elle est enfouie; — qu'à la vérité, dans les climats humides, la sommité des ados se trouve à l'abri des infiltrations, mais que les bas-côtés y sont d'autant plus exposés que l'eau, par une cause ou une autre, s'accumule presque toujours, au moins par places, dans les rigoles, et qu'il est le plus souvent impossible de faire des saignées dans le sens des diverses pentes du terrain ; — que, dans les temps de sécheresse, lorsqu'il survient une pluie d'orage, au lieu de pénétrer dans la croûte dur-

cie qui forme la surface du sol, elle ne fait que glisser à sa superficie, de sorte que quelquefois les rigoles sont insuffisantes pour contenir l'eau qui s'y est jetée, tandis que l'ados se trouve presque aussi sec qu'auparavant;—que, lorsque les billons sont dirigés de l'est à l'ouest, les récoltes sont ordinairement moins belles et toujours beaucoup plus retardées dans leur végétation du côté du nord que de celui du midi ; — que, dans les terres sujettes au déchaussement, le billonnage augmente encore cette fâcheuse disposition;—enfin, que, non seulement avec de hauts billons les labours et surtout les hersages sont plus difficiles, mais que les labours croisés, qui sont parfois si utiles pour remédier à l'imperfection des autres dans les terres fortes, sont impraticables. — Si les billons sont étroits, tout en conservant une grande élévation, l'endossement demande beaucoup de temps et exige une grande force de tirage; il n'est pas plus aisé de refendre; l'ensemencement est irrégulier, et les travaux de la récolte se font avec encore moins de facilité. — La multiplicité des raies occasione une perte notable de terrain. — Quant aux billons très-étroits composés d'un petit nombre de traits de charrue, et dont l'usage se lie nécessairement à celui des *semis sous raie,* ils sont accompagnés, dit M. Mathieu de Dombasle, d'un si grave inconvénient qu'ils devraient être proscrits comme méthode générale de culture. Cet inconvénient, senti de tous les praticiens, consiste à forcer le cultivateur à labourer, à l'époque même des semailles, toute la sole qu'il veut ensemencer, ce qui exige un espace de temps considérable pendant lequel la saison n'est pas toujours favorable; tandis qu'en donnant à l'avance le labour de semaille, on a la faculté de choisir le temps le plus convenable pour répandre la semence et pour l'enterrer à la herse ou à l'extirpateur.

Si donc les billons ont parfois des avantages incontestables, le labour à plat ou en planches doit être préféré dans la plupart des cas. — Je trouve qu'il y a peu d'objections raisonnables à faire au passage suivant que j'extrais littéralement de Thaer : « L'écoulement des eaux que dans bien des lieux on cherche à procurer surtout par le moyen des rigoles qui séparent les billons, s'obtient toujours d'une manière plus parfaite au moyen des raies que, sur le champ labouré à plat, on trace d'abord après avoir accompli la semaille, et auxquelles on donne la tendance la plus directe et la plus propre à l'écoulement de ces eaux, ce qui n'a pas toujours lieu pour les rigoles des billons. Ces *raies d'écoulement* peuvent être multipliées dans les lieux où elles sont nécessaires, et l'on en fait abstraction dans ceux où elles ne seraient pas utiles. Les sols labourés à plat conservent une égale répartition de leur terre végétale sur toute leur superficie, tandis que ceux labourés en billons en sont privés dans des places pour l'avoir en surabondance dans d'autres. Ces premiers conservent sur toute leur étendue une même épaisseur de terre remuée; ils favorisent une répartition plus égale du fumier qui, sur les terrains labourés en billons étroits, a de la disposition à s'amasser dans les ri-

goles : leur matière extractive n'est pas entraînée sur la pente des billons et dans les
rigoles. Mais surtout la semence y est mieux
répartie; on l'y répand à la volée. La herse
agit sur toute la surface et d'une manière
plus uniforme; le hersage, en rond, qui est si
efficace, devient à peu près impraticable sur
un terrain labouré en billons;le hersage en travers même est rendu beaucoup plus difficile
par cette dernière manière de disposer le sol.
Aussi le terrain labouré à plat peut-il beaucoup mieux être nettoyé de chiendent et des
mauvaises herbes qui se multiplient par leurs
racines. Le charroi, et surtout celui des récoltes,y est beaucoup plus facile. Enfin le faucheur et le faneur y accomplissent leur travail avec bien moins de peine. Les céréales y
reposent à plat après qu'elles ont été séparées de leur chaume; elles n'y tombent pas
dans les rigoles pour y être gâtées par les
eaux, comme cela n'arrive que trop souvent
dans les champs labourés en billons étroits.
Le râteau y agit avec beaucoup plus de promptitude, et c'est seulement là qu'on peut se
servir du grand râteau, qui rend de si bons
services lors de la moisson. »

On sait qu'une des premières améliorations qu'ait apportées aux terres basses de
son exploitation le célèbre directeur de la
ferme de Roville, a été d'aplanir leur surface
par des labours successifs, en détruisant les
billons qu'on y avait élevés avant lui avec tant
de peines et de soins.   O. Leclerc-Thouin.

Section ii. — *Des charrues considérées
comme instrumens de labour et de préparation des terres.*

Les charrues les plus simples se composent
de diverses parties que nous devons étudier
d'abord séparément, afin de connaître leur
usage et, autant que possible, les conditions
les plus nécessaires à leur bonne construction. Ce sont : *le soc, le coutre, le sep, le versoir, l'age* ou *la haye, le régulateur* et *le manche.*

Cette première partie de notre travail accomplie, après une courte mais indispensable
excursion dans le domaine de la dynamique,
afin de mettre le lecteur à même de juger de la
résistance que présentent les diverses sortes
de charrues à l'effort des animaux qui les trai-
nent, et d'apprécier les moyens de diminuer
la force de traction, nous traiterons successivement des araires proprement dites ; —
des araires à support sous l'age ; — enfin des
charrues à avant-train qui nous présenteront
plusieurs subdivisions, eu égard à la fixité ou
à la mobilité de leur versoir, au nombre de
leurs socs, etc.,etc.

Art. i^{er}. — *Des diverses parties essentielles des
charrues.*

§ Ier. — Le soc.

Le soc est la partie de la charrue qui détache la bande de terre,concurremment avec
le coutre, et la soulève en avant du versoir.
Sans remonter jusqu'à l'antiquité, si nous
devions seulement tracer ici un tableau historique de toutes les charrues encore exis-

tantes dans les diverses parties du monde,
nous verrions que l'aspect et les dimensions
des socs varient à l'infini. Toutefois, à ne
considérer que ceux dont l'usage est le plus
général, on peut les ranger en deux divisions:
— Les uns ayant la forme d'un *fer de lance*
ou d'un triangle isocelle plus ou moins
alongé, également tranchans des deux côtés
(*fig.*193); les autres *à une seule aile* terminée,
du côté qui en est pri-
vé, par une ligne droite   Fig. 193.
alignée avec le corps de
la charrue, et ne for-
mant ainsi que la moi-
tié des autres (*fig.* 194).   Fig. 194.
Les premiers sont in-
dispensables pour les
charrues à double ver-
soir ou à tourne-oreille;
les seconds s'appli-
quent aux charrues à
versoir fixe.

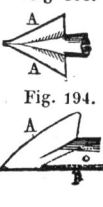

Le soc se compose de deux parties fort dit-
tinctes : *l'aile ou les ailes* (A A, *fig.* 193 et 194),
dont la destination est de trancher la terre, et
la souche B, *fig.* 194, qui n'a d'autre but que
d'unir cette partie essentielle à la charrue, et
de commencer, pour ainsi dire, la courbure du
versoir.— La bande qui forme et qui avoisine
la pointe et le tranchant s'use à peu près seule
durant le travail; elle comprend ce que
M. Mathieu de Dombasle appelle la *matière
à user.* « La proportion entre ces deux parties,
dit, dans un travail récent, cet agronome, l'un
de ceux qui ont incontestablement le plus
contribue de nos jours au perfectionnement
de la charrue, peut varier considérablement,
et l'on conçoit facilement que le soc est d'autant meilleur sous le rapport de la dépense de
renouvellement, que la souche est en poids
dans une moindre proportion avec la matière
à user. Les socs énormes dont on fait usage
dans le nord et l'est de la France, ainsi qu'en
Belgique, pèsent communément de 18 à 24 livres, ils coûtent de 18 à 24 fr., et ils ne contiennent que 2 à 3 livres au plus de matière à
user. C'est là, certainement, une proportion
très-défavorable. Dans les charrues que l'on
construit à Roville depuis dix ans, les socs
étaient un peu moins pesans, mais la proportion de la matière à user n'était pas encore
améliorée : je l'évalue à deux livres environ
sur des socs qui pèsent 14 à 15 livres, et qui
coûtent 12 francs. En 1832, on a adopté dans
les fabriques de Roville une charrue d'un
nouveau modèle, dont le soc est beaucoup
plus léger et ne dépasse guère 9 à 10 livres.
C'est uniquement sur la souche que porte l'é-
conomie de poids, et la matière à user reste la
même que dans les anciens, en sorte que la
proportion est maintenant beaucoup plus favorable. »

Beaucoup de socs se fixent au sep ou à la
gorge de la charrue par une *douille* ou *enso-
chure.* — Tantôt ce sont les deux côtés prolongés des triangles qui se recourbent en-dessous pour emboîter l'extrémité antérieure du
sep;— tantôt la douille est placée entre les
deux ailes, à peu près comme dans un fer de
lance;— tantôt, enfin, elle se trouve à la partie gauche de l'aile unique des charrues à
versoir fixe.Cependant, depuis quelque temps,

la méthode américaine commence à se répandre; elle consiste à appliquer et à fixer le soc à la partie antérieure et inférieure du corps de la charrue par deux boulons à écrou, que le laboureur peut ôter lui-même et remettre chaque fois que le besoin de changer le soc se fait sentir.

La nouvelle araire écossaise dont nous donnerons plus loin la figure entière, telle qu'elle existe depuis peu de temps dans les ateliers de l'un de nous (M. Molard), est munie de 3 socs de rechange en fonte, portés par un bras, ou plutôt par une sorte de moignon accompagnant le sep, à l'aide duquel le laboureur peut les fixer et même les faire pénétrer plus ou moins profondément dans le sol, avec promptitude et facilité, à l'aide d'une simple clavette, ainsi que l'indiquent les détails des *fig.* 195, 196 et 197. A, *fig.* 195, soc vu isolément en-dessus, avec les 2 barres *b b* qui servent à l'adapter à l'extrémité du sep. — B, *fig.* 196, soc vu isolément en-dessous; *c c* représentent les ensochures qui le retiennent sur le moignon *b*, *fig.* 197, à l'aide de la clavette *e*. — La *fig.* 197 donne une idée de la partie antérieure de la charrue, vue en-dessous, au point de jonction du sep, du soc et du versoir. Cette disposition, remarquable par sa grande simplicité, nous paraît une notable amélioration. — Chaque soc de rechange est ou peut être de dimensions différentes et combinées avec la largeur qu'on veut donner à la raie.

Fig. 195.

Fig. 196.

Fig. 197.

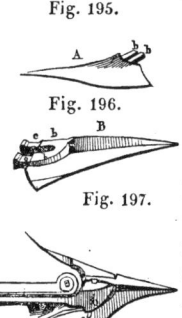

M. Hugonet du Jura a approprié à une charrue légère, à tourne-oreille (*fig.* 249 ci-après), un soc qui réunit le double avantage de remplacer le coutre et de changer de position au commencement de chaque sillon. La *fig.* 198

Fig. 198.

fera comprendre cette ingénieuse innovation. A, *fig.* 198, soc disposé de manière à labourer du côté droit; — *b* manche en fer dudit soc qui tourne dans l'étançon antérieur de la charrue, et auquel on a adapté une tige *c*, terminée par une poignée *d*. Cette tige, mobile entre les deux mancherons, peut se fixer, à l'aide d'un crochet, à celui de gauche ou de droite, suivant que le versoir est de l'un ou de l'autre de ces côtés; elle fait tourner le soc sur lui-même, dans son mouvement, de manière que lorsqu'un de ses côtés tran-

chans se relève perpendiculairement au sol pour tenir lieu de coutre, l'autre s'abaisse horizontalement pour détacher la tranche du fond du sillon.

La plupart des socs, construits en fer, sont *chaussés* d'une lame d'acier soudée sous le tranchant; on les *rebat* à chaud sur l'enclume à mesure qu'ils s'usent, et plus tard on les *rechausse* d'une nouvelle lame, opération assez difficile à bien faire, et dont la dépense varie de 5 à 8 et même 9 fr., selon les dimensions du soc et la quantité du métal. — Depuis quelques années, on fait à Roville le dernier modèle, dont il a été parlé ci-dessus, entièrement en acier. On ne peut, à la vérité, les rechausser avantageusement, mais par compensation il est facile de les rebattre pendant beaucoup plus long-temps que les autres, et, sous ce point de vue, ils présentent un incontestable avantage, parce que toute la matière à user se compose d'acier, tandis que dans les socs en fer, même en supposant que la soudure ait été parfaitement exécutée, le marteau attire du fer vers le tranchant, en même temps que de l'acier, à chaque rebattage.

Un des principaux avantages des socs américains, d'après M. Mathieu de Dombasle, consiste en ce que le poids de la souche est diminué, en sorte que la proportion entre cette dernière et la matière à user est beaucoup plus favorable que dans tous les autres. Les socs américains que l'on construit à Roville pèsent 6 à 7 livres, et un tiers, au moins, de ce poids consiste en matière à user. Ces socs, entièrement en acier, peuvent s'exécuter pour le prix de 6 francs, et font un service beaucoup plus long, sans rechaussage, qu'un soc de 20 fr. en fer chaussé d'acier. — Lorsque le premier est usé, il n'en coûte pas plus pour le remplacer par un neuf, qu'il n'en eût coûté pour faire rechausser l'autre; — on a, du reste, la vieille souche d'acier, et l'on ne court pas les risques d'un rechaussage mal exécuté. On peut, d'ailleurs, avoir des socs neufs d'avance, pour les employer au moment du besoin, au lieu d'attendre le loisir du maréchal pour rechausser un vieux soc.

La forme du soc américain permet aussi de le construire en fonte, et cette construction est fort économique, puisqu'un soc de cette espèce ne coûte que 30 ou 40 sous. On fait en Angleterre un très-fréquent usage des socs de charrue en fonte. D'après les expériences tentées à Roville depuis quelques mois, on a reconnu qu'on peut tirer de cette construction, dans beaucoup de circonstances, un bien plus grand parti qu'on ne le croit généralement.

Nous devons ajouter que la *fonte-acier*, dans laquelle on fait entrer, au minimum, un seizième d'étain, et qui acquiert ainsi une dureté plus grande que l'acier trempé lui-même, devra être généralement préférée à la fonte ordinaire, dont elle ne dépasse pas beaucoup le prix. — Les épreuves réitérées et nombreuses qui ont été faites depuis plusieurs années des qualités de cette composition dans la construction des petites meules du moulin Molard, permettent de prononcer, avec assurance, qu'elle présenterait de fort grands avantages pour la fabrication de toutes les parties qui s'usent dans les charrues.

Enfin, on peut aussi construire des *socs américains, entièrement en fer;* il est vrai qu'ils s'usent vite, mais ils se rebattent facilement ; et comme ces socs ne coûtent qu'environ 3 fr. pièce, on trouvera dans beaucoup de cas que leur usage est fort économique.

M. Desjoberts, notre collaborateur, grand propriétaire-cultivateur, emploie un procédé très-simple pour aciérer ses socs de charrue. Le soc est en entier en fer forgé et fini comme à l'ordinaire ; quand il est terminé, on pose sur l'extrémité un morceau de fonte de fer gros comme le pouce, et l'on chauffe au blanc, un peu moins toutefois qu'on ne le fait pour le soudage. Aussitôt que le morceau de fonte commence à fondre, on le promène avec une tige de fer sur toutes les parties du soc que l'on veut aciérer. La fonte s'incorpore avec le fer, et le soc ainsi préparé se trempe au rouge cerise, sans recuit. Cette opération est plus facile que la soudure de l'acier avec le fer ; elle est bien moins dispendieuse, puisqu'elle n'exige qu'une chaude. Avec une vieille marmite de fonte, on peut, pendant 2 ou 3 ans, aciérer tous les socs d'une ferme.

Le côté tranchant de l'aile des socs des charrues à versoir fixe forme avec le côté opposé, à partir de la pointe, un angle plus ou moins aigu. Lorsque l'ouverture de cet angle est considérable, la bande de terre soulevée offre plus de largeur ; — lorsqu'elle est faible, le soc pénètre avec plus de facilité. — Ordinairement, toutefois, l'obliquité est d'environ 45 degres.

§ II. — Du coutre.

En avant du soc, pour régulariser et faciliter son action, se trouve le *coutre,* espèce de couteau destiné à trancher la terre verticalement, ou à peu près verticalement, et, dans les charrues à versoir fixe, à séparer la bande, sur le côté opposé à ce versoir, du sol non encore labouré.

La forme des coutres varie : tantôt ils sont droits, tantôt recourbés en arrière comme les tranche-gazons ; le plus souvent ils se recourbent légèrement en avant, à la manière des faucilles ; et si cette disposition n'est, pas plus que la première, celle qui diminue la résistance, elle semble avoir, d'ailleurs, divers avantages particuliers. — Un coutre concave donne à la charrue une légère tendance à prendre de l'entrure, et compense un peu l'action des traits qui tendent, au contraire, à relever la machine ; — il facilite, en les soulevant, l'extraction des racines et des pierres qu'un coutre droit ou convexe ne ferait que pousser en avant ou même qu'enfoncer davantage ; — il diminue plus efficacement l'adhérence des parties constituantes du sol, et sa puissance s'exerçant obliquement de bas en haut, il commence, en quelque sorte, le travail du soc qui vient après lui. Le même but est atteint avec un coutre droit, incliné plus ou moins vers l'extrémité de l'age.

En principe, le coutre devrait être aligné en entier dans le sens de la pointe du soc ; mais, comme on en fixe le manche au milieu de l'age, où il est ordinairement retenu par des coins, il est clair que s'il tombait perpen-

diculairement, il se trouverait trop à droite.

En conséquence, on le dirige obliquement vers la gauche, et la résistance qu'il éprouve dans le sol, par suite de cette inclinaison, peut se trouver sensiblement augmentée dans les labours de quelque profondeur. Elle nuit, d'ailleurs, à la bonne et facile exécution du travail. C'est pour ce motif qu'on a inventé des *coutres à manches coudés,* ou fixés par un mécanisme particulier sur la gauche de l'age, de manière que la lame n'offre plus une telle obliquité. Cette disposition présente des avantages trop peu appréciés de la plupart des cultivateurs. — Dans les charrues dont le corps est entièrement en fer coulé, et dans quelques autres, le coutre est maintenu dans une entaille latérale, au moyen d'un boulon ou d'un coin.

Fig. 199, coutre fixé au milieu de l'age.
Fig. 200, coutre à manche coudé.
Fig. 201, coutre de la charrue de Roville.

Fig. 199.   Fig. 200.

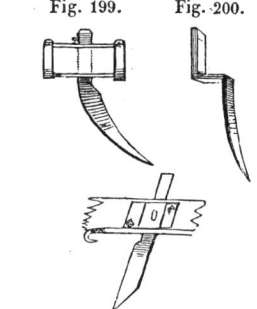

Fig. 201.

Les coutres doivent avoir une *force proportionnée à la résistance* que présente chaque espèce de terrain ; à peine utiles dans les sols d'une grande légèreté, ils deviennent d'une indispensable nécessité sur ceux qui se distinguent par leur compacité. On a recommandé avec raison d'*aciérer leur tranchant ;* et, comme il essuie un frottement très-fort, l'acier doit souvent en être renouvelé. — Lorsqu'il s'agit de défoncemens ou de défriches dans des champs qui contiennent de nombreuses et fortes racines, au lieu d'un coutre, on en met quelquefois *deux* et jusqu'à *trois,* en leur donnant progressivement une entrure moindre, à partir de celui qui est le plus rapproché du soc.

Dans quelques circonstances, ainsi qu'on a déjà pu le voir à l'article *Ecobuage,* page 118, au coutre ordinaire on substitue, pour des labours peu profonds, un *disque métallique tournant* sur son axe comme une roue et tranchant à la circonférence, tel qu'il a été représenté *fig.* 76.

§ III. — Le sep.

Le *sep* est cette portion de la charrue qui reçoit le soc à sa partie antérieure, et, communément, l'origine du manche à sa partie postérieure. — Il glisse au fond du sillon de manière à s'appuyer sur la terre non labourée, du côté opposé au versoir. Tantôt il ne fait qu'un avec la gorge qui le prolonge et l'unit à l'age, comme dans la *fig.* 202 ; —

Fig. 202.

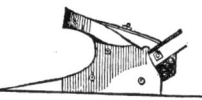

tantôt il est fixé à cette dernière pièce par un *plateau* (*fig.* 203) ou par deux *étançons* ou *montans* (*fig.* 204).

Fig. 203.   Fig. 204.

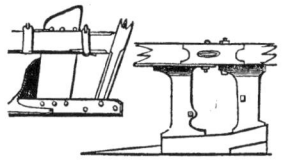

Dans tous les cas, *la résistance* occasionée par la cohésion de la terre se faisant particulièrement sentir à la face inférieure et latérale du sep, il faut avoir soin de lui donner un poli aussi complet que possible ; de le travailler en bois dur, tel que le hêtre, le chêne, etc. ; de le garnir de bandes de fer en dessous, ou même de le construire en entier en fer forgé ou en fonte nerveuse.

M. MATHIEU DE DOMBASLE, pour remédier au seul inconvénient reconnu aux charrues à bâtis en fonte, la prompte usure du talon des seps dans les sols sablonneux, fait construire des seps dont le talon, formant une pièce détachée, peut se démonter à volonté et se fixer avec des boulons à vis.

Il est évident que plus un sep est long et large, plus *le frottement* est considérable, mais aussi plus le mouvement de la charrue est régulier et son maniement facile, en raison de la multiplicité des points d'appui. Lorsque la semelle est neuve, elle est ordinairement un peu concave ; en s'usant, elle devient de plus en plus convexe, à mesure que les angles s'usent, et alors elle tient moins bien la raie. Cependant une forme analogue se retrouve dans quelques araires du Midi, et notamment dans celle de Montpellier.

Afin de diminuer encore plus le frottement sans nuire à la régularité de la marche des charrues, on a exécuté en Angleterre, et on est dans l'usage, en certains cantons de ce pays industrieux, d'utiliser exclusivement des seps dont le talon est porté sur deux roues (*fig.* 205), ou dont toute la partie qui

Fig. 205.

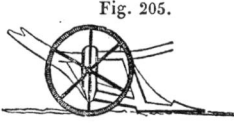

se prolonge postérieurement au-delà du soc est évidée de manière à recevoir une seule roue (*fig.* 206) fixée dans une mortaise, au

Fig. 206.

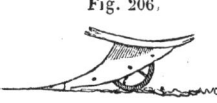

moyen d'un axe qui traverse le sep dans son épaisseur. Il est de fait que le mouvement progressif de rotation des roulettes, ou de la roulette dont il vient d'être parlé, sans diminuer en rien la régularité du labour, rend la traction plus facile, puisque le sep n'éprouve plus de frottement continu que sur un bien moins grand nombre de points. Cependant cette amélioration ne s'est point encore fait jour dans nos campagnes ; nous faisons des vœux pour qu'elle y soit tentée.

§ IV. — Le versoir.

Ce n'était point assez de détacher la bande de terre du fond du sillon ; pour atteindre toutes les conditions d'un bon labour, il fallait encore la soulever, la déplacer et la retourner de côté dans la raie précédemment ouverte. Telle est la destination du *versoir*.

Les versoirs affectent deux formes principales qui se modifient, on peut dire à l'infini, dans leurs proportions et leurs détails. — Ils sont *planes* (*fig.* 207) ou diversement *contournés* (*fig.* 208).

Fig. 208.   Fig. 207.

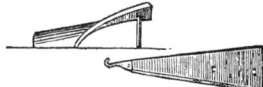

Planes. Ils sont ordinairement faits d'une planche plus ou moins large, plus ou moins mince, clouée ou accrochée au côté droit du sep près du soc, et tenue à distance de ce même sep, à sa partie postérieure, par un ou deux bras. Dans cette position, ils repoussent la bande de terre, et la retournent même tant bien que mal, lorsqu'elle offre une certaine consistance, et qu'ils ont une longueur et une obliquité convenables. Mais, dans la plupart des circonstances, ils donnent des résultats fort imparfaits, et, par surcroît d'inconvéniens, le poids et le frottement de la terre, dont ils ne sont débarrassés que lorsqu'elle a dépassé leur extrémité, augmente considérablement la résistance au tirage.

Naguère, les versoirs de la plupart de nos charrues avaient cette forme vicieuse. Beaucoup l'ont même conservée ; néanmoins, depuis un certain nombre d'années, les *versoirs contournés* se sont multipliés en France d'une manière remarquable. Tous les cultivateurs qui connaissent le prix et les conditions d'un bon labour les ont adoptés pour tout s charrues autres que la charrue à tourne rei ic. Encore verrons-nous qu'on a cherché, sans changer la direction si commode du travail de cette dernière, à la remplacer par des charrues à versoir fixe qui pu nt rejeter alternativement la bande à droite et à gauche.

Jefferson est, à notre connaissance, le premier qui ait formulé géométriquement l'art de donner aux *versoirs concavo - convexes* une courbure identique et modifiable selon des règles fixes, eu égard à la largeur et la profondeur du sillon proposé, ainsi qu'à la longueur de l'arbre de la charrue, depuis la jonction avec l'aile jusqu'à son arrière-bout. Son beau travail, que nous regrettons de ne pouvoir reproduire dans un ouvrage de la nature de celui-ci, publié dans le 1ᵉʳ volume des Annales du Muséum d'histoire naturelle, en 1802, eut alors en Europe une réputation méritée. Toutefois, quelques essais, trop peu nombreux peut-être, durent faire penser que la forme adoptée par l'honorable président des Etats-Unis n'était pas dans tous les cas la plus parfaite, et elle fut en conséquence modifiée, selon les localités, d'une manière plus ou moins heureuse.

Il serait fort difficile de décrire bien intelligiblement, même à l'aide de figures, les *modifications de forme des versoirs* considérés de nos jours comme les meilleurs, et encore plus d'indiquer, pour l'un d'eux, les conditions d'une perfection qui n'existe pas d'une manière absolue. En effet, si dans les terrains légers, ou déjà divisés, une courbure considérable produit en général le meilleur effet, dans les sols plus consistans, et particulièrement sur les défriches des champs enherbés, avec une concavité moins grande on arrive à de meilleurs résultats. — Dans notre opinion, qui est appuyée de l'imposante autorité de Thaer, et de la pratique, chaque jour plus répandue, de nos meilleurs agriculteurs, le versoir doit être combiné de manière à retourner la bande obliquement, ainsi que l'indique la *fig.* 209, plutôt qu'à plat. « Cette in-

Fig. 209.

clinaison, dit l'agronome, justement célèbre, que nous venons de citer, est précisément celle qui, au moyen des espaces restés vides entre chaque tranche, opère l'ameublissement du sol de la manière la plus parfaite ; car l'air est ainsi en quelque sorte renfermé dans la terre et entre en contact même avec la partie inférieure du sol. Ces espaces servent aussi à conserver l'eau que les pluies ont amassée dans la terre, et, lorsque cette humidité est évaporée par la chaleur, le sol s'ameublit encore davantage. La terre alors descend peu-à-peu et remplit les espaces vides. Cette surface, qui contient autant de prismes qu'il y a de raies, a beaucoup plus de points de contact avec l'atmosphère, et la herse y a une action bien plus sensible que sur une surface unie, à tel point même que, non seulement la terre en est pulvérisée, mais qu'encore les racines qui y sont contenues sont arrachées par cet instrument. Ainsi donc, dans tous les terrains qui ont besoin d'être divisés et ameublis, cette inclinaison des tranches a de grands avantages, et c'est dans des terrains trop légers seulement

qu'elle peut avoir des inconvéniens.... »

Le grand avantage des versoirs concavo-convexes sur les versoirs plats, c'est qu'au moyen de leur courbure, la terre, en s'élevant sur le soc et le versoir, est tournée sur son axe, de sorte qu'à mesure que le mouvement s'opère, la bande, entraînée par son propre poids, se détache d'elle-même après un court frottement.

Dans un terrain d'une consistance moyenne, assez siliceux pour user promptement les parties frottantes de la charrue, si on emploie un versoir en bois, déjà disposé d'après les principes connus, on remarque que la surface agissante prend la forme exacte que suit la bande dans les divers mouvemens d'ascension et de renversement. Par ce moyen, résultat bien simple d'une pratique continue, le versoir usé peut devenir un modèle qu'il est facile de reproduire en fonte, en suivant exactement sa courbure à l'aide des procédés connus des sculpteurs pour mettre au point.

Aux versoirs en bois on a substitué généralement, dans les temps modernes, ceux *en fer battu* ou *en fonte*. Ces derniers, beaucoup plus durables et plus solides que ceux de bois, et moins coûteux que ceux de fer forgé, ont sur les uns et les autres l'avantage d'une exécution parfaitement uniforme. Ils se polissent à l'usage, de manière à présenter une surface parfaitement lisse, qui retient beaucoup moins la terre que le bois, toutes les fois que celle-ci n'est pas pénétrée d'une humidité surabondante : dans ce dernier cas il peut arriver qu'un versoir en bois soit préférable à tout autre. Cependant c'est ici le lieu de dire que l'Anglais Finlayson, dont nous ferons connaître plus loin quelques-uns des travaux, a inventé un versoir composé de 3 ou 4 bandes de fer dirigées dans un sens presque parallèle au sep, et dont la courbure peut être réglée comme dans le versoir ordinaire dont elles forment pour ainsi dire la charpente ; de cette sorte les points de contact avec la terre étant beaucoup moins nombreux, le frottement est diminué d'autant. Cette innovation singulière, a, dit-on, reçu, depuis quelques années, chez nos voisins d'outre-mer, la sanction de l'expérience.

Les *versoirs se fixent à la charrue* de plusieurs manières: *Antérieurement :* tantôt par des boulons adhérens au montant de devant, qui unit le corps du sep à la haye, comme dans la charrue américaine,—tantôt par une agrafe qui embrasse en entier ce même montant, comme dans la grande charrue écossaise (d'après cette disposition le versoir peut s'écarter du sep plus ou moins, selon la largeur de l'aile du soc);—tantôt enfin par un boulon horizontal qui traverse le sep, et autour duquel le versoir peut être élevé verticalement ou abaissé pour le service, comme dans la charrue Hugonet modifiée, que nous décrirons plus tard, et qui est destinée à labourer à la manière des charrues à tourne-oreille; —*Postérieurement :* soit contre le corps du sep et le montant de derrière,—soit par une disposition particulière (*fig.* 210) qui permet, ainsi qu'il a déjà été dit, de lui donner plus ou moins d'écartement à l'aide d'une vis *a* et de deux écrous *b b* fixés de chaque côté

Fig. 210.

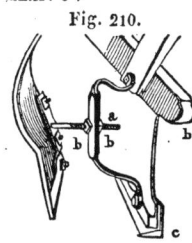

d'une tige en forme d'anse, boulonnée, d'une part sur le sep *c*, de l'autre sur la haye et le mancheron *d*.

V. — De l'age.

Les diverses pièces que nous avons jusqu'ici examinées forment *le corps* de la charrue, c'est-à-dire la partie qui opère directement sur le sol. Pour lui imprimer le mouvement à l'aide des animaux de trait, et pour la diriger convenablement, on a dû lui ajuster deux autres pièces principales, qui sont *l'age* ou *la haye*, quelquefois aussi nommé *flèche*, et *le manche* ou *les mancherons*.

L'age (*fig.* 211) est destiné à recevoir et à

Fig. 211.

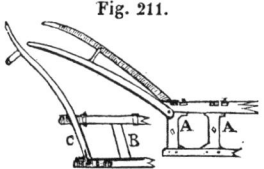

transmettre le mouvement de progression à la machine entière. Assez souvent il est assujetti sur le devant de la charrue par le *montant* ou la *gorge*, à l'extrémité inférieure de laquelle s'unissent le sep et le soc, et sur le derrière par le *manche gauche*. — D'autres fois il est supporté par deux *étançons* AA, l'un antérieur, l'autre postérieur; par un *seul étançon* B et la prolongation du *manche* C, etc., etc.

Il est évident que l'union de ces parties doit se faire de manière que, quand les traits sont convenablement fixés, la charrue marche parallèlement à la surface du sol, et pour cela il faut que l'age ne soit ni trop relevé ni trop abaissé sur le devant; car, dans le premier cas, le soc serait entraîné trop profondément en terre, et dans le deuxième il tendrait à en sortir. Sur la plupart des charrues modernes il est dirigé parallèlement au sep, ou il s'écarte légèrement de cette direction en se relevant un peu de son extrémité postérieure vers son extrémité antérieure.

Dans les charrues à avant-train on peut obtenir l'entrure et l'horizontalité voulue, soit en élevant ou en abaissant la haye sur son point d'appui, ce qui se fait, comme nous le verrons, de diverses manières; soit, ce qui revient au même, en diminuant ou en augmentant la longueur de la partie de l'age qui se trouve entre la sellette et le corps de la charrue. — *Dans les araires,* le point d'attache étant toujours à l'extrémité antérieure de l'age, on arrive au même résultat en haussant ou en baissant les traits à l'aide du régulateur dont il sera parlé ci-après.

La *forme de l'age* n'est pas entièrement indifférente; tantôt elle est droite d'un bout à l'autre, tantôt elle est droite et courbe tout-à-la-fois : droite depuis son origine jusqu'au coutre, et plus ou moins concave de ce point jusqu'à l'extrémité antérieure. Cette dernière disposition, qui ne change absolument rien à la ligne mathématique du tirage, présente surtout des avantages dans les charrues à plusieurs coutres et pour les labours en des terrains couverts de chaumes, de bruyères ou autres végétaux qui ne peuvent pas s'accumuler aussi facilement au sommet de l'angle formé par le coutre et la haye.

§ VI. — *Le régulateur.*

Le régulateur, ainsi que son nom l'indique, sert à *régler l'entrure de la charrue,* et dans son état de perfection, *à modifier la largeur de la raie* ouverte par le soc.

Pour les charrues à avant-train, tout ce qui contribue à élever ou à abaisser la haye sur son appui, à rapprocher ce point ou à l'éloigner du corps de la charrue, ou enfin à modifier la direction du tirage, doit être considéré comme régulateur. — Parfois c'est une simple *broche* A, *fig.* 212, qui maintient l'anneau où s'attache la chaîne, et qui peut la fixer plus ou moins haut sur l'age, au

Fig. 212 A. 213 B.

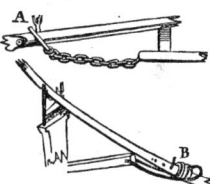

moyen de trous pratiqués de proche en proche pour la recevoir; — d'autres fois ce sont des *rondelles* B *fig.* 213, qui s'interposent, en plus ou moins grand nombre, entre ladite broche et le point de tirage; — en certains cas le régulateur est invariablement fixé sur le timon. Dans la charrue GUILLAUME, ce sont deux *montans* D percés de trous nombreux (*fig.* 214) le long desquels on fait glis-

Fig. 214.

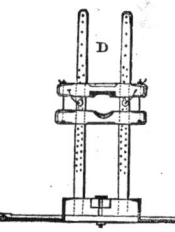

ser la sellette, qui se peut ensuite arrêter et consolider, à la hauteur voulue, par de simples broches et des boulons à écrous. — Ailleurs, comme dans les charrues ROSÉ les plus récentes, on peut faire varier l'entrure d'une manière encore plus prompte, à l'aide d'une *vis* A *fig.* 215, mobile dans un pas fixe, et qui abaisse ou élève l'avant-train B tout entier, avec l'age C dont il détermine ainsi la plus ou moins grande obliquité.

Pour les araires proprement dites, le régu-

Fig. 215.

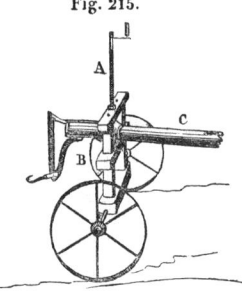

première horizontalement, la seconde verticalement, et toutes deux se fixer solidement, lorsqu'il y a lieu, au moyen d'un *écrou à vis.*

Pour les charrues à roue ou à sabot, le regulateur n'étant destiné qu'à déterminer la largeur de la raie, la tige verticale devient moins utile. Les *fig.* 219 et 220 n'ont pas be-

Fig. 219.   Fig. 220.

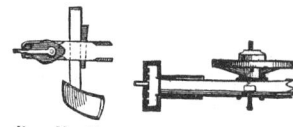

lateur varie aussi beaucoup de forme, mais il est toujours fixé à l'extrémité antérieure de la flèche. — La *fig.* 216 représente un des plus simples, vu de face en A et de profil en B. La tige dont il se compose traverse une mortaise dans laquelle il est fixé plus ou moins haut, au moyen d'un boulon transversal. La branche horizontale ou *crémaillère* C, qui peut se tourner à gauche ou à droite à volonté, reçoit dans une de ses dents le dernier anneau D de la chaîne, au moyen de laquelle il est ainsi facile de faire prendre plus ou moins de largeur de raie. — Le *crochet* E sert à retenir la balance des chevaux.

Fig. 216.

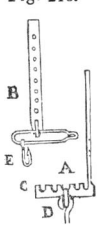

La *fig.* 217 donne l'idée d'un autre régulateur non moins simple, qui se compose d'une *bride* A tournant sur la flèche au moyen d'une cheville de fer qui lui sert d'axe. Une *clavette* B placée, selon le besoin, dans un des trous de la partie supérieure, suffit pour la maintenir et fixer la ligne de tirage. Le degré d'entrure se détermine en accrochant la chaîne du palonnier à un des trous plus ou moins élevés de la bride.

Fig. 217.

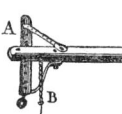

Enfin, pour choisir encore un exemple, nous indiquerons, *fig.* 218, le régulateur perfectionné de M. DE DOMBASLE ; c'est une *boîte de fer* qui embrasse un *châssis*, sur lequel elle peut glisser indistinctement à droite ou à gauche, et qui est traversée par une *tige à crans.* La boîte et la crémaillère peuvent se mouvoir indépendamment l'une de l'autre, la

218.

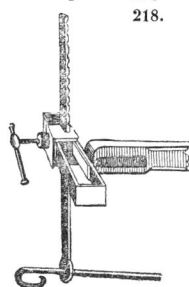

soin d'explication.

Les *charrues à avant-train prennent plus d'entrure* quand on abaisse l'age sur la sellette ; elles en prennent moins lorsqu'on l'elève. — *Les araires piquent* d'autant plus qu'on élève le point de tirage, et d'autant moins qu'on l'abaisse. Elles ouvrent une raie plus large lorsqu'on porte ce point vers la droite, moins large lorsqu'on le dirige vers la gauche.

§ VII.— Du manche ou des mancherons.

Dans une charrue bien combinée et bien construite, non seulement un *manche* unique peut suffire, mais, ainsi que l'a démontré M. GRANGÉ, il n'est vraiment indispensable que lorsque quelque obstacle, en soulevant ou en écartant le soc, a pu le faire dévier de sa direction première.

Diverses araires n'ont qu'un manche sur lequel le laboureur pose la main gauche, en réservant ainsi la droite pour diriger et activer les animaux de trait. — Parfois près de l'extrémité de ce manche on adapte un petit *mancheron*, comme dans la charrue de Brabant ; — le plus souvent le manche se compose de deux mancherons, l'un de gauche qui s'élève obliquement dans la ligne de l'age, l'autre de droite qui s'en écarte plus ou moins de ce côté.—On ne peut se dissimuler que ce dernier ne serve beaucoup, dans les cas difficiles, à faciliter la direction de l'instrument.

Fort communément le manche simple ou composé de deux mancherons est *placé à l'extrémité postérieure* de la charrue. — Il arrive cependant qu'on le fixe plus en avant, au-dessus du point même où la résistance se fait davantage sentir dans le sol. — D'après cette seconde disposition, assez commune dans les fabriques anglaises, le levier, acquérant une longueur considérable, produit, à l'aide d'une force moindre, des effets beaucoup plus puissans ; mais en général on a peu besoin de ce surcroît de puissance, et nos cultivateurs français préfèrent, avec raison, des mancherons plus courts.

ART. II. — *De la résistance et de la force de traction.*

Au nombre des auteurs qui ont cherché, avec le plus de talent et de succès, à établir la théorie de la charrue sur les principes de

la mécanique, THAER et M. MATHIEU DE DOM-
BASLE sont incontestablement ceux qui ont
envisagé de la manière la plus complète ce
sujet, qu'il n'est désormais plus permis d'a-
border sans les citer, sous peine de rester
incomplet ou de se montrer ingrat. C'est au
second de ces agronomes(1), et à ceux de nos
confrères qui ont concouru avec l'un de nous,
par leurs expériences et leurs rapports (2), à
faire mieux apprécier ses travaux, que nous
empruntons en partie ce qui suit.

On a souvent comparé l'action du corps de
la charrue dans la terre à celle d'un coin; on
s'en ferait une idée plus précise, en imagi-
nant sa forme dérivée de celle de deux coins
accolés ou plutôt confondus à leur base commune. L'un, que M. MATHIEU DE DOMBASLE
appelle le *coin antérieur*, parce que son
tranchant se trouve placé un peu en avant
de celui de l'autre, a une de ses faces horizontale : c'est le plan qui est formé par la
semelle ou la face inférieure du soc et du
sep, ainsi que par le bord inférieur du versoir qui touche le fond du sillon. Le tranchant du coin, qui est horizontal et dans le
même plan, est représenté par la partie tranchante du soc : au lieu d'être placé d'une manière perpendiculaire à la ligne de direction
de la charrue, il reçoit toujours une position
plus ou moins oblique à cette direction, mais
sans sortir du plan horizontal. Cette obliquité
variable a pour but de lui donner plus de
facilité à vaincre les obstacles qu'il rencontre,
mais il ne change rien à la nature du coin. La
face supérieure de ce premier coin, qui, par
sa position, ne peut que soulever la bande
de terre de bas en haut, est représentée en
partie par la surface supérieure du soc. —
L'autre coin, c'est-à-dire le *coin postérieur,*
est placé à angle droit sur le premier; il a une
de ses faces verticale : c'est celle qui, dans
les charrues ordinaires, forme la face gauche du corps de la charrue, celle qui glisse
contre l'ancien guéret. Le tranchant de ce
second coin se trouve placé dans un plan
vertical à la gorge de la charrue; ce second
coin, par sa position, ne peut agir que latéralement. La partie postérieure du versoir
forme l'extrémité de sa face droite, dans son
plus grand écartement de sa face gauche.

Si l'on pouvait supposer par la pensée chacun de ces deux coins indépendant de l'autre, il est évident que le résultat d'action du
premier serait de détacher la bande de terre,
de la soulever et de la laisser retomber derrière lui dans la même position et à la même
place qu'elle occupait auparavant, tandis que
le second, au contraire, se bornerait à la refouler de côté, sans la soulever ni la retourner en aucune manière. ·

Dans les charrues les plus parfaites, et c'est
ce qui distingue surtout les nouvelles des anciennes, on a lié ou plutôt remplacé par une
surface courbe plus ou moins régulière la face
supérieure du coin antérieur et la face droite
du coin postérieur, afin d'amener insensiblement, et avec le moins de résistance possible,

la bande de terre de l'extrémité antérieure
de l'un à l'extrémité postérieure de l'autre.

Après avoir considéré de cette manière le
corps de la charrue, il devient plus facile de
*déterminer le point précis du centre de la ré-
sistance* qu'il éprouve dans sa marche. — On
trouve : 1° que la ligne de résistance est dans
l'axe même du coin, et passe par son tranchant, s'il agit en partageant en deux parties
égales l'angle formé par le coin, comme par
le ciseau à deux tranchans (voy. *fig.* 221); —
2° qu'elle est
dans le plan de

Fig. 221.   Fig. 222.

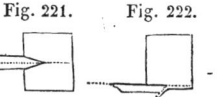

la face du coin,
parallèle à la li-
gne de mouve-
ment, en passant
toujours par le tranchant, si le coin agit
comme le ciseau à un seul tranchant (*fig.* 222);
— 3° que la puissance motrice, pour produire
le plus grand effet possible, doit être appliquée dans la direction de la ligne de résistance; — et 4° que les deux coins qui composent le corps de la charrue étant de la
dernière des deux espèces, la ligne de résistance du coin antérieur sera nécessairement
*une ligne droite placée au fond du sillon, dans
le milieu de sa largeur, et parallèle à sa direction :* celle du coin postérieur sera *une ligne
droite placée sur la surface gauche du corps
de la charrue, à moitié de la profondeur du
sillon et parallèle à sa direction.* Si on imagine un plan passant par ces deux lignes parallèles entre elles, la *résultante* des deux lignes de résistance se trouvera dans ce plan
et à égale distance des deux lignes; le point où
cette résultante rencontrera la surface supérieure du soc ou celle du versoir, sera le point
qui doit être considéré comme celui où est
accumulée la résistance que le corps de la
charrue éprouve dans son action; — détermination parfaitement conforme à celle
qu'on peut déduire de l'expérience de l'araire.

Pour que la force motrice fût employée
dans la charrue de la manière la plus utile il
faudrait donc non seulement qu'elle agît dans
le prolongement de la ligne de résistance,
qui se trouve à la surface du sol et parallèle
à cette surface, mais aussi que le moteur
se trouvât sous la surface du sol à la même
profondeur que la ligne de résistance. Il ne
peut malheureusement en être ainsi.

D'après les élémens les plus simples de dynamique, on sait : 1° que, dans toute machine, lorsque le mouvement se transmet de la
puissance à la résistance par l'intermédiaire
d'un *corps inflexible,* la transmission du
mouvement se fait dans une ligne droite
tirée du point d'application de la puissance à
celui de la résistance, quelle que soit d'ailleurs
la forme du corps inflexible; — 2° que si entre
le corps inflexible interposé entre la puissance et la résistance, on suppose un *corps
flexible,* tel qu'une corde ou une chaîne, les
trois points de la résistance, de la puissance
et de l'attache tendront toujours à se placer
dans une même ligne droite, et, lorsqu'ils y

(1) *De la charrue,* par C.-J.-A. MATHIEU DE DOMBASLE , Mémoire inséré parmi ceux de la Société
centrale d'agriculture, année 1820.
(2) *Rapports sur ce Mémoire,* par MM. YVART, MOLARD, DAILLY, père et fils, HÉRICART DE THURY,
rapporteur.—*Rapports* (faits dans les années postérieures) sur diverses charrues, par M. HACHETTE, de
l'Institut, l'un de nos collaborateurs, du précieux concours duquel la mort nous a récemment privés.

AGRICULTURE.   TOME I.— 23

seront arrivés, la puissance agira comme si elle était immédiatement appliquée à la résistance, ou comme si le point d'attache de la corde se trouvait au point de la résistance; — 3° que si la puissance ne s'exerce pas dans la direction de la résistance, de *a* en *b*, par exemple (*fig.* 223), et qu'elle forme avec la

Fig. 223.

ligne horizontale un angle aigu *b a c*, il en résultera une décomposition, et par conséquent une perte d'autant plus grande de la force motrice que cet angle sera plus ouvert;

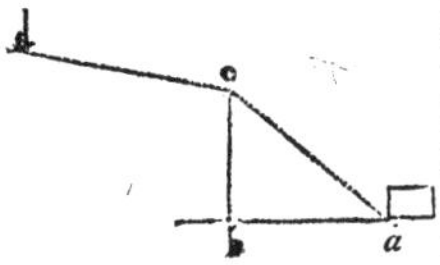

— 4° enfin, que si la puissance, en formant avec la ligne horizontale un angle aigu *b a c*, en forme un autre au point d'attache *c*, avec le corps inflexible, les trois points *a*, *d*, *c*, selon la seconde proposition, tendront à la placer dans une même ligne droite; mais, par la disposition de la machine, le point d'attache *c* ne pouvant se mettre en direction avec la puissance et la résistance, il y aura une nouvelle décomposition de force, et une partie de la puissance se perdra en produisant une pression *c*, *b*, perpendiculairement à l'horizon, au-dessus du point d'attache.

Ces principes si simples se présentent à chaque instant dans le tirage de la charrue, qui n'est réellement qu'un corps inflexible de forme irrégulière, par l'intermédiaire duquel l'action de la puissance, c'est-à-dire de la force des animaux de labour, se transmet à la résistance produite par le sol, à l'aide d'un corps flexible, les traits. Aussi toute la théorie de M. de Dombasle repose-t-elle sur les propositions précédentes.—Il en déduit successivement divers théorèmes dont nous croyons devoir reproduire les principaux : — Dans la charrue simple (*fig.* 224), le point

Fig. 224.

d'attache est toujours placé à l'extrémité antérieure de l'age, soit directement, soit par suite de l'action du régulateur. Il en résulte que, dans ces sortes de charrues, le point de tirage *a*, le point d'attache *b* et le point de la résistance *c* se placent toujours naturellement dans une même ligne droite, lorsque aucune puissance n'agit sur le manche (2e proposition)—Ainsi, si l'on imagine une ligne droite *a c*, tirée de l'épaule des chevaux à la partie antérieure du corps de la charrue où se trouve placé le point de la résistance, l'angle que forme cette ligne avec l'horizon ou avec la ligne de résistance *d e*, qui lui est parallèle, c'est-à-dire l'angle *a c e* détermine la proportion dans laquelle la force motrice se décompose, et par conséquent la perte qu'elle éprouve. Dans ce cas, le moteur exercera absolument la même action que si les traits s'étendaient jusqu'au point de la résistance et y étaient attachés (3e proposition).

Lorsque dans la charrue à roues (*fig.* 225)

Fig. 225.

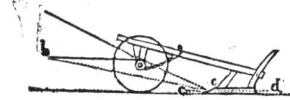

le point d'attache se trouve précisément dans la ligne droite tirée de l'épaule des chevaux *b* au point de la résistance *c*, la décomposition de force qui a lieu est la même que dans la charrue simple.

Si le point d'attache *a* (*fig.* 226) se trouve

Fig. 226.

placé au-dessus de la ligne *b c*, tirée du point de la puissance à celui de la résistance, la machine se trouvera placée dans le cas indiqué par la 4e proposition : alors, non seulement la décomposition de force qui s'opère au point *c* deviendra plus considérable parce que la ligne *a c* forme avec l'horizon un angle plus ouvert que la ligne *b c*; mais aussi il s'opèrera une nouvelle décomposition de force au point *a*, où une partie de la force de tirage sera employée à exercer sur l'avant-train une pression verticale, comme dans la *fig.* 223.— Si au contraire le point d'attache se trouve placé au-dessous de la ligne tirée de l'épaule des chevaux au point de la résistance, il y aura encore au point d'attache une décomposition de force, une partie de la puissance étant employée à soulever l'avant-train.

La perte de force occasionée par l'obliquité du tirage est donc au minimum dans la charrue simple, et la plus grande perfection à laquelle puisse atteindre la charrue composée, sous ce point de vue, est de l'égaler. Cette vérité, théoriquement énoncée, a été depuis si bien démontrée par la pratique, qu'à l'époque où nous écrivons nous pouvons la considérer comme incontestable. Nous allons voir que si les charrues simples n'ont pas remplacé les autres plus généralement, cela tient à des circonstances qu'il est facile de s'expliquer sans nier leur supériorité, au moins dans beaucoup de cas, en des mains exercées.

ART. III.— *Des araires proprement dites ou charrues simples.*

Tandis que dans un grand nombre de contrées on ne croit pas pouvoir labourer la terre avec une charrue sans avant-train, dans d'autres on considère cette pièce comme inutile, nuisible même, et l'on peut conclure de ce qui précède que ce n'est pas sans raison. — L'avant-train, qui n'augmente ni ne diminue en rien la force nécessaire au tirage, ajoute cependant par lui-même à la résistance. A la vérité, il remédie à l'imperfection de construction des charrues mal conçues ou mal exécutées, parce que la position fixe de l'extrémité antérieure de l'age, qui ramène invinciblement la pointe du soc dans sa direction, corrige tous ces défauts; mais c'est en augmentant encore cette même résistance par la diversité des tendances et en exigeant par conséquent une plus grande force motrice.

A la vérité aussi la charrue simple exige la plus grande régularité dans sa construction, puisque, lorsqu'elle opère dans un sillon, l'action du laboureur doit se réduire à bien établir sa direction, vu que n'ayant aucun appui à la partie antérieure de l'age, le plus léger changement dans le placement du coutre ou dans l'attache des traits trop courts ou trop longs, rend la marche de la charrue irrégulière et souvent impossible. Mais, lorsqu'elle est bien construite, elle donne lieu à la moindre résistance possible, et elle serait moins difficile à conduire qu'on ne le croit généralement, si le laboureur parvenait à se déshabituer des efforts violens qu'il fait avec la charrue à avant-train.

En résumé, une *bonne araire* entre les mains d'un *laboureur intelligent et habitué à la diriger*, est préférable à la plupart des charrues à avant-train. A l'aide d'une force *moindre*, elle accomplit autant de travail, elle laboure *aussi bien*, et elle occasione *moins de fatigue* à l'homme chargé de régler sa marche et aux animaux destinés à la mouvoir.

D'un autre côté, entre des mains *peu exercées*, elle perd *la plupart* de ces avantages, et *l'irrégularité* de sa marche est telle qu'il n'est pas étonnant qu'on la rejette faute de savoir l'employer. — Il est certain que sa conduite exige à la fois, plus *de soin d'attention* et *d'intelligence* de la part du laboureur que la charrue à avant-train. — Cette circonstance importante, jointe à la force de l'habitude, à la répugnance si naturelle que l'on éprouve à oublier ce que l'on sait pour apprendre, tel simple que cela soit, ce qu'on ne sait pas, ont contribué, nous n'en doutons pas, plus que tout autre motif, à retarder sur plusieurs points l'adoption des araires perfectionnées. Toutefois, grâce surtout à M. DE DOMBASLE, « aujourd'hui il n'est probablement pas un seul de nos départemens où il ne se rencontre un nombre plus ou moins considérable de cultivateurs

qui emploient habituellement l'araire dans leur pratique et qui lui accordent une préférence décidée sur toute autre charrue. Dans un grand nombre de départemens, principalement parmi ceux du midi, du centre et de l'ouest, l'usage en est considérablement répandu, et l'araire s'y est implantée de manière à donner la certitude que son emploi ne peut plus que s'y étendre. Plusieurs fabriques se sont établies dans ces parties du royaume pour fournir aux cultivateurs les araires dont ils ont besoin. Le nombre de ces fabriques s'accroît chaque année de même que l'emploi de l'instrument..... La fabrique de Roville, seule, a fourni jusqu'ici plus de 3,000 araires aux propriétaires et aux cultivateurs sur tous les points du royaume, et ce n'est pas trop s'avancer que d'évaluer à deux ou trois fois le même nombre celui de ces instrumens qui ont été construits dans les autres ateliers, en sorte qu'il y a vraisemblablement aujourd'hui au moins 10,000 araires fonctionnant sur la surface de la France. »

De semblables faits parlent assez haut en faveur de la charrue simple. — Néanmoins, et nous devons le reconnaître avec tous les partisans impartiaux de l'araire, sans l'avant-train il est extrêmement difficile de donner, avec quelque régularité, les labours peu profonds d'écobuage, de déchaumage, etc.; il ne l'est guère moins d'obtenir un bon travail dans les sols tenaces lorsqu'on les attaque un peu humides, parce que la terre qui s'attache sous le sep et aux diverses parties de l'instrument, tend constamment à le jeter hors de la raie. Cette dernière circonstance surtout mérite attention; seule, elle serait de nature à empêcher de proscrire l'avant-train d'une manière absolue.

Araire de Roville. — Au nombre des araires les plus perfectionnées et les plus répandues en France, nous devons placer d'abord celle de M. MATHIEU DE DOMBASLE, heureuse modification de la charrue belge ou brabançonne dont nous parlerons dans un autre paragraphe.

A, *fig.* 227 (1), soc de forme triangulaire qui prend ordinairement de 9 à 10 po. (0^m.245 à

Fig. 227.

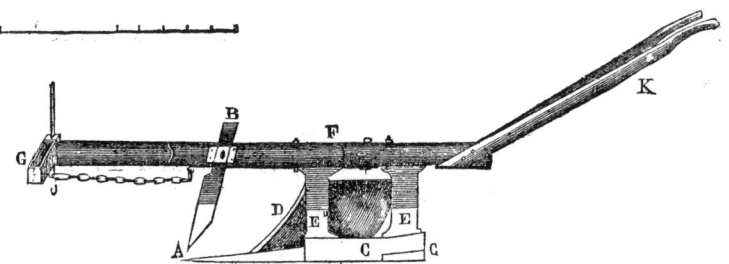

0^m 271) de largeur de raie, et qui peut pénétrer jusqu'à 11 po. (0^m 30) de profondeur

dans les charrues de moyenne grandeur. Il est fixé au versoir par un lien de fer solide

(1) Ce dessin et tous les suivans sont accompagnés d'une *échelle* relative d'un mètre qui facilitera aux yeux du lecteur l'appréciation assez rigoureuse des proportions des charrues dans leur ensemble et dans les détails de chacune de leurs parties.

et à la semelle par un boulon; il peut être construit en fonte, en fer forgé ou en acier ; —B, coutre presque vertical, placé en arrière de la pointe du soc, à une certaine distance de la gorge de la charrue, et fixé par une vis de pression sur le côté gauche de l'age, dans une coutelière où il peut se mouvoir ;—C, sep en fonte avec son talon C ;—D, versoir en fonte coulée, et dans quelques cas particuliers en bois, court et très-contourné;—ÉE, étançons qui assemblent invariablement l'age et le sep. Le versoir prend appui sur eux au moyen de deux verges boulonnées ; —F, age horizontal, plus court que celui de la plupart de nos autres charrues; — G, régulateur (voyez page 176, *fig.* 218) garni de sa chaîne, laquelle est attachée au point I à un crochet fixé sous l'age à l'extrémité d'une bande de fer ;— K, mancherons fort courts, simplement fixés à la partie postérieure de l'age, où se trouve un trou destiné à recevoir le manche du fouet du laboureur. — Le mancheron de gauche, seulement, s'éloigne de la ligne de l'age.

L'age et les mancherons sont en bois ; le bâtis entier, ainsi qu'il a déjà été expliqué, est en fonte. — On voit que cette construction donne à la machine une très-grande solidité; aussi a-t-elle été combinée de manière à pénétrer à une profondeur moyenne de 8 pouces, et à résister indistinctement dans tous les terrains.

Les *araires de Roville*, modèles de 1833, sont des *prix* suivans : grande charrue, bâtis et versoir en fonte, soc entier en acier et un talon de rechange. . . . . . 67 fr.
La même avec un versoir en bois. . 65 fr.
Charrue moyenne, même construction que la 1ʳᵉ. . . . . . . 66 fr.
La même avec versoir en bois. . . 64 fr.
— Versoir en fonte polie avec le T et les boulons s'adaptant à volonté aux grandes et aux petites charrues. . 10 fr.
—Versoir en bois garni pour les mêmes. . . . . 8 fr.
— Soc de rechange entièrement en acier pour les charrues ci-dessus. . 8 fr.

A *Grignon*, où l'on a adopté l'araire de Roville et où il en a, dès l'origine, été créé une fabrique, on vient récemment de lui faire subir quelques légères modifications : la longueur de l'age, qui mettait trop de distance entre les chevaux et le laboureur, et causait, par suite, des variations qui nuisaient à la régularité du labour, a été diminuée ; —on a également diminué le sep et par là le frottement ; — on a reculé les mancherons du point de résistance, afin de donner plus de puissance et une facilité de conduite plus grande au laboureur ; — enfin, on a augmenté l'énergie du versoir et diminué son frottement en l'élevant vers son extrémité inférieure.

Araire Lacroix, à age court.— « Cette charrue, résultat des méditations d'un homme industrieux, a été exécutée d'après les principes de THAER, SMALL, MACHET et DOMBASLE, c'est-à-dire sur le modèle des trois meilleures charrues connues. De toutes celles qui ont

concouru (1), c'est celle qui nous a paru mériter la préférence. Le tirage s'exécute par le moyen d'une chaîne attachée sous l'age, tout près du coutre, et dirigée par un régulateur en fer, fixé au bout de l'age. Ce régulateur détermine avec la plus grande précision l'entrure de la charrue et la largeur de la bande de terre qu'il convient au laboureur de prendre. Cette charrue nous paraît réunir toutes les conditions que nous avons reconnues nécessaires pour former une bonne charrue ; elle trace un sillon profond, divise facilement la terre, l'ameublit et enterre très-bien les chaumes; elle convient à toutes les natures de sol : ses avantages se font particulièrement sentir dans les terres fortes et argileuses; elle exige une force de tirage moitié moindre que les charrues ordinaires ; elle accélère le travail, car elle fouille en trois sillons un mètre de largeur du terrain; elle rend le travail plus régulier et donne peu de peine à conduire, car l'entrure étant fixée par le régulateur à une profondeur donnée, le laboureur n'est plus obligé de faire des efforts continuels sur les mancherons pour maintenir la charrue à cette profondeur. Son entretien est presque nul, tout le corps de la charrue étant en fonte et d'une solidité qui le rend presque indestructible (2).»

Araire écossaise. — L'araire que l'on considère de nos jours, grâce aux perfectionnemens qu'elle a reçus, comme l'une des meilleures charrues de l'Angleterre, était, malgré le nom qu'elle porte, fort peu connue en Écosse, avant que SMALL appelât sur elle l'attention des cultivateurs par la manière de la construire. Cet ingénieux mécanicien, le premier, lui adapta un sillon courbe dont il détermina mathématiquement la forme et les dimensions, et qu'il fit exécuter en fonte. Depuis 1810, tout le corps de la charrue fut généralement exécuté en fer. Les principales modifications de l'araire d'Ecosse sont les suivantes :

L'araire écossaise de Small se distingue particulièrement par la grande concavité de son versoir. — Nous la représentons ici telle qu'elle a été employée par THAER. — A (*fig.* 228), le coutre ; —*a*, poignée au moyen de laquelle il est fixé dans l'age par deux coins ; —G, tige de fer mobile, taraudée à sa partie supérieure ; elle traverse un piton en fer fixé sur l'age et est surmontée d'un écrou au moyen duquel on peut changer la direction du coutre et le maintenir solidement sans avoir besoin de serrer fortement les coins. Cette tige *a*, de plus, l'avantage d'empêcher l'engorgement du chaume et du fumier dans l'angle formé par l'age et le coutre ; — F, jambe ou montant assemblé dans l'age au moyen d'un boulon ;— B, soc fixé à frottement seulement sur le pied de la jambe, et qui vient s'unir exactement aux 3 pièces de fer C, D, E ; sa pointe *h* se trouve à 5 lignes plus bas que la semelle; — *c*, pièce de fer qui ne forme qu'un avec la semelle proprement dite; — D, seconde pièce de la muraille; — E, plaque supérieure qui, à sa partie antérieure en *e*,

(1) Dans le département de l'Aude, 1829.
(2) *Journ. de la Soc. d'agriculture de Carcassonne.*

Fig. 228.　　　　　　　　Fig. 229.

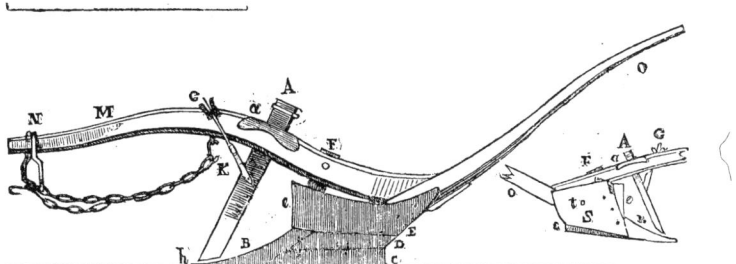

vient embrasser le versoir; — K, crochet où s'accroche la chaîne ·du régulateur; — M, age régulateur avec la chaîne qui vient se fixer par son autre extrémité en K; — O, manche gauche dans lequel l'age est assemblé.

A côté de cette figure, la *fig.* 229 représente, sur une échelle moindre de moitié, la charrue dessinée du côté droit; — en *e*, on voit la pièce E de la figure précédente qui vient embrasser le bord antérieur du versoir, et par le moyen de laquelle le corps de la charrue forme en cet endroit un tranchant aigu; — en B, le soc dont la douille se réunit exactement au versoir; — en S, le versoir entier; — en *t*, la tête d'un boulon, au moyen duquel le versoir est fixé sur le manche.

Le mancheron de gauche, qui, dans sa partie inférieure, est en ligne droite avec l'age, s'incline un peu à gauche à sa partie supérieure.

Cette disposition a pour but de placer le conducteur plus directement en face de la pointe de la flèche, afin qu'il juge mieux de ses variations. — Ce mancheron reçoit l'extrémité antérieure de l'age et se prolonge au-dessous jusqu'à la semelle; — le second mancheron s'écarte obliquement à droite; c'est lui qui reçoit le versoir; il se trouve uni au mancheron de gauche au moyen d'une forte cheville fixée à environ 3 pouces (0^{m}081) du sommet de l'angle formé par leur union, et d'une verge boulonnée qui lui donne environ 15 po. (0^m 406) d'écartement à 2 pieds environ (0^m 650) de cette même cheville.

Dans cette charrue, le fer de semelle *c*, la jambe F, les deux pièces de la muraille D, E, et le versoir sont en fonte.

L'*araire écossaise perfectionnée en France* (*fig.* 230) diffère principalement de la précédente : 1° par la disposition du coutre A qui

Fig. 230.

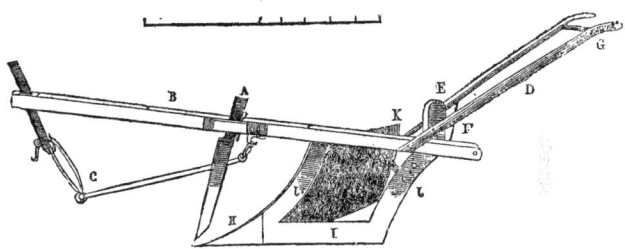

est fixé au moyen d'une fausse mortaise sur le côté gauche de l'age; — 2° par l'absence des pièces de la muraille; — par la non-courbure de l'age B, — et par le mécanisme différent du régulateur C, qui est ici à équerre : sa branche verticale sert à régler l'entrure et sa branche horizontale la ligne de tirage; cette dernière branche est dentée de manière à recevoir et à fixer plus ou moins à droite l'anneau portant à son extrémité le crochet où l'on attache le palonnier. — Le mancheron D s'éloigne beaucoup plus que l'autre de la ligne droite; il est fixé solidement, au moyen d'un boulon, contre l'age, d'un tenon contre le billot E, et d'une tringle de fer F boulonnée d'une part à sa face inférieure, et

de l'autre sur l'extrémité de l'age. — Le mancheron de gauche est boulonné contre l'age et le billot. Tous deux sont réunis par une traverse G. — Le soc H forme avec la gorge et le versoir une courbe régulière. — La semelle I, les montants *JJ* et le versoir K sont en fonte. Ce dernier, dont la courbure est très-prononcée, est attaché en avant à l'étançon ou montant antérieur dans toute sa hauteur; en arrière il est fixé par un arc-boutant en fer, boulonné sur le montant postérieur.

Une autre araire anglaise (*fig.* 231), dont nous ignorons l'inventeur, a été figurée par M. Boitard dans sa Collection d'instrumens aratoires. Elle est particulièrement propre aux labours des terres légères. L'age A est

Fig. 231.

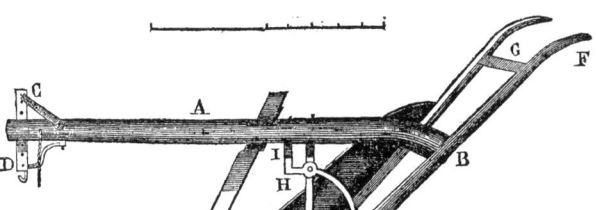

courbé à sa partie postérieure, qui est ajustée à tenon et à mortaise dans le manche B, comme dans l'araire de Small. — Une bride C tournant à l'extrémité de la flèche, au moyen d'une cheville de fer, sert de régulateur. — Une clavette de fer D, que l'on place dans un des trous de sa partie supérieure, suffit pour la maintenir et fixer la ligne de tirage.— Le degré d'enfrure se détermine en accrochant la chaine du palonnier à un des trous plus ou moins élevés du devant de cette même bride C. —Les deux mancherons se rapprochent beaucoup sans se joindre à leur partie inférieure,où ils sont maintenus, comme on voit en E, par une verge de fer.— Le mancheron B s'appuie sur la semelle où il est boulonné; — le mancheron F est attaché contre le versoir; — l'un et l'autre sont consolidés à une certaine distance de leur extrémité supérieure, par une traverse G. — Le soc, la semelle et le versoir sont en fonte. — Le corps est en fer battu; il est formé de deux fortes bandes boulonnées à la flèche. La principale et la plus forte H descend verticalement jusqu'à la hauteur du versoir, puis elle se courbe pour aller s'y attacher, ainsi qu'au soc. La seconde I se fixe solidement sur la première et vient s'attacher au sep à la même place que le manche. L'araire de *Wilkie* (*fig.* 232), que M. LOUDON

Fig. 232.

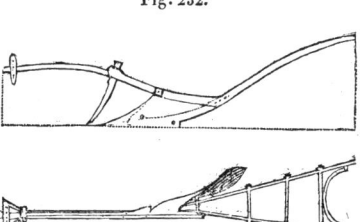

considère comme la meilleure charrue écossaise, est entièrement en fer, à l'exception de l'extrémité des manches. Ce qui la distingue particulièrement,c'est la longueur et la concavité remarquable de son versoir, qui a été disposé de manière à retourner complètement la bande de terre dans les sols légers et très peu consistans. — La figure que nous extrayons de l'*Encyclopedia of agriculture* donne une idée de la forme de cette araire, sans faire suffisamment connaître les détails de sa construction.

Les *charrues simples de Finlayson* ont été construites d'après les mêmes principes. — L'une d'elles, *fig.* 233, est remarquable par la

Fig. 233.

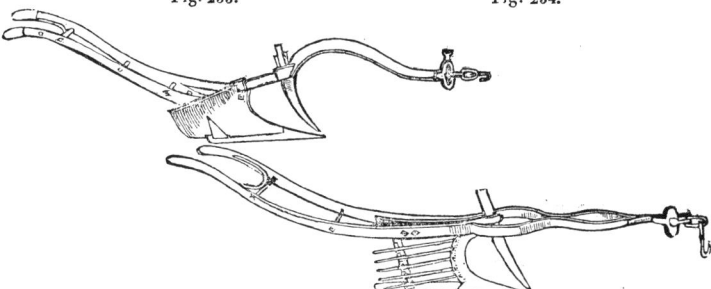

Fig. 234.

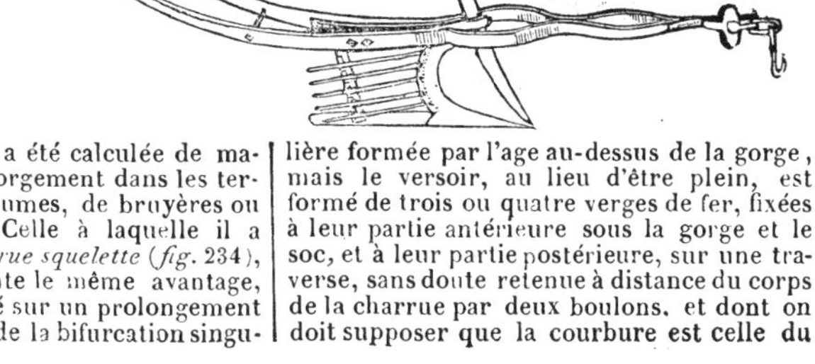

courbure de l'age, qui a été calculée de manière à éviter tout engorgement dans les terrains couverts de chaumes, de bruyères ou d'autres végétaux. — Celle à laquelle il a donné le nom de *charrue squelette* (*fig.* 234), non seulement présente le même avantage, son coutre étant porté sur un prolongement particulier au milieu de la bifurcation singu-

lière formée par l'age au-dessus de la gorge, mais le versoir, au lieu d'être plein, est formé de trois ou quatre verges de fer, fixées à leur partie antérieure sous la gorge et le soc, et à leur partie postérieure, sur une traverse, sans doute retenue à distance du corps de la charrue par deux boulons, et dont on doit supposer que la courbure est celle du versoir ordinaire. Par ce moyen, l'instrument ne présentant tout au plus qu'un tiers de la surface des autres araires, peut labourer avec facilité les argiles les plus tenaces. Il a

été éprouvé, dit-on, avec succès dans le comté de Kent.

L'*araire américaine* (*fig.* 235) réunit à une grande simplicité d'exécution toute la légère-

Fig. 235.

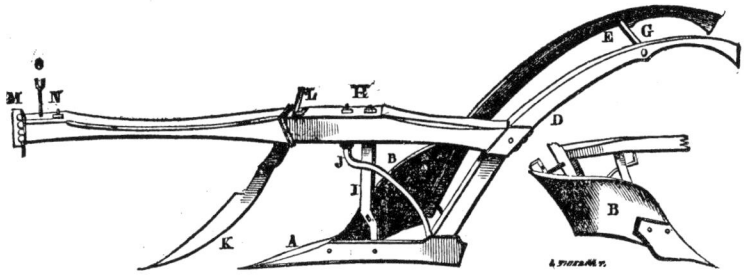

té et la solidité désirables.—A, soc de rechange ajusté et fixé sur le versoir au moyen de deux boulons ; — B, versoir à la Jefferson ; — C, sep étroit et mince, élargi en dedans à sa partie inférieure par un rebord. Ces trois parties sont en fonte ; — D, mancheron gauche fixé sur le sep par un boulon ; — E, mancheron droit réuni à celui de gauche par deux, traverses inférieures FF et une traverse supérieure G. On lui donne une courbure telle, que le versoir s'applique exactement et se fixe à sa partie inférieure à l'aide de deux écrous ;— H, age fixé au sep au moyen d'un étançon antérieur en fer I; d'une entretoise J, et du mancheron gauche D, dans lequel il est assemblé à mortaise ; — K, coutre coudé à gauche et placé au milieu de l'age, où il est maintenu par un coin et une bride annulaire L ; — M, régulateur fixé en N par un boulon qui lui sert d'axe, et maintenu dans la direction de l'age par la clé O, destinée d'autre part à serrer les écrous. Quand on veut obtenir plus ou moins de largeur de raie, on dirige à droite ou à gauche ce même régulateur, qui est empêché de reprendre sa direction première par la même clé qui traverse l'age. Le régulateur porte des crans dans lesquels se loge l'anneau d'attelage. Cette araire est du prix de 100 fr.

ART. IV.—*Des araires à support et à roue.*

Entre les araires proprement dites, qui n'ont aucun point d'appui sur le devant, et les charrues à avant-train distinct, monté sur deux roues, viennent naturellement se placer *les araires à support fixé sous l'age*, c'est-à-dire à roue ou à sabot.

Ce support, de construction variable, comme on pourra en juger à l'inspection des figures de cet article, est formé le plus souvent d'une tige qui traverse la haye dans une mortaise pratiquée à cet effet, dans le sens de sa longueur et non loin de son extrémité antérieure. Cette tige, susceptible de se mouvoir de bas en haut ou de haut en bas, pour augmenter ou diminuer l'entrure du soc, et qu'il est facile d'arrêter au point voulu au moyen d'un simple coin, se termine inférieurement par une sorte de sabot, ou mieux par une roue. — Dans l'un ou l'autre

cas, cet appareil est si léger qu'il n'ajoute pas sensiblement au poids dû reste de la charrue.

Le reproche le plus grave qu'on ait dû lui faire, c'est qu'il peut en certaines circonstances, comme les avant-trains, augmenter, la résistance en occasionant une décomposition de force ; mais, outre que cet inconvénient bien réel n'est pas irrémédiable, en pratique il est, lorsqu'il existe, infiniment moins sensible que dans les avant-trains à deux roues ; — ceux-ci, en effet, reposent toujours plus ou moins pesamment sur le sol, de sorte que, quand ils forment un angle dans la ligne du tirage, cet angle est invariable ; — avec le seul support dont nous parlons, au contraire, le sabot rase le plus souvent le sol, plutôt pour indiquer au laboureur la profondeur à laquelle il doit se tenir, que pour lui procurer un point d'appui ; et s'il lui en sert parfois pour reprendre la raie, lorsque la charrue a éprouvé un dérangement quelconque, alors on ne peut se dissimuler que cet inconvénient accidentel est compensé par la facilité et la régularité du travail. — En somme, l'addition du support, en des mains peu exercées, rend la direction des araires beaucoup plus aisée ; aussi l'usage s'en est-il perpétué dans ceux de nos départemens du nord que l'on peut regarder comme les mieux cultivés, et ne sommes-nous pas surpris de les avoir trouvés, depuis quelques années, dans le centre de la France, chez divers propriétaires dont les garçons de charrue, habitués aux avant-trains, n'arrivaient pas à une assez grande régularité avec l'araire de Roville.

§ Ier. — Araires à sabot.

La charrue la plus généralement employée dans le nord de la France et la Belgique, sous le nom de *Brabant*, et, sans nul doute, l'une des meilleures connues en Europe, appartient à la division des araires à une roue ou à un support. Son soc A (*fig.* 236) se confond par sa courbure avec le versoir C. — Le sep B est en bois, garni de deux plaques de fer à sa partie inférieure et latérale gauche pour faciliter le glissement. — Le versoir C, en fer forgé, est rivé par-devant sur

Fig. 236.

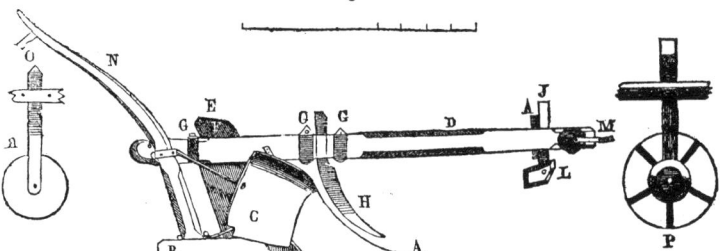

un lien soudé au soc et maintenu postérieurement par deux étançons qui prennent leur point d'appui, l'un sur le sep et l'autre sur la haye. — Celle-ci, D, est unie au sep par le plateau E au moyen de 3 chevilles F; elle est consolidée, de plus, par les brides GGG. — Le coutre H est maintenu par un coin.— Le support J sert à déterminer l'entrure au moyen du coin A qui le maintient solidement à la hauteur désirée, et du sabot L qui glisse sur la terre à la partie postérieure, et qui se relève à la partie antérieure afin de ne pas entraîner les fumiers longs.—Le tétard M, vu ici de profil, a été reproduit horizontalement, p. 176, fig. 219. Les trous servent à suspendre le palonnier; il est évident que plus on le fixe à droite, plus la tranche s'élargit. Le manche unique N reçoit près de son sommet un mancheron O sur lequel peut se porter accidentellement la main droite du laboureur.

Dans divers lieux, on remplace le sabot par une roue P ou R (détails de la *fig.* 236), qui joint à l'avantage de ne jamais entraîner le fumier, celui de produire un moindre frottement.

D'après les essais qui ont été faits par ordre de la Chambre d'agriculture de Savoie, la charrue Brabant, construite par MACHET, d'après des principes qui ne diffèrent pas essentiellement de ceux que nous venons de faire connaître, paraîtrait conserver une supériorité incontestable sur la plupart des autres, dans les terres très-fortes et pour les labours profonds. — Au dire du rapporteur, elle remonte la terre même sur les pentes de 14 à 16 pouces (0ᵐ 379 à 0ᵐ 433) par toise (1ᵐ 949); les récoltes sont aussi belles sur le sol qu'elle relève que sur le terrain inférieur; et il est d'autant plus utile de l'employer dans les pays montueux, qu'elle ne dégarnit point le haut des collines, replaçant toujours au second labour la terre qui a été déplacée au premier.

Cette charrue soulève, à l'aide de deux bœufs et d'un cheval, dans les circonstances les plus difficiles, une bande de terre de 11

à 12 pouces (0ᵐ 298 à 0ᵐ 325) de largeur, sur 8 à 9 (0ᵐ 217 à 0ᵐ 244) de profondeur.

La charrue Brabant à maillet (*fig.* 237), qui a fixé particulièrement l'attention du jury

Fig. 237.

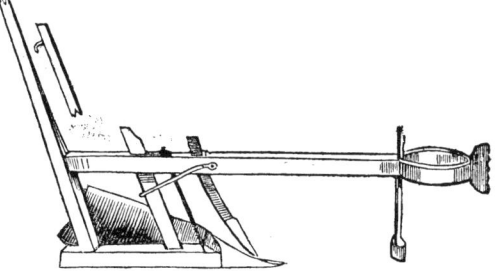

lors d'un concours récent qui a eu lieu dans le département de l'Aisne, où elle était essayée pour la première fois, attelée d'un seul cheval d'une valeur de 250 à 300 fr., a donné, à 3 ½ po. (0ᵐ 095), un labour excellent. A 6 po. (0ᵐ 162), quoique son travail fût moins parfait, il n'en a pas moins été jugé fort bon.

Le petit Brabant n'est pas monté pour pénétrer généralement à plus de 4 po. (0ᵐ 108) dans la terre. Cependant on peut lui donner jusqu'à 6 po. d'entrure (0ᵐ 162) et 8 po. (0ᵐ 217) de raie. — La simplicité, la modicité de son prix (34 à 40 fr. avec les accessoires), la légèreté, l'excellent labour qu'il donne, sont autant de précieux avantages qui le recommandent dans la petite culture.

Le Brabant à maillet est d'un grand usage dans la Flandre, où la culture est très-divisée. Lorsque le conducteur est parvenu à maintenir le cheval toujours à la même distance de la raie, la conduite en est facile et peu fatigante. — Avec une raie de 5 à 8 pouces (0ᵐ 135 à 0ᵐ 217) de largeur, il laboure de 40 à 60 verges (17 à 20 ares) par attelée de 6 heures de travail.

Le petit Brabant diffère particulièrement de celui que nous avons décrit avant lui, par la plus grande légèreté de sa construction, la forme moins élevée et plus alongée de son versoir, et celle de son support, que nous croyons moins propre à remplir convenablement sa destination, c'est-à-dire à régler l'entrure en glissant au besoin sur le sol avec le moins de frottement possible.

§ II.—Araires à une roue.

L'araire à roue de F. E. MOLARD est remarquable par le mécanisme ingénieux de

son régulateur, qui permet de fixer avec une
extrême facilité la largeur, la profondeur de la
raie, et le point d'attache des animaux de trait,
de manière à obtenir la moindre résistance
possible. Un cadre en fer AAA (*fig.* 238), mobile au point B sur un boulon à écrous qui

Fig. 238.

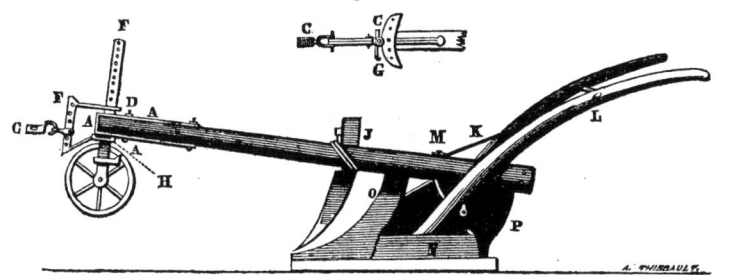

lui sert d'axe, porte tout le mécanisme. — A
l'extrémité de l'age est une plaque en fer CC
percée de trous (*voy.* les détails), de manière
à recevoir plus à droite ou plus à gauche la
cheville mobile D qui sert à arrêter le régulateur horizontal au point voulu. — Au bout
du cadre sont placés le régulateur vertical E
et la bride F, qui tournent dans la même
direction que lui, et qui servent : le premier
à régler l'entrure au moyen de la cheville G
(détails)qui le traverse ainsi que la pièce de fer
H, ce qui permet à la roue de se mouvoir de
haut en bas et de se porter latéralement sur
la ligne de tirage; la seconde à déterminer
convenablement la ligne de tirage à l'aide du

crochet. Les autres parties de la charrue
n'offrent de remarquable que l'anneau J qui
donne plus de solidité au coutre, et la barre
de fer K qui ajoute à la force du mancheron
gauche L. Ce dernier s'appuie à mortaise sur
le sep ; il est fixé sur le devant par un écrou
et sur le derrière par le boulon servant d'é-
tançon ou de montant postérieur M. — Le
mancheron de droite s'appuie contre le versoir et aboutit également au sep. Le soc N,
le corps de la charrue O, et le versoir P, sont
en fonte.

La grande araire écossaise à défoncer (*fig.*
239) est, sous divers points de vue, un des
meilleurs modèles jusqu'à présent connus.

Fig. 239.

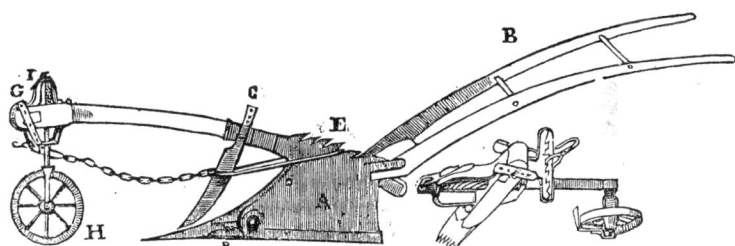

— Elle se compose d'un corps en fonte A, auquel se fixent: 1° les mancherons B, au moyen
de simples boulons; 2° le coutre C, dans une
coutelière, et 3° l'un des socs de rechange D,
de la manière précédemment indiquée (*voy.*
page 171, *fig.* 197). Ce même corps A porte à sa
partie supérieure des crans E destinés à recevoir et à maintenir la chaîne de tirage F,
dont on varie la position, selon la profondeur
du labour, en la plaçant à différens crans.—
L'extrémité de l'age s'adapte, ainsi que l'indiquent mieux les détails de la figure, à une roue
H, dont l'axe est coudé de manière qu'elle
puisse marcher toujours sur le bord du sillon ;
on élève plus ou moins cette roue pour régler
la profondeur de la raie, à l'aide d'une vis à

écrou I. — Au point G se trouve un régulateur horizontal propre à recevoir le crochet
de tirage.

Cette araire, ainsi que nous avons déjà
trouvé l'occasion de le dire ailleurs (*voy.*
page 174, *fig.* 210), se fait remarquer par la manière dont le versoir est fixé. — Toutes les
parties frottantes dont elle se compose sont
de rechange, et nous pouvons affirmer, d'a-
près les expériences faites dans une ancienne
allée de tilleuls du jardin de l'hôtel Vaucan-
son, qu'elle est à l'épreuve de la force de 8
forts chevaux. — Avec les 3 socs de rechange
elle est du prix de 200 fr.

*Araire à une roue et à treuil d'*AUBERT.
— Pour mouvoir les énormes charrues aux-

quelles les Anglais ont donné le nom de charrues-taupes, parce que, comme ces animaux,
elles creusent des espèces de galeries souterraines, on a dû demander aide non plus à un
simple attelage, mais à des câbles et à des
manéges. Un cultivateur français, Aubert, de
Château-Arnoux, qui, peut-être, n'avait pas
connaissance de ce fait, a cherché récemment
à appliquer le même moyen aux labours ordinaires.

La mécanique dont il se sert pour labourer les quelques arpens qui composent son
modeste patrimoine, se compose de deux
plateaux de chêne d'une égale dimension, attachés l'un sur l'autre à leur extrémité, par
quatre pieds solides. — La longueur des plateaux est de 5 ᵐ 50, leur largeur de 0ᵐ10, et la
hauteur ou vide de l'un à l'autre de 0 ᵐ 50.
— Au centre de ces plateaux se trouve placé
un treuil, de 0 ᵐ 35 d'épaisseur, mû par un
axe de fer portant une douille qui s'élève au-
dessus des plateaux, et dans laquelle on introduit un levier de 3 ᵐ 33 de longueur, avec
un palonnier à son extrémité. — Autour du
treuil se roule une corde d'un diamètre assez
fort pour entraîner la charrue à la distance de
50 à 100 ᵐ. — Sur les plateaux sont percés
des trous dans lesquels on introduit successivement un cylindre de fer qui sert d'axe à une
poulie libre montant et descendant sur cet
axe pour rouler la corde autour du treuil. —
Quatre roues très-basses sont adaptées au

bout de cette mécanique pour faciliter son
transport d'un lieu à l'autre. Dès qu'elle est
fixée sur un point, on conçoit que l'araire
puisse être entraînée, sans de grands efforts,
d'un bout du sillon à l'autre; et que, reportée chaque fois sur un léger chariot à l'origine d'un nouveau sillon, à l'aide d'un cheval ou d'un âne qui peut servir ensuite à faire
mouvoir le treuil, elle recommence successivement le même travail. — A chaque deux
sillons on change de trou l'axe avec sa
poulie.

D'après le rapport qui a été fait au conseil
général des Basses-Alpes, cette araire employait 12 minutes pour creuser un sillon de
37 à 40 c. de profondeur et 33 c. de largeur,
sur une longueur de 50 mèt.; — elle perdait 8
minutes pour recommencer le travail.

Jusqu'ici une telle innovation ne paraît
donc pas présenter d'avantages dans la pratique générale des labours; toutefois, elle
est, comme tous les procédés nouveaux,
susceptible de perfectionnemens qui pourront la rendre fructueuse, et, sous ce rapport, nous avons cru devoir l'indiquer ici
sommairement.

§ III.—Araires à deux roues.

La charrue Rosé, *montée en araire (fig.*
240), est une de celles qui ont obtenu le plus
de succès dans les divers concours qui ont

Fig. 240.

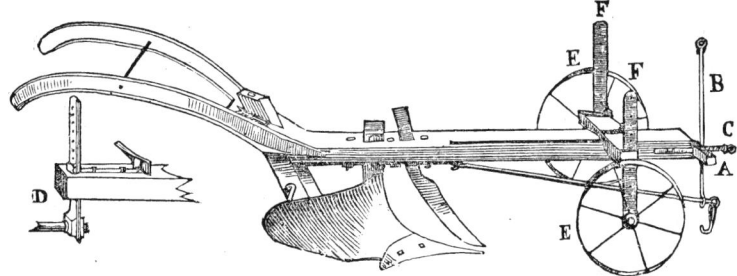

eu lieu depuis un certain nombre d'années
aux environs de Paris et ailleurs. Il suffit de
dire qu'elle a remporté 16 fois le prix en concurrence avec les meilleures charrues, pour
faire son éloge aux yeux des praticiens.

A la seule inspection de la figure, on peut
juger qu'elle est construite de manière à agir
comme araire simple ou comme araire à support. — En effet, si l'on supprime par la
pensée ce support, on voit une araire avec
son double régulateur horizontal A et vertical B, disposés de manière qu'on peut régler
l'entrure et la largeur de la raie avec une
grande facilité, en faisant mouvoir la tige B
de haut en bas ou de gauche à droite, et en
l'arrêtant au point voulu par la vis de pression C. — Chaque roue EE, portée, au lieu
d'essieu, sur une tige percée de trous FF,
peut s'abaisser ou s'élever en même temps
que sa voisine, de manière à faire piquer plus
ou moins la charrue, ou se mouvoir indépendamment de l'autre afin de maintenir le

parallélisme de l'instrument dans les terrains
en pente ou les labours en billons. Chacune
de ces tiges est maintenue à la hauteur désirée par un simple verrou fixé dans le châssis qui unit le support à l'age, ainsi que le
représente le détail D.

Ajoutons que le coutre, incliné dans une
mortaise percée au milieu de l'age, est
maintenu dans sa position par une vis de
pression adaptée à la gauche de l'age; — que
le soc, fixé par deux écrous seulement, peut
s'enlever et se remettre avec une très-grande
facilité, ainsi que le versoir et même le sep.
Dans cette charrue tout le corps est en
fonte.

M. Rosé, pour satisfaire à tous les besoins,
a adopté dans ses fabriques 4 modèles de
grandeurs différentes: le 1ᵉʳ, du prix de 50 f.
sans avant-train et de 75 f. avec avant-train;
— le 2ᵉ, de 65 ou de 95; — le 3ᵉ, de 70 ou de
100; — le 4ᵉ, enfin, de 80 ou de 110. Les versoirs, les socs et les seps de ces différens mo-

dèles se vendent séparément, savoir, les 1ers au prix de 12 à 22 f., les seconds de 1 f. 25 c. à 1 f. 50 c., et les séps de 3 f. 75 c.

L'araire à roues ou charrue simple proposée par M. CHATELAIN (*fig.* 241) diffère

Fig. 241.

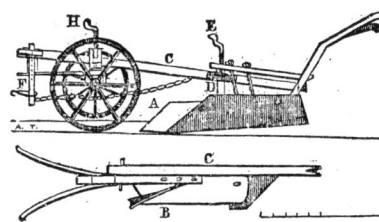

beaucoup dans son ensemble de toutes les charrues jusqu'ici employées. — Au coutre ordinaire, qui présente un levier dont le bras de résistance est démesurément long relativement à celui de la puissance, puisque ce dernier est compris en entier dans l'épaisseur de l'age, M. CHATELAIN a substitué une aile du soc A qui se relève comme dans le soc Hugonet.—Le soc, entièrement plat, est placé sous la semelle, de manière qu'il n'est ni relevé par elle à son extrémité postérieure, ni recouvert sur aucun point par le versoir B. — Le côté inférieur du versoir est une ligne droite également distante du centre de la machine sur toute sa longueur, tandis que le côté supérieur forme un angle de 36 degrés à peu près aussi dans sa longueur; de manière que le côté droit de la bande de terre ne change pas de place, tandis que le côté gauche se soulève, se dresse, et enfin se renverse toujours progressivement, sous un même angle, depuis le commencement jusqu'à la fin.

En adoptant cette nouvelle disposition, M. CHATELAIN a encore eu en vue que le versoir ne saisit la terre que quand elle est entièrement coupée horizontalement et verticalement par le soc-coutre. — La haye C est attachée à l'endroit de l'assemblage des mancherons par un boulon, tandis qu'une barre de fer D, qui glisse dans une coulisse fixée sur la face droite de cette même haye par deux écrous, empêche la charrue de s'écarter à droite ou à gauche. — Enfin, ce qui caractérise plus particulièrement encore cette charrue, c'est le moyen de régler sa marche et de la maintenir en équilibre à l'aide d'un triple régulateur; une vis E, qui vient s'appuyer sur un mentonnet adapté à la coulisse dont nous venons de parler, sert à prendre plus ou moins de profondeur. En descendant la vis, on oblige le sep à descendre, et on occasione une pression sur les roues; en l'élevant on fait remonter le talon et on soulève les roues. La charrue est d'aplomb quand la semelle ne tend pas à quitter le sol et qu'elle n'exerce aucune pression au fond de la raie en même temps que les roues ne font qu'effleurer la terre.—Pour que cette condition puisse subsister dans tous les cas, les divisions de la vis E et celles du régulateur vertical F doivent être en rapport

entre elles et indiquer des mesures relatives et exactes de profondeur. Il est de plus nécessaire que le constructeur fasse connaître, d'après les dimensions des diverses pièces de l'instrument, la longueur des traits des chevaux; et, cette longueur devenant fautive avec des chevaux de taille plus ou moins haute, il donnera avec la charrue un barème qui indiquera la longueur du trait pour chaque centimètre de différence en hauteur des chevaux; ces traits devenant plus courts à mesure que les chevaux sont moins élevés.

— A l'aide du régulateur et de la vis, non seulement il est facile de conserver à la charrue son aplomb de l'avant à l'arrière, de manière que, sauf les obstacles accidentels, on peut la faire marcher sans la tenir; mais on peut encore, et c'est un point fort important, faire toujours passer la puissance sur le régulateur en ligne parfaitement droite avec le centre de la résistance, de manière à utiliser pour la traction toute la force de l'attelage. — La sellette s'inclinant à droite ou à gauche, on obtient une raie plus ou moins large à l'aide d'une vis H et du régulateur horizontal.

Quoique la charrue Chatelain, d'invention toute récente, n'ait encore, pensons-nous, été exécutée qu'en modèle, nous croyons que ce qui précède est de nature à intéresser, à certains égards, les agriculteurs, qui s'occupent de nos jours, plus qu'on ne l'a fait depuis bien long-temps, des perfectionnemens dont est encore susceptible le premier de nos instrumens aratoires.

ART. V. — *Des charrues à avant-train.*

Autant au moins que les araires, les *charrues à avant-train* ont été perfectionnées dans les temps modernes. On pouvait croire qu'à mesure que les premières se répandraient sur divers points de la France, les autres, délaissées de proche en proche, auraient de moins en moins l'attention des cultivateurs et des fabricans. Cependant, si l'on en juge par les faits, notamment d'après les concours qui ont eu lieu récemment dans les départemens voisins de celui de la Seine, il n'en est pas ainsi. — La nécessité presque absolue de recourir aux charrues à avant-train en des circonstances assez nombreuses;—la facilité plus grande qu'elles présentent pour le travail à la généralité des laboureurs, et l'espérance de parer, par une meilleure construction, à la plupart des inconvéniens qui les avaient fait condamner en théorie, ont tourné de ce côté les vues des agronomes et des mécaniciens. Mieux éclairés qu'autrefois sur la direction qu'ils devaient suivre, ils ont cherché, tout en conservant à ces charrues leurs avantages, à les rapprocher le plus possible des araires sous le point de vue d'un moindre tirage, et nous verrons, dans ce qui va suivre, que leurs efforts n'ont pas été sans succès.

Dans sa composition la plus simple, l'*avant-train d'une charrue comprend* ordinairement deux roues de diamètre égal ou inégal et l'essieu qui les unit;—un support quelconque attaché à ce même essieu, et qui est destiné à recevoir et à maintenir plus ou moins fixement l'age ou la haye;—enfin un timon presque toujours prolongé postérieurement à l'essieu. Il reçoit d'un côté la·chaîne·qui·unit l'arrière à l'avant-train, et sert antérieurement d'intermédiaire entre la charrue et le point d'attache des animaux de trait. Mais la plupart de ces parties varient tellement de forme et de nom, que nous nous réservons de parler de leurs principales modifications en traitant de chacune des meilleures charrues à avant-train en particulier.

Donner une *description de toutes les charrues* des divers départemens de la France ; — de celles seulement que nous avons été à même d'apprécier dans la pratique de différentes localités, ou dont nous avons distingué les modèles dans nos collections, ce serait entreprendre un travail plus curieux qu'utile, et beaucoup trop vaste pour un ouvrage de la nature de celui-ci. Ce n'est pas que, chemin faisant, nous ne dussions trouver çà et là de bonnes choses ; mais, dans l'impossibilité de dire tout ce qui est bien, nous chercherons à résumer ·ce que nous regardons comme le mieux.

C'est ainsi que, remontant d'abord aux charrues déjà anciennes qui ont à juste titre conservé leur réputation au milieu d'innovations récentes, nous citerons la charrue Guillaume, celle de Brie perfectionnée, la charrue champenoise, etc.; que, passant ensuite aux charrues plus modernes, nous ferons connaître celles de MM. Mathieu de Dombasle, Pluchet, Grangé, etc., réservant pour la fin de ce paragraphe les charrues à deux versoirs, les charrues tourne-oreilles, et les charrues, trop peu répandues peut-être, à plusieurs socs.

§ 1ᵉʳ.—Des·charrues à avant-train à versoir fixe.

La charrue GUILLAUME, représentée ci-dessous (*fig.* 242), se fait distinguer des anciennes charrues à avant-train, principalement par la

Fig. 242.

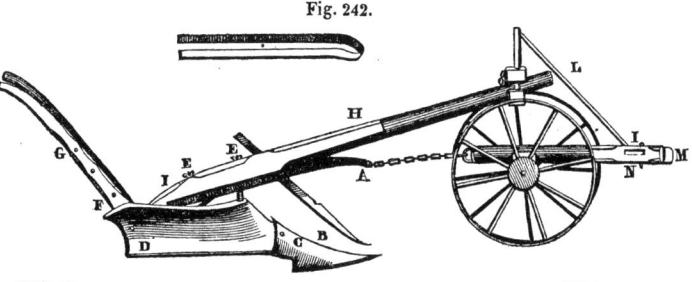

direction donnée à la ligne de tirage. Elle a obtenu, en 1807, de la Société centrale de Paris, un prix de 3,000 fr., comme la plus parfaite qui existât alors en France ; ·car, disaient les commissaires, ce qui constitue une excellente charrue, c'est que sa construction soit simple, solide ; qu'elle soit facile à mener ; qu'elle tienne bien dans le sol ; que le soc coupe toute la terre retournée par le versoir ; qu'on puisse labourer à volonté à grosses ou à petites raies, profondément ou légèrement, et qu'elle exige le moins de force possible pour la tirer. Or, la charrue Guillaume a paru remplir toutes ces conditions.

A (*fig.* 242), chignon de fer d'une forme convenable pour être fixé le plus près possible du point de résistance, et à l'extrémité antérieure duquel est attachée la chaîne de tirage. Il est maintenu sur l'age, à sa partie postérieure, par un boulon à écrous ; — B, soc emboîtant le sep et la gorge sur laquelle il est boulonné ; — C, versoir tenu à écartement fixe par une traverse indiquée en D ; — E E E, origine des étançons et de la barre qui joignent le sep à la haye ; celui de derrière reçoit et consolide les manches à l'aide du boulon à écrou F, et de 2 chevilles G G ; — H, age ou haye ; — I, timon sur lequel on peut disposer l'attelage des animaux à volonté ; — J, corps d'essieu au-dessous duquel est fixé un essieu en fer, dont le bout, qui se trouve du côté de la terre non labou-

rée, a 6 po. (0ᵐ162) ae plus que l'autre, pour que les mouvemens de la pointe du soc soient moins sensibles et le train moins versant (*voy*.pour les détails, *p.* 175, *fig.* 214);—K, sellette destinée à supporter le bout de la haye, et dans laquelle on a pratiqué 2 mortaises pour y passer les 2 régulateurs sur lesquels des trous sont disposés de manière qu'on puisse modifier à volonté l'entrure du soc (*voy*. de nouveau la *fig.* précitée, *p.* 175); — L, arc-boutant ; — M, point d'attache des traits ; — N, emplacement d'un palonnier.

La charrue de Brie perfectionnée différerait fort peu de celle de Small si on ne lui avait donné un avant-train, et si on n'avait cherché à la rendre plus légère en simplifiant sa construction.— Elle convient particulièrement au labour des terres fortes.

Le corps de la charrue A (*fig.* 243) est prolongé en col de cygne de manière à recevoir un coutre en fer F, forgé et aciéré, fixé par une vis de pression dans une coutelière en fer. — Le soc G, en fer forgé, est adapté, au moyen d'un boulon, sur le prolongement de la semelle et du sep ; une cavité H (*voy*. le détail) sert à recevoir l'écrou dudit boulon ; — le versoir, de la forme de celui de Small, dont on ne voit en I que l'extrémité postérieure, est fixé sur le corps de la charrue par deux boulons à écrou j j et maintenu dans son écartement par un boulon en fer, rivé sur le versoir, d'une part, et boulonné en K ; — l'age ou la flèche L est réunie au

Fig. 243.

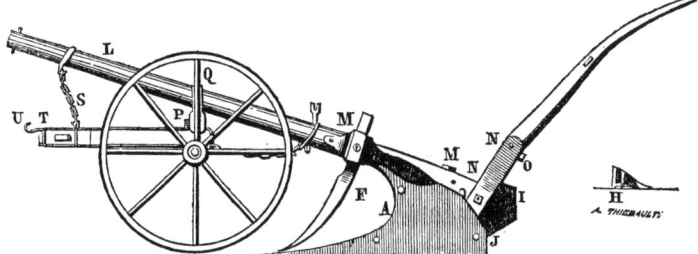

corps de la charrue par 3 boulons M M M ; — le mancheron de droite est assujetti sur le versoir par 2 boulons; celui de gauche est maintenu, comme on le voit, à l'aide des boulons N N et de mentonnets O.

L'avant-train se compose de 2 roues, dont les moyeux sont en fonte, le cercle et les raies en fer forgé; — d'un essieu en bois revêtu en dessous de deux lames de fer qui, à leurs extrémités, lui servent de frête; — d'une sellette en plan incliné P sur laquelle on a pratiqué des trous destinés à recevoir la bride Q qui maintient la direction de la flèche; — d'une chaîne de tirage R qui détermine l'entrure; — d'une chaînette S qui maintient le timon dans une position horizontale; — enfin d'une volée d'attelage indiquée de profil en T, et terminée par un crochet U qui peut servir au besoin à atteler un troisième cheval.

La charrue dite Champenoise diffère surtout de celle de Brie par l'inégalité des roues de son avant-train. Celle de droite, destinée à tourner dans le fond du sillon, doit avoir un diamètre plus grand que celle de gauche, parce que, sur les terrains labourés en hauts billons, s'il en était autrement, chargée de presque tout le poids de la charrue, elle risquerait à chaque instant de culbuter. — Une disposition analogue se retrouve dans la charrue anglaise de Norfolk et dans diverses charrues modernes. — Enfin, dans la fort bonne charrue de M. Rosé, que nous avons dû placer dans le § précédent, les deux roues, de même diamètre, mais indépendantes l'une de l'autre, peuvent s'élever ou s'abaisser tour-à-tour.

La charrue de Roville à avant-train n'étant autre que l'araire Dombasle dont nous avons parlé ailleurs, nous nous bornerons à la description de l'avant-train, qui permet de régler l'entrure du soc et la largeur de la raie avec une très-grande précision, quoique par un moyen différent de ceux qui ont été mis en usage jusqu'à ce jour.

Avec cet avant-train (*fig.* 244), on augmente

Fig. 244.

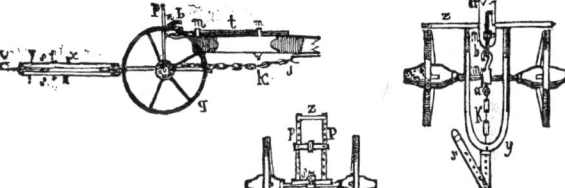

ou l'on diminue la largeur de la raie en faisant varier, à droite ou à gauche, au moyen d'une boîte à coulisse, l'extrémité antérieure de l'age sur l'avant-train; en sorte qu'on peut obtenir toutes les largeurs possibles dans la tranche, sans cesser de faire marcher la roue au milieu de la raie ouverte. La boîte à coulisse dont je viens de parler glisse sur une traverse horizontale où elle se fixe au moyen d'une vis de pression, et cette traverse elle-même s'élève ou s'abaisse à volonté pour régler l'entrure de la charrue. On a néanmoins conservé la chape du têtard, mais c'est uniquement dans le but de donner au laboureur le moyen de maintenir la direction de l'avant-train, lorsqu'on laboure en travers sur une pente rapide; dans tous les autres cas, la chape reste libre sur son axe, et c'est dans la boîte à coulisse et la traverse qui la porte que l'on doit trouver les moyens d'obtenir toutes les combinaisons possibles pour l'entrure de la charrue et la largeur de la tranche.

J, crochet fixé à l'extrémité d'une bande de fer qui garnit la face inférieure de l'age. A ce crochet s'adapte la chaîne *k* liant l'avant-train à la charrue, et sur laquelle se fait le tirage; — *b*, goujon faisant partie de l'avant-train; — *m m*, piton placés sur l'age.

—Dans ces pitons s'emmanche le goujon *b* qui y glisse et tourne librement; — *n*, boîte à coulisse glissant sur la traverse *o*, et se fixant sur cette dernière au moyen d'une vis de pression *a* : la boîte à coulisse *n* est liée au goujon *b* de manière à former, avec ce dernier, un genou, pouvant se plier dans tous les sens, ce qui permet de faire subir facilement à la charrue tous les mouvemens nécessaires; — *o*, traverse supportant la boîte à coulisse. Cette traverse glisse dans un sens vertical le long des montans *p p*, et se fixe à volonté sur ces derniers au moyen de chevilles en fer; — *z*, traverse consolidant les montans *p p;* — *s s*, deux branches formant la chape; — *t*, boulon formant l'axe de la chape; — *u*, boulon formant l'axe du crochet; — *v*, crochet qui reçoit la volée; — *x*, broche en fer servant à fixer la chape à gauche ou à droite, selon le besoin; — *y*, les armons liés à la chape au moyen de l'axe *t;* — *z*, traverse consolidant les branches d'armons; — *q*, rouelles en fer; — *r*, essieu aussi en fer. (*Annales de Roville*, dernière liv.)

Le prix de l'avant-train seul de la charrue Dombasle, qui peut s'adapter à toutes les charrues du modèle de 1832, est de 65 fr.

La charrue PLUCHET (*fig.* 245 et 246) est,

Fig. 245.

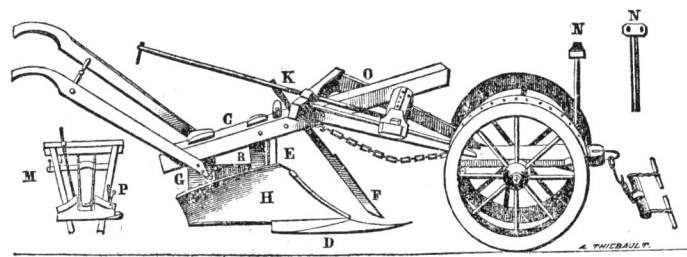

parmi les charrues qui ont concouru depuis quelques années aux environs de la capitale, et notamment à la ferme-modèle de Grignon, une de celles qui ont le plus fixé l'attention des cultivateurs et mérité le plus de prix par la bonté et la facilité du labour.

Le sep (*fig.* 246) est en fonte. Il affleure

Fig. 246.

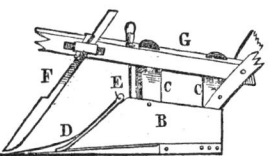

à sa partie gauche un bâtis en bois B qui est, ainsi que lui, fixé aux 2 étançons C C. — A la partie antérieure de ce bâtis se trouve le soc D, retenu à frottement sur le versoir et le sep, et à l'aide d'un crochet E à la partie supérieure de la gorge. — Le coutre F est maintenu dans une coutelière; — les mancherons sont boulonnés l'un et l'autre à l'extrémité antérieure de l'age et sur l'étançon de derrière. — L'age G n'offre aucune particularité.

Le versoir H (*fig.* 245) est en fonte et se distingue par sa longueur proportionnelle.

L'avant-train, d'une forme toute nouvelle, se compose d'un cadre O servant de support à la sellette I; — d'une verge *j* boulonnée dans la sellette d'une part, et retenue par une sorte de collier ou d'écrou K sur la traverse antérieure du cadre susdit. Cette verge étant à vis sur une partie de son étendue, lorsqu'on la fait agir en K, attire ou repousse la sellette sur l'avant-train, de manière à augmenter ou à diminuer l'obliquité de l'age avec le sol, et, par conséquent, à soulever le soc ou à le faire piquer davantage.

Les entailles au moyen desquelles la sellette glisse et se retient sur les 2 branches du cadre, devenant trop larges à mesure qu'elle se rapproche des roues, pour la maintenir fixement M. Pluchet a ajouté un coin qui s'interpose entre elle et la branche droite. — Ce coin, ainsi que la partie correspondante de la sellette, sont percés de trous propres à recevoir une clavette qui les unit invariablement.

La bride de fer L (*V.* les détails) qui embrasse l'age, se termine par une tige de même métal, mobile latéralement dans une mortaise pratiquée sur la branche gauche du cadre O. Cette tige, percée de trous, sert à entraîner l'age et à le fixer, à l'aide de la cheville M, plus à droite ou plus à gauche, ou, en d'autres termes, à déterminer le plus ou moins de largeur de la raie. La tige N, vue de trois quarts dans le détail N, sert à maintenir les traits à une certaine hauteur, pour la plus grande commodité du laboureur.

Cette charrue, que nous avons vue fonctionner avec succès dans des terres difficiles et compactes, construite avec plus de légèreté, quoique d'après les mêmes principes, est particulièrement propre aux labours des sols de moyenne consistance. Parmi les six charrues dont M. Pluchet fait un usage journalier chez lui, à Trappes, il en est une qui, depuis trois semaines, à l'aide d'un seul cheval, et sans que celui-ci paraisse nullement fatigué, retourne chaque jour un demi-hectare, en prenant une bande de terre de faible profondeur. La charrue Pluchet, depuis un an, se répand de plus en plus dans le département de Seine-et-Oise.—Son prix est de 130 fr. avec des balances pour la conduire aux champs, et de 125 fr. avec un seul palonnier.

La charrue GRANGÉ (*fig.* 247) se distingue d'une manière tranchée de toutes les autres charrues à avant-train :

1° Par le levier A, attaché d'une part à l'a-

Fig. 247.

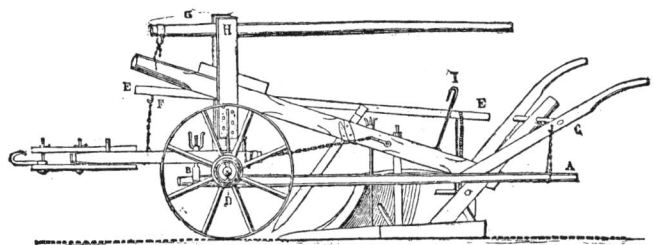

vant-train en B, et de l'autre au mancheron gauche en C, au moyen de deux chaînettes que l'on peut serrer de manière que ledit levier appuie fortement sous l'essieu en D. Dans l'état de repos, les choses étant ainsi disposées, le levier, en pesant sur l'armon, tend à en abaisser la partie antérieure. — Dès que les animaux de trait sont en marche, le contraire arrive ; c'est-à-dire qu'ils relèvent, avec cette partie de l'avant-train, l'extrémité B de la perche ; que celle-ci, maintenue sous l'essieu, abaisse par conséquent le mancheron, faisant ainsi l'office du laboureur pour maintenir la charrue à sa profondeur dans la raie.

2° Par le levier E, attaché antérieurement à droite du timon, postérieurement à la traverse du versoir où à la droite de l'age, et maintenu le long du montant droit de la sellette. Ce levier, qui n'agit que lorsque les animaux de trait ne marchent pas, équilibre alors l'action de la perche A et empêche le palonnier de toucher la terre lorsque la charrue s'arrête pour tourner à la fin de chaque sillon. Dès qu'elle a repris la direction voulue et que les chevaux relèvent de nouveau les armons, la chaînette F se détend et le premier levier agit seul. — Plus tard on a rendu inutile ce second levier en prolongeant cette chaînette et en la fixant directement à l'age.

3° Par un troisième levier G, dont l'action, indépendante des deux premiers, n'a pour but que de soulever la pointe du soc lorsqu'on tourne la charrue au bout de chaque raie. Il est fixé sur le devant à la partie antérieure de l'age, et disposé de manière à basculer au point H des montants de la sellette. — Pour obtenir l'effet voulu, il suffit donc d'accrocher ce levier en I.

De cette triple addition résultent évidemment deux grands avantages : — Le travail de l'homme qui tient la charrue est sensiblement diminué, parfois nul ; — le levier A, en liant d'une manière fixe les deux parties de cette charrue et en rejetant presque tout le poids de l'avant sur l'arrière-train, la transforme en une araire véritable à roues modératrices, dont il devient l'age, et la résistance se trouve ainsi sensiblement diminuée. Aussi, d'après les expériences dynamométriques faites à Grignon, la charrue Grangé n'a-

t-elle donné que 6 à 8 kilog. de plus de tirage que les araires de cet établissement.

Ce n'est pas tout : enhardi par ses premiers succès, M. Grangé a voulu obtenir encore plus. Non content d'avoir simplifié beaucoup le travail du laboureur, il a cherché à le rendre inutile partout ailleurs qu'à l'extrémité des sillons, ou, en d'autres termes, à obtenir une charrue qui se maintînt seule dans la raie. — En théorie, il ne fallait pour cela, une fois l'entrure réglée, que maintenir le soc dans son horizontalité et sa direction première, et le moyen d'y arriver c'était de fixer invariablement l'age à son point de jonction sur la sellette. Il le fit donc carré à cet endroit, le plaça entre deux forts montans, également carrés, et le lia de plus à l'aide de deux chaînes au lieu d'une, de sorte qu'il ne pût s'incliner ni à droite ni à gauche qu'avec l'avant-train. Toutefois cette dernière innovation, dont il serait injuste de ne pas reconnaître le mérite, présenta aussi en pratique d'assez graves inconvéniens.

Si la charrue labourait dans un terrain parfaitement plane à sa surface et homogène dans sa composition, de manière qu'aucune butte, aucune sinuosité ne pût élever ou abaisser une des roues plus que l'autre, et qu'aucune racine, aucune pierre ne vînt déranger la direction du soc, il n'est pas douteux que le but de l'inventeur eût été parfaitement et complètement rempli. Malheureusement, il en arrive assez souvent autrement, et alors, non seulement cette charrue ne peut marcher régulièrement seule, mais l'homme qui veut la maintenir éprouve autant, au moins, de difficultés qu'avec une charrue ordinaire. Cette difficulté augmente en raison de la légèreté du sol et du peu de profondeur du labour ; car alors, ainsi que l'attestent trop bien les essais faits aux environs de Paris, la charrue Grangé, n'étant pas maintenue en terre par la cohésion ou l'épaisseur de la bande, dévie d'un côté sur l'autre au moindre obstacle et peut à peine tenir en raie. — Dans les sols plus consistans, un pareil inconvénient est moins sensible et moins fréquent. Là il est certain que le laboureur peut souvent marcher, les bras croisés, derrière la charrue ; mais, à moins de circonstances particulièrement favorables, encore faut-il qu'il soit là tout prêt à la redresser au besoin ; et dès-lors il est permis de se demander si la fixité de l'age qui entrave l'action des mancherons, est une chose heureuse, et si la difficulté plus grande de remédier en certains momens à l'imperfection du travail, ne compense pas un peu la facilité remarquable qu'il présente dans beaucoup d'autres. — Du reste, cet inconvénient a été si bien senti, que M. Grangé lui-même a dû rendre ultérieurement l'age légèrement mobile entre les deux montans de la sellette.

Voici, d'après lui, les deux moyens à employer pour obtenir la profondeur et la largeur de raie désirées : — C'est d'incliner le corps de la charrue à droite pour avoir une plus grande largeur, à gauche pour l'obtenir moindre. Cette inclinaison se donne à droite, en élevant la sellette d'un ou plusieurs trous, au moyen du régulateur en fer qui se trouve placé perpendiculairement sur l'essieu ; elle se donne à gauche, en abaissant plus ou moins cette sellette vers l'essieu. Pour régler la profondeur du labour, il faut abaisser ou élever la broche en fer qui traverse horizontalement les deux jumelles et soutient la haye ; en élevant cette broche on a moins de profondeur, en l'abaissant on en obtient davantage. ·— La charrue Grangé, fabriquée sous les yeux à Monthureux-sur-Saône, arrondissement de Mirecourt (Vosges), ou chez le sieur Mathon, charron à Épinal, est du prix de 115 à 120 fr.

La charrue Grangé modifiée par M. MA-THIEU DE DOMBASLE, diffère particulièrement de celle qui vient d'être décrite : 1° par une pièce en fer fixée sous l'age, dite *régulateur des chaînes*, et à laquelle celles-ci sont en effet attachées. On égalise leur longueur en portant à droite ou à gauche la queue du régulateur, qui est percée de trous au moyen desquels on peut la fixer à l'aide d'une goupille. Cette queue est également fixée à l'aide

d'une chainette qui s'oppose à de trop grands écarts, lorsque la goupille n'est pas mise ; de sorte qu'on peut, dans la plupart des circonstances, se dispenser de mettre cette goupille, et laisser libre la queue du régulateur ; — 2° par la *vis de rappel,* qui sert à incliner le corps de la charrue à droite ou à gauche et qui unit le manchon à l'age ; — 3° par la disposition du *levier de pression,* qui entre à son extrémité antérieure dans un anneau ou collier fixé sur un des armons ; ce collier s'élève ou s'abaisse à volonté à l'aide de deux écrous, afin qu'on puisse toujours le placer au point convenable pour que le levier exerce par-derrière une pression suffisante sur les mancherons, et qu'il soutienne par-devant les armons. Lorsqu'on tourne à l'extrémité du billon, l'extrémité postérieure du levier est engagée dans un autre collier mobile sur une barre de fer placée en forme de traverse entre les mancherons ; — 4° et enfin par la suppression du second levier rendu inutile par suite du double emploi du premier.

A l'aide d'un tel arrangement, on peut employer la charrue directement à la manière de M. Grangé, ou si l'on trouve que l'immobilité de l'age sur la sellette soit, ainsi que nous le disions plus haut, un obstacle à sa facile direction en cas de dérangement, il devient facile de la transformer en charrue à avant-train maniable, en faisant tourner la vis de rappel du manchon jusqu'à ce qu'elle sorte de son écrou. — L'age peut alors se mouvoir librement au gré du laboureur.—Cette charrue, prise à Roville, vaut 160 fr.

Lors d'un concours qui a eu lieu en 1834, sous les auspices de la Société industrielle d'Angers, cette charrue, que la commission a jugée digne par sa perfection de la réputation de M. de Dombasle, a été essayée comparativement avec une autre charrue également modifiée d'après l'invention Grangé, celle de M. LAURENT (*fig.* 248),

Fig. 248.

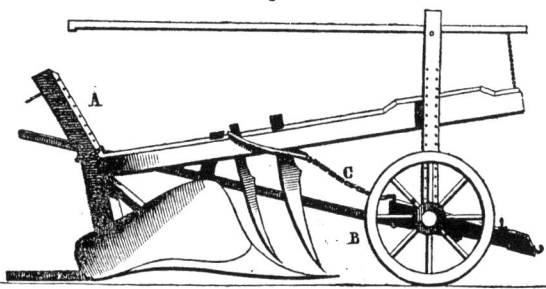

que sa simplicité et l'approbation d'hommes dont nous apprécions le savoir et la consciencieuse sévérité, nous ont engagé à reproduire ici, bien que nous ne puissions en parler que d'après un dessin.

Long-temps avant de connaitre les modifications apportées par M. de Dombasle, M. Laurent avait, comme lui, supprimé le second levier. — Le court mancheron A, qu'il a réservé, est percé de trous, disposés de ma-

nière à permettre d'élever ou d'abaisser le point d'attache du levier de pression qui prend son point d'appui en B au lieu de le prendre sous l'essieu ; — une seule chainette C unit l'arrière-train à l'avant-train. Du reste, l'age est maintenu de même immobile entre les jumelles. « Bonté dans le travail, modicité dans le prix de l'instrument, tels sont, dit le rapporteur, les avantages de la charrue Grangé simplifiée par M. LAURENT. »

Ajoutons que deux mécaniciens, MM. Hoff-MANN de Nancy et ALBERT ont eu l'un et l'autre l'idée de placer le levier de pression de Gran-gé, non plus sous la charrue, mais dessus, et de le faire servir en même temps à soutenir les armons, ce qui rend inutile le levier de ceux-ci. « A cet effet, M. Hoffmann a imaginé de soutenir le levier en question en le faisant passer dans les colliers de deux tiges de fer placées, l'une sous l'armon de droite en avant de l'essieu des roues, l'autre sur le prolongement de cet armon en arrière de l'essieu. A son extrémité postérieure, cette perche est embrassée par une chaine fixée à la traverse des mancherons, de manière que quand les armons tendent à se relever, il se fait une pression de haut en bas sur cette chaine. — M. Albert, de son côté, place son levier de pression à gauche, et non à droite; il lui donne pour point d'appui un collier adapté au montant de la sellette, et il engage l'extrémité postérieure dans une sorte de bride de fer appliquée le long du manche-ron. La perche, quand elle est soulevée par l'avant-train, fait pression sur la partie infé-rieure de la bride; une vis qui traverse le mancheron l'empêche de s'élever au-delà d'une certaine limite et maintient ainsi les armons dans une position horizontale. C'est aussi au moyen de vis que M. Albert porte à droite ou à gauche la chape de ceux-ci, et qu'il augmente ou diminue la longueur des deux chaines qui lient l'avant-train à l'age.

§ II. — Des charrues à tourne-oreille.

Les charrues à tourne-oreille ordinaires ont le grand avantage de pouvoir tracer en allant et en revenant des sillons contigus, puisqu'elles versent la terre toujours du même côté de l'horizon. Elles abrégent ainsi le travail en évitant les allées et venues indispensables, avec les charrues à versoir fixe, pour passer d'un sillon à l'autre dans les labours en plan-ches.—Mais, d'un autre côté, elles présentent deux inconvéniens fort graves aux yeux de tous ceux qui savent apprécier les conditions d'un bon labour. D'une part, la forme de leur soc, qui soulève moins le sol, et qui perd une partie de sa puissance en le soulevant inutilement du côté opposé au versoir; — de l'autre, la disposition et la forme de la plan-chette qui leur sert de versoir et qui retourne incomplètement la terre.

La charrue tourne-oreille, telle qu'on l'em-ploie encore dans beaucoup de pays, se com-pose d'un avant-train A (*fig.* 249), qui ne dif-

Fig. 249.

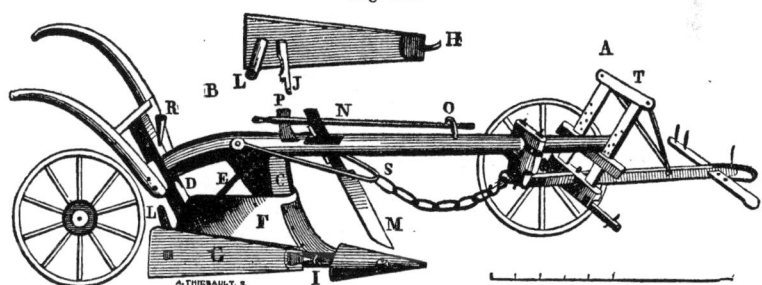

A. THIÉBAULT, S.

fère pas essentiellement de ceux qui ont été précédemment décrits, et d'un arrière-train B. — Le soc, de forme triangulaire, est en fer aciéré; il est boulonné sur le sep. — La semelle est fixée à la gorge et à l'étançon C, ainsi qu'à l'arrière-montant ou plot D, et maintenue de plus par la verge E.— Le ver-soir se compose d'une partie supérieure F qui porte en avant une plaque de tôle, et d'une partie inférieure mobile et qui peut s'attacher tantôt à droite, tantôt à gauche, à l'aide d'une petite verge de fer courbée H (*V.* les détails) qui s'accroche dans un anneau au point I de la semelle, et d'une cheville J qui s'implante dans un trou creusé pour la rece-voir, de manière à régler l'écartement voulu. La 2° cheville L sert à saisir l'oreille quand on veut la mettre ou l'ôter. Cette oreille est en bois, ainsi que la partie fixe du versoir.— Le coutre M devant être changé de direction chaque fois qu'on transporte l'oreille d'un côté sur l'autre, on a fixé sur l'age le ployon N dont un des bouts passe dans l'arcade O, et dont l'autre bout est maintenu par le tenon P, tandis qu'à son milieu il presse, tantôt à droite, tantôt à gauche, sur le manche du coutre, dont il dirige par conséquent la pointe dans le sens opposé.—L'age, un peu courbé à son origine postérieure, s'implante dans le plot D por-tant les manches, et fixé à sa partie supérieure par une traverse. On voit en R le porte-fouet. — Le tirage se fait au moyen de la bride S mobile sur son axe, et de la chaine qui va s'attacher à l'avant-train. — Le régulateur T ressemble beaucoup à celui de la charrue Guillaume.

On a cherché divers moyens de remédier aux inconvéniens, bien connus, de cette char-rue. — M. HUGONET, le premier, pensons-nous, a donné l'exemple d'un soc servant en même temps de coutre, et tournant sur lui-même de manière à opérer, selon le besoin, à droite ou à gauche (voy. *page* 171, *fig.* 198).

La charrue Hugonet (*fig.* 250), dont nous avons décrit le soc-coutre et expliqué le mé-canisme qui lui fait prendre à volonté deux positions différentes, *page* 171, *fig.* 198, diffère fort peu du reste des charrues légères à tourne-oreille, en usage dans les pays de montagnes : A, soc-coutre ; — B, montant ou

Fig. 250.

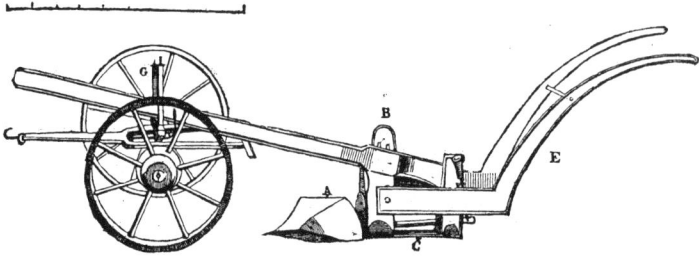

épée dans lequel tourne le porte-soc, placé au-dessus d'une semelle C en fer fondu qui tient lieu de sep ; — L'oreille plane mobile qui se fixe dans une cavité du soc-coutre et contre les mancherons E de la manière ordinaire ; — F, age ; — G, avant-train avec son timon d'attelage, ses deux roues de diamètre égal et sa sellette.

§ III.— Charrues à versoirs mobiles.

M. DE BEAUPRÉ, propriétaire à Fontaines, près Lyon, a adapté à l'une de ses charrues deux versoirs mobiles en fer, l'un appelé de droite et l'autre de gauche, qui se fixent alternativement par une tringle en fer, tournant sur un pivôt entre le sep et la flèche ; cette tringle est armée de deux bras recourbés ; ils servent à fixer par leur extrémité l'ouverture du versoir, qui ensuite reçoit un crochet qui achève de lui donner toute solidité. M. GARIOT, l'un des membres les plus éclairés de la Société d'agriculture de Lyon, qui s'en est servi assez récemment sur un sol argilo-caillouteux, a fait connaître les résultats suivans : l'enfrure avait 12 po., le timon avait 7 pieds de long du joug à la chaîne du régulateur ; l'attelage se composait de deux vaches de moyenne taille et d'une force ordinaire ; elles ont marché avec facilité en traçant des sillons de 7 à 8 po. de profondeur, et tournant complètement une tranche de terre de 5 à 6 po. de large, qui a toujours laissé

une raie bien nette et bien égale. «Cependant, dit-il, cette charrue, qui me fit le plus grand plaisir par la bonté de son labour, en raison du faible attelage, me fit éprouver quelque peine par la seule manœuvre de ses deux versoirs mobiles, attendu que, pendant que je traçais le sillon de droite, il fallait que le versoir de gauche fût placé et arrêté par un crochet à l'age de la charrue, et quand je revenais sur le sillon de droite pour tracer celui de gauche, il fallait mettre sur la charrue le versoir de droite, et ainsi de suite, ce qui ne laisse pas, après trois ou quatre heures de travail, de fatiguer le laboureur et de lui faire perdre du temps.» Le soc, qui est tranchant, se retourne aussi à chaque sillon. Malgré ces légers inconvéniens, qui sont bien loin d'entraîner une perte de temps équivalente à celle que nécessite, pour certains labours, l'emploi des charrues à oreilles fixés, la charrue Beaupré paraît être une fort heureuse innovation.

L'un de nous (M. MOLARD), qui avait été souvent à même d'apprécier les avantages de la petite charrue Hugonet dans les terrains montueux et rocailleux du Jura, malgré l'imperfection bien sentie de son versoir, a cherché à lui en substituer un autre, ou plutôt deux autres, d'une forme meilleure, et tellement disposés qu'on put éviter le déplacement à la main de l'oreille, déplacement indispensable dans les exemples précédens.

La charrue Hugonet modifiée (fig. 251) dif-

Fig. 251.

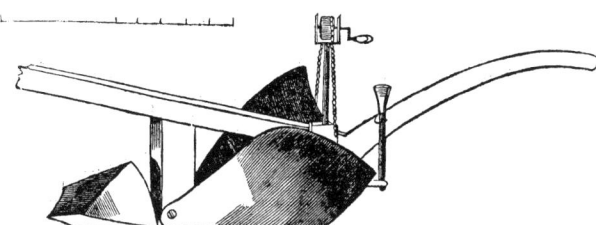

fère donc de la précédente, en ce qu'elle porte deux versoirs concavo-convexes, fixés par un boulon leur servant d'axe près du soc, de manière qu'aussitôt que l'un des versoirs est **abaissé pour fonctionner**, l'autre se trouve élevé au moyen d'une chaine passant sur une roue dentée, dont l'axe porte un côude de manivelle ; — chaque bout de la chaine est fixé au bord inférieur et postérieur du versoir.

Ce moyen serait également applicable, avec quelques modifications, à la charrue Grangé, pour la rendre propre à labourer en allant et en revenant dans la même raie.

M. Dessaux *de Courset* a adapté à une charrue modifiée par lui, un double versoir qui paraît fort ingénieux. Voici, à défaut de renseignemens qui nous soient personnels, ceux que nous procure l'*Annotateur de Boulogne-sur-Mer* : « Figurez-vous deux plaques de fer ou oreillons légèrement recourbés, placés sur le soc de manière à former par leur rencontre un angle dont le sommet est vers la pointe du soc, et qui est traversé par un boulon de fer partant de la haye au sep, et sur lequel tournent ces deux plaques, réunies par cette extrémité et écartées par l'autre au moyen d'une verge de fer recourbée en crochet. L'effet de la mobilité de ce double

versoir sur le boulon de fer formant son axe vertical, consiste à pouvoir, au moyen d'un taquet de bois, faire saillir tantôt l'oreillon ou versoir de droite, tantôt l'oreillon ou versoir de gauche, ou de pouvoir, au moyen de deux taquets moins larges, placés de chaque côté du support du soc, maintenir les deux oreillons ou versoirs dans une demi-saillie. Il résulte de ces dispositions du double versoir que, lorsque les deux ailes sont maintenues égales et peu saillantes de chaque côté, la charrue fait fonction de binot. Si au contraire un des oreillons est disposé pour saillir exclusivement, il fait l'effet du versoir de la charrue ordinaire. »

Enfin, M. Rosé a trouvé tout récemment le moyen d'entraîner de droite à gauche et de gauche à droite, selon la direction du labour, une pièce mobile A (*fig.* 252), qui sert à la fois

Fig. 252.

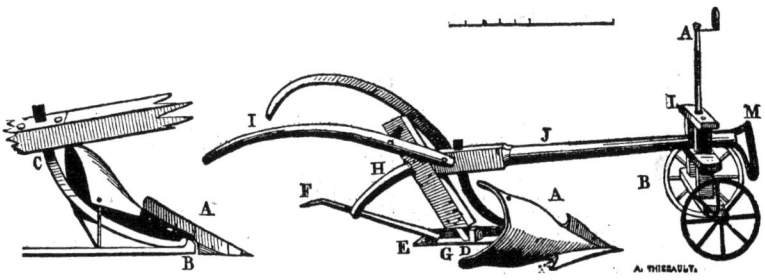

de soc, de coutre et de versoir. *La nouvelle araire Rosé à tourne-soc-oreille* avec petit avant-train sous l'age, peut donc être considérée comme le complément des diverses améliorations dont nous venons de parler. — A, tourne-soc oreille en fer battu, aciéré sur la pointe et les deux tranchans, qui servent alternativement de soc et de coutre.

Ajoutons encore, par anticipation, ce que nous aurons bientôt à dire en traitant des *bisocs*, que M. de Dombasle a inventé une *charrue jumelle*, propre à labourer alternativement à droite et à gauche, et que M. de Valcourt, notre collaborateur, en a inventé une autre, dite *dos-à-dos*, dont nous donnerons une description détaillée, et que nous regardons comme la meilleure jusqu'à présent connue, pour remplacer la charrue tourne-oreille, principalement sur les coteaux, pour les labours profonds et dans les terrains qui offrent de la résistance. — Elle a été adoptée à Grignon et à Roville.

§ IV. — Des charrues à deux versoirs.

Les charrues à deux versoirs ou plutôt à deux épaules ou oreillons (car nous ne devons pas nous occuper ici de celles qui, sous le nom de *cultivateurs, bineurs*, etc., sont employées exclusivement aux labours d'entretien des cultures) sont utilisées dans l'Ouest et dans diverses autres parties de la France et de l'Europe, à peu près exclusivement, pour donner la dernière façon aux terres disposées en billons, et pour recouvrir les semis sous raies.

Leur soc, en fer de lance, est fixé sur le sep au moyen d'une douille qui l'embrasse à frottement; il a ordinairement, de l'extrémité postérieure d'une aile à l'autre, un peu plus de largeur que le talon du sep, de manière à rendre plus facile la marche de ce dernier; — les deux planchettes qui forment les épaules sont légèrement envoilées du haut pour mieux renverser la terre. — Quand on ajoute un coutre, ce qui a rarement lieu, pour le retenir, on lui adapte une bande plate de fer ou *coutriau*, terminée inférieurement par un crochet qui entre dans un trou pratiqué vers le milieu du soc, et qui est percée de trous à son autre extrémité, de manière à pouvoir être fixée au-dessus de l'age, qu'elle traverse, par une cheville ou un simple clou. — Le reste de ces sortes de charrues n'offre aucune particularité remarquable.

Ce qui les caractérise dans la pratique, c'est que, selon qu'on les dirige horizontalement, ou qu'on les incline à droite ou à gauche, on rejette la terre, dans le premier cas, également des deux côtés, et dans le second, en entier du côté de l'inclinaison, de sorte qu'on peut obtenir alternativement avec un de ces instrumens, le travail du buttoir et de la charrue tourne-oreille.

Partout où l'on emploie en France les charrues à épaules, ce n'est, avons-nous dit, que pour les derniers labours et pour les semis sous raies. Là se borne en effet leur véritable mérite; car, quoique, lorsqu'elles sont convenablement construites, elles divisent assez bien le sol et arrachent complètement les mauvaises herbes, elles ne renversent qu'imparfaitement la bande, et, si elles ramènent cependant à la surface une partie de la terre du fond, il n'est pas rare qu'elles laissent entre chaque raie une côte non labourée.

ART. VI. — *Des araires et charrues à plusieurs socs.*

Les araires ou charrues à plusieurs socs sont connues en France depuis un grand nombre d'années. Jacques Besson, mathématicien du 16ᵉ siècle, avait fait décrire, en 1578, par Beroalde, dans son Théâtre des machines, *un artifice non vulgaire d'un merveilleux abrégement pour labourer la terre avec trois socs.* — Depuis cette époque, malgré les perfectionnemens de tous genres qu'on a apportés à ces sortes de charrues, leur usage ne semble pas être devenu beaucoup plus fréquent, d'où l'on pourrait induire qu'elles n'acquerront probablement jamais dans la grande culture qu'une importance accidentelle. En effet, leur prix élevé, — la difficulté plus grande de leur construction, — leur usage en général restreint aux labours d'une faible ou d'une moyenne profondeur, — leur marche doublement entravée sur les terrains pierreux ou enracinés, — dans les localités difficiles, le défaut d'habitude des garçons de charrue, sont autant, au moins que l'augmentation indispensable de force de tirage, de motifs qui assurent aux charrues ordinaires une préférence méritée dans le plus grand nombre de cas. Cependant, dans quelques autres, il est incontestable que la rapidité du travail des charrues à plusieurs socs peut coïncider avec sa qualité; il serait donc aussi nuisible de condamner que d'approuver d'une manière absolue leur emploi, et les faits prouvent qu'il n'est pas permis, dans un ouvrage de pratique, de ne pas faire connaître au moins quelques-uns de ces instru-

mens compliqués. — Nous ne parlerons que de ceux dont la pratique a sanctionné le mérite.

Les charrues à socs multiples n'ont pas d'ailleurs toujours pour but d'ouvrir deux sillons côte à côte. Parfois, comme on a pu le voir à l'article *Défoncement,* elles sont disposées de manière à creuser au lieu d'élargir la raie;—d'autres fois, leur principale destination est de remplacer la charrue tourne-oreille. — L'irrégularité du travail de celle-ci (*voy.* ci-devant) et l'inconvénient d'employer les charrues à versoir fixe sur les terrains en pente, parce qu'il est fort difficile de rejeter en bande en haut avec quelque perfection, ont donné lieu à diverses inventions dont il a été parlé précédemment, mais parmi lesquelles il en est que nous n'avons dû indiquer ailleurs que par anticipation. M. DE DOMBASLE a fait construire une charrue portant deux corps, c'est-à-dire deux seps, deux socs et deux versoirs; l'un de ces corps verse à droite et l'autre à gauche. Lorsque l'un de ces deux corps de charrue est placé de manière à travailler, l'autre se trouve en-dessus de l'age, et l'on n'a besoin que de retourner la charrue à chaque extrémité de sillon. — Cet instrument forme absolument deux charrues jumelles n'ayant qu'un seul age et une paire de mancherons. Ces derniers sont mobiles de manière à pouvoir se placer alternativement dans la direction convenable pour celui des deux corps de charrue qui est en action. (*Ann. de Roville,* 1825.)

La charrue, ou plutôt l'araire jumelle, ainsi construite, travaillait fort bien; mais elle avait cependant, outre quelques autres inconvéniens, celui d'être très-difficile à retourner au bout de chaque sillon, surtout dans les terres tenaces et humides.

L'araire dos-à-dos de M. DE VALCOURT (*fig.* 253) est une de ces innovations heureuses qui a eu tout d'abord la sanction de la

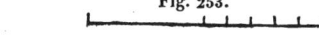

Fig. 253.

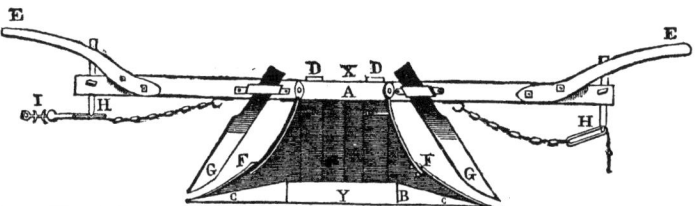

pratique. Nous laissons parler M. BELLA, dont le nom se rattache si honorablement à la création d'un des plus utiles établissemens d'instruction agricole de la France. « La charrue double que M. L. DE VALCOURT a fait exécuter à Grignon a parfaitement rempli l'objet que l'auteur avait en vue; elle remplace très-bien la charrue tourne-oreille et opère plus efficacement; elle a aussi l'avantage et la force de défoncer le terrain le plus dur à une profondeur de 10 pouces. Deux forts chevaux la traînent bien dans les labours ordinaires, quatre bœufs suffisent pour les défoncemens les plus difficiles. Cet

instrument a été très-utile pour labourer dans les pentes où il n'est pas possible de faire des billons, pour niveler la terre et la pousser dans les fonds; il a l'avantage de pouvoir suivre les sinuosités, et opère avec promptitude et facilité. Il faut moins de temps pour décrocher la volée, faire tourner les chevaux et replacer la volée, que pour tourner la charrue et les chevaux ensemble, etc. »

La seule vue du dessin (*fig.* 253), ajoute M. de Valcourt, montre qu'on ne retourne jamais la charrue, elle marche comme la navette d'un tisserand. Arrivé au bout du sillon, on arrête les chevaux, on tire la clavette, alors la volée I abanoonne le régulateur H; on fait retourner les chevaux et on fixe la volée I au second régulateur H'.

Si on ôte les quatre mancherons E, on verra que cette charrue est exactement l'avant de deux charrues Dombasle (mais dont l'une jette la terre à droite et l'autre à gauche), qui sont mises dos-à-dos sur une ligne XY.—Le versoir, en fonte, n'est pas aussi long que la charrue Dombasle; il ressemble davantage au versoir américain ou à celui de l'araire du Brabant (voy. *page* 183, *fig.* 235, et *page* 184, *fig.* 236). On lui avait primitivement donné 15 po. de hauteur (0 ᵐ 406); mais M. Bella a labouré si profondément, quelquefois à plus d'un pied, que la terre passait par-dessus les versoirs et retombait entre les deux socs. Il a fait alors clouer sur les deux versoirs une plaque triangulaire en tôle qui a obvié à cet inconvénient. — On aurait pu également ajouter une rehausse.—La haye A a 2 po. (0ᵐ 054) de moins que celle de la charrue de Roville; on lui a donné 8 pi. 6 po. (2 ᵐ 760) de longueur, et 4 sur 3 po. (0 ᵐ 108 sur 0 ᵐ 081) d'équarrissage. — Le sep B a 4 po. 3/4 de largeur sur 3 1/2 de haut (0 ᵐ 128 sur 0 ᵐ 095). — Les socs CC ont 10 po. (0 ᵐ 271) de leur origine à leur pointe. D'une pointe d'un soc à l'autre on trouve 4 pi. 10 po. (1 ᵐ 570). — Du côté de terre on a mis une planche J qui remplit tout l'intervalle entre la haye A, le sep B et les deux gendarmes FF. — Les étançons DD, de 4 sur 3 po. (0 ᵐ 108 sur 0 ᵐ 081), sont fixés à 10 po. (0 ᵐ 271) d'intervalle.—Les 4 mancherons EE ont 2 pi. (0ᵐ 650) d'ouverture à 2 pi. 8 po. (0 ᵐ 866) de terre, ils dépassent la haye de 15 po. (0 ᵐ 406). — Les régulateurs HH sont à la Dombasle.

Charrue PLAIDEUX *à double soc horizontal.* Ce ne sont, à proprement parler, que deux charrues de Brie réunies sur un seul age coudé et porté sur un avant-train. — A la place du double manche on a substitué deux mentonnets ou bras latéraux, l'un sur la queue et l'autre dans la tête de l'étançon. Ces deux mentonnets portent chacun un etrier ou collet de fer à vis et écrous; c'est dans ces étriers que passe l'age du soc; enfin, ces deux étriers ont chacun une vis de pression pour serrer l'age et le fixer solidement sur les deux mentonnets. On voit combien est simple un pareil assemblage.

Fig. 254.

La charrue Plaideux, adoptée dès 1809 par divers cultivateurs de l'Oise, et perfectionnée depuis par son inventeur, s'est répandue assez rapidement dans les départemens voisins. — En 1821, d'après l'attestation d'un grand nombre de cultivateurs qui en faisaient un usage particulier, et sur le rapport de M. HÉRICART DE THURY, la Société centrale d'agriculture accorda une médaille à M. Plaideux. Nous laissons parler notre confrère.

« Les expériences réitérées que nous avons fait faire devant nous, entièrement d'accord avec la correspondance de M. le sous-préfet de Senlis et des cultivateurs de son arrondissement qui se servent de la charrue à deux socs, nous ont prouvé : 1° qu'avec la *même puissance* on doit généralement compter, dans les longues raies, le *double d'ouvrage* qu'avec la charrue de Brie pour les petits labours, tels que les binages, les découennages, les enfouissages de parc et de grains, dans les terres légères, et le *tiers* dans les terres fortes et compactes pour lesquelles il convient d'ajouter un troisième cheval au têtard, si on veut des labours profonds, tels que les défonçages et les gros retaillages ; — 2° que les deux raies qu'elle ouvre, *lorsqu'elle est bien conduite*, sont parallèles, bien suivies et parfaitement égales en largeur comme en profondeur; — 3° qu'on peut donner aux raies telle dimension qu'on veut, attendu que la charrue se *braque* et se *débraque* à volonté; — 4° qu'elle se maintient très-bien en raie;—5° que la manœuvre est simple et facile une fois qu'on est parvenu au degré d'entrure que l'on veut donner; — enfin, que tout charron de village peut la monter, démonter et réparer facilement. »

D'un autre côté, il faut reconnaître que dans les labours profonds elle est sujette à s'engorger; — elle présente quelque embarras pour l'enfouissement des fumiers longs, et elle demande beaucoup d'application de la part du conducteur, attendu qu'elle pourrait ouvrir une raie plus haute que l'autre, si on n'avait l'attention de bien fixer à sa place la haye du second soc, de manière à lui faire prendre autant de terre qu'à celui de devant; — elle éprouve plus de difficultés qu'une autre dans les terrains qui contiennent des blocs de pierre.

La charrue à double soc et à pied (*fig.* 254), ainsi nommée à cause du pied M qui sert à

Fig. 255.

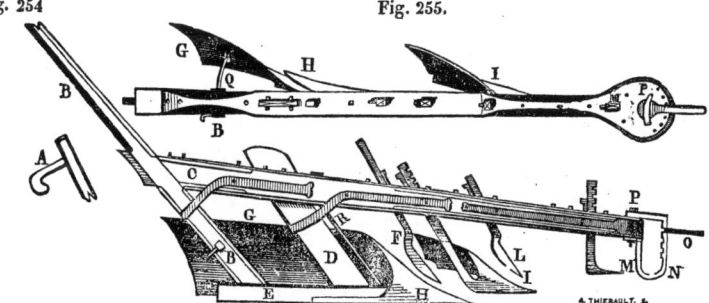

A. THIEBAULT. &.

regler l'entrure du soc, a été introduite en Flandre, il y a une douzaine d'années, par M. le baron DEWAL DE BAROUVILLE. — Elle se distingue particulièrement de la charrue

belge ou brabançonne ordinaire par un second coutre L et un second soc I.—A, mancheron ; — BB, queue de la charrue emmor-
taisée dans le sep et dans la haye; — C, haye
ou flèche; — D , montant emmortaisé par le
haut dans la haye et par le bas dans le sep;
— E, sep à semelle de fer; — F, grand coutre; — G, grand versoir; — H, soc en fer,
forgé comme le versoir, dans lequel entre le
sep, où il est retenu par une cheville implantée de bas en haut devant une traverse qui
réunit ces deux parties au-dessous dudit sep;
— I, second soc ayant en petit la même
courbure que le grand et dont la partie postérieure est courbée en forme de versoir et
est portée par une branche de fer qui traverse la haye; — L, petit coutre ; — M, pied
en fer, courbé à sa partie inférieure pour
glisser sur la terre, et élargi dans le sens du
travers de la haye d'environ 9 centimètres,
pour porter sur plus de terrain et ne pas
enfoncer ; — N, crémaillère; — O , anneau de
fer sur lequel tirent les chevaux et qui sert à
régler la profondeur ; — P, boulon fait , à sa
partie supérieure, en forme de marteau pour
pouvoir s'en servir au besoin : en le changeant
de trou (voy. *fig.* 255), on fait prendre à la
charrue des raies plus ou moins larges ; — Q,
lien de fer qui ne peut se voir que dans la
fig. 255 : il est rivé solidement par deux

pattes sur le versoir et traverse la queue B
pour la fixer ; la partie qui traverse ladite
queue étant à vis et garnie de deux écrous,
sert à régler l'écartement du versoir ; — R ,
boulon de fer qui contribue à unir plus solidement le sep à la haye ;—des brides de fer
sont destinées à retenir la queue B et le môn-
tant D sur la haye.—La tige du soc I est garnie
de crans qui entrent dans la plaque supérieure de la haye, et qui, étant serrés par
le coin qui se voit derrière, font que cette
pièce ne peut ni monter ni descendre quand
elle est fixée à la hauteur convenable; même remarque pour la pièce M.

Cette charrue, établie d'après les principes qui ont dirigé la construction de l'araire
Dombasle, de la charrue de Small et de la
charrue américaine, présente, comme on le
voit, l'avantage de pouvoir, au gré du laboureur, servir soit comme une forte araire
simple à pied, soit comme araire à pied à 2
socs. — Dans ce dernier cas elle doit être
particulièrement propre aux labours ou aux
défoncemens profonds.

M. Dewal de Barouville a reçu en 1823,
pour cette machine, la grande médaille
d'or de la Société centrale d'agriculture de
Paris.

La *charrue Guillaume à double soc* ou *à
deux raies*, ou *bisoc* (*fig.* 256), dont chacun des

Fig. 256.

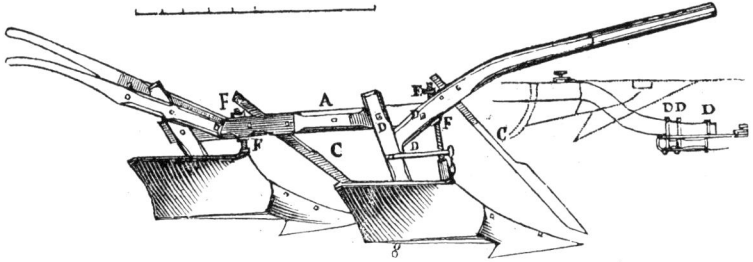

corps ne diffère pas essentiellement, dans les
parties constituantes, de la charrue Guillaume
dont nous avons donné la description et la figure (*page* 188), est unie et consolidée en une
seule pièce par les boulons à écrou D, D, D; la
haye de l'arrière-corps A est coudée obliquement à droite, antérieurement au coutre C, et
jusqu'aux abords de l'étançon de l'avant-
corps ; — les coutres CC, au lieu d'être placés au
milieu de l'age, sont retenus sur le côté dans
des couteliers ; on peut modifier à volonté
la direction de leur pointe au moyen de deux
vis de pression.

A l'instant où le charretier se disposera,
dit M. GUILLAUME , à labourer avec cette
charrue, comme elle est montée sur un train
de devant semblable à celui de la charrue
ordinaire (voy. *fig.* 242), il réglera l'entrure
des socs par la sellette comme il a été dit... ;
en se plaçant entre les deux mancherons, il
observera la charrue de devant pour la maintenir dans la même largeur de raie que celle
de derrière. Toutes deux étant accouplées
pour retourner une bande de 10 po. (0^m 271)
de large, s'il arrivait que celle de devant en

prit une moindre, il est clair que le sillon
unique, résultat du double trait, donnerait
par son irrégularité un mauvais labour. Si
donc le charretier s'aperçoit qu'une des deux
charrues prend une raie plus ou moins large,
plus ou moins profonde que l'autre, il devra
parer à cet inconvénient par le moyen
de deux écrous des boulons d'assemblage
E, F; en desserrant le premier et en serrant
le second, il relèvera la pointe du soc; en
faisant le contraire, il lui donnera plus d'entrure.

Le bisoc Guillaume, après plusieurs années d'expériences et divers essais comparatifs, a mérité à son auteur la médaille d'or
de la Société centrale d'agriculture.

Le bisoc de lord Sommerville, fort célèbre
en Angleterre, et dont nous reproduisons la
figure d'après M. Loudon (*fig.* 257), se fait remarquer par ses versoirs brisés, dont la partie postérieure, mobile au point de section,
peut prendre plus ou moins d'écartement à
l'aide d'une vis à écrou qui l'unit au corps
de la charrue. — Cette disposition, vantée
par sa seigneurie, est en effet avantageuse

Fig. 257.

A. THIEBAULT. S.

lorsqu'on peut, en raison de la nature du terrain, augmenter la largeur de la raie; mais l'angle qui se forme à l'endroit où la partie mobile du versoir pivote, et qui détruit nécessairement l'harmonie première de la courbure du versoir entier, nous semble un inconvénient qu'il serait facile d'éviter en adoptant la disposition du versoir de la grande charrue écossaise.

Le *trisoc de Bedfort* (*fig.* 258) se compose

Fig. 258.

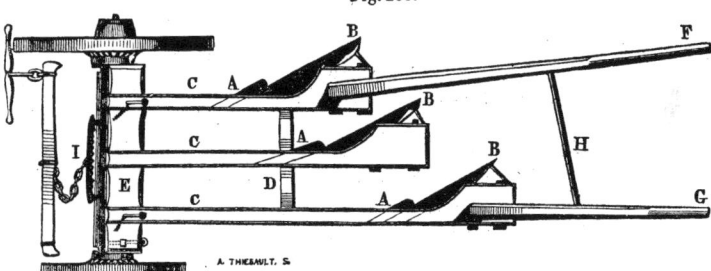

A. THIEBAULT. S.

de trois socs A A A, de trois versoirs B B B et de trois ages C C C, maintenus par une traverse D et fixés sur la sellette E au moyen d'entailles et d'écrous. — L'un des mancherons F prend appui à droite sur le premier corps, le second G, sur le troisième. L'un et l'autre sont retenus à distance convenable et consolidés par une verge H. — L'avant-train est à roues inégales. — Le régulateur à écrous I sert à recevoir la chaîne du tirage.

La *fig.* 259 représente la même machine, vue de profil du côté gauche.

Fig. 259.

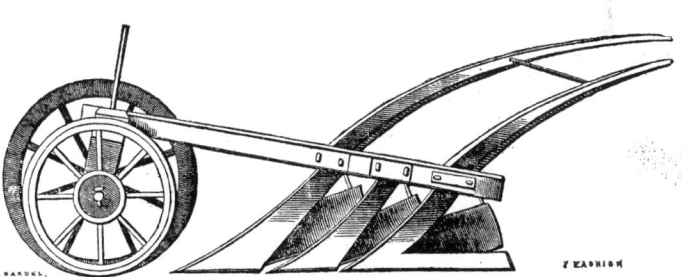

BARUEL.   F KASHISH

Il existe aussi des charrues à quatre socs; M. GUILLAUME en a construit une qui paraît théoriquement assez bien conçue. — AMOS en a inventé une autre dans les principes du trisoc que nous avons figuré; mais si les bisocs peuvent être parfois utilisés, on conçoit que les reproches qu'on leur fait en pratique deviennent plus graves encore, à mesure que le nombre des socs augmente. — Il nous paraît douteux que, même pour de simples déchaumages, on se trouve bien de l'emploi de ces lourdes et dispendieuses machines.

MOLARD, de l'Institut,
et O. LECLERC-THOUIN.

— *Des labours à l'aide de machines aratoires autres que les charrues.*

ART. Iᵉʳ. —*Des labours à l'extirpateur.*

Ces labours *diffèrent essentiellement des labours à la charrue :* 1° parce qu'au moyen des socs de l'instrument, ils soulèvent, mêlent et divisent la terre sans la retourner ;— 2° parce qu'en général ils ne la pénètrent qu'à de faibles profondeurs ;— 3° et parce qu'ils ne sont pas propres, comme les autres, à donner à sa surface, par le sillonnage, telle ou telle disposition particulière.

Leurs principaux avantages sont : de pulvériser énergiquement le sol et de le mélanger complètement à 3 ou 4 po. (0ᵐ 081 à 0ᵐ 108) de profondeur ;— de diminuer le nombre des herbes annuelles en ramenant une partie de leurs graines près de la surface pour les faire germer, et en les déracinant bientôt après par les façons suivantes ;— de faire périr les plantes adventices vivaces, en les arrachant ou en les mutilant fréquemment leurs racines ;— d'offrir un des moyens les plus simples de redresser ou *ravaler* progressivement le sol, lorsque les inégalités qui le couvrent ne sont pas considérables ;— enfin de présenter sur le travail à la charrue une économie très-grande.

L'emploi de l'extirpateur en France ne remonte pas à une date fort ancienne, et son usage est loin d'être aussi répandu qu'il devrait l'être. — Lorsque le sol a été suffisamment et assez profondément ameubli par un ou deux labours à la charrue, il est presque toujours avantageux de se servir de cet instrument pour donner les façons préparatoires aux semis d'automne, non seulement à cause de l'économie du travail, de fatigues et de temps, mais parce que la terre se trouve plus également divisée, plus propre à sa surface, mieux disposée pour recevoir les semences, et parce qu'on a remarqué que le blé est moins sujet à être déchaussé par les gelées de l'hiver, lorsqu'il se trouve dans un sol qui n'a pas été tout nouvellement remué à une grande profondeur. — Dans certains cas, on préfère aussi l'extirpateur à la herse pour recouvrir la graine après les semis; mais ce n'est pas ici le lieu de nous occuper des avantages ou des inconvéniens que présente une telle pratique.

Pour les semis du printemps, le travail de l'extirpateur est plus souvent substitué à celui de la charrue.

Enfin, en des circonstances assez fréquentes, *pour les semailles tardives d'été,* un simple trait d'extirpateur, donné sur un terrain dont on vient d'enlever les produits, est une préparation suffisante.

En Angleterre, le général BEATSON, dont le nom a acquis depuis quelques années une certaine célébrité, plus encore peut-être chez nous que parmi ses concitoyens, a proposé de remplacer entièrement les charrues par les extirpateurs. Dans son Nouveau système de culture (*New system of cultivation*), partant de ce principe que, dans tout le labour, *la résistance qu'éprouve la charrue est en rapport direct avec le carré de la profondeur à laquelle pénètre le soc,* il pose en fait que si quatre chevaux, pour labourer en une seule fois à 8 po. (0ᵐ 217), éprouvent une résistance représentée par 8 × 8 ou 64, deux de ces chevaux, en ne labourant qu'à 4 po. (0ᵐ 108) chaque fois, éprouveront une résistance moitié moindre, puisqu'elle pourra se traduire, pour un seul labour, par 4 × 4 = 16, c'est-à-dire en tout 32 au lieu de 64. En poussant plus loin cette comparaison, on trouvera, supposant que chacun des chevaux attelé séparément à un léger extirpateur, laboure seulement à 2 po. (0ᵐ 054) et qu'il revienne sur le même champ 4 fois de suite, que la somme de résistance éprouvée par lui diminue encore de moitié, puisque le carré de 2 est 4 qui, multipliés par les 4 labours, donnent le quart seulement de la force nécessaire pour atteindre d'un seul coup à 8 po. (0ᵐ 217). De sorte que, si, pour traîner une charrue labourant à cette dernière profondeur, chaque cheval doit éprouver une résistance égale à 80 kilog., celle qu'éprouveront les quatre chevaux équivaudra nécessairement à 320 kilogr., tandis que, si le labour quatre fois répété pénètre progressivement : la 1ʳᵉ fois à 2 po. (0ᵐ 054), la 2ᵉ à 4 (0ᵐ 108), la 3ᵉ à 6 (0ᵐ 162), la 4ᵉ à 8 (0ᵐ 217), la somme totale de la résistance ne sera plus que 80, et celle qu'aura à vaincre chaque cheval de 20. C'est d'après une semblable théorie que M. Beatson a conçu son extirpateur et calculé les avantages qu'il espérait en retirer dans la pratique. Cette machine, sous le nom impropre de *scarificateur Beatson,* a été trop vantée pour ne pas trouver ici sa place.

La *fig.* 260 le représente en A, vu de profil;

Fig. 260.

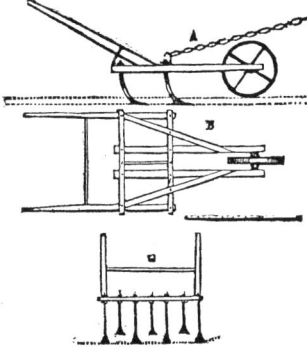

— en B, vu en-dessus ;— et en C, vu par-derrière. On voit qu'il se compose de 7 pieds à socs étroits, dont les tiges ont la forme et la courbure des coutres ordinaires. On leur a donné plus de longueur qu'on ne leur en donne généralement, parce que, d'après la méthode du général, ils doivent pouvoir suppléer le soc de la charrue et pénétrer par conséquent à une grande profondeur. Cet extirpateur est à une seule roue, ainsi que l'indiquent les *fig.* A et B. On le dirige à l'aide de deux mancherons emmortaisés à droite et à gauche dans un châssis disposé de manière à recevoir la double chaîne du tirage. — Attelé d'un seul cheval, soit qu'on l'emploie à arracher le chaume, à pulvériser la terre, ou à houer entre les rayons du blé, il parcourt, terme moyen, trois acres anglais par jour (l'acre est à l'arpent de 48,400 pi. de France comme 1000 à 1262).

A l'aide de ce léger instrument, M. BEATSON arrive, dit-il, depuis plusieurs années, à de fort bons résultats sur ses propriétés. Toutefois, sans vouloir attaquer en rien sa théorie, bien qu'elle semble pécher à son point de départ, au moins par exagération; sans révoquer en doute le succès obtenu dans une localité particulière, il resterait à savoir si, partout, les mêmes expériences seraient suivies des mêmes résultats, et c'est ce dont il est permis de douter quand on songe, d'une part, que le labour de l'extirpateur ne peut ouvrir la terre aux influences atmosphériques, ni aussi complètement, ni, en général, aussi profondément que celui de la charrue, et, de l'autre, comme l'ont déjà prévu la plupart de ceux qui ont fait un usage suivi d'un tel instrument, que son emploi est assez souvent ou très-difficile ou à peu près impossible sans labour préalable; — difficile, par exemple, lorsqu'un sol qui offre une certaine tenacité est seulement un peu sec ou un peu humide, parce que, dans le premier cas, les socs, même les plus étroits, ne peuvent bien pénétrer dans la masse, et, dans le second, parce que l'instrument s'engorge à chaque instant; — impossible lorsque le terrain contient en quantités appréciables des pierres ou des cailloux de quelque grosseur.

Il serait donc déraisonnable de prétendre remplacer la charrue par l'extirpateur, ou même de vouloir établir une lutte d'importance entre elle et lui; mais il n'en est pas moins vrai que la part d'importance de ce dernier, ainsi que j'ai cherché à le faire voir peut être en trop peu de mots, est encore assez belle pour attirer l'attention des laboureurs, comme elle a attiré, depuis une vingtaine d'années surtout, celle des agronomes les plus distingués de l'Angleterre, de l'Allemagne et de la France.

Les *extirpateurs diffèrent des scarificateurs et des herses,* parce qu'ils portent des espèces de socs horizontaux comme ceux des charrues, à la place des coutres verticaux ou des dents qui caractérisent ces deux dernières sortes d'instrumens.

Le *nombre et la forme des socs* varient en raison de la nature du sol. — Dans un terrain facile et uni, il est évident qu'on peut, afin d'obtenir un travail plus rapide, donner à l'extirpateur des dimensions plus grandes et multiplier davantage le nombre de ses pieds; mais si le terrain est inégal, le contraire arrive, et il faut alors, sous peine de voir l'instrument ne pénétrer que partiellement dans la couche labourable, le réduire à de moindres dimensions.

Plus le sol est tenace, plus les socs doivent être pointus et étroits. Cependant on ne doit pas perdre de vue que cette disposition exige

aussi qu'ils soient plus rapprochés, puisque la première condition est que la terre soit remuée sur tous les points, et, dès-lors, l'instrument est plus disposé à s'engorger.—Il ne faut donc pas outrer le principe.

Quelquefois on donne aux *socs de devant,* c'est-à-dire à ceux qui doivent pénétrer les premiers dans le sol et commencer à l'ouvrir, une forme plus aiguë et une longueur de tige un peu plus grande qu'aux autres, afin de faciliter leur action et d'empêcher que, durant le labour, le soulèvement plus ou moins fréquent de l'age ne les empêche de pénétrer à la même profondeur que ceux de derrière.

On a cherché dans quelques circonstances à joindre aux socs des extirpateurs de *petits versoirs* pour approcher le plus possible des effets produits par la charrue; mais on a ainsi rendu le travail beaucoup plus difficile, sans atteindre convenablement le but désiré. — On a en conséquence renoncé partout à cette disposition.

L'*addition de coutres* dirigés obliquement, du point de jonction de la tige de support jusqu'à l'extrémité antérieure de chaque soc, de manière à fendre la couche arable avec plus de facilité, est au contraire une innovation fort heureuse, puisqu'elle diminue incontestablement la résistance. Aussi, quoiqu'elle ait l'inconvénient de compliquer la construction et par conséquent d'augmenter la valeur pécuniaire de la machine, a-t-elle été adoptée en divers lieux.

Ainsi que les charrues et les araires, les extirpateurs *marchent avec ou sans avant-train.* — Tantôt ils portent sur trois roues fixées à chacun de leurs angles; — tantôt sur une seule roue adaptée sous l'age. Cette dernière méthode est aujourd'hui la plus fréquente.

L'*extirpateur à socs mobiles de Roville* (*fig.* 261, 1, 2 et 3) est fort simple. Son châs-

Fig. 261.

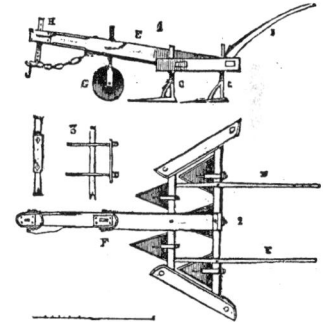

sis est armé de cinq socs ou pieds, 3 sur la traverse de derrière et deux sur celle de devant.—Les tiges *c c* n° 1 qui les supportent, se ramifient, comme on le voit, de manière à s'assembler sur le soc par deux rivures. — Ces mêmes tiges sont fixées sur les traverses au moyen de brides en fer n° 2 serrées par des vis et des écrous, de sorte qu'on peut faire varier à volonté la distance des pieds entre eux. Sur la traverse postérieure, sont boulonnés deux mancherons qui, en se prolongeant jusqu'à celle de devant, ajoutent encore à la force de l'instrument. L'age E est également maintenu sur les deux traverses. Il est percé en F n° 2 pour recevoir le support à roulette G n°1, et terminé sur le devant par un régulateur vertical H n° 1 et horizontal n° 2.

Dans ces derniers temps, M. DE DOMBASLE ayant reconnu qu'en pratique les extirpateurs à pieds mobiles présentaient l'inconvénient d'être assez difficiles à ajuster de manière à fonctionner avec une régularité parfaite, bien qu'ils eussent d'ailleurs de véritables avantages, il crut devoir en construire de nouveaux à pieds fixes, assemblés dans les traverses au moyen d'écrous, comme cela se pratique généralement en Angleterre. — Cette construction présente moins d'inconvéniens depuis que l'on construit les socs entièrement en acier, parce qu'ils s'usent beaucoup moins promptement, de sorte que, par le fait, on n'éprouve presque jamais le besoin de les rapprocher.

L'extirpateur à cinq pieds mobiles et à socs en fer, à établir sur un avant-train ordinaire de charrue, coûtait 105 fr. — Le même, avec roue sous l'age pour remplacer l'avant-train, 120 fr. — A pieds fixes et à socs entièrement en acier, il ne coûte dans le premier cas que 87 fr. ; — dans le second que 105 fr. — Chaque pied de rechange est du prix de 11 fr.

L'*extirpateur* de M. DE VALCOURT (*fig.* 262),

Fig. 262.

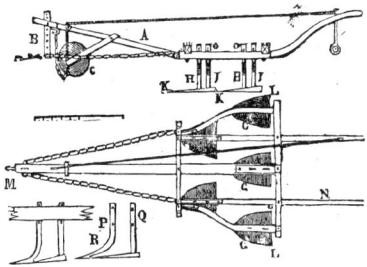

qui a été adopté à Grignon, où on le fabrique, est à cinq socs. Il pourrait en avoir deux de plus dans les terres légères. — Dans l'origine il était sans support sous l'age, mais, depuis quelques années, on lui a ajusté une roulette qui facilite sa marche sans augmenter le tirage; car elle ne sert, à proprement parler, de point d'appui lorsqu'elle est bien réglée, que pour tourner la machine quand il en est besoin, et pour la rétablir dans sa position première si elle venait à en dévier, cas assez rare, puisque, une fois entrée en raie, elle peut marcher à peu près seule.

A, age ou haye; —B, régulateur; —C, roulette; —JJ coutres scarificateurs droits placés devant les pieds et remplacés, dans les terrains pierreux, par des coutres courbes, P,R; —HH, pieds des socs; —OO, clavettes quelquefois remplacées par des brides; — K, pointe des coutres-scarificateurs emboîtant l'extrémité du soc; —L, ailes du soc; —N, mancherons; —M, point d'attache de la volée; —G, socs vus isolément et leurs ailes; —PR, coutre-scarificateur; —Q, scarificateur.

Deux des *extirpateurs anglais* les plus estimés, sont ceux de WILKIE et de HAYWARD. Le 1ᵉʳ (*fig.* 263), dont le bâtis est entière-

Fig. 263.

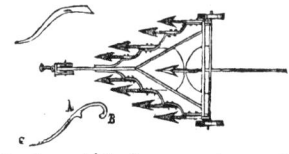

ment en fer, est à trois roues et à un seul manche. Il porte en tout neuf socs solidement boulonnés, de manière qu'il soit néanmoins facile de les enlever lorsqu'ils ont besoin de réparation, et de les remettre en place. Il paraît qu'à ces socs on substitue parfois des *roues coupantes* pour préparer les labours des terrains engazonnés, ou des coutres auxquels l'inventeur a donné l'une des formes indiquées dans les détails de la figure, afin d'ajouter la *force de tension* à celle de *la simple résistance*. En effet, on doit considérer un pied d'extirpateur ou de scarificateur comme un levier dont le point d'appui est en A, la puissance en B et la résistance en C. Dès-lors on comprend combien sa position plus ou moins inclinée à l'horizon, peut et doit modifier son action dans le sol.

L'*extirpateur* de HAYWARD (*fig.* 264) se com-

Fig. 264.

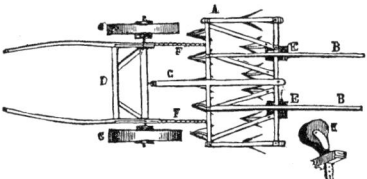

pose d'un châssis en bois A, sur lequel sont fixés, à l'aide d'écrous, onze socs à pied, six sur le derrière et cinq sur le devant; — de deux mancherons BB; —d'un age C adapté à un avant-train D, sur lequel on peut, à volonté, l'elever ou l'abaisser pour régler l'entrure des socs; — de deux petites roues à jantes très-larges CC, dont les pivots tournent dans les deux branches d'un bras en fer qui peut glisser verticalement dans la traverse postérieure du châssis, également dans le but de permettre de modifier la profondeur du labour; —enfin, de deux chaînes FF servant à tirer le cadre carrément, bien qu'elles lui permettent néanmoins de s'incliner un peu plus d'un côté que de l'autre, selon que l'exige l'inégalité du terrain. Les roues de l'avant-train sont portées sur des bouts d'essieux en fer fixés par des boulons aux extrémités de l'essieu en bois.

A l'aide de cette machine disposée de manière qu'on puisse enlever, pour la conduire dans les terrains argileux, deux des socs de chaque extrémité, ce qui réduit le nombre des autres à 7, on donne, en des terres précédemment remuées à la charrue, de légers labours qui peuvent toutefois augmenter progressivement de profondeur assez pour atteindre le fond de la raie.

De ces divers extirpateurs, le plus parfait, celui qui peut se prêter le mieux à tous les travaux qu'on est en droit d'attendre de ces sortes d'instrumens, est évidemment celui de M. DE VALCOURT; mais sa complication le rend dispendieux. Celui de Roville, tel que je l'ai décrit, avec la tige antérieure du pied du soc qu'il serait facile de transformer en un véritable coutre, me paraît, à cause de sa simplicité même, devoir être généralement préféré dans la pratique.

ART. II. — Des labours à la ratissoire.

Quoique les *ratissoires* soient plutôt des instrumens de jardinage que de grande culture, cependant on a pu parfois les introduire avec avantage dans cette dernière. En Allemagne, il n'est pas sans exemple qu'on se serve de ratissoires à cheval, de préférence à la charrue, pour déchaumer les champs de blé et pour donner les labours de jachère. On les emploie aussi pour aplanir ou régaler le terrain dans lequel se trouvaient précédemment des plantes butées. — Dans le comté de Kent, au dire d'YOUNG, on s'en sert habituellement pour donner, après la récolte des fèves, une culture destinée à empêcher les mauvaises herbes d'envahir le sol jusqu'au moment où il peut être labouré et ensemencé en froment ; — pour préparer les semailles de spergule, de raves, de sarrazin, maïs, etc., etc. — Ce travail, sur les terrains légers ou encore ameublis profondément, donne des résultats satisfaisans, et se fait avec promptitude sans exiger une très-grande force de tirage.

Il est évident que plus la *lame des ratissoires* a de longueur, plus la quantité de terre labourée à la fois est considérable, mais aussi plus le tirage augmente et plus les inconvéniens qui résultent ou peuvent résulter de la disposition et de la nature du terrain, sont sensibles. — Ces lames ordinairement sont ajustées plus ou moins obliquement sur une monture, selon qu'elles doivent pénétrer plus ou moins en terre. — Deux manches servent, conjointement avec un age portant sur un avant-train ou sur une simple roue, à maintenir la direction et à régler la profondeur du labour.

Dans la ratissoire à cheval (*fig.* 265), la

Fig. 265.

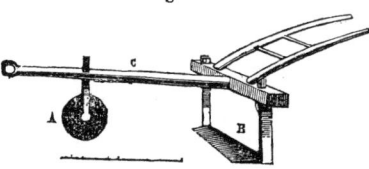

roue A est emmanchée comme la poulie d'un puits. Elle porte une tige mobile dans l'age,

au moyen de laquelle on peut modifier l'entrure de la lame ; — celle-ci B est maintenue fixement par deux montans emmortaisés dans une traverse qui sert de point d'appui aux mancherons. — A l'extrémité antérieure de l'age ou de la flèche C, se trouve un anneau destiné à recevoir les traits d'un cheval ou d'un âne.

La drague à claie, dont il a été parlé ailleurs, est un nouvel exemple du parti qu'on peut tirer des ratissoires dans la grande culture.

ART. III. — Des labours au scarificateur.

Les *scarificateurs* diffèrent des extirpateurs et se rapprochent des herses par l'absence des socs qui caractérisent les premiers et la présence de coutres qui agissent à la manière des dents des dernières. Aussi, on les confond parfois avec elles. — On les emploie en des circonstances assez différentes : parfois ils précèdent la charrue dans les défrichemens pour faciliter son action ; — le plus souvent ils remplacent avantageusement la herse pour les façons qui suivent les labours. — Au printemps, on les emploie, comme les extirpateurs, sur les champs qui ont perdu leur guéret, et qui commencent à se couvrir de mauvaises herbes. — La même chose a lieu avant les semailles d'automne. — Sur des terrains profondément ameublis par d'anciens labours, tels, par exemple, que ceux qui ont donné l'année précédente une récolte de racines, et qui n'ont pas été travaillés depuis, les scarificateurs peuvent remplacer avec économie la charrue. — Ils le peuvent encore avec un avantage bien plus grand sur les jachères dont le principal but est la destruction des mauvaises herbes.

Les machines aratoires auxquelles on devrait réserver le nom de scarificateurs, sont tantôt à un seul support, comme certaines araires, ou à plusieurs roues fixées aux angles de leurs châssis; tantôt à avant-train. — Elles ont des coutres tranchans, fixés de diverses manières sur un bâtis muni de mancherons, et portant un age à l'aide duquel on peut modifier leur entrure.

Le scarificateur Guillaume (*fig.* 266) est

Fig. 266.

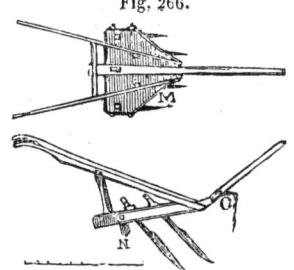

formé d'un plateau solide M, destiné à fixer les 5 coutres, dans chacun desquels on a pratiqué 3 trous propres à recevoir une double clavette qui sert à le maintenir, et, selon la place qu'elle occupe, à lui donner plus ou moins de longueur en terre. — Le sabot N empêche le plateau de poser sur le sol. — Ce scarificateur est construit de manière à être adapté à un avant-train de charrue Guillaume ou de toute autre charrue, avec la seule précaution de tenir la haye bien droite en la fixant sur la sellette. La bride O maintient une chaîne qui doit être attachée au crochet des armons.

Dans les ateliers de M. GUILLAUME cet instrument coûtait 100 fr.

Le *scarificateur de* COKE (*fig.* 267), décrit et

Fig. 267.

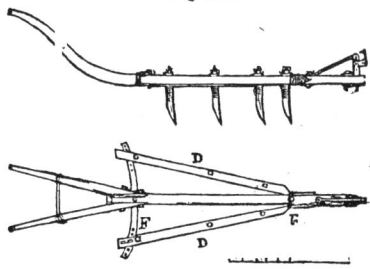

figuré dans l'ouvrage de F. E. MOLARD, se distingue surtout des autres scarificateurs connus, par l'arc de cercle en fer F qui sert à maintenir, au moyen de chevilles en même métal, les côtés latéraux D à l'écartement voulu.—Ces mêmes côtés D sont fixés à charnière en E sur la pièce du milieu qui reçoit elle-même la bride de tirage à son extrémité antérieure et les mancherons à son extrémité postérieure. — Le nombre des coutres, auxquels on peut substituer des socs, est de 8.

Le *scarificateur* BATAILLE (*fig.* 268) est

Fig. 268.

une modification de l'extirpateur Beatson. Comme il est destiné à être traîné par 2 et 3 chevaux, on a pu lui donner un plus grand nombre de pieds ou plutôt de coutres, car il ne porte pas de socs. Au châssis en bois, sur lequel sont boulonnés les coutres, on a joint une sorte d'avant-train élevé sur 3 roues, dont celle de devant peut tourner en tous sens pour faciliter le travail du conducteur et des animaux à chaque changement de direction.

Depuis quelque temps l'usage de cette machine, vulgairement connue sous le nom de herse, s'est répandue chez plusieurs propriétaires qui en font un cas mérité. Son action réunit à l'énergie la promptitude d'exécution.

Le *scarificateur* GEFFROY (*fig.* 269) se rapproche encore davantage dans sa forme de l'extirpateur Beatson. Il en diffère cependant essentiellement, non seulement par l'absence

Fig. 269.

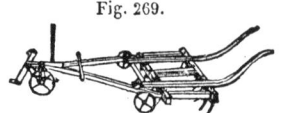

de socs, mais par le mécanisme ingénieux qui permet de modifier la profondeur du labour à l'aide d'une simple vis modératrice, et par la disposition de la bride à laquelle s'adaptent les traits des animaux. Ce léger instrument, que deux chevaux peuvent conduire, est d'une très-grande solidité; aussi exige-t-il très-peu de frais d'entretien. Il est du prix de 110 fr.

M. Geffroy a disposé son scarificateur de manière qu'il soit facile, en réduisant à trois le nombre de ses coutres, et mieux encore en substituant à ces trois coutres trois pieds d'extirpateur, de l'utiliser à la manière d'une houe à cheval pour biner entre les lignes.

L'*usage du scarificateur* est encore moins répandu en France que celui de l'extirpateur, et il faut avouer que le labour qu'on en obtient est en général moins bon; mais il faut reconnaître aussi qu'on peut utiliser avantageusement le premier dans diverses circonstances où il serait difficile de recourir au second. Telles sont notamment celles où le sol est rocailleux, où il contient des gazons non découpés, des racines traçantes et liées entre elles; par là les socs seraient à chaque instant brisés, dérangés ou arrêtés dans leur marche, tandis que les coutres résistent mieux aux pierres et se font jour à travers les herbes. A la vérité, lorsque les obstacles de ce dernier genre surabondent, les scarificateurs, comme les extirpateurs, sont sujets à l'engorgement, de sorte qu'il faut arrêter fréquemment les animaux pour nettoyer l'instrument, et alors l'opération devient plus lente, sans cependant offrir une grande perfection. Il faudrait pouvoir à la fois pulvériser et nettoyer le terrain. L'Anglais MORTON est, je crois, l'un des premiers qui ait cherché à résoudre simultanément ce double problème. Son scarificateur rotatif et à râteau s'est répandu depuis une quinzaine d'années et conservé dans la pratique écossaise. Il existe même, dit-on, en France, sur plusieurs grandes exploitations, notamment aux environs d'Arpajon; mais, n'ayant pas été à même d'apprécier les importans résultats qu'on lui attribue, je ne pourrai en parler que d'après les écrits des auteurs anglais et les excellens dessins de M. LEBLANC.

Le *scarificateur rotatif à râteau de* MORTON (*fig.* 270) se compose d'un corps d'essieu en bois A, dont les fusées sont en fer; — de 2 roues B; — d'un châssis en fer C,C,C boulonné contre l'essieu; — d'un timon ou age en fer tenu au milieu du corps d'essieu par un piton fourchu et à écrou qui lui permet de se mouvoir dans un plan vertical; — d'une fourchette verticale E dans laquelle le timon peut être fixé à diverses hauteurs; — d'une autre fourchette F dans laquelle passe également le timon, et qui va soutenir, par son prolongement inférieur, l'axe coudé des hérissons; — de hérissons j, au nombre de huit ou dix

Fig. 270.

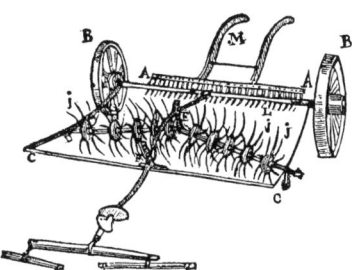

tournant librement sur leur axe; leurs dents recourbées uniformément vers la pointe sont prises dans des moyeux de fonte coulés sur les dents mêmes; — d'un râteau L, à dents de fer, attaché, au besoin, au corps d'essieu à l'aide de pitons à écrou qui lui permettent de se mouvoir dans le sens vertical; — enfin, de mancherons en bois M qui servent à diriger et à soulever le râteau pour le dégager des herbes qu'il entraîne.

En général, dit-on, et cette affirmation ne paraît présenter aucune exagération, sur un seul labour, après quelques traits de ce scarificateur, le champ le plus infesté de racines de chiendent ou d'autres mauvaises herbes se trouve parfaitement préparé et nettoyé pour recevoir toute sorte de graines. — Ce n'est qu'au dernier tour qu'on fait usage de la herse.

Malheureusement, quelque parfaite qu'elle soit, cette machine compliquée est nécessairement d'un prix qui la met hors de l'atteinte de le plupart des cultivateurs. Elle a de plus l'inconvénient d'exiger un très-fort tirage, de sorte que l'on ne doit sagement en recommander l'usage qu'aux propriétaires de vastes domaines.

Il n'en est pas de même du léger scarificateur que M. Vilmorin a adopté dans ses belles exploitations des Barres. Cet instrument, que je regrette de ne pas avoir sous les yeux, est une imitation bien moins coûteuse d'un modèle anglais connu sous le nom de *tormentor*. C'est une sorte de grand râteau avec des dents longues d'environ 1 pied sur une seule rangée, adapté à un châssis triangulaire à trois roulettes.—La traverse de derrière, au lieu d'être d'une seule pièce, est composée de deux pièces ayant entre elles assez d'écartement pour laisser passer les dents du râteau. Le fût sur lequel sont montées celles-ci et auquel sont adaptés les mancherons, repose sur ces deux traverses; il est mobile, de sorte que quand on veut débarrasser l'instrument, il n'y a qu'à soulever les mancherons, les dents frottent en remontant contre les deux traverses fixes, ce qui fait retomber le chiendent qu'elles portaient et les nettoie.

ART. IV. — *De l'émottage à la herse.*

Dans la pratique ordinaire cette opération est presque toujours le complément obligé des labours à la charrue. — Il importe qu'elle soit faite en temps opportun et de la manière la plus convenable.

Sur les terrains légers *le hersage* est moins nécessaire et beaucoup plus facile que sur les autres. Comme ils retiennent peu l'eau et qu'ils ne se durcissent pas comme les argiles, on trouve sans peine le moment favorable; mais sur les terres fortes il n'en est pas de même. Lorsque les mottes sont trop humides, elles se pétrissent pour ainsi dire sous les pieds des animaux et fléchissent sous l'action des dents; — lorsqu'elles sont trop sèches, elles roulent sans se briser, de manière que la herse ne fait que sautiller dans sa marche irrégulière. Il faut donc choisir l'instant où la terre est suffisamment ressuyée sans avoir perdu toute son humidité.

Tantôt le hersage se fait *en long*, c'est-à-dire dans le sens des sillons; — tantôt on le pratique *perpendiculairement à ces mêmes sillons*; — dans d'autres circonstances, il les coupe *obliquement;* — enfin, très-souvent, et c'est un fort bon moyen, on donne un *hersage croisé*. — Dans le Mecklembourg et quelques autres parties de l'Allemagne, on herse encore *en rond*. Voici ce que dit Thaer de cette méthode que je n'ai vu pratiquer nulle part en France: « Le hersage en rond ne peut avoir lieu que sur des planches très-larges ou sur des champs labourés à plat. Les chevaux, ordinairement au nombre de quatre et quelquefois de six, sont attachés les uns au palonier, les autres à la herse. Le conducteur tient par la longe le cheval de devant, le plus souvent celui de la gauche, et lui fait faire un tour sur lui-même; les chevaux qui sont à côté de lui doivent, comme on le conçoit, décrire un cercle d'autant plus grand qu'ils sont plus éloignés du centre. Lorsque le cercle est presque fini, il descend quelques pas plus bas et fait alors un second tour. On continue ainsi dans toute la largeur que les herses peuvent embrasser. On comprend facilement que le cheval qui est le plus éloigné du conducteur est celui qui a le plus de peine; aussi met-on les chevaux les plus faibles et les plus petits en dedans, les plus forts et les plus grands en dehors, ou bien, s'ils sont à peu près égaux, on les fait alterner. Le plus souvent il faut que le cheval du dehors aille au trot assez alongé, quoique celui du centre ne fasse que quelques pas bien lents..... Il n'est pas douteux que cette manière de herser ne prenne beaucoup de temps, parce que chaque partie de la surface est parcourue plusieurs fois; mais aussi elle produit un effet qu'on ne peut atteindre d'aucune autre manière. Les hersages rapides de cette espèce ont ordinairement lieu avec des herses à dents de bois parce que les chevaux ne pourraient pas soutenir un tel travail avec des herses pesantes. Lorsque le champ a été complétement hersé de cette manière, on y passe alors la herse en long, et cela se fait également au plein trot. Pour cet effet, le conducteur monte sur le cheval de devant afin de le faire avancer plus rapidement..... »

On peut distinguer les herses en *légères*, elles sont le plus souvent *à dents de bois*, et en *pesantes* ou *à dents de fer*. — Les premières suffisent aux travaux des terres sablonneuses ou peu compactes; — les autres sont indispensables sur les sols argileux et tenaces.

Les dents de herse sont assez souvent quadrangulaires, plus souvent encore triangulaires. — Dans les herses modernes les plus perfectionnées, elles ont la forme de coutres. Cette disposition présente entre autres avantages celui de permettre de faire des hersages profonds ou des hersages légers, selon qu'on attache les traits de manière que les dents avancent la pointe la première ou dans le sens contraire.

Trop communément *on place les dents* à peu près au hasard sur les châssis qui les supportent; cependant, en théorie, il faut non seulement que chacune fasse sa raie particulière et que cette raie ne soit pas parcourue par une autre dent, mais encore que toutes les raies soient équidistantes entre elles.

Les *dimensions et la forme des herses* varient nécessairement selon leur destination : — sur les terrains labourés à plat, elles peuvent être plus ou moins grandes selon les circonstances; — on les construit tantôt en triangle, tantôt en carré.

Dans les localités où on laboure en billons et où l'on ne herse conséquemment qu'en long, on divise les herses en deux parties assez souvent concaves qu'on réunit l'une à l'autre par le moyen d'anneaux ou de toute autre manière.

La herse triangulaire dont nous donnons le dessin (*fig.* 271) n'a besoin d'aucune explica-

Fig. 271.

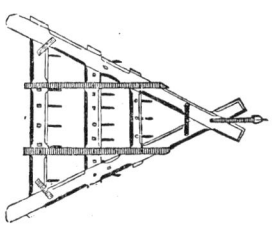

tion, tant sa construction est simple. — On voit que ses dents, assez fortement inclinées en avant, sont placées de manière à remplir les conditions ci-dessus prescrites.

Fig. 272.

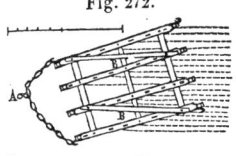

La herse quadrangulaire de M. DE VALCOURT (*fig.* 272), qui a été adoptée à Roville, comme une des plus parfaites, et qui a fait dire au savant directeur de cet établissement que c'est seulement depuis qu'il en fait usage qu'il sait ce que vaut une bonne herse, est disposée comme celle du Berwickshire, dont je parlerai ci-après, et plusieurs autres, de manière à être utilisée seule ou accouplée à une autre de même forme.

La *manière d'atteler les chevaux à la herse* n'est pas indifférente, car lorsque, comme dans l'exemple précédent, le tirage se fait par une chaîne simple, la marche de l'instrument

devient très-irrégulière par l'effet des balancemens que les mottes ou l'inclinaison du terrain lui impriment. C'est pour remédier à cet inconvénient que le crochet A se fixe à l'un des anneaux de la chaîne, non pas au milieu, mais à droite, ainsi qu'on le voit dans la figure, en cherchant, par le tâtonnement, à quel anneau on doit le fixer afin que la herse marche de biais justement autant qu'il est nécessaire pour que toutes les lignes tracées par les dents soient également espacées entre elles. On reconnaît que la herse marche bien lorsque les deux pièces de bois BB, placées diagonalement sur les timons, cheminent sensiblement à l'œil parallèlement à la ligne de direction de l'instrument, et non de biais. — Ces deux pièces ou *chapeaux* servent aussi à soutenir la herse que l'on renverse sur le dos lorsqu'on la conduit aux champs.

« On conçoit que *le point de tirage doit varier* selon l'inclinaison du sol, à droite ou à gauche, et aussi selon le plus ou le moins de résistance qu'éprouve l'instrument; car, dans ces divers cas, la partie postérieure de la herse tend à se jeter d'un côté ou de l'autre. En changeant le point de tirage, c'est-à-dire en accrochant la volée d'un ou deux chaînons plus à droite ou plus à gauche, on force la herse à suivre une direction uniforme. — J'ai parfaitement réussi à faire varier avec une grande latitude les effets de la même herse par le moyen de quatre pitons percés chacun de trois ou quatre trous qui sont placés à chaque angle de l'instrument. Pour obtenir le plus fort degré d'enrure, on tourne la herse de manière que les dents marchent la pointe en avant, et l'on attache les deux extrémités de la chaîne aux trous supérieurs des pitons...... Si au contraire on attache les bouts de la chaîne à la partie inférieure des pitons, la herse pénètre moins dans la terre. » (*Annales de Roville*.)

La herse à losange à dents de fer, pour une paire d'animaux, avec sa chaîne et ses crochets, coûte à Roville 45 fr. — La même, pour deux paires d'animaux, avec régulateur et crochets, est du prix de 75 fr.

La *herse du Berwickshire* (*fig.* 273), que l'on

Fig. 273.

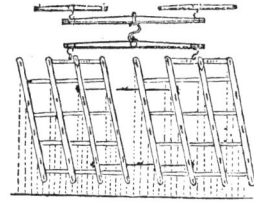

considère en Angleterre comme l'un des instrumens les meilleurs en ce genre, se compose de deux parties, réunies ensemble à l'aide de verges de fer fixées par des écrous, et attachées l'une à l'autre par deux crochets et deux pitons. — On voit que sa forme est rhomboïdale comme celle de la précédente, et sa construction n'en diffère que par une moindre perfection.

La *herse de Laponie* (*fig.* 274), dont on

Fig. 274.

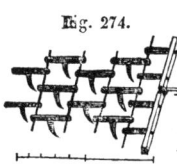

trouve la description et la figure dans le Dictionnaire d'Agriculture de Deterville, est entièrement en fer. Elle est formée, dit le rédacteur, d'un palonier garni en arrière de quatre boulons de fer, percés d'un trou à leur extrémité, et de dix morceaux de barre de fer de 8 à 9 po. (0ᵐ 217 à 0ᵐ 244) de longueur, percés également de trous à leurs extrémités et armés d'une forte dent recourbée dans leur milieu. Ces morceaux de barre de fer sont assemblés en quatre rangées; savoir : de trois, de deux, de trois et de deux, au moyen de verges de fer qui passent par les trous indiqués. Il est évident, ajoute-t-on, que toutes les parties de cette herse étant mobiles en tous sens, elle embrassera mieux le terrain chargé de pierres, de taupinières, de mottes, etc., etc., et, par conséquent, arrachera mieux la mousse des prairies, les mauvaises herbes des champs, et brisera mieux les mottes sur lesquelles ses dents passeront successivement.

Sous quelques-uns de ces points de vue, il n'est pas douteux que la mobilité des diverses parties de la herse ne soit un avantage; mais, quant à la propriété qu'on lui suppose, et qui serait en définitive une des plus importantes, de mieux briser les mottes, on aura sans doute quelque peine à y croire, si on fait attention que, dans une herse assemblée fixement, chaque dent reçoit quelque chose du poids de la machine entière, tandis que dans celle-ci il doit arriver, par suite de la mobilité des verges d'assemblage, que ce poids est disséminé de manière à produire un moindre effet.

La herse courbe (*fig.* 275) est employée

Fig. 275.   Fig. 276.

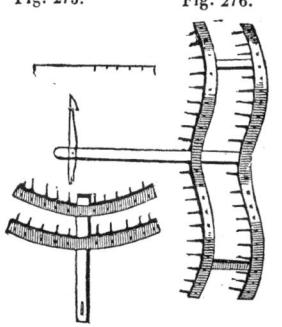

dans le département d'Indre-et-Loire sur les labours en billons. Elle se compose de deux pièces de bois parallèles de 5 po. (0ᵐ 135) de courbure et d'une longueur proportionnée à la largeur du billonage. — Son manché est percé pour recevoir l'attache d'un palonier.

La herse à double courbure (*fig.* 276) est utilisée dans les mêmes lieux que la précédente pour herser deux billons à la fois. Sa

construction serait, du reste, à peu près la même, si, à cause de sa plus grande étendue en largeur, il n'était nécessaire de la consolider par deux traverses.

La herse double courbe (*fig.* 277) est

Fig. 277.

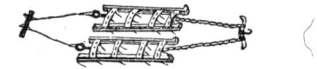

encore destinée au hersage des billons. — On voit que ses deux parties sont réunies par deux anneaux en fer, l'un un peu plus grand que l'autre. Le nombre des dents varie sur chaque traverse de deux à quatre. — Les traits de tirage s'accrochent à deux anneaux, et, à la partie postérieure de l'instrument, sont deux cordes venant aboutir à un bâton servant de manche pour diriger les herses et les soulever, s'il y a lieu, afin de les débarrasser des herbes qu'elles entraînent.

ART. V. — *De l'émottage au rouleau.*

Dans les pays de bonne culture, *le rouleau* vient souvent à l'aide de la herse pour briser les mottes qui ont résisté à l'action de cette dernière, ou du moins pour les enfoncer dans le sol et les soumettre ainsi à l'effet d'un second hersage ; aussi voit-on souvent ces deux instrumens se succéder sur le même champ.

Dans les localités argileuses, d'une culture difficile, les rouleaux peuvent donc être considérés comme instrumens de labour, puisqu'ils servent à diviser la terre. Dans les contrées sablonneuses, au contraire, leur principal but est d'affermir le sol, de le plomber et d'unir sa surface, afin de diminuer les effets de l'évaporation et de faire en sorte que les semences puissent être réparties plus également. — De même que l'on herse avant et après les semailles, on doit donc rouler aussi, en des circonstances bien plus fréquentes qu'on ne le croit généralement, non seulement pour préparer la terre à recevoir les graines, mais encore pour la disposer favorablement après qu'elle les a découvertes.

Les rouleaux destinés à effectuer les plombages ont une surface unie. — On les construit tantôt en bois, tantôt en pierre, et tantôt en fonte. Leur poids doit augmenter proportionnellement à la légèreté ou à la porosité du sol.

Les rouleaux destinés à briser les mottes sont, au contraire, tantôt profondément cannelés, armés de pointes nombreuses ou de disques coupans ; et tantôt formés de liteaux métalliques angulaires, placés à quelque distance les uns des autres, parallèlement ou perpendiculairement à l'axe cylindrique dont ils forment la circonférence.

A poids égal, il est évident que plus un rouleau est court, plus son action est énergique, puisqu'il porte sur un moins grand nombre de points de la surface du sol. On commettrait donc une faute si, pour abréger la durée du travail, on augmentait la longueur d'un tel instrument aux dépens de son diamètre.

La plupart des rouleaux sont mis en mouvement à l'aide d'un châssis de bois ou de métal dans lequel les deux extrémités de leur axe sont emboîtées. — La forme de ce châssis, dont les figures suivantes donneront une idée, varie au gré du constructeur, sans que les modifications qu'on lui fait éprouver puissent exercer une influence notable sur l'action du cylindre. — Il est aussi des rouleaux qui ne portent aux deux bouts saillans de leur axe que deux anneaux tournans munis de crochets, auxquels on fixe les traits de tirage.

Les *fig.* 278 et 279 représentent deux de

Fig. 279.   Fig. 278.

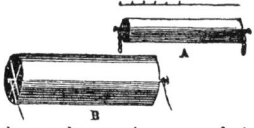

ces rouleaux; le premier est en bois dur et pesant, le second est en fonte.

Le *rouleau à demi-châssis* (*fig.* 280), tel qu'on l'emploie dans plusieurs de nos départemens du nord, est le plus souvent en bois, quelquefois en pierre ou en fonte, ainsi que le suivant (*fig.* 281) qui est compris *dans un châssis complet.* — Lorsque ces

Fig. 280.

Fig. 281.

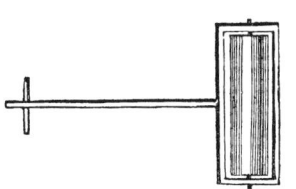

rouleaux ont été fabriqués en bois, on leur donne des châssis en bois ; lorsqu'ils sont en pierre ou en fonte, on les monte en fer.

Les *rouleaux unis,* très-pesans, peuvent servir, comme les autres, à briser les mottes. Cependant, on a remarqué, particulièrement sur des terres fortes qui contenaient encore un peu d'humidité, que la pression qu'ils exercent uniformément peut être excessive, puisqu'on s'est vu parfois contraint de les faire suivre par l'extirpateur, la herse étant insuffisante pour rendre au sol la légèreté suffisante. Les rouleaux à pointe ou à surface cannelée n'ont pas le même inconvénient.

Le *rouleau dit brise-mottes* de GUILLAUME (*fig.* 282), porte un grand nombre de dents en bois, carrées, longues de 5 po. (0ᵐ 135) environ, et de 2 po.(0ᵐ 054) d'équarrissage. Il se compose, du reste, de deux tirans A A, unis par deux traverses B, sur lesquelles est boulonnée la limonière D D, dont l'écar-

tement est maintenu par la barre E. — Ce rouleau est du prix de 100 fr.

Fig. 282.

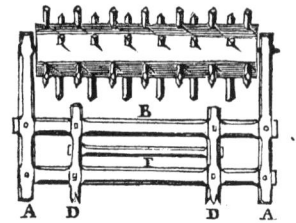

Le *rouleau à disques coupans* (*fig.* 283) est

Fig. 283.

formé d'un cylindre en bois, sur lequel se trouvent enfilés et fixés de diverses manières des anneaux lamellaires, tranchans à leur circonférence.— On l'emploie dans quelques localités de préférence au scarificateur pour faciliter un premier labour dans les friches ou les terres enherbées. — Ce rouleau a sur les scarificateurs l'avantage de moins fatiguer l'attelage et d'agir par sa propre pesanteur. Aussi, non seulement doit-on l'exécuter en bois très-lourd, mais a-t-on jugé nécessaire de le surmonter d'une boîte, susceptible de recevoir divers objets d'un poids considérable, ainsi que l'indique la *fig.* 284.

Le *rouleau à pointes en fer* (*fig.* 285) peut être employé non seulement pour briser é- nergiquement les mottes après un labour

Fig. 284.

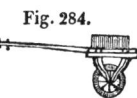

Fig. 285.

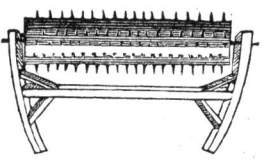

récent, mais encore pour ameublir des terres anciennement labourées, et les préparer à recevoir la semence, soit qu'elles aient été accidentellement plombées outre mesure par les pluies, soit que le temps les ait durcies. Comme dans l'exemple précédent, les dents doivent avoir de 4 à 5 po.(0ᵐ 108 à 0ᵐ 135) de longueur. Elles sont rangées par lignes parallèles équidistantes et disposées de manière à se trouver en quinconces. Le nombre des lignes varie nécessairement avec le diamètre du cylindre.

M. MOLARD, de l'Institut, a reçu autrefois de Suède, et perfectionné avec un grand succès, un rouleau auquel il a conservé le nom ae son pays. Le *rouleau suédois*, dont on peut voir un modèle au Conservatoire, est armé de liteaux de fer qui sont fixés parallèlement entre eux et à l'axe du cylindre, de manière à pouvoir être déplacés et changés au besoin avec une grande facilité. Le châssis est surmonté d'un siége propre à recevoir le conducteur. — Cette machine excellente, considérée sous le seul point de vue des résultats qu'on peut en obtenir, est malheureusement trop chère pour se répandre dans la pratique ; elle vaudrait environ 400 fr.

Enfin, M. DE DOMBASLE a aussi inventé un *rouleau* dit *squelette* (*fig.* 286), d'un prix bien moins élevé, quoique d'une grande puissance ; celui-là coûte 160 fr. et pèse 250 kilog. Il est entièrement en fonte, sauf le châssis en bois sur lequel sont fixés les coussinets de l'arbre du rouleau ; — la limonière est fixée sur le châssis au moyen de boulons ; — l'ar-

bre sur lequel sont assemblés les disques composant les rouleaux est en fer; parmi ces disques les uns sont en fonte et terminés à leur circonférence en forme de coin, et les autres plus petits servent à consolider l'assemblage et à maintenir les premiers à une distance convenable; des boulons, traversant le rouleau dans toute sa longueur, servent encore à consolider le tout.

Fig. 286.

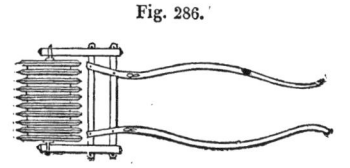

CHAPITRE VII. — DES ENSEMENCEMENS ET PLANTATIONS,

SECTION 1ʳᵉ.—*Des ensemencemens.*

Le succès des récoltes dépend beaucoup sans doute de la préparation que l'on a donnée au terrain, mais l'homme qui a bien labouré n'a encore accompli que la première partie de sa tâche. L'agriculture est une œuvre de patience ; si la constance, l'activité et la vigilance ne sont pas les compagnes habituelles de celui qui cultive le sol, il lui faudra. pour réussir, un concours de circonstances que le hasard amène rarement. C'est surtout relativement à la semaille que ce que je viens de dire trouve son application. C'est devant cette opération que viennent souvent échouer l'ignorance et l'impéritie ; c'est ici, ou jamais, que l'homme observateur montre sa supériorité sur celui devant lequel ont passées inaperçues les leçons de l'expérience. — Les connaissances qu'exige cette opération peuvent se resumer au choix des semences, époque et profondeur, procédés de sémination, moyens employés pour recouvrir la semence.

ART. 1ᵉʳ. — *Choix des semences.*

Celui qui procèderait sans règle et sans méthode au choix de sa semence débuterait par une faute. Ce n'est pas à l'époque de la semaille que l'on doit chercher à se procurer celles dont on a besoin, c'est *à l'époque même de la récolte précédente*, parce que c'est alors qu'on peut déterminer quelles sont les variétés les plus productives, les plus rustiques, les plus appropriées à la nature du sol. Ecartez la semence provenant d'un individu chétif, rabougri, elle donnerait naissance à des plantes faibles et débiles. Pour les céréales surtout, gardez-vous d'employer les grains produits par une récolte roulée, venue sur un terrain ombragé ou dans un sol fumé avec excès. Arrêtez-vous à une pièce dont tous les épis soient parfaitement développes, où les herbes parasites soient rares : laissez ce grain arriver à une complète maturité, et vous serez certain qu'après l'avoir serré et battu séparé-

ment, vous aurez une semence nette, propre, bien disposée à produire des plantes vigoureuses. Pour battre le grain destiné à la reproduction, on se sert du procédé qu'on nomme *chaubage* et qu'on trouvera décrit à l'article *Battage.*

Dans la petite culture et dans les pays où l'on connaît le prix d'une semence bien conditionnée, on se contente de faire *couper par des enfans les plus beaux épis* dans les plus belles pièces ; on est assuré par ce moyen d'avoir un grain de premier choix : cependant, lorsqu'on opère sur une grande échelle, ce procédé est long et trop dispendieux. Celui que j'ai proposé suffit dans la majorité des circonstances.

A la question que je viens d'examiner se rattache subsidiairement celle du *changement de semence.* Les avantages et les inconvéniens d'un renouvellement périodique ont été soutenus par des hommes de talent; la solution du problème s'est fait long-temps attendre ; mais on a fini par comprendre qu'il est impossible de le résoudre d'une manière absolue. Les diverses variétés de plantes que nous cultivons peuvent-elles dégénérer ? La différence dans le climat, le changement de culture. un sol d'une composition différente peuvent-ils avoir sur les produits une influence assez puissante pour leur faire perdre quelques-unes de leurs propriétés ? On ne peut en douter, si l'on examine ce qui se passe dans une foule de localités sur un grand nombre de plantes cultivées.

Dans les campagnes on attribue à un changement de sol ou de climature ce qui est le *résultat du mélange de la poussière fécondante,* mélange qui s'opère quelquefois à des distances assez grandes. On cultive dans les environs de Grenoble un blé barbu très-estimé par l'abondance de ses produits. Ce froment n'a pas tardé à perdre sa physionomie dans une autre contrée, parce qu'il avait été semé à côté d'un blé barbu ordinaire. Sous ce rapport il ne peut être douteux qu'un renouvellement de semence ne soit utile dans quelques circonstances. Un avantage du changement de semence, quand il est fait avec connaissance de cause, c'est la disparition de quelques herbes parasites. Il n'est pas de cultivateur qui n'ait remarqué que la plupart de ces végétaux se cantonnent chacun sur un sol d'une nature particulière. Il est évident que les semences de ces plantes qui se trouveraient dans le grain destiné à la reproduction, viendront mal ou ne viendront pas du tout si on les répand sur un terrain d'une nature différente de celle où ils croissent spontanément.

Si l'on excepte les circonstances que je viens d'énumérer, croire qu'un changement de semence est indispensable, c'est s'abuser; c'est dépenser un temps et un argent inutiles, et s'exposer même à remplacer une variété excellente par une autre qui n'offre en compensation aucun genre de mérite. Est-ce à dire qu'il faille s'en tenir à la variété qu'on cultive et qu'on a toujours cultivée? non certainement. Le cultivateur prudent et ami du perfectionnement saura ne pas rester en arrière du progrès, concilier les enseignemens de l'expérience et les révélations de la science. Il essaiera les variétés nouvelles et préconisées, mais sur une petite étendue, et ne se prononcera qu'en face de faits positifs et de résultats concluans.

On a discuté là question de savoir *si les semences nouvelles sont préférables à celles qui ont été récoltées depuis plusieurs années.* Il est des graines qui conservent leurs facultés germinatives pendant plusieurs années, il en est d'autres qui la perdent après quelques mois. Cependant la plupart des plantes agricoles possèdent cette propriété pendant 2 années au moins. L'inconvénient que l'on trouve à se servir de semences vieilles et surannées, c'est que le germe raccorni par le temps et une longue dessiccation est plus long-temps à lever, et que la graine court par conséquent plus de chances d'être détruite par les animaux avant que la plante soit à l'abri de leurs atteintes. On a remarqué encore que les semences nouvelles fournissent de plus belles tiges, et que les vieilles produisent un grain mieux développé.

ART. II. — *Époque et profondeur des semailles.*

§ Iᵉʳ. — Époque des semailles.

Nous ne parlerons pas ici des préparations auxquelles on a proposé de soumettre les plantes avant de les confier à la terre; nous aurons soin de les indiquer lorsque nous traiterons de la culture spéciale. L'époque où l'on doit semer est subordonnée au climat, à la rusticité de la plante, au temps où l'on se propose d'en récolter les produits. On tomberait dans une grave erreur si l'on croyait qu'il y a pour chaque contrée une époque fixe pour la semaille. Les Anglais, qui ont sur ce sujet des idées très-saines, possèdent un adage qui devrait être répété par tous les cultivateurs : « *Soyez plutôt hors du temps que de la température.* » A l'époque ordinaire des semailles, l'inclémence de la saison ne laisse souvent aucun espoir de succès: alors,

malheur au cultivateur qui, ne sachant pas se plier aux circonstances, s'obstine à exécuter cette opération dans un temps peu opportun. — Le moment des semailles d'automne est indiqué par des signes naturels qui sont les mêmes pour tous les climats. Je rapporte les paroles d'OLIVIER DE SERRES sur cet objet: « Les premières feuilles des arbres tom- » bant d'elles-mêmes nous donnent avis de » l'arrivée de la saison des semences. Les » araignées de terre aussi par leurs ouvrages » nous sollicitent à jeter nos blés en terre ; » car jamais elles ne filent en automne que » le ciel ne soit bien disposé à faire germer » nos blés de nouveau semés, cè qu'on con- » naît aisément à la lueur du soleil qui fait » voir les filets et toiles de ces bestioles tra- » verser les terres en rampant sur les gué- » rets. Instructions générales qui peuvent » servir et être communiquées à toutes na- » tions, propres à chaque climat, et indi- » quées par la nature qui, par ces choses ab- » jectes, sollicite les paresseux à mettre la » dernière main à leur ouvrage, sans user » d'aucune remise ni longueur. » Ces préceptes sont excellens pour déterminer l'époque la plus favorable à la semaille des plantes hivernales. — Celles qui sont semées en une autre saison courent beaucoup plus de chances, et le cultivateur habile saisira aux cheveux l'occasion qui se présentera favorable. Il n'y a souvent au printemps qu'une semaine, qu'un jour propice, et il faut être préparé d'avance à en profiter. Il est même des circonstances où il vaut mieux semer en temps convenable, au risque de ne pas donner à la terre les préparations d'usage. Je ne connais pas de céréales qui exige un sol plus meuble que l'orge; cependant il arrive souvent que pour procurer à la terre cette pulvérisation si utile, l'époque de la sémination se trouve ajournée indéfiniment; les chaleurs de l'été surprennent la jeune plante dans son enfance, et sa végétation se trouve arrêtée instantanément. Ainsi, toutes les fois que pour donner au sol une meilleure façon on sera obligé d'outre-passer de beaucoup l'époque reconnue la plus convenable, on pourra être assuré d'une diminution notable dans les produits.

Si nous examinons la question dans ses rapports avec l'économie rurale et la chimie agricole, nous verrons : 1° que, pour les semailles d'automne, les *terres argileuses doivent être ensemencées avant celles dont la nature est calcaire ou siliceuse.* Les terrains de ce dernier genre se laissent encore travailler à l'arrière-saison, même lorsque les pluies ne laissent entre elles que de courts intervalles, parce qu'ils laissent abondamment échapper l'humidité dont ils se sont emparés. L'argile, au contraire, où l'évaporation est beaucoup plus lente, devient plastique, boueuse et difficile à cultiver. Les hommes, les animaux sont excédés de fatigue, les instrumens fonctionnent mal ou se brisent, et il n'est que trop commun de voir une semaille, ainsi exécutée, anéantir toute espèce de succès;

2° Qu'on doit encore *semer les premières les terres les plus éloignées* des bâtimens d'exploitation, afin de pouvoir saisir, pour celles qui sont plus rapprochées, les courts intervalles de beau temps que l'arrière-automne permet d'utiliser;

3° Que *le contraire arrive* précisément *pour les semailles exécutées au printemps*. Les terres argileuses, humides dès les pluies de l'hiver, ne peuvent encore laisser marcher la charrue ou la herse, que déjà les terres siliceuses et ∎alcaires sont ressuyées. C'est donc par celles-ci qu'il convient de commencer. Les jours, se dépenseraient inutilement en voyages si les animaux allaient, au commencement du printemps, travailler les parties les plus reculées du domaine; c'est donc à celles qui sont plus rapprochées que l'on devra donner les premiers soins.

C'est en faisant une *étude sérieuse de la nature de son terrain* et de l'exigence du climat que le cultivateur parviendra à distribuer ses travaux d'une manière régulière, et à exécuter la semaille de chaque pièce dans le temps le plus opportun.

§ II. — Profondeur des semences.

. Quand on songe au grand nombre de semences que produisent les plantes des champs, les arbres des forêts, on est étonné de la petite quantité de végétaux qui croissent spontanément sur le sol; mais l'étonnement cesse lorsqu'on voit que la plupart de ces semences, abandonnées au hasard, n'ont pas été placées dans les conditions indispensables à la germination. La principale de ces conditions, c'est d'*être recouvertes d'une couche de terre suffisante*. Les expériences des physiologistes nous apprennent que les phénomènes qui accompagnent la germination dans ses phases diverses ne s'accomplissent qu'imparfaitement sous l'influence de la lumière. Il faut donc que la semence soit enterrée à une certaine profondeur, afin qu'elle soit dans la plus complète obscurité. D'après d'autres expériences, la présence de l'oxigène est indispensable pour que l'embryon se développe. Il faut donc, en second lieu, que la couche de terre qui recouvre la semence soit assez peu épaisse pour ne pas intercepter la communication de l'oxigène de l'air avec la graine.

Le cultivateur qui a étudié les vœux des plantes sous ce double rapport ne sera jamais embarrassé pour déterminer la profondeur à laquelle il doit enterrer la graine. Cette profondeur n'est point absolue, elle varie avec la nature du sol, l'époque de la semaille et la grosseur de la semence. *Plus la graine est grosse, plus elle veut être enterrée profondément.* Cet axiome est général, mais pas universel. *Plus le sol est argileux, plus il faut enterrer superficiellement*, et la raison en est tirée de ce que nous avons dit tout-à-l'heure; l'argile est une terre tenace, peu perméable aux influences extérieures; et il est impossible à l'oxigène de pénétrer une couche un peu lui laisse aucun passage. Ce sol, par sa ténacité, offre également, à la sortie de la jeune plante, des obstacles qu'elle ne peut souvent surmonter.

Il est certaines *terres qui sont sujettes au déchaussement;* pour celles-là, on enterre également la semence à une plus grande profondeur qu'à l'ordinaire, afin que les ra-

cines, fortement implantées dans le sol, ne puissent être soulevées par le gonflement du terrain.

Nous allons indiquer ici les diverses profondeurs auxquelles il convient d'enterrer la semence des principales plantes agricoles. Il est reconnu, en général, qu'aucune graine ne germe enfouie à plus de 5 à 6 pouces. Ce que nous allons dire suppose un sol de consistance moyenne.

La *féverole* est de tous les végétaux cultivés celui qui supporte la plus forte couverture de terre; même dans un sol tenace, elle lève très-bien à 3 ou 4 pouces.

Pour l'*orge* et l'*avoine*, 2 pouces à 2 pouces 1/2.

Les *vesces*, les *lentilles*, les *betteraves*, les *pois*, le *seigle* et le *froment*, de 1 à 2 pouces.

Les *haricots*, le *maïs* et le *colza*, 1 pouce et demi.

Les *autres graines oléagineuses*, le *lin*, le *rutabaga*, 1/2 pouce.

Les *navets* et les *carottes*, 1/2 pouce au plus.

Enfin les *semences des prairies artificielles*, la *gaude*, le *pavot* et la *chicorée* demandent à peine à être recouvertes.

§ III. — Quantité de semences à employer.

Si toutes les graines que l'on confie à la terre germaient et donnaient naissance à une plante bien développée, il n'y a aucun doute que la proportion ordinairement employée ne soit trop forte. Mais, quelque soin que l'on ait pris pour choisir la semence, il y en a toujours une petite partie qui a perdu la faculté germinative; avec quelque précaution que l'on ait préparé le terrain, il y a toujours un certain nombre de graines qui ne sont pas enterrées à la profondeur convenable. Les oiseaux, les insectes en détruisent souvent une grande partie. Ceux qui n'ont pas calculé toutes ces causes de diminution peuvent bien soutenir qu'on répand trop de semence d'après les exemples étonnans de la fécondité de la plupart des végétaux cultivés; ainsi, MILLER, jardinier anglais, en semant un seul grain de froment, en obtint plusieurs milliers. Mais combien de cultivateurs se sont repentis d'avoir mis en application les conseils des hommes qui ne raisonnaient que d'après les essais tentés dans un sol de premier choix!

Nous indiquerons en traitant de chaque plante la *quantité de semence* que l'on doit employer dans un sol de fertilité et de consistance ordinaires.

Ici *nous nous ferons seulement observer que cette quantité doit être diminuée* dans un sol riche, parce que, dans cette circonstance, les plantes culmifères ont beaucoup de disposition à produire des talles ou pousses latérales; parce que les autres végétaux y acquièrent de grandes dimensions. Leur développement serait contrarié par la multiplicité des plantes qui se trouveraient agglomérées sur un même point. Au lieu de donner des produits plus abondans, une semaille épaisse n'aurait dans ce cas d'autre résultat que d'empêcher la circulation libre de l'air, d'intercepter la lumière et en définitive d'étioler la majeure partie des végétaux. Il convient encore de diminuer la quantité de semence quand la semaille s'exécute de bonne heure, parce qu'alors le terrain est ordinairement mieux préparé, que la terre, encore échauffée par les rayons du soleil, hâte la germination des grains et les soustrait à tous les accidens qui les détruiraient.

Au contraire, la *quantité de semence doit être augmentée* dans les sols pauvres, dans les semailles tardives. Généralement parlant, les variétés de printemps veulent être semées plus drues que les variétés d'automne. Le blé d'hiver, par exemple, a le temps de taller avan et après l'hiver; tandis que celui du printemps est à peine germé, que les pluies douces de la saison et le soleil concourent à donner à la végétation une grande activité : les tiges montent rapidement, mais elles ne peuvent produire de pousses latérales.

ART. III. — *Des procédés de sémination.*

Jusqu'à présent on ne connaît que trois moyens pour distribuer la semence sur le sol : à la volée, au semoir, au plantoir. Le dernier procédé est abandonné presque partout pour les céréales, et restreint pour les autres plantes à un très-petit nombre de circonstances qui ne se rencontrent que dans la petite culture et dans les exploitations maraîchères. Le second, peu usité pour la semaille des plantes culmifères, commence à être utilisé pour les végétaux qu'on sème en lignes. Enfin, le premier procédé est le seul connu dans les contrées où l'art agricole est demeuré stationnaire : il est aussi celui qui jusqu'à présent offre le plus d'avantages pour la sémination des céréales.—Nous renvoyons à la section suivante, qui est celle des plantations, ce que nous avons à dire des plantes qui se multiplient par le moyen de tubercules, de drageons, comme la pomme-de-terre, la garance, le houblon, etc. Nous ne nous étendrons pas sur la dernière méthode, pour donner plus de développement à la description des deux autres.

§ Iᵉʳ. — Des semoirs. (*Drills* des Anglais.)

PATULLO en Espagne, TULL en Angleterre, DUHAMEL en France, DE FELLEMBERG en Suisse, ont cherché à introduire l'usage des *semoirs pour les céréales.* Tous ces noms font autorité en agriculture, et puisque des hommes de talent n'ont pas douté de la possibilité, nous devons encourager ceux qui s'occupent à perfectionner ces instrumens, à en imaginer de nouveaux. Les inventeurs des semoirs à céréales, découragés eux-mêmes par l'insuccès de leurs tentatives, ruinés par des dépenses énormes, n'avaient plus d'imitateurs ou du moins leurs rares partisans se contentaient de suivre leur système dans le silence, quand M. HUGUES, avocat à Bordeaux, après avoir brillé au barreau, voulut encore couvrir son nom d'un autre genre de célébrité. Les suffrages qu'il a obtenus de tous côtés ont été unanimes et sans restriction.

Si nous mettons de côté la question de nom pour n envisager que la chose en elle-même, nous voyons que les avantages qu'offrent les semoirs sont compensés par de nombreux inconvéniens.

On peut résumer ainsi les *avantages des semoirs :* ils distribuent le grain aussi également que possible sans le déposer avec la main et aussi dru qu'on le désire ; — ils introduisent le grain en terre à une profondeur réglée et qui dépend également du vouloir de celui qui dirige l'instrument ; — ils permettent, dans la plupart des cas, d'économiser une partie de la semence. — Quant à la disposition des plantes par rangées parallèles, nous verrons plus tard que ce n'est pas toujours un avantage.

Leurs *inconvéniens* se bornent à ceux-ci : — Ils exigent plus de temps pour l'accomplissement des semailles, et forcent quelquefois à semer par un temps peu opportun. Ils demandent une certaine sagacité de la part de celui qui dirige l'instrument, qualité qu'on ne rencontre pas toujours aujourd'hui dans les agens inférieurs de la culture. — D'ailleurs ces instrumens sont coûteux et quelquefois d'un entretien dispendieux. Il faut non seulement un mécanicien habile pour les construire, mais encore un ouvrier exercé pour les réparer, hommes difficiles à trouver dans les campagnes.

Cependant, les Chinois ont de temps immémorial employé les semoirs pour la semaille des granifères, et il est certain que quelques personnes en ont exagéré les inconvéniens. Celui de PATULLO a été imité par COKE en Angleterre et singulièrement perfectionné dans ces derniers temps par M. DE VALCOURT, à *Paris et dans l'établissement de Grignon.* Nous regrettons beaucoup de ne pouvoir donner la figure de cet instrument qu'en l'absence de M. de Valcourt nous avons inutilement demandé à l'Institut agricole de Grignon. Il est composé de cuillères en cuivre, qui sont placées à l'extrémité d'une série de petits embranchemens qui sont comme les rayons d'un cylindre. Ce cylindre porte à l'une de ses extrémités une poulie fixe, qui reçoit son mouvement de rotation au moyen d'une chaine. Cette chaine entoure également une poulie fixée sur l'essieu de la roue, lequel forme l'axe de cette seconde partie.

Le *semoir de* TULL (*fig.* 287) a été prôné

Fig. 287.

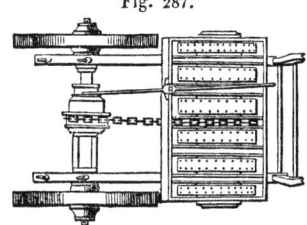

par tous les partisans de ses idées. Il se compose d'une caisse divisée en plusieurs compartiments. Dans chacun de ceux-ci se trouve un cylindre en bois percé de deux rangées de trous, comme on le voit dans la *fig.* 287. Une chaine sans fin communique à ce cylindre le mouvement qu'elle-même reçoit de l'avant-train. Pendant le mouvement de rotation, les semences se logent dans les

Fig. 288.

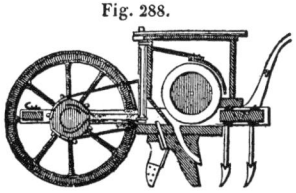

cavités pratiquées à la périphérie, et, quand le cylindre a fait sa révolution, elles descendent par un tube (*fig.*288) dans le rayon qui a été tracé par sa partie inférieure, et sont immédiatement recouvertes par les dents d'un rateau. L'inspection des figures suffit pour démontrer le mécanisme de cet instrument. Partout où on l'a essayé il a été trouvé d'une manœuvre trop compliquée et d'une construction trop fragile et trop délicate. D'ailleurs, par la disposition adoptée, on ne peut remplir de semence qu'une partie de la caisse; aujourd'hui on a remédié à ce désavantage au moyen des brosses.

Un autre genre de *semoir employé avec succès par M.* ARBUTHNOT, est celui qui, au lieu de trémie fixe, supporte un baril mobile (*fig.* 289).

Fig. 289.

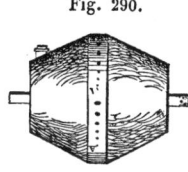

soutenu par deux roulettes. Les semences qui y sont contenues trouvent une issue par les trous qu'on a pratiqués sur la circonférence. Les deux dents qui se trouvent enchâssées dans la traverse postérieure, font l'office de herse ou de râteau pour recouvrir et enterrer. C'est surtout pour les turneps ou graines fines qu'il est usité.

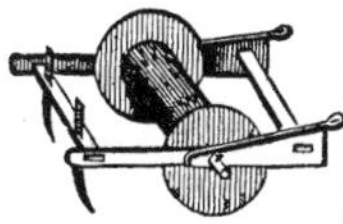

Au baril en bois on a substitué dans ces derniers temps une *capsule ou lanterne en fer-blanc,* formée de 2 cônes tronqués, assemblés par leur base et présentant la forme de la *figure* 290. Le milieu est une bande percée

Fig. 290.

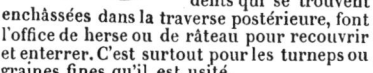

d'une série de trous, dont les diamètres sont proportionnés au calibre des semences qu'on répand. Lorsqu'elles sont très-fines, on ne laisse ouverts que les trous *v v* et on ferme tous les autres avec des liéges. — Mais ce moyen est sujet à plusieurs inconvéniens ; c'est ce qui a fait imaginer un autre expédient (*fig.* 291). La partie supérieure ou le sommet de la lanterne est muni de 2 rebords à charnières, dans lesquelles glissent autant d'oreillettes qu'il y a de trous, et échancrées dans la partie qui est destinée à s'aboucher avec l'ouverture. La partie à gauche représente l'oreillette éloignée du trou. Avec cette disposition, l'instru-

Fig. 291.

ment sème très-épais, ou des semences qui ont un certain volume. Si l'on veut semer moins dru ou des semences ténues, on rapproche la charnière comme on le voit dans la partie à droite, où la capacité de l'ouverture est amoindrie et ne laisse plus échapper que des graines très-fines. M. DE FELLEMBERG, je crois, est un des premiers qui aient appliqué cette disposition aux semoirs de son invention. M. DE DOMBASLE l'emploie également pour ses semoirs à graines fines ; enfin, le beau *semoir de M.* CRESPEL DELISSE est composé d'une série de lanternes posées les unes à côté des autres.

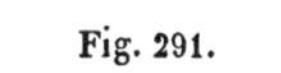

Le *mécanisme de ces semoirs est très-simple.* Leur direction exige cependant quelques données pratiques. Ils se remplissent de graines au moyen du tube supérieur portant à son extrémité un couvercle qu'on enlève et qu'on replace à volonté. La capsule ne doit pas être remplie à plus de 2/3 de sa capacité, soit parce que la graine sort mal si l'on n'a cette précaution, soit parce qu'elle est alors trop pesante pour tourner avec facilité. Le dernier inconvénient est sensible surtout lorsque le semoir n'a pas plusieurs capsules. La graine devra être préalablement purgée de toutes les substances étrangères qui fermeraient l'ouverture, et dégagée de toutes les aspérités qui l'empêcheraient de passer.

Le semoir que les Anglais emploient le plus généralement (*fig.* 292 et 293), se com-

Fig. 292.

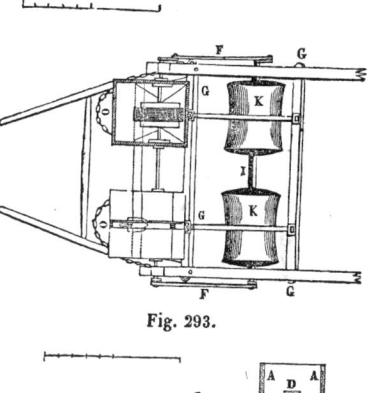

Fig. 293.

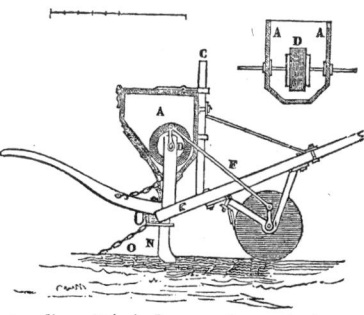

pose d'une trémie fixée sur le montant *c* au

moyen de brides et contenant un cylindre *d*
qui reçoit, à l'extérieur de la trémie, un mouvement de rotation par le moyen de la manivelle *f.* Le corps du semoir proprement
dit est précédé d'un brancard avec un encadrement supportant l'essieu *i* dès 2 cylindres concaves *kk*. L'addition de ces 2 rouleaux
annonce que le terrain est préparé en billons.
Le cheval de tir marche entre la crête des 2 billons L M (*fig.* 294), dont les arêtes abattues et

Fig. 294.

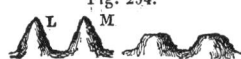

plombées par les rouleaux présentent la configuration représentée à côté. Les tubes *n* ouvrent le sol sur l'ados ainsi comprimé, et laissent en même temps tomber la semence dans
la rigole qu'il a ouverte; les chaînes *oo* entraînent dans leur marche la terre déplacée par
le tube rayonneur et en recouvrent la semence. Ce semoir est regardé généralement
comme trop compliqué. Il a cependant l'avantage de communiquer au cylindre alimentaire son mouvement de rotation par une
verge en fer qui n'est point sujette à s'alonger ou à se rétrécir par l'effet des variations
atmosphériques, comme la corde et le cuir
qui sont les matières généralement employées
dans les autres instrumens de ce genre.

Le semoir de Norfolk (*fig.* 295), est un ap-

Fig. 295.

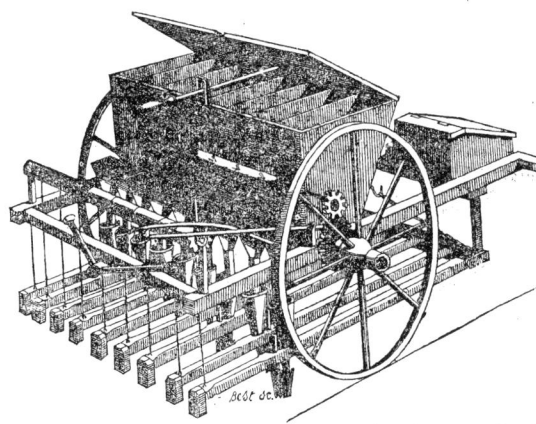

pareil très-ingénieux, mais encore plus compliqué, inventé par les Anglais pour semer le
blé. Il est principalement employé dans les sols
légers du Norfolk et du Suffolk, où on le préfère à celui de M. COOKE, quoiqu'il coûte le
double, parce qu'il est beaucoup plus expéditif, semant une largeur de 9 pieds à la fois.

Le *semoir de M. Hugues* (*fig.* 296 et 297),
tel qu'il a figuré à l'exposition des produits
de l'industrie en 1834, nous paraît l'instrument de ce genre le plus satisfaisant et le
plus généralement applicable de tous ceux
proposés jusqu'à ce jour. Ce semoir fait en
même temps fonctions de herse et de semoir. Sa largeur totale est de 56 pouces,

Fig. 296.

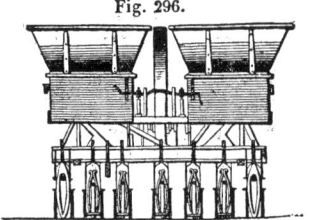

Fig. 297.

son poids de 220 livres; il est composé de
deux trémies dans lesquelles on dépose la semence; dans l'une sont 4 ouvertures, dans
l'autre 3, qui se ferment à volonté, quoiqu'en
action, et en pressant
un bouton. Ces ouver-
tures ont chacune 7
trous d'une dimension
différente; on ouvre
celui qui est nécessaire
à la grosseur du grain
que l'on veut semer,
ce qui permet d'admet-
tre toutes espèces de
graines, menues ou
grosses, légères ou pe-
santes Ces trous about-
tissent à un cylindre
qui, par sa rotation,
porte la semence en au-
tant de tuyaux descen-
dant au niveau du sol;
ces tuyaux sont espacés
entre eux de 8 pouces.
7 coutres qui les précè-
dent ouvrent les raies
dans lesquelles tom-
bent les grains, et, par
le plus ou moins d'entrure qu'on leur donne,
la semence peut être plus ou moins profondément enterrée. Les tuyaux sont suivis d'une
petite chaîne traînante terminée par une
bride en fer, qui sert à recouvrir les raies
ouvertes par les coutres. Les raies sont espacées de 8 pouces. En fermant trois ouvertures
intermédiaires, on ne sème plus que 4 raies
à 16 pouces d'intervalle. Il en est de même
si l'on veut semer à 24, 32 ou 40 pouces, en
fermant les ouvertures par où s'échappent
les semences, qui peuvent être répandues
avec cet instrument sur 4 hectares par jour.
Sur le devant se trouve une autre trémie qui est
de la largeur entière du semoir : elle sert à

recevoir de l'engrais en poudre qui se répand à volonté sur la portion du terrain qui doit être ensemencé. Les tuyaux de cette trémie ont le même écartement que ceux qui distribuent la semence. Entre les deux trémies supérieures, et un peu en avant, est une roue de 30 pouces de diamètre, dont le mouvement de rotation sert, par le moyen d'engrenages, à faire tourner le cylindre qui est au fond des deux trémies. La rotation de l'axe de cette roue étant le mobile du cylindre qui reçoit et distribue les grains, il s'ensuit que la semence est toujours également répandue, que le cheval aille vite ou lentement. A chaque extrémité de la traverse qui supporte cet instrument, sont deux roues d'un pied de diamètre qui en facilitent la marche. En arrière sont deux mancherons tenus par le cultivateur dirigeant la machine, traînée par un cheval, que doit guider un enfant. L'auteur attribue à l'emploi de son instrument une économie des 2/3 de la semence des céréales, en sorte que pour un ensemencement de 10 hectares, cette économie couvrira dès la première année le prix d'acquisition du semoir, qui est de 400 ou 425 fr. De plus petits semoirs à 4 ou à 5 tubes sont d'un prix moins élevé.

Ce serait sortir des bornes que nous nous sommes prescrites, que de donner la figure et la description d'une foule d'autres semoirs, tels que ceux de THAER, de FELLEMBERG, ou tous ceux figurés par M. LOUDON. Tous les instrumens dont nous venons de donner un aperçu succinct, se ressemblent sous plusieurs rapports : ils sèment en lignes ; ils réunissent un appareil pour ouvrir le sein de la terre, et un autre pour recouvrir la semence. Cette dernière propriété est sans doute avantageuse en ce qu'elle permet d'économiser le temps qu'on emploierait à rayonner et à herser. Mais n'est-il pas à craindre que pour donner à ces diverses parties toute la solidité convenable, on ne fasse une machine énorme et très-pesante ? et si on sacrifie la solidité à la légèreté, ne court-on pas les risques de voir briser contre un faible obstacle un instrument dispendieux ? ne doit-on pas trembler de confier un semoir fragile à des valets habitués à faire abnégation de leur intelligence pour ne développer que leur force matérielle ? Il faudrait, pour que de tels instrumens fonctionnassent avec une certaine régularité, que le sol fût parfaitement ameubli. Mais a-t-on toujours le moment de lui donner cette préparation ? La complète pulvérisation de la terre est-elle toujours indispensable ? non sans doute. L'expérience nous apprend que les céréales d'hiver demandent à être semées dans un sol dont la surface soit couverte de mottes de moyenne dimension, soit pour arrêter la neige pendant la saison rigoureuse, soit pour donner, en se délitant au printemps, une terre meuble aux jeunes tiges qui les avoisinent. Toutes les plantes hivernales sont dans le même cas. On leur nuit donc lorsque, pour faciliter la marche des semoirs délicats, le sol reçoit à cette époque une pulvérisation complète.

L'avantage de la *disposition des plantes par rangées parallèles* est mis hors de doute aujourd'hui pour une certaine classe de végé-

taux. Mais des agriculteurs habiles, MM. DE DOMBASLE et DE VALCOURT, se croient autorisés à penser qu'il n'en est pas de même pour les céréales. M. DE VOGT s'est assuré, par des expériences nombreuses, que la distance la plus convenable à laisser entre chaque tige est de 2 pouces dans tous les sens. Et ce dont a été convaincu par des faits directs l'habile agronome que nous venons de citer, n'avait pas échappé aux plus simples laboureurs. Rien de plus facile que de semer en lignes, même sans semoirs. Lorsqu'un guéret a été labouré avec régularité, il présente une suite d'ondulations parallèles formées par les arêtes des sillons. Si l'on répand de la semence sur un sol ainsi ondulé, elle roule en totalité dans la partie creusée qui est entre chaque tranche. Le hersage, au lieu de nuire à ce mode de dispersion, ne fait que le régulariser et les plantes se trouvent en lignes. Cependant, soit par instinct, soit par le résultat d'observations multipliées, les cultivateurs augurent moins favorablement des céréales ainsi distribuées que de celles qui le sont d'une manière moins régulière mais plus égale.

Voilà donc plusieurs inconvéniens assez graves que l'on trouve dans les semoirs pour la culture des céréales. Le dernier que nous avons signalé n'est pas cependant inhérent aux instrumens de ce genre, car celui qu'on nomme *semoir Polonais* ne sème pas en ligne. Il se compose (*fig.* 298) d'un brancard, et d'une

Fig. 298.

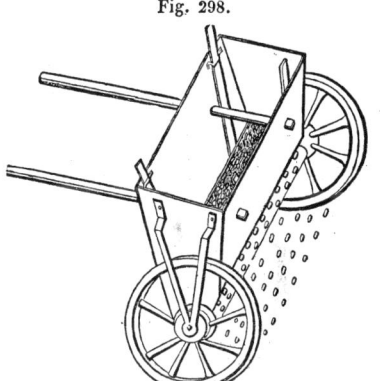

trémie au fond de laquelle se trouve un cylindre criblé de trous dans lesquels se logent les semences. Il fait corps et tourne avec l'essieu des roues, qui lui communique un mouvement de rotation.

Il ne faut pas croire du reste que les divers semoirs dont nous avons parlé ne puissent que semer en lignes. Au moyen d'une modification qui en simplifie le mécanisme, on *distribue la semence d'une manière très-uniforme.* Cette modification consiste à remplacer le tube qui dépose les graines dans la terre, par une planche sur laquelle elles tombent et se répandent sur le sol aussi également que le ferait un bon semeur.

Pour obvier à la fragilité qui résulte dans

ces instrumens de la réunion du semoir, du rayonneur et de la herse, on a imaginé les *semoirs à brouettes* qui sont conduits par un homme, et qui même peuvent être confiés à un enfant. De tous les semoirs de ce genre qui ont paru jusqu'à présent, ceux qui sont fabriqués dans les ateliers de M. de Dombasle à Roville, sont ceux qui réunissent le plus grand nombre d'avantages à la solidité et à la simplicité. Il y en a de 2 sortes, l'un (*fig.* 299)

Fig. 299.

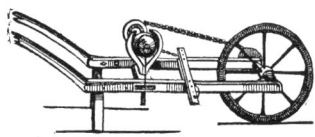

est *destiné aux graines fines*. La figure montre clairement sur quels principes il est construit. Ce semoir coûte 48 fr., pris à Roville. Il pèse 49 kil. : ainsi les personnes qui ne voudraient pas se donner la peine de le faire construire, pourront estimer ce qu'il leur coûtera approximativement, en ajoutant 7 fr. pour l'emballage. L'autre semoir (*fig.* 300) est

Fig. 300.

pour les graines qui sont plus grosses, comme pois, fèves, maïs. Il se compose d'une trémie dans laquelle tourne un cylindre. Ce cylindre est percé, à la circonférence, de trous dont la capacité est proportionnée à la grosseur des semences. Il faut par conséquent qu'on puisse le démonter à volonté afin de le changer lorsqu'on sème une graine d'une autre dimension. 2 brosses servent à empêcher la semence de s'écouler entre le cylindre et la paroi intérieure de la trémie. Ce dernier semoir coûte 56 fr. et pèse 53 kilog.

On pense bien que ces semoirs ne peuvent servir à la sémination des céréales, parce que, ne répandant la graine que sur une seule ligne, il faudrait trop de temps pour exécuter cette opération sur une certaine étendue. Mais ils sont employés avec succès pour les plantes qui doivent être semées par rangées et qui exigent des binages plus fréquens. Un jeune homme peut les faire manœuvrer sur une surface de 2 hectares en un jour, lorsque les lignes sont à la distance de 27 pouces, et 1 hectare 1/2 lorsqu'elles le sont à 18.

A cette section des semoirs appartient le *semoir du docteur* Hunter (*fig.* 301), consistant : 1° en un sac *a* qui contient la semence; 2° en un réservoir en fer-blanc ou en tôle *b*; 3° en un cylindre alimentaire *c*; 4° enfin, en un tube *d*, qui donne passage au grain. Au cylindre

alimentaire est adaptée une manivelle destinée à être mise en mouvement par le semeur qui porte le sac suspendu à son cou par le moyen de courroies. On empêche la semence de passer ailleurs que dans les trous pratiqués à la surface du cylindre, au moyen de brosses ou de peaux non tannées qui puissent en faire l'office. La manivelle se tourne avec la main droite, tandis que la gauche guide le tube conducteur.

Le *semoir* Barrault (*fig.* 302) ne paraît être

Fig. 301.

Fig. 302.

qu'une imitation du semoir de M. Hunter. Il a sur ce dernier l'avantage de ne pas autant fatiguer le semeur, à cause de la roulette qui sert de point d'appui; il est à 1, 3 ou 5 tubes et coûte 25, 35 ou 45 fr.

On range également dans la catégorie des semoirs à bras celui qui est usité quelquefois en Angleterre *pour la semaille des turneps* (*fig.* 303). Il répand la semence sur 2 rangées

Fig. 303.

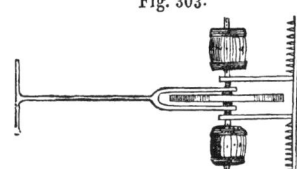

à la fois au moyen de 2 barils attachés à une traverse sur laquelle ils glissent librement afin de pouvoir les éloigner et les rapprocher à volonté. On pourrait remplacer avec avantage les barils par des lanternes en fer-blanc. Cette construction rendrait l'instrument plus léger.

On a proposé d'ajouter à ces semoirs des accessoires qui économisent les frais ultérieurs, il est vrai, ainsi que la dépense du rayonneur, mais toujours au détriment de la simplicité et de la solidité. Ainsi, en Allemagne, *on a adapté en avant du tube conducteur un rayonneur.* D'autres ont mis derrière ce même tube un petit rouleau destiné à serrer contre la terre la semence qui vient d'être répandue (*fig.* 304 A et B). Mais, je le Fig. 304.

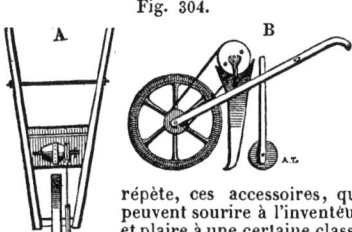

répète, ces accessoires, qui peuvent sourire à l'inventeur et plaire à une certaine classe d'amateurs, rendent la manœuvre très-embarrassante, augmentent le prix et la fragilité des instrumens. Car il faut bien se persuader que plus la charpente reçoit d'entailles et de mortaises, moins elle offre de résistance aux obstacles que la machine rencontre dans sa marche. Il est donc préférable pour les semoirs à bras de les faire précéder du rayonneur isolé et suivre par la herse ou le rouleau afin de recouvrir la graine.

]Une *conséquence générale et pratique* à tirer de ce que nous avons dit, c'est que *pour les céréales* il est rarement avantageux de semer en lignes et par conséquent d'employer les semoirs qui distribuent la semence par rangées parallèles. Une autre cause encore milite en faveur de cette opinion, c'est que l'usage des semoirs est très-difficile lorsque les semences des granifères ont été soumises préalablement à l'opération du chaulage. La poussière de la chaux imprègne les brosses ou obstrue les ouvertures des lanternes au point d'empêcher l'instrument de fonctionner d'une manière tant soit peu satisfaisante.

Quant *aux autres plantes*, les avantages des semoirs sont incontestables, et si, jusqu'à présent, on ne les a pas introduits dans les fermes où on les cultive, il ne faut l'attribuer qu'au charlatanisme avec lequel on a préconisé des machines défectueuses et au prix élevé de celles qui ont approché le plus près de la perfection.

Les personnes qui ne voudraient pas faire la dépense d'un de ces instrumens, et qui ont le désir de semer en ligne les plantes pour lesquelles cette disposition est préférable, pourront se servir d'un moyen que j'ai vu pratiquer avec succès pour les graines fines. On *remplit de semence une bouteille* dont on ferme l'orifice avec un bouchon ordinaire traversé par un tuyau de plume ouvert à chacune de ses extrémités et destiné à donner passage à la semence. On la promène ensuite le long des rigoles (*fig.* 305) qu'on aura eu soin d'ouvrir auparavant. Ce procédé est expéditif et moins fatigant que de répan-

dre la semence à la main

Fig. 305.

§ II. — Semailles à la volée.

C'est le procédé le plus généralement employé et celui qui, dans la réalité, présente le moins d'inconvéniens pour les céréales et pour les prairies artificielles.

On sème à la volée sur raies et sous raies. Nous allons parler d'abord de la 1ʳᵉ méthode. Il est impossible de donner, pour exécuter cette opération, des indications suffisantes pour mettre au fait ceux qui ne sont pas familiarisés par la pratique avec les précautions qu'elle exige. D'ailleurs, chaque contrée a une manière différente de semer; chaque semeur possède un procédé différent pour prendre le jet et le disperser, et lorsqu'on a examiné attentivement les usages de plusieurs localités, on est convaincu qu'aucun ne mérite la préférence. Il est toujours dangereux de forcer un semeur à changer sa méthode pour en prendre une nouvelle que l'on croit meilleure ou plus expéditive. Pour bien semer il ne suffit pas de répandre la semence uniformément. La grande difficulté, dans cette opération, consiste à distribuer uniformément et à volonté une quantité de grains déterminée sur une surface donnée. Aussi les hommes qui possèdent ce talent sont-ils rares à rencontrer; et le cultivateur qui croirait faire une économie en employant un semeur qui n'exige qu'un médiocre salaire, préférablement à un autre qui a la conscience de son mérite, compromettrait gravement le succès de ses récoltes. Il ne faut pas contrarier le semeur ni l'engager à se hâter; en pressant le pas il peut manquer l'opération. Pour n'être point trompé par l'homme qu'on emploie, il suffit de savoir qu'un semeur ordinaire peut en un jour répandre de la semence sur une superficie de 6 à 7 hectares. Pour faciliter le travail, il convient de diviser la pièce à semer en plusieurs compartimens devant lesquels on dépose la quantité de semence déterminée à l'avance. Lorsque la première partie est semée, s'il reste du grain, le semeur s'apercevra qu'il a trop allongé le jet; si, au contraire, la quantité est insuffisante, il verra qu'il a semé trop dru, et, dans l'un ou l'autre cas, il sera à même de se rectifier pour le deuxième compartiment.

Le *semeur* est un homme qu'il ne faut pas confondre avec les autres agens de la culture : des encouragemens donnés à propos lui inspirent une sorte de fierté, et s'il cherche à mériter la confiance qu'on paraît lui accorder, il mérite bien quelque distinction.

C'est un ouvrier qui, chargé d'un lourd fardeau, les pieds dans une terre boueuse ou pulvérulente, parcourt les guérets en respirant la poussière de la chaux et des autres substances qui ont servi à la préparation de la semence.

Si les procédés de sémination ont peu d'avantages les uns sur les autres; il n'en est pas de même des *instrumens qu'emploie le semeur pour porter la graine* qu'il il répand. Dans beaucoup de contrées on se sert d'un *sac de toile* comme le font les jardiniers pour la récolte des fruits des vergers; cette méthode est assez embarrassante et accable l'ouvrier. Nous croyons devoir proposer ici 2 moyens que l'on emploie dans quelques contrées septentrionales de la France. Le premier (*fig.* 306)

Fig. 306.

consiste en une toile arrangée de la manière la plus propre à ne pas gêner l'action des bras. Qu'on se figure une blouse de paysan dont on a retranché les manches et la partie postérieure jusqu'à la hauteur des aisselles, et on aura une idée assez exacte de ce semoir. Le semeur endosse cette espèce de vêtement, met le grain dans la partie antérieure qui fait tablier, et, tenant de la main gauche la partie inférieure, il se sert de sa droité pour répandre le grain.

Ailleurs, on emploie *un panier* (*fig.* 307) qui

Fig. 307.

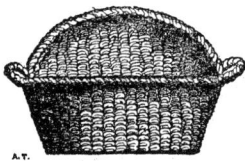

offre encore plus de commodité. Il est muni de 2 anses auxquelles sont liées les deux extrémités d'une lanière de cuir ou d'une autre matière analogue. Le semeur passe cette lanière autour de son cou comme un collier. Il est avantageux surtout dans les localités où l'on a l'habitude de semer alternativement des deux mains.

Dans la plupart des exploitations *on répand la semence sur guéret*, c'est-à-dire sur le sol labouré mais non hersé. Cette manière a l'inconvénient de forcer la semence à rouler dans les intervalles que laissent entre eux les crêtes des sillons. Les grains se trouvent agglomérés sur un point, tandis qu'il y a de grands espaces où il n'y en a pas un. Avec quelque perfection qu'ait été exécuté le labour antécédent, il est impossible que le terrain n'offre pas des inégalités, des crevasses, où se loge la semence, qui alors se trouve enterrée trop profondément. Pour y remédier, les meilleurs agronomes, à Roville et à Grignon, donnent un coup de herse avant le passage du semeur; la surface se trouve nivelée, la semence se distribue partout d'une manière uniforme. Il est vrai que cette pré-

caution exige un hersage de plus; mais une dépense de 3 f. par hectare est peu de chose pour l'homme qui veut être payé de ses sueurs.

La difficulté que je viens de signaler se présente surtout dans la *semaille sous raies*, méthode qui est usitée dans beaucoup de cantons, et qui consiste à répandre la semence sur la superficie du guéret qu'on peut labourer en un jour. Quand la charrue ouvre le sol, le grain, qui était à la superficie, se trouve au fond de la raie et recouvert de toute l'épaisseur de la bande de terre retournée.

D'autres fois le *semeur suit la charrue* pour couvrir de semence la raie qui vient d'être ouverte; le sillon suivant tombe sur le grain et l'enterre. Enfin, il est des contrées où l'on sème *moitié du grain sous raies et l'autre moitié à la manière ordinaire.*

Si l'on interroge les cultivateurs qui suivent l'une ou l'autre de ces méthodes, si on leur demande la raison de pratiques si diverses, tous diront qu'ainsi firent leurs devanciers, tous répondront qu'ils ne connaissent pas d'autre usage, que d'ailleurs un autre procédé ne réussirait pas sur leurs terres, et c'est ainsi que la routine se perpétue.

La semaille sous raies ne serait pas toujours désapprouvée par la saine théorie si elle était économique. Mais, quand on songe qu'en un jour on ne peut semer que la 6ᵉ partie de ce qu'on ferait au moyen du hersage, et quand on réfléchit combien les jours propices sont rares à l'époque des semailles, on s'étonne à bon droit que cette méthode soit encore pratiquée dans les pays où l'on connaît l'usage de la herse et de l'extirpateur. Ce n'est pas là néanmoins le seul désavantage de ce procédé. La terre, retournée et chassée par le versoir, communique aux grains un mouvement centrifuge qui réunit en une même ligne tous ceux qui se trouvent sur la bande; il y a perte de terrain d'un côté et agglomération nuisible de l'autre.

ART. IV. — *Procédés employés pour recouvrir la semence et plombage du terrain.*

Ce que nous allons dire ne peut s'appliquer qu'à la semaille exécutée au semoir ou à la volée. Nous avons déjà fait connaître à quelle profondeur il convient d'enterrer les diverses espèces de graines. On choisit l'instrument qui pour chaque espèce remplit le mieux le but qu'on désire obtenir.

Pour les graines fines et qui veulent à peine être couvertes de terre, on les répand sur le sol, et on y fait ensuite passer un troupeau de moutons. On emploie cette méthode principalement pour les prairies artificielles et la chicorée. Dans une terre siliceuse ce piétinement recouvre la semence et tasse le terrain. On peut, du reste, mieux exécuter la même besogne avec un rouleau. Si le sol est de consistance moyenne et que l'action du rouleau ne promette pas de bons résultats, on fera bien d'introduire dans son exploitation un instrument connu en Belgique sous le nom de *rabot, brise-mottes* (*fig.* 308). Ce n'est autre chose qu'un encadrement en bois auquel on attache des planches dans la moitié de sa longueur, afin qu'aucune aspérité n'échappe à son action.

Fig. 308.

Fig. 311.

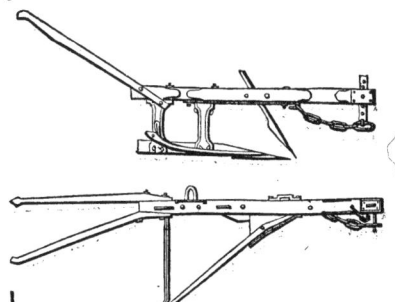

Enfin, si le sol est très-compacte, de ma nière que le moindre tassement dût être per nicieux, on se servira d'une herse en bois très légère, et qu'on promène les dents inclinées en arrière (*fig.* 309). Dans les semences très

Fig. 309.

fines, comme la gaude, la navette, il est à craindre que ce hersage n'enterre trop profon dément : on se sert dans ce cas d'une traverse en bois, sur laquelle on fixe des branchages (*fig.* 310). On nomme cet instrument *herse*

Fig. 310.

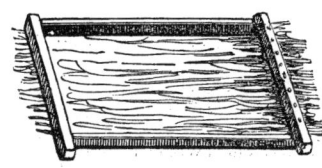

milanaise parce qu'on s'en sert en Italie pour recouvrir les semencés de prairies naturelles.

Pour les semences qui demandent à être en terrées à une plus grande profondeur, on se sert de la *herse à dents de fer* qu'on fait tirer les dents inclinées en avant, de l'extirpateur et de la rite. Le premier de ces instrumens est employé avec avantage toutes les fois qu'on a procuré au sol un ameublissement suffisant et que le labour est récent.—Si le sol est couvert de mottes dures, elles enlèvent la herse qui ne remplit plus son office ; si le la bour est ancien et qu'il y ait une croûte su perficielle, la herse ne mord pas. Dans ces cas, on se sert avec avantage de *l'extirpateur*. Ce dernier instrument est même employé à Roville et à Grignon pour suppléer au labour qui suit quelques récoltes sarclées. Après l'ex traction de la récolte on sème sous labour et on enfouit à l'extirpateur. Cette méthode con vient aux céréales qui n'exigent pas une terre remuée à une grande profondeur.—La rite(*fig.* 311) est un instrument malheureusement trop peu connu et usité seulement dans quelques

cantons de la Lorraine. Elle remplace avan tageusement l'extirpateur toutes les fois que le sol est trop humide pour en permettre l'emploi. Ce n'est autre chose qu'une charrue ordinaire dont on a retranché le versoir, et à laquelle on ajoute une tige en fer, dirigée ho rizontalement dans le plan du soc dont elle continue la courbe latérale.

Lorsqu'on a semé à la volée, il convient que l'instrument qui enfouit la semence mar che en travers de la direction qu'a prise la marche du hersage ou du labourage précé dent. Lorsqu'on a semé en ligne, il faut, au contraire, que l'instrument qui recouvre marche dans le sens des rangées, afin qu'il n'en dérange pas le parallélisme. Ce serait, d'ailleurs, une erreur que de croire qu'il y a économie à employer un instrument conduit par un cheval, pour exécuter cette opération dans une culture par rangées. En effet, sup posons qu'on emploie la herse : tout l'espace compris entre chaque rangée sera herse inutilement ; car, à la rigueur, il n'est pas in dispensable que l'instrument exerce son ac tion ailleurs que dans la place où se trouvent les semences. Un hersage, exécuté avec soin, coûte 3 francs par hectare. Or, comme dans le cas dont il s'agit deux femmes, armées de râteaux, peuvent recouvrir de terre meuble les lignes tracées sur une égale superficie, il résulte de l'emploi de ces dernières une éco nomie de 1 fr. 50 cent. par hectare si on les paie à raison de 75 cent. par jour ; et le tra vail est fait avec beaucoup plus de soin et de perfection.　　ANTOINE, de Roville.

SECTION II. — *Des plantations et repiquages.*

Nous ne parlerons ici de ces opérations que dans leurs rapports avec la culture rurale : ce qui concerne les plantations d'arbres fo restiers, de clôtures, de vignes, etc., trouve sa place dans d'autres chapitres de cet ou vrage.

Ce que nous avons à dire peut se classer sous trois articles principaux : *préparation du terrain,* — *choix du plant,* — *exécution.*

ART. Iᵉʳ. — *Préparation du terrain.*

Lorsqu'on sème en pépinière une plante

qui, dans la suite, sera transportée ailleurs, on a prévu que ses racines ne s'étendront pas profondément, puisqu'on se propose de la déplacer au commencement de sa croissance. Lors, au contraire, qu'on destine un terrain à recevoir le produit de la pépinière, on doit prévoir que les racines pénétreront à une grande profondeur, et on ne négligera rien pour faciliter leur extension et leur développement dans toutes les directions. Pour les plantes annuelles, des labours profonds et multipliés qui brassent le sol dans toutes les directions, sont d'une nécessité absolue; et presque toujours pour les plantes qui occupent la terre plusieurs années consécutives, comme le houblon, la garance, un défonçage à bras sera payé largement par l'augmentation des produits obtenus, sans compter l'accroissement indéfini de la fertilité du sol.

Il est des terrains dont la couche arable a si peu de profondeur qu'il serait impossible d'y cultiver avec succès des plantes repiquées, si la pratique ne fournissait pas le moyen de leur donner *un exhaussement artificiel par le billonnage.* Je crois utile d'entrer ici dans quelques détails relatifs à cette opération, qui a été trop négligée jusqu'à ce jour, et qui me paraît être appelée à changer la face de l'agriculture des contrées dont le sol a trop peu de profondeur·pour permettre la culture ordinaire des plantes sarclées.

Quand le sol a été labouré à plat, on le billonne, c'est-à-dire qu'on jette l'une contre l'autre, deux bandes de terre, soulevées par le tour et le retour de la charrue, comme si on couvrait la surface d'une foule de petits ados (*fig.* 312).· Le terrain ainsi disposé, on

Fig. 312.

conduit *le fumier* au moyen d'un chariot dont les roues passent dans les intervalles A et B. Le fumier se décharge en C. Des ouvriers, armés de fourches, prennent 1/3 de l'engrais et le répandent dans la raie A : le second tiers se distribue dans la rigole B; et le reste est·pour l'intervalle C, où il a été déposé. Le chariot, dans sa seconde allée, engage ses roues dans les intervalles D, F. Le fumier se dépose en G pour être, comme précédemment, distribué à droite et à gauche. Alors le sol présente cette configuration (*fig.* 313).

Fig. 313.

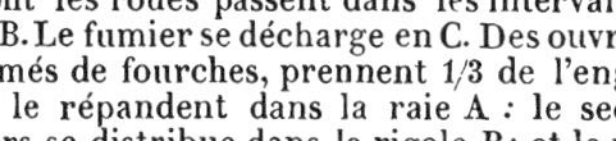

Les intervalles ombrés représentent le fumier après qu'il a été répandu. Au moyen d'un second labour, la charrue prend la moitié de la terre qui se trouve sur l'ados *i* et la rejette en A; à la seconde allée. l'autre moitié se rejette en C, et ainsi de suite. Alors, comme précédemment, le sol se trouve billonné, et le fumier recouvert de terre au centre des billons (*fig.* 314).

Il est évident que si l'épaisseur de la couche arable AB est de 4 pouces ou toute autre

Fig. 314.

quantité, cette couche sera approfondie de toute l'épaisseur qui se trouve entre C et *o*. Telle est la méthode écossaise, décrite par SINCLAIR. Elle est assez compliquée; elle exige des laboureurs très-exercés. On pourrait beaucoup la simplifier en employant, au lieu de la charrue simple, la charrue à buter ou à 2 versoirs.

Avant que nous eussions connaissance du procédé que je viens de décrire, M. DE VALCOURT *était arrivé au même but* par un moyen beaucoup plus simple et plus économique. Cet habile agronome s'était aperçu que le fumier, déposé au fond de la raie, est placé trop bas pour que les racines de la jeune plante repiquée puissent en saisir les élémens et se les approprier. C'est cependant à cette époque critique qu'elle en a le plus pressant besoin. Cette pensée lui suggéra l'idée de placer le fumier, non au fond de la raie, mais dans le milieu de la terre labourée. Laissons M. de Valcourt décrire lui-même sa méthode; ses paroles révèlent l'observateur judicieux et le praticien consommé : « Je fis conduire et étendre le fumier à la manière ordinaire. Alors, avec la charrue Dombasle, attelée de 2 chevaux, mais au versoir de laquelle j'avais ajouté une rehausse, je mis le cheval de gauche dans la raie extérieure à la gauche du champ; j'ouvris la raie 1-2 (*fig.*315).

Fig. 315.

La charrue renversa le fumier qui était de 1 à 2 sur celui qui était de 2 à 3 et le recouvrit par la terre tirée du fond de la raie. Au 2ᵉ tour, je mis le cheval de gauche dans la raie 1-2, le cheval de droite marchant sur la terre de 3 à 4, et laissant à gauche de la charrue le billon 2-3, j'ouvris la raie 3-4 en rejetant le fumier qui était de 3 à 4 sur celui de 4-5 qui fut doublé et fut également recouvert par la terre tirée de la raie 3-4. J'opérai de même pour tout le reste du champ. Je fis alors passer dans les raies le butoir, attelé d'un seul cheval, ce qui les nettoya bien et redressa parfaitement les billons qui ressemblaient à un A majuscule, dont le trait-d'union était formé par le fumier. On voit que, par cette méthode, le billon est fait et le fumier recouvert par un seul trait de charrue, tandis que dans la manière anglaise il en faut 4. »

Il ne faut pas se dissimuler, néanmoins, que ces *procédés présentent· dans la pratique plusieurs inconvéniens.* Ainsi, les plants repiqués de cette manière au sommet des billons ne peuvent être binés au·moyen de la houe à cheval. Cette seule difficulté est assez grave pour faire adopter la méthode ordinaire toutes les fois que le sol n'aura pas besoin d'être exhaussé artificiellement.

Voici comment on procède.dans la *mé-thode qui est usitée généralement* :

Lorsque le sol est bien ameubli et le fumier enfoui à une profondeur suffisante, on donne un hersage pour niveler la superficie. On passe ensuite le rayonneur qui trace des lignes parallèles, mais peu profondes, le long desquelles on repique le plant. Lorsqu'on se sert du rayonneur pour creuser les rangées où le semoir doit déposer des graines, les traces seront plus approfondies, chose qu'il est facile d'obtenir, soit que le rayonneur s'appuie sur un avant-train, soit qu'il repose sur une roulette. Le rayonneur est construit en pieds de bois ou de fer selon la nature de la terre dans laquelle on le fait fonctionner. Les pieds ne s'attachent pas d'une manière fixe sur la traverse horizontale; on les étreint contre celle-ci au moyen de brides qui se serrent à volonté par un écrou et permettent de rapprocher les pieds les uns des autres ou de les éloigner.

On a agité la question de savoir s'il convient de placer les *rangées à égale distance* les unes des autres (*fig.* 316), ou s'il est plus avantageux.

Fig. 316.

tageux d'en mettre deux plus rapprochées en laissant entre chaque *série binaire* (*fig.* 317) un

Fig. 317.

intervalle suffisant pour permettre l'emploi de la houe à cheval. Cette dernière disposition a été reconnue la plus favorable pour les féverolles; mais je ne connais pas d'expérience qui constate ses avantages ou ses inconvéniens à l'égard des autres plantes sarclées. Il serait utile qu'on s'en assurât par des faits directs.

ART. II.— *Choix du plant.*

Il est presque impossible d'entrer sur ce sujet dans quelques détails pratiques sans anticiper sur l'article spécial que nous consacrons à la culture de chaque plante. La première règle qu'il ne faut pas négliger, c'est de ne sortir le plant de la pépinière qu'à l'époque où les *racines ont acquis une certaine grosseur.* Plus les racines ont de volume et mieux elles sont développées et garnies de chevelu, plus elles ont de facilité pour reprendre.

On ne doit pas craindre d'*habiller le plant.* Cette opération consiste à retrancher la partie supérieure des feuilles. C'est par les feuilles que l'évaporation s'exécute; si on diminue la surface évaporatoire, la plante éprouvera une déperdition moindre et résistera plus longtemps à l'influence d'une sécheresse continue.

Plusieurs personnes ont avancé que le *retranchement de l'extrémité de la radicule* nuit au développement ultérieur du végétal. Si la soustraction se fait jusqu'au vif, cette opinion paraît fondée; mais si on n'enlève que la partie

inférieure sans léser le tissu parenchymateux, il n'y a pas de doute qu'on ne fasse une opération utile dans la plupart des cas. Quelle que soit en effet la manière dont on procède au repiquage, il est bien difficile que le filet qui termine chaque plante ne se replie sur lui-même, ne force la sève à dévier et à déformer la racine. Cet inconvénient est moins à redouter pour les végétaux qu'on ne cultive pas pour leurs racines, que pour ceux dont cette partie du végétal forme le produit principal.

On a proposé de *tremper les racines dans diverses préparations*, dans le but de les préserver des suites de la sécheresse. En application, cette méthode est embarrassante, coûteuse, et en définitive peu profitable. Cependant, lorsqu'un plant délicat doit être transporté à une grande distance, cette précaution diminue les chances qu'il court dans le trajet. Cette préparation consiste à tremper les racines dans une bouillie composée d'un mélange de terre, de purin et de fiente de bêtes à cornes.

Une précaution qu'on ne néglige jamais impunément, c'est de *repiquer le jour même* où l'on a donné le dernier labour. Un auteur anglais s'est assuré qu'une terre récemment labourée laisse échapper une très-grande quantité d'eau à l'état de vapeur. Les feuilles, par les pores dont elles sont criblées, s'emparent d'une partie de cette eau et récupèrent ainsi les pertes qu'elles subissent. Le même observateur a reconnu que sur un ancien labour l'évaporation est presque nulle.

Un défaut général chez les cultivateurs qui établissent des pépinières, c'est de semer trop dru. Les plantes serrées à l'excès s'étiolent, montent en tiges grêles et qui, transportées en plein champ, souffrent d'un changement brusque. Il vaut mieux demander un moindre nombre de végétaux à la terre et avoir du plant vigoureux et bien développé.

ART. III.— *Exécution des plantations.*

Il y a 2 méthodes générales de plantation et de repiquage : *a la charrue, — au plantoir.* La première convient aux plantes tubéreuses, comme la pomme-de-terre, le topinambour, et aux plantes qui ne sont pas cultivées pour leurs racines, comme le colza, les choux. Des cultivateurs ont avancé qu'on peut également se servir de la charrue pour repiquer les végétaux dont la racine forme le principal produit. Je puis affirmer, par expérience, que l'opération n'aura qu'un faible succès si des ouvriers ne suivent l'instrument pour rechausser les plantes qui n'ont pas été assez recouvertes de terre, et pour dégager celles qui ont été enfouies. Si l'on met en compte la dépense qu'exige cette opération supplémentaire, on se convaincra que le repiquage à la main eût été plus parfait et non moins économique. Les plantes oléagineuses n'exigent pas autant d'attention, elles reprennent quand même elles ne tiendraient à la terre que par un filet.

On obtiendra pour cette opération une grande économie *en adoptant la division du travail.* Une partie des ouvriers sera occupée à arracher le plant, une autre à l'habiller; quelques-uns le transporteront de distance en distance sur la pièce destinée à le recevoir; les autres suivront la charrue, prendront la plante avec précaution et la coucheront contre la bande qui vient d'être retournée. C'est à la sagacité du cultivateur à déterminer s'il faut planter chaque 2ᵉ ou chaque 3ᵉ raie. C'est à l'intelligence de l'ouvrier à voir s'il place le plant trop haut ou trop bas.

Si l'on ne se sert pas de la charrue, le sol aura dû être auparavant rayonné ou disposé en crêtes saillantes par le labour. Le plant est transporté sur toute la superficie comme nous venons de le dire. Des ouvriers armés de *plantoirs* (*fig.* 318) forment des trous où ils dé-

Fig. 318.

posent une plante en suivant la ligne tracée par le rayonneur; puis, à l'aide du même plantoir, ils serrent la terre contre la racine en le plongeant 2 ou 3 fois autour de la première ouverture. L'essentiel, pour cette opération, n'est pas de presser la terre contre le collet, mais bien contre la partie inférieure de la racine. Le collet de la plante doit être de niveau avec la superficie du sol; s'il s'élevait au-dessus, la partie qui serait en dehors ne produirait pas de chevelu et se dessècherait; si on le mettait au dessous, la terre couvrirait les feuilles du centre, la pluie et la rosée y séjourneraient et amèneraient la pourriture.

Le plantoir des jardiniers offre plusieurs inconvéniens lorsqu'on le met entre les mains de personnes peu habituées à s'en servir; c'est ce qui a fait imaginer le *plantoir-truelle* dont parle THAER (*fig.* 319). Il ressemble un

Fig. 319.

peu à une houe qui se terminerait en pointe triangulaire alongée. L'ouvrier le plonge dans la terre, et, sans le sortir, il l'attire vers lui et forme l'ouverture (*fig.* 320) dans laquelle il dépose le plant; repoussant ensuite la terre avec son pied, il le rechausse à la hauteur convenable.

Fig. 320.

Enfin, les Flamands, qui se servent souvent de la méthode du repiquage, ont un *plantoir à deux branches* (*fig.* 321) que nous représen-

Fig. 321.

tons en A vu de face, en B vu de côté. Un ouvrier saisit cet instrument, le plonge en terre en appuyant avec son pied sur la traverse horizontale; puis, faisant un pas à reculons, il ouvre 2 trous en ligne droite avec les premiers; des femmes viennent pour disposer le plant et fermer les ouvertures.

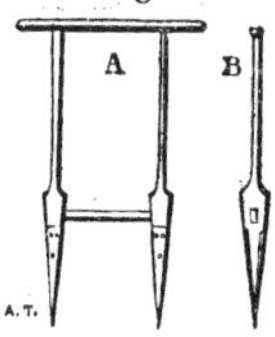

ANTOINE, de Roville.

CHAPITRE VIII. — DES FAÇONS D'ENTRETIEN DES TERRES.

Ces opérations portent en général le nom de *menues cultures*. On comprend sous cette dénomination les travaux qui ont pour but d'assurer, depuis la semaille ou la plantation jusqu'au moment de la récolte, le succès des diverses cultures. Cette partie de l'art agricole intéresse le cultivateur à un trop haut degré pour que nous négligions aucun des détails qui y ont rapport.

SECTION Iʳᵉ. — *Façons pour l'égouttement du sol.*

Le premier objet qui mérite une sévère attention, c'est le tracé et l'entretien des *raies d'écoulement.* Elles ont pour but de soustraire les récoltes à l'influence d'une humidité prolongée et aux désastres qu'occasione aux emblavures d'hiver, l'eau qui ravine les coteaux lorsqu'on n'a pas eu la précaution de lui ménager une issue. On est communément trop disposé à se déguiser à soi-même le tort que fait aux plantes le séjour de l'eau dans le sein de la terre. Des observations que l'expérience semble justifier portent à croire que le seigle succombe à une inondation qui durerait 8 jours, l'orge d'hiver et l'avoine à une inondation de 12 jours, et que le froment résiste 38 jours. Or, quelle différence y a-t-il pour ces plantes entre une inondation pen-

dant laquelle chaque partie de l'eau est sans cesse remplacée par une autre, et la stagnation d'une eau qui croupit, fermente avec les racines des plantes et finit par les décomposer? S'il y en avait une, elle serait à l'avantage de l'eau qui ne fait que passer plutôt qu'à celle qui séjourne. Il est donc d'une grande importance de procurer à l'humidité un écoulement toujours facile. Le moyen est simple et peu dispendieux. On prend une charrue ordinaire et on ouvre un sillon qui serpente du point le plus élevé de la pièce à la partie inférieure, en passant par les endroits où l'eau paraît devoir rester stationnaire. On trace un nombre de raies suffisant pour procurer un assainissement complet.

Toutes ces rigoles particulières (A B C D E, *fig.* 322) viennent se rendre dans une autre

Fig. 322.

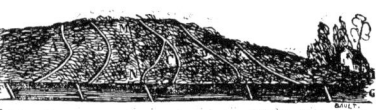

plus large et plus profonde (F G, placée au

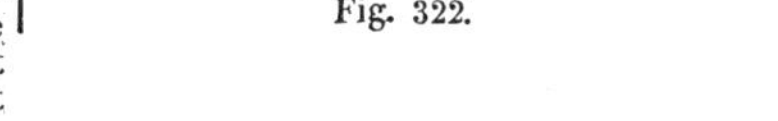

bas de la pièce et destinée à l'évacuation définitive de l'eau. Lorsque le sol présente une grande inclinaison, il serait peu prudent de diriger le sillon d'écoulement dans le sens de la plus forte pente. L'eau provenant des pluies ou des fontes subites de neige se précipiterait par torrens, entraînant avec elle la terre, les engrais et les plantes. Une direction oblique qui force l'eau à s'écouler lentement et sans dégâts, est beaucoup plus avantageuse. Le fossé qui reçoit les sillons secondaires sera barré par intervalles, afin que la terre et les engrais que l'eau tient en suspension, puissent s'y déposer. Ce limon, provenant des parties supérieures, est enlevé dans un moment de loisir et va féconder les portions qui en ont été frustrées. Cette opération, bien connue dans les pays de vignobles, se nomme *terrage*. La direction des raies d'écoulement doit prendre insensiblement celle de la grande rigole inférieure. Sans cela l'eau, arrivant impétueusement des hauteurs et rencontrant directement l'eau du canal de dérivation, comme *mn*, forcerait celle-ci à sortir, et occasionerait souvent de grands dégâts.

Les *barrages* dont nous avons parlé (*fig.* 323)

Fig. 323.

seront formés de pieux enfoncés verticalement et assemblés par une traverse horizontale. Ils seront assez éloignés les uns des autres pour laisser passer l'eau, et assez rapprochés aussi pour lui opposer un faible obstacle. Il est même quelquefois utile, pour atteindre ce dernier but, de clayonner le barrage.

Pour *tracer les raies d'écoulement,* au lieu d'une charrue à un seul versoir qui trace une raie peu régulière et accumule la terre sur une seule épaule du sillon, on se sert du butoir à double versoir, dont le travail est plus satisfaisant. Mais, dans l'un comme dans l'autre cas, il y a toujours de chaque côté un amoncellement formé par la terre sortie de la raie, et qui empêche l'eau d'arriver dans la rigole. Il faut, pour obtenir des raies d'écoulement tout l'effet désiré, rabattre cet exhaussement à la pelle, ou mieux adapter au butoir le *rabot de raies* (*fig.* 324).

Fig. 324.

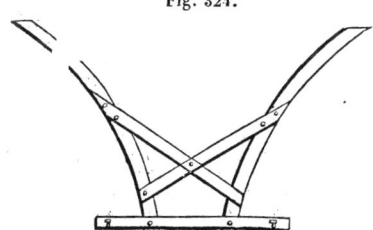

Ce n'est autre chose qu'un encadrement formé par deux morceaux de bois réunis par des traverses : il faut que les deux ailes ne soient pas parallèles. A chaque versoir est attachée une chaîne fixée pareillement à chacun des deux bras, de telle sorte que lorsque l'instrument fonctionne, le rabot en suit la direction en repoussant et nivelant la terre qui a été amoncelée.

Il est souvent nécessaire encore de *curer les rigoles à la pelle* afin qu'en que rien n'obstrue le passage de l'eau. Immédiatement après les pluies un peu abondantes et après les fortes averses, on visitera les rigoles avec soin; il peut se former des amas de terre qui forcent l'eau à prendre une autre direction : une pierre, une branche la détournent quelquefois de la marche qui lui a été tracée. La moindre négligence sur ce point peut occasioner de grands dégâts. Dans les grandes exploitations bien dirigées, où chaque employé est chargé d'une attribution spéciale qu'il affectionne, un seul ouvrier fait le service des raies d'écoulement. Comme c'est son œuvre à lui, il y prend un intérêt plus particulier, et si quelque chose pèche sous ce rapport, il ne peut en éluder la responsabilité, ce qui arrive trop souvent quand il n'y a pas de spécialité dans les attributions. C'est ordinairement à l'irrigateur qu'est confié le tracé et l'entretien des sillons d'écoulement.

Un avantage important qui résulte des rigoles d'évacuation lorsqu'elles sont établies avec intelligence et entretenues avec soin, c'est que *les plantes déchaussent rarement.* Personne n'ignore que ce dernier phénomène se manifeste principalement pendant l'hiver dans les sols humides et qui se gonflent par la congélation de l'eau. Si celle-ci ne s'y trouve que dans une faible proportion, le gonflement n'aura lieu qu'imparfaitement, et ses résultats n'auront pas de suites fâcheuses.

Si, malgré les précautions que nous venons d'indiquer, le déchaussement a lieu et met à nu les racines des plantes, on remédie au mal jusqu'à un certain point en semant sur la récolte un compost formé de terre et de fumier et en roulant énergiquement. L'engrais pulvérulent forme comme une couche légère sur les racines dénudées, le rouleau les a enfoncées dans le sol et les a recouvertes avec la terre des aspérités provenant des mottes de la surface.

SECTION II. — *Façons pour l'ameublissement du sol.*

ART. Iᵉʳ. — *Du hersage des récoltes.*

§ Iᵉʳ.—Hersage des céréales.

Les cultivateurs sont assez généralement convaincus de l'efficacité du hersage comme moyen de préparation des terres et d'enfouissement pour les semences, mais ils ne reconnaissent pas tous les résultats avantageux qu'a cette opération pour l'entretien des céréales. Les plantes une fois confiées à la terre, le laboureur français ne s'en occupe plus que pour les récolter ou leur donner un sarclage insuffisant.

Il ne faut pas se dissimuler que le succès

de cette façon dépend moins de l'habileté dans l'exécution que de la sagacité dans le choix du moment. Si la terre est humide, pâteuse, la herse bouleversera tout, et personne n'ignore que le terrain remué lorsqu'il est trop humide, n'en est que plus disposé par la suite à former croûte en se desséchant. Si l'on herse, au contraire, lorsque la sécheresse a déjà durci la surface, l'instrument ne pénétrera que difficilement et par saccades; la terre s'enlèvera par masse et déracinera les plantes. Le cultivateur placé dans cette circonstance ne devra pas renoncer au bénéfice du hersage. En faisant auparavant passer le rouleau ordinaire, ou mieux le rouleau squelette de M. DE DOMBASLE, la terre est brisée en petits fragmens, la herse pénètre sans peine et ameublit le sol qui n'est plus susceptible de s'enlever par plaques. Mais, pour obtenir un plein succès, il faut choisir le moment où la terre se réduit en poussière sous une faible pression et par le moindre choc, bien plutôt que par le déchirement de sa surface. Il faut pour cela un œil vigilant, un tact particulier. L'instant opportun est facile à saisir dans les terres argileuses, mais, dans les terres sablonneuses dites *terres blanches*, il n'en est pas de même; la couche supérieure est déjà souvent trop desséchée lorsque la partie inférieure est encore trop humide. Pour les sols de cette nature, il n'y a souvent qu'un seul jour favorable au hersage, et ceux qui en cultivent de tels devront être aux aguets pour en profiter.

Un des grands avantages du hersage des céréales, c'est la production des talles. Le *tallement* est une sorte de marcotage qui n'a lieu qu'autant que les plantes sont butées avec une terre nouvelle. Tous les moyens qui peuvent rechausser les végétaux procurent ce résultat, mais aucun n'est plus économique ni plus expéditif que le hersage.

§ II.—Hersage des plantes sarclées.

Si quelques cultivateurs ont appréhendé que le hersage des céréales ne détruisit un trop grand nombre de plantes, à plus forte raison tremblera-t-on à la seule idée de voir une herse dans une pièce de betteraves, de colza, de navets, etc. Comme cet instrument marche un peu au hasard, on pourrait craindre qu'en somme le résultat ne fût pernicieux. Certainement, lorsque les plantes ont acquis une grande dimension, il serait difficile que la herse ne fonctionnât pas sans occasioner de très-grands dégâts. Il n'en est pas de même lorsqu'elles sont à leur première enfance. Il est prudent de se servir d'une herse dont les dents soient presque perpendiculaires au sol. Quand l'instrument a passé, le champ semble quelquefois ravagé: aussi les Belges disent proverbialement que « celui qui herse des navets ne doit pas regarder derrière lui. » Cette culture ne s'applique pas exclusivement aux plantes semées à la volée, elle agit d'une manière aussi efficace et aussi avantageuse sur celles qu'on a semées en lignes.

§ III. — Du hersage des prairies.

Cette opération, si profitable aux prairies en général, et aux prairies artificielles en particulier, est encore inconnue de la plupart des cultivateurs français. Pourtant la proportion dans laquelle elle augmente le produit dans certains cas est à peine croyable. Elle a pour but, *dans les prés naturels,* de rechausser le gazon, de l'ouvrir aux influences de l'air, et par conséquent de le renouveler. En Allemagne, on ne se contente pas du hersage, on scarifie (*voy.* pour les *Scarificateurs,* ci-devant p. 203). Ce travail est utile surtout pour enlever la mousse et donner passage aux engrais qui pénètrent alors plus facilement dans la terre, et ne courent point le risque d'être entraînés par les eaux pluviales loin des lieux qu'ils devaient féconder. Le hersage produit *sur les prairies artificielles* un résultat absolument semblable, mais plus énergique; de plus, il détache du sol les pierres qui s'y trouvaient enchâssées, et qui se fussent opposées à l'action de la faux. On les amasse ainsi avec la plus grande facilité et une économie notable. En Angleterre, on se sert pour cela d'un instrument spécial inventé par M. BALDWIN (*fig.* 325); quoique

Fig. 325.

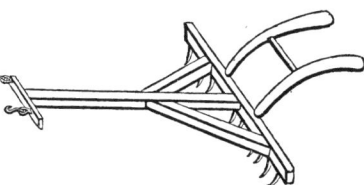

destiné à la culture de la luzerne semée en lignes, il pourrait fonctionner avec avantage dans toutes les prairies artificielles. On pourrait croire que le déchirement des pieds de sainfoin, de luzerne, etc., amènera la mort des individus lésés; il n'en est rien, la nature cherche constamment à réparer ses pertes, la sève afflue avec abondance vers la partie offensée, et la végétation se ranime.

ART. II.—*Du binage.*

Ce que nous avons dit de l'efficacité de la pulvérisation du sol par le hersage s'applique avec bien plus de raison encore aux résultats obtenus par le binage. Généralement on est disposé à tomber dans 2 graves erreurs relativement à cette façon. La première c'est de croire qu'il n'est indispensable que lorsque la terre est couverte de mauvaises herbes; la seconde, d'être persuadé que les résultats sont nuisibles aux récoltes, *qu'on met le feu dans la terre,* si on en ouvre le sein par un temps sec. L'opinion de TULL, de COBBETT et de quelques autres agronomes qui croient pouvoir attribuer toute la fertilité à l'aération du sol, milite contre la dernière de ces opinions, et la plus simple observation des phénomènes qui se passent sous nos yeux tous les jours, nous convaincra de sa fausseté.

On *n'apprécie pas assez non plus l'effet de la rosée;* c'est elle seule qui empêche de se dessécher les plantes cultivées sous les tropiques, où l'évaporation est si abondante, et où cependant la végétation se montre plus riche et plus luxuriante qu'ailleurs. La rosée est peu utile, il est vrai, sur une terre battue, mais il n'en est pas de même si elle a été bien ameublie par des binages fréquens. Dans celle-ci, la moindre pluie, l'humidité des rosées elle-même, qui se dépose à la surface, descendent ensuite jusqu'aux racines, et se logent dans les interstices du terrain soulevé, comme dans les cellules d'une éponge. Dans celui qui n'a pas été aussi convenablement préparé, l'eau des pluies s'écoule sur la superficie comme sur un parquet, et n'est que d'une utilité secondaire pour la végétation. Au reste, celui qui ne serait pas persuadé par les raisons que nous venons de donner, servirait mal ses intérêts, s'il ne tentait l'expérience au moins sur une petite superficie.

La seconde erreur que nous avons signalée, c'est de *confondre le binage avec le sarclage,* et de croire qu'il n'est réellement efficace que dans les cas où les mauvaises herbes tapissent le sol. De cette erreur en découle nécessairement une autre, c'est qu'afin d'éviter les frais d'un binage, on ne commence à biner que lorsque les plantes ont envahi la surface de la terre, étouffé les plantes qui les avoisinent, et vécu aux dépens de la substance destinée à la véritable récolte. Il s'en faut de beaucoup que cette économie, même dans le sens étroit que l'on donne ici à cette expression, se réalise toujours d'une manière certaine. En effet, si, en reculant l'époque des binages, on parvient à n'exécuter cette opération que 2 fois au lieu de 3, par exemple, je pose en fait que ces 2 binages coûteront plus que les 3 ou 4 qu'on eût donnés lorsque les mauvaises herbes commencent seulement à poindre, et que la superficie de la terre n'est pas encore endurcie. Dans cette dernière hypothèse, les instrumens, soit à main, soit à cheval, ne rencontreront que de faibles obstacles, la terre s'ameublira sans difficulté, les herbes parasites n'opposeront aucune résistance et seront complètement détruites : tandis que, dans le premier cas, la terre, dure comme une pierre, se laisse à peine entamer, même après plusieurs coups répétés, la houe glisse sur les racines, et souvent j'ai vu des binages ainsi retardés demander préalablement l'extraction à la main des plantes inutiles, pour être exécutés d'une manière tant soit peu profitable. On perd dans cette circonstance l'avantage de pouvoir utiliser les bras des femmes et des jeunes gens, qui d'ordinaire ont assez de force pour soutenir un binage fréquemment renouvelé, mais qui ne peuvent résister à la fatigue du binage dans un terrain qui a été négligé. Ajoutez que la plupart des plantes parasites, lorsqu'on les croit seulement en fleurs, ont déjà développé leurs graines que les secousses de l'opération détachent et répandent de nouveau sur la terre. Je ne dirai rien de la diminution dans la récolte, je suis convaincu par des faits multipliés qu'une

négligence de la nature de celle dont je viens de parler, fera perdre dans bien des cas 1/3 des produits qu'on eût obtenu en suivant une marche opposée.

§ 1er. — Du binage des céréales.

Les *binages sont rarement appliqués aux céréales,* soit parce que cette opération, entreprise sur une grande superficie, exige des bras nombreux que l'on ne peut souvent se procurer, soit parce que la dépense est au-dessus des ressources dont peuvent disposer à cette époque la plupart des cultivateurs. C'est là une difficulté avec laquelle il faut souvent transiger. La dépense se monte d'ordinaire de 15 à 20 fr. par hectare : 20 personnes, femmes et enfans, binent cette superficie dans un jour, lorsque la semaille a été faite à la volée. C'est pour diminuer les frais de ce binage, et pour d'autres avantages encore, qu'on a cherché dans ces derniers temps à exécuter en ligne la semaille de toutes les espèces de culmifères. Le semoir Hugues est celui qui jusqu'alors remplit le plus grand nombre des conditions désirées dans ces sortes d'instrumens. Son inventeur a de plus imaginé un *sarcloir monté sur deux petites roues* (*fig.* 326), et qui abrége beau-

Fig. 326.

coup le travail. Lorsqu'on n'a pas semé par rangées, on se sert avec avantage de la *serfouette* (*fig.* 327). La lame tranchante extirpe et coupe les mauvaises herbes; le bident passe entre les tiges, remue la terre et donne une culture utile aux chaumes de la céréale.

Fig. 327.

L'homme qui a fréquenté les halles et les marchés à grain, sait qu'un binage a, sur la netteté des produits, une influence qui augmente souvent la valeur du blé de 2 fr. par hectolitre. En supposant un produit moyen de 18 hectol. à l'hectare, un binage de 15 fr. donnerait ainsi une augmentation de 36 fr. sur le produit brut, et de 21 fr. sur le produit net. J'ai supposé dans ce calcul que l'amélioration ne porte que sur la qualité, mais je suis persuadé qu'elle agit aussi favorablement sur la quantité.

Encore une réflexion en faveur du binage : celui qui n'envisage que la récolte présente ne voit qu'un côté de la question. Le sol est purgé des mauvaises herbes qui eussent infesté le sol pendant les années suivantes de la rotation. Le trèfle que l'on sème dans la céréale est recouvert par le binage avec beaucoup plus de perfection qu'il ne le serait avec la herse, et l'on sait qu'un beau trèfle est la meilleure garantie de réussite pour le froment qui lui succède.

Si la céréale ne contenait pas de mauvaises herbes, ou qu'on ne pût disposer que d'un petit nombre de bras, on emploierait avec avantage et une économie notable de main-d'œuvre, le *râteau à dents de fer.*

Toutes les fois que l'on se disposera à faire biner les céréales, on aura soin de ne commencer cette opération qu'*à l'époque où les tiges sont prêtes à monter,* afin qu'aussitôt la besogne terminée le feuillage des plantes couvre le sol, et ne permette plus aux graines des mauvaises herbes de germer, en leur ôtant toute communication avec l'air.

§ II. — Binage à la main des récoltes sarclées.

Le binage des plantes sarclées s'exécute avec des instrumens conduits par des chevaux ou à bras d'hommes. Cette dernière méthode est la seule praticable lorsque la semaille a été faite à la volée, ou lorsque les rangées sont tellement rapprochées qu'il serait trop dispendieux d'employer les forces d'un cheval pour biner une très-petite surface. Nous allons parler d'abord de cette manière.

Le *binage à la houe à main* a été longtemps le seul en usage, et aujourd'hui encore on n'en connaît pas d'autres dans les 9/10, au moins, des exploitations françaises. Pour l'observateur attentif il est certain que c'est là une des causes principales qui ont retardé chez nous les progrès de la culture raisonnée. Il est vrai que dans bien des circonstances le binage à la main ne peut être remplacé par aucune autre opération. C'est le cas qui se présente, lorsque les plantes commencent à sortir de terre; leurs racines sont si délicates à cette époque, leurs tiges sont si grêles, qu'il serait à craindre que, secouées trop vigoureusement par la houe à cheval, ou même couvertes par la terre qu'elle déplace, elles ne subissent dans ce cas un dommage réel. C'est ce qui a lieu surtout par rapport aux plantes qui se sèment de bonne heure au printemps, et dont l'enfance est longue et laborieuse, parce que la végétation n'est pas encore activée par la chaleur du soleil. Cependant il n'y a pas à balancer, les herbes nuisibles, plus agrestes, se développent et prendront bientôt le dessus si on n'y porte un prompt remède. Le cultivateur qui sait saisir l'à-propos, et qui se trouvera sous l'impression des considérations que nous avons fait valoir en faveur de la destruction des végétaux parasites dans leur enfance, et de l'ameublissement du sol, ne reculera jamais devant la dépense d'un binage à la main en face d'une récolte sarclée qui se présenterait d'ailleurs sous des auspices favorables.

Ce premier binage n'est a proprement parler qu'un ratissage. Mais un inconvénient grave, qu'on n'avait pas encore cherché à écarter dans la construction des ratissoires, c'est qu'elles présentent une lame droite, d'une longueur invariable et qui oblige l'ouvrier à attaquer les plantes de front : quand celles-ci sont déjà vigoureuses, qu'elles ont poussé des racines ligneuses, elles cèdent et plient, de sorte que, souvent, au lieu de les couper, on est forcé de les arracher en faisant piquer l'instrument au-dessous de leurs racines, ce qui présente de grandes difficultés dans certaines natures de terres. Un autre desavantage qui résulte de ce mode de construction, c'est que la lame étant d'une longueur invariable, l'instrument ne peut fonctionner qu'autant que les rangées des plantes sont à une distance au moins égale à la longueur de la lame. Les binettes ordinaires présentent en outre un inconvénient inhérent à leur construction, c'est que de forcer l'ouvrier à marcher sur le sol qu'il vient de pulvériser, et d'annuler en partie le succès de l'opération. Il faut donc, pour rendre ces instrumens plus parfaits, que la lame attaque les plantes d'une manière analogue à l'action qu'exerce la faux sur les foins ou la faucille sur les culmifères; c'est-à-dire, que le tranchant prenne une direction oblique ou de biais; il faut de plus que la lame puisse s'alonger à volonté, et que l'opérateur marche à reculons sur la terre qui n'est pas encore remuée.

La binette de M. Lecouteux (*fig.* 328) présente ces avantages   Fig. 328.
réunis. Elle se compose d'un prisme de fer ; une quenouille, tranchante sur ses 2 faces, fait corps

avec la partie supérieure du prisme. Une cavité pratiquée dans ce prisme permet d'y insérer à la fois les branches coudées des deux lames, qui, par cette disposition, peuvent à volonté s'éloigner ou se rapprocher. L'assemblage est maintenu solide par un coin en fer. On peut adapter des lames latérales plus ou moins larges selon la distance qui existe entre les rangées. On a remarqué que quelques plantes s'échappent parfois entre la lame médiane et les tranchans latéraux. M. Bazin, qui, le premier, a employé cet instrument, a fait construire la partie inférieure des lames en forme de croissant, modification qui ne permet plus aux plantes de glisser; l'opération s'exécute avec un succès marqué, et approche aussi près de la perfection qu'on peut le désirer. La ratissoire ou la binette de M. Lecouteux sera fort utile aux cultivateurs de plantes sarclées qui restent long-temps dans l'enfance, comme la carotte, le pavot semé en lignes. Dans cette circonstance, les plantes parasites ont déjà pris beaucoup de développement avant que les végétaux utiles puissent souffrir que la terre qu'ils occupent soit profondément remuée. L'instrument dont nous parlons détruit énergiquement les mauvaises herbes sans donner de secousses violentes aux plantes délicates qui doivent rester.

Au second binage, la terre qui se trouve autour des plantes peut être remuée, mais avec précaution si celles-ci sont encore faibles. Dans ce cas, on ne se sert pas de la houe à lame élargie, mais de celle dite *triangulaire* (voy. *ci-dev.*, p. 166, *fig.* 173). Dans

quelques comtés de l'Angleterre, on se sert
d'une houe (*fig.* 329) véritablement triangu-

Fig. 329.

laire; le fer forme avec
le manche un angle
droit, et les bineurs
français ne sont pas fa-
miliarisés avec le ma-
niement des instru-
mens qui présentent
cette disposition. La
houe triangulaire,
n'exerçant son action
que sur une très-petite
superficie à la fois, ex-

pédie moins de besogne qu'une houe à lame
plus élargie; mais celle-ci offre moins de facilité pour le binage des plantes délicates, parce
que l'instrument peut agir autour d'elles
dans toutes les directions, ce qui serait impossible s'il avait de plus grandes dimensions. Elle est indispensable dans les sols
pierreux et caillouteux où l'on essaierait en
vain de faire pénétrer une lame largé.

Pour le premier binage j'ai vu *le rouleau
précéder la houe*, et presque toujours avec le
plus grand succès. En effet, le grand but du
binage est la pulvérisation du sol : avec la
houe on n'obtient cet ameublissement qu'en
déplaçant la terre. Or, il arrive souvent que
ce déplacement met à nu la racine de la
plante, et que la cavité ne peut être fermée
par un nouveau transport de terre sans l'of-
fenser. Il faudrait donc que la motte fût
écrasée au lieu même qu'elle occupe, et c'est
ce qu'on fait sans peine avec le rouleau, en
proportionnant la pesanteur de celui-ci à la
grosseur des plantes. Je veux dire que plus
les racines ont de diamètre, moins elles sont
élastiques, et moindre sera le poids qu'elles
auront à supporter.—Ce n'est pas là le seul
avantage : à l'époque de ce premier binage
les feuilles sont encore peu apparentes, les
lignes ne tranchent pas par leur verdure
avec le terrain environnant; après le passage
du rouleau, les rangées se dessinent beaucoup mieux qu'auparavant. Le bineur alors
marche avec plus de sûreté; la besogne se
fait mieux et plus vite. Ce que je viens de
dire de l'action du rouleau mérite d'être pris
sérieusement en considération par tous ceux
qui cultivent les plantes sarclées. Je ne l'ai
encore vu pratiqué que dans la ferme du Mé-
nil-Saint-Firmin. Il est bon de faire observer
que le résultat de cette opération serait nuisible dans les terrains pierreux et caillouteux, où l'action de ces corps durs détruirait
infailliblement les racines qui se trouveraient
interposées entre eux.

Dans les seconds binages, le travail exige,
pour être parfait, que la terre soit remuée à
une grande profondeur; les plantes sont alors
dans l'adolescence et supportent déjà de plus
fortes secousses. Les houes qui conviennent
pour les binages postérieurs au premier auront une lame plus large et seront acérées. Si
le sol est tassé, les deux extrémités de la lame
seront -anguleuses (*fig.* 330), afin de couper la croûte avec facilité. Si la terre est assez
meuble, on prend la *binette à lame droite*
(*fig.* 331). En Angleterre, on emploie diverses
houes à main ou ratissoires, dont nous représentons les plus recommandables : celle

Fig. 330.　　Fig. 331.

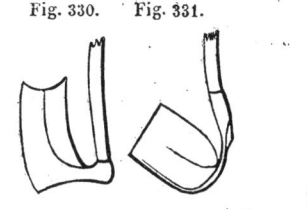

(*fig.* 332) est avantageuse pour travailler dans

Fig. 332.

les terrains tenaces, parce qu'on peut les dé-
chirer au besoin avec les trois dents.—Duc-
KET vante l'instrument (*fig.* 333) à 3 lames, pour
éclaircir les plants; ce-　Fig. 335.　　Fig. 333.
lui (*fig.* 334) pour net-
toyer les semis faits en
touffes; celui (*fig.* 335)
pour biner les deux
côtés d'un semis en li-
gne à la fois; enfin , un
4e (*fig.* 336) pour ou-　Fig. 334.　　Fig. 336.
vrir des tranchées destinées à recevoir de
l'engrais ou la plantation des pommes-de-
terre.

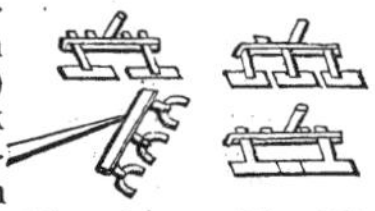

Il est bien difficile d'indiquer la *manière
de diriger une binette.* Les conseils les plus
clairs, les données les plus précises, viendront
toujours échouer contre le peu d'habitude.
Cependant, s'il est impossible d'enseigner
avec des mots l'exécution matérielle, il n'en
est pas moins vrai que tout cultivateur appelé
par sa position à surveiller des travaux de ce
genre doit savoir distinguer un bon bineur,
et à quels signes on reconnaît un binage bien
exécuté. L'ouvrier accoutumé à faire cette
opération avec méthode et célérité tient toujours l'instrument devant lui sans le faire
passer à droite ou à gauche, ce qui gênerait
les voisins : ses jambes sont écartées, et une
rangée de plantes se trouve toujours entre
les deux. Il se garde bien de faire un pas à
chaque coup de binette, habitude nuisible
que les ouvriers contractent avec facilité,
dont ils se dépouillent rarement, qui cependant les fatigue inutilement, rend leur besogne incomplète et leur travail presque
nul. Le bon bineur ne touche pas à petits
coups répétés, mais il alonge son instrument
et le retire vers lui en remuant une grande
surface.

En même temps que le second binage, a
lieu l'*éclaircissage des plantes sarclées,* et ce
n'est pas la partie la moins dispendieuse
de leur culture. Avec de l'exercice et certaines précautions on peut le faire à coups de
binette, mais il vaut mieux exiger qu'on éclair-
cisse à la main, surtout lorsque les bras qu'on
emploie sont encore novices. Un surveillant
est indispensable, parce que si l'ouvrier ne
sent pas devant lui l'œil du maître, il préfère souvent couper 4 à 5 plantes avec sa houe

que de se baisser pour arracher délicatement les surnuméraires.

Il en est de même de la destruction des mauvaises herbes. Celles qui sont très-rapprochées des végétaux destinés à occuper le sol, sont arrachées à la main. Si le surveillant est absent ou distrait, l'ouvrier se hâte d'enlever d'un coup de binette la plante parasite et souvent celle qu'il devrait respecter.

L'éclaircissage d'un hectare de plantes sarclées, pour être fait avec soin, et lorsque les plantes sont un peu serrées, exige une dépense de 10 fr. par hectare. On gagnera ordinairement beaucoup, si, adoptant le mode de division du travail, on peut faire exécuter cette opération à part. La distance qu'il faut laisser entre chaque plante est subordonnée à la nature et à la fécondité du sol. Les cultivateurs en France ont généralement beaucoup de disposition à conserver un trop grand nombre de pieds sur une superficie donnée. On aura une indication sommaire mais suffisante dans bien des cas, si on éloigne assez les plantes pour que les feuilles, parvenues au maximum de leur développement, ne touchent pas celles des plantes qui les avoisinent.

Je ne m'arrêterai pas longuement aux *frais occasionés par le binage à la main*, parce que les élémens du calcul varient avec les localités, la nature du sol, le prix de main-d'œuvre, et que cet objet sera traité spécialement à l'article de chaque plante. En Angleterre, le binage des turneps est payé à raison de 15 fr. par hectare pour un seul binage. J'ai vu des betteraves bien binées pour la première fois pour le prix de 0,25 c. par hommée, ce qui donne 12 fr. 50 c. par hectare. D'un autre côté, M. Bourgeois à Rambouillet estime que la première façon donnée aux carottes lui revient à 60 fr. par hectare. Laissons donc à la sagacité de chacun à déterminer une chose si variable. Contentons-nous de dire que les premiers binages, qui demandent des soins particuliers, se paient plus cher que les autres. Si la première culture, par exemple, revient à 25 fr. par hectare, la seconde ne sera payée qu'à raison de 20 fr. pour la même superficie; la 3ᵉ à 16 fr.

Il est des contrées où, pour la culture des plantes sarclées, on ne se contente pas d'un binage à la houe; on donne un *labour à bras entre les rangées* avec la fourche à trois pointes. Cette façon est très-dispendieuse et ne doit s'employer que pour des récoltes d'un haut prix, telles que la chicorée à café, les pépinières d'arbres fruitiers et forestiers, etc.

Je n'ai pas parlé jusqu'ici des *binages nécessités par les plantes sarclées semées à la volée*, parce que heureusement cette méthode est abandonnée dans presque toutes les localités. Il est cependant des cas où il n'est pas possible au cultivateur de semer par rangées : c'est lorsqu'on sème ensemble dans le même terrain des plantes qui ne donnent pas leurs produits à la même époque, et dont la première sert d'abri à la seconde. Je citerai pour exemple, les carottes dans le lin et le colza, les navets dans le seigle et le sarrazin. Comme les semences de la récolte secondaire se répandent en même temps ou peu après celles de la récolte principale, on ne

peut, sans nuire à celle-ci, faire fonctionner un semoir à bras ou à cheval, et la semaille à la volée est de rigueur. Le binage de ces sortes de plantes est plus difficile et plus dispendieux que si on eût semé en lignes. Avant de le commencer, il faut absolument enlever les chaumes qui restent dans la terre, lorsque la première récolte en a laissé. Cette extraction ne peut se faire convenablement qu'à la main; mais, si coûteuse qu'elle semble au premier aperçu, on en est amplement dédommagé par les produits qui servent à faire de la litière, des composts ou du moins des cendres. D'ailleurs, le fait même de cette extraction procure au sol un remuement qu'on considère avec raison comme un faible binage. — Ce n'est pas que, même pour les récoltes de cette espèce, on ne puisse *disposer les plantes par rangées*. Si après la première récolte on s'aperçoit que les végétaux qui restent sont assez épais, on prend un rayonneur dont on écarte les pieds, et on le promène sur la superficie. Les pieds arrachent les plantes qu'ils rencontrent, et laissent les autres parfaitement intactes et disposées régulièrement par rangées parallèles. Alors les menues cultures s'exécutent à la main comme à l'ordinaire, ou mieux à l'aide de la houe à cheval.

§ III. — Binage à la houe à cheval.

Il y a long-temps que l'agriculture anglaise se sert avec succès, pour opérer les binages, d'instrumens conduits par des chevaux. M. de Fellemberg a donné sur le continent le premier exemple de menues cultures un peu complètes d'après le système anglais. En France, les cultivateurs ont généralement ajouté peu de foi aux éloges qu'on a donnés à la houe à cheval. Si nous cherchons à nous rendre raison de cet éloignement, si nous examinons sérieusement les objections que l'on a faites contre l'emploi de cet instrument, nous trouvons qu'elles se déduisent de deux ordres d'idées bien différentes, je dirais même opposées. Les uns veulent absolument que rien ne puisse remplacer la culture à bras ; les autres ont prétendu que la houe à cheval peut remplacer complètement la main-d'œuvre. La vérité se trouve rarement dans les opinions extrêmes. Si l'on s'obstine à n'utiliser que les bras de l'homme, la culture des plantes sarclées sera très-dispendieuse ; et, si jamais on ne réunit la culture à bras à celle qui s'exécute avec le secours des chevaux, on n'obtiendra jamais qu'un travail défectueux dont on rejettera le vice sur l'imperfection de la charrue à biner. Si, au contraire, on réunit ces deux moyens d'exécution, pour les parfaire, pour les compléter l'un par l'autre, on arrivera certainement à un résultat qui satisfera tout homme sensé et rationnel.

Ainsi que nous l'avons dit en parlant des binages à la main, il est un certain nombre de plantes que nous ferons connaître plus tard, pour la première façon desquelles on ne peut utiliser la houe à cheval : l'action de cet instrument est tellement rapide, que l'homme qui la dirige n'aurait pas le temps de la guider justement entre chaque rangée de plantes, si celles-ci par la verdure de leurs feuilles ne tranchent pas avec la couleur du sol; et c'est ordinairement le cas des premiers binages.

Mais passé cette époque la *houe à cheval* peut toujours fonctionner. Celle qui est le plus généralement usitée aujourd'hui pour les plantes semées en lignes espacées d'au moins 18 pouces, est assez simple dans sa construction (*fig.* 337). Le soc *a* est placé à

Fig. 337.

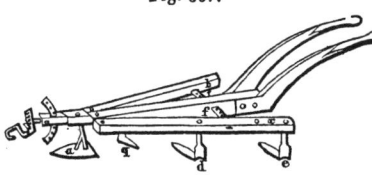

l'extrémité antérieure de la branche médiane. A celle-ci sont attachées deux ailes ou branches latérales *b x*, qui reçoivent les couteaux ou lames recourbées *d e q*. Les deux ailes s'éloignent ou se rapprochent à volonté, selon que l'exige l'espace qui existe entre les lignes. Elles ont un mouvement de va-et-vient sur leur pivot à la partie antérieure, et se fixent immobiles à la partie postérieure par le moyen de la traverse horizontale en fer *ff*, qui est percée de trous correspondant à ceux pratiqués dans les branches latérales, et destinés les uns et les autres à recevoir une cheville pour maintenir l'assemblage. Cet instrument est, chez M. Rosé, du prix de 55 fr.

Le soc affecte différentes formes, selon la nature du sol et le but que l'on se propose. « Les *socs ronds*, dit Borgnis, ou à angles obtus, coupent mieux les mauvaises herbes. Les *socs pointus* offrent moins de résistance, et on les emploie lorsque le but est seulement de remuer la terre. Les *socs triangulaires* sont propres à travailler un champ sans herbes. On les emploie aussi quand on veut diminuer la résistance que la machine doit vaincre. »

Lorsque, par la négligence du cultivateur, ou par l'effet de circonstances qu'il n'a pas été le maître d'éloigner, la terre s'est tellement durcie que le soc antérieur ne peut plus entamer la superficie, quelques habiles cultivateurs de l'Allemagne et du midi de la France font précéder la houe à cheval d'une *herse à mancherons* (*fig.* 338) dont les dents très-pointues

Fig. 338

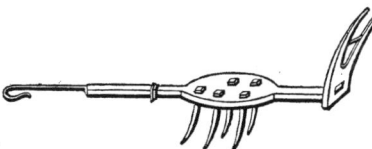

et un peu inclinées en avant, déchirent la surface du sol. Cette première façon rend le binage plus facile et plus parfait: elle permet en outre d'opérer, quelle qu'ait été la sécheresse antérieure.

Lorsque les *lignes des plantes sont peu espacées,* on rapproche les barres latérales de la houe à cheval, de sorte que les lames *d e* (voy. *fig.* 337) et leurs correspondantes se croisent. Alors les herbes coupées se logent entre les deux tranchans et mettent bientôt l'instrument hors de service. Pour éviter cet inconvénient, M. DE DOMBASLE a remplacé la lame *d* et sa correspondante *q*, par deux fortes dents en fer; et pour empêcher la lame *e* de s'entrecroiser avec celle qui lui est opposée, il a fait percer un trou *x* pour y placer cette lame; hormis le cas dont nous venons de parler, ce trou est absolument inutile.

Si, au moyen de cette modification, l'instrument ne pouvait encore fonctionner, en raison du peu d'espace qui existerait entre les rangées, on emploierait avec un avantage marqué le *binot du lord* ROCKINGHAM (*fig.* 339), qui ne se compose que d'un seul pied.

Fig. 339.

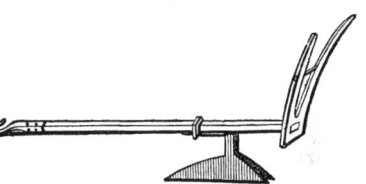

On s'en servait avec succès à la ferme de la Meilleraye. Il faut avouer néanmoins que l'emploi d'un homme et d'un cheval pour biner une si petite superficie ne doit être guère moins dispendieux que le binage à la main.

La *houe à cheval écossaise* (*fig.* 340) est un

Fig. 340.

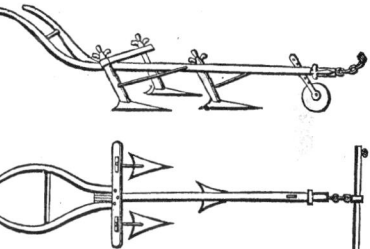

excellent instrument qu'un seul cheval peut conduire : on peut régler et conserver la profondeur voulue au moyen de la roulette qu'on élève ou qu'on abaisse à volonté. Dans les terrains difficiles, on peut enlever un ou plusieurs des socs, et leur substituer, ainsi qu'à la roulette, un ou plusieurs coutres, comme dans les extirpateurs ou cultivateurs.

La *conduite de ces divers instrumens* ne présente aucune difficulté réelle, pourvu que l'opération s'exécute en temps propice. « Je pourrais, dit M. de Dombasle, réduire à une seule les précautions nécessaires pour qu'on obtienne constamment un plein succès dans l'emploi de la houe à cheval, lorsqu'on possède un instrument bien construit et dirigé avec quelque attention. Cette précaution consiste à saisir avec diligence l'instant favorable à l'emploi de l'instrument, relativement à l'état du sol, des plantes qui composent la récolte, et surtout des plantes dont il s'agit d'opérer la destruction. Il est certain que si l'on a laissé passer cet instant, si la croûte de la terre s'est durcie, si les mauvaises herbes sont assez avancées dans leur végétation pour avoir développé des racines fortes et nombreuses, la houe à cheval fonctionnera de manière à donner à l'observateur l'idée d'un fort mauvais instrument, et elle ne sera presque d'aucun service dans de telles circonstances. Mais, si l'on surveille avec attention l'état du sol et des plantes nuisibles dès l'instant de leur germination, il n'arrivera presque jamais que l'on ne trouve un instant propice pour donner entre les lignes une culture parfaite, c'est-à-dire pour remuer et ameublir la surface du terrain, et opérer la destruction des mauvaises herbes, sans que celles-ci puissent embarrasser les pieds de la houe à cheval par leurs tiges et leurs racines. »

« Il ne faut pas se persuader, dit encore le même agriculteur, que l'emploi de la houe à cheval dispense dans tous les cas de tout travail de main-d'œuvre ; et les inconvéniens qu'on a cru reconnaître à cet instrument ont été quelquefois le résultat de l'opinion exagérée que l'on s'était formée sur ce sujet. Dans beaucoup de cas la houe à cheval dispense presque complètement de l'emploi du travail à la main, mais cela aura rarement lieu les premières fois que l'on emploiera cet instrument, d'abord parce qu'on manqué alors d'expérience sur la manière d'en tirer le meilleur parti possible, et ensuite parce que ordinairement le sol est encore fort infesté alors de plantes nuisibles, et ce n'est communément qu'après quelques années d'une bonne culture que le terrain se nettoie assez pour que la houe à cheval suffise seule pour tenir les récoltes sarclées dans un état complet de propreté. Dans des circonstances moins favorables, la houe à cheval diminue toujours beaucoup le travail à la main, pourvu qu'on l'emploie avec quelque intelligence. Mais, lorsqu'on commence à adopter l'usage de cet instrument, on doit prendre la détermination de suppléer, par le travail des ouvriers, à tout ce que la houe à cheval pourrait laisser de défectueux dans les cultures ; autrement, on pourra avoir de misérables récoltes, ce qui fera condamner trop précipitamment l'usage d'un instrument mal employé. Mais tout ce travail supplémentaire n'équivaut pas au dixième du binage de la récolte exécuté en plein à la main sur toute la surface du terrain. »

C'est surtout du binage à la houe à cheval qu'on peut dire avec raison que *celui qui met la main à la charrue ne doit pas regarder derrière lui.* Lorsque, par la faute du conducteur ou par un accident auquel il est étranger, l'instrument a mal fonctionné, celui qui le dirige n'a rien de plus pressé que de regarder derrière l'étendue du dégât. Cependant l'instrument marche toujours, et lorsque l'ouvrier reporte son attention sur

sa besogne, il est tout étonné souvent d'apercevoir un désastre plus grand que le premier, et occasioné par sa seule curiosité. Quelle que soit la faute qui ait été commise il ne faut pas s'en inquiéter, parce que le trouble où l'on se met empêche d'être présent à sa besogne. En passant dans la raie suivante, on apercevra aisément ce qu'il y a eu de défectueux dans l'opération, et cela sans détourner ses regards. On avisera seulement alors aux moyens de réparer le dommage commis, si toutefois cela est possible.

On n'attèle qu'un cheval à la houe. Dans les commencemens, lorsque l'animal n'est pas familiarisé avec cette opération par l'habitude et l'exercice, il faut un enfant pour le guider. Mais bientôt il comprend la manœuvre, et un seul homme suffit alors pour conduire l'instrument et diriger le cheval. Si l'on travaille sur un terrain plat, le crochet qui reçoit l'anneau du palonnier se met au milieu de la crémaillère horizontale qui forme une partie du régulateur. Il est encore peut-être plus essentiel ici qu'ailleurs que les traits du cheval soient parfaitement égaux en longueur. Si, pour remédier à un vice dans la manière d'atteler, on dérangeait le point où le palonnier doit s'attacher naturellement, il y aurait une grande perte de force, et l'instrument ne conserverait jamais son aplomb. Cette recommandation s'adresse principalement aux cultivateurs qui commencent à faire usage de la houe à cheval, et dont les valets ont besoin d'être surveillés sous ce rapport. — Si on travaille sur un terrain incliné ou en pente, comme l'instrument tend sans cesse à descendre, il est indispensable, pour le ramener à sa position normale, de mettre le crochet un degré ou deux plus à gauche ou à droite, mais toujours dans le sens de la pente, et il est nécessaire, par conséquent, d'en changer la position chaque fois qu'on a terminé une rangée.

On aura soin de *régler la profondeur de l'instrument* de manière qu'il ait une légère tendance à pénétrer dans le sol. Il serait même à désirer que le soc antérieur fût placé dans un plan inférieur d'un pouce au moins aux tranchans postérieurs.

Pour la houe à cheval ordinaire, comme pour la plupart des instrumens dont le train antérieur ne repose sur aucun soutien, le laboureur, accoutumé à la conduite des charrues complexes, devra bien se persuader que des mouvemens brusques et un grand déploiement de forces musculaires entraveront la marche au lieu de la régulariser. Il n'en est pas ici comme d'une charrue ou d'un araire : tout laboureur un peu habile répare facilement au tour suivant la *manque* faite par la charrue ; mais, avec la houe à cheval, le tort causé par le moindre écart n'est plus réparable, puisqu'il a pour résultat définitif la destruction des plantes rencontrées par l'instrument. Il s'agit donc surtout de prévenir ces écarts, et je ne saurais trop répéter qu'il ne faut pour cela qu'un vouloir ferme et une attention soutenue.

Si quelquefois l'instrument est *entravé dans sa marche par l'accumulation des herbages* qui se sont attachés aux pieds qui la composent, le conducteur enlève le train a n térieur en s'appuyant sur les mancherons, et le laisse retomber vivement : la secousse détache les mauvaises herbes qui se trouvent en avant; il soulève également le train postérieur au moyen des mancherons, et la même manœuvre débarrasse complètement l'instrument. Ces deux mouvemens n'exigent nullement que l'instrument s'arrête. Ils sont d'autant plus efficaces qu'ils sont plus instantanes.

Il est rare qu'une seule dent de houe à cheval suffise pour amener la terre à un état suffisant d'ameublissement ; on approfondit graduellement la culture en passant autant de fois que cela est nécessaire.

Au lieu de composer la houe à cheval de plusieurs lames tranchantes, on a proposé quelquefois de n'en employer qu'une seule. Les instrumens qui présentent cette modification sont fort connus en Angleterre sous le nom de *shim*, et nous leur avons appliqué la denomination de *ratissoire*.

La grande ratissoire (voy. *fig*. 265, *p*. 203), armée d'une lame, est d'environ 4 pieds de longueur (1ᵐ 30). Elle ne convient pas évidemment aux binages des végétaux annuels, dont les rangées sont communément plus rapprochées ; mais on peut l'employer avec succès pour cultiver un sol occupé par des végétaux de longue durée et de grandes dimensions, comme certaines espèces de mûriers, le coton, le houblon, etc.

Une autre *ratissoire plus petite*, inventée par ARBUTHNOT (*fig*. 341), a remplacé long-

Fig. 341.

temps le travail de la houe. Cet instrument est conduit par un cheval et coupe bien l'herbe entre deux terres. Nous avons déjà parlé des inconvéniens qu'offrent les ratissoires à mains ; celles dont nous parlons ici les possèdent au même degré ; elles enlèvent la terre par plaques et ne la pulvérisent point ; aussi ces instrumens sont assez généralement abandonnés.

SECTION III.—*Façons pour le nettoyage du sol.*

ART. Iᵉʳ.—*De la destruction des mauvaises herbes.*

Sans donner au sol aucune façon qui l'ameublisse, la destruction des herbes nuisibles se pratique, non seulement sur les céréales, mais encore sur toutes les récoltes qui ne comportent pas de binages, ou pour lesquelles cette opération n'est plus nécessaire. Ce serait pourtant s'abuser que d'espérer par là obtenir toujours leur destruction complète. C'est avant l'ensemencement, et non après, qu'on doit chercher les moyens de débarrasser la terre des *plantes vivaces, bisannuelles* ou *annuelles* qui l'infestent; dans bien des circon-

stances, pour obtenir ce résultat, il faut avoir recours à des cultures multipliées, souvent même à la jachère.

Il est question ailleurs de la jachère en général; nous indiquons ici seulement son emploi pour la destruction des mauvaises herbes. Une jachère d'été, ou, sur les sols légers, la culture en ligne des navets, des pommes-de-terre, des vesces, en tenant ces récoltes parfaitement nettes, voilà le meilleur moyen d'obtenir la destruction des mauvaises herbes annuelles. Il faut avoir soin : 1° d'amener à plusieurs reprises leurs semences près de la surface du sol, afin de favoriser leur germination; 2° de détruire toutes celles qui végètent.

L'agronome de Roville a fait un grand usage de la jachère pour opérer la *destruction du chiendent* (*Triticum repens*). Cette plante, que tout le monde connaît, est une véritable calamité pour celui qui cultive des terrains légers et siliceux, quoiqu'on la rencontre aussi dans les marnes arénacées. Jusqu'à ces derniers temps on croyait que, pour s'en débarrasser, il était nécessaire de l'arracher brin-a-brin avec des instrumens à main, ou avec des herses et des extirpateurs. Ces moyens sont insuffisans lorsque le champ est infesté complètement, et sont utiles seulement lorsqu'on ne rencontre cette plante que de loin en loin.

Un des meilleurs instrumens pour ce genre de travail, mais qui a l'inconvénient d'être fort cher, c'est celui nomme *paroire* (*fig*. 342).

Fig. 342.

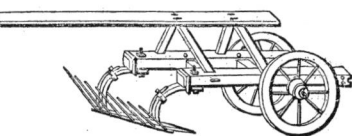

On ne peut mettre en doute l'énergie avec laquelle une telle machine opère sur la terre et sur les racines traçantes qui s'y trouvent. Lorsque les places usurpées par le chiendent sont très-circonscrites, il sera plus économique et plus sûr de le faire arracher avec le bêchoir ou bident (*fig*. 343).

Mais toutes ces mesures sont impraticables ou illusoires lorsqu'une grande superficie a été envahie. Suivant M. DE DOMBASLE,

Fig. 343.

une terre qui se trouve dans ce cas recèle un véritable trésor dont il ne s'agit que de savoir profiter. Avant lui on n'avait pas encore bien étudié les habitudes de cette plante : maintenant on sait qu'elle a besoin plus qu'une autre d'air et d'humidité, parce que sa végétation presque souterraine ne lui permet pas de puiser ces deux élémens dans l'atmosphère. On sait également que la fréquente interruption du sol par bandes ou sillons lui est très-nuisible. Il s'agit donc de la priver d'air ou d'humidité, ou de ces deux agens à la fois. En donnant un labour à une profondeur plus grande que celle qu'ont atteinte les racines de l'ennemi, on conçoit que les stolones qui étaient à la surface s'en trouveront tellement

éloignés qu'	manqueront d'air et ne pour-
ront végéterjet que la végétation de ceux qui
sont dans des conditions favorables sera
très-limitée dans les bandes qui partagent
le sol. Aussitôt que les tiges de chiendent
qui ont résisté à ce premier labour se hasar-
deront à pousser leurs premières feuilles, on
profitera d'un moment de sécheresse pour
donner un hersage énergique, et, immédiatement après, un labour. Le hersage a pour
but de confondre les tranches du labour précédent, afin que ces tranches soient coupées
par le second coup de charrue : c'est une des
conditions du succès, et, pour être assuré de
ne pas manquer le but, on aura l'attention
de ne prendre que des raies d'une très-petite
largeur. On laisse ainsi de nouveau le sol sans
le herser. Il est rare que ces deux labours
suffisent pour détruire le chiendent ; quelquefois il en faut 5, 6 ou même davantage. La
perfection consiste à mettre une partie des
racines à l'air pour les priver d'humidité,
et d'enfouir l'autre à une profondeur telle
qu'elle ne puisse végéter. Quel que soit le
nombre des cultures, il est indispensable de
se rappeler qu'il faut herser avant chaque
labour, et que celui-ci doit être fait par un
temps sec en coupant les tranches précédentes dans leur milieu et dans le sens de
leur longueur. Cette jachère est coûteuse,
mais la décomposition du chiendent, l'amélioration du sol compenseront bien largement les frais d'une pareille culture.

L'*Avoine à chapelets* (*Avena precatoria*)
est au sol argileux et schisteux, ce que
le chiendent est aux terrains siliceux. Je me
suis assuré à l'établissement de Coëtbo qu'on
peut la détruire par le moyen suivant. On
donne un labour aussi profond qu'il est nécessaire pour que toutes les souches de tubercules soient remuées et retournées ; on donne un
coup d'extirpateur pour ramener tous les nids
à la superficie. Si l'on en restait là, les tubercules reprendraient bientôt une nouvelle vie
parce que la terre qui adhère à leur surface
leur permettrait de végéter. C'est à enlever
cette terre qu'il faut tourner toute son attention. Aussitôt que la sécheresse a rendu le sol
meuble et friable, on fait passer plusieurs fois
de suite le rouleau suivi d'une herse à dents
rapprochées : la terre qui adhérait aux tubercules tombe à la suite des secousses multipliées que reçoivent ceux-ci, et on peut être
assuré de leur destruction si la sécheresse
dure encore quelques jours après l'opération. N'ayant pu faire cet essai qu'une seule
fois, et pendant un espace de temps trop
court, je n'oserais garantir le succès dans tous
les cas ; je rends compte des résultats que j'ai
obtenus et des moyens qui les ont amenés.

On emploie encore la charrue ou la jachère
pour détruire quelques autres herbes, telles
que la *Moutarde des champs* ou *Sanve* (*Sinapis arvensis*), le *Raifort sauvage* (*Raphanus
raphanistrum*) ; mais ces plantes peuvent être
détruites par les menues cultures et par les
sarclages ordinaires.

Il y a dans les céréales venues en terres
marneuses et argileuses des *plantes qu'il
n'est guère possible de détruire par des sarclages*. Ce sont celles qui se propagent au
moyen de tubercules non pas agglomérés,

comme dans l'Avoine à chapelets, mais isolés. C'est surtout la *Terre-noix* (*Bunium bul-
bocastanum*), l'*Orobe tubéreux* (*Orobus tuberosus*), et, pour tous les sols, dans certaines
rotations, les souches de *Topinambour* (*Helianthus tuberosus*). Lorsqu'on a une pièce infestée de ces différentes plantes, on se trouvera
bien d'y faire passer un troupeau de porcs à
plusieurs reprises.

ART. II.—De l'esseiglage.

L'opération qu'on nomme *esseiglage* a
beaucoup de rapports avec le sujet qui nous
occupe. Dans les pays où l'on fait beaucoup
de méteil, il est rare que dans le blé qu'on
veut avoir pur, il ne se trouve quelques épis
de seigle. Quelque temps après la floraison,
lorsqu'on peut distinguer les deux espèces de céréales, on retranche tous les épis de
seigle, soit à la main, soit en abattant les têtes
avec un bâton.

ART. III.— Du sarclage proprement dit et de
l'échardonnage.

Le *sarclage* appliqué aux plantes binées
peut être considéré sous deux points de vue :
comme préparation du binage, et comme son
complément.

Dans le premier cas, on l'emploie pour les
récoltes qui se trouvent subitement envahies
par une foule de mauvaises herbes, avant que
les bonnes plantes soient en état de supporter
les secousses des cultures. Les sarcleurs prendront alors toutes les précautions pour ne
point fouler les plantes avec les pieds, et pour
ne point en déchausser ou mettre à nu les racines tendres et délicates. Comme la récolte
est faible et que la moindre négligence lui est
préjudiciable dans sa première enfance, il
est important d'exiger que les sarcleuses ne
jettent point les herbages sarclés sur la véritable récolte qui en serait étouffée ; ces sortes de sarclages ont lieu surtout pour les pavots, les carottes et la gaude.

Quand le sarclage vient *comme auxiliaire
ou complément du binage*, on ne doit plus
craindre d'arracher les végétaux avec force,
parce qu'on remue ainsi la terre, et que cet
ameublissement est utile à la récolte. Un objet sur lequel il faut veiller avec sévérité, c'est
d'arracher les végétaux parasites avant qu'ils
soient en fleurs, à plus forte raison en graines.
Il est beaucoup de plantes qui sont encore
vertes, même lorsque leurs semences sont
mûres ; telles sont les *Ansésines* (*Chenopodium*) et les *Mercuriales* (*Mercurialis*), dont
les fleurs sont très-peu apparentes. Ces deux
plantes sont le fléau des terrains riches en
humus. On peut placer dans la même catégorie le *Mouron des oiseaux* (*Alsine media*).
Cette dernière plante pousse de si bonne
heure, est quelquefois tellement abondante,
qu'elle ôte tout espoir de succès si on ne l'arrache promptement, et si on n'en emporte les
tiges loin du champ.

L'*échardonnage des céréales* est une opération indispensable. Le *Chardon* y est ordinairement assez abondant ; il ne faut pas se
contenter d'en couper la tige ; cette plante a
des racines très-vivaces et qui pénètrent sou-

vent à plusieurs pieds de profondeur. Si on le coupe au collet, on voit repousser non pas un chardon, mais 7 à 8 tiges latérales. Lorsqu'une pluie douce a pénétré à une grande profondeur, et que la terre est un peu ressuyée, on *s'arme les deux mains d'un gant* en peau de veau ou de chèvre, afin de ne pas se blesser, et on arrache les chardons en les tirant à soi le plus verticalement possible. Si la terre n'est pas meuble à une assez grande profondeur, le travail du gant est fort défectueux. Dans tous les cas il ne peut être mis qu'entre les mains de personnes fortes, dont le salaire coûte cher; c'est ce qui a fait recourir à l'*emploi des sarcloirs et échardonnoirs*.

Le sarcloir qui est le plus communément employé (*fig.* 344), se compose d'un manche

Fig. 344 et 345.

d'une longueur variable, et armé d'un fer à douille, avec un tranchant en forme de biais. Le meilleur fer est celui des vieilles faux ou faucilles; dans ce cas il n'a pas de douille, mais se termine (*fig.* 345) par une pointe qu'on enfonce dans le manche et qu'on y maintient avec un anneau en fer.

On connaît dans certaines provinces, sous le nom d'*échardonnette* (*fig.* 346), un in-

Fig. 346, 347 et 348.

strument dont l'extrémité, bien acérée et tranchante, a 10 lignes de large. Le milieu a une longueur de 22 lignes, et se termine par une échancrure destinée à enlever les chardons coupés et embarrassés dans les céréales. De tous les instrumens de ce genre, l'échardonnette paraît préférable, ou bien l'*échardonnoir à crochet* (*fig.* 347).

Enfin, lorsque les tiges et les racines des chardons sont ligneuses, on se sert, dans quelques départemens, des *tenailles* ou *moïttes* (*fig.* 348), qu'on emploie également pour arracher d'autres herbes qui croissent dans les céréales, telles que l'Yèble (*Sambucus ebula*), les Arrête-bœuf ou Bugrane (*Ononis*), etc. L'*échardonnoir hollandais* (voy. *fig.* 135, p. 154 ci-devant) remplit le même objet.

Parmi les herbes inutiles qui croissent dans les céréales, il en est une qu'on ne cherche généralement pas à détruire, parce qu'elle paraît assez innocente, et que d'ailleurs elle résiste aux moyens ordinaires de destruction. C'est la Prêle (*Equisetum*), appelée vulgairement *queue de cheval*. Cette plante a des tiges de deux sortes : celles qui portent les fruits paraissent aux premiers jours du printemps,

et meurent aussitôt que la fructification a lieu, c'est-à-dire après 7 ou 10 jours, suivant les circonstances. C'est seulement alors que les tiges stériles ou foliacées commencent à se développer. D'après cela il est aisé de se convaincre que, pour détruire la prêle, il est indispensable d'arracher les tiges fertiles à mesure qu'elles se montrent. Il ne faut pas songer à en arracher les racines; elles pénètrent à une trop grande profondeur.

Le *Mélampyre des moissons* (*Melampyrum arvense*), appelé aussi *rougeole, queue de renard*, est une plante de la famille des Rhinantacées, haute d'environ 1 pied, dont les feuilles inférieures sont entières et sessiles; celles du haut n'ont point non plus de pétiole, mais elles sont découpées comme une plume. Les fleurs sont toujours fermées, rouges, avec une tache jaune dans le milieu. Elles sont disposées en un épi terminal et entremêlées de bractées purpurines ; chaque capsule porte une semence marquée à son extrémité d'une tache noire. Cette semence, du reste, a la forme et la couleur du blé. La présence de cette plante diminue le produit du froment et de quelques autres plantes, mais elle produit encore une détérioration sensible sur la farine de froment, soumise à la panification. L'homme, au moyen de machines plus ou moins perfectionnées, parvient à débarrasser le blé des graines plus petites ou plus grosses, plus légères ou plus pesantes que lui; mais celle du mélampyre, par son poids et son volume, échappe à toute opération de ventilation ou de criblage. Le blé qui en contient, même en très-petite proportion, communique au pain une couleur violette qui lui donne moins de valeur commerciale. Mais cette propriété a paru jusqu'alors n'avoir aucune influence malfaisante sur l'économie animale; aussi, le blé qui contient beaucoup de mélampyre est-il l'aliment ordinaire des fermiers. Cette plante se cantonne dans les terrains argileux et calcaires. Il est difficile d'en débarrasser un terrain qui en est infesté. De même que plusieurs autres végétaux, cette plante vient surtout dans les récoltes hivernales. Il n'en lève presque point dans la jachère ni dans les récoltes sarclées. Dans le blé même le mieux soigné, le peu de plantes qui ont échappé aux sarclages se développent avec rapidité, fleurissent et mûrissent une partie de leurs graines avant la moisson. Celles qui sont complètement mûres tombent et infestent le sol de nouveau; les autres se trouvent mélangées avec le grain. Les moyens qui paraissent les plus sûrs pour opérer la destruction de cette plante sont les sarclages rigoureux et répétés. On pourrait aussi faucher la céréale pendant qu'elle est en fleurs : cette opération détruirait en même temps le mélampyre. C'est au cultivateur à juger si ce sacrifice serait assez compensé par la beauté et la pureté des produits ultérieurs.

Quant à *la plupart des autres plantes* pour la destruction desquelles on emploie le sarclage, je n'en finirais pas si je voulais les énumérer. Elles ne déprécient pas autant le froment que le mélampyre, parce qu'elles ne lui communiquent pas de couleur noirâtre, et que d'ailleurs le vannage les sépare toujours du bon grain avec facilité.

Cependant, les plantes suivantes demandent encore une attention particulière : d'abord le *Liseron* (*Convolvulus arvensis*). Si, pour sarcler une céréale qui en contient beaucoup, on attend que les chaumes soient montés, on causera du dommage aux plantes, on les cassera ou on les arrachera. Le liseron est une des plantes que les botanistes nomment *volubiles*, parce qu'elles s'enroulent autour des objets qu'elles rencontrent. Le liseron repousse promptement, lorsqu'on ne l'a pas coupé à une grande profondeur. Au lieu de l'arracher à la main, on fera mieux de se servir d'une faucille usée, et de le couper profondément entre deux terres.

L'espèce d'*Ivraie* qu'on nomme enivrante (*Lolium temulentum*) a certainement des propriétés délétères sur la vie animale. On la distingue des autres espèces, en ce que les épillets n'ont jamais plus de douze fleurs, et que les chaumes sont rudes au toucher, surtout dans le haut. Heureusement cette plante est assez rare.

La *Folle-avoine* (*Avena fatua*) est quelquefois si abondante dans certains cantons, qu'elle forme la moitié de la récolte ; elle est alors fort nuisible et difficile à détruire. On ne saurait trop recommander de l'arracher à la main dans les blés, et surtout dans les fèves qui paraissent avoir la propriété d'en favoriser la naissance.

Le *Pas-d'Ane* (*Tussilago farfara*), regardé comme indomptable, parce que ses graines naissent de si bonne heure au printemps, qu'elles sont ordinairement tombées avant que le sol ait reçu le second labour, peut être facilement détruit en arrachant les plantes après la récolte des grains, en août, septembre et octobre.

Les *Patiences* (*Rumex acutus* et *obtusifolius*) sont des plantes vivaces dont l'extirpation est difficile, à cause de la longueur de leurs racines qui reproduisent obstinément de nouvelles tiges, et de l'énorme quantité de leurs graines. On ne peut arracher leurs racines pivotantes qu'à la main après une forte pluie.

Plusieurs plantes nuisibles ayant leurs semences ailées, notamment les chardons, il est évident que leur destruction ne pourra être complète que quand il existera des *dispositions législatives et des réglemens locaux* qui la rendront générale. Jusque là, le cultivateur soigneux sera victime de la négligence de son voisin. Ce sujet sera traité dans la *Legislation agricole*.

ART. IV. — *Emploi des produits des binages et des sarclages.*

Lorsque les herbes détruites par les menues cultures sont peu abondantes, ou n'ont pas pris beaucoup de développement, on les *laisse sécher sur le sol*, pourvu que leurs graines ne soient pas arrivées à maturité; si elles étaient dans ce cas, on devrait les transporter hors du champ, les *faire sécher et les brûler*. — Il est beaucoup d'herbes inutiles qui sont pour les animaux une assez bonne nourriture; on devra les amasser avec soin, secouer la terre qui adhère à leurs racines, et les *porter au râtelier*. — Lorsqu'on a d'ailleurs beaucoup de fourrages ou que les plantes sont

dédaignées par le bétail, on se trouvera bien de suivre la méthode usitée dans les Etats-Unis. Elle consiste à *stratifier ces végétaux par lits alternatifs avec de la chaux*. Le compost ne tarde pas à fermenter, et les substances qui le constituent se combinent et forment un bon engrais. On pourrait également *jeter ces plantes dans un croupissoir* ou excavation remplie d'eau. La décomposition des substances végétales réagit sur le liquide et le rend très-propre à l'arrosement des prairies.

L'éclaircissage de quelques récoltes fournit encore des produits qui ne sont point à dédaigner. Ainsi, dans la culture du maïs, on sème deux fois plus épais que cela n'est nécessaire; on laisse venir toutes les plantes jusqu'à ce qu'on s'aperçoive qu'elles commencent à s'affamer et à se gêner dans leur développement. Alors seulement on retranche les pieds surnuméraires qui forment pour toute espèce de bétail une excellente nourriture. On agit de même dans la culture de la Carotte, de la Betterave, du Navet, etc.

ART. V. — *Retranchement des feuilles et des sommités des tiges.*

Ces diverses opérations s'exécutent sur un trop petit nombre de plantes pour que nous nous en occupions longuement ici. Nous dirons seulement que trop de personnes se font illusion sur les avantages de cette pratique. Le *retranchement des sommités du Maïs*, des *feuilles de la Betterave*, *des tiges de la Pomme-de-terre* fournit bien une nourriture plus ou moins alibile pour beaucoup d'animaux; mais la soustraction de ces diverses parties ne peut que nuire au produit principal, parce qu'elle diminue les surfaces destinées à puiser dans l'atmosphère les élémens de fertilité qui s'y trouvent. Il a été prouvé par maintes expériences que si on retranche par exemple les fannes des pommes-de-terre 1 mois après la fleur, on n'obtiendra, dans un bon sol, que 30 mille livres de tubercules, tandis que l'on eût fait cette opération 2 mois après la fleur, on eût récolté 41 milliers. Il n'en est pas de même du *retranchement des parties florales*. Comme elles ne servent point à tirer les gaz répandus dans l'atmosphère, mais à être le récipient des sucs élaborés par les autres parties, il est évident que leur retranchement se fait à l'avantage des parties qu'on veut conserver. Pour les plantes dont le produit consiste en fruits, on ne retranche que quelques fleurs : ainsi, il est hors de doute que le vigneron gagne beaucoup en ne conservant sur chaque pied de vigne qu'un petit nombre de raisins; qu'on augmente le nombre et la grosseur des pois, des féverolles, des haricots, etc., en coupant les fleurs des sommités.

En somme, la soustraction des feuilles est presque toujours nuisible, et celle des fleurs presque toujours utile.

Nous ne pouvons mieux terminer ce que nous avons dit *sur les menues cultures* que par les sages réflexions du *Musæum rusticum*, le plus ancien journal d'agriculture. « On ne peut pas douter, dit-il en parlant de la végétation du froment, que les épis en général n'arrivent pas à la grosseur dont ils sont naturellement susceptibles; et si le temps où ils commencent à se former était mieux connu, on pourrait prévenir les obstacles qui arrêtent les progrès de leur développement. Il est une saison particulière où les semences tallent ; cette saison passée, il n'y a aucune culture qui puisse leur faire produire un seul tuyau de plus : il en est de même de la formation de l'épi ; dès qu'il est sorti des enveloppes que lui forment les feuilles, on ne réussira par aucun art à le rendre plus considérable, c'est-à-dire à augmenter le nombre de ses balles ou calices : et l'on peut ajouter qu'après le temps de la fleur, tous les labours du monde ne parviendront pas à faire croître un seul grain de plus que ceux qui sont déjà formés dans l'épi, quoique la plante eût pu recevoir, dans chacune de ces circonstances, une grande amélioration par une culture bien entendue et donnée à propos. Il est donc pour nous d'une grande importance de connaître les diverses périodes du développement des différentes parties des plantes, et cela, afin que si nous manquons de lui donner les secours dont elle peut avoir besoin dans une saison, nous puissions lui en donner d'autres dans les développemens qui doivent succéder. Si nous laissons échapper le moment d'accroître le nombre de ses tiges, nous tâcherons du moins de saisir celui de multiplier le nombre des grains dans les épis, de les rendre plus gros, plus pesans et plus remplis de fleur de farine. » C'est à l'aide de l'observation et des connaissances botaniques qu'on pourra mettre en pratique de si sages conseils.

ANTOINE, *de Roville.*

SECTION IV.—*Façons pour le terrassement des plantes.*

ART. 1ᵉʳ. — *Du butage.*

Il est impossible de déterminer d'une manière générale la nature des *plantes auxquelles cette opération convient* particulièrement : ce n'est guère qu'à celles dont la tige pousse des racines latérales, là où seraient venus des bourgeons si cette partie avait été exposée à l'air au lieu d'être couverte de terre. Il est de fait aussi que les plantes à feuilles radicales supportent difficilement un buttage énergique qui les couvrirait de terre.

Le butage est une *opération de la plus haute importance*, et si des cultivateurs ont cherché à se faire illusion sur ce point, c'est que, quand on n'y emploie que les bras de l'homme, le butage est très-pénible, dispendieux et souvent mal exécuté. Cette dernière assertion sera peut-être en contradiction avec les idées que quelques personnes se sont faites, sur le butage ordinaire ; cependant l'expérience ne la confirme que trop souvent. En effet, lorsqu'on a résolu de ne buter qu'une seule fois, parce qu'il serait trop coûteux de le faire deux, on ne choisit pas pour ce travail l'époque de la première croissance de la plante, soit parce qu'en opérant alors à une certaine profondeur on risquerait de les recouvrir totalement de terre, soit parce que depuis le moment de l'opération jusqu'à celui de la récolte les mauvaises herbes auraient trop de temps pour se multiplier, soit

enfin parce que les pluies ou d'autres circonstances déformeraient et abattraient les buttes. On est donc forcé de différer jusqu'à ce que la tige ait pris un certain développement, et il est bien rare alors que l'opération n'ait pas été trop retardée, car c'est surtout dans leur jeunesse que les plantes veulent être cultivées. Cependant, lorsqu'on ne peut être maître des circonstances, on fera toujours mieux d'exécuter le butage à bras d'hommes que de ne donner aucune culture. Celui qui se trouvera dans ce cas devra bien se persuader qu'une seconde façon sera largement payée par le surplus du produit.

La perfection dans le *butage consiste à amonceler* autour de la tige une butte de terre qui, sans recouvrir le feuillage, soit cependant aussi élevée que possible. Lorsque la plante a plusieurs tiges, l'opération est meilleure lorsqu'on les écarte les unes des autres par la terre et qu'on en fait une sorte de marcottage.

I. *Butage à la main.* — *Avec la houe à main* on s'y prend de deux manières. Lorsque les végétaux sont alignés, on élève une butte continue en exhaussant la terre non seulement près de chaque plante, mais encore entre tous les vides qui se trouvent d'une plante à l'autre : pour cela il n'y a qu'à creuser l'intervalle qui existe entre chaque rangée parallèle ; ou bien on élève autour de chaque plante une butte en forme de cône plus ou moins tronqué. Cette dernière méthode est plus longue que la première et n'est pas plus parfaite. Elle exige de plus un instrument de forme particulière ; il faut se servir d'une houe dont l'extrémité tranchante décrive à peu près la même courbe que la base de la butte, car la butte étant ronde , si on se servait d'une lame rectiligne, celle-ci ne pourrait être appliquée tangentiellement et n'agirait jamais que sur un point, tandis que la lame courbe s'applique exactement sur tous les points de la ligne qu'elle décrit.

Le *premier butage* sera peu énergique, et la profondeur de terre qu'on amoncellera proportionnée à la hauteur des plantes : Le *second* se donnera à une plus grande profondeur, et aussitôt que l'on s'apercevra que la terre durcie par la première opération s'est tassée de nouveau ou a formé croûte.

Quelques précautions que l'on prenne on ne pourra jamais éviter que le butage à bras d'hommes *n'exige des frais considérables.* Cette méthode offre encore un autre genre de difficulté qu'on surmonte rarement. On sait que sur les travaux de cette nature l'à-propos a au moins autant d'influence sur les résultats que la bonne exécution ; on peut fort bien saisir l'instant propice pour commencer ; mais si un changement quelconque de température force à interrompre, on n'obtiendra qu'un succès partiel. Ce dernier inconvénient se rencontre principalement quand on a peu de bras à sa disposition.

II. *Butage à la charrue.* — *Le butage au moyen de la charrue* offre, sur celui que nous venons de décrire, l'avantage de l'économie, de la célérité et de la perfection. En effet, lorsque les rangées de plantes sont à   27 pouces les unes des autres, un homme et un cheval font 1 hectare et demi dans un jour, tandis qu'avec des houes à main il eût fallu au moins 20 personnes pour buter la même superficie.

L'instrument dont on se sert s'appelle *butoir*. Il y en a de différentes sortes ; tous doivent être sans avant-train, et portent un double versoir. Celui de M. DE DOMBASLE (*fig.* 349) n'a ni sabots ni roulettes. Les deux

Fig. 349.

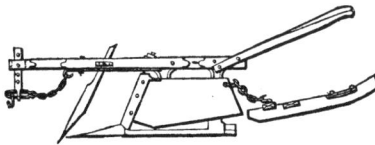

versoirs tournent en avant sur un pivot qui a ses points d'appui sur l'age et sur le sep ; celui-ci se termine par un soc en fer de lance. Les versoirs s'éloignent ou se rapprochent à volonté dans leur partie postérieure, et on les maintient à un écartement déterminé au moyen d'un régulateur horizontal placé sur l'étançon de derrière, et dans les trous duquel s'engagent des crochets fixés à la paroi interne et postérieure de chaque versoir.

La *charrue à buter de* M. ROSÉ (*fig.* 350), du

Fig. 350.

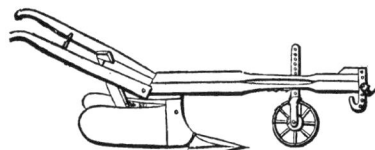

prix de 55 fr., est construite à peu près sur les mêmes principes ; seulement chaque versoir à un pivot spécial. L'age repose sur une roulette à chappe. Je crois que l'addition de cette roue au butoir et à la houe à cheval est très-importante ; l'instrument marche avec plus d'assurance pendant son travail, et on ne risque pas de détruire beaucoup de plantes en tournant lorsqu'on est arrivé à la fin d'une rangée. Cet accessoire coûte fort peu, puisque toute montée cette roue à chappe ne revient qu'à 10 francs.

Pour *le premier butage* à la charrue on écarte beaucoup les versoirs et on prend peu de profondeur. Dans les *opérations subséquentes* on fait précisément le contraire, c'est-à-dire qu'on diminue l'écartement des versoirs et qu'on fait piquer l'instrument à une plus grande profondeur.

Le butoir est un *instrument facile à diriger*. On l'attèle ordinairement d'un seul cheval. Si le sol présentait trop de résistance, on pourrait en mettre deux à la file l'un de l'autre. Dans ce dernier cas un enfant est nécessaire pour conduire, tandis qu'avec un animal exercé un conducteur habile peut

faire seul toute la besogne. Le butage a d'autant plus d'efficacité que l'instrument marche plus vite ; il faut par conséquent employer les chevaux ; les bœufs, toujours voraces et sans cesse affamés, se détournent et s'arrêtent continuellement pour manger les plantes qui les environnent. On ne remédierait que médiocrement à cette difficulté en les muselant ou en leur mettant un panier à claires voies, comme on le fait dans certaines contrées pour les mulets et les chevaux de somme.

ART. II.—*Du terrage et du rouchottage ou riolage.*

C'est une *opération analogue au butage* pour les résultats qu'on en obtient. Il est certaines récoltes qui demandent à être rechaussées pendant le cours de leur végétation, et qui poussent annuellement une couronne de racines lorsque le collet se trouve couvert de terre. Comme ces racines nombreuses s'étendent dans toutes les directions, elles ne peuvent souffrir l'action d'un instrument qui, pénétrant à une certaine profondeur, en détruirait la plus grande partie. Dans ce cas le terrain se divise par planches d'inégale largeur ; on ensemence celles qui ont le plus de superficie, les autres restent libres. Lorsqu'arrive l'époque du terrassement on fait passer une charrue ou l'extirpateur dans les plates-bandes afin d'ameublir le sol. On prend à la pelle cette terre ainsi pulvérisée et on la jette sur la planche où se trouvent les plantes à chausser.

Il est inutile de donner des indications sur le mouvement que décrit le bras de l'ouvrier pour la distribution uniforme de la terre ; l'exercice et l'habitude sont ici les meilleurs maîtres. Une précaution qu'on ne néglige pas impunément dans le terrage, c'est de ne jeter la terre que lorsqu'il n'y a plus de rosée sur les plantes. Si le feuillage était humide, la terre s'y attacherait, empêcherait l'évaporation, et la réussite de la récolte serait compromise si une pluie ne survenait bientôt.

Cette opération se pratique non seulement sur la garance, mais sur les céréales et sur le colza. En Flandre, de 12 en 12 pieds, ou même moins, on creuse une rigole de la largeur et de la profondeur d'un bon fer de bêche, et la terre qui en provient est jetée sur le colza. On recommence la même opération au printemps. Cette pratique, nommée *rouchottage*, est fort vantée par les Flamands, qui l'emploient, non seulement pour le colza, mais pour toutes les plantes indistinctement. Le sillon est changé chaque année ; en sorte que dans l'espace de 10 ans toute la pièce a été défoncée à plus d'un fer de bêche.

Le terrassement *ne se fait pas toujours avec des terres* prises dans le champ même. On conduit sur les récoltes par un beau temps, des terres, des marnes, des composts, pour être répandus sur les plantes en végétation. Toutes les fois qu'on aura à sa disposition des décombres de bâtimens, des curures de fossés, des limons, des vases d'étangs, on ne pourra mieux faire que de les répandre sur les récoltes d'une végétation languissante.

ANTOINE *de Roville.*

ART. III. — *Des terrasses et costières.*

Dans les Cevennes, les habitans emploient des moyens appropriés pour retenir les terres de leurs montagnes que les pluies entraînent, et pour les défendre contre les ravages des torrens, en les faisant même tourner à leur profit. Ces moyens étant susceptibles de trouver leur application dans d'autres localités, il ne sera pas hors de propos de les faire connaître.

Dans les lieux les plus escarpés, des *murs en pierres sèches* diminuent les pentes, soutiennent les terres et par conséquent les arbres ; leur hauteur et leur longueur dépendent de la situation des lieux et de la quantité des terres; l'agriculteur cevennois prend souvent la peine d'en transporter sur son dos pour remplir ses terrasses ; il remonte du bas de la montagne celle que les torrens lui enlèvent.

Dans quelques endroits les murs sont si multipliés, qu'ils forment un amphithéâtre de terrasses horizontales appelées des *faissos*. Des pierres saillantes forment des escaliers pour aller de l'une à l'autre. C'est là que sont les vignes, les plantations de mûriers, le peu de seigle et les jardins des Cevennois.

Dans les montagnes plantées de châtaigniers, des *valats* (*tranchées*) sont creusés de distance en distance pour recevoir les eaux du ciel et les diriger vers les ravins. Après quelques instans de pluie, ces valats, remplis de celle qui tombe dans les intervalles qui les séparent, font couler l'eau, les uns à droite, les autres à gauche, sur les croupes des montagnes, et formeraient dans toutes les gorges des torrens impétueux si le Cevennois ne savait rendre leur cours moins rapide.

Après avoir empêché les eaux de se creuser des sillons profonds en les recevant dans des valats qu'il a soin d'entretenir nettoyés, il les retient par des *rascassos* (*pierrés*) dans les ravins où elles déposent la terre qu'elles charrient et forment des étages plans qu'elles arrosent, au lieu de se précipiter du haut de la montagne et de la décharner jusqu'au roc, comme cela arriverait sans ces préparations.

M. le comte CHAPTAL a décrit dans un excellent mémoire (1) ces digues, et comment on convertit les rochers en terres fertiles dans les Cevennes. J'ajouterai quelques détails à ceux qu'il nous a donnés sur la construction des rascassos. Dans les pays granitiques on y emploie les plus gros blocs qu'on peut rouler; dans les pays schisteux, on n'a que des pierres plates, mais on sait bien les arranger droites et les *enclaver* les unes dans les autres. Quels que soient les matériaux qu'on emploie, on appuie toujours les deux extrémités du mur sur les rochers des bords du ravin, et l'on tâche de le fonder aussi sur le roc, ou, lorsque cela n'est pas possible, on place au fond et en avant de larges pierres pour recevoir la cascade et l'empêcher de creuser. On forme des retraites pour briser l'eau dans sa chute; on fait ces murs en talus, on leur donne beaucoup d'épaisseur et peu de hauteur d'abord, pour les élever à mesure que l'attérissement se forme.—Je dois citer un simple ouvrier à cause de son génie naturel ; en construisant des rascassos, non seulement il les appuyait sur le roc et prenait toutes les précautions que j'ai indiquées, mais il les ceintrait du côté d'amont, dans l'idée qu'elles résisteraient mieux au courant et seraient plus durables que celles faites en ligne droite. Un mathématicien l'aurait démontré, un paysan cevennois l'imagina et l'exécuta.

. Le baron L. A. D'HOMBRES-FIRMAS.

CHAPITRE IX. — DES ARROSEMENS ET IRRIGATIONS.

SECTION Iʳᵉ. — *Des irrigations en général.*

L'irrigation est l'arrosement en grand, avec une eau de bonne qualité, fait en saison convenable et sur un terrain convenablement disposé.

Précis historique. La pratique des irrigations remonte à l'origine des sociétés ; le livre le plus ancien, le livre des livres, la Bible, source et premier registre des connaissances humaines, attribue à l'irrigation la première cause de la fertilité de l'Egypte. Les anciens souverains de cette heureuse contrée en apprécièrent tellement l'importance, qu'ils employèrent des sommes énormes à la construction d'aquéducs, de réservoirs, pour assurer à leurs peuples les bienfaits de l'arrosage. Les Grecs imitèrent cet exemple, et les Romains, témoins des avantages que les pays soumis à leur domination en retiraient, introduisirent cette merveilleuse pratique en Italie et en Espagne. Cette heureuse importation fut tellement appréciée, qu'avec le temps elle fut considérée comme la plus utile conquête du grand peuple. En France, le Roussillon a très - anciennement connu la pratique des irrigations. Mais ce ne fut qu'après les guerres d'Italie, sous François Iᵉʳ, que les travaux d'arrosage se multiplièrent dans les provinces méridionales d'abord, puis dans les pays de montagnes. M. Victor YVART nous a donné, après une excursion qu'il a faite en Auvergne, en 1819, une statistique très-instructive des diverses irrigations en France. Quelque nombreux que soient les travaux d'irrigation des modernes, nous sommes forcés de convenir qu'ils sont loin d'approcher de ce caractère de grandeur et d'utilité générale que présentaient ceux du lac Mœris et du canal d'Alexandrie

(1) *Mémoires de la Société centrale d'agric.*, tome I, page 407.

en Égypte, etc., qui, tout en satisfaisant aux besoins de l'agriculture et de la navigation, secondaient puissamment l'industrie commerciale.

Avantages des irrigations. L'irrigation est sans contredit une des plus importantes pratiques de l'agriculture ; par elle des sables arides sont convertis en riches prairies, des terres infertiles produisent d'abondantes moissons, du chanvre, du lin, des légumes, etc. De tous les moyens dont la main de l'homme peut favoriser l'agriculture, il n'en est pas d'aussi fécond en bons résultats, d'aussi puissamment efficace que celui des irrigations. Un grand nombre de cours d'eaux charrient des parties fécondantes qui influent puissamment sur la végétation ; tels sont les *marcites en Lombardie.* Avec des arrosemens nous nous approprions des engrais, et nous donnons à notre sol de nouveaux élémens de végétation. Les arrosemens diminuent considérablement les dommages occasionés par les gelées blanches du printemps. L'eau des sources, par sa température plus élevée, réchauffe le sol et fait qu'il se couvre plus tôt de verdure et présente des prairies nourrissantes, lorsque, dans les terrains non arrosés, l'on n'aperçoit pas encore un brin d'herbes.

Dans certaines localités les arrosages forment la base de la valeur positive de la propriété ; ils en doublent au moins le prix et quelquefois ils le décuplent. M. Taluyers, à St.-Laurent (Rhône), dit M. de Gasparin, aujourd'hui préfet de ce département, est parvenu à créer, avec un déboursé seulement de 20,000 fr., une prairie de 33 hectares dont le produit actuel est de 10,000 fr. Avant cette opération ce terrain ne rapportait que 1200 fr. ; c'est ce que nous confirme M. Paris, ancien sous-préfet de Tarascon, arrondissement qui a vu, depuis l'introduction des irrigations, la fécondité enrichir cet immense plateau de poudingue, recouvert d'une légère couche de terre sans consistance ; la bonification fut telle alors que, tandis que l'hectare de terrain non arrosé ne se vendait que 25 fr., celui de terrain arrosable coûtait 500 fr. L'utilité ou, pour mieux dire, la nécessité des canaux d'irrigation est telle, dit M. de la Croix, procureur du roi à Prades, correspondant du Conseil général d'agriculture, que s'ils étaient détruits dans ce canton, les deux tiers des habitans abandonneraient le pays qui ne pourrait plus suffire à leur subsistance.

Théorie et pratique des irrigations. Sans chaleur et sans eau, point de végétation. De l'action de ces deux agens l'agriculture obtient les plus heureux résultats ; sans eux tous les efforts de l'homme ne feraient qu'attester son impuissance. Il n'est point en son pouvoir d'accroître ou de diminuer les degrés de chaleur atmosphérique ; mais l'eau peut en tempérer les effets et devenir le principe de toute végétation.

Les *eaux que l'on destine aux irrigations* doivent être considérées sous divers rapports et employées d'après le but qu'on se propose. Toutes ne sont pas également bonnes ; elles varient en raison des localités qu'elles parcourent, des substances qu'elles

entraînent ; il en est même qui, par leurs qualités délétères, doivent être proscrites.

Ainsi, M. de Perthuis signale comme de mauvaise qualité les *eaux qui viennent des bois.* Selon lui elles doivent être rejetées de toute irrigation par inondation. Troubles, elles entraînent des graines de bois et de plantes forestières qui détériorent les prairies ; claires, elles deviennent trop crues, et, loin d'activer la végétation, elles la retardent en refroidissant le sol. C'est aux cultivateurs à faire les heureuses exceptions que les localités leur indiqueront.

Quelquefois en les exposant à l'ardeur du soleil, en les laissant déposer dans des réservoirs, ou lorsqu'elles ont été fortement battues par une pluie, elles *perdent leurs mauvaises qualités*, on les bonifie aussi en y jetant des terres, des fumiers et même, suivant M. Bertrand, des tiges de genêt, de fougère, de bouleau, de sapin (*Dict. d'agric.*). Les meilleures eaux sont celles dans lesquelles les légumes cuisent le plus facilement, qui dissolvent bien le savon et qui s'échauffent et se refroidissent promptement ; d'après des exemples que cite M. Yvart, des eaux qui tiennent en dissolution ou en suspension des parties ferrugineuses n'en sont pas moins propres pour cela aux irrigations dans quelques circonstances, ce qui est peut-être contraire à l'opinion assez généralement répandue.

Les *qualités fertilisantes des eaux* peuvent devenir communes à toutes les eaux limpides ou troubles, mais elles se développent avec plus ou moins d'énergie suivant les localités et la température habituelle plus ou moins chaude du climat. Cette assertion semble prouvée d'une manière incontestable par les effets prodigieux des irrigations d'eaux limpides qu'on n'éprouve que dans les pays méridionaux. Il en résulte évidemment que les irrigations d'eaux limpides sont moins nécessaires et que leurs effets sont moins grands à mesure que la température habituelle est moins élevée. Les différentes natures de sols, comme les diverses espèces de végétaux, ne demandent pas des arrosemens également copieux et fréquens ; car, si une humidité suffisante est constamment nécessaire à la végétation, une humidité surabondante lui est nuisible, et l'on sait que cette humidité suffisante est relative à la nature du sol et à l'espèce des produits.

Dans certains cantons on est dans l'usage, *en hiver, de couvrir les prairies d'eau* pour les préserver de la gelée ; dans d'autres on a grand soin de *les mettre à sec* et même de bien faire égoutter la terre. L'une et l'autre méthode a ses avantages et ses inconvéniens ; une légère couche de glace qui est gelée jusqu'au sol ne nuit en aucun cas ; mais, lorsque la couche supérieure de l'eau est gelée et non l'inférieure, et qu'ainsi le sol de la prairie reste mou, l'eau, même en hiver, peut se putréfier et nuire aux meilleures plantes des prés. Ainsi, dans les prairies où l'inondation s'élève beaucoup, il vaut mieux, lorsque l'hiver arrive, laisser écouler l'eau. C'est l'opinion de Thaer.

En été, les irrigations sont généralement favorables, mais il faut savoir les propor toinner à la nature du sol, à l'espèce de ses produits, à la température du climat et surtout les donner en temps opportun.

Quelque peu considérable que puisse être la déperdition de principes que la végétation annuelle occasionne aux prairies, elle n'en est pas moins réelle, et on a constamment observé que leurs produits diminuaient progressivement lorsque leur fertilité n'était pas entretenue par des engrais ; et, sans spécifier tel ou tel engrais, je me contente de répéter, avec CRETTÉ DE PALLUEL, que tous les engrais sont bons pour augmenter la fertilité des prairies ; le meilleur pour chaque localité est celui qui est le plus économique.

On ne peut assigner aucune *époque précise pour les irrigations* d'eaux troubles, parce que les débordemens des rivières et des ruisseaux varient selon les localités. Pendant la végétation il faut bien se garder d'arroser les prairies avec des eaux troubles, parce que les produits rouilleraient, ce qui n'arrive que trop dans les inondations naturelles.

En irrigation on n'est pas toujours maître de *mesurer le volume d'eau*, soit trouble, soit limpide ; mais si l'on a à sa disposition des eaux abondantes, il faut qu'elles soient appropriées non seulement à la nature du sol, à l'espèce de ses produits, à la température du climat, mais encore en considération de la pente du terrain. Ainsi, *dans les pentes* rapides il faut ménager les eaux, empêcher les ravins qu'elles y formeraient si leur volume était trop considérable, adoucir les pentes, les retenir dans des rigoles en zigzag et les multiplier autant que le demande la rapidité du courant.

En plaine, on peut arroser à plus grande eau, pourvu que le sol soit perméable et profond. Ainsi les travaux d'art pour les irrigations consistent à pouvoir à volonté arroser tous les points d'une prairie en temps et saisons convenables, soit avec des eaux troubles, soit avec des eaux limpides, et à vous préserver des dommages lorsqu'elles viennent à déborder ; en un mot, à se rendre maître absolu des eaux.

THAER donne pour règle générale du *moment où il convient de faire l'arrosement*, tant par inondation que par infiltration, de ne pas introduire l'eau pendant la partie chaude du jour, mais le soir ou le matin de bonne heure. Sans cette attention l'arrosement pourrait être facilement nuisible. Après une gelée blanche ou une température froide, l'arrosement est avantageux, il répare le mal que le froid fait à l'herbe. Lors des dégels, il faut veiller à ce que les écluses s'ouvrent promptement pour donner issue aux eaux, de crainte des déchiremens et des dégradations.

L'herbe d'une prairie soumise à l'irrigation doit toujours être *maintenue ferme et fraîche* par le moyen de l'eau ; car, si on la laissait une seule fois flétrir, des plantes accoutumées à l'humidité en souffriraient plus que les autres. La végétation en serait interrompue, et elles ne se remettraient que très-difficilement. Il est très-important pour l'arrosement de rester dans une juste mesure. Aussi les prairies soumises à l'irrigation demandent-elles plus que toutes autres une attention suivie.

L'irrigation, considérée sous différens aspects, peut être regardée aussi bien comme une *opération de culture* que comme une *amélioration permanente du fonds*. En conséquence, elle peut être pratiquée quelquefois par le fermier, mais en général, à cause des avances considérables que cette opération nécessite, et des avantages durables qui en sont le résultat, elle doit recevoir des encouragemens et des indemnités extraordinaires de la part du propriétaire.

Dans les environs des villes on peut se livrer avec un grand avantage à *l'arrosement au moyen d'engrais liquides*. STEPHENS nous apprend qu'autour d'Edimbourg plus de deux cents arpens de terre sont ainsi arrosés avec les eaux du principal égout, et que, malgré la mauvaise direction donnée généralement à ces prairies, les effets de ces liquides sont surprenans : ils donnent des récoltes de fourrages qu'on ne peut égaler nulle part, permettant de 4 à 6 coupes par année ; ces herbes servent à la nourriture en vert des vaches.

MORIN DE SAINTE-COLOMBE.

SECTION II. — *Des conditions qui permettent l'irrigation.*

§ Ier.—Des cultures pour lesquelles l'irrigation est plus avantageuse.

Si les prairies naturelles non irriguées ont perdu et perdent tous les jours de leur importance à mesure que la culture s'améliore, il n'en est pas de même des *prairies naturelles arrosées ;* elles constituent toujours et partout les fonds de terre les plus précieux.

L'irrigation est surtout avantageuse aux terrains élevés et dans les climats chauds, où la pluie est rare précisément à l'époque où elle serait le plus nécessaire. C'est là particulièrement où l'homme doit suppléer au manque d'eau atmosphérique, par l'arrosement artificiel. Maître de son eau, l'irrigation la répand sur le sol, lorsque les plantes en ont besoin, tandis que par d'autres dispositions, il en fait écouler la surabondance ; de sorte que les terres arrosées ne peuvent souffrir ni d'un excès d'humidité ni de la sécheresse, et sont réellement indépendantes de l'atmosphère sous ce rapport.

Aucun *terrain n'est plus favorable à l'irrigation que la prairie*. Aucune récolte n'en retire autant de profit que l'herbe. On n'y éprouve pas, comme dans les terres arables, l'inconvénient de la destruction d'une partie des travaux d'irrigation à chaque culture ; la surface gazonnée permet d'ailleurs, bien mieux que la terre arable, à l'eau de couler et de se répandre également sur toute la superficie. Le tassement excessif du sol qui résulte de l'irrigation dans certaines natures de terres, n'a pas lieu non plus dans les prairies. Enfin, l'expérience nous apprend que l'eau est plus favorable au développement de la tige et des feuilles qu'à celui de la graine, et par conséquent plus favorable à la production des fourrages qu'à celle des grains. Nous savons, en outre, que des arrosemens périodiques conviennent d'une manière toute particulière à la plupart des graminées qui composent le gazon des prairies · de là aussi ce proverbe allemand : *Avec de l'eau on fait de l'herbe.*

Malheureusement l'irrigation demande la réunion de diverses circonstances sans lesquelles elle devient impossible, ou du moins peu profitable, ce qui équivaut au même pour l'industriel. Il est donc nécessaire de connaître et d'examiner ces circonstances.

La possibilité de l'irrigation dépend du sol, de sa position, de sa forme, de sa surface, puis de sa situation, de la direction, de l'abondance et de la nature de l'eau, enfin, des travaux et dépenses.

§ II.— Conditions dépendant de la nature du sol, de la position et de la forme du terrain.

Il n'est aucune espèce de terre sur laquelle l'irrigation n'ait un bon effet; néanmoins le résultat n'est pas également avantageux partout.

Les *terrains qui en retirent le plus de profit* sont ceux qui sont les plus perméables et les plus brûlans, comme les terrains sablonneux, graveleux, rocailleux, crayeux; il n'y a pas jusqu'aux grèves pures qui ne puissent être améliorées de cette manière par le limon que l'eau finit par déposer entre les pierres.

Les *loams* ou *terres franches* et surtout les sols *vaseux et limoneux,* ne retirent pas autant d'avantages de l'irrigation, et ne supportent pas autant d'eau que les précédens; les arrosemens ne doivent pas y durer aussi longtemps; l'intervalle entre chaque arrosement doit être plus grand, et il faut cesser dès que le temps devient humide ou froid. Un écoulement prompt et complet de l'eau y est plus nécessaire que dans les sols précédens. Ce qui vient d'être dit s'applique à plus forte raison aux *sols argileux compactes,* surtout lorsqu'ils sont dénués de parties calcaires.

Du reste, en parlant du sol, j'entends non seulement la couche supérieure, mais *surtout le sous-sol,* qui, dans l'irrigation, est important peut-être que le sol même. Avec un sous-sol perméable, une terre argileuse supportera sans inconvéniens des arrosemens abondans et réitérés, tandis que le sol le plus léger en souffrira s'il a un sous-sol imperméable : les bonnes plantes y disparaîtront, et les laiches, les roseaux, etc., prendront leur place.

Quant aux *terres tourbeuses,* si elles se trouvent dans une position sèche, des arrosemens réitérés, mais de courte durée, sont ce qui leur convient le mieux. Mais, même dans des positions humides, l'irrigation leur est avantageuse, surtout lorsqu'on la donne *à grande eau.* C'est un fait avéré, que le passage rapide d'une quantité suffisante d'eau sur ces terrains les améliore notablement, en leur enlevant une grande partie de leur acidité.

Une chose importante à examiner lorsqu'on veut établir une irrigation, c'est de s'assurer si la position et la forme du terrain permettent à l'eau d'y arriver, de s'y répandre également sur toute la surface, et de s'en écouler complètement. Lorsqu'on n'est pas entièrement sûr de rencontrer ces dispositions indispensables, il faut avoir recours au *nivellement,* dont il est question ailleurs.

La *forme de terrain la plus favorable* à l'établissement d'une irrigation, est une légère inclinaison ; un *terrain entièrement plat* nécessite de grands travaux pour être rendu apte à l'arrosement; sur une *pente trop rapide,* au contraire, l'arrosement est assez facile à établir, mais les plantes profitent peu d'une eau coulant avec force ; loin de déposer du limon sur la prairie, cette eau peut entraîner le sol, pour peu qu'il ne soit pas parfaitement engazonné. Toutefois il est possible de remédier jusqu'à un certain point à ce défaut. Du reste, l'inconvénient d'une pente rapide est moindre pour une terre compacte que pour un sol léger. Une terre de la première espèce, dans une position pareille, craint moins l'humidité que lorsqu'elle a peu d'inclinaison.

Les fortes pentes demandent en général des arrosemens réitérés, mais à *petite eau,* c'est-à-dire avec un faible volume d'eau à la fois.

On a vu (chapitre des *Desséchemens*) que, dans certains cas, il est avantageux de profiter d'une position pareille, pour faire laver et enlever par l'eau le sol des parties supérieures, et pour le transporter dans les bas-fonds marécageux. C'est une méthode économique de niveler, dont on fait aussi usage pour enlever une mauvaise couche de terre, de tourbe, par exemple, et mettre à nu un sous-sol de meilleure qualité.

Une condition non moins importante que la déclivité, pour l'arrosement, c'est l'*égalité de la surface ;* de nombreuses et fortes inégalités, des ravines et des noues dans une prairie, sont les obstacles les plus difficiles à vaincre pour l'irrigation. Les petites inégalités doivent être nécessairement aplanies; quant aux grandes, il serait souvent trop difficile de le faire complètement. On tâche de disposer l'irrigation de manière à n'avoir pas besoin d'exécuter cette opération, toujours très-dispendieuse. En général, il ne s'agit jamais de donner à tout le terrain une pente uniforme, mais seulement d'obtenir qu'aucune élévation ne reste sans être arrosée, et que d'un autre côté l'eau ne séjourne dans aucun bas-fond.

La *fig.* 351 expliquera mon idée. *a* est le canal de dérivation ; *b* est la rigole d'arrosement ; *d* est la ligne qu'il faudrait suivre, si on voulait donner une pente uniforme de *b* en *g;* pour cela il serait nécessaire d'enlever toutes les élévations et d'en porter la terre

Fig. 351.

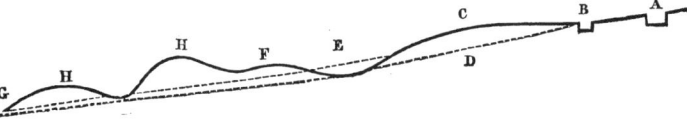

au loin ; en adoptant au contraire la ligne *e* pour la forme à donner au terrain, on laisserait la hauteur *c*, et on n'enlèverait que les bosses *hh* qui serviraient à combler les basfonds ; en *f*, où la pente change, on ferait une seconde rigole d'arrosement ; en *g*, celle d'écoulement.

La situation d'une *prairie au-dessous d'un village* est des plus avantageuses, surtout quand le ruisseau qui l'arrose passe par le village même. Le terrain reçoit alors toute cette quantité d'eau de fumier et de purin qui, grâce à la négligence des cultivateurs, s'écoule constamment des cours, des étables et des écuries. Dans ce cas on ne doit épargner aucune peine et aucune dépense pour faire profiter toutes les parties du pré de ce précieux arrosement.

Une *position* élevée tire plus de profit et a plus besoin de l'irrigation qu'une situation basse. Il en est de même d'une exposition au sud ou à l'est, à laquelle l'arrosement est plus avantageux qu'à une exposition à l'ouest ou au nord.

Enfin, il y a encore *d'autres considérations* qui, dans une entreprise de ce genre, peuvent surgir de la position du terrain, et favoriser ou empêcher l'irrigation. Du nombre de ces dernières sont l'enclavement ou même simplement le morcellement des propriétés, l'absence de clôtures et la difficulté d'en établir pour se soustraire à la vaine pâture qui est incompatible avec une irrigation soignée ; de même, la difficulté de faire écouler les eaux sans nuire aux terrains inférieurs.

La législation présente déjà des facilités pour se soustraire en partie à ces inconvéniens ; il y a lieu de croire que le nouveau code rural qu'on nous fait espérer en procurera davantage encore.

III. — Conditions dépendant de la situation, de la direction, de l'abondance et de la nature des eaux.

Une des conditions les plus importantes de l'irrigation, est la *jouissance non contestée d'un cours d'eau* situé plus haut que la prairie, à l'endroit où on le fait dériver sur cette dernière.

Ici encore, le *nivellement* est nécessaire lorsqu'on n'est pas bien assuré de faire parvenir l'eau sur la partie la plus élevée du terrain. Les résultats de cette opération seront souvent contraires aux prévisions, car l'œil même le plus exercé est sujet à se tromper ; aussi, comme il est extrêmement important d'amener l'eau aussi haut que possible, il ne faut pas hésiter à faire usage du nivellement dans tous les cas douteux.

En procédant de même pour l'établissement des canaux secondaires, des rigoles d'arrosement et d'écoulement, on ne saurait se tromper. En général, il faut, dans toutes ces opérations, agir avec la plus grande circonspection et ne rien brusquer.

Une fois le lieu de la prise d'eau déterminé, c'est au moyen d'un *barrage* placé immédiatement au-dessous, que l'on force l'eau à changer de direction et à se déverser, en totalité ou **en** partie, dans le canal qui doit la conduire **sur** la prairie. Lorsqu'on ne peut

établir la prise d'eau assez haut pour conduire l'eau dans les parties supérieures du terrain à arroser, on cherche à *élever le niveau de l'eau*, en donnant plus de hauteur au barrage. Néanmoins, celui-ci devient alors très-coûteux, pour peu que le cours d'eau soit fort. Lorsque les bords ne sont pas très-élevés, on est aussi souvent dans le cas d'éprouver de l'opposition de la part des propriétaires riverains supérieurs, dont les terrains pourraient souffrir de l'exhaussement et du refoulement de l'eau. Dans cette circonstance, on serait obligé de *construire des digues* le long du cours d'eau.

Si ces moyens étaient impraticables ou insuffisans pour exhausser assez le niveau de l'eau, il n'y aurait d'autres expédiens que de faire usage d'une *machine hydraulique*. Jusqu'ici je n'en connais point d'assez simple et fournissant en même temps assez d'eau pour qu'elle mérite d'être employée généralement dans des circonstances semblables. Celles que l'on possède actuellement et qui seront décrites et figurées ci-après ne peuvent être employées que dans les localités exceptionnelles, où l'irrigation a des résultats extraordinaires, et où les produits ont assez de valeur pour que leur augmentation paie les dépenses. Dans tous les cas, il ne peut être question ici que d'une machine mue par l'eau elle-même.

Une fois le but connu, la *direction du canal* de conduite est encore fort importante. Lorsque le terrain n'est pas parfaitement plane, ce qui n'a presque jamais lieu, on est obligé de l'égaliser ou de faire suivre au canal une ligne plus ou moins tortueuse, de façon à ce qu'il parcoure toujours un plan presque horizontal, c'est-à-dire ayant environ 4 à 6 millimètres de chute, par mètre de longueur, selon qu'il y a plus ou moins d'eau.

L'abondance de l'eau et l'égalité de son volume pendant toute l'année sont des considérations importantes. Quoique les seuls arrosemens d'automne et de printemps soient déjà très-efficaces par la qualité particulièrement fertilisante des eaux à cette époque, il est néanmoins très-important de pouvoir arroser pendant l'été, surtout pour les positions élevées et pour les sols perméables.

Lorsqu'on ne peut *disposer que d'un faible filet d'eau*, il est souvent absorbé par les rigoles avant de parvenir jusqu'à l'herbe, et dans tous les cas, il a très-peu d'effet. On remédie à cet inconvénient par le moyen d'un réservoir dans lequel se rassemble l'eau de source et les eaux pluviales des terrains supérieurs. Lorsqu'il est plein, on le lâche, et la quantité d'eau est alors suffisante pour arroser convenablement une partie du pré. La grandeur de ces *réservoirs*, dont on trouvera ci-après la figure, se règle sur la force du cours d'eau et sur l'étendue de la prairie ; sur leur profondeur ; sur la pente du terrain. Ils ne conviennent pas dans les lieux qui ont très-peu d'inclinaison. Le fond et les parois doivent en être imperméables.

Comme on ne peut toujours être présent pour ouvrir le réservoir dans le moment convenable, on a imaginé plusieurs dispositions par le moyen desquelles il se vide spontanément dès qu'il est rempli. La plus ingénieuse que je connaisse, est celle usitée dans quelques parties de la Suisse, et décrite par Fig. 352.

Schwertz. La *fig.* 352 en donnera une idée. A est la digue qui ferme le réservoir, et derrière

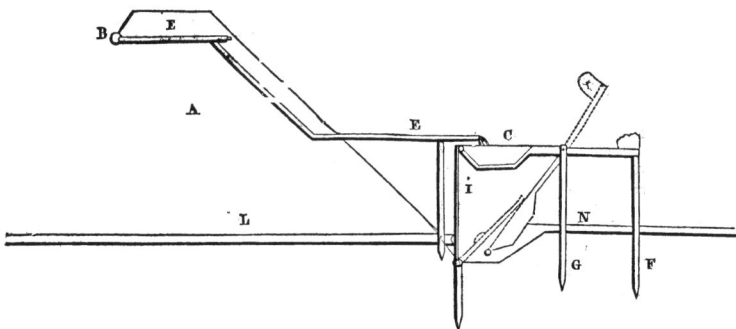

Fig. 352.

laquelle l'eau peut s'élever jusqu'à la hauteur B. Arrivée à ce point, elle s'introduit dans le conduit E d'où elle coule dans la *cuillère* ou *cuvette* C. Celle-ci repose sur une goupille qui joue dans l'échancrure du poteau G; le manche étant plus lourd que le reste, à cause de la pierre dont il est chargé, forme le contrepoids et pose sur la pièce F. *i* est une planche étroite, mobile dans une charnière, et destinée à fermer, au moyen d'un tampon de cuir ou de chiffons qui y est appliqué, l'orifice du conduit L, par où se vide le réservoir. La pression qu'effectue la cuvette sur la planche, fait presser le tampon contre la bouche du conduit. Mais, lorsque le réservoir étant plein, le cuvette se remplit, celle-ci s'abaisse, et le réservoir s'écoule dans le canal de conduite N. Les traits ponctués montrent les choses dans cet état.

Jusqu'ici on a très-peu de notions sur la *quantité d'eau nécessaire* pour arroser convenablement une étendue donnée de prairie, parce qu'il est très-difficile d'apprécier non seulement le volume, mais encore la vitesse d'un cours d'eau; que, d'ailleurs, cette quantité dépend de la nature plus ou moins sèche du climat, plus ou moins perméable du sol. M. Roux, agriculteur à Arles, estime qu'il faut 822 mètres cubes (24 mille pieds cubes) d'eau pour arroser convenablement un hectare, ce qui fait 3 ½ pouces sur la hauteur. Un agriculteur des Landes, M. Borda, indique approchant la même quantité. Dans le centre et le nord de la France, une quantité moitié moindre serait souvent suffisante. En Lombardie l'eau se paie, selon M. Burger, au volume et au temps, au jour, à l'heure, et à l'once (*oncia*). Cette dernière mesure est la quantité d'eau qui passe par une ouverture d'environ 42 pouces carrés, avec une pression correspondant au poids d'une once placé au-dessus. D'après des expériences très-exactes, une once donne dans une minute 2,185 mètres cubes d'eau, et peut, en 24 heures, arroser 43 *pertiche* (près de 3 hectares) de prés, et 36 pertiche (2,36 hect.) de terres arables.

Lorsqu'on a peu d'eau à sa disposition, on tâche de l'employer successivement à arroser plusieurs terrains à la suite les uns des au-

tres. Les derniers sans doute profitent moins parce que le limon fertilisant s'est déposé avant d'y arriver; par cette raison il faut de temps à autre y faire couler l'eau directement.

Il est facile de s'assurer de la *convenance d'une eau pour l'irrigation*, à l'examen de ses bords; s'ils sont garnis d'une herbe vigoureuse et de bonne qualité, on peut être certain de ses bons effets sur les prés.

En général, il n'y a d'*absolument mauvaises* que les eaux qui contiennent des substances minérales vénéneuses, de même que celles qui sortent de marais tourbeux et des grandes forêts et qui sont chargées de principes acides et astringens. Les eaux trop froides et celles qui charrient une trop grande quantité de sédiment argileux qu'elles déposent sur l'herbe, nuisent aussi. On obvie à ces deux inconvéniens par les réservoirs mentionnés; l'eau y acquiert une température plus élevée et y dépose la surabondance de sédiment.

Cette *surabondance de sédiment* n'est du reste mauvaise que lorsque l'herbe est prête à être fauchée; dans tous les autres cas, et surtout lorsque le sol de la prairie est gréveux et sablonneux, le limon, pourvu qu'il provienne de terres fertiles, est extrêmement avantageux, et on a même prétendu, quoique à tort, qu'il était la seule cause des admirables effets de l'irrigation. Toujours est-il qu'il y contribue beaucoup et que les meilleures eaux sont celles qui charrient le plus de terre et de sucs de fumier.

Les réservoirs mentionnés sont encore dans cette circonstance fort avantageux; ils permettent de procurer ces qualités aux eaux qui en manquent, en même temps qu'ils dispensent de conduire les engrais liquides dans la prairie, à laquelle ils épargnent ainsi les dommages que causent les roues de la voiture et les pieds des chevaux. On conduit le purin et le lizier dans le réservoir; on peut aussi déposer sur ses bords du fumier pourri qu'on arrose fréquemment.

Lorsqu'on n'a pas de réservoir, on fait couler les engrais liquides dans le canal principal.

Après ces eaux fertilisantes viennent celles

qui *découlent de terrains calcaires ou gypseux,* et qui contiennent de la chaux et du plâtre en dissolution.

Les *eaux pures et limpides* qui sortent des roches quartzeuses, granitiques et autres aussi peu solubles, de même que les *eaux de pluies* et celles qui ont déjà coulé long-temps dans des canaux ou sur des prés, quoique étant moins fertilisantes que les précédentes, ont toujours de très-bons effets sur les prairies, mais moins en automne et au printemps que pendant la saison chaude; comme elles n'agissent principalement qu'en entretenant la fraîcheur et en désaltérant les plantes, elles ne doivent pas être employées en aussi grande abondance que celles qui procurent en même temps au sol des principes fertilisans.

Les *eaux ferrugineuses* ont long-temps passé pour nuisibles; j'en connais pourtant dont on se sert avec succès pour l'irrigation. Il y en a toutefois qui déposent sur l'herbe une poussière rouge qui reste et gâte le fourrage.

Quant à l'*eau de mer* mêlée à l'eau douce, comme cela a lieu à l'embouchure des fleuves, elle convient très-bien à l'arrosément, et l'on sait que le fourrage qui en provient est particulièrement salutaire et recherché du bétail.

§ IV. — Conditions dépendant des travaux et de la dépense.

Ces conditions sont les plus importantes; *la dépense est le seul obstacle absolu* à l'irrigation d'un terrain. Avec les moyens que l'on possède aujourd'hui, il n'y a point de lieu, quelque élevé et éloigné de l'eau qu'il soit, qui ne pourrait être arrosé, si les travaux et la dépense que cela nécessiterait n'étaient hors de proportion avec le profit qu'on pourrait en retirer.

Il faut donc calculer d'avance, aussi exactement que possible, les frais qu'entraînera l'irrigation, et les comparer avec l'augmentation probable de produit qui en résultera.

Malheureusement la dépense, de même que les effets de l'irrigation, dépendent de tant de circonstances, qu'il est impossible de présenter aucun chiffre susceptible d'être considéré comme terme moyen, même le plus vague.

Il y a telle prairie disposée naturellement pour l'irrigation, qui peut être mise en parfait état d'arrosement avec une dépense de 10 à 20 fr. par hectare. Ce sont des prairies en pentes ayant une surface unie et pouvant être arrosée par *reprise d'eau;* ou des vallons si favorablement situés qu'avec un faible barrage et une petite digue on peut les submerger. D'autres terrains situés de même, mais présentant des inégalités à leur surface, exigent souvent une dépense décuple. Les terrains qui manquent de pente, et qu'il faut par conséquent disposer en *doses* ou *billons,* demandent des frais très-considérables. La grandeur et la force du barrage, les matériaux que l'on emploie pour le construire, l'éloignement de la prise d'eau, les difficultés du chemin que parcourt le canal de conduite, sont autant de circonstances qui in-

fluent sur les frais, qui, dans certains cas, peuvent se monter jusqu'à 800 fr par hect., ou même plus haut, lorsqu'on est obligé de faire usage de machines hydrauliques.

Enfin, l'intelligence de l'entrepreneur et l'habileté des ouvriers influent peut-être tout autant que la situation sur cet objet.

Des considérations tout aussi multipliées peuvent s'élever les frais, pour qu'il y ait encore avantage à établir une irrigation. Là où les fourrages ont un prix élevé, on peut consacrer une somme considérable à l'établissement d'une irrigation; il en est de même là où l'excellente qualité des eaux fait espérer une augmentation notable dans le produit de la prairie. On est aussi plus disposé à faire des dépenses dans ce but, lorsque le terrain, par sa nature ou par sa position, serait très-peu productif sans l'irrigation, et lorsque la localité est en général dépourvue de prairies et peu propre à la production des fourrages artificiels. En résumé, la somme que l'on consacre à l'irrigation peut être d'autant plus forte, que le terrain acquiert par là une valeur plus considérable.

L. MOLL, prof. à Roville.

SECTION III. — *Des diverses espèces d'irrigations.*

On en distingue de deux sortes : 1° l'irrigation par inondation ou submersion; 2° l'irrigation par infiltration. THAER en compte une troisième, celle qu'on obtient au moyen des eaux que l'on fait refluer à la surface du so .

§ Ier. — Irrigation par inondation.

L'irrigation doit varier en raison du but qu'on se propose, et de la saison. Si l'on veut ajouter à la fertilité du sol, il faut procéder par inondation, en employant les eaux vaseuses qui charrient de bonnes terres, et avec elles toutes les substances fertilisantes qu'elles entraînent en ravinant les terres supérieures. L'irrigation par inondation exige que, naturellement ou par art, le sol soit entouré, au moins de trois côtés, d'une petite digue qui retienne l'eau sur la place inondée. Elle doit avoir lieu plus généralement à la fin de l'automne et en hiver. Dès que dans cette saison on a retiré les bestiaux des prairies, il faut *examiner soigneusement les digues,* les canaux, les écluses, faire réparer les dépressions indiquées par l'eau; les canaux et les raies d'écoulement demandent une attention toute particulière, parce que le succès de l'opération dépend de la promptitude avec laquelle on peut ôter l'eau et faire égoutter le sol, dès que l'on en reconnaît l'urgence.

Aussitôt que ces *travaux préparatoires sont terminés,* il faut introduire l'eau dans la prairie, en aussi grande quantité que possible; on la laisse s'élever le plus que l'on peut; on remarque avec attention les parties défectueuses des différentes rigoles, afin de pouvoir les corriger, ou pendant l'irrigation, si cela est possible, ou après que l'eau sera écoulée. Cette eau doit séjourner le temps

nécessaire pour que le sol soit bien imprégné, et pour qu'elle ait déposé le limon
précieux entraîné par elle.

L'eau opère quelquefois le *régalement du
sol* par le battement des vagues dans les
grands vents, ce qui nivelle les élévations qui
sont à la surface. Elle consolide, raffermit le
terrain, et le rend plus compacte.

Lorsque l'eau commence à s'éclaircir ou à
se putréfier (ce qui est indiqué par une écume
blanche qui se manifeste à sa superficie), il
faut *l'écouler le plus promptement possible* et
faire bien égoutter la prairie. Ce n'est que
lorsqu'elle est complètement ressuyée que
l'on doit renouveler l'inondation. Il faut
procurer aux prairies cet engrais d'alluvion
autant de fois que l'occasion s'en présente
pendant l'hiver, observant toutefois les précautions indiquées ci-dessus.

Les irrigations par inondation sont employées avec beaucoup d'avantages pour
fertiliser les terres en culture dans les pays
méridionaux.

Au printemps, surtout lorsqu'il est sec et
chaud, il faut donner une *forte inondation
d'eau limpide.* Suivant THAER, on peut laisser
séjourner l'eau huit, douze, et même jusqu'à
quatorze jours, ayant soin toujours de prévenir la putréfaction; quand la prairie est
bien ressuyée, donner une nouvelle inondation qui doit durer deux à trois jours, puis
une troisième d'un jour à deux, et enfin une
dernière d'un jour. Dès que l'herbe commence à s'élever, il faut cesser d'inonder la
prairie.

Après la première coupe, si le temps est
sec, on peut donner une inondation qui ne
doit pas se prolonger au-delà de deux jours.

Le *nombre de jours* d'inondation indiqué
par THAER ne doit point être considéré
comme un précepte absolu : la nature du sol
et la température doivent régler le cultivateur; plus le terrain est perméable, plus
long-temps et plus fréquemment on peut l'i-
nonder; plus il est argileux, moins on doit y
laisser séjourner l'eau.

§ II. — Irrigation par infiltration.

L'irrigation par infiltration est très favorable, pendant les sécheresses de l'été, surtout
dans les terrains légers et brûlans, et dans
les pays méridionaux. L'eau, directement
et par sa décomposition, secondée par la
chaleur, contribue à la nutrition des plantes;
la végétation des régions intertropicales nous
manifeste la puissance de ces élémens. Cette
espèce d'irrigation convient particulièrement aux marais nouvellement desséchés,
dont le sol spongieux et inflammable réclame beaucoup d'eau pour suffire à la nutrition des plantes et à leur développement.
Elle est aussi particulièrement adoptée pour
les prairies situées sur les bords de rivières
qui peuvent servir à leur irrigation.

La *fig.* 353 donne un exemple de la manière dont on s'y prend pour distribuer les
eaux de la rivière sur toute la surface de
cette prairie.

Pour obtenir de cette espèce d'irrigation tout
le succès désirable, il faut avoir à sa disposition un grand volume d'eau, pendant les cha-

leurs de l'été, parce qu'elle en consomme
beaucoup, tant par l'imbibition que par l'é-
vaporation. D'après DE PERTHUIS, dans son
Mémoire sur l'amélioration des prairies et sur
les irrigations, il faut maintenir les eaux,
dans les canaux qui entourent la prairie, à
17 centimètres au-dessous du niveau du
terrain que l'on veut arroser de cette manière.

Fig. 353.

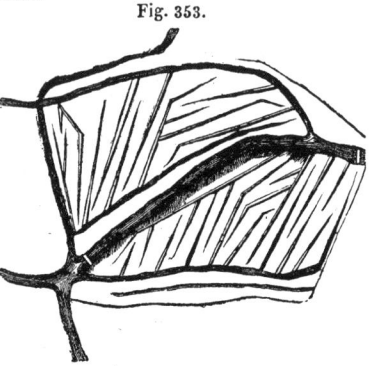

§ III.—Irrigation qu'on obtient en faisant refluer
les eaux à la surface du sol.

Cette troisième espèce d'irrigation n'est
pratiquée que dans peu de localités; elle consiste à faire refluer l'eau dans les tranchées,
ordinairement sans qu'elle se répande à la
surface du sol. Elle a lieu principalement
sur les terrains spongieux et marécageux,
après qu'ils ont été desséchés. Cette nature
de terre perd à sa superficie l'humidité à tel
point que les plantes s'y fanent. Dans cet
état, ces terrains tirent un grand avantage
de l'eau que l'on fait refluer dans les canaux
ou raies d'irrigation, en fermant le principal
canal d'écoulement. Alors on laisse séjourner l'eau dans ces canaux ou raies, jusqu'à ce
que les terres spongieuses en soient suffisamment imprégnées, et les plantes rafraîchies,
après quoi on ferme le principal canal d'arrosement, et on ouvre les canaux d'écoulement
pour que l'eau se retire le plus promptement possible. Cette opération ne produit
d'effet sensible que dans les terrains spongieux et qui absorbent l'eau latéralement.

M. SISMONDI, dans *l'Agriculture toscane,*
nous apprend que l'on répand avec la pelle,
sur les champs de blé, l'eau qu'on a fait refluer dans les fossés. L'ouvrier se place au
milieu du fossé et jette avec sa pelle, à droite
et à gauche, l'eau à mesure qu'elle avance
sur lui; par ce moyen les billons voisins sont
arrosés promptement et d'une manière
égale.

SECTION IV. — *Des travaux nécessaires
pour l'irrigation.*

Après avoir fait connaître les avantages
des irrigations, les conditions dans lesquelles on doit les entreprendre, et les différens modes d'irriguer, nous allons nous
occuper des travaux préliminaires, et des

moyens d'obtenir l'eau au plus bas prix possible en mettant à profit les heureux accidens des diverses localités. Heureuses les contrées où des sources suffisantes d'eau douce, coulant sur des terrains unis, ne laissent au laboureur d'autre soin que de les fixer dans de simples rigoles pour porter dans ses prairies, au moyen d'une distribution bien entendue, le tribut journalier de leur fraîcheur et de leur fécondité ! — Hors ce cas bien rare, des travaux d'art quelconques sont nécessaires pour parvenir aux arrosemens. Le sage cultivateur ne doit cependant jamais oublier de balancer les dépenses et les produits, les moyens d'amélioration avec les résultats. Si j'appelle la plus grande circonspection de la part des agriculteurs, avant l'entreprise des travaux d'art quelquefois très-dispendieux, mais toujours lucratifs quand ils s'appliquent à des irrigations bien entendues, je suis loin de vouloir les effrayer ; il ne faut pas croire que dans toutes les circonstances ces travaux soient difficiles à concevoir et d'une exécution très-coûteuse. Il ne s'agit point ici de ces entreprises colossales exécutées en Italie, qui ne peuvent être dirigées que par les hommes de l'art les plus expérimentés, et entreprises par les gouvernemens ou de riches associations; mais des travaux isolés d'irrigation dont l'étendue, beaucoup plus circonscrite, peut être aisément saisie par l'homme simplement intelligent, que souvent le bon sens indique, et dont la dépense de construction est quelquefois à la portée même des plus petits propriétaires. L'ensemble des travaux destinés à procurer l'irrigation s'appelle *système complet d'irrigation*. Ce système peut être ou très-simple, ou très-compliqué, suivant la proximité ou l'éloignement de l'eau, la facilité ou la difficulté des circonstances locales. Les plus difficiles exigent un système complet d'irrigation qui se compose : 1° des travaux relatifs à la prise d'eau; 2° d'un canal de dérivation ou canal principal d'irrigation; 3° d'un certain nombre de barrages ou vannes, ou écluses avec empellemens ; 4° de maîtresses rigoles ou principales rigoles d'irrigation ; 5° de rigoles secondaires, garnies de leurs saignées; 6° de rigoles de desséchement ; 7° de vannes de décharge; 8° de digues latérales.

§ I. — Des travaux relatifs à la prise d'eau.

Ces travaux doivent varier dans la forme et dans les dimensions relativement à la situation et au volume des eaux, et relativement encore au terrain que l'on a l'intention d'irriguer.

Ainsi, si le cours d'eau n'est qu'un *faible ruisseau* favorablement placé relativement au terrain, sa prise d'eau pourra être effectuée par un simple barrage en fascines, un batardeau temporaire, que l'on détruit et que l'on rétablit selon le besoin. On ne devrait nulle part, mais surtout dans les montagnes, laisser un ruisseau inutile ; au lieu de le laisser se précipiter suivant sa pente naturelle, pourquoi ne pas le modérer par des digues et des dérivations, et d'un ruisseau en faire cent pour servir à des irrigations

étendues et multipliées ? pour y parvenir, les moyens sont ordinairement fort simples et presque toujours la dépense très-faible.

S'il s'agit de dériver les eaux d'une *petite rivière* et qu'elle présente aussi une position et une pente favorables relativement au terrain, un simple barrage ne serait plus suffisant pour remplir le but; il faut alors employer des barrages ou réservoirs en maçonnerie. Enfin, si c'est un *fleuve*, les travaux de dérivation deviennent plus compliqués, plus dispendieux, et exigent plus de connaissances théoriques et pratiques.

Quelquefois, *dans les prises d'eau sur les rivières*, on profite de quelques cataractes naturelles ; ordinairement c'est au moyen de retenues artificielles qui élèvent les eaux. Dans certaines circonstances on peut traiter avec les propriétaires de partie des eaux retenues pour les besoins d'usines et de moulins ; dans d'autres on opère ces retenues au moyen de digues, barrages ou écluses auxquelles on donne diverses formes et pour lesquelles on emploie divers matériaux, selon les localités, la largeur, la profondeur et la force du courant de la rivière. La *fig.* 354

Fig. 354.

donnera une idée de l'un de ces barrages.

On peut encore établir un *barrage simple et économique*, de la manière suivante : On place sur une rive de la rivière une ou plusieurs pierres appuyées sur le tuf, et aussi élevées que le bord; cela forme un petit pilastre qu'on glaise suffisamment pour empêcher le fuiement de l'eau ; même chose se fait sur l'autre rive ; on unit les deux pilastres par une ou plusieurs pierres placées en forme de seuil rez-terre; au fond, dans la largeur de la rivière, une feuillure de deux pouces règne uniformément sur les deux pilastres, et, sur le devant du seuil, elle sert d'appui à des planches épaisses de 2 à 3 pou., larges de 9 à 12 pou., qu'on place sur champ l'une sur l'autre, et en quantité nécessaire pour élever l'eau à la hauteur qu'on désire ; si la rivière est large, on enfonce une ou plusieurs fiches dans le milieu, à l'alignement des pilastres, pour soutenir les planches ; de l'autre côté elles sont suffisamment appuyées par l'eau ; c'est un vannage commode, économique et peu dispendieux.

Lorsqu'on projette un établissement de ce genre, il faut s'assurer avant tout de la *possession illimitée de l'eau* et du sol qu'elle occupe ; car il faut être assuré que les voisins au-dessus et au-dessous de vous n'apporteront aucun empêchement à vos travaux projetés. Ces empêchemens sont souvent suscités par les meuniers, parce que ceux qui sont au-dessus de votre prise d'eau craignent qu'elle ne reflue vers leurs rouages; ceux au-dessous, qu'on ne leur ôte l'eau, et d'être forcés de chômer. Ces plaintes ne sont pas toujours justes, mais elles donnent souvent lieu à des procès dans lesquels les propriétaires succombent, parce que les apparences ne donnent que trop souvent gain de cause aux meuniers. Faisons des vœux pour qu'une législation prompte et précise, dégagée de ces vaines formalités de procédure, juste effroi des propriétaires, détermine d'une manière positive la jouissance des eaux, et concilie l'intérêt de la propriété et celui des usines ; car souvent les chicanes que suggèrent l'égoïsme, l'envie et la cupidité, sont plus difficiles à vaincre que les difficultés du terrain. L'ancien parlement de Douai avait successivement établi des réglemens de police très-remarquables sur l'usage des eaux.

On doit en second lieu s'appliquer à *bien connaître la quantité d'eau* dont on peut disposer dans les diverses saisons de l'année, et prendre pour mesure celle que l'on conserve ou que l'on a à sa disposition dans la saison la plus sèche ; calculer si elle est en rapport avec l'étendue de terrain que l'on se propose d'irriguer.

Enfin, lorsqu'on est assuré de la jouissance paisible des eaux, il faut savoir si l'on pourra les faire écouler aussi promptement qu'on les a introduites ; car, si l'on ne pouvait les égoutter complètement, on pourrait craindre de transformer sa prairie en marais.

Le cultivateur qui projette des améliorations fondées sur les irrigations doit donc *agir avec beaucoup de circonspection* avant de mettre la main à l'œuvre ; il doit prendre tous les niveaux dans les divers directions et à différentes reprises, s'orienter de la manière la plus exacte sur toute la contrée, pour déterminer avec précision les quantités d'eau que cette contrée peut et doit réunir, quelle en sera la direction la plus favorable, etc. C'est à la fonte des neiges surtout qu'il est important d'examiner les parties du terrain sur lesquelles se dirigent les cours d'eau ; lorsqu'il est sablonneux, des établissemens de ce genre donnent la facilité de faire transporter par l'eau des terres dans les bas-fonds et de former ainsi une surface unie d'une inclinaison appropriée à l'irrigation.

Quelque sentiment de pratique que l'on ait acquis dans ce genre, par une longue habitude dans ces travaux, il ne faut jamais s'en reposer sur elle ; il faut au contraire, avant d'en venir à l'exécution du plan, *vérifier chaque opération de nivellement* par sa contre-épreuve, c'est-à-dire en le recommençant là où l'on a fini la première fois. On se convaincra alors combien l'œil peut être induit en erreur, et l'on verra la possibilité de conduire l'eau sur des hauteurs qu'on avait jugées plus élevées qu'elle, et *vice versâ*.

Il ne suffit pas de s'assurer de la hauteur des lieux où l'on se propose de conduire l'eau, il faut encore connaître celle des places où l'eau doit passer. Il faut éviter les places basses autant que possible, dût-on même faire des détours considérables. Quelquefois, pour conserver l'eau à hauteur, on n'a d'autres moyens que de la faire passer sur des conduits élevés, formés avec de la terre ou avec les matériaux le plus à portée, un canal de bois, d'argile, une arcade en maçonnerie avec un aquéduc, lorsque l'eau doit passer sur un terrain profond, un enfoncement, ou même par dessus un autre cours d'eau. Il faut toutefois comparer l'avantage à obtenir avec le prix de revient de l'eau.

Après s'être assuré des niveaux, la première chose qui doit attirer l'attention, c'est *d'apprécier la quantité d'eau* que l'on peut se procurer, afin de donner au canal principal les dimensions convenables. Quoique la quantité d'eau dont on peut disposer soit petite, on peut cependant en tirer un grand parti ; pour cela il ne faut que lui donner l'emploi le plus économique, et la reprendre dès qu'elle a produit son effet, et la verser sur une place inférieure, et ainsi de suite ; mais cette pratique demande beaucoup d'attention pour donner à chaque portion de terrain une pente suffisante pour que l'eau s'étende sur toutes les places où cela est praticable et perde le moins possible de sa hauteur. Il est difficile de dire quelle *étendue de prairie peut être arrosée par une quantité déterminée d'eau*, puisque les terres en retiennent plus ou moins, et que les pentes varient à l'infini. Cependant on estime en moyenne que 70 à 90 mètres cubes d'eau, employés journellement, peuvent arroser un demi-hectare.

Les fontainiers *mesurent la quantité d'eau* par pouces, c'est-à-dire, par ce que laisse écouler un trou cylindrique d'un pouce de diamètre, lorsque l'eau se maintient à un niveau constant d'une ligne au-dessus du bord supérieur de ce trou ; cette quantité est égale à 20 mèt. 584 cubes par 24 heures. Pour profiter de ces données et les appliquer à la mesure de l'eau, il suffit de l'arrêter avec une planche percée d'une file de trous d'un pouce de diamètre qu'on bouchera et débouchera à volonté

§ II. — Du canal principal ou canal de dérivation,

Le *canal de dérivation* est destiné à recevoir les eaux dérivées ou détournées d'un cours d'eau, et à les conduire sur les parties les plus élevées de la prairie, pour les répandre ensuite sur sa surface. Son tracé est naturellement jalonné par les positions des points les plus élevés du terrain à inonder.

Sa *pente* doit être très-ménagée ; trop forte, les eaux y acquerraient trop de vitesse, elles ravineraient le canal ; trop faible, les eaux ne joueraient pas avec assez de facilité et pourraient y rester en stagnation. La pente la plus avantageuse paraît être dans les limites de 2 à 4 millimètres par mètre.

Les diverses *dimensions du canal* seront proportionnées au volume des eaux qu'il doit recevoir ; ses bords seront établis en talus d'autant moins rapides que le terrain aura moins de consistance ; dans ceux d'une consistance moyenne, ces talus devront avoir au moins un mètre et demi d'évasement pour un mètre de profondeur. Le canal de dérivation étant construit, dans les cas les plus ordinaires, on y fait écouler les eaux de la rivière ou du ruisseau, au moyen d'un barrage établi sur son cours immédiatement au-dessous de la prise d'eau de ce canal.

Lorsque plusieurs communes ou particuliers ont des droits sur un cours d'eau, ou que le canal principal de dérivation est destiné à l'irrigation de plusieurs propriétés, il faut procéder au *partage des eaux*. On peut le faire au moyen d'écluses de partage, dans le genre de celle représentée (*fig.* 355). Dans

Fig. 355.

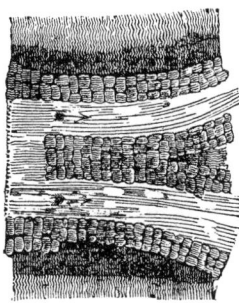

les pays chauds où les eaux forment la richesse du cultivateur, on s'est appliqué à en faire un partage combiné de manière que chacun peut en recevoir avec précision et sûreté la portion à laquelle il a droit. Les Maures, habiles en ce genre, ont fait, particulièrement dans le royaume de Valence, des travaux dont les Espagnols profitent encore et dont on doit la connaissance à MM. DE LASTEYRIE et JAUBERT DE PASSA.

§ III. — Des vannes d'irrigation.

Les *vannes d'irrigation* sont des barrages temporaires établis sur le canal de dérivation pour en élever les eaux et les forcer à s'écouler dans la prairie que l'on veut arroser. Ils ne doivent exister que le temps nécessaire à l'irrigation. Pour n'être pas obligé de les détruire et de les rétablir continuellement, ce qui serait fort dispendieux, on les construit à demeure sur le canal, mais, suivant sa largeur, avec un ou deux empellemens qu'on lève ou baisse selon le besoin. Alors ces barrages prennent le nom de vannes d'irrigation.

§ IV. — Des rigoles principales d'irrigation.

Ce sont celles qui prennent l'eau dans le canal de dérivation, et qui, d'après l'exhaussement opéré par les pelles des vannes d'irrigation, les conduisent sur les points les plus élevés de la partie du terrain que l'on veut arroser.

Ces rigoles principales *ne sont pas toujours une partie essentielle* d'un système complet d'irrigation. Lorsque les pentes sont très rapides et qu'il serait dangereux d'arroser à grande eau, le canal de dérivation sert en même temps de rigole principale et même de rigoles secondaires. Également, lorsque la pente du terrain est insensible, on peut se

passer de rigole principale d'irrigation, parce qu'on peut arroser le terrain à grande eau, sans craindre de le raviner, en pratiquant des ouvertures temporaires chaque fois, pour l'irrigation, à travers le relevé des terres du canal de dérivation.

Ainsi, ce n'est que *dans les pentes intermédiaires* que l'établissement des rigoles principales d'irrigation devient indispensable pour se garantir de la surabondance des eaux et régler le volume suivant la saison.

Le *tracé de ces rigoles* est indiqué par la pente générale et celle particulière du terrain à inonder, et subordonné à la vitesse convenable qu'il faut procurer aux eaux d'irrigation; on peut suivre les limites données pour le canal de dérivation.

Quelle que soit la forme que l'on donne à ces rigoles, il est nécessaire d'en *diminuer la largeur* à mesure qu'elles s'éloignent de la prise d'eau, afin que les eaux, en diminuant progressivement de volume, puissent y conserver la même vitesse.

§ V. — Des rigoles secondaires d'irrigation.

Ces rigoles servent à distribuer les eaux des rigoles principales sur tous les points qu'on veut arroser, au moyen d'ouvertures que l'on pratique de distance en distance, ou de petits barrages qu'on forme le plus souvent avec des gazons.

Dans le Valais, on se sert pour cet usage d'une petite *vannelette* en tôle (*fig.* 356) fort

Fig. 356.

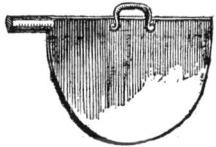

commode, qu'on place et transporte facilement partout où l'on veut.

Les rigoles secondaires sont embranchées sur les rigoles principales dont elles forment les ramifications, et font avec elles des angles plus ou moins ouverts, suivant la pente particulière du terrain. On les multiplie autant qu'il est nécessaire pour arroser complètement les différens points de chaque division (*fig.* 357). Ces rigoles ne doivent pas être trop longues, afin que l'eau parvienne à leurs extrémités.

Pour le *tracé des rigoles secondaires* on suivra les mêmes règles que pour celui des rigoles principales, c'est-à-dire qu'il est subordonné à la pente qu'il convient de donner aux eaux qui doivent y être introduites, afin que dans les irrigations d'eaux troubles, leur vitesse ne soit pas assez grande pour retenir les engrais dont elles sont chargées et qu'elles les déposent sur les différentes parties de la prairie qu'elles parcourent, et que dans les irrigations d'eaux claires elles ne puissent les raviner. La pente convenable est celle indiquée pour les rigoles principales d'irrigation.

Fig. 357

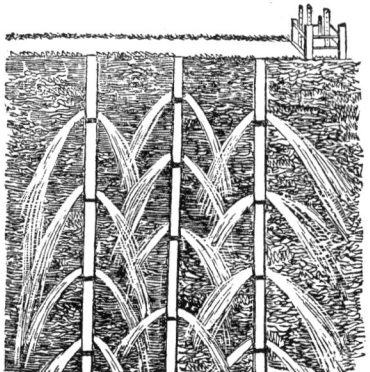

Thaer nous apprend que ces rigoles se font très-promptement avec une espèce de bêche légèrement recourbée que l'on nomme *pelle à rigole*, et une espèce d'outil destiné

Fig. 358.

trancher la terre des deux côtés, qu'on appelle *tranchoir* pour les rigoles (*fig.* 358), ou bien encore avec une charrue adaptée à cet usage.

§ VI. — Des canaux d'écoulement.

Les *canaux* ou *rigoles d'écoulement* sont destinés à conduire l'eau dans le lit naturel du cours d'eau; ils doivent être proportionnés à ceux d'arrosement. Il n'est aucune partie du terrain arrosé dont l'eau ne doive être recueillie par une rigole d'écoulement. C'est la promptitude de cet écoulement qui distingue un terrain arrosé d'un terrain marécageux ; et c'est une condition absolue du haut produit qu'on peut espérer d'une entreprise d'arrosement.

§ VII. — Des vannes de décharge.

Si les travaux d'art que nous avons décrits suffisent pour donner aux cultivateurs les moyens d'arroser leurs prairies, ils sont insuffisans pour les garantir des dommages et des pertes que des crues d'eau extraordinaires peuvent leur causer. Le déversoir, en arrêtant le cours des eaux de la rivière, les accumule au-dessus de lui, et malgré sa largeur, ne pouvant contenir les eaux, celles-ci débordent, leur surabondance dégrade sa relevée, comble les rigoles d'irrigation, et si ce malheur arrive pendant la végétation des herbes, leur rouille sera inévitable. Pour prévenir ce désastre, il faut construire sur le cours du canal, de distance en distance, et de préférence vis-à-vis des coudes de la rivière qui s'en approchent davantage, des *vannes de décharge* garnies d'empellemens, dont on lève toutes les pelles pendant les grandes inondations, ou lorsqu'il faut mettre

le canal à sec pour y faire les réparations nécessaires.

Dans les eaux moyennes, ces vannes servent aussi à maintenir celles du canal au même niveau, et dans les crues ordinaires elles empêchent les eaux de s'élever dans le canal à une hauteur plus grande qu'on ne le désire, le trop plein se divisant par-dessus les pelles de la vanne, retombant dans le canal de décharge, et s'écoulant dans le lit naturel de la rivière.

Fig. 359.

Celles que nous représentons ont divers avantages et plusieurs destinations : l'une (*fig.* 359) est un conduit en bois qu'une bonde ouvre ou ferme à volonté; cette disposition est nécessaire dans les cas où deux cours d'eau doivent se croiser sans mêler leurs eaux.

La disposition et les usages des autres vannes (*fig.* 360, 361, 362 et 363) n'ont pas

Fig. 360.   Fig. 361.

Fig. 362.   Fig. 363.

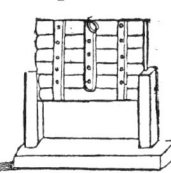 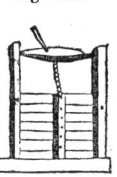

besoin de description ni d'explication.

§ VIII. — Des digues latérales au lit des rivières.

Les vannes de décharge garantissent bien les prairies de l'inondation du canal d'irrigation ; mais, par l'écoulement rapide des eaux et leur volume réuni à celui de la rivière, elles peuvent en occasioner les débordemens. Si l'inondation arrive en saison convenable et que les eaux soient de bonne qualité, la prairie en sera bonifiée ; mais, si elle arrive en été, les herbes seront rouillées, et si les eaux sont de mauvaise nature, dans quelque saison que ce soit, la prairie en sera détériorée.

Pour obvier à ces inconvéniens, on peut élever avec le sol même des *digues latérales au lit de la rivière.* On les établit à une distance de ses bords qui ne doit jamais être moindre que la largeur du lit du cours d'eau, et toujours suffisante pour que ce lit supplémentaire puisse contenir les eaux des plus grandes inondations. Avec des terres de consistance moyenne, il suffira de donner aux sommets de ces digues une épaisseur égale à leur élévation au-dessus du niveau du terrain ; et cette élévation doit toujours dépasser un peu le niveau connu des plus fortes inondations. On leur donne ordinairement 33 cent. et jusqu'à 1/2 mètre de hauteur de plus que ce niveau, afin que les digues ne puissent jamais être submergées ; et, pour prévenir les effets des tassemens des terres de remblai, leurs talus extérieurs et intérieurs seront réglés d'après la consistance des terres. Si les terres étaient tellement légères que malgré un grand talus elles ne pussent pas résister à l'action des eaux, il faudrait consolider les digues par les moyens indiqués ci-devant à l'art. *Endiguement.*

La *construction des digues latérales* est peu dispendieuse le long des ruisseaux et des petites rivières. Le plus souvent une élévation de 66 centim. à 1 mètre suffira pour préserver les prairies riveraines des dommages des inondations.

Mais l'établissement de ces *digues presentent des obstacles à l'écoulement des eaux* intérieures de la prairie. Pour éviter leur stagnation préjudiciable, il faut pratiquer, à travers les digues, des passes en maçonnerie par lesquelles ces eaux, rassemblées dans des rigoles destinées à les recueillir, s'écouleront dans la rivière (*voy.* ci-dessus, la *fig.* 359 , d'une vanne qui peut remplir cette destination) ; et, pour empêcher les eaux de l'inondation de pénétrer par ces mêmes passes dans l'intérieur de la prairie, on les garnira de petites portes nommées en Normandie portes à clapets.(Voy. *fig.* 82, *p.* 125.)

SECTION v. — *Moyens artificiels de se procurer de l'eau.*

§ Iᵉʳ.— Des réservoirs artificiels.

Lorsque l'on est propriétaire d'une prairie privée de cours d'eau, mais située à l'ouverture d'une vallée dont on possède les pentes, ou lorsqu'on peut s'arranger à l'amiable avec les propriétaires de ces pentes pour construire des rigoles destinées à réunir les eaux pluviales tombant dans leurs parties supérieures, on peut encore se procurer des arrosages par le moyen des *réservoirs artificiels.* Ces rigoles sont de la construction la moins dispendieuse ; la seule attention qu'il faut avoir en les traçant, c'est de leur procurer une pente assez douce pour que les eaux n'y prennent pas une trop grande vitesse. Nous en avons précédemment déterminé les limites, en traitant du canal de dérivation.

Les *eaux pluviales* seront dirigées sur la partie la plus élevée de la prairie ; elles y seront réunies dans un réservoir de dimensions proportionnées au volume des eaux à recueillir et à la quantité nécessaire à la prairie que l'on veut arroser. Ce *réservoir* pourra être *construit en terre* si les terres sont assez consistantes pour ne permettre aucune infiltration, et la chaussée de retenue sera revêtue intérieurement en pierres sèches comme celles des étangs, sauf les maçonneries de la vanne d'irrigation et des vannes de décharge qui doivent être en ciment. CARENA a décrit ce genre de travaux assez usité en *Piémont,* dans un mémoire spécial imprimé à Turin en 1811 ; il en cite

plusieurs exemples. Le plus grand de ces réservoirs est celui de Ternavasio, où l'on réunit les eaux nécessaires à l'arrosement de 57 hectares.

En Espagne, on donne le nom de *pantanos* à ces réservoirs ou grands bassins qu'on forme dans les vallées pour conserver les eaux pluviales et les faire servir aux irrigations des champs. Celui que nous représentons (*fig.*364) sert aux irrigations de la Huerta

Fig. 364

d'Alicante, et a été construit sous le règne de Philippe II ; on a profité de deux collines dont les masses de rochers sont situées au débouché d'une vallée profonde, sinueuse, qui retient les eaux dans une longueur d'une lieue et demie. Le point de séparation où se trouve la digue, est de 6 mètres à la base, et va en s'écartant jusqu'à la partie supérieure de la digue, où elle a 78 mètres. Elle a une forme circulaire bombée du côté des eaux, afin de présenter une plus grande résistance à leur pression. A côté de l'ouverture destinée à l'écoulement des eaux qui servent à l'irrigation, en est une plus grande qui sert à vider le pantano, et le nettoyer de la vase qui s'y accumule, ce qui a lieu environ tous les 15 ans. M. DE LASTEYRIE, auquel nous devons le dessin et la description de ce bel ouvrage, ajoute que les Espagnols sont redevables de ce genre de construction aux Romains et aux Maures, qui l'avaient trouvé établi de toute antiquité dans les contrées de l'Asie. Les Indiens en pratiquent dont la digue a un quart de lieue, une demi-lieue et même une lieue de long, et qui fournissent l'eau nécessaire aux irrigations des terres cultivées par 50 ou 60 villages. Des terrains couverts de rizières et d'autres produits demeureraient incultes et déserts s'ils n'étaient vivifiés par ces eaux. Les Arabes ne sont pas moins industrieux : ils réunissent les montagnes par des digues en pierres de taille, de 40 à 50 pieds d'élévation, et ils forment ainsi dans les vallées des réservoirs qui fécondent au loin les sols les plus arides.

C'est encore au moyen d'un réservoir de 104 ares de superficie et de 6 mètres de profondeur, que M. TALUYERS, que j'ai déjà cité précédemment, a réuni les eaux pluviales et celles de plusieurs petites sources qui se perdaient auparavant sans utilité, et a presque décuplé le revenu d'une propriété de

1200 fr. Combien de vallons (s'écrie M. DE
GASPARIN) correspondant à une vaste surface
de revers, où l'eau s'écoule en torrens après
les pluies, sans fruits pour la culture et quelquefois à son grand dommage, qui, s'ils étaient
barrés, se changeraient en réservoirs précieux!

Lorsque les eaux sont réunies dans le réservoir, on établit des rigoles principales et
des rigoles secondaires en quantité suffisante.

Toutefois, avant la mise à exécution, il
faut que le propriétaire étudie long-temps
les faits, calcule les dépenses et le produit
probable qu'il pourra retirer. Trop de préci-
pitation pourrait lui faire commettre des erreurs graves.

Lorsqu'il s'agit du *barrage d'une vallée*,
M. DE GASPARIN dit qu'il faut calculer l'épaisseur du mur d'après la hauteur qu'on veut
lui donner; savoir : deux pieds pour le premier pied, en y ajoutant 6 pouces 6 lignes
par pied de surhaussement, cette épaisseur
exprimant l'épaisseur du sommet. On construit l'ouvrage en talus du côté de l'eau, et
d'aplomb du côté opposé, pour que, si elle
vient à déverser, elle ne tombe pas sur le talus du mur, qu'elle dégraderait.

La possibilité de former un vaste réservoir
creusé dans le sol, dépend de la nature des
terres dans lesquelles on veut l'établir ;
M. TALUYERS recommande, pour s'en assurer, de former, une année à l'avance, une
chaussée d'épreuve, sur de petites dimensions, et de comparer pendant ce temps l'eau
qui se rend dans le réservoir provisoire, avec
celle qui y reste, augmentée de celle perdue
par l'évaporation. Cette précaution est excellente et ne doit jamais être négligée.

La hauteur des digues doit surpasser d'un
demi-mètre au moins la plus grande hauteur
de l'eau, afin qu'elles ne soient pas dégradées
par les flots.

La profondeur du bassin doit être la plus
grande possible, relativement à sa superficie,
afin que la perte causée par l'évaporation soit
moindre.

La chaussée doit avoir à sa partie supérieure une longueur égale à son élévation,
et sa base doit avoir trois fois sa hauteur.

*C'est sur ces données que l'on établira ses
calculs*, lorsqu'on aura reconnu l'emplacement d'où l'on tirera au meilleur marché la
terre la plus favorable à la solidité de la digue.
Dans aucun cas il ne faut la planter d'arbres
qui ébranlent la chaussée dans le temps des
grands vents et dont les racines, en sillon-
nant les terres, y forment des issues pour
l'eau.

Les usages locaux apprendront à régler la
quantité d'eau nécessaire; dans le midi, on
doit compter sur 10 arrosages complets ou
10,000 mètres cubes d'eau par hectare, tandis que M. TALUYERS, dans le Lyonnais, n'en
compte que 360 mètres.

§ II. — Des arrosages par les machines hydrauli-ques.

Lorsque les localités sont dépourvues de
cours d'eau, et qu'elles s'opposent à l'établissement des réservoirs artificiels, pour y réunir
les eaux pluviales à une hauteur supérieure
aux terrains que l'on veut arroser, et que l'on
possède une masse d'eau inférieure, on peut
encore avoir recours aux machines pour l'é-
lever à une hauteur suffisante.

Sans rappeler ici les calculs de M. CHRISTIAN,
consignés dans sa Mécanique industrielle, il
suffit de dire que, la *force de l'homme et
même celle du cheval* [1] sont, en général, bien
coûteuses, pour être employées comme moteurs à l'irrigation des prairies ; il faut des
cultures plus productives, telles que celles
du jardinage, pour compenser de pareilles
dépenses.

Les courans d'eau, parmi les moteurs inanimés, sont les plus constans et les
moins coûteux; aussi s'en sert-on avantageusement quand on en possède, pour mettre en
mouvement des *roues à godets* qui peuvent
élever l'eau à la hauteur de leur diamètre ;
on en voit beaucoup sur les bords de l'Adige,
et, en France, un grand nombre de prairies
des environs de Lille (département de Vaucluse) sont arrosées par ce moyen ; mais les
situations où il est permis de s'en servir sont
rares, et alors il reste le vent et la vapeur
d'eau.

Le vent a le défaut d'être irrégulier, de
manquer souvent au moment où l'eau serait
le plus nécessaire ; par conséquent, quand
on en fait usage, on ne peut guère se dispenser de construire un réservoir qui contienne
au moins l'eau d'un arrosage complet et même
de deux dans beaucoup de pays. Je ne puis
trop recommander, avant l'entreprise de ces
travaux, de calculer les frais d'établissement
de la machine, et ceux du ou des réservoirs,
et de bien s'assurer si ces frais sont proportionnés à l'amélioration espérée ; après cela,
quand on aura des vents constans et des terres propres à retenir l'eau pour former des
réservoirs, on pourra employer ce moteur
avec avantage pour l'irrigation des terres.

Quand on est privé de la force du vent,
on peut *avoir recours à la vapeur*, lorsque le
prix de la houille ou de tout autre combustible permet de s'en servir avec une certaine
économie, et que l'on peut se procurer des
mécaniciens pour les réparations les plus ur-
gentes. Mais, pour user de ce moyen, il faut
opérer en grand.

Certaines contrées peuvent encore se livrer
utilement à la pratique des irrigations en
faisant forer des puits artésiens ; nous avons
parlé de ce moyen au chap. des *Desséchemens*.

DE PERTHUIS indique comme machine très-
économique pour arroser 5 à 6 hectares de

---

[1] Pour donner un exemple, je citerai, d'après M. DE GASPARIN, une des machines les plus perfectionnées, celle de M. MÉNESTREL D'ARLES, qui ne produit que 378 mètres cubes d'eau par cheval
et par jour, le reste de la force étant perdu dans les frottemens ; il faut donc plus de deux journées et
demie par hectare, et, à supposer le prix de la journée de 2 fr., l'arrosage d'un hectare coûterait 5 fr.
et 50 fr. pour les dix arrosages reconnus nécessaires dans le midi, sans y comprendre encore les frais
d'établissement et d'entretien de la machine.

pres, lorsqu'il ne faut élever l'eau d'une rivière que de 1 mètre à 1 mètre 33 au-dessus du niveau de la naissance de la prairie, une simple *vis d'Archimède* de dimensions convenables (*voy. fig.* 112, *page* 116). Ces eaux, arrivées dans le réservoir placé à la partie supérieure de la vis, s'écouleront dans des chéneaux en bois supportés par des chevalets aussi en bois, et seront ainsi conduites dans le canal de dérivation.

Les *machines qu'on peut employer à élever l'eau*, et par conséquent à faciliter les irrigations, sont multipliées à l'infini. Le *moulin hollandais* (*fig.* 109, *page* 145) servira à cet usage lorsqu'on n'a pas une grande élévation à surmonter; toutes les *pompes*, qui offrent presque autant de variétés que de pays, et dont plusieurs ont reçu dernièrement des modifications importantes, peuvent encore recevoir la destination de tirer l'eau d'un puits pour la répandre sur le sol : nous rappellerons la *pompe à chapelets* (*fig.* 110, *p.* 146) et le *noria à godets* (*fig.* 111, *p.* 146), qu'on peut faire fonctionner dans un puits très-profond. Parmi les pompes les plus récentes et les plus perfectionnées, nous citerons la *pompe américaine* de M. FARCOT, rue Sainte-Geneviève, n° 22, à Paris; celles *rotatives et portatives* de MM. DIETZ et STOLTZ, rue Coquenard, n° 22 ; *la pompe sphérique et continue* de M. THUILLIER, rue Monceau, n° 12, appareils qu'on a pu remarquer au milieu de beaucoup d'autres à l'Exposition de l'industrie en 1834. Le *Mémorial encyclopédique* (juin 1834) a décrit une machine de M. Edward LUÇAS, de Birmingham, propre à élever l'eau, et qui a pour objet de tirer parti du plus petit courant d'eau, pourvu qu'il soit continu.

Nous croyons devoir encore citer la *pompe de M.* ARNOLET, ingénieur à Dijon, et la *roue hydraulique oblique* de M. LÉORIER de Tonnerre (Yonne'), qui sont décrites et figurées avec beaucoup de détails dans le tome II des *Mémoires de la Société centrale d'agric.* pour 1822, ces ingénieurs ayant reçu une honorable distinction de la Société royale et centrale d'agriculture pour avoir appliqué ces machines aux irrigations.

M. LA PERELLE a présenté, il y a peu de temps, à la Société d'encouragement pour l'industrie nationale, une *machine à épuisement* (*fig.* 365), à manége pour un cheval tournant toujours dans le même sens, et établie à Ath en Belgique, où elle remplace trois grandes vis d'Archimède. M. le vᵗᵉ HÉRICART DE THURY, chargé de faire le rapport, en a fait l'éloge, comme pouvant être appliquée aux irrigations; l'effet ordinaire et régulier de cette machine est de 2,800 mètres cubes d'eau élevés d'une hauteur de 3 mètres 14. Le prix de la machine de M. La Perelle est de 1,000 fr., et il fallait pour remplir le même objet à Ath trois vis d'Archimède du prix de 800 fr. Le prix du mouvement de ces vis est de 30 à 35 fr. par jour et même plus, suivant sa force. Celui de la machine à cuveaux de M. La Perelle ne revient qu'à 12 ou 15 fr. et permet l'emploi de chevaux d'une médiocre valeur et qu'il est très-facile de dresser à ce service.

Fig. 365.

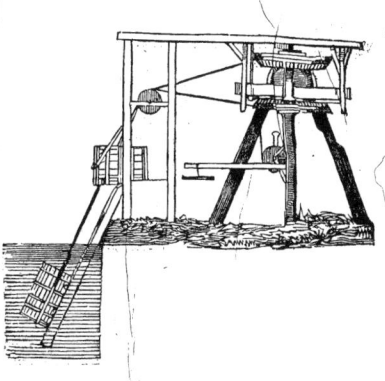

Parmi les *machines usitées dans différens pays* pour l'irrigation, et dont un grand nombre a été dessiné par M. le comte DE LASTEYRIE, les plus simples qu'il nous semblerait surtout utile de reproduire, sont : 1° La *noria catalane* (*fig.* 366), nommée *puisaro* dans

Fig. 366.

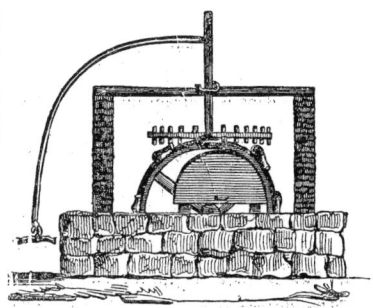

le midi de la France, machine très-économique et dont le produit est considérable pour la force qu'il nécessite; les pots ont environ un pied de longueur, ils sont fixés entre deux cordes de sparte, au moyen d'une ficelle qui s'attache à leur étranglement; on les écarte d'autant plus que la profondeur du puits est plus grande, afin d'offrir moins de poids à la force qui les met en action.

2° La *noria à bras* (*fig.* 367), machine plus

Fig. 367.

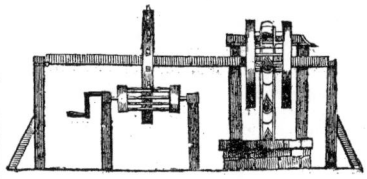

simple et encore moins coûteuse, mais qui donne une moindre quantité d'eau; les godets sont en fer-blanc, ont 0 mètre 2 de profondeur, et sont attachés au moyen d'une petite anse. Un seul homme met en action cette machine, qui est susceptible de trouver une multitude d'applications utiles dans l'agriculture, le jardinage et les arts.

3° *La roue à bascule* (*fig.*368), que le courant

Fig. 368.

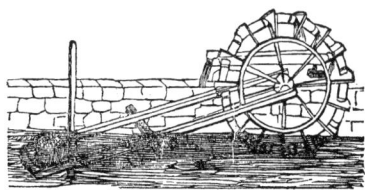

lui-même fait mouvoir lorsqu'on a bien combiné le poids de la roue avec sa force. Les pignons de la roue sont portés à l'extrémité de 2 solives placées en équilibre et contenues par une cheville de bois fixée dans une muraille; un poteau planté dans la rivière entre les 2 solives, sert à tenir la roue dans une position plus ou moins élevée, selon que les eaux de la rivière augmentent ou diminuent, ou que l'on veut faire agir la machine ou la tenir en repos : lorsqu'on veut élever la roue on charge l'extrémité des solives avec de grosses pierres, qu'on retire quand on veut la faire descendre dans le courant de l'eau.

Quelque utiles et ingénieuses que soient les machines propres aux irrigations, leur construction, leur entretien sont plus coûteux que l'arrosement qu'on opère par le moyen des canaux, lorsque les localités permettent une prise d'eau par leur entremise.

Nous ne parlerons pas ici en détail des *arrosemens par le moyen des arrosoirs, des pompes portatives, des tonneaux.* Ces procédés sont en général trop dispendieux pour être employés ailleurs que dans le jardinage. Il nous suffira de rappeler que nous avons déjà conseillé l'arrosement des engrais liquides, qu'on transporte et répand sur les champs à l'aide de tonneaux qui ont été décrits et figurés dans le chapitre des *Engrais* (*V.* ci-devant *p.* 96, *fig.* 56 et suiv.).

MORIN DE SAINTE-COLOMBE.

SECTION VI. — *De quelques pratiques spéciales d'irrigation.*

Dans l'art difficile des irrigations, les principes généraux ne suffisent pas toujours pour guider, et, d'une autre part, ils laissent souvent les personnes étrangères à de semblables travaux, dans la croyance qu'elles rencontreraient sur leur terrain des difficultés insurmontables. Il nous a semblé utile, sous ces deux rapports, de citer quelques-unes des pratiques d'irrigation les meilleures et qui avaient le plus d'obstacles à vaincre, en choisissant nos exemples en France. C. B.

ART. 1ᵉʳ. — *De l'arrosement dans les Cévennes.*

Les sources sont fort communes et fort abondantes dans les montagnes des Cévennes. Chaque hameau, chaque maison isolée a ses fontaines pour l'usage de ses habitans, et nulle part on n'en sent mieux le prix, comme je me propose de le faire voir.

Arthur YOUNG a vanté les efforts prodigieux que l'on a faits *dans les montagnes du Languedoc* pour l'arrosement ; il dit que les travaux exécutés à Ganges et à St.-Laurent sont ce qu'il a vu de mieux en ce genre dans ses voyages, et il les propose comme modèles à ses compatriotes (1). S'il était venu dans nos hautes Cévennes, il aurait certainement admiré l'industrie de ses habitans ; il aurait vu qu'ils arrosent tout ce qui est arrosable, et que s'ils laissent perdre un filet d'eau, c'est faute de terres pour l'utiliser.

Je pourrais citer des écluses faites à travers des rivières, des canaux creusés à grands frais dans les environs des villes, pour faire aller l'eau, lorsqu'ils sont pleins, s'écoule par des saignées ou des rigoles, et pénètre les terres qui les bordent. Ainsi, à 1 lieue d'Alais, une digue traverse le Gardon, arrête et dirige ses eaux dans un canal de 3 à 4 mètres de largeur et d'un à 2 de profondeur, sur lequel sont établis 3 moulins à blé, des moulins à huile, des fabriques de soie et autres usines; le trop-plein arrose des prairies qui bordent ce canal jusqu'à la ville. Auprès de Ners, est une autre digue et un autre canal qui font également marcher plusieurs moulins et arrosent toute la plaine de Boucoiran, etc. Quelques personnes assez fortunées font construire des conduites pour l'usage de leurs maisons, et pour arroser leurs jardins; mais ces travaux ressemblent à ceux qu'on rencontre dans d'autres pays et dont les voyageurs ont parlé.

Les moyens d'arrosement que je vais décrire sont moins connus, et tout autre qu'un agriculteur ne trouverait pas peut-être qu'ils méritassent de l'être; mais ceux à qui je m'adresse en sentiront l'importance.

La plus grande simplicité, la plus stricte économie, voilà ce qui convient aux pauvres Cévennois ! Je veux prouver qu'avec peu d'art, et sans constructions coûteuses, ils tirent tout le parti possible de leur position, qu'ils entendent parfaitement, et pratiquent avec succès l'arrosement de leurs terres, qu'ils conduisent partout où elle peut être utile l'eau de leurs fontaines, et qu'ils savent lutter contre les torrens dévastateurs, et retenir, du moins en partie, les terres que les pluies entraînent.

Les voyageurs qui traverseraient les Cévennes dans les mois les plus chauds de l'année, seraient bien agréablement surpris de trouver, au milieu des châtaigniers, entre des rochers arides, des vallons bien cultivés, plantés de mûriers, de cerisiers, de pommiers chargés de fruits ; des jardins remplis de légumes ; des prairies verdoyantes sur des pentes si inclinées qu'elles semblent suspen-

(1) *Voy. en France de* 1787 *à* 1790, t. I, p. 126; t. II, chap. 6.

dues, et, de tous côtés, des eaux fraîches et limpides qui serpentent partout. Il y a des prairies qui font avec la ligne d'aplomb un angle de 12 à 15 degrés ; on est obligé d'attacher avec une corde l'homme qui les fauche. C'est précisément ce qui fait le charme de notre pays, qui n'est beau malheureusement que par le contraste qu'il présente, lorsque dans les plaines voisines les sources tarissent, et que les champs sont brûlés par les feux du soleil ; dans les autres saisons de l'année, convenons-en, il faut être né dans nos montagnes pour y habiter et s'y plaire.

J'ai dit que dans les Cévennes chacun avait de l'eau dans son voisinage ; sans doute le premier établissement d'un village, d'une maison de campagne, fut fait près d'une fontaine existante ; mais les paysans *connaissent très-bien s'ils ont des sources dans leur propriété*. D'après l'aspect des lieux, la nature du sol, son humidité et les vapeurs qui s'en élèvent, les plantes qui y croissent, et quelquefois sur des indices moins sensibles, ils se mettent à fouiller, et c'est toujours en été qu'ils font ces travaux, bien assurés qu'ils ne seront pas trompés par les apparences. Lorsqu'un filet d'eau suinte sur le penchant d'une montagne et sort par les fentes d'un rocher, ils savent très-bien le chercher et le faire sortir plus haut ; et s'ils peuvent l'amener sur une terre susceptible de culture, ils en font un jardin ou un pré, selon qu'elle est plus ou moins éloignée de leur demeure. Il arrive quelquefois qu'on va *chercher l'eau fort loin*. Lorsqu'il y a une bonne source au milieu des rochers, le Cévennois la conduit par de longs détours pour ménager la pente ; il creuse la terre, casse les rochers qui se trouvent sur son passage ; il la maintient, s'il le faut, au-dessus du sol au moyen d'un petit mur recouvert de tuiles. J'ai vu que pour abréger le chemin, ou pour traverser un torrent, on faisait couler l'eau dans une gouttière faite d'un tronc d'arbre. Me pardonnera-t-on ce rapprochement ? je trouve ici une image, bien minime, à la vérité, d'un travail immense exécuté par les Romains dans ce département (1).

OLIVIER DE SERRES indique la manière de rechercher les fontaines, de faire ces tranchées souterraines que nous appelons *valaratié*, qui, s'écartant dans tous les sens, réunissent les eaux dans une tranchée principale, « comme les racines des arbres sont » escartées dans terre en divers endroits et » de toutes ensemble s'en forme le tronc. » Il décrit les bâtimens qui reçoivent les eaux, les serves, les tuyaux de conduite, exactement comme s'il écrivait aujourd'hui ce qui se pratique dans les Cévennes.

Les *fontaines des Cévennes* près des habitations sont couvertes de treilles, ombragées d'arbres et enfermées dans une maisonnette ou une niche, afin que les animaux n'aillent pas y boire ou s'y tremper. L'eau qui en coule est reçue dans une auge le plus souvent creusée dans un tronc d'arbre (*fig.* 369), ou dans un réservoir pour l'usage des ani-

Fig. 369.

maux et pour laver le linge. On la conduit de là, par des rigoles creusées dans la terre, partout où elle est nécessaire.

Les *fontaines plus particulièrement destinées à l'arrosement* coulent dans un réservoir plus ou moins grand, qui, lorsqu'il est plein, déverse par des canaux dans d'autres réservoirs inférieurs, à une certaine distance les uns des autres. Nous les appelons *tampo* ou *gourgo* ; *pesquié*, lorsqu'on y tient du poisson ; *boutade*, s'ils sont destinés à faire aller un moulin.

Ces *réservoirs* sont ordinairement adossés à la montagne et sont alors formés d'un côté par le rocher même d'où sort la source, et des autres côtés par des murs en maçonnerie ou en pierres sèches, c'est-à-dire sans chaux, ou en terre battue ; je dirai plus bas comment on opère pour la rendre imperméable à l'eau.

Les réservoirs ou *bassins en maçonnerie* sont les plus chers à cause du prix de la chaux dans nos montagnes schisteuses ou granitiques. Pour l'économiser, on bâtit quelquefois un mur trop mince pour soutenir la poussée de l'eau, à un demi-mètre de distance on en fait un second en pierres sèches, et l'on remplit l'intervalle en terre battue (*fig.* 370). Au lieu de faire un glacis

Fig. 370.

dedans, on pave le fond en larges pierres dont les joints seulement sont garnis de mortier ou d'argile. Ces réservoirs ont le défaut d'être attaqués par la gelée qui soulève les enduits de chaux. Un ciment résisterait mieux ; mais pourquoi ferait-on plus de dépenses pour entretenir plein un bassin qu'on vide matin et soir, et lorsque l'eau est abondante ?

(1) Le pont du Gard, qui est une merveille, n'est qu'une faible partie d'un aqueduc d'environ 7 lieues, dont on suit les traces entre Nîmes et Usez, tantôt souterrain, tantôt taillé dans le roc, soutenu par des arches plus ou moins élevées et traversant le Gardon.

Les *réservoirs de pierres sèches et de terre* sont formés d'un mur d'enceinte de gros quartiers de roches, autant que possible, d'un mètre ou d'un mètre et quart de largeur et de hauteur (*fig.* 371). En dedans on forme

Fig. 371.

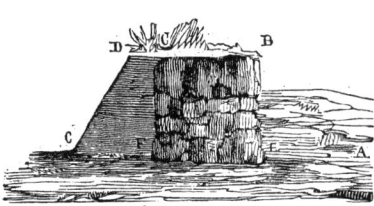

un talus de terre battue qui doit avoir environ 3 décimètres de plus de base que de hauteur. Quelquefois, en dehors on fait aussi un autre talus sans le battre. Le tout forme alors un glacis gazonné ou la continuation de la pente de la prairie. C'est presque un rempart pour la plupart de ceux qui liront ma description, mais sa masse n'a rien de choquant dans nos montagnes; elle y est en harmonie avec le paysage, comme les pièces d'eau régulières et revêtues de marbre le sont au milieu d'un parterre élégant.

Lorsque la localité permet que le *réservoir soit enfoncé dans la terre* au niveau du sol, le mur devient inutile. Après avoir creusé le bassin de manière que ses parois soient perpendiculaires et qu'il ait plus de diamètre et de profondeur qu'on ne veut lui en donner, on forme dans l'intérieur un *talus de terre battue*, dont la base est à peu près égale à la hauteur, comme dans la précédente construction.

Pour faire cette sorte *de pisé*, on se sert d'un instrument représenté (*fig.* 372), qu'on appelle une *masse*. C'est un

Fig. 372.

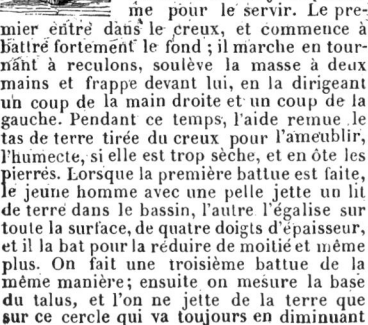

morceau de planche carré, de 4 décimètres de long sur 2,5 ou 3 de large et 7 centimètres d'épaisseur, au milieu duquel est un manche flexible de 8 décimètres de long, un peu courbé. Il faut deux ouvriers pour ce travail, un homme vigoureux habitué à masser, et un jeune homme pour le servir. Le premier entre dans le creux, et commence à battre fortement le fond ; il marche en tournant à reculons, soulève la masse à deux mains et frappe devant lui, en la dirigeant un coup de la main droite et un coup de la gauche. Pendant ce temps, l'aide remue le tas de terre tirée du creux pour l'ameublir, l'humecte, si elle est trop sèche, et en ôte les pierres. Lorsque la première battue est faite, le jeune homme avec une pelle jette un lit de terre dans le bassin, l'autre l'égalise sur toute la surface, de quatre doigts d'épaisseur, et il la bat pour la réduire de moitié et même plus. On fait une troisième battue de la même manière ; ensuite on mesure la base du talus, et l'on ne jette de la terre que sur ce cercle qui va toujours en diminuant

à chaque couche. A mesure que le talus s'élève, on bêche les bords du réservoir, afin que les dernières assises de terre battue aient une certaine largeur. On finit par appliquer quelques bons coups de masse dans l'intérieur sur les parois et sur le fond, et l'on recouvre les bords en mottes gazonnées, en formant une rigole pour laisser couler le trop-plein.

Pour arroser, ou *faire vider les différens bassins* dont j'ai parlé, on place au fond un arbre AB (voy. *fig.* 370 ci-dessus) percé d'abord de part en part, fermé du côté intérieur par un tampon, avec un trou évasé au dessus C, qu'on bouche au moyen d'un bâton CD. On sent la nécessité de cette disposition, l'épaisseur des parois ne permettant pas d'ouvrir et de fermer ces sortes de bondes par dehors. Si le Cévennois n'a pas de tarière pour percer un tronc d'arbre de longueur suffisante, il y supplée en le fendant, et en creusant dans les deux moitiés des gouttières qui se correspondent ; il les lie avec des osiers et les dispose de la façon que j'ai indiquée.

Nous avons dans les Cévennes deux manières d'arroser les jardins potagers, dont l'agriculture peut aussi profiter : l'*irrigation à raies*, la meilleure sans contredit et la plus pratiquée ; elle est trop généralement connue pour la décrire ici.

Lorsqu'on ne sait pas, ou qu'on ne veut pas disposer les planches du potager pour les arroser en raies ; lorsque les légumes sont plantés sans ordre, et il en est qu'on ne peut pas mettre autrement, tels que les courges, les concombres, ceux qu'on ne transplante pas, comme les carottes, les épinards, etc. , alors on creuse, de 10 en 10 pas et à chaque étage du jardin, s'il est en terrasse, de *petits réservoirs dans la terre*, d'un mètre de diamètre et d'un demi-mètre de profondeur; on les fait tous communiquer par une rigole avec le réservoir principal, et avec une espèce de *cuillère de bois* ou *écope*, on jette en l'air l'eau qui les emplit, comme les bateliers vident celle qui entre dans leurs barques ; l'eau tombe en grosse pluie sur les plantes d'alentour. Nous représentons de face et de profil (*fig.* 373) l'instrument qu'on appelle *azaigadouire* (du mot *azaiga*, arroser). La *fig.* 374 est une *azaigadouire en fer-blanc*, plus chère, mais plus durable ; et la *fig.* 375 en représente une très en usage, qui ne coûte rien au paysan, faite *avec une gourde*, espèce de coloquinte.

Fig. 373.   374.   375.   376.   377.

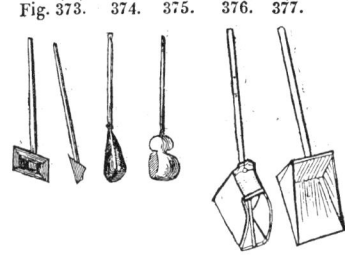

Les *fig.* 376 et 377 représentent différentes

écopes de bateliers qui serviraient très-bien à l'usage que nous indiquons; on peut avec un peu d'adresse, au moyen de ces ustensiles, répandre l'eau de 7 à 10 mètres de distance.

Pour arroser un pré, le Cévennois fait un besaou (tranchée ou rigole principale) dans la partie la plus élevée; il lui donne peu de pente pour que l'eau n'arrive pas trop vite, et, sans connaître le niveau, il la conduit sur tous les points, la fait serpenter de cent manières dans des rigoles toujours pleines, et l'eau ne séjourne nulle part quand il ne veut plus qu'elle coule.

D'autres fois, et selon les localités, le besaou règne dans toute la longueur de la prairie, et des besalieiros (petites rigoles), qu'il ouvre et ferme tour-à-tour, avec une motte de terre, laissent entrer l'eau dans le pré et l'inondent tout-à-fait. C'est de cette manière qu'on arrose ce qui se trouve près du bief d'un moulin.

Lorsque la position de la prairie est tout-à-fait plane, ce qui est rare, des rigoles nombreuses font circuler l'eau dans tous les sens; elle filtre ainsi dans le terrain si elle ne peut le couvrir.

Pour faire toutes ces rigoles, on se sert, dans les Hautes Cévennes, d'une sorte de houe (fig. 378) appelée pigasso, fossoir dans les Vosges, qui porte une

Fig. 378.

hache du côté opposé; le fer est plus mince et plus étroit, et son manche est perpendiculaire, afin qu'on puisse facilement travailler des deux côtés. Avec la hache, on taille dans le pré deux lignes parallèles, à 10 ou 12 centimètres de distance, et avec la houe on enlève en mottes la terre qui les sépare, et on la dépose à côté de la rigole que l'on forme. Ces mottes servent à arrêter l'eau pour changer sa direction ou la faire verser.

J'ai supposé jusqu'à présent une quantité d'eau suffisante recueillie dans des réservoirs; chacun arrose selon ses moyens, et les coutumes du canton qu'il habite. Ceux qui n'ont pas de source détournent une portion d'un ruisseau, en coupant un ravin, en amènent l'eau, et la distribuent sur leurs terres au moyen de canaux et de rigoles fermées par des vannes; mais il faut pour cela le consentement ou l'association des voisins et de ceux qui, au-dessous, peuvent profiter de ce ruisseau.

Plusieurs habitans du même hameau s'associent pour l'entretien des prises d'eau; dans quelques communes, il y a des réglemens entre les propriétaires des divers quartiers, qui fixent les jours où chacun d'eux jouira des eaux pour l'irrigation de ses champs.

Lorsque le terrain est au bord d'un canal ou d'une rivière, et trop élevé pour être arrosé par les eaux courantes, on établit un engin ou machine si simple que la fig. 379, où je la représente, me dispensera de le décrire. J'observerai seulement que les paysans le font eux-mêmes et tout en bois. On se sert du même moyen pour puiser l'eau d'un puits peu profond; il exige moins de force que la

poulie, puisque c'est un contre-poids qui monte le seau plein.

Fig. 379.

Le baron D'HOMBRES FIRMAS.

ART. II. — De l'arrosement dans les Vosges.

La Société d'émulation du département des Vosges et M. M.-N. EVON ont, tout récemment, publié des détails intéressans sur les irrigations dans ce pays; nous en citerons quelques pratiques intéressantes.

Relativement à la prise d'eau, lorsqu'on ne l'obtient que par un faible filet qui n'arriverait pas au bas de la prairie, on creuse un bassin destiné à conserver l'eau de la source; on le cimente d'argile et on lui donne une capacité telle, qu'en ouvrant l'écluse qui le ferme, le liquide puisse mouiller instantanément toute la prairie. Ce procédé est usité vers le sommet des montagnes des Vosges. On conduit dans ce même réservoir, au moyen de rigoles, le purin provenant du fumier et des étables, ce qui ajoute à l'action de l'arrosement.

Dans la construction de digues, on apporte une attention particulière à la fondation de la queue, qu'on établit de la manière suivante : on dispose et on fixe au fond du lit de la rivière une couche de longues branches de sapin, dont l'extrémité la plus forte, dirigée en amont, est très-inclinée vers le fond du lit, de manière à faire relever l'extrémité opposée; on place ensuite en sens contraire une 2e couche de branches, et ainsi de suite, jusqu'à ce qu'on juge la queue de la digue assez épaisse pour prévenir les fouilles que, sans cela, la chute de l'eau ferait dans le sol, ce qui entraînerait la destruction de la digue. On construit ensuite cette digue, soit en gros moellons maintenus par des poutres en chêne, soit en fascinage de branches entrelacées, qu'on entasse entre des files de pieux plus ou moins nombreuses, et qui retiennent parfaitement les eaux, lorsque le sable et les graviers, chassés par le courant, sont venus remplir les interstices.

On réserve souvent dans ces digues un pertuis pour le flottage, auquel on donne une largeur et une profondeur variables, ordinairement 10 pieds (3 mètres 24) d'ouverture, sur 18 pouces (0 mètre 48) de profondeur.

Deux poutres sont nécessaires pour former le canal de descente des flottes; ces pertuis ont l'avantage de rendre flottables des rivières qui ne le sont pas, et de permettre, en outre, l'écoulement des galets et du sable qui s'amassent en amont des digues, et exposent les rives à des débordemens, par suite de l'exhaussement progressif du lit de la rivière.

Deux systèmes de formation des prairies existent dans les vallées des Vosges. Suivant l'un, le terrain est disposé en billons assez convexes, et en planches, suivant l'autre.

La *crête de chaque billon* est sillonnée longitudinalement par une rigole, et les billons sont, comme ceux des terres arables, isolés par des raies dont la destination est la même et qu'on nomme égouttoirs. L'eau qui entre dans les rigoles est déversée en nappe sur les flancs voûtés du billon, au moyen de tranches de gazon placées de distance en distance dans la rigole, et qui ne ferment pas son canal complètement. Les égouttoirs, à l'inverse des rigoles, doivent augmenter de capacité progressivement de la tête à la queue, puisqu'ils servent à recueillir le liquide à mesure qu'il a servi à l'irrigation; souvent l'eau est reprise à ces égouttoirs pour l'irrigation d'un terrain inférieur qui s'en décharge à son tour pour en faire profiter un autre, et ainsi de suite, si le volume d'eau originel le permet.

Dans le *système d'irrigation par planches,* le terrain est divisé en compartimens, au moyen de rigoles longitudinales et transversales, celles-ci 4 fois plus rapprochées que les autres. Dans les rigoles longitudinales, et au niveau du bord inférieur des rigoles transversales, on arrange un morceau de gazon, de manière qu'il remplisse bien la capacité du canal dans lequel il est placé. Lorsqu'on donne cours à l'eau, elle commence par envahir la tête des rigoles longitudinales, elle rencontre bientôt la ligne de petites digues de gazon qui la forcent à pénétrer dans la première ligne des rigoles transversales ; celles-ci ne tardent pas à déborder sur l'espace de terrain qui les sépare de la 2e ligne transversale : une partie de l'excédant de l'eau se divise dans les rigoles de cette ligne, une autre tombe dans la 2e section du canal des rigoles longitudinales, s'accumule près du gazon qui forme le point de section et se rend dans la 2e ligne de rigoles transversales qui a déjà reçu la 1re partie. L'opération se continue ainsi de rigole en rigole transversale et de section en section, jusqu'à l'extrémité des planches. Une condition pour la distribution de cette eau, c'est un niveau parfait, ce qui ne s'obtient pas toujours facilement, et au défaut duquel on remédie jusqu'à un certain point, au moyen de tampons de gazon. On remplace annuellement les rigoles transversales par de nouvelles qu'on place un peu au-dessus, en sorte qu'après un certain nombre d'années, toute la surface du terrain a éprouvé cette amélioration, car on distingue parfaitement à l'herbe haute et touffue la position des anciennes rigoles. C'est de cette manière que sont disposées les prairies qu'on fait sur les *laisses de la Moselle.*

Dans beaucoup d'endroits il existe des *contrats d'association pour la distribution des eaux.* Si la prise d'eau est assez abondante pour abreuver simultanément l'ensemble des prés désignés dans le contrat, chaque sociétaire ouvre son écluse ou les écluses aboutissant au canal de dérivation, et veille à ce que l'eau se répande uniformément sur sa propriété. Mais souvent le volume d'eau est insuffisant; dès-lors les associés ne jouissent du cours d'eau que tour-à-tour et pendant la période de temps limitée à chacun d'eux d'après la contenance respective de leur terrain ; c'est tantôt un ou plusieurs jours par semaine, ou seulement tant d'heures par jour ; celles de la nuit sont aussi dispensées et employées avec une égale sollicitude. Celui qui n'a pas assez d'eau pour arroser à la fois toute sa prairie, est forcé d'en arroser alternativement les différentes parties.

C. B. DE M.

CHAPITRE X. — DES ASSOLEMENS.

Section Ire. — *Théorie des assolemens.*

Le mot *Assolement* est moderne dans notre langue agricole. Il dérive de *solum, sol,* dont on a fait *sole,* mot qui indique chacune des divisions de culture établies sur une exploitation. *Assoler,* c'est donc partager le terrain en diverses *soles* destinées à porter successivement des cultures différentes. — *Dessoler,* c'est changer une succession de culture précédemment établie.

André, Thouin définit les assolemens : *L'art de faire alterner les cultures sur le même terrain, pour en tirer constamment le plus grand produit, aux moindres frais possibles.*

Les premières plantes qui fixèrent l'attention de l'homme durent être celles qui pouvaient servir à sa nourriture. Long temps, sans doute, elles furent l'objet presque exclusif des travaux du cultivateur, et de nos jours elles occupent encore la principale place sur nos guérets. Toutefois, on ne tarda pas à s'apercevoir que la terre qui se couvre spontanément d'une foule de végétaux divers dont la continuelle succession ne fait qu'ajouter à sa fécondité, refusait de donner annuellement les mêmes produits, ou du moins ne les donnait qu'avec une parcimonie croissante, indice certain de ce qu'on a souvent appelé sa *lassitude.*

Alors que les troupeaux trouvaient, comme

au hasard, à la surface du globe, des pâturages naturels qui dispensaient de pourvoir autrement à leur nourriture; que leur propriétaire, rassuré à cet égard, ne cultivait pour lui qu'une faible partie de ses vastes domaines, toute sa science consistait à choisir des terres neuves, fécondes, qu'il abandonnait à un long repos après en avoir tiré quelques récoltes, et l'art de la culture n'était pour lui que celui du *labourage*.

Plus tard, lorsque la propriété commença à être divisée, pour subvenir aux besoins croissans de la population, force fut bien d'étendre proportionnellement les cultures alimentaires, et par conséquent de les ramener plus souvent à la même place. — Aux labours il fallut joindre les *engrais;* et, comme on reconnut encore leur insuffisance, on ne trouva rien de mieux que d'obtenir autant de récoltes successives que le permettait la fertilité du sol, et de le laisser ensuite plus ou moins longtemps inculte. C'est ainsi que s'établirent sur une grande partie de l'Europe l'assolement triennal et quelques autres dans lesquels des céréales succèdent invariablement à des céréales et sont suivies d'une *jachère* plus ou moins prolongée.

Jusque là à peine se doutait-on de la théorie des assolemens. Les prairies naturelles et les pâturages sur jachère continuaient à former toute la nourriture des bestiaux. On ne cultivait que par exception un très-petit nombre de plantes fourragères, comme s'il eût été déraisonnable ou sans profit de demander au sol des récoltes qui ne fussent pas immédiatement utiles à l'homme; comme si toute autre plante que celle dont on obtenait directement le prix en argent ne méritait pas les soins du laboureur.

L'introduction des *prairies artificielles* fut presque partout le premier pas vers un meilleur système. — *Les cultures sarclées, binées* ou *butées* vinrent ensuite. — On s'aperçut que toutes les récoltes n'étaient pas également épuisantes; que toutes ne se succédaient pas avec un même succès; que telles pouvaient revenir plus fréquemment que telles autres sur le même terrain, etc. Une science nouvelle se déroula aux yeux du cultivateur, et, tandis que la pratique lui en dévoilait en partie les principes, l'observation plus attentive des phénomènes naturels acheva de les lui révéler.

§ Ier.— Théorie chimique des assolemens.

Quoique les végétaux qui vivent en famille, c'est-à-dire groupés en masse homogène, ne soient pas très-communs à la surface du globe, on voit cependant diverses espèces envahir à elles seules des terrains entiers et s'y maintenir plus ou moins longtemps sans mélange d'autres espèces. Mais, tôt ou tard leur végétation devenant moins vigoureuse, des plantes différentes commencent à se montrer parmi elles, bientôt elles se trouvent dominées et souvent entièrement détruites. — On a cité plusieurs exemples semblables, pour des plantes herbacées, dans la nature inculte. — Nous en trouvons fréquemment dans nos pâturages et nos prairies naturelles. La qualité des herbages y change, pour ainsi dire, sans cesse : ici le trèfle rampant (*Trifolium repens*), la lupuline (*Medicago lupulina*) et quelques autres légumineuses succèdent spontanément aux graminées; — là ce sont diverses renoncules (*Ranunculus acris, bulbosus, arvensis*), ailleurs la jacée des prés (*Centaurea jacea*), la mille-feuille (*Achillea millefolium*), l'oseille (*Rumex acetosa*), etc.

— Il serait facile de multiplier beaucoup de semblables citations, et, si l'on étudiait les générations successives de ces plantes usurpatrices, la courte existence d'un homme suffirait parfois pour les voir abandonner à leur tour au profit de quelques autres les terrains dont elles s'étaient emparées.

Dans certaines contrées il ne serait pas impossible de constater que *les végétaux destructeurs des moissons alternent sur le même sol,* et quoique plusieurs causes autres que celles qui nous occupent ici puissent concourir à ce résultat, il y a tout lieu de croire qu'il est dû, en grande partie, au besoin de productions variées.

Les arbres eux-mêmes obéissent à la loi des assolemens. A côté des importans écrits des Bosc, des THOUIN, des SOULANGE BODIN, des DUREAU DE LA MALLE et de plusieurs autres, les observations publiées par M. THIÉBAULT DE BERNEAUD ne doivent laisser aucun doute à cet égard.

En 1746, rapporte-t-il, un immense incendie dévora en partie la forêt de Château-Neuf (département de la Haute-Vienne); cette forêt était en essence de hêtre. Plus de cinq hectares que le feu avait entièrement consumés se couvrirent spontanément, les années suivantes, d'herbes et de broussailles, à travers lesquelles s'élevèrent un peu plus tard une infinité de petits chênes. — En 1799, les bois de Lumigny et de Crecy (Seine-et-Marne) ayant été exploités, le hêtre, qui en faisait également la base, se trouva remplacé, sans le secours de l'homme, par des framboisiers, des groseillers, des fraisiers, des ronces, puis des chênes, aujourd'hui en pleine végétation. — Une semblable remarque a été faite à des époques différentes dans les forêts qui couronnent les bords escarpés du Dessombre, petite rivière dont les eaux vont se perdre dans le Doubs à St.-Hippolyte. Ces forêts sont composées d'arbres de hautes-futaies, principalement de hêtres. Lorsqu'une coupe a été faite, on voit bientôt l'emplacement découvert s'orner d'une infinité de framboisiers qui fournissent pendant 3 ou 4 ans une abondante récolte de leurs fruits succulens. A ces arbrisseaux succèdent des fraisiers, et à ceux-ci la ronce bleue, enfin les pousses de nouveau bois mettent un terme à cette succession de rosacées. — Après toutes les coupes de forêts de hêtres qui ont lieu sur le Jura, particulièrement au revers du Mont-d'Or, les groseillers paraissent les premiers, les framboisiers occupent ensuite le sol pendant 3 ou 4 ans, puis les fraisiers deux années, et la ronce bleue de 8 à 10 ans; enfin revient le hêtre ou apparaît le chêne. — Trois espèces de coupes se succèdent dans le même triage de la forêt de Belesme, près Mortagne (Orne). La première a lieu sur un taillis de 20 ans, essence de chêne et de hêtre ; 30 ans après, on pratique sur les mêmes souches une seconde coupe, dite taillis sous futaie, et qui ne donne encore que des hêtres et des chênes ; la 3ᵉ succède sur l'ancienne souche après un siècle de végétation, c'est ce qu'on appelle la coupe de haute-futaie. Les souches existantes depuis un siècle et demi périssent alors, et on les voit remplacer sans semis ni plantations, et même sans voisinage immédiat, par de jeunes bouleaux qui, après avoir donné à leur tour trois coupes successives d'environ 20 ans chacune, périssent et cèdent la place à des chênes nouveaux. — Près de Hautefeuille (Seine-et-Marne), c'est le tremble qui remplace les vieux chênes ; on l'y trouve mêlé, selon les localités, aux ajoncs, au saule marsault , et surtout à l'alisier et au prunier épineux. — En divers lieux, aux chênes on n'a pu faire succéder avec avantage que les pins. — Dwight, dans son Voyage à la Nouvelle-Angleterre, cite des exemples nombreux d'une succession analogue. Tantôt il a vu des arbres toujours verts remplaçant des essences feuillues, tantôt le contraire.— Toujours à une espèce en décadence, lors même que le terrain serait jonché de ses graines, succède une espèce ou plusieurs espèces différentes.

En présence de tels faits il était difficile de ne pas reconnaître une loi générale ; — on s'est efforcé d'en chercher l'explication dans les phénomènes de la chimie et de la physique.

Et d'abord, on a avancé que *des végétaux de familles différentes pourraient bien ne pas puiser dans le sol les mêmes sucs nourriciers,* sans faire attention que les plantes les plus dissemblables absorbent indistinctement, avec l'eau, toutes les substances solubles qu'elle contient, lors même que ces substances peuvent nuire à leur existence, et que si, dans l'acte de la végétation, il se fait un choix des matières minérales tenues en dissolution ou en suspension dans le liquide séveux , ce ne peut être, ainsi que le démontrent des expériences positives, qu'à l'intérieur de la plante. — On a supposé aussi que *la direction pivotante ou traçante des racines* devait exercer une certaine influence en modifiant la profondeur à laquelle elles vont chercher la nourriture ; mais il est facile de comprendre que cette explication pourrait tout au plus s'appliquer à des plantes qui croîtraient simultanément à la même place, ou aux lieux où les labours ne mêlent pas sans cesse la masse du sol. — Lorsqu'on eut acquis la certitude que *certains végétaux fatiguent la terre moins que d'autres,* les agronomes crurent avoir trouvé une explication satisfaisante du phénomène chimique de l'alternance ; toutefois il fallut reconnaître qu'elle était encore incomplète ; car, si elle rendait suffisamment compte de l'appauvrissement plus ou moins grand du sol, elle laissait inexpliquée une partie des faits précités, et elle n'aidait en rien à reconnaître les causes de la difficulté marquée qu'éprouvent les végétaux même les moins épuisans à croître sur le terrain qui a fourni pendant longtemps à la végétation de leurs congénères. — Les cultivateurs sen-

taient bien que ce dernier effet, en quelque sorte accidentel, différait essentiellement de l'épuisement du sol qui réagit indistinctement dans toutes les circonstances et sur toutes les cultures. — Voici comment un de nos physiologistes les plus distingués a expliqué leur pensée.

« *L'épuisement* du sol a lieu lorsqu'un grand nombre de végétaux ont tiré d'un terrain donné toute la matière extractive, et *l'effritement,* lorsqu'un certain végétal détermine la stérilité du sol, soit pour les individus de même espèce que lui, soit pour ceux de même genre et de même famille, mais le laisse fertile pour d'autres végétaux.

» L'épuisement a lieu pour tous les végétaux quelconques : il agit en appauvrissant le sol, en lui enlevant la matière nutritive. L'effritement a quelque chose de plus spécifique ; il agit en corrompant le sol et en y mêlant, par suite de l'excrétion des racines, une matière dangereuse. Ainsi, un pêcher gâte le sol pour lui-même, à ce point que, si, sans changer de terre, on replante un pêcher dans un terrain où il en a déjà vécu un autre auparavant, le second languit et meurt, tandis que tout autre arbre peut y vivre. Si le même arbre ne produit pas pour lui-même ce resultat, c'est que ses propres racines, allant toujours en s'alongeant, rencontrent sans cesse des veines de terre où elles n'ont pas encore déposé leur excrétion. On conçoit que ses propres excrétions doivent lui nuire à peu près comme si l'on forçait un animal à se nourrir de ses propres excrémens. Cet effet, dans l'un et l'autre exemple, n'est pas borné aux individus d'une même espèce ; mais les espèces analogues par leur organisation doivent souffrir, lorsqu'elles aspirent, par leurs racines, une matière rejetée par des êtres analogues à elles, tout comme un animal mammifère répugne à toucher aux excrémens d'un autre mammifère.On concevrait ainsi assez facilement pourquoi chaque plante tend à effriter le terrain pour ses congénères ; pourquoi certaines plantes à suc âcre, comme les pavots ou les euphorbes, le détériorent pour la plupart des végétaux.

» Si cette théorie est admise, on comprendra aussi sans peine comment certaines plantes à suc doux pourront excréter par leurs racines des matières propres à améliorer le sol pour certains végétaux qui vivraient avec eux ou après eux sur le même terrain, et l'on comprendrait ainsi comment toutes les plantes de la famille des légumineuses, par exemple, préparent favorablement le sol pour la végétation des graminées. » *(Physiologie végétale de M. De Candolle,* 1832.

On trouverait sans doute encore des cas où une telle explication donnée primitivement, je crois, par Brugmam, reproduite depuis, appuyée de faits nombreux et recueillis sur la culture des arbres par divers écrivains, ne serait pas entièrement satisfaisante ; mais, quelles que soient les exceptions qu'on puisse rencontrer, il n'en faut pas moins reconnaître que si les sécrétions, parfois les produits de la décomposition des racines, n'ont pas toujours une importance aussi grande que l'admet M. De Candolle, et que le croyait André Thouin, elles exercent au moins dans certains cas une action assez marquée pour que, conformément aux vœux du premier de ces agronomes, les chimistes cherchent à reconnaître dans le terrain la nature des excrétions des divers végétaux, et leur action sur la vie des autres plantes. — Déjà M. FIGUIER, de Montpellier, a trouvé une quantité de sel marin beaucoup plus grande dans un champ voisin de la mer qui avait porté de la soude, que dans un autre champ également situé, qui était resté en jachère nue ; et mon collaborateur PAYEN a en partie expliqué l'influence désastreuse des vieilles racines de chêne, en démontrant qu'une solution infiniment faible de tannin peut arrêter presque complètement la croissance des végétaux qui se trouvent en contact avec elle.

§ II. — Théorie physique des assolemens.

La théorie physique des assolemens est plus claire que leur théorie chimique. Elie consiste en effet tout entière à tâcher *d'entretenir la terre, par la combinaison de cultures variées, dans un état convenable d'ameublissement et de propreté.*
De tout ce qui précède on a déduit les principes suivans :

§ III.— Principes généraux déduits des deux théories précédentes.

1° *Il faut faire précéder et suivre les cultures épuisantes par d'autres cultures propres a reposer le sol et à lui rendre sa fécondité.* — Les cultures considérées comme les plus épuisantes sont, en général, celles des céréales et d'autres plantes, telles que le colza, le lin, le chanvre, etc., dont on laisse mûrir les graines, parce que, vers l'époque de la maturité, leurs feuilles, déjà en partie desséchées, cessent d'absorber les principes nutritifs dans l'atmosphère, et laissent aux seules racines le soin de fournir aux besoins de la végétation. — Les cultures considérées comme *reposantes* ou *fertilisantes* sont celles qui doivent être fauchées avant l'époque de leur fructification, telles que les trèfles, le sainfoin, la luzerne, les graminées perennes dont les racines et une partie des fanes substantielles sont enfouies par les labours ; — à plus forte raison, les arbres et les arbrisseaux dont les feuilles couvrent annuellement le sol de leurs dépouilles ; — les récoltes enterrées en vert lors de leur floraison, comme les lupins, les sarrasins, etc. ; — celles que l'on est, en certains lieux, dans l'usage de faire pâturer sur place, comme les rutabagas, les navets, etc. ; — celles enfin qui exigent le concours d'animaux dont elles ne consomment qu'une partie, comme les choux, les betteraves, etc.
2° *A une plante d'une certaine espèce, d'un certain genre, ou même d'une certaine famille, il faut faire succéder autant que possible une plante d'une autre espèce, d'un autre genre et d'une autre famille.* — Par ce moyen on a moins à craindre les effets de l'effritement. Il existe à la vérité quelques exceptions à cette règle, mais elles ne sont ni assez nombreuses ni assez expliquées pour faire loi. C'est ainsi que dans certaines contrées du Midi on voit les bonnes terres produire d'abondantes récoltes de blé froment et de maïs, sans aucune intercalation; que M. DE GASPARIN cite une terre semée en blé depuis 40 ans sans interruption, et qui, après avoir porté 25 fois la semence, la reproduit encore 15 fois habituellement, sans qu'on lui ait donné aucun engrais pendant tout ce temps; —que feu M. YVART, auteur du traité le plus complet sur les assolemens, a obtenu des résultats satisfaisans en cultivant l'orge hivernale sur le même terrain pendant 6 années consécutives, comme objet d'expériences comparatives ; — que dans le pays des Basques les terrains bas et humides sont ensemencés en maïs pendant 3 années après lesquelles on laisse ces terres pendant 3 autres années en prés, et ainsi successivement ; — que le chanvre, et, au moment où j'écris, j'en ai un exemple sous les yeux, peut prospérer un grand nombre d'années de suite dans le même champ ; — que le lin, considéré comme une des plantes les plus effritantes, puisque presque partout où on le cultive on a toujours conseillé de ne le ramener sur les mêmes soles que tous les 6 ou 8 ans, se sème cependant, dans quelques îles de la Loire, de deux années l'une, après le froment, et cela depuis plusieurs siècles, etc.
Il est donc quelques végétaux qui semblent se soustraire au besoin de l'alternance pendant fort long-temps, au moins dans certaines localités ; — *il en est d'autres* qui peuvent se succéder à de courts intervalles; de ce nombre sont heureusement les céréales. — *Enfin il en est* qui refusent de croître avec succès à la même place, à moins d'une longue interruption, surtout si on a mésusé des avantages que présente leur culture en la faisant durer au-delà d'un certain temps ou en la ramenant trop fréquemment, comme cela est arrivé déjà sur plusieurs points pour les trèfles, et d'une manière bien plus sensible encore pour les luzernes, au grand dommage du cultivateur d'une partie de la Beauce. — Je reviendrai ultérieurement sur ce fait important. — On a remarqué sur plusieurs terres du Gâtinais que le safran ne peut se renouveler avec avantage qu'après un laps de 15 à 20 années ; — que le colza et divers autres végétaux à graines oléagineuses exigent un intervalle de 4 ou 5 ans et plus. Au point où nous en sommes, il serait, je crois, superflu de multiplier davantage des exemples semblables, qui trouveront naturellement place dans la seconde section de cet article.
Il est bien reconnu, disait YVART, que certaines plantes nuisibles, comme la cuscute, l'orobanche et diverses cryptogames, se multiplient d'autant plus sur les champs cultivés en légumineuses, en tabac, en cardère et en safran, que le retour de ces dernières plantes y est plus fréquent, et que l'on ne peut faire disparaître ces fleaux redoutables qu'en interrompant, pendant plusieurs années, les cultures qui y donnent lieu ; — que certains insectes nuisibles s'attachent particulièrement à certaines espèces de plantes, et que la prolongation de la culture de ces dernières multiplie quelquefois prodigieusement ces animaux.

Enfin, considérant la chose sous un dernier point de vue, il est aussi hors de doute que telle ou telle plante réussit mieux ou plus mal après telle ou telle culture. C'est ainsi que le trèfle, dans les terrains où sa végétation est vigoureuse, les fèves, dans les sols argileux, sont une des meilleures préparations pour le froment ; — ainsi encore l'orge ou l'avoine vient plus sûrement que le froment après une récolte de pommes-de-terre ; — l'avoine et le seigle donnent relativement de meilleurs produits que le froment et que l'orge sur un pré nouvellement rompu, sur une vieille luzerne, une défriche ou après un écobuage, etc.

3° *Aux cultures qui facilitent la croissance des mauvaises herbes, et notamment à celles des blés, il faut faire succéder d'autres cultures qui les détruisent ou les empêchent de se développer.*— Ces cultures sont de deux sortes : certaines plantes, telles que le trèfle par exemple, par la multiplicité de leurs tiges et l'abondance de leurs feuilles, empêchent à la surface du sol toute autre végétation. En interceptant presque entièrement l'air et les rayons lumineux, elles étouffent les plantes plus jeunes ou plus faibles qu'elles. Toutefois, pour que leurs effets soient tels qu'on les désire, il est indispensable que leur végétation soit rapide et vigoureuse. Si l'on semait un trèfle dans un champ mal préparé et mal fumé ; si, par un calcul mal entendu, on voulait le faire durer trop longtemps, de manière à laisser reprendre le dessus aux mauvaises herbes, on courrait le risque d'arriver à un résultat opposé, et il serait très-possible qu'il laissât encore plus sales les terres qui étaient déjà sales avant lui. — Les récoltes que l'on doit biner ou sarcler sont aussi très-propres à précéder et à suivre celles qui ne comportent pas de telles façons. On peut en effet les considérer comme une sorte de jachère, puisque pendant leur durée on laboure le sol pour le pulvériser, l'exposer aux influences atmosphériques et détruire les plantes adventices ; mais c'est une jachère productive qui vaut quelquefois autant qu'aurait valu la récolte de grains, et qui prépare au moins aussi bien une culture céréale que l'eût fait une jachère stérile.

Dans la pratique habituelle, les céréales commencent encore souvent la rotation. On les sème immédiatement après une fumure, et, pour être juste, il faut reconnaître que, selon les lieux et les circonstances, cette méthode discréditée en théorie, d'une manière trop générale, présente parfois des avantages. Avant de la condamner d'une manière absolue, il faudrait avoir étudié non seulement la nature plus ou moins riche et l'état de propreté plus ou moins grande du sol dans chaque localité, mais aussi la qualité des engrais, le point précis de leur décomposition, et, par suite, la durée au moins approximative de leur action dans le sol. — Cependant, dans les terres d'une fécondité ordinaire, et sur les champs où l'on est dans la bonne habitude d'employer les fumiers de litière peu consommés, on regarde avec raison comme profitable de faire succéder les blés sans engrais à une culture fumée,

sarclée, binée ou butée, pour peu qu'elle ne soit pas trop épuisante par elle-même,—ou à une culture à la fois reposante et étouffante, ce qui vaut encore mieux. Les raisons qu'on peut donner de cette coutume sont de plusieurs sortes : d'abord une surabondance de matières nutritives peut faire verser les blés ; dans tous les cas elle favorise le développement du chaume au détriment de la grosseur et de la qualité du grain. Ceci se remarque surtout pour le froment. En second lieu, les fumiers déterminent et favorisent la croissance de beaucoup de mauvaises herbes que la culture usuelle des blés ne permet de détruire qu'incomplètement, et qui nuisent souvent à leur réussite au point de compenser par leur multiplicité, de faire même tourner à mal par leur rapacité et la rapidité de leur végétation, les bons effets de la fumure.

Les récoltes racines qui exigent à la fois de profonds labours de préparation et de nombreuses façons d'entretien, comme les betteraves, les carottes, les navets, les pommes-de-terre, etc., *les autres cultures fourragères* qu'on est dans l'usage de biner, comme les choux, ont au contraire le quadruple avantage de ne jamais redouter la surabondance d'engrais ; de ne consommer qu'en partie celui qui se trouve dans le sol à l'état convenable ; d'ameublir, de nettoyer la couche labourable ; et, tandis que les céréales épuisent la terre en raison de leurs riches produits, celles-ci, consommées en partie, souvent en totalité sur la ferme, doivent procurer, concurremment avec les prairies naturelles et artificielles, à l'intérieur, la nourriture nécessaire aux animaux de travail et les fumiers indispensables à la fécondité du sol, à l'extérieur, le laitage, le beurre, les laines et la viande qui seront transformés en numéraire.

D'habiles praticiens pensent que sur la plupart des terres *un intervalle de quatre ans* est le plus long qu'on puisse mettre entre deux récoltes sarclées.

Dans beaucoup de nos meilleurs assolemens, conformément à ces principes, les cultures fourragères ou industrielles fumées, sarclées et binées, se présentent les premières. Elles sont suivies d'une céréale, à laquelle succède une prairie artificielle, et l'année suivante une autre céréale.

Toutes les autres conditions chimiques et physiques d'un bon assolement me semblent rentrer dans les trois principales que je viens d'indiquer, et qui pourraient elles-mêmes se résumer en ce seul théorème : *Entretenir le sol dans un état de fertilité constante en employant le moins d'engrais possible ; — lui confier à chaque époque les plantes à la végétation desquelles il se trouve le mieux en état de fournir ; — enfin empêcher que ces plantes ne soient gênées dans leur croissance par l'envahissement des mauvaises herbes.*

Mais à ces considérations premières s'en joignent d'autres d'une non moindre importance que nous devons examiner successivement.

Partout où l'on peut varier beaucoup les productions de la culture, il n'est pas difficile de trouver de bons assolemens ; malheureusement cela n'est pas toujours aussi aisé qu'on pourrait le croire au premier aperçu. La qualité du sol, — le climat, — les besoins de la consommation locale, — la difficulté et par conséquent le prix élevé du transport, — celui de la main-d'œuvre, — la rareté des bras ou des autres moyens de travail, — et le défaut de capitaux sont autant de causes qui peuvent gêner les meilleures combinaisons en théorie et s'opposer même d'une manière absolue à leur application.

§ IV. — Influence de la nature du sol.

YVART, dans son important article intitulé *Succession de culture* du Cours d'agriculture de Déterville, a établi trois grandes classes ou divisions principales de terres sous lesquelles il me semble, comme à lui, que chaque cultivateur peut placer toutes les nuances intermédiaires qui les séparent, en rapportant à chacune de ces divisions toutes celles qui s'en rapprochent le plus, tant par la nature générale de leur composition que par celle des productions auxquelles elles sont le plus propres, et par toutes les autres circonstances qui peuvent influer sur leurs qualités.

La première division comprend toutes les terres siliceuses, calcaires ou crétacées, plutôt sèches qu'humides, meubles que compactes, élevées que basses, essentiellement propres à la production du seigle, de l'épeautre et de l'orge parmi les graminées annuelles;—du sainfoin, de la lupuline, du mélilot, du fenu-grec, de la lentille, de l'ers, du lupin, du pois chiche et du haricot parmi les légumineuses;—de la rave ou du navet, de la navette, de la cameline parmi les crucifères,—et du sarrasin, de la gaude, de la spergule, de la pomme-de-terre, de la patate, du topinambour et du soleil parmi les autres familles naturelles, indépendamment de plusieurs autres plantes vivaces, propres à l'établissement des prairies permanentes, telles que la flouve odorante, la houque laineuse, le dactyle pelotonné, les avoines pubescente, jaunâtre et des prés, la fétuque ovine et plusieurs autres, divers paturins, des canches, des méliques, etc.

La seconde division renferme toutes les terres argileuses naturellement tenaces, plutôt humides que sèches, basses qu'élevées, compactes que meubles, particulièrement convenables à la culture du froment, de l'avoine et de la plupart des graminées vivaces, propres aux prairies dans la première famille ; — des trèfles, des fèves, des pois, des vesces, des gesses, et aussi de quelques autres plantes légumineuses vivaces, propres aux prairies permanentes, telles que les lotiers, les orobes, etc., dans la seconde ; — des choux proprement dits, des choux-raves, choux-navets, rutabagas, colzas ou autres variétés, dans la troisième;—enfin, de la chicorée sauvage dans la famille des chicoracées.

La troisième division est consacrée à toutes les terres qui, douées de cet heureux état mitoyen, si convenable en toutes choses, s'éloigne des deux extrêmes compris dans les deux premières divisions; à toutes celles qui, jouissant des proportions convenables de consistance, d'ameublissement, de profondeur et de fraîcheur, sont presque également propres à toutes les productions que le climat comporte, et peuvent admettre avec avantage dans leur sein la plupart des plantes précédemment indiquées, mais réclament plus particulièrement l'escourgeon, le millet, le panis, l'alpiste, le sorgho, le maïs et le riz dans la première famille ; — la luzerne, l'arachide, la réglisse et l'indigotier dans la seconde;—le pastèl, la moutarde, etc. dans la troisième;— le chanvre, le lin, la garance, le tabac, le cotonnier, la courge, le safran, le pavot, la betterave, la carotte, le panais, le houblon, etc., dans d'autres familles.

On conçoit qu'une classification aussi simple ne peut présenter une exactitude bien rigoureuse, eu égard à la variété presque infinie des divers terrains. D'ailleurs, les plantes qui préfèrent l'un ne refusent pas absolument de croître sur tout autre ; mais alors on devra calculer si l'abondance de la récolte pourra indemniser des frais d'une culture plus dispendieuse ou des casualités plus grandes d'une position moins favorable.

Non seulement il importe de faire choix des végétaux qui réussissent le mieux sur chaque sol; mais, selon sa nature trop légère ou trop forte, pour remédier, dans le premier cas, *à son défaut de cohésion et à son aridité*, dans le second, *à sa ténacité et à son humidité excessive*, on doit préférer les cultures les plus propres à lier les molécules et à ombrager la surface, ou celles qui absorbent beaucoup d'eau et qui nécessitent des opérations aratoires destinées à diviser la masse et à faciliter en même temps l'évaporation de ce liquide et l'introduction de la chaleur solaire.

La position particulière d'un champ peut influer autant parfois que sa qualité sur le choix d'un assolement. Dans les plaines unies, d'une culture facile et productive, il serait déraisonnable de ne pas préférer les plantes du plus grand rapport, telles que les céréales, les fourrages légumineux, les récoltes sarclées, les végétaux propres aux arts, enfin tous ceux qui peuvent répondre par la richesse de leurs produits aux soins laborieux qu'ils exigent. — Sur des landes infécondes, sur des terres peu traitables, des pentes peu accessibles à la charrue, où les engrais sont en partie dissipés par les fortes pluies ; — dans les terrains sujets aux inondations et qui courraient le risque d'être minés par les eaux s'ils étaient fréquemment divisés par les labours ; — en des sols d'une grande médiocrité, le contraire arrive. Là, non-seulement le choix des objets de culture est beaucoup plus restreint, mais les frais de main-d'œuvre étant plus considérables comparativement aux bénéfices de la récolte, on doit chercher à simplifier les premiers le plus possible. Il faut que la proportion des prairies ou des pâturages permanens, avec les terres labourables, soit toujours telle, que d'une part les opérations aratoires deviennent moins multipliées et plus faciles, et que, de l'autre, le besoin d'engrais soit moins général et le moyen de s'en procurer aussi assuré que possible. — En général, l'étendue des *pâturages* doit être, dans toute exploitation, en raison inverse de la fécondité du sol et de la facilité de subvenir par la culture des *prairies artificielles* à l'entretien des bestiaux.

Toutes choses égales d'ailleurs, *l'état de fertilité dans lequel le fermier trouve le sol* à son entrée en jouissance, doit avoir une grande influence sur le choix d'un assolement.

Je pourrais citer tels exemples où, comme dans la plaine de Nimes, on se croit dans l'obligation d'épuiser le sol à chaque fin de bail, de manière qu'il faut ne lui confier que des cultures réparatrices pendant plusieurs années, en commençant une nouvelle rotation. Le fermier sortant ayant toujours intérêt à mésuser, sous ce rapport, de sa position, on ne peut prévoir avec trop d'attention et prévenir trop efficacement un pareil abus. — Un terrain non épuisé peut être envahi par les mauvaises herbes : cet inconvénient n'est guère moins grave que le précédent. Les récoltes des céréales y seraient peu productives et ne feraient qu'empirer le mal. Là, il faut encore un assolement particulier dans lequel reviennent fréquemment les plantes étouffantes et les cultures sarclées. — Il en faut un aussi sur une terre nouvellement défrichée ; — sur celle qui contient en surabondance des sucs nourriciers, etc.

§ V. — Influence du climat.

Le climat doit surtout être pris en grande considération. « Le tort de ceux qui ont établi la théorie des assolemens en France, dit M. DE GASPARIN, est d'avoir généralisé des pratiques locales et d'avoir cru la science complète, en observant l'agriculture seule des pays où finit la région de la vigne. En étendant nos vues plus loin, nous verrons que les principes proclamés jusqu'à ce jour sont bien loin d'être absolus, et que la considération des climats est celle qui domine toute recherche sur cette matière. »

En France, en effet, il y a deux climats bien distincts qui se fondent, pour ainsi dire, en un troisième. — *Celui du nord* est le mieux connu sous le point de vue qui nous occupe. C'était, en effet, en Belgique, en Alsace, en Angleterre, dans ces contrées de la plus riche agriculture, que la science des assolemens a dû prendre naissance. C'est de là qu'elle a pénétré en Europe. — *Celui du midi* a été moins étudié ; on l'a tellement négligé dans les livres, que les habitans de la région des oliviers ont pu se croire entièrement oubliés de la plupart de nos agronomes. — *Le climat du centre*, comme il est facile de le prévoir, participe aux avantages et aux inconvéniens des deux autres. Toutefois, il se rapproche davantage du premier que du second.

La chaleur et l'humidité étant les deux grands agens de la végétation, c'est leur répartition entre les saisons qui constitue un climat agricole. — Dans les pays voisins de l'équateur, où les saisons sont très-régu-

lières, la saison des pluies est toujours celle où le soleil parcourt la portion du zodiaque qui est du même côté qu'eux de la ligne. — Dans les zones tempérées, on ne trouve plus cette régularité propre aux contrées intertropicales ; mais la moyenne de plusieurs années présente quelque chose d'analogue. — Dans les pays situés en plaines et loin du voisinage des hautes sommités, la saison des pluies et celle des sécheresses se partagent l'année par deux séries continues plus ou moins égales, comme sous la zone torride, mais limitées avec moins de précision par les influences solaires ; le voisinage de grandes chaînes et d'autres causes locales viennent troubler cet ordre et introduire parfois quatre séries au lieu de deux ; de sorte qu'il est vrai de dire alors avec M. DE GASPARIN, à qui je dois en partie ce qui suit, que sous le rapport des pluies on a quatre saisons. Ces anomalies peuvent s'observer même en France.

Si nous divisions notre continent en deux portions par une ligne qui passât par les Pyrénées, dont elle se détacherait vers le milieu de la chaîne pour passer à l'ouest de Toulouse, qui suivrait ensuite la chaîne des Cevennes, irait se rattacher aux Alpes, en Dauphiné, en se prolongeant ensuite avec cette chaîne vers l'orient, nous aurions deux climats, l'un septentrional et l'autre méridional. Dans le premier, les étés sont pluvieux ; ils sont secs dans le second, et c'est l'automne qui est la saison des grandes pluies ; et, comme si cette ligne faisait en Europe le même effet que la chaîne de montagnes qui sépare la côte de Malabar de celle de Coromandel, les saisons de pluie et de sécheresse se succèdent au nord et au midi de cette ligne. Voilà le fait capital qui établit la principale différence entre les deux climats que nous avons le plus intérêt à connaître et à étudier ici dans leur rapport particulier avec la théorie des assolemens. — M. DE GASPARIN fait connaître les exemples suivans : 1° Paris, climat à pluies estivales, à deux saisons régulières ; — 2° Genève, climat à pluies estivales, à deux saisons irrégulières, le voisinage de plusieurs grandes chaînes y introduisant de nombreuses causes d'anomalie ; — 3° Montpellier, climat à pluies automnales, à deux saisons régulières ; — 4° Toulouse, climat à pluies automnales, à quatre saisons ; — 5° Joyeuse, climat à pluies automnales, à quatre saisons ; — 6° Padoue, climat à pluies automnales, à quatre saisons, le voisinage des montagnes dans ces trois derniers exemples agissant pour introduire les saisons intermédiaires ; — 7° Marseille, climat à pluies automnales, à deux saisons irrégulières, la saison de la sécheresse l'emportant autant sur l'autre par sa durée que celle des pluies dans le climat de Genève.

Dans les climats à pluies d'automne il y a un très-petit nombre de jours pluvieux en été, et par conséquent la sécheresse est d'autant plus grande que les pluies de cette saison tombent par orages en laissant de longs intervalles entre elles. — Dans le climat de Paris, les pluies sont encore fréquentes jusqu'en juillet inclusivement ; on conçoit de quel avantage peut être pour plusieurs cultures économiques, et notamment pour la culture si importante des diverses plantes fourragères, une semblable disposition. — A la vérité, on sait que les rosées sont plus abondantes dans les pays chauds que dans le nord, mais il est démontré par des faits positifs que dans aucun cas elles ne peuvent suppléer aux pluies, du moins dans nos régions; d'ailleurs, il est de fait qu'elles deviennent moins fortes en juillet et août, mois pendant lesquels on en aurait le plus besoin dans le midi de la France.

J'ai déjà eu occasion de dire ailleurs (voy. l'art. *Labours*) combien ces circonstances réunies apportent de difficultés dans les travaux de préparation des terres. — Dans les climats à pluies d'automne, le printemps est une saison sèche ou à pluies fort irrégulières ; les semis de mars y étant d'un succès on ne peut plus incertain, les blés trémois y sont à peu près inconnus. — Les blés d'automne y croissent au contraire fort bien. Si leur végétation est quelquefois contrariée par le défaut de pluie au printemps, elle est rarement entravée par des brouillards lors de la floraison ; par l'effet des vents et du soleil, la paille acquiert une force qui la rend peu sujette à verser; aussi voit-on assez fréquemment des exemples de fécondité bien rares dans les pays à pluies d'été, parce que la tige ne pourrait y soutenir des épis aussi chargés sans se coucher entièrement. Cependant, dans l'état actuel de cette culture qui deviendrait bien plus avantageuse si, à l'aide de recoltes jachères, on pouvait augmenter la masse des engrais et entretenir le sol dans un état d'ameublissement plus parfait, on ne peut se dissimuler que le midi serait pauvre si elle y existait seule. Aussi dans beaucoup de lieux n'occupe-t-elle qu'un rang en quelque sorte secondaire à côté de l'olivier, de la vigne et même du mûrier. — Le premier de ces végétaux offre une des manières les plus avantageuses d'utiliser les terrains d'une nature médiocre; le second, qui ne couvrait d'abord que les coteaux les plus favorables à la production du vin, s'est peu-à-peu étendu à la plaine, surtout depuis que l'art de la distillation a fait de nouveaux progrès. Les vins de table sont récoltés en grande partie sur les terrains pierreux et caillouteux; ceux à eau-de-vie, dans les fonds gras et fertiles où l'abondance supplée à la qualité. « C'est ainsi, dit M. DE GASPARIN, que la vigne s'est étendue sur une grande surface, destinée auparavant à la culture des grains qu'elle a remplacés avec avantage. La quantité d'engrais s'est trouvée réduite, les vignes pouvant même s'en passer tout-à-fait ; la sécheresse n'a plus été regardée comme un fléau avec ce robuste végétal, qui va puiser si profondément les sucs et l'humidité de la terre; les cultures d'hiver de la vigne se sont bien associées avec celles des terrains à blé environnans, et ont offert un utile emploi de temps aux ouvriers des pays qui ne cultivaient que le blé, et qui étaient oisifs dans cette saison. La récolte qui tombe également avant les semailles, a donné les mêmes avan-

tages.... La sécheresse de nos étés favorise la maturité et ne nuit pas à la quantité; les pluies ne surviennent guère qu'après les vendanges, et elles ne sont jamais assez continues pour qu'on ne trouve toujours le temps de les faire; les produits, surtout ceux des vignes à eau-de-vie, s'écoulent facilement et sont payés comptant au moment de la livraison, ce qui permet de réaliser sur-le-champ la rente de l'année; enfin, il n'y a plus de jachères, beaucoup moins de cultures, et le produit net des vignes, dont l'exploitation est aidée par tous les progrès des sciences physiques appliquées à l'art de la distillation, est plus considérable que celui des terres à blé, soumises encore à l'ancienne routine. Dans les régions à pluies d'été, une culture aussi simple serait impraticable (1).... » — Le mûrier s'est aussi emparé, depuis une quinzaine d'années surtout, de l'intérieur des champs dont naguère il ne formait que la bordure (2); ses produits sont, selon la réussite habituelle des vers-à-soie dans les différens cantons, ou supérieurs ou égaux à ceux de la vigne, et sa multiplication paraît cependant à peine proportionnée aux besoins croissans de la consommation.

Parmi les plantes herbacées la garance est une de celles dont la culture se lie le mieux à toutes les convenances agricoles du midi. Elle s'associe très-bien au blé, remplit l'intervalle de repos qui est nécessaire à la terre pour devenir susceptible d'en porter avantageusement de nouvelles récoltes, et donne ainsi les moyens d'établir un assolement régulier. Malheureusement, si elle réussit parfaitement dans les terrains légers et profonds du bassin central de Vaucluse, grâce aux infiltrations naturelles de la Sorgues; sur les bords de la Durance, et dans quelques autres lieux dont la position particulière combat et détruit les effets du climat, il ne peut en être partout ainsi. — Le safran n'occupe qu'une faible étendue de terrain. C'est plutôt un produit de petite que de grande culture. — On peut en dire autant du chardon à bonnetier, quoique cette plante, très-lucrative et qui résiste bien à la sécheresse, ait gagné du terrain depuis quelques années. — Le chanvre est d'une certaine importance pour plusieurs parties des départemens de la Haute-Garonne, du Tarn, du Gers, etc. Mais autant au moins que la garance, il exige des terrains de choix. — Enfin, il est encore un petit nombre de végétaux propres aux arts, dont on peut obtenir des récoltes avantageuses dans quelques localités privilégiées, sans qu'aucun présente une ressource générale pour les assolemens du midi. Les uns ne peuvent résister aux chaleurs printanières et estivales; les autres exigent plus d'engrais qu'on ne peut leur en donner dans des contrées où les herbages naturels offrent la principale, presque la seule ressource pour la nourriture des bestiaux.

Le grand problème serait donc de trouver des *plantes fourrageres qui pussent s'accommoder au climat*. Partout où l'on a pu le résoudre à l'aide des irrigations ou de toute

_____

(1) Ce que dit ici M DE GASPARIN s'applique surtout au Bas-Languedoc.
(2) Principalement en Dauphiné et en Languedoc.

autre manière, il est devenu facile d'établir de bons assolemens. Depuis fort longtemps, on cultive de la luzerne, du sainfoin et surtout des vesces et des orges coupées en vert, dans nos départemens méridionaux. Toutefois, le premier de ces fourrages, semé sur une petite étendue de terrain, plutôt comme une nécessité, pour avoir quelque peu de bonne nourriture à donner aux brebis nourrices ou aux bêtes de travail dans les temps de travaux, que pour arriver à un système d'assolement général, ne donne pas la moitié des produits qu'on en retire dans le nord et le centre ; — le sainfoin, cultivé surtout dans la vallée du Gardon où l'on prolonge sa durée autant que possible, et jusqu'à ce qu'il soit remplacé en grande partie par les graminées vivaces, parcourt peu-à-peu les différentes parties du domaine dont il occupe à peine le huitième ou le dixième de la surface, parce que les sécheresses du printemps rendent la récolte presque nulle un an sur trois au moins; plusieurs années se succèdent même trop souvent sans qu'on en obtienne aucun produit, et dans tous les cas le maximum de ce produit se fait attendre jusqu'à la troisième année. — Le trèfle réussit assez ordinairement quand on parvient à le faire bien lever; mais là se trouve la difficulté. Semé au printemps sur le blé, on ne peut espérer de le voir germer que dans les années particulièrement humides; semé en automne, les froids de l'hiver le détruisent dans ces climats sans neige plus souvent encore que dans les contrées du centre ; — le trèfle incarnat semble admirablement constitué pour le midi, mais, outre qu'il exige un terrain assez riche pour prospérer, au lieu de lui donner de la fertilité il l'épuise au point d'être suivi d'un blé très-médiocre. Enfin, dans beaucoup de lieux il est entièrement dévoré par les limaces. — Les raves ne peuvent être cultivées en seconde récolte à cause des sécheresses estivales et des ravages des insectes; semées au printemps, elles n'ont pas le temps de grossir; — la pomme-de-terre donne rarement une pleine récolte, parce que la fraicheur lui manque pendant sa croissance. — Enfin, on peut dire d'une manière presque absolue que toutes les plantes à végétation printanière ne réussissent en quelque sorte complètement que dans des cas d'exception. Or, si l'agriculteur doit nécessairement s'attendre à être frustré quelquefois de ses espérances par des saisons extraordinaires, peut-on espérer qu'il luttera sans cesse contre l'ordre naturel de son climat, quand il n'aura que ces mêmes saisons extraordinaires pour chance de réussite ? — Dans le midi, pour changer la face de l'agriculture, il faudrait donc trouver des plantes dont la végétation eût lieu en automne, pendant la saison pluvieuse. — Nous verrons que les carottes et surtout les betteraves, qui remplissent au besoin cette importante condition, ont déjà rendu et sont, je crois, appelées à rendre d'importans services.

Dans les climats à pluies printanières, les ressources du cultivateur sont incontestablement beaucoup plus grandes. Si l'olivier, la vigne et même le mûrier ne lui présentent plus les moyens de supprimer sans labour

les stériles jachères, et de retirer du sol, à peu de frais, de précieuses récoltes ; d'un autre côté, il peut étendre à son gré les prairies ou les pâturages naturels ; sauf le cas où la nature du sol s'y oppose, il peut multiplier à son gré les prairies artificielles et varier leur succession de la manière la plus avantageuse pour ajouter à leur produit et augmenter celui des cultures suivantes; enfin, il peut les intercaler non seulement aux céréales, mais à la plupart des végétaux les plus recherchés par leurs qualités nutritives ou leurs propriétés dans les arts.

§ VI. — Influence de la consommation locale.

J'ai dit qu'après la connaissance du sol et du climat dont je crois avoir assez fait sentir l'importance par les exemples précédens, on devait aussi prendre en considération *les besoins de la consommation locale.* Cette proposition n'a guère besoin de développemens. Il est tout simple en effet de calculer la valeur des produits d'après la facilité plus ou moins grande des débouchés, et de choisir, entre toutes les productions, celles dont la vente est le plus assurée et doit entrainer le moins de frais. Une telle question se rattache à deux autres : *la proximité des populations agglomérées ou des fabriques industrielles; — l'état d'entretien des routes et des chemins de communication.* — Au nombre des frais les plus fâcheux dans une ferme bien organisée, il faut sans contredit mettre ceux de transport lorsqu'on est dans la nécessité de les trop multiplier. Si l'on considère d'une part combien le temps est précieux pour le cultivateur qui le sait employer, et combien de l'autre il est important dans diverses saisons de ménager la force et la santé des animaux de trait;—si l'on songe que dans un pays comme celui que j'habite (Maine-et-Loire), où les journées d'hommes ne sont estimées, selon l'époque de l'année, que 20, 25 et 30 sous, lorsqu'ils viennent faire à prix d'argent les labours des terres de la vallée, demandent au moins 12 francs pour le travail d'un jour de charrue, on comprendra combien la distance, et les moyens plus ou moins faciles de la parcourir, peuvent influer sur le genre de production qu'on doit demander au sol, quelle différence il doit exister entre un pays coupé de canaux ou de routes, de toutes parts accessible au commerce et couvert de fabriques diverses, et celui qui ne jouit d'aucun de ces avantages. — La construction d'une sucrerie de betteraves, d'une distillerie, de moulins à huile, la seule proximité d'un routoir vaste et commode pour les chanvres ou les lins, et bien d'autres circonstances analogues, peuvent changer entièrement l'aspect de l'agriculture de toute une contrée; et déjà, depuis que l'emploi des prestations en nature a permis aux communes les plus pauvres de réparer les chemins vicinaux, on peut juger de l'avenir que préparent aux départemens arriérés de la France la facilité croissante des transports et des communications.

Dans le voisinage des grandes villes où les engrais abondent, on peut se livrer avec beaucoup plus d'avantage que partout ail leurs aux cultures industrielles qui exigent presque toutes des terres richement fumées. — On trouve un débit plus facile des fourrages surabondans et des plantes potagères dont les récoltes, très-productives en pareille position, ne pourraient l'être ailleurs sur une aussi grande échelle. — Dans le Nord, la fabrication de la bière et de l'eau-de-vie de grains ajoute beaucoup à la valeur vénale de l'orge et du seigle. — Près d'un four à chaux ou à plâtre, d'un dépôt de marnes, d'une tourbière dont les cendres s'obtiennent à vil prix, il devient facile d'améliorer la qualité du sol et de varier les assolemens; tandis qu'en des lieux reculés et privés de ces ressources, toutes choses égales d'ailleurs, il ne reste souvent à spéculer que sur l'élève, l'entretien et l'engraissement des animaux de trait, de lainages et de boucherie. — On conçoit que chaque localité doit avoir, sous ce point de vue, des besoins particuliers et des ressources différentes.

§ VII.—Influence du manque de bras et de capitaux.

On a pu remarquer qu'en général *l'accroissement de la population dans les campagnes* a amené tout naturellement des améliorations dans la pratique des assolemens. C'est que partout où il a fallu répartir plus de travail sur un même espace, ce travail a été d'abord mieux fait, plus productif, et qu'on a successivement senti le besoin et reconnu la possibilité de l'étendre sur toutes les parties de la ferme. A mesure que les propriétés se subdivisent en petites exploitations, il ne reste plus de place pour les jachères périodiques; les cultures fourragères remplacent de toute nécessité les maigres pâturages que les bestiaux cherchaient sur ces dernières, et la production augmente, en proportion de l'industrie du cultivateur, avec l'impérieux besoin de produire davantage. Tel est, il faut le reconnaître avec joie, l'état nouveau de plusieurs de nos départemens; cependant il est impossible de ne pas voir qu'en trop de lieux, tandis que les populations ouvrières surabondent dans les grandes villes, les bras manquent encore dans les champs; leur rareté, et l'absence du matériel propre à les remplacer, est peut-être l'un des plus grands obstacles à l'introduction ou à la propagation, sur une échelle raisonnable, des cultures binées et sarclées, élément on peut dire indispensable des récoltes jachères. *A côté du manque de bras, il faut placer celui des capitaux*, qui en est souvent la première cause, et qui s'oppose d'une manière encore plus absolue à un changement subit de système. Ce n'est pas seulement pour payer les frais de main-d'œuvre, assez considérables, qu'exigent les binages, les butages, les sarclages, etc.; pour acquérir les instrumens perfectionnés dont on ne peut se passer dans une exploitation où l'on a adopté ce genre de culture, que le besoin d'argent se fait sentir; c'est aussi, et surtout, pour l'acquisition et l'entretien d'un plus grand nombre de bestiaux; car, s'il est vrai que le principal avantage d'un bon assolement soit de produire en abondance des récoltes desti-

nées à la nourriture des animaux et, selon les localités, à l'engraissement d'un plus ou moins grand nombre d'entre eux, afin de donner les moyens de fumer copieusement les terres et d'augmenter leur fertilité, tout en ajoutant aux récoltes de végétaux les produits souvent plus lucratifs d'un autre règne; il l'est aussi qu'on ne peut arriver là sans dépenses premières, et que le capital d'une ferme doit être plus élevé lorsqu'on veut la cultiver sans jachère, que lorsqu'on persiste dans l'ancienne routine, ou, en d'autres termes, que les avances doivent être proportionnées aux profits, comme dans toutes les autres branches d'industrie.

Du reste, ces avances ne sont pas toutes de nature à être faites par le fermier. Le propriétaire ne s'aperçoit pas toujours assez qu'il doit y contribuer pour sa part. Les anciennes constructions rurales, par leur exiguité, sont presque partout fort en arrière des besoins de l'époque actuelle; non seulement des locataires plus nombreux y seraient fort mal à l'aise, mais ils n'y rencontreraient ni les greniers vastes et aérés indispensables à la conservation de leurs récoltes, de sorte qu'ils se verraient, plus encore qu'aujourd'hui, dans l'obligation de livrer parfois à vil prix les denrées dont ils trouveraient cependant avantage à différer la vente; — ni les granges qui leur permettraient de reporter une partie des travaux de la récolte au moment où ils pourraient les effectuer sans nuire à leurs autres occupations; — ni les étables et les bergeries susceptibles de recevoir commodément et sainement les bêtes bovines et ovines que la ferme peut nourrir. Cette dernière circonstance mérite d'être signalée d'autant plus sérieusement que l'excellente coutume de nourrir les bestiaux à l'étable, et de faire parquer le moins possible les troupeaux, commence à se répandre parmi nous. — Je dois renvoyer à ce sujet le lecteur au livre II, et à l'article *Bâtimens ruraux* du VI° livre de cet ouvrage.

La durée des baux, qui devra aussi nous occuper ailleurs, est un autre point fort important dans la question que je traite. Les améliorations qu'un bon système d'assolement peut apporter au sol ne se font sentir que lentement. Il est juste que le fermier ait le temps d'en profiter; d'ailleurs, en bornant outre mesure la durée de son bail, on le prive souvent d'une partie des ressources que lui offriraient autrement les cultures industrielles et les plantes fourragères; on le contraint à ramener trop souvent les mêmes espèces sur les mêmes soles, au détriment de la propriété.

Tout considéré, on s'est donc souvent élevé avec plus de véhémence que de raison contre ce qu'on a cru devoir appeler la routine et l'entêtement des gens de la campagne, et l'on peut juger, d'après ce qui précède, que les améliorations ne sont pas toujours aussi faciles qu'on peut le croire en examinant superficiellement les questions agricoles. Les paysans tiennent certainement beaucoup, souvent beaucoup trop, à leurs anciennes habitudes; cependant, s'ils prêtent peu l'oreille aux raisonnemens abstraits, ils savent très-bien ouvrir les yeux devant l'exemple du succès, et si les nouvelles pratiques ne se répandent pas partout aussi promptement, cela tient surtout à ce qu'elles ne sont pas partout aussi profitablement applicables.

§ VIII. — De l'étendue relative de chaque culture dans une ferme.

Ce n'est pas encore tout de trouver un assolement qui convienne à la terre, au climat et même à la localité; il faut le coordonner de manière à pouvoir en suivre toute l'année les travaux avec régularité, et ne pas être surchargé dans certains momens et inoccupé dans d'autres. — Il faut aussi que l'étendue relative de chaque sole soit calculée de manière à établir une balance favorable entre les produits de la terre et ceux des animaux qu'elle nourrit et qui doivent la fertiliser. Cette seconde question, plus que la première, a besoin de développemens.

On considère ordinairement chaque ferme comme divisée en deux parties inégales: l'une réservée aux prairies ou autres pâturages naturels, la seconde soumise à un assolement plus ou moins régulier. Cette dernière se subdivise assez souvent en autant de soles seulement que l'assolement compte d'années; ainsi, dans la rotation triennale avec jachère (*fig.* 380), le terrain se trouve partagé annuellement par tiers.—Dans la rotation quadriennale (*fig.*381), on obtient chaque année quatre

Fig. 380.

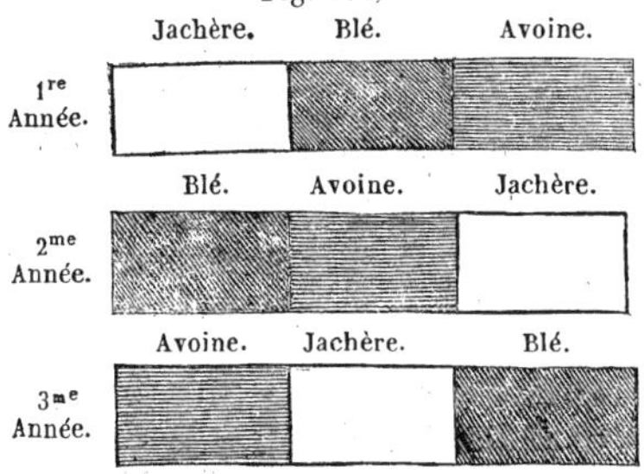

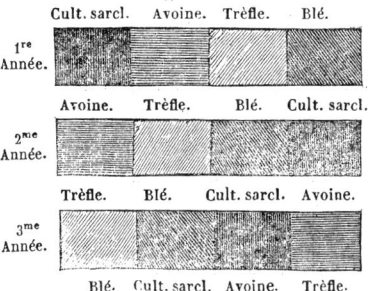

Fig. 381.

lement par tiers.—Dans la rotation quadriennale (*fig.*381), on obtient chaque année quatre

Fig. 381.

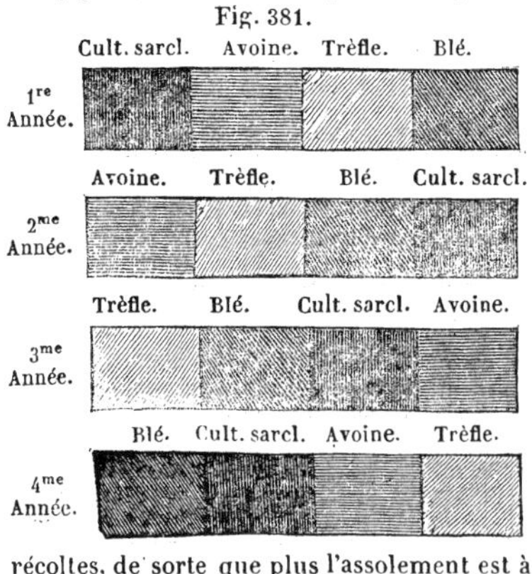

Cult. sarcl.   Avoine.   Trèfle.   Blé.

1re Année.

Avoine.   Trèfle.   Blé.   Cult. sarcl.

2me Année.

Trèfle.   Blé.   Cult. sarcl.   Avoine.

3me Année.

Blé.   Cult. sarcl.   Avoine.   Trèfle.

4me Année.

récoltes, de sorte que plus l'assolement est à long terme, à moins qu'il ne comprenne des

plantes vivaces qui occupent le sol plusieurs années de suite, plus les produits annuels sont variés.

Il est pourtant des cas où *chaque sole est elle-même subdivisée en plusieurs autres soles* portant des récoltes de même nature, mais non identiques. — Ainsi, il peut arriver que l'une des soles de céréales, dans l'assolement quadriennal, se compose d'orge et d'avoine; — que la sole des plantes sarclées soit cultivée partie en pommes-de-terre et partie en navets ou en betteraves; que celle des prairies artificielles ne soit pas enfin exclusivement occupée par le trèfle.

Il peut également arriver que *tandis qu'on laisse à certaines soles toute leur étendue relative,* comme par exemple le tiers des terres assolées régulièrement dans une rotation de trois ans, le quart dans une rotation de quatre ans, et ainsi de suite, on trouve néanmoins convenable *d'en partager certaines autres,* conformément au principe déjà posé de modifier les produits selon les besoins de la consommation et du commerce local, et surtout selon la quantité de fourrages artificiels dont on a besoin. C'est ainsi que les céréales peuvent faire place en partie à quelques autres plantes utilisées dans les arts, telles que le lin, le chanvre, etc.; que les racines fourragères, comme les pommes-de-terre et les betteraves, peuvent être détournées de leur destination ordinaire, là nourriture des bestiaux, dans le voisinage des féculeries ou des fabriques de sucre; qu'elles peuvent disparaître presqu'entièrement devant des récoltes également binées et sarclées, mais plus épuisantes et plus productives, comme celles du colza, de l'œillette, etc., dans les localités où les engrais abondent; enfin que les prairies artificielles, en des circonstances analogues, peuvent être réduites à très-peu de chose. Un exemple rendra ceci plus clair ; je le prendrai chez moi : — La petite ferme de Saint-Hervé, située sur les rives de la Loire, se compose de : six hectares et demi de terres labourables ; — deux hectares de *pâture* plantée en têtards de frêne et de saule ; — deux hectares et demi de prairies naturelles;—et un hectare de *luisette* ou plantation de bordure du fleuve, jardin, verger, bâtimens et cour.

Sur ces douze hectares, 5 1/2 sont donc hors d'assolement ; — 2 1/2 produisent une herbe fauchable, de bonne qualité ; — 3, disposés de manière à ne pouvoir être défrichés sans inconvéniens, à cause des inondations fréquentes du fleuve, servent de pâturages aux vaches laitières ou nourrices et aux élèves destinés à la boucherie ou au marché ; — enfin 6 1/2 sont cultivés par parties inégales en lin, chanvre, céréales, et une très-petite quantité de pommes-de-terre pour les besoins du ménage et l'engraissement des porcs.

Sans aucuns frais de culture, à l'aide de la prairie, de la pâture dont je viens de parler et du *brout,* ou, en d'autres termes, des feuilles d'orme et de frêne dont il fait dépouiller les arbres, à la fin de l'été et au commencement de l'automne, pour ajouter à la nourriture du bétail, le fermier actuel conserve, selon les années plus ou moins favorables, de six à huit vaches; il élève deux génisses et deux taureaux, et le plus souvent, outre la jument destinée à faire ses charrois, il nourrit encore un jeune poulain.

On conçoit qu'en des circonstances semblables les prairies artificielles ou les racines fourragères occuperaient une place utilement réservée aux plantes panaires et surtout aux plantes filamenteuses ci-dessus indiquées. — Il en sera de même partout où les herbages croissent spontanément avec succès, car peu de produits fourragers peuvent être comparés à ceux d'une *bonne* prairie, parce qu'aucun ne s'obtient a moindres frais. *Dans la plupart des cas* il en est toutefois autrement. Les prairies naturelles ne pouvant suffire, la première condition de succès doit être de proportionner l'étendue des fourrages à celle des cultures fumées. — La règle générale à cet égard est *qu'une moitié environ des terres consacrées aux végétaux herbacés soit conservée ou cultivée en plantes fourragères.* Ainsi, sur une exploitation de 20 hectares en suivant un assolement quadriennal, voici quels seraient à peu près les résultats : — Betteraves, pommes-de-terre, navets, choux ou autres cultures binées et sarclées, 5 hect. formant la 1ʳᵉ sole de la 1ʳᵉ année (voyez la *fig.* 381); — avoine, 5 hectares formant la 2ᵉ sole de la 1ʳᵉ année; — trèfle, 5 hectares formant la 3ᵉ sole de la 1ʳᵉ année; — blé froment, 5 hectares formant la 4ᵉ sole de la 1ʳᵉ année. — En tout, 10 hectares céréales et 10 hectares racines ou plantes fourragères, dont quelques-unes sont également propres à la nourriture de l'homme ou à divers usages économiques ou industriels.

La seconde année, les cultures sarclées succéderont au blé, de sorte que la dernière sole de la 1ʳᵉ année deviendra la première de la 2ᵉ; — le blé prendra la place du trèfle, — le trèfle celle de l'avoine, et ainsi de suite, de manière à donner tous les ans les mêmes résultats.

Les calculs précis que M. DE MOREL-VINDÉ a établis d'après un grand nombre de recherches faites avec soin dans beaucoup de lieux différens et pendant bien des années, ne s'éloignent pas beaucoup de cette approximation.

« Sous la main du moissonneur ordinaire, dit-il, la gerbe de blé donne la botte de paille, poids marchand de 10 à 11 livres. — Les deux gerbes d'avoine font la botte de paille, poids marchand de 18 à 20 livres. — L'hectare de blé froment produit environ 720 gerbes et par suite 720 bottes de paille. — L'hectare d'avoine produit 600 gerbes et par suite 300 bottes de pailles. — L'hectare de bonne prairie artificielle produit, tous regains compris, bien nourrie et empaillée, poids marchand de 10 à 11 livres. — Toute bête bovine ou cavalière, ou sa représentation par 12 bêtes à laine, bien nourrie et empaillée, donne un tombereau de fumier par mois, soit 12 par an. — Pour fumer convenablement une bonne exploitation, il faut compter par chaque hectare, l'un dans l'autre, six tombereaux de fumier par an.

» En faisant l'application de ce qui précède, je crois pouvoir avancer qu'en toute bonne exploitation *il faut, pour chaque double hectare :* 1° *une bête bovine ou cavalière, ou leur*

équivalent en bêtes à laines ; — 2° *pour chacune de ces bêtes bovines ou son remplacement, les pailles d'un hectare, dont moitié en paille de blé, l'autre en paille d'avoine et de plus le fourrage tant vert que sec d'un demi-hectare en prairie artificielle.* »

» D'après ce principe, de quelque manière qu'il soit retourné, il faut toujours *un quart en froment,* — *un quart en avoine,* — *un quart en prairies artificielles;* — *et un autre quart en culture nettoyant le sol.*

» Appliquant à cette division de l'exploitation la proportion constante d'une bête bovine pour deux hectares de terre, dont 1/2 hectare en blé, un autre en avoine et un troisième en prairies artificielles, je trouve ce qui suit : — la bête bovine ou cavalière, ou leur remplacement par douze bêtes à laine, exige en paille de blé 360 bottes, et c'est juste ce que le demi-hectare de blé produit; — elle demande en paille d'avoine 150 bottes, et c'est juste ce que donne le demi-hectare en avoine; — elle veut en fourrages secs d'hiver 360 bottes, plus, en fourrages verts d'été, à l'étable, l'équivalent de 240 bottes, et c'est encore juste ce qu'on récolte sur un demi hectare de prairies artificielles; — enfin, elle donne au fermier 12 tombereaux par an, et c'est précisément ce qu'exige la fumure de deux hectares.

« Il est donc évident que, dans les proportions que je viens d'établir, tout et de toutes parts se trouve en rapports certains et rigoureux...... » (*Mémoires de la Société royale et centrale d'Agriculture.*)

Si toutes les terres étaient également fertiles et toutes les saisons également favorables, un tel calcul démontrerait suffisamment la possibilité de détourner, à peu près en entier, le dernier quart de la ferme, de l'usage auquel la plupart des agronomes recommandent de l'employer, la culture des plantes sarclées fourragères. Malheureusement il faut sans cesse répéter que rien n'est absolu en agriculture. Les calculs les plus précis dans un lieu peuvent manquer de justesse dans un autre, et chacun doit être en état de les refaire pour son compte. — Dans bien des lieux on jugera que les prairies sont moins productives que celles qu'a eu en vue M. DE VINDÉ; le fussent-elles autant, on trouvera encore non seulement que la masse d'engrais, en dépit de l'abondance des litières, est insuffisante, mais que le nombre des bestiaux peut être augmenté avec facilité et profit. Aussi n'est-il nullement rare de le voir du plus du double, même dans les fermes dites à grains, et peut-on, je crois, poser en fait, comme on doit l'induire de ce que j'ai précédemment avancé, que, dans la plupart des cas, le quatrième quart de l'exploitation, à moins que l'étendue des prairies ou des pâturages naturels ne permette d'admettre une autre marche, devra être cultivé, au moins partiellement, en racines ou autres plantes fourragères. Le cultivateur exploitant saura seul s'il est assez riche en engrais pour consacrer le reste à des récoltes sarclées plus productives et plus épuisantes, telles que celles de la plupart des végétaux propres aux arts; — s'il doit porter au marché une partie de ses pommes-de-terre, de ses foins, etc., ou les faire consommer en entier sur la ferme.

§ IX. — Des jachères.

Dans le paragraphe précédent, j'ai mis en regard deux assolemens, l'un avec jachère, l'autre sans jachère. Dans celui-ci je chercherai à développer *les avantages respectifs de l'un et de l'autre*. Il ne me restera plus ensuite, avant de faire connaître les exemples des meilleures successions de culture, qu'à dire quelques mots des récoltes mélangées et multiples sur le même sol.

Afin d'apprécier convenablement ce qui a été dit pour et contre les jachères, il n'est pas indifférent de rappeler d'abord que, selon les lieux et les circonstances, elles n'ont ni le même but, ni la même durée.

Dans l'assolement biennal, usité encore de nos jours dans une partie du midi, et dans l'assolement triennal qui le remplace sur plusieurs points du centre de la France, les jachères reviennent périodiquement de deux en deux ou de trois en trois ans. — Leur but principal est de reposer la terre en l'empêchant de porter continuellement des céréales; — de donner le temps et les moyens de la façonner convenablement, de manière à prévenir l'envahissement des mauvaises herbes ; — enfin, accidentellement, de ménager quelque dépaissance aux troupeaux.

Sous le premier point de vue, si ces sortes de jachères ont un but d'utilité incontestable, il n'en est pas moins vrai qu'elles ne remplissent qu'imparfaitement ce but, d'abord parce qu'elles n'éloignent pas assez le retour des blés; ensuite, parce que les plantes qui croissent spontanément sur le sol ne sont presque jamais celles qu'il importerait de lui faire porter comme culture reposante, — parce qu'elles ne couvrent qu'une partie de sa surface ; — qu'enfin les débris dont elles enrichissent la couche labourable sont le plus souvent d'un effet peu appréciable.

Sous le second point de vue, l'avantage est plus marqué. Ce qui a été dit, à l'article *labour*, des heureux résultats de l'ameublissement du sol, me dispense d'entrer ici dans de longs détails à ce sujet. — Sur une grande partie du sol de la France, le cultivateur, après la récolte d'orge ou d'avoine qui précède le froment, commence immédiatement à préparer sa terre pour le semis qui aura lieu vers la fin de l'année suivante. Le labour qui succède à la moisson et le hersage dont il est ordinairement suivi, contribuent à détruire les plantes vivaces à racines traçantes, en exposant ces dernières à l'action énergique du soleil d'août; ils enterrent les grains des herbes annuelles qui sont tombées par suite de l'action de la faucille. — Le second labour donné aussi avant l'hiver ramène ces graines près de la surface, et les met pour la plupart dans les conditions les plus favorables à la germination; — il ouvre la terre aux influences des gelées. — Le troisième n'a lieu qu'après les semailles de printemps; il détruit les plantes qui ont levé ou qui recommencent à végéter de leurs racines : — il fait germer une partie de celles qui se trouven* encore dans la terre, et qui devront

être détruites à leur tour par les labours subséquens. On en donne parfois deux et trois dans le cours de l'été. — Nul moyen ne serait préférable s'il ne s'agissait que de nettoyer complètement le sol de tous les végétaux adventices.

Disons toutefois qu'*une simple jachère d'hiver* qui n'exclut pas les semis de printemps, ou *une jachère d'été* qui n'empêche nullement les semis d'automne, et qui ne reviennent, l'une et l'autre, de loin en loin, que lorsque l'impérieux besoin d'amender ou d'ameublir extraordinairement le sol, ou de le purger des plantes nuisibles se fait sentir, suffit le plus souvent pour obtenir le résultat désiré.

Quant au troisième but, celui d'obtenir momentanément un peu de pâturage, il est évident qu'on ne peut l'atteindre en suivant la méthode que je viens d'indiquer; aussi n'est-il pas rare de restreindre le nombre des labours à trois, même à deux, et de les différer jusqu'aux approches des semailles. Dans ce cas les frais de main-d'œuvre sont moins considérables; — la jachère donne quelque produit, mais l'objet qu'on devait principalement se proposer est en partie manqué; car deux labours sont loin de suffire pour faire périr les chiendents, une grande partie des mauvaises graines restent intactes, au détriment de la céréale suivante, et la terre n'est pas divisée comme elle devrait l'être; à mon gré, quelques brins d'une herbe médiocre ne sont pas une compensation suffisante à un tel inconvénient.

Je pose donc en fait que de semblables jachères ne peuvent être considérées comme productives. Il serait déraisonnable de ne pas reconnaître leurs bons effets sur les cultures dont elles sont suivies; mais voyons si ces effets ne sont pas trop chèrement payés.

Bien qu'il soit approximativement possible d'estimer le prix des labours dans chaque localité particulière, il devient à peu près impossible de le faire pour toute la France, à moins de prendre un terme moyen dont le résultat serait plus satisfaisant pour les esprits purement spéculatifs qu'utile aux praticiens. Ce prix varie en effet en raison de la nature du sol, — du degré de perfection des charrues, — de la rapidité plus ou moins grande du travail, — du prix de main-d'œuvre dans chaque localité, et du nombre d'hommes et d'animaux de trait employés aux opérations agricoles. — Il varie aussi nécessairement de ferme à ferme, et souvent d'année à année, par suite de la facilité plus ou moins grande avec laquelle on peut pourvoir à la nourriture du bétail. — Enfin il varie encore accidentellement, eu égard au moment où le travail doit être effectué; car il est évident que s'il était possible de trouver un instant où les animaux fussent complètement inoccupés, comme il faut néanmoins pourvoir à leur entretien en pareil cas, le labour devrait être estimé moins cher. Il devrait l'être au contraire d'autant plus qu'il entraverait d'autres travaux d'une plus grande importance.

Dans tous les cas, les labours sont toujours des opérations dispendieuses, d'abord parce qu'ils prennent beaucoup de temps ; — qu'ils fatiguent les hommes et les animaux de trait — qu'ils ajoutent aux frais d'entretien de ces derniers; et, d'un autre côté, parce qu'ils forcent à en élever le nombre et à diminuer d'autant celui des vaches laitières ou nourrices, des élèves ou des bœufs à l'engrais, de tous les animaux enfin qui donnent à la ferme d'autres produits que leur travail, et dont la quantité est nécessairement proportionnée à celle des fourrages.

Ce que j'ai dit prématurément ci-dessus, du prix effectif d'une journée de charrue sur quelques points de la France, prouve l'importance que les paysans attachent au travail de leurs bœufs. A 12 fr. par jour, un 1er labour de jachère coûterait, selon la nature du sol, de 40 à 50 fr. par hectare; — qu'on juge d'après cela des frais d'une jachère complète; — à la vérité les dernières façons sont moins pénibles et plus rapides que les premières et les labours, ne sont pas partout exécutés aussi chèrement que dans l'ouest; mais, de cet exemple on peut conclure que M. PICTET de Genève ne s'écarte pas des bornes du vrai, au moins pour beaucoup de nos départemens, lorsqu'après avoir calculé sur un nombre moyen de 3 animaux de trait à 2 fr. chaque, et de 2 hommes à 1 f. 50 c., en tout 9 fr. pour la journée, il ajoute : « J'estime que l'étendue moyenne de terrain labouré dans une journée de charrue, répond à l'espace nécessaire pour semer 5 myriagrammes (1 quintal de froment) : or, comme ce terrain (environ 26 ares) est labouré six fois dans le cours de la jachère, il faut multiplier 9 fr. par 6, ce qui donne 54 fr. pour le prix du travail de la charrue. Je suppose quatre hersages seulement, y compris celui de semaille, dans tout le cours de la jachère; un cheval et un homme suffisent à herser ce que quatre charrues peuvent labourer; la journée de l'homme et du cheval peut s'estimer 3 fr. 50 c. Le nombre des journées de hersage se trouve égal au nombre de quintaux de blé que l'on a à semer, c'est 3 fr. 50 cent. à ajouter à 54 fr., soit 57 fr. 50 cent. — Si l'on suppose que, dans le cours de la jachère, on ait fait ramasser les racines de chiendent, si l'on a fait casser les mottes après la semaille, si l'on ajoute les frais du semeur et ceux des rigoles d'écoulement, on verra que les frais de la jachère complète montent au moins à 60 fr. pour un espace de terrain qui reçoit 5 myriagrammes de blé. Je ne fais entrer dans ce calcul ni le prix du fumier, ni son charroi sur les terres, parce que ces deux objets de dépense sont les mêmes lorsqu'on ne suit pas le système des jachères. »

En continuant ce calcul, on trouverait que les frais de culture seulement d'un hectare 4 ares s'élèveraient à 240 fr.

Que l'on ajoute à cette somme le prix de deux années de ferme, puisque celle de jachère coûte beaucoup sans rien produire;— celui des engrais, toujours moins abondans d'après ce système que d'après celui des cultures alternes ; — celui de la semence ; — enfin, celui des travaux de récolte, d'emmagasiuement et de transport, et que l'on juge, en comparant les produits, de combien le cultivateur sera en déficit s'il veut estimer à leur plus basse valeur, je ne dirai pas même

son industrie, mais le travail de ses bras celui de ses domestiques et de ses animaux de charrue.

Du reste, il est fort rare que l'on donne jusqu'à six labours de jachère, ou du moins que l'on emploie ce procédé autrement que de loin en loin sur des terres que l'on veut à tout prix débarrasser des mauvaises herbes qui les ont envahies. Le plus ordinairement on se contente de trois labours et de quelques hersages. Les frais se trouvent ainsi considérablement diminués; mais tels qu'ils sont, on peut encore les considérer comme exorbitans.

L'évaluation des frais dans les circonstances les plus favorables de l'assolement triennal doit donc reposer sur les bases suivantes : —Prix de location d'un hectare pendant 3 ans ; — 3 labours au moins de jachère ; — un labour au moins pour la seconde céréale; — une fumure.

Celle des bénéfices ne peut porter que sur deux récoltes ordinairement assez chetives de céréales.

Dans l'assolement quadriennal on aura : — prix de location pendant 4 ans ; — 4 labours, 2 pour la culture sarclée, 1 pour la céréale qui lui succède, et 1 pour le blé qui remplace la prairie artificielle ; — façons d'entretien et d'arrachage des racines fourragères ; — fauchage de la récolte verte ; — une fumure; — et pour les bénéfices quatre récoltes.

De quelque manière qu'on envisage les résultats comparatifs, il résulte incontestablement de ce qui précède que, tandis qu'avec le premier assolement on donne deux fumures en 6 ans, on n'en donne pas plus en 8 ans avec le second; et que, toutes choses égales d'ailleurs, grâce à la propriété reposante et fécondante d'un trèfle rompu et en partie enfoui, au renouvellement de la rotation, on peut être certain que la terre sera cependant moins épuisée qu'après les deux céréales de l'assolement avec jachère; — que le nombre des labours doit être considéré comme à peu près le même dans les deux exemples, puisque, en suivant l'assolement triennal on en compte au moins quatre pour 3 ans : ce nombre est même souvent insuffisant, tandis qu'avec l'assolement quadriennal on peut également n'en donner que quatre : de sorte que les façons indispensables aux racines ou autres plantes sarclées et binées de la première année comptent pour la différence de la quatrième ; — qu'en suivant la 1re méthode on paie 3 ans de fermage pour ne récolter que deux fois, au lieu qu'en suivant la seconde, chaque année amène sa récolte; — que, dans le premier cas, il faut être particulièrement favorisé par la localité pour posséder, en dehors de l'assolement, les herbages naturels nécessaires à l'entretien, à l'éducation et à l'engraissement des animaux, et à une suffisante production des fumiers, tandis que, dans le second, les cultures destinées à procurer des fourrages alternant avec celles qui ont pour but de pourvoir à la nourriture de l'homme, on ne doit, sauf les obstacles que peuvent présenter les saisons, éprouver à cet égard aucun embarras. Si l'on objectait qu'en 12 ans, avec l'assolement quadriennal on n'obtiendrait que 6 récoltes céréales, tandis qu'à l'autre on en obtient 8, je répondrais, avec la conviction de l'expérience, qu'en portant un tiers seulement de grains en sus par chaque rotation de 4 ans, on doit se trouver presque partout au-dessous de la vérité, et qu'ainsi, sous ce seul rapport, la balance serait *au moins égale* au bout de 12 ans, tandis qu'on devrait compter, en faveur de l'assolement sans jachère, *tous les autres produits*.

C'est avec intention que j'ai choisi les deux exemples précédens (voy. *fig.* 380 et 381). Il fallait, en regard de l'ancienne pratique, prouver qu'on pouvait s'en écarter *facilement sans rien changer pour ainsi dire à la production principale*, celle à laquelle le fermier tient le plus, parce qu'elle lui représente un capital monétaire, et qu'il ne calcule pas si bien la valeur des denrées qui se consomment dans son exploitation, et qui doivent cependant lui rapporter, sinon aussi directement, au moins aussi sûrement, des produits d'une vente également assurée, tels que le beurre, la laine, le lard, la viande de boucherie, etc. — La rotation quadriennale offre d'ailleurs un de ces assolemens à court terme qui joint au mérite de pouvoir être adopté dans un très-grand nombre de cas, celui de donner des bénéfices satisfaisans, dès qu'il est bien établi, et de tenir les terres constamment en bon état sans augmenter bien sensiblement les frais de culture. Du reste, cet assolement pourra être modifié selon les lieux, soit en substituant le seigle, l'orge, le froment même à l'avoine, soit en remplaçant les pommes-de-terre par des betteraves, des rutabagas, des navets, des choux, etc., soit enfin en mettant à la place du trèfle, de 8 an 8 ans, un autre fourrage légumineux annuel, si l'on s'aperçoit que sa végétation s'affaiblisse après un certain temps.

A côté des jacheres biennales ou triennales, dont l'étendue diminue progressivement sur presque toute la France, il existe *d'autres jachères également périodiques ou semi-périodiques* qui doivent nous occuper aussi quelques instans. Celles-là surtout sont le résultat de l'insuffisance ou de la difficulté des moyens de culture. — En des contrées peu peuplées, privées de débouchés ; — sur des fermes trop vastes pour le fermier qui les dirige, dans l'impossibilité de cultiver annuellement toutes les terres, on assole seulement les meilleures, et on laisse les autres en jachère pendant un nombre d'années d'autant plus considérable qu'elles sont d'une culture moins productive. Parfois, après quatre ou cinq ans de repos, on rompt le pâturage dont elles se sont couvertes, et on les soumet à une rotation de quelques années seulement, puis on les abandonne de nouveau à elles-mêmes dès que les bons effets de la végétation herbagère et du pâturage des troupeaux cessent de se faire sentir. — D'autres fois, après un écobuage, on leur demande deux ou trois récoltes successives de pommes de-terre, et de céréales ou de sarrasin, qui paient tant bien que mal les frais de culture. Certes une telle pratique ne peut être recommandée d'une manière générale, mais il est telles circonstances où l'on ne doit pas non plus

la condamner trop absolument ; d'abord, parce qu'il est toujours vrai qu'il vaut mieux répartir la faible quantité d'engrais que produit une ferme sur une petite que sur une grande étendue de terrain, afin d'éviter au moins des frais de main-d'œuvre inutiles ; ensuite, parce qu'on rencontre certaines localités où, sans dépenses excessives, on peut regarder comme impossible de régler un assolement. Or, pour prêter beaucoup à la terre, il faut être sûr de le faire à un intérêt raisonnable.

Au moins si une jachère de plus d'une année ne donne pas de bien riches produits pendant sa durée, *elle en donne toujours quelques-uns*, souvent même d'assez importans, soit qu'elle se couvre d'herbages fourragers, soit qu'elle fournisse spontanément à la végétation des genêts ou des ajoncs dont il est facile de tirer parti. — Reste à comparer ces produits, obtenus sans travail, au prix de location du terrain. Je le répète, un pareil système n'est pas recommandable, mais on doit parfois le considérer comme une nécessité.

Au reste, cette difficulté d'établir une rotation à court terme sur quelques parties de la propriété, n'est pas un motif pour ne pas assoler convenablement le reste. Il est même assez rare que l'on ne cultive pas diverses parcelles hors d'assolement, tantôt en bois ou en pâturages, tantôt en prairies naturelles ou artificielles d'une longue durée. — Il est plus rare encore que l'on puisse adopter le même assolement sur toute une propriété d'une certaine étendue, parce que presque toujours la qualité du sol et son exposition varient ;—enfin, il n'est que trop ordinaire que les combinaisons les mieux calculées soient entravées par suite des vicissitudes des saisons. C'est au cultivateur qui connaît bien la ferme qu'il exploite, à se rappeler les principes et, dans ces cas exceptionnels, à modifier la pratique au gré des circonstances. Ce qui suit pourra le guider parfois utilement.

§ X. — Des récoltes mélangées et multiples.

S'il est vrai que les plantes d'une même espèce ou de plusieurs espèces analogues se nuisent dans leur rapprochement, parce que leurs résidus excrémentitiels ne peuvent se transformer en alimens qui leur soient propres, on devrait naturellement en conclure que les récoltes mélangées seraient préférables, en principe, aux cultures homogènes ; et, en effet, il est tels faits qui semblent appuyer cette théorie. — Sans parler des semis mélangés de seigle et de froment, d'orge et de froment, d'orge et d'avoine, sanctionnés dans plusieurs de nos départemens par une pratique de plusieurs siècles, on peut citer avec plus d'assurance les mélanges fourragers connus en divers lieux, et depuis tout aussi longtemps sans doute, sous les noms *d'hivernages, coupages, dragées*, etc., etc.

Les semis hétérogènes faits simultanément sur un même sol, peuvent présenter divers avantages et divers inconvéniens. **Afin** de mieux apprécier les uns et les autres, il faut ranger ces sortes de semis en deux classes : — ceux dont les produits, suivant à peu près les mêmes phases dans leur végétation, peuvent être récoltés en même temps; — et ceux dont quelques-uns des produits doivent prendre leur plus grand accroissement après la récolte des autres.

Pour les mélanges de la première sorte, la très-grande difficulté sera toujours, lorsqu'on visera à la récolte des graines, de trouver des plantes différentes qui puissent mûrir *exactement* à la même époque; sous ce point de vue, ceux dont je viens de parler relativement à nos principales céréales, ne sont pas sans inconvénient. A la vérité, il n'est pas impossible de citer quelques végétaux auxquels le même reproche ne puisse s'appliquer, et je dois rappeler à cet égard, comme preuve suffisante, le succès plus qu'ordinaire de la caméline semée avec la moutarde blanche; mais une pareille coïncidence est bien rare. Lorsqu'on cultive ensemble divers fourrages verts, la même difficulté n'existe plus, et alors je suis tout disposé à admettre que de semblables mélanges soient fort bons : tels sont les ensemencemens simultanés de fèves, de pois, de lentillons ou de vesces; — d'orge et d'avoine; — d'orge et de mélilot; — de trèfle blanc et de graminées, etc.

Quant aux récoltes successives produit d'un même semis, il est également hors de doute qu'elles peuvent être suivies, en bien des cas, des plus heureux résultats. Dans la Flandre, il est assez ordinaire de semer des carottes dans le lin; — ailleurs, c'est avec l'œillette; — aux environs de Coutances on sème souvent le colza et la caméline dans un blé; — près de Clermont (Oise), on voit également semer avec l'avoine, la navette qui, sans nuire sensiblement à la récolte de cette céréale, n'en donne pas moins elle-même de très-bons produits. — J'aurai occasion plus loin de faire connaître un assolement de la vallée de Niévolle, en Toscane, dans lequel entre, comme fourrage, un mélange de lupin, de lin, de raves et de trèfle incarnat, et dont chaque espèce de plante se trouve consommée successivement, depuis l'automne jusqu'au mois de mai, époque de l'ensemencement du maïs. — Aux environs de Neufchâteau, d'après YVART, un cultivateur sema simultanément à la fin d'avril du lin, des carottes, des navets, du colza et de la chicorée. Le lin, soutenu par le colza, fut récolté le premier, à la fin de juillet; — le colza fut coupé quinze jours plus tard; — les navets furent arrachés en septembre; — les carottes en octobre; — et la chicorée fournit un bon pâturage le printemps suivant.

On peut arriver à des résultats analogues en répandant au printemps une seconde semence sur une culture déjà avancée. C'est ainsi que presque partout on sème le trèfle, souvent la luzerne, et quelquefois le sainfoin avec les céréales, et peu de temps après la moisson, pour peu que la saison soit favorable, on peut, sinon obtenir une première coupe, au moins faire pâturer sur place la jeune prairie qui sera en plein rapport l'année ou les années suivantes. Ces mêmes plantes fourragères peuvent aussi être semées avec les lins, le sarrazin, etc.

Dans la campine on répand au printemps sur le seigle un mélange de trèfle, de navets et de carottes, destiné à servir de nourriture d'hiver aux bestiaux. — Près de Lure, dans la Haute-Saône, lorsque le seigle ou l'orge commence à couvrir le terrain, on jette à sa surface des graines de carottes et de navets. Dès que la récolte est achevée, des femmes arrachent le chaume resté sur place, et comme ce travail donne au sol une sorte de labour, les racines se développent de manière à donner avant les gelées une seconde récolte pour les besoins du ménage, la vente ou la nourriture du bétail.

« Nous trouvons, dit YVART, une pratique qui a le précieux avantage d'économiser les labours, établie dans les plaines de Léry et à Oissel, près de Rouen, pour la culture de la gaude et des haricots : — au mois de juillet, lorsque ces derniers sont en fleur, on leur donne le second binage, et après les avoir rechaussés, on profite d'un temps humide pour semer la gaude dans les intervalles qui les séparent; on traine ensuite entre les rangées de haricots un petit faisceau d'épines qui supplée à la herse. Pendant que la gaude lève, les haricots mûrissent, et, lorsque les tiges en sont arrachées, la terre reçoit un houage facile très-profitable à la plante qui les remplace si avantageusement.

» Nous avons vu également semer avec succès, ajoute le même agronome, des navets dans les chenevières, lors de l'enlèvement du chanvre mâle, et ces plantes éprouvant une opération utile à leur développement lors de l'arrachage des tiges femelles, fournissent, la même année, sans frais de culture, une seconde récolte passable, qui aurait pu devenir une troisième, si le chanvre, qui se sème ordinairement assez tard, avait été précédé d'une production fourrageuse au printemps, comme cela a lieu aussi quelquefois sur des terrains fertiles et bien engraissés. — Le maïs et quelques autres plantes permettent également quelquefois cette double récolte dans leurs intervalles : — enfin, la plupart des plantes, même les graminées cultivées en rayons, peuvent admettre de la même manière un ensemencement destiné à une double récolte, à l'époque où on leur donne le dernier houage. » (*Dictionnaire d'agriculture théorique et pratique.*)

Les cultures de cette sorte sont le plus souvent très-avantageuses, parce que, sans une grande augmentation de frais de main d'œuvres, elles ajoutent à la somme des produits. Néanmoins il ne faut pas se dissimuler qu'elles ne sont pas toutes sans inconvéniens. Il en est qui épuisent excessivement le sol; d'autres qui nuisent d'autant plus à la récolte principale que leur développement est plus vigoureux. J'ai vu des lins dont la croissance était sensiblement entravée, arrêtée même sur plusieurs points par la végétation du trèfle. — La principale condition de succès est donc que la plante choisie comme récolte secondaire soit d'une végétation moins rapide que l'autre; mais il importe aussi que cette dernière ne couvre pas tellement le sol qu'elle en éloigne l'air ambiant et la lumière.

—Sous ce double point de vue, l'un des meil- leurs exemples qu'on puisse offrir est sans doute la culture simultanée du blé et du trèfle.

La manière dont les végétaux s'ombragent réciproquement peut, comme on voit, influer puissamment sur la possibilité ou la non- possibilité de les réunir. Dans les contrées méridionales l'ombrage des arbres est sou- vent nécessaire à la belle végétation des plantes herbacées. Sur le territoire de Ta- cape (non loin de Tripoli en Afrique), on aperçoit d'abord, dit PLINE, le palmier, le plus élevé des arbres de cette contrée; l'oli- vier vient ensuite; le figuier se trouve plus bas, et après lui le grenadier que suit la vigne. Au pied de cette vigne, on cultive successi- vement, dans la même année, le froment, les légumes et les plantes potagères, et toutes ces productions se prêtent réciproquement un ombrage salutaire. — En Toscane on voit souvent des oliviers ombrager des citron- niers sous lesquels mûrissent les céréales, et croissent les prairies légumineuses. En France une pareille culture serait impos- sible; mais nous avons cependant des asso- lemens dans lesquels figurent à la fois plu- sieurs espèces de végétaux ligneux différens, ou de végétaux ligneux et de plantes herba- cées. Tantôt ce sont des pêchers, des aman- diers, des cerisiers qui unissent leurs pro- duits à ceux de la vigne; d'autres fois des mûriers et des oliviers. — Tantôt ce sont des pommiers, des noyers, des châtaigniers qui marquent les limites des champs et souvent les traversent;—des frênes, des ormeaux, des saules taillés en têtards qui croissent en li- gnes régulières dans les prairies, etc., etc.; mais de semblables mélanges offrent aussi parfois leurs dangers. A mesure que la vigne se rapproche du nord, elle a besoin de rece- voir tous les rayons du soleil; — les céréales s'étiolent lorsqu'elles en sont privées, et il n'est pas jusqu'au foin qui ne perde de sa consistance et de sa qualité nutritive en croissant à l'ombre.

Dans beaucoup de lieux les vignes sont es- pacées *de manière à permettre entre leurs rangs des cultures intercalaires.* Aux environs de Bordeaux on les laboure à la charrue, et on cultive jusqu'à une faible distance des ceps presque toutes les plantes de grande culture; — aux environs de Paris ce sont particulièrement des légumes dont les abords de cette grande ville assurent le débit. — Près de Marseille, les interlignes connus sous le nom de *ouillères,* qui se trouvent entre cha- que rang, sont soumis à un véritable assole- ment. Lors de la plantation des crossettes, on commence par des semis de melons, de bette- raves, de tomates, de haricots et de pommes- de-terre, qui réussissent particulièrement bien sur la défriche; la seconde et le plus souvent la troisième année on a encore re- cours à des plantes sarclées. La quatrième on sème du blé en raies qui revient ensuite aussi souvent que le permet l'état du sol. Il me se- rait facile de trouver ailleurs bon nombre d'exemples analogues.

La longueur et la direction des racines per- mettent certains rapprochemens dans les as- solemens simultanés et en proscrivent cer- tains autres. Il est de toute évidence, en effet, que deux espèces, l'une à racines traçantes, l'autre à racines pivotantes, vivront mieux sur le même sol, parce qu'elles trouveront leur nourriture à des profondeurs différen- tes, que deux autres espèces dont les racines suivraient une même direction. Cette consi- dération est surtout importante dans les pays du centre, où l'on combine la culture des grands et des petits végétaux ligneux, car les arbres nuisent moins encore par leur om- brage que par les nombreux suçoirs qu'ils envoient selon les espèces à une faible pro- fondeur dans la couche labourable, et qui s'emparent à la fois des engrais, de l'eau et de l'air qui devraient profiter aux cultures voisines. — Il n'est probablement aucun agriculteur qui n'ait vu quelques parties de ses champs ainsi stérilisées par le voisinage d'un seul arbre à racines traçantes.

Enfin, pour terminer par une dernière re- marque ce que j'avais à dire, dans ce trop court paragraphe, des récoltes mélangées, il faut, autant que possible, que quelques-uns des végétaux qui les composent prêtent aux autres un appui par suite *de la direction et de la consistance de leurs tiges.* Dans celles de nos colonies où l'on a tenté la culture de la vanille, on a toujours attaché une grande importance au choix des arbres qu'on lui destinait pour support. Il en a de tout temps été de même au sud de l'Europe, relative- ment à la vigne. — Dans nos champs on se trouve bien de réunir à la vesce, aux len- tillons, aux pois, les chaumes élancés de l'avoine, de l'orge, ou les tiges plus coria- ces du mélilot; — de semer les haricots dans le voisinage des plantations de maïs, et, sur nos prés, de mélanger le trèfle rampant aux graminées.

Quant aux secondes récoltes obtenues dans le cours d'une même année à l'aide de semis faits après une première récolte, elles sont moins fréquentes. Tantôt elles ont pour but d'augmenter directement la somme totale des produits de l'assolement; — tantôt d'a- jouter à la fécondité du sol dans lequel on les enfouit vers l'époque de la floraison. Ce sont alors de demi-fumures dont on n'ap- précie pas toujours assez l'importance.

Parmi les fourrages, les navets, les choux, le maïs, le sarrasin, etc., etc., peuvent, étant semés ou plantés immédiatement sur les chaumes, donner de bons produits d'au- tomne ou d'hiver. — Diverses plantes propres aux arts semées également sur le chaume, à l'aide d'un seul labour à la charrue, ou, dans quelques cas, à l'extirpateur, fournissent au printemps de l'année suivante une première récolte assez hâtive pour être avantageuse- ment suivie d'une seconde; tels sont le colza, la navette, la caméline. — On com- prend que le succès des doubles récoltes de cette dernière sorte est malheureusement subordonné aux variations atmosphériques, et que dans un climat à longs hivers, comme dans celui où les pluies d'été ne sont pas as- sez fréquentes, il est trop souvent impossible de les tenter.

SECTION II. — *De la pratique des assole-*
mens.

Si, dans la section précédente, je ne suis pas resté trop en arrière de l'importance de mon sujet, et si, dans les limites nécessairement restreintes d'un ouvrage général, j'ai été assez heureux pour résumer ce qu'il importe le plus de connaître avant de passer de la théorie à la pratique des assolemens, je pourrais à la rigueur regarder ma tâche comme accomplie, et laisser chacun déduire, selon les lieux et les circonstances, les conséquences de chaque règle fondamentale. Cependant il est utile de donner des exemples d'application; de les multiplier, de les varier eu égard à la différence des climats et des terrains, et de discuter même leur mérite relatif, non seulement pour ajouter à l'intelligence de ce qui précède, mais encore pour étayer les préceptes par des faits. — Je parlerai d'abord des assolemens à plus court terme, de ceux de deux ans.

§ Ier. — Des assolemens biennaux.

Les assolemens à très-court terme ont le grave inconvénient de ramener trop souvent aux mêmes places les mêmes végétaux. Le retour périodique et sans jachère de deux céréales n'a pas seulement le défaut d'épuiser le sol, il le salit bientôt au point qu'il faudrait interrompre l'assolement, lors même que l'abondance des fumiers permettrait autrement de le continuer. Il est vrai que les blés n'effritent pas le sol autant qu'ils le salissent. Aussi n'est-il pas sans exemple, en Angleterre, d'après la méthode de Ducket ou du major Beatson, soit en les semant en lignes et en leur donnant des binages à la houe, soit en ameublissant la terre et en la nettoyant par de nombreuses façons à l'extirpateur, de les voir occuper le terrain pendant plusieurs années de suite avec succès.

Mais, sans ces précautions dont nous ne devons pas discuter ici l'opportunité, et même à la longue, dans la plupart des cas, avec ces précautions, le dépérissement des récoltes s'ensuit inévitablement.

Pour qu'un assolement biennal, dans lequel figurent les céréales seulement de deux en deux ans, puisse se maintenir, il faut que la culture intercalaire contribue à nettoyer le sol. —Telle est celle du lin, qui exige des sarclages attentifs, des labours soignés, et dont la récolte se fait assez tôt pour qu'on puisse donner les façons nécessaires au blé; —celle du chanvre, qui étouffe complètement les mauvaises herbes. — Telles sont encore, dans la vallée de la Garonne, celle du maïs, que l'on butte au moins deux fois pendant sa végétation, et ailleurs, pour les sols argileux, celle des fèves, qui reçoivent plusieurs binages. — L'assolement biennal avec jachère, blé, orge ou avoine, et repos, qui s'est étendu dans une grande partie du Languedoc et des provinces voisines, a été calculé d'après les mêmes principes.

Avec tout cela, sauf un bien petit nombre de cas où il y aurait de la duperie à ne pas profiter de la fertilité extraordinaire de quelques terres pour cultiver sans interruption les végétaux les plus productifs, puisque le sol ne montre aucune répugnance à les porter, les assolemens biennaux sont d'autant plus mauvais qu'ils se prêtent fort mal à la production des plantes fourragères, et qu'ils exigent des fumures fréquentes. — En rappelant les exemples suivans, je suis donc loin de les recommander comme pratique générale.

A. DANS LE CENTRE ET LE NORD DE LA FRANCE.

1° En terres plus légères que fortes.

1re *année* : Pommes-de-terres fumées et binées. — 2° *année* : Seigle.

1re *année* : Froment d'automne ou de printemps fumé. — 2° *année* : Lin sans engrais (1).

1re *année* : Froment, comme dans l'exemple précédent. — 2° *année* : Chanvre sans engrais.

2° En terres plus fortes que légères.

1re *année* : Fèves fumées et binées. — 2° *année* : Froment non fumé.

1re *année* : Choux-cavaliers fumés et binés.— 2° *année* : Froment sans engrais.

1re *année* : Rutabagas fumés et binés.— 2° *année* : Froment sans engrais.

B. DANS LE MIDI DE LA FRANCE.

1° En terres de diverses natures.

1re *année* : Jachère complète avec fumure. — 2° *année* : Froment ou seigle.

2° En terres légères et de consistance moyenne.

1re *année* : Maïs quarantin fumé et biné. — 2° *année* : Seigle ou froment d'automne.

3° En terres plus fortes que légères.

1re *année* : Fèves fumées et binées. — 2° *année* : Maïs ou froment.

1re *année* : Froment, puis lupins enfouis. — 2° *année* : Maïs et haricots légèrement fumés.

1re *année* : Betteraves fumées et binées. — 2° *année* : Froment.

§ II. — Des assolemens de trois ans.

Les assolemens triennaux participent en grande partie aux inconvéniens des précédens. Cependant on en trouve divers exemples, notamment en Angleterre. Je citerai les suivans :

A. POUR LES RÉGIONS DU NORD ET DU CENTRE.

1° En terres plus légères que fortes.

1re *année* : Turneps fumés et pâturés sur

(1) Voyez l'article *Lin*, dans le IIe livre de cet ouvrage,

place par les troupeaux. — 2ᵉ *année :* Orge sans engrais. — 3ᵉ *année :* Blé.

1ʳᵉ *année :* Turneps, comme dans l'exemple précédent. — 2ᵉ *année :* Orge. — 3ᵉ *année :* Trèfle.

1ʳᵉ *année :* Pommes-de-terre fumées. — 2ᵉ *année :* Orge. — 3ᵉ *année :* Trèfle.

1ʳᵉ *année :* Pommes-de-terre fumées. — 2ᵉ *année :* Seigle. — 3ᵉ *année :* Lupuline.

Dans presque toute l'Angleterre les turneps où *navets* forment une base essentielle des rotations sans jachère. Ils ont aussi une grande importance dans plusieurs de nos départemens occidentaux. Cependant, en général, leur emploi est moins fréquent chez nous, et, en effet, les résultats sont fort différens dans les deux pays. — Dans le premier, l'humidité plus constante du printemps et de l'été, les froids moins brusques et moins forts de l'hiver, font que les turneps réussissent généralement mieux et plus sûrement que dans le second. — Une autre considération d'une haute importance, c'est que le parcage, à en juger par les résultats comparatifs, entraîne plus d'inconvéniens en France que dans les îles Britanniques. Là, au lieu d'arracher, de transporter, de conserver parfois difficilement les racines fourragères, et de les distribuer aux bestiaux avec des soins toujours coûteux ; au lieu de faire charrier à grands frais une partie, quelquefois la totalité des engrais nécessaires, le berger se charge de tout, et la terre s'enrichit tandis que les animaux se nourrissent. On évite ainsi bien des frais de main-d'œuvre. Malheureusement, dans nos régions où l'on regarde comme nécessaire d'abriter les troupeaux au moins pendant une partie de l'hiver, et où le parcage de nuit des moutons n'est que trop souvent nuisible à leur santé, les mêmes moyens n'existent pas. — Les turneps, d'ailleurs, sont fréquemment détruits dans nos champs par les altises, et l'on ne doit pas les considérer comme aussi nutritifs que diverses autres racines que, par cette raison, on trouvera souvent de l'avantage à leur préférer : telles sont la pomme-de-terre et la betterave qui atteignent en partie le même but dans les assolemens, qui réussissent assez ordinairement dans les mêmes terres, et sont d'une conservation plus facile.

L'orge a aussi beaucoup plus de valeur en Angleterre qu'en France, à cause des nombreuses brasseries qui en étendent la consommation. On a calculé qu'une très-belle récolte d'orge vaut à peu près autant qu'une belle récolte de froment. Cette circonstance est donc encore à l'avantage de nos voisins ; elle est une preuve de plus des modifications que peuvent apporter à la théorie des assolemens les circonstances locales.

Dans le premier assolement cité, la terre étant convenablement ameublie par les binages, et richement fumée, peut donner sans doute deux belles récoltes de céréales ; mais on doit prévoir que la succession prolongée et sans intermédiaire, de l'orge et du froment ou du seigle, deviendra à la longue de moins en moins productive.

Dans le second et le troisième, on remarque un inconvénient presque aussi grave ; c'est le

retour trop fréquent du trèfle. Ici se présente naturellement une double réflexion : — rien ne prépare mieux une récolte de froment que celle du trèfle ; mais il faut pour cela qu'il soit beau, car, lorsqu'il pousse maigrement, il est envahi par les mauvaises herbes, et son effet devient presque nul. La pratique le démontre chaque jour. — D'un autre côté, même dans les contrées où l'introduction de cette précieuse légumineuse est encore en quelque sorte récente, on s'est aperçu qu'au lieu de la reposer, elle effrite sensiblement la terre sur laquelle elle revient trop souvent, et que de la sorte sa culture cesse d'être profitable en elle-même et aux récoltes suivantes dès qu'elle s'affaiblit. Or, c'est ce qui ne peut manquer d'arriver tôt ou tard avec une rotation triennale, et c'est ce qu'il importe avant tout d'éviter, si l'on tient à se ménager une des plus précieuses ressources de l'agriculture moderne.

Quant à la lupuline (*Medicago lupulina*), qui convient parfaitement aux sols légers dans lesquels le trèfle aurait de la peine à prospérer, et qui produit sur les terres à seigle d'aussi bons effets que le trèfle sur les terres à froment, quoique je ne sache pas que l'expérience se soit encore prononcée aussi clairement, il est bien probable, si l'on considère le genre auquel elle appartient, que les inconvéniens d'une culture trop fréquente seraient les mêmes.

2° *En terres plus fortes que légères.*

1ʳᵉ *année :* Fèves fumées et binées. — 2ᵉ *année :* Blé froment. — 3ᵉ *année :* Trèfle.

1ʳᵉ *année :* Fèves fumées et binées. — 2ᵉ *année :* Blé. — 3ᵉ *année :* Vesces pour fourrages.

1ʳᵉ *année :* Pommes-de-terre fumées et binées. — 2ᵉ *année :* Avoine. — 3ᵉ *année :* Trèfle rompu pendant l'hiver.

1ʳᵉ *année :* Choux fumés. — 2ᵉ *année :* Avoine ou blé de printemps. — 3ᵉ *année :* Trèfle.

1ʳᵉ *année :* Colza fumé. — 2ᵉ *année :* Blé. — 3ᵉ *année :* Trèfle.

1ʳᵉ *année :* Rutabagas fumés et binés. — 2ᵉ *année :* Blé. — 3ᵉ *année :* Vesces d'hiver ou de printemps.

La fève, quoiqu'elle vienne de préférence dans les sols meubles et substantiels, mieux que beaucoup d'autres plantes, s'accommode cependant des terres argileuses, compactes, humides, d'une exploitation la plus coûteuse, difficile et peu profitable. YVART la nomme, à bon droit, *la plante par excellence,* pour diviser, ameublir, fertiliser ces sortes de terrains, et les préparer à la culture des céréales, particulièrement à celle du froment.

Dans ce but, au lieu de la semer à la volée, comme on le doit toujours quand on veut la faucher à l'époque de sa floraison, on la sème en rayons pour en recueillir les graines dont on fait un usage assez important dans plusieurs de nos départemens du sud et du sud-ouest, non seulement pour la nourriture des animaux de travail et d'engrais, mais comme aliment des hommes.

Dans les deux premiers exemples, on peut cultiver les fèves comme fourrage ou comme semences alimentaires. En général la seconde méthode est préférable : parce que les binages qu'elle nécessite améliorent beaucoup mieux le sol pour la céréale suivante ; — parce que les produits peuvent être utilisés, selon les circonstances, à la nourriture des hommes ou à celle des animaux ; — et parce qu'enfin ils ont une valeur commerciale souvent plus importante.

Les pommes-de-terre conviennent moins aux terres fortes qu'aux sols sablo-argileux. — Dans les terrains argilo-sableux et même argileux, lorsqu'ils ont été suffisamment divisés, ou peut néanmois espérer des récoltes dont l'abondance compense en quelque sorte la qualité ; mais si l'on en croit l'opinion la plus répandue dans les campagnes, il y a peu d'avantages à les placer immédiatement avant une récolte de froment, lorsqu'on peut faire précéder cette céréale d'un beau trèfle ou d'une culture de fèves. La place des pommes-de-terre est en conséquence mieux marquée dans un assolement de quatre ans que dans une rotation triennale, à moins que, comme dans l'exemple ci-dessus, on n'ait avantage à substituer l'avoine au blé.

Quant aux choux, je ne nie pas que la culture en soit très-dispendieuse, car elle exige beaucoup d'engrais et de main-d'œuvre ; mais ces deux circonstances sont précisément celles qui contribuent le plus à la rendre profitable à l'assolement ; car, d'une part, les choux sont loin de consommer tout le fumier qu'on leur donne, et, de l'autre, nulle terre n'est à la fois plus nette et mieux divisée que celle qui vient d'en porter.

Il était naturel que la culture des choux, pour l'usage des bestiaux, se soit établie d'abord dans le nord de l'Europe, où la nature du climat la rendait plus nécessaire comme nourriture d'hiver, et plus praticable à cause de l'humidité de l'arrière-saison. Elle s'est étendue depuis, non seulement en Allemagne, en Angleterre et dans le nord de la France, mais jusqu'à l'ouest et au sud-ouest de ce dernier pays où, concurremment avec le trèfle, elle a rendu les plus grands services à l'agriculture, en améliorant le sol au point de transformer en terres à froment celles qui ne portaient précédemment que de l'orge ou du seigle, — ce qui est assez dire, par parenthèse, que les choux ne croissent pas exclusivement dans les terres argileuses ; — en faisant, plus que toute autre culture, comprendre l'importance de la chaux et des divers amendemens calcaires ; — en donnant les moyens d'augmenter le nombre des bestiaux ; etc., etc.

—Malheureusement, dans les automnes d'une grande sécheresse, les choux ne réussissent pas à beaucoup près aussi bien ; mais alors aucune racine, si ce n'est peut-être la betterave, ne réussirait mieux. — Le choux-cavalier, que l'on cultive exclusivement dans presque toute la Bretagne et la Vendée, a même cet avantage précieux, que, pour peu qu'on puisse le faire reprendre au moment de la transplantation, c'est-à-dire vers septembre, si les pluies viennent ensuite à manquer, il languit sans périr, et il peut de nouveau se développer avec vigueur au retour de l'humidité.

Le rutabaga (*Brassica napo brassica*) peut parfois remplacer le navet dans les terres consistantes, qui conviendraient peu à ce dernier. Ses produits, avec une culture et dans un sol convenables, sont d'autant plus abondans qu'une fois que la végétation est avancée, la suppression des feuilles ne nuit pas *sensiblement* au dernier développement des racines. — Ce sont donc deux récoltes fourragères pour une. — On a dit que ce chou était moins délicat que la plupart des autres espèces ou variétés sur le choix des terres ; j'avoue que les essais que j'ai fait tenter chez moi ne viennent point à l'appui d'une telle assertion.

Quant au colza semé comme fourrage, J'ignore s'il donne quelque part de meilleurs produits que les choux ; — cultivé pour la graine, c'est une plante fort épuisante dont je ne crois pas que la culture puisse profitablement revenir tous les trois ans. Sa place me paraissant mieux marquée dans une rotation à plus long terme, je devrai nécessairement en dire quelque chose un peu plus loin.

En résumé, dans un sol très-pauvre, il peut arriver qu'un assolement triennal soit préférable à un assolement quadriennal, parce que, dans le second, les effets d'un seul engrais ne se font pas sentir jusqu'au renouvellement. Sous ce point de vue une rotation analogue à celle que je viens d'indiquer, surtout avec le parcage, lorsqu'il est possible, n'est point à rejeter. On donne ainsi à la terre deux fumures, une pour la culture sarclée, l'autre pour la céréale.

Afin d'éviter le retour trop fréquent du trèfle, il est facile de lui substituer, une année sur six, le sarrasin coupé comme fourrage, ou la lupuline dans les sols légers ; les vesces, les gesses, etc. dans les terres plus fortes ; mais alors l'assolement devient véritablement de six ans, et il n'en reste pas moins vrai qu'en le limitant strictement à trois, on se prive de nombreuses ressources.

B. DANS LE MIDI DE LA FRANCE.

1° *Dans les terres plus légères que fortes.*

1re *année :* Pommes-de-terres fumées. — 2e *année :* Trèfle d'automne plâtré au printemps. — 3e *année :* Seigle.

1re *année :* Maïs avec fumier. — 2e *année :* Récolte enfouie en vert ou pâturée. — 3e *année :* Céréale.

2° *Dans les terres plus fortes que légères.*

1re *année :* Betteraves fumées. — 2e *année :* Froment. — 3e *année :* Maïs comme fourrage.

1re *année :* Fèves fumées. — 2e *année :* Blé froment. — 3e *année :* Maïs.

1re *année :* Maïs fourrage. — 2e *année :* Fèves enfouies après une 1re coupe. — 3e *année :* Froment.

1re *année :* Froment suivi immédiatement de lupins enfouis. — 2e *année :* Froment suivi le plus ordinairement d'un fourrage mélangé. — 3e *année :* Maïs, millet ou sorgho.

Ce dernier assolement appartient à la partie du littoral Toscan qui avait été réunie à la France, et où se trouve, entre Pistoia et Lucques, la vallée de Niévolle, la mieux cultivée de toute la Toscane, qu'on sait être le jardin de l'Italie. « Dans cette vallée, arrosée par le fleuve Arno, et qui comprend la plaine de Pescia, au lieu d'abandonner la terre à l'improductive jachère, on en exige ordinairement cinq produits différens en trois ans, souvent sept en quatre ans, en ne la laissant jamais nue, en la couvrant d'une nouvelle semence immédiatement après chaque récolte, en la fertilisant de temps en temps avec ses produits, et en alternant le froment avec le lupin, le haricot, la rave, le trèfle incarnat, le millet, le sorgho et le maïs qui y sert quelquefois de rame aux haricots. Le produit du lupin y est généralement enfoui comme engrais entre deux récoltes de froment, et l'on y sème aussi quelquefois pour fourrage, après ces récoltes, un mélange de lupin, de lin, de raves et de trèfle incarnat, dont chaque espèce de plantes, à commencer par le lupin, se trouve consommée successivement depuis l'automne jusqu'au mois de mai, époque de l'ensemencement du maïs. » — (*Nouveau Cours complet d'agriculture théorique et pratique.*)

§ III. — Des assolemens de quatre ans.

A. DANS LE NORD ET LE CENTRE.

1° *En terres plus légères que fortes.*

Dans le comté justement vanté de *Norfolk*, le pivot de la culture quadriennale est le turneps; c'est à l'aide de la fumure qu'on lui donne, du parcage auquel on le destine, et de la bonne préparation du sol, que l'orge acquiert sa grande fécondité, et que le trèfle qui lui succède réussit encore parfaitement. — C'est par suite de la riche végétation du trèfle que le froment ne manque, pour ainsi dire, jamais. — Il est des endroits où cette rotation, qui couvre une moitié du terrain en céréales, existe depuis plus d'un siècle sans que la terre paraisse s'en fatiguer.

1re *année* : Turneps fumés et pâturés sur place. — 2e *année* : Orge ou avoine et trèfle. — 3e *année* : Trèfle. — 4e *année* : Froment.

Dans *les bonnes terres*, au dire de sir J. SINCLAIR, on ne donne parfois d'autres engrais que ceux produits par le parcage, mais dans ce cas, comme on doit le prévoir, il est difficile que l'assolement soit suffisamment améliorant; car souvent alors, malgré de bons labours, les turneps et le trèfle manquent, et il devient nécessaire de rafraîchir la terre en la mettant en herbage pour deux ou trois ans au moins. C'est afin de remédier à cette difficulté qu'on a proposé le pâturage sur place de la vesce et des turneps.

L'assolement se compose alors des quatre soles suivantes :

1re *année* : Vesces d'hiver suivies de turneps, les uns et les autres pâturés sur place par les moutons. — 2e *année* : Blé ou orge, puis trèfle. — 3e *année* : Trèfle. — 4e *année* : Orge ou blé.

Voici quelques autres exemples d'assolemens anglais de 4 ans :

1re *année* : Turneps fumés et pâturés sur

place. — 2e *année* : Blé en ligne. — 3e *année* : Trèfle, fumé à l'aide d'herbages maritimes. — 4e *année* : Blé en lignes.

Malgré tous les avantages d'une telle rotation, dit sir J. SINCLAIR, on a trouvé que le blé ne pouvait pas revenir avec succès tous les deux ans, pendant un temps un peu long, sur les terres légères. Après avoir suivi cette pratique dans le Lothian, pendant 14 ans, le résultat a été que, quoique, à force d'engrais, on continuât toujours à obtenir une grande abondance de paille, cependant le blé est devenu léger et peu productif. En conséquence on a préféré remplacer la seconde récolte par de l'avoine.

On a adopté près d'Edimbourg une rotation quadriennale très-productive, et qui se rapproche davantage de nos assolemens français; savoir :

1re *année* : Pommes-de-terre. — 2e *année* : Blé. — 3e *année* : Trèfle. — 4e *année* : Avoine.

Les cultivateurs écossais mettent le blé après les pommes-de-terre, afin de le faire profiter directement de l'engrais de cette plante. Chez nous, ainsi que je l'ai déjà dit, la pratique s'est prononcée dans la plupart des lieux contre une telle méthode. Nous sèmerions l'avoine après les pommes-de-terre, et le froment succèderait, sans addition d'engrais, à un trèfle plâtré et rompu de bonne heure.

M. MATHIEU DE DOMBASLE recommande les deux cours suivans, l'un pour les sols de bonne qualité, l'autre pour ceux d'une fertilité moyenne, et tous deux pour les terres de la nature de celles qui nous occupent ici :

1re *année* : Betteraves fumées, arrachées en septembre. — 2e *année* : Colza d'hiver, repiqué avec trèfle. — 3e *année* : Trèfle. — 4e *année* : Blé.

1re *année* : Pommes-de-terre, betteraves, rutabagas ou choux avec fumier. — 2e *année* : Orge ou avoine. — 3e *année* : Trèfle. — 4e *année* : Blé ou colza d'hiver.

Dans le département de la Loire on connaît l'assolement suivant :

1re *année* : Chanvre, puis raves pâturées. — 2e *année* : Avoine, puis trèfle. — 3e *année* : Trèfle quelquefois fumé au printemps. — 4e *année* : Blé.

Sur divers autres points de la France où les assolemens quadriennaux commencent à se répandre, on a trouvé préférable de semer le trèfle sur le blé, qui se trouve ainsi succéder immédiatement à la culture ou à la jachère fumée; l'avoine ne vient ainsi que la dernière année.

Pour les terres sableuses maigres de la Sologne, M. DE MOROGUES a proposé les deux assolemens suivans :

1re *année* : Sarrazin et navets, pommes-de-terre. — 2e *année* : Avoine, orge de mars. — 3e *année* : Vesces d'hiver, jarosses d'hiver, fauchées en vert. — 4e *année* : Seigle.

1re *année* : Turneps ou navets, pommes-de-terre. — 2e *année* : Orge et avoine, sarrasin et navets. — 3e *année* : Fourrages légumineux, moitié de mars, et moitié d'automne, tels que pois-moissard, vesces, jarosses, jardeau. Ces fourrages seraient coupés en vert, surtout le dernier, afin de ne pas donner à la graine le temps de mûrir, et afin de permettre de faire les labours pour semer les blés. On conserverait seulement quelques arpens pour graines, et on les remplacerait par des choux auxquels on ferait succéder une partie des pommes-de-terre de la première année de l'assolement, parce qu'ainsi on détruirait, par les façons nécessaires à ces racines, les plantes de fourrage qui pourraient renaître spontanément et nuire à la terre lors des récoltes de céréales. — 4e *année* : Seigle ou méteil.

Dans ce système de culture, le sol serait labouré tous les ans, et fournirait alternativement une récolte de céréale et une récolte fourragère, qui permettrait de donner les fumures convenables. — Remarquons ici que, dans les assolemens quadriennaux, une seule fumure est le plus souvent suffisante; cependant, si le sol était maigre, on pourrait, comme dans l'assolement triennal, donner une fumure et une demi-fumure à l'aide du parcage ou d'une récolte enfouie en vert.

Dans sa propriété des Barres, qui se compose de terres de nature fort différentes, les unes *sablonneuses* ou *sablo-argileuses*, les autres contenant plus de moitié de *calcaire légèrement magnésien*, du sable et une faible quantité d'argile, M. Vilmorin a adopté un assolement de 4 ans, uniforme pour le temps, mais qui change pour les produits :

1re *année* : Jachère avec ou sans récolte sarclée, selon la quantité de fumier dont on peut disposer. — 2e *année* : Froment, méteil ou seigle. — 3e *année* : Trèfle ou jarosse, pois gris, vesces d'hiver. — 4e *année* : Graines de mars.

Le froment et le méteil viennent sur le sol calcaire; le seigle se sème dans les parties sablonneuses. — Le trèfle est loin de réussir partout. Dans la plaine crayeuse il est remplacé avec avantage par des légumineuses d'hiver : la jarosse, le pois gris, les vesces. — Là où les pommes-de-terre ne réussissent que médiocrement, le topinambour, qui paraît être la plante de prédilection des terrains *calcaro-magnésiens*, donne d'excellens produits pour les bestiaux. — M. Vilmorin cultive, autant qu'il peut les faire réussir, la luzerne et le sainfoin; mais c'est sur des terres qu'il sort de son assolement, parce que leur succès n'est pas assuré sur d'assez grandes étendues, pour qu'il ait pu les faire entrer périodiquement dans un cours général de longue durée.

Autrefois les trois quarts du sol étaient en parcours, et comme notre confrère, loin de diminuer ses troupeaux, en a augmenté le nombre, il a fallu suppléer aux pâturages naturels par des pâtures vives, semées en graminées, qui conviennent à chaque portion de la ferme, et dont le produit est parfois décuple de celui des terres abandonnées à la suite de l'assolement. — Il résulte d'expériences répétées, que sur le sol calcaire les espèces qui réussissent le mieux pour la faulx, sont, dans l'ordre de leurs succès, la brome des prés, les fétuques ovine et traçante, le dactyle gloméré, etc. etc., et, pour pâtures vives, le fétuque rouge, le poa à feuilles étroites et le ray-grass. — Sur les sables le choix est moins limité : au premier rang se placent le fromental, la flouve odorante, et les deux espèces de fétuques ovine et traçante; au second le dac-

tyle, le ray-grass, le poa à feuilles étroites ; en troisième l'*avena flavescens* et le poa des prés; en quatrième la cretelle et le brome des prés.

2° *En terres plus fortes que légères.*

1re *année* : Fèves fumées et binées. — 2e *année* : Blé, puis trèfle de printemps. — 3e *année* : Trèfle. — 4e *année* : Blé, colza d'hiver ou avoine.

1re *année* : Gesses fumées et coupées en vert. — 2e *année* : Avoine et trèfle. — 3e *année* : Trèfle. — 4e *année* : Blé.

1re *année* : Choux fumés et binés. — 2e *année* : Avoine. — 3e *année* : Trèfle. — 4e *année* : Blé.

1re *année* : Fèves fumées et binées. — 2e *année* : Blé d'automne ou de printemps, selon l'état du sol. — 3e *année* : Rutabagas pâturés sur place. — 4e *année* : Blé d'hiver.

1re *année* : Carottes, tabac ou choux fumés. — 2e *année* : Froment. — 3e *année* : Fèves binées ou colza fumé. — 4e *année* : Froment ou avoine.

B. Dans le midi.

Si l'on se rappelle ce qui a été dit précédemment en parlant du climat, on sait combien il est difficile d'établir dans certaines parties du midi un assolement régulier, avec racines sarclées et prairies artificielles. M. A. de Gasparin a cherché à lever cette difficulté. C'est encore à l'assolement quadriennal qu'il a eu recours.

1re *année* : Betteraves fumées et semées en place, puis binées. — 2e *année* : Froment ou seigle. — 3e *année* : Trèfle. — 4e *année* : Froment ou seigle.

La transplantation de la betterave, telle qu'on la pratique dans le nord, était ici impossible sans irrigation; — le semis en place, à la volée, était fort casuel, à cause des pluies battantes et des vents violens qui corroient souvent les terres un peu fortes, au point que les germes périssent sans se faire jour. M. de Gasparin évite ce double écueil en semant au plantoir, et en recouvrant de sable fin; par ce moyen les plantes, espacées d'un pied seulement, en tous sens, couvrent bientôt le sol de manière que leur succès est assuré. — Quant au blé qui succède aux betteraves, sa culture offre cette particularité, que, « toujours sous l'influence du climat, il doit être semé en ligne, afin de pouvoir lui donner les façons propres à établir les trèfles d'une manière certaine, quelle que soit la température. La graine simplement répandue sortirait mal, il faut qu'elle soit enterrée, et mise à l'abri du vent et du soleil... Un grand rouleau cannelé moule le terrain en sillons réguliers, et non déchirés, comme pourrait le faire la charrue : alors la semence, distribuée à la main par un semeur ordinaire, se précipite au fond des sillons; un coup de claie les unit, et le blé est disposé régulièrement. Ce procédé offre de nombreux avantages : la machine est solide et peu coûteuse, les plantes sont aussi bien disposées que par le semoir; les trèfles sont immanquables, les blés nettoyés, la une culture qui passe partout pour salissante, est devenue une culture sarclée et améliorante du sol.... » *Annales de l'Agriculture française, octobre 1833.*

Dans les contrées du même pays où la proximité des cours d'eau et la disposition des terres permettent de recourir aux irrigations, toute difficulté disparaît, et la culture devient alors plus productive que partout ailleurs. Sous l'influence convenablement combinée de la chaleur et de l'humidité, il est plus facile là que partout ailleurs de multiplier le nombre des récoltes en un court espace de temps. La partie de la Toscane, déjà citée dans le § précédent, en offre un exemple surprenant :

1ʳᵉ *année* : Froment fumé, suivi de haricots entremêlés de maïs pour rames. — 2ᵉ *année* : Froment suivi de lupins enfouis comme engrais. — 3ᵉ *année* : Froment suivi de fourrages consommés sur place jusqu'en mai. — 4ᵉ *année* : Maïs, millet ou sorgho.

On obtient ainsi sept récoltes en quatre ans, et le binage des haricots et l'enfouissement du lupin permettent de ramener 3 ans de suite le froment. — Peut-être dans quelques parties du département de Tarn-et-Garonne, de la plaine de Nîmes, etc., ne serait-il pas impossible d'approcher d'une si prodigieuse fécondité.

Les assolemens quadriennaux, bien préférables, en général, à tous ceux dont nous nous sommes jusqu'ici occupés, présentent cependant encore des inconvéniens même assez graves dans les localités où le trèfle ne réussit que médiocrement, ou dans les terrains que l'on a fatigués de sa culture. En effet, lorsque ce fourrage est admis, il reparaît nécessairement tous les quatre ans, et l'on a remarqué en beaucoup de lieux qu'un intervalle de trois ans entre deux cultures de trèfle n'est pas toujours suffisant. — On doit en dire autant des diverses plantes propres aux arts, dont on trouve habituellement utile d'éloigner le plus possible les récoltes.

Dans la plupart des cas cependant, ces assolemens ont, sous d'autres points de vue, non pas seulement en théorie, comme on s'est plu à le dire, mais en bonne pratique, des avantages si nombreux et si réels; — ils forment une transition si facile des rotations triennales avec jachère aux diverses autres rotations sans jachère; — ils procurent une telle économie d'engrais et en utilisent si bien l'emploi : — que, pour mon compte, je ne suis nullement surpris de les avoir vu préconiser avec chaleur par presque tous les agronomes de notre époque, et adopter, même sous le soleil de Languedoc, par les cultivateurs les plus éclairés.

§ IV. — Assolemens de 5 ans.

Les assolemens quinquennaux sont d'une application moins générale que les précédens. En les adoptant, il est impossible, sans s'écarter des bons principes, de faire revenir les céréales plus de deux fois. — Sauf quelques cas exceptionnels, un seul engrais ne peut suffire, à moins qu'on ne recoure au parcage, aux récoltes enfouies, ou qu'on évite toute culture épuisante; — dans les cas les plus ordinaires, on trouve, si l'on consacre

trois soles aux plantes fourragères, que cette proportion est trop forte. Cependant il est telles circonstances où il serait difficile de trouver une rotation mieux appropriée aux besoins du moment. J'en citerai quelques-uns :

Sur un sol fatigué et sali par le retour trop fréquent ou trop prolongé des blés, et que l'on veut ramener, sans jachères, à sa fécondité première, un ou deux assolemens quinquennaux remplissent parfaitement le but; soit qu'on puisse couvrir deux soles de plantes fumées, binées ou butées, et une troisième de fourrages à faucher en vert; — soit qu'à une sole de plantes sarclées on joigne deux soles de prairies artificielles; — soit enfin qu'après avoir fauché une première année la prairie artificielle, on la laisse une seconde année en pâture.

Dans les localités où les fumiers sont abondans, où les cultures industrielles sont d'un débit ou d'un emploi facile, et où leur grand rapport dépasse ou balance celui des céréales, les rotations de 5 ans peuvent être aussi fort profitables. Elles se composent alors, tantôt de deux soles de fourrages racines et fauchables, ou simplement fauchables en vert; d'une sole de plante oléifère, filamenteuse ou toute autre exigeant des engrais, des binages et des sarclages, et de deux soles de céréales; — tantôt d'une seule sole de blé, et de quatre soles; deux de végétaux propres aux arts et deux de prairies artificelles.

Enfin, sur défriche de vieilles prairies ou de tout autre terrain fertile, de semblables rotations peuvent encore servir de transition à un nouvel herbage ou à un assolement différent. En pareil cas on peut, avec un seul et parfois sans engrais, demander au sol des récoltes plus ou moins épuisantes. — Voici quelques exemples :

1° *En terres de diverses natures et de consistance moyenne.*

1ʳᵉ *année* : Céréale de printemps. — 2ᵉ *année* : Vesces, gesses ou autres plantes à faucher en vert. — 3ᵉ *année* : Culture racine fumée, betteraves, carottes, etc. — 4ᵉ *année* : Céréale d'automne. — 5ᵉ *année* : Choux fumés et binés.

1ʳᵉ *année* : Céréale d'automne. — 2ᵉ *année* : Fourrage suivi d'une seconde récolte enfouie. — 3ᵉ *année* : Racines sans engrais et pâturées sur place. — 4ᵉ *année* : Céréale de printemps. — 5ᵉ *année* : Culture fumée, sarclée, binée ou butée, arrachée de bonne heure en septembre.

1ʳᵉ *année* : Culture fumée, sarclée, binée ou butée. — 2ᵉ *année* : Céréale avec graines de prairie artificielle. — 3ᵉ *année* : Prairie artificielle fumée à la surface ou enfouie avant la dernière coupe. — 4ᵉ *année* : Céréale. — 5ᵉ *année* : Autre prairie artificielle sans engrais.

Je citerai de plus :

1ʳᵉ *année* : Gesses, pour fourrage. — 2ᵉ *année* : Pommes-de-terre fumées. — 3ᵉ *année* : Avoine. — 4ᵉ *année* : Trèfle. — 5ᵉ *année* : Blé.

1ʳᵉ *année* : Fèves, pommes-de-terre ou choux, fumés. — 2ᵉ *année* : Blé d'automne ou de printemps. — 3ᵉ *année* : Trèfle, retourné de bonne heure. — 4ᵉ *année* : Blé d'automne sur légère fumure. — 5ᵉ *année* : Gesses coupées en vert.

1ʳᵉ *année* : Pommes-de-terre richement fumées. — 2ᵉ *année* : Pavot, maïs, pois, etc. avec ou sans demi-fumure. — 3ᵉ *année* : Froment d'automne. — 4ᵉ *année* : Trèfle, semé au printemps. — 5ᵉ *année* : Froment d'automne.

Sir J. SINCLAIR nous apprend qu'il y a plus de 30 ans que l'assolement suivant est adopté dans les environs de *Glasgow* :

1ʳᵉ *année* : Pommes-de-terre, sans doute fumées. — 2ᵉ *année* : Blé. — 3ᵉ *année* : Prairie artificielle à faucher. — 4ᵉ *année* : Pâturage et fumure d'automne. — 5ᵉ *année* : Avoine ou blé.

Dans le *Huntingdon* on préfère assez fréquemment une rotation basée sur les mêmes principes :

1ʳᵉ *année* : Turneps, vesces, colza, pour fourrage. — 2ᵉ *année* : Céréales avec trèfle. — 3ᵉ *année* : Trèfle fauché ou pâturé. — 4ᵉ *année* : Fèves ou toute autre culture améliorante, binées et pâturées par des moutons. — 5ᵉ *année* : Céréale.

On trouve sur quelques points de la France :

1ʳᵉ *année* : Fourrage vert. — 2ᵉ *année* : Céréale fumée et trèfle. — 3ᵉ *année* : Trèfle. — 4ᵉ *année* : Céréale sans engrais. — 5ᵉ *année* : Colza, navette ou pavot, etc. avec fumure.

1ʳᵉ *année* : Racines fourragères, fumées et binées. — 2ᵉ *année* : Céréale sans engrais. — 3ᵉ *année* : Trèfle, puis fumure. — 4ᵉ *année* : Céréale. — 5ᵉ *année* : Lin sans engrais.

1ʳᵉ *année* : Pommes-de-terre fumées. — 2ᵉ *année* : Pavot ou chanvre sans engrais. — 3ᵉ *année* : Lin fumé avec des engrais liquides. — 4ᵉ *année* : Céréale. — 5ᵉ *année* : Prairie naturelle.

2° Sur défriche de vieilles prairies.

1ʳᵉ *année* : Pommes-de-terre, sans engrais. — 2ᵉ *année* : Navels, *id.* — 3ᵉ *année* : Orge, *id.* — 4ᵉ *année* : Pommes-de-terre fumées. — 5ᵉ *année* : Orge avec graines de pré.

1ʳᵉ *année* : Lin ou colza non fumé. — 2ᵉ *année* : Pommes-de-terre, navets ou betteraves, non fumés. — 3ᵉ *année* : Orge ou pavot, non fumé. — 4ᵉ *année* : Trèfle, non fumé. — 5ᵉ *année* : Blé, nou fumé.

1ʳᵉ *année* : Avoine, sans engrais. — 2ᵉ *année* : Betteraves, sans engrais. — 3ᵉ *année* : Blé, sans engrais. — 4ᵉ *année* : Fèves, binées avec ou sans engrais. — 5ᵉ *année* : Blé, avec graines de pré.

1ʳᵉ *année* : Lin, sans engrais. — 2ᵉ *année* : Colza, en lignes et bine sans engrais. — 3ᵉ *année* : Blé, sans engrais. — 4ᵉ *année* : Trèfle, sans engrais. — 5ᵉ *année* : Blé, sans engrais.

§ V. — Assolemens de six ans.

A. DANS LE NORD ET LE CENTRE.

1° En terrains de consistance moyenne.

Nous avons vu que l'assolement quadriennal offrait un moyen facile, sans autre augmentation de frais qu'un peu plus de main-

d'œuvre, de passer d'une rotation avec jachère à une rotation sans jachère. Nous retrouvons avec M FOUQUIER D'HÉROUEL, dont l'excellent mémoire a été couronné cette année même par la Société d'agriculture de St.-Quentin, le même avantage dans l'assolement sexennal, qui permet aux plus pauvres cultivateurs et sur les terres les plus souillées, d'arriver peu-à-peu à l'une des cultures les plus riches et les mieux entendues. — Voici la marche proposée :

1ʳᵉ *année* : Blé. — 2ᵉ *année* : Jachère. — 3ᵉ *année* : Blé, puis trèfle. — 4ᵉ Trèfle. — 5ᵉ *année* : Avoine. — 6ᵉ *année* : Jachère.

« *Suivant l'ancien usage, blé, avoine, jachère,* dit M. FOUQUIER D'HÉROUEL, la terre dans une période de six ans donne deux récoltes de blé, deux d'avoine, et elle reste deux années en jachère; dans l'assolement sexennal, en conservant également deux années de jachères, on obtient deux récoltes de blé, une de trèfle et une d'avoine; par les deux méthodes, les deux récoltes de blé ont eu lieu après des jachères, par conséquent leurs produits sont égaux. Dans l'ancien système on a deux récoltes d'avoine après le blé; dans le nouveau une seule récolte après du trèfle; mais, pour peu qu'on se soit occupé d'agriculture, on sait qu'une récolte d'avoine après trèfle donne plus de paille et de grain que deux récoltes après le blé, faites suivant l'ancien assolement. Supposons seulement qu'il y ait égalité, il restera en bénéfice dans l'assolement sexennal deux coupes de trèfle qui n'auront coûté que la valeur de la semence et des cendres minérales qu'il faut répandre sur la terre au mois de mars, et cet avantage est d'autant plus grand qu'il fournit aux cultivateurs les moyens de nourrir un plus grand nombre de bestiaux, par conséquent d'augmenter la masse de leurs engrais, et de parvenir graduellement à diminuer la quantité de terres laissées en jachères, en les couvrant successivement de nouveaux fourrages. »

Lorsqu'on se sera assuré ainsi *les moyens de fumer chaque pièce deux fois en six ans,* on pourra entreprendre la culture des plantes textiles ou oléagineuses, et voici alors l'assolement que propose l'auteur du mémoire précité, pour les terres à froment ou à seigle.

1ʳᵉ *année* : Blé froment ou seigle. — 2ᵉ *année* : Engrais, récolte sarclée. — 3ᵉ *année* : Avoine ou orge et trèfle ou lupuline. — 4ᵉ *année* : Trèfle ou lupuline. — 5ᵉ *année* : Blé, puis engrais. — 6ᵉ *année* : Colza, pavot, lin, etc., fumés.

On voit que de cette manière, conformément au principe qui a été développé dans l'un des paragraphes de la section précédente, on aura la moitié des terres en céréales, blé ou seigle et avoine ou orge; — un sixième en prairie artificielle, — un sixième en racines fourragères, — et un dernier sixième en plantes propres aux arts.

Dans les Loams fertiles de l'Angleterre, sir J. SINCLAIR recommande le cours suivant :

1ʳᵉ *année* : Turneps ou jachère, avec fumure. — 2ᵉ *année* : Blé ou orge, puis trèfle. — 3ᵉ *année* : Trèfle, soit seul, soit mêlé de ray-grass, avec addition d'un peu de trèfle jaune. — 4ᵉ *année* : Avoine. — 5ᵉ *année* : Vesces, pois ou fèves. — 6ᵉ *année* : Blé.

Près Bar-sur-Aube M. DE FONTENAY conserve le tiers de ses terres pour le blé ; — un deuxième tiers est pour l'avoine ou l'orge et les féverolles ; — et le troisième pour le trèfle, les racines ou les graines rondes. Voici sa rotation :

1ʳᵉ *année* : Orge ou avoine fumée, puis trèfle. — 2ᵉ *année* : Trèfle. — 3ᵉ *année* : Blé. — 4ᵉ *année* : Féverolles fumées. — 5ᵉ *année* : Blé. — 6ᵉ *année* : Racines fourragères.

A Genève M. PICTET avait adopté un assolement qui lui donnait huit récoltes en six ans à l'aide d'une seule fumure et d'un parcage.

1ʳᵉ *année* : Productions fumées et sarclées deux fois. —2ᵉ *année* : Blé, puis sarrasin, vesces ou turneps. — 3ᵉ *année* : Vesces consommées sur place après le parcage, labours. — 4ᵉ *année* : Blé puis trèfle. — 5ᵉ *année* : Trèfle. —6ᵉ *année* : Blé, puis sarrasin, vesces ou turneps.

Voici le résultat curieux des essais entrepris autrefois par feu M. le professeur YVART *sur une des meilleures pièces de terre de l'exploitation d'Alfort.*

1ʳᵉ *année* : Immédiatement après l'enlèvement d'une récolte de froment blanc hâtif, faite à la fin de juillet ; — semé le 2 août des navets sur un hersage profond ; — consommés sur place par les moutons dans les premiers jours d'octobre ; — semé le 12, sur un labour et sur fumier enfoui, de la vesce d'hiver mélangée avec un tiers de seigle. — 2ᵉ *année* : Consommée sur place en avril par des brebis nourrices et leurs agneaux. — Le 26, semé sur un labour de l'orge nue ou céleste ; — moissonnée le 20 juillet ; — le 23, semé sur un nouveau labour, dans une partie du champ, de la vesce blanche hâtive tirée du midi, — fauchée défleurie le 18 septembre ; — et dans l'autre, du maïs pour fourrage, fauché et consommé à la même époque; — remplacé le 26 sur un hersage profond comme le précédent, par des planches alternatives : 1° de criblures de seigle; 2° d'escourgeon ; 3° de colza ; 4° de rutabaga ; 5° d'un mélange de vesce, de lentillons et d'avoine d'hiver, et 6° de trèfle incarnat. — 3ᵉ *année* : Consommé successivement sur le champ ces diverses plantes en mars, avril et mai dans l'ordre où elles sont présentées ; —fini de labourer la totalité du champ le 2 mai, et semé sans délai du sarrazin très-clair, et après le hersage un mélange de navets et de carottes, couvert avec le rouleau ; — récolté le sarrasin le 6 octobre, et consommé sur place pendant l'automne et une partie de l'hiver, les navets et les carottes dépouillés d'abord de leurs feuilles par les moutons, puis ramenés à la surface des champs par un labour et des hersages qui ont exposé les racines restantes, consommées en majeure partie par les mêmes animaux. — 4ᵉ *année* : Semé à la fin de février du blé de mars et du trèfle sur un labour qui avait enfoui en janvier de nouveau fumier; — récolté le blé dans les premiers jours d'août, — et consommé sur place, en automne, la première pousse du trèfle. — 5ᵉ *année* : Fait en mars deux récoltes de trèfle plâtré, — enfoui la

troisième le 7 octobre pour semer du froment. — 6ᵉ *année* : Froment d'automne.

Aux environs de Lille et de Douai on trouve les assolemens suivans :

1ʳᵉ *année* : Colza ou lin fumé. — 2ᵉ *année* : Froment. — 3ᵉ *année* : Fèves fumées et binées. — 4ᵉ *année* : Avoine avec trèfle. — 5ᵉ *année* : Trèfle. — 6ᵉ *année* : Froment.

1ʳᵉ *année* : Tabac fumé. — 2ᵉ *année* : Hivernages, c'est-à-dire mélanges de vesces, de pois, de fèves et de grains de différentes espèces. — 3ᵉ *année* : Colza fumé. — 4ᵉ *année* : Grains de mars et trèfle. — 5ᵉ *année* : Trèfle. — 6ᵉ *année* : Froment.

Près de Bergues on remarque celui-ci :

1ʳᵉ *année* : Froment fumé avec trèfle. — 2ᵉ *année* : Trèfle. — 3ᵉ *année* : Orge d'hiver ou de mars ou avoine. — 4ᵉ *année* : Fèves ou colza, avec fumure. — 5ᵉ *année* : Froment. — 6ᵉ *année* : Lin ou tabac fumé.

Sur de vieilles prairies que l'on juge nécessaire de faire rentrer dans la rotation des cultures économiques, la terre étant presque toujours d'une fécondité très-grande, ou peut semer :

1ʳᵉ *année* : Choux non fumés. — 2ᵉ *année* : Avoine *id.* — 3ᵉ *année* : Fèves *id.* — 4ᵉ *année* : Froment *id.* — 5ᵉ *année* : Fèves fumées. — 6ᵉ *année* : Froment. Après quoi on rétablit la prairie en abandonnant le sol à lui-même, ou, ce qui est bien préférable, en le semant en graminées.

Voici un second exemple choisi *dans le département du Nord* :

1ʳᵉ *année* : Avoine, sans engrais. — 2ᵉ *année* : Lin, *id.* — 3ᵉ *année* : Froment, *id.* — 4ᵉ *année* : Mélange de vesce et de seigle pour fourrage. — 5ᵉ *année* : Colza fumé. — 6ᵉ *année* : Froment dans lequel on sème une prairie artificielle, dont la durée varie suivant la nature de la plante.

Non loin des glaciers perpétuels de la vallée de Chamouni, sur les vieux pâturages qu'on a défrichés l'automne précédent, on sème au printemps de l'avoine. — La 2ᵉ *année* : A l'avoine succèdent des pommes-de-terre, fumées ou non fumées, selon l'état du sol. — La 3ᵉ *année* : Aux pommes-de-terre succède le lin ou le chanvre. —La 4ᵉ *année* : Vient le froment de mars avec trèfle qui occupe le sol la 5ᵉ *année*. Enfin la 6ᵉ *année* : On sème de nouveau du froment ou du seigle, sur lequel on répand de la graine de foin pour obtenir un pré qu'on laissera subsister tant que ses produits ne diminueront pas sensiblement.

2° *En terres légères et peu fécondes.*

Sur les sables arides de la Campine, couverts de bruyères et supportés par un banc de tuf ferrugineux plus infertile encore que la couche labourable, avec une culture opiniâtre, on est parvenu être très-productives des deux rotations suivantes :

1ʳᵉ *année* : Pommes-de-terre fumées et binées. — 2ᵉ *année* : Avoine et trèfle. — 3ᵉ *année* : Trèfle. — 4ᵉ *année* : Seigle, puis spergule la même année. — 5ᵉ *année* : Navets ou sarrasin pâturés ou enfouis. — 6ᵉ *année* : Seigle.

1ʳᵉ *année* : Pommes-de-terre comme dans le

cas précédent. — 2ᵉ *année* : Seigle également fumé, sur lequel on sème au printemps un mélange de lupuline et de navets ou de carottes, qui, après la récolte de cette céréale, fournissent une abondante nourriture aux bestiaux. — 3ᵉ *année* : Avoine et trèfle, mêlés encore de navets et de carottes. — 4ᵉ *année* : Trèfle. — 5ᵉ *année* : Trèfle retourné avant une dernière coupe. — 6ᵉ *année* : Seigle.

Une autre rotation sexennale a été adoptée avec succès sur des sols d'une semblable nature :
1ʳᵉ *année* : Carottes, turneps ou pommes-de-terre fumées et binées. — 2ᵉ *année* : Céréale avec graine de prairie artificielle. — 3ᵉ *année* : Prairie fauchée. — 4ᵉ *année* : Pâturage. — 5ᵉ *année* : Pâturage. — 6ᵉ *année* : Céréales.

Avec cet assolement recommandé par sir J. Sinclair, les sols sablonneux ou graveleux de diverses parties de l'Angleterre donnent un produit considérable, et, au lieu d'être épuisés, augmentent en fertilité. — Si les récoltes ne sont pas aussi multipliées qu'on pourrait l'attendre d'une rotation de six ans, on ne doit pas perdre de vue que les dépenses sont peu considérables et qu'il est des cas où l'on ne doit pas compromettre sur un mauvais sol de trop grandes avances.

B. Dans le midi.

Dans les parties méridionales de la France où le trèfle et la lupuline réussissent, on pourra sans peine suivre à peu près les mêmes combinaisons qu'ailleurs. — Dans les localités plus propres au sainfoin qu'au trèfle, rien n'empêchera d'adopter l'assolement précédent, en ayant soin de préférer, d'après l'avis de M. de Gasparin, la betterave et la carotte aux autres racines fourragères. — On aura ainsi :
1ʳᵉ *année* : Betteraves ou carottes fumées et binées. — 2ᵉ *année* : Céréales avec graine de sainfoin. — 3ᵉ, 4ᵉ et 5ᵉ *années* : Sainfoin fauché et fumé la dernière année. — 6ᵉ *année* : Céréale.

Ou mieux, toujours dans les localités où le trèfle ne réussit que médiocrement :
1ʳᵉ *année* : Betteraves, etc. comme dans le 1ᵉʳ exemple. — 2ᵉ *année* : Céréale sans engrais. — 3ᵉ *année* : Maïs fourrage, puis la même année lupin enfoui. — 4ᵉ *année* : Céréale sans engrais. — 5ᵉ *année* : Betteraves fumées. — 6ᵉ *année* : Céréale sans engrais.

Ou encore, sans presque rien changer aux habitudes locales :
1ʳᵉ *année* : Céréale sans engrais. — 2ᵉ *année* : Maïs. — 3ᵉ *année* : Jachère. — 4ᵉ *année* : Céréale fumée. — 5ᵉ *année* : Maïs. — 6ᵉ *année* : Racines fumées et sarclées.

§ VI. —Assolemens de sept ans.

Jusqu'ici, à côté des céréales et quelquefois des plantes dont les produits sont utilisés dans les arts, nous avons à peine remarqué *des prairies artificielles qui occupassent le sol plus d'une année* en état d'être fauchées. Nous allons voir successivement paraître des végétaux fourragers d'une plus longue durée, des arbustes, des arbres mêmes qui alter-

nent avec les cultures annuelles, de manière à former pour ainsi dire deux assolemens en un. Les rotations de 7 et de 8 ans, bien qu'elles se prêtent aux mêmes combinaisons que toutes celles qui précèdent, nous en offriront quelques exemples.

Avec un assolement septennal on peut avoir pour but d'obtenir quatre soles de céréales et trois soles seulement de plantes fourragères. C'est ainsi que dans les terres les plus riches du *Suffolk* on récolte :
1ʳᵉ *année* : Turneps. — 2ᵉ *année* : Orge. — 3ᵉ *année* : Fèves. — 4ᵉ *année* : Blé froment. — 5ᵉ *année* : Orge. — 6ᵉ *année* : Trèfle. — 7ᵉ *année* : Blé.

Mais une telle méthode ou toute autre analogue ne peut être recommandée que *comme une rare exception*. — Plus ordinairement, si l'on préfère l'assolement septennal à l'assolement de six ans, c'est afin d'éloigner plutôt que de rapprocher le retour des blés et d'augmenter le nombre des cultures améliorantes. Ainsi en commençant la rotation par une récolte sarclée et fumée, on aura :
2ᵉ *année* : Céréale, puis trèfle. — 3ᵉ *année* : Trèfle. — 4ᵉ *année* : Céréale. — 5ᵉ *année* : Culture sarclée et fumée. — 6ᵉ *année* : Fourrage annuel, vesces ou autre plante légumineuse avec parcage. — 7ᵉ *année* : Céréale.

On obtient ainsi trois céréales, deux cultures fourragères ou industrielles, fumées, binées ou butées, et deux prairies artificielles, fauchables en vert; sans compter les récoltes doubles que le climat peut permettre.

D'autres fois on forme les rotations septennales d'un assolement de 3 ou de 4 ans, auquel succède une prairie artificielle de 4 ou de 3 ans. — Cette pratique est surtout applicable aux terrains d'une petite valeur qui supporteraient difficilement un cours plus productif. Il arrive cependant que pour entretenir plus sûrement ou pour augmenter progressivement la fécondité de chaque sole, ou la soumet à son tour à une semblable rotation.

A. Dans le nord et le centre.

1° *En terres plus légères que fortes, de bonne qualité.*

1ʳᵉ *année* : Vesces d'automne ou de printemps. — 2ᵉ *année* : Pommes-de-terre fumées. — 3ᵉ *année* : Avoine et trèfle. — 4ᵉ *année* : Trèfle. — 5ᵉ *année* : Froment. — 6ᵉ *année* : Betteraves, carottes, navets fumés. — 7ᵉ *année* : Céréale.

Ou bien l'assolement restant le même jusqu'à la 6ᵉ année, on peut remplacer les racines fourragères par du colza, de l'œillette, du lin, etc.

2° *En terres plus légères que fortes, de médiocre qualité.*

1ʳᵉ *année* : Pommes-de-terre fumées. — 2ᵉ *année* : Avoine. — 3ᵉ *année* : Trèfle ou lupuline, recouvert, après la première coupe de printemps, d'engrais pulvérulent. — 4ᵉ *année* : Froment ou seigle avec sainfoin. — 5ᵉ, 6ᵉ et 7ᵉ *année* : Sainfoin.

1ʳᵉ *année* : Pommes-de-terre fumées. — 2ᵉ *année* : Avoine ou orge. — 3ᵉ *année* : Betteraves fumées. — 4ᵉ *année* : Seigle ou blé, puis sainfoin. — 5ᵉ *année* : Sainfoin. — 6ᵉ année : Sainfoin. — 7ᵉ *année* : Sainfoin.

Le *sainfoin* est dans les sols légers, surtout lorsqu'ils contiennent une quantité surabondante de calcaire, un des meilleurs fourrages connus. — Il peut entrer, selon les circonstances, dans des assolemens à termes plus ou moins longs, et l'amélioration qu'il opère dans la couche labourable est très-sensible. Cependant, si on le faisait revenir trop fréquemment aux mêmes places, il cesserait comme tous les autres fourrages de végéter avec vigueur; il serait donc peu prudent de suivre plusieurs fois de suite les deux cours précédens.

Sur les champs arides de la Sologne, l'assolement suivant n'est pas rare :
1ʳᵉ *année* : Sarrasin et genêt qui lève spontanément. — 2ᵉ *année* : Genêt. — 3ᵉ *année* : Genêt pacagé. — 4ᵉ *année* : Genêt pacagé. — 5ᵉ *année* : Avoine de mars. — 6ᵉ *année* : Seigle fumé. — 7ᵉ *année* : Turneps et pommes-de-terre.

Ou, ce qui vaut mieux :
1ʳᵉ *année* : Sarrasin et genêt, quelquefois pommes-de-terre sur engrais. — 2ᵉ *année* : Genêt. — 3ᵉ et 4ᵉ *années* : Genêts pacagés. — 5ᵉ *année* : Avoine de mars et lupuline. — 6ᵉ *année* : Lupuline fumée à la surface avec du fumier de mouton et retournée de bonne heure. — 7ᵉ *année* : Seigle.

3° *Dans les terres plus fortes que légères.*

1ʳᵉ *année* : Vesces fauchées pour fourrage vert. — 2ᵉ *année* : Choux fumés. — 3ᵉ *année* : Céréale de printemps et trèfle. — 4ᵉ *année* : Trèfle. — 5ᵉ *année* : Blé d'automne. — 6ᵉ *année* : Fèves fumées. — 7ᵉ *année* : Blé.
Ou, d'après M. Lullin de Genève :
1ʳᵉ *année* : Vesces richement fumées, fauchées en vert, puis choux et turneps ou rutabagas entre leurs rangs. — 2ᵉ *année* : Fèves en rayons. — 3ᵉ *année* : Céréale, puis trèfle. — 4ᵉ *année* : Trèfle. — 5ᵉ *année* : Blé, suivi, s'il est possible, de sarrasin. — 6ᵉ *année* : Vesces fumées, puis turneps consommés à l'étable. — 7 année : Blé.

B. Dans le midi.

1° *En terres plus légères que fortes, dites boulbènes douces.*

1ʳᵉ *année* : Pommes-de-terre fumées. — 2ᵉ *année* : Céréale d'automne. — 3ᵉ *année* : Maïs, fourrage, seul ou mélangé. — 4ᵉ *année* : Céréale d'automne. — 5ᵉ, 6ᵉ et 7ᵉ *années* : Sainfoin.
Ou,
1ʳᵉ *année* : Céréale et trèfle sur jachère ou sur culture fumée. — 2ᵉ *année* : Trèfle. — 3ᵉ *année* : Méteil. — 4ᵉ *année* : Pommes-de-terre fumées. — 5ᵉ *année* : Maïs ou autre fourrage vert. — 6ᵉ *année* : Céréale. — 7ᵉ *année* : Jachère fumée ou betteraves avec engrais.

2° *En terres plus fortes que légères, dites terre-forts.*

L'assolement ordinaire étant :

Blé, maïs, puis fève ou jachère :
On trouverait sans nul doute profitable de lui substituer l'un des suivans :
1ʳᵉ *année* : Blé froment, sans engrais. — 2ᵉ *année* : Maïs. — 3ᵉ *année* : Fèves fumées. — 4ᵉ *année* : Blé froment. — 5ᵉ *année* : Fourrage vert, vesces, lupins et maïs semés ensemble. — 6ᵉ *année* : Blé froment. — 7ᵉ *année* : Fèves fumées.
1ʳᵉ *année* : Blé froment. — 2ᵉ *année* : Fèves en lignes, fumées. — 3ᵉ *année* : Blé. — 4ᵉ *année* : Maïs. — 5ᵉ *année* : Jachère, puis fumure. — 6ᵉ *année* : Blé. — 7ᵉ *année* : Maïs fourrage.

Dans les terrains *favorables à la culture de la garance*, cette plante peut très-bien trouver place en un cours de 7 ans :
1ʳᵉ *année* : Céréale. — 2ᵉ *année* : Prairies vertes. — 3ᵉ *année* : Céréale. — 4ᵉ *année* : Culture sarclée. — 5ᵉ, 6ᵉ et 7ᵉ *années* : Garance.

§ VII. — Assolemens de huit ans.

Les rotations de huit ans ne sont, assez souvent, que deux assolemens de quatre ans, mis à la suite l'un de l'autre, dans le but principal de remplacer en l'un d'eux le trèfle par un fourrage différent, afin d'éviter son retour trop fréquent. Sous ce seul point de vue, toutes les autres circonstances restant les mêmes (*voy.* le 4ᵉ paragraphe), ils doivent être généralement préférés.

Dans les lieux où la nature du sol ne s'oppose pas à l'excellente pratique des défoncemens, une première rotation de huit ans avec jachère, qui permet à la couche labourée de se mûrir convenablement, peut être d'autant plus profitable que les terres neuves, pour devenir fécondes, ont besoin d'abondans engrais, de façons fréquentes, et, qu'elles se prêtent surtout à la culture des racines sarclées. L'une des meilleures combinaisons possibles, en pareil cas, me paraît être celle-ci :
1ʳᵉ *année* : Jachère avec défoncement. — 2ᵉ *année* : Racines binées et sarclées. — 3ᵉ *année* : Autres racines binées et sarclées. — 4ᵉ *année* : Céréale. — 5ᵉ *année* : Culture sarclée. — 6ᵉ *année* : Céréale et trèfle. — 7ᵉ *année* : Trèfle. — 8ᵉ *année* : Céréale.
Les assolemens analogues sont excellens sur défriche et sur tous les terrains salis de mauvaises herbes. A la vérité les façons qu'ils exigent sont nombreuses, mais leurs résultats, fort bons en eux-mêmes, concourent encore efficacement à l'amélioration progressive du sol. — Dans la plupart des cas il est toutefois possible d'éviter une jachère complète. — L'assolement sera alors celui-ci, ou quelque autre basé sur les mêmes principes :
1ʳᵉ *année* : Sur 3 ou 4 labours d'automne et de printemps, culture sarclée. — 2ᵉ *année* : Seconde culture sarclée. — 3ᵉ *année* : Céréale. — 4ᵉ *année* : Troisième culture sarclée. — 5ᵉ *année* : Fourrage vert annuel. — 6ᵉ *année* : Céréale et trèfle ou lupulin. — 7ᵉ *année* : Trèfle ou lupuline. — 8 *année* : Céréale.
On conçoit qu'il serait aussi facile d'introduire le sainfoin dans un assolement de 8 ans que dans ceux de 7 ans.

§ VIII. — Assolemens de plus de huit ans.

Au point où nous en sommes, il paraîtrait

sans doute superflu' d'ajouter beaucoup aux exemples que j'ai cru devoir multiplier précédemment, en raison de leur importance relative, et de leur plus fréquente adoption. — Les combinaisons diverses, avec lesquelles le lecteur est désormais familier, se retrouveraient toujours les mêmes ou à peu près, en des rotations plus longues. — Dans un assolement de 12 ans, par exemple, on pourrait chercher à obtenir six céréales, précédées et suivies d'un égal nombre de cultures nettoyantes ou reposantes, calculées de manière à produire la quantité de fourrages et d'engrais nécessaire, comme nous avons vu qu'on parvenait à le faire avec deux assolemens de six ans. — En 13 ans on suivrait la même marche qu'avec deux rotations de 7 et de 5 ans, etc., etc.; cependant il ne faut pas perdre de vue que plus un assolement se prolonge, plus il est facile de varier ses élémens et d'introduire, d'une part, diverses plantes industrielles, — de l'autre, l'une des prairies artificielles les plus durables et les plus précieuses, la luzerne. — Il a été malheureusement démontré, par de nombreuses épreuves, que cette plante ne peut revenir avec un plein succès sur le même sol qu'après un laps de temps d'autant plus long, qu'elle y a précédemment séjourné plus long-temps; aussi n'ai-je pu en parler jusqu'ici dans aucun des assolemens qui ont dû nous occuper

YVART pensait que *l'intervalle à observer avant de faire reparaître la luzerne sur le champ qui l'a déjà nourrie, doit être égal au moins à la durée de son existence sur ce champ;* d'après ce principe, si elle occupait le sol 5 ou 6 ans, elle pourrait rigoureusement entrer dans une rotation de 10 ou 12 ans. Je ne nie pas que dans un terrain encore vierge de ce riche fourrage, il puisse en être ainsi pendant un certain temps; mais depuis que notre savant collègue écrivait son excellent article *Succession de culture,* des faits multipliés et patens sont venus attester qu'un semblable intervalle était loin de suffire dans les localités au moins où la luzerne était depuis long-temps cultivée, et l'on a dû l'augmenter du double dans la crainte de dépouiller l'avenir au profit du présent. — En bonne pratique, je crois donc qu'on ne pourra mieux faire que de se rapprocher des deux exemples suivans : — le premier est le résultat de la longue expérience et des méditations de M. DE MOREL VINDÉ ; le second est dû aux essais multipliés et fructueux de notre confrère M. DAILLY.

M. DE VINDÉ *a partagé sa propriété entière en dix soles,* dont chacune desquelles il a admis un assolement de 20 ans; tantôt à base de luzerne et de trèfle; tantôt à base de sainfoin et de trèfle. — Sur la première sole, la luzerne commence semée avec une céréale de mars; — elle occupe le terrain jusqu'à la fin de la 5ᵉ année. — Viennent ensuite les cultures des céréales et plantes sarclées, disposées de manière à ne demander qu'une forte fumure la 9ᵉ année, et à faire précéder le froment sur la défriche de luzerne; de deux autres cultures au moins, l'une d'avoine et l'autre de plantes sarclées. — Le trèfle semé comme la luzerne sur la dernière céréale de mars, de l'une des rotations de 7 ans, paraît

la 12ᵉ année. A l'aide d'un terreautage d'hiver et d'un plâtrage de printemps, M. DE VINDÉ trouve de l'avantage à le conserver 3 ans, après lesquels recommence la rotation septennale avec une seconde fumure ; en tout, comme on voit, 20 ans.

Sur la seconde sole le sainfoin remplace la luzerne, mais sa durée et celle du trèfle étant les mêmes, les résultats sont aussi analogues ; seulement la première prairie artificielle ne commence que la 3ᵉ année. Dans la 3ᵉ sole elle ne vient que la 5ᵉ, et ainsi de suite, de manière qu'à la fin des 20 années toutes les soles ont passé également et régulièrement par les 3 sortes de prairies artificielles.

Par ce moyen, quoique 3/10 de la propriété soient annuellement en prairies artificielles fauchables, on voit que la luzerne, ne la fit-on pas alterner avec le sainfoin, ne reviendrait à la même place qu'après 15 ans.

Voici l'assolement que M. Dailly a adopté pour une partie de sa propriété de Trappes (Seine-et-Oise) : 1ʳᵉ *année,* luzerne plâtrée ; — 2ᵉ, 3ᵉ, 4ᵉ *années,* luzerne fauchée; — 5ᵉ *année,* luzerne retournée; — 6ᵉ *année,* avoine : — 7ᵉ *année,* pommes-de-terre fumées ; — 8ᵉ *année,* blé de mars ; — 9ᵉ *année,* colza avec poudrette; — 10ᵉ *année,* blé d'hiver ; — 11ᵉ *année,* vesce d'hiver et pépinière de colza, puis parcage ; — 12ᵉ *année,* avoine ; — 13ᵉ *année,* œillette ou racines sarclées fumées; — 14ᵉ *année,* blé d'hiver ; — 15ᵉ *année,* racines sarclées fumées. — 16ᵉ *année,* blé de printemps ou d'hiver. — 17ᵉ *année,* colza avec poudrette ; — 18ᵉ *année,* blé d'hiver ; — 19ᵉ *année,* racines fumées; — 20ᵉ *année,* avoine ou semis de luzerne.

Dans ces deux exemples, non seulement la luzerne ne revient qu'à de longs intervalles, mais on a bien soin de ne cultiver le froment sur la terre qui l'a portée que la 3ᵉ année. Cette double précaution est d'une haute importance, et je regarde comme certain, que, si on l'avait constamment prise, nous n'aurions pas été affligés tout récemment de discussions qui ne tendaient rien moins qu'à faire croire que la culture de la luzerne était nuisible à celle du froment, tandis que cette grave question, réduite à sa vraie valeur, n'était plus qu'une question fort simple de bon ou de mauvais assolement, et dont la solution si vivement contestée se retrouve, selon moi, en grande partie dans le passage suivant.

« N'allons pas, surtout par une avidité déplacée autant que par un faux calcul, vouloir exiger des recoltes de froment, avant que les détritus qu'elle (la luzerne) a laissés sur le sol soient entièrement réduits en terreau. Le volume de ses racines ; l'épaisseur du gazon, qui s'accumule toujours dans ses derniers momens, quelques précautions que l'on prenne pour s'y opposer ; le soulèvement de la terre, généralement nuisible à la prospérité du froment, enfin, la grande fécondité même, dont le sol est pourvu, sont autant de circonstances qui rendent, presque toujours, cette récolte précaire, soit en opérant le déchaussement, soit en occasionant une végétation luxuriante, toujours aux dépens de l'abondance et de la qualité du grain, vérité dont nous nous sommes trop particulièrement assurés pour ne pas y insister avec toute l'énergie dont nous sommes capables, etc. » (YVART; *Nouveau Cours complet d'agriculture théorique et pratique*, 1823.)

Du reste, on sait que ce qui se passe en pareil cas après la luzerne, a lieu également sur presque toutes les défriches : — Le froment ne prospère *immédiatement,* ni dans l'emplacement d'une vieille prairie naturelle ou d'un ancien bois; ni sur un défoncement; ni même après un simple écobuage. Dans tous ces cas les racines, l'avoine, l'orge même et le seigle offrent un meilleur emploi du terrain.

Les graminées fourragères dont il sera parlé dans l'un des chapitres de ce même livre, font quelquefois, mais moins souvent qu'elles ne le devraient, partie des assolemens à long terme. Après un temps, dont la durée est déterminée par les premiers indices de leur dépérissement, ces plantes peuvent faire place : — La 1re *année,* à des racines fourragères ou à des plantes binées et sarclées à semences oléifères; — la 2e *année,* à de l'avoine, ou de l'orge, selon l'état plus ou moins meuble de la terre, puis à des raves, de la spergule ou toute autre pâture d'automne ou d'hiver; — la 3e *année,* revient une culture sarclée différente de la 1re; — la 4e *année* de l'orge, du seigle ou du froment, puis du trèfle, de la lupuline ou tout autre fourrage légumineux, qui occupe le terrain pendant la 5e *année;* — la 6e *année,* du froment ou du seigle, et si cette récolte est belle, on fera bien de la faire suivre d'une nouvelle culture sarclée ou d'une seconde prairie légumineuse; puis la 8e *année,* d'une dernière céréale avec graines de graminées pour rétablir la prairie ou le pâturage.

Enfin, en des circonstances peu favorables, quoique assez fréquentes, *on fait entrer les végétaux ligneux dans les assolemens.* Sur des terrains à pente rapide, d'un travail pénible, où les labours deviennent nuisibles en facilitant l'éboulement des terres; — dans les localités arides, où les racines et les fourrages verts viennent aussi mal que les céréales, il est bien indispensable de recourir à ce moyen pour obtenir quelques produits sans des dépenses excessives. Aux genêts et aux ajoncs on a quelquefois substitué ou ajouté les pins, qui occupent alors le sol pendant au moins 7 ans, et qui fournissent dans les 3 dernières années des branchages, dont on peut à la rigueur affourager les bêtes à laine pendant l'hiver, et qui peuvent être utilisés au moment où on les abat comme échalas. — Voici quelques-uns de ces assolemens proposés par M. DE MOROGUES.

1re *année,* sarrasin et pins; — 2e, 3e et 4e *années,* pins gardés; — 5e *année,* pins pacagés; — 6e *année,* pins éclaircis; — 7e *année,* pins arrachés; — 8e *année,* avoine ; — 9e *année,* seigle sur fumier; — 10e *année,* turneps et pommes-de-terre.

Ou 1re *année,* genêts et sarrazin; — 2e, 3e et 4e *années,* genêts gardés et pacagés; — 5e *année,* avoine; — 6e *année,* seigle fumé; — 7e *année,* turneps et pommes-de-terre; — 8e *année,* sarrasin et pins; — 8e, 9e, 10e et 11e *années,* pins gardés; — 12e *année,* pins pacagés; — 13e *année,* pins éclaircis; — 14e *année,* pins

arrachés; — 15e *année,* avoine; — 16e *année,* seigle sur fumier.

Ou enfin, étendant davantage les cultures annuelles : 1re *année,* sarrasin et genêt; — 2e, 3e et 4e *années,* genêt; — 5e, 6e, 7e, 8e et 9e *années,* céréales, plantes sarclées et fourrages verts; — 10e *année,* sarrasin et pins; — 11e, 12e, 13e, 14e, 15e et 16e *années,* pins; — 17e, 18e, 19e, 20e et 21e *années,* nouvelles cultures de céréales, de navets ou de pommes-de-terre et de vesces.

Dans ces divers exemples choisis pour le pays qu'il habite (la Sologne), M. DE MOROGUES n'a pas craint d'adopter les coutumes locales sur deux points : il recommande de donner la fumure sur une céréale, et il fait venir constamment le seigle sur l'avoine, quoiqu'il lui fût facile de l'en éloigner par la culture des navets qu'il admet en 3e lieu. La pauvreté des terrains qu'il a en vue, et la parcimonie avec laquelle on peut y répandre les engrais, excusent suffisamment la 1re pratique; dont la seconde est une conséquence malheureuse. — Il est rare qu'on ne puisse arriver à mieux. — Nous verrons ailleurs qu'il n'est pas impossible non plus d'utiliser d'autres végétaux ligneux comme fourrage.

On trouve quelques exemples de cultures intercalaires établies dans les bois à l'époque de leur coupe. Sur quelques points du duché de Luxembourg on exploite les taillis à l'âge de 18 à 20 ans pour les convertir en bois de chauffage, en écorces et en charbon. Les menus branchages restent sur le sol, où ils sont brûlés dans le courant d'août suivant, ainsi que les jeunes pousses de l'année, et, quelques jours après, on sème du seigle qui donne généralement une récolte précoce et fort abondante; quelquefois la seconde année, à travers les nouveaux scions du taillis, il est encore possible de cultiver des pommes-de-terre. — Dans la Haute-Garonne, ainsi que l'a fait connaître M. DE VILLENEUVE, le propriétaire qui possède des bois sur d'assez bons terrains, pourvu que ce ne soit pas sur un coteau rapide, peut en retirer quelque surcroît de revenu. Si la terre est douce et propre aux pommes-de-terre, il la fait labourer dès que le bois a été coupé, et planter au printemps en tubercules de ce végétal, et il peut encore tenter le même moyen l'année suivante. Si la terre est forte, on y sème de l'avoine ou du seigle.

Toutefois, de semblables exemples sont peu fréquens et ne trouvent que de rares applications. Plus ordinairement, après la coupe définitive des futaies ou des vieilles forêts, on rend pour un long temps l'emplacement qu'elles occupaient aux cultures économiques et industrielles qui y réussissent d'autant plus facilement et plus sûrement, que le sol est d'une extrême fécondité.

Dans un pays neuf la première condition de culture est la destruction d'une partie des bois qui le couvrent. — Plus tard, une sage législation met des bornes à l'abus que les intérêts privés pourraient faire d'un tel moyen au détriment de l'intérêt général; — puis, il vient une époque où les plantations deviennent indispensables et où la culture des forêts fait, pour ainsi dire, partie des assolemens qui doivent assurer la prospérité nationale par une augmentation de produits égale aux besoins de la population croissante. Tandis que les bonnes terres et toutes celles qui leur position rend d'une culture facile et productive, doivent progressivement être sillonnées par la charrue, les sols ingrats ou éloignés de la consommation peuvent se couvrir de grands végétaux ligneux. Ici le bois fait place au blé; là, les landes les plus arides, les dunes mouvantes, les craies et les sables inféconds que fatiguent à de longs intervalles de chétives récoltes de sarrasin ou de pommes-de-terre, disparaissent abrités sous l'épaisse verdure des semis de pins; et l'imagination, naguère attristée de l'insuffisance des travaux du cultivateur pour lutter contre une nature ingrate, peut désormais se reposer sur d'utiles produits et prévoir le temps où nos neveux, détruisant à propos des travaux dont ils méconnaîtront peut-être la bienfaisante origine, retrouveront à ces mêmes places des champs d'une riche et longue fécondité.

Oscar LECLERC-THOUIN.

CHAPITRE XI. — DES RÉCOLTES.

Ce n'est pas tout de vaincre, il faut savoir profiter de la victoire; de même, en agriculture, ce n'est pas tout de savoir bien cultiver, il faut savoir bien récolter. La moindre négligence dans cette circonstance peut amener des résultats désastreux pour la qualité et la quantité des produits. Nous ne ferons connaître ici que des données générales, réservant pour la culture des plantes ce qui est particulier à chacune d'elles. Nous diviserons ce chapitre en plusieurs sections qui sont : 1° *Précautions générales;* 2° *Récoltes des fourrages;* 3° *Récoltes des granifères, ou moissons;* 4° *Récoltes des racines.*

SECTION Ire. — *Précautions générales.*

Ne remettre jamais au lendemain ce que l'on peut faire le jour même, c'est un principe d'économie qui est vrai dans tous les temps, mais surtout à l'époque des récoltes.

On commencera donc par *s'assurer du nombre de bras nécessaire* pour que tous les travaux s'exécutent en temps opportun. L'expérience est le guide qu'il faut surtout consulter, car il y a également à perdre si l'on emploie trop ou trop peu de monde. Dans le premier cas, les opérations s'embarrassent par leur multiplicité; la surveillance est incomplète et difficile en raison des points différens où elle s'exerce; il en résulte ordinairement tumulte, désordre, gaspillage. Dans le second cas, les travaux languissent, les produits acquièrent un degré de maturité qui en diminue la quantité et en déprécie la valeur.

Il faut aussi que *le nombre des chevaux, des domestiques,* soit en rapport avec celui des journaliers. Lorsque l'économie et l'administration d'une ferme exigent qu'à cette époque on tienne un valet de plus qu'à l'ordinaire, il ne faut pas reculer devant cette dépense. Dans certains pays on les nomme *calvaniers.* Ordinairement on ne les paie point en argent, mais en denrées dont on détermine auparavant la quantité. Au choix du calvanier doit présider la même circonspection qu'à celui des autres domestiques. Beaucoup de cultivateurs prudens ont à cœur d'avoir toujours les mêmes calvaniers. Les deux parties y gagnent : l'exploitant, parce qu'il n'a plus à faire l'étude de caractères nouveaux, et que ces valets, déjà au fait de la besogne, perdent moins de temps à prendre les habitudes de l'exploitation; le calvanier y gagne également, parce qu'il n'a pas à s'inquiéter où il trouvera du travail.

Toutes les dispositions étant prises sous ce rapport, on *portera son attention sur le matériel.* On aura soin que les granges, les gerbières, les fenils ou fointiers soient propres et déblayés de tout ce qui peut les embarrasser. Les toitures auront été scrupuleusement visitées et réparées, les murs bien crépis. Une précaution indispensable serait de boucher tous les trous, toutes les fissures où les souris et les rats peuvent se réfugier et en faire le centre de leurs dégâts.

Il ne faudra pas attendre non plus le moment de la récolte pour *mettre les chariots et les autres véhicules* en état de faire un service régulier, et de supporter des charges assez pesantes. On éprouve toujours de grandes pertes en instrumens, en grains, et de plus grandes pertes encore d'un temps precieux, lorsqu'au milieu du chemin un char se brise ou verse.

Pour éviter ces inconvéniens, on se trouvera bien de *faire quelques réparations aux chemins* les plus fréquentés. C'est une dépense qui se retrouve toujours au centuple, non seulement parce qu'elle empêche les instrumens de se détériorer, mais encore parce qu'elle conserve la force et la santé des animaux. Dans les pièces entourées de fossés ou sillonnées de tranchées ouvertes, soit pour le défrichement, soit pour l'irrigation, on transportera des *ponts mobiles* pour donner passage aux voitures. Ces ponts volans et temporaires sont faits en forts madriers. Ils sont préférables aux broussailles dont on se sert dans le même cas pour combler les fossés. Des ponceaux en pierres seraient plus durables, mais ils ont l'inconvénient d'exiger plus de dépenses, et de faire perdre à la clôture une partie de ses avantages.

Dans les pays où la moisson se fait par des étrangers, on leur *préparera une couche commode.* Il est vraiment affligeant de voir des moissonneurs épuisés de fatigues, entassés le soir dans des granges, dans des greniers où ils peuvent à peine prendre quelques heures de sommeil. Les ouvriers sont plus sensibles qu'on ne le pense aux bons procédés, et ils récompensent toujours ceux qui les traitent avec une certaine libéralité, par un travail plus assidu et par une probité qui se dément rarement.

C'est aussi le moment de *préparer des boissons économiques,* pour ces temps de soif dévorante. On a donné bien des recettes de boissons rafraîchissantes ; je crois que cette qualité ne suffit pas et qu'il faut les rendre aussi un peu spiritueuses. Donner de sages conseils aux moissonneurs pour la conservation de leur santé, c'est une tâche que tout homme éclairé s'empressera de remplir ; mais il ne faut pas qu'il s'abuse, qu'il s'apitoie à contre-temps ; on exigerait bientôt avec audace ce qu'on n'oserait même demander à un homme moins facile ; il y aurait relâchement. Trop de fierté ou d'indulgence peut compromettre singulièrement, dans ces circonstances, le caractère du chef de l'exploitation.

Peu de temps avant la moisson de chaque espèce de céréales, on *préparera les liens* suffisans pour l'engerbage. Diverses matières sont employées à cet usage. Les principales sont : le genêt et le coudrier, l'écorce de tilleul, la paille et les joncs. Toutes *les substances ligneuses* en général sont peu propres à lier solidement un faisceau d'épis. Si dans quelques contrées, notamment en Bretagne, on se sert de genêts, c'est que là on bat la récolte sans la mettre en grange, et que la gerbe ne demeure liée que deux ou trois jours. Le bois en se desséchant devient plus cassant et occupe moins d'espace que lorsqu'il était encore vert, et on conçoit que les chaumes ne tardent pas à se desserrer et à se perdre. Il en est de même du coudrier.

Dans les pays environnés de taillis où *le tilleul* est commun, on écorce les jeunes branches de cet arbre au moment de la sève ; la force et la flexibilité de ces écorces, que l'on nomme *tilles,* les rendent très-propres au liage des céréales, et plus propres encore à celui des foins lorsqu'on bottèle sur le champ même. Ces sortes de liens se vendent 50 à 60 centimes la botte, lorsque celle-ci en contient un cent. Les tilles servent plusieurs fois si l'on a la précaution de les faire tremper quelque temps avant de s'en servir.

La paille, celle de seigle, est la substance que l'on emploie le plus communément. La manière de faire les liens avec la paille est assez connue : on la bat, soit au fléau, soit par le chaubage ; on mouille l'extrémité où se trouvent les épis : c'est la partie la plus flexible, et par conséquent celle où l'on fait le nœud. C'est ce qu'on nomme le *nœud droit,* le *nœud de mèche.* Celui qui a vu deux paysans bretons prendre chacun une poignée de paille et la tordre pendant quelques minutes pour en faire un lien, s'étonne qu'une opération aussi simple et aussi expéditive où se nœud ne soit pas universellement répandue. C'est ce qui m'engage à en donner ici la figure (*fig.* 382).

Fig. 382.

L'habitude et l'exercice seuls peuvent donner l'agilité pour faire ces liens promptement et solidement.

Les *liens de joncs* sont peu usités et peu solides. Le meilleur usage qu'on puisse faire de ces végétaux, c'est d'en tresser des nattes, et d'en faire des ligatures pour palissage.

Pour la récolte des foins comme pour celle des grains, il faut toujours *avoir deux endroits de déchargement* : l'un pour y déposer les produits bien récoltés, l'autre destiné à recevoir ceux que la pluie ou d'autres circonstances auraient tenus humides ; afin que si ces derniers venaient à s'échauffer et à fermenter, on pût les battre ou les faire consommer sans bouleverser la gerbière.

Chacun consultera encore les circonstances qui échappent à la prévision de l'homme : il interrogera les localités et prendra conseil de sa position. Lorsque le cultivateur prudent aura pris toutes les mesures que nous venons d'indiquer, il peut attendre avec confiance le moment de la récolte ; le hasard, les événemens imprévus, les changemens brusques de température, le trouveront rarement en défaut.

Section ii. — *Récoltes des fourrages.*

Dans quelques contrées montagneuses ou dans des marécages, *les animaux vont eux-mêmes chercher leur nourriture ;* la récolte ne se fait pas autrement que par la dent des animaux : ceci appartient plutôt à l'aménagement des pâturages et à l'économie des prairies d'embouche qu'à la question qui nous occupe.

Nous dirons seulement un mot sur les *fourrages donnés en vert à l'étable.*

Art. Iᵉʳ. — *Des fourrages récoltés en vert.*

Il semble aux domestiques chargés de l'affourragement qu'il n'y a qu'à faucher et à donner. L'époque du vert, qui devrait être pour les animaux une époque de vigueur et de santé, est souvent le moment où les cultivateurs, par leur négligence, font des pertes considérables.

Nous indiquerons les précautions à prendre pour éloigner de semblables désastres, lorsque nous parlerons de l'alimentation des animaux. Nous ne pouvons mieux faire, en traitant le sujet qui nous occupe, que de citer les paroles de M. DE DOMBASLE : « Pour la régularité du service, il est nécessaire, dans une exploitation rurale, qu'un individu déterminé soit chargé de faucher et d'amener journellement le fourrage vert pour tous les bestiaux ; sans cela, il en résulte beaucoup de désordre dans le service : c'est toujours un sujet de disputes entre les valets, pour savoir qui n'ira pas. Les bêtes manquent souvent de fourrage, et c'est pour tous un sujet toujours prêt pour perdre beaucoup de temps. Lorsqu'on n'a pas beaucoup de bêtes à nourrir, on peut distribuer cette besogne à tour de rôle entre les valets, en sorte que chacun en soit chargé pendant une semaine ou pendant un mois. Celui qui est de service *va au vert* aussitôt que les attelages quittent le travail ; de cette manière on peut, au moyen d'une surveillance facile, être assuré que les ordres donnés seront bien exécutés, parce que la responsabilité pèse toujours sur un homme en particulier. C'est un principe dont ne doit jamais s'écarter, pour toutes les branches du service, l'homme qui dirige une exploitation. On imaginerait à peine combien cette attention donne de facilité pour établir l'ordre dans tous les détails. Si l'on nourrit au vert une quarantaine de têtes de gros bétail, le fauchage et la conduite du vert emploient, chaque jour, à peu près la demi-journée d'un homme, pourvu que la coupe soit tant soit peu abondante ; on doit alors en charger un ouvrier autre qu'un valet d'attelage, et lui assigner une autre besogne fixe pour le reste de la journée. Lorsqu'on a 8 ou 10 vaches, on peut très-bien faire conduire le fourrage vert pour tous les bestiaux de l'exploitation. En attelant deux vaches à un petit chariot, et les changeant fréquemment, cela fait pour toutes un exercice salutaire qui ne diminue en rien la quantité de lait qu'elles donnent.»

L'époque la plus favorable à la coupe des fourrages verts est celle où la plupart des plantes sont en pleine floraison ; mais, si l'on attendait jusque là pour commencer le fauchage d'une pièce, il arriverait infailliblement, lorsqu'on toucherait à la fin, que les tiges seraient trop dures et trop ligneuses. Lorsque le champ aura quelque étendue on aura donc soin de commencer quelque temps avant la fleur, afin d'avoir toujours des tiges vertes et succulentes. C'est un grand talent pour un agriculteur de savoir combiner son assolement de telle sorte que la nourriture au vert ne soit pas interrompue ni excessivement abondante ; au reste, il vaut mieux que cette dernière circonstance se présente, car ce qui serait surabondant peut toujours être converti en foin.

On tiendra sévèrement la main à ce que les valets *fauchent toujours d'une manière régulière,* en suivant la direction des billons, surtout pour les fourrages annuels, tels que les vesces, le trèfle incarnat, le seigle, etc. On ne doit jamais manquer, sitôt que la coupe d'un billon est terminée, d'y mettre la charrue pour enfouir les chaumes ; on comprend que si la pièce est fauchée sans ordre, on ne peut exécuter ce labour que lorsque la totalité est enlevée.

ART. II.—*Des fourrages secs ou de la fenaison.*

Nous arrivons à parler de la récolte des *fourrages convertis en foin* ou de la fenaison. C'est sur l'abondance et la qualité de ses fourrages que reposent les espérances du cultivateur, parce qu'ils sont les élémens essentiels de la production du fumier et de la nourriture des animaux. L'époque varie suivant les saisons d'abord, mais encore plus suivant la nature des plantes et l'espèce de bestiaux auxquels le fourrage est destiné. Nous diviserons la récolte des foins en fourrages artificiels et en fourrages naturels.

§ Ier. — Fourrages artificiels.

Les fourrages des prairies artificielles sont ordinairement mûrs les premiers. Je n'entends pas par maturité le moment où les plantes ont acquis un tel développement que leurs semences puissent servir à la reproduction, mais bien celui où ces sortes de prairies donnent le fourrage le plus abondant et le meilleur.

En général, *l'époque où les fleurs commencent à tomber* est celle qu'il faut préférer, à moins que le foin ne doive servir à la nourriture des chevaux qui, en général, aiment un foin sec et fibreux. Le contraire arrive lorsqu'on veut nourrir du bétail à cornes. Quelques vétérinaires, en faisant l'autopsie des chevaux abattus, ont remarqué dans leurs intestins de grosses pelottes de feuilles, dont la présence n'est pas sans doute étrangère à certaines affections qui attaquent le cheval ; souvent, dans les rateliers, on a pu remarquer des amas de feuilles qui nous paraissent très-succulentes, et qui sont cependant dédaignées par ces animaux. Les bœufs au contraire en sont très-friands, et on a remarqué partout que le fourrage coupé de bonne heure est préférable à l'autre pour l'engraissement. Sans donner à ces considérations plus d'importance qu'elles n'en méritent, je crois que le cultivateur, possesseur de gros bétail, fera bien de prendre les prairies artificielles un peu sur le vert, et de laisser au contraire prendre plus de consistance au système ligneux, chaque fois qu'il aura des chevaux à nourrir. Cela est vrai surtout pour certaines espèces de fourrages dont les graines sont un peu volumineuses et du goût des chevaux, telles que les pois gris, les vesces, le sainfoin.

Dans tous les cas, la fauchaison des fourrages annuels sera devancée de quelques jours ou davantage, lorsqu'ils se trouveront *mélangés d'une forte proportion de mauvaises herbes,* afin que celles-ci n'aient pas le temps d'arriver à maturité, de s'égrener, et d'infecter le champ de leurs semences pour plusieurs années.

Pour le fauchage des prairies artificielles, on se sert de la *faulx simple* (*fig.* 383). Les

Fig. 383.

Flamands emploient la sape, mais presque partout on commence à renoncer à cet instrument pour la coupe des foins. Les faulx nous viennent généralement des pays d'Outre-Rhin. Leur forme est à peu près la même dans toutes les localités ; la *manière de les monter* diffère presque dans chaque canton. Nous allons donner le dessin des principales modifications.

La première (*fig.* 384) est employée dans

le nord-est de la France, en Alsace, en Lorraine, etc.; la seconde (*fig.* 385), dans la Champagne et les pays adjacens ; la troisième (*fig.* 386), qui est la plus simple, la

Fig. 386, 385.   384.

plus commode, est généralement répandue en Bretagne. Le manche en est beaucoup plus long qu'ailleurs, et terminé par un morceau de fer destiné à faire équilibre avec le poids de la faulx, et c'est en cela surtout que consiste sa supériorité sur les autres amontemens.

Pour le fauchage des foins, la faulx est rarement armée de quelques accessoires. En Picardie seulement on attache sur le manche, et près de la douille qui y fixe la lame, une sorte de *crochet en fer* (*fig.* 387),

Fig. 387.

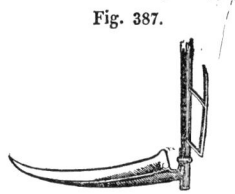

dont la fonction est de rassembler sur un seul point, ou une seule ligne, toute l'herbe coupée par chaque mouvement de la faulx. Il est très-utile dans cette contrée pour le fanage des prés artificiels, parce que là, ainsi que nous le verrons plus tard, on n'éparpille pas les andains pour hâter la dessiccation du foin. Ainsi, l'addition de ce crochet fait, dans ce cas, l'office d'un rateau ; car il serait difficile d'apercevoir entre les andains le moindre brin d'herbe coupée.

La *manière de manier la faulx* diffère peu d'une contrée à l'autre. Il est toujours imprudent de forcer un ouvrier à en changer subitement ; car, si quelque défectuosité se fait remarquer dans sa besogne, il ne manque pas d'en rejeter la faute sur la•prétendue imperfection de la méthode qu'on lui a imposée.

Lorsqu'on pourra, sans cependant con-

clure de marchés onéreux, *faire exécuter le fauchage à la tâche*, ou à forfait, on y trouvera une grande économie de surveillance. Mais ce système n'est pas non plus sans inconvénient, parce que la besogne se fait souvent fort mal ; on perd en qualité et en quantité lorsqu'on ne traite pas avec des hommes probes.

Un point sur lequel il importe d'apporter beaucoup d'attention et d'exigence, c'est que les *faucheurs coupent l'herbe le plus bas possible*. En supposant à l'herbe une hauteur de 2 pieds et un produit par hectare de 4 milliers de fourrage, il est évident que si on laisse des tronçons de 2 pouces plus haut qu'il n'est nécessaire, on diminue le produit de 1/12, et, si le fourrage se vend 18 f. le millier, on fera sur chaque hectare une perte de 6 f. par coupe ou de 12 f. pour deux coupes, ce qui surpasse les frais de fauchage, puisque dans la plupart des localités on ne paie que 5 f. 50 c. lorsqu'on a une grande quantité à faire faucher. Il résulte encore de cet état de choses un très-grand inconvénient, c'est que ces tronçons, venant à se dessécher, deviennent extrêmement durs et ligneux, et forcent les ouvriers, dans la coupe suivante, à prendre encore au-dessus et à occasioner une plus grande perte que la première. Dans les prairies naturelles, le dommage produit surpasse de beaucoup la proportion que j'ai indiquée pour les fourrages artificiels. Il est incontestable que c'est dans le tapis qui forme le fond du pré que se trouve l'herbe la plus touffue, la plus nourrissante, telle que les trèfles fraisier, blanc, filiforme, et les feuilles radicales de la majeure partie des graminées.

Ceux qui ont tant soit peu l'habitude du fauchage n'ignorent pas que *cette opération s'exécute avec plus de perfection et moins de fatigue* lorsque les plantes sont mouillées et couvertes de rosée. Les faucheurs ont l'habitude de commencer leur besogne dès la pointe du jour. Ils font beaucoup plus d'ouvrage ; le travail est mieux fait. Mais cependant il ne faut pas se faire illusion ; ces monceaux d'herbage tout humides de pluie ou de rosée, s'ils ne sont pas répandus immédiatement, ne tardent pas à fermenter et à devenir jaunes ; l'humidité fait perdre une partie des substances nutritives, qui ordinairement sont solubles. Si l'on permet aux faucheurs de commencer dès le matin, il est essentiel de leur prescrire de ne travailler que sur les parties élevées, et non pas dans les bas-fonds où la dessiccation est longue et difficile.

La faulx décrit toujours un *arc de cercle* dans le plan vertical où s'élève l'herbe (*fig.* 388). L'endroit où cet arc approche le

Fig. 388.

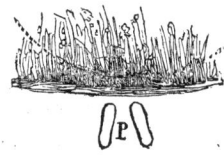

plus de la terre se trouve vis-à-vis des pieds P du faucheur. L'art de celui-ci consiste à effacer cet arc et à le confondre le plus possible avec la ligne horizontale. Lorsque le *redan*, c'est-à-dire la largeur parcourue par la faulx, s'étend assez loin, on ne peut éviter que les deux extrémités ne soient coupées à une plus grande hauteur que le milieu.

Communément les faulx et les autres instrumens tranchans employés aux récoltes *s'aiguisent avec un grès grossier*. Je conseille aux ouvriers de faire le sacrifice de quelques centimes pour s'en procurer à grain plus fin; ils y gagneront doublement: d'abord ils s'usent moins vite, ensuite ils rendent le tranchant plus doux, plus moelleux, et il faut recommencer moins souvent. L'eau dans laquelle on trempe ce grès est prise à la première source venue. Il paraît qu'en l'aiguisant avec de l'acide sulfurique, dans la proportion de 1/10 à 1/6, la coupe est plus nette et fatigue moins l'ouvrier. L'acide sulfurique est un liquide que l'on trouve dans toutes les pharmacies, et qui se vend à vil prix.

Aussitôt qu'on a commencé à faucher une pièce d'herbage artificiel, on se hâte, dans certaines contrées, de répandre les andains sur toute la superficie. C'est une faute, quelles que soient d'ailleurs les circonstances de position et de température. En effet, si la pluie menace, il faudra remettre le fourrage en petits tas, et *l'épandage* aura été une opération inutile. Si le temps marque une tendance à rester au beau fixe, les feuilles des plantes, surprises par une chaleur intense, se crisperont, se dessécheront trop promptement et tomberont à la moindre secousse.

Nulle part le fanage des prairies artificielles n'est mieux entendu que *dans certaines parties du département de l'Oise*. Je vais exposer les procédés que l'on y suit, mais qui ne sont point invariables. Tout ce qui est fauché le matin est *laissé en andains*, tels que le a faits le fauchage. Vers midi ou une heure, on les retourne, mais on ne les éparpille pas. Cette opération a seulement pour but de les faire également ressuyer des deux côtés. Ce qui est fauché le soir est laissé intact. Le lendemain matin, aussitôt que la chaleur du soleil a fait évaporer la rosée, on *met en petits tas* de 25 à 30 livres tout ce qui a été fauché la veille indistinctement. On a soin de les soulever le plus possible, afin que la chaleur et le vent les pénètrent dans tous les sens. On les retourne le jour même et les suivans jusqu'à ce qu'ils soient secs, mais toujours sans les répandre. Aussitôt qu'on s'aperçoit que la dessiccation est terminée, on *apporte des liens de paille* ou d'écorces de tilleul qu'on a préparés dans les cours pendant que la rosée ne permettait pas de travailler, et on lie ce qui est sec; le lien est étendu par terre et chargé de deux des petits monceaux dont j'ai parlé précédemment. Les ouvriers les plus faibles chargent les liens, et les plus forts, ou mieux les plus adroits, lient les bottes sans trop les secouer. Par la dessiccation ces sortes de fourrages se réduisent ordinairement au quart du poids qu'ils avaient étant verts. Ainsi,

chaque botte pèse à peu près 12 à 15 livres. Aussitôt le bottelage terminé, on *met le tout en dizeaux* de 25 à 50 bottes.

La *manière de faire ces dizeaux* mérite d'être connue. Un ouvrier tient dressée la botte A (*fig.* 389), pendant que les autres

Fig. 389.

dressent contre celle-là les bottes B, C, etc., jusqu'à ce qu'il y en ait neuf dans la ligne. Il y a deux rangs accolés l'un contre l'autre. La disposition du dessin n'a permis d'en figurer qu'un. Lorsque les dix-huit bottes sont dressées en donnant un peu d'inclinaison aux dernières, on les recouvre avec sept bottes D, posees en travers et formant un peu le toit. On comprend que s'il vient à pleuvoir, il n'y aura de mouillées que les bottes supérieures qu'on pourra ôter et faire sécher lorsque le temps le permettra. Cette disposition a encore un mérite qui lui est particulier : c'est qu'il est facile au cultivateur de s'assurer immédiatement et sans beaucoup de peine, du nombre de bottes de fourrage qu'il a récoltées.

Le *bottelage sur le champ même* a pour but de conserver au fourrage la majeure partie de ses feuilles. Quiconque a été présent au chargement et au déchargement d'une récolte de fourrages artificiels, comprendra aisément quelle économie présente cette méthode comparativement à celle qui consiste à les emmagasiner sans les avoir bottelés auparavant.

Comme on le voit, le point principal qui différencie le *fanage picard* des autres modes usités dans la presque totalité du territoire français, consiste à opérer la dessiccation du foin en petits tas, au lieu de l'éparpiller. S'il arrive des ondées pendant l'opération, on n'a d'autre besogne à faire que de retourner de temps à autre les monceaux, afin d'empêcher le dessous de jaunir. Si on eût dispersé tout le foin sur la surface du sol, la pluie aurait lavé toutes les tiges, occasioné la chute des feuilles, et chaque partie de la récolte étant soumise incessamment à l'action dissolvante de l'humidité, tous les brins sont comme *lessivés* et perdent à la longue leurs principes nutritifs. Le fourrage devient blanc, et n'a plus de qualité pour la vente, parce que dans la réalité il ne possède guère d'autre mérite que celui de la paille.

Cet inconvénient a été senti partout : dans quelques pays on a essayé d'y remédier par diverses méthodes. Les cultivateurs qui ne voudraient pas pratiquer la méthode picarde, que nous venons de faire connaitre dans toute sa simplicité, pourront tenter celle qui est usitée dans quelques provinces allemandes et dans le Milanais : c'est la *méthode dite à la* CLAPMAYER, ainsi appelée du nom de celui qui la propagea le premier. Elle se fonde sur un principe de physiologie végétale bien connu aujourd'hui : que les plantes n'abandonnent leur eau de végétation que lorsque la vitalité est détruite. Plusieurs causes, plusieurs agens peuvent opérer cette destruction : la dessiccation à l'air libre, la trituration, la cuisson, la fermentation, les combinaisons chimiques au moyen de substances étrangères. Si l'on prend des plantes bien sèches, qu'on les fasse tremper dans de l'eau, après un certain temps et en raison de la porosité de leur tissu, elles se chargeront d'une plus grande quantité de ce liquide qu'elles n'en contenaient à l'état vert et herbacé; lorsqu'elles sont ainsi mouillées artificiellement, si on les expose à l'action du vent et du soleil, elles seront complètement sèches après 20 à 25 minutes, tandis que pour les réduire au même état de siccité, il a fallu 36 à 48 heures de beau temps pour évaporer l'eau de végétation.

Pour anéantir les principes de vie, Clapmayer s'est *servi de la fermentation.* Quelques heures après que le trèfle ou tout autre fourrage est fauché, on l'amasse en gros monceaux tassés médiocrement, afin que l'air, qui est un agent essentiel à la fermentation, puisse y pénétrer. La fermentation se manifeste quelquefois après 12 heures, le plus souvent après 24 à 30, rarement elle tarde jusqu'à 60. Elle marche tantôt rapidement, tantôt avec une grande lenteur. Dans tous les cas, lorsque la chaleur qui se développe à l'intérieur est telle qu'on ne peut plus y tenir la main et que le gaz s'échappe d'une manière sensible à l'œil, il n'y a plus de doute que le principe de vie ne soit détruit dans les végétaux. On rassemble un grand nombre d'ouvriers, on démonte le tas, on l'éparpille au loin; et, après une heure ou une heure et demie de beau temps, le tout est sec et a conservé ses feuilles. Quoique les gaz qui s'échappent lorsqu'on disperse les tas échauffés ne soient pas bien nuisibles, parce qu'ils sont emportés et mélangés avec la masse ambiante, il est bon de prendre quelques précautions. Les ouvriers se plaignent que cette opération les rend ivres sans avoir eu le plaisir de boire. Cette méthode paraît très-commode et très-simple au premier aperçu; mais, appliquée sur une grande échelle, elle ne laisse pas que d'offrir des difficultés réelles. Ainsi, dans l'incertitude du moment où la fermentation sera arrivée au degré convenable, on ne sait trop à quoi employer les ouvriers. D'un autre côté, si la fermentation se manifeste dans plusieurs tas à la fois, on n'a pas assez de bras, et on risque de perdre beaucoup; car, lorsque cette fermentation dépasse certaines limites, le fourrage se moisit, se champignonne et devient cassant; il s'est opéré des réactions, des combinaisons chimiques, qui en ont altéré l'arome et détruit la qualité. Si une meule vient, en outre, à s'échauffer démesurément pendant la nuit, on est en danger de la perdre.

Quelles que soient les préventions des valets contre le fourrage séché à la Clapmayer, on ne doit s'en rapporter qu'à la réalité. Il est de fait que les militaires qui ont fait la campagne d'Italie et qui ont stationné dans le Milanais, conviennent que ce foin était consommé par leurs chevaux, sans que ceux-ci témoignassent la moindre répugnance, excepté les trois ou quatre premiers jours.

§ II.—Récolte des foins de prés naturels.

L'époque où le fanage de ces sortes d'herbages s'exécute, *varie avec la température de l'année et la climature* de chaque contrée; elle est également et surtout *subordonnée à la nature des plantes* qui composent la prairie. Un défaut qu'ont la plupart des prés naturels, c'est d'être composés de végétaux qui n'arrivent pas à maturité au même moment de l'année. Si l'on fauche quand les unes ont pris tout leur développement, on perdra en quantité sur celles qui sont moins avancées; si l'on attend que celles-ci soient arrivées à maturité, les premières n'offriront plus qu'un fanage sec, fibreux, ne contenant de principes alimentaires qu'en très-faible proportion. Dans une même prairie, la Flouve odorante (*Anthoxanthum odoratum*) a fleuri vers la fin d'avril, la majeure partie des Paturins (*Poa*) fin de mai; les Fétuques, dans la première moitié de juin; les Agrostides (*Agrotis*), dans la seconde moitié de juillet; les Canches (*Aira*), les Orges (*Hordeum*), les Bromes (*Bromus*) et les Houques (*Holcus*), dans la 1ʳᵉ quinzaine du même mois. D'autres ont fleuri plus tard encore, tels que quelques Alopécures, Ivraies et Fromens. Nous nous étendrons davantage sur cet objet lorsque nous parlerons de la composition et de la régénération des prés naturels.

Les cultivateurs qui estiment le fourrage par le poids brut, attendent pour faucher que la plupart des graminées aient amené leurs semences à maturité. Il serait plus judicieux de prendre pour base de sa détermination la quantité de matière nutritive que contient la plante aux diverses époques de sa croissance. Peu d'expériences ont été faites sur un objet qui intéresse cependant l'agriculture au plus haut degré. En attendant qu'on veuille bien s'occuper de recherches analogues, j'extrais du tableau dressé par Georges SINCLAIR ce qu'il y a de réellement pratique dans son ouvrage sur les graminées propres aux prairies.

Les plantes qu'*il convient de faucher à l'époque de la floraison,* sont les suivantes : Fétuque élevée et F. roseau (*Festuca elatior* et *arundinacea*), Brome stérile (*Bromus sterilis*), Houque molle (*Holcus mollis*), Brome à plusieurs fleurs (*Bromus multiflorus*), Phalaris roseau (*Phalaris arundinacea*), Fétuque dure (*Festuca duriuscula*), Poa à petites feuilles (*Poa augustifolia*), Houque laineuse (*Holcus lanatus*), Fétuque des prés (*F. pratensis*), Alopécure des prés (*Alopecurus pratensis*), Avoine pubescente (*Avena pubescens*), Brome des toits (*Bromus tectorum*), Paturin des prés (*Poa pratensis*), Avoine jaunâtre (*Avena flavescens*), Avoine des prés (*A. pratensis*). Il convient au contraire de *faucher à l'époque de la maturité des graines,* les prairies naturelles dont les graminées principales sont les suivantes : Fléole des prés (*Phleum pratense*), Dactyle pelotonné (*Dac-*

tylis glomerata), Agrostis traçante (*Agrostis stolonifera*), Fétuque rouge (*F.rubra*), Ivraie vivace (*Lolium perenne*), Brize tremblante (*Briza media*), Cynosure à crête (*Cynosurus cristatus*), Flouve odorante (*Anthoxanthum odoratum*), Poa commun (*Poa trivialis*).

L'époque *dépend encore de l'espèce de bétail* auquel le fourrage est destiné. Les bêtes à cornes préfèrent celui qui a été fauché de bonne heure; les chevaux aiment mieux celui qui l'a été à une époque assez avancée.

Dans tous les cas, le cultivateur se persuadera bien qu'il n'y a rien à perdre à faire la récolte des prés à l'époque de la floraison, quelle que soit la nature des plantes qui les composent. Si l'on fait une seconde coupe ou un *regain*, elle sera plus abondante; si l'on fait pâturer immédiatement après la première coupe, le pâturage durera plus longtemps. Une seule circonstance demande exception. Lorsque les souches des plantes viennent à périr ou du moins à donner des signes d'une prompte destruction, on laisse mûrir les semences : le fauchage et le fanage, en les secouant, les répandent sur le sol; on donne ensuite un hersage énergique pour les enterrer et remuer la terre. Elles ne tardent pas à germer et à donner une nouvelle vie à la prairie. Mais ce moyen n'est qu'un palliatif; il est certain que si des plantes vivaces meurent, c'est qu'il y a dans le sol un vice intrinsèque qu'il faut détruire, et le meilleur moyen de régénérer une prairie, c'est de la convertir pour quelque temps en terre arable.

Le fauchage des prés naturels s'exécute comme celui que nous avons décrit pour les prairies artificielles, si ce n'est que l'espace compris entre les andains devant être bientôt recouvert de foin, on n'a pas besoin d'adapter à la faulx l'appendice dont nous avons parlé. Dès qu'une certaine superficie est abattue, on se hâte de la disperser le plus également possible sur toute la surface. On se sert pour cela des bras, ou du râteau, ou de la fourche en bois à deux ou trois dents. La première *espèce de fourche* (*fig.* 390) se ren-

Fig. 390.   391.   392.

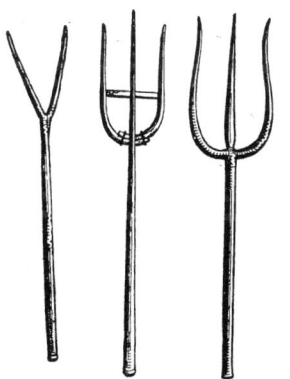

contre assez communément dans nos forêts du centre, du midi et du nord de la France;

le frêne, l'orme, le charme, en fournissent d'assez bonnes. On les choisit bien droites, car si le manche est courbé, il tourne dans la main de l'ouvrier, de sorte que souvent ses efforts portent à faux. Le châtaignier, aménagé en taillis, en fournit d'excellentes. Quelle que soit l'essence dont on se serve, il faut écorcer, faire sécher au four un peu chaud jusqu'à noircir légèrement la superficie de la fourche, et la frotter ensuite avec un corps huileux, ce qui la rend plus dure et moins cassante.

La fourche à trois dents est quelquefois artificielle (*fig.* 391), et quelquefois naturelle (*fig.* 392). Le Midi se sert généralement de ces dernières. Je suis persuadé qu'on réussirait à élever le frêne quadrangulaire de manière à nous procurer d'excellentes fourches à deux ou trois dents. Cet arbre vient rapidement, et n'exigerait d'autres soins qu'une taille appropriée au but que l'on voudrait obtenir. Il faudrait pour cela le cultiver et le planter assez dru, afin que les jets montent perpendiculairement. Les deux branches latérales feraient peut-être avec le tronc de l'arbre un angle trop ouvert. On le rendrait plus aigu au moyen de ligatures. Ce que je viens de dire n'est qu'une hypothèse, mais il y a lieu de croire qu'elle n'est point dénuée de fondement.

On *répand tout ce qui est fauché* jusqu'à trois heures, ou jusqu'au repas que prennent ordinairement les ouvriers vers quatre heures ou quatre heures et demie. Ce qui est fauché après cette époque est laissé en andains. On amasse ce qui a été répandu en petits tas que, dans certains pays, on nomme *chevrottes*, et qui représentent assez bien la moitié d'une sphère qui aurait vingt pouces à deux pieds de diamètre. Cependant, si la température menaçait, on laisserait les andains sans les toucher. Même pendant des pluies abondantes et persévérantes ils se conservent bien, pourvu qu'on ait le soin de les retourner aussitôt qu'on s'aperçoit que les feuilles du dessous commencent à jaunir. Mais une fois la dessiccation commencée, on aura pour règle invariable de ne pas laisser exposé à la pluie ou à la rosée un seul brin d'herbe qu'il ne soit amassé en chevrottes. Ces chevrottes, ou monceaux, seront d'autant plus grosses que le foin sera arrivé à un point plus avancé de siccité. Aussitôt que la rosée est évaporée, ces monceaux sont répandus sur la surface au moyen des fourches. Quelques heures après on retourne le foin avec des râteaux qu'on manœuvre de manière que l'herbe qui était au dessous se trouve au-dessus après l'opération.

Le râteau varie peu dans sa forme et dans la manière dont il est armé. Ceux que nous représentons (*fig.* 393 *et* 394) sont doubles; quelquefois ils sont simples, c'est-à-dire qu'il n'y a des dents que d'un seul côté; les premiers sont préférables. Presque toujours les dents sont en bois; en fer elles seraient trop lourdes, pénétreraient, dans le sol et mêleraient au foin de la terre, des feuilles mortes, des herbes sèches. On dit proverbialement que le foin doit sécher sur le râteau, c'est-à-dire que la dessiccation est bien plus prompte si on le tourne et retourne

Fig. 393.   Fig. 394.   Fig. 396.

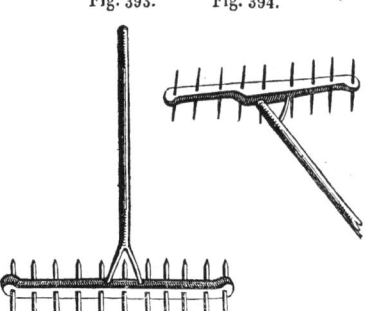

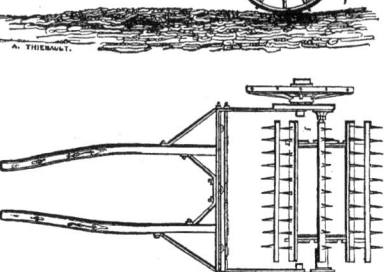

sans cesse. Je crois l'adage vrai sous ce rapport; mais il ne faut pas confondre ici célérité avec économie. Pour se convaincre de
la perte qu'on éprouve par un fanage trop
fréquemment répété, on n'a qu'à prendre
20 livres de foin à moitié sec , et le faire secouer à plusieurs reprises consécutives, on
ne trouvera plus que 16 à 17 livres.

La *préparation du foin au râteau* est longue et assez dispendieuse, puisque, s'il a
fallu un faucheur pour couper une superficie donnée, on calcule qu'il faudra quatre
femmes pour faner. On a imaginé plusieurs
machines pour faire exécuter cette opération par des animaux. L'instrument le plus
parfait de ce genre est le *râteau tournant*
employé à la ferme de Holkam. Il y en a de
deux espèces.

La première espèce, et la plus simple
(*fig.* 395), se compose d'un châssis, des-

Fig. 395.

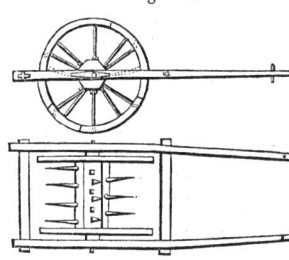

tiné à porter l'essieu des roues. Ici l'essieu n'est pas fixe comme dans les véhicules
ordinaires. Il tourne sur ses coussins, et
entraine dans son mouvement de rotation
les roues et le râteau circulaire. Ce râteau
est formé d'un prisme de six à huit pans,
lequel fait corps avec l'essieu. Chacun de
ces pans est percé de trous où s'engagent les
chevilles qui servent de dents.

La seconde espèce (*fig.* 396) est beaucoup
plus compliquée, mais le travail en est plus
parfait. Ce n'est pas moins une machine de
luxe. Elle fut, dit-on, inventée par SALMON,
de Woburn. Comme la précédente, elle se
compose d'une paire de roues qui ne sont
point fixées à l'essieu. La face intérieure du

moyeu d'une de ces roues est armée d'une
surface circulaire dentée et donnant le mouvement à une lanterne qui, elle-même, fait
corps avec l'essieu du râteau circulaire.
« Celui-ci, dit un auteur, se compose d'un
grand tambour ou hérisson pouvant s'élever
ou s'abaisser à volonté, et formé de 8 râteaux particuliers à dents de fer recourbées.
Le hérisson est assujetti à deux mouvemens,
l'un de progression dans le sens horizontal,
et l'autre de rotation autour de son axe. Cette
machine, trainée par un cheval marchant
d'un pas ordinaire, c'est-à-dire parcourant 200
pieds par minute, fait faire aux roues 20 à
21 tours, et au hérisson ou râteau continu
60 à 63 tours dans le même temps; ce qui
fait, à peu de chose près, pour celui-ci, un tour
par seconde. Alors la vitesse des extrémités
des dents est de 17 à 18 pieds par seconde,
vitesse prodigieuse, qui projette le foin à
une grande hauteur. Ainsi cette machine
peut éparpiller et retourner le foin sur une
étendue de 10 perches en moins de 4 minutes, ou d'un arpent en 40 minutes » (1 hectare dans 1 heure 40 minutes). Les dents,
en s'approchant du sol, s'abaissent et râ-
clent, pour ainsi dire, la terre; ce qui remplit parfaitement l'office du râteau. Jusqu'à
présent l'usage de ces machines est très-res-
treint. Nous en avons donné les figures, non
pas pour en conseiller l'emploi, mais pour
engager les cultivateurs à les imiter et à en
simplifier le mécanisme.

Quel que soit l'instrument qu'on adopte
pour retourner le foin, il est essentiel que
cette opération soit faite avec activité et
avec beaucoup de soin. Lorsque le foin est
en couches un peu épaisses, les faneurs ne
font pas plonger le râteau jusqu'à terre, de
sorte que la couche inférieure n'est jamais
ramenée à la superficie pour profiter de la
chaleur des insolations.

Dès que le chef de main-d'œuvre s'aperçoit que le soleil descend sur l'horizon, et
qu'il ne reste plus que le temps suffisant

pour *mettre en monceaux ou chevrottes* tout ce qui est coupé et éparpillé, on doit cesser toute autre besogne pour se mettre à celle-ci avec ardeur. On doit avoir pour principe de ne laisser exposé à la rosée que ce qu'on ne peut soustraire à son influence.

Aussitôt qu'on s'aperçoit que le foin a acquis un degré suffisant de siccité, on s'occupe de le *rassembler et de le mettre en monceaux*. Si on l'enlève immédiatement, on peut se contenter de le disposer en *bondins* (*fig.* 397), qui ne sont autre chose que des

Fig. 397.

prismes de foin disposés sur toute la longueur de la prairie. Si le fourrage est destiné à passer la nuit ou un espace de temps plus long, il est nécessaire de l'amonceler d'une manière plus régulière, et qui le mette à l'abri des accidens qui peuvent survenir. Moins le foin est sec, plus petits seront les monceaux, *et vice versâ*. On les dispose souvent en *mamelons,* qui présentent la forme d'une demi-sphère. Il serait bien plus avantageux de leur donner celle d'un cône alongé (*fig.* 398). La pluie a moins de prise, glisse

Fig. 398

sur les parois extérieures, pourvu que l'on ait pris la précaution de les rendre lisses au moyen du râteau.

Ce dernier instrument est celui que l'on emploie généralement pour rassembler le foin et le mettre en tas. Les Anglais connaissent, sous le nom de *râfleur* (*fig.* 399),

Fig. 399.

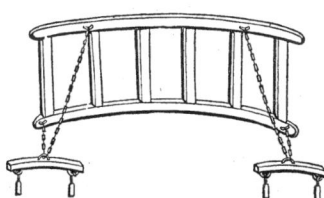

un instrument qui fait économiquement la majeure partie de la besogne. Il se compose de deux traverses horizontales, maintenues entre elles, à la distance de trois pieds ou environ, par des montans verticaux, de sorte que l'assemblage imite assez bien le dos d'une chaise. Quatre chaînes attachées aux quatre coins se réunissent en un point où s'attache le palonnier. On conçoit que l'action d'une pareille machine, traînée par un

cheval, doit être très-prompte, mais aussi très-imparfaite. Au total, pour que ces instrumens ne fonctionnent pas avec une telle défectuosité qu'on doive renoncer à les utiliser, il est indispensable que la prairie soit parfaitement nivelée.

On a quelquefois proposé, pour hâter la dessiccation des foins, de les *étendre sur une sorte de claie ou treillage.* Cette méthode serait assez dispendieuse pour l'achat des lattis, mais elle retrancherait toute main-d'œuvre ultérieure. Un vice radical s'opposera toujours à l'adoption de ce mode, c'est que le fourrage est exposé à la pluie et à la rosée, et nous ne saurions trop répéter que l'humidité, de quelque part qu'elle vienne, est un agent puissant d'altération pour tous les fourrages.

La dessiccation n'est pas le seul moyen que nous ayons pour conserver les substances végétales. On a tenté, mais sur une trop petite échelle pour accorder pleine confiance à des essais incomplets, on a tenté, disons-nous, de faire, avec des herbages coupés verts, une sorte de *chou-croûte*, en empilant et tassant le produit des prairies avec des couches alternatives de sel. On sait que l'addition, en certaine proportion, de cette dernière substance, empêche toute fermentation et, la putréfaction qui en est la suite. Il est hors de doute que le foin ne puisse ainsi se conserver indéfiniment. Mais quels silos, quelles constructions ne faudrait-il pas pour conserver une grande masse de fourrage? L'excès du sel ne nuirait-il pas à la santé des animaux? C'est un moyen, d'ailleurs, auquel il ne faut pas songer dans l'état actuel des choses. Le prix du sel permettrait tout au plus de faire quelques essais. — Ce n'est pas que le sel ne soit d'un grand secours pour paralyser les effets d'une dessiccation incomplète. Si l'on rentre du foin naturel ou artificiel qui ne soit pas assez sec, on fera bien, en l'entassant dans le grenier ou dans la meule, de saupoudrer chaque couche de sel gris ou de rebut de salines, lorsqu'on peut s'en procurer à bas prix. Ce procédé est préférable à celui qui consiste à saupoudrer le fourrage avarié immédiatement avant de le donner aux animaux. Le sel, dans ce cas, ne peut en détruire la mauvaise qualité, mais seulement la masquer, tandis qu'employé comme nous le conseillons, il prévient toute altération.

En Allemagne, on fait ce que l'on nomme du *foin brun.* Lorsque l'herbe est à moitié sèche, on la met en meule en la foulant et la tassant dans tous les sens. L'air extérieur n'a point de contact avec le fourrage. Il y a bien ensuite une sorte de fermentation, mais cette fermentation est lente, insensible et tout-à-fait analogue à celle qu'éprouvent les plantes agglomérées des sols tourbeux. Aussi le foin brun a beaucoup de ressemblance avec la tourbe, et pour le donner aux bestiaux, on est forcé de le couper en prismes avec un instrument tranchant. Le foin n'est pas du tout du goût des chevaux, mais, au dire de tous ceux qui en ont fait usage, les bœufs le préfèrent à tout autre, et s'engraissent promptement avec cette nourriture. On connaît peu en France cette manière de faire le foin, et si elle ne présente pas le danger de s'échauffer au point de brûler, il est à désirer qu'on l'adopte partout où l'on se livre à l'engraissement du gros bétail.

Dans ce que nous avons dit jusqu'ici, nous avons supposé que la température et les localités favorisent la dessication du foin; il n'est pas rare que *la pluie, les orages viennent déranger les calculs* du cultivateur : celui-ci sera toujours prêt à faire face aux changemens les plus brusques, les plus imprévus de l'atmosphère : si des pluies d'orages, si des eaux boueuses, des rivières débordées parcourent ses prairies et couvrent les herbages d'une vase impure, il est nécessaire de retarder le fauchage jusqu'à ce qu'une pluie douce vienne laver les feuilles des végétaux ; si cela ne suffit point pour rendre le fourrage propre et sain, on n'en fera pas moins la fenaison comme à l'ordinaire; mais, en préparant le foin, on aura la précaution de le secouer souvent et énergiquement, afin de faire tomber la poussière; avant de l'emmagasiner on le battra au fléau : cette besogne s'exécutera avec plus de perfection et de succès si on le fait passer par une machine à battre, dont la ventilation emportera au loin la poussière. Ce travail est malsain pour les ouvriers, et on aura soin de les relayer de temps en temps.

Lorsque la température se dérange tout-à-coup, au moment où l'herbe est déjà coupée, on se gardera bien de la répandre, mais on la laissera en andains ou en chevrottes. Du reste, on se persuadera bien que, pour que la dessiccation soit arrivée à un degré convenable, il n'est pas tout nécessaire que la totalité de l'eau de végétation soit évaporée. Tous les bons praticiens savent que le foin emmagasiné, pour être de bonne qualité, doit subir une fermentation légère et insensible, qui manifeste sa présence dans le tas par une sueur qui en couvre la surface. Ainsi, lorsqu'un foin n'est pas parfaitement sec, et que la pluie menace, ne craignez pas de le rentrer, il n'en sera que meilleur. Si vous avez des doutes sur sa conservation, mélangez-le par couches alternatives avec du foin vieux et bien sec, ou stratifiez-le avec de la paille d'orge ou d'avoine. Avec l'emploi de ce moyen, vous pouvez être sans inquiétude.

Dans les prés marécageux, dans les endroits ombragés, la dessiccation s'opère lentement, et le foin court beaucoup de chances d'être avarié. Il est prudent, lorsqu'on le peut, de l'emporter de ces fonds humides aussitôt qu'il est coupé, et de le transporter dans un endroit où il sèche plus promptement et plus sûrement. Pour cela faire, on emploiera avec succès le râfleur dont nous avons parlé, ou un traîneau.

Dans le Tyrol, on fait de très-bon foin dans les prairies très-humides ou même inondées, au moyen de *perches* (*fig.* 400) de 5 à 6 pouces de circonférence, et de 4 à 5 pieds de longueur, qui portent vers leur extrémité supérieure trois ou quatre petites traverses en croix. Après la fauchaison, on fiche ces perches dans la prairie, on réunit le foin en assez gros tas qu'on pose sur les perches sans les laisser toucher à terre. La forme

convexe que prend l'herbe la soutient, et sert a rejeter les eaux pluviales. L'air circule donc librement de tous côtés, et le foin peut ainsi rester plusieurs semaines sans le moindre danger. Cette méthode comporte une dépense qui, une fois faite, ne se renouvelle plus pendant bien des années.

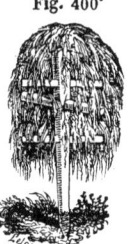
Fig. 400.

SECTION III. — *De la récolte des granifères, ou des moissons.*

On a comparé le cultivateur qui moissonne à un navigateur qui rentre dans le port après une expédition longue et périlleuse. Le cultivateur, en effet, est un nautonnier qui, au milieu des orages et des tempêtes, entouré d'ennemis puissans et nombreux, conduit sa frêle embarcation vers le port; mais qu'il n'oublie point que cette rade qu'il appelle de ses vœux, est encore bordée d'écueils et de récifs, et que les périls de la navigation sont d'autant plus imminens qu'elle approche de son terme. L'agronome savant, le praticien distingué peuvent faire produire à la terre de belles récoltes; c'est à l'administrateur éclairé qu'il est donné de les recueillir avec le plus de succès.

Les circonstances sur lesquelles il importe surtout de diriger son attention sont l'époque ou le degré de maturité le plus convenable pour obtenir des produits qui réunissent la quantité et la qualité, les modes les plus expéditifs et les moins coûteux selon les localités, et l'organisation du travail.

ART. 1ᵉʳ. — *Epoque et degré de maturité.*

Si l'homme en cultivant les plantes se proposait le même but que la nature, c'est-à-dire la conservation et la propagation des espèces, la question que nous examinons n'offrirait aucune prise à la discussion. L'époque de la récolte serait précisément celle où la plante, ayant accompli son œuvre, laisse tomber les fruits qu'elle a fécondés; c'est aussi celle-là que l'on choisit lorsque le but du cultivateur se rencontre avec le vœu de la nature, en la devançant de quelque temps afin de ne pas perdre sur la quantité. Mais il arrive souvent que, pour les besoins qu'elles sont appelées à satisfaire, les plantes n'exigent pas un degré complet de maturité. Cela est vrai surtout pour les végétaux dont les semences sont destinées à la panification ou à la fabrication de l'huile.

Il y a d'ailleurs une *question préalable à examiner ;* c'est de savoir si la maturation est entièrement un acte de la végétation. ou si elle n'est qu'une combinaison nouvelle des élémens préexistans, qu'une réaction chimique des substances contenues dans le périsperme. Tout nous autorise à admettre cette dernière hypothèse. On sait que les fruits d'hiver se récoltent vers la mi-automne, et que ce n'est que quelques mois plus tard qu'ils ont acquis le parfum et la saveur qui les distinguent ; pour eux la maturation s'accomplit indépendamment de la végétation ; et ce n'est pas se placer en dehors des probabilités, que de conclure que, dans la plupart des plantes, l'accomplissement de la maturité suit une marche analogue. Dans les plantes annuelles, les seules dont nous ayons à nous occuper ici, la maturité est le plus grand symptôme de mort. Si l'on recherche avec les yeux du physiologiste les phénomènes qui accompagnent cet anéantissement de la vie végétale, on verra que l'on peut admettre deux hypothèses :—la première, et c'est celle qui est la plus plausible, que la vie finit là où elle a commencé, c'est-à-dire aux racines. Or, une fois les racines mortes, elles ne peuvent fournir à la tige des alimens qu'elle puisse s'assimiler ; et, quand même tout le reste de la plante serait vert, l'intus-susception de nouvelles substances est désormais impossible par l'intermédiaire du système radiculaire.—La seconde hypothèse, qui ne réunit plus qu'un petit nombre de partisans, c'est que la mort commence immédiatement au-dessous de l'épi. Il est encore évident qu'ici toute communication entre les semences et les parties vivantes ou herbacées est interrompue. Dans ces deux cas donc, si *le grain subit des transformations,* elles s'accomplissent *indépendamment des autres parties,* soit que la plante communique avec le sol, soit qu'elle en ait été séparée. Si on examine au printemps, à l'aide de microscopes, la fécule des tubercules d'Iris de Florence, on verra que le calibre de ces grains ne dépasse pas 1/100 de millimètre ; si on abandonne ces tubercules au contact de l'air, après 15 jours les grains de fécule seront devenus trois fois plus gros. (RASPAIL, *Nouveau système de chimie organique.*) Il est donc une époque où la fécule se développe sans que la plante communique avec le sol.

Toutes ces considérations déduites des plus saines théories, seraient encore de peu de poids en faveur *de la coupe prématurée des céréales,* si la pratique et l'expérience n'en confirmaient les avantages. On a cru cette méthode nouvelle, et plusieurs l'ont rejetée à cause de cette prétendue nouveauté. Cependant il y a bien des siècles que COLUMELLE disait aux agriculteurs de son temps : « Rien de plus pernicieux que le retard : d'abord parce que le grain devient la proie des oiseaux et des autres animaux ; ensuite parce que les semences et les épis eux-mêmes se détachent facilement des chaumes : si des vents impétueux ou des tourbillons leur impriment de violentes secousses, les tiges tombent à terre. C'est pourquoi il ne faut pas attendre, mais commencer la moisson aussitôt que les épis prennent une teinte jaunâtre, et avant que les grains deviennent durs, afin qu'ils grossissent (*grandescant*) dans la gerbière plutôt que dans le champ : car il est certain que si on moissonne à propos, le grain prend ensuite du développement (*incrementum*). » (COLUMELLE, p. 99, édition des Deux-Ponts.)

CADET DE VAUX assure que le *blé récolté avant complète maturité pèse 5 kilog.* par hectolitre de plus que l'autre : et si l'on prend trois livres de farine de l'un et de l'autre froment, celle provenant d'un blé récolté prématurément donnera 4 onces de pain en plus. Il est bien certain que le froment récolté bien mûr a la pellicule bien plus épaisse et plus adhérente que l'autre.

Voici en général les *avantages que l'on trouve à la coupe prématurée :*

1° Tous les fromens mûrissent à peu près à la même époque ; si l'on attend qu'ils soient mûrs, les derniers coupés laisseront échapper le grain. En commençant le sciage, lorsque les tiges sont encore verdâtres, on évite cette perte ;

2° La paille, moins épuisée, est meilleure pour la nourriture des animaux ;

3° On court moins de chances de voir la récolte détruite ou au moins considérablement diminuée par les accidens de la température ;

4° Le froment coupé prématurément contient moins de son ; COKE prétend, ce semble avec raison, que quand on laisse le blé trop longtemps sur pied, la pellicule s'épaissit aux dépens de la substance nutritive contenue dans le grain ;

5° On n'est pas en danger de perdre les plus beaux grains. Ceux-ci sont toujours ceux qui ont mûri les premiers, et qui les premiers aussi tombent de l'épi.

Nous ne pouvons cependant dissimuler que *cette méthode entraîne plusieurs inconvéniens* dont les principaux sont les suivans :

1° Si l'on a les plus beaux grains, il y en a aussi qui ne sont pas arrivés à un développement suffisant ;

2° S'il survient des pluies opiniâtres, la récolte se sèche moins facilement : les semences, n'étant pas complètement sèches, sont dans des conditions plus favorables à la germination ;

3° Le grain, dans la plupart des cas, ne peut servir de semence. On cite dans le département du Var la ville de Brignoles, qui récoltait autrefois assez de blé pour fournir à la subsistance de ses habitans, et qui n'en récolte plus assez pour les nourrir pendant six mois depuis que l'on se sert pour semence de fromens récoltés prématurément, quoique la population ne soit pas augmentée.

Le *point où il convient de moissonner* est celui où le grain n'est déjà plus assez tendre pour s'écraser sous les doigts. C'est là l'opinion des meilleurs agronomes.

Quant aux plantes oléagineuses, il est facile d'apercevoir le moment le plus favorable à la coupe, au moyen de l'inspection de la semence. Toutes les graines tiennent à la plante par un point de leur périphérie nommé *hile,* et l'organe où se trouve le point d'attache se nomme *placenta.* Aussitôt qu'il y a solution de continuité entre le placenta et le hile, on peut couper, quel que soit l'état de la plante.

Enfin *le degré de maturité est subordonné,* dans quelques arts technologiques, *à la nature des produits* qu'on veut obtenir. Dans l'art de l'amidonnier, par exemple, « la mouture altérant considérablement les grains de fécule, il s'ensuit une grande perte dans l'extraction. D'un autre côté, la chaleur produite par la fermentation fait éclater un assez grand nombre de grains, et pourtant la fermentation est nécessaire pour décomposer le gluten de la farine. Il y aurait un moyen d'éviter ces deux occasions de déchet, en employant, pour l'extraction de l'amidon, les grains de céréales avant leur complète maturité, et à l'époque où le périsperme s'échappe tout laiteux sous la pression des doigts ; car, à cette époque, les grains d'amidon sont parvenus à leur maximum d'accroissement, et le gluten n'a pas encore acquis ses propriétés ordinaires, en sorte qu'il est à présumer que les grains de fécule extraits à cette époque tomberont tous au fond du vase, sans entraîner avec eux aucune parcelle de gluten assez appréciable pour nécessiter une fermentation. Le déchet serait nul et la perte de temps moins grande. » (RASPAIL, *Nouveau système de chimie.*)

ART. II.—*Des différentes manières de moissonner.*

§ Iᵉʳ.—*Des instrumens pour moissonner.*

Lorsqu'on lit dans les anciens auteurs les procédés usités de leur temps pour exécuter les travaux de la moisson, on ne tarde pas à s'apercevoir que cet art a été porté chez eux à un degré aussi élevé de perfection que chez nous. Dans l'énumération des instrumens agricoles que nous a laissée AUSONIUS POMPA, on voit que la *faucille des Romains* était, comme la nôtre, en forme de croissant (*lunatæ*), avec les modifications qui subsistent encore dans quelques départemens, telles que celles à dents. Le même auteur parle même d'un instrument qui ne paraît pas s'éloigner beaucoup du piquet flamand. Quant aux *chars moissonneurs*, il est à présumer que le peigne dont parle PALLADIUS ne faisait pas un ouvrage plus détestable que ceux qu'ont inventés les Anglais, puisqu'il n'y a pas long-temps que EGIDIO NEGRI l'a appliqué à la moisson des rizières. L'instrument le plus généralement employé aujourd'hui est encore *la faucille* (*fig.* 401), mais la manœuvre en est différente dans quelques pays.

Fig. 401.

Cet instrument se compose de deux parties : le *manche* et le *fer.* Le manche doit être bien tourné, et en bois d'érable ou de frêne, ou de tout autre bois susceptible de prendre au tour un beau poli, afin de ne pas blesser la main du moissonneur. On a proposé d'adapter à la faucille un manche dévoyé qui aurait pour l'ouvrier l'avantage de ne pas le forcer à approcher la main trop près des éteules, ce qui le blesse quelquefois ; mais cette modification exige qu'on emploie plus de force pour obtenir une même somme de travail. D'ailleurs, l'inconvénient des éteules est une chimère pour l'homme qu'un peu d'exercice a familiarisé avec la faucille. — Le fer, dans sa forme et son ouverture, diffère d'une contrée à une autre, mais ces légers changemens n'ont pas une influence appréciable sur les

produits de la moisson ni sur la facilité du travail. Il en est de même des dents dont se trouve armée le bord intérieur de la lame. Une expérience comparative, faite sur une grande échelle à Coëtbo, a même permis de conclure que les *faucilles à dents* sont plus tôt hors de service que les autres. Les dents doivent toujours être prises sur le côté supérieur de la lame et tournées vers le manche (*fig.* 402).

On se sert de la faucille de deux manières. Dans l'une l'opérateur s'avance la tête tournée vis-à-vis le grain qu'il veut abattre. Il saisit les chaumes de la main gauche en tournant la paume en dedans. En même temps il engage le croissant de la faucille dans la moisson, l'appuie contre le grain saisi par la main gauche, et tirant brusquement vers lui le tranchant de l'instrument, la poignée se trouve coupée.

Fig. 402.

La méthode que je viens de décrire est la plus usitée, mais je ne la crois point la meilleure. *En Angleterre,* on exécute avec la faucille une opération que j'ai retrouvée *dans les environs de Rennes,* où on la désigne sous le nom de *crépeler* ou *crételer :* l'ouvrier se pose de manière que le grain à couper soit à sa gauche. La main qui est de ce côté saisit les chaumes à 18 pouces au-dessus du sol, la paume tournée en dehors ; puis, faisant vibrer la faucille de sa main droite, il s'en sert comme d'une faulx pour couper le grain qui est dans la gauche ; il fait un pas en arrière en poussant le grain coupé contre celui qui ne l'est pas et qui l'empêche de tomber, donne un second coup comme à la première fois, et recommence la même manœuvre jusqu'à ce qu'il en ait assez pour former une javelle. Quoique ce dernier procédé se soit peu répandu, je n'hésite pas à le considérer comme ayant sur le premier des avantages notables : ainsi, un même ouvrier coupe au moins 1/4 de plus ; le chaume est également coupé plus bas. Il serait à désirer que cette manière de manœuvrer la faucille pût se propager rapidement ; ce serait un acheminement vers l'emploi de la *sape* ou *piquet flamand.*

La *sape* (*fig.* 403), est, je crois, l'instru-

Fig. 404.　　　　　　　　　Fig. 403.

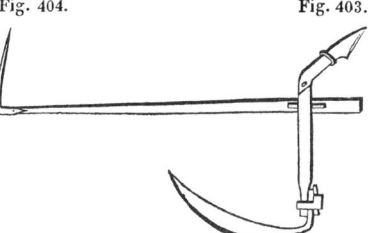

ment le plus avantageux pour moissonner les céréales dans les circonstances actuelles.

Elle est facilement maniée par les femmes, coupe le blé versé avec une perfection et une promptitude que l'on chercherait vainement à rencontrer dans un autre instrument. La manière de s'en servir, quoique simple, exige cependant une telle complication de mouvemens simultanés, que nous n'essaierons pas de la décrire. Nous dirons cependant qu'elle ne diffère du crépilage qu'en ce que l'ouvrier, au lieu de saisir avec la main le grain qui va être coupé, se sert d'un crochet emmanché à un petit bâton (*fig.* 404). Le point qui présente le plus de difficulté dans l'opération, c'est de rassembler les tiges coupées sur le pied, en forme de javelle. En effet, avec la sape, on coupe et on forme les javelles en même temps, et c'est là un avantage que ne possède pas toujours la *faulx.*

Ce dernier instrument *s'emploie de deux manières,* selon l'espèce de grain qu'on veut couper. On fauche *en dedans* ou *en dehors.* La première méthode s'emploie pour les céréales dont les chaumes ont une certaine hauteur, et généralement pour les diverses espèces de froment et de seigle. L'ouvrier a le grain à sa gauche, et la pointe de sa faulx étant dirigée vers la pièce, il dirige la lame de droite à gauche, en jetant le grain coupé contre celui qui ne l'est pas. Le travail de la faulx est d'autant plus parfait que le grain coupé s'appuie régulièrement sur l'autre sans tomber. Une femme avec une faucille ou un bâton recourbé suit le faucheur, et met en javelle ce qui vient d'être abattu. Pour faucher en dedans, l'instrument est muni d'un accessoire nommé *playon* (*fig.* 405),

Fig. 405.

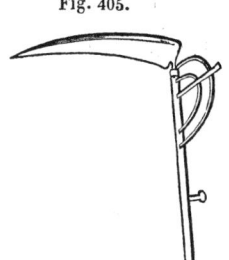

et qui n'a d'autre usage que d'empêcher les tiges de tomber au-delà du manche.

On *fauche en dehors* les céréales qui ont peu de hauteur. parce que les chaumes ne pourraient soutenir ceux qui sont coupés. L'instrument, dans cette circonstance, est armé de manière que la pointe, au lieu d'être tournée vers le grain, l'est dans le sens opposé. L'ouvrier la promène de gauche à droite. Elle est, dans ce cas, munie d'un *crochet* (*fig.* 406), qui n'est autre chose que deux ou plusieurs baguettes nommées *râteau* dans quelques contrées. Le fauchage est le même que celui de l'herbe; seulement le râteau A A A A dispose régulièrement les épis qu'une légère secousse dépose sur le sol, mais du côté opposé où ils seraient si l'on fauchait en dedans. Dans ce qui vient d'être dit sur le fauchage en dehors, j'ai toujours entendu que le faucheur a le grain à sa gauche.

Fig. 406.

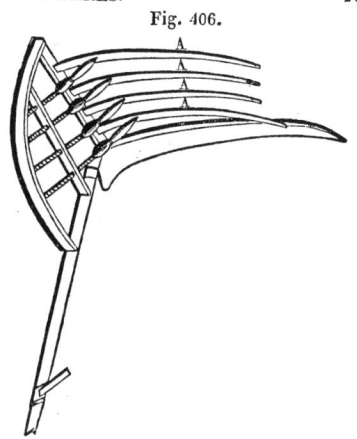

Lorsque tous les épis ne sont pas dressés ou inclinés conformement, il arrive que quelques-uns s'engagent entre les dents du râteau, ce qui en rend la besogne moins parfaite, et le maniement assez embarrassant. On est parvenu à détruire, ou du moins à atténuer cet effet, en tendant une toile grossière sur un arc de fer *a a* (*fig.* 407) par le haut, et en

Fig. 407.

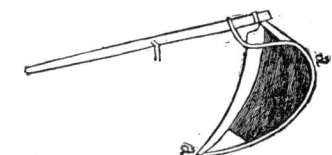

bas sur la lame même de la faucille par l'intermédiaire d'une plaque de fer-blanc.

Si l'on cherche à établir une *comparaison entre ces trois procédés,* on trouve que la *faucille* est désavantageuse sous tous les rapports. Elle laisse des éteules plus grands; il faut un habile moissonneur pour abattre en un jour 20 ares de céréales. Dans le même temps un *sapeur* coupe du grain sur une superficie de 40 ares. Un *faucheur* peut moissonner une surface de 60 ares, mais il a besoin d'un aide pour amasser et ranger le grain derrière lui. Avec la faucille on emploie les bras des enfans et des vieillards, ce qui est d'une grande ressource pour les populations : avec la sape on n'utilise que les forces des personnes vigoureuses : avec la faulx on emploie les uns et les autres.

Chaque cultivateur consultera sa position et les habitudes de la contrée qu'il habite. Il prendra garde, en adoptant un procédé nouveau, de donner l'éveil aux ressentimens et de heurter gratuitement les préjugés de la localité.

§ II. — Conventions avec les moissonneurs.

Dans quelques cantons, on donne aux moissonner un *tantième de la récolte* de tout grain; quoique ce tantième varie peu chaque année dans une même localité, quel que soit le prix des céréales, il varie d'une contrée à une autre du 10ᵉ au 18ᵉ. Bien des personnes trouveront que ce mode de paiement est sujet à beaucoup d'inconvéniens. Le moissonneur perçoit un salaire assez élevé lorsque les céréales atteignent un haut prix; lors, au contraire, que, par une circonstance quelconque, ces produits ont une faible valeur, la portion qui revient aux moissonneurs se réduit à peu de chose lorsqu'on la convertit en numéraire. Cependant cette disproportion n'a lieu qu'à l'égard du cultivateur; car il faut toujours à un ouvrier la même quantité de grain pour sa nourriture, que ce grain soit cher ou à vil prix. Ainsi, pour lui, tant que la quotité ne varie pas, la valeur n'a aucune influence sur l'étendue de son salaire.

Quoique les conventions de cette nature deviennent tous les jours moins communes, elles subsistent néanmoins dans toute leur vigueur sur plusieurs points du territoire français, et il serait souvent imprudent de vouloir en imposer d'autres, parce que la main-d'œuvre étant recherchée à l'époque des moissons, on pourrait se trouver subitement sans ouvriers. Un *autre genre de convention* beaucoup plus commode et plus usité que celui que je viens de mentionner, c'est celui qui consiste à payer les moissonneurs proportionnellement à la superficie sur laquelle ils ont opéré. Dans ce cas, il faut éviter d'avoir à traiter avec un grand nombre de *bandes :* d'abord, afin de simplifier les frais d'arpentage, et ensuite afin de pouvoir distribuer à chacun, dans une proportion suffisante, les pièces dont le travail sera plus difficile. Il faut encore moins traiter avec une seule bande; on détruirait ainsi tout genre d'émulation pour la propreté et la perfection du faucillage.

Enfin, on fait moissonner *en payant les ouvriers à la journée.* C'est assurément le meilleur moyen d'obtenir un ouvrage soigné, et si l'on peut se procurer chez soi assez d'ouvriers, on regrettera rarement un supplément de salaire. Il y a, d'ailleurs, dans cette combinaison, un avantage qui découle de la nature même de la convention. C'est qu'on peut appliquer les ouvriers à tel travail qu'on le jugera à propos. Ainsi, le temps se dispose-t-il à la pluie, un orage se présente-t-il? on suspend le sciage, pour mettre ce qui est coupé à l'abri des événemens; tandis que, avec le sciage à la tâche, on ne peut distraire les ouvriers de leur travail pour les occuper à un autre qui n'entre point dans leurs conventions, à moins qu'on n'en ait fait mention expresse, ce qui souffre, de leur part, quelques difficultés.

Il est rare que l'on trouve de l'avantage à faire *enjaveler, ou engerber et lier* les grains coupés par les moissonneurs. On perd du temps dans les déplacemens inutiles, dans les allées et venues. Il convient d'avoir, pour cette spécialité, un atelier dirigé par un homme habile et actif, bien au fait de cette manœuvre, ayant assez de sagacité pour diriger sa troupe sur un point préférablement à tel autre, et prenant conseil des circonstances plutôt que du hasard.

§ III. — Soins à donner aux grains moissonnés, surtout dans les années pluvieuses.

On a, dans ces derniers temps, agité une question qui intéresse au plus haut degré les consommateurs et les producteurs de céréales, celle *du javelage.* En l'examinant sous un point de vue général, on est frappé d'une sorte de contradiction qui règne entre les partisans des diverses hypothèses qui ont été émises à ce sujet. Ainsi, ceux qui préconisent le blé coupé avant maturité, et qui, par conséquent, doit être javelé, sont ceux qui, précisément, ne veulent pas entendre parler du javelage de l'avoine. Ceux, au contraire, qui pratiquent celui-ci avec le plus d'obstination et d'insistance, coupent leurs fromens lorsqu'ils sont arrivés au dernier degré de maturité! En ne tenant compte que des circonstances de température, ceux qui laissent javeler l'avoine paraissent agir moins rationnellement que les autres, car c'est ordinairement à l'époque de la moisson des avoines que les pluies commencent à devenir opiniâtres et à s'opposer à la rentrée des récoltes; il faudrait donc, pour ce grain, profiter du beau temps dès qu'il se présente. Combien de cultivateurs, en 1816, laissèrent pourrir leurs avoines sur la terre sans pouvoir les rentrer, et cela pour s'être obstinés à les laisser javeler?

En appliquant au javelage les lois de physiologie végétale que nous avons posées précédemment, on voit que la maturation s'achève indépendamment de la végétation; sous ce rapport, le javelage repose sur un principe vrai; c'est seulement dans l'application que l'on se trompe. Tout le monde sait que l'orge javelée ne conserve plus cette teinte blonde et pure qui en fait le mérite; que l'avoine abandonnée aux accidens qui dérangent l'atmosphère, a perdu cet œil luisant qui caractérise un grain bien conditionné; que souvent une odeur de moisi décèle une conservation vicieuse, et que la couleur terne qui l'accompagne déshonore toujours ce grain aux yeux de l'acheteur. D'où vient donc que le javelage, si utile en théorie, soit si pernicieux dans la pratique ordinaire des cultivateurs? Je crois en reconnaître la cause dans un agent dont on n'a pas assez cherché à éloigner l'influence, je veux parler de l'humidité. Si on met digérer une semence quelconque dans de l'eau exposée à l'air, il se manifestera bientôt un commencement de végétation qui décèle toujours une modification dans la composition normale du grain; je ne doute nullement que ce ne soit à cette réaction que l'on doive attribuer la mauvaise qualité des grains javelés.

Il s'agit donc, tout en conservant le javelage, d'éloigner l'humidité, soit qu'elle provienne du sol, soit qu'elle soit produite par les pluies, les rosées, etc.

C'est à quoi l'on parvient facilement au moyen des *meulons* qu'on nomme aussi *moyes* ou *moyettes.*

« Ainsi, dit Yvart, si le javelage, tel que nous venons de l'entendre, est recommandable, et quelquefois même forcé, le javelage, tel qu'on le pratique communément, n'a aucun avantage réel, et il en résulte ordinairement perte de poids et de qualité, altération de couleur et renflement trompeur, commencement de fermentation que nous avons vue plusieurs fois poussée jusqu'à la germination, après des pluies abondantes longtemps attendues ; et, par une conséquence nécessaire, des maladies funestes qu'on attribue souvent à toute autre cause, quelquefois même des incendies dans les granges et dans les meules, qu'on attribue encore à la malveillance ; et des semailles faites avec des grains avariés, qui lèvent mal ou ne lèvent pas, ce dont nous avons été plusieurs fois témoins. »

Lorsqu'il faut au grain peu de jours pour achever de mûrir, on peut le laisser sur le sol ; mais, lorsque, pour obtenir ce résultat, on prévoit qu'il faudra attendre un certain espace de temps, on fera bien de se résoudre à *construire des moyes.* Leur édification ne présente pas de difficultés sérieuses, pourvu qu'on en confie la direction à un homme jaloux d'apporter dans la besogne qu'il entreprend toute la perfection possible.

Il y a *deux manières de former un meulon ;* on dispose les chaumes circulairement sur un plan vertical, ou bien *horizontalement.* Nous allons d'abord décrire ce dernier procédé. Après avoir aplani grossièrement le sol en le foulant aux pieds, on dépose triangulairement trois javelles disposées de manière que les épis ne touchent pas le sol (*fig.* 408). Sur cette 1re base on place circu-

Fig. 408.   409.

lairement un rang de javelles, les épis convergens vers le centre et se touchant en ce point (*fig.* 409). On continue à disposer pareillement plusieurs lits successifs, jusqu'à ce qu'on soit arrivé à une hauteur de 4 pi. environ. Alors les couches de grain se déposent de manière que les épis se croisent au centre, ce qui ne tarde pas à élever ce point au-dessus de tous les autres. La paille prend une inclinaison de haut en bas comme un toit, disposition qui facilite l'écoulement des eaux pluviales. Lorsque l'exhaussement central forme une inclinaison qui approche de 45°, on cesse l'opération pour construire une nouvelle moye. Pendant tout ce temps un ouvrier exercé a préparé le *chapeau* (*fig.* 410) ; il consiste en une forte gerbe bien liée avec un ou deux liens, selon la grandeur de la paille. On écarte les épis, on pose le chapeau renversé sur le meulon qui offre la forme représentée par la *fig.* 411. Les moyettes que

Fig. 410.   Fig. 411.

je viens de décrire sont en usage sur diverses parties du territoire français, et notamment dans la Flandre française. Elles conviennent non seulement aux céréales, mais encore à toutes les graines oléagineuses.

Les *moyes à couches verticales* sont usitées plus particulièrement sur certains points de la Picardie. Une gerbe bien liée en forme le noyau ou le centre ; on range tout autour des javelles, l'épi en haut, appuyées contre la gerbe centrale, non pas parallèlement, mais un peu inclinées. La *fig.* 412 en montre la coupe par le centre.

Fig. 412.

Lorsque le meulon a un diamètre qui ne peut être déterminé, mais qui ne dépasse pas deux fois la longueur des pailles, on le couvre du chapeau, comme dans la méthode précédente. J'ai vu pratiquer les deux sortes de moyes, l'une à Roville et l'autre au Ménil. Toutes deux offrent des avantages qui leur sont particuliers. Celle par couches horizontales sera préférée toutes les fois que le grain devra demeurer longtemps à l'air, ou être exposé à de grandes pluies ; l'autre offre l'avantage de la célérité et de l'économie, mais elle a l'inconvénient de se laisser plus facilement pénétrer par les pluies.

On a dans certains pays un *autre mode de javelage* qui ressemble beaucoup au précédent. On prend une javelle, on en saisit les épis de la main gauche et on la dresse, en ayant soin que la partie inférieure des tiges touche le sol ; pendant cette manœuvre la main droite écarte la partie inférieure, de sorte que la javelle, ainsi disposée, forme un cône tronqué (*fig.* 413). On se sert de cette méthode dans les Vosges et en Allemagne pour le sarrasin, dans la Basse-Bretagne pour le trèfle de semence.

Fig. 413.

Telles sont les précautions qui assurent à la pratique du javelage les succès qu'avait promis la théorie, et qui nous fournissent l'occasion de répéter un axiome qui doit être médité par tous les vrais cultivateurs, c'est que lorsqu'un principe est vrai, et ne réalise pas les espérances qu'il avait fait concevoir, on peut être sûr que l'on se trompe sur l'application.

Les *avantages des moyes* sont incalculables dans les temps pluvieux, et offrent une solution satisfaisante du problème de la conservation des grains pendant ces saisons désastreuses. Dans le climat humide du nord de la *Norwége et de la Suède*, on a un autre moyen de paralyser l'influence des pluies. Ce procédé, qui est difficilement applicable à la grande culture, mais qui convient à de petites superficies, consiste à planter dans le sol un fort pieu assez élevé, et traversant le centre d'une gerbe debout sur sa partie inférieure (*fig.* 414). L'extrémité qui est hors de

Fig. 414.

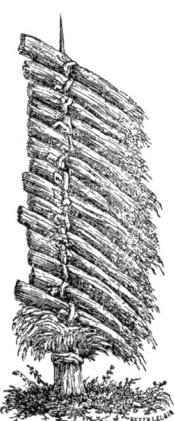

terre reçoit des gerbes de moyenne grosseur qui sont fixées presque horizontalement, en ayant soin de donner à l'épi une légère inclinaison vers le sol.

Lorsque la *paille des céréales est mélangée de plantes étrangères* dont le feuillage est encore vert, il est prudent de la laisser exposée quelque temps à l'air, afin de faire sécher ces végétaux qui ne manqueraient pas de l'altérer par leur fermentation si on les amoncelait en grande quantité.

L'*engerbage* s'exécute de différentes manières suivant les localités et les modes de battage. Ici, le lieur s'aide de la cheville ; ailleurs, on n'en a pas même l'idée, là, on fait des gerbes qui n'ont que 2 pi. de circonférence, tandis que dans d'autres endroits elles sont démésurément lourdes et massives. Celles qui dans tous les cas paraissent bien conditionnées ont 1 pi. et demi de diamètre, ou environ 4 pi. de circonférence. Elles sont proportionnées à la force ordinaire d'un homme, se manient avec facilité et donnent un grand avantage pour équilibrer le chargement.

§ IV.—De la rentrée des moissons.

Je comparerais volontiers le cultivateur au moment de la moisson, à un général d'armée au moment d'une bataille : il doit être présent partout, se multiplier sur tous les points, avoir des paroles d'encouragement pour l'activité des uns, gourmander la len-teur des autres, payer souvent de sa personne, prévenir le désordre et la confusion. L'œil du maître est indispensable. « Qu'on me permette là-dessus, dit un cultivateur du département de l'Oise, quelques détails qui ne me sont que trop connus. — Le temps presse, on reçoit l'ordre d'atteler et de partir. Si le maître n'y est pas, le charretier attèle lentement ses chevaux, qu'il fait sortir l'un après l'autre de l'écurie ; les chevaux sont prêts à partir, mais le calvanier n'a pas encore préparé les liens : il se passe 10 minutes avant qu'ils soient mouillés et mis dans la voiture. Cependant le charretier sort de la maison, il s'en va pas-à-pas comme s'il n'était pas pressé, parlant à l'un, s'arrêtant pour prendre l'autre dans sa voiture ; enfin, avec le temps il arrive. Les moissonneurs reçoivent du calvanier l'ordre de lier ; mais ils veulent finir leur route, ou mettre la pièce au carré ; en attendant, les calvaniers ou charretiers causent ou se reposent étendus dans le champ. Les moissonneurs se mettent pourtant en train de lier, et les gens les regardent faire ; ce n'est qu'au bout d'un certain temps qu'ils se mettent en devoir de faire un dizeau. Pour les moissonneurs, ils ne s'inquiètent guère si la voiture se charge ; ils continuent à lier, et ce n'est que sur les instances réitérées du charretier qu'ils détachent un d'eux pour mettre les gerbes en dizeaux. Après bien des pourparlers la voiture vient à être chargée ; on la comble avec lenteur ; on se met en marche ; on arrive à la grange. Les calvaniers sont à goûter ; les arrivans les imitent. Ce n'est qu'au bout d'un quart-d'heure que la voiture se décharge, et encore comment ? à peine s'il tombe une gerbe par minute ; il fait chaud, on cause, on s'essuie ; il se passe une heure avant que la voiture soit déchargée ; elle repart enfin, et arrive dans les champs la nuit fermée, ou est surprise par la pluie. — Que l'on compare la lenteur dont je viens de donner les détails, et qui est néanmoins fort ordinaire, avec l'activité que produit la présence du maître. — « Qu'on parte sur-le-champ pour aller chercher le blé. Pierre et Jacques, attelez les chevaux ; Thomas, trempez des liens pour mettre dans la voiture : allez tous trois à la pièce en grande hâte. » La voiture y arrive, mais le maître y est déjà ; les moissonneurs ont quitté leur ouvrage et attendent des liens ; ils lient avec promptitude ; Jacques met les gerbes en dizeaux ; Thomas les donne à Pierre qui les met dans la voiture : en moins d'un quart-d'heure la voiture est chargée et comblée. Elle arrive à la maison, où elle trouve les calvaniers placés pour la décharger ; les gerbes tombent comme la grêle ; au bout d'un instant la voiture se trouve vide. La servante apporte à boire aux chargeurs et charretiers qui partent en poste chercher une autre voiture : celle-ci se charge et décharge avec la même promptitude. On fait trois voitures au lieu de deux, et l'on brave ainsi l'incertitude du temps et l'obscurité de la nuit. »

A ces observations si bien senties, je n'en ajouterai plus qu'une, c'est qu'on se trompe beaucoup lorsqu'on croit faire une grande économie en chargeant fortement les voitures. Le résultat est diamétralement opposé; presque toujours on agira avec plus de célérité en chargeant modérément.

§ V. —De quelques manières de moissonner.

Il y a déjà quelque temps qu'on a essayé d'introduire en Angleterre l'usage des *chars moissonneurs*. Parmi ces machines à moissonner, les plus nouvelles et les plus dignes d'attention sont : 1° celle de Smith (*fig.* 415);

Fig. 415.

le coupeur de cette machine est circulaire et agit horizontalement; il est attaché sur un tambour tellement disposé que la machine en marchant lui communique un mouvement de rotation rapide, et que les chaumes coupés tombent en formant une ligne régulière. Cette machine abat environ un arpent à l'heure. 2° La *machine à moissonner* de Bell (*fig.*416) est le plus récent et le plus parfait de ces appareils; la figure le fera suffisamment comprendre, en remarquant dans le détail (*fig.* 417) la disposition des dents qui cou-

Fig. 417.

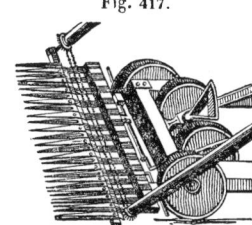

Fig. 416.

pent les chaumes. Le peu de perfection avec laquelle ces sortes de machines fonctionnent, ne permet guère d'en conseiller actuellement l'emploi exclusif. Il est à désirer qu'ils se perfectionnent assez pour pouvoir les introduire économiquement dans les fermes un peu étendues.

On a cherché à obtenir le même résultat par une sorte de *main* ou *de chariot à peigne.* Cette méthode est suivie dans quelques parties du Norfolk et du Suffolk, et aussi dans le département de l'Indre et cantons limitrophes. Elle était en usage dans l'ancienne Gaule, au rapport de Pline. Elle consiste à *ne couper* des tiges *que les épis.* Cette méthode abrége certainement le faucillage, mais comme il faut ensuite faucher les chaumes après la moisson, l'économie n'est réalisée qu'en partie. Nul doute qu'elle ne présente un grand avantage pour le battage. Ce procédé est demeuré très-circonscrit, et paraît n'avoir été introduit dans les contrées que nous venons de mentionner, que pour remédier aux vices de la culture; en effet, lorsque les céréales sont infestées par les mauvaises herbes, le meilleur moyen d'en pur-

ger le froment, c'est de ne moissonner que les épis; mais je me hâte d'ajouter que c'est aussi le moyen le plus efficace que l'on puisse imaginer pour perpétuer dans le sol ces générations de parasites qui font tant de tort au cultivateur.

Aux environs de Ploërmel (Morbihan) et dans quelques autres localités, on moissonne le seigle en laissant des chaumes qui ont un pied ou plus de hauteur, tandis que l'avoine se coupe ras. C'est là une de ces pratiques dont les cultivateurs eux-mêmes de ces cantons n'ont pu donner la raison, et je crois qu'il est impossible d'en trouver une plausible.

Je ne terminerai pas cet article sans dire un mot *des dizeaux*, non pas pour indiquer la manière de les construire, elle est partout la même avec quelques variantes insignifiantes, mais parce qu'ils fournissent au cultivateur un moyen prompt et facile de se rendre compte de ce que chaque pièce, chaque espèce de récolte a produit. En faisant la base du monceau de quatre gerbes, le monceau en contiendra dix, et en comptant les monceaux on a instantanément le nombre total;

Il est rarement avantageux au cultivâteur de *faire glaner ses champs moissonnés* autrement qu'en les faisant parcourir par un troupeau de moutons. Autant que la législation le permet, il doit proscrire le glanage sur ses terres. C'est rendre un véritable service à la population, parce qu'on la force ainsi à renoncer à une coutume dont le résultat le plus déplorable est une sorte de vagabondage, de gaspillage, qui dispose le glaneur à regarder définitivement comme sien le bien d'autrui. Quant à la question légale, il en sera parlé à l'article *Législation agricole*.

SECTION IV.— *De la récolte des racines.*

§ Iᵉʳ.— Époque de l'arrachage.

Depuis que ces plantes sont regardées comme élément essentiel dans la combinaison d'un assolement judicieux, soit qu'on les fasse consommer en totalité, soit que l'agriculteur associe l'industrie à son exploitation pour transformer ses produits sur les lieux, afin de les écouler plus facilement et d'en utiliser les résidus, la culture et la récolte des plantes à racines a acquis une haute importance.

Pour ceux de ces végétaux qui sont bisannuels, et la plupart sont dans ce cas, *la maturité* ou le maximum *du développement* ne *se manifeste* par aucun indice; dans ceux qui ne vivent qu'une seule année, tels que la Pomme-de-terre et le Topinambour, la maturité se décèle souvent par la teinte jaunâtre que prennent les feuilles et les tiges.

Dans tous les cas, l'*époque de l'arrachage* est subordonnée à la saison, ainsi qu'à la plante qui doit succéder. Lorsque le terrain est destiné à rapporter des plantes hivernales, on ne saurait trop se hâter d'opérer l'arrachage; quand l'emblavure ne doit avoir lieu qu'au printemps suivant, on peut ne consulter que les circonstances atmosphériques. Il y a dans la culture des terres argileuses une grande difficulté pour l'introduction des racines, c'est que celles-ci y mûrissent plus tard qu'ailleurs, et qu'il faut néanmoins récolter plus tôt, sans quoi on s'exposerait à voir le terrain pétri et pour ainsi dire corroyé par les travailleurs et les attelages.

§ II.— Récolte à la manière des Anglais.

L'Angleterre, entourée de mers profondes, enveloppée sans cesse d'une atmosphère brumeuse, ne voit pas comme chez nous une température excessivement basse succéder brusquement à une forte chaleur. Le climat y est plus égal, et, quoique située plus au nord que la France, rarement la gelée y a autant d'intensité. Cette différence dans la climature en a amené une autre dans l'économie rurale; je veux parler de la stabulation dans des parcs ouverts, ou à l'air libre. L'art ou peut-être la nature a créé des races de moutons qui s'accommodent fort bien de ce régime, tandis que les végétaux n'éprouvent que peu de dommages de la part des gelées. Aussi, rien de plus commun dans

les auteurs agronomiques de ce pays que la description des parcs et des méthodes en usage pour faire consommer avantageusement sur place les produits du sol. Ils font observer avec raison que par ce moyen d'alimentation on évite les frais de transport des racines aux bâtimens d'exploitation, et des fumiers dans les champs. Lorsque la récolte est abondante, on n'en arrache que la moitié que l'on transporte ailleurs; lorsqu'elle ne dépasse pas les limites ordinaires, on la laisse en totalité.

D'autres fois, lorsque la pièce qui a rapporté les plantes à racines n'a pas besoin d'être fumée, on transporte la récolte sur un champ voisin dont l'humus est épuisé.

Ce mode de récolte est particulier à l'Angleterre, et nous n'en aurions point parlé si nous n'étions intimement convaincus qu'il peut être utilisé dans quelques-unes de nos provinces méridionales et littorales, et notamment sur le territoire algérien, si la France veut coloniser sa conquête.

§ III.— Récolte ou arrachage à la main.

Dans l'ordre naturel des choses, cette méthode a dû précéder toutes les autres, et l'art agricole est demeuré tellement stationnaire sous ce rapport, que c'est encore celle que l'on doit préférer dans bien des cas. Les plantes tuberculeuses, la pomme-de-terre, le tobinambour, la pistache de terre, s'arrachent avec la *béche* (voy. la *fig.* 150, p. 161, ci-devant), la *fourche* (*fig.* 161, p. 162) et le *bident* (*fig.* 181, p. 166).

Le premier de ces instrumens s'emploie avec avantage toutes les fois que la terre est franche, sans pierres ni galets, et sans être trop durcie. Le second est utile toutes les fois que le terrain est encombré de pierres, ou argileux. Enfin, le troisième sera exclusivement préféré dans les terrains battus ou resserrés par la sécheresse.

Préconiser l'emploi d'un de ces instrumens à l'exclusion de tous les autres, sans avoir égard aux différences de sols et de température, ce serait tomber dans une grave erreur. Prendre conseil des circonstances sera la devise de tout homme sensé. La récolte des plantes à racines pivotantes s'exécute au moyen des deux premiers Instrumens que nous venons de mentionner, en consultant les différences de sol et la configuration des racines.

On ne saurait se dissimuler que la récolte à la main ne soit dispendieuse et ne traîne l'opération en longueur: il ne faut pas moins de 40 femmes, très-exercées, pour arracher un hectare de pommes-de-terre en un jour, et 30 enfans pour les ramasser. On a donc cherché à remplacer la main-d'œuvre par un agent mécanique. Les succès déjà obtenus font concevoir l'espérance d'importantes améliorations.

§ IV.— Arrachage à la charrue.

Les hommes qui ont secoué le joug des préjugés, ceux même qui se sont familiarisés de longue main avec la pratique de l'agriculture, ont nié pendant long-temps la possibilité de l'extraction des racines par l'emploi de la charrue. Le prestige de leur parole était tel que les plus hardis novateurs n'osaient tenter la combinaison d'un instrument qui pût procurer économiquement le résultat désiré. Cependant, aujourd'hui, on est parvenu à exécuter l'arrachage des racines et des tubercules d'une manière satisfaisante au moyen d'instrumens conduits par des animaux.

Lorsqu'on veut arracher des plantes tuberculeuses semées en lignes parallèles, il est essentiel de couper les tiges auparavant. C'est ce qu'on fait *dans le département de l'Oise pour les Pommes-de-terre*. M. BAZIN se contente de faire manger les sommités par un troupeau de moutons, et cela suffit. On fait ensuite passer une charrue à deux oreilles ou butoir sur le milieu des rangées, en ayant soin d'en laisser alternativement une sans y toucher, en sorte que cette première opération n'arrache que la moitié des plantes; on met immédiatement des ouvriers à amasser les tubercules découverts et amenés à la surface par l'instrument : la charrue revient derrière les ouvriers et arrache les rangées qui étaient demeurées intactes. Avec ces précautions on n'a pas à craindre que la terre remuée recouvre les tubercules arrachés dans la ligne qui précède, inconvénient grave si l'on opérait à la fois sur la totalité, et qui est l'épouvantail de ceux qui ne veulent point croire à la perfection avec laquelle on arrache ainsi les pommes-de-terre sur de grandes superficies. J'ai calculé que deux chevaux, un homme pour conduire le butoir et un enfant pour *débourrer*, expédient autant de besogne que 35 arracheurs exercés.

Ce que cette méthode offre d'avantageux, c'est qu'elle ne nécessite pas l'acquisition d'un nouvel instrument qui, outre son prix, aurait l'inconvénient d'exiger de la part des valets une sorte d'apprentissage, comme cela est indispensable dans le maniement de la *charrue à arracher les racines fusiformes*. Ce dernier instrument s'emploie surtout pour les Betteraves, les Carottes, etc. C'est une charrue ordinaire (*fig.* 418) dont on a re-

Fig. 418.

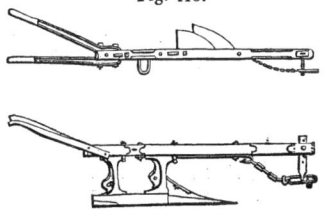

tranché le versoir; celui-ci est remplacé par une pièce de bois en forme de coin, placée de manière à ne faire qu'un plan continu avec la face supérieure du soc. On fait piquer l'instrument un peu à gauche de la ligne des plantes qu'on veut arracher. L'unique effet de l'opération consiste dans le soulèvement des plantes; le résultat est tel, que les racines n'adhèrent plus au sol par aucune de

leurs parties, quelque léger qu'ait été le soulèvement. Aussi, au premier aperçu, on croirait que l'action de l'instrument a été nulle. Il est à présumer que cette manière de procéder remplace 15 hommes pour les betteraves et 25 à 30 pour les carottes, selon que celles-ci sont de la variété blanche ou orangée.

§ V. — Des opérations postérieures à l'arrachage.

Immédiatement après leur extraction les plantes qui conservent encore leur feuillage doivent en être dépouillées. Le *décoletage* est quelquefois aussi dispendieux que l'arrachage lui-même. Autrefois, pour les betteraves, on arrangeait régulièrement les plantes en disposant les racines et les feuilles d'un même côté, puis avec des louchets bien tranchans on coupait toute la partie herbacée. Aujourd'hui, on a reconnu dans ce travail une grande imperfection, et on y a substitué le décoletage au couteau ou à la serpette. Ce dernier procédé est le seul praticable pour les carottes et les navets.

A mesure que les plantes sont décoletées, on les jette en petits monceaux si elles sont bien sèches. Ou bien, avant de les entasser, on les *laisse ressuyer sur la terre* si elles sont humides : la terre adhérente s'en détache alors par la moindre secousse. La besogne marche plus vite, et la conservation court moins de chances.

ANTOINE, *de Roville.*

SECTION V. — *Des assurances contre la grêle.*

La plupart des physiciens s'accordent à penser que la grêle se forme sous l'influence de l'électricité. On a proposé, en conséquence, divers appareils pour s'emparer de cette puissance à mesure qu'elle se manifeste : il en a été question précédemment dans le chapitre qui traite du climat et des agens physiques. On a vu que jusqu'à présent les résultats obtenus n'inspirent pas assez de confiance pour conseiller la dépense des appareils proposés. Il n'en est pas de même des sociétés qui se sont formées pour assurer contre les chances de la grêle, à l'instar de celles qui ont pour but d'assurer contre les incendies et contre les naufrages.

On sait, avec une exactitude qui laisse peu à désirer, dans quelle proportion un désastre de telle nature affecte telle ou telle récolte. Dans le Midi, on calcule que sur chaque septième année il y en aura une dont le produit sera nul.

Dans presque toutes les localités, on a pu déterminer quelle quotité du produit annuel serait indispensable pour rembourser le sinistre prévu. Partant de cette idée, des sociétés se sont formées, qui ont offert aux exploitans de leur payer les pertes occasionées par la grêle ou le feu du ciel, *moyennant une prime annuelle* établie sur chaque mille francs de la valeur des produits déclarés par le cultivateur. Les primes de ces assurances sont proportionnées aux risques assurés, aux intérêts du capital de cautionnement et aux frais exigés par les remboursemens partiels, ainsi que pour les expertises contradictoires qui ont lieu pour déterminer l'étendue du sinistre.

Les *assurances dites mutuelles* sont fondées sur un autre principe. Elles ont pour but de répartir les pertes éprouvées par quelques associés sur la masse des assurés. Dans ce cas il est facile de voir que la quotité n'est point fixe, mais qu'elle varie en raison des pertes éprouvées chaque année. Cette prime est d'autant plus variable, que le nombre des assurés est plus petit, et d'autant plus fixe, que les membres sont plus nombreux. En effet, soit les deux individus A et B qui forment entre eux société, de manière que si un sinistre frappe les récoltes de l'un, l'autre en paiera la moitié. Si pendant cinq années aucun désastre ne survient, les deux associés n'auront aucun déboursé à faire. Si à la sixième l'un perd pour 3,000 francs, l'autre sera obligé d'en payer 1500 : d'où l'on voit que la prime monte de 0 à 1500; ce qui est presque la même chose que si le second eût éprouvé lui-même un désastre.

Si l'on suppose au contraire quinze associés, et qu'il arrive tous les ans un sinistre de 1500 francs sur l'un d'eux, ils auront tous une prime à payer qui sera moins forte, mais qui sera remboursable tous les ans; la proportion sera plus fixe, mais annuelle. On paiera bien, en définitive, la même somme dans l'un et l'autre cas; mais on ne sera pas tenu à des remboursemens brusquement augmentés.

Dans les assurances de la première espèce, la compagnie assurante n'a aucun compte à rendre de sa gestion; les assurés n'ont rien à faire dans l'administration. Dans les assurances mutuelles, chaque assuré doit pouvoir constater lui-même la probité de l'administration. Lorsque l'assurance a étendu son réseau fort loin, le contrôle s'établit difficilement, les employés subalternes gaspillent. Il faut donc que ces assurances s'étendent à un département au plus. Dans tous les cas, lorsqu'elles sont bien administrées, lorsque les dépositaires des fonds présentent des garanties contre la banqueroute, elles remplissent un haut degré d'utilité. Une des premières qu'on ait vu s'établir, c'est celle dont le siége était à Nancy, et dont les administrateurs intègres ont bien mérité des contrées environnantes; il en existe aussi plusieurs dans les départemens voisins de la capitale.

Quand on s'adresse à une compagnie assurant à son compte, il faut bien moins regarder à la quotité de la prime qu'à la probité reconnue des administrateurs. Il est des sociétés qui demandent une haute prime, et qui remboursent avec générosité tous les sinistres. Il en est d'autres qui exigent une prime plus faible, mais qui sont tracassières, lentes à réparer les désastres. Avec ces dernières, on n'esn remboursé qu'incomplètement et après avoir essuyé bien des difficultés et des désagrémens.

ANTOINE, de Roville.

CHAPITRE XII. — DE LA CONSERVATION DES RÉCOLTES.

Dans la revue que nous traçons des principaux travaux du cultivateur, nous approchons enfin du terme qui va lui en faire recueillir les fruits. Nous avons vu qu'il a dû consulter et connaître le climat et le pays où il doit s'établir; étudier le sol auquel il doit confier ses cultures; chercher s'il est possible de l'améliorer par des amendemens sans de trop fortes dépenses; entretenir sa fécondité par une juste proportion d'engrais convenablement choisis et appropriés; le rendre, par divers travaux de préparation, plus apte à la production des végétaux utiles; lui donner, par les labours et autres façons, le degré de perméabilité et de propreté qui doit assurer la réussite de ces végétaux. Après ces travaux préparatoires, il s'est occupé des meilleurs modes d'ensemencement et de plantation; ces cultures, confiées à la terre, ont dû être entretenues et soignées pendant leur végétation; lorsque la disposition du terrain l'a permis, le cultivateur a dû profiter des cours d'eau pour augmenter la fertilité et les produits de son sol; il n'a pas dû choisir ses cultures au hasard, mais au contraire des principes théoriques et pratiques très-importans ont réglé ses assolemens; enfin, dans le chapitre précédent, il a vu tous ces travaux recevoir leur récompense par de belles récoltes; il lui reste encore à les mettre à l'abri des événemens et à les conserver pour le moment opportun à la vente ou à la consommation.

Ce chapitre traitera donc du transport des récoltes dans les divers abris destinés à les conserver, et des véhicules propres à opérer ce transport; puis du battage et du nettoyage des grains; enfin de la construction et de la disposition des abris pour les fourrages, les grains, les racines, les fruits, etc.

C. B. de M.

SECTION I. — *Du transport des récoltes.*

Quoique nous n'ayons pas à nous occuper ici de l'art du charron et du constructeur de voitures pour ce qui regarde les détails de l'exécution matérielle, nous ne pouvons cependant nous dissimuler que les cultivateurs français sont généralement trop étrangers aux principes qui doivent présider à la confection des véhicules agricoles, et nous allons présenter ici quelques considérations qui pourront les guider dans leurs déterminations. Nous diviserons ce sujet en deux articles. Le premier traitera des instrumens employés au transport à bras; le second renfermera tout ce qui est relatif aux véhicules proprement dits.

Rarement la grande culture fait un usage fréquent de ces instrumens ; ils sont, au contraire, souvent employés dans la petite culture et l'agriculture maraîchère. Il n'en est pas de l'homme, réduit à n'employer que ses membres, comme d'un moteur mécanique dont la vitesse augmente en sens inverse de la résistance, et dont la puissance utilisée est toujours la même, soit qu'on diminue, soit qu'on augmente la résistance à vaincre. Il est donc important, lorsqu'on doit déplacer des matériaux qui occupent un grand volume sous un faible poids, d'avoir recours à des instrumens qui suppléent à l'amplitude des bras de l'homme. On doit encore se servir de ces instrumens toutes les fois que l'on a à opérer le transport de substances qui se composent de fragmens isolés, tels que tubercules de pommes-de-terre, racines de betteraves, etc.

§ Ier. — Des brouettes.

Ce sont des instrumens fort connus et qui certainement méritent d'être répandus ; malheureusement ils sont presque toujours mal construits. Le mouvement de progression des brouettes est assuré par la rotation d'une roue ordinaire ; considéré sous un autre point de vue, c'est un levier du troisième genre, c'est-à-dire que la puissance et le point d'appui étant à chacune des extrémités, la résistance ou la charge se trouve entre les deux. D'après les lois qui régissent cette sorte de leviers, il serait à désirer que la roue ne se trouvât point tout-à-fait à l'extrémité, mais au-dessous du centre de gravité : alors, la totalité de la charge étant supportée par la roue, les épaules de l'homme seraient soulagées. On a bien essayé de placer la roue sous la charge, mais on tombait par là dans d'autres inconvéniens : on était forcé de faire la roue très-petite, ce qui nécessite l'emploi d'une plus grande force ; il était ensuite impossible à l'ouvrier d'apercevoir cette roue cachée par les matériaux à transporter, et par conséquent on ne pouvait diriger l'instrument d'une manière ferme et assurée.

Les qualités qui distinguent une bonne brouette sont : 1° que la construction en soit tellement simple que les diverses parties qui la composent soient traversées par le moins de mortaises possible ; car, plus il y a de trous et de mortaises, moins les brancards sont solides ; 2° qu'elle puisse basculer facilement dans tous les sens ; 3° qu'une grande partie de la charge porte sur la roue ; 4° que celle-ci soit de grande dimension. Enfin, je voudrais que toutes les fois qu'il n'est pas possible au conducteur de la brouette d'en apercevoir la roue, la partie supérieure de l'instrument fût surmontée d'un point de mire qui en facilitât la direction, et permît d'éviter les pierres et les autres obstacles qui embarrassent la marche.

Il y a certainement impossibilité matérielle à obtenir à la fois toutes ces conditions ; mais on peut en réunir un plus ou moins grand nombre.

La *brouette à brancards obliques* (*fig.* 419),

Fig. 419.

est celle qui mérite la préférence par la simplicité de sa construction et la combinaison de ses diverses parties. Il faut observer, pour cette brouette comme pour celles que nous allons décrire, que la longueur des bras influe très-avantageusement sur la facilité avec laquelle on peut la mouvoir.

La *brouette ordinaire à civière* (*fig.* 420) est

Fig. 420,

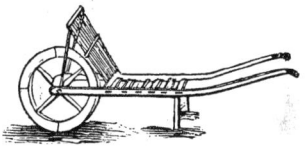

plus défectueuse que la précédente. C'est néanmoins celle que l'on préfère généralement. Une grande amélioration à introduire dans la confection de cet instrument serait de rendre la claie beaucoup plus inclinée sur la roue.

La *brouette à tombereau* (*fig.* 421) sera con-

Fig. 421.

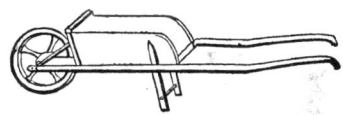

struite d'après les mêmes principes que les précédentes ; mais, chaque fois qu'on la chargera, on aura soin que la plus grande partie du poids soit reportée sur l'arrière-train.

Enfin, M. DE MOREL-VINDÉ a fait connaître une *brouette à deux roues* (*fig.* 422) qui peut,

Fig. 422.

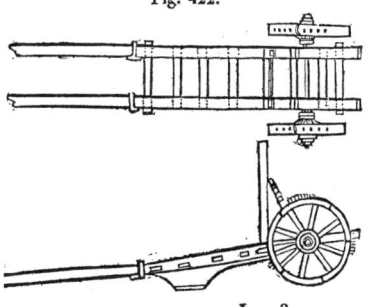

dans bien des circonstances, offrir une grande supériorité sur les autres. Il faut observer, neanmoins, que le mouvement de bascule ne peut pas lui être imprimé; qu'elle ne peut pas passer dans les sentiers étroits, etc.

On peut faire porter une partie de la charge des brouettes par les épaules, en se servant de la *bricole* (*fig.* 423), accessoire très-simple,

Fig. 423.

et qui diminue la fatigue pour le moins d'un tiers.

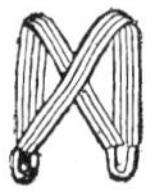

La brouette, aidée dans sa marche par le mouvement de la roue, ne peut guère être employée dans les pays de montagnes, parce que, dans les pentes rapides, elle entraînerait d'elle-même, et la charge qu'elle supporte, et l'ouvrier qui la dirigerait. Dans ces circonstances, les montagnards se servent du *traîneau*, dont les formes sont très-variables, mais approchent beaucoup de celle que représente la *figure* 424. On a soin de munir la

Fig. 424.

partie inférieure d'une semelle en fer.

Les *camions* (*fig.* 425) sont de petits tombereaux traînés par deux hommes. Ils sont

Fig. 425.

préférables aux brouettes pour les déblais et les transports à des distances de plus de 117 mètres (60 toises). Au-delà de 195 mètres (100 toises), il est plus avantageux de se servir des tombereaux conduits par des chevaux.

§ II. — Des hottes.

Les *hottes* sont de deux sortes : les unes sont un assemblage de bois léger, débité en planches minces; les autres sont en osier. Les unes et les autres ont des avantages respectifs, suivant les circonstances.

Celles de la première espèce, que l'on nomme *tandelins* dans quelques vignobles (*fig.* 426), sont ordinairement faites en sapin. Elles sont très-commodes, dans une exploitation rurale, pour le transport des racines de la cour dans les celliers, et je suis assuré qu'elles offriraient également beaucoup de facilité pour transporter les grains battus de

Fig. 426.

la grange ou de la batterie mécanique au grenier. Ces hottes devront en général avoir une contenance intrinsèque de 55 litres, mais on ne les remplit communément que jusqu'à la concurrence de 50 litres, afin que l'espace laissé vide permette aux matières transportées un léger mouvement qui les ferait déborder si on remplissait l'instrument jusqu'en haut. On comprend aisément que lorsque ces instrumens sont tous de même contenance, on n'éprouve aucune difficulté pour s'assurer de la quantité de produits qu'on a récoltés.

Les *hottes en osier* (*fig.* 427) ont, sur les précédentes, l'avantage de la légèreté, mais elles ne peuvent contenir des liquides, à moins qu'auparavant on n'ait eu soin de les goudronner, ce qui n'est pas sans inconvénient dans bien des circonstances.

Fig. 427.

Les *mannes* sont presque toujours en osier. Il y en a à une seule anse (*fig.* 428). On les préfère lorsqu'elles doivent être portées par une personne et à une certaine distance, parce qu'alors elles font l'office de paniers. Celles qui ont deux anses (*fig.* 429) offrent beaucoup plus de commodité toutes les fois qu'elles doivent être transportées par plusieurs personnes.

Fig. 428.   429.

Il en est d'une manne comme d'un drap; ce ne sont pas celles qui sont les plus épaisses et tressées avec de gros brins qui sont les plus solides. Celles qui sont composées d'un osier délié, long, élastique, sont plus solides et plus légères; et, comme en même temps leur élasticité leur permet de s'adapter quelque peu aux différentes configurations des matériaux qu'elles doivent contenir, leur supériorité, dans tous les cas, est incontestable.

L'osier peut être enveloppé de son écorce ou en être dénudé. Lorsque le premier cas arrive, les couches corticales ne tardent pas à se décomposer, à rendre les voies plus claires, et à laisser dans tout le tissu des germes de décomposition, lesquels ne tardent pas à l'altérer. Il vaut donc mieux faire le sacrifice de quelques centimes, et se procurer de l'osier blanc qui se sèche facilement, se décompose avec lenteur et rend l'instrument bien moins pesant.

Les cultivateurs devront avoir grand soin que les mannes, les hottes et tous les instrumens de ce genre soient tous les jours proprement nettoyés de la terre qui y adhère, mis dans un lieu sec, et jamais abandonnés négligemment sur un sol humide.

Les *civières* ne sont autre chose qu'un brancard qui, au lieu de se placer sur les épaules, est porté par les mains des ouvriers. Il y en a à *brancards simples* (*fig.* 430), et à *brancards composés* ou *relevés* (*fig.* 431). En ·

fin, on connaît encore la *civière en échafaud* (*fig.* 432). On adopte les unes ou les autres suivant la nature et la forme des matériaux à transporter.

Fig. 430, 431 et 432.

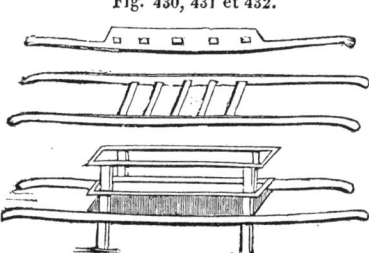

On pourrait encore ranger parmi les in-strumens de transport les sacs et les toiles ; mais leur emploi est tellement connu, et susceptible de si peu de perfectionnement, que nous ne ferons que les mentionner. Nous dirons seulement que, dans la confection des sacs, on néglige de les faire à gousset, c'est-à-dire qu'au lieu de faire l'ouverture supérieure circulaire, il serait avantageux de la former en queue. Le sac fait de cette manière est plus facile à emplir et plus commode à lier.

ART. II.—*Des instrumens conduits par des animaux ou véhicules agricoles.*

La question que nous allons examiner in-téresse l'agriculture à un haut degré. Peu d'hommes chez nous ont dirigé leur attention vers les voitures agricoles, et la presse l'a to-talement négligée. Nous parlerons successi-vement des roues et en elles-mêmes, de leur nombre, de leurs dimensions ; des essieux ; de la longueur de la flèche et de la hauteur de la charge ; nous donnerons ensuite les meilleurs modèles de charrettes et de cha-riots.

§ I er. — *Des roues.*

I. *Construction des roues.* — Une *roue, pour être bonne,* doit remplir les conditions suivantes : être solide, difficile à se rompre ; elle doit en outre dégrader les chemins le moins possible. La première condition s'ob-tient en choisissant, *pour le moyeu,* un bois à tissu serré, dont les fibres soient entremê-lées et comme pétries sans cependant qu'il y ait des nœuds bien prononcés. On prend pour cela des souches de noyers ou de frênes, des loupes d'orme tortillard. Le *bois des rais ou rayons,* au contraire, doit être d'une pâte bien homogène, filandreux et net de nœuds. Le chêne et l'orme commun sont généra-lement préférés. Les bois seront choisis de même âge, coupés depuis longtemps et à la même époque, afin que s'ils venaient à se travailler, la dilatation et la contraction de l'un ne dépassât pas en intensité celles de l'autre, et ne pût nuire à la perfection de l'assemblage.

La *rupture* n'est pas occasionée seulement par la mauvaise qualité des bois, elle est bien

souvent le *résultat d'un assemblage défec-tueux.* Tout le monde sait que les rais ne font pas un angle droit avec l'axe du moyeu, mais qu'ils prennent une direction oblique vers l'extérieur. Quelle doit être la mesure de l'angle qui détermine cette obliquité ? C'est ce qu'ignorent la plupart des construc-teurs de véhicules agricoles. Cette obliquité est-elle nécessaire ? C'est encore ce qu'ils ne savent pas davantage.

Si les *rais étaient assemblés perpendicu-lairement à l'axe* de l'essieu ou du moyeu, il en résulterait des ruptures fréquentes dans les chemins labourés d'ornières profondes. Supposons que le rayon *a b* (*fig.* 433) soit

Fig. 433.

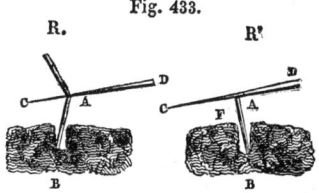

R. R'

perpendiculaire à l'essieu *c d,* et que ce rayon pénètre dans une ornière ; il est évident que les parties *b* et *f* frotteront contre les côtés opposés de l'ornière ; et que si celle-ci est plus profonde, il s'ensuivra une rupture ou du moins une grande augmentation de résis-tance. Si au contraire le rayon *a b* n'est pas perpendiculaire à l'essieu *c d,* comme R' il pénétrera dans l'ornière et y roulera comme sur un chemin plat, sans occasioner de rup-ture et sans augmenter la résistance.

La *mesure de cette obliquité* se déduit fa-cilement de formules analytiques dont nous ne pouvons parler ici ; nous dirons seule-ment que, dans la majorité des cas, on se trou-vera bien de faire les rais perpendiculaires non pas à l'axe, mais à la surface de l'essieu. Ainsi, dans l'essieu dont l'axe serait la ligne A P (*fig.* 434) les rais O et P ne seraient pas perpendiculaires à A mais aux lignes N M, R S. Avec ces dispo-sitions les roues se-ront toujours solides et les ruptures seront moins fréquentes.

Il nous reste à dé-terminer les dispo-sitions que doit pré-senter une *roue pour ne point dégrader les chemins.* A une époque où tous ré-clament la facilité et la promptitude des communications, il est à souhaiter que les cultivateurs prennent toutes les mesures qui sont en leur pouvoir pour ne point paralyser les efforts de l'administration. Lorsqu'on place un poids d'un kilog. sur une balance, il exercera toujours sur le plateau la même pression, que ce poids soit en pierre, en fer ou en plomb, qu'il ait une forme carrée, ronde ou irrégulière ; lorsqu'on pèse une voiture aux bascules qui sont échelonnées sur nos principales routes, la voiture pèse

Fig. 434.

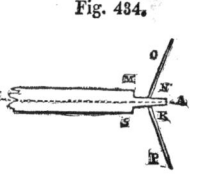

toujours le même poids ou exerce sur le ressort la même pression, que les jantes soient larges de 4 ou de 6 po., planes ou courbes. La forme des jantes et des bandes qui les entourent est donc totalement indifférente à la pression exercée sur le sol par le chargement. Or, comme l'intensité de la pression est proportionnelle au frottement, il s'ensuit qu'on ne peut augmenter ni diminuer celui-ci en faisant varier la forme des jantes. L'administration des ponts et chaussées avait donc parfaitement raison lorsqu'elle disait aux cultivateurs et aux entrepreneurs de roulage : « Adoptez les jantes larges et plates qui ne nécessitent pas de votre part l'emploi de forces plus grandes et qui conservent les routes. » Que l'on essaie en effet de planter un clou par la tête, on y arrivera bien rarement, tandis qu'avec une pression bien moindre on le fera facilement pénétrer par la pointe. La tête du clou, c'est la jante large qui fait peu de tort aux chemins parce qu'elle n'en broie ni n'en déplace les matériaux : la pointe du clou, c'est la jante étroite qui brise et laboure nos routes, lors même qu'elle ne supporte qu'un poids médiocre. La troisième condition d'une bonne roue, c'est donc que la *jante en soit large et plate*. Il est vrai que cette disposition augmente un peu les frais, mais les véhicules en sont d'autant plus solides.

II. *Dimensions des roues.* — On sait en général que plus les roues sont grandes, plus la puissance a de force contre la résistance. Quelle que soit la cause théorique de ce fait, la pratique l'admet sans explication; mais la facilité du tirage est loin d'être proportionnelle à l'augmentation du diamètre. Ainsi, j'ai cru trouver que pour tirer une charge donnée avec moitié moins de force qu'auparavant, il faudrait sextupler le diamètre, ce qui, dans les limites du possible, ne s'éloigne que très-peu des données de divers auteurs. Considérée sous un autre point de vue, la grandeur des roues diminue le frottement qui a lieu contre l'essieu, ce qui peut procurer une certaine économie. Les circonférences étant entre elles comme les diamètres, il s'ensuit qu'une roue d'un diamètre de 8 pi. parcourra, en faisant sa révolution, le même chemin qu'une roue d'un diamètre de 4 pi. qui ferait deux révolutions, ou, en d'autres mots, le poids de la voiture ne pèsera qu'une fois sur chacun des points de la première circonférence, pendant que cette pression s'exercera deux fois sur chacun des points de la petite; il y a donc dans tous les cas avantage à augmenter le diamètre des roues; malheureusement cette augmentation ne saurait dépasser certaines limites sans entraîner des dépenses énormes.

III. *Du nombre des roues.* — Les véhicules agricoles se divisent en deux grandes sections : ceux à deux roues ou *charrettes,* et ceux à quatre roues ou *chariots.* Nous ne parlerons point des *tricycles,* parce que jusqu'alors ils n'ont pu réaliser des avantages certains.

Longtemps on a discuté sur les avantages respectifs des deux premières espèces de véhicules; aujourd'hui, on peut regarder la *question comme décidée en faveur des cha-*

riots. Que l'on attèle un cheval à une charrette aussi pesante qu'il puisse la traîner au milieu d'obstacles ordinaires, il est clair que l'animal ne pourra surmonter une résistance plus forte suscitée par un obstacle auquel on ne s'était pas attendu. On sera forcé de décharger une partie de la voiture pour surmonter l'obstacle en deux fois. Si, avec la même charge, nous supposons une voiture à 4 roues, le poids se répartira également sur chacune d'elles, de manière que les 2 roues antérieures ne supporteront réellement que la moitié de la pression. Arrivé en face de l'obstacle dont la puissance n'avait pas été prévue, l'animal le surmontera avec les deux roues de devant avec la même facilité que s'il ne traînait que la moitié de la charge.

Il résulte encore de cette disposition un immense avantage qui sera facilement apprécié par ceux qui ont eu l'occasion d'observer la marche des véhicules dans les champs. Lorsqu'on rencontre un fossé, une rigole d'écoulement ou d'irrigation, si la voiture est à 2 roues, elle sortira difficilement de ce mauvais pas, parce qu'elle ne peut trouver ailleurs son point d'appui : si elle est à 4 roues, il n'y en aura jamais à la fois que 2 d'engagées, et les deux autres serviront toujours de point d'appui.

Je ne parle pas des *inconvéniens qu'offrent les charrettes* pour le chargement; on sait que, pour qu'elles maintiennent leur équilibre, il faut que les matériaux qu'elles portent soient distribués d'une manière particulière, ce qui ne peut être fait que par un homme habile et exercé : les chariots, au contraire, ne forment jamais levier, et ils ne peuvent perdre leur aplomb en aucune circonstance.

On sait qu'un corps est d'autant plus stable qu'il repose sur le sol en un plus grand nombre de points, et que ces points sont respectivement plus distans du centre de gravité : dans la charrette, ces points existent au nombre de 2, et ils sont sur une même ligne avec le centre de gravité; dans le chariot, au contraire, ces points sont au nombre de 4, placés aux quatre coins d'un rectangle, et éloignés du centre de gravité, puisque celui-ci est au point d'intersection des diagonales du rectangle. Il y donc dans le chariot beaucoup plus de stabilité que dans la charrette, et les chances de versement se trouvent considérablement diminuées. Il est néanmoins un cas où les charrettes sont évidemment préférables aux chariots : c'est lorsqu'une route traversée est traversée par des chemins tortueux, et faisant fréquemment des angles aigus. Dans ces circonstances, il n'est pas du tout facile de faire tourner un véhicule à 4 roues.

IV. *Des essieux.* — Nous aurons peu à dire sur cet objet, parce que les *matériaux et les formes d'essieux* qui ont été proposés dans ces derniers temps conviennent plutôt aux voitures de luxe. Quelle que soit la dureté et le poli des matériaux qu'on emploie, l'expérience a appris que le frottement est bien moindre lorsqu'il a lieu entre deux corps de nature différente, qu'entre deux corps dont la composition serait la même. Ainsi le frottement du fer contre de la fonte, ou sur le cuivre ou l'acier, est bien plus doux que celui de

fer contre fer. Ce qu'aujourd'hui l'on connaît de mieux pour les véhicules agricoles,
sont des essieux en fer avec des boites en
fonte.

§ II.—Longueur de la flèche et hauteur du chargement.

J'appelle *flèche*, dans un char à 4 roues, la
pièce de bois qui unit les roues de devant
avec celles de derrière. On a cru longtemps
que plus elle était longue, plus le chargement augmentait la résistance. Les expériences d'EDGEWORTH ont prouvé qu'il n'en
est pas ainsi, mais qu'au contraire une flèche
longue acquiert une élasticité qui lui donne
la propriété de faire ressort, ce qui est reconnu aujourd'hui d'un avantage incontestable. De plus, en distribuant la charge sur
une plus grande longueur, on diminue d'autant la hauteur du chargement. Il serait facile de démontrer que plus une charge est
élevée au-dessus des roues, plus elle court de
chances de versement : la longueur de la
flèche est donc avantageuse toutes les fois
qu'elle ne recule pas tellement les roues postérieures, que le véhicule ne puisse plus
tourner dans les angles aigus des chemins.

§ III. — Des meilleurs véhicules.

Parmi les charrettes, nous citerons avec
éloge celle que l'on emploie le plus communément, mais avec les modifications adoptées *en Angleterre* (*fig.* 435), c'est-à-dire que,

Fig. 425.

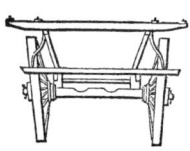

pour forcer les deux chevaux qui y sont at-
telés, on attache sous l'essieu la poulie C, sur
laquelle passe la corde B, dont l'une des extrémités s'attache au collier du cheval de
devant, et l'autre au collier du cheval de
derrière. Cette disposition force les deux
chevaux à tirer également, parce que celui
qui refuserait d'employer ses forces serait
obligé de reculer.

La *charrette de Russie* (*fig.* 436) est remarquable par sa simplicité ; la grandeur du
diamètre des roues, qui est de 7 pieds et 1/2,

Fig. 436.

doit la rendre capable de surmonter des
obstacles puissans.

Dans les véhicules à deux roues sont ordinairement classés les *tombereaux. Le tombereau ordinaire* (*fig.* 437), avec rehausses

Fig. 437.

qu'on enlève à volonté, est un instrument
indispensable, non seulement pour les récoltes, mais pour les transports de terre, de
gravois, etc. Dans la construction et le chargement des tombereaux, il faut se souvenir
que ces instrumens basculent avec la plus
grande facilité : on aura soin, par conséquent, de charger un peu plus sur le devant
que sur le derrière. Avec cette précaution le
cheval limonier ne sera jamais enlevé.

Le *haquet* ou *tombereau* PERRONET (*fig.* 438)

Fig. 438.

se charge avec promptitude, et se décharge
avec célérité. Il joint à ces avantages celui
d'une construction simple et facile. Comme
la partie supérieure, plus évasée, ferait incessamment la bascule, on la retient au
moyen d'une traverse en planche qu'on enlève lorsqu'on veut décharger.

Les *chariots reposant sur quatre roues* sont
généralement employés dans les contrées de
l'Europe les mieux cultivées, dans la Flandre, la Belgique et l'Allemagne septentrionale.

Le *chariot flamand* (*fig.* 439), destiné à
recevoir des charges pesantes, est très-solide
dans toutes ses parties. Il se compose d'une
pièce de bois *aa,* qui lie le train de devant à
celui de derrière, et que l'on nomme *alonge;*
son extrémité antérieure est armée d'une

Fig. 439.

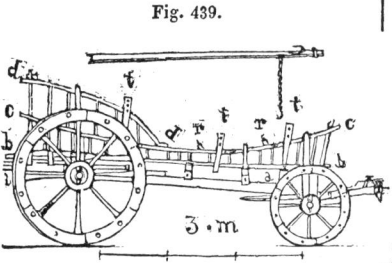

Fig. 440 B.

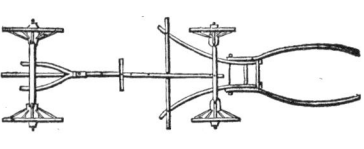

large bande de fer, qui permet d'en diminuer la force en ce point et de réduire l'écartement entre les pièces de l'essieu. Les bords de la voiture sont formés par deux pièces de bois courbes *bb*, nommées *écaliers de dessous*, où s'assemblent exactement les planches du fond et les montans. Au-dessous de ces pièces sont deux autres *cc*, qui leur correspondent et courbes également, mais dans un plan vertical, et que l'on nomme *écaliers de dessus*. Vis-à-vis les roues de derrière et sur les écaliers de dessus, se voient deux petits écaliers *dd* nommés *garde-roues ;* ils servent au même usage que les écaliers. — Les deux écaliers correspondans, de dessus et de dessous, liés par les montans, sont maintenus dans une position invariable et soutenus, ainsi que le fond, par des supports unis entre eux au moyen de tenons et de mortaises, et par des brides de fer qui les fixent aux écaliers. Comme l'écalier supérieur est très-bas dans le milieu, et que cette partie de la voiture est très-large, le voiturier peut charger et décharger avec une grande facilité. — Lorsque le fermier conduit des substances terreuses, il applique contre les écaliers des planches ou bordages qui s'y attachent; il place ensuite sur l'écalier supérieur et le garde-roue une autre planche, qui s'assemble au moyen de traverses en fer *ttt, rr.*

Le *chariot de Roville,* qui diffère peu du franc-comtois, est porté à un haut degré de perfection. Les *échelages* en sont mobiles et peuvent, suivant les circonstances, être remplacés par des *ridelles* pour la conduite des fumiers, ou par des *madriers* lorsqu'il s'agit de transporter des pierres, des marnes, etc. Enfin, on peut y adapter une *caisse en planches* pour le transport des sables et autres matières pulvérulentes. Quoique l'on doive se défier des véhicules à plusieurs fins, celui de Roville (*fig.* 440) remplit les

Fig. 440 A.

divers objets que nous venons de mentionner et cela sans nuire à la solidité et à la simplicité. Néanmoins, dans une exploitations où l'on a à opérer le transport d'une grande quantité de racines, il est à désirer que l'on ait un tombereau fixe monté sur 4 roues, n'ayant aucun point d'attache par-devant et mobile sur l'essieu de derrière, afin que, faisant levier, la charge puisse aisément être versée à terre, comme on le voit par la *fig.* 441.

Fig. 441.

On a sans doute été étonné qu'un chariot aussi léger que celui de Roville puisse supporter le service d'une exploitation rurale. C'est que dans cet établissement il est *rare qu'on attèle plus d'un cheval* à un même véhicule. Quoique l'on doive, d'après cette disposition, ne mettre sur chaque chariot qu'un poids moins fort que sur les autres, M. DE DOMBASLE affirme néanmoins qu'un seul animal transporte la moitié du poids que l'on met sur un chariot traîné par 4 chevaux; et cela paraîtra probable à celui qui sait que plus on multiplie les roues pour une charge déterminée, plus le transport est facile. Objectera-t-on qu'alors il est nécessaire d'employer un plus grand nombre de conducteurs? nous répondrons que ces véhicules sont ordinairement confiés à un enfant de 12 à 15 ans; et en le rétribuant convenablement, c'est-à-dire en lui donnant 50 à 60 centimes, on peut être sûr que le transport se fera avec plus de promptitude et d'économie que si l'on confiait un chariot attelé de 4 ou 6 chevaux à un charretier habile, chose que l'on ne rencontre pas toujours, qu'il faut payer à des prix souvent exorbitans, et qui se mutinent au premier mot parce qu'ils se sentent nécessaires. Que l'on réfléchisse ensuite que, conduits par un seul cheval, ces chariots se chargent avec promptitude, se déchargent sans embarras, et l'on sera très-disposé à se ranger à l'avis de M. de Dombasle.

ANTOINE, *de Roville.*

Il a été enseigné dans le chapitre précédent comment il convient de s'y prendre pour conserver les récoltes dans les champs, et il vient d'être indiqué par quels moyens on peut les transporter où on le désire. Nous devons actuellement *mettre le cultivateur à même de conserver les produits* qu'il a obtenus, pendant un temps plus ou moins long, qui lui permettra d'attendre l'instant propice pour leur vente, leur consommation ou leur transformation en d'autres produits manufacturés. C'est du soin qui sera apporté dans l'emploi de ces moyens que dépendra, en grande partie, le résultat définitif de l'exploitation et par conséquent la prospérité ou la ruine du cultivateur; on ne saurait donc trop appeler son attention sur ce sujet.

Les *moyens de conservation dépendent* principalement des produits auxquels ils s'appliquent. En traitant de chaque culture spéciale, on indiquera les procédés spéciaux qui y sont applicables. Ici nous avons à parler des moyens généraux de conservation des fourrages, des céréales non battues et des pailles, des grains, des racines, enfin des fruits. **C. B. DE M.**

ART. Ier.*— Conservation des fourrages, des grains en gerbes et des pailles.*

Les *foins* et autres fourrages; les *blés* et autres espèces de *céréales* avant leur *battage;* et enfin les *pailles,* après ce battage, se conservent ordinairement, soit en en formant à l'extérieur des *meules* ou *gerbiers,* soit en les rentrant, ou dans des *greniers* et *fenils* ou *foinriers* pratiqués au-dessus des hangars, écuries, étables ou autres localités de ce genre qui doivent nécessairement occuper les rez-de-chaussées, ou dans des *granges* construites *ad hôc* et consacrées, dans toute leur hauteur, à ces emmagasinemens, et dans lesquelles on établit en outre *l'aire* nécessaire au battage.

Pour reconnaître quels sont les avantages et les inconvéniens divers que ces différens moyens présentent, tant sous le rapport de l'économie que sous celui de la bonne conservation des produits, il est nécessaire que nous entrions dans quelques détails sur les modifications dont ces moyens mêmes sont susceptibles.

§ Ier.— *Des meules et gerbiers.*

Nous parlerons d'abord des *meules* ou *gerbiers.* Il est facile de concevoir que ce sont, en général, les moyens les plus favorables sous le rapport de l'économie; mais cette économie peut encore varier très-sensiblement, suivant le plus ou moins de soins ou de recherches qu'on apporte à leur confection.

En général, on emploie principalement le nom de *meule* quand il s'agit de *foins* et au-

tres espèces de *fourrages,* et on réserve celui de *gerbier* pour les cas où il s'agit de gerbes de *blés, avoines* et autres céréales.

Le plus souvent *on établit les meules* et même les *gerbiers* presque immédiatement sur le sol et sans aucune précaution; mais nous croyons qu'il est à peu près indispensable d'observer au moins celles que nous allons indiquer et que nous empruntons en grande partie à M. DE MOREL-VINDÉ (1).

I. *Meules sur terre.*

Après avoir tracé sur le sol un cercle de la grandeur qu'on veut donner à la meule ou au gerbier, on creuse un fossé de 2 à 3 pi. de terre-plein du centre. Sur ce terre-plein ainsi surchargé et bien battu, on établit d'abord pour soutirait un lit de fagots; puis on construit la meule, en l'évasant à peu près ainsi que l'indiquent les *fig.* 442 et 443, de façon à

Fig. 442. Fig. 443.

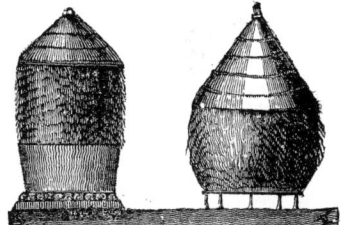

éloigner du corps et surtout du pied l'égout de la couverture en paille par laquelle on la termine.

II. *Meules avec support.*

Mais, ainsi établis, les meules ou gerbiers ne sont complètement garantis, ni, *par le pied,* de l'humidité du sol et surtout de l'attaque des rats et des souris; ni, *quant à leur élévation,* de l'attaque des vents violens qui parviennent quelquefois à les renverser; ni enfin, *par leur couverture,* de l'infiltration des eaux pluviales. Voyons quels sont les différens ou au moins les principaux moyens qu'on a employés ou proposés pour y remédier.

Quant *au pied* d'abord, nous citerons en premier lieu les *meules dites à l'américaine,* également indiquées par M. DE MOREL-VINDÉ. Un châssis en bois, le plus souvent carré (*fig.* 444), afin d'être moins cher; quelquefois aussi octogonal (*fig.* 445) ou même circulaire, est établi à 2 pi. environ au-dessus de terre, sur des supports placés au centre ainsi que sous chacun des angles du châssis. La meule est ensuite élevée sur ce châssis, soit au moyen de quelques planches à claire-voie posées en travers des bâtis qui le composent, soit en formant également une 1re couche de fagots.

(1) *Essai sur les constructions rurales économiques*, par M. le vicomte DE MOREL-VINDÉ. Paris, 1824; chap. 5 *bis.*

Fig. 444.   Fig. 445.

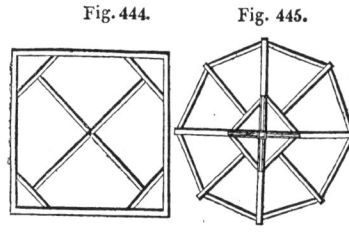

Les supports sur lesquels le châssis lui-même doit être établi peuvent être de diverses sortes. Les plus simples sont des *pieux* ou *potelets* enfoncés, et, mieux encore, scellés en terre. On peut, soit en en brûlant le pied, soit en les recouvrant d'une forte peinture à l'huile, au goudron ou au bitume, les préserver de l'humidité. Enfin, pour empêcher les rats et les souris de parvenir à la meule, on place quelquefois au haut des potelets des entonnoirs renversés en fer-blanc.

Des *dés* en pierres, en maçonnerie ou en briques, peuvent remplir le même office, d'une manière même plus durable ; et, en établissant la partie supérieure en forme de saillie horizontale assez considérable, on peut également ôter tous moyens d'accès aux animaux destructeurs.

Enfin, on a employé en Angleterre des *cippes en fonte* (*fig.* 446), qui offrent principalement l'avantage de ne permettre aucunement la communication de l'humidité du sol.

Quant aux moyens de *résistance contre la violence des vents*, on les a cherchés dans l'établissement d'un poteau ou mât au centre de la meule. Telle est *la meule anglaise* dont nous donnons ici le dessin (*fig.* 447) et

Fig. 446.   Fig. 447.

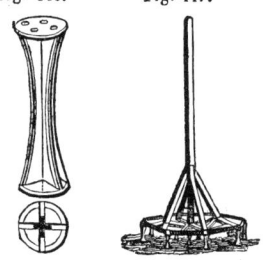

dans laquelle le mât central et les 4 contre-fiches qui le consolident, sont assemblés dans un châssis octogonal qui lui-même est exhaussé sur les cippes en fonte dont nous avons précédemment parlé.

III. Meules à toits mobiles.

Les *moyens de couverture* n'ont pas été moins diversifiés que les supports. Le plus simple nous paraît être celui auquel on a donné le nom de *grange allemande*. C'est une espèce de pavillon, soit carré et formé alors par 4 poteaux ou mâts placés aux angles ; soit circulaire ou de forme polygonale, et ayant alors un plus grand nombre de poteaux. Par le haut est un toit, ou pyramidal ou conique, de construction légère, couvert en paille, en toile goudronnée, etc., et glissant entre les poteaux au moyen de colliers qui embrassent chacun d'eux. Dans les poteaux sont percés, de distance en distance, des trous dans lesquels on place des chevilles pour maintenir le toit à la hauteur convenable. Voir la *fig.* 448, dans laquelle on peut remarquer un plancher également mobile, aussi au moyen de chevilles.

Fig. 448.

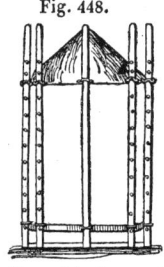

Viennent ensuite *les gerbiers fixes à toit mobile* des Hollandais, mentionnés par M. DE PERTHUIS (1), et dont M. DE MOREL-VINDÉ a donné la description sous le nom de *Meule à la hollandaise perfectionnée*. Nous en reproduisons ici les plan, coupe et élévation (*fig.* 449). Aux angles d'un châssis carré,

Fig. 449.

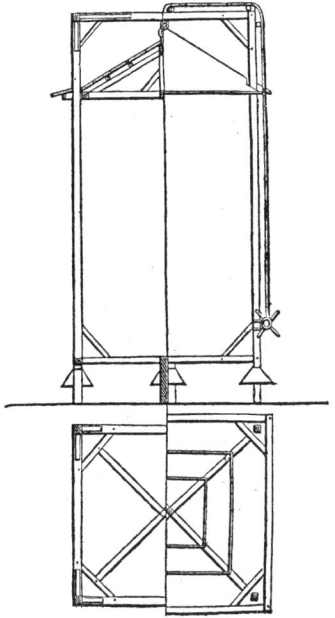

semblable à ceux que nous avons précédemment indiqués, s'élèvent 4 poteaux maintenus du haut par un châssis à peu près semblable, et au centre duquel est suspendu un toit à peu près de même genre que celui dont nous venons de parler, lequel monte et descend à volonté au moyen d'une corde qui passe dans une poulie et va se rattacher par le bas à un petit treuil fixé à l'un des poteaux. Des chevilles servent également à fixer le toit à la hauteur voulue.

M. DE PERTHUIS, en mentionnant et en recommandant ces sortes de gerbiers, avait proposé de les améliorer en leur donnant la forme circulaire. Mais il ne nous semble pas que cette forme, toujours plus coûteuse, ait ici les avantages qu'il a cru y trouver, ni qu'elle soit indispensable, soit pour les châssis et combles des gerbiers mêmes, ni pour les meules de foins. Elle est indiquée tout naturellement, il est vrai, pour les gerbes de blés et autres graminées, par la forme des gerbes mêmes, et elle permet de placer les grains à l'intérieur, de serrer parfaitement les gerbes l'une contre l'autre, etc.; mais rien n'empêche de les établir ainsi sur un châssis ou un comble carrés. Si nous ne nous trompons, en orientant ce comble de façon à ce que ses angles se trouvent tournés vers les expositions d'où les pluies fouettent le plus ordinairement, les gerbes s'en trouveraient plus complètement garanties.

Enfin, M. DE MOREL-VINDÉ, dans un Mémoire qu'il avait communiqué à l'Institut en 1811, avait proposé le *gerbier à toit mobile* (*fig.* 450). Au centre d'un châssis exhaussé

Fig. 450.

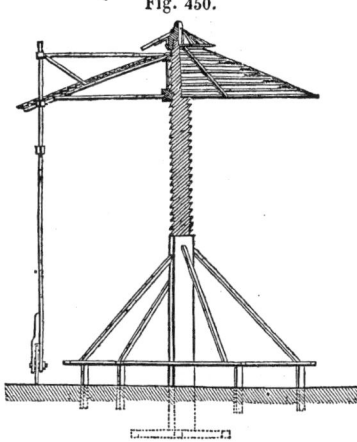

est placé un poinçon en 2 parties ; celle inférieure en bois brut, celle supérieure ronde et terminée en forme de vis de pressoir, et consolidée par de bonnes contrefiches. Par le haut du poinçon est un petit toit fixe, destiné à préserver la vis de l'infiltration des eaux de pluie. Au-dessous est un toit léger et mobile au moyen d'un double écrou, qui est mis en mouvement par une tige verticale,

au bas de laquelle est une petite roue qui marche dans une ornière circulaire disposée à cet effet.

Dans tous les cas, on voit que les *avantages des toits mobiles* sont : 1° de dispenser des couvertures en paille, que, dans le système ordinaire, il faut faire et défaire chaque année ; 2° de permettre de donner à la meule plus ou moins de hauteur ; 3° de dispenser également de l'obligation d'enlever à la fois la totalité d'une meule, et de permettre, au contraire, de n'en retirer que la portion dont on a besoin, sauf à descendre plus ou moins le comble mobile.

Ces avantages, ainsi que ceux qui peuvent résulter des châssis exhaussés dont nous avons précédemment parlé, ont été maintes fois énumérés et recommandés aux agriculteurs comme pouvant compenser, et au-delà, les pertes qu'on éprouve sur les meules et gerbiers ordinaires, par suite, soit de l'humidité du sol, soit de l'infiltration des eaux pluviales, soit, enfin, des ravages des animaux granivores. M. DE PERTHUIS même établit que, pour une ferme de 6 charrues, ces avantages pourraient s'élever par an à 1280 fr. Mais, bien que ces différens systèmes aient été essayés, et soient même encore plus ou moins employés en France, en Hollande, en Belgique, en Angleterre, en Allemagne, en Amérique, etc., il ne paraît pas que les agronomes praticiens les aient reconnus susceptibles d'être généralement adoptés. Nous ne croyons pouvoir mieux faire, à ce sujet, que de citer les propres paroles par lesquelles M. DE MOREL-VINDÉ termine le chapitre de son *Essai*, qui contient la description : 1° des *meules à terre* ; 2° de celles *dites à l'américaine*, c'est-à-dire sur châssis exhaussé ; 3° et enfin, de celles *dites à la hollandaise*, c'est-à-dire sur châssis et sous un comble mobile.

« J'ai présenté (dit-il) ces 3 moyens au choix des cultivateurs ; mais, après avoir bien calculé les pertes et frais des 3 moyens, j'en suis revenu à préférer le premier (c'est-à-dire la meule sur terre), comme le plus simple et le plus facile. J'ai reconnu que les petits frais annuels de ces meules sur terre étaient moins considérables que les avances et les réparations qu'exigent les autres ; j'ai éprouvé que les inconvéniens étaient à peu près nuls, etc. »

Ne perdons pas de vue, toutefois, qu'en donnant ainsi la préférence aux simples *meules sur terre*, M. DE MOREL-VINDÉ entend que le pied en sera établi avec les précautions que nous avons précédemment indiquées d'après lui-même. Il est à présumer que, sans ces précautions, ces meules ne continueraient pas à mériter la même préférence.

IV. *Dimensions et emplacement des meules.*

Il nous reste à dire quelques mots des *dimensions qu'il convient de donner* aux meules et gerbiers en général, ainsi que des emplacemens où ils doivent être établis. — Quant aux *dimensions horizontales*, elles varient à peu près de 4 à 5 et 6 mèt. de carré ou de diamèt. et vont même, pour les meules de quelques pays, jusqu'à 6, 8 et 10 mètres de diamètre ; *la hauteur* est assez ordinairement de 5 à 6 mètres depuis le sol jusqu'à l'égout de la couverture, lorsqu'elle est fixe, ou du toit mobile placé à sa plus grande élévation ; cette hauteur est même, à ce qu'il paraît, quelquefois beaucoup plus considérable pour l'espèce de gerbier dite *grange allemande*.

Aux moindres dimensions que nous venons d'indiquer (4 à 5 mètres de diamètre et 5 mètres environ d'élévation), une meule *con tient à peu près* 3000 gerbes ou bottes. Il y en a qui contiennent jusqu'à 6 et 8000 bottes et plus. En général, on se rendra assez exactement compte de ce que pourra contenir une meule ou un gerbier de dimensions données en en établissant le cube et en divisant ce cube par celui d'une gerbe ou botte qu'on peut considérer comme étant, du moins à Paris et dans les pays environnans, d'à peu près 3/4 de pied cube, ou un quarantième de mètre cube (2 centimètres et demi cubes).

Quant à l'emplacement, on établit bien souvent les meules et gerbiers au milieu des champs mêmes ; mais le mieux est de les établir à proximité des granges où le battage du grain doit être opéré, et, autant que possible, dans des enclos à ce destinés. Lorsque l'accès en est libre, des claies, des planches ou d'autres moyens de ce genre doivent être employés pour en préserver la partie inférieure de l'attaque des bestiaux ou des chevaux, ainsi que du choc des voitures.

V. *Dépenses de construction des meules.*

Nous ne croyons pas inutile de consigner ici, également d'après M. DE MOREL-VINDÉ, la *dépense annuelle* à laquelle donnent lieu les principales espèces de meules dont nous avons précédemment parlé. Elle est à peu près ainsi qu'il suit, pour 3000 bottes ou gerbes environ :

	Prix moyen	
	des environs de Paris.	du surplus de la France.
Meule sur terre, compris fouille d'un fossé d'isolement, jet et pilonnage de la terre sur l'emplacement de la meule, et *soutrait* en fagot, le corps de la meule de 14 pi. 1/2 de hauteur jusqu'à l'égout de la couverture, de 12 pi. de diamètre par le bas et 14 pi. par le haut, la couverture de 8 pi. de hauteur.	60 f.	36 f.
eule à l'américaine sur châssis de 12 pieds en carré, exhaussé sur 5 pieux enfoncés en terre avec entonnoirs renversés en fer-blanc; le corps de la meule de mêmes dimensions que ci-dessus. . . .	130	80
Meule à la hollandaise sur châssis semblable, avec 4 poteaux en bois blanc aux angles; comble mobile laissant, étant placé à sa plus grande élévation, 16 p. 1/2 entre son égout et le châssis, poulie, corde, treuil, etc.	432	258

VI. *Avantages des meules.*

C'est, du reste, une chose qui paraît géné-

ralement reconnue que *l'avantage qu'on trouve à mettre les blés et les fourrages en meules ou gerbiers,* plutôt qu'à les renfermer dans des bâtimens, tant sous le rapport de la qualité que sous celui de la bonne conservation et des moindres pertes, par suite, soit de l'humidité et de l'échauffement qui en résulte, soit des attaques des animaux destructeurs. Cette opinion est notamment celle: 1° de M. GARNIER-DESCHESNES, qui, dans un Mémoire inséré au tit. 1ᵉʳ des *Mémoires de la Société d'agriculture du département de la Seine,* observe que, « les pertes éprouvées dans les granges ne s'apercevant pas ainsi distinctement et échappant à tout calcul, on en est moins touché que de celles qui arrivent dans les meules ; » 2° de M. DE PERTHUIS, qui, en rappelant cette observation, ajoute que souvent les pailles et les grains contractent dans les granges des odeurs de rats, de souris, de fouines, d'urine de chats, etc., qui les détériorent beaucoup, ce qui n'arrive jamais dans les meules ; et, même, que les marchands de blés reconnaissent fort bien ceux qui ont été conservés en meules, y donnent toujours la préférence et les paient quelquefois plus cher ; 3° de M. DE MOREL-VINDÉ, qui pense qu'en général, une grange ne devrait avoir que la grandeur nécessaire pour abriter momentanément toutes les gerbes provenant d'une ou plusieurs meules qu'on peut être dans la nécessité de battre en même temps, ainsi d'ailleurs que cela existe dans un grand nombre de fermes, surtout en Hollande ; 4° de THAER et de M. MATHIEU DE DOMBASLE ; ce dernier s'exprime ainsi à cet égard : « Dans beaucoup de pays, on conserve les grains en gerbes dans des granges ; dans d'autres, on en fait des meules exposées à l'air. Cette dernière méthode présente des avantages qui devraient la faire adopter partout. Lorsqu'une meule est bien faite, le grain est entièrement à l'abri des ravages des souris, qui font tant de dégâts dans les granges ; il s'y conserve sain pendant beaucoup plus longtemps, et peut, sans inconvénient, y rester pendant deux années ; il court beaucoup moins de risque de s'altérer, lorsque la récolte a été rentrée sans être parfaitement sèche. L'usage de loger les gerbes dans les granges présente cependant l'avantage de les avoir plus sous la main pour le battage, et évite la main-d'œuvre nécessaire pour transporter les gerbes à la grange pour les battre, ce qui ne peut se faire par les mauvais temps ; mais aussi la dépense qu'il entraine pour la construction des bâtimens est très-considérable. Si l'on pèse exactement les avantages et les inconvéniens de chacune des deux méthodes, on trouvera que la balance penchera beaucoup en faveur des meules. » 5° Enfin, de tous les riches et grands cultivateurs de l'Angleterre, chez lesquels l'usage de nos vastes et dispendieuses granges est unanimement proscrit. GOURLIER.

VII. *Détails de la confection des meules.*

Lorsqu'on fait les meules circulaires, on leur donne généralement un diamètre de 12 pieds (4 mètres) ou davantage, en raison des convenances du cultivateur ou de la grandeur de la grange. Voici comment M. Low décrit la manière dont on s'y prend pour les confectionner en Angleterre.

On place d'abord, *pour former la base,* une couche de fagots et de paille ou autre substance analogue. L'ouvrier principal commence alors par poser une gerbe de bout au milieu de la meule; il l'entoure d'autres gerbes aussi placées debout, et en inclinant les têtes en dedans; il continue ainsi à former des circuits réguliers avec les gerbes serrées les unes contre les autres, jusqu'à ce qu'il approche de l'extérieur de la meule. Il dispose alors une couche de gerbes tout autour, les bouts en dehors, et la moitié supérieure s'appuyant sur chacune des gerbes en dedans. Dans cette opération, il empoigne les gerbes les unes après les autres en les rangeant et les serrant : à cet effet, la dernière gerbe placée, il la presse avec les mains et le poids de son corps, et se penche en avant, jusqu'à ce qu'il ait placé les genoux dessus; et alors, attrapant une autre gerbe, il la range de la même manière à sa place, et ainsi de suite pour les autres. Il forme de la sorte une couche de gerbes tout autour, puis une seconde couche de la même manière, comblant, là où cela est nécessaire, l'intérieur de la meule, jusqu'à ce qu'il ait élevé le tout presque au même niveau que le sommet des gerbes droites mentionnées tout-à-l'heure.

Ayant achevé la première partie de ce travail, c'est-à-dire, ayant placé les couches extérieures et comblé le centre de la meule, de sorte que le tout est à peu près de niveau, en réservant cependant une légère pente du centre vers le dehors, il procède de la manière suivante : il *forme son second rang de gerbes* tout autour, avec leurs bouts environ 15 ou 18 pouces plus en arrière que ceux du rang extérieur. Cela fait, il remplit l'intérieur de la meule, mais sans suivre le même ordre qu'en plaçant les couches extérieures; il entasse simplement les gerbes d'une manière convenable, afin qu'elles puissent remplir tous les interstices.

Il dispose alors une nouvelle couche extérieure tout autour, avec les extrémités en dehors, comme précédemment, et en relevant aussi les bouts des épis légèrement, pour les faire reposer sur les extrémités des dernières gerbes placées du rang intérieur. Il continue de la sorte alternativement, en plaçant un rang extérieur et un rang intérieur, et en remplissant le centre de la meule, ayant toujours soin de ménager, comme il a été dit, la pente des gerbes du centre à l'extérieur.

Quelquefois, *lorsque la meule est très-grande, ou la paille courte,* on forme plus de deux rangs intérieurs; mais le procédé est le même.

Lorsque l'ouvrier a élevé la meule de 8 à 12 pi. (3 à 4 m.) ou davantage, il *commence à en rétrécir les dimensions.* Mais auparavant il dispose une couche qui déborde de quelques pouces la précédente; c'est afin de former le bord du toit. Du reste, on se dispense quelquefois de ce degré de perfection qui n'est pas essentiel. Quoi qu'il en soit, quand l'ouvrier a réduit la plate-forme de la meule à une surface de 3 ou 4 pi. de diamètre, il quitte la position dans laquelle il a jusqu'alors travaillé, et place une gerbe toute droite au centre en l'entourant de gerbes disposées de la même manière, mais en ayant soin d'incliner leurs têtes en dedans, et de les appuyer sur la gerbe centrale. Le sommet de ces gerbes droites est consolidé avec deux ou trois liens de paille qu'on attache quelquefois à différens côtés de la meule, de manière à empêcher son sommet d'être renversé.

La meule a maintenant la forme d'un cylindre avec un sommet conique; ordinairement, à mesure que la meule s'élève, *on en augmente le diamètre,* afin d'éviter que les eaux de la pluie puissent en atteindre les diverses parties. Toutefois, il ne faut pas pousser trop loin cette déviation de la perpendiculaire, parce qu'elle diminuerait la solidité de la meule ou pourrait la faire pencher d'un seul côté; accident qui n'arrive que trop souvent lorsqu'on ne prend pas les précautions que nous venons d'indiquer, et qui nécessite, lorsqu'il se manifeste, *l'apposition d'étais.* Ces étais sont des morceaux de bois plus ou moins forts et longs, qui doivent du bas être solidement fixés en terre, et par le haut s'arrêter contre une planche qui s'appuie sur la meule.

Il s'agit maintenant de *couvrir la meule,* et pour cela il convient de disposer avec promptitude une certaine quantité de paille. On en forme des bottes qu'on retire des deux bouts par poignées. La paille courte, qu'on sépare dans cette opération, est mise de côté pour d'autres usages, comme de garnir le bas de la meule, et en partie aussi pour entrer dans la composition de la couverture en chaume.

Les *cordes de paille* peuvent être faites avec promptitude au moyen de l'instrument bien simple (*fig.* 451) qui consiste en un bâton de 2 à 3 p. de longueur, plié en arc à l'une de ses extrémités, et portant à l'autre un anneau au travers duquel on passe une

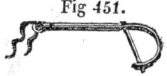

Fig 451.

corde de paille, que l'ouvrier lie autour de sa ceinture. La paille à tordre est fixée dans un cran au bout de l'arc, et fournie par une personne au fur et à mesure, d'un tas voisin. L'autre ouvrier, qui peut être un enfant, cet ouvrage ne demandant pas beaucoup de forces, marche à reculons, tournant son arc jusqu'à ce que la corde soit de la longueur désirée. Les cordes ainsi fabriquées sont roulées sur le bras et conservées pour l'usage.

L'ouvrier qui couvre les meules s'y tient debout. Des bottes de paille lui étant données au bout d'une grande perche, il les étend par poignées tout autour de la meule, en formant des couches successives jusqu'à ce qu'il atteigne le sommet, faisant en sorte que chaque couche recouvre toujours un peu la couche qui lui est inférieure, et il prend soin, en travaillant, de ne pas fouler la paille déjà étendue. Lorsqu'il atteint les gerbes droites du sommet, il forme la couverture avec une couche épaisse, qui peut consister en paille courte, qu'il fait aboutir en un point au sommet, et qu'il lie avec une petite corde de paille. La paille est ensuite attachée du bas au moyen des cordes décrites. Le couvreur se tient debout sur une échelle élevée, afin qu'il puisse atteindre au sommet, pendant que deux aides restent à terre ou sur de courtes échelles. Il place les cordes sur la couverture en les espaçant de 12 ou 15 po., et leur donne une disposition oblique sur la couverture à laquelle il les fixe, ou bien il les tourne autour d'une autre corde placée dans le bas et autour du toit, comme on le voit (*fig.* 452).

Fig. 452.

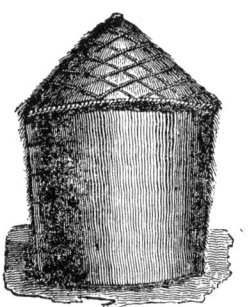

Dans les *environs de Paris*, la confection des meules est plus simple, et on les fait aussi beaucoup plus grandes. On commence par composer la base de fagots recouverts de mauvaise paille; puis on place au centre des gerbes en croix, les épis superposés; on fait ensuite, à l'entour, de doubles rangs de gerbes placées têtes-bêches les unes sur les autres, et l'on continue ainsi par couches, en ayant soin de bien serrer les gerbes les unes contre les autres, et de les entasser contre les rangs voisins à l'aide du genou ; arrivé au faîte de la meule, on place plusieurs gerbes debout, et l'on achève le comble par des bottes de paille. — Dans la confection de ces grandes meules, lorsqu'on est parvenu à une élévation où le déchargement serait difficile, le tasseur réserve une place pour le chargeur en supprimant quelques gerbes, et le déchargement a lieu sur un échafaud en planches reposant sur deux morceaux de bois fichés dans la meule. Ce vide est ensuite comblé au moyen de gerbes placées debout. — Quant à la couverture, elle s'exécute avec des poignées de paille liées par le bout des épis et maintenues sur la meule au moyen de fiches en bois, en commençant par le bas du toit et ayant soin de recouvrir les rangées inférieures avec les supérieures.

VIII. *Dangers à craindre avec les meules.*

De grands *dangers* sont à craindre, *dans les mauvaises saisons*, si le grain est mis en meules dans un état humide ; ces dangers subsistent même en toute saison, si la paille contient encore ses sucs naturels lorsqu'on la rentre. La fermentation intérieure est dénotée par la grande chaleur de la meule, qui peut être rendue sensible en y enfonçant le manche d'une fourche et le tâtant lorsqu'il est retiré, ou en prenant une poignée de blé de l'intérieur, ou seulement même en y enfonçant la main. — Les Hollandais font usage d'un moyen très-ingénieux, et très-simple en même temps, pour constater l'état de fermentation dans lequel les foins peuvent se trouver pendant le premier mois qui suit leur récolte. Ils placent dans chaque meule une *aiguille de fer garnie d'un fil de laine* blanche, qui est fixé à ses extrémités ; ils visitent souvent. Tant que la laine reste blanche, la meule se comporte bien, mais aussitôt qu'elle jaunit, elle annonce un excès de fermentation. Si la chaleur devenait tellement grande que l'on ait à craindre la perte de la meule, il faudrait *démonter le tas* et le reconstruire, ou porter le tout à la grange pour y être battu.

Un autre danger, dans le moment même de la confection des meules, c'est d'être surpris par une pluie d'orage qu'il est difficile de prévoir dans l'été, et qui peut assez mouiller le tas pour avoir des inconvéniens. Il y a un moyen simple et peu dispendieux de se mettre à l'abri de ce risque, c'est d'avoir, pour cette destination et beaucoup d'autres analogues, une *grande toile grossière* encore pourvue de son apprêt, ou mieux goudronnée, qu'on jette sur la meule au moment de l'orage, en lui donnant un peu de pente par l'accumulation de quelques gerbes au centre du tas.

Dans les années humides, les cultivateurs anglais, d'après l'ouvrage de M. Low (1), *construisent leurs meules creuses dans le centre*, pour donner ainsi accès à l'air ; cela se fait en plaçant des perches attachées par le haut et écartées du bas comme les pieds d'un graphomètre, et qu'on dispose en rond. Une communication étant établie entre ce centre creux et l'extérieur, un courant d'air s'y forme et obvie aux inconvéniens de l'humidité en empêchant toute fermentation. Les Hollandais sont dans le même usage, et réservent une cheminée dans la meule au moyen d'un cylindre d'osier qu'on monte au fur et à mesure que la meule s'élève.

Nous devons dire que THAER et M. DE DOMBASLE ne partagent pas cette opinion. Voici comment ce dernier s'exprime à ce sujet : « Autrefois on croyait qu'il était utile de ménager, dans les masses de foin, des courans d'air, au moyen de lits de fagots ou d'espèces de cheminées qu'on y pratiquait ; mais, dans les pays où l'on apporte le plus de soin à la conservation du fourrage, comme en Belgique, dans le Palatinat, le pays de Hanovre, et tout le nord de l'Allemagne, on a reconnu, depuis plus de 50 ans, que cette opération était fondée sur un faux principe : aussi on a soin d'intercepter le mieux qu'on le peut l'introduction de l'air dans les meules, en tassant très-fortement le pourtour : on préfère, par cette raison, les toits en paille, qui recouvrent immédiatement la masse, aux toits mobiles qui laissent de l'intervalle au-dessous d'eux. Pour le foin qu'on rentre dans

1) *Elements of practical agriculture,* by David Low, professeur à l'Université d'Edimbourg. 1 vol. in-8°. 1834.

les greniers, on prend des soins dirigés d'après le même principe. »

La construction et la couverture des meules complètent les opérations de la récolte et de la conservation des céréales. Les plantes légumineuses cultivées pour leurs graines, ainsi que les fourrages, se conservent à peu près de la même manière, et demandent même moins de précautions dans leur disposition.

Les *meules disposées en longueur*, quoique moins solides, ont cet avantage que l'on peut y prendre le foin ou les gerbes à mesure qu'on les consomme, pourvu qu'on les coupe perpendiculairement du côté opposé à celui d'où vient ordinairement la pluie, tandis que, lorsque le temps est pluvieux, les meules rondes et carrées doivent être serrées tout à la fois.

Il convient que les meules soient placées dans une cour particulière, entourée de haies; là on peut plus facilement avoir l'œil sur la provision de fourrage que lorsqu'elle est répartie dans des granges, et par conséquent on peut mieux en modérer la consommation lorsque les circonstances l'exigent.

Assez ordinairement, on ne compose les meules que d'une *seule espèce de céréale ou de fourrage*, surtout lorsqu'on les place près de la ferme et qu'on ne leur donne pas un très-grand volume. Cependant, il n'y a pas d'inconvénient à s'écarter de cet usage. Thaer rapporte que des gens qui ont essayé de mêler par couches, dans le foin, la paille de grains de printemps qui leur restait de l'année précédente, ont beaucoup recommandé cette méthode. On croit pouvoir, à l'aide de ce moyen, serrer les fourrages, quoiqu'ils ne soient pas entièrement secs, parce que la paille absorbe l'humidité du foin. La paille, s'imprégnant de l'odeur du fourrage, doit en devenir plus agréable au bétail, en sorte que, lorsqu'elle est ainsi mélangée, il la mange plus volontiers. On a employé cette méthode surtout pour le foin de trèfle.

C. B. DE M.

§ II. — Des fenils et granges.

Quoi qu'il en soit des avantages des meules et gerbiers, le fréquent usage qu'on fait dans la pratique du mode d'emmagasinement des fourrages, des blés non battus et des pailles, dans des greniers ou dans des granges, nous fait une loi de ne pas négliger de parler ici de ces sortes de constructions.

I. *Emploi des combles des bâtimens.*

C'est une chose toute naturelle, et même en général favorable à l'économie des constructions, que d'*utiliser en greniers le dessus des hangars,* des *écuries,* des *étables,* etc.

Il ne peut résulter aucun inconvénient pour les récoltes, en général, de leur placement *au-dessus des hangars* ou des autres localités analogues. Mais il n'en est pas de même des *écuries,* des *étables,* etc. Les émanations qui s'en élèvent peuvent être nuisibles à la bonne conservation et à la qualité des produits, et l'on ne pourrait s'en préserver qu'en plafonnant avec soin le plancher entre le rez-de-chaussée et le grenier, et surtout en évitant d'y pratiquer aucune trappe ni autre ouverture, ce qui aurait le double inconvénient d'être fort dispendieux et très-incommode pour le service. Mais de plus, les récoltes sont ainsi exposées aux chances d'incendie que courent toujours des bâtimens, au moins en grande partie construits en bois, et dans lesquels les besoins du service exigent l'emploi plus ou moins fréquent de lanternes ou d'autres moyens d'éclairage.

Quelque réels que soient ces inconvéniens, nous ne devons pas omettre de consigner ici une pratique qui, tout en y participant fortement, offre, sous le rapport de l'économie et de quelques autres commodités de service, des avantages tels qu'on ne doit pas s'étonner qu'elle soit, dans certaines localités, d'un *usage aussi fréquent et même presque général.* Elle est applicable aux hangars, ainsi qu'aux écuries, étables, etc., au-dessus desquels il existe seulement un comble sans plancher. — Lors de la rentrée des récoltes, on place, à la hauteur que devrait occuper le plancher, des perches tenant des 2 bouts sur les murs mêmes ou sur les entraits ou tirans des fermes du comble, plus ou moins rapprochées, suivant qu'elles sont plus ou moins fortes, et l'on forme ainsi une espèce de plancher mobile et provisoire sur lequel on entasse jusque sous le comble les foins, pailles, etc. Lorsqu'ils en sont retirés, on met les perches de côté pour s'en servir également à la saison suivante.

Au-dessus des hangars, cette pratique ne présente que des avantages; au-dessus des écuries, des étables, etc., elle offre sans aucun doute tous les inconvéniens que nous avons déjà signalés. Mais, nous le répétons, elle offre de tels avantages, tant sous le rapport de l'économie que sous celui de la facilité du service, et de plus comme moyen de garantir les écuries, étables, etc., des froids rigoureux, que nous ne saurions en blâmer l'emploi qu'avec réserve, pourvu qu'il soit fait avec les précautions nécessaires.

Les divers inconvéniens que nous venons de signaler n'existent pas dans les bâtimens construits spécialement à l'usage de *fœnières* ou de *granges,* etc.

Les *principales conditions* auxquelles doivent satisfaire ces sortes de constructions, sont : 1° qu'elles offrent un abri sûr; 2° qu'il y existe des courans d'air suffisans; 3° que la base en soit préservée, aussi complètement que possible, de la communication de l'humidité du sol, ainsi que, pour les céréales, de l'accès des animaux destructeurs; 4° et enfin, qu'il y existe des moyens sûrs et commodes de déchargement à couvert.

II. *Des fenils ou fœnières.*

En ce qui concerne l'*emmagasinement des foins,* on satisfera facilement aux conditions voulues, au moyen de hangars établis sur un quinconce de poteaux en charpente, placés à 3 ou 4 mètres de distance (9 ou 12 pieds environ). Le pied des poteaux devra reposer sur des dés en pierre bien fondés, et le sol du hangar lui-même devra être

bien battu et légèrement exhaussé au-dessus du sol extérieur. Le comble pourra être,
ou entièrement libre de façon à recevoir
aussi, au moyen de planchers temporaires et
mobiles, du genre de ceux dont nous avons
précédemment parlé, des dépôts de fourrages; ou garni, suivant sa hauteur, d'un ou
plusieurs planchers à demeure, destinés, soit
à recevoir de semblables approvisionnemens,
soit à servir de *greniers à blé*, suivant ce que
nous dirons plus tard à ce sujet.

M. DE MOREL-VINDÉ indique, comme largement *suffisant pour une ferme* de 2 à 3 charrues, un hangar de ce genre de 50 pieds de
long sur 30 pieds de profondeur (environ
16 mètres sur près de 10. mètres), ce qui
donne, en superficie, à peu près 42 toises ou
160 mètres.

Il indique la *dépense*, compris deux planchers dans la hauteur du comble et ce dernier
couvert en tuiles, savoir :

Aux prix des environs de Paris, à 5,885 f. » c.
Et au prix moyen du reste de
la France . . . . 3521　　　»
Ce qui donne environ :
Pour une toise, dans le 1ᵉʳ cas. 140　　　»
Et dans le 2ᵉ. . . . . . . 84　　　»
Et pour un mètre, dans le pre-
mier cas. . . . . 37　　　»
Et dans le 2ᵉ. . . . . . . 22　　　»

Ces résultats peuvent servir de renseignemens sur la dépense que pourrait occasioner
la construction d'un hangar de 'ce genre en
raison de ses dimensions.

III. *Emmagasinement des fourrages.*

Nous avons vu que *dans l'usage ordinaire*,
on conserve le foin, soit en meules, soit au-
dessus des étables où est logé le bétail qui doit
le consommer. Dans tous les cas, THAER recommande « qu'il soit étendu d'une manière
uniforme et qu'il soit serré, afin qu'il n'y reste
aucun espace vide, parce que, dans de tels vides, il naît de la moisissure, et qu'il s'y rassemble de l'humidité lorsque le foin commence
à suer. Quand cela arrive, il s'échauffe quelquefois au point de donner une forte vapeur. Dans ce cas, on ne saurait faire plus
mal que de soulever le foin et de lui donner
de l'air; il faut, au contraire, empêcher, autant
que cela est possible, le concours de l'air, et,
pour cet effet, fermer les volets du fenil. Il
se peut qu'alors le foin fermente fortement
et brunisse, mais il ne se gâtera pas, et l'on
courra moins de risques qu'il ne prenne feu.
C'est seulement lorsque le foin a beaucoup
d'air que le gaz inflammable qui se développe en pareille circonstance, peut prendre
feu ; il ne faut donc pas toucher au foin qui
est dans ce cas, à moins qu'on ne veuille le
descendre promptement du fenil pour le refroidir et sécher.

« Si le fenil est recouvert d'un bon toit de
paille, il faut mettre du foin aussi près de
ce toit que cela est possible, et le serrer de
manière que, du moins au premier moment,
il ne reste pas d'espace entre deux ; lorsque
le foin n'est nullement en contact avec l'air,
il se comporte à merveille pendant qu'il sue,
et il conserve sa qualité dans toutes ses parties. Sous un toit de tuiles, au contraire, la

couche supérieure du tas perd facilement
sa saveur, prend du moisi et de l'humidité.
» Les toits cintrés en planches et recouverts
de paille ou de roseaux sont sans contredit
les meilleurs pour mettre à couvert la provision de fourrages destinée au bétail qui est
logé dessous. »

Lorsqu'on distribue les fourrages dans les
granges et fenils, il faut avoir grand soin
d'attribuer à chaque sorte de bétail l'espèce
qui lui convient le mieux, et de placer dans
chaque fenil les foins de diverses natures,
dans l'ordre où ils doivent être consommés,
afin qu'on puisse les en extraire pour le service sans difficulté.

IV. *Des granges ordinaires.*

Quant à *l'emmagasinement des gerbes de
blés*, les conditions que nous avons précédemment indiquées ne sont, presque toujours,
qu'assez imparfaitement remplies dans les
granges ordinaires, qui, pour la plupart, ne
sont autres que de grands bâtimens fermés,
dans tout leur pourtour, par des murs de
maçonnerie percés de quelques baies rares
et petites. Nous n'essaierons pas, toutefois,
de donner ici l'indication de dispositions
plus satisfaisantes, parce qu'elles doivent
nécessairement varier en raison de la nature diverse des matériaux dont on peut
disposer. Nous renverrons, en conséquence,
cet essai à l'examen général que nous aurons
à faire dans la suite de cet ouvrage des principes qui doivent présider à la disposition et
à l'exécution des *constructions rurales*.

Quant à présent, nous nous bornerons à
dire succinctement ce que sont les granges
ordinaires, en empruntant les paroles de DE
PERTHUIS, et à décrire le gerbier sur poteaux
de M. de Morel-Vindé.

Les granges sont composées : 1° d'une *aire*
pour le battage des grains: on lui donne ordinairement la largeur d'une travée ou ferme; 2° *d'autres travée*s en nombre suffisant
pour contenir les grains en gerbes des récoltes moyennes de l'exploitation ; 3° d'un *ballier*,
dans lequel on *conserve les balles* ou *menues
pailles*, ou *pontis*, qui restent sur l'aire après
le battage et le vannage des grains, et dont
les bestiaux sont très-friands.

Il faut placer ces bâtimens et les *isoler
dans la cour* d'une ferme, à l'endroit le plus
commode, soit pour rentrer les gerbes venant
du dehors, soit pour engranger celles que l'on
retire des meules, soit, enfin, pour la surveillance du fermier pendant le battage des
grains.

Les granges doivent être préservées de
toute espèce d'humidité, et aérées le plus
qu'il est possible. A cet effet, on *élève leur sol
intérieur* de 33 à 50 centim. au-dessus du niveau du terrain environnant, et l'on pratique
dans leurs murs un nombre suffisant d'ouvertures que l'on préserve de la pluie avec
des auvens, et dont on interdit le passage
aux animaux destructeurs par des grillages à
mailles serrées. On parvient aussi à aérer et
même à éclairer les combles de ces granges,
en pratiquant dans leurs couvertures un
nombre suffisant de petites ouvertures, ou
nids-de-pie, grillées de la même manière, et
recouvertes par des tuiles faîtières.

L'intérieur des granges construites en maçonnerie doit être soigneusement recrépi et lissé le plus qu'il est possible, afin d'empêcher les rats et les souris de grimper le long des murs, et de gagner ainsi la charpente du comble lorsque les granges sont vides. Alors on les tue aisément avec le fléau, sur le sol même.

La construction des granges, dans les fermes de la grande culture, est très-coûteuse, et leur dépense entre pour une grande portion dans la totalité des frais de ces établissemens.

V. *Des aires à battre.*

Dans l'état actuel des choses en France, où le battage a lieu presque partout sans machines, *l'aire,* c'est-à-dire *le lieu où l'on bat* le blé et autres grains, est une partie essentielle dans la construction des granges. Il doit être en état de résister, soit au trépignement des animaux lorsque le battage a lieu par le dépiquage, comme dans les parties méridionales de l'Europe, et, dans ce cas, les aires sont presque toujours en dehors des habitations;— soit à la percussion du fléau; alors l'aire est constamment placée dans la grange et en occupe généralement la travée centrale.

Les *aires ordinaires,* dans la construction desquelles on fait entrer deux parties de terre franche contre une de bouse de vache, sont déjà d'une bonne consistance. Lorsqu'à ces matériaux on joint du foin ou de la paille hachée très-menue, et encore mieux de la bourre, elles sont encore meilleures. Dans les pays où l'on fabrique de l'huile d'olive, on fait entrer son marc dans la composition de l'aire, et on gagne considérablement de fermeté et de durée. Dans d'autres, on l'enduit, à différentes reprises, de sang de bœuf. Enfin, quelques riches propriétaires les font couvrir de planches d'un pouce au moins d'épaisseur, et bien ajustées; mais, dans la plupart des fermes, les aires ne sont formées que d'une couche plus ou moins épaisse d'argile ou de charrée (cendres lessivées), ou même de terre végétale battue, couche qui se détruit facilement et dont les débris se mêlent parmi les graines pour en altérer la pureté. — Dans cette opération, ainsi que dans toutes les opérations agricoles, il ne faut pas perdre de vue l'économie; il faut se contenter des matériaux que produit le pays; mais on peut toujours en tirer un parti plus avantageux que ne le font la plupart des habitans des campagnes.

Les soins à prendre dans la construction d'une aire consistent à en lier les matériaux de manière qu'ils soient au même degré de consistance dans leur totalité; à les étendre sur le sol le plus également possible; à faire en sorte qu'ils ne soient ni trop ni pas assez mouillés; à la battre à diverses reprises pour la durcir et la tassant de plus en plus; à boucher les crevasses ou les trous qui s'y forment presque toujours aux approches de sa dessiccation. Une aire bien construite peut durer un grand nombre d'années, si on y fait des réparations de temps en temps. Mais, une fois qu'elle a commencé à se dégrader, elle se détruit rapidement. C'est pendant les chaleurs de l'été qu'il faut les construire et les réparer.

VI. *Grange en bois.*

La *grange en bois,* ou *gerbier sur poteaux,* construite par M. DE MOREL-VINDÉ, en 1812, dans son exploitation à la Celle-Saint-Cloud (Seine-et-Oise), nous paraît pouvoir, en quelque sorte, servir de *programme* pour ces sortes de constructions.

Ce célèbre agronome fait connaître qu'au commencement de 1812, se trouvant inopinément dans la nécessité d'ajouter à ses bâtimens un emplacement suffisant pour serrer la surabondance de ses récoltes; répugnant à bâtir une grange en maçonnerie, tant à cause de la trop grande dépense qu'entraîne un bâtiment de cette nature, et des dégâts effroyables qu'y occasionent les rats et les souris, que parce que cette bâtisse n'eût pas été finie et sèche pour la récolte alors prochaine; et ne pouvant d'ailleurs employer, dans cette circonstance, ni son gerbier à toit mobile, ni les meules à la hollandaise, parce qu'il lui fallait, en outre, une aire à battre, il imagina la grange sur poteaux dont il s'agit ici, et dont nous donnons les plans, coupe et élévation (fig. 453, 454 et 455), en observant

Fig. 453 et 454.

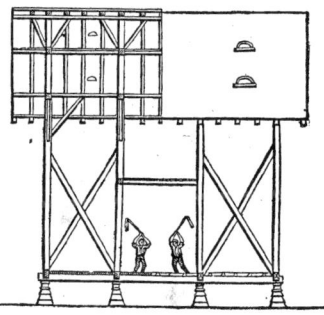

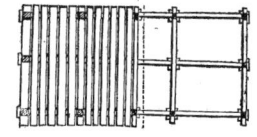

Fig. 455.

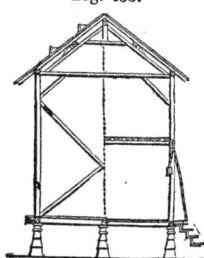

qu'il y a 5 travées au lieu de 3 seulement que nous indiquons.

11 pieds ou environ 3 mètres et demi de distance, d'axe en axe (dimension considérée avec raison par M. de Vindé, d'après sa propre expérience, comme étant à peu près le *maximum* de la portée des bois posés en travers, pour qu'ils ne risquent pas de fléchir), sont : d'abord de bonnes *fondations en maçonnerie*, au-dessus des dés en pierre de 15 po.(40 cent.) en carré, saillans de 1 pied (33 centim.) hors de terre, et, enfin, des potelets de 2 pieds (65 centim.) de hauteur sur 1 pied (33 cent.) sur carré, recouverts, savoir : dans leur partie inférieure, ainsi que les dés en pierre, en ardoise ; et, dans leur partie supérieure, en morceaux de verre à vitre d'un pied carré, retenus avec mastic entre de petites baguettes clouées du haut et du bas seulement, et sans montans aux angles. Ces potelets sont en chêne; tout le surplus de la charpente dont nous allons parler est en peuplier d'Italie.

Sur ces potelets est *posé et chevillé un gril* composé de *sommiers* en long et en travers, entaillés à tiers-bois.

Sur ce gril s'élèvent *des poteaux montans,* de 22 pieds (plus de 7 mètres) de haut, coiffés par des sablières sur les 2 longues faces, et réunis transversalement par les entraits des fenêtres du comble, dont les coupes indiquent suffisamment la composition. Dans les espacemens extérieurs sont en outre des *croix de Saint-André,* réunissant également les poteaux, et qui servent en outre à contenir les extrémités des gerbes. Les sommiers composant le gril, les poteaux montans et les entraits ont 9 pouces (25 centim.) en carré; les sablières, pannes et faîtage, 6 à 7 pouces (16 à 19 centim.), et les autres bois de 5 à 6 po. (13 à 16 centim.), à l'exception des chevrons qui n'ont que 3 pouces (8 centim.).

Tous ces bois ont été assemblés aussi simplement que possible, pour la plupart à moitié ou tiers-bois, le surplus à tenons et mortaises; entièrement chevillés en bois, sans aucune armature en fer, et préalablement écarris à la scie, ce qui a procuré des dosses épaisses et parfaitement droites, en nombre suffisant pour former un plancher sur le gril.

Les plus belles de ces dosses ont été réservées pour les travées du milieu, servant d'*aire à battre,* écarries avec un soin particulier, assemblées jointives sans rainures ni languettes, chevillées et avec joints calfeutrés en mousse et goudron, ce qui a procuré une aire parfaitement sèche et extrêmement commode, le fléau s'élevant sans aucun effort par la seule élasticité du plancher.

Afin d'accéder à ce plancher *sans donner de moyens de communication aux rats et aux souris,* au bord de l'aire est adapté un marchepied en fer, qu'on élève facilement au moyen de deux chaines, de deux contre-poids en pierre, et qui, d'ailleurs, ne prend son emmarchement qu'à 15 pouces (40 centim.) au-dessus du sol.

Pour *garantir les bois de l'effet du soleil ou de la pluie,* toutes les faces extérieures opposées au sud et à l'ouest ont été revêtues en ardoise. C'est aussi en ardoise qu'a été établie la couverture dans laquelle on a eu le soin de disposer deux petites lucarnes tou-

jours ouvertes, pour empêcher l'engouffrement du vent.

Toute *cette construction,* contenant, pour les 5 travées dont elle se compose effective-ment, une superficie d'environ 36 toises ou 137 mètres, *a coûté,* aux prix des environs de Paris. . . . . 4375 f. » c.

Et ne coûterait, aux prix moyens du surplus de la France, que . . . . 2625 »

Ce qui porte *la toise,* dans le 1er cas, à 121 50

Et dans le 2e, à . . . . . . 73 »

Et le *mètre,* dans le 1er cas, à 32 »

Et dans le 2e, à . . . . . 19 »

15,000 gerbes y ont été serrées et battues avec la plus grande commodité, sans que le blé, constamment aéré, ait contracté aucun mauvais goût, et sans en perdre un seul grain ; les pailles s'y sont conservées toujours fraîches et entières pendant une et même deux années ; enfin, depuis sa construction en 1812, le bâtiment lui-même n'a éprouvé aucune altération.

M. DE MOREL-VINDÉ estime qu'une *grange en maçonnerie* coûterait, proportionnellement, trois fois autant qu'un gerbier du genre de celui-ci.

Cette opinion nous paraît, d'après quelques calculs à ce sujet, peu éloignée de la vérité ; mais nous sommes en même temps portés à penser, d'une part, qu'il ne pourrait qu'être avantageux d'adopter, pour l'exécution d'un gerbier du genre de celui dont nous venons de parler, un mode de construction qui offrit plus de chances, sinon de plus de solidité, au moins de plus de durée, notamment en faisant usage, au lieu de peuplier, soit du chêne, soit d'un bois résineux, tel que les pins, les sapins, les mélèzes, etc.; et, d'autre part, qu'il serait possible d'adopter, pour les granges en général, des dispositions en même temps moins dispendieuses et plus convenables que celles qui sont ordinairement suivies. Peut-être essaierons-nous dans la suite de cet ouvrage de préciser nos idées à cet égard, et en même temps de les généraliser en les étendant, autant que possible, aux divers matériaux, dont on peut avoir à disposer pour la construction des divers bâtimens ruraux.

GOURLIER.

ART. II. — *De la conservation des grains battus.*

§ Ier.—Des greniers à blé.

Dans la plupart des exploitations rurales, on emploie comme *greniers à blé* ou *à avoine* les étages supérieurs des bâtimens d'habitation ou autres, en faisant en sorte qu'ils satisfassent le mieux possible aux conditions que nous allons poser ci-après, pour le cas où l'on ferait construire un bâtiment spécialement destiné à servir de *grenier.*

Dans l'*emmagasinement des grains en grenier,* on doit se proposer principalement : 1° d'en hâter la dessiccation, afin de prévenir l'échauffement qui pourrait résulter de l'humidité qui s'y concentrerait; 2° et de les soustraire, autant que possible, aux attaques des animaux granivores, et principalement des rats, des souris, des oiseaux, et des charançons et autres insectes.

Le contact de l'air sec offrant un moyen de dessiccation tout naturel, on le favorise d'abord en n'*amoncelant le blé qu'à une hauteur peu considérable,* et qui doit être d'autant moindre que le blé est moins âgé, c'est-à-dire d'à peu près 40 à 50 centimètres (15 à 19 pouces) à un an; 60 cent. (22 pou.) à 2 ans; 70 cent. (26 pou.) à 3 ans; et au-delà, autant que possible, de 80 cent. (2 pi. et 1/2) au plus.

Cette dernière dimension est, par exemple, celle qui est ordinairement observée dans les greniers de Corbeil, près Paris; cependant, dans quelques années où les approvisionnemens abondaient, et notamment en 1812, on a été jusqu'à 1 mètre 13 centimètres (3 pi. et demi).

Plusieurs autres raisons exigent d'ailleurs que la hauteur d'amoncellement ne soit pas trop grande: d'abord, le *poids assez considérable* du blé. Ce poids varie beaucoup, soit suivant la qualité du blé, soit suivant son âge; il est, moyennement, de 750 kil. le mètre cube. Ensuite, la nécessité, dans l'intérêt de la dessiccation et de la conservation, de *remuer périodiquement ces grains* par le vannage, le pellage.

La facilité de ces manutentions exige qu'on réserve, de distance en distance, des espaces *vides;* il est bon, en outre, d'en réserver également le long des murs de face.

Si l'on tient en outre compte des emplacemens nécessaires pour les escaliers, les trappes, etc., il est facile de reconnaître combien est considérable l'*étendue que réclame un approvisionnement* un peu important. Elle ne peut être moindre que d'environ 2 ou 3 mètres carrés de plancher pour un mètre cube ou 10 hectolitres de blé.

En conséquence, dans des *bâtimens construits ad hoc,* il sera nécessaire de multiplier, autant que possible, le nombre des étages, et, à cet effet, de réduire la hauteur de chacun d'eux au strict nécessaire, dont la limite est ce qu'exige la facilité du pellage, c'est-à-dire environ 2 mètres (6 pi.) (1).

La charge considérable de chaque plancher, celle surtout qui résulte, pour les points d'appui inférieurs, de la superposition d'un nombre plus ou moins considérable d'étages, oblige d'abord à ne pas écarter ces points d'appui au-delà d'une certaine limite, et ensuite à donner à chacun d'eux une force proportionnée.

Quant à leur écartement, il est assez généralement reconnu convenable qu'il n'excède pas à peu près 4 mètres ou 12 pieds d'axe en axe. Il suffira, du reste, qu'ils soient en bois de grosseur convenable.

Les planchers devront être généralement composés : 1° de poutres traversant d'une face à l'autre et reposant sur les poteaux ; 2° de solives portant sur les poutres, sans assemblage ; 3° et enfin, d'un planchéiage général, le bois convenant mieux dans notre climat, pour recevoir le blé, que la terre cuite, le plâtre, etc., et étant aussi d'un entretien moins dispendieux et plus facile.

Les faces pourraient également être con-struites en charpente; mais on obtiendra plus de stabilité, et en même temps on se garantira mieux, soit de la chaleur, soit de l'humidité extérieures, au moyen de murs en maçonnerie. Ils devront être percés, à chaque étage et au droit de chaque travée, d'une *fenêtre* ouvrant jusque sur le plancher bas, afin que l'air circule dans la partie inférieure et frappe le pied de la couche de blé, et garnie de volets, pour préserver du soleil ou de la pluie, ainsi que d'un grillage pour empêcher l'entrée des oiseaux.

L'*orientement* est une chose de première importance; et l'on devra, autant que possible, placer une des faces au midi et l'autre au nord, afin que la différence de température établisse naturellement un courant d'air entre les ouvertures opposées; cependant on devra éviter l'exposition au midi, dans certaines localités où règnent des vents trop humides.

La *hauteur du comble* pourra facilement être employée à former un ou plusieurs étages, en ayant soin d'en lambrisser le rampant, mais préférablement en planches, plutôt qu'au moyen d'un plafonnage en plâtre.

Enfin, indépendamment des *trappes* et des *trémies* qu'on devra pratiquer entre les différens étages, afin de faciliter le jet d'un plancher à un autre, ainsi qu'on le pratique souvent pour opérer le nettoyage du blé, etc., il sera bon de disposer, suivant l'étendue du bâtiment, un ou plusieurs systèmes de trappes et de treuils pour le montage des sacs, ce mode de montage étant beaucoup plus commode, et, somme toute, beaucoup plus économique que le montage à dos ou à bras d'homme.

Par ce qui précède, on peut voir que lorsque les étages supérieurs de l'habitation ou des bâtimens d'exploitation ne présentent pas des *chambres à blé* d'un nombre et d'une étendue suffisans, le bâtiment spécial qu'il faudrait construire pour cette destination particulière serait la cause d'une dépense assez considérable.

On comprendra sans peine qu'une construction de l'importance de celle que nous venons de décrire est extrêmement coûteuse, et elle le sera nécessairement d'autant plus proportionnellement, qu'elle sera moins considérable. Ce serait donc comme *minimum* qu'il faudrait considérer le résultat des grandes constructions de ce genre faites à Saint-Denis, à Étampes, etc., qui porterait l'intérêt du capital employé à un taux égal au produit de 4 fr. à 5 fr. par le nombre de mètres cubes de grains qui peuvent y être contenus, ou 40 à 50 centimes par hectolitre.

Il faudrait également qu'il faudrait évaluer les *frais annuels de construction* et d'administration à 1 fr. 10 cent. ou 1 fr. 20 cent. par hectolitre, ce qui donne en tout, moyennement, 1 fr. 60 cent.

Si l'on considère, de plus, les déchets assez considérables qu'on éprouve quelquefois, soit de la part des animaux destructeurs, soit par suite de la fermentation ou d'autres genres d'altération, on ne doit pas s'étonner qu'on

(1) Les 7 étages dont se composent les greniers de Corbeil diminuent, en montant, de plus de 3 mètres à 2 mètres 1/3 (9 à 7 pieds environ).

ait cherché d'autres moyens de conservation des blés.

On trouvera ci-après les indications relatives à la conservation en *silos*.

Nous terminerons cet article en cherchant à donner une idée d'un *grenier dit perpendiculaire*, de l'invention de sir John SINCLAIR, qui paraît avoir été employé avec succès en Angleterre, et qui est maintenant en essai dans le domaine de M. le comte d'Auberville, à Fontenay en Brie (Seine-et-Marne).

Ce grenier, comme on le voit par les élévation, coupe et plan (*fig.* 456 et 457), est

Fig. 456.

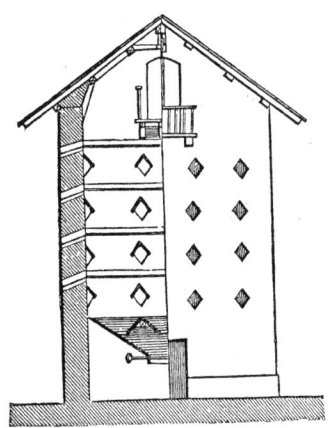

Fig. 457

un bâtiment de forme carrée, ouvert, à sa partie supérieure, par une espèce de lucarne avec balcon saillant et poulie pour le montage des sacs, et à sa partie inférieure par une porte destinée à retirer les grains. Dans la partie intermédiaire, les murs sont percés, à des intervalles convenables, par des ouvertures en losange de 11 à 13 centim. (4 à 5 po. de côté), qui se correspondent exactement pour les 2 murs opposés. De chacune de ces ouvertures à celle qui y correspond, règne intérieurement un conduit ou rigole renversée, formée par 2 planches. Enfin, au-dessus du rez-de-chaussée est un plancher formé par plusieurs trémies débouchant dans une plus grande, laquelle se ferme ou s'ouvre à volonté au moyen d'une trappe à coulisse.

Maintenant, si, cette trappe étant fermée, on emplit le grenier de blé par sa partie supérieure, il restera sous chacune des rigoles renversées un vide par lequel l'air extérieur circulera et rafraîchira constamment la masse du blé. Remarquons, à ce sujet, que les ouvertures qui y correspondent dans les murs sont: 1° en pente, de l'intérieur à l'extérieur, de façon à ne pas donner accès à la pluie, à la neige, etc.; 2° et fermées de treillis en toile métallique, pour empêcher l'introduction des oiseaux et même des insectes.

De plus, si, pour retirer une quantité plus ou moins considérable de grains, on ouvre la trappe de la trémie inférieure, toute la masse du blé sera mise en mouvement, et d'autres parties que celles qui précédemment étaient en contact avec l'air, au moyen des rigoles, arriveront à leur tour à ce contact, ce qui permet de nettoyer en très-peu de temps la masse entière du blé, et de le remuer dans toutes ses parties sans beaucoup de difficultés.

On ne peut méconnaître ce que cet appareil a d'ingénieux et en même temps de simple, au moins en apparence. Il ne paraît pas non plus que l'exécution et la manutention doivent avoir rien de difficile ni de fort coûteux. C'est à l'expérience à prononcer sur les avantages ou les inconvéniens qui peuvent en résulter; et c'est pour mettre les agriculteurs, curieux de ces sortes d'expériences, à même de s'en rendre compte, que nous avons consigné ici les indications qui précèdent

Tout ce que nous avons dit précédemment relativement aux greniers à blé s'applique également aux *Greniers à avoine*, si ce n'est que cette dernière espèce de grain étant proportionnellement moins pesante, il est possible de donner un peu plus de hauteur aux couches.   GOURLIER.

§ II. — Des fosses de réserves ou silos.

Lorsqu'on réfléchit aux conséquences désastreuses des disettes et aux inconvéniens des brusques variations dans les prix des grains qui servent à la nourriture de l'homme, on reconnaît qu'il n'est pas, pour l'économie sociale et la prospérité d'une nation, d'objet plus intéressant qu'un moyen de conservation des céréales, propre à rendre, en quelque sorte, uniforme et indépendant des accidens des saisons, le cours de cette denrée de première nécessité. On ne saurait donc s'étonner des recherches nombreuses qui ont été faites sur les silos, pour guider avec sûreté les propriétaires et les commerçans qui veulent conserver leurs récoltes pendant un certain nombre d'années, ou se livrer à des spéculations sur le commerce des grains.

L'usage d'enfouir les grains dans des fosses de différentes formes pour les conserver, remonte à une *antiquité très-reculée*, et a été mise en pratique dans beaucoup de contrées diverses. On peut citer comme modèles en ce genre les silos égyptiens et romains, qui sont bien connus; ceux en usage dans l'Afrique, l'Asie, en Chine; enfin, les silos hongrois, les caisses hollandaises, les magasins suisses, etc. M. DE LASTEYRIE, qui, dans ses voyages, avait reconnu l'utilité de ces sortes de greniers d'abondance et leur économie pour la conservation des grains pendant de longues années, s'est beaucoup occupé de ce sujet en 1819. M. DECAZES a favorisé, pendant son ministère, des essais qui eurent lieu, en divers endroits, à la même époque; M. TERNAUX, de son côté, a fait d'autres tentatives très-nombreuses et fort en grand, dans son parc de Saint-Ouen, depuis 1820, et tout Paris a pu assister à ses expériences et aux procès-verbaux qui en ont été annuellement dressés par la Société royale et centrale d'agriculture.

Depuis cette époque, l'enthousiasme qui s'était emparé des esprits a semblé se refroidir; les ravages causés par l'alucite, et constatés à l'ouverture de l'un des derniers silos de Saint-Ouen, ont pu y contribuer. Cela doit donner à penser que, pour obtenir des silos, comme les Anciens, un mode de conservation des grains sûr et pour un temps indéfini, il convient de commencer préalablement par l'épuration du grain et la destruction de sa propriété germinative. C'est dans ce sens, et en nous aidant des travaux de M. DE LASTEYRIE, de TERNAUX et d'une Notice très-complète publiée par M. PERROT dans *l'Architecte de* 1832, que nous allons indiquer les procédés d'épuration qu'on peut employer, et tracer un aperçu des silos les plus recommandables.

I. *Épuration et dessiccation du grain.*

Dans la plupart des modes de conservation des grains que nous décrirons tout-à-l'heure, on commence par revêtir de paille les parois intérieures des silos; mais il est important de faire *subir préalablement à cette paille une préparation* qui a pour objet de l'épurer et de la sécher parfaitement, ce qui s'exécute en effet dans plusieurs contrées. — Pour cela, on fait d'abord passer la paille dans une chaudière d'eau bouillante, puis on la place sur un sol bien uni et un peu en pente, ou mieux sur une forte table, et l'on fait rouler dessus, à plusieurs reprises, un cylindre de pierre. Cette opération écrase la paille, en exprime l'eau, et une dessiccation à l'air ou au soleil achève de la rendre très-propre à l'usage auquel on la destine.

L'expérience a prouvé que, *dans la plupart des silos*, les grains peuvent être bien conservés pendant un certain temps; mais, les résultats n'ayant pas toujours été avantageux, ni la conservation continuée pendant un grand nombre d'années, il paraît certain que pour atteindre ce but sans tâtonnemens et sans risques, il est indispensable, avant de déposer le grain dans les fosses à réserve, de *procéder à son épuration* en détruisant ses propriétés germinatives et les larves d'insectes qui s'y trouvent, et en le desséchant parfaitement.

Tout porte à croire que le froment trouvé dans les silos des Anciens avait subi cette préparation. On y procédait, *chez les Romains*, sur une plate-forme en communication inférieurement avec les conduits destinés à chauffer leurs vastes établissemens de bains: les grains étendus sur cette plate-forme, et

couverts d'une toile imperméable, étaient à l'abri des injures du temps, sans être privés d'air; bientôt, desséchés par une chaleur douce et uniforme, on pouvait sans crainte les enfermer dans les silos.

Les Chinois emploient à cet usage leurs étuves ou *kangs :* ces appareils se composent d'un fourneau placé dans une cave, d'un conduit de chaleur qui se rend dans l'étuve, et de conduits pour la fumée; la chaleur produite dans le fourneau, poussée par l'air extérieur et attirée par la raréfaction de celui de l'étuve, s'engouffre avec rapidité dans ce conduit de chaleur, se répand dans l'étuve, échauffe toute la chambre et le blé qui y est renfermé; celui-ci y sèche parfaitement; les insectes qu'il renferme sont détruits, et il devient incapable de germer, de fermenter ou d'être altéré dans les silos.

En Hollande, à Haarlem, par exemple, on emploie à cet usage une tourelle construite en briques, au milieu d'un pavillon attenant au magasin général des vivres; sa hauteur est de 5 m., son diamètre de 2 m. 20. Au bas de la tour est un fourneau, d'où partent des conduits pour la fumée et pour la chaleur; ce dernier est un tuyau carré de cuivre rouge, qui s'élève en spirale jusqu'au sommet de la construction, en suivant le contour du revêtement intérieur; ce tuyau, destiné à l'épuration du grain, a une ouverture supérieure pour le recevoir, et une inférieure pour le déverser. Tout l'intérieur de la tourelle, au reste, est une véritable étuve. On a ménagé les moyens de retarder ou accélérer la marche du blé dans le tuyau, de l'ébranler pour prévenir les engorgemens, enfin, d'en connaître la température au moyen du thermomètre, afin de la maintenir entre 45 et 50°.

Ces dispositions ne peuvent convenir qu'aux grands établissemens ou aux greniers de réserve fondés par le gouvernement ou par des villes; mais il sera facile aux propriétaires et fermiers qui voudraient enfouir leurs grains, dans les années de baisse, afin de les conserver pour celles de disette, de leur faire subir une préparation analogue *dans les fours*, ou *dans les petites étuves* que toute exploitation bien ordonnée doit posséder.

II. *Principales formes des silos.*

En Egypte, on a trouvé un lieu de réserve composé d'un vaste vestibule ayant, à droite et à gauche, sept chambres contiguës. Les murs, très-épais, sont en granit et parfaitement joints et cimentés. On y trouve aussi des *silos de petite dimension*, de forme carrée; une seule dalle de granit forme le fond; quatre, les côtés; et l'ouverture supérieure est fermée par un bloc de même matière et mis parfaitement à l'abri par un dallage en pente qui rejette les eaux.

Les Romains avaient aussi des fosses de réserve pour la conservation des grains (*fig.* 458); elles étaient en meulière enduite d'un excellent ciment; ils en creusaient aussi dans le roc comme à Amboise, mais dans des positions à mi-côte et à des expositions favorables, afin d'éviter l'humidité. Cette pratique se retrouve dans l'Inde, l'Arabie et la Barbarie.

Fig. 458.

Dans beaucoup de contrées, et notamment en Chine, les *cavernes naturelles* furent les premiers greniers de réserve; on les remplissait dans les années d'abondance, et on enfermait l'ouverture avec de gros rochers, de la terre et du gazon. Ces cavernes étaient choisies dans un sol bien sec et bien compacte, ou plutôt dans le roc sans crevasses ni humidité, ayant ouverture au nord.— L'intérieur avait été préalablement tapissé de paille, et le grain parfaitement séché au soleil le plus ardent. Il paraît que du blé a été très-bien conservé de cette manière pendant plusieurs siècles.

Souvent on creusait à mi-côte des *puits* nommés *Kiar*, dans les endroits les plus secs, et où le terrain avait le plus de consistance. Quand un puits avait la largeur et la profondeur nécessaire pour contenir les grains qu'on y voulait mettre, on le remplissait de branchages secs qu'on allumait pour dessécher et durcir les parois. Comme l'humidité du sol pouvait encore être à craindre, on laissait les cendres de ce qui avait été brûlé, et, pour plus grande sûreté, on y ajoutait quelques pouces de balle de riz bien sèche, ou on le couvrait de nattes de paille; souvent toutes les parois étaient garnies de ces nattes, ou bien simplement de paille. — L'ouverture du puits était d'abord fermée avec une natte, sur laquelle on étendait une couche de 10 à 15 centim. de balle de riz ou de paille hachée; on couvrait le tout de terre grasse humide, qu'on battait à plusieurs reprises pour la rendre plus compacte et empêcher l'eau d'y pénétrer. Au niveau du terrain on ajoutait encore de la terre ordinaire pour former un mamelon.

D'autres fosses avaient la forme d'un cône; leurs ouvertures étaient au sommet, ce qui était un obstacle pour l'introduction de l'air extérieur, et offrait alors plus de sécurité pour la conservation des grains. Ces fosses étaient aussi plus faciles à fermer; on recouvrait ces ouvertures avec du gazon, que l'on mettait au niveau de celui qui était à l'entour, en sorte que les dépôts se trouvaient cachés et en sûreté dans les temps de guerres ou de troubles.

Sur les terrains trop humides pour être creusés, on *construisait des tours (kouen)* rondes, avec des briques séchées au soleil ou du pisé. Le mur, sans ouverture latérale, avait une grande épaisseur. Extérieurement, ces tours étaient revêtues d'un glacis de terre, et soutenues par des contre-forts qui supportaient le toit et les préservaient des eaux pluviales. L'épaisseur des terres des glacis était suffisante pour garantir le grain de l'humidité froide de l'hiver et des grandes chaleurs de l'été. Ces constructions, souvent agglomérées et enfermées dans une même masse de terre, présentaient l'aspect d'une colline couverte de gazon et d'arbustes.

Quel que soit le procédé employé, les Chinois ont le plus grand soin que les grains enfermés dans leurs silos ou dans leurs greniers de réserve soient parfaitement secs.

Sous le terre-plein d'un bastion de *la ville d'Ardres,* il existe neuf magasins souterrains, destinés à renfermer le grain de la garnison en cas de siége; on les connaît sous le nom de *poires d'Ardres.* Ce sont des fosses en forme de poires, établies en maçonnerie, et qui reposent sur une galerie souterraine; en bas, elles communiquent avec cette galerie par un tuyau fermé avec un clapet à charnières et un cadenas, ce qui permet d'en retirer du grain sans déboucher l'ouverture supérieure ou d'entrée.

M. DE LASTEYRIE a décrit avec soin les *silos de l'Espagne,* remarquables par leur solidité et leur bonne disposition. L'une de ces fosses avait 10 mètres de profondeur et 4 de diamètre. En Catalogne, on les construit dans des terrains secs destinés, comme les places publiques ou les rues des villes. Dans le royaume de Valence, on les agglomère dans des lieux un peu élevés, on les entoure de murs à hauteur d'appui, et on les pave en larges dalles; les silos sont en pierres de taille et recouverts d'une plate-forme inclinée, qui sert à exposer le grain au soleil avant de l'enfermer. Tous ces silos ont le fond garni, d'abord de fagots, puis de nattes ou de paille, ainsi que les parois et la partie supérieure. On a soin de fouler le grain avec les pieds de temps en temps, et on augmente la couche de paille en raison de l'état plus ou moins humide du sol. Des fosses analogues se rencontrent en Italie, en Sicile, à Malte et dans le midi de la France.

Dans beaucoup de *lieux du territoire français,* on a rencontré des constructions destinées à la conservation du blé, et qui dataient de diverses époques. Nous ne les citerons pas, parce qu'elles n'offrent qu'un intérêt de curiosité, et nous nous occuperons des expériences les plus récentes. La *figure* 459 représente les *silos proposés par* M. DE LASTEYRIE; il donne à la bâtisse 0 ᵐ 40 d'épaisseur, non compris le revêtement intérieur et extérieur, et il l'entoure de toutes parts d'une couche de sable de 40 à 50 centim., qui facilite l'écoulement des eaux pluviales. L'ouverture est une pierre circulaire dont le bord s'ajuste dans une rainure tracée circulairement à la partie inférieure d'un couvercle de pierre avec deux gouttières à ses extrémités. Au-dessous est une planche qui sert de premier couvercle, et le vide est rempli de paille,

Fig. 459.

Fig. 460.

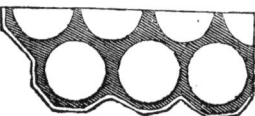

comme a dû l'être la partie inférieure du goulot. Le sol peut être recouvert en dalles. La figure 460 représente le plan d'un nombre indéterminé de fosses qui seraient réunies les unes à côté des autres, ce qui serait économique et offrirait une grande solidité.

Les silos que M. Ternaux (fig. 461) avait

Fig. 461.

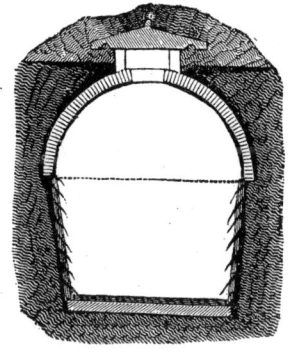

fait creuser dans son parc de Saint-Ouen n'étaient pas revêtus de maçonnerie, mais recouverts seulement d'une voûte en briques, surmontée d'une cheminée fermée à sa partie inférieure par un tampon de bois et au dehors par une dalle, avec surface supérieure en glacis, formant couvercle, et scellée en plâtre. Ces silos étaient creusés dans un sol de tuf sec, assez élevé pour n'avoir pas à craindre la descente des eaux supérieures. Les parois étaient revêtues d'une couche de paille de 25 centimètres d'épaisseur, maintenues avec des baguettes d'osier, retenues elles-mêmes par des crochets de fer ou de bois. Au fond était un lit de fascines, puis une couche de paille sur laquelle était étendue encore une natte grossière; ces silos avaient, en général, 7 mètres de profondeur sur environ 4 de diamètre. La capacité totale du

vide était de 55 mètres cubes, pouvant ainsi renfermer 552 hectol. de froment.

Vers la même époque, l'administration fit construire d'autres silos à l'hôpital Saint-Louis et à l'abattoir du Roule. M. de Lacroix en fit aussi creuser dans le roc, à Ivry. Au lieu de revêtir les parois de paille, il les fit enduire d'un mélange d'huile, de cire et de litharge, d'après le procédé de MM. Thénard et d'Arcet. Le grain y est également demeuré intact pendant quelques années.

Enfin, M. le comte Dejean, pensant que les substances métalliques étaient les seules capables de former une enveloppe parfaitement imperméable, fit construire à la manutention des vivres de Paris, trois cuves en plomb de 8 mètres cubes de capacité. Placées au soleil, à l'air libre sous un hangar, et dans une cave, elles ont également bien conservé le grain pendant quatre années; leur inventeur propose donc de mettre le blé dans des chambres ou caveaux revêtus de feuilles de plomb. Un moyen analogue avait déjà été mis en usage par les Hollandais, pour le transport et la conservation du blé destiné à leurs colonies. Ils l'enfermaient dans de grandes caisses de sapin fort épais, doublées de plomb coulé; le grain y était fortement tassé, le couvercle parfaitement soudé, et on ne les ouvrait qu'au fur et à mesure des besoins. Le grain s'y conservait très-bien, mais il avait été préalablement épuré et séché.

Les silos qui nous semblent mériter la préférence, sous le rapport de l'économie, des bons résultats qu'on en obtient, et de la facilité de les adapter à tous les terrains et à tous les climats, ce sont les silos hongrois. Leur dimension ordinaire est de 2 mètres 30 cent., et leur profondeur de 2 mètres 60 centim. On préfère la forme circulaire, qui présente plus de solidité, à cause de la poussée des terres (fig. 462). La construction des parois est en

Fig. 462.

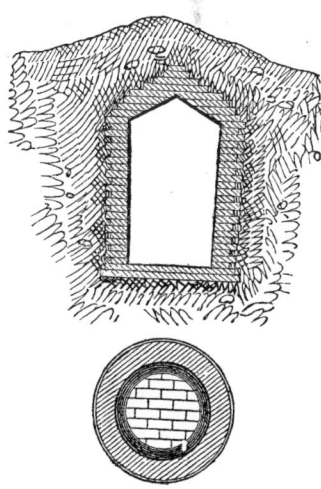

briques d'argile plastique (terre glaise) non cuites, plus épaisses que les briques ordinaires ; le fond, qu'on a soin de bien niveler, est formé de carreaux d'argile crus de 0^m 22 carré sur 0^m 6 d'épaisseur ; on en fait une première assise sur laquelle on étend un enduit d'argile très-liquide, pouvant pénétrer dans tous les joints et servir de mortier ; sur cette assise on en pose une deuxième, de manière que les surfaces des seconds carreaux couvrent les joints des premiers ; on lie le tout avec de l'argile liquide. — Dans les *terrains entièrement argileux*, on se contente de creuser les fosses à même le sol (*fig.* 463). Au

Fig. 463.

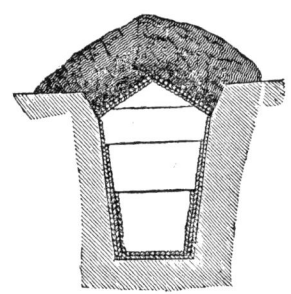

moment de jeter le grain dans ces fosses, on y fait brûler du bois bien sec, afin de retirer l'humidité de la construction, et de la durcir. Les parois sont revêtues de paille épurée comme il a été dit précédemment, et le silo recouvert d'une double natte, puis de paille bien foulée, et enfin d'argile ; si le grain vient à éprouver du tassement ou un affaissement sensible, le couvercle du silo suit ce mouvement et opère une pression continue.

Dans *plusieurs parties de la Russie*, l'U-kraine, la Lithuanie, la Pologne, le Caucase, on construit des silos d'une manière encore plus économique : ce sont de simples trous creusés dans le sol, et dont on durcit les parois au moyen du feu ; le grain s'y conserve très-bien pendant un grand nombre d'années. L'ouverture de ces silos est recouverte de terre, et on y fait passer la charrue, surtout lorsqu'on redoute les incursions des ennemis.

Du reste, voici les *moyens et les conditions essentiels à la confection des silos* et à la bonne conservation des grains, tels que les résume un des savans qui se sont le plus occupés de cette matière : « Ils consistent : 1° à bâtir en béton fortement comprimé ; 2° à mettre une couche de sable entre les fosses et le sol dans lequel elles sont placées ; 3° à brûler du charbon dans l'intérieur, afin de carboniser la surface de la bâtisse, de la consolider, de la durcir, et de la rendre plus propre à recevoir un enduit de bitume ; 4° à opérer une dessiccation complète par le moyen de la chaux vive ; 5° à revêtir l'intérieur des fosses de deux couches de bitume ; 6° à brûler du charbon dans les fosses immédiatement avant d'y jeter le grain, et de

renouveler cette opération dans l'intérieur de l'ouverture, après avoir rempli la fosse jusqu'au sommet de la voûte, afin d'immerger le blé dans un bain de gaz acide carbonique, et de se procurer ainsi un moyen actif de conservation pour cette denrée et de destruction pour les insectes ; 7° à ne déposer dans les fosses que des grains suffisamment secs ; 8° à placer de la chaux vive dans le goulot de la fosse, pour en extraire l'humidité qui pourrait s'y être introduite ou qui existerait dans le grain. » (Cte DE LASTEYRIE.)

D'après ce qui précède, on doit penser que la question économique des silos est assez difficile à résoudre en chiffres. Elle dépend essentiellement des localités et du mode de construction qu'on adopte. Cependant il est facile de voir que ce procédé de conservation, évitant complètement les avaries auxquelles les grains sont exposés dans les greniers ordinaires, et ne donnant lieu à aucune dépense de manutention, doit offrir de grands bénéfices lorsqu'on l'applique au blé récolté ou acheté dans les années d'abondance et lorsqu'il est à bas prix. Nous reproduirons comme base d'un calcul de ce genre, mais en prévenant qu'on pourra presque toujours établir des silos à moindres frais, l'exemple rapporté par M. DE LASTEYRIE. D'après une soumission présentée au Ministre de l'intérieur, on offrait de construire à l'hôpital Saint-Louis, à Paris, pour moins de 3,500 fr., une fosse d'une dimension de 67 mètres cubes, pouvant renfermer 440 quintaux métriques ou 670 hectolitres de grains.

Calculant le prix d'achat à raison de 18 fr. l'hectolitre, soit. . . . . . 12,060 fr.
Ajoutant l'intérêt de 3,500 fr., capital employé à la construction du silo, pendant 5 ans, soit . . . 875 fr.

On a un déboursé de 12,935 fr.
Si l'on rencontre, durant ces 5 années, un moment de hausse où le prix des grains parvienne, par exemple, à 26 fr. l'hectolitre, la revente à ce prix, des 670 hectolitres produira une somme de . . 17,420 fr.

Et par conséquent un bénéfice de. . . . . 4,485 fr.

C. B. DE M.

ART. III. --*De la conservation des racines.*

Les racines sont, de tous les produits agricoles, ceux qui, pour être conservés, *demandent le plus de soins* et l'attention la plus minutieuse. On ne doit pas seulement chercher à les préserver de la gelée, on doit encore éloigner l'humidité, la trop grande chaleur, la présence de la lumière ; enfin, on doit les mettre dans des conditions telles qu'elles ne puissent ni pourrir, ni fermenter, ni germer ; il n'y a aucun doute que la difficulté de soustraire les racines à ces diverses causes de destruction a empêché beaucoup de cultivateurs de les introduire dans leurs assolemens. Je désire que les moyens de conservation que je vais décrire paraissent à tous simples faciles et économiques.

§ Ier. — Des serres, celliers et caves.

Toutes les observations nous apprennent que la température de la terre, à une certaine profondeur au-dessous de la surface, est constante, et égale à la moyenne des différentes saisons; voilà pourquoi les caves nous paraissent chaudes en hiver et froides en été : c'est que la température y varie en effet très-peu. Il est donc certain qu'en plaçant des racines à une certaine profondeur, dans des constructions qui les protégeraient contre l'humidité, on les conservera très-longtemps. De là les *caves et les celliers* disposés pour la conservation des racines alimentaires à l'usage du bétail; de là les *serres pour la conservation des légumes* destinés à nos tables.

Les celliers et les caves seront creusés à une profondeur suffisante pour être à l'abri des fortes gelées. Cette profondeur varie suivant les circonstances de sol, de position et d'abri. Le sol argileux est toujours humide, mais n'abandonne pas facilement son humidité aux objets qui l'environnent : de plus, il a l'avantage de ne point laisser filtrer l'eau; il est donc convenable aux celliers sous tous ces rapports. Le sol siliceux a la plupart des propriétés opposées : quoique en général il soit plus sec que l'argileux, il ne convient pas aux constructions souterraines, parce qu'il se laisse pénétrer par l'eau. Néanmoins ces circonstances sont aujourd'hui bien moins importantes qu'autrefois, parce que la chaux hydraulique offre de grands avantages toutes les fois que l'on construira sous terre.

La position est singulièrement à considérer. La *porte d'ouverture* sera placée vers le sud, et tout le bâtiment sera adossé contre une élévation, s'il est possible; si les circonstances ne le permettent point, on y mettra au moins des arbres, qui arrêtent la neige et abritent contre les vents froids. On sait combien le vent agit puissamment pour faire pénétrer le froid dans les appartemens; aussi les abris naturels que nous venons d'indiquer seront toujours utiles, et si on ne peut s'en procurer, on s'efforcera d'en construire d'artificiels. Ainsi, on placera près des celliers les meules de fourrages et de grains, les monceaux de bois et de fagots, etc.

L'*emmagasinement dans les caves* est subordonné à la disposition intérieure des bâtimens. Dans tous les cas, il vaut mieux faire plusieurs petits monceaux que de réunir le tout en un seul : on les arrangera de manière qu'un homme puisse facilement circuler autour de chacun d'eux. Ordinairement, on accole les tas de racines contre les murailles, et on réserve dans le milieu une seule allée. On trouverait plus d'avantages à faire une allée tout autour des murs et à placer les racines dans le milieu. On a remarqué que le contact des murs favorise singulièrement l'action de la gelée et de la pourriture sur les objets qui les avoisinent. Il est vrai que par là on augmentera les frais d'échafaudage, puisqu'au lieu d'avoir à les établir sur une seule face, on sera obligé d'en placer aux quatre côtés des monceaux; mais on

doit peu balancer devant un léger surcroît de dépenses, lorsqu'il s'agit de pourvoir à la subsistance des animaux, et qu'on a des doutes sur la propriété du cellier à former obstacle aux rigueurs de l'hiver.

On *placera près de l'entrée* les racines qui, ayant été récoltées par un temps peu propice, seraient sujettes à pourrir, afin qu'on puisse les faire consommer les premières, sans déranger les autres monceaux.

Il ne faut *jamais placer les racines* à conserver *sur le sol nu*, mais étendre au préalable une couche de feuilles sèches ou mieux de paille. On a recommandé dernièrement, pour le même objet, le charbon réduit en poussière.

Dans tous les endroits où *l'on a à sa disposition une source* qui sorte immédiatement de terre, on se trouvera très-bien de faire circuler un filet d'eau dans le cellier. Elle y maintiendra, pendant l'hiver, une température chaude qui empêchera la gelée d'y pénétrer; et, lorsque les premières chaleurs du printemps arriveront, elle y entretiendra une fraîcheur qui préviendra la germination.

§ II. — Conservation dans les étables.

On sait que *les étables bien construites,* tout en permettant la circulation libre de l'air, conservent néanmoins beaucoup de chaleur. On a cherché à utiliser cette chaleur pour établir et chauffer des serres de primeurs. On pourrait, dans la plupart des cas, l'employer plus utilement à préserver les racines de la gelée. Je ne fais qu'indiquer cette idée, à laquelle on a donné suite dans quelques parties de la Belgique. Schwertz, dans l'ouvrage qu'il a laissé sur l'agriculture de ce pays, donne la description d'une étable d'engrais dans laquelle on peut fort bien conserver les racines au moyen de la chaleur qui se dégage du corps des animaux, et du fumier qu'on y laisse. Nous en allons faire une description succincte (*fig.* 464).

Fig. 464.

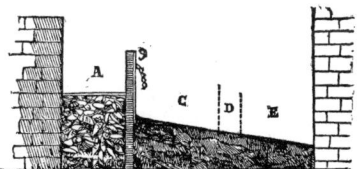

C est la partie où se trouvent les animaux dont la chaîne d'attache est fixée au poteau 9; D est un sentier réservé derrière les bestiaux pour le passage; E est l'endroit où l'on jette le fumier à mesure qu'on le retire de dessous les animaux; une excavation est creusée dans le sol et recouverte par des planches, lesquelles forment le plein-pied du couloir A, réservé pour la circulation, et pour y déposer les alimens devant les animaux. C'est dans l'excavation creusée ou ménagée au-dessous de A, qu'on place les racines; on les retire à volonté, pourvu que l'on ait eu l'attention de ne pas clouer les planches du couloir. Il sera facile de faire à ces dispositions les modifications nécessitées par la disposition des bâtimens.

§ III. — Conservation dans les silos.

Les procédés de conservation que nous venons de décrire ne conviennent guère qu'à la petite culture. Quand on récolte une grande quantité de racines, il n'est pas possible, ou du moins économique, de construire des caves ou des celliers d'une dimension suffisante. Aussi, dès qu'il a été prouvé que l'*enfouissement dans la terre* est un moyen de conservation aussi sûr que facile, tous les agronomes se sont-ils empressés de l'adopter. Il est résulté de l'introduction des *silos* un autre avantage auquel on n'avait pas songé; c'est qu'on peut, par ce moyen, utiliser les forces des animaux dans un moment où ils sont ordinairement peu occupés. En effet, l'époque où l'on transporte les racines dans les caves ou dans les celliers est également celle où s'exécutent les ensemencemens d'hiver, opérations qui sont encore aujourd'hui les plus importantes de l'agriculture européenne. Par le moyen des silos, établis dans le champ même, on n'a pas besoin des attelages, qui alors se reportent tout entiers aux travaux des semailles. Lorsqu'arrive la saison rigoureuse, les animaux de travail sont occupés utilement au transport des racines nécessaires à la consommation ou aux opérations industrielles.

Le *silo, dans le sens le plus étendu* de ce mot, est un monceau de racines recouvert d'une couche de terre suffisante pour empêcher l'introduction de la pluie qui les ferait pourrir, — de l'air qui provoquerait la germination, — et de la gelée qui en désorganiserait le tissu

Dans les commencemens, et ceci a lieu encore *dans certaines parties de la Belgique*, on pratiquait dans le sol une excavation circulaire ou quadrangulaire dans laquelle on empilait les racines jusque près de la superficie, et on refermait l'ouverture avec de la terre amoncelée en forme de cône (*fig.* 465).

Fig. 465.

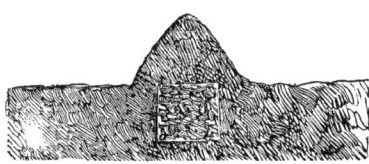

Mais on ne tarda pas à s'apercevoir, surtout dans les terrains légers et sablonneux, que l'eau pénétrait jusqu'aux racines et en déterminait la putréfaction. Il y a d'ailleurs un inconvénient inhérent à ces sortes de silos, c'est qu'on ne peut les visiter souvent et facilement, en sorte que, si la décomposition des plantes commence à la partie inférieure, l'on ne s'aperçoit du dégât que lorsque la totalité est détruite, et lorsqu'il n'est plus temps d'y porter remède. Il fallait d'ailleurs une assez forte dépense en main-d'œuvre

pour déplacer une aussi grande masse de terre.

Ce furent *les Anglais* qui les premiers songèrent à construire les silos en partie hors de terre, et en partie dans le sol même. On commence par ouvrir dans le sol une tranchée (*fig.* 466) sur une largeur de 4 pi.

Fig. 466.

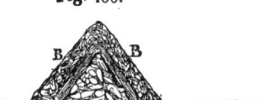

et à une profondeur de 2 pi.; on la prolonge aussi loin que l'on veut. Au fond et sur les côtés on met une légère couche de paille, indiquée par une ligne spéciale qui la représente. On met alors les racines dans l'excavation; une fois arrivé au niveau du sol, on élève le monceau en talus. Il faut que ce talus soit naturel, c'est-à-dire formé sous un angle de 45°: plus aigu, les racines s'ébouleraient; la terre dont on les couvrirait se soutiendrait mal, et finirait par tomber lorsqu'elle aurait été travaillée par les gelées: plus obtus, les pluies, n'ayant pas assez de pente pour s'écouler rapidement, pénétreraient dans le silo, le dégraderaient et feraient pourrir les racines. Lorsque le talus a été ainsi formé, on couvre le tout d'une légère couche de paille, et on creuse les fossés sur une largeur de 15 pou. en jetant la terre qui en provient sur la paille, ce qui forme la couverture de terre BB, laquelle aura au moins 18 pouces d'épaisseur. Les fossés seront creusés à quelques pouces plus bas que le fond intérieur de la tranchée où sont les racines. Ainsi l'humidité, de quelque manière qu'elle arrive, ne peut séjourner longtemps dans le silo, parce que l'eau cherche toujours à descendre au point le plus bas qu'elle puisse atteindre.

On a soin de *battre fortement à la pelle la terre* rapportée contre le talus, afin que les premières pluies ne puissent l'entraîner. Pour prévenir cet inconvénient, lorsque la terre a trop peu de consistance, on plante de distance en distance des ramilles qui la retiennent. Ces ramilles sont encore d'un grand secours pour empêcher la neige d'être balayée par les vents. La neige empêche tellement les grands froids de pénétrer dans la terre, que souvent on a vu des racines qui en étaient abritées, lever et croître pendant les froids les plus rudes. Les silos anglais se construisent ordinairement près des cours et des habitations : le plus souvent on les fait à demeure, c'est-à-dire toujours à la même place. Ainsi, les frais d'établissement n'ont lieu qu'une fois.

Cependant il est des circonstances où la *culture des racines, entreprise sur une très-grande échelle,* ne permet pas de construire ainsi des silos permanens, parce qu'il faudrait faire le sacrifice d'une trop grande étendue de terrain, et qu'ils ont l'inconvénient, signalé tout-à-l'heure, d'exiger un transport immédiat. C'est particulièrement le cas où se trouvent les cultivateurs qui ont annexé à leur exploitation une fabrique de sucre de betteraves. Ainsi, il n'est pas rare de trouver des cultures où un hectare suffirait à peine pour l'emplacement des silos; on comprend qu'il faudrait, pour ce seul objet, perdre annuellement la valeur d'un hectare ou davantage.

Dans ce cas, on fait le *silo dans le champ même*, au bord des chemins les mieux entretenus; et, au lieu de creuser dans le sol une excavation, on dispose simplement les racines sur la terre (*fig.* 467) : on couvre le ta-

Fig. 467.

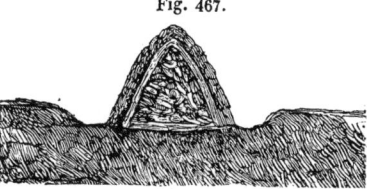

lus de paille ou de toute autre substance sèche et de terre, comme dans le précédent ; la terre employée à la couverture se prend très-près du tas, ce qui forme tout autour une rigole qui empêche la stagnation de l'humidité dans le tas. La terre dont on s'est servi ainsi pour couvrir les silos forme un assez bon engrais qu'on a soin de disperser sur les parties environnantes.

On s'est aperçu que les racines amoncelées dans les silos fermentent quelque temps après la mise en tas, et que souvent le résultat de cette fermentation, c'est la décomposition d'une plus ou moins grande partie des produits. *Pour empêcher cette fermentation,* ou du moins pour en prévenir les suites désastreuses, on pratique dans la partie supérieure des silos, des *soupiraux* ou *cheminées*

Fig. 468.

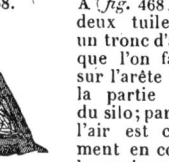

A (*fig.* 468). On prend deux tuiles creuses, un tronc d'arbre percé que l'on fait reposer sur l'arête formée par la partie supérieure du silo; par ce moyen, l'air est continuellement en contact avec les racines : à l'approche des grands froids, on ferme l'entrée avec de la paille ou d'autres substances.

Lorsqu'il arrive des gelées longues et opiniâtres, on ne doit pas manquer de visiter souvent les silos, afin que, si quelque partie était attaquée, on put immédiatement l'utiliser. Lorsqu'on redoute les suites d'un froid rigoureux, on fera bien de répandre sur les silos une légère couche de paille ou de fumier long. Lorsque les gelées sont passées, si elles ont occasioné quelques dégâts, on s'en aperçoit immédiatement : les racines attaquées perdent leur eau de végétation, diminuent de volume, et au-dessus d'elles la couverture de terre s'affaisse. Il ne faut pas balancer; on démonte le silo, on trie les racines qu'il contient, afin que celles qui sont

gelées ne déterminent pas a décomposition des autres.

§ IV.—Autres moyens de conservation.

On a remarqué que toutes les *plantes du genre Chou et du genre Navet* sont moins sensibles au froid que la plupart des autres racines. Ainsi, il est rare de voir geler des rutabagas, et, après l'hiver, on trouve souvent des navets qui n'ont pas été attaqués par la gelée. On a fait à ce sujet une remarque importante, c'est que les plantes qui n'ont point parcouru tout le cercle de leur végétation résistent mieux au froid que celles qui seraient complètement mûres, lorsqu'on les laisse sur le sol sans les arracher; et on a remarqué, au contraire, que les plantes récoltées avant maturité, et mises en silos, contractent plus facilement la pourriture. Cette vérité a paru dans tout son jour à l'automne 1834. Une foule de fabricans de sucre, qui avaient commencé leurs récoltes de racines en septembre avant la maturité, ont perdu beaucoup de ces produits serrés avant l'époque convenable, tandis que les autres se conservent fort bien.

Ainsi, pour les *crucifères qui produisent des racines charnues et qui ne sont pas avancées* dans leur végétation, on peut se dispenser de les récolter avant l'hiver. Ce cas se présente fréquemment dans les récoltes dérobées, telles que navets semés dans du sarrasin et des féverolles, ou, après du seigle, du froment, etc. On les laisse à eux-mêmes jusqu'au printemps; alors, quand la végétation commence à se réveiller et les tiges à monter, on arrache le tout pour en affourrager les animaux.

Si l'on avait besoin de ces plantes pendant le courant de l'hiver, on pourrait les arracher, les entasser modérément sur le sol, en ayant soin de les couvrir avec leurs feuilles après les avoir décolletées, ou mieux de les amonceler sans les dépouiller de leur feuillage, pourvu que celui-ci soit étalé de manière à servir de couverture.

On pourrait encore *rentrer les racines crucifères* dans des granges, des hangars, ou même dans des cours. Elles se conserveront très-bien, pourvu qu'on ne fasse pas de gros monceaux, et qu'à l'approche des grandes gelées, on les couvre d'une légère couche de paille; dans le Limousin, où l'on consomme une grande quantité de raves, on se contente de les rentrer dans les granges et de couvrir la superficie des tas avec de la menue paille de sarrasin. Les cultivateurs qui en usent ainsi assurent n'avoir jamais eu à regretter la perte d'une seule racine.

§ V.—Conservation des racines destinées à la nourriture de l'homme.

Tout ce que nous avons dit jusqu'alors ne peut guère convenir qu'aux produits employés à la nourriture des animaux domestiques; les racines que l'on réserve pour la consommation de la ferme, ou pour être conduites au marché, seront serrées dans un local où l'on puisse en prendre journellement la provision nécessaire sans beaucoup de travail, et surtout sans déranger les autres racines. On a ordinairement, pour cet objet, une *serre obscure*, dite *jardin d'hiver*. Les racines de chaque espèce sont stratifiées par lits alternatifs avec du sable sec. Elles conservent ainsi toute leur fraîcheur, et les qualités qui les distinguent ou les font estimer ne sont nullement altérées par le contact d'autres objets.

Le meilleur moyen de conservation, c'est certainement la dessiccation, puisqu'elle a pour résultat l'évaporation de l'eau de végétation, laquelle est un agent puissant de désorganisation. Mais on ne peut employer ce moyen que dans des cas très-rares, et sur de petites quantités. C'est ainsi que, dans certains cantons, on *dessèche les oignons et les carottes*, que l'on expédie sur la capitale pour les apprêts culinaires. On se sert, pour cela, d'une étuve ou d'une touraille à drèche.

La dessiccation est encore le seul moyen de conservation employé pour certaines plantes commerciales, telles que la garance et la rhubarbe ; nous en parlerons à la culture spéciale de ces plantes.

ANTOINE, de Roville.

ART. IV. — *De la conservation des fruits.*

Il appartient à l'HORTICULTURE et à l'ÉCONOMIE DOMESTIQUE d'indiquer les moyens de conserver, pendant plus ou moins longtemps, les fruits qui parent nos desserts à diverses époques de l'année. Ici, nous devons nous borner à *quelques préceptes généraux applicables aux fruits* que les agriculteurs peuvent avoir occasion de récolter en grandes masses, tels que les pommes, les poires, les châtaignes, les noix, les olives et quelques autres. Les moyens spéciaux de conservation comme de récolte, de quelques-uns de ces fruits, trouveront place dans les articles qui traiteront des détails de leur culture.

Il est généralement reconnu qu'on doit *laisser sur les arbres* le plus tard possible, jusqu'en novembre si les froids le permettent, les fruits dont l'usage doit se continuer pendant longtemps. Quand ils ont été cueillis, on les laisse en *tas* pendant quelques jours, pour les laisser suer et se ressuyer ; on les place ensuite dans divers lieux pour les conserver.

La plupart des moyens de conservation reposent sur le principe qu'on *évite la fermentation et la pourriture* en interdisant le renouvellement de l'air et l'accès de l'humidité. Il n'est pas moins indispensable de mettre les fruits à cidre ou à couteau à l'abri des gelées. En général, dans les fermes, on se borne à *placer les fruits dans les greniers*, par couches peu épaisses, sur de la paille, et on les recouvre encore de paille lorsque les froids se font sentir ; dans quelques établissemens bien ordonnés, il existe des *fruitiers proprement dits*, où les fruits sont rangés par espèces sur des étagères, ou entassés dans des compartimens, des boîtes, des tonneaux, par couches alternatives, avec du son, des cendres, du sable desséché au four, des balles d'avoine, de la mousse, etc.

Ce moyen de conservation nous conduit à citer, comme l'une des meilleures pratiques

lorsqu'on doit l'appliquer à de grandes quantités de fruits, de les placer, comme les racines, dans des *celliers secs et frais*. *Enterrés dans des fosses*, bien préservés de l'humidité, on les a trouvés parfaitement sains et frais une année après qu'ils avaient été récoltés. On peut alors appliquer aux fruits des dispositions analogues à celles prescrites précédemment pour les racines, en faisant observer, toutefois, qu'il est beaucoup plus nécessaire que le terrain où on les enterre soit parfaitement sec, et à l'abri de toute humidité. Les couches de fruits ne doivent pas être trop épaisses, et il est indispensable qu'on puisse les retirer partiellement, sans que toute la masse soit exposée au contact de l'air, qui rend leur altération très-prompte.—M. MORISOT a proposé pour cet usage un silo qu'on pourrait adopter. Il consiste en une fosse dont on garnit le fond et les parois de paille longue, assujettie au moyen de gaulettes et de petites chevilles. Au fond on place ensuite un fort châssis en charpente, sur lequel sont superposées, jusqu'à la partie supérieure, qui est fermée de planches et recouverte d'une couche épaisse de terre, des caisses plates à claire-voie, dans lesquelles les fruits sont déposés. De cette manière, ces fruits se trouvent isolés les uns des autres, à peu près comme sur les étagères d'un fruitier, et parfaitement à l'abri des alternatives atmosphériques de sécheresse, d'humidité, de froid ou de chaud.

C.-B. DE M.

SECTION III. — *Du battage et du nettoyage des grains.*

ART. Iᵉʳ. —*Du battage des grains.*

La séparation des grains de la paille, *l'égrenage*, est une des opérations les plus importantes de l'agriculture : de la manière dont on l'exerce, dépend en grande partie, le profit que le cultivateur retire de son exploitation. Il influe essentiellement sur la qualité du produit tant en grain qu'en paille ; il rend cette opération plus ou moins coûteuse, et met le produit plus tôt ou plus tard à la disposition du propriétaire.

Cette opération s'exécute par le *battage au fléau*, par le *dépiquage*, ou par *l'égrenage*. C'est l'homme qui manie le fléau ; c'est au moyen du piétinement des animaux que le dépiquage a lieu ; ce sont les machines qui effectuent l'égrenage. Le battage au fléau, quoique très-lent, est le procédé le plus généralement répandu, et celui qui probablement disputera le plus longtemps le terrain aux machines qui le remplacent très-avantageusement presque dans toutes les localités et dans presque toutes les circonstances ; ce que nous indiquerons, en montrant d'un côté les nombreux et graves inconvéniens inhérens au battage, et de l'autre, les avantages que procurent les machines à battre, dont l'efficacité est prouvée par l'expérience.

§ Iᵉʳ. —Du battage au fléau.

Pour se faire une idée de la fatigue que le battage cause à l'ouvrier qui l'exécute, il suffit de le voir manœuvrer le fléau : il lève cet instrument au moins 37 fois par minute pour le faire tomber avec un fort appui autant de fois ; s'il travaille 10 heures par jour, il frappe donc 22,200 coups avec un instrument assez lourd. Aussi ce ne sont que des hommes forts qui peuvent être employés à ce genre de travail ; et l'emploi des femmes ou même des hommes faibles n'est qu'exceptionnel, ce qui constitue un très-grand inconvénient de ce procédé, surtout dans les contrées où la population est clairsemée, et non moins dans les localités où les fabriques absorbent une grande fraction des ouvriers valides.

La *lenteur avec laquelle s'effectue* le battage au fléau est un autre grand inconvénient de ce mode. Il demande une surveillance journalière·très-attentive, qui se prolonge pendant une grande partie de l'année, et qui, par cette raison, est coûteuse, sans pouvoir empêcher de nombreuses dilapidations et sans pouvoir garantir un égrenage parfait, attendu que l'ouvrier, quel que soit le genre de sa rétribution, n'a aucun intérêt à extraire le dernier grain de l'épi ; en effet, il gagne en faisant son travail d'une manière imparfaite, s'il est payé à la tâche ; et il ménage ses forces, s'il est soldé à la journée. L'esprit de corps qui règne parmi les ouvriers de tous les pays rend le contrôle, quant aux petites infidélités des batteurs à fléau, très-difficile.

Encore une des *conséquences fâcheuses pour l'agriculteur,* qui résulte de la lenteur de ce procédé, c'est qu'il ne peut pas disposer de ses grains quand il en a besoin, soit pour faire la semence, soit pour profiter des conjonctures commerciales, souvent aussi avantageuses que passagères.—Dans les localités où les ouvriers vigoureux n'abondent pas, le cultivateur est réduit quelquefois à la nécessité de subir des conditions très-onéreuses. — Le blé qui a souffert de l'humidité pendant la récolte, ou après, ne peut être sauvé par ce mode lent d'égrenage.

Le battage au fléau, en outre, ne *brisant pas suffisamment la paille,* l'apprête mal pour la nourriture des bestiaux, ce qui est l'usage le plus économique qu'on en peut faire dans la presque totalité des cas. Ce n'est que dans la proximité des grandes villes que la paille non brisée est recherchée pour la litière des chevaux de luxe et pour quelques fabriques. — Dans les localités où les bâtimens ruraux sont couverts en chaume, la paille longue est bien un objet de nécessité ; mais ce besoin n'absorbe qu'une petite fraction du produit total de la paille, et n'est pas par conséquent une raison suffisante pour maintenir le battage au fléau comme règle générale.

Cependant, malgré tous ces inconvéniens, le *battage au fléau est préférable* à tout autre mode d'égrenage, dans le centre et dans le nord de la France, pour les cultivateurs peu aisés, à cause de l'économie de ce moyen et de la facilité de limiter ses résultats aux besoins, aux travaux de la ferme.·La petite propriété demeurera toujours son domaine, jusqu'à ce que l'usage des *machines à battre transportables* et mues par les bras des hommes, éprouvées en Angleterre, soit introduit en France.

Le *fléau est un instrument* composé de 2 bâtons attachés l'un au bout de l'autre au moyen de courroies. Ses formes varient beaucoup selon les pays : la plus *ordinaire* est celle représentée (*fig.* 469). Nous citerons encore le fléau usité dans les Landes (*fig.* 470). Dans quelques contrées, notamment dans l'ancienne Provence et, le Dauphiné, on bat les grains, non plus au fléau, mais avec de *longues gaules.*

Fig. 470. 469.

Plusieurs hommes peuvent *battre* ensemble sans se·nuire, en se mettant deux par deux à quelque distance ; ils frappent alternativement et souvent en mesure, sur les gerbes étendues devant eux. Les coups portent dans toute la longueur des gerbes, afin que les épis des chaumes les plus courts soient égrenés comme les autres. Lorsqu'un côté est bien battu, un des batteurs retourne les gerbes, puis, après avoir battu ce nouveau côté, il 'délie les gerbes, en forme un lit de l'épaisseur de 4 à 6 pouces, qu'il bat et retourne encore avec le manche du fléau ; enfin, il secoue la paille toujours avec la verge du fléau, et la bat de nouveau. En sorte qu'une quantité de gerbes doit passer 8 fois sous le fléau, 2 avant d'être déliées, 4 après l'avoir été, et 2 lorsque la ·paille est secouée. On se dispense de ces 2 dernières façons lorsque le blé est bien sec, ou qu'on ne tient pas à ne laisser aucun grain dans la paille.

La *paille battue* est traînée, d'abord avec le manche du fléau, puis avec un râteau, dans un coin de la grange, où on en fait des bottes d'environ 12 liv. : 2 bottes de blé non battu n'en font guère qu'une de paille. Quand le *tas de blé* est assez considérable pour gêner le battage, on l'amoncèle dans un coin pour procéder, soit à la fin de la journée, soit à jour fixe, au vannage et au nettoyage. On appelle *autons, blé chappé, blé vétu,* les grains qui ne perdent pas leur balle florale interne dans les opérations du battage et du criblage ; on les met généralement à part pour les donner aux volailles.

Un *bon batteur* peut battre complètement ou à net, par jour de travail, de 50 à 80 gerbes de froment, d'après les différens degrés de dessiccation et le poids différent des gerbes. — Du reste, la difficulté du battage varie à l'infini, en raison des années et des terrains, de l'état dans lequel les céréales ont été rentrées, etc. Le seigle est plus facile ; le grain humide ou battu peu de temps après la récolte offre plus de difficulté ; on risque même quelquefois, dans les pays du Nord, d'écraser le grain, si l'on n'attend pas assez pour opérer le battage.

Quant au prix du battage au fléau comparé à la valeur·vénale du rendement en grains, il diffère d'après les circonstances locales. Suivant les résultats recueillis par la

Société royale et centrale d'agriculture, le *minimum* de la moyenne prise par département, du prix proportionnel du battage, à la valeur vénale du rendement en grains, est de 3 p. 100. C'est le département de la Haute-Garonne qui jouit de cet avantage. Dans le département de Tarn-et-Garonne, le prix du battage est 5 p. 100; dans celui des Pyrénées-Orientales, de 5 1/2 p. 100; dans ceux de Jura et de la Sarthe, 6 1/4 p. 100; Haute-Auvergne, Basse-Auvergne, 8 p. 100; Puy-de-Dôme, 6 1/3 p. 100; Haute-Saône et Haute-Vienne, 6 2/3 p. 100; Isère, 8 1/2 pour 100.

§ II.— Du dépiquage des grains.

Le *dépiquage* est l'égrenage fait au moyen du piétinement des animaux. Ce mode est très-ancien dans les pays méridionaux. Les dégâts que les animaux font ordinairement pendant la récolte peuvent avoir donné lieu à cette découverte : quelques gerbes renversées et foulées aux pieds des animaux, auront été remarquées par un agriculteur industrieux qui aura conçu la première idée que le piétinement des animaux suffit pour faire sortir les grains des épis.

De nombreux documens historiques prouvent que le dépiquage a été connu, de temps immémorial, des Hébreux, des Egyptiens et des autres peuples de l'antiquité.

En France, ce mode d'égrenage date probablement de l'époque des Croisades. L'usage en a été de tout temps borné à quelques contrées méridionales de ce pays, et il y est resté confiné. Il est généralement répandu dans les départemens de Vaucluse, de l'Hérault, des Bouches-du-Rhône, des Basses-Alpes, du Var et du Gard; dans 6 autres départemens, il est en usage simultanément avec le battage au fléau; ce sont l'Ariége, l'Aveyron, les Pyrénées-Orientales, la Haute-Garonne, l'Aude et la Corse.

Pour être à même d'apprécier les *avantages* et les *inconvéniens du dépiquage* comparativement aux autres procédés d'égrenage, il faut connaître tous les détails de cette opération. L'abbé ROZIER en a fourni, dans son *Cours complet d'agriculture,* une description aussi claire qu'exacte; nous la lui empruntons. — « On commence par *garnir le centre de l'aire* par 4 gerbes sans les délier; l'épi regarde le ciel, et la paille porte sur la terre ; elles sont droites. A mesure qu'on garnit un des côtés des 4 gerbes, une femme coupe les liens des premières, et suit toujours ceux qui apportent les gerbes; mais elle observe de leur laisser garnir tout un côté avant de couper les liens. Les gerbes sont pressées les unes contre les autres, de manière que la paille ne tombe point en avant; si cela arrive, on a soin de la relever lorsqu'on place des nouvelles gerbes : enfin, de rang en rang, on parvient à couvrir presque toute la surface de l'aire.

» Les mules, dont le nombre est toujours en raison de la quantité de froment que l'on doit battre, et du temps qu'on doit sacrifier pour cette opération, sont attachées deux-à-deux, c'est-à-dire que le bridon de celle qui décrit le côté extérieur du cercle est lié au bridon de celle qui décrit l'intérieur du cercle;

enfin, une corde prend du bridon de celle-ci et va répondre à la main du conducteur qui occupe toujours le centre ; de manière qu'on prendrait cet homme pour le moyeu d'une roue, les cordes pour ses rayons, et les mules pour les bandes de la roue. Un seul homme conduit quelquefois jusqu'à 6 paires de mulets. Avec la main droite et armé du fouet, il les fait toujours trotter, pendant que les valets poussent sous les pieds de ces animaux la paille qui n'est pas encore bien brisée, et l'épi pas assez froissé.

»On prend, pour cette opération, des mules ou des chevaux légers, afin que, battant et pressant moins la paille, elle reçoive des contre-coups qui fassent sortir le grain de la balle.

» Chaque paire de mules marche de front, et elles décrivent ainsi huit cercles concentriques en partant de la circonférence du conducteur, ou excentriques, en partant du conducteur à la circonférence. Ces pauvres animaux vont toujours en tournant, il est vrai sur une circonférence d'un assez large diamètre, et cette marche circulaire les aurait bientôt étourdis, si on n'avait la précaution de leur boucher les yeux avec des lunettes faites exprès, ou avec un linge; c'est ainsi qu'ils trottent du soleil levant au soleil couchant, excepté pendant les heures des repas.

» La première paire de mules, en trottant, commence à coucher les premières gerbes de l'angle ; la seconde, les gerbes suivantes, et ainsi de suite. Le conducteur, en lâchant la corde ou en la resserrant, les conduit où il veut, mais toujours circulairement, de manière que, lorsque toutes les gerbes sont aplaties, les animaux passent et repassent sur toutes les parties.—Pour battre le blé en plein air, soit avec le fléau, soit avec les animaux, il faut choisir un beau jour et bien chaud; la balle laisse mieux échapper le grain.

» Le *dépiquage se fait toujours en plein air,* ce qui a de grands inconvéniens à cause de la pluie et surtout des orages. Dans ce cas, on perd beaucoup de blé et de paille, quelque précaution qu'on prenne.

»Outre les mules, on emploie aussi des chevaux, des ânes, et même des bœufs. Les chevaux de la Camargue, à demi sauvages, petits et vifs, sont préférés à tous les autres. »

Les avantages que présente le dépiquage sur le battage au fléau se réduisent à 2 principaux : celui de la vitesse avec laquelle s'exécute cette opération, et celui d'améliorer la paille pour la nourriture des bestiaux. Sous ces 2 rapports le dépiquage ne laisse rien à désirer. Le produit d'une ferme assez étendue peut être égrené dans un jour par ce moyen expéditif ; rarement le battage dure au-delà de 15 jours dans les contrées où le dépiquage est répandu, et 2 mois sont le *maximum* de la durée de cette opération : généralement parlant, 15 jours suffisent pour opérer la dépiquaison d'une récolte qui aura nécessité 10 jours de coupe avec 16 hommes, lorsqu'on emploiera le service journalier de 12 à 14 chevaux.

D'après la réponse de M. JAUBERT DE PASSA, faite aux questions proposées par la Société centrale d'agriculture (1), un haras de 24 chevaux, dans le département des Pyrénées-Orientales, dépique assez ordinairement dans une journée 5,200 gerbes qui rendent jusqu'à 200 hectol. de blé. — Le même agronome relève l'avantage du dépiquage sur le battage au fléau, quant à l'amélioration de la paille. D'après son opinion, le dépiquage brise mieux la paille ; il la rend plus flexible, plus également mêlée aux débris des épis dont les animaux de travail sont avides, et plus susceptible d'être mêlée au fourrage. Les chevaux de luxe rejettent la longue paille de seigle, et mangent fort peu de paille de blé, si elle n'est foulée.

Ces avantages sont *balancés par de grands incorvéniens.* Le premier est celui du *haut prix* de ce procédé, relativement à tous les autres modes d'égrenage. Les frais du dépiquage sont évalués par M. DE GASPARIN presqu'au double de ceux du battage au fléau. Dans les années 1823-24-25 et 1826, les frais du dépiquage montaient, d'après ses réponses aux questions de la Société d'agriculture, dans le département de Vaucluse, à 2 fr. 10 c. par hectolitre.

Un autre grand inconvénient du dépiquage et qui le rend inapplicable au centre et moins encore au nord de la France, consiste en ce que cette opération, par sa nature, *doit avoir lieu en plein air.* Le climat moins favorable de ces parties de la France exposerait l'agriculteur qui choisirait ce moyen d'égrenage, à des pertes considérables et presque inévitables. Il est reconnu que, même dans le climat heureux où le dépiquage est en usage, les cultivateurs n'échappent pas toujours aux pertes occasionées par la pluie survenue pendant l'opération, sans parler de la détérioration qu'éprouve la paille, et de l'interruption du ravail.

L'égrenage, au moyen du piétinement, n'est pas plus parfait que le battage au fléau. La quantité de grains qui restent dans l'épi quand le dépiquage est bien fait, et qui n'arrive pas toujours, est évaluée par M. LAURE, autre rapporteur sur les questions précitées, à 1 pour 100. Souvent cette proportion monte à 2 1/2 pour 100, à 4, et même, dans certaines localités, et avec certaines circonstances, de 5 à 10 pour 100. Il y a des localités où l'on se sert régulièrement du fléau pour extraire les derniers grains des épis.

Voici le *tableau du prix proportionnel* du dépiquage du blé : Dans le dép. du Var, 10 p. 100; Basses-Alpes et Bouches-du-Rhône, 20 p. 100; Aveyron, 8 p. 100; Haute-Garonne, 5 1/5 p. 100; Ariége (partie en argent, partie en nature), 7 p. 100; Pyrénées-Orientales, 8 1/2 p. 100; Aude, 11 1/2 p. 100.

Il résulte de cette analyse de l'opération que si le dépiquage a quelques avantages incontestables sur le battage au fléau, ils sont payés bien cher.

Nous allons maintenant passer à l'examen des différens systèmes de machines à battre ; nous espérons démontrer leur incontestable supériorité, et leur voir prendre la place du dépiquage, même dans les contrées où il est introduit de temps immémorial, aussitôt que ces moyens mécaniques seront mieux connus, que les machines seront plus à la portée de l'agriculteur, et que leur prix s'abaissera au niveau des moyens bornés des cultivateurs peu aisés.

§ III.—De l'égrenage au moyen des machines.

I. *Rouleaux à dépiquer.*

Il est impossible de désigner l'époque et l'auteur de la première invention d'une machine à battre le blé; mais nous avons des documens historiques, irrécusables, qui prouvent que plusieurs peuples de l'antiquité connaissaient et se servaient généralement de ce genre d'appareil. Plusieurs passages du prophète ISAÏE et de VARRON font voir que les machines à battre étaient en usage chez les Hébreux, les Syriens, les Carthaginois, les Égyptiens et les Romains. M. GIRARD, dans le Mémoire sur l'agriculture de l'Égypte, donne la description d'une machine à battre dont on se sert dans ce pays, et qui est d'une date très-reculée. Du temps de VARRON, un demi-siècle avant la naissance de Jésus-Christ, on se servait en Espagne, pour le dépiquage, d'une machine qu'on appelait le *chariot phénicien* ou *carthaginos.* Ce dernier appareil (*fig.* 471) consiste en

Fig. 471.

plusieurs cylindres armés de dents et divisés en plusieurs sections orbiculaires; il est traîné par des chevaux et conduit par un homme assis sur une tablette. M. DE LASTEYRIE, a fait connaître que de nos jours encore on se sert généralement, dans la Basse-Andalousie, d'une machine qui correspond exactement à cette description.

Le *trillo* est un appareil en usage presque *dans toute l'Espagne*, et décrit aussi par le même savant. C'est une table en bois, garnie en dessous de pierres à fusil qui y sont incrustées. Les planches qui forment cette table sont retenues par des traverses, à l'une desquelles est fixé un crochet où on attache les traits des chevaux. Cet instrument est relevé en avant, afin de glisser plus facilement sur les gerbes. Il a une longueur de 5 p. 1/2.

L'*Italie centrale* se sert, pour le dépiquage du blé, d'un rouleau très-simple, appelé *ritolo*, qu'elle a hérité des Romains.

Le *battidore*, en usage dans quelques contrées *des Apennins*, a quelque rapport avec le trillo. C'est un assemblage de plusieurs

(1) *Mémoires publiés par la Société royale et centrale d'agric.*, 1827. tome II.

planches épaisses réunies par une traverse, armées à leurs extrémités de trois grandes fourchettes émoussées et aplaties, et de 6 plus petites. Cet appareil porte dans sa partie moyenne une planche double en longueur qui sert de limon, et pose sur la sellette d'un avant-train auquel elle est fixée au moyen d'une corde. Après avoir disposé les gerbes en rond sur une aire, on fait mouvoir circulairement cette machine attelée de bœufs, pour que l'extrémité des fourchettes, en traînant sur la paille, en détache le grain.

Dans quelques autres parties de l'*Apennin et en Corse*, on emploie, depuis un temps immémorial, pour l'égrenage, un moyen mécanique, appelé *trity*, beaucoup plus imparfait que le rouleau. C'est une sorte de *battoir* formé d'une pierre triangulaire, avec un limon attaché à la pierre au moyen d'une cheville. On fait passer circulairement cette pierre attelée de bœufs sur les gerbes. —Différentes sortes de rouleaux de dépiquage, ressemblant plus ou moins aux rouleaux italiens, sont d'un usage antique dans plusieurs départemens de la France, et nommément dans ceux de l'Aude, de l'Ariége, de la Haute-Garonne, du Lot-et-Garonne.

L'*action sur la gerbe des rouleaux et des chariots* à roues a beaucoup d'analogie avec le piétinement des animaux. Ces appareils ont cet avantage sur le piétinement, que les animaux, en traînant les machines, touchent à la fois une plus grande surface de blé répandu sur une aire, que quand les mêmes animaux exécutent le dépiquage par une seule partie de leur corps, le sabot. L'action du rouleau cannelé ou armé de barres a encore sur le piétinement l'avantage du soubresaut que le battage subit des barres cause au blé, et qui facilite tant la séparation du grain des épis.

Aussi l'*usage du rouleau* se maintient-il dans tous les pays où il est introduit. Ce sont les pays méridionaux qui de tout temps ont donné la préférence à cet appareil, par la raison que la dessiccation parfaite du blé en gerbes est une condition indispensable de l'efficacité du rouleau, et que là cette circonstance existe. De nombreux essais de rouleaux à dépiquer ont été faits dans différentes parties du nord de l'Europe; mais nulle part leur usage n'a pu se répandre. Le *battidore* et le *trity* agissant par le moyen du frottement, l'efficacité de ces machines est bien inférieure, non seulement à celle des rouleaux, mais même au piétinement des animaux. Leur conservation dans quelques contrées prouve l'état très-arriéré de l'industrie agricole de ces localités.

Le système des rouleaux à dépiquer, tel que l'antiquité nous l'a légué, a éprouvé en France des améliorations notables. Dans le département de Lot-et Garonne, on a, depuis à peu près 10 ans, substitué au rouleau de pierre massive un rouleau de bois cannelé. Il a beaucoup de rapport avec le rouleau italien. C'est un cylindre (*fig*.472) cannelé, formé d'un tronçon d'orme, de frêne ou autre bois dur et pesant, qu'on choisit bien droit, et auquel on adapte 8 solives de même longueur. Pour le service de ce rouleau, l'aire est char-

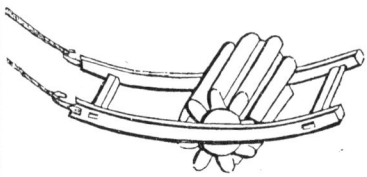

Fig. 472.

gée de gerbes disposées en spirale et posées à plat, de l'épaisseur usitée pour le battage au fléau. Quand le soleil a échauffé la paille, on commence par l'extérieur de l'aire en se rapprochant du centre, puis s'en éloignant, et ainsi successivement, jusqu'à ce qu'on juge convenable de remuer la paille. Un seul cheval traîne cette machine, servie par 1 conducteur, 1 ouvrier et 4 ouvrières, et elle peut battre 20 hectolitres de blé par jour. On conçoit que les traits du cheval doivent être inégaux en longueur et varier en raison du diamètre de l'aire. Cette machine exécute l'égrenage bien et à bon marché. Les frais du dépiquage, y compris le nettoiement, ne montent qu'à 55 cent. par hectolitre. L'appareil même ne coûte que 40 francs.

Cette *machine à dépiquer* a été successivement perfectionnée ou modifiée par M. DE PUYMAURIN, par M. DE LAJOUS; la Société d'agriculture de Toulouse en a fait construire une qui coûte de 120 à 150 fr. suivant les localités différentes, et qui a encore été modifiée par M. le comte DUPAC-BELLEGARDE. Cet appareil est armé de 8 battans; le tout est contenu dans un cadre; il a aussi un avant-train avec un siége pour le conducteur. L'épreuve de cette machine a donné pour résultat : 17 journées de chevaux avec conducteur, et 85 journées d'ouvrier ont dépiqué 10,000 gerbes; et ce travail est évalué à 223 fr. Ce même travail, exécuté au moyen du piétinement des animaux, aurait coûté au moins 430 fr. : donc il y a un profit des 2/3 du montant des frais à se servir du rouleau.

Fig. 473.

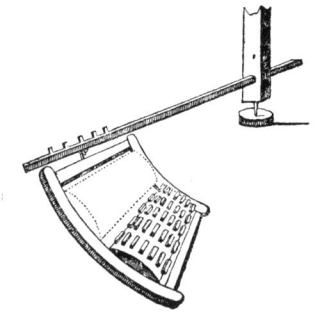

Outre ce profit, il résulte de l'usage de ce rouleau une grande économie des forces animales : les chevaux employés à son service ne travaillent que 3 heures par jour, tandis que le travail du dépiquage au moyen du piétinement commence au soleil levant et ne se termine qu'au soleil couchant.

Parmi les *rouleaux à dépiquer*, nous ne devons pas omettre la machine usitée en Suède et décrite par M. DE LASTEYRIE, qui la considère comme l'un des meilleurs appareils de ce genre. La *fig.* 473 la fait suffisamment comprendre.

II. *Machines imitant l'action des fléaux.*

Les inventions ne sont, pour la plupart, que des améliorations apportées aux systèmes sanctionnés par l'usage; ce n'est pas par transition subite qu'on passe de ce qui existe à un bien idéal, qu'on ne trouve guère dans le cours naturel des choses, qu'après bien des tâtonnemens. Nous avons indiqué ci-dessus l'analogie qui existe entre l'action du piétinement et celle des rouleaux; maintenant nous passerons en revue les machines qui ont de l'analogie avec le battage au fléau.

Différens systèmes de *fléaux mécaniques* ont été inventés en France et en divers autres pays; plusieurs combinaisons ont été essayées avec des succès variés. Une preuve qu'aucun des appareils de ce genre n'a satisfait complètement, c'est qu'aucun d'eux n'a jusqu'à présent obtenu une réputation incontestable. Dans cette conviction, nous ne ferons que mentionner les machines à fléaux.

Les *machines* de FOESTER, de HANSEN, de REY DE PLANAZU et de M. DE MAROLLES, sont des fléaux mécaniques, qui se distinguent favorablement parmi les inventions de ce genre. La combinaison de l'*appareil de M. DE MAROLLES* (*fig.* 474) est la plus ingénieuse;

Fig. 474.

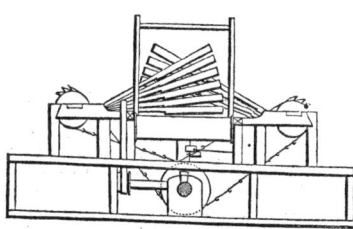

par son mécanisme peu compliqué, elle ne doit pas être sujette à de fréquens dérangemens. Cette machine a satisfait tous les hommes éclairés qui l'ont examinée, et, quoique sa capacité soit assez limitée, puisqu'elle ne bat que 60 gerbes par heure, on peut lui présager du succès quand elle aura obtenu la sanction de l'expérience, et dans tous les cas où le propriétaire subordonne le désir de posséder une machine à la règle d'une grande économie dans les dépenses de premier établissement.

III. *Machines à égrener proprement dites.*

Dans la Grande-Bretagne, dans ce pays des machines, on a senti depuis longtemps que la mécanique, cette science précieuse qui a pour mission de débarrasser l'homme des travaux peu lucratifs, nuisibles à sa santé ou trop fatigans, devait se charger de l'égrenage du blé, opération aussi indispensable aux besoins de la société qu'elle est pénible lorsqu'elle est exécutée à bras d'hommes. Après beaucoup d'essais et la combinaison des différens systèmes de battage, André MEIKLE, constructeur de moulins, renommé en Ecosse, a résolu ce problème de la manière la plus satisfaisante. La *machine à battre* de son invention est reconnue pour la plus parfaite par les savans anglais et étrangers. Son usage devient de jour en jour plus grand, non seulement dans la Grande-Bretagne, mais aussi dans le nord de l'Europe, et notamment en Russie, en Pologne et en Suède.

Ayant l'intime conviction de la grande perfection de la machine à battre de Meikle, nous entrerons dans tous les détails de son mécanisme et de son application aux différentes convenances locales. Nous prendrons pour guides dans ce travail les auteurs anglais qui ont le mieux traité ce sujet; en même temps nous ne manquerons pas de rendre compte des travaux que des savans français ont entrepris dans le but de perfectionner la machine dont nous nous occupons, et de leurs efforts pour enrichir l'agriculture française de cette belle invention.

Nous ferons précéder l'analyse de la machine à battre de Meikle par un court récit de la marche qui a assuré, dans la Grande-Bretagne, le *perfectionnement de ces grandes machines*, en nous appuyant sur l'ouvrage du savant LOUDON.

Michel MENZIES, avocat écossais, fut le premier *inventeur d'une machine à battre*. Elle était mue par un courant d'eau, et le battage s'exécutait au moyen des fléaux ordinaires. La séparation des grains s'effectuait bien, et un homme employé à cette machine faisait le travail de six hommes opérant le battage au fléau. Mais les fléaux mus par le moulin n'ont pu résister à la vitesse du mouvement, ils se cassaient, et la machine tomba en désuétude.

En 1758, un *autre système de battage* a été essayé par un fermier du comté de Perth. Une machine fut construite d'après le *principe des moulins à briser le lin.* Elle avait un arbre vertical avec 4 bras placés dans un cylindre de 3 pi. 1/2 de hauteur et de 8 pieds de diamètre. Une grande roue à eau s'engrenait dans cet arbre et lui communiquait un mouvement très-rapide. Des ouvriers présentaient le blé à l'action de ces bras ou batteurs, et l'abandonnaient à l'entraînement. Après avoir subi le battage, les grains et les pailles s'échappaient dans l'étage inférieur par l'ouverture ménagée au fond du cylindre, où la séparation de la paille des grains et le nettoiement étaient effectués au moyen de cribles et de ventilateurs, mus

comme toute cette machine, par l'action
de l'eau.

Vers la même époque (1758), un *troisième
système* succéda aux deux précédens. ELDER-
TON inventa une machine à battre, dans laquelle la séparation des graines de leurs épis
s'effectuait par le frottement de plusieurs
cylindres cannelés, tournant dans l'intérieur
d'un cylindre de 6 pieds de diamètre, et qui
étaient pressés par des ressorts contre sa
surface couverte de petites dents. L'expérience a prouvé que cette machine n'était
rien moins qu'expéditive, et qu'en brisant les
grains elle diminuait considérablement le
prix vénal du produit.

Sir Francis KINLOCH, savant mécanicien,
s'est occupé du perfectionnement de ce système; cette machine écrasait les grains tout
autant que la précédente.

Ce mécompte n'a point effrayé André Meikle; il a jugé la machine susceptible de perfectionnement et en a fait l'objet de ses méditations. Après de nombreux essais, il a été
convaincu qu'il fallait exécuter la séparation
du grain des épis, au moyen de barres qui
devaient battre avec une très-grande vitesse,
désapprouvant ainsi le frottement comme
principe d'action. Un modèle fut construit par
cet artiste ingénieux. Un cylindre, armé de
barres, recevait le blé que lui présentaient
deux cylindres à surface unie, primitivement,
et auxquels ont été substitués des cylindres
cannelés. Mais ce n'est qu'en 1786 que la
première machine fut construite d'après ce
modèle par le fils de son auteur. Certaines
améliorations ont été ajoutées à la machine
primitive, mais le système et les parties principales n'ont subi aucune modification.

Pour donner une idée claire d'une *machine
de Meikle* avec toutes les améliorations
qu'elle a obtenues et les différentes modifications dont elle est susceptible, nous empruntons plusieurs figures aux ouvrages de
MM. Low et LOUDON.

Pour extraire le grain de l'épi au moyen
de cette machine, il faut mettre des poignées de blé sur la table inclinée, en tournant les épis vers les cylindres alimentaires
cannelés et d'un petit diamètre. Ceux-ci saisissent le blé, et, en tournant avec une vitesse
proportionnelle, le font avancer devant le cylindre ou tambour, armé des quatre battoirs.
Ce tambour tourne horizontalement sur son
axe avec une vitesse extraordinaire; sur sa
circonférence sont fixées longitudinalement,
c'est-à-dire dans la direction parallèle à l'axe,
quatre barres en bois garnies de lames de fer
du côté où elles battent le blé. L'action de
ces batteurs sur le blé, tandis qu'il passe
entre les cylindres alimentaires, sépare les
grains et les balles de la paille, et les râteaux
circulaires secouent la paille et en séparent
le grain et la balle qui tombent par le fond,
formé d'un treillage en bois. Là ils tombent
sur une autre machine, le tarare, où se fait
la séparation du grain d'avec les balles et le
nettoyage. Pendant ce temps, les râteaux circulaires poussent la paille hors de la machine.

La *figure* 475 offre la *section transversale* de
tous les détails de la machine. A A sont deux cylindres en fonte de fer, qui, s'engrènent

Fig. 475.

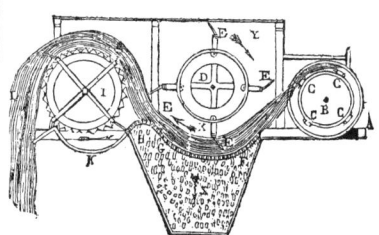

et tournent autour de leurs axes dans un sens
inverse, et entre lesquels passe le blé pour
être égrené. B est le tambour sur la surface
duquel se trouvent 4 battoirs $c\,c\,c\,c$. Pendant
que le tambour fait ses révolutions avec une
grande rapidité, les battoirs agissent sur la
gerbe au moment où elle passe entre les
rouleaux cannelés, et détachent le grain des
épis. La gerbe, en échappant aux cylindres alimentaires, passe avec les grains et les balles
au-dessus du tambour, et est entraînée en
avant dans la direction indiquée par les flèches $x\,x\,x$; mais, avant d'y arriver, la paille
subit l'action de 4 volans-râteaux EEEE,
fixés sur un cylindre creux D, qui fait ses
révolutions dans la direction indiquée par
la flèche Y, et est poussée en avant par
une rotation égale de 4 râteaux fixés sur un
cylindre construit avec des barres en bois F,
qui jettent la paille hors de la machine dans
la direction L.

Le fond est formé d'un treillage à travers
lequel s'échappent les grains et les balles,
pendant que la paille est poussée en avant
par les pointes dont sont armés les volans des
râteaux circulaires. Le grain et la balle tombent dans la direction de la flèche z, dans
une machine placée dessous, où, par le
moyen du vannage, s'effectue la séparation
du grain de la balle.

La surface du cylindre D est couverte de
zinc ou de planches en bois recouvertes de
fer-blanc. La surface du second I est formée
de barres en bois laissant des espaces vides
entre elles pour que les balles et les grains
qui échappent à l'action du premier cylindre
circulaire puissent le traverser et atteindre
le fond formé du treillage. Les extrémités
des deux volans sur le second râteau circulaire
peuvent être armées de brosses pour balayer
en arrière tout ce qui a pu tomber des grains
ou des balles dans la concavité K, et, de
cette manière, tout le grain et la balle tombent sur le fond en treillage F G H.

La fig. 476 représente la forme des parties
de la machine et toutes les roues, poulies et
pignons qui les mettent en mouvement. A
est la grande roue dentée avec son arbre horizontal. Cette roue est en communication
immédiate avec la force motrice, un manége,
une roue mue par l'eau, une machine à vapeur, ou un appareil mu par les vents. Ces
moteurs doivent être placés hors du bâtiment où est placée la machine à battre.

Le mouvement se communique à **toutes**

les parties de la machine de la manière suivante : Par le pignon C (*fig.* 476), la grande

Fig. 476.

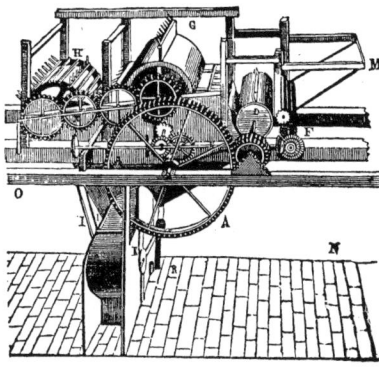

roue met en mouvement le cylindre D ; elle communique en même temps le mouvement à l'axe horizontal E, au moyen des pignons qui, à leur tour, à l'aide d'autres roues et pignons, mettent en mouvement les cylindres alimentaires et le tambour. Une roue, fixée sur l'axe de ce tambour, communique le mouvement aux deux roues intermédiaires *x x*, qui mettent en mouvement la roue J fixée sur l'axe du cylindre formé des barres H. C'est au moyen d'une lanière J J, placée sur la poulie fixée sur le fuseau, que ce mouvement se communique au second râteau circulaire.

L'arrangement intérieur du bâtiment où on place la machine contribue beaucoup, quand il est convenable, à faciliter l'égrenage et le nettoiement des grains. Ordinairement, les granges destinées à cet usage sont divisées en trois parties. La partie centrale est occupée par la machine; dans la division la plus proche des meules de blé on dépose les gerbes à égrener, et la troisième division, aboutissant aux écuries, est destinée à recevoir la paille. Dans la division centrale où est placée la machine, M est l'étage supérieur où on met les gerbes, N est l'étage inférieur où le grain nettoyé tombe par les ouvertures R R, O représente la partie où tombe la paille.

Des machines à couper la paille, les racines, *à broyer* les grains pour la nourriture des animaux, etc., peuvent être placées très-commodément dans cette partie centrale pour être mises en mouvement par des cordes sans fin, tournant dans des poulies. Ces combinaisons sont d'autant plus avantageuses qu'elles ajoutent très-peu au poids de la machine à battre, quand elles sont bien construites et qu'on peut les mettre en mouvement, soit en même temps que la grande machine, soit chacune séparément. Le

déplacement de quelques pignons ou poulies suffit pour modifier l'action de ces différentes machines.

Pour *ôter les barbes aux grains de l'orge et des blés barbus,* on fait passer une seconde fois les grains séparés de la paille et de la balle ; pour effectuer cette opération d'une manière plus parfaite, on attache à l'intérieur du revêtissement du tambour, par deux clous à vis, une barre en bois entaillée de la longueur des rouleaux alimentaires, et armée, d'un côté, d'une lame de fer longitudinale. La distance entre les barres du tambour et cette barre doit être du huitième d'un pouce. Deux minutes suffisent pour attacher ou retirer cet appareil accessoire.

Des *forces motrices, l'eau* est la plus économique et en même temps la plus commode, à cause de la grande égalité de mouvement qu'elle communique. On doit donc donner la préférence à ce moteur partout où la localité le permet.

La *vapeur* présente, comme force motrice, encore plus d'avantages que l'eau, parce qu'elle est indépendante des influences atmosphériques, qu'on peut la placer dans l'endroit le plus convenable à l'agriculteur, et proportionner sa force à l'étendue de la ferme; elle n'a qu'un inconvénient, celui de la cherté dans les localités qui manquent de houille. C'est par cette raison, qu'en Angleterre et en Ecosse, l'usage de cette force motrice est restreinte aux contrées qui produisent cette matière combustible (1).

L'action du *vent,* à cause de son irrégularité, est le moteur le plus incommode. Il est si incertain, que l'usage de cette force motrice, pour ne pas être dans sa dépendance, force l'agriculteur de s'assurer au besoin le secours des forces animales, ce qui exige l'établissement d'un manége.

Quand on manque des forces motrices de la nature, on a recours aux *chevaux;* et, pour rendre le travail plus uniforme, on a perfectionné le mode de les atteler. La *fig.* 477 explique ce manége, ainsi que la manière dont le mouvement est communiqué à la grande

Fig. 477.

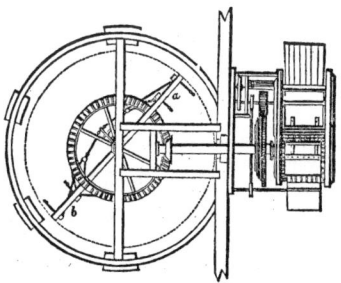

(1) Les machines à vapeur employées comme force motrice peuvent être du genre des machines à condensateurs, ou sans condensateurs. Les dernières sont beaucoup moins compliquées et leur construction moins dispendieuse ; celles du premier genre sont en revanche beaucoup plus parfaites.

roue dentée, pour mettre en mouvement toutes les parties de la machine. L'arbre vertical engrène la roue dentée qui agit sur le
pignon ; celui-ci communique le mouvement à l'arbre, qui le transmet à la roue
dentée, placée ordinairement dans la grange,
et qui met en mouvement toutes les parties
de la machine. La ligure représente une machine de Meikle, de la force de deux chevaux, la plus petite dimension de ce genre,
avec le manége perfectionné. Les chaines ou
cordes qu'on accroche en bas des linguiè-
res *a b*, pour faire marcher la machine, sont
prolongées, dans cet appareil, jusqu'au fût
placé sur une barre qui peut tourner dans
un sens horizontal au moyen d'une cheville.
Un bout de chaque chaîne est fixé au fût, et,
au bout des deux autres, se trouvent de petites poulies sur lesquelles passent de doubles chaines ou cordes.

Un des chevaux est attelé à une des extrémités du levier et l'autre au bout opposé ; et,
comme les chaînes des deux chevaux sont
réunies par les poulies mobiles, aussitôt
qu'un cheval se relâche, l'action de l'autre
presse le collier contre ses épaules, et, s'il
n'avance pas, il est repoussé en arrière. De
cette manière, un cheval est animé par l'autre, et, à l'aide de ce mécanisme, le collier
presse absolument du même poids contre les
deux épaules du cheval, malgré le mouvement circulaire qu'il parcourt, ce qui est encore un grand avantage. Mais le résultat le
plus avantageux dans l'intérêt de la conservation de la machine et des animaux, c'est
l'égalité du mouvement, qui ne peut être obtenue par aucun autre moyen ; et rien ne
ruine tant les chevaux et la machine que des
secousses, principale cause des dégradations
qui interrompent le travail et augmentent
les frais d'entretien.

La *figure* 478 représente une machine du

Fig. 478.

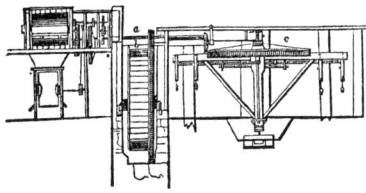

même système, qui peut être mise en mouvement par la force de l'eau, ou par quatre
chevaux alternativement ou conjointement.
L'eau, comme moteur d'une machine à battre, offre de trop grands avantages sur tout
autre genre de force motrice pour qu'il ne
soit pas rationnel de s'en servir, même dans
les localités où cette force n'est pas continuellement suffisante. C'est dans des cas
pareils qu'on emploie ces machines, que nous
décrirons en peu de mots.

Sur la circonférence de la *roue à eau* B, qui
tourne sur l'arbre se trouvent des engrenages en fer fondu, qui communiquent le
mouvement au pignon fixé sur l'axe du tambour. Devant les cylindres alimentaires se

trouve une plate-forme sur laquelle on met
le blé par poignées. Près du tambour est placé
le râteau circulaire, mu par une corde ou lanière qui passe d'un côté dans une poulie
fixée sur l'axe du râteau, et de l'autre sur la
poulie fixée sur l'arbre couché qui se trouve
en communication avec l'arbre de la roue
mue par l'eau.

La même *figure* représente aussi le *mécanisme perfectionné du manége*. Pour se servir
à volonté de la force motrice, physique ou
animale, il suffit de changer la position des
pignons. Ces deux forces peuvent même coopérer simultanément.

Dans certaines contrées de l'Angleterre,
des *machines à battre transportables* sont
d'un usage assez répandu dans les petites
fermes. C'est dans les granges ou en plein air,
sans préparations préalables, qu'on les fait
fonctionner. Leur mécanisme diffère un peu
plus, un peu moins, de celui que nous venons
de détailler, suivant les différens besoins des
localités ; ordinairement elles sont mues par
deux chevaux, mais il en existe pour un seul.
— Les tarares ne sont pas des parties consti-
tutives des machines de ce genre ; mais, au
moyen de cordes sans fin, tournant sur
des poulies, on peut facilement se servir des
tarares simultanément avec les machines à
battre, pour le vannage et le nettoyage du
grain.

*L'egrenage, exécuté au moyen des machines
transportables*, est, comparativement, beaucoup plus coûteux que celui exécuté par les
machines fixes ; et la différence est quelquefois si grande que, dans certaines localités,
les machines mues au moyen des bras de
l'homme sont préférables aux machines
transportables, d'après l'opinion du savant
auteur de l'*Encyclopédie d'agriculture*. Cependant, d'après le témoignage du même
auteur, le comté de Suffolk abonde en machines de ce genre. Il n'est pas rare de voir
un laboureur industrieux placer ses épargnes
de 30 à 40 l. s. (de 750 à 1000 f.) dans l'achat
d'une pareille machine, qu'il transporte sur
une charrette à deux roues d'une ferme à
l'autre, pour l'y mettre en mouvement par
3 ou 4 chevaux. C'est le fermier qui se charge,
dans ce cas, de l'entretien des ouvriers et
des chevaux, et le propriétaire de la machine
répand le blé devant le tambour et dirige le
service de la machine.

Les *machines transportables de* WAIS, de
Londres, construites d'après les principes de
Meikle, sont les meilleures dans ce genre.
Il y en a qui ont des cylindres alimentaires
cannelés, mais il en est d'autres où ces rouleaux sont remplacés par une traînée sur laquelle est dispersé le blé pour être égrené par
le tambour. Ce dernier mécanisme brise
moins la paille.

La *fig.*479 est la partie principale d'une *machine mue à bras d'hommes*. Son service demande 2 hommes et 1 femme. On s'en sert pour
l'égrenage de toutes sortes de céréales dans
une petite ferme ; elle est aussi en usage pour
l'égrenage du trèfle, du colza et autres menus
grains. L'égrenage exécuté par ces petites machines est aussi parfait que celui des grandes,
mais il n'en résulte aucune économie dans le
travail.

Fig. 479.

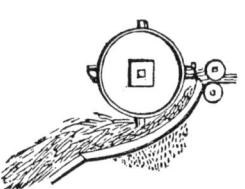

Les agriculteurs du comté de Northumberland se sont montrés les plus progressifs sous le rapport de l'emploi des machines à battre. On y a construit une machine à battre mûe par une machine à vapeur locomotrice, qui transporte par la force de la vapeur, d'un endroit à l'autre, la machine à battre avec son conducteur. Cet appareil ingénieux est destiné à desservir les petites fermes; il ne se borne pas à l'égrenage du blé et exécute différens travaux; il pompe de l'eau, il brise les pierres, etc.

Il n'y a, parmi les agriculteurs de la Grande-Bretagne, qu'une opinion sur la *grande utilité des machines à battre* et sur la supériorité du système de MEIKLE sur tous les autres. Ces machines sont en usage général dans toutes les parties du royaume uni, et on les croit tellement indispensables à toute exploitation rurale bien organisée, que, dans les comtés de Perth et de Northumberland, les grands fermiers n'hésitent pas, d'après le témoignage de M. LOUDON, à subir les frais d'établissement des machines mues par le vent ou par la force de six chevaux, qui sont les plus dispendieuses, si le propriétaire leur garantit la jouissance pendant 21 ans.

Les *avantages qui résultent de l'usage de la machine* de Meikle sont indiqués par l'auteur du *Code of Agriculture* : 1° le rendement en grains est supérieur d'un vingtième; 2° l'opération est extrêmement expéditive; 3° par cette raison elle prévient beaucoup de variations; 4° le blé endommagé par l'humidité peut être sauvé par ce prompt égrenage, et en le soumettant après à la dessiccation dans un four; 5° les machines donnent la facilité de se servir, pour la semence, des grains fraîchement récoltés; 6° l'usage de ces machines facilite le prompt approvisionnement des marchés en cas de disette; 7° les machines préparent tout aussi bien la paille pour la nourriture des bestiaux; 8° les machines facilitent le nettoiement des grains, notamment parce que les petites mottes de terre ne sont pas écrasées par le tambour, ce qui arrive quand on se sert des fléaux, et que le tarare; en séparant la balle du blé, sépare en même temps les petites graines des mauvaises herbes; 9° l'usage de ces machines affranchit les domestiques de ferme et les ouvriers d'un travail dur et pénible, et il rend le fermier indépendant du bon-vouloir de ses ouvriers et domestiques pour l'un des principaux détails de l'économie rurale; 10° l'économie du travail résultant de l'usage des machines peut être évaluée, terme moyen, à 1 shelling par quarter de blé (42 cent. par hectol.) — A ces avantages nous ajouterons encore les suivans: 1° de pouvoir employer utilement les domestiques de la ferme et les chevaux dans les journées où ils manquent d'occupation ; 2° de pouvoir profiter des conjonctures commerciales, souvent aussi profitables que passagères.

Le *prix d'égrenage exécuté au moyen de la machine* écossaise dépend des circonstances locales, trop variées pour qu'on puisse établir un terme précis à cet égard.

Le savant auteur de l'*Encyclopédie de l'agriculture* assure qu'une machine écossaise, de la force de 8 chevaux, *accomplit en une journée* de 9 heures, y compris le vannage et le nettoyage, l'égrenage de 200 à 300 boisseaux d'Angleterre (72 à 108 hectol.) de froment et d'autres grains en proportion. Un ouvrier intelligent, aidé de deux garçons ou femmes, est nécessaire pour alimenter une machine de cette dimension; trois ouvriers pour ôter, botteler et ranger la paille dans la grange, et un conducteur de chevaux assisté d'un enfant. Le produit de la journée d'une machine inférieure est évaluée en Angleterre, terme moyen, à 54 hectol. de froment.

Le *revient de l'égrenage*, y compris le vannage et le nettoyage, est évalué, en supposant l'usage d'une machine de la force de 8 chevaux, mue par un courant d'eau, à 12 c. par hectolitre. Ce revient monte dans la proportion de 2 à 3, si la dimension de la machine ne donne pour résultat que 150 boisseaux par journée. L'usage des forces animales pour moteur élève le revient de 11 1/2 sous par hectolitre, l'entretien de 8 chevaux, avec un conducteur et son aide, coûtant, terme moyen, dans ce pays, 35 fr. par journée; les ouvriers sont comptés dans ce calcul pour 9 schellings (10 francs 18 sous) par journée.

Les *prix de premier établissement* sont sujets aux mêmes variations; il est difficile d'établir des principes à ce sujet. La machine de la force de six chevaux est évaluée par M. Low à 200 liv. st. (2,500 fr.), et, à son avis, chaque ferme de 500 acres (222 1/2 hectares) doit être pourvue d'une machine de cette force.

La grande perfection de la machine écossaise, une fois reconnue dans la Grande-Bretagne, ne pouvait rester confinée dans ce pays. *La Suède*, familiarisée avec l'usage des machines à battre, est le pays qui, le premier, a profité de l'invention de Meikle. Depuis 1802, la machine à battre a été introduite *en Pologne;* mais elle s'est répandue depuis 1816, époque du premier établissement d'une fabrique de machines de ce genre, dans une progression si rapide, qu'avant 1830 il y en avait, dans le royaume n'ayant qu'une population de 4,000,000 d'habitans, plusieurs centaines (1).

(1) C'est à l'établissement à Varsovie de la fabrique des machines et instrumens d'agriculture sur une très-grande échelle, fondée et dirigée par M. EVANS et C°, et où l'on trouvait une grande quantité de machines à battre écossaises et autres, exécutées d'après les meilleurs modèles et de différentes dimensions, que j'attribue cet heureux résultat. L'entreprise grandiose et bien combinée de M. Evans a rendu un immense service à ce pays, en venant lui donner un actif aiguillon qui n'a pu être égalé nulle part, ni par

C'est par la Suède que cette utile machine est entrée *en France*. M. le comte DE LASTEYRIE a ajouté aux nombreux services qu'il a rendus à l'agriculture française celui d'avoir publié la première description circonstanciée de la machine écossaise, d'après une qu'il avait vu exécuter en Suède. D'autres savans français ont suivi son exemple, en faisant des efforts, non seulement pour faire adopter l'usage de la machine écossaise, mais encore pour la perfectionner. MM. MOLARD, HOFMANN de Nancy, LEBLANC, DE DOMBASLE, LÉONARD de la Moselle, et QUENTIN DURAND ont acquis, par ces essais, de nouveaux titres à la reconnaissance nationale. Les machines établies par ces hommes habiles ne nous semblent que des modifications de la machine écossaise, ce qui nous engage à ne pas nous y arrêter.

Nous citerons cependant la *petite machine inventée par* M. LÉONARD, parce qu'elle est une des moins coûteuses et que l'Académie de Metz en a porté un témoignage très-avantageux ; c'est un perfectionnement de celle de M. Quentin Durand. Elle consiste (*fig.* 480) en

Fig. 480.

3 parties principales : la roue des batteurs, un système de deux cylindres alimentaires qui s'engrènent l'un au-dessus de l'autre, et la table nourricière ; celle-ci est un plan incliné au 10ᵉ environ, de 0 ᵐ 50 cent. de largeur, sur lequel on place les javelles déliées, pour être entraînées, entre les deux cylindres alimentaires, vers l'action de la roue des batteurs ; ceux-ci sont des pièces de bois horizontales, parallèles à l'axe autour duquel ils tournent, et ayant une longueur égale à celle des cylindres alimentaires ; ils sont au nombre de 8 sur une circonférence de 0 ᵐ 33 de rayon moyen, et posés sur deux cercles en fer parallèles, armés chacun de quatre bras. Les deux cylindres ont 20 cannelures. La séparation du grain et de la paille s'opère au moyen d'un tambour fixe à claire-voie établi sous la roue des batteurs. Telle est la machine de M. Durand. M. Léonard y a introduit une amélioration qui consiste en une grande roue isolée, mue par des manivelles et transmettant, à l'aide de courroies, le mouvement, tant aux cylindres qu'à la roue des batteurs. De cette manière, on n'a besoin pour le travail que de la vitesse ordinaire des manivelles, tandis qu'il en fallait une triple. M. Léonard a aussi remplacé par des poulies

le pignon de la roue des batteurs et la roue dentée qui était montée sur l'axe du cylindre inférieur. Il faut 4 manœuvres pour servir la machine, qui fait le travail de 5 batteurs au fléau, en opérant le battage de 26 à 27 gerbes par heure. Les essais ont constaté que les produits en paille et en blé sont plus beaux que par le battage ordinaire.

Nous mentionnerons encore la *machine agricole de* MM. MOTHES frères, de Bordeaux, qu'on a vue fonctionner à l'Exposition des produits de l'industrie en 1834. Cette machine à battre et à vanner les blés, seigles, orges, avoines et presque tous les grains, simple et transportable, au moyen d'une légère modification devient propre à couper la paille ou l'ajonc épineux, et peut en expédier 250 à 300 livres à l'heure; au moyen d'une autre modification, elle peut teiller les chanvres et les lins. Cette machine est à cylindres cannelés, et renferme un ventilateur qui opère le vannage du grain. Elle est mue par une manivelle à bras ou par un manége portatif, également très-simple et perfectionné par les inventeurs. Le prix de la grande machine complète est de 1800 fr.; la machine à bras seule coûte 700 fr., et le manége à deux chevaux, propre à toutes machines, 500 fr.

On se sert généralement, dans la Grande-Bretagne, pour les machines transportables, du *manége mobile*, qui se recommande par sa simplicité et par son bas prix; M. MOLARD en a fait la description, et l'a encore simplifié. On ne saurait contester ses avantages, sous le rapport du prix et en ce qu'il peut être transporté avec facilité et posé presque sans frais, partout où une force mécanique peut être employée avec utilité. L'avantage de cet appareil sera relativement plus grand quand il sera établi dans les provinces méridionales de la France.

Dans la figure que nous donnons de cet appareil (*fig.* 481), *a b c* sont des pièces de

Fig. 481.

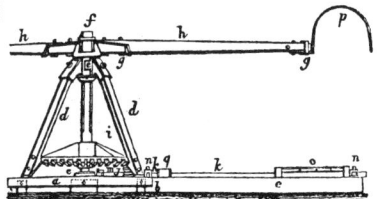

bois de chêne, assemblées à mortaises et composant les bâtis du manége ; *d* jambes de force, en chêne, maintenues sur la pièce de bois *a* par des pattes boulonnées ; *e* collier de l'arbre *f* : il porte des joues en fer, dans lesquelles les jambes de force sont fixées avec des boulons; *g* croix en fonte portant des joues dans lesquelles on fixe à boulons les flèches d'attelage *h h* : cette croix porte un trou carré, dans lequel entre la tête de l'ar bre *f*, qui est ainsi entraîné dans le mouve-ment imprimé au bras d'attelage ; *i* roue d'angle montée sur l'arbre *f*, et menant le pi-gnon *j*, monté lui-même sur l'arbre de couche *k* ; *l* crapaudine dans laquelle tourne l'arbre vertical *f* ; *m* coussinet faisant corps avec la crapaudine *l*, et recevant le bout de l'arbre de couche *k* ; *n n* sont les deux autres coussi-nets qui soutiennent le même arbre ; *o* pont en bois sur lequel passent les chevaux. La roue *i* porte 56 dents, le pignon *j* en a 18 ; le rapport de vitesse de la roue au pignon est donc à peu près comme 1 est à 3. La flèche d'attelage étant de 10 pieds, et le pas du che-val de 3 pieds par seconde, il parcourra la circonférence en moins de 21 secondes, et fera faire dans le même temps une révolution à la roue *i*, et trois révolutions au pignon *j*. L'ar-bre *k* aura donc une vitesse de neuf tours par minute environ.

Pour *décider l'agriculteur français* à préfé-rer la machine écossaise, en abandonnant les anciens modes de battage, il faut le con-vaincre avant tout que ce moyen mécanique est plus économique que les autres. Tous les agriculteurs éclairés ont senti l'im-portance de cette question, et plusieurs ont tâché de la résoudre d'une manière satis-faisante. M. DE DOMBASLE s'en est occupé par-ticulièrement, et avec autant de conscience et d'impartialité que de discernement; mais, en même temps, il a senti et avoué la diffi-culté d'établir une comparaison concluante entre les différens modes de battage sous le rapport économique. Le résultat de l'égre-nage, au moyen de la machine écossaise, dé-pend de tant de circonstances presque insai-sissables, telles que du degré de perfection de la machine employée, de sa dimension, de l'adresse des ouvriers qui la servent, de la disposition de la grange, plus ou moins con-venable à l'action de la machine ; du nombre des journées durant lesquelles on se sert de la machine dans le cours d'une année; de l'occasion d'utiliser d'une autre manière le ma-nége attaché à la machine, pendant que celle-ci chôme, etc., qu'il n'y a peut-être pas de lo-calités où le battage au moyen des machines puisse présenter les mêmes résultats sous le rapport économique.

Cependant M. DE DOMBASLE, pour sortir du vague, ou plutôt pour servir de guide aux agriculteurs dans *l'appréciation des frais de battage au moyen des machines,* a formulé un calcul approximatif que nous n'hésitons pas à présenter à nos lecteurs, puisque nous le trouvons analogue à notre expérience ; avec la seule modification qu'à notre avis on ne peut compter, pour une journée, terme moyen, que 8 heures au lieu de 10 heures, d'a-près la supposition de M. de Dombasle. Nous appuyons notre opinion de deux observa-tions : 1° que le travail du manége est trop fatigant pour que les chevaux puissent le prolonger 5 heures durant, sans relâche; 2° le battage au moyen des machines se fait, la plus grande partie, en hiver et pendant le mauvais temps, où le manque de lumière rac-courcit les heures de travail. Cette réduction est au moins applicable à la partie septen-trionale et au centre de la France.

Les suppositions suivantes *servent de base au calcul* approximatif de M. de Dombasle :

1° Le prix primitif de la machine est sup-posé être de 2,000 fr.

2° Il n'est question dans ce calcul que du froment, et M. de Dombasle part du prin-cipe que le produit du battage, pour la quan-tité des grains, est dans une proportion in-verse avec leur prix vénal; le produit de l'avoine est à peu près double du produit en froment.

3° Cinq pour cent comme intérêt du capi-tal de premier établissement est mis annuel-lement à la charge du battage.

4° *Idem* deux et demi pour cent pour cou-vrir les frais d'entretien et du renouvellement partiel.

5° Il est supposé que la ferme fournit par campagne 20,000 gerbes au battage, et que la machine égrène 100 gerbes par heure, en occupant 4 chevaux et 5 ouvriers. Le prix du travail du premier ouvrier est évalué à 25 c. par heure, et à 12 c. 1/2 par heure le travail de chacun des 4 autres ouvriers. Le prix du travail des chevaux est évalué à 25 cent. l'heure par cheval.

6° Les 150 francs pour l'intérêt du capital de l'établissement de la machine et de son entretien, répartis en 200 heures de travail, donnent pour résultat 75 cent. par heure.

Ces suppositions admises, le montant des dépenses d'une journée de 8 heures est de 14 f. 75 c., et comme 8 heures sont supposées devoir suffire à l'égrenage de 800 gerbes. dont le produit en grain, à raison de 5 hectolitres, est supposé de 40 hectolitres, l'égrenage coûte 36 fr. 35/40 par hectolitre.

Le prix proportionnel du *battage devient plus considérable* si 100 gerbes ne rendent pas 6 hectolitres de grains. De même les frais grossissent proportionnellement si la ferme fournit au battage moins de gerbes que la quantité supposée.

Les deux tableaux suivans sont le résultat des calculs approximatifs basés sur les sup-positions ci-dessus indiquées, en comptant 10 heures de travail par journée.

		Prix du battage avec			
		une grande machine.		une petite machine.	
		fr.	c.	fr.	c.
1. Dans une exploitation où on récolte annuellement 5,000 gerbes.		»	88	»	92
2. . . . . . *id.* . . . . . . *id.* . . . 10,000		»	58	»	78
3. . . . . . *id.* . . . . . . *id.* . . . 20,000		»	40	»	69
4. . . . . . *id.* . . . . . . *id.* . . . 40,000		»	36	»	65

	Produit en hectol.	Frais de battage			
	Gerbes.	Par dépiquage.	Par le fléau.	Par une petite machine.	Par une grande machine.
1. Ferme d'une vingtaine d'hectares produisant	5,000	250	500	262½	230	220
2. — 40 à 50 hectares.	10,000	500	1,000	625	390	290
3. — 80 à 100	20,000	1,000	2,000	1,250	690	420
4. — 160 à 200	40,000	2,000	4,000	2,500	1,300	430

Il n'est pas question dans ces calculs du surplus du produit en grains, résultant d'un meilleur égrenage, qui ne peut être obtenu que par le moyen des machines, et qui est évalué, en Angleterre, au moins à 1/20 du produit total. Ce seul profit suffit pour couvrir, en moins d'une année, les frais de premier établissement, dans une ferme qui a 160 à 200 hectares d'étendue.

Je pense en avoir dit assez pour mettre au grand jour la supériorité de la machine écossaise et les avantages qui résulteraient de son introduction dans toutes les fermes au-dessus de 20 hectares. Je me suis abstenu de m'appuyer dans mes assertions, sur ma propre expérience durant plusieurs années, tous les faits allégués étant puisés à des sources irrécusables. Je provoque de tous mes vœux, dans l'intérêt de l'agriculture française, l'établissement, à Paris et autre point central, de fabriques et de bazars des machines agricoles, à l'instar de celui de Wire à Londres, et d'Evans à Varsovie. Les détails de la machine de Meikle, exécutés en fonte, sont les principaux et les plus coûteux, quand il faut les faire exécuter d'après des modèles à faire ; mais, quand on aura la possibilité de se procurer les roues, les pignons, les coussinets, etc., en fonte, tout faits, les meilleures machines seront facilement copiées à peu de frais par des constructeurs de moulins, des menuisiers et autres artistes un peu familiarisés avec les principes de la mécanique.

ART. II.—*Du vannage et du nettoyage des grains.*

Les grains séparés des épis, pour être utilisés à la nourriture des hommes, à la semence, ou à tout autre usage, doivent encore être séparés des balles ou menues pailles, des graines de mauvaises herbes et autres corps étrangers. Pour effectuer cette séparation, au battage ou dépiquage succède l'opération appelée *vannage.*

Dans l'usage ordinaire, le *vannage s'exécute à l'aide d'un instrument* en osier, appelé *van* (*fig.* 482), et l'on n'a recours aux tarares ou *moulins à vanner*, dont nous parlerons tout-à-l'heure, que pour achever le complet nettoyage du grain. L'ouvrier, pour se servir du van, se place dans un courant d'air, le plus souvent sur l'aire de la grange ; il prend dans son van une certaine quantité de grain battu après en avoir écarté la paille et les balles les plus volumineuses ; secouant alors son van qu'il tient des deux mains, et qu'il appuie contre ses deux cuisses, il fait sautiller le grain et les substances qui s'y trouvent mêlées ; dans ce mouvement, les plus légères

Fig. 482.

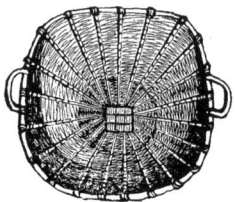

sont emportées par l'air, et les autres, sous le nom de *autons*, se rassemblent à la surface, où il est facile de les réunir avec la main et de les pousser au dehors. On conçoit que ce procédé, comme le suivant, ne peut opérer la séparation que des corps très-légers.

On vanne aussi le blé *en jetant contre le vent*, avec une pelle, dans une direction demi-circulaire, les grains, dans l'état où les a réduits le battage, c'est-à-dire mêlés avec les enveloppes, la menue paille, etc. Par l'action du vent, les balles et autres corps légers sont rejetés en arrière, tandis que les grains et les corps pesans tombent en avant. Ce procédé ne suffit pas pour séparer le blé des autres corps d'une pesanteur à peu près égale à la sienne. Pour compléter le nettoiement, les grains vannés de cette manière doivent passer *à travers plusieurs cribles*, qui retiennent les grains d'une certaine forme et grosseur, en laissant passer les corps d'une grosseur et configuration différentes.

Le *vannage exécuté à bras d'hommes*, sans être aussi fatigant pour l'ouvrier que le battage au fléau, exige cependant beaucoup de travail ; il augmente les frais de l'égrenage au moins d'un dixième, terme moyen, et il est accompagné de très-grands inconvéniens.

La bonne *exécution de ces modes de vannage* dépend autant de l'influence atmosphérique que de l'adresse et du bon-vouloir des ouvriers. Le vent, s'il est trop fort, jette une partie du grain sur le margot ; trop faible, il rend la séparation imparfaite. Le vannage est tout-à-fait impraticable par le calme, de sorte que ce travail est quelquefois interrompu pendant plusieurs jours, interruption qui dérange toujours l'agriculteur dans l'emploi des ouvriers, qui lui devient surtout fâcheuse dans les localités où le battage s'exécute en plein air, et dans les cas où la pluie survient pendant le calme. La détérioration de la qualité des grains est alors presque inévitable. —Le vent le plus favorable ne suffit pas, en outre, pour garantir un nettoiement parfait du blé; l'adresse et l'attention soutenue de l'ouvrier sont indispensables. L'ouvrier insouciant, ou qui n'a pas grand usage de ce travail, laissera beaucoup de menue paille et autres corps mêlés avec le blé.—Ces inconvéniens sont trop frappans pour que l'agriculteur n'ait pas appelé la mécanique à son secours; la mécanique, cette science secourable qui a tiré l'homme de tant d'embarras, de tant de perplexités; qui, inépuisable dans ses moyens, par des combinaisons ingénieuses, augmente et accumule les forces quand il le faut, les régularise, en accroît ou limite la vitesse, et prolonge la durée de l'action; qui économise sur le temps, sur la dépense ou sur la matière; qui exécute les opérations trop délicates pour les bras de l'homme, etc.!

Les efforts des mécaniciens pour remplir ce besoin de l'agriculture, ont été couronnés du succès le plus brillant. Le tarare, dans sa perfection actuelle, et combinés avec un système de cribles, rend la séparation du grain d'avec tous les corps étrangers, aussi parfaite que l'opération même, au moyen de cette machine, est peu fatigante pour l'ouvrier et expéditive.

Les *tarares* servent pour le vannage et pour le nettoyage des blés, ou seulement pour cette dernière opération. Aux tarares qui servent en même temps au vannage, on donne relativement une plus grande dimension. Ce genre de tarares, reunis aux machines écossaises, sont d'une utilité inappréciable.

Les tarares en usage dans tous les pays sont *basés sur le même principe.* C'est le courant d'air qu'on produit, et qu'on rend plus ou moins fort au moyen de volans, qui, en séparant les corps relativement plus légers des corps plus pesans, effectue le vannage et le nettoiement.

Le tarare dont nous donnons la description (*fig.* 483 *et* 484) peut être utilisé, ou conjointement avec une machine à battre écossaise, ou séparément. Des planches d'une forme oblongue sont placées sur un axe horizontal, à égale distance l'une de l'autre, de telle manière que ces planches remplissent la largeur de la machine. L'axe de ce *volant* est tourné par une roue engrenée dans un pignon dont la manivelle lui communique une grande vitesse; les ailes du volant, en suivant ce mouvement de rotation, produisent un grand courant d'air. Le blé qui doit être vanné est placé dans la *trémie* qui est au-dessus de la machine, et tombe sur un ou plusieurs *cribles* qui sont fixés dans la machine, de manière à être dans le mouvement horizontal accéléré de va-et-vient. Pendant que ces cribles, par ce mouvement horizontal, interceptent et séparent les grains et les balles, le courant d'air repousse celles-ci au loin, comme très-légères; le grain seul s'écoule par une ouverture ménagée au bas de la machine .

La *figure* 483 représente un côté de cette machine. A est la *roue,* qui peut être mise en mouvement par la *manivelle* B. Cette roue, en engrenant le *pignon* , communique le mouvement à l'*axe,* sur lequel sont fixées les quatre planches oblongues ou *ailes.* Ce volant, qui est presque enveloppé de trois côtés par la caisse en bois, est alimenté d'air au moyen de deux ouvertures ménagées des

Fig. 483

deux côtés de la machine, et qui sont indiquées dans la figure. Ces ouvertures peuvent être, à volonté, élargies ou rétrécies au moyen de planches à coulisse, et, par ce moyen, on renforce ou on affaiblit le courant d'air.

La *figure* 484 représente le côté opposé de

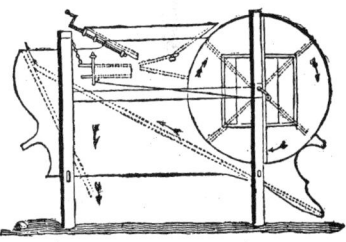

Fig. 484.

la machine, vue en coupe à l'intérieur. On y voit les quatre planches, appelées *ailes* du volant. Le mouvement rotatoire de ces ailes dans la direction indiquée par les flèches, cause un grand courant d'air dans l'intérieur de la machine, et dans la direction des autres flèches. La partie supérieure est la *trémie* dans laquelle on met le blé, ou dans laquelle il tombe, si la machine est placée sous une machine à battre, en échappant à travers le treillage qui est fixé dessous le râteau circulaire. Le blé avec la balle, s'échappant de la trémie, tombent sur les *cribles,* qui sont en connexion avec le fond mobile de cette trémie, qui est fixée à un pivot; ce fond est suspendu sur deux *chaînes,* dont une est visible dans la figure.

La planche, qui forme le *fond de la trémie,* est mise en mouvement simultanément avec les cribles. Ce mouvement de secousses fait que le blé s'écoule de la trémie par l'*ouverture*, et tombe sur ces cribles. Cette ouverture peut être élargie ou rétrécie en faisant monter ou descendre la planche au moyen d'un ais. C'est une *baguette* qui donne le mouvement latéral au fond de la trémie et aux cribles, au moyen d'un bras par lequel elle tient aux cribles, tandis qu'elle se trouve en communication, par un autre bras, avec l'axe du volant. Le *fond* de la machine est formé de planches en bois placées dans une direction inclinée, pour que le grain, séparé des balles et autres ordures, s'écoule sur ce plan incliné. Une partie de ce fond est mobile, les planches étant à coulisses.

L'action de cette machine est très-simple. On place le blé dans la trémie, si celle-ci n'est pas alimentée par une machine à battre, et un ouvrier tourne la manivelle, si le mouvement n'est pas communiqué au tarare par une autre machine, au moyen d'une corde ou lanière passant dans une poulie, qui remplace dans ce cas la manivelle, pour mettre le tarare en mouvement. Le blé s'échappe alors par l'ouverture et tombe sur les deux cribles, suspendus parallèlement. Le courant d'air exerce alors son action, la balle est soufflée au dehors de la machine, dans la direction des flèches. Quant aux grains comme des corps plus pesans, ils tombent sur le plan incliné, et s'écoulent par l'ouverture. Ceux qui sont assez légers sont soufflés par le vent au loin, mais ceux qui ne le sont pas assez pour être soufflés avec la balle, descendent et tombent dans l'espace intermédiaire indiqué par les flèches, qui est séparé de l'endroit où s'accumule le blé de bon poids. En rehaussant ou rabaissant la planche, on diminue ou on augmente la quantité du grain léger qui tombe dans cette division.

Cette machine est *susceptible de modifications*, sans manquer pour cela son but. On peut se passer du second crible; le blé nettoyé peut sortir de la machine dans d'autres directions. On rend quelquefois tout le fond mobile, en lui donnant un ébranlement continuel, pour mieux séparer le grain du sable et de la poussière. Les *figures* ci-dessus representent une machine destinée à être placée dessous une machine écossaise; les tarares à manivelles doivent être d'une dimension plus limitée, pour être plus facilement transportables.   BIERNACKI.

CHAPITRE XIII. — DES VOIES DE COMMUNICATION VICINALES ET RURALES.

On appelle généralement *chemins vicinaux* tous les chemins qui ne sont pas compris dans les classemens des routes royales et départementales. L'utilité et l'importance de ces chemins étant très-variables, il convient d'établir des dénominations différentes pour ceux qui ne servent qu'à établir des communications entre de simples communes rurales, que l'on peut nommer *chemins communaux*, et pour les chemins qui traversent la majeure partie d'un canton, ou qui, étant utiles à la fois à plusieurs communes, conduisent à une ville, à un chef-lieu de canton ou à une route classée, et méritent par là le nom de *chemins cantonnaux;* les chemins qui ne servent que pour l'exploitation des champs, se nomment *chemins ruraux.*

ART. Ier. — *Des chemins cantonnaux et communaux.*

Le premier soin à prendre pour parvenir à remédier au mauvais état de la plupart des chemins vicinaux est d'en rechercher les causes; il y en a deux principales.

La première consiste dans *l'insuffisance et les défauts de la législation actuelle.* Les Chambres s'en occupent maintenant; on doit espérer qu'elle sera améliorée de manière à rendre plus facile l'application des moyens d'exécution, et on se bornera à dire ici que l'équité veut que les charges extraordinaires qui ont pour but les travaux d'amélioration des chemins vicinaux, et les charges annuelles relatives à leur entretien, portent principalement sur les personnes auxquelles ils servent le plus, et dans la proportion de l'usage qu'elles en font, soit pour des services habituels, soit pour des transports extraordinaires et temporaires de bois, de matériaux de constructions, de minerais, ou de produits de fabriques, d'usines, etc.

La seconde cause est l'absence presque générale, dans les campagnes, *des connaissances spéciales et de l'expérience pratique,* qui sont nécessaires pour faire de bonnes réparations, avec toute l'économie qu'exigent les chemins vicinaux, à raison de la modicité des ressources que les communes rurales peuvent y appliquer. D'où il suit que les travaux étant souvent mal faits et ne durant pas, les intéressés, persuadés que pour faire mieux il faut des moyens pécuniaires bien supérieurs à ceux dont ils peuvent disposer, se découragent et renoncent à toute amélioration.

Si cette opinion était fondée, ce serait en vain qu'on s'occuperait de lois et de réglemens; car, quelle que soit leur perfection, ils seraient impuissans pour l'amélioration des chemins vicinaux, s'il était véritablement impossible de l'obtenir avec les ressources existantes. La condition essentielle pour atteindre ce but est donc de prouver que cette amélioration n'est ni aussi difficile ni aussi dispendieuse qu'on le croit généralement; et qu'en suivant de *bons procédés,* en les appliquant avec intelligence et persévérance, on peut, avec les moyens dont disposent la plupart des communes, parvenir en peu d'années à assurer une bonne viabilité sur tous les chemins vicinaux.

Le défaut de succès de la plupart des tentatives faites jusqu'à ce jour est dû, surtout, à ce que très-peu de personnes se sont occupées sérieusement de cet objet, et à ce qu'il n'existe aucun traité ni ouvrage dans lesquels on trouve de bonnes instructions pratiques, faciles à comprendre et à appliquer par des personnes étrangères à l'art de l'ingénieur.

Les méthodes d'exécution et d'entretien des routes royales et départementales ne sont point applicables aux chemins vicinaux. Il faut pour ces chemins des procédés simples et économiques, qui permettent d'améliorer peu-à-peu et progressivement, suivant les moyens disponibles, sans cependant interrompre jamais la viabilité. Il serait fort difficile, et peut-être impossible, de satisfaire à ces conditions, en suivant le système ordi-

naire des travaux de routes; mais, heureuse·
ment, l'art de les exécuter et de les entretenir a fait des progrès, et plusieurs des nouvelles méthodes peuvent être appliquées avec
beaucoup d'avantage aux chemins vicinaux.
Nous allons les faire connaître, et donner
les instructions nécessaires pour faciliter
leur application.

§ 1ᵉʳ. — Tracé et réglement des pentes.

Avant de s'occuper de l'amélioration du
service d'un chemin vicinal, il faut *régler son
tracé et ses pentes*, sans quoi les travaux d'a-
mélioration seraient à recommencer sur les
parties qui éprouveraient des changemens
par la suite, quand on voudrait faire disparaître des vices de tracé ou des pentes trop
fortes. On ne peut donner ici des règles pour
ces sortes de rectifications, parce qu'elles
nécessiteraient des explications très-étendues et une sorte de cours. D'ailleurs, ces
opérations exigent, pour être bien faites,
l'intervention d'un homme de l'art, qui doit
avoir l'instruction et l'expérience nécessaires
pour les bien exécuter; nous nous bornerons,
en conséquence, à indiquer les principes
généraux.

Le premier doit être d'arrêter les directions et le tracé des chemins, en *adoucissant
les angles et les courbes* trop brusques, en
utilisant le plus possible les largeurs existantes, mais sans jamais admettre une largeur moindre de six mètres, qui est le minimum fixé par la loi du 9 ventôse an 13 (1).

Le tracé étant arrêté, on doit le *fixer par
des fossés ou rigoles*, et, quand on ne peut en
établir, par des bornes. On inviterait ensuite
les propriétaires à border ces chemins par
des plantations; on ne peut les y obliger,
mais seulement les y engager.

Pour prévenir les erreurs et les anticipations, les propriétaires riverains doivent prévenir le maire de leur commune de l'intention où ils sont de planter, pour qu'il leur
fasse connaître la limite du chemin, et les ali-
gnemens à suivre.

Après la fixation du tracé, l'objet le plus
important est le *réglement des pentes* : on doit
s'occuper de les adoucir, et surtout de faire
disparaître les contre-pentes, c'est-à-dire les
montées suivies immédiatement d'une descente, parce qu'il y a double inconvénient, et
que ces contre-pentes se trouvant ordinairement dans des terrains un peu montueux, il
arrive presque toujours qu'elles sont suivies
de bas-fonds, et qu'il est alors facile et doublement avantageux de couper, ou au moins
d'abaisser leur sommet, en faisant servir les
déblais qu'ils donnent, à remplir ces bas-
fonds; alors on améliore la route pour toujours, à peu de frais.

Pour faire les terrassemens qu'exigent les re-
dressemens de tracé, ou les rectifications de

pente, le meilleur moyen, quand il n'y a pas
d'empierrement, est de soulever et de diviser
les terres à déblayer avec des charrues, en
employant les plus fortes du pays; puis on fait
enlever les terres ainsi mobilisées avec des
tombereaux ou des brouettes, suivant les distances des transports. Quand il y a d'anciens
empierremens, il faut commencer par arracher les pierres à la pioche, et les mettre en
réserve pour servir plus tard à la formation
de la chaussée.

Quand des déblais sont considérables, il y
a un grand avantage à employer pour leur
transport le *tombereau mécanique*, inventé récemment par M. PALISSARD (*fig*. 485). Ce tom-

Fig. 485.

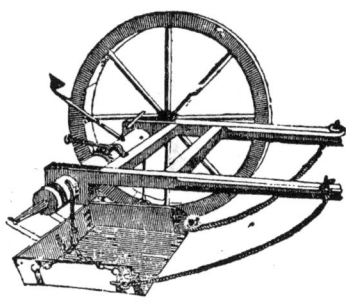

bereau, formé d'une caisse mobile à bord
tranchant, montée sur deux roues, est disposé
de manière que la caisse se charge d'un tiers
de mètre cube, par l'action du tirage des chevaux; cette caisse, suspendue à l'essieu, étant
relevée par l'action d'un levier que fait mouvoir le conducteur, est transportée immédiatement par les mêmes chevaux, et se décharge
au remblai sans aucun arrêt, par l'échappe-
ment du fond qui s'ouvre et s'abat lorsque le conducteur tourne le crochet qui le
retient. Il résulte de plusieurs expériences
comparatives faites à Paris et dans plusieurs
départemens, que, pour des distances de 50
à 100 mètres, les chargemens et transports
faits avec le tombereau mécanique, donnent
une économie de plus d'un tiers sur le même
travail fait avec la brouette, et que pour les
transports plus éloignés, le travail du tombereau mécanique présente une économie
des deux tiers pour les distances de 100 à 200
mètres, de moitié pour les distances de 200
à 400 mèt., et d'un tiers pour celles de 400 à
600 mèt. Au-delà de cette dernière distance,
il n'y a plus d'avantage à employer cet instrument, parce que le bénéfice que procure
son moyen spécial et rapide de chargement
et de déchargement est plus que compensé
par l'infériorité de la charge, qui n'est que

(1) Le meilleur document à consulter par les sous-préfets et par les maires, relativement à la propriété
des chemins vicinaux, aux anticipations, aux usurpations, à la fixation de leurs limites, aux fossés
et plantations, aux mesures à prendre pour leur amélioration, leur entretien, leur conservation et
leur police, est l'*Instruction ministérielle du 7 prairial an* 13 sur l'application des lois des 9 ventôse
an 12 et 9 ventôse an 13, et l'exposé des dispositions résultantes des lois et instructions sur cette matière, qui se trouve dans le *Code de voirie* de FLEURIGEON, pag. 378 et suivantes.

d'un tiers de mètre cube, tandis que le tombereau ordinaire à un cheval porte 4 dixièmes de mètre cube (1).

En général, il faut, autant que possible, n'*exécuter les terrassemens* de chemins *qu'au printemps* ou dans le cœur de l'été, et jamais en automne, pour leur donner le temps de se tasser et de s'affermir avant la mauvaise saison; autrement on risque de rendre le chemin impraticable pendant l'hiver. Il importe aussi de faire ces terrassemens dans les circonstances les plus favorables aux labours, c'est-à-dire lorsque les terrains, assez profondément trempés par les pluies, commencent à sécher à la surface.

Il est encore un soin important à prendre quand on fait des terrassemens de routes, c'est *d'employer la terre la plus grasse au fond* des remblais, ou sur leurs talus, et de ne mettre au milieu,et.surtout en couche supérieure, que les terres sèches, les sables et les graviers.

Pour satisfaire à ces conditions, il faut, avant de faire le déblai, en reconnaître la nature par des fouilles, des tranchées latérales, ou quelques trous de sonde. On commence le déblai par les parties les plus glaiseuses, ou les plus grasses, pour les porter en première couche au fond des remblais; ensuite, on met en seconde couche les terres mélangées, de qualité médiocre, puis par-dessus, en dernier lieu, les terres sableuses ou graveleuses, les graviers et les pierrailles. Si on trouve *des marnes* dans les déblais, il faut examiner si elles sont grasses ou sèches; les marnes grasses seront mises au fond, les marnes sèches et la craie devront, au contraire, être conservées en dernière couche, parce qu'elles forment le meilleur fond pour l'établissement d'une chaussée d'empierrement ou en cailloutis : les terres *végétales* doivent être réservées pour le recouvrement des talus des remblais, afin de favoriser la végétation qui les consolide.

Il faut avoir soin de *tasser les remblais;* pour cela il faut les étendre toujours par couches horizontales de 2 pieds au plus de hauteur, et faire passer les voitures également partout. Quand ils sont faits, on doit les laisser tasser avant d'y commencer les chaussées : pour que le tassement soit complet, il faut attendre au moins trois mois, et surtout qu'ils aient éprouvé une saison de pluie ; si on était obligé de livrer passage sur des remblais avant d'y faire une chaussée, et à plus forte raison si on ne devait pas en exécuter, il faudrait leur donner un bombement assez prononcé, et l'entretenir avec soin.

§ II. — Travaux d'amélioration sur les chemins convenablement réglés.

I. *Du bombement.* — Pour se former une juste idée des *conditions à remplir pour obtenir de bons chemins*, il suffit de remarquer qu'un terrain suffisamment tassé et bien sec, supporte sans enfoncement les plus lourdes voitures, et qu'elles y roulent facilement tant que la surface conserve sa fermeté; mais que,

dès qu'elle la perd, soit par la trituration qui la réduit en poussière, dans les temps secs, soit par la pénétration des pluies qui l'amollit, elle se rouage et devient incommode pour les voitures ; d'où il suit que pour avoir des chemins d'une résistance durable et d'un roulage facile, il importe surtout de les préserver de ces deux causes de destruction. Pour y parvenir, il faut empêcher les eaux de les pénétrer, et couvrir le terrain de substances capables de résister à l'action des roues.

Les eaux ne pénétrant la terre que quand elles peuvent y séjourner quelque temps, le premier soin à prendre pour éviter cette pénétration si nuisible, est de faire en sorte que jamais l'eau ne reste sur le chemin. Pour cela il faut lui *donner un bombement* qui peut varier du vingtième au cinquantième de la largeur, selon la nature du sol et sa pente. Mais, comme il est toujours un peu incommode, il ne faut lui donner que l'élévation indispensable pour l'écoulement des eaux ; ainsi, quand le terrain est ferme et difficilement perméable, on peut se borner au minimum du cinquantième. De même, quand la pente longitudinale du chemin est un peu forte, c'est-à-dire quand elle excède 4 centim. par mètre (ou un pouce et demi par toise), on peut aussi se borner à ce minimum, parce qu'alors la pente en long concourt en même temps que la pente en travers, à empêcher la stagnation des eaux. Mais, quelle que soit la pente, il faut toujours du bombement, sans quoi les eaux, en suivant la route sur une grande longueur,la ravineraient bientôt, tandis que par l'effet du bombement elles se déjettent obliquement, de chaque côté, dans les fossés ou les rigoles,qui bordent le chemin, ou sur les terrains voisins lorsqu'il est en remblai.

II. *Du tassement.* — Le bombement étant formé, soit qu'on veuille ou non le recouvrir d'une chaussée, il faut *le bien tasser*, pour lui donner la force de résister à l'action des roues, et pour le rendre plus difficile à pénétrer par les eaux. Le moyen le meilleur et le plus économique d'opérer ce tassement est de faire rouler le chemin avec des *cylindres* de grande dimension et d'un grand poids. La grandeur du diamètre rend le tirage plus facile, et, pour que le tassement soit suffisant pour résister au roulage, il faut que le poids du cylindre soit plus considérable que la charge d'une voiture, parce qu'il porte sur une plus grande surface à la fois.

On fait ces cylindres facilement et à peu de frais en fixant, au moyen de fortes chevilles et de deux cercles en fer, de forts madriers sur les jantes d'une vieille paire de roues montées sur un long essieu (*fig.* 486). On remplit la cavité de ce cylindre entièrement avec de la terre bien tassée, et, quand on veut le rendre très-lourd, avec des pierres qu'il faut garnir de terre mouillée, en guise de mortier, pour les empêcher de se mouvoir. Les brancards se placent en dehors du cylindre et sont attachés à l'essieu par des colliers en

_____

(1) Pour voir le tombereau mécanique, ou pour en acheter, on peut s'adresser à M. Cassasol, rue Coquillière, à Paris, et à M. Boutan, à Lafite, par Rieux (Haute-Garonne).

Fig. 486.

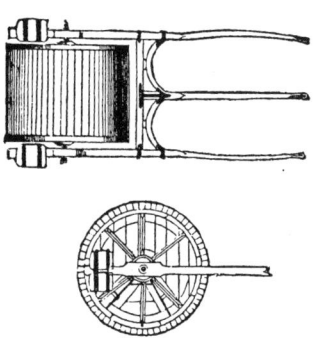

fer fixés solidement sur les faces de ces brancards ; une forte traverse les réunit en avant du cylindre. On prolonge ces brancards en arrière de l'essieu pour leur faire porter des contrepoids, mais on ne leur fait pas dépasser le cylindre, et on ne met pas de traverse par-derrière, afin de pouvoir faire tourner le brancard à volonté sur l'essieu, de l'avant à l'arrière.

Cette manœuvre est nécessaire pour les retours, parce que pour bien tasser, il faut répéter les roulemens plusieurs fois de suite; et, comme le frottement du cylindre sur le sol est considérable, il est difficile de le faire tourner sur place ; il vaut mieux, au bout de chaque course, dételer les chevaux et faire tourner le brancard sur l'essieu pour atteler de nouveau du côté opposé. Si, cependant, on aime mieux faire tourner le cylindre, on le peut facilement; mais, pour éviter de gâter le chemin par le frottement, de forcer les brancards et de fatiguer les chevaux, il faut se servir d'un petit madrier de deux pieds de long sur un de largeur, un peu bombé dans son milieu. On le place en avant du cylindre que l'on fait monter dessus, et alors on le fait tourner facilement comme sur un pivot (1).

Pour que le cylindre de compression produise tout son effet, il faut l'employer lorsque le terrain est pénétré d'humidité et que sa surface commence à sécher, c'est-à-dire qu'il faut rouler quelques jours après la cessation d'une pluie de quelque durée. Alors on obtient, en roulant cinq à six fois chaque portion de route, un terrain très-uni et très-résistant, sur lequel l'eau glisse, et qu'elle ne peut pénétrer que difficilement et après de longues pluies.

Quand on ne peut pas établir immédiatement une chaussée, il faut, avant de rouler, *couvrir le sol d'une couche* d'un pouce environ *de sable*, de gravier ou autres substances analogues; la pression du cylindre faisant

pénétrer ces matières dans un sol humide, augmente beaucoup sa fermeté et son imperméabilité.

Quand on n'a pas de sable ni de gravier, on peut encore *employer utilement en recouvrement* une espèce de terre que l'on peut désigner sous le nom de *terre dure*. C'est celle qui est composée de sable ou de gravier, mêlé naturellement et intimement avec une petite quantité d'argile; cette espèce de terre compacte acquiert, surtout quand elle est tassée, une grande dureté, et forme des chemins qui, sauf pendant les temps de longues pluies et de dégels, sont presque aussi résistans que ceux qui ont des chaussées, et sont bien plus économiques. En effet, les terres dures coûtent bien moins que la pierre; elles ne s'usent presque pas, et il suffit, pour les raffermir, de les régaler et de les rouler après les pluies. Les terres propres à cet usage se reconnaissent ordinairement par leur résistance à l'action de la pioche quand elles sont sèches, et par la facilité avec laquelle elles se maintiennent verticalement sans talus et sans éboulemens.

Un *chemin vicinal exécuté simplement en terre*, avec les soins et les précautions qu'on vient d'indiquer, c'est-à-dire recouvert, lorsqu'il est humide, d'une couche de sable, de gravier ou de terre dure, et fortement comprimé, est bien résistant et presque aussi bon qu'une chaussée en cailloutis, tant qu'on ne le laisse pas pénétrer par les eaux, et qu'on n'y laisse pas former d'ornières profondes, ce qui est facile. *Pour l'entretenir et le réparer*, il faut éviter d'entamer sa surface à la pioche, car alors on l'ameublit et on la rend plus perméable ; il vaut beaucoup mieux employer, pour réparer et pour entretenir ces chemins, le même moyen que l'on a employé pour l'établir, c'est-à-dire le cylindre de compression.

Lorsque les ornières ne font que commencer à se former, en roulant quatre ou cinq fois le chemin après des pluies, on efface ces traces et on raffermit complètement le sol. Cette opération étant facile et très-peu dispendieuse, on peut la répéter assez fréquemment, et par là maintenir un chemin en terre constamment en bon état.

III. *De l'écoulement des eaux.* — En donnant un léger bombement aux chemins, on empêche les eaux d'y séjourner, et on les rejette à droite et à gauche; mais cela ne suffit pas, car si elles s'arrêtaient sur les côtés, elles pénétreraient latéralement et amolliraient bientôt le sol; il importe donc de s'en débarrasser complètement. Telle est la destination ordinaire des *fossés*, qui servent à assainir les routes et à recueillir ou à écouler les eaux pluviales. Mais les fossés, tels que ceux qui bordent ordinairement les grandes routes, conviennent peu aux chemins vicinaux; ceux qui forment réservoir pour les eaux ne valent rien, surtout pour les chemins étroits; car, comme nous venons de le dire, les eaux qui séjournent sur

(1) On trouve des dessins de cylindres de compression en bois et en fonte, et des explications plus détaillées sur leur construction et leur service, dans un *Mémoire de M.* POLONCEAU *sur l'amélioration des chaussées en cailloutis et des accottemens des routes*, publié récemment chez Carilian-Gœury, quai des Augustins, 41.

les côtes des chemins pénètrent bientôt le sol et l'amollissent. D'ailleurs, l'emplacement de ces fossés, qu'il faut faire larges pour les rendre propres à cet usage, est un terrain perdu, et ils sont en outre un obstacle pour les communications avec les terres riveraines; il vaut donc mieux *écouler les eaux* que de les arrêter dans des fossés formant réservoirs. On ne doit faire des fossés proprement dits, le long des chemins vicinaux, que comme moyen d'assainissement, dans les terrains bas et pénétrés d'eau ou marécageux. Dans toutes les autres parties, quand le chemin est au niveau des terrains voisins ou plus bas qu'eux, *il suffit d'établir de petites rigoles* évasées et peu profondes, dirigées suivant les pentes du chemin. Quand cette pente est modérée, il n'y a pas de difficulté ; mais il peut y en avoir quand le terrain sur lequel est assis le chemin a trop ou trop peu de pente ; s'il en a trop, les eaux ravinent; s'il en a trop peu, les eaux séjournent. Nous allons indiquer les mesures à prendre dans ces deux cas.

Lorsqu'un chemin est situé dans une plaine ou sur un plateau, on ne peut le dégager des eaux qu'en *donnant aux rigoles une pente artificielle*. Pour cela on partage la partie de niveau en deux ; on établit l'origine des rigoles au point de partage, en ne creusant que très-peu au-dessous du bord du chemin; on augmente successivement la profondeur de ces rigoles, à mesure qu'elles s'éloignent du milieu, jusqu'au point où on peut les déverser sur les terrains voisins. Comme on peut donner jusqu'à 3 pieds de profondeur à leurs extrémités, on parvient aisément, par ce moyen, à assainir des parties horizontales de 5 à 600 mètres de longueur (*fig.* 487).

Fig. 487.

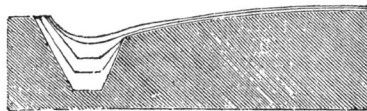

Quand l'étendue des parties de niveau est plus considérable, il faut recourir à un autre moyen. Alors on *établit*, de 500 mètres en 500 mètres, de chaque côté du chemin, *des puisards* qu'on doit creuser jusqu'à ce qu'on rencontre un sol perméable. Ces puisards deviennent des points de dégorgement. On y dirige des rigoles à profondeur croissante, comme celles dont nous venons de parler, dont les origines sont toujours placées au milieu des intervalles de deux puisards consécutifs ; de sorte que de chaque point milieu de ces intervalles partent deux rigoles qui conduisent les eaux, l'une au puisard de droite, l'autre au puisard de gauche, et on évite ainsi entièrement les eaux stagnantes, qui sont les plus nuisibles.

On doit avoir soin d'*entretenir et de curer* de temps en temps *les puisards*, parce que le limon des routes, qu'entrainent les eaux pluviales, bouche bientôt les cavités du terrain perméable de leur fond. Pour diminuer le plus possible cet effet, et éviter des cu-

rages trop fréquens, on peut employer deux moyens ; le premier est de former, à proximité des puisards, des bassins de dépôt de 2 ou 3 pieds de profondeur; on fait communiquer les rigoles avec ces réservoirs; les eaux perdant leur vitesse, y déposent la plus grande partie de leur limon, et sortent beaucoup moins chargées, par une ouverture peu profonde, qui forme déversoir de superficie, et qui communique avec le puisard. Le second moyen d'éviter les curages fréquens et surtout l'engorgement des puisards, est de garnir leurs fonds de pierres. On met les plus grosses au fond, on les couvre de pierres moyennes, puis de petites, et enfin d'un lit de gravier ou de sable. De cette manière, les eaux n'arrivent au fond que filtrées, et ne peuvent jamais engorger. Il suffit alors d'enlever de temps en temps le limon, et de renouveler deux ou trois fois par an le lit de sable ou de gravier. Le mieux est de réunir les deux moyens, c'est-à-dire d'établir les bassins de dépôt et les filtres en pierres graduées dans les puisards.

Les *frais de curage* des bassins et puisards ne doivent rien coûter, car les limons qu'on en retire sont ordinairement de bons engrais que les propriétaires riverains doivent recueillir volontiers pour les utiliser.

Quand la pente des rigoles est assez forte pour que les eaux creusent et ravinent, *il faut les paver* en forme de ruisseaux, avec les pierres du pays (*fig.* 488) ; ou bien, quand la

Fig. 488.

rapidité est très-grande, former de distance en distance *de petits barrages* en grosses pierres, ou avec des pièces de bois, en ayant soin de mettre un petit massif de fortes pierres au-dessous de chaque barrage, pour résister à la chute des eaux et les empêcher de fouiller (*fig.* 489).

Fig. 489.

Un chemin vicinal exécuté suivant les procédés et avec les précautions nécessaires pour le préserver entièrement de la stagnation des eaux, peut, *même sans chaussée*, être d'un bon usage pour les voitures, pourvu qu'on l'entretienne convenablement. Cet entretien est facile et peu dispendieux, car il suffit : 1° de tenir en bon état les rigoles, fossés et puisards ; 2° de maintenir la régularité du bombement, en rechargeant avec du gravier ou de la terre dure les endroits qui s'affaisseraient ; et 3° de rouler de temps en temps pour raffermir le sol après les pluies.

et pour effacer les ornières à mesure qu'elles commencent à se former.

Assurément il n'est pas, en 'France, de commune qui ne puisse, par ces moyens économiques, améliorer en peu de temps ses chemins, et les maintenir en assez bon état de viabilité, en attendant qu'on puisse, y faire des chaussées. Mais il faut remarquer que, quand bien même on serait dans l'intention d'établir les chaussées immédiatement, il faudrait toujours *commencer par faite les travaux de terrassement,* comme nous venons de les indiquer, et que, par conséquent, ces travaux doivent être faits de préférence à tous autres, puisque, toujours indispensables, ils assurent déjà un bon service, en attendant la possibilité de compléter les perfectionnemens. Il suit de là qu'au lieu d'appliquer, comme on le fait souvent, les moyens d'amélioration dont on peut disposer, à faire seulement une partie de chemin avec chaussée, en laissant le reste en mauvais état, il vaut bien mieux employer toutes les ressources disponibles à assurer l'écoulement complet des eaux pluviales, sur toute la longueur du chemin, à régler les pentes et le bombement, et à comprimer et à affermir le sol en roulant fortement, et qu'on ne doit s'occuper de l'exécution des chaussées qu'après que le chemin en terre est rendu bon et viable sur toute son étendue.

IV. *Des chaussées.* — Lorsqu'on exécute des *chaussées sur les grandes routes,* on creuse au milieu, sur 4 ou 5 mètres de largeur, un encaissement que l'on remplit ensuite, soit avec un lit de sable couvert de pavés jointifs, soit d'un massif composé de deux ou trois couches de pierres cassées et arrangées avec soin, que l'on nomme *cailloutis.* Dans l'un comme dans l'autre cas, l'encaissement occupant le milieu de la route, et les approvisionnemens des matériaux l'un des côtés, les voitures passent pendant le travail sur l'autre accottement.

Ce mode d'exécution, convenable pour les routes de grande dimension, *ne convient pas pour les chemins vicinaux,* parce que leur peu de largeur, ne permettant pas de réserver un passage séparé aux voitures, elles sont obligées de passer au milieu des travaux, ce qui est très-incommode et même dangereux pour les chevaux et les voitures, aussi bien que pour les ouvriers, et nuit beaucoup à la bonté de l'ouvrage qui est sans cesse dérangé et bouleversé à mesure qu'il s'exécute. Ces inconvéniens s'aggravent encore bien davantage en cas de pluie, car alors le chemin peut devenir tout-à-fait impraticable. Il convient donc de suivre une autre méthode. Avant de l'indiquer nous ferons remarquer encore une différence essentielle dans l'exécution des chaussées des grandes routes, et celles des chemins vicinaux ; c'est que, sur les premières, on a ordinairement des moyens suffisans pour entreprendre et exécuter rapidement une grande étendue de chaussée, tandis que sur les chemins vicinaux, en général, et surtout sur les chemins communaux, ou simplement ruraux, on ne peut ordinairement exécuter que de petites parties, successivement, en sorte que l'on aurait, pendant un très-long temps, des embarras nui-

sibles à la circulation, qui ne feraient que changer de place, et qui pourraient, en cas de mauvais temps, obstruer entièrement le passage.

Il résulte de ces conditions que, pour les *chaussées des chemins vicinaux,* il faut employer des moyens différens de ceux qu'on emploie sur les grandes routes, et qui permettent l'exécution progressive des chaussées sans entraver le passage habituel, et sans compromettre la viabilité.

Il est rare que l'on puisse faire, sur les chemins vicinaux, des chaussées régulières en pavés de grès, qui sont fort chers, si ce n'est à proximité des carrières. On y fait quelquefois des *chaussées* en pavés de pierres dures, irrégulières, que l'on nomme *blocages.* Elles ont l'avantage d'être résistantes et de s'user peu, mais ce sont les plus mauvaises de toutes pour les voitures et pour les chevaux. Pour les unes comme pour les autres, il faut nécessairement des ouvriers paveurs, et ces travaux ne peuvent se faire que par entreprise sur des devis dressés par des hommes de l'art. Il serait donc superflu d'entrer ici dans des explications détaillées sur l'exécution de ce genre de chaussées.

Celles qui conviennent le mieux aux chemins vicinaux sont les *chaussées en cailloutis,* parce qu'elles sont plus économiques et d'une exécution plus facile ; qu'elles se prêtent mieux aux prestations en nature ; qu'elles fournissent l'emploi utile des pierrailles dont on débarrasse les champs riverains ; que leurs travaux permettent d'occuper des femmes, des vieillards et des enfans ; surtout, enfin, parce qu'elles peuvent s'exécuter avec tous les degrés possibles de progression, sans jamais entraver la viabilité, et que leur entretien est facile et peut se faire par toute espèce d'ouvriers, et même par de simples manœuvres bien dirigés.

Pour qu'une chaussée en cailloutis puisse se faire progressivement, sans jamais gêner la circulation, il faut *éviter de faire des encaissemens.* Il ne faut pas croire qu'il y ait désavantage pour le chemin ; au contraire, les encaissemens creusés dans le sol d'un chemin, pour y loger les matériaux, sont plus nuisibles qu'utiles, parce que ce sont comme des fossés, dans lesquels se réunissent les eaux pluviales qui pénètrent à travers les pierres de la chaussée, principalement quand elle est nouvelle, et qui détrempent le fond, en sorte que la pression des voitures y fait facilement enfoncer les pierres inférieures, qui se perdent et causent des affaissemens, origine et cause première des ornières et de la dégradation de la chaussée.

Pour les chemins vicinaux, il vaut beaucoup mieux se borner à *étendre des pierres cassées,* ou des matériaux analogues, sur le sol du chemin, réglé et tassé comme nous l'avons indiqué précédemment. Seulement, il faut pour cela que le bombement soit très-faible. Ainsi, lorsqu'on veut commencer à étendre les couches de pierre sur un chemin, aussitôt après l'achèvement des terrassemens, on ne doit donner qu'un très-léger bombement ; si, au contraire, le chemin sur lequel on veut faire une chaussée a un bombement prononcé (qui lui aura été donné pour mieux empêcher la pénétration des eaux pendant qu'il était simplement en terre), il faut abaisser ce bombement à la pelle, puis rouler ensuite le sol pour le bien tasser, avant de commencer à le couvrir de pierres.

La condition la plus importante pour avoir de bonnes chaussées en cailloutis, est *d'exclure entièrement toutes les grosses pierres*. Il n'en faut, ni pour les bordures, que l'on croyait jadis indispensables, ni pour les premiers lits de la chaussée, que l'on nommait empierrement et hérisson. L'expérience a triomphé des préjugés qui, récemment encore, défendaient cet ancien système, et on reconnaît généralement que les chaussées composées entièrement de petites pierres anguleuses, sans bordures ni empierremens, sont les meilleures et les plus résistantes. Pendant longtemps, les défenseurs des anciens procédés ont repoussé l'emploi des petites pierres, en disant qu'on ne devait pas espérer que des pierres cassées menu résistassent mieux que les pierres plus grosses et plus fortes qu'ils employaient, et qui étaient détruites en peu de temps. Il suffira de dire ici, pour réfuter cette objection banale, plus spécieuse que fondée, que les grosses pierres, ne pouvant pas se réunir et se lier ensemble comme les petites pierres, laissent pénétrer facilement les eaux jusqu'au sol, et que ces eaux, en le détrempant, détruisent sa résistance, qui est la base de celle de la chaussée ; en outre, les pierres volumineuses causent des chocs plus nuisibles que la simple pression, et laissent toujours entre elles beaucoup de vides, qui, formant partout des porte-à-faux, sont cause qu'elles se rompent et s'écrasent aisément sous la charge des voitures. Les petites pierres anguleuses, au contraire, s'enchevêtrent et se serrent les unes contre les autres, au moyen de l'action de coins de leurs angles, que la pression force d'entrer dans les interstices ; elles se lient promptement à l'aide des premiers débris qui remplissent les petits vides restans, et forment des chaussées compactes et résistantes comme une seule masse, que l'eau ne pénètre plus que très-difficilement ; il n'y a plus alors d'écrasemens, parce qu'il n'y a plus de vides, et, par conséquent, moins de consommation de matériaux et plus de durée que dans les chaussées qui sont composées de pierres plus grosses, ou de pierres arrondies.

Pour accélérer et pour mieux assurer la liaison des chaussées, surtout pour parvenir à les rendre plus compactes et plus imperméables, il convient *d'employer, pour garnir les interstices des pierres dures, de la pierre tendre*, ou, à défaut de ce genre de pierre, des matières de dureté moyenne, telles que les débris ou le bouzin des carrières de pierre à bâtir, de la craie, des graviers, du sable liant, des schistes, des tufs, des marnes sèches, des plâtres, etc., selon les localités. On obtient, par ce procédé, des chaussées bien meilleures et une véritable économie, parce que les matières tendres coûtent toujours moins d'acquisition et de cassage que les pierres dures.

On emploie les matières tendres que l'on vient d'indiquer, en première couche, de 5 à 10 cent. (2 à 4 pouces) d'épaisseur, sur le sol du chemin ; on roule ensuite cette couche avec le cylindre de compression, pour la lier et la bien tasser ; et alors, elle fait une espèce de plate-forme que les eaux pénètrent difficilement ; elle empêche que les pierres dures qu'on place ensuite par-dessus ne s'enfoncent dans la terre, et elle sert à lier ces pierres qui, pénétrant facilement par leurs angles dans cette couche, font remonter et serrer dans leurs joints les matériaux dont elle se compose.

Quand on n'a pas de cylindre de compression, il faut laisser passer les voitures quelque temps sur la première couche de matières tendres, pour la tasser et la lier ; mais ce moyen de compression est bien inférieur à celui du cylindre, parce que les roues, portant sur de petites largeurs, enfoncent et écrasent les matériaux plus qu'elles ne les compriment.

Cette première couche améliore déjà beaucoup les chemins, et on peut la laisser subsister longtemps sans addition d'autres matériaux, pourvu qu'on l'entretienne convenablement, en la roulant de temps en temps pour lui rendre la fermeté que lui ôte la pénétration des eaux ; mais il vaut mieux, dès qu'on le peut, la couvrir de pierres dures avant qu'elle soit trop broyée.

Les *pierres dures* destinées à couvrir ces chaussées doivent varier de volume, depuis la grosseur d'un œuf de poule jusqu'à celle d'une noix. Les pierres arrondies ne sont pas bonnes, parce qu'elles se lient difficilement, et laissent toujours entre elles beaucoup de vides ; on peut cependant en employer une partie, que l'on doit alors placer de préférence en première couche sur le lit de matières tendres, parce qu'en y pénétrant elles perdent leur mobilité, qui est leur plus grand inconvénient. Quand on n'a que du caillou arrondi de gravière ou de ramassage, il faut faire casser avec soin tous ceux dont la grosseur dépasse celle d'un œuf de pigeon. En général, les cailloux roulés, dont les éclats ressemblent à la pierre à fusil, et qu'on nomme silex, sont les moins favorables pour les chemins, parce qu'ils éclatent et se broient facilement sous une pression modérée, et que, leurs éclats étant très-vifs et très-secs, ils ne peuvent se lier que par le mélange de matières plus tendres. Quand on n'a que du silex et aucune des matières liantes désignées ci-dessus, pour servir de ciment, on peut employer utilement dans ce but la terre pure dont nous avons parlé plus haut ; mais on ne l'emploie que dans la couche inférieure, et seulement en quantité suffisante pour remplir les vides.

La *meilleure pierre pour les chaussées* est la pierre meulière compacte, mélangée avec un tiers de pierre meulière poreuse. Dans les pays granitiques, les fragmens de granit se liant mal entre eux et s'égrenant souvent, il convient de les mélanger avec des fragmens de schiste, que l'on trouve ordinairement près des granits.

On doit faire approvisionner et *faire casser les pierres hors du chemin*, pour ne pas gêner la circulation ; à mesure qu'on casse ces pierres, il faut employer, pour les mettre en tas, des râteaux de fer à larges dents, pour séparer les débris de cassage, qu'il faut réserver avec un grand soin.

L'emploi des pierres dures doit se faire, autant que possible, par un temps humide, c'est-à-dire après des pluies, parce que les matériaux se lient mieux. On *étend la couche de pierre dure* sur le premier lit de pierres de matière tendre, avec plus ou moins de largeur et d'épaisseur, selon la quantité que l'on a, parce qu'on peut à volonté ajouter à la largeur ou à l'épaisseur, sans aucun inconvénient, attendu que les nouvelles couches se rattachent et se lient toujours très-facilement avec les anciennes; ainsi, on peut d'abord n'étendre les pierres dures que sur la largeur d'une voie ou de 2 mètres (6 pi.), et sur une simple épaisseur de 6 à 8 centim. (environ 3 pouces); ou bien, quand on a beaucoup de pierres, garnir toute la largeur de la chaussée sur une hauteur de 10 à 12 centim. (4 pouces environ); mais on ne doit jamais employer à la fois une plus grande épaisseur, parce qu'elle serait alors trop difficile à tasser, qu'on aurait pendant longtemps une mobilité très-incommode pour les chevaux et les voitures, et qu'elle ne commencerait à se lier que quand il y en aurait la moitié d'écrasée.

La couche de pierres dures de 12 centim. étant étendue sur le premier lit en pierres tendres, on le *couvre d'une couche légère* de 2 à 3 centimètres (8 à 10 lignes) de petites pierres tendres ou de quelqu'une des matières que nous avons désignées pour le premier lit, afin de garnir et former liaison; puis, ou *étend par-dessus les débris de cassage* que nous avons recommandé de réserver, et, à défaut de ces débris, ou lorsqu'ils sont insuffisans, du gravier ou du sable un peu liant.

Cette seconde couche ainsi disposée, on la route bien avec le cylindre, et on a immédiatement une bonne chaussée unie, ferme et bien roulante, sur laquelle les eaux glissent, et qu'elle ne peuvent pénétrer que difficilement. Les pierres qui la composent, n'étant ni pénétrées par les eaux, ni mobiles, ni en porte-à-faux, résistent bien au roulage.

Les chaussées construites de cette manière, n'éprouvant plus, par l'action des roues, que l'usé progressif et inévitable de leur surface, durent plus longtemps et exigent moins d'entretien que les autres.

Nous avons supposé qu'on ne mettait qu'une couche de 8 à 12 centimètres (3 à 4 pouces) de pierre dure; et en effet, cette épaisseur, bien entretenue, est suffisante pour les chemins qui sont peu fréquentés; cependant, si l'on a la faculté d'augmenter cette épaisseur, il y a un avantage, mais ce ne doit toujours être que par une seconde couche, qui ne doit être placée qu'après que la première est bien tassée et bien liée par le roulage du cylindre ou des voitures, et on l'exécute de même. Si on met cette seconde couche sur la première aussitôt après son achèvement, il n'y a aucune précaution à prendre; si au contraire on ajoute la seconde couche après que la première a servi quelque temps, et lorsque sa surface est aplanie et durcie, il faut, pour faciliter sa

liaison avec la seconde, la *piquer à la pioche* ou plutôt *l'écorcher avec une griffe.* Cet instrument est composé de 4 ou 5 dents en fer, courtes et très-solides, plates par-devant et fortifiées par une arête en arrière, en sorte que leur section est triangulaire; il opère beaucoup plus vite que la pioche, et suffit pour ce travail, quand la chaussée est un peu humide. On met à part le détritus que l'on extrait par le piquage à la pioche, ou le grattage à la griffe, et on l'étend par-dessus la dernière couche, pour faciliter sa liaison; on roule ensuite cette seconde couche au cylindre, comme la première.

On voit, par ce qui précède, qu'on peut amener progressivement un chemin vicinal de l'état de simple chemin en terre à l'état d'une route parfaite, sans gêner la viabilité; que les améliorations peuvent se faire par partie, et s'étendre à volonté, en augmentant successivement les longueurs, les largeurs et les épaisseurs des chaussées, et qu'il est toujours facile d'employer utilement les pierres à mesure qu'on peut les obtenir.

Pour faciliter les approvisionnemens de matériaux nécessaires pour l'exécution ou pour l'entretien des chaussées, il convient d'assigner, soit sur le chemin lui-même, aux endroits où son excès de largeur le permet, soit à proximité des places publiques, ou sur des terrains vagues ou incultes, soit enfin sur le bord des champs, au moyen du consentement des propriétaires, des *emplacemens de dépôts,* pour que ceux qui doivent des prestations en nature, ou des fournitures de pierres, par suite de marchés passés par les communes, ainsi que les propriétaires qui veulent contribuer volontairement aux approvisionnemens, et ceux qui sont embarrassés de décombres de carrières, de pierres de ramassage sur les champs, ou encore de débris de démolitions, puissent y déposer en tout temps et quand il leur convient, les matériaux utiles pour les chaussées, sans embarrasser la voie publique. On *fait trier et casser* convenablement *ces matériaux,* surtout dans la mauvaise saison, par des indigens, des vieillards et des enfans; puis, quand le temps est favorable pour l'emploi, et qu'on a des voitures, on fait transporter ces matériaux préparés aux endroits désignés, et on les fait étendre et rouler immédiatement.

V. *Direction et surveillance des travaux.* — Pour assurer la bonne exécution de ces travaux, il faut, comme pour tous ceux qui exigent des soins, *une bonne direction et une surveillance constante,* c'est-à-dire qu'il faut que, dans chaque commune, une personne ayant les connaissances, le zèle et l'activité nécessaires, et nommée par l'autorité municipale, soit chargée de diriger et de surveiller les terrassemens ainsi que les fournitures, cassages et emplois de matériaux. Cette personne peut être salariée par la commune, à titre de voyer, ou remplir ces fonctions volontairement et gratuitement. On doit espérer que, dans les communes qui ne pourront pas avoir un voyer, on verra les propriétaires aisés et libres de leur temps, en consacrer volontiers une partie à cette branche si importante d'intérêt public et communal.

Ce qui importe le plus, c'est de ne jamais faire

de mauvais travail, sous le prétexte d'obtenir des résultats plus prompts; ainsi, il vaut bien mieux ne faire chaque année qu'un quart de lieue de bon chemin, que de faire des réparations grossières et imparfaites, ou de jeter, comme on le fait la plupart du temps, dans les ornières, de grosses pierres qui s'enfoncent dans la boue et rendent le chemin plus raboteux ; tandis qu'avec ces mêmes pierres cassées et bien employées, on peut faire une bonne route ; il n'y a d'ailleurs jamais urgence à faire la chaussée, puisqu'on peut toujours assurer une bonne viabilité sur un chemin en terre, convenablement réglé et bien entretenu.

Quand on n'a que de faibles moyens, il faut les appliquer d'abord et uniquement à détourner les eaux pluviales, et à empêcher qu'elles suivent le chemin, ou qu'elles y séjournent. Quand on peut faire un peu plus, on remplit les bas-fonds avec la terre la plus sableuse ou la plus graveleuse qu'on pourra trouver à proximité ; autant que possible pour former ces remblais, on prend les terres sur les hauteurs des pentes du chemin qui descendent au bas-fond, pour adoucir ces pentes en même temps ; puis il faut bomber le remblai et le couvrir de sable, de pierrailles ou de toute autre matière analogue que l'on pourra obtenir, le bien tasser et l'entretenir dans cet état jusqu'à ce qu'on puisse le couvrir d'une chaussée.

On ne doit jamais *commencer une nouvelle amélioration sans avoir assuré complètement l'entretien de celles qui sont faites ;* car on aura toujours une meilleure viabilité sur un chemin simplement en terre, exécuté avec soin, comme on l'a prescrit, et couvert d'une couche légère de sable ou de pierrailles, en l'entretenant avec soin, qu'avec une chaussée épaisse et exécutée à grands frais, qui ne serait pas entretenue.

§ III. — De l'entretien des chemins.

L'objet le plus important pour les chemins vicinaux, comme pour toutes les routes, est l'entretien. Ce travail n'est nullement difficile, mais il exige des soins constans, et c'est une des choses qu'on a le plus de peine à obtenir des ouvriers; on ne peut y parvenir que par la surveillance active et journalière de personnes qui s'en occupent spécialement par devoir ou de bonne volonté; mais, comme la bonne volonté est de sa nature facultative et temporaire, et attendu qu'il est difficile d'espérer un concours constant des personnes aisées, qui seules peuvent avoir du temps à consacrer à une surveillance gratuite, et qui rarement voudront s'assujettir à ces fonctions autant qu'il est nécessaire pour les bien remplir, il vaut généralement mieux, toutes les fois que les ressources pécuniaires des communes ou des cantons le permettent, en charger des personnes salariées, desquelles on puisse exiger des visites fréquentes et tous les soins que nécessite la direction et la surveillance constante de ce genre de travaux.

Le *premier soin pour le bon entretien* d'un chemin doit être, comme on l'a déjà dit, 'mais comme on doit sans cesse le répéter, d'assurer l'écoulement des eaux pluviales, et d'em-

pêcher leur stagnation sur les côtés, en tenant constamment les rigoles bien curées. On peut charger de ce soin le garde champêtre. Il y a des communes où il remplit bien ces fonctions, moyennant un supplément de traitement de 50 francs par année. Ces travaux sont trop faciles à comprendre pour avoir besoin d'explication.

Entretien des chemins en terre. — Les travaux d'*entretien* des chemins proprement dits diffèrent suivant leur état et leur nature. Quand ils sont simplement en terre réglée et bombée convenablement, il ne s'agit que de *faire disparaître les ornières* à mesure qu'elles se forment, en rabattant les bourrelets dans les cavités. Quand on a laissé les dégradations s'accroître, il faut faire les premiers terrassemens de grosse réparation à la pioche et à la pelle, ce qui est long et dispendieux, ou mieux avec des instrumens conduits par des chevaux. On peut employer, pour couper et diviser les terres, une *charrue légère* ou une *houe à cheval,* ou bien encore un *cultivateur.* Quand il ne s'agit que de combler les ornières en y rabattant les bourrelets qui les bordent, on peut se servir avec beaucoup d'avantage d'un instrument simple et peu dispendieux, en forme de *chevron,* dont il convient de lui donner le nom. Il se compose de deux fortes pièces de bois de 3 mètres (9 pieds) de longueur chacune, assemblées, d'un côté, par une traverse d'un mètre, et réunies, du côté opposé, par l'assemblage de leurs extrémités, fortifié au moyen d'équerres en fer. On attèle sur la traverse un cheval qui

Fig. 490.

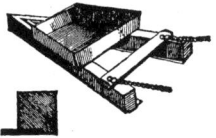

marche dans l'ornière à combler (*fig.* 490). L'ouverture de l'angle que forment les deux pièces marche en avant et embrasse l'ornière et ses bourrelets, et son sommet marche en arrière directement au-dessus de l'ornière. Les faces qui frottent sur le sol sont garnies intérieurement de deux lames de fer saillantes pour couper les bourrelets; les faces verticales intérieures poussent, au moyen de leur inclinaison, ces terres divisées dans l'ornière, et l'angle, en passant par-dessus, les force à y entrer. Une caisse ouverte est fixée sur le milieu des deux pièces du chevron, pour augmenter, au besoin, sa pression sur le sol, au moyen d'une charge de terre ou de pierres qu'on met à volonté dans cette caisse. Il est facile de juger que ce moyen d'exécution est beaucoup plus économique que le rabattage des bourrelets à la main.

Soit que le *rabattage* se fasse par l'un ou par l'autre procédé, il ne suffit pas, parce que des terres ainsi ameublies et divisées, ayant peu de consistance, sont bientôt creusées de nouveau ou rejetées de côté par les roues, surtout si le temps est humide ou très-sec.

Pour leur donner de la consistance et de la fermeté, et les rendre plus difficilement pénétrables à l'eau, il faut les *comprimer avec le cylindre,* qui a encore l'avantage d'empêcher, en effaçant les traces des ornières, que les chevaux suivent toujours la même voie.

Quand un chemin est bien surveillé et bien entretenu, on ne *doit pas attendre,* pour le réparer, *que les bourrelets soient prononcés,* mais s'en occuper dès que les traces des roues, que l'on nomme *frayés,* commencent à se former. Alors il suffit de faire passer le cylindre seul en temps favorable, c'est-à-dire lorsque, le sol étant encore humide, la surface commence à sécher, parce que, dans ce cas, l'action de ce roulage suffit pour refouler les bourrelets naissans dans les frayés et pour les y bien tasser. Lorsqu'on a quelques ressources et qu'on veut commencer à améliorer un chemin, en attendant qu'on puisse y faire une chaussée, on peut *répandre,* de temps en temps avant les roulages, *du sable ou du gravier,* qui, pénétrant dans la terre par l'effet de la pression, augmentera beaucoup sa consistance. Ce répandage se fait avec un tombereau derrière lequel on suspend avec des cordes une large planche inclinée en arrière. Un garçon placé dans le tombereau fait couler le sable sur la planche qui le sème par l'effet de balancement que produit sa suspension.

Il est très-facile, en employant les moyens que l'on vient d'indiquer, *d'entretenir un chemin en terre constamment en bon état, à peu de frais;* car on peut, avec le chevron conduit par un homme et un cheval, et coûtant, tout compris, 8 à 10 francs par jour, et avec le cylindre tiré par 4 chevaux et conduit par deux hommes, lesquels coûteront de 30 à 35 fr. ou 40 fr. au plus, c'est-à-dire avec une dépense totale de 60 francs, aplanir et tasser deux lieues au moins de chemin en terre par jour, ce qui fait 25 fr. par lieue. Cette opération étant facile et peu dispendieuse, on pourra, en la répétant 15 à 16 fois par an, prévenir totalement la formation d'ornières profondes, et par conséquent maintenir un chemin en terre constamment en bon état, avec une dépense annuelle de 400 francs par lieue.

Entretien des chaussées pavées. — L'entretien des chaussées pavées ou en blocage ne peut être fait que par les paveurs de profession et à la tâche, ou par abonnement; il est donc inutile de donner à ce sujet des explications détaillées.

Entretien des chaussées en cailloutis. — L'entretien des chaussées en cailloutis consiste dans le comblement des ornières, qui doit se faire de la même manière que celui des chemins en terre, c'est-à-dire qu'on coupe et divise les bourrelets lorsqu'ils sont encore humides, et on les rejette dans les ornières avec un chevron fortement chargé, à cause de la résistance du gravier, puis on roule avec le gros cylindre.

Quand il n'y a pas de bourrelets, mais seulement des *frayés creusés par l'usé des roues* et des *flaches déterminées par des affaissemens partiels,* ou quand le bombement est usé ou trop affaissé, il faut, pour les réparer, de nouveaux matériaux et un travail

particulier, afin d'assurer leur liaison avec les anciens; pour cela, il faut *piquer* à la pioche la surface des parties à garnir ou à recharger; on met à part le *détritus* provenant du repiquage. On met un premier lit de pierres dures, bien cassées à la grosseur d'un œuf de pigeon, on étend dessus une couche très-légère de matières tendres ou du gravier, puis on couvre avec le détritus extrait par le repiquage. Quand les ornières ou les flaches sont profondes, on met la pierre dure en deux couches, dont la première doit être composée de pierres plus fortes que celles de la seconde.

Lorsqu'on a fait une certaine étendue de ces réparations, on les roule au cylindre pour les tasser et les affermir, afin que les roues ne divisent et ne rejettent pas trop aisément les petits rechargemens, comme il arrive souvent lorsqu'on n'a pas eu le soin de les tasser. Quand les réparations sont peu étendues, on se borne à les piloner.

En ayant soin de réparer les petites dégradations à mesure qu'elles se forment, et de regarnir journellement en petites pierres, avec les soins que nous avons indiqués, les ornières et les flaches dès qu'elles commencent à paraître, on n'a jamais besoin de faire des rechargemens de quelque étendue; ils ne sont nécessaires que quand on a laissé un chemin long-temps sans entretien habituel, ou quand le bombement est trop usé; alors, il faut faire ces rechargemens de la même manière et avec le même soin que quand on ajoute une seconde couche de pierres dures à une chaussée, pour augmenter son épaisseur, c'est-à-dire qu'il faut exécuter ce travail en temps humide, commencer par piquer la vieille chaussée, retirer le détritus enlevé par le piquage, étendre la pierre dure en mettant d'abord des pierres un peu fortes au fond, et les plus petites par-dessus; couvrir d'un peu de pierre tendre, cassée menu, puis de détritus, de gravier ou de sable, et rouler.

ART. II. — *Des chemins ruraux.*

Les *chemins ruraux* sont ceux qui ne servent pas aux communications entre les communes, mais seulement aux travaux de la culture; ils n'ont ordinairement qu'une seule voie et sont presque toujours en terre : on peut donc appliquer pour leur amélioration et pour leur entretien, les procédés indiqués ci-dessus pour les chemins vicinaux en terre; mais il arrive souvent, et surtout dans les pays humides et glaiseux, qu'on a besoin de leur donner plus de résistance, sans cependant vouloir y établir une chaussée. Alors, comme ces chemins n'ont ordinairement qu'une seule voie, que les voitures s'y croisent rarement, et qu'on est obligé de mettre une grande économie dans leurs travaux d'amélioration, on peut se borner à *empierrer seulement le passage des roues,* sur 45 à 50 centim. (15 à 18 pouces) de largeur, de chaque côté (*fig.* 491). Pour cela, on fait aux emplacemens de ces rouages, de petites tranchées de 15 à 20 centim. (6 à 8 pouces) de profondeur. On emploie les terres de ces tranchées à remblayer le milieu et les côtés du chemin, qui se trouve ainsi relevé et bombé

Fig. 491.

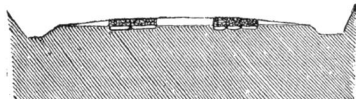

sans transports, et ces tranchées deviennent par cet exhaussement de 20 à 28 centim. (8 à 10 pouces) de profondeur totale. Si on a des pierres ou des matières tendres, on en garnit les tranchées jusqu'à la moitié de leur hauteur ; on fait passer des charrettes à large jante, quelque temps, pour tasser cette première couche ; puis on remplit le reste des tranchées avec de la petite pierre dure bien cassée. Si on n'a que de la pierre dure, on pose d'abord un rang des pierres les plus larges et les plus plates, en appliquant les faces plates sur le fond, et on remplit tout de suite le reste en petites pierres. On engage à mettre des pierres plates au fond, parce que ces petits massifs étant étroits et ne présentant pas, comme ceux des chaussées, de larges plates-formes bien unies, on aurait à craindre que la pression des roues ne fît enfoncer dans la terre leurs bords qui ne sont pas épaulés ; et on diminue cet inconvénient d'autant mieux que les pierres plates du fond sont plus larges.

L'*entretien de ces rouages séparés* doit toujours se faire, comme ceux des chaussées en cailloutis, en piquant la surface des flaches, et les regarnissant avec de la petite pierre, recouverte avec le détritus.

ART. III.—*Considérations générales sur les obstacles qui arrêtent l'amélioration des chemins vicinaux et sur les moyens de les vaincre.*

Le plus grand obstacle à l'amélioration des chemins vicinaux est, comme nous l'avons déjà fait observer, dans l'opinion généralement répandue qu'il n'est pas possible d'obtenir de bons chemins sans y consacrer des sommes considérables. Cette conviction a produit le découragement que cause toujours une impossibilité reconnue ; il importe donc essentiellement de détruire cette prévention et de prouver qu'on peut obtenir de bons résultats à peu de frais.

La seule difficulté réelle consiste à trouver des hommes capables de bien diriger et de bien surveiller l'exécution des procédés économiques et de perfectionnement que nous avons indiqués, non que leur application soit réellement difficile, mais parce qu'ils exigent une certaine instruction et des soins particuliers. Le meilleur moyen d'assurer le succès des applications des méthodes nouvelles et des perfectionnemens, est assurément de former des hommes spéciaux, en les leur faisant pratiquer sous les yeux de ceux qui ont déjà une expérience acquise, et nous pensons que, pour bien remplir le but proposé, il faudrait s'occuper de former de bons inspecteurs-voyers des chemins vicinaux ; mais il serait fâcheux d'ajourner leur amélioration jusqu'à l'époque à laquelle on aura pu former des sujets pour cette destination.

L'importance d'avoir de bons chemins étant actuellement bien sentie, on doit espérer que, dans un assez grand nombre de communes, il se trouvera des hommes éclairés et animés de l'amour du bien public, qui, convaincus par la lecture attentive des explications qui précèdent, de la possibilité et de la facilité d'appliquer utilement les moyens d'exécution décrits ci-dessus, se chargeront volontiers de diriger des travaux d'amélioration ; on doit espérer également que parmi les jeunes gens, actuellement en assez grand nombre, qui ont des notions élémentaires de géométrie et quelque connaissance des travaux, on en trouvera quelques-uns qui seront disposés à prendre la carrière nouvelle de *conducteurs-voyers* des chemins vicinaux, et à conduire et surveiller les travaux d'amélioration sous la direction supérieure et l'inspection des ingénieurs ou des propriétaires instruits qui voudront bien s'en charger.

Il n'est nécessaire d'avoir recours aux hommes de l'art pour les tracés, ou pour les rectifications de pentes qui présenteraient des difficultés, ainsi que pour les pavages, ponceaux et aquéducs ; l'exécution des terrassemens et des chaussées en cailloutis, et leur entretien, n'exigent que de l'intelligence et des soins, et dès qu'on aura commencé, on verra que les difficultés sont beaucoup moindres qu'on ne le pense généralement, surtout pour les 1ᵉʳˢ travaux qui sont les plus nécessaires, et, qui consistent à assurer d'abord l'écoulement des eaux et à établir simplement de bons chemins en terre. Il suffit, pour atteindre ce premier but, que quelques propriétaires éclairés, sans se laisser arrêter par la crainte exagérée des difficultés, prennent la résolution de s'occuper sérieusement, avec activité et persévérance, de ces améliorations, disposent, de concert avec les autorités locales, les moyens d'exécution et de surveillance, et se chargent de diriger l'emploi des moyens économiques et l'inexpérience des ouvriers qui en feront les premières applications.

On élèvera peut-être des doutes ou des objections relativement à l'usage et aux frais des instrumens que l'on conseille d'employer ? La réponse est facile : on observera d'abord que l'usage de ces instrumens n'est pas absolument indispensable pour l'application des procédés recommandés, et que ce sont simplement des moyens de faire les travaux indiqués, surtout ceux d'entretien, mieux, plus vite et avec le plus d'économie possible, et que la différence entre le travail exécuté par ces *instrumens sur les routes,* et le même travail exécuté *à la main,* est tout-à-fait comparable à la différence qui existe entre la culture faite à la charrue et au rouleau, avec la culture faite à la bêche. Ainsi, un chevron tiré par un cheval coûtant 10 à 12 francs, rabatira et comblera plus d'ornières en un jour que cent ouvriers qui coûteraient 150 francs. De même, un cylindre tiré par 4 chevaux et conduit par deux hommes et coûtant de 30 à 35 francs par jour, aplanira et tassera plus vite et mieux, une lieue de chemin, que ne le pourraient faire 200 piloneurs, qui coûteraient 300 francs. De plus, comme les régalemens et les tassemens s'opèrent rapidement sur de grandes longueurs avec ces instrumens, ils peuvent toujours s'achever dans les circonstances les plus favorables pour leur bonne exécution et pour leur durée, c'est-à-dire quand la terre n'est ni trop humide ni trop sèche ; et il résulte encore de la célérité du travail ainsi fait, qu'il suffit de quelques jours de surveillance, et que les dégradations n'ont pas le temps de s'accroître d'un côté pendant qu'on répare de l'autre, comme il arrive fréquemment dans les travaux à la main, qui, à raison de leur lenteur, se font souvent en temps contraire, et exigent une surveillance continuelle. Il faut encore remarquer que dans les travaux exécutés avec des instrumens conduits par des chevaux, on a bien moins à redouter les pertes de temps et la paresse, parce que généralement l'homme craint beaucoup moins la fatigue pour ses chevaux que pour lui-même, et aime mieux donner un coup de fouet, qu'un coup d'épaule, ou un coup de pioche.

Il y a donc à la fois avantage pour la bonne exécution et bénéfice à employer des instrumens. Nous ajouterons que nous ne concevons pas la possibilité d'entretenir *à peu de frais* des chemins en terre *constamment* en bon état, autrement qu'en y employant des moyens mécaniques ; en effet, l'inconvénient principal de ces chemins est de s'amollir par les temps humides et de se rouager alors facilement ; et comme les ornières qui sont d'abord des effets de cet amollissement, servant de réservoirs aux eaux, deviennent bientôt elles-mêmes des causes très-actives de l'accroissement du mal, le seul moyen de l'arrêter est de combler les ornières dès qu'elles se forment : le travail à la main est trop lent et trop cher, et d'ailleurs il n'opère le comblement des ornières qu'avec de la terre divisée et ameublie, que l'eau pénètre et que les roues repoussent de nouveau, en y enfonçant avec la plus grande facilité, tandis que le cylindre de compression tasse immédiatement la terre refoulée et efface les frayés (ce qui est utile pour empêcher les chevaux de suivre toujours la même voie), et qu'il aplanit et raffermit en même temps tout le sol du chemin.

La conduite de ces instrumens n'exige aucun apprentissage, car le chevron s'attèle et se traîne comme la herse, et le cylindre s'attèle et se conduit comme une voiture lourde qui tournerait difficilement, c'est-à-dire qu'il faut seulement éviter de tourner court ; cependant, quand on y est obligé, on le peut encore facilement en faisant monter le cylindre sur une planche, ou sur une pierre plate, ou sur un petit monceau de sable, sur lesquels il pivote facilement (1).

Quant à la dépense première, elle n'est pas très-considérable ; un cylindre de compression, de 2 mètres de diamètre, peut coûter de 5 à 600 francs, un chevron 50 francs, et leur entretien est peu de chose. Il y a assurément peu de communes qui ne puissent faire cette dépense, pour un objet d'une aussi grande importance que l'amélioration de leurs chemins vicinaux, surtout en considérant qu'elle leur procurera sur les frais ordinaires de main-d'œuvre une économie annuelle, supérieure au montant du premier déboursé.

Les communes qui n'auront pas de revenus suffisans pour faire cette dépense, pourront s'entendre facilement avec des communes voisines, pour avoir en commun des instrumens qui serviront successivement à chacune d'elles, pendant un nombre de jours déterminé dans chaque mois ; en outre, quelque pauvre que soit une commune, il s'y trouve presque toujours des propriétaires riches, ou du moins aisés, qui, possédant ou cultivant de grandes étendues de terre, sont plus intéressés que les autres habitans au bon état des chemins vicinaux ; et il y en aura sans doute d'assez éclairés pour reconnaître qu'il leur sera véritablement avantageux de faire exécuter à leurs frais des cylindres et des chevrons, qu'ils emploieront à leur propre usage, pour leurs chemins particuliers d'agrément ou de culture et pour le roulage de leurs terres, et alors ils pourront les prêter ou les louer, pour les travaux de la commune. On vient de dire que ces cylindres peuvent être employés au roulage des terres; en effet, avec leur poids simple, sans charge additionnelle, ils valent beaucoup mieux que les rouleaux, toujours trop légers, qu'on emploie ordinairement pour rompre les mottes et pour tasser les terres légères ou les prairies. Pour rendre les cylindres propres à ce service, il faut, comme on vient de le dire, enlever la charge supplémentaire intérieure, qui n'est nécessaire que pour les chemins ; alors ils peuvent, à raison de leur grand diamètre, être traînés partout facilement avec deux chevaux, et font un excellent travail.(Quelques cultivateurs de la Brie ont déjà adopté ces cylindres formés avec de vieilles roues.)

Quand on veut appliquer les cylindres alternativement à ces deux services différens, au lieu de faire le chargement supplémentaire en remplissant l'intérieur de terre ou de pierres, pour rendre le chargement et le déchargement plus faciles, on supprime les deux fonds du cylindre et on forme le poids additionnel avec des troncs de bois dur ou des pierres longues, ou bien encore avec des saumons ou de vieux tuyaux en fonte, qu'on passe dans les rais des deux roues, et qu'on fixe en enveloppant les extrémités saillantes hors des rais avec des cordes serrées au moulinet (*fig.* 492).

Fig. 492.

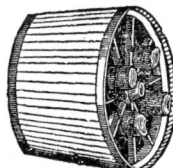

(1) Sur huit ou dix voituriers pris au hasard pour conduire les deux premiers cylindres de compression que nous avons employés, d'un mètre et demi de diamètre, pesant 4,000 kilog., et l'autre de 2 mèt. de diamètre, pesant 6,000 kilog., et qui ont été employés à Versailles, à Orsay, à Gometz, et récemment à Paris, sur la chaussée du pont du Carrousel et aux Champs-Élysées, aucun n'a éprouvé de difficulté à manœuvrer ces cylindres.

Les communes qui ont des revenus suffisans et les propriétaires riches, feront encore mieux d'acheter des cylindres en fonte, qui coûteront de 12 à 1500 francs, et qui, étant garnis sur les côtés de fonds pleins, fermant hermétiquement, se chargent en les remplissant d'eau, et se déchargent par son simple écoulement (*fig.* 493).

Fig. 493.

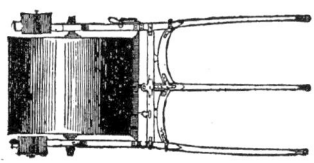

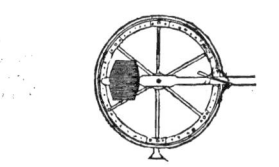

Quand une expérience suffisante aura prouvé la facilité d'amener un chemin en terre ou en cailloutis à un bon état d'entretien, et de l'y maintenir à peu de frais, en employant les moyens indiqués et surtout en le roulant fréquemment, on trouvera dans chaque commune à *traiter,* à l'*année* et à *forfait,* pour l'entretien habituel de chaque chemin, et on n'aura plus alors d'autre embarras que celui de veiller à l'exécution des marchés. Ces *marchés* peuvent être très-simples, car il suffit de fixer les quantités de matériaux de diverse nature, qui seront fournis chaque année par les habitans et par la commune, ainsi que les lieux et les époques de ces fournitures; et de stipuler que l'entretien devra être tel que jamais il n'y ait sur le chemin ni flaches ni ornières d'une profondeur supérieure à une quantité déterminée, en expliquant que cette profondeur sera mesurée par la hauteur de l'eau que la flache ou l'ornière pourra contenir.

Pour assurer le bon état des chemins vicinaux, il faut empêcher qu'ils ne soient écrasés par des *surcharges extraordinaires,* qui sont d'autant plus à craindre que ces chemins seront en meilleur état; comme on ne peut songer à y établir des ponts à bascule qui, d'ailleurs, ne remplissent que très-imparfaitement leur but sur les routes royales, il faut chercher un moyen plus efficace et moins dispendieux. Un des meilleurs, à notre avis, est celui qui a été proposé par la Société d'agriculture de Seine-et-Oise: il consiste à fixer les dimensions des fusées des essieux des roues à leur origine en dedans des moyeux, parce qu'alors on ne pourrait surcharger sans s'exposer à faire rompre ou plier les essieux, et que la vérification de cette prescription pourrait se faire facilement et sans frais, en tout lieu et par tout le monde.

ART. IV. — *Des inspecteurs-Voyers.*

Nous avons observé que pour arriver promptement et sûrement à l'amélioration générale des chemins vicinaux et pour assurer l'emploi utile des sommes et des efforts qui y sont consacrés, le meilleur moyen était de confier la *direction* et la *surveillance* des travaux et de l'entretien à des *inspecteurs* ou *conducteurs-voyers* capables de diriger les travaux de ces chemins avec les soins et l'économie qu'ils exigent, et d'exercer une surveillance active et constante; parce que ce n'est qu'en réparant les petites dégradations à mesure qu'elles deviennent sensibles, qu'on évite les ornières profondes et les grandes dépenses. Pour assurer cette surveillance, il faut que celui qui s'en charge s'en occupe exclusivement; ainsi, il vaut mieux donner à un inspecteur toute l'étendue des chemins qu'il peut diriger à la fois, sur deux ou trois communes, que d'en charger une personne dans chaque commune, parce que les émolumens qu'une commune rurale peut accorder à un voyer ne pouvant suffire pour assurer son existence, il serait obligé de se livrer à d'autres occupations qui pourraient le retenir aux époques où sa présence sur les chemins serait le plus nécessaire, tandis que la réunion des traitemens alloués par 3 ou 4 communes, doit être suffisante pour faire de ces fonctions un état assez avantageux pour qu'on craigne de le perdre, et pour permettre d'exiger l'exclusion de toute autre occupation, en sorte que l'inspecteur-voyer n'aura à penser qu'à ses chemins, et acquerra beaucoup plus d'expérience et d'habileté que celui qui ne s'en occuperait que temporairement.

Un inspecteur-voyer aura dans chaque commune un ou deux ouvriers intelligens et de confiance qu'il formera avec soin ; il leur fera faire les petites réparations habituelles suivant les besoins; et quand il jugera à propos de former des ateliers ambulans, ce seront ces ouvriers de confiance qui les dirigeront et qui veilleront au bon emploi de leur temps: l'inspecteur, ayant la responsabilité du travail, doit toujours être libre de choisir et de renvoyer ces chefs-ouvriers.

La *surveillance* sur ces inspecteurs s'exercera par les maires et par les conseillers municipaux, lesquels pourront déléguer un commissaire spécial annuel, et par les propriétaires intéressés au bon état de chaque chemin, qui, *dès qu'il y aura un service organisé,* y veilleront avec l'activité de l'intérêt particulier, parce que, pour chaque habitant, le bon état des chemins dont il se sert habituellement, est un véritable intérêt personnel.

Quoique ces moyens de surveillance soient assez directs et assez multipliés pour prévenir ou pour réprimer promptement les fautes et les négligences, nous pensons qu'il faut encore y ajouter un moyen d'action plus puissant, celui des peines et des récompenses. Pour cela, il faudrait que le traitement de chaque inspecteur-voyer fût composé de deux parties : l'une, fixe, serait seulement suffisante pour assurer convenablement son existence et l'autre, variable, dépendrait des autorités locales; cette partie variable serait, comme la partie fixe, divisée en autant de parts qu'il y aurait de communes comprises dans l'inspection : ces parts seraient toujours portées au budget communal, pour garantir la possibilité du paiement immédiat, mais elles ne seraient allouées à l'inspecteur, qu'autant qu'on serait satisfait de sa conduite et de l'état de ses chemins dans chaque commune.

Pour bien remplir les fonctions d'inspecteur des chemins vicinaux, il faut une *instruction théorique élémentaire*, et surtout l'*expérience des bons procédés d'exécution*. Or, il y a très-peu d'hommes capables de remplir ces fonctions, plus difficiles qu'on ne pense, et il faut d'ailleurs que ceux qui voudront les exercer apprennent à bien appliquer les procédés les plus convenables, et sachent les modifier au besoin suivant les localités : pour remplir ce but, il faudrait former une École spéciale d'application et de pratique, dans chaque département. Mais on manque généralement d'hommes capables de diriger ces écoles, car ceux mêmes qui y sont propres par leur instruction, ignorent les nouveaux procédés et pourraient les mal appliquer. toutes les fois qu'il s'agit d'innovations en travaux manuels, il faut que ceux qui veulent en faire usage commencent par pratiquer sous les yeux de ceux qui ont une expérience acquise, et comme il n'y a encore qu'un très-petit nombre d'hommes expérimentés dans cette pratique, il faut nécessairement commencer par former aux environs de Paris, dans le département de la Seine ou dans celui de Seine-et-Oise, au centre de 2 ou

3 chemins vicinaux à améliorer, une *École normale pratique* destinée à former des sujets capables de diriger ensuite des écoles semblables dans les départemens. On y admettrait des jeunes gens d'une bonne moralité, ayant en arithmétique, en géométrie et en dessin linéaire, une instruction première, que l'on compléterait en la dirigeant vers le but de leur spécialité; on leur ferait ensuite exécuter les divers travaux d'amélioration et d'entretien des chemins voisins de l'école : quand ils auraient acquis l'instruction et l'expérience nécessaires pour enseigner à leur tour, on leur donnerait des diplômes pour être admis comme directeurs d'écoles pratiques locales dans les départemens, ou comme inspecteurs-voyers de cantons.

L'amélioration des chemins vicinaux étant véritablement un objet d'intérêt général, il serait juste que les frais du matériel et de l'enseignement de l'*École normale* fussent au compte de l'Etat, et ceux des *Écoles locales* aux frais des départemens. Quant aux dépenses à faire en travaux d'expérience et d'amélioration, qui s'exécuteraient sur des chemins vicinaux voisins de chaque école, pour l'instruction des élèves, ils devraient être partagés, savoir : pour l'*école normale*, par tiers entre le gouvernement, le département et les communes traversées par les chemins sur lesquels s'exécuteraient les améliorations, et pour les *écoles départementales*, entre le département et les communes intéressées.

POLONCEAU.

CHAPITRE XIV. — DES CLOTURES RURALES.

OLIVIER DE SERRES a dit : « *Toutes les propriétés conviennent que l'on les ferme, et, soit terres à grains, prairies, pâturages et bois, rapportent plus de revenu clos qu'ouverts.* »

Les champs, dans les belles vallées de la Normandie, les riches cultures de la Belgique, toutes les parties bien cultivées de l'Angleterre et de l'Ecosse, sont entourées de haies qui sont généralement répandues et appréciées comme étant de la plus grande utilité.

Cependant les clôtures ont leurs partisans et leurs détracteurs; ceux-ci *leur reprochent* de prendre beaucoup de place ; de tenir le sol humide ; d'occasioner de grands et inégaux amas de neige; d'être des pépinières pour les mauvaises herbes; et d'offrir des refuges aux oiseaux et aux insectes nuisibles ; d'entraver la culture, notamment le labour; de couper la communication des champs et de forcer à des détours.

Mais, d'un autre côté, les clôtures présentent, en effet, des *avantages incontestables*, dont la plupart des cultivateurs reconnaissent l'importance. Elles garantissent les champs de l'incursion des animaux, et les mettent à l'abri des abus de la vaine pâture et du parcours ; elles forment des abris aux plantes, augmentent la chaleur du sol et diminuent l'action nuisible des hâles ou des vents frais ou desséchans; elles protégent les vergers

contre les pillards ; elles ôtent au cultivateur l'inquiétude des dévastations accidentelles qui peuvent endommager sa récolte et troubler ses travaux ; elles lui permettent de toujours labourer, semer et récolter en temps opportun. L'expérience de bien des contrées démontre la plus grande fertilité des champs enclos; l'influence favorable des clôtures sur la santé du bétail qu'on nourrit au pâturage est encore plus considérable. En Angleterre, on paie une rente incomparablement plus forte d'un pâturage entouré de haies, et, d'autant plus, que les clos sont plus circonscrits. L'espace que les haies enlèvent à la culture est largement payé par le bois qu'on en retire. Tous ces avantages, et beaucoup d'autres, augmentent d'une manière notable le produit annuel et la valeur réelle d'une propriété. Quant aux inconvéniens qu'on reproche aux haies, ils sont insignifians et peuvent facilement être levés avec un peu de soin.

Du reste, THAER conclut des opinions contradictoires sur le sujet qui nous occupe : 1° que les haies trop multipliées peuvent être nuisibles sur un terrain naturellement humide et bas, mais qu'elles sont infiniment utiles dans les contrées sèches et élevées, sur les sols légers et sablonneux, et qu'on ne doit pas craindre de les y rapprocher beaucoup; 2° l'utilité des haies est surtout considérable lorsque le sol est consacré, toujours ou alternativement, au pâturage du bétail ou transformé en prairies artificielles consommées sur place, parce qu'elles procurent aux troupeaux un abri favorable et en rendent la garde plus facile. D'après ces considérations, il convient donc de donner aux clos plus d'étendue si le sol est humide et consacré principalement à la culture des grains ; si, au contraire, le terrain est sec et est principalement destiné au pâturage du bétail, il est avantageux qu'il soit réparti en divisions moins considérables. En thèse génerale, des clôtures solides et une répartition convenable des terres, opérée par le moyen de haies vives, fortes et suffisamment garnies, contribuent essentiellement à la bonne administration d'un fonds ; facilitant les moyens d'en tirer des produits divers et de le faire pâturer par du bétail de divers genres ; enfin, les vols et les dommages sont beaucoup plus rares dans les lieux où des haies sont établies que dans les champs ouverts.

Il y a plusieurs sortes de clôtures, les *murailles*, les *fossés* et les *haies*.

Section Iʳᵉ. — Des murailles.

On emploie ordinairement pour la construction des murailles, les *matériaux fournis par les localités* qui sont le plus à proximité du lieu où elles doivent être élevées. Ces matériaux sont : le moëllon, la pierre de meulière, la brique, et même la terre lorsqu'elle est de nature à pouvoir être employée à cet usage.

Murailles de moëllons. — Les murailles construites en moëllons piqués, liés entre eux par un bon mortier à chaux et à sable, avec des chaînes en pierres de taille, et couvertes de dalles de pierre dure, sont les plus durables ; mais elles ne s'emploient ordinairement que pour enclore des espaces peu étendus et attenant à une riche habitation, à cause du haut prix auquel reviennent ces constructions. On emploie de la même manière le moëllon brut ; mais alors on le crépit avec le même mortier qui a servi à la construction, ou on l'enduit d'une légère couche de plâtre.

Murailles de pierre de meulière. — Ces murailles se construisent comme les précédentes ; mais cette sorte de pierres étant rude et mal unie, il est nécessaire de les crépir en mortier pour en faire disparaître les inégalités ; on substitue souvent aux dalles qui servent à les couvrir un chaperon fait avec la même pierre, et quelquefois de tuiles ou de briques. Pour cette partie de la construction, on place sur l'extrémité supérieure de la muraille, et des deux côtés si le mur est mitoyen, un rang de pierres plates les plus droites et autant que possible de la même épaisseur, qui débordent de 4 à 5 centimètres. Cette partie se nomme *larmier* ou *égout*. On place au-dessus, et au niveau de la façade de la muraille, un premier rang de pierres ou de briques, et successivement, en rapprochant chaque assise du centre de la construction, de manière que cette construction se termine par un angle obtus que l'on nomme la *crête du chaperon*, et qui ne doit être élevé au-des-

sus du larmier que de 32 à 40 centim., plus ou moins, en proportion de l'épaisseur du mur. Ces chaperons doivent toujours être faits avec soin, car c'est de leur bonne construction que dépend la conservation et la durée du mur.

Murailles en briques. — On procède pour la construction des murailles en brique, en tout point comme il a été dit ci-dessus pour les murailles en pierres de meulière ; mais dans ces constructions en moëllon brut, pierre de meulière et brique, on substitue souvent, par économie, un mortier en terre au mortier à chaux et à sable; alors on élève de distance en distance une chaîne en maçonnerie faite avec du bon mortier, d'une largeur de 1 m. à 1 mèt. 32 cent. pour remplacer les chaînes en pierre de taille, et on crépit le tout en mortier à chaux et à sable.

Murailles en pierres sèches. — Ce n'est guère qu'autour des cours et jardins qu'on trouve les véritables murailles dont nous venons de parler ; mais il arrive souvent qu'on entoure les possessions rurales de murs en pierres sèches ou en terre. Les premiè-res (*fig.* 494) se construisent en superposant, sans mortier, des pierres de toute nature, telles que le local les fournit, et quelquefois ramassées par le cultivateur dans le champ même qu'il veut enclore. Ces murs, couverts d'un bon chaperon et crépis de chaque côté,

Fig. 494.

sont peu coûteux et se maintiennent longtemps. Quelquefois même, sans les crépir, on n'emploie d'autre couverture qu'un chaperon sans mortier, mais dont les pierres sont placées une sur 2 ou 3 rangs seulement, pour que les vents aient moins de prise et qu'ils puissent leur résister ; enfin, on se borne le plus souvent à unir les pierres avec de la mousse ou des plaques de gazon. Si l'on n'a que peu de pierres plates et larges, il ne faut pas donner au mur beaucoup d'élévation: on le couvre avec du gazon et on y plante des groseillers ou des ronces, qui y réussissent fort bien; ces arbustes donnent aux murs plus de solidité, et rendent la clôture plus défensive.

Murs en plâtras. — Les murs en plâtras, tels qu'on en voit chez les maraîchers de Montreuil près Paris, se bâtissent avec les débris de vieilles constructions en plâtre liées ensemble avec du mortier en terre et crépis des deux côtés, ou seulement du côté de la culture, par une légère couche de plâtre. Ces murs sont propres, durent assez longtemps et forment d'excellens supports pour les arbres palissés à la loque.

Murailles en terre. — A défaut de pierres, et lorsque la terre offre assez de consistance, on en fait des murs en la comprimant lit par lit entre deux planches; ces murs sont presque toujours recouverts par un petit toit en chaume, ou par un chaperon en plaques de gazon : ces constructions durent assez de temps et sont très-économiques, puisqu'elles ne coûtent que la main-d'œuvre. D'ailleurs la terre qui les compose, exposée aux influences de l'atmosphère, devient très-propre à l'amendement du sol.

Murs en torchis. — On appelle *torchis* un mortier fait de terre argileuse, dans lequel on met une quantité relative de paille longue de gros foin, et quelquefois de laiche et de jonc. Le torchis est achevé lorsque ces pailles sont bien enduites, bien pénétrées du mortier dans lequel on les a plongées. Pour en faire usage, il faut d'abord planter des pieux charbonnés de la hauteur du mur, et placés assez près les uns des autres. On les croise par des perches de toutes longueurs fixées horizontalement aux pieux par des liens de paille, des osiers ou des harts. On prend ensuite par poignées les pailles ou autres matières imprégnées de mortier que l'on maintient dans toute leur longueur, et on entrelace le torchis en le passant successivement dans les vides formés par les pieux et les perches, jusqu'à ce que ces vides soient entièrement remplis. On ragrée ensuite des deux côtés avec le même mortier dans lequel on a mêlé de la menue paille ou du foin haché. Ces murs sont terminés par des chaperons en gazon ou de petits toits en chaume. Ils ne sont pas ordinairement d'une grande étendue ; mais, dans quelques contrées de la France, on voit assez souvent des chaumières entièrement construites de cette manière, qui, lorsqu'elles sont bien entretenues, durent fort long-temps.

Murailles en plaques de gazon ou de bruyère. — On emploie quelquefois des plaques de gazon ou de bruyère, et même des mottes d'une terre argileuse fort compacte que l'on écarrit, pour élever des murs d'une étendue peu considérable. Ces clôtures agrestes se couvrent de chaume en forme de toit, de gazon et quelquefois seulement en terre, à laquelle on donne la forme d'un chaperon, pour écarter les eaux du centre de la construction.

Section II. — *Des fossés.*

Le *fossé* est une excavation longitudinale plus ou moins large, plus ou moins profonde, dont on environne un champ pour le défendre contre les hommes et les animaux ; pour protéger les haies et barrières intérieures contre la dent ou les attaques du bétail ; pour dessécher les terres et le sol des chemins en recevant les eaux surabondantes et les tenant à la portée des racines des arbres qui sont dans le voisinage.

Il y a plusieurs sortes de fossés : simples, doubles, revêtus en maçonnerie et plantés. On distingue dans le fossé : l'ouverture, le glacis, le fond, la berge et la crête. L'*ouverture* est la partie de la tranchée qui sépare les deux glacis à l'extrémité supérieure. Les *glacis* sont la partie qui commence au niveau du sol et descend de chaque côté jusqu'au fond du fossé. Le *fond* est la partie opposée à l'ouverture où viennent aboutir les glacis. La *berge* est l'élévation en talus formée le long du fossé avec la terre provenant de l'excavation. La *crête* est la partie la plus élevée de cette berge.

L'*inclinaison des glacis* doit être plus ou moins considérable, suivant que la terre a plus ou moins de consistance. En effet, si la terre est forte et tenace, l'inclinaison de 54 millim. par 32 centim. (un pouce par pied) sera suffisante ; tandis que si la terre est légère, sablonneuse, on doit donner à cette inclinaison de 45 à 50 degrés.

Le *fond* présente ordinairement une surface plane, ou fond de cuve, ou arrondie en manière d'auge : quelquefois il forme un angle plus ou moins aigu, lorsque le fossé est assez profond pour que les glacis, plus ou moins inclinés, viennent à se rencontrer.

La *berge* qui est formée de la terre extraite de l'excavation, est placée en talus de l'un ou l'autre côté, et même, lorsque le fossé est mitoyen, elle est partagée entre l'un et l'autre. Quelquefois encore la terre est répandue aux environs du fossé, ou enlevée pour une destination plus éloignée, de manière que ces fossés sont sans berge. Ils ont alors pour but de marquer la circonférence du terrain, plutôt que de le défendre.

La *crête* est la partie la plus élevée de la berge. On l'arrondit d'autant plus que la terre est légère, afin que les fortes pluies en entraînent le moins possible dans le fossé. Toutes ces parties du fossé sont ordinairement gazonnées ; quelquefois c'est seulement la berge, et plus souvent la berge et les glacis, pour soutenir les terres lorsqu'elles n'ont que peu de consistance. On peut semer le gazon au lieu de l'appliquer, ce qui est plus tôt fait et exige moins de main-d'œuvre.

Les *fossés simples* ont ordinairement de 1 à 2 mèt. (3 à 6 pieds) de largeur, et de 1 m. 32 à 1 m. 50 (4 pi. à 4 pi. 1/2) de profondeur. Mais ces dimensions doivent varier suivant les circonstances et selon le but que se propose le propriétaire en établissant ces clôtures.

Les *fossés doubles* sont deux fossés placés à 1 mèt. 32 centim. (4 pi.) de distance et prolongés ainsi parallèlement. La terre provenant de cette double tranchée forme une double berge sur le terrain qui sépare les 2 fossés, et dont la crête tient le milieu entre l'un et l'autre. Cette sorte de clôture n'est guère pratiquée (excepté quand la berge doit être plantée) que dans les terrains humides, et ceux qui les font construire ont autant pour but de dessécher l'enclos que de le défendre.

Les *fossés revêtus en maçonnerie* sont ceux dont les terres sont soutenues dans chaque côté par un mur en maçonnerie. Ils ne sont à la portée que des riches propriétaires et pour l'enclos des jardins et des parcs. Ces murs sont ordinairement construits en moëllons piqués, liés ensemble par un mortier à chaux et à sable, soutenus, à des distances très-rapprochées, par des chaînes en pierre de taille, et entre ces chaînes par des éperons ou murs de refend, placés du côté des terres, qui ont à leur base de 1 mèt. à 1 mèt. 50 centim. (de 3 à 4 pieds 1/2) de saillie, suivant la hauteur du mur à soutenir, et viennent mourir à rien à quelques centimètres au-dessous du couronnement ; ces éperons ont en outre pour effet, en divisant les terres, d'en affaiblir considérablement la poussée, et d'empêcher ainsi l'influence qu'elle aurait sur la durée du mur. Ces fossés ont ordinairement de 2 à

3 mèt. (de 6 à 9 pieds) d'ouverture, et 2 mèt. (6 pieds) de profondeur; ils ont le précieux avantage de n'apporter aucun obstacle à la vue extérieure de la campagne, et de laisser entiers les agrémens que cette vue procure. Quelquefois ces fossés ne sont revêtus en maçonnerie que du côté de la propriété dont ils forment la clôture (*fig.* 495); ces murs sont alors désignés sous la dénomination de

Fig. 495.

murs de terrasse; ils présentent une grande partie des avantages qu'on obtient des premiers, et sont beaucoup moins coûteux. Quand ces constructions n'occupent qu'un très-petit espace dans la clôture et n'ont été établies que pour ménager un point de vue intéressant, on les nomme alors *saut-de-loup* ou *ha-ha.*

SECTION III. — *Des haies et des fossés plantés.*

Ce mode de clôture est généralement adopté dans les campagnes, pour contenir les troupeaux dans les pâturages qui leur sont réservés, pour préserver les jardins et les champs des dommages que pourraient y causer les hommes et les animaux, et pour protéger les vergers contre les vents et le pillage des maraudeurs.

Il y a plusieurs sortes de haies : les *haies sèches* ou *mortes,* et les *haies vives.* On peut encore distinguer les *haies fourragères* et *fruitières;* il en sera traité dans d'autres chapitres de cet ouvrage.

§ Ier. — Des haies sèches ou mortes.

Les *haies sèches* peuvent être construites avec *toutes sortes de branchages;* mais lorsqu'on peut choisir, on donne la préférence aux bois épineux, dont les rameaux touffus et garnis d'épines présentent par cela même une plus grande défense; cependant, à défaut de bois épineux, on emploie souvent les branches provenant de l'élagage des arbres que fournit la propriété, tels que chênes, ormes, etc. La seule chose qu'on ne doit pas perdre de vue, c'est que, si l'on tient à la durée de la haie, on doit éviter avec soin d'employer des bois tendres, tels que tilleuls, saules, peupliers, dont la décomposition, toujours prompte, serait encore hâtée par l'humidité de la terre et par les influences de l'atmosphère.

On enfonce en terre les branches destinées à cette construction, par le gros bout, à une profondeur de 21 centim. (8 pouces) environ, ayant soin de les rapprocher de manière qu'on n'aperçoive aucuns vides à la naissance de la haie (*fig.* 496); le plus ordinairement on les consolide au moyen d'une traverse placée de chaque côté, aux deux tiers de sa hauteur, et qu'on assujettit à des pieux solide-

Fig. 496.

ment fixés à 2 ou 3 mètres de distance les uns des autres (*fig.* 497 et *fig.* 498). Ces tra-

Fig. 497.   Fig. 498.

verses ou perches, placées horizontalement, sont liées ensemble, au milieu de l'espace qui se trouve entre les pieux, par un hart qui les resserre de manière que la haie se trouve fortement comprimée entre ces perches; ce qui la consolide entièrement.

Ces haies sèches sont le plus souvent destinées à protéger la croissance des haies vives nouvellement semées ou plantées; et leur durée suffit ordinairement, jusqu'à ce que ces dernières soient en état de se défendre elles-mêmes; elles servent aussi à délimiter les divisions intérieures, principalement dans les pâturages; mais il vaut mieux pour cette destination avoir des barrières transportables ou mobiles.

Les *haies sèches en palis* sont souvent construites avec des échalas ou pieux de diverses dimensions; on les enfonce en terre par un bout, et on les assujettit avec des harts (*fig.* 499), ou un fil de fer attaché par le haut sur une traverse fixée à des pieux placés à 2 mèt. (6 pieds) de distance les uns des autres. Ils forment quelquefois un palis très-serré (*fig.* 500) et quelquefois à claire-voie (*fig.* 501), suivant le but qu'on s'est proposé

Fig. 499.

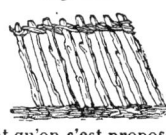

Fig. 500.   Fig. 501.

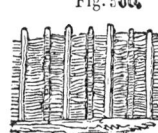

en les construisant.

Les échalas sont quelquefois remplacés par de mauvaises voliges (*fig.* 502), ou bien par des planches (*fig.* 503); les pieux sont

Fig. 502.   Fig. 503.

alors en menuiserie et doivent avoir 8 centimèt. (3 pouces) d'écarrissage; des traverses allant d'un pieu à l'autre y sont fixées avec des clous; c'est sur ces traverses placées au haut et au bas des pieux que sont clouées les planches formant le palis. Ces palis sont souvent employés,dans les exploitations,pour garantir les jeunes taillis de la dent destructive du lapin. Dans les départemens du nord et dans la Belgique, ces palis en planches servent à enclore des potagers, et soutiennent quelquefois de très-beaux espaliers.

Les *haies sèches en treillage* (*fig*.504) se font

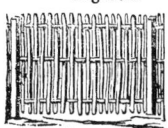

Fig. 504.

au moyen de lattes croisées et arrêtées en haut et en bas sur des lattes transversales avec un fil de fer; ou bien en gaulettes de divers taillis avec leur écorce (*fig*.505); elles ont un aspect agréable, et sont ordinairement destinées, dans les parcs et jardins, à enclore un espace réservé, ou des cultures précieuses que l'on veut protéger.

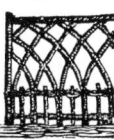

Fig. 505.

Haies sèches en paillassons. — Ces paillassons sont faits, suivant les lieux, avec de la paille, des tiges de Carex, de Typha, des Roseaux, des Sorgho et diverses plantes aquatiques, etc. (*fig*. 506 et *fig*. 507). Le pail-

Fig. 506.　　　　Fig. 507.

lasson est attaché par le haut et le bas sur une latte ou baguette ; les extrémités de ces deux traverses sont fixées à des branches ou pieux, de manière à maintenir la haie dans la position verticale qu'elle doit avoir. Les jardiniers se servent de ces haies pour protéger des semences, ombrager des jeunes plantes, les abriter contre le vent, et empêcher les promeneurs de fouler le terrain qui les contient.

§ II. — Des haies vives.

Les *haies vives* ont pour objet, comme les murailles, les fossés et les haies mortes, de circonscrire les propriétés rurales, de les préserver de l'invasion des animaux, du pillage des malfaiteurs, et encore d'abriter nos vergers contre la fureur des vents.

On peut employer toute espèce d'arbres et d'arbustes pour la *composition des haies vives;* mais on doit donner la préférence à ceux qui peuvent le mieux croître en lignes serrées et présenter constamment une tige bien garnie de rameaux, dont les racines pivotantes ou peu traçantes n'exercent aucune fâcheuse influence sur les terrains environnans, qui peuvent supporter des tontes fréquentes, et qui, quoique contrariés constamment dans leur direction naturelle, peuvent se maintenir dans un bon état de végétation pendant un grand nombre d'années.

Cependant, on doit concevoir qu'il n'est pas toujours indifférent d'employer tels ou tels arbres ou arbustes, quelles que soient les

circonstances et la nature de là terre où la plantation doit avoir lieu ; en effet, s'il s'agit simplement de marquer la circonférence d'une prairie, de fixer la ligne de partage entre deux héritages, on pourra employer divers arbres ou arbustes qui ne seraient plus convenables si l'on avait envie de préserver un champ du dommage que pourraient lui causer des malfaiteurs ou des animaux vagabonds ; et il n'est personne qui ne conçoive qu'une plantation dans un terrain très-sec, ou dans un terrain très-humide, doit être faite avec des arbres ou des arbustes différens.

Ceci posé, nous diviserons cet article de la manière suivante : 1° clôtures défensives en haies vives ; 2° clôtures défensives, composées en haies vives, fossés ou murailles.

I. *Clôtures défensives en haies vives.*

L'*Aubépine* (*Mèspilus* ou *Cratœgus oxiacantha ;* en angl., *Hawthorn* ou *Thorn*) est sans contredit l'arbuste le plus propre à former une bonne haie de défense ; une haie d'aubépine bien faite est impénétrable aux hommes et aux animaux, et souvent plus difficile à franchir que les murs.

Voici de quelle manière on procède ordinairement pour *construire une pareille haie.* On ouvre, au commencement de l'été, une tranchée plus ou moins large, suivant que la haie doit être construite sur un, deux ou trois rangs; on donne à cette tranchée de 45 à 50 centimètres (15 à 18 pouces) de profondeur; on place de chaque côté la terre provenant de l'excavation, qui reste ainsi exposée à la chaleur et aux influences atmosphériques.

Lorsqu'on veut *procéder à la plantation,* on remplit le rayon plus ou moins, suivant la force du plant ; on place les brins à 16 centimètres (6 pouces) les uns des autres ; on ramène les terres sur les racines, et on appuie cette terre avec le pied ; on recèpe après le plantage à 4 centimètres (1 pouce 1/2) au-dessus du sol ; on laisse la surface de la tranchée un peu en contre-bas, pour y retenir l'eau des pluies ; on couvre cette surface d'une bonne couche de fumier d'étable ; enfin, on a grand soin, par des binages et des labours fréquens, d'empêcher les mauvaises herbes d'envahir la plantation ; l'on remplace avec soin les individus qui n'auraient pas repris ; on tient la haie serrée par des tontes qui ont lieu de chaque coté, et on l'arrête lorsqu'elle est arrivée à la hauteur qu'elle doit atteindre en une tonte horizontale, ou en contournant les bourgeons de la partie supérieure en manière de corde, un peu avant la cessation de leur sève.

On doit avoir soin, lorsque la haie est formée de plusieurs lignes, de placer *les brins en échiquier*. On mêle quelquefois avec l'aubépine plusieurs sortes d'arbustes épineux, tels que le *Prunellier* (*Prunus spinosa*) ; en anglais, *Crabplum Stock*), l'*Epine à feuilles de poirier* (*Mespilus pyrifolia*), l'*Epine écarlate* (*Mespilus coccinea*) ; mais il arrive assez souvent qu'une végétation plus rapide dans l'un de ces arbustes influe défavorablement sur les autres, et empêche le bon effet qu'on aurait obtenu de la plantation si l'on n'avait employé qu'une seule de ces variétés, toutes très-propres à former seules une haie de défense.

Un propriétaire qui s'est beaucoup occupé de clôtures en haies vives a fait, avec l'aubépine, l'expérience suivante :

Trois haies ayant été plantées en même temps, l'une fut soumise à la tonte par le haut et des deux côtés ; la deuxième, des deux côtés seulement ; et il laissa croître la troisième en toute liberté. A l'âge de 12 ans, ces haies présentaient entre elles une différence remarquable ; les tiges de la première étaient restées très-faibles comparativement aux deux autres ; la deuxième était impénétrable et parfaitement garnie depuis le sol dans toute sa hauteur ; la troisième était aussi très-forte, mais le bas des tiges était complètement dégarni. Cette expérience, faite par un cultivateur très-capable, prouve que, toutes les fois que les circonstances le permettent, il est convenable de laisser croître les haies d'aubépine en pleine liberté, en se contentant de les tondre régulièrement des deux côtés, 2 fois par an, au mois de mai et à la fin d'août.

On forme quelquefois des haies d'aubépine en suivant une toute *autre méthode.* On place le plant sur un ou plusieurs rangs (*fig.* 508),

Fig. 508.

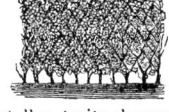

en donnant alternativement aux individus une inclinaison opposée entre eux ; on les réunit ensuite, partout où les tiges se croisent, au moyen de la greffe *sylvain* ; la soudure s'opère promptement, et l'on traite chaque année de la même manière le prolongement des tiges, jusqu'à ce que la haie soit parvenue à la hauteur qu'elle doit atteindre.

La *méthode Westphalienne*, fort recommandée par les Allemands, ne diffère de la précédente qu'en ce qu'on n'emploie point la greffe ; les tiges plantées et croisées, ainsi qu'il a été dit, sont fixées à une perche transversale qu'on élève successivement tous les ans, jusqu'à ce que la haie ait atteint toute sa hauteur.

On *donne* encore *aux haies* d'aubépine *une très-grande force*, en coupant à demi les plus grandes branches qu'on ploie successivement les unes sur les autres, en les entrelaçant avec celles qui restent ; ces branches, ployées toutes dans le même sens, forment des traverses horizontales d'où partent des jets nombreux qui se mêlent aux jets directs, et forment avec eux une défense vraiment formidable.

La *tonte des haies* est une partie essentielle de leur direction et de leur entretien ; elle contribue beaucoup à leur bonne conservation ; nous avons déjà dit qu'elle devait avoir lieu deux fois par an, en mai et en août. Lorsque la haie envahit trop d'espace, il faut en outre, après quelques années et durant l'hiver, en diminuer le gros bois et rapprocher les branches, quelquefois même recéper entièrement la haie lorsqu'elle commence à se dégarnir du pied. On donne en général aux haies une élévation qui varie de 1 à 2 mètres (3 à 6 pieds), et une forme pareille à celle représentée (*fig.* 509). Cependant, quelquefois on lui donne plus de largeur à la base

des deux côtés (*fig.* 510), ou seulement d'un seul (*fig.* 511).

Fig. 510,   511 et 509.

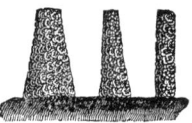

C'est à l'aide des ciseaux à tondre (*fig.* 512), et des croissans (*fig.* 513)

Fig. 512.   Fig. 513.

qu'on opère la taille des haies ; cette opération s'exécute très-promptement, et l'on peut presque toujours en utiliser les produits pour la nourriture des bestiaux, ou au moins pour former de la litière.

S'il est incontestable que les meilleures haies de défense se font avec des bois épineux et surtout avec l'aubépine, il est également certain qu'on peut *construire de très-bonnes haies avec d'autres arbres ou arbustes;* on emploie à cet effet le *Charme*, le *Chêne*, le *Hêtre*, l'*Orme*, l'*Erable* (*Acer sylvestris*), le *Merisier* (*Prunus padus*), le *Bois de Sainte-Lucie* (*Prunus mahaleb*), le *Buis* (*Buxus sempervirens*), l'*If* (*Taxus baccata*), le *Houx* (*Ilex aquifolium*); et dans les terres très-humides, le *Sureau* (*Sambucus nigra*), plusieurs *Saules* et *Osiers*. Ces haies se contiennent et se dirigent plus ou moins facilement au moyen de la tonte, et c'est une chose digne de remarque, qu'un chêne âgé de 20 ans n'occupe qu'un mètre carré dans une haie, tandis qu'à cet âge, lorsqu'il croît en pleine liberté, sa taille majestueuse atteint souvent une hauteur de 8 à 9 mètres ; « c'est ainsi que l'esclavage rapetisse et dénature tous les êtres. »

Mais, *lorsqu'il s'agira d'enclore une prairie*, un pâturage, on ne doit pas perdre de vue qu'on doit éviter l'emploi des arbres dont les troupeaux aiment à brouter le feuillage, parce qu'à force d'écourter les pousses, ils finiraient par détruire entièrement la haie.

Quelquefois, au contraire, on construit des haies, on fait des plantations, avec l'intention d'en *employer les feuillages et les jeunes branches à la nourriture des animaux* de la ferme ; les arbres et arbustes les plus favorables, lorsqu'on a cette destination en vue, sont : l'*Acacia* (*Robinia pseudo-acacia*), si l'emplacement ne donne pas lieu de craindre l'influence de ses racines traçantes;¦ le *Mûrier blanc* (*Morus alba*), ou le *M. multicaule* (*M. multicaulis*), dont le feuillage pourra aussi servir à la nourriture des vers-à-soie; l'*Ajonc* (*Ulex europæus*), le *Genét d'Espagne* (*Spartium junceum*), le *Baguenaudier* (*Colutea arborescens*), la *Luzerne en arbre* (*Medicago arborea*), le *Frêne*, l'*Orme*, le *Bouleau*, le *Saule*, et tous les arbres et arbustes enfin dont le feuillage plaît aux animaux domestiques et peut contribuer à l'augmentation de leur fourrage.

Il est d'autres haies qu'on nomme *haies fruitières*, à cause de la nature des arbres qui les composent, et qui sont susceptibles de donner un produit par leurs fleurs ou leurs fruits; ce sont principalement, plusieurs espèces de *Pommiers*, de *Poiriers*, d'*Alisiers* ou *Cormiers* (*Cratægus*), le *Sorbier* (*Sorbus avium*), l'*Épine-vinette* (*Berberis vulgaris*), le *Noisetier*(*Corylus avellana*), le *Néflier*(*Mespilus germanica*), le *Cognassier* (*Pyrus cydonia*), le *Framboisier*(*Rubus idæus*), plusieurs espèces de Rosiers (*Rosa*), les *Groseilliers à grappes* et à *maquereau* (*Ribes rubrum* et *uva crispa*), le *Prunier de mirabelle*, le *Pommier d'apis*, les *Mûriers*, la *Vigne*, et, dans le Midi, le *Figuier*, l'*Olivier*, etc. On reviendra sur les haies fruitières et fourragères dans les articles qui traitent des *fourrages* et des *vergers agrestes*, et nous y renvoyons.

Il arrive assez souvent que pour rendre les haies plus productives, on y place, de distance en distance, des baliveaux ou arbres fruitiers et forestiers (*fig.* 514). Sans proscrire

Fig. 514.

cet usage, qui peut quelquefois accroître sans dommage les produits à obtenir en fruits ou en bois, d'autant plus qu'on a cru observer que ces arbres étaient presque toujours très-productifs, nous ferons remarquer qu'ils font souvent périr les individus de la haie placés très-près d'eux, ou en éprouvent eux-mêmes un dommage qui leur nuit beaucoup.

On conçoit qu'il est fort difficile de fixer la dépense de la formation des haies, laquelle varie à l'infini, non seulement en raison des localités, du prix de la main-d'œuvre, de celui du plant, mais encore d'après les soins qu'on apporte à l'établissement de la clôture et le genre qu'on adopte. Nous citons comme exemple la récapitulation suivante de la dépense de formation d'une haie en Ecosse, lorsqu'on ne néglige rien pour sa perfection, et d'après plusieurs Mémoires couronnés, en 1834, par la Société de la haute-Ecosse : ce relevé offrira en même temps le tableau de tous les travaux à exécuter ; ,

	fr.	c.
Tranchée de **300** pieds de longueur sur 4 pieds de **large** et 1 pied 1/2 de profondeur.	3	50
Fossé de 3 pieds 1/2 d'ouverture, 1 pied 1/2 de profondeur et 1 pied 1/2 de largeur au fond.	10	»
1 charge 1/2 d'engrais, à 3 fr. la charge.	4	50
1000 plants, si l'on fait la haie double, en les plaçant à 7 pouces de distance; 800 placés de 4 à 5 pouces, si la haie est simple, environ. . . .	25	»

A reporter. 43 »

Report. . . 43 »

	fr.	c.
Dressage au cordeau, plantation, etc.	5	»
Houage et sarclage pendant les deux premières années. . . .	3	»
Taille de la 3ᵉ année. . » 50 ⎫		
Une charge d'engrais. . 3 » ⎪		
Nettoyage et herbage. . 1 50 ⎬ 6 75		
Relevage du fossé. . . 1 75 ⎭		
Taille de la 4ᵉ année. . » 60 ⎫		
Nettoyage. . . . . . 1 50 ⎬ 2 10		
Taille de la 5ᵉ année. . » 60 ⎭		
Relevage du fossé et culture de la haie. . . . 1 75 ⎬ 2 35		

Dépense totale d'une double haie de 300 mètres de longueur, laquelle sera suffisamment défensive au bout de 5 années. 62 20

Les *palissades, clôtures* ou *haies d'agrément* sont celles qui n'ont pas pour objet la défense du terrain qu'elles enclosent, mais dont le feuillage, les fruits et les fleurs offrent un aspect plus ou moins agréable, et qui sont particulièrement placées dans les jardins pour y former des abris, ou y établir diverses divisions utiles ou agréables; nous ne devons pas nous en occuper ici.

II. *Clôtures en haies vives, avec fossé planté ou muraille.*

Fossés plantés. — L'une des meilleures clôtures de défense, ce sont les *fossés plantés ;* quelquefois ces plantations consistent en une haie de bois épineux, placée sur le bord du fossé du côté de l'enclos (*fig.* 515); quelquefois on donne au glacis et à la berge, du côté des terres à défendre, une inclinaison de 40 à 45 degrés, tandis que le côté opposé reste à peu près vertical (*fig.* 516); on plante,

Fig. 515.   Fig. 516.

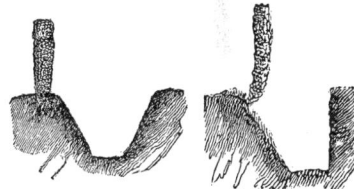

à partir du fond du fossé, plusieurs lignes de bois épineux, sur une largeur de 1 mètre 32 centim. (4 pieds) : on donne **même** à cette plantation jusqu'à 2 mètres (6 pieds) de largeur (*fig.* 517) : alors le cultivateur exploite cette haie par moitié tous les six ans, de manière qu'il reste toujours une portion de haie suffisante pour défendre l'enclos. Souvent on place au milieu d'un glacis du fossé, et quelquefois des deux (*fig.* 518), une haie tondue des côtés et par le haut; on place encore une haie au milieu du fossé (*fig.* 519).

Fig. 517.

Fig. 518.   Fig. 519.

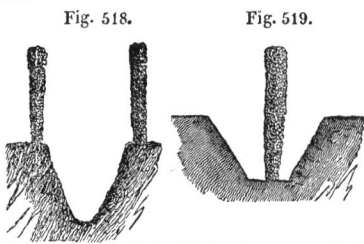

On voit des fossés dont le fond est garni entièrement de ronces (*Rubus vulgaris*), et autres
bois épineux qui remplissent toute la capacité de ce fossé. Enfin, les haies et les fossés
se combinent, pour la défense, d'un grand
nombre de manières, suivant les lieux et les
circonstances, ou plutôt, souvent, selon le
caprice du propriétaire.

Quelquefois la propriété étant défendue par
un double fossé, on plante entièrement le
terrain qui se trouve entre ces fossés en bois
feuillus de diverse nature ; cette haie est ordinairement destinée à l'exploitation. Dans le
pays de Caux et dans plusieurs départemens
où cette clôture est souvent employée, au
milieu du terrain planté on voit presque
toujours une ligne d'arbres à haute tige, tels
que chênes, frênes, etc., quelquefois réservés
avec soin comme destinés à fournir du bois
de charpente, et quelquefois étêtés à la hauteur de 5 à 6 mètres, pour être élagués périodiquement lors de l'exploitation de la haie,
dont ils augmentent le produit.

Outre la défense à laquelle elles contribuent, ces plantations ont encore l'avantage
d'abriter les vergers contre la fureur des
vents, ce qui leur a fait donner dans quelques lieux la dénomination de *brise-vents*.

Clôtures composées en haie vive et muraille.
— On place souvent *au haut d'un mur de terrasse*, en dedans de la propriété dont ce mur
forme la clôture, une haie vive que l'on maintient à la hauteur de 1 mètre, afin que tout
en augmentant la défense, elle ne porte point
obstacle à la vue de la campagne.

Enfin, on place quelquefois *en dehors d'un
mur de clôture* une haie de bois épineux pour
en défendre l'approche et augmenter ainsi la
difficulté qu'on aurait à le franchir.

Il arrive encore que l'on plante en manière
de palissade une haie vive *contre le mur, en
dedans de l'enclos*, pour en changer l'aspect
et le rendre plus agréable.

SECTION IV. — *Des barrières et passages.*

Une clôture ne serait pas complète si l'espace réservé pour y entrer et y introduire les
instrumens aratoires, le bétail ou les animaux nécessaires à l'exploitation, ne devait
aussi être fermé. Cette fermeture a lieu ordinairement au moyen de *grilles en fer*, de
portes ou de *barrières en bois*. Nous ne parlerons pas des premières et des secondes, qui
ne conviennent pas aux simples constructions
rurales, ou qui appartiennent à l'architecture
dont il sera traité ailleurs.

Les *barrières-portes*, ou susceptibles de
s'ouvrir et de se fermer, sont appendues à des

poteaux en bois (*fig.* 520) ou à une sorte de
pilastre élevé à cet effet en maçonnerie d'un
seul côté (*fig.* 521), ou de chaque côté du
chemin (*fig.* 522 et 523).

Fig. 520.   Fig. 521.

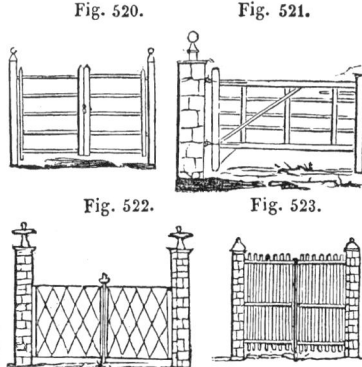

Fig. 522.   Fig. 523.

Pour toutes les clôtures les plus ordinaires,
ces fermetures se font quelquefois au moyen
de *barrières à 2 vanteaux(fig.* 522 et 523),et plus
vent au moyen de constructions rustiques en
forme de claies, ou consistant en un cadre
de bois sur lequel on attache des planches ou
des lattes en manière de palis. Ces portes ou
barrières sont suspendues par des gonds fixés
dans des poteaux, et quelquefois même à 2
baliveaux plantés exprès (*fig.* 524 et *fig.* 525).

Fig. 524.   Fig. 525.

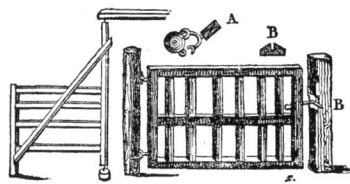

Dans ces barrières il est essentiel, pour la
commodité du passage, de combiner la pose
des gonds et la fermeture, de façon qu'on
puisse entrer ou sortir, toujours en poussant
la barrière devant soi, comme dans celles représentées (*fig.* 526 et *fig.* 527).

Fig. 526.   Fig. 527.

On se sert encore souvent, dans les domaines ruraux, de *barrières fixes*, susceptibles
de se déplacer, mais non pas de s'ouvrir ou de
se fermer comme des portes ; telles sont celles représentées (*fig.* 528 et *fig.* 529). Il est essentiel que les piquets qui les soutiennent
soient bien pointus et charbonnés, pour qu'on

Fig. 528.   Fig. 529.

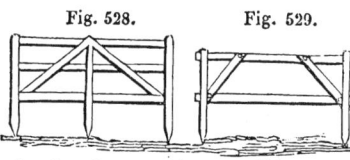

puisse les placer et déplacer facilement, selon le besoin.

Enfin, lorsqu'il ne s'agit que d'*empêcher le
passage des animaux*, deux poteaux placés
de chaque côté du passage reçoivent une ou
plusieurs traverses dans des ouvertures pratiquées à cet effet, et dans lesquelles on fait
glisser la traverse eu avant ou en arrière,
suivant qu'il s'agit d'ouvrir ou de fermer la
baie; cette dernière construction se nomme
aussi *barrière ;* il serait inutile de la figurer.

Lorsqu'on veut *laisser le passage libre aux
gens à pied* et l'inter-
dire aux animaux, on   Fig. 530.
peut placer un tour-
niquet (*fig.* 530) ou
adopter quelques dis-
positions   analogues
à celles représentées
(*fig.* 531 et *fig.* 532).

Fig. 531.   Fig. 532.

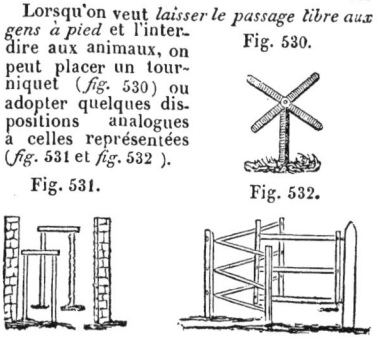

LABBÉ.

CHAPITRE XV. — DES CÉRÉALES ET DE LEUR CULTURE SPÉCIALE.

Le mot *céréale*, dérivé de *Cérès*, déesse des
moissons, s'applique dans notre langue aux
plantes panaires ou autres, à semences farineuses, appartenant spécialement à la grande
famille des graminées. Il ,comprend donc le
Froment, le *Scigle*, l'*Orge*, l'*Avoine*, le *Riz*, le
Millet, le *Maïs*, le *Sorgho*, l'*Alpiste*. Quelques
autres graminées non cultivées dont les grains
se récoltent parfois pour servir d'alimens ,
telles que la *Fétuque flottante* et la *Zizanie*,
ne sont pas regardées comme céréales, tandis
que , au contraire, on comprend assez ordinairement parmi elles le *Sarrasin,* bien qu'il
appartienne à une autre famille, celle des
polygonées.

*Les céréales, ou du moins les principales
d'entre elles,* font la base de la nourriture des
hommes sur une grande partie du globe. En
France surtout, malgré l'extension progressive de la culture des pommes-de-terre, le
pain de froment, de seigle, d'orge ou de maïs,
est encore la principale ressource de la population. Aussi le sort du pays est-il étroitement
lié à l'abondance ou à la faiblesse des récoltes de blé.—Nous traiterons successivement
de chaque espèce en particulier.

Section Ire. — Du froment.

Le *Froment* (*Triticum*, Linn.), en anglais,
Wheat; en allemand, *Weizen;* en italien, *Grano,* et en espagnol, *Trigo,* a des usages beaucoup plus importans que nombreux et qui sont
trop généralement connus pour que nous
croyions devoir les détailler ici. Ses tiges servent de fourrage et de litière; on les emploie parfois à divers usages économiques.
Ses grains , dont on réserve le son pour
la nourriture des animaux de basse-cour, et
dont on emploie diversement la farine, soit
pour en obtenir le meilleur pain connu, soit
pour la transformer en quelques-unes de ces
pâtes vendues sous le nom de *vermicelle, se-
moule,* etc., contiennent sous un petit vo-

lume , plus de parties nutritives qu'aucune
autre substance végétale, et sont considérées
à bon droit comme le plus riche produit de
notre sol.

§ Ier. — Espèces et variétés.

Soumis à la culture de temps immémorial,
et répandu sur une grande partie du globe,
le Froment a éprouvé, plus qu'aucune autre
plante, l'influence des causes qui tendent à
faire varier les végétaux ; aussi s'est-il modifié à tel point qu'il en existe aujourd'hui des
centaines de variétés, et que, tous les jours
encore, nous voyons celles-ci changer et se
subdiviser sous nos yeux. Leur grand nombre, leur peu de fixité, et par-dessus tout la
confusion de leur nomenclature, font qu'il
est très-difficile de les déterminer avec quelque précision ; et, ce qui ne l'est pas moins,
c'est de les rapporter à leur souche primitive.
*A-t-il existé originairement une seule ou
plusieurs espèces de froment ?* Ces types se
sont-ils conservés jusqu'à nous, et peut-on
les retrouver parmi les nombreuses variétés que nous possédons? Ces questions,
probablement, ne seront jamais résolues, ou
plutôt elles le seront de diverses manières , comme elles l'ont été jusqu'à présent. Mais , ce qu'il y a ici d'évident, c'est ·
1° qu'il est nécessaire pour les cultivateurs
de pouvoir reconnaître les variétés, ou du
moins les principales d'entre elles, attendu que leurs différences ne se bornent pas
à la couleur, à la forme de l'épi ou à quelques autres caractères extérieurs, mais, presque toujours, s'étendent aux qualités économiques et agricoles ; 2° qu'il n'est possible
d'arriver à cette connaissance qu'en créant,
à défaut d'espèces naturelles bien constatées,
des groupes ou des espèces artificielles.

LINNÉ, dont les travaux de classification
ont embrassé l'universalité des plantes connues de son temps. avait admis 7 espèces dif-

férentes de froment cultivé; 5 parmi les fromens à grain nu, et 2 parmi ceux à balle adhérente ou épautres. Vers le même temps, Haller s'efforça de faire sentir la nécessité de débrouiller les variétés et de fixer, si l'on pouvait, leur nomenclature ; il en donna l'exemple en décrivant une partie de celles cultivées alors en Suisse. Mais c'est en France qu'a été exécuté le premier travail important sur les variétés. Vers 1780, un des agronomes qui aient rendu les services les plus réels à notre économie rurale, M. TESSIER, entreprit, sur tous les fromens français et étrangers qu'il put se procurer, une suite d'études dont il publia les résultats quelques années après. Ce travail, regardé à juste titre comme classique, a, pendant longtemps, servi de base à tous ceux du même genre, ou plutôt il a été reproduit textuellement ou par extrait dans la plupart de nos ouvrages agronomiques. A une époque plus récente, M. SERINGE, aujourd'hui directeur du Jardin botanique de Lyon, fit paraître sur le même sujet des écrits très-estimés, et particulièrement sa *Monographie des céréales de la Suisse*. Enfin, très-récemment, un de nos botanistes les plus distingués, M. DESVAUX, s'est livré à de nouvelles recherches approfondies sur les espèces et les variétés de froment, et en a consigné les résultats dans un Mémoire imprimé parmi ceux de la Société d'agriculture, sciences et arts d'Angers (1). Ce travail, à la fois botanique et économique, nous paraît, quoique nous n'en adoptions pas toutes les idées, devoir être désormais une des sources d'instruction les plus utiles sur cette matière. Beaucoup d'autres écrits sur les céréales ont été publiés par des botanistes et des agronomes étrangers. Il ne peut entrer dans notre plan d'en faire ici l'examen. Nous devons cependant mentionner d'une manière particulière celui de M. METZGER, intitulé *Europœische cerealien*, qui, par son plan et son exécution, nous paraît être le plus utile et le plus éminemment classique de ceux jusqu'ici publiés sur cette matière (2).

Tant de travaux entrepris dans l'Europe entière montrent assez quel intérêt on attache partout à la connaissance des variétés de céréales; mais on ne peut, d'un autre côté, se dissimuler que les difficultés sont telles qu'elles vont quelquefois jusqu'à prendre le caractère d'objections. Il est certain, par exemple, que la disposition de beaucoup de variétés à changer et se modifier, rend leur désignation incertaine et, jusqu'à un certain point, illusoire. Il est également vrai que les divisions ou les groupes sous lesquels on les classe, ne sont pas suffisamment tranchés; les nuances sont si nombreuses et les dégradations tellement liées entre elles, que l'on ne peut être absolument étonné de l'opinion émise par M. Desvaux, que, depuis l'engrain jusqu'au blé de Flandre ou au plus grand des poulards, tout ne formait originairement qu'une seule et même espèce, qui s'est, depuis, modifiée en cent manières.

Ces difficultés. toutefois, en montrant les imperfections inévitables d'un travail de ce genre, et la nécessité qu'il soit refait ou retouché de loin en loin, ne diminuent en rien son utilité. Dès-lors qu'entre des plantes analogues, et des plantes surtout d'une utilité telle que le froment, il y a différence de qualités un peu prononcée, il devient nécessaire aussi qu'il y ait distinction. Nous allons donc présenter la série, non pas de toutes, mais des principales variétés, en indiquant, autant que nous le pourrons, les différences et les qualités distinctives de chacune. Comme nous serons obligés d'employer quelques expressions botaniques, nous les expliquerons ici, en donnant une idée de la structure de l'épi et des parties qui le composent.

Un *axe* central (*fig.* 533) A, vu de face, et B de profil, de la nature de la paille, mais d'une consistance plus ferme, comme articulé, marqué de dents ou d'entailles saillantes et alternes des deux côtés opposés, sert de support commun ou de point d'attache aux parties de l'épi.

Fig. 533.
B   A

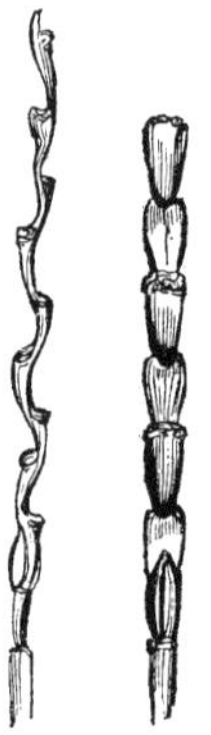

Celui-ci est composé de la réunion des *épillets,* insérés chacun sur une entaille de l'axe et qui se trouvent ainsi alternes et opposés. Quand on regarde l'épi de manière à ne voir que les épillets situés d'un même côté de l'axe, on le voit ce que nous appellerons *de face*. Si au contraire on le regarde de manière à apercevoir également les deux séries d'épillets, nous dirons qu'on le voit *de profil*.

L'*épillet* (*fig.* 534) est un petit groupe de 3 à 5 fleurs, dont une ou deux sont ordinairement stériles, et dont chacune des autres devient un grain. C'est ce que les cultivateurs, dans une partie *a* de la France, appellent *maille;* on dit un blé qui porte 3 ou 4 grains à la maille, c'est-à-dire qui a 3. ou 4 grains par épillet. Sa base , à droite et à gauche, est partiellement embrassée par une enveloppe à 2 valves *a a*, faisant l'office du calice des autres fleurs, et que, dans les graminées, on appelle *la glume.*

Fig. 534.

Celle-ci porte sur son dos une nervure, ou plutôt un pli longitudinal plus ou moins prononcé, qui, dans certaines espèces, représente assez bien la quille d'une carène, et dont l'extrémité, ordinairement échancrée, se termine en une pointe ou une dent plus ou moins alongée.

(1) Vol. Iᵉʳ, 4 livraison, 1834.
(2) Heidelberg, 1824. In-folio avec figures lithographiées.

Chaque fleur (devenue *grain*) (*fig.* 535),

Fig. 535.

a deux enveloppes propres qui sont les *balles;* l'une intérieure, mince et aplatie *bb*, appliquée contre la fossette du grain, l'autre extérieure, enveloppant le dos du même grain, et dès-lors plus grande et plus renflée *cc*. Celle-ci porte la barbe quand elle existe, et, dans les espèces qui n'en ont pas, une pointe plus ou moins aigue.

Les *barbes* sont assez reconnaissables pour n'avoir pas besoin de définition.

Nous ajouterons que l'on appelle blés *tendres* ceux dont la cassure est farineuse ; et blés *durs*, *cornés* ou *glacés*, ceux dont la cassure, plus nette, présente à peu près l'apparence de la corne. Il y a, entre ces deux qualités, des intermédiaires à tous les degrés.

Les fromens cultivés peuvent être partagés en deux séries ou divisions principales: 1° celle des *fromens proprement dits*, à grain libre ou nu, se séparant de la balle par le battage ; 2° celle des *épautres* ou fromens à balle adhérente.

Dans la première série nous admettrons, avec MM. Seringe et Metzger, les quatre groupes ou espèces qui suivent : A. Froment ordinaire (*Triticum sativum*, Lam.; *Tr. vulgare*, Wild.; — B. Froment renflé, gros blé, poulard ou pétanielle (*Tr. turgidum*, L.) ; — C. Froment dur ou corné (*Tr. durum*, Desf.) ; — D. Froment de Pologne (*Tr. Polonicum*, L.).

La seconde série comprendra trois espèces, savoir : E. Epautre (*Tr. spelta*, L.) ; — F. Froment amidonnier (*Tr. amyleum*, Ser.) ; — G. Engrain ou Froment locular (*Tr. monococum*, L.) — Nous allons reprendre successivement ces sept groupes, en rattachant à chacun les principales variétés qui lui appartiennent.

A. — Froment ordinaire (*Tr. sativum*).

a. Variétés sans barbes (*fig.* 536 *et* 537) (1).

Epi long, étroit, un peu pyramidé dans la plupart des variétés, court et ramassé dans quelques autres; à quatre côtés inégaux, dont deux plus larges sont ceux de la face des épillets, et deux plus étroits, ceux de leur profil. Epillets planes et en éventail. Glume légèrement échancrée au-dessous du sommet, et terminée par une pointe courte. Les sommités des balles distinctes et un peu écartées: la valve extérieure ovale-acuminée, s'alongeant en une pointe droite ou crochue. Grain oblong, ovale ou tronqué; rougeâtre, jaune ou blanc, selon la variété; ordinairement tendre ou demi-tendre. Paille creuse.

Les blés de cette espèce sont les plus repandus en France et dans une grande partie de l'Europe : ils sont aussi les plus estimés sous le rapport de la qualité du grain ; aussi les désigne-t-on, ou du moins les meilleurs

d'entre eux, sous le nom de *blés fins*, par opposition aux *gros blés* qui appartiennent à l'espece du poulard (*Triticum turgidum*). Leur paille est également mise au premier rang, parmi celles de froment, pour la nourriture du bétail. Ils redoutent plus que les poulards, l'excès de fertilité ou d'humidité du terrain; leur maturité est plus précoce de 8 à 10 jours. Quoique les principales variétés soient à grain tendre ou farineux, il s'en trouve aussi quelques-unes à grain demi-dur ou même tout-à-fait dur; ce sont surtout celles qui nous viennent du Midi. Cette espèce contient des blés d'automne et des blés de mars. Pour indiquer ces derniers, que nous n'avons pas classés séparément, nous les marquons d'une † au-devant du nom. Ceux qui sont réputés ou présumés propres à la fois aux deux saisons, porteront la marque ††.

1. *Froment commun d'hiver à épi jaunâtre* (*fig.* 536). — Epi alongé, assez sensiblement pyramidé; épillets un peu écartés; grain rougeâtre, prenant une nuance plus ou moins dorée ou jaunâtre, selon le terrain et la saison, oblong, tendre. C'est le blé de la Beauce, de la Brie, et en général le plus répandu dans les plaines du centre et du nord de la France, où souvent on ne lui donne d'autre nom que celui de froment, ou ceux de blé d'hiver, blé de saison.

Fig. 536.

† 2. *Froment de mars blanc sans barbes*. Sous-variété printanière du précédent; épi semblable de forme et de couleur, mais de moindre dimension; grain plus court. Il est, comme blé de mars, presque aussi estimé dans le centre de la France que le n° 1 l'est comme blé d'automne; attendu, cependant, sa moindre importance pour les cultivateurs, ils mettent moins de soin à l'épurer, et souvent on le trouve mêlé de la variété barbue n° 19.

3. *Froment blanc de Flandre, blanc-zée, blé blazé de Lille*. Epi plus gros, plus élargi que dans le n° 1 ; épillets plus serrés, balles blanches; grain blanc, oblong, tendre, plus estimé que tous les autres fromens dans le département du Nord.

4. *Froment de Talavera*. Très-voisin du précédent par la qualité de son grain ; épi moins élargi, à épillets plus écartés. Ce froment a passé d'Espagne en Angleterre, où sa culture a pris beaucoup d'extension, et d'où nous l'avons reçu il y a environ 20 ans. Il était plus caractérisé originairement qu'il n'est aujourd'hui ; nous avons même lieu de croire qu'il est maintenant confondu dans plusieurs localités avec le n° 1 ou avec le suivant.

5. *Froment blanc de Hongrie* (*fig.* 537). Epi blanc, ramassé, presque carré, à épillets élargis et pressés; grain blanc, arrondi. Cette variété, introduite d'Angleterre en même

---

(1) Les figures de tous les épis de fromens ont été réduites, mais les épillets qui les accompagnent sont représentés de grandeur naturelle.

Fig. 537.

temps que le blé de Talavera, a été, depuis quelques années, cultivée avec beaucoup de succès et propagée dans les environs de Blois, par M. RATTIER, sous le nom de *blé anglais*. Son grain est quelquefois supérieur en poids à celui du blanc-zée, sa paille est moins longue; c'est, au total, un des meilleurs blés blancs.

* 6. *Blé Fellemberg* (de mars). Epi très-blanc, paille et épi presque aussi longs que dans les blés d'automne, mais grain petit, presque glacé. Ce froment vigoureux, et très-beau sur pied, a contre lui la petitesse et la dureté de son grain, et, de plus, l'inconvénient d'être assez sujet à s'égrener.

† 7. *Blé Pictet* (de mars). Sous-variété sortie du Fellemberg, ayant les épis au moins aussi beaux, et le grain plus long, plus tendre, tenant mieux dans la balle ; c'est un des bons blés de printemps, quoique son grain n'égale pas tout-à-fait en couleur et en qualité celui du n° 2.

8. *Touzelle blanche*. Epi très-blanc à épillets écartés ; grain long, d'un blanc jaunâtre en Provence, devenant roux et glacé dans le Nord, où il supporte d'ailleurs difficilement l'hiver. Sa paille est extrêmement cassante et il s'égrène au moindre choc. Ces défauts nous font penser que, même dans le Midi, on pourrait remplacer la touzelle avec avantage par quelque espèce analogue, et notamment par la suivante.

9. *Richelle blanche de Naples*. Ce froment est renommé dans le commerce du Midi par sa haute qualité. Son épi est blanc, ses balles sont terminées par une arête courte comme une petite barbe, quelquefois crochue. Le grain est oblong, nourri, d'un blanc jaunâtre mat. Il a été introduit depuis peu d'années, par M. DARBLAY, dans les environs de Paris, où, d'après les premiers essais, son succès, qui serait très-désirable, laisse encore du doute. Il lui faut une terre très-saine, de même qu'à tous les blés méridionaux.

†† 10. *Blé d'Odessa sans barbes* (de M. Bonfils).—Parmi les divers blés d'Odessa essayés en France à diverses époques, nous ne connaissons encore que celui-ci dont la culture se soit maintenue. Introduit en Auvergne par M. BONFILS, il y a eu beaucoup de succès et s'est rapidement propagé. Il est, cependant, un peu plus sensible au froid que les espèces ordinaires du pays, et pourra, par cette raison, convenir moins qu'elles aux départemens du nord de la France ; son épi, un peu irrégulier de forme et à épillets inégaux, est d'un jaune faiblement teinté de rouge pâle ; la balle se termine en une pointe longue, comme une demi-barbe; le grain, jaunâtre, est de fort belle qualité. On assure que ce froment est également de mars et d'automne, ce qui a besoin d'être confirmé par une plus longue expérience.

11. *Blé de haie*, ou *froment blanc velouté*.

— Epi carré, épais, très-régulier; glumes et balles couvertes d'un duvet velouté; grain presque court, d'un blanc jaunâtre, de belle qualité. Ce froment, que j'ai reçu d'Angleterre et répandu depuis environ 20 ans sous le nom de blé de haie, n'est pas le même que celui reçu et décrit autrefois par M. Tessier. Il paraît que le nom de blé de haie, dont l'origine est très-vague, a été donné successivement par les Anglais à plusieurs variétés.

12. *Froment rouge ordinaire sans barbes.*— Cette variété est estimée dans plusieurs parties de la France, comme productive, rustique et convenable aux terres fortes ; son grain, plus coloré que celui des blés à balle blanche ou jaune, et généralement d'une valeur commerciale un peu moindre, est néanmoins de fort bonne qualité.

13. *Ble Lammas; blé rouge anglais.* — Epi d'un rouge clair, souvent doré ; un peu moins grand que celui du n° précédent ; grain de très-bonne qualité, le plus fin des blés rouges. Le Lammas a été introduit d'Angleterre avec de grands éloges, dont une partie sont mérités; mais sa culture, après avoir pris d'abord beaucoup d'extension, a rétrogradé, parce que les hivers rigoureux lui ont été plus funestes qu'à nos blés ordinaires. Il est hâtif, assez sujet à s'égrener, et doit être, par cette raison, coupé un peu avant sa complète maturité. Il est assez généralement regardé comme s'accommodant mieux d'un terrain médiocre que la plupart des autres fromens.

† 14. *Blé de mars rouge sans barbes.*— Cette variété, qui nous est venue du nord de l'Allemagne, a l'épi d'un rouge pâle, le grain presque dur, la paille longue. Quoique son grain ait durci depuis quelques années, nous pensons qu'il mérite d'être essayé comparativement avec ceux de sa saison.

†† 15. *Blé du Caucase, rouge sans barbes.*— Epi d'un rouge brûlé, long, étroit, à épillets écartés ; grain alongé, d'un rouge clair, dur et d'assez belle qualité. Ce froment, semé à l'automne, est remarquable par sa précocité, qui permettrait probablement d'en faire un blé de mars ; il a l'inconvénient que sa paille, quoique dure, est mince du pied et sujette à verser.

† 16. *Blé de mars carré de Sicile.*—Epi dressé d'un rouge brun, court, carré, à épillets très-serrés; grain rouge presque dur, d'assez bonne qualité. Variété hâtive parmi les blés de mars. La paille est assez haute et remarquablement grosse dans sa partie supérieure.

†† 17. *Blé rouge velu de Crète.*--Epi d'un roux foncé, velu, compacte, à épillets très-étalés, portant 4 et jusqu'à 5 grains, lesquels sont courts, un peu anguleux, d'un jaune rougeâtre opaque, presque durs, et paraissent de bonne qualité. Ce froment, que nous avons eu de la collection de M. Desvaux, offre de l'intérêt par la beauté de ses épis, le nombre de ses tiges et sa précocité. Il nous paraît mériter des essais suivis

b. Variétés barbues (fig. 538 et 539).

Caractères généraux des variétés sans barbes de la même espèce, avec cette différence que l'épi est barbu, et la glume ordinairement terminée par une pointe alongée.

De même qu'ils se rapportent botaniquement aux précédens, les fromens ordinaires barbus s'en rapprochent aussi par leurs qualités : leurs bonnes variétés sont au nombre des *blés fins,* quoiqu'en général le grain en soit un peu moins tendre et un peu plus coloré. Nous ne connaissons même pas de vrais blés blancs parmi les barbus, si ce n'est celui du Cap, qui encore est jaunâtre, et, de plus, est étranger à la grande culture en France. Leur paille, quoique creuse, est ordinairement plus ferme que celle des fromens sans barbes ; c'est un avantage sur pied, mais après le battage elle est moins estimée pour le bétail, il s'y trouve toujours quelques barbes, et le mélange de celles-ci gâte surtout la balle ou *menue paille* qui, dans les espèces sans barbes, est une provende estimée pour les bœufs et pour les vaches. La section des *fromens ordinaires barbus* renferme des blés d'hiver, mais ceux de printemps (dont nous ne décrirons ici qu'une petite partie) y sont en plus grand nombre ; aussi Linné en avait fait son espèce *Triticum æstivum.*

18. *Froment barbu d'hiver à épi jaunâtre* (*fig.* 538). Epi comprimé, dressé, à barbes divergentes ; grain rougeâtre ou jaunâtre. Ce froment, autrefois très-répandu en France, est rustique et productif ; mais, à mesure que la culture fait des progrès, il cède la place aux blés sans barbes, qui ont , en général, un peu plus de valeur sur les marchés. Il est encore cependant très-cultivé ; c'est le blé le plus ordinaire dans le département de l'Ardèche ; c'est aussi, d'après le que nous a mandé M. CREUZÉ-DELESSER, l'espèce dominante dans le département de la Vienne, où elle est fort estimée par les minotiers et les boulangers.

Fig. 538.

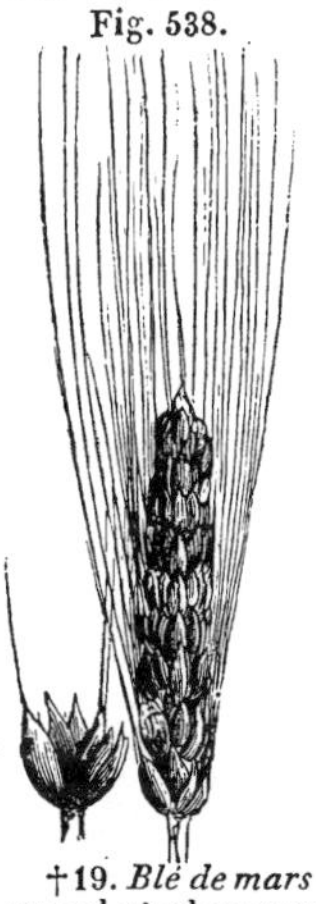

†19. *Blé de mars barbu ordinaire.* Epi moins grand et plus pyramidé que celui du précédent, à grain plus court et d'une nuance plus claire. C'était autrefois le blé de mars le plus répandu en France ; il l'est encore beaucoup, et se trouve fréquemment mêlé avec la variété sans barbes nº 2, qu'il devance un peu en précocité, à laquelle il est inférieur par la qualité de la paille, mais nullement par celle du grain.

† 20. *Blé de Toscane à chapeaux.* Ce froment, renommé par le grand emploi que l'on fait de sa paille en Toscane, pour la fabrication des chapeaux dits de *paille d'Italie,* a une telle ressemblance avec le précédent, que l'on peut à peine l'en distinguer. Dans nos essais comparatifs, il s'est montré un peu plus élevé et d'une nuance d'épi un peu plus jaune. Quand on le sème dans la seule vue du grain, la paille,

au lieu de présenter cette finesse extraordinaire que lui donne, en Italie, une culture artificielle, est au contraire grosse et forte ; mais affaibli par le semis très·épais en terre médiocre, on en a obtenu, en France, du tressage beau et fin, quoique n'égalant pas encore celui d'Italie.

††21. *Blé du Cap.* Epi blanc, long ; à épillets très-écartés, à barbes longues, fortes et rudes ; grain alongé, d'un blanc jaunâtre mat. Cette belle variété, qui est plutôt de mars que d'automne, offre beaucoup d'intérêt par la qualité de son grain ; malheureusement elle dégénère facilement et aurait besoin d'être souvent renouvelée. Nous la croyons plus convenable au midi qu'au nord de la France.

22. *Blé Hérisson* (*fig.* 539). Variété remar-

Fig. 539.

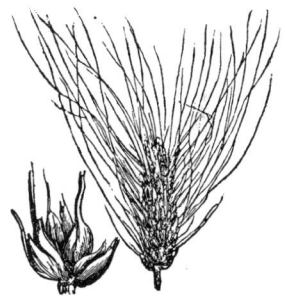

quable par son épi compacte, d'une forme irrégulière, un peu contournée, hérissé de barbes très-nombreuses, divergentes et confuses. La couleur de l'épi varie du blanc jaunâtre au cendré bleuâtre et même au brun, avec une teinte glauque très-prononcée avant la maturité, et souvent encore après. Le grain est court, rougeâtre, presque dur et très-pesant. Ce froment, dans des essais encore récens, nous a paru taller beaucoup et mériter d'être étudié avec suite ; il est d'automne. Metzger fait mention d'une variété de printemps, à grain blanc, qui ne nous est pas connue.

B.—*Froment renflé ou Poulard* (*Tr. turgidum*).

Epi barbu, carré, compacte, ordinairement à 4 faces égales, quelquefois, aussi, ayant deux côtés plus larges, qui, dans ce cas, sont toujours ceux du profil des épillets ; les angles et les barbes disposés sur quatre lignes parallèles à l'axe de l'épi ; épillets épais, presque toujours plus larges que hauts ; glume renflée, tronquée brusquement au sommet, et dont la nervure dorsale, très-prononcée, se termine en une pointe arquée ; balles très-gonflées, courtes, plutôt refermées qu'écartées à leur sommet ; grain oblong ou raccourci, bossu ou voûté sur le dos, souvent déprimé et presque anguleux sur les autres faces ; paille dure et pleine, surtout au sommet.

Les qualités générales des blés poulards sont d'être rustiques, vigoureux et produc-.

tifs, d'avoir une paille haute, forte et résistante, qui les rend moins susceptibles de verser que les blés à paille creuse; ils sont par là, et par leur force de végétation et d'absorption, plus propres que ceux-ci à être semés sur des défrichemens nouveaux, dans des terrains bas, humides, ou qui, par des circonstances quelconques, sont trop riches en humus pour que les blés fins y viennent à bien. Leur grain est inférieur en qualité à celui des fromens ordinaires : dans la plupart des variétés sa couleur est terne ; il rend à la mouture beaucoup de son, une farine médiocre, et a, dès-lors, une moindre valeur sur les marchés. Il est tendre dans quelques variétés, demi-dur, et même presque dur dans d'autres.

Tous les poulards sont barbus, quoique dans plusieurs d'entre eux les barbes tombent facilement après la maturité. (M. Desvaux en a décrit un comme étant sans barbes, mais, dans l'essai que nous en avons fait, il s'est trouvé barbu.) Nous ne connaissons également parmi ces blés aucune variété de printemps ; tous sont d'automne, mais plusieurs peuvent être semés avec succès tardivement, jusqu'en décembre ou même janvier. La paille est peu estimée, à raison de sa dureté, qui est souvent telle que les bestiaux la refusent tout-à-fait. Avec ces défauts et ces qualités, les poulards, très-peu usités dans les riches plaines du Nord, sont fort cultivés dans le midi de la France et dans plusieurs départemens du centre et de l'ouest.

a. Variétés à épi glabre ou lisse (*fig.* 540).

23. *Poulard rouge lisse; gros blé rouge, épaule rouge* du Gâtinais (*fig.* 540). Epi d'un rouge brun, souvent recouvert d'une teinte

Fig. 540.

glauque, carré dans une des sous-variétés, fortement aplati dans une autre ; glume et balles très - lisses et luisantes ; paille très-dûre.

Ce froment, assez répandu dans le centre de la France, y est regardé comme d'une utile ressource pour les terrains humides et pour les ensemencemens tardifs. Son grain est rougeâtre, ordinairement tendre ou demi-tendre, et d'une qualité médiocre.

24. *Poulard blanc lisse; épaule blanche* du Gâtinais. Epi blanc ou jaunâtre, à balle luisante ; grain d'une nuance plus claire et d'une qualité plus estimée que le précédent; paille un peu moins dure, quoique pleine aussi.

Un cultivateur très-recommandable, M. LEBLANC DU PLESSIS, de Vitry-sur-Marne, a multiplié et annoncé il y a peu d'années, sous le nom de *blé de Taganrock*, un froment qui nous a paru identique au poulard blanc.

25. *Blé Garagnon* de la Lozère. Cette va-

riété nous a été communiquée par M. DE SAMPIGNY, qui nous l'a signalée comme étant spécialement employée, dans la Lozère, en potages, à l'instar du riz. C'est un poulard blanc lisse, à épi plus court que le précédent, moins serré, moins régulier, à barbes tantôt blanches, tantôt noires. Le grain, d'un blanc jaune, tendre et de moyenne grosseur, annonce une belle qualité.

26. *Pétanielle blanche d'Orient.* Nous avons reçu sous ce nom, de M. RISSO, de Nice, un froment très-analogue au précédent, et qui pourrait en être le type; il a seulement l'épi plus fort, et le peu que nous avons vu de son grain annonce aussi une qualité remarquable pour un poulard; malheureusement ces deux belles variétés, qui peut-être n'en font qu'une, nous ont paru un peu délicates; elles seront probablement mieux appropriées au midi qu'au nord de la France.

b. Variétés à épi velu (*fig.* 541, 542 et 543).

27. *Poulard blanc velu.* Epi carré, très-régulier, très-velouté, dont les barbes se détachent presque complètement à la récolte. Cette variété, cultivée en Touraine et dans plusieurs contrées voisines, a beaucoup d'analogie par ses qualités avec le poulard blanc lisse.

28. *Pétanielle rousse, grossaille, grossagne, gros blé roux, poulard rouge velu* (*fig.* 541). Ce froment, qui présen-

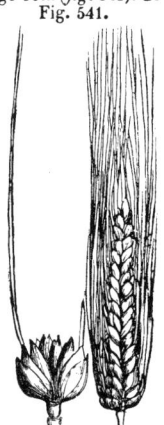

Fig. 541.

te plusieurs variantes quant à la longueur, à la grosseur et à la nuance de ses épis toujours très-velus, est répandu dans les départemens méridionaux de la France, dans une partie de ceux de l'ouest, en Auvergne, etc. Son grain est plus long et plus gros que celui du poulard rouge lisse, ordinairement plus dur et d'une nuance plus grisâtre, il s'en rapproche, du reste, par ses défauts et ses qualités.

29. *Blé gros turquet.* Sous-variété du précédent, à épis épais, peu alongés , régulièrement carrés, d'un cendré rougeâtre; à grains très-gros. Il nous a paru être un des plus vigoureux et des plus productifs parmi les poulards velus.

30. *Blé de Sainte-Hélène* (*fig.* 542). Ce froment, propagé par M. NOISETTE, sous le nom de blé géant de Sainte-Hélène, est également une sous-variété du n° 28, et a beaucoup d'analogie avec le gros turquet; son épi est encore plus gros, moins régulièrement carré, les épillets inférieurs étant souvent plus élargis que ceux de la partie supérieure ; la qualité du grain est très-analogue à celle des deux précédens, mais il paraît les surpasser encore en produit.

Nous avons reçu de plusieurs collections,

Fig. 542.

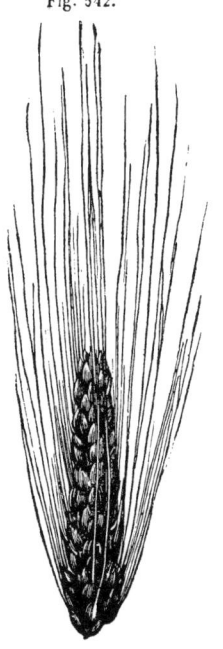

sous le nom de *blé de Dantzick*, un froment
absolument identique à celui de Sainte-Hélène, ce qui peut faire présumer que celui-ci
a été originairement transporté d'Europe
dans cette île, d'où il nous serait revenu.

31. *Blé de Miracle, blé de Smyrne* (*Tr. turgidum,* L.), (*fig.* 543). Linné avait fait une

Fig. 543.

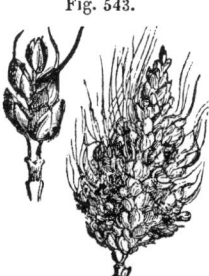

espèce de ce froment remarquable, qui, n'é-
tant toutefois qu'une variété du *turgidum,*
a été réuni à celui-ci par les botanistes modernes. L'apparence extraordinaire de son
épi, large, épais, et qui présente comme une
masse de plusieurs épis soudés ou greffés
les uns sur les autres, a depuis long-temps
fait du blé de miracle un objet d'intérêt pour
les cultivateurs; chacun l'a essayé, et presque chacun y a renoncé après quelques années d'épreuve, parce qu'il est difficile sur le
terrain, délicat à supporter l'hiver, et que

son grain, quoique plus rond, plus jaune et
plus beau que celui des autres poulards, paraît ne leur être pas supérieur en qualité. Ce
sera toujours une variété curieuse, mais il est
peu probable qu'il s'établisse solidement dans
la grande culture de nos contrées septentrionales. Il lui faut une terre à la fois riche et
très-saine; dans une terre médiocre, il dégénère promptement et reprend un épi simple.

32. *Poulard bleu, blé bleu conique* des Anglais. Cultivée en Angleterre et sur quelques
points de la France, cette variété y est estimée pour son produit et sa rusticité; elle ne
diffère, du reste, des autres poulards velus,
que par la nuance bleuâtre de ses épis, et par
son grain un peu moins gros, qui est d'assez
bonne qualité.

33. *Pétanielle noire.* Parmi les nombreuses
variétés du *Triticum turgidum,* celle-ci est une
des plus remarquables par la hauteur de ses
tiges, par le volume et le poids de ses épis,
enfin par l'abondance et la grosseur de son
grain; son épi, noir ou noirâtre, perd assez
facilement ses barbes après la maturité. Ce
froment a très-bien réussi, depuis deux ans,
aux environs de Paris; mais cette épreuve
n'est pas assez longue pour juger s'il conviendra au climat du nord de la France, comme
il convient à celui du midi. Son grain annonce,
du reste, les mêmes défauts que ceux de la
plupart des blés de sa race.

C. — *Froment dur ou corné* (*Triticum durum*).
(*fig.* 544.)

Épi dressé, presque cylindrique dans quelques variétés, à faces déprimées avec des
angles peu prononcés dans d'autres; barbes
très-longues et roides; épillet plus long que
large; glume velue ou glabre, ovale-alongée,
terminée par une pointe droite; grain long,
anguleux, très-dur et glacé; paille roide et
dure.

Les fromens de cette série appartiennent
tous aux climats chauds; on les cultive beaucoup en Afrique, dans le midi de l'Europe, et
particulièrement dans les provinces méridionales de l'Espagne,
mais point ou peu en
France, dont le cli-
mat leur convient mal.
Nous ne parlerons
donc pas en détail de
leurs variétés et nous
en mentionnerons une
seule, qui peut figurer
avec quelque avantage
au nombre de nos blés
de mars.

Fig. 544.

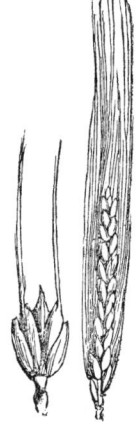

†34.*Trimenia,* ou *blé
trémois barbu de Sicile*
(*fig.* 544). Son épi,
glabre et jaunâtre, est
presque quadrangulai-
re, long, un peu étroit,
les barbes droites et
peu écartées. Le grain,
de forme alongée, est
moins anguleux que
dans les autres variétés
de cette espèce; la pail-
le est fine, roide et as-
sez dure, ce qui l'empê-

che pas que le bétail ne la mange fort bien. Depuis environ 20 ans que ce blé a été introduit par François de Neufchateau, nous l'avons semé plusieurs fois avec succès aux environs de Paris et en Gâtinais ; il nous a paru moins difficile sur le terrain que les autres blés de mars, et pourrait, dans certains cas, leur être préférable, quoique le peu d'apparence de son grain lui donne, relativement à eux, du désavantage pour la vente.

D.— Blé de Pologne (*Tr. Polonicum*). (*fig.* 545.)

Cette espèce se distingue facilement de toutes les autres, par ses grands et longs épis barbus, d'un blanc jaunâtre, par ses glumes très-alongées, et par son grain très-long aussi, de la forme de celui du seigle, et glacé au point d'être presque transparent.

35. Quoique le blé de Pologne ait quelques variétés, nous ne parlerons que de celle *à épi long,* connue aussi sous les noms de *seigle de Pologne, seigle d'Astracan,* etc. (*fig.* 545), qui

Fig. 545.

a été l'objet d'essais multipliés en France. Malgré sa belle apparence et la bonne qualité de son grain, il a été presque partout abandonné après quelques années de culture : comme blé d'automne, il est délicat pour notre climat, où les hivers lui sont assez souvent funestes ; comme blé de printemps, il mûrit incomplètement et son grain reste imparfait ; nous l'avons de plus trouvé toujours peu productif ; nous ne saurions donc en recommander la culture. Ne doutant pas, toutefois, qu'il ne soit long-temps encore l'objet de nouvelles tentatives, nous conseillerons, si on le sème avant l'hiver, de lui donner une terre très-saine, attendu qu'il craint singulièrement l'humidité, et si l'on en veut faire un blé de printemps, de le semer dès le mois de février. M. le comte DE Bussy, qui cultive le blé de Pologne depuis 10 ans, aux environs de Nogent-le-Rotrou, nous a dit en être assez satisfait, en choisissant cette époque de semaille. Nous ajouterons que notre opinion, peu favorable sur cette belle espèce de froment, se rapporte seulement au nord de la France ; nous ne croyons pas impossible que, dans le midi, il ne se montre beaucoup meilleur, d'autant plus que, malgré son nom, nous le regardons comme originaire d'Afrique. Les noms de *blé d'Egypte, blé du Caire,* qui figurent au nombre de ceux qu'on lui donne en Allemagne, paraissent l'indiquer, et ce dont nous sommes certains,

c'est que Broussonnet en a envoyé, il y a environ 30 ans, du royaume de Maroc, au Jardin des Plantes, sous le nom de *blé de Mogador.*

E.— Epeautre (*Tr. spelta*). (*fig.* 546 et 547.)

Epi long et grêle, à épillets écartés, laissant l'axe à nu dans leurs intervalles ; glume épaisse, coriace, tronquée ; axe de l'épi fragile ; balles adhérentes au grain.

Les épeautres sont beaucoup moins cultivées que les fromens à grain nu, ce qui tient sans doute principalement à ce que leur grain ne se séparant pas de la balle par le battage, on est obligé, pour le dépouiller, de le faire passer une première fois sous la meule un peu soulevée ; ces blés sont regardés comme plus rustiques, moins difficiles sur le terrain que les autres fromens et résistant mieux à l'humidité. Ils sont principalement cultivés dans les pays froids et montueux, notamment en Suisse et dans une partie de l'Allemagne septentrionale ; tous sont d'automne, quoique susceptibles de mûrir semés jusqu'en février ; quelques-uns, même, selon Metzger, préfèrent cette dernière époque.

Le grain des épeautres, bien qu'un peu anguleux et de médiocre apparence, donne une farine très-estimée pour sa douceur et sa finesse, et que l'on emploie, de préférence à toute autre, pour les pâtisseries légères.

36. Les variétés barbues ou sans barbes, lisses ou velues, sont assez nombreuses ; la plus cultivée est l'*épeautre sans barbe, à épi blanc ou rougeâtre* (*fig.* 546), qui paraît être la meilleure pour le produit et la qualité.

Fig. 546.   Fig. 547.

†† 37. L'épeautre *noire barbue* (*fig.* 547) est aussi une espèce vigoureuse et productive, mais qui, d'après Metzger, doit être semée de préférence en février ou au commencement de mars.

F.—Froment amidonnier (*Tr. amyleum*). (*fig.* 548.)

Epi barbu, comprimé, composé d'épillets

étroits, rapprochés, et imbriqués régulièrement sur deux rangs; épillet à deux grains.

Les blés de cette race étaient autrefois compris parmi les épeautres, et en ont été séparés par les botanistes modernes; on leur donne fréquemment dans la pratique le nom d'épeautres de mars. Ce qui a été dit des qualités de l'espèce précédente leur est très-généralement applicable; mais tous sont de printemps et veulent être semés de bonne heure à la fin de l'hiver.

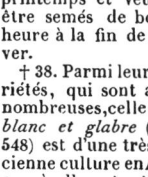
Fig. 548.

† 38. Parmi leurs variétés, qui sont assez nombreuses, celle à *epi blanc et glabre* (*fig.* 548) est d'une très-ancienne culture en Alsace, où elle est estimée comme productive et de bonne qualité, et où on lui donne les noms d'*amelkorn*, d'*amylon* et d'*épeautre de mars*. D'après le témoignage de M. Wagini, elle réussit dans les terrains médiocres, trop pauvres pour l'épeautre d'automne; la paille en est estimée pour le bétail.

G.—*Froment engrain* (*Tr. monococcum*).
(*fig.* 549.)

Épi barbu, dressé, étroit, très-aplati, composé de deux rangées d'épillets très-resserrés et à un seul grain.

Cette céréale, qui, par l'apparence de son épi, ressemble plus à une petite orge à deux rangs qu'à un froment, est inférieure à toutes les espèces précédentes, et pourtant elle ne laisse pas d'être fort utile, à raison de la facilité avec laquelle elle réussit dans les plus mauvaises terres calcaires ou sablonneuses. Dans une partie du Berry et du Gâtinais, on la sème avec succès sur des terrains regardés comme trop pauvres pour produire du seigle. Nous l'employons personnellement en grand sur des terres excessivement calcaires, où,

Fig. 549.

sans fumure, elle donne d'assez bonnes récoltes; sa paille est très-bien mangée par le bétail. L'engrain doit être semé à l'automne et peut l'être jusqu'en décembre , attendu sa grande rusticité. On le sème quelquefois aussi sur la fin de l'hiver, mais il faut que ce soit de bonne heure, dès février, attendu que sa maturité est un peu tardive.

†39. Nous n'en connaissons d'autre variété que celle figurée ici (*fig.* 549), dont l'épi est d'un jaune roux.

Quelques considérations additionnelles sur les espèces et les variétés de froment.

Blés rouges et *blés blancs.* On a vu plus haut que, parmi les variétés du froment ordinaire (*Triticum sativum*), il s'en trouve à grain blanc et à grain rouge ou rougeâtre : les premiers, désignés sous le nom de *blés blancs*, sont regardés comme les meilleurs de tous les fromens; on a, depuis quelques années, mis beaucoup d'intérêt à les introduire dans le centre de la France, et presque partout les cultivateurs en ont été extrêmement satisfaits; mais, dans beaucoup de lieux, les meuniers et les boulangers les ont décriés, au point d'en faire quelquefois délaisser la culture. Le mémoire de M. Desvaux contient à ce sujet des remarques importantes, que nous croyons utile de reproduire ici la substance. Le défaut des fromens blancs est de donner une pâte trop courte et moins liée que celle des fromens rouges; cela tient à ce qu'ils contiennent une trop grande proportion de fécule ou d'amidon, au détriment de celle du gluten. Il suffirait dès-lors d'y ajouter, à la mouture, une petite portion de blé dur ou glacé, dans lequel le gluten surabonde, pour en obtenir une pâte parfaite. Ce mélange, selon M. Desvaux, pourrait, au besoin, être suppléé par l'addition à la farine de blé blanc d'une petite quantité de gélatine animale.

Blés durs et *blés tendres.* Selon M. Desvaux, les fromens durs ne donnent que 70 parties de pain sur 100 parties de farine brute, tandis que les fromens tendres, et les blancs spécialement, en donnent 90. Ce serait une grande raison pour préférer les derniers; toutefois les blés durs ont aussi leurs avantages ; le pain fait avec leur farine, quoique moins blanc, est plus savoureux, sèche et durcit moins promptement, et paraît être plus nutritif. Si ce dernier point pouvait être apprécié rigoureusement en chiffres, cela établirait peut-être la compensation. Nous ajouterons que les blés durs sont d'une conservation meilleure et plus facile que les blés tendres ; enfin, on sait qu'ils sont les plus propres à la confection du vermicel et des autres pâtes analogues. — Les circonstances qui tendent à donner au grain du froment l'une ou l'autre de ces qualités sont imparfaitement connues. On sait qu'en général, les climats chauds, tels que celui de l'Afrique, donnent des blés durs, tandis que, dans le Nord, ce sont les blés tendres qui dominent; mais cette règle présente bien des exceptions : ainsi, nous avons vu la *touselle* devenir beaucoup plus glacée aux environs de Paris qu'elle ne l'est en Provence; quelquefois dans le blé de Pologne, froment dur par excellence, et dont la substance est presque vitreuse, on trouve des grains complétement tendres et farineux ; d'autres espèces, et notamment le *trimenia barbu* de Sicile, présentent assez fréquemment des grains dont une moitié est tendre et l'autre cornée. Les causes de ces variations, qui ne sont pas sans importance pour les cultivateurs, mériteraient d'être recherchées.

Blés d'hiver ou d'automne et *blés de printemps.* Linné avait fait de ces deux sortes de blés deux espèces botaniques; ses successeurs ne les ont pas admises, et, comme botanistes, ils ont eu raison. Mais les agronomes, beaucoup d'entre eux du moins, ont eu tort d'abonder tellement dans ce sens qu'ils aient presque regardé comme une hérésie de faire mention de blés de mars et de blés d'automne comme de choses distinctes. Bien que ce ne soient, à la vérité, que des qualités acquises, qu'une habitude de tempérament résultant d'une longue succession de semis dans une saison donnée, il est certain, cependant, que cette qualité est fort importante à considérer pour le cultivateur. Plusieurs écrivains ont avancé que l'on pouvait faire à volonté, en 3 ou 4 ans, un blé de mars d'un blé d'automne, et réciproquement. Cette assertion nous paraît très-hasardée; il est peu probable que l'on puisse faire ou défaire en 3 ou 4 ans ce qui, dans nos espèces acquises, est le résultat de la continuité d'une même influence pendant des siècles. D'un autre côté, le peu de faits que nous connaissons est, en général, contraire à cette opinion. Nous pensons, enfin, qu'elle peut être récusée par cela seul qu'elle est généralisée; il est possible, en effet, qu'à l'épreuve, cette proposition se trouvât vérifiée pour une variété de froment, et qu'elle fût démentie pour dix autres. Les agriculteurs doivent donc se garder de ces raisonnemens théoriques qui tendent à leur persuader que du blé d'automne et du blé de mars sont à très-peu près la même chose; s'ils ont à semer du froment au printemps, qu'ils prennent un vrai blé de mars, et qu'ils choisissent plus soigneusement encore un vrai blé d'hiver, s'ils sèment en automne. Mais tout en nous faisant ici les avocats de la *routine* contre la fausse science, nous sommes très-loin de rejeter des essais et des tentatives ayant pour but d'éclairer ces questions et d'augmenter l'utilité des variétés. Voici même un sujet de recherches que nous proposerons. Rien ne serait, selon nous, plus important que d'arriver à trouver un froment qui pût servir également pour les deux saisons, qui fût à la fois très-rustique comme blé d'hiver, et assez hâtif pour que, semé en mars et même en avril, il parvînt constamment, et dans le temps ordinaire des moissons, à sa maturité complète. On conçoit l'avantage qu'offrirait un pareil blé pour réparer les désastres d'un hiver rigoureux, ou les destructions locales causées par les inondations, par les mulots, les insectes, etc. En pareils cas, on a vu les fermiers manquer de blés de mars pour les réensemencemens, et être obligés de remplacer par de l'orge et de l'avoine leurs fromens détruits. Ici, les blés d'automne offriraient une ressource immédiate. Ce problème est probablement très-difficile à résoudre, attendu qu'il ne suffirait pas de la double condition énoncée plus haut, mais qu'il faudrait encore que ce fût un blé productif et de bonne qualité. Malgré la difficulté, nous ne croyons pas la chose impossible : la nature est si libérale en variétés et en combinaisons de qualités! Nous proposons cette tâche à des agriculteurs à la fois jeunes, éclairés et persévérans; il s'en élève heureusement aujourd'hui de tels en France. Un de leurs devanciers dans la carrière, un des meilleurs

cultivateurs que nous possédions, M. Bourgeois, de Rambouillet, l'a déjà essayé sur le blé lammas sans un succès décisif; semé en mars, le grain n'était pas toujours assez nourri ou assez complètement mûr pour faire un bon blé marchand, et cette condition est de rigueur : à défaut du lammas, un autre froment d'automne la réalisera peut-être. Nous avons indiqué par des marques ††, dans l'énumération qui précède, quelques variétés réputées ou soupçonnées être des deux saisons; on pourrait commencer par celles-là sans renoncer à en essayer d'autres. Enfin, on a la ressource des variations naturelles et spontanées : en s'attachant à rechercher dans un bon froment d'automne, sur pied, des épis qui, sans altération accidentelle, fussent d'une maturité beaucoup plus précoce que le reste du champ, on parviendrait peut-être, ainsi, à créer ou trouver une variété qui satisfît aux conditions énoncées. C'est une œuvre de patience que nous proposons; mais on a bien vu des hommes employer leur vie à étudier et créer des variétés de jacinthe ou de tulipes; pourquoi n'en verrait-on pas qui destineraient quelques semaines par année à étudier et créer des variétés de froment?

§ II. — Choix du terrain.

Les sols qui ont été désignés dans la seconde section du chapitre II de ce livre, sous le nom général d'*argilo-sableux*, sont ceux qui conviennent le mieux au froment; mais ils ne sont pas les seuls dans lesquels cette précieuse graminée puisse donner de bons produits. Chaque jour, grâce à l'emploi plus abondant et mieux raisonné des engrais et des amendemens, on s'aperçoit qu'il est possible d'étendre profitablement sa culture à des terrains qui n'en avaient point encore porté. — On doit regarder son apparition sur beaucoup de points de la France comme une preuve évidente des progrès agricoles.

Avec une préparation convenable, *les terres fortes* peuvent donner de beaux fromens. Toutefois *les terres franches* leur sont préférables, non seulement parce qu'il est plus facile de les travailler, mais encore parce qu'elles réunissent au plus haut degré les propriétés physiques les plus favorables, c'est-à-dire une consistance moyenne et une aptitude convenable à retenir l'humidité pluviale, tout en se pénétrant suffisamment de la chaleur solaire.

Le sol, les engrais et les amendemens apportent une grande différence, non seulement dans la quantité des produits du froment, mais dans les proportions relatives de ces produits, pailles et grains, et même dans celles des parties constituantes du grain, considéré chimiquement. — Si le choix des fumiers peut ajouter, aussi sensiblement qu'on l'a répété, à la quantité de gluten, il est certain que la nature du terrain influe beaucoup sur celle de la farine et du son. — Un champ humide produit des grains à écorce épaisse; — un champ plus accessible à la chaleur donne une paille sensiblement moins longue, mais des grains mieux nourris en farine et par conséquent de plus de valeur, puisque le volume du son est toujours en raison inverse du poids total.

§ III. — De la préparation du sol.

Une des circonstances les plus nécessaires à la réussite du froment, c'est *que le sol soit net de mauvaises herbes et suffisamment ameubli*, au moins à quelques pouces de sa surface; car, après un labour profond, il n'est pas nécessaire de donner au soc une grande entrure avant d'exécuter les semailles.

Nous venons de dire, après un labour profond, et, en effet, ce serait se faire une fausse idée de la croissance du froment, de croire que, parce que ses racines se contentent, à la rigueur, de 5 à 6 pouces, elles ne sont pas susceptibles de s'étendre davantage. Il est de fait que leur longueur est proportionnée à l'épaisseur de la couche arable, et il est hors de doute que leur développement plus ou moins grand influe sur celui de la tige. Toutefois, pour que ce développement ait lieu même au-delà des limites ordinaires, il n'est pas indispensable que le sol ait été *tout nouvellement* remué à une *grande* profondeur. —On a même cru remarquer que cette céréale s'accommode mieux, après l'émission de ses premières racines, d'un fond de consistance moyenne, que de celui qui aurait été ameubli à l'excès, et que, généralement, elle craint moins les effets du déchaussement dans le premier que dans le second cas.

A la surface du sol, il faut aussi, par un autre motif, éviter plutôt que chercher à atteindre une pulvérisation complète. Les petites mottes que les cultivateurs aiment à voir sur leurs guérets après les semailles, ont l'avantage de retenir la neige, et, en se fendant plus tard à la suite des gelées, elles procurent aux jeunes plantes un utile rechaussement.

De tout cela il ne faut pas conclure que le froment se plaise sur des terrains peu ou mal labourés. La première observation doit engager seulement à ne pas donner trop de profondeur aux *derniers* labours, la seconde à modérer l'énergie des hersages ; et il n'en reste pas moins démontré que plus la terre a été ouverte aux gaz aériens, mieux elle est propre à la végétation du froment. — Le système de Tull, qu'avait en quelque sorte adopté Duhamel; celui que le major Beatson a cherché tout récemment à faire prévaloir, et dont on ne peut nier quelques-uns du moins des résultats, viennent à l'appui de cette vérité. — Il est évident que les petites mottes dont il a été parlé ne font qu'ajouter aux bons effets des labours, puisqu'elles multiplient les points de contact du sol avec l'atmosphère. C'est en grande partie pour se donner le temps de préparer convenablement les champs aux semailles d'automne, qu'on a si longtemps suivi sur une grande partie de la France, et qu'on suit malheureusement encore dans beaucoup de lieux, la coutume de jachères biennales ou triennales, et que, même d'après les méthodes de culture les plus perfectionnées, on a fréquemment recours à des jachères partielles. C'est par suite du même principe que les fromens succèdent généralement avec avantage aux cultures fumées qui ont exigé de fréquens binages ou des butages. Dans toutes ces circonstances, le but principal est atteint : la terre est nettoyée, suffisamment ameublie, riche sans excès, pénétrée des gaz atmosphériques. La coïncidence de ces deux dernières conditions, comme on a pu déjà le pressentir, semble acquérir une importance toute particulière relativement au froment, lorsqu'on songe que c'est une des plantes qui réussissent le moins bien sur les terres qui n'ont point été encore ou qui n'ont pas été depuis longtemps sillonnées par la charrue. Personne n'ignore, en effet, qu'après un défoncement sur une défriche quelconque, ou sur une vieille luzerne retournée, etc., le froment donne, comparativement à toutes les racines, et même à l'avoine, à l'orge et au seigle, de fort chétifs produits. Cependant, il faut se hâter d'ajouter que le trèfle, comme culture *étouffante* (voy. l'art. *Assolement*), lorsqu'il n'occupe le sol que peu de temps, et par cela même sans doute qu'il ne l'occupe que peu de temps, est une excellente préparation pour le froment. Cette exception, si on peut la considérer comme telle, est désormais bien connue.

Il serait impossible d'indiquer d'une manière précise le *nombre de labours* qu'il convient de donner pour préparer un champ aux semailles de blé, sans répéter en partie ce qui a été dit dans le chapitre V de ce livre, et dans la 3e section du chapitre II, puisque ce nombre doit, de toute nécessité, varier en raison de la nature et de l'état du sol. — Sur une jachère, 3 ou 4 façons sont parfois insuffisantes ; — sur un trèfle rompu, — après une culture de vesce ou de sarrasin, — après une récolte de féverolles binées, etc., etc.,— un seul labour peut, au contraire, assez souvent suffire.

Les cultures intercalaires, considérées comme préparation au semis du froment, doivent donc être prises en grande considération. On a cherché à établir, sur ce point, des règles générales à l'article *Assolement ;* nous croyons devoir en rappeler ici les conséquences pratiques : Dans les terres fortes, les fèves pour les blés d'automne, les choux pour ceux de printemps, lorsque leur réussite a été assurée par de riches engrais, sont généralement suivis d'une belle moisson. Si nous ne consultions que notre propre expérience, nous en dirions autant de la betterave, et il serait facile de trouver ailleurs bon nombre d'écrits et d'exemples à l'appui de notre opinion; mais, comme nous n'ignorons pas que les avis des cultivateurs sont encore partagés sur ce point, nous laissons à l'avenir le soin de prononcer en dernier ressort, bien convaincus, pour notre part, que sa décision sera favorable. — M. Mathieu de Dombasle a reconnu, conformément à la pratique allemande, que le colza ou la navette précède ordinairement une belle récolte de blé; nous avons pu fréquemment constater le même résultat sur divers points de la France, et, plus particulièrement, chez un habile cultivateur de l'Ouest, M. B. Cesbron, qui ne craint pas, dans ses assolemens, ordinairement très-fructueux, de faire venir régulièrement le froment après le colza. — Dans les terres franches, moins tenaces que les précédentes, le trèfle est, ainsi que nous l'avons déjà dit, une des meilleures cultures préparatoires. Enfin, dans les sols encore plus légers, la lupuline peut, jusqu'à un certain point, le remplacer pour cette destination. Quant aux pommes-de-terre, l'opinion la plus répandue parmi les cultivateurs praticiens leur assigne une autre place ; et, quoique nous soyons fondés à dire qu'avec d'abondans engrais elles n'épuisent pas assez le sol et ne l'effritent pas tellement qu'on ne puisse obtenir après elles de *beaux* fromens, toujours est-il qu'à moins d'expériences répétées avec succès pour chaque localité particulière, nous ne voudrions pas recommander d'une manière générale de faire suivre immédiatement leur récolte d'une culture de froment, ou tout au moins de froment d'automne.

Les amendemens calcaires conviennent particulièrement à la culture du froment, dans tous les cas où l'on peut les employer conformément aux principes qui ont été développés ailleurs. — Dans les départemens où l'on fait un usage convenable de la chaux, on a remarqué que la qualité des blés s'est progressivement améliorée ; non que les pailles y acquièrent des dimensions plus qu'ordinaires, mais parce que les épis y sont plus pleins et mieux nourris ; parce que la terre, disent les laboureurs, devient plus *grainante*. Ce fait, d'une grande importance, et sur lequel l'attention du cultivateur n'a pas été peut-être jusqu'ici assez attirée, si l'on s'en rapporte aux analyses répétées de SAUSSURE, ne peut être dû à l'assimilation du carbonate de chaux dans l'acte de la nutrition ; car la petite proportion de ce sel qu'on retire par l'incinération des chaumes disparaît dans les épis pour faire place à une quantité presque toujours assez considérable de phosphate de chaux. Mais, soit que ces phosphates apparaissent dans le sol en même temps que les carbonates, à mesure que la chaux change d'état, soit que cet oxide forme avec les engrais, conformément à l'opinion de Chaptal, de nouvelles combinaisons mieux appropriées aux besoins de la plante, toujours est-il que si l'explication est incomplète ou douteuse, les effets sont avérés Il y a quelques années, diverses personnes employèrent des résidus d'os, dont on avait extrait en grande partie la gélatine ; le journal de la Société industrielle d'Angers constata les résultats avantageux de ces essais sur les fromens. L'un de nous fit aussi des expériences qui lui donnèrent à penser que le phosphate de chaux, malgré son apparente insolubilité, pourrait bien être un utile stimulant de la végétation des blés. Toutefois, comme ces os contenaient encore visiblement de l'engrais, la question dut rester indécise. — Il est fort à désirer que de nouvelles tentatives viennent jeter quelque jour sur la théorie si curieuse et encore si peu avancée des stimulans. — Qu'on ne perde pas de vue les effets prodigieux du plâtre sur les légumineuses.

Presque partout on emploie exclusivement les engrais de litière produits dans la ferme même, mais il y a deux manières de les appliquer : En se conformant aux anciens usages, on fume directement pour le froment; et quoique cette méthode ait l'inconvénient de porter souvent dans le sol les germes de mauvaises herbes, ou de faire partiellement verser les récoltes, lorsqu'on ne peut disposer que d'une faible quantité de fumiers, elle est encore la meilleure, surtout si ces fumiers sont déjà en partie consommés lorsqu'on les répand. — D'après le nouveau système de culture, au contraire, la masse des engrais disponibles étant beaucoup plus considérable, et l'usage de les répandre moins consommés commençant à prévaloir, on fume abondamment les plantes sarclées qui ouvrent la rotation, et l'on obtient parfois ensuite, sans addition de fumier, jusqu'à deux céréales séparées par un trèfle, l'une la seconde, l'autre la 4ᵉ année. Une trop grande fertilité du sol est peu favorable à la production immédiate du froment, parce qu'en donnant lieu à une végétation luxuriante des chaumes, elle les conduit à l'étiolement, et que, si elle ajoute à la longueur de la paille, ce ne peut être qu'au détriment de la qualité du grain. Aussi peut-on dire sans paradoxe que les meilleures récoltes de blé ne se font pas toujours dans les champs les plus féconds.

Assez souvent, au lieu de les répandre immédiatement sur le terrain, *on transforme les engrais en compost*, en les mêlant à une certaine quantité de terre et de chaux. Cette méthode est fort bonne en pratique. Un de ses principaux avantages est de faciliter plus que toute autre l'égale répartition de la matière fécondante à la surface, et par suite dans la masse du sol. — Les cendres lessivées, celles de tourbe, etc., etc., ajoutent à la masse et à l'énergie de semblables mélanges, dont on a fait connaître ailleurs la composition, les proportions et le mode d'emploi.

Quant aux engrais pulvérulens, on les emploie, par supplément aux autres, plutôt pour des cultures intercalaires, telles que celles des choux, des colzas, des navets, des betteraves, etc., que pour le froment. Cependant, lorsqu'on veut éloigner dans une terre peu féconde le retour d'une fumure complète, on peut les utiliser fort bien pour préparer une récolte céréale. Selon qu'ils sont de nature à se décomposer ou moins ou plus vite, on les répand pour cela sur le trèfle avant sa dernière coupe, ou sur le froment même avant le hersage qu'on est, en certains lieux, dans l'usage de lui donner au printemps.

Pour les terres meubles naturellement sujettes à se soulever par l'effet des gelées, le parcage peut donner encore un engrais d'autant meilleur que le fumier de mouton augmente, dit-on, la quantité de gluten du grain, et que le piétinement du troupeau produit un plombage nécessaire. L'un de nous (M. Vilmorin) s'est toujours on ne peut mieux trouvé de faire parquer sur ses blés semés sous raie, dans les sols crétacés du Gâtinais, immédiatement après les semailles.

§ IV.—Choix des semences.

Notre vénérable confrère, M. TESSIER, a soutenu par d'excellens raisonnemens et démontré par des faits positifs, que le renouvellement des semences ne peut être considéré comme une chose *généralement* nécessaire, ou même utile à la belle qualité des blés. Cependant, tandis que les habiles cultivateurs du pays de Caux et de plusieurs autres parties du royaume semblent attester, par une longue et invariable pratique, la solidité de cette opinion, d'autres cultivateurs non moins éclairés suivent une marche contraire, et demeurent convaincus, après des expériences répétées, des avantages qu'elle leur procure.

La première solution qui se présente à l'esprit, de faits aussi contradictoires, est tout naturellement que le froment, comme le lin, le chanvre et la plupart des plantes cultivées, se conserve plus longtemps exempt de toute dégénérescence, et dans un état de belle végétation, en certaines localités, que dans d'autres. Qu'un tel résultat soit exclusivement dû à la nature du sol ou à des causes moins facilement appréciables, il n'en est pas moins positif et bien reconnu comme tel par toutes les personnes qui se sont un peu occupées de physiologie végétale, dans ses rapports avec la culture. Sans sortir des limites étroites de la France, nos jardins, nos champs en offrent de fréquens et d'irrevocables exemples. D'un autre côté, les soins différens de culture peuvent influer beaucoup sur la qualité des produits. Toutes circonstances égales d'ailleurs, le fermier qui néglige les sarclages, les criblages, d'autant plus nécessaires pour lui que ses grains sont inévitablement plus salis de mauvaises graines, et qui ne chaule pas convenablement, ne peut espérer d'aussi belles récoltes que celui qui fait bien toutes ces opérations ; de sorte que, tandis que le premier se trouve fréquemment contraint de renouveler, le second peut n'avoir aucun intérêt à le faire ; car il serait aussi déraisonnable pour lui de changer sa bonne semence pour une semence moins pure et moins nourrie, par cela seul qu'elle aurait été récoltée hors de chez lui, qu'il devient indispensable au cultivateur négligent de chercher ailleurs ce qu'il n'a pas su se procurer sur son propre champ.

Selon nous, *ce qu'il importe avant tout dans le choix des grains de semis,* c'est qu'ils soient de bonne qualité, bien mûrs, et sans mélange de semences étrangères. La question du renouvellement nous semble secondaire toutes les fois que cette première condition a été remplie. Elle devient au contraire fondamentale lorsqu'il en est autrement.

Les fromens nouveaux doivent être, autant que faire se peut, préférés pour semences. Il résulte cependant d'essais multipliés et précis, dus aussi à M. TESSIER, *qu'il n'est pas indispensable de semer toujours le froment de la dernière récolte.* Des blés récoltés en 1779, non seulement levèrent, mais donnèrent de fort bons produits en 1787, 1788 et 1789. D'autres semences de 2 et de 3 ans présentèrent des résultats encore plus satisfaisans. « On peut donc regarder comme certain, ajoute notre vénérable confrère, que le froment bien mûr, et soigné convenablement, conserve longtemps sa vertu germinative, et qu'au moins celui des deux ou trois dernières récoltes peut servir comme celui de la plus récente, ce qu'on a peine à persuader aux cultivateurs. Comme il est un peu plus

longtemps à germer, à cause de sa sécheresse, il faut le semer un peu plus tôt. Ces remarques, appliquées à l'usage, offrent plusieurs avantages. Les ensemencemens en froment ancien sont utiles : 1° quand la dernière récolte est trop entachée de carie, dont le principe contagieux a moins d'activité dans les vieux fromens que dans les nouveaux ; 2° quand, la grêle ayant ravagé tous les champs d'un fermier, il ne lui reste pour ressource que les grains de ses greniers ; 3° dans les pays où la moisson retardée approche de trop près du moment où l'on doit ensemencer les terres, par exemple, dans les cantons montagneux ; 4° enfin, quand les grains de la nouvelle récolte ont une qualité commerciale supérieure à celle de la précédente, circonstance où l'intérêt du cultivateur et celui du public exigent que, de préférence, on sème ceux de la précédente.» (*Nouveau Cours complet d'agriculture théorique et pratique.*)

A ces observations importantes, nous n'ajouterons qu'une seule remarque. C'est que, dans le cas où l'on se verrait forcé d'employer de vieux blés, il serait prudent de les essayer d'avance en petit, afin de s'assurer si un certain nombre de grains n'ont pas perdu leur propriété germinative, et de pouvoir, dans l'affirmative, proportionner la quantité de semence à celle des bons grains.

§ V.—De la préparation de la semence.

Après le criblage, la seule préparation nécessaire, antérieurement aux semis, est *le chaulage,* opération fort importante, qui a pour but principal de détruire, à la surface des grains de blé, les poussières globuliformes qui servent à la reproduction de la carie et peut-être du charbon.

Le chaulage s'opère de plusieurs manières, et à l'aide de diverses substances. Dans quelques lieux, on emploie le sulfate de cuivre dissous et fort étendu d'eau. Dans d'autres, l'acide sulfurique affaibli, la potasse, etc., etc. Mais, de toutes les matières minérales, l'une des plus efficaces, des moins dangereuses à employer, des plus faciles et des moins dispendieuses à se procurer presque partout, est la chaux, qui a donné son nom à l'opération.

Le chaulage se fait par aspersion et par immersion. D'après la première méthode, tantôt on répand la chaux concassée sur le grain, puis on verse dessus, en ayant la précaution de remuer sans cesse le mélange, autant d'eau qu'il est nécessaire pour l'éteindre et la transformer en bouillie ; — tantôt on fait d'abord fuser la chaux à l'eau chaude, et on la répand ensuite sur le grain pour l'en imprégner entièrement à l'aide d'une spatule.

Pour chauler par immersion, après avoir fait, comme précédemment, fuser la chaux jusqu'à ce qu'elle se délaie en consistance de bouillie fort claire, on y fait tremper le blé, on l'y remue à plusieurs reprises, de manière que chaque grain soit enveloppé et soumis sur tous ses points à l'action caustique, et on ne le retire que plusieurs heures après. — M. TESSIER pense que 6 boisseaux combles, ou 100 livres (50 kilogrammes) de chaux *de bonne qualité* suffisent au chaulage de 8 setiers (12 hectolitres 1/2) de froment, et que ces quantités exigent au moins 260 pintes (242 litres) d'eau.

La chaux bien employée est, à bon droit, considérée comme un des meilleurs préservatifs contre la carie ; cependant il résulte des expériences de M. MATHIEU DE DOMBASLE qu'on peut ajouter encore à son énergie, par l'addition d'une petite quantité de sel marin. — Voici le résumé de ces expériences, faites sur des grains atteints également de carie, et infectés beaucoup plus qu'on ne les rencontre naturellement dans les circonstances les plus défavorables : —Mille grains, récoltés sur un terrain dont la semence avait été plongée pendant 2 heures dans une solution de 3 hectogrammes de sulfate de cuivre et de 1 kilog. 5 hectog. de sel commun (hydrochlorate de soude) pour 50 litres d'eau, n'ont donné que 9 grains cariés. — Mille autres grains, provenant des mêmes semences plongées pendant le même temps dans une solution de 6 hectogrammes de sulfate de cuivre pour 50 litres d'eau, n'en ont donné que 8.—Mille grains, provenant des mêmes semences plongées pendant 24 heures dans de l'eau dans laquelle on avait délayé 5 kilog. de chaux pour 50 litres d'eau, ont produit 21 grains cariés. — Enfin mille grains, provenant des mêmes semences plongées pendant 24 heures dans de l'eau dans laquelle on avait délayé 5 kilog. de chaux mêlée à 8 hectog. de sel commun pour 50 litres d'eau, n'en ont produit que 2. — Il est bon d'ajouter que, sur le terrain dont la semence n'avait reçu aucune préparation, de mille grains on en avait recueilli 486 cariés.

Il résulte de ces essais que le sulfatage, comme l'avaient indiqué toutes les expériences faites jusqu'à ce jour, est un moyen puissant pour détruire la carie ; malheureusement, quoiqu'on ait exagéré ses dangers, l'emploi des sels de cuivre pourrait ne pas être sans inconvéniens en des mains inexpérimentées.—La chaux d'ailleurs est, comme on voit, d'un effet certain, et il est facile encore d'ajouter à l'action destructive qu'elle exerce sur le germe de la carie, par l'addition d'une quantité pécuniairement peu appréciable de sel marin. Nous croyons donc devoir recommander l'emploi de la chaux, de préférence à celui de toute autre substance.

On a souvent proposé, et on propose encore journellement, une foule d'autres recettes pour ajouter à l'énergie du chaulage, pour disposer les grains à une germination plus prompte, et les jeunes plantes à une végétation plus belle. Jusqu'ici, à notre connaissance, aucune d'elles n'a survécu aux éloges des inventeurs, ou à une vogue passagère. Il est très-vrai qu'il existe des moyens de favoriser et d'activer le développement des germes, soit physiquement en mettant les graines dans des circonstances plus favorables, soit même chimiquement en rendant plus promptement soluble la substance amilacée des cotylédons ; mais il est au moins douteux que l'action d'un stimulant ou d'un engrais quelconque, appliqué aux semences, puisse s'étendre à toutes les phases de la végétation des plantes qui leur devront l'existence.

§ VI. — De la quantité de graines à employer pour les semis.

Cette quantité varie ou plutôt doit varier en raison de circonstances fort différentes. Dans les bons terrains, chaque pied tallant beaucoup, il faut moins de semences que dans un terrain médiocre ; —par la même raison, il en faut moins aussi pour un semis d'automne, fait en temps opportun, que pour un semis de printemps ;—moins dans un climat où les pluies printanières favorisent le développement des talles que dans celui où les sécheresses l'arrêtent de bonne heure, etc. ROZIER s'était déjà élevé fortement contre les semis trop épais, lorsque celui de nos confrères dont le nom, déjà plusieurs fois cité dans cet article, se rattache depuis près d'un siècle aux progrès de l'agriculture française, M. TESSIER, voulut consulter la pratique aussi sur ce point. Il fit donc en divers lieux des expériences qui le conduisirent à ces résultats : « Qu'en ne s'attachant qu'à celle dont la différence de la semence et du produit comparés est la moindre, on trouve qu'en ensemençant un arpent de 100 perches de 22 pieds (1/2 hectare), avec 180 livres de froment, au lieu de 225 qu'on est dans l'usage d'employer, on peut récolter 441 livres de froment de plus dans une terre de bonne qualité. » — Une autre expérience offre des résultats plus tranchés encore, puisqu'elle prouve qu'en ensemençant un arpent avec 100 livres au lieu de 225, on peut récolter 495 livres de plus ; mais, quoique M. TESSIER ajoute qu'elle a été faite en terrain médiocre, il ne faut pas perdre de vue qu'en pareil cas il y aurait inconvénient réel à semer trop clair, car on doit avant tout désirer que le terrain soit couvert, non seulement afin d'obtenir plus de tiges et d'épis, mais aussi plus de paille, ce qui n'est pas un avantage à dédaigner.

On sème ordinairement à la volée, terme moyen, 200 *litres par hectare.*—Pour les semis en lignes, à 9 pouces de distance, la proportion peut être du tiers, et même de moitié moindre.

§ VII. — De l'époque des semailles.

Il est tout aussi impossible de fixer d'une manière précise l'époque des semailles que la quantité absolue des semences qu'elles exigent pour un espace donné. La disposition des climats, les variations des saisons et la nature différente des terres, apportent nécessairement d'importantes modifications.

En France, on sème les fromens dits d'automne depuis le mois de septembre jusqu'aux approches de janvier. Vers le centre, la meilleure époque paraît être le milieu d'octobre.

Il résulte de longues observations, qu'en général les céréales d'automne semées tard produisent moins de paille et plus de grains que celles qu'on a semées de bonne heure. Il peut donc arriver que des semailles tardives donnent d'aussi bons et même de meilleurs produits que des semailles précoces. Mais, généralement, le contraire a lieu, et nous pensons qu'on ferait bien de semer toujours de bonne heure si on était prêt à le faire, circonstance assez rare, tantôt parce que les sécheresses, en se prolongeant, rendent les labours impossibles, tantôt parce que des pluies accidentelles ne permettent pas d'entrer dans les champs. Les terres argileuses, surtout, présentent fréquemment l'un ou l'autre de ces empêchemens; aussi, laissant tout autre travail de côté, le semeur doit-il saisir avec empressement l'occasion favorable, celle où les mottes se trouvent dans un état moyen entre l'humidité et une dessication excessive, de sorte qu'elles puissent obéir convenablement à l'action de la herse ou du versoir.

Au printemps, les semailles précoces sont presque toujours fort avantageuses, parce que les blés ont le temps de développer un plus grand nombre de talles avant l'époque où les chaleurs les saisissent. Malheureusement, si la dureté du sol n'est pas à craindre dans cette saison, l'eau qu'il contient en surabondance est souvent un très-grave obstacle sur les terres à froment, non seulement parce qu'elle entrave le labour; qu'elle rend impossibles les semis sous raies; mais encore parce qu'elle contribue physiquement à empêcher ces sortes de terres de s'échauffer aussi promptement qu'il serait désirable. Un tel effet est d'autant plus marqué que l'argile domine davantage dans la couche labourable, et que celle-ci repose sur un sous-sol peu perméable

§ VIII. - - Des divers modes de semailles.

On en connait trois principaux : les semailles à la volée, celles au semoir, enfin, celles au plantoir.

Les semailles à la volée se font *sur raies,* c'est-à-dire à la surface du champ, pour être recouvertes à la herse; ou *sous raies,* de manière à l'être par la charrue. Nous ne répéterons pas ce qui a été fort bien dit. sur ces deux moyens, par l'un de nos collaborateurs, dans le VII chapitre de ce livre, auquel nous renvoyons le lecteur: pour les procédés généraux de sémination, ceux que l'on emploie pour recouvrir la semence et plomber le terrain; — pour l'importance de la coopération d'un bon semeur; — relativement à la difficulté de donner, pour exécuter les semis à la volée, des indications suffisantes pour mettre au fait celui qui ne serait pas familiarisé par la pratique avec les précautions qu'exige cette opération; — pour le choix des instrumens ou ustensiles qu'emploie le semeur pour porter la graine qu'il répand, etc., etc.

Les avantages des semis sous raies sont de permettre de recouvrir davantage les semences dans un terrain léger; — de les répandre sur un fonds en quelque sorte plombé par suite de l'action de la charrue; — de les défendre plus efficacement contre les effets du déchaussement; mais, à côté de ces avantages, se trouve l'inconvénient grave de la lenteur du travail, qui compense souvent et bien au-delà, la perte de semences que l'on reproche avec raison aux semailles sur raies,

quelques soins que l'on donne au hersage. L'extirpateur offre un moyen expéditif d'enterrer, sinon précisément sous raies, au moins d'une manière analogue.

Les semis en lignes présentent d'incontestables avantages pour la culture de la plupart des récoltes dites sarclées; mais, ainsi qu'on a pu le voir dans le chapitre déjà précédemment cité, ils n'ont pas jusqu'ici prévalu en France pour les céréales, ni même dans la plupart des provinces d'Angleterre, quoiqu'on les considère, dans beaucoup de parties de ce pays, « comme le meilleur moyen connu jusqu'ici de cultiver les grains, et aussi de conserver la fertilité du sol par la destruction des mauvaises herbes. » (Sir J. Sinclair, *Agriculture pratique et raisonnée.*)

Les principaux argumens que font valoir les Anglais en faveur de l'emploi du semoir, pour les céréales, sont, après l'économie des semences, la régularité du travail, la facilité de régler la profondeur selon la nature des terrains, et de donner les façons qui facilitent la végétation pendant les diverses phases de la croissance des plantes; — de pouvoir diminuer au besoin la quantité d'engrais, tout en augmentant leur efficacité, parce qu'on les met en contact immédiat avec les racines. Ils considèrent de plus que les binages faits entre les lignes sont utiles, non seulement à la récolte principale, mais aussi au trèfle ou à toute autre prairie artificielle semée au printemps; —que les blés semés en lignes sont moins sujets à verser, parce que leurs chaumes acquièrent plus de force; — que les frais de moisson d'une récolte semée en lignes sont moins considérables que ceux d'une récolte semée à la volée, puisqu'il est reconnu que, dans le premier cas, trois moissonneurs font autant d'ouvrage que quatre dans le second ; — que les semis en lignes ont une croissance plus égale, et que leurs produits sont en général de meilleure qualité ; — enfin, que les semailles en ligne, par suite des binages qu'elles admettent, non seulement facilitent la destruction d'une partie des insectes nuisibles, mais concourent puissamment au succès des assolemens dans lesquels les céréales reviennent fréquemment, parce qu'elles empêchent l'envahissement progressif des mauvaises herbes.

A ces diverses raisons, dont plusieurs ne sont ni sans fondement, ni sans importance, nos praticiens objectent le prix élevé des semoirs, qui ne permet pas de les introduire dans les petites exploitations ; — l'irrégularité du travail de la plupart d'entre eux sur les sols pierreux ou en pente; — le surcroît de main-d'œuvre, qui ne leur paraît pas suffisamment compensé par la différence des récoltes; — les retards indispensables qu'entraîne l'emploi de ces sortes de machines, et qui sont incompatibles avec la célérité qu'exigent les semailles d'automne, et surtout celles de printemps, dans les saisons pluvieuses; — enfin, loin d'admettre que les semis en lignes aient une croissance plus régulière, ils ont reconnu qu'elle est *parfois* tellement inégale, par suite des développemens progressifs des talles latérales, qu'à l'époque de la moisson, lorsqu'une partie des chaumes et des épis ont atteint un grand développement et une maturité complète, les autres resient faibles et presque verts.

Quoi qu'il en soit, *les résultats officiels des essais que M.* Hugues *a faits* sur divers points du royaume, pendant le cours des deux années précédentes, sont de nature à éveiller de plus en plus l'attention de nos concitoyens sur une question qui nous semble, malgré sa gravité, fort incomplètement résolue.

Il est certain que le semoir Hugues paraît devoir lever une partie des plus fortes objections dirigées contre ces sortes de machines. Presque partout on a reconnu sa solidité et la bonté de son travail, même dans des circonstances peu favorables. A la vérité, il ne peut être livré aux cultivateurs à moins de 250 à 400 fr., selon les dimensions et la rapidité du travail qu'on en obtient; mais, dans une exploitation d'étendue moyenne, le prix d'achat serait bientôt couvert par l'économie de la semence, puisque cette économie est d'environ moitié. Quant au temps employé pour le semis, et aux frais qu'il nécessite, on verra que la différence est peu appréciable, en comparant les résultats suivans, extraits du procès-verbal du 9 octobre 1832, dressé par M. Bella, directeur de l'Institut royal agronomique de Grignon :

Avec le semoir de M. Hugues :

Seigle : 10 ares, semé à 6 pouces.
Semence : 12 lit. 50 centil. à 12 fr. l'hect.   1 f. 50 c.

Temps employé : 18 *minutes.*	2 hommes à 20 c. l'heure, 0 fr. 12 cent. 1 cheval à 30 c. l'heure, 0 fr. 09 cent. } 0 21

1 f. 71 c.

A la volée par un semeur de Grignon ·

Seigle : 10 ares , semé à la volée.
Hersage : 2 herses en bois attelées chacune d'un cheval conduit par un seul homme.
Semence : 22 litres à 12 fr. l'hectolitre..   2 f. 64 c.

Temps employé :	10 minutes d'un semeur à 20 c. l'heure, 0 f. 03 cent. 13 minutes d'un homme aux herses , à 20 cent. l'heure, 0 fr. 04 cent. 30 minutes de 2 chevaux à 30 c. l'heure, 0 fr. 13 c. } 0 20

Total.   . 2 f. 84 c.

Jusque là, *l'avantage en faveur du semis en lignes* est donc de 1 fr. 14 c. pour les 10 ares, ou de 11 fr. 40 c. pour l'hectare.—Voici quels ont été les produits : .

D'après la méthode de M. Hugues, 40 gerbes ont donné : 3 hectolitres 79 centilitres de grains; — 24 gerbes de paille, 318 1/2 kilog.; et 14 bottes dito, 105 1/2 kil. ⚌ En tout, 424 kil.

D'après la méthode de Grignon, 44 gerbes ont donné : 3 hectolitres 25 centilitres de grain;—24 gerbes de paille, 314 1/2 kil.; et 18 bottes dito, 106 3/4 kil.⚌En tout, 421 1/4 kil.

Différence en faveur du semoir : 19 litres 54 centilit. pour les 10 ares, ou 195 lit. 4 cent. par hectare.

M. Bella ajoute : « L'un et l'autre seigles étaient de première qualité et du même poids, de 73 kil. l'hectolitre. La paille obtenue par le semoir était la plus belle, et a donné une gerbée de plus. Chaque partie a été faite sur une planche de 138 mètres de longueur sur 7 mètres 25 centimètres ; mais il est bon de faire observer que la partie faite selon la méthode de Grignon était couverte d'une rangée d'ormes sur toute la longueur de la planche, tandis que l'autre partie a été faite tout à côté de la première sur toute la longueur. » Sans doute cette circonstance a dû influer sur les résultats; toutefois, dans beaucoup d'autres lieux, où les chances avaient été rendues plus égales, un succès plus grand encore a couronné le zèle ardent de M. Hugues. Si l'on ajoute à ces données les résultats obtenus pendant 10 ans dans la ferme expérimentale du département de l'Ain ; — les longues expériences de M. Devrède, constatées tout récemment par les soins de la Société d'agriculture de Valenciennes, dans le journal *la Flandre Agricole et Manufacturière ;* celles que fait depuis 6 ans, dans le midi, M. A. de Gasparin, etc., etc. : il sera difficile de ne pas reconnaître que les semis en lignes, même pour les céréales, présentent des avantages marques selon les lieux et les circonstances. — Selon les lieux, car nous ne pensons pas qu'ils puissent réussir également sur tous les terrains et dans tous les climats; — dans les sols arides ou sous les feux d'un soleil brûlant, comme dans les terres substantielles et fraiches, ou sous les latitudes du centre et du nord ; — pour les semis de printemps, comme pour ceux d'automne, etc. — Selon les circonstances, parce que le prix comparatif du blé et de la main-d'œuvre n'est pas toujours le même.

Ainsi qu'il a été dit ailleurs, *les semis au plantoir* ont été à peu près abandonnés, et nous pensons que c'est avec d'autant plus de raison qu'il est facile, *à moindres frais,* d'atteindre *à bien peu près le même but,* à l'aide des semoirs perfectionnés. Cependant nous ne pouvons omettre de parler de la méthode suivie, pendant plusieurs années, par le cultivateur distingué de Valenciennes dont nous avons déjà, un peu plus haut, fait pressentir le succès. « Je suppose, dit M. Devrède, l'un des champ que j'ai dessein de planter de 6 mencaudées (1 hectare 37 ares 38 centiares), la terre bien préparée, comme pour un semis à la volée ; je pose deux cordes en travers de mon champ, soit sur sa longueur, soit sur sa largeur.... Je les espace à 9 pouces de distance, et je place à chaque bout du champ un bâton de cette dimension. Deux planteurs, suivis chacun d'un enfant de dix à douze ans, sont armés d'un plantoir de la forme de ceux dont on se sert pour les colzas, si ce n'est que l'extrémité qui doit entrer en terre est en forme de boule de cinq pouces de diamètre, aplatie du côté de la terre, et au milieu de laquelle se trouve une broche de fer de deux pouces de diamètre et de deux pouces et demi de longueur. Avec cet instrument, les planteurs font des trous distans de 6 à 7 pouces, le long des cordes. La boule plate du plantoir tasse la terre, l'empêche de retomber dans les trous avant que les enfans qui suivent

aient déposé trois à cinq grains de blé.....
Comme les planteurs et les enfans arrivent
ensemble à chaque bout, ils s'empressent de
déplacer les cordes et de les replacer à la
distance de 9 pouces que les lignes doivent
toujours conserver entre elles. On commence
la plantation par un des bouts, et l'on travaille en avançant dans le champ, afin de
piétiner l'ouvrage qu'on laisse derrière soi.
— Un hersage suffit alors : on pourrait
même s'en dispenser si la terre se prête bien
au piétinement, et si l'on voyait les trous
bien bouchés. »

D'après ce procédé, selon M. DEVRÈDE,
l'ensemencement d'un hectare coûte 13 fr.
05 c., tandis que, d'après la méthode ordinaire, il ne revient qu'à 1 fr. 08 c. dans les
mêmes circonstances; mais, d'un autre côté,
ce même hectare, au lieu de recevoir 1 hectolitre 1/5 de blé, n'en reçoit que 36 litres, et
cependant, au lieu de 26 hectolitres 10 litres
de produit moyen, il donne 39 hectolitres 15
litres. — L'auteur ne parle pas des produits
en paille.

Certes, sans nier de semblables résultats,
nous sommes loin de croire qu'on en oblien-
drait partout d'analogues ou même d'appro-
chans; mais, nous n'en tirons pas moins une
induction de plus en faveur des semis en lignes, et nous concluons, comme nous avons
commencé, en recommandant aux cultivateurs, non de changer immédiatement
leurs méthodes, mais, lorsqu'ils en auront
la possibilité, de les comparer à une autre
pratique qu'il serait injuste de rejeter sans
examen attentif, et maladroit de ne pas adopter partout où elle offrirait un avantage bien
constaté. — Nous ne pouvons terminer plus
utilement ce § qu'en citant encore M. TES-
SIER, et en faisant connaître le résultat des
expériences faites par lui à Rambouillet. —
« L'ensemencement au plantoir, dit-il, a de
l'avantage sur celui à la volée lorsque le blé
est cher, dans un pays où les bras sont nombreux et les salaires à bon marché.... En calculant à quel prix doivent être le froment et
la main-d'œuvre pour qu'il y ait compensation dans l'une et l'autre méthode, j'ai trouvé
qu'en supposant le prix de la main-d'œuvre
constamment le même, l'avantage qu'il y a
d'ensemencer au plantoir cesse lorsque le
froment est à 13 fr. 74 c. l'hectolitre, ou il
devient zéro : alors commence l'avantage
pour l'ensemencement à la volée. J'observe
d'ailleurs que, comme le profit de l'ensemencement au plantoir est en raison inverse de
l'ensemencement à la volée, et qu'en prenant 13 fr. 74 c. pour le prix où l'une des
méthodes n'a aucun avantage sur l'autre, il
est clair que l'augmentation ou la diminution
de l'avantage ou du désavantage suivra, à
partir de ce point, la progression croissante
ou décroissante des nombres naturels 1, 2, 3,
4, etc. — Pareillement, supposant le prix du
froment toujours le même, et celui de la
main-d'œuvre variable, l'avantage en faveur
de la méthode au plantoir cesse lorsque la
journée d'homme est à 2 fr. 25 c., et celle
d'enfant à 75 c. — On voit que l'avantage de
l'une ou de l'autre méthode dépend absolument des différentes variations que peuvent
subir et le prix de la main-d'œuvre et celui

du froment; que, quant à celui-ci, il n'est
guère possible qu'il tombe à un prix assez
modique (13 fr. 74 c.) pour faire perdre
entièrement à l'ensemencement au plantoir
son bénéfice; qu'il n'en est pas de même du
prix de la main-d'œuvre, qui, dans beaucoup d'endroits, peut être porté à 2 fr.
25 c. pour homme et 75 c. pour enfant.... »
(*Nouv. Cours d'agric.* 1822.)

§ IX.—Des soins d'entretien des fromens.

Les soins que l'on donne aux fromens
pendant leur végétation varient autant selon
les coutumes locales que selon les véritables
besoins de leur culture. En résumé, les principaux sont : des roulages, — des sarclages,
— des hersages — et des binages.

Les roulages ne sont qu'accidentellement
nécessaires. Sur les terres légères, un peu humides, tourbeuses, calcaires ou crayeuses,
lorsqu'elles ont été soulevées par l'effet des
gelées, et qu'il s'est formé à leur surface un
boursoufflement qui met à nu une partie des
racines, ces sortes d'opérations produisent
un très-bon effet. En pareil cas, l'action d'un
rouleau dont la pesanteur est proportionnée
à la porosité du sol, peut sauver un champ de
céréales d'une destruction presque totale. —
Dans quelques parties de la Normandie, il est
curieux de voir, sur des sols de cette nature,
aussitôt que la saison le permet, les hommes,
les animaux et même les voitures diverses
qui composent le matériel de chaque ferme,
parcourir en tous sens les champs de céréales, pour empêcher les désastreux effets du
déchaussement. — C'est ici le lieu de rappeler que le parcage des moutons, en tant qu'il
suit immédiatement les semailles, est, en pareil cas, une excellente pratique.

Les sarclages (*voy.* pag. 232 et suivantes),
dont chacun connaît l'importance et le but,
quoique le manque de bras, ou, d'autres fois,
l'incurie de certains cultivateurs les fasse négliger et même entièrement supprimer dans
quelques lieux, sont cependant d'un usage
plus général que les roulages. Sur les sols légers, ils produisent aussi, par le piétinement
des femmes et des enfans chargés de les exécuter, une sorte de plombage fort utile. — Sur
les terres argileuses ils pourraient avoir des
résultats fâcheux, si on les entreprenait à
contre-temps. Il faut donc soigneusement
choisir le moment où la couche labourable
n'est ni assez durcie pour entraver l'arrachement des mauvaises herbes, ni assez humide
pour se comprimer sous les pieds des travailleurs. Il faut aussi avoir égard, avant de sarcler, à l'état de croissance des touffes de blés.
Si on commençait avant qu'elles couvris-
sent suffisamment le sol, il pourrait arriver que
beaucoup de plantes nuisibles prissent de
nouveau le dessus. Si on tardait jusqu'au moment où les tiges granifères se développent,
on courrait le risque de nuire au succès futur
de la récolte. — C'est ordinairement, pour
nos régions du centre, dans le courant d'avril
qu'on rencontre l'époque la plus favorable;
néanmoins, si, à cette même époque, au lieu
d'*arracher* les chardons, soit à la main, soit à
l'aide de l'espèce de pince décrite et figurée
page 233, on cherchait à les couper avec le

sarcloir (*voy*. même page), on les verrait bientôt repousser de la racine, plus nombreux qu'avant l'opération. Par cette raison, il est bon de n'échardonner que lorsque le blé est déjà un peu grand et en tuyaux, c'est à-dire vers le commencement de mai. — Si au lieu d'un seul sarclage on était en position d'en donner plusieurs, ce qui est presque toujours utile, on devrait alors, étudiant les phases de la végétation des principales plantes nuisibles, les détruire successivement aux approches de la floraison de chacune d'elles.

Le hersage des blés, toujours plus facile et beaucoup plus profitable sur les terres fortes que sur les terres légères, n'est autre chose qu'un binage économique, donné dans le courant de mars, aussitôt que la terre est suffisamment ressuyée. En blessant au collet de la racine les jeunes touffes de céréales, et en les recouvrant en partie de terre, la herse provoque le développement de nouvelles racines et de nouvelles tiges coronales qui compensent et bien au-delà, par leurs produits, la perte du petit nombre de pieds qui sont détruits pendant le travail. Cette opération, dont les avantages sont désormais reconnus, exige toutefois des précautions assez grandes (*voy*. pag. 228 et suivantes). « Du reste, si, après le hersage, dit THAER, le champ a toute l'apparence d'avoir été semé récemment, de sorte qu'à peine on y aperçoive une feuille verte, et qu'on n'y voit autre chose que de la terre, c'est alors que l'opération a le mieux réussi. Si même on y trouve des feuilles de froment déchirées (ou n'y trouvera pas de plantes entièrement arrachées), peu importe. Après huit ou dix jours, selon la température, on verra les plantes pousser de nouveau, et le champ paraîtra alors beaucoup plus garni de plantes qu'un autre qui n'aurait pas subi cette opération. Dans les contrées où ce procédé est universellement connu, on pardonnerait au cultivateur toute autre négligence plutôt que l'omission de ce hersage dans le moment favorable et en temps propice. On laisse alors tout autre labeur pour pouvoir mettre tous les attelages sur les champs de céréales..... On ne peut pas déterminer d'une manière générale combien de traits on doit donner avec la herse, parce que cela dépend de la ténacité du sol. Il faut herser à tel point que le champ soit partout couvert d'une couche de terre meuble, et que les crevasses qui se forment sur les terrains argileux lorsqu'ils se dessèchent, soient complètement recouvertes.... » (*Principes raisonnés d'agriculture*, traduits de l'allemand par le baron CRUD.)

Quant aux binages proprement dits (*voy*. pag. 225 et suivantes), nous craignons, malgré leur incontestable efficacité, qu'ils ne puissent être utilisés généralement pour les céréales, que dans les exploitations où l'on croira pouvoir adopter la culture en lignes.

Voilà néanmoins ce qu'en pense M. MATHIEU DE DOMBASLE : « Le binage du blé à la houe à main est une opération longue et assez coûteuse. Cependant, l'augmentation qu'elle procure toujours sur la récolte paie largement les frais qu'elle entraîne, et le sol reste en bien meilleur état pour les récoltes suivantes.

Dans le binage du blé semé à la volée, vingt ouvriers font facilement un hectare dans la journée, dans la plupart des circonstances. — Comme on donne très-rarement plus d'un binage au blé, lorsque cette opération s'exécute à la houe à main, on doit le donner le plus tard qu'il est possible, c'est-à-dire lorsque le blé est sur le point de couvrir le terrain ; si on le donnait plus tôt, il repousserait encore beaucoup de mauvaises herbes ; mais, dans le premier cas, elles sont bientôt étouffées par les blés..... »

Tous ces travaux ont pour but d'activer la végétation des blés. En de rares circonstances, soit que le terrain présente une fertilité excessive, soit que la douceur insolite de l'hiver ait occasioné le développement trop précoce des tuyaux, il peut être nécessaire de la retarder. Pour cela, on a recours à la faulx, à la faucille ou à la dent des animaux, et un champ de froment peut ainsi se transformer momentanément en un excellent pâturage, sans préjudice notable pour le succès futur de la récolte de grains.

Toutefois, il ne faut user de l'un ou de l'autre de ces moyens qu'en des cas peu ordinaires. Quand on fauche, comme on peut couper les feuilles sans attaquer le collet de la plante, la végétation est moins retardée que lorsqu'on fait parquer les moutons qui broutent fort près de terre. On doit donc, avant tout, bien connaître la fécondité du sol sur lequel on opère, et tâcher d'apprécier les probabilités souvent trompeuses de la température des saisons.

Cette sorte d'affanage s'exécute vers la fin de l'hiver. A cette époque, les fanes peuvent déjà procurer un fourrage assez abondant. — D'autres fois on attend le milieu du printemps pour couper à la faucille la sommité des feuilles seulement, à la manière des cultivateurs de la Beauce et de plusieurs autres parties de la France.

Il est heureusement fort rare que les semailles d'automne se montrent assez mal au printemps pour qu'on soit obligé de les détruire. Il est arrivé cependant, dans l'appréhension d'une récolte décidément mauvaise, de mettre la charrue dans les fromens, pour y semer de l'orge, de l'avoine, ou quelque autre plante de mars. Nous engageons les cultivateurs à ne pas prendre, sans de mûres réflexions, ce parti extrême ; car souvent les récoltes trop claires donnent de meilleurs produits que celles qu'on leur substitue. — Dans le Mecklembourg, ainsi que l'attestent des expériences curieuses consignées dans les annales de la Société d'agriculture de cette contrée, « l'on a quelquefois semé, au moyen d'un tel hersage, de l'avoine sur un froment d'automne, qui semblait détruit par la gelée ; on a récolté le froment avec l'avoine, et fait sur le tout une bonne récolte ; mais le froment a surpassé l'avoine en quantité. »

Il est probable qu'on trouverait chez nous plus avantageux, après ce hersage, de répandre de la semence de blé de printemps. Du reste, il doit être assez rare d'obtenir, de l'une ou de l'autre de ces manières, des produits qui mûrissent bien également.

§ X. — Des fromens de printemps

Le succès des fromens de printemps est beaucoup moins certain que celui des fromens d'automne, dans toutes les parties du sud et même du centre de la France, et leur culture est d'ailleurs moins productive; aussi, sont-ils à peine connus dans beaucoup de nos départemens. Cependant, ils offrent, partout où ils peuvent prospérer, une importante ressource, soit pour suppléer aux céréales d'automne, détruites par les intempéries de l'hiver, soit pour faire partie des assolemens dans lesquels le terrain ne peut être en état de recevoir des semences automnales.

Les fromens trémois exigent un terrain bien préparé par les labours, et riche en engrais d'une facile décomposition.—Comme leur végétation foliacée est promptement arrêtée par les chaleurs, ils tallent moins que les autres, et doivent par conséquent être semés plus épais. — En général, on trouvera rarement de l'inconvénient à semer jusqu'à 250 litres par hectare, quoique le moindre volume des grains puisse faire considérer cette quantité comme excessive, comparée à celle qu'on emploie pour les blés d'automne.

On a remarqué que les fromens de mars s'accommodent beaucoup mieux que les fromens de septembre, *des sols légers, à la condition qu'ils aient de la profondeur, et par conséquent de la fraîcheur*. C'est une raison de plus pour les semer de bonne heure, attendu que ces sortes de terrains sont plus tôt que d'autres accessibles à la charrue. Les semailles ont donc lieu ordinairement, dans le centre de la France, dès la mi-mars, quoiqu'elles réussissent encore, généralement, en avril et parfois en mai.

Les travaux d'entretien des céréales printanières sont moins nombreux que ceux que nous avons recommandés précédemment pour les céréales d'hiver. Le sarclage de mai ou de juin est, le plus souvent, la seule façon qu'on leur donne.

§ XI. — De la quantité des produits,

Le *froment* n'est pas seulement la plus utile, il est aussi une *des plus productives de nos céréales*; car, si, à volume égal, il a plus de poids, ce qui est un indice suffisant de sa supériorité nutritive, assez souvent, sur une étendue donnée de terrain, il rend autant et plus en volume.

Toutes circonstances égales, lorsqu'un *froment de bonne qualité pèse* 80 *kilog.* à l'hectol., le seigle, qui s'en rapproche le plus, arrive rarement de 72 à 75 kilog.; — l'orge vient ensuite, et l'avoine en dernier lieu. D'ailleurs, à poids égal, le froment contient encore beaucoup plus de parties nutritives que ces diverses céréales.

La quantité de semence raisonnablement nécessaire pour semer un hectare à la volée, étant de 2 hectol. 15 litres à 2 hectol. 20 lit., on sait qu'il est des localités où l'on peut *espérer recueillir*, sur cet espace, au-delà de 20 fois la semence, et ce chiffre, quelque beau qu'il paraisse, est encore parfois de beaucoup dépassé.— Nous avons cité l'exemple de M. Devrède; nous pourrions en ajouter plusieurs autres pris également en Flandre ou en Angleterre. Mais aussi, à côté d'une fécondité si remarquable, due autant à une excellente culture qu'à un excellent sol, nous trouverions, en parcourant des contrées moins favorisées et moins éclairées, que le produit de l'hectare se réduit trop souvent à 6 ou 7 hectolitres. — Généralement, selon que le sol est médiocre ou fertile, cultivé avec négligence ou avec soin, etc., on doit trouver le terme moyen entre 8 et 16 hectol.

En adoptant les bases fixées par M. de Morel-Vindé (*voy.* p. 267), l'hectare de blé froment doit donner, terme moyen, 720 bottes de paille d'environ 5 kilog. chacune, ou 3,500 kilog. — Sur des terres d'excellente qualité, nous avons trouvé un grand tiers de moins, et Thaer est encore resté au-dessous de notre estimation, en établissant que « le froment donne ordinairement en paille *le double de son poids en grain* : sur les terrains élevés, quelque chose de moins ; sur les terrains bas, quelque chose de plus.» — Au milieu de données aussi vagues, et qui doivent nécessairement l'être, tant est grande la diversité des produits, non seulement de localité à localité, mais d'année à année, on sent qu'il serait bien difficile de donner des chiffres un peu précis. — La quantité de paille varie plus encore que celle du grain.

Oscar Leclerc-Thouin et Vilmorin.

Section II. — *Du Seigle.*

Le Seigle *(Secale cereale)*; en angl., *Rye;* en allem., *Rocken;* en ital., *Secale*, et en esp., *Centeno*, est certainement une de nos plus précieuses céréales, sous le double point de vue de ses nombreux usages économiques et de la propriété qu'il possède de prospérer dans beaucoup de lieux où la culture du froment serait impossible, ou tout au moins peu productive. — Son grain donne une farine, à la vérité moins blanche et moins nourrissante que celle du froment, mais qui procure cependant, seule ou mélangée avec cette dernière, un pain de bonne qualité, fort agréable au goût, qui se conserve longtemps frais, et qui sert encore à la nourriture de l'homme dans une grande partie de l'Europe. — Le seigle fait aussi la base du pain que l'on donne aux chevaux en divers lieux, et dont l'emploi commence à se répandre parmi nous. Tantôt, après une mouture grossière et sans blutage préalable, on le mêle, en proportions variables, à de la farine également grossière d'avoine ou d'orge; — tantôt à celle de pois, de gesses, de féverolles. — *Le grain* de seigle sert à nourrir et à engraisser les volailles; — on le transforme en *gruau;* — on l'utilise pour la fabrication de la *bière*, celle de l'*eau-de-vie de grain*, etc.

Nous verrons ailleurs que cette même céréale produit un des *fourrages verts* les plus abondans et les plus économiques que l'on puisse donner aux bestiaux après la consommation des racines hivernales, et l'un des plus propres à rafraîchir les chevaux fatigués, ou à renouveler les produits des vaches laitières.

La paille de seigle est tellement utile qu'il arrive parfois qu'on en préfère la récolte à celle du grain même. On l'emploie généralement comme *litière*. — Dans beaucoup de lieux, on en fait un cas particulier pour affourrager les moutons, les vaches et les bœufs; — elle sert à faire des *liens*, des *paillassons ;* — à remplir les *paillasses ;* — à *garnir les chaises ;* — à fabriquer des *chapeaux* communs; — enfin à former des *toitures* qui ne manquent ni de solidité ni de durée.

§ Iᵉʳ. — Des variétés du seigle.

Le seigle a, comme le froment, les épillets solitaires sur chaque dent de l'axe central de l'épi, mais il en diffère en ce que ces mêmes épillets ne renferment que deux fleurs , qui portent une arête au sommet de la valve externe de leur balle ; on trouve cependant accidentellement le rudiment stérile d'une 3ᵉ fleur.

On ne cultive qu'une espèce botanique de seigle. — Ses tiges, articulées et garnies de feuilles étroites, s'élèvent parfois au-delà de 6 pieds (2 mètres) ; — *l'épi* qu'elles portent à leur sommet est plus grêle que celui du froment, et entouré de barbes assez longues; — *ses épillets*, biflores, ont les valves garnies de cils rudes; ils sont accompagnés chacun de deux paillettes calicinales sétacées dont la longueur ne dépasse pas celle des fleurs.

Cette espèce a donné naissance, sous l'influence de la culture et des climats, à diverses variétés transmissibles par le semis, ou, en d'autres termes, à des races parmi lesquelles nous distinguons les suivantes :

1. *Le Seigle d'automne* (*fig.* 550), qui est
Fig. 550.

au seigle de printemps ce que les fromens d'hiver sont aux fromens marsais. Sur pied, on le reconnaît à sa végétation plus forte, à ses produits en tout plus abondans ; — après la récolte, à la grosseur et au poids plus considérable de ses grains.

2. *Le Seigle de mars ou Trémois,* qui a la paille moins longue et plus fine que celui d'automne, et dont le grain est plus menu, quoique pesant et de bonne qualité. Diverses expériences positives de M. TESSIER démontrent que cette variété, si on la sème en automne, perd d'année en année les faibles caractères qui la distinguent, et qu'elle reprend tous ceux de la race, ou plutôt de l'espèce hivernale.

3. *Le Seigle de la Saint-Jean,* qui se distingue des deux autres par la longueur de sa paille et de ses épis, par son grain un peu plus court que celui du seigle d'automne, et la propriété qu'il possède bien sensiblement de taller davantage et de mûrir plus tard. En Saxe, où on le cultive à la fois comme fourrage et pour son grain, on le sème, ainsi que l'indique son nom, vers la fin de juin ; on le fauche en vert, ou on le fait pâturer depuis l'automne jusqu'aux approches du printemps, ce qui n'empêche pas de le moissonner l'été suivant. — Cependant, comme l'a fait observer ailleurs celui de nous qui a particulièrement contribué, dans ces derniers temps, à faire mieux connaître en France le seigle de la Saint-Jean (M. VILMORIN), cette époque de semaille n'est pas de rigueur, ce dernier pouvant être, aussi bien que notre espèce commune, semé à l'automne et mûrir en temps ordinaire, l'année d'après. — D'un autre côté, quelques essais ont paru établir que notre seigle d'hiver, comme l'espèce du Nord, peut en quelques circonstances être semé au milieu de l'été et donner des résultats analogues; en sorte que la différence entre les deux races, sous ce rapport, n'a pu être encore parfaitement établie. Ce qui est quant à présent bien constaté, c'est que le seigle de la Saint-Jean constitue une variété intéressante par sa grande vigueur, et qui mérite, à tous égards, d'être essayée comparativement avec notre espèce ordinaire, comme grain et comme fourrage. A raison de la petitesse de son grain et de la force des touffes, il demande environ 1/5 de semence de moins que le seigle commun.

Il est probable que la variété que THAER a reçue des provinces russes des bords de la mer Baltique, et qu'il désignait sous le nom de *seigle à buisson*, diffère fort peu, si elle diffère réellement, de celle-ci. Voici ce qu'il en dit : « Elle résiste beaucoup mieux aux intempéries que les autres, elle talle davantage, ne verse pas si facilement, lors même qu'elle végète sur un sol très-riche, et, sur un terrain bon et bien ensemencé, elle donne toujours un plus haut produit; seulement, il faut absolument qu'elle soit en terre avant la fin de septembre. Si on la sème plus tard et sur du terrain tout-à-fait maigre, sans doute elle perd ses avantages. Elle pousse ses tiges, fleurit et mûrit sensiblement plus tard que le seigle ordinaire; pour pouvoir la récolter en même temps que l'autre, il faut la semer de très-bonne heure. Cette variété me paraît très-constante..... »

En résumé, on peut conclure de ce qui précède, que les races les plus tardives de seigle sont aussi les plus productives, et il est hors de doute que le seul changement de position peut leur faire acquérir ou perdre à la longue cette double propriété. Aussi remarque-t-on que sur les montagnes, notamment dans le Briançonnais, l'Auvergne, etc., où elles mûrissent plus tard que dans la plaine, elles ont une végétation plus forte, une paille plus abondante, des épis plus volumineux et des grains plus gros.

§ II.—Choix du terrain.

Le seigle est beaucoup moins exigeant que le froment, sur le choix des terrains. — On peut dire que tous ceux qui ne contiennent pas une humidité surabondante lui conviennent. — Il vient très-bien dans les sols argilo-sableux, substantiels et profonds, quoiqu'on ne l'y rencontre pas souvent, parce que ses produits sont inférieurs en qualité à ceux du froment, qui aime de prédilection ces sortes de sols. — Il vient également bien dans les terres sablo-argileuses, sableuses même, et sans beaucoup de fond. — Enfin, et c'est un de ses plus précieux avantages, il couvre utilement des sols crayeux ou marneux de très-peu de valeur.

Moins que les autres céréales, celle-ci redoute l'aridité du fonds sur lequel elle croît, sans doute parce que sa végétation rapide et sa maturité précoce font qu'elle ombrage mieux la couche labourable dès sa jeunesse, et qu'elle n'a plus autant besoin d'humidité pour continuer sa courte existence, à l'époque des fortes chaleurs de nos étés. — Par suite de cette disposition, le seigle, dont les tiges sont proportionnellement plus grêles et les grains moins pesans que ceux du froment, exige aussi des champs moins féconds. Il parvient à maturité complète dans les régions montagneuses, où les courts étés sont loin de suffire toujours à celle de nos autres grains, l'orge exceptée, tandis que, dans la plaine, on le moissonne parfois assez tôt pour obtenir après lui une seconde récolte fourragère ou une culture propre à être enfouie. — Enfin, il redoute si peu l'intensité du froid qu'on le voit prospérer, en dépit des hivers vifs et longs du nord, jusque dans les contrées voisines du cercle polaire.

§ III. — Préparation du terrain.

Ce que nous avons dit de la préparation du sol, pour les semailles du froment, peut s'appliquer en grande partie à celles du seigle. Cependant il est d'observation que ce dernier préfère un guéret plus entièrement divisé. Le but des labours est donc, pour lui, d'arriver à un ameublissement aussi grand que possible, ce qui ne veut pas dire que leur nombre doive être pour cela plus considérable, attendu que la pulvérisation des terres légères est beaucoup plus facile que la division, même incomplète, des terrains argileux.

Le seigle prend dans les assolemens le rang du froment qu'il remplace, mais il est à remarquer qu'il ne paraît pas donner comme lui de moindres ou de moins bons produits sur les terres neuves ou renouvelées par une longue culture forestière ou herbagère; de sorte que, si nous nous en rapportions à notre propre expérience, nous le regarderions comme aussi propre que l'avoine à féconder les premières années d'une défriche.

Le trèfle ne réussissant pas dans toutes les terres à seigle, la *lupuline* ou le *sainfoin* le remplacent avantageusement comme culture préparatoire de cette céréale. Nous ne répéterons pas ce qui a été dit, à l'article *Assolement,* des autres plantes fourragères et industrielles des sols légers. — Comme pour le froment, un terrain bien net est une condition importante de succès. Toutefois, moins peut-être que les autres blés, et notamment que ce dernier, le seigle favorise la multiplication des mauvaises herbes.

La plante utile qui nous occupe *réussissant plus ou moins bien sur des sols médiocres,* on se montre souvent pour elle fort avare d'engrais; mais, en notant ce fait, nous sommes loin de l'approuver, et les bons cultivateurs sont d'autant plus soigneux de semer leur seigle en des terrains non épuisés, qu'ils connaissent le prix de sa paille et qu'ils savent apprécier à sa valeur la différence de ses produits, aussi bien que de ceux en grain. — Du reste, tous les fumiers et les amendemens favorables aux fromens, pour les terres de consistance moyenne; tous ceux qu'on emploie de préférence dans les sols légers, pour les localités sablonneuses ou calcaires, peuvent être avantageusement appliqués au seigle.

§ IV. — Du choix de la semence.

Le choix de la semence de seigle *ne présente aucune particularité* qui n'ait trouvé place dans la section précédente. On ne lui donne ordinairement aucune préparation, quoiqu'elle soit sujette à l'ergot, et qu'on puisse croire que le chaulage détruirait le germe de cette singulière maladie, dont il sera parlé plus loin, en même temps que de toutes celles qui affectent d'une manière générale les plantes de grande culture.

§ V. — De la quantité de semence et de l'époque des semis.

La quantité moyenne de seigle qu'on emploie aux environs de Paris est de 120 livres (60 kilog.) par arpent de 100 perches de 18 pieds (34 ares 19 centiares). Il en faut un peu plus dans les très-mauvaises terres, un peu moins dans les bonnes. M. MATHIEU DE DOMBASLE n'établit aucune mesure fixe entre 150 et 200 litres par hectare. Il est certain que la qualité différente du sol et le mode particulier de semis rendent difficile d'arriver à plus de précision, à moins d'entrer dans des détails particuliers à chaque localité.

On est dans l'usage de semer le seigle d'hiver avant le froment. «On ne saurait, disait ROZIER, le confier à la terre de trop bonne heure, soit dans les plaines, soit dans les pays élevés. Plus la plante reste en terre, plus belle est sa récolte, si les circonstances sont égales. Sur les hautes montagnes, on sème en août; à mesure que l'on descend dans une région plus tempérée, au commencement ou au milieu de septembre, afin que la plante et sa racine aient le temps de se fortifier avant le froid. Si la neige couvre la terre, et que la gelée ne l'ait pas encore pénétrée, la végétation du seigle n'est pas suspendue.

» Dans le midi, il importe que les semailles soient finies à la fin de septembre, parce qu'il est nécessaire que les racines et les feuilles profitent beaucoup pendant les mois d'octobre, novembre et décembre, saison des pluies, et acquièrent assez de force pour résister à la chaleur et souvent à la sécheresse des mois d'avril et mai suivans. Toutes semailles faites à la fin d'octobre y sont casuelles, et bien plus encore à mesure qu'on approche de la fin de l'année. »

Le seigle de printemps ne se cultive guère que dans les pays de montagnes et dans les lieux où des causes particulières empêchent les semailles d'automne. Comme les autres céréales de mars, il est moins productif que la race automnale. Toutefois, la récolte, au moins en grains, est souvent presque égale, et l'on ne doit pas être surpris de voir sa culture gagner depuis quelque temps sur divers points de la France.

§ VI. — Du mode d'ensemencement, de la culture ultérieure et des produits comparatifs du seigle.

Le prix modique du seigle en grain, et la valeur assez importante de sa paille, qui augmente au lieu de diminuer quand on le sème un peu dru, parce qu'elle croît et s'effile davantage, font qu'il n'y aurait pas grand avantage, d'une part, à diminuer la quantité de semence, et de l'autre à espacer les touffes par un semis en lignes. Aussi, on sème toujours à la volée, et on recouvre à la herse ou à la charrue, en ne perdant jamais de vue qu'une trop grande profondeur serait une entrave à sa prompte germination. — Le seigle pourrit assez facilement en terre.

Dans la plupart des provinces voisines des rives de la Loire, en Sologne, dans le Berry, partout où la culture en billons est usitée, après avoir égalisé la surface du champ à la herse ou à la *rabattoire* (*fig.* 551), et répandu la semence, on l'enterre en reformant les ados par deux traits de charrue.

Fig. 551.

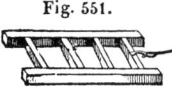

Un exemple curieux de la facilité que présente la culture des seigles a été rapporté autrefois par M. TESSIER. Un fermier, qui en avait semé sous ses yeux, dans une terre nouvellement défrichée, en fit une belle récolte au mois de juillet. Il avait laissé passer de quelques jours l'époque précise de la maturité, et, comme la saison était très-sèche, il s'en égrena beaucoup. Au mois d'août suivant, il fit labourer sa pièce pour l'ensemencer en moutarde ; mais, s'étant aperçu ensuite qu'il levait une aussi grande quantité de seigle que s'il en eût semé de nouveau, il le laissa croître et se procura une récolte non moins abondante que la première, sans qu'il lui en ait coûté ni labour, ni semence.

Il peut arriver, et il arrive en effet dans des circonstances favorables, qu'en semant le seigle dès la fin de juin, ou même après une récolte enlevée de bonne heure en juillet, on peut le *faucher ou le faire pâturer avant l'époque des grands froids*, sans diminuer sensiblement les produits de la moisson suivante. — Il paraîtrait, d'après des renseignemens recueillis par M. TESSIER, et consignés par lui dans le *Cours complet d'agriculture* de Déterville, que, dans le nord de l'Allemagne, c'est le seigle trémois qu'on applique à cet usage. Nous ne sachons pas qu'aucune expérience analogue ait été faite en France, où nous avons vu au contraire préférer constamment le seigle d'hiver, ou mieux encore celui de la Saint-Jean, dont on peut espérer

faire une première coupe au commencement et une seconde coupe à la fin de septembre ou dans le courant d'octobre. — Malheureusement cette pratique, avantageuse dans les climats où les pluies d'été se succèdent avec quelque fréquence, n'est pas applicable partout ailleurs.

L'usage de cultiver le seigle mêlé à des proportions variables de froment, s'est conservé dans plusieurs départemens, où l'on trouve que ce mélange, connu sous le nom de *méteil*, est plus productif que l'une ou l'autre céréale semée seule dans les mêmes proportions. En d'autres localités, le méteil a fait place à du froment pur. Nous croyons que c'est un bien, puisqu'il est certain que cette innovation ne peut être la suite que d'une amélioration du sol, et que le froment donne en définitive le meilleur pain. Néanmoins, nous ne pensons pas qu'on doive proscrire absolument la première méthode, encore assez fréquente dans le Midi, malgré l'inconvénient assez grave de la précocité plus grande du seigle. —M. le comte LOUIS DE VILLENEUVE a eu l'heureuse idée, pour ses propriétés de la Haute-Garonne, de faire venir de la semence de seigle de la région la plus élevée de la montagne Noire, pour remplacer celle de la plaine, et il est ainsi parvenu à rapprocher sensiblement l'époque de la maturité des deux espèces. — Le seigle de la Saint-Jean, plus tardif que le seigle ordinaire, serait également propre au même usage.

Nous avons vu qu'à volume égal *le seigle pèse sensiblement moins que le froment*. Rarement ses produits en volume sont beaucoup plus considérables. En suivant l'assolement triennal, jachère fumée, froment et seigle, il arrive même que ce dernier, comme cela doit être, rend moins que le premier. Mais, lorsque les deux céréales sont mises, par rapport à l'engrais et à la nature du sol qui conviennent à chacune d'elles, dans des circonstances également favorables, le contraire a lieu.—SCHWERTZ pour la Belgique, et ARTHUR YOUNG pour l'Angleterre, ont établi que le produit en volume du seigle est à celui du froment, dans le premier de ces pays, comme 12,28 : 11,80, et, dans le second, comme 9,58 : 9,39.—En France, nous avons éprouvé qu'en des localités différentes les résultats peuvent être complètement opposés. Dans des sols doux et légers, le seigle nous a donné environ 1/8 de plus que le froment ; dans les terres fortes, le froment a rendu au contraire beaucoup plus que le seigle ; aussi se garde-t-on, généralement, de le cultiver dans ces sortes de terre. Notre remarque ne contribue pas moins à faire mieux sentir la difficulté de pareils calculs, et le peu de foi qu'ils doivent inspirer lorsqu'ils ne sont pas basés sur des renseignemens précis et surtout nombreux.

Oscar LECLERC-THOUIN et VILMORIN.

SECTION III. —*De l'Orge.*

L'Orge (*Hordeum*, Linn.); en anglais, *Barley*; en allemand, *Gerste*; en italien, *Orzo*, et en espagnol, *Cebado*, a des usages aussi nombreux qu'importans. *Sa farine*, quoique plus courte que celle du froment et même du seigle, est cependant susceptible de donner un pain rude et de qualité inférieure, mais nourrissant et sain, et quis'améliore beaucoup par le mélange du seigle ou du froment. —On mange aussi l'orge à l'état de *gruau* ou d'*orge mondé*. Dans ce dernier état, sous une forme analogue à celle du riz, et associée à de la viande, elle est fréquemment utilisée dans les fermes allemandes pour la nourriture de la famille. — *Le grain d'orge* est diversement employé dans *l'art de la distillerie.* —*En médecine*, on le considère comme rafraîchissant; — enfin, personne n'ignore l'usage considérable qu'on en fait, dans une grande partie de l'Europe, *pour la fabrication de la bière.*

Nous verrons ailleurs avec détail que cette même graminée donne un *excellent fourrage vert.* — *Sa paille,* quoiqu'il y ait beaucoup de diversité dans l'opinion des écrivains et des cultivateurs, sur la valeur nutritive qu'on doit lui attribuer, diversité qui peut être due autant au choix des variétés qu'à la nature du terrain; sa paille, disons-nous, si on s'en rapporte aux analyses chimiques, est cependant supérieure à celles du froment et du seigle, *comme fourrage sec.* — L'orge en grain est tort souvent substituée, dans le Midi surtout, à l'avoine; *pour la nourriture des chevaux.* — Trempée, et encore mieux moulue ou simplement écrasée entre deux cylindres, et déjà en état de fermentation, *elle augmente considérablement le lait des vaches, engraisse rapidement les bœufs, les cochons, les volailles,* etc.

§ Iᵉʳ. — Espèces et variétés (1).

Dans le froment, les épillets, solitaires sur chaque dent de l'axe, sont alternés sur deux côtés opposés. Dans l'orge, ils sont ternés sur chaque dent; les deux latéraux sont souvent mâles et pédicellés; celui du milieu, sessile et hermaphrodite. Cependant, ce dernier caractère, très-ordinaire dans les espèces sauvages, l'est beaucoup moins pour les espèces cultivées. Il en est dont toutes les fleurs sont même constamment hermaphrodites. — Les glumes sont à deux valves, qui forment une sorte d'involucre à six feuilles; — chaque glume renferme une seule balle à deux valves.

A. *Orge carrée* (2); — *Orge commune* de De Candolle (*Hordeum vulgare*, Lin.).

L'orge carrée a presque toujours toutes ses fleurs hermaphrodites et munies de barbes longues et droites. — Des 6 rangées de fleurs, 4 sont plus proéminentes que les autres, et donnent ainsi à l'épi une forme à peu près quadrangulaire.

1. *Escourgeon, scourgeon* (en Flandre); — *Orge d'hiver;—O.carrée d'hiver* (*Hordeum vulgare hybernum*) (*fig.* 552). —C'est l'orge hivernale par excellence. Elle est très-estimée et

fort cultivée dans le nord de la France, où on la regarde comme la meilleure pour la bière, et la plus productive de ses congénères. Semée avant l'hiver, elle mûrit la première de tous nos autres grains. —Si on la semait au printemps, elle pourrait parfois réussir; mais une telle pratique serait d'autant moins avantageuse dans les circonstances ordinaires,qu'elle ne monterait pas du tout si le printemps était sec.

2. *Orge carrée de printemps* ; — *petite Orge ; Escourgeon de printemps* (*H. vulgare æstivum*). — Cette variété, très-répandue dans le nord de l'Allemagne, est fort peu cultivée en France. Elle est cependant hâtive, passe pour s'accommoder mieux qu'aucune autre des terrains médiocres, et peut être semée avec chances de succès jusqu'à la fin de mai.

3 *Orge noire* (*H. vulgare nigrum*). — Celle-ci diffère des autres, autant par sa manière de végéter que par la couleur de son grain. Quoique bien évidemment de printemps puisque, semée en automne, elle ne réussit pas, du moins sous le climat de Paris, si on la met en terre plus tard que la fin de mars, elle ne monte pas toujours. Dans ce cas, elle devient quelquefois bisannuelle : ses touffes se conservent vertes, passent l'hiver beaucoup mieux que si elles n'avaient commencé à se développer qu'en automne, et fructifient abondamment l'année suivante. Une telle disposition pourrait la rendre doublement avantageuse, comme fourrage la 1ʳᵉ année, et comme récolte à grain la 2ᵉ. Quand elle monte bien, son produit est très-considérable.

4. *Orge céleste; —Orge carrée nue ; —petite Orge nue* (*H. vulgare nudum; —H. cœleste*, L.). — L'orge céleste est regardée comme une des plus productives, mais sous la condition plus rigoureuse pour elle que pour toutes les autres, d'un bon terrain. On a pu remarquer avec THAER qu'elle talle infiniment plus, quoi- que sur un même sol, et quoique les plantes soient à une même distance. — La paille est plus longue et de qualité supérieure. — Les

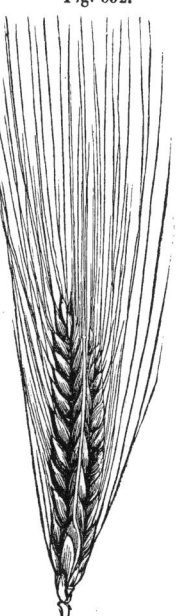

Fig. 552.

(1) Ce paragraphe est en grande partie extrait d'un Mémoire, encore inédit, sur les orges, par M. VIL_MORIN.

(2) Quoique le nom français de cette espèce, correspondant au nom botanique latin, soit *Orge commune*, nous ne l'adoptons pas, parce qu'il tend à faire confusion avec l'orge plate ou à 2 rangs, qui est, pour les Français, la véritable orge commune. Le nom d'orge carrée n'est pas bon, puisque l'espèce a réellement 6 rangs rapprochés ; mais comme c'est l'un des plus en usage, nous avons mieux aimé le conserver que d'en créer un nouveau.

O. L. T.

VILM.

épis acquièrent des dimensions plus considérables et contiennent plus de grains. — Mais le caractère qui la distingue le plus éminemment, c'est que les balles de la corolle s'écartent et laissent la graine entièrement nue après le battage. — D'après des essais multipliés, on doit regarder cette orge comme une des plus profitables à cultiver.—Elle peut être semée avec succès jusqu'au commencement de mai.

B. 5. *Orge à six rangs ; — Orge hexagone ; — Orge à six quarts ; —grosse Orge* (en Gâtinais) (*Hordeum hexastichum*, Lin.) (fig. 553).

Fig. 553.

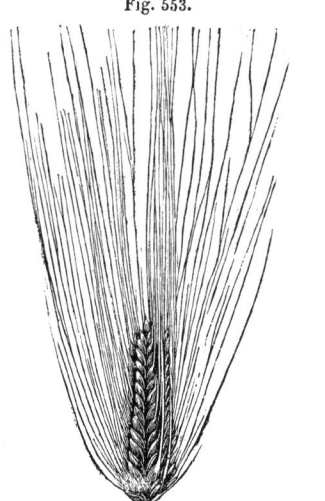

L'orge hexastique diffère particulièrement de l'orge carrée, par ses épis gros, ramassés, un peu pyramidés, à six rangs égaux, séparés par des sillons profonds.

Cette espèce est d'hiver ; cependant, semée au printemps, elle monte et mûrit parfaitement, de sorte qu'on peut la considérer comme des deux saisons. Cette première qualité, fort importante en culture, la distingue déjà nettement de l'escourgeon, dont la plupart de nos auteurs lui ont mal à propos donné le nom. — Elle est d'ailleurs plus tardive que celle-ci de 8 à 10 jours, peut-être un peu moins rustique, mais encore plus productive quand elle s'hiverne bien. — A la vérité son grain est moins lourd et par conséquent moins bon;— sa paille est plus grosse et plus ferme.

C. *Orge à deux rangs ; — Orge distique* (*Hordeum distichum*, Lin.).

Cette espèce a l'épi long, étroit ; des 3 fleurs accolées ensemble sur chaque dent de l'axe, celle du milieu est seule fertile et munie de barbes ; — les grains sont disposés sur deux rangs parfaitement distincts.

6. *Orge couverte à deux rangs; — Orge* (dans

presque toute la France); — *Pamelle, — Paumoule* (dans la Picardie); — *Marsèche* (dans le Berry); — *Baillarge* (dans le Poitou) ; — *petite Orge* (en Gâtinais) ; — *grosse Orge plate,* etc. (*fig.* 554.) — Elle est généralement cultivée dans la plupart de nos départemens. — Son grain est souvent plus gros et plus lourd que celui de l'escourgeon ; —on en fait cas pour la bière. Cette orge est très-productive dans de bons fonds.

Fig. 554.

7. *Orge nue à deux rangs ; — grosse Orge nue* (*Hordeum distichum nudum,* H. P.). —Si l'on jugeait cette variété seulement sur la qualité de son grain, aussi lourd au moins que celui de froment, et qui rend son poids presque entier d'une farine supérieure à celle des autres orges, on devrait la regarder comme bien préférable, non seulement à l'orge ordinaire à 2 rangs mais encore à peu près à toutes les autres; cependant elle n'a pas pris jusqu'à présent dans la culture, ce qui est dû, sans doute, aux défauts qu'on lui a reconnus. Ainsi, elle rend moins en volume que les autres espèces; sa paille est cassante, au point que, dans les aunées orageuses, la récolte en est parfois fort détériorée; enfin, elle est très-difficile à battre, défaut qui lui est commun avec l'orge céleste. Elle est, du reste, plus hâtive que celle-ci et que la plupart des autres espèces.

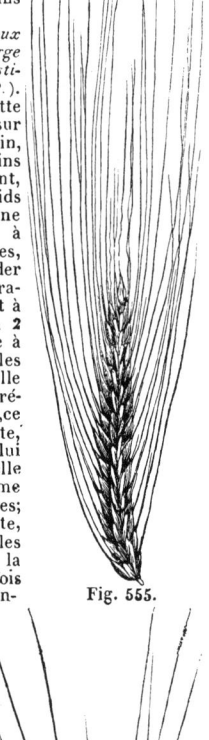

Fig. 555.

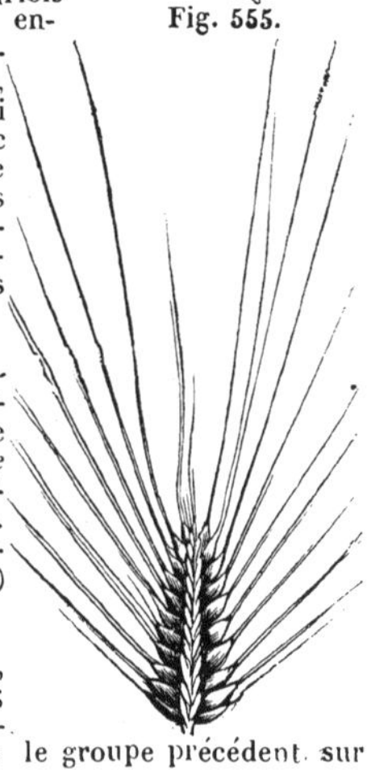

D. 8. *Orge éventail; — Orge pyramidale* (De Cand.); — *Orge riz ; —Riz d'Allemagne,* etc. (*Hordeum zeocriton,* Lin.) (*fig.* 555).

Epi aplati, court, pyramidé; — grains dispo-

sés comme dans le groupe précédent, sur

deux rangs ; — barbes évasées en forme d'é-
ventail.

L'orge éventail, peu connue en France, est
cependant robuste, productive ; son grain,
quoique comprimé, est plus gros et souvent
plus lourd que celui de toutes les autres orges couvertes. — Elle se sème au printemps.

Fig. 556.

E. 9. *Orge trifurquée*
(*Hordeum trifurca-
tum*, Seringe) (*fig.
556).*

Cette variété, très-
singulière, est sans
barbes ; — elle figure
un gros épis de fro-
ment, dont les balles
seraient terminées par
de petites languettes
à trois pointes ; — son
grain est nu, court ; —
sa paille extrêmement
grosse. Quoiqu'elle
nous ait paru peu pro-
ductive et plutôt cu-
rieuse qu'économique,
cependant sa qualité
d'orge nue doit enga-
ger à ne la condamner
qu'après des essais suf-
fisamment approfon-
dis. Elle se sème au printemps.

§ II. — Choix et préparation du terrain.

L'orge n'est pas très-difficile sur le choix
du terrain. Toutefois elle se plait de préférence sur les sols de consistance moyenne,
sablo-argileux, moins compactes que ceux
dont s'accommode au besoin le froment, et
moins légers que ceux dans lesquels le seigle
peut encore prospérer.—Ajoutons que l'orge
est une ressource précieuse pour les terrains
calcaires même à l'excès.

En Angleterre, où cette plante donne des
produits parfois égaux, sous le point de vue
pécuniaire, à ceux du froment, et où on la
cultive avec un soin particulier, elle succède
rarement à une jachère morte.Généralement,
elle vient après une récolte de turneps ou de
pommes-de-terre ; — quelquefois après des
pois ou des fèves ; — jamais, chez les bons
fermiers, après un autre grain.

Selon l'état du sol, on le *prépare à recevoir
la semence* d'orge, soit par un seul labour
d'automne et quelques façons à l'extirpateur,
au printemps ; — soit par deux labours, l'un
qui suit immédiatement la récolte préparatoire, l'autre qui précède le semis ; — soit
enfin par trois labours, si la malpropreté du
sol l'exige, ce qui n'arrive que trop souvent
lorsque, contrairement au principe, on entreprend de cultiver cette céréale après une
autre.

Quel que soit le nombre des labours, *leur
profondeur* est presque toujours un élément
de succès.— Il faut aussi que leur résultat soit
un ameublissement aussi parfait que possible, puisque, comme le savent très-bien tous
les praticiens, l'orge ne réussit jamais mieux
que lorsqu'elle est semée *dans la poussière*.

Très-rarement on fume *directement pour
l'orge*, mais toujours, dans un bon système
de culture, on lui destine des terres qui
n'ont pas été épuisées par les récoltes précédentes. — Les engrais animaux, trop abondans, la disposeraient à acquérir, avant de
monter en épis, une trop grande vigueur de
végétation et nuiraient à son produit en grain,
à moins que l'on ne pût recourir, pour les variétés hivernales, à l'effanage dont nous avons
parlé ailleurs.

§ III. — Epoques et modes de semis.

En Suède et en Laponie, l'orge est cultivée de préférence à tout autre grain, à cause
de la rapidité de sa végétation, qui s'accomplit ordinairement en moins de huit semaines. — Au rapport de LINNÉ, semée le 26 mai,
elle peut être récoltée le 28 juillet.

Dans les parties méridionales de l'Europe,
on la sème presque toujours avant l'hiver.
En Espagne et en Sicile, il n'est pas rare d'obtenir deux récoltes d'orge sur le même champ
qu'on ensemence une première fois en automne, de manière que la maturité arrive en mai,
et une seconde fois en mai, pour moissonner
en automne.

En Angleterre, comme en France, on sème
l'escourgeon, et parfois l'orge hexagone, pendant tout le courant de septembre et une
partie d'octobre. Quoiqu'elles puissent l'une
et l'autre être accidentellement endommagées
par les froids et l'humidité excessives, leur
culture, celle de l'escourgeon surtout, est assez étendue et fort importante dans plusieurs
départemens du nord.

C'est de la fin de mars au 15 avril qu'on
fait le plus communément les semailles d'orges printanières ; — cependant, ainsi que
nous avons déjà dû l'indiquer en parlant des
espèces et variétés de cette saison, la plupart
réussissent encore dans le courant de mai,
quelquefois même au commencement de juin
dans les terrains frais.

Quoique en Angleterre on fasse, à ce qu'il
paraît, quelquefois les semis d'orge *au semoir et en lignes, le semis à la volée,* exclusivement pratiqué chez nous, l'est aussi presque partout dans ce pays.

*La quantité moyenne d'orge qu'on peut ré-
pandre sur un hectare* varie suivant la qualité
du sol et le choix des variétés. M. DE DOM-
BASLE, que l'on sait être généralement porté
pour les semis épais, recommande d'employer, pour la grosse orge plate, ainsi que
pour l'orge nue à deux rangs, 250 à 300 lit. de
semence par hectare ; — pour la petite orge
quadrangulaire, 225 à 250 ; — pour l'orge céleste, 200 suffisent, parce que cette variété,
dont le grain est moins gros, couvre d'ailleurs davantage le terrain par son tallement.
— Dans beaucoup de lieux, le *maximum*,
pour les deux premières variétés, est de 250,
et, pour la petite orge, de 200 litres seulement.

Toutes les orges printanières *aiment à
être recouvertes un peu profondément.* —
Quand on les sème à la charrue, on peut les
enterrer à 3 ou 4 pouces (0^m 081 à 0^m 108).
Dans les sols légers, c'est même une condition importante de leur réussite. Aussi,

quand on ne sème pas sous raie, doit-on chercher à donner à la herse la plus grande entrure possible.

Il est à peine besoin de dire que pour cette plante, comme pour toute autre, il est nécessaire de choisir des graines de bonne qualité, nettes et bien nourries. On a aussi recommandé de les chauler, dans la crainte du charbon. Cette précaution, qui ne présente aucun inconvénient, peut être souvent utile.

§ IV.—De la culture d'entretien et de la quantité des produits.

Les façons qu'exige l'orge ultérieurement aux semailles sont peu nombreuses, et souvent totalement négligées ; — on roule sur les terrains qui exigent cette précaution ; — on herse quelquefois lorsqu'une forte pluie a durci le terrain à sa surface, pour faciliter la sortie des germes; mais, dès que la plante est levée, cette opération, à moins qu'on ne la fasse avec beaucoup de circonspection et à l'aide d'instrumens légers, présente plus d'inconvéniens que d'avantages, parce que l'orge casse avec une extrême facilité.

La plupart des variétés d'orge pèsent moins, à volume égal, que le seigle, et à plus forte raison que le froment, quoique la disproportion ne soit pas toujours la même. La grosse orge nue à deux rangs fait seule exception à cette règle. Après elle viennent l'orge céleste et les autres orges nues ; puis, parmi les espèces ou variétés à semences couvertes, l'orge éventail, l'orge proprement dite, l'escourgeon d'hiver et celui de printemps, qui occupe un des derniers rangs. — Mais si, sous le rapport du poids, comme sous beaucoup d'autres, l'orge le cède au froment, généralement elle l'emporte du moins sous celui de la production.—D'après Schwertz, la moyenne du froment par journal de Magdebourg, étant en Belgique de 11,80 sheffels de Berlin, celle de l'orge est de 17,93. — Du temps d'Arthur Young, la différence en Angleterre était de 9, 39 à 12, 60 en terrains ordinaires, et, dans les lieux où la culture du froment avait fait le plus de progrès, de 15 à 18 seulement. Nous ignorons si de pareils calculs ont été faits pour la France.

Nous avons déjà dit que la paille de cette céréale est peu estimée dans beaucoup de lieux, tandis que dans d'autres on en fait grand cas. La masse de ses produits varie considérablement de saison à saison et de variété à variété.

Oscar Leclerc-Thouin et Vilmorin.

Section iv. — De l'Avoine.

L'Avoine (Avena sativa, Lin.); en anglais, Oat, en allemand, Haber; en italien, Vena, et en espagnol, Avena, sert beaucoup moins fréquemment qu'aucune des céréales précédentes à la nourriture de l'homme. Ses grains rendent peu de farine, et le pain qu'on en obtient est noir, lourd, amer et d'une saveur désagréable. Cette même farine sert à faire des bouillies et des gâteaux de plusieurs sortes. — Le gruau d'avoine, tel qu'on le fabrique en assez grande quantité dans une partie de la Bretagne, est aussi utilisé

en quelques lieux comme aliment; on l'emploie dans la médecine hygiénique. — On extrait de l'eau-de-vie du grain de cette plante. — Ses fanes vertes procurent un fourrage abondant et très-sain pour tous les ruminans ; — sa paille, quoiqu'elle ne leur plaise plus autant, leur convient cependant encore. Dans les provinces du centre de la France, on la destine particulièrement aux vaches, pour lesquelles on la considère comme un excellent fourrage. Parfois on la donne en petite quantité sans l'avoir battue ; —Mais ce sont ses grains qui font incontestablement le principal mérite de l'avoine pour la nourriture des animaux de travail. Les chevaux auxquels on veut donner de l'ardeur, les moutons qu'on engraisse, les brebis nourrices dont on veut augmenter la quantité du lait, les oiseaux de basse-cour dont on cherche à accélérer la ponte printanière, se trouvent également bien d'en manger. — Les balles d'avoine ont de plus quelques usages économiques.

§ Iᵉʳ. — Espèces et variétés.

Les caractères généraux de l'avoine sont d'avoir une glume bivalve, qui renferme le plus souvent deux, quelquefois un plus grand nombre de fleurs hermaphrodites, à côté desquelles on en rencontre parfois de stériles par défaut d'organes femelles. La balle est aussi à deux valves pointues, dont l'extérieure porte une arête genouillée. Cette arête manque ou tombe de bonne heure dans beaucoup de variétés. Les fleurs sont disposées en panicules.

1. L'Avoine commune (Avena sativa) (fig. 557)

Fig. 557.

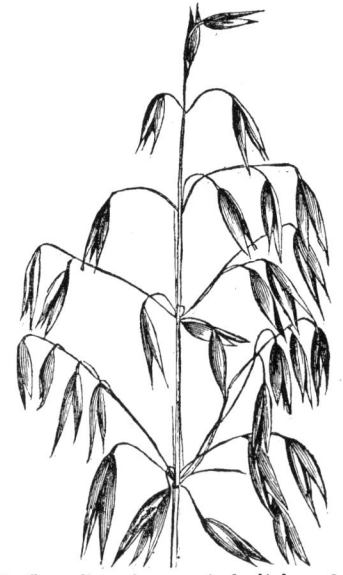

a les fleurs disposées en panicules lâches;—les

épillets sont ordinairement à deux fleurs. Les grains sont alongés, lisses et de couleur variable. Cette espèce, comme son nom l'indique, est la plus généralement cultivée. Elle a donné naissance à diverses races d'un mérite reconnu, mais dont il est difficile de déterminer la valeur relative, attendu que l'abondance et la qualité de leurs produits sont étroitement dépendantes de circonstances de climat et de terrain peu appréciables autrement que par des essais locaux. Nous indiquerons les principales seulement de ces variétés.

2. L'*Avoine d'hiver* se distingue de la précédente plutôt par sa rusticité plus grande que par ses caractères botaniques. Cependant elle en diffère assez sensiblement par la couleur de ses balles rayées de gris brun. —Dans une partie du sud-ouest et de l'ouest de la France, notamment en Bretagne, on la sème en septembre et au commencement d'octobre. Sa maturité est précoce, sa paille fort abondante, et ses grains, à la fois plus nombreux et plus pesans, sont par cela même de meilleure qualité que ceux de l'avoine commune. — Malheureusement elle paraît être d'une réussite fort incertaine dans le centre, l'est, et à plus forte raison le nord de la France. Dans ces contrées, on peut néanmoins l'employer très-utilement, comme on le fait dans une partie du Berry, pour les premiers semis de février ou même de la fin de janvier. La propriété qu'elle possède de mieux résister aux froids que les avoines printanières, lui donne en pareil cas, sur elles, un avantage marqué, en certaines années.

3. L'*Avoine noire de Brie* est une des variétés les plus productives dans les bons terrains ; son grain, noir comme son nom l'indique, court, mais renflé, est de très-bonne qualité.

4. L'*Avoine de Géorgie*, nouvellement introduite, et, selon nous, trop peu connue encore dans nos départemens, a le grain d'un blanc jaunâtre. Ce grain, remarquablement gros, lourd et si bon qu'il faut éviter de le donner en trop grande quantité, n'a d'autre inconvénient que la dureté de son écorce, qui le rend d'une mastication difficile pour les vieux chevaux. Sa paille est grosse, élevée et cependant douce et fort bonne comme fourrage. Ses feuilles sont très-larges. Cette variété, précoce et féconde, au moins sur les bonnes terres, nous paraît devoir attirer l'attention des cultivateurs.

5. L'*Avoine patate*, *A. pomme-de-terre*, a le grain blanc, court, mais pesant et farineux. Cette variété s'est beaucoup répandue depuis un certain nombre d'années en Angleterre. Dans les essais faits en France, du moins dans ceux qui nous sont connus, elle s'est d'abord montrée excellente, mais elle n'a pas soutenu long-temps cette supériorité. Elle nous a paru particulièrement sujette au charbon.

6. L'*Avoine unilatérale;—A. de Hongrie;— de Russie* (*Avena orientalis*) (*fig.* 558). est considérée par la plupart des botanistes comme une espèce distincte, facile à reconnaître à ses panicules resserrées, dont les grains, portés sur de très-courts pédicules, s'inclinent tous du même côté. On en cultive deux variétés,

l'une à grains blancs, l'autre à grains noirs. Cette dernière est extrêmement productive dans les bons terrains. D'après plusieurs essais répétés chez l'un de nous, elle est au contraire inférieure à l'avoine commune dans les terrains pauvres ; son grain est, surtout en pareil cas, maigre et d'un faible poids ; elle est, d'un autre côté, assez sujette à é*chauder.* Malgré ces inconvéniens, son grand produit en grain et en paille lui fait donner dans plusieurs lieux la préférence sur toutes les autres.— *L'avoine unilatérale blanche* est remarquable par la force et la hauteur de sa paille. Son grain est souvent encore inférieur en qualité à celui de la noire, mais elle réussit mieux sur les mauvais fonds.

Fig. 558.

7. L'*Avoine nue* (*Avena nuda*) (*fig.* 559) est aussi considérée comme une espèce ; elle diffère des autres par ses épillets de 4 à 5 fleurs réunies en petites grappes, et par la disposition de ses grains à sortir tout mondés de la balle par l'effet du battage. Cette espèce, qui, au dire de M. De Candolle, est préférée dans certains pays pour la confection du gruau, nous a toujours paru d'un faible produit.

Fig. 559.

8. L'*Avoine courte ; — A. pied de mouche* (*Avena brevis*) (*fig.* 560), a les feuilles courtes très-érigées, d'un vert blond ; — la panicule est lâche et légère ; — les barbes, persistantes et fortement genouillées, sont plus courtes que celles des autres espèces ou varié-

Fig. 560.

tés ; — les grains sont aussi sensiblement plus courts. Cette espèce, cultivée dans plusieurs contrées montagneuses, notamment en Auvergne, dans le Forez, l'Espagne, etc., est regardée au Mont-Dore comme préférable à toute autre pour l'emploi des mauvais terrains. Elle s'élève beaucoup, est très-hâtive ; son grain, à volume égal, est moins nourrissant que celui de l'espèce ordinaire, mais, dit-on, plus sain ; — ses tiges, longues et fines, produisent, vertes ou sèches, un excellent fourrage.

§ II.— Choix et préparation du terrain.

Si l'orge se plaît de préférence dans les régions méridionales de l'Europe, l'*avoine préfère celles du nord;*— l'une prospère souvent en dépit des longues sécheresses ; — l'autre *aime la fraîcheur* et ne redoute l'humidité qu'autant qu'elle est trop permanente. Aussi sa culture, très-importante dans les départemens du nord et du centre de la France, l'est-elle beaucoup moins dans ceux du midi.

De toutes les céréales, celle-ci est *la moins difficile sur le choix du sol.* Les argiles compactes ; — les terrains tourbeux, les marais, les étangs nouvellement desséchés; — les graviers, les sables suffisamment humectés, lui conviennent presque également. — On la voit prospérer sur de riches défriches ; sur un défoncement qui ramène à la surface une quantité notable de terre vierge;— comme sur une lande écobuée, et après toutes les cultures qui ne contribuent pas ainsi qu'elle à faciliter l'envahissement des mauvaises herbes. On la cultive même fréquemment à la suite d'un blé; mais une pareille coutume, résultat inévitable du triste assolement triennal avec jachère, est aussi vicieuse en théorie qu'en pratique. La véritable place de l'avoine est après une culture sarclée, ou sur le défrichement d'une prairie naturelle ou artificielle.

De même que l'avoine est *peu difficile* sur le choix du terrain, elle l'est fort peu aussi *sur sa préparation*, ce qui ne veut pas dire qu'elle ne puisse bien payer les frais d'une culture plus soignée que celle qu'on lui accorde d'ordinaire. Il n'y a rien à ajouter, à ce sujet, à ce que disait, il y a peu d'années, feu Vict. YVART: «Cette plante robuste et peu délicate est une de celles qui souffrent le moins de la négligence du cultivateur qui prend souvent peu de soins pour assurer son succès. Toute sa culture se borne communément à un simple labour ; mais, s'il suffit quelquefois, comme nous en citerons des exemples, il ne faut pas en conclure cependant, comme on ne le fait que trop souvent, qu'il soit le seul, dans tous les cas, rigoureusement indispensable. Un assez grand nombre de faits démontrent que deux et même trois labours sont très-souvent amplement payés par un accroissement proportionnel de produit, indépendamment du nettoiement de la terre, objet qui est toujours de la plus haute importance ; et, parce que, dans la routine ordinaire, la terre destinée à cette culture ne reçoit point immédiatement d'engrais, il est aussi absurde d'en conclure qu'elle peut et doit toujours s'en passer, qu'il le serait d'a-

vancer que, quoiqu'elle n'exige pas toujours, pour prospérer, le terrain le plus fertile et le mieux préparé, ses produits ne sont pas généralement proportionnés à la qualité et à l'état de la terre.»

§ III. — Choix et préparation de la graine.

Dans quelques lieux, par suite d'un faux calcul d'économie, on sème les avoines les plus menues, dans le but de diminuer la quantité de semence, afin de réserver les autres pour les chevaux. Une pareille pratique est si évidemment vicieuse que nous ne nous arrêterons pas à la combattre. L'expérience a démontré à tous ceux qui ont voulu faire des essais comparatifs, que la méthode contraire est, en résultat, beaucoup plus avantageuse.

Dans d'autres localités, on néglige les criblages, ou, tout au moins, en les exécutant, on ne prend pas assez le soin de rejeter les graines étrangères, telles que celles de la sanve ou moutarde des champs, de l'ivraie et surtout de la folle-avoine, dont les grains plus légers se rassemblent cependant d'eux-mêmes au-dessus des autres.—Cette dernière plante, l'une des plus rustiques de celles qui envahissent nos moissons, se multiplie de préférence dans les terrains frais qui conviennent à l'avoine, dont elle devance la maturité. Ses semences se conservent longtemps en terre sans perdre leur faculté germinative, de sorte qu'on ne peut trop attentivement les séparer des bonnes graines, préalablement aux semis. La moindre négligence, à cet égard, pourrait occasioner plus tard de graves inconvéniens, et, à coup sûr, nous ne sommes pas les seuls à avoir remarqué des cultures tellement infestées de folle-avoine, qu'il ne restait au propriétaire d'autre ressource que de faucher, vers l'époque de la floraison, les avoines dont il espérait récolter le grain, et de laisser en jachère les champs qu'à l'aide, peut-être, d'un seul criblage attentif, il aurait pu soustraire à cette fâcheuse nécessité.

Dans le cas où les panicules d'avoine seraient entachés de charbon, il pourrait être fort *utile de chauler* les grains qui en proviendraient; car, quoiqu'il ne soit pas rigoureusement démontré que cette étrange maladie soit contagieuse, il est d'observation qu'en certaines circonstances, qui jusqu'à présent n'ont pu être bien appréciées, le chaulage en diminue les effets.

§ IV. —De l'époque des semailles et de la quantité des semences

Selon les variétés que nous avons fait connaître, *on sème l'avoine depuis septembre jusqu'en mars et même en avril.* — La première époque est préférée avec raison dans le midi et une partie de l'ouest de la France, et devrait l'être, pour tous les sols légers, partout où les froids ne sont point assez intenses pour endommager cette céréale, parce qu'elle aurait moins à redouter les sécheresses du printemps. Aux environs de Paris, on choisit février et mars. En général, conformément au vieux proverbe : *Avoine de février remplit le grenier,* on se trouve bien de semer aussitôt qu'on n'a plus à redouter les très-fortes ge-

lées et l'excessive humidité du sol. Non seulement les avoines mises les premières en terre
sont les plus belles, si le temps leur est favorable, mais elles mûrissent plus tôt, de sorte
qu'elles ont moins à craindre les effets de la
grêle, des vents, et qu'elles donnent plus de
temps pour préparer le sol à recevoir d'autres cultures. — Dans plusieurs localités, on
donne pour *motif des semailles tardives de
l'avoine*, la nécessité de détruire, en faisant ce
semis, la raveluche ou sanve (*Sinapis arvensis*), qui, sans cela, serait beaucoup plus abondante et nuirait à l'avoine.

Il est toujours fort *difficile*, en agriculture,
d'indiquer des quantités précises. C'est surtout par rapport aux semis d'avoine que cette
difficulté se fait sentir. Non seulement il faut
plus de grains pour les semailles à la herse
que pour les semis sous raies ; — pour ceux
qu'on effectue en automne, quand on a encore tout à redouter des gelées, que pour
ceux qu'on diffère jusqu'à la fin de l'hiver ;
mais l'état de fécondité du sol et les coutumes locales, en général, basées sur la connaissance du climat, apportent de si grandes
différences qu'il serait fort imprudent de
chercher à formuler ce qui doit varier sans
cesse. De toutes les céréales, l'avoine est cependant celle qu'il y a le moins d'inconvénient à semer épais. Dans quelques parties
de l'Angleterre, on ne craint pas d'employer,
au dire de M. DE DOMBASLE, jusqu'à 6 hectol.
par hectare.—En France, la quantité la plus
ordinaire est, comme pour l'orge, de 2 à 3 hect.,
bien que, sur divers points, on en répande
quelquefois moins encore sur les bonnes
terres.

§ V.—Du mode des semis et des cultures d'entretien.

Quoiqu'on ait proposé, à diverses reprises,
de semer l'avoine en lignes comme les blés,
à l'aide du semoir ou du plantoir, ni l'une ni
l'autre de ces coutumes n'ayant prévalu nulle
part, nous ne nous occuperons ici que des
semis à la volée. — Ils ne se pratiquent pas
partout de la même manière : tantôt on
laboure le sol préalablement aux semailles ;
on sème, et on recouvre à la herse. — Tantôt
on répand la graine sur le vieux labour, et
on l'enterre par une seule façon à l'extirpateur ou à la charrue. — D'autres fois, enfin,
on sème à la surface du champ non labouré,
et on couvre à la charrue.

Le *premier moyen* convient sur les sols
compactes qui exigent plusieurs labours préparatoires ; dans lesquels les graines lève-
raient mal et tardivement, si elles étaient
trop profondément enterrées ; et qui ne se
prêteraient d'ailleurs que fort difficilement
aux deux autres moyens. C'est la méthode la
plus ordinaire.

Le *second* est excellent sur les terres de
consistance moyenne, lorsqu'elles ne sont
pas rassises, depuis le dernier labour, assez
pour rendre l'action de l'extirpateur pénible
ou incomplète.

Le *troisième moyen* remplit suffisamment
le but qu'on se propose dans les terrains légers, parce que, d'une part, un seul labour
les divise suffisamment, et que, de l'autre, il

importe que les semences soient à une assez
grande profondeur pour profiter du peu de
fraîcheur qu'elles ne trouveraient pas plus
près de la surface.

Les *cultures d'entretien* se bornent à des
sarclages, et, selon les circonstances, des roulages ou des hersages. Pour ces trois opérations, nous renvoyons à ce qui a été dit précédemment à l'occasion du froment. — Afin
d'éviter un double emploi, nous prions également le lecteur de consulter, pour les récoltes des blés et de l'avoine, la 3° section du
chap. XI de ce livre. Pour le *javelage* et les
diverses manières de l'exécuter, *voir* page
299, et la figure 412.)

§ VI.—De la quantité des produits.

On a souvent cherché à *comparer les produits de l'avoine à ceux de l'orge*, pour faire
ressortir les avantages de la culture de l'une
ou de l'autre de ces céréales. Pécuniairement
parlant, la différence tient surtout à deux
causes dont on n'a pas toujours assez tenu
compte : le climat et les moyens de consommation. — Si, dans le midi, l'orge est généralement plus productive, dans le nord il arrive souvent le contraire. A cet égard, c'est
au cultivateur, avant de se fixer, à bien étudier le pays qu'il habite. — D'un autre côté,
le prix relatif de ces deux grains varie selon
les besoins du commerce, pour la fabrication de la bière ou la nourriture des chevaux,
de manière que chacun, sous ce second point
de vue, ne doit encore prendre conseil que de
la position dans laquelle il se trouve.

En Belgique, d'a-
près les calculs de
SCHWERTZ, la *produc-
tion de l'avoine* est en
volume à celle de l'or-
ge, comme 24 à 17.
ARTHUR YOUNG est ar-
rivé à très-peu près
aux mêmes résultats
pour l'Angleterre. La
différence est au
moins aussi forte au
nord et au centre de
la France.

Oscar LECLERC-
THOUIN et VILMORIN.

SECTION V. — *Du
Sarrasin.*

Le *Sarrasin* (*Polygo-
num Fagopyrum*, L.) ;
en anglais, *Buck-
Wheat* ; en allemand,
Buch-weizen, *Heide-
korn* ; en italien, *Grano
saraceno*, *Polenta ne-
gra* ; en espagnol, *Trigo
negro* ; vulgairement
blé noir, *carabin*, *bu-
cail, bouquette*, appar-
tient à l'octandrie tri-
gynie de Linné et à la
famille naturelle des
polygonées. Il se re-

Fig. 561.

connaît aux caractères suivans : racine fibreuse, annuelle; tige herbacée, dressée, haute d'un pied ou deux, cylindrique, glabre, légèrement pubescente à l'articulation de chaque feuille, rameuse, rougeâtre dans sa partie inférieure; feuilles très-distantes entre elles, cordiformes, aiguës, un peu sinuées et portées sur des pétioles longs d'un pouce à trois; fleurs blanches, disposées à l'aisselle des feuilles en épis courts et serrés, dont les supérieurs, plus courts que les inférieurs, forment une sorte de corymbe terminal; calice persistant, divisé supérieurement en cinq lobes ovales; cinq étamines en dehors des tubercules du disque, et trois en dedans; anthères globuleuses, rougeâtres; ovaire comme pyramidal et triangulaire; fruit d'un noir pâle, à trois angles fort saillans. — On croit que *le sarrasin est originaire* de la zone tempérée de l'Asie, où sa culture est assez répandue, et d'où il nous a été apporté à l'époque des Croisades suivant les uns, vers la fin du xve siècle suivant les autres. Aujourd'hui, il est naturalisé dans tout le centre et le midi de l'Europe.

Une *autre espèce*, que, depuis quelques années, les agronomes ont tenté d'introduire dans la grande culture, est le *Sarrasin de Sibérie* ou *de Tartarie (Polygonum Tataricum)*, (*fig.* 562), qui diffère du premier par ses grai-

Fig. 562.

nes plus dures, plus petites, munies de dents sur leurs angles, et par ses tiges plus jaunâtres, plus fermes et plus ramifiées. On dit qu'il a sur son congénère l'avantage d'être plus rustique, plus vigoureux, plus précoce, plus productif; d'exiger moins de semence, et de donner un grain plus pesant, plus facile à vanner, qui acquiert de la qualité en vieil-

lissant; mais son grain s'échappe encore plus facilement du calice, et se moud plus difficilement; la farine qu'on en retire est noirâtre, plus rebelle que celle du sarrasin ordinaire à la fermentation, et amère. Il est vrai qu'on attribue cette amertume à l'écorce du grain, et qu'on pourrait vraisemblablement la faire disparaître par un procédé de mouture qui séparerait exactement la farine de l'écorce. Quant au produit, il a été de plus de 80 p. 1 dans les essais de MM. DE TURMELIN et MARTIN, de l'Isère, insignifiant, au contraire, dans ceux de THAER.

Le *tissu du sarrasin est tendre et aqueux*; il se décompose promptement quand on l'enfouit. Dans 100 parties en poids de paille sèche de sarrasin, le professeur SPRENGEL a trouvé 22,600 de matières solubles dans l'eau; 23,614 de matières solubles dans une lessive alcaline caustique; 0,900 de cire et de résine; 52,886 de fibre végétale. L'extrait aqueux ne contenait que quelques traces d'albumine, beaucoup d'acide libre ou d'un sel végétal acide, peu de gomme et beaucoup de mucilage; la saveur de cet extrait était fortement acide, âcre et astringente; les cendres de la paille de la même plante contenaient, comparativement aux autres plantes ordinairement employées comme engrais, beaucoup d'acide phosphorique, d'acide sulfurique, de chlore, de soude et surtout de magnésie.

Les expériences de VAUQUELIN lui ont indiqué, dans la paille de sarrasin, 20 à 30 p. 100 de *carbonate de potasse*. SPRENGEL, au contraire, n'a obtenu de 100 parties en poids de la paille réduite en cendres, que 0,332 de potasse caustique.

Les fleurs du sarrasin, nombreuses et odorantes, s'épanouissent successivement, et, par conséquent, leurs graines n'arrivent pas toutes en même temps à leur maturité. Cent parties de ces *graines, analysées* par le professeur ZENNECK, lui ont donné les résultats suivans : 26,94 fibre végétale; 52,29 fécule; 10,47 gluten; 3,06 matière extractive avec sucre; 2,53 matière extractive oxigénée; 0,36 résine, et 0,22 albumine. La farine de sarrasin a une saveur propre, qui paraît plus développée dans les pays granitiques (Bosc).

§ Ier. — Usages du sarrasin.

Le sarrasin est *susceptible de recevoir quatre destinations différentes*. Il peut servir à la nourriture de l'homme, à celle des bestiaux, à celle des abeilles, et à l'engraissement du sol.

Son *grain* seul est consommé par l'homme. La farine qu'on en tire est convertie en bouillie, en galettes, en gâteaux, d'une faculté nutritive assez grande, et qui ne causent pas d'aigreurs sur l'estomac. En temps de disette, de même que dans les pays pauvres, comme, par exemple, la Bretagne, on en fabrique aussi du pain. Ce pain lève mal, et cependant, à en juger par l'analyse du professeur Zenneck, le blé noir n'est guère moins riche en gluten que le froment. Faut-il conclure de là, avec ce professeur, que si l'on appliquait à la mouture du sarrasin un meilleur mécanisme, sa farine, qui, d'ailleurs, donne à peu près le même produit que le seigle en amidon, ne le céderait pas en qualité à celle de plusieurs sortes de blés ? ou bien, doit-on admettre que le gluten n'est pas la cause première de la fermentation panaire?--Le grain du blé noir a été employé à la distillation en Angleterre, et il l'est encore sur le Continent (LOUDON).—Mais c'est à la nourriture de la volaille et des bestiaux qu'il est particulièrement consacré. Suivant Arthur YOUNG, un bushel (36 lit. 35) équivaut à 2 bushels d'avoine, pour la nourriture des chevaux ; 8 bushels de la farine les entretiennent autant que 12 bushels de farine d'orge. M. MATHIEU DE DOMBASLE se borne à dire que ce grain a autant de valeur que l'orge pour la nourriture et l'engraissement des cochons, et qu'il est plus nutritif que l'avoine pour les chevaux. ROZIER assure que, mêlé à celle-ci par portions égales, et donné aux chevaux et au bétail qui travaille, il les entretient en chair ferme. Bosc prétend qu'il fait pondre de bonne heure les oiseaux de basse-cour qu'on en nourrit. Il enivre, dit-on, les animaux qui en mangent pour la première fois.

Tels sont les emplois du grain. Quant aux *tiges et aux feuilles*, elles forment un assez bon fourrage, lorsque la plante est fauchée pendant la floraison, et qu'elle est donnée aux bestiaux encore verte. Dans cet état, elle possède une faculté nutritive supérieure à celle du trèfle, suivant LOUDON; inférieure, suivant M. DE DOMBASLE. Elle influe, dit-on, favorablement sur la quantité et sur la qualité du lait, chez les vaches qui la consomment. On ne sait trop si les bestiaux trouvent du plaisir à la manger, comme quelques agronomes l'assurent, ou si elle leur cause d'abord quelque répugnance, comme d'autres le pensent, et ainsi qu'on peut le supposer *a priori*, en ayant égard au principe âcre qu'elle contient. Elle ne paraît pas d'ailleurs sans quelque inconvénient ; des expériences faites à Mœglin, et plusieurs faits rapportés par différens observateurs, tendent à montrer que, sous certaines conditions du moins, elle fait enfler la tête des moutons qui s'en repaissent, et leur occasione des boutons dans cette région du corps. A l'état de dessiccation, elle ne paraît presque pas appétée par les animaux, et on ne la conserve pas volontiers au-delà de Noël pour la leur donner, soit à cause de cette circonstance, soit parce qu'elle est difficile à dessécher. Sous le rapport de sa valeur nutritive, M. SPRENGEL place la paille de sarrasin au dernier rang, dans une série composée de 12 espèces de pailles communément employées comme fourrages et chimiquement analysées par lui. ROZIER dit que les chevaux la mangent lorsqu'elle est battue.

Les *fleurs de sarrasin* fournissent une riche pâture aux abeilles pendant un espace de temps assez considérable, dans une saison où les autres fleurs commencent à manquer; les abeilles qui se nourrissent de leur nectar, produisent un miel très-coloré, mais de bonne qualité, comme le prouve celui du Gâtinais, si connu à Paris (Bosc).

Enfin, on cultive encore le sarrasin *pour le faire servir d'engrais*, en l'enterrant pendant sa floraison. C'est une des meilleures plantes que l'on connaisse pour former un engrais végétal, est-il dit dans le *Calendrier du bon cultivateur*. — Comme litière destinée à être convertie en fumier, M. SPRENGEL classe la paille du sarrasin entre celle des vesces et celle des fèves.

§ II. — Culture du sarrasin.

Après avoir fait connaître les caractères, les propriétés économiques et les principaux usages du sarrasin, envisageons-le plus spécialement *sous le rapport de la culture* et de l'assolement.

Voici les *principaux avantages* qu'il présente à cet égard : il se contente de terrains trop maigres pour toutes les autres espèces de grains d'été ou de printemps; il y produit davantage. C'est l'unique récolte qui réussisse entre celles de seigle dans les contrées sablonneuses (THAER).Sur les terres qui n'ont pu être suffisamment préparées, il est plus profitable que l'orge (Arthur YOUNG). On le place indifféremment avant ou après toute espèce d'autre récolte. Il est très-propre à combler une lacune dans l'assolement, à remplacer d'autres plantes ou même des céréales à fourrage qui n'auraient pas réussi, ou qu'on n'aurait pu semer à l'époque convenable, et à atténuer ainsi les effets de la disette. On peut facilement, dit M. de DOMBASLE, le semer en seconde récolte après du seigle, du colza, des vesces, etc., et même après du blé, lorsqu'on veut le faucher en vert ou l'enfouir pour engrais. Le trèfle, la luzerne, le sainfoin, et probablement aussi, les autres espèces de plantes de prairies artificielles, réussissent parfaitement bien dans sa société, peut-être mieux que dans celle de toute autre espèce de récolte. Il laisse le sol dans un aussi bon état d'ameublissement et de propreté qu'une récolte sarclée, et est moins épuisant qu'aucune autre céréale, parce qu'il ombrage davantage la terre et tire beaucoup de nourriture de l'atmosphère. Enfin, sa culture exige peu de travail.

Quant à *ses défauts*, en ce qui concerne sa culture, on lui reproche sa sensibilité au froid et aux intempéries, l'incertitude de ses produits, l'inégalité avec laquelle il mûrit ses graines dans un même champ; la facilité un peu trop grande avec laquelle il les laisse tomber, et la difficulté de sa dessiccation.

Suivant Rozier et quelques autres agronomes, il préfère les *terrains* forts à tous les autres; d'après M. de Dombasle, au contraire, il réussit mal dans l'argile et se complaît dans les terres meubles. Il est possible que cette divergence d'opinions tienne aux différens effets du climat, de l'exposition et du mode de culture, ou qu'il n'existe réellement pas, et que les deux assertions se concilient en ce sens que la végétation du sarrasin serait plus vigoureuse sur les sols de la première espèce, et que ceux de la seconde seraient plus favorables à sa fructification. Quoi qu'il en soit, c'est principalement sur les sols légers, sablonneux et arides, qu'on le place. On sait, en Bretagne et ailleurs, qu'il réussit sur les défrichemens de bruyères et de landes ; cependant on ne craint pas, dans maintes contrées, dans la Frise orientale, par exemple, de le cultiver sur des emplacemens de marais qu'on a assainis et écobués. Concluons de là qu'il n'est pas difficile sur la nature du sol, et que, comme toute autre plante, il croît plus vigoureusement sur les sols riches, bien fumés, mais aux dépens peut-être de sa fructification. C'est, dit V. YVART, une des plantes les plus précieuses pour les assolemens des terres sèches, siliceuses, caillouteuses et cretacées.

La *croissance du sarrasin est rapide.* Il est très-sensible aux influences atmosphériques : la moindre gelée le détruit. On prétend que les éclairs lui causent beaucoup de mal (DUHAMEL), et que sa fleur coule dans ce cas, ou lorsque les phénomènes électriques se développent dans l'air sans qu'il pleuve (THAER). Elle ne supporte pas non plus la trop grande ardeur du soleil, ni les vents violens de l'Est.—Le sarrasin *ne craint pas une température sèche.* Immédiatement après qu'il a été mis en terre, il lève, même par les plus grandes sécheresses ; mais, lorsqu'il se revêt de sa troisième feuille, il demande la pluie pour pouvoir développer les autres ; sa longue floraison se développe quelques semaines après, et alors il doit avoir alternativement de la pluie et du soleil pour que sa croissance s'achève et que ses fleurs nouent ; après sa floraison, il veut derechef un temps sec qui accélère et égalise la maturation de ses fruits, qui arrive après un temps variable entre 2 et 3 mois.

On peut *semer le blé noir* à toute époque de la belle saison, en prenant garde qu'il ne soit exposé ni aux gelées du printemps, ni à celles de l'automne. Pour plus de sûreté, ou pour avoir un produit continu en fourrage, on sème à 3 ou 4 époques différentes. Si le champ doit être fumé, il convient de répartir le fumier de manière à en répandre la moitié seulement avant l'ensemencement du sarrasin, et le reste après la récolte. Les débris de bruyère lui conviennent particulièrement.

Ordinairement, on ne *donne qu'un labour au champ* qui doit le recevoir. Cependant THAER croit qu'il est indispensable de labourer deux fois, afin, surtout, de détruire les mauvaises herbes, et M. DE DOMBASLE va jusqu'à dire que, si 4 ou 5 labours sont nécessaires pour ameublir le sol, on ne doit pas les épargner. A Roville, on exécute 2 labours : l'un en avril, l'autre en mai, et on les fait précéder chacun d'un hersage. Au reste, le nombre des façons préparatoires peut varier, suivant l'usage auquel on destine la plante.

Le mode de sa végétation exige qu'on *emploie peu de semence.* Il n'en faut guère qu'un demi-hectolitre par hectare, quand on a en vue la production de sa graine, et le double quand on veut le faire servir d'engrais (VILMORIN). La graine demande à être *enterrée peu profondément,* et par un simple coup de herse ou d'extirpateur.

On choisit *pour la récolte* le moment où la plus grande partie des graines sont mûres. Il y a deux manières de l'exécuter : l'une consiste à couper les tiges avec la faulx ou avec la faucille ; l'autre, à les arracher. La première est plus expéditive et plus usitée ; la seconde diminue la perte qui résulte de l'égrenage, et permet à un plus grand nombre de graines d'achever leur maturation après le moment de la récolte. On réunit les tiges en bottes qu'on dresse les unes contre les autres, et qu'on laisse plus ou moins long-temps sur place en les disposant en moquettes, comme il a été expliqué au chap. des *Récoltes,* pour les préserver des déprédations des oiseaux.

On est presque toujours forcé, dit le directeur de Roville, de *procéder au battage* lorsque les plantes sont à moitié sèches, et alors on ne peut conserver la paille. On étend le grain en couches très-minces dans les greniers, afin d'en achever la dessiccation. Le sarrasin se bat très-bien au fléau et à la machine.

Le *produit* qu'il donne est très-variable. Lorsqu'on le sème après une récolte de céréales, dit THAER, on compte en 7 ans, sur une bonne récolte, trois médiocres et trois mauvaises; si on le confie à un champ qui est resté en repos ou en pâturage pendant plusieurs années, on s'attend en revanche à une bonne récolte sur deux : 20 à 25 hectolitres de grain par hectare doivent être regardés comme une bonne récolte; dans les années particulièrement favorisées, le produit peut s'élever au double. Celui du sarrasin, cultivé *comme fourrage,* est également variable : à terrain égal, THAER l'a trouvé plus considérable que celui des vesces. Lorsqu'on *enterre en vert,* on fait agir la charrue à simple ou à double versoir. **J. YUNG.**

SECTION VI. — *Du Maïs.*

Le Maïs (*Zea Maïs*, Linn.); en anglais, *Maize* ; en allemand, *Mays* ; en italien, *Gran turco;* en espagnol, *Maiz,* vulgairement connu en différens lieux sous les noms de *blé d'Inde, blé de Turquie, blé d'Espagne, blé de Barbarie* ou *de Guinée,* etc., paraît originaire des Deux-Mondes, ainsi qu'il ressort des preuves historiques que j'ai développées ailleurs.

§ Iᵉʳ. — Usages.

Il n'est aucune plante d'un intérêt plus grand et d'une *utilité plus générale que le Maïs.* Il croît sous les tropiques, à côté du manioc et de l'igname, entre les épis féconds se retrouvent dans une grande partie des régions tempérées rivaux de ceux du blé. Il sert, sous un grand nombre de formes différentes, à la nourriture des hommes, à celle des animaux domestiques ;—aux besoins de l'économie industrielle ;— et il offre des ressources à la médecine hygiénique.

Sous le premier point de vue, on utilise *ses grains,* tantôt simplement grillés ou bouillis quelque temps avant leur complète maturité; tantôt réduits en farine et sous forme de pâte, d'une digestion facile, à laquelle on a donné, selon sa consistance, le choix des assaisonnemens et le mode de préparation, les noms de *polenta,* de *gaude* ou de *millias;* — d'autres fois, sous forme de pain ou de gâteaux, avec ou sans mélange de farine de froment, de seigle, de sarrasin, de fécule ou de pulpe de pommes-de-terre. — Soumis à la fermentation alcoolique, le maïs peut remplacer l'orge ou le blé dans la préparation de la bière.— On en extrait, par infusion, après l'avoir torréfié, un breuvage qui a l'apparence du café, et dont les Chiliens sont fort avides. — Sous les tropiques, la tige de cette plante est tellement sucrée que les Indiens la sucent, comme dans d'autres lieux on suce la canne à sucre.—Le suc qu'on peut en extraire, après avoir fermenté, sert, en divers lieux, à la préparation de liqueurs spiritueuses ; et, si des expériences diverses n'ont pas encore suffisamment démontré qu'il contienne une assez grande quantité de sucre pour permettre de l'utiliser profitablement à l'extraction de ce précieux produit, on peut en retirer, en proportion notable, du vinaigre par la fermentation acide, ou de l'alcool par la distillation. Ajoutons que ce même suc concentré par une chaleur modérée, et étendu de beaucoup d'eau, fournit une boisson douce et rafraîchissante : mêlé avec du jus de groseilles, et sans addition de sucre ou de sirop, il donne un breuvage aussi sain qu'agréable.

Nous n'avons pas à nous occuper ici de l'emploi du *maïs comme fourrage ;* ses grains sont une excellente nourriture pour presque tous les animaux ; — les chevaux s'en accommodent fort bien ; — les porcs ne s'en dégoûtent jamais, et l'on sait combien les oiseaux d'étang et de basse-cour en sont avides.

On peut *employer les feuilles* du maïs pour la fabrication du papier.—En Amérique, on extrait de ses grains une sorte d'huile grasse dans la proportion d'un litre environ par boisseau. — Dans le même pays, on fait de ses spathes des chapeaux assez solides. — Ailleurs on en fait des nattes, on en tresse des liens; — on en remplit les paillasses, matelas, coussins, etc., et ce dernier emploi est d'un très-bon usage.

§ II. — Espèces et variétés.

Nous cultivons depuis plusieurs années, dans le Jardin dont la direction nous est

Fig. 563.

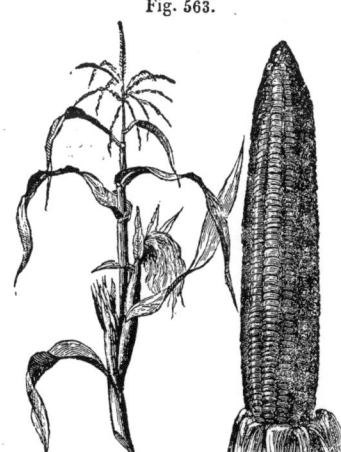

confiée, quatre espèces de maïs, dont la première seule a jusqu'ici fixé l'attention des cultivateurs européens. Ce sont : le *Zea maïs,* Lin., *foliis integerrimis* (à feuilles entières) (*fig.* 563 et 564); — le *Zea Curagua,* Mol.,

Fig. 564.

foliis subserratis (à feuilles denticulées); — le *Zea hirta,* Nob., *foliis hirtis* (à feuilles velues);—et le *Zea erithrolepis,* Nob., *seminibus compressis, glumis rubris* (à grains comprimés, à rafle rouge).

Ces espèces, dont les caractères ne s'altèrent jamais au point de devenir méconnaissables, ont donné naissance, la première surtout, à un *grand nombre de variétés* transmissibles de semis, ou plutôt à une multitude de races qui diffèrent entre elles par la couleur, la forme, le volume des grains, leur consistance, l'époque de leur maturité, ou par d'autres modifications plus légères, mais assez solides néanmoins pour se reproduire.— Les unes sont préférables à raison de la grosseur ou de la qualité des grains, les autres à cause de leur plus grand produit, de leur précocité ou de leur aptitude à résister au froid, à la sécheresse, etc.

Dans notre ouvrage, où sont figurées de grandeur naturelle et représentées en couleur les principales variétés de maïs, nous avons rangé ces variétés en trois sections basées sur la couleur des grains, caractère assez fixe lorsqu'on a soin d'éviter les effets de l'hybridité si fréquente chez les végétaux monoïques.

A. *variétés à grains roux.*

1. *Maïs d'août* ou *d'été,* connu en Piémont sous le nom de *melia ostenga* ou *agostana,* dérivé de ce que cette variété, la plus généralement cultivée en Italie, y vient à maturité dans le mois d'août. Cent épis produisent 20 à 24 livres de grains ; le poids moyen de l'émine (23 litres) n'excède pas 49 livres. — La durée ordinaire de la végétation de ce maïs est de quatre mois.

2. *Maïs d'automne* ou *maïs tardif,* connu

(1) *Histoire naturelle, agricole et économique du maïs* , par M. MATTHIEU BONAFOUS, directeur du Jardin royal d'agriculture de Turin, etc. Chez Mᵐᵉ Huzard, à Paris, 1835. Un volume in-folio orné de 20 planches.

des cultivateurs piémontais sous le nom de *melia invernenga*, parce qu'on le récolte dans l'arrière-saison. Cependant, semé en même temps que la variété précédente, il ne mûrit que deux semaines plus tard. — L'égrenage de cent épis donne 34 livres de grains, et le poids moyen des 23 litres est de 47 livres.

3. *Maïs quarantain.* Il mûrit en quarante jours dans les conditions les plus favorables à sa culture. — Cent épis rendent 14 à 17 livres; et le poids de 23 litres est de 47 à 48.—La durée ordinaire de sa végétation est d'environ trois mois.

4. *Maïs de Pensylvanie.* Cette variété intéressante; mais un peu tardive, cultivée primitivement au Jardin des plantes de Paris, fut envoyée, il y a une douzaine d'années, par A. Thouin, dans les diverses parties de la France et de l'Europe méridionale. — On a compté jusqu'à 14 épis sur un pied isolé de ce maïs; l'un des plus féconds connus. Le produit moyen de 100 épis est de 40 à 50 liv., et le poids de 23 litres, de 47. Beaucoup plus tardive que les variétés précédentes, à l'époque de son introduction, elle n'offre plus qu'un retard de 12 à 15 jours sur la variété n° 1.

5. *Maïs des îles Canaries.* — Cent épis donnent 25 à 30 livres de grains; — les 23 litres pèsent 46 livres.— La durée de la végétation est de 4 mois 1/2.

6. *Maïs des Landes.* — Cent épis rendent 30 livres, et le poids des 23 litres est supérieur à celui de la variété précédente. Il arrive à maturité dans l'intervalle de 4 mois.

7. *Maïs de Grèce.*—Introduit en Piémont par Giobert. — Le produit de 100 épis est à peu près de 23 livres. — Le grain pèse un peu plus que celui de la variété n° 1.

8. *Maïs à épi renflé.*— Cent épis ne rendent que 18 livres de grains, et 23 litres pèsent 44 livres. — Durée de la végétation, 4 mois.

9. *Maïs d'Espagne.*—Cent épis n'ont donné que 12 livres de grains, d'un poids inférieur à celui du maïs n° 1. — Sa végétation est de 15 à 20 jours plus tardive que celle de cette même variété.

10. *Maïs cinquantain.*— Cent épis rendent 23 livres de grains un peu plus pesans que ceux du n° 1.— Sa maturité devance d'une quinzaine de jours celle du maïs d'août.

11. *Maïs nain ou à poulet.* — Remarquable par la petitesse de ses dimensions. — Cent épis ne rendent que 9 à 10 livres. — La pesanteur des 23 litres de grains est de 48 à 49 livres. Il croît et mûrit en moins de 3 mois, ce qui le fait rechercher également dans les contrées à étés courts, et dans les pays sujets aux sécheresses précoces.

B. *Variétés à grains blancs.*

12. *Maïs d'automne à grain blanc.*— Il mûrit quelques jours après la variété n° 2; ainsi que les autres maïs blancs, il paraît être plus approprié aux terres humides, que les variétés à grains colorés. — Cent épis donnent 25 livres de grains, qui ne pèsent pas moins que dans la variété précitée.

13. *Maïs de Guasco,* de la province de ce nom au Chili.—Un peu plus productif que la variété n° 2, mais plus tardif que la variété n° 1.

14. *Maïs de Virginie.* — Introduite assez récemment en Europe, cette variété se rapproche surtout du maïs jaune de Pensylvanie. Il paraît être un des plus productifs.— Sa végétation s'opère en 4 mois.

15. *Maïs de Quillota,* de la province de ce nom, au Chili, où on le cultive.—Cent épis rendent 25 livres de grains, qui pèsent 44 livres. — La durée de sa végétation est de 5 mois et quelques jours.

16. *Maïs à rafle rouge* (*Zea erythrolepis*), que j'ai signalé comme une espèce distincte. — La durée de sa végétation est d'environ 4 mois.

17. *Maïs à bouquet ou à faisceau.* — Les nœuds supérieurs des tiges se trouvent assez rapprochés pour que les épis qui naissent à l'aisselle des feuilles offrent, par leur assemblage, l'aspect d'un bouquet; mais, ordinairement, un seul épi arrive à maturité. — Sa végétation est de 5 mois.

18. *Maïs ridé.* — Cent épis donnent 25 livres de grains; les 23 litres pèsent 37 livres. — La végétation s'opère en 5 mois.

19. *Maïs hérissé* (*Zea hirta*, Nob.).— C'est encore, ainsi que la suivante, une des 4 espèces botaniques précitées. — Cent épis rendent 25 livres environ; les 23 litres en pèsent 45. — Sa végétation dure 5 mois.

20. *Maïs curagua* (*Zea curagua*).—Cent épis donnent 24 livres de grains, du poids de 45 livres à l'émine de 23 litres. — La durée de sa végétation est de près de 5 mois.

C. *Variétés à grains rouges.*

21. *Maïs rouge.* — L'égrenage de 100 épis donne 30 livres de grains, et les 23 litres pèsent de 45 à 46 livres. Cette variété, ainsi qu'une sous-variété qui, à la couleur près, se confond avec le maïs à poulet, sont, l'une et l'autre, très-robustes, et mûrissent facilement dans les pays tempérés.

22. *Maïs jaspé.* — Le produit de 100 épis est de 17 livres, les 23 litres pèsent 46 à 47 livres. La maturité de son grain devance d'une semaine celle du maïs précédent.

§ III.—Choix du terrain et du climat.

A ne considérer le maïs que dans ses rapports avec la culture française, le *choix du terrain* n'est plus qu'une question secondaire, tandis que celui de la latitude en devient une de première importance. — En effet, cette céréale, qui aime de préférence un sol argilo-sableux et frais dans le midi, sablo-argileux et facile à échauffer vers le centre, s'accommode cependant des terres de toute nature, pourvu qu'elles soient suffisamment ameublies et convenablement fumées. On voit mûrir le maïs dans les plaines quartzeuses de la Nouvelle-Jersey; dans le territoire de Carthagène, en Colombie, *trop humide* pour que l'orge et le froment y viennent bien; dans les terres *arides* de la Carinthie, situées entre Trévise et Bassano. J'ai vu cette plante prospérer au milieu des plaines *sablonneuses* qui longent l'Adour. Au pied des Pyrénées, les Basques l'ont acclimatée dans le sol *pierreux* qu'ils habitent. Au-delà de ces monts, sa culture s'accommode des débris de *granit* et de *schiste* qui encombrent le terrain. On l'observe sur les montagnes du Béarn, à une hauteur approximative de 3,000 pieds. Je l'ai vue réussir aussi dans des terres *graveleuses* de l'Alsace, dans les terrains *siliceux* du pays de Baden et dans l'*ardoise décomposée* de quelques vallées de Maurienne. En France, il serait facile d'ajouter à la masse de semblables faits, en prenant pour point de départ, au sud, les *boulbènes* et les *terres forts* du Languedoc ou de la vallée de la Charente, et, au nord, *les sables blanchâtres* d'une partie de la Sarthe, où le maïs et le sarrasin semblent seuls, à côté des pins, pouvoir donner des produits quelque peu avantageux.

Quant au *climat propre à la culture du maïs*, on avait cru autrefois pouvoir tracer ses limites approximatives, par une ligne tirée obliquement à l'équateur, de la Garonne au Rhin, de sorte qu'à l'est du royaume, cette céréale se serait approchée du 49ᵉ degré de latitude nord, tandis qu'à l'ouest, elle n'aurait guère dépassé le 45ᵉ. — Mais on s'est aperçu depuis qu'on avait gratuitement refusé à cette dernière partie de la France un avantage dont elle peut jouir tout aussi bien que l'autre, et dont elle jouit en effet, puisqu'on cultive le maïs assez en grand pour l'engraissement des porcs et des volailles, jusqu'au nord des départemens de la Sarthe et de la Mayenne. — Il y a quelques années, la Société d'horticulture de Paris chercha à étendre la culture du maïs aux environs de cette ville, et son zèle ne fut pas sans récompense. Il est désormais hors de doute que, *dans les années favorables*, et en faisant choix des variétés, sinon les plus productives, au moins *les plus précoces*, on doit en espérer des récoltes avantageuses dans le département de la Seine. Malheureusement, ainsi posée, la question agricole ne peut être considérée comme résolue. Car, d'une part, il ne suffit pas au cultivateur d'obtenir *accidentellement* de bons produits; et, de l'autre, lors même que ces produits ne seraient pas aussi casuels qu'ils le sont, il faudrait examiner encore si leur abondance et leur valeur les mettraient au-dessus de tous ceux qu'on pourrait demander dans les mêmes circonstances, en même terrain. — En définitive, quoique nous voyons qu'il soit susceptible de mûrir ses épis, presque sous les cinq huitièmes de la France, nous ne pensons pas que le maïs devienne jamais, sous le 49ᵉ degré, l'objet d'une culture éminemment productive.

§ IV. — De la préparation du terrain.

On conçoit, d'après ce qui précède, que cette *préparation doit être infiniment variable*, puisque l'une des premières conditions de succès étant que la terre soit suffisamment ameublie, le nombre des labours change selon sa nature, et il devient impossible de le préciser. — Il est telle localité où, comme en Lorraine, on en donne 3 : le 1ᵉʳ avant l'hiver, le 2ᵉ au printemps et le 3ᵉ directement avant la semaille. — Dans d'autres, comme la Bourgogne, la Bresse, etc., on en donne 2 : le 1ᵉʳ en décembre, le 2ᵉ à l'épo-

que des semis; — enfin, il n'est pas rare qu'un seul labour suffise, mais alors ce ne peut être que dans un sol naturellement léger; car ce labour, servant à la fois à enterrer le fumier, à préparer la couche labourable, et à recevoir la semence, doit être peu profond, afin que les racines coronales puissent atteindre les engrais à mesure qu'elles se développent.

Si *l'épaisseur de la terre végétale* était habituellement de 10 à 11 pouces (27 à 30 cent.), on obtiendrait ainsi des produits infiniment plus abondans que lorsqu'elle n'est que de 7 ou 8 po. (19 à 22 cent.). Mais il est bon de se rappeler ce qui a été dit ailleurs, que la profondeur des labours doit toujours être proportionnée à la quantité d'engrais. — Le maïs se trouve toujours assez bien de leur abondance, et s'accommode parfaitement de leurs diverses sortes. — Il vient fort bien sur défriches. A mesure que les Européens ont pénétré dans les deux Amériques, sur les débris encore fumans des vieilles forêts, ils ont commencé leurs cultures par des semis de cette plante. — Les Brésiliens, sans aucun labour préparatoire, jettent les graines, pour ainsi dire, au milieu des cendres. — Aucune autre plante, si ce n'est la pomme-de-terre, ne réussit aussi bien après un écobuage. — Enfin, de toutes les céréales, c'est, ainsi que le démontre la pratique du Midi, celle qui peut succéder, peut-être le moins d'inconvénient et le plus de succès, au froment.

§ V. — Du choix et de la préparation des semences.

Le maïs, ainsi que le froment, conserve sa *propriété germinative* plus longtemps qu'on ne le croit généralement. Des expériences que j'ai répétées sur plusieurs points, démontrent qu'en certaines circonstances, il peut germer après 10 et même 12 ans; néanmoins, je regarde comme profitable de préférer les grains de l'année précédente à ceux de 2, et, à plus forte raison, de 3 ans. — Une autre précaution recommandée, et généralement suivie chez les bons cultivateurs, c'est d'éviter de prendre ceux qui avoisinent la base et la sommité de l'épi, parce qu'ils sont toujours moins bien formés et moins gonflés de la substance farineuse qui doit fournir à la première nourriture de la jeune plante.

Le maïs *étant sujet au charbon*, Bosc avait proposé de chauler les semences avant de les mettre en terre. Depuis que cet agronome concevait l'espérance de voir ainsi diminuer la cause première du mal, quelques faits ont paru justifier isolément ses prévisions. De nouvelles expériences auraient donc chances de succès.

La submersion des semences dans un liquide qui puisse les *ramollir et les disposer à une plus prompte germination*, est surtout favorable au maïs lorsque la terre est sèche ou lorsqu'on emploie des grains surannés, parce que ces derniers, toujours plus longs à germer que d'autres, courraient les risques de pourrir, sans une semblable précaution, qui active de plusieurs jours la sortie de leur germe. Cependant elle n'est utile qu'autant que la terre est suffisamment réchauffée pour que la germination ait lieu immédiatement; autrement, elle serait plus nuisible qu'avantageuse. — L'eau pure, élevée un peu au-dessus de la température atmosphérique, à l'aide du soleil, nous a toujours paru suffire à cette opération.

§ VI. — De l'époque des semis, et de la quantité de graines employées.

Dans les départemens méridionaux, comme en Piémont, *on sème le maïs à deux époques* différentes : au printemps, depuis la mi-avril jusqu'au milieu de mai ; — au commencement de l'été, depuis le mois de juin, pour succéder à une récolte de printemps ou remplacer une culture détruite par la grêle, jusqu'après la récolte du seigle et même du froment. Dans ce dernier cas, je préfère à tout autre le maïs quarantain ou à poulet.

Pour les départemens du centre, il faut attendre qu'on n'ait plus rien à craindre du retour des gelées et que la terre soit échauffée plus qu'elle ne l'est d'ordinaire dans le courant d'avril. — Les semailles tardives entraînent, à la vérité, des récoltes tardives ; mais des semis faits à contre-temps, lorsqu'ils ne compromettent pas le succès de la culture, contribuent bien peu à avancer ses produits, puisque les graines ne lèvent que lorsqu'elles trouvent dans le sol une température convenable.

Pour indiquer la *quantité de graine* que comporte une étendue de terrain déterminée, il faudrait, non seulement être fixé sur le mode de semis et la qualité du terrain, mais sur la dimension que doit prendre individuellement chaque touffe, selon la variété à laquelle elle appartient. — Dans le Piémont, où la culture du maïs est très-perfectionnée, lorsqu'on sème à la volée la variété n° 1, on répand la moitié d'une émine (11 à 12 litres) par arpent. — Il y a peu d'inconvénient à semer plus épais, parce que les plantes surabondantes servent à nourrir le bétail et donnent ainsi un produit souvent bien supérieur à la légère augmentation des dépenses et de main-d'œuvre, occasionée par l'excédant de semenees et par l'arrachement.

§ VII. — Des diverses manières de semer.

On en connaît *deux principales* : 1° celle dont nous venons de parler, qui consiste à répandre les grains à la volée et à les recouvrir à la herse, méthode regardée comme décidément vicieuse, parce qu'elle donne des résultats irréguliers, et parce qu'elle s'oppose ultérieurement à l'emploi, pour le binage et les butages, des instrumens nouveaux qui simplifient à un si haut point ces importantes opérations ; — 2° celle qui a pour résultat l'espacement régulier des plantes en lignes parallèles.

Ce dernier mode de semailles comprend les semis sous raies, les semis en sillons, ceux au plantoir ou à la houe, et ceux au semoir.

Pour semer en rayons, sous raies, un homme précède la charrue lors du dernier labour; il dépose, à des distances à peu près régulières, déterminées par le choix de la variété du maïs, deux ou trois graines à chaque fois, sur l'arête du dernier sillon, de manière que la charrue qui le suit les recouvre à une faible profondeur. — Quelquefois on laisse un ou deux sillons vides entre chaque rang, pour obtenir tout de suite l'espacement convenable; — d'autres fois, afin de se ménager du fourrage, on sème sur tous les sillons.

Pour semer en sillons, le semeur suit la charrue, et, au lieu de laisser tomber les semences sur l'arête du dernier sillon. il la dépose avec la même régularité au fond de la petite raie formée par la jonction de ce même sillon et de celui qui l'a précédé. — Dans ce cas, on recouvre avec le dos de la herse.

Pour semer à la houe, on fait de petites fosses en quinconce avec cet outil ; et si· le terrain n'a pas été préalablement fumé, on jette au fond, avant de placer les deux ou trois grains, une pelletée d'engrais ou de compost. — Dans plusieurs cantons de l'Amérique méridionale, et, à leur exemple, dans plusieurs endroits voisins des Pyrénées, on ne laboure pas la totalité des champs destinés au maïs, on fait seulement 2 traits de charrue par chaque 3 pieds, et on les coupe à angles droits par deux autres traits semblables ; c'est dans les points de jonction de ces traits qu'on creuse à la bêche ou à la houe un trou d'un 1/2 pied carré, dans lequel on met une poignée de fumier et des grains de maïs.

Pour semer au plantoir, comme on le pratique aussi en Amérique, et fréquemment en Piémont dans la petite culture, on a recours à un plantoir à une ou plusieurs pointes (*voy. page* 222), pour faire les trous à des distances égales, dans le sens des sillons ou le long d'un cordeau; on introduit dans chaque trou deux ou trois graines, et on les recouvre aussitôt avec le pied.

Enfin, quand on fait usage du semoir, comme il y a un incontestable avantage à le faire partout où l'on possède une de ces machines, qui peut à la fois rayonner, ouvrir le sol, répandre l'engrais, semer et recouvrir, on met 2 ou 3 grains, par pied de longueur, dans la ligne.—Plus tard on éclaircira, de manière que chaque touffe des grandes variétés se trouve à environ 3 pieds en tous sens de la voisine ; — les variétés moins élevées doivent être beaucoup moins espacées. Du reste, nous répétons que la distance doit varier, non seulement en raison de l'espèce qui fait l'objet du semis, mais aussi par suite de la quantité et de la fécondité plus ou moins grande du terrain. — En arrachant progressivement les pieds qui se trouveraient de trop, il faut avoir soin qu'à toutes les époques de leur croissance, les autres puissent jouir complètement de l'influence de l'air et de la lumière.

Une *précaution générale*, que nous n'avons pas encore trouvé l'occasion de recommander, relativement aux semis de maïs, c'est de ne pas les faire trop profondément, dans la crainte d'occasioner la pourriture d'une partie des graines, surtout dans les terres compactes et un peu humides, ou lorsqu'on sème de bonne heure. — Une couverture trop épaisse compromet la réussite de beaucoup de semences; elle retarde sensiblement la levée de toutes. — On regarde qu'un pouce au plus dans les terres fortes, un pouce et demi dans les terres légères, sont la profondeur convenable.

§ VIII. — Des cultures d'entretien du maïs.

Lorsque les jeunes pieds de maïs ont atteint quelques pouces de hauteur, qu'ils montrent leur 3ᵉ ou 4ᵉ feuille, ordinairement vers le commencement de juin, *on procède à un premier binage*, soit à la main (*voy. pag.* 226 et suiv.), ce qui peut paraître préférable à cette époque de la végétation, soit à la houe à cheval (*voy. pag.* 228 et suiv.). Pendant l'opération, il faut avoir soin d'éviter de recouvrir la tige, ce qui pourrait la faire pourrir, surtout s'il entrait de la terre dans le *cornet*. — On commence à éclaircir les pieds trop rapprochés ; — on en repique, ou on sème de nouveau dans les places vides. Si on préfère le premier moyen, quoique le plus long, pour en obtenir les meilleurs résultats possibles, on fera bien, à l'aide d'une houlette, d'arracher les jeunes plants de repiquage en mottes. Encore, malgré cette précaution, éprouveront-elles sur les autres un retard marqué. — Si l'on choisit l'autre moyen, que nous avons trouvé généralement préférable, on doit semer le maïs quarantain ou toute autre variété assez précoce pour atteindre la maturité du premier.

La *seconde façon* se donne 15 ou 20 jours après la première, à la charrue à deux versoirs. dite cultivateur. Elle procure à la fois un binage, un sarclage et un butage parfaits, qui a pour but, moins encore d'affermir la plante que d'ajouter à sa vigueur par suite de la sortie des nouvelles racines. — A cette époque, on supprime les tiges latérales qui poussent du collet, et qui affameraient la tige principale sans donner en compensation des produits suffisans. — C'est aussi le moment d'achever d'éclaircir. Les pieds de maïs ayant acquis 15 ou 18 pouces peuvent être utilisés à l'étable.

Dans quelques localités, avant de buter, on est dans l'usage de *déposer au pied de chaque touffe un supplément d'engrais* pulvérulens ou liquides. Sur les sols de consistance moyenne et un peu frais, le noir animalisé et la poudrette produisent, de cette sorte, de puissans effets.—Les Lucquois emploient les matières fécales délayées dans l'eau. C'est à cet arrosement distribué avec parcimonie au pied de chaque plante, qu'ils doivent ces abondantes récoltes de maïs quarantain qu'ils retirent des terres où ils ont semé ce grain aussitôt que le blé en a été enlevé.

Presque partout on néglige un *troisième binage*, parce que, une fois que le maïs couvre suffisamment le terrain, il y a beaucoup moins à redouter la croissance des mauvaises herbes, et parce que les butages perdent de leur importance à mesure que la végétation approche de sa fin. Cependant, vers l'époque de la floraison, une dernière façon, moins profonde que la précédente, est assez souvent profitable lorsqu'elle peut s'exécuter à peu de frais.

Peu de temps après la fécondation, on casse, dans beaucoup de lieux, *la sommité des tiges de maïs* pour les donner aux bestiaux. Sans doute il y a quelques inconvé-niens à faire cette suppression, qui occasione une perturbation assez grande dans les mouvemens de la sève. Quelques cultivateurs croient avoir remarqué qu'elle nuit à la grosseur et qu'elle retarde la maturité des épis ; mais cette différence est bien peu sensible, puisque d'autres prétendent avoir observé le contraire. Quoique nous nous rangions du premier avis, nous ne voudrions pas proscrire une pratique qui, lorsqu'elle n'est pas faite trop tôt, car alors nous savons par expérience qu'elle peut occasioner la coulure des fleurs ou la naissance de sous-bourgeons latéraux, ne nous paraît pas présenter autant d'inconvéniens que d'avantages.

Lorsqu'on veut *utiliser l'intervalle qui sépare les lignes de maïs* par d'autres cultures, il faut renoncer aux binages et aux butages à la houe à cheval ou au cultivateur. Les binages à la main deviennent même difficiles, et le sol, qui produit davantage, se trouve aussi plus fatigué, de sorte que les avantages, en dernière analyse, ne sont pas aussi clairs qu'on pourrait le croire au premier aperçu.

La *culture du maïs, même semé comme fourrage dans les interlignes,* donne cependant, sans ces derniers inconvéniens. de bons produits. Détruit avant le moment de la fructification, il épuise peu le sol et il peut faire place à un semis de navets, de raves, à une plantation de choux ou autres plantes destinées à être consommées pendant l'hiver. — Entre les rangs plus rapprochés du maïs quarantain, on pourrait aussi, à une récolte fourragère, faire succéder une plantation de colza. — Enfin, on peut encore faire, simultanément avec le maïs, d'autres semis de printemps qui exigent eux-mêmes des binages, tels que ceux de haricots, de pavots, de pommes-de-terre, etc., etc. Ce dernier moyen est souvent employé dans les pays de petite culture.

§ IX. — Récolte et conservation.

Il y a plusieurs manières de récolter le maïs. Les uns, c'est le plus petit nombre, *arrachent les tiges ;* — les autres *les coupent à fleur de terre* avec la serpe ou la houe tranchante ; — d'autres, enfin, *détachent l'épi* et laissent la tige sur place. — Après la cueillette, on étend les épis sur l'aire ou sous un abri aéré. et on y forme des couches de 7 à 8 pouces d'épaisseur, que l'on remue fréquemment pour que leur humidité se dissipe. Quelques cultivateurs ont soin de ne récolter que la quantité d'épis qu'ils peuvent dépouiller le même jour ou le lendemain. Cette précaution est utile pour en prévenir la fermentation.

Le dépouillement ou effeuillement des épis est presque toujours confié aux femmes et aux enfans. Assis autour des tas de maïs qu'ils ont formés, chacun prend un épi d'une main, en détache de l'autre les spathes qui l'enveloppent, et le frottent entre les doigts pour en enlever les barbes encore adhérentes aux grains. Dans quelques pays, au lieu de dépouiller l'épi complètement, on lui laisse 2 ou 3 feuilles propres à servir d'attache à plusieurs épis qu'on lie ensemble pour les tenir suspendus.

Pour compléter la dessiccation du maïs, on connaît plusieurs procédés différens. — Dans les climats méridionaux, dès que les épis sont effeuillés, on se contente de les *déposer sur le sol ou sur des toiles*, en couches peu épaisses, et de les remuer assez souvent pour que l'air et le soleil les dessèchent. — Dans les pays où cette céréale mûrit plus difficilement, on fait *sécher les épis dans des étuves* garnies de claies, et, le plus souvent, dans des fours de boulangers, dont on porte d'abord la température au-dessus de celle qu'exige la cuite du pain. On y introduit ensuite les épis effeuillés, dont l'évaporation adoucit la chaleur ambiante, et, pour obtenir une dessiccation plus prompte et uniforme, on les remue dans tous les sens 5 ou 6 fois dans la journée, à demi-heure d'intervalle. L'opération se termine ordinairement dans les 24 heures. — Si les rafles, à leur sortie du four, n'étaient pas desséchées jusqu'à leur centre; si elles ne se rompaient pas avec facilité lorsqu'on essaie de les ployer entre les mains; et si, enfin, les grains, sans avoir changé de couleur, n'étaient pas légèrement feuillés à leur surface, on recommencerait la même opération à une température plus douce. Il est à peine besoin de faire observer qu'une telle dessiccation porte atteinte à la vitalité du germe ; les épis destinés à la semence ne doivent donc pas être desséchés de cette manière.

Dans la plupart des régions d'une température moyenne, on *renverse les feuilles conservées* au nombre de 2 ou 3 à chaque épi, on les enlace et on les lie avec un nœud ou un brin d'osier, en en formant des faisceaux de 8 ou 10 épis, *qu'on dépose côte-à-côte sur des cordes ou des perches*, dans l'intérieur et au dehors des maisons, sous les saillies des toits, etc. Mais ce mode de conservation peut rarement s'appliquer à la totalité des récoltes un peu abondantes.—Pour suppléer à l'insuffisance des habitations, en Amérique, en Valachie, en Hongrie, on construit, pour renfermer les épis de la céréale qui nous occupe, des *séchoirs* couverts de chaume (*fig.* 565),

Fig. 565.

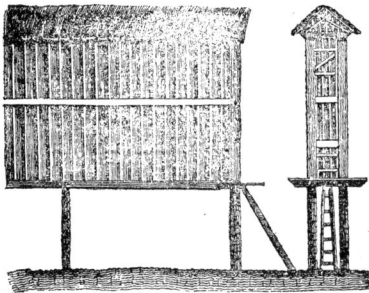

dont le pourtour et le fond sont formés de lattes en claire-voie, assez rapprochées pour retenir les épis. On donne à ces sortes de cages une longueur et une élévation calculées sur la quantité de maïs qu'on doit y renfermer, mais seulement une largeur de 2 ou 3

pieds pour que l'air puisse circuler à travers. Le séchoir est élevé sur des poteaux de bois ; la saillie du toit empêche la pluie de tomber à l'intérieur, et une porte à claire-voie, placée à l'une des extrémités, sert à s'y introduire à l'aide d'une échelle mobile.—Ce système de conservation, adopté depuis quelques années dans la ferme-modèle de Roville, est excellent ; et on ne peut douter que toutes les fois que les épis sont passablement mûrs, ils ne se conservent très-bien, et que, retirés de la cage quelques mois après, ils ne soient complètement desséchés.

Quoi qu'il en soit, dès que les grains de maïs sont assez secs pour se séparer de leur alvéole par le frottement réciproque de 2 épis, on peut *procéder à l'égrenage* par l'un des moyens suivans : — Tantôt, et c'est le procédé le plus simple, on égrène le maïs de la manière qui vient d'être indiquée; mais ce procédé, à cause de sa lenteur, ne convient que pour de petites récoltes ou pour le maïs destiné à la semaille.— Tantôt on se sert d'une *lame de fer fixée à un banc* sur lequel l'ouvrier s'assied pour râcler les épis l'un après l'autre.—Dans les pays de grande culture, les cultivateurs abrégent de moitié l'opération par l'*emploi du fléau*. Ils battent les épis sur l'aire à coups répétés, enlèvent les rafles avec la fourche ou le râteau, les mettent dans un coin, et amoncèlent le grain dans un autre. — Parfois le battage a lieu sur des *claies entrelacées* de manière à laisser entre les branchages un vide suffisant pour que le grain puisse passer. On peut ainsi opérer à volonté en plein air ou sous le toit de la ferme.—Il est des cantons où, pour égrener le maïs, les cultivateurs se servent d'un *sac grossier* qu'ils remplissent à moitié, et frappent ensuite à coups redoublés. Le peu de durée des sacs rend ce moyen dispendieux. — Dans divers endroits de la Sicile, les garçons et les jeunes paysannes se rassemblent au son d'une cornemuse et, *en dansant ou trépignant* sur les épis avec leurs sabots de hêtre, ils dépiquent le maïs par cette joyeuse opération.

La longueur de ces diverses opérations et les dépenses qu'elles exigent ayant *fait recourir aux machines*, j'ai construit un *égrenoir* qui a été distingué à l'exposition des produits de l'industrie (1834), et dont l'usage commence à s'introduire parmi les cultivateurs. Cette machine, dont la *fig.* 566 représente l'élévation, vue du côté du mouvement, et la *fig.* 567 la coupe longitudinale et verticale, par l'axe du tambour, est mue par une manivelle AA (*fig.* 566 et 567), montée sur un axe en fer qui porte aussi une grande poulie G pour servir à transmettre au batteur le mouvement que la manivelle lui imprime à l'aide d'une corde B sans fin. — L'économie de temps et de force que procure cette machine, la netteté qu'elle donne au grain, sans briser la rafle, et son prix, accessible à la plupart des fortunes, sont les avantages qu'elle présente; avantages constatés par l'expérience.

Après l'égrenage, de quelque manière qu'il ait été opéré, il est essentiel de *vanner le maïs*, comme on vanne le grain de toutes les céréales, afin d'en séparer la poussière, les

Fig. 567. Fig. 566.

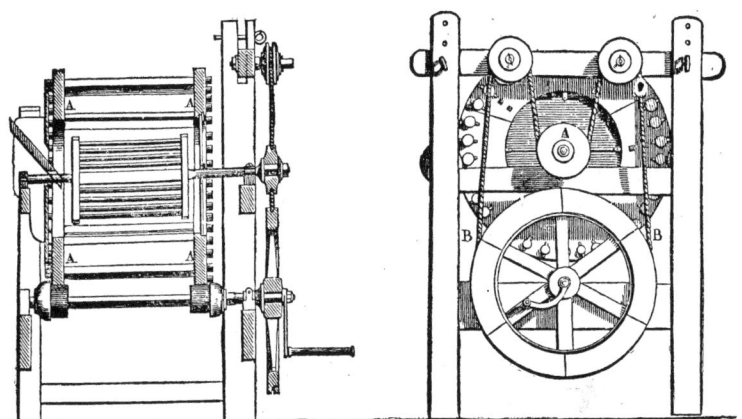

parcelles de l'épi, et les corps étrangers qui s'y trouvent mêlés.

Le moyen le plus naturel de conserver le maïs est de le laisser en épis, mais il peut difficilement convenir aux pays de grande culture. — Lors donc qu'on a dégagé les grains de la rafle, les uns les serrent dans des greniers où ils les remuent de temps en temps; — d'autres les mettent dans des sacs, des coffres, des tonneaux. — En Toscane, en Sicile, à Malte et sur les côtes d'Afrique, on les enfouit, comme les grains de toute autre nature, dans des fosses souterraines, revêtues à l'intérieur de pailles ou de nattes de jonc, d'écorce, etc. — Chacun sait qu'un moyen très-propre à prolonger la durée du maïs consiste à le soumettre à un degré de chaleur dont l'intensité, assez forte, à la vérité, pour détruire la vitalité du grain, paralyse en même temps les élémens de fermentation, et durcit assez la partie du grain enchâssée dans l'axe de l'épi, pour qu'il résiste à l'attaque des insectes. Malheureusement, la farine qui provient du maïs étuvé n'est pas d'une conservation plus longue que l'autre. On ne doit donc moudre ce grain que pour la consommation de quelques semaines. Plus la farine acquiert de finesse sous la meule, plus elle est susceptible de s'altérer.

§ X. — Des produits du maïs.

Si nous faisions, avec les voyageurs, des recherches sur les produits de la culture du maïs dans les contrées méridionales, nous verrions qu'à l'aide des irrigations, on en obtient sur le même sol au moins deux récoltes par an. C'est ce qui a lieu dans quelques parties de l'Égypte, et d'une manière bien plus marquée dans l'île de Cuba, où, au dire de M. RAMON DE LA SAGRA, on voit se succéder jusqu'à 4 cueillettes de maïs : la 1re en février,

la 2e en mai, la 3e en août, et la dernière en octobre. — Au sud de l'Europe, il n'est pas impossible non plus, comme on peut le prévoir d'après ce qui précède, d'obtenir 2 récoltes, soi en faisant sur le même champ 2 cultures consécutives de maïs précoce, soit en semant, en juillet, dans les intervalles des lignes de maïs ensemencées en avril; mais, d'une part, il faut beaucoup d'engrais pour réparer l'épuisement occasioné par cette production forcée, et, de l'autre, on chercherait vainement à l'obtenir hors de certains climats et de certaines positions favorisées par la proximité des eaux. — La multiplicité des récoltes de maïs n'est pas le seul avantage des pays aussi heureusement situés : leur abondance en est un non moins grand. — Dans quelques parties de l'Amérique du sud, il est des lieux, dit M. DE HUMBOLDT, où l'on regarde comme médiocre une culture de cette graminée, qui ne rend que cent trente à cent cinquante fois la semence.

D'après nos calculs, le produit ordinaire étant de deux épis dans les bons terrains, et d'un seul dans les médiocres, chaque épi contenant approximativement 10 à 12 rangées, et chaque rangée 30 à 40 grains, on obtient quelquefois en Piémont jusqu'à 180 pour un. — Toutefois, la récolte moyenne du maïs, dans ce même pays, n'est que de 60 p. 1. En réduisant encore ce total, on trouvera toujours que, partout où le maïs prospère, il est de toutes les céréales celle qui donne les plus abondans produits. Matth. BONAFOUS.

SECTION VII. — Du Millet et du Sorgho.

Le Millet ou Panis (Panicum, Lin.); en anglais, Millet; en allemand, Panick; en italien, Panico et Sageno, et en espagnol, Alcaudia, n'est cultivé un peu en grand que dans quelques-unes de nos provinces méridionales.

On fait entrer ses graines dans la confection du pain ; on les mange à la façon du riz, cuites dans du bouillon ou du lait ; on les emploie à la nourriture de tous les animaux domestiques. — Ses feuilles sont avidement recherchées par les bestiaux ; — enfin, ses tiges sèches servent à chauffer le four.

Il existe trois espèces principales de Panis : *le commun* (*Panicum miliaceum*, Lin.) ; — le *Millet d'Italie* (*P. Italicum*), et le *Moha* (*P. germanicum*), que l'on cultive à peu près de la même manière, et dont les produits sont peu différens. Cependant le dernier, généralement préférable aux deux autres comme fourrage, est moins productif en grain (*voy.* le chap. *Plantes fourragères*).

Le *Millet commun* (*fig.* 568) se distingue

Fig. 568.

facilement du *Millet d'Italie* (*fig.* 569). — Le premier porte des panicules volumineuses, à longues ramifications, lâches et pendantes au sommet ; la gaîne de ses feuilles est hérissée et couronnée de poils à son orifice ; ses graines sont blanches, jaunes ou noirâtres dans diverses variétés. — La seconde espèce a ses fleurs disposées en un épi serré, cylindrique, et à ramifications si courtes qu'elles sont sensibles à la base seulement ; les feuilles sont moins larges, moins longues, et ordinairement moins velues. — L'un et l'autre s'élèvent à 3 ou 4 pieds (1ᵐ ou 1ᵐ 299). Quant au *Moha* (*fig.* 570), il se rapproche beaucoup du millet d'Italie. Son épi est cependant généralement plus court, ses tiges plus grêles et plus nombreuses.

Fig. 570.   Fig. 569.

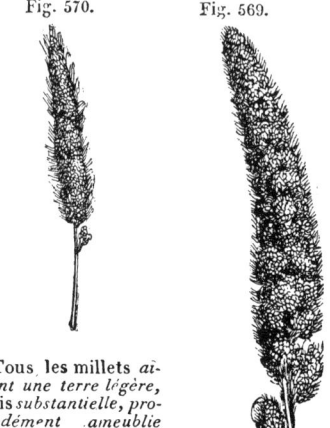

Tous les millets *aiment une terre légère,* mais *substantielle, profondément ameublie* par plusieurs labours, et *richement fumée.* Dans les sols pauvres ou arides, ils ne donnent que peu de tiges et des épis peu chargés de graines ; — dans les sols humides, sans chaleur, ils pourrissent promptement par les racines.

Les millets, supportant mieux la chaleur et la sécheresse que la plupart de nos autres céréales, sont propres à succéder en seconde récolte à celles qui cessent d'occuper le sol à la fin du printemps ou au commencement de l'été, et à remplacer les cultures printanières détruites par quelques accidens. — Nous verrons qu'on peut aussi en tirer un parti avantageux comme fourrage.

Vers le centre de la France, dans l'appréhension des gelées, dont ces plantes ne peuvent supporter la moindre atteinte, on ne *les sème que dans le courant de mai.* — Plus au sud, il faut devancer cette époque, afin de profiter de l'humidité accumulée dans le sol pendant l'hiver. Lorsqu'on n'opère pas par un temps de pluie, la graine des divers millets étant fort dure, il est avantageux de la faire tremper pendant 24 heures dans de l'eau à une douce température.

Les semailles se font à la volée ou par lignes plus ou moins distantes, selon le développement que doit prendre chaque touffe, eu égard à la qualité du terrain. — En général, l'espace réservé d'un pied à l'autre est de 10 à 15 po. (0ᵐ 271 à 0ᵐ 298) environ.

Quelle que soit la manière dont on aura semé, on devra plus tard *éclaircir, sarcler, biner* et *buter* d'après les mêmes principes que ceux qui ont été exposés en parlant du maïs. Par cette raison, pour faciliter le travail de la houe à main, les semis en ligne doivent être préférés. S'ils exigent, lorsqu'on ne possède pas un bon semoir, un peu plus de temps que les autres, cette légère différence est largement compensée plus tard par la plus grande facilité, la rapidité des sarclages et des butages, la perfection du travail, et, en définitive, par l'abondance des récoltes.

On reconnaît que *la plante approche de sa maturité* à son changement de couleur. Les épis deviennent alors jaunâtres comme les graines; si l'on attendait pour les recueillir que ces dernières fussent toutes parfaitement mûres, on en perdrait une grande quantité; aussi la récolte ne doit pas être différée jusque là.

On *coupe les épis* à un pied de leur base, et on les suspend dans un endroit aéré et sec, jusqu'à ce que la maturation soit complète; puis on les égrène à la main ou on les bat avec un fléau, et on les nettoie comme le blé.

Le *produit en grain* des panis est considérable. Malheureusement, leur qualité, comme substance propre à la nourriture de l'homme, n'est pas, à beaucoup près, en rapport avec leur quantité.

Le SORGHO (*Holcus Sorghum*, Lin.); en anglais, *Millet*; en allemand, *Hirse* ou *Sorgsamen*; en italien, *Sorgo*, et en espagnol, *Alcaudia* (*fig.*571), est, comme on le voit par cette

Fig. 571.

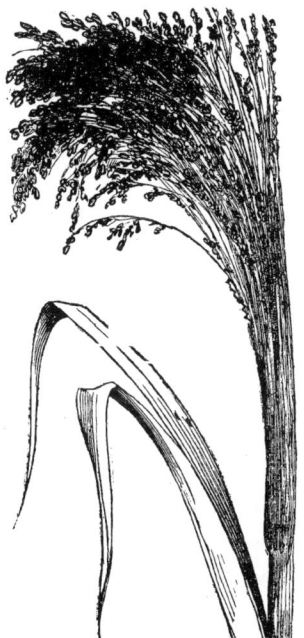

synonymie, souvent confondu avec le millet, dont il diffère, du reste, assez peu par ses usages économiques, sa culture et ses produits.—Sa tige forte, roide, analogue à celle du maïs, dont elle se distingue cependant par ses moindres dimensions, s'élève à la hauteur de 5 ou 6 pieds (1 à 2 mèt.). Ses feuilles sont plus larges et plus longues que celles des millets. Ses fleurs et ses graines sont disposées, à l'extrémité des tiges, en larges pa-

nicules formant une sorte de petit balai.

Comme le panis, le sorgho *veut une terre fertile* et chaude. — La manière de le *semer*, de le *sarcler* et de le *buter*, est en tout la même; seulement, il est bon de l'*espacer davantage* Cette plante, fort cultivée en Arabie et sur divers autres points de l'Asie, s'est répandue aussi en Italie, en Espagne, en Suisse, dans quelques parties de l'Allemagne et de la France méridionale et occidentale. Mais elle s'y est fort peu étendue, parce que, quoiqu'elle épuise le sol à peu près autant que le maïs, elle donne des produits en général moins fructueux.

Oscar LECLERC-THOUIN.

Section VIII. — *Du Riz.*

Le *Riz cultivé* (*Oryza sativa*), en anglais, *Rice*; en allemand, *Reis*; en italien, *Riso*; (*fig.* 572), est une plante annuelle qu'on croit originaire des Indes et de la Chine, et qui appartient à la famille des graminées. Ses racines sont fibreuses et superficielles, et ressemblent à celles du froment; elle fournit des tiges hautes de 3 à 4 pieds, grêles, et aussi fermes que celles du blé. Les feuilles sont longues, étroites, terminées en pointes. Les fleurs portent des étamines de couleur purpurine, et forment des panicules comme chez le millet. Les grains sont contenus un à un dans une balle sans arête, à pointe aiguë, à deux valves à peu près égales; ils sont oblongs, sillonnés, durs, demi-transparens et ordinairement blancs.

Fig. 572.

Le riz, comme toutes les plantes cultivées depuis un temps immémorial, a produit un *grand nombre de variétés*. Celles des Indes, notamment le *benafouli* et le *gouondoli*, donnent un grain meilleur que le riz de l'Europe. A la Chine, il en existe aussi un grand nombre d'excellentes variétés; celle dite *riz impérial* paraît être d'un tiers plus précoce que les autres, et peut ainsi mieux réussir au nord de l'Empire. Il y en a une au Japon dont le grain est fort petit, très-blanc et le meilleur qu'on connaisse; il est aussi nourrissant que délicat; les Japonais n'en laissent presque pas sortir. Mais, pour nous, les variétés les plus intéressantes sont celles cultivées en *Piémont* et dans les *Carolines*.

M. Poivre a rapporté de la Cochinchine à l'Ile-de-France une variété de *riz* qu'on appelle *vivace* ou *perenne*, parce qu'elle reproduit chaque année des tiges nouvelles; son grain est brun et de bon goût; cette espèce est peu répandue.

Il y a une dizaine d'années, on avait, en

France, fondé de grandes espérances sur une variété de *riz sec*, provenant de la Cochinchine, envoyée à la même époque par POIVRE en Europe, et mise en vogue par A. THOUIN; on prétendait qu'elle pouvait être cultivée sans inondations dans les terrains frais. Malheureusement, les essais tentés de divers côtés, et ceux que nous avons faits en Piémont ont démontré que cette variété est une plante aussi aquatique que l'espèce à laquelle elle appartient, et qu'elle ne peut fructifier sans l'intervention de l'eau. On sait en effet que les variétés de *riz sec de montagne* de l'Asie, particulièrement de la Cochinchine, ainsi que de Madagascar, ne prospèrent, sans être inondées, que dans les pays et aux époques où les moussons procurent des pluies continuelles et constantes. Le grain obtenu, en cultivant ce riz comme le riz humide, nous a paru plus dur et par conséquent d'une cuisson plus longue.

§ Iᵉʳ. — Usages du riz.

Les *usages du riz* sont nombreux et variés. L'analyse chimique y a fait reconnaître une quantité considérable de fécule, environ 96 pour cent ; aussi ce grain est-il l'une des substances les plus nutritives, et, pour une grande partie des peuples de l'Asie, de l'Afrique et de l'Amérique, il est d'une importance égale à celle du froment pour les habitans de l'Europe. L'analyse nous a prouvé que le riz cultivé en Europe offrait plus de principes nutritifs que le riz exotique ; il est moins blanc, mais plus savoureux.

Le riz seul ne paraît pas susceptible de panification, et la manière la plus ordinaire de le consommer consiste simplement à le faire ramollir et gonfler dans de l'eau bouillante ou à la vapeur ; on le mange en cet état, soit seul et assaisonné avec quelques sels ou épices, ce que les Orientaux nomment *pilau*, soit mélangé avec les autres substances qui composent le repas ordinaire.

M. ARNAL a récemment fait valoir les avantages qu'il y aurait à mélanger un septième de riz réduit en farine, avec la farine de blé destinée à la *préparation du pain*, et il a trouvé qu'en composant la pâte de 12 livres de froment, 2 de riz et 13 d'eau, on obtient 24 livres d'un pain excellent, très-nutritif et d'une blancheur parfaite, tandis que 14 livres de farine ne donnent habituellement aux boulangers qu'environ 18 livres de pain.

En Europe, on mange aussi le riz bouilli, mais on en prépare surtout une foule de *potages*, de *gâteaux* et de *mets sucrés* excellens. — On sait que la décoction des grains du riz est très-employée en médecine dans les dyssenteries et comme boisson très-salutaire. — Dans quelques pays, on en nourrit la volaille. — En Chine, ce grain, soumis à la fermentation et à la distillation, fournit une liqueur spiritueuse appelée *arack*, et au Japon, une sorte de boisson vineuse nommée *jacki*. — Enfin, les Chinois en composent une *pâte qui acquiert une grande dureté*, qui se moule comme le plâtre, et avec laquelle ils font divers petits ouvrages de sculpture et de modelé.

La *balle du riz*, que les Piémontais nomment *bulla*, se donne aux chevaux après l'a-

voir légèrement mouillée, mais c'est une médiocre nourriture. — Quant à la *longue paille*, on n'en peut faire que de la litière pour les bœufs ; aussi en laisse-t-on souvent une bonne partie pour l'enterrer dans le sol. — Nous ne parlerons pas de l'emploi du riz pour la préparation des chapeaux et tissus appelés dans le commerce *paille de riz*, car on sait qu'ils sont confectionnés avec le bois de diverses espèces d'osiers et de saules, ou d'autres arbres à bois blanc. — Quant au *papier de riz*, il est fait avec les tiges de l'OEschynomène des marais (*OEschynomene paludosa*, Roxb.), plante de la famille des légumineuses, qui croît abondamment dans les plaines marécageuses du Bengale.

§ II. — Exploitation et insalubrité des rizières.

Il est bien constaté que la culture du riz *ne prospère que sur les terrains qu'on peut inonder* à volonté, ou dans les contrées soumises à des pluies régulières et abondantes. C'est ainsi qu'elle est pratiquée, quoique avec des modifications particulières, en Chine, au Japon, dans les Indes et les îles de l'Asie ; en Égypte et autres parties de l'Afrique ; aux États-Unis d'Amérique, notamment dans les Carolines, qui produisent du riz en abondance, et en fournissent une grande quantité au commerce européen ; enfin, en Europe, dans le Piémont et la Romagne, et en Espagne, partout où les cours d'eau sont nombreux et abondans, et où il est par conséquent facile d'inonder les champs de riz. Dans un grand nombre de localités, et surtout aux Indes, en Chine et au Japon, on cultive le riz sur des terrains où l'eau ne viendrait pas naturellement, et on l'y amène par des canaux d'irrigation, en l'élevant au moyen de machines.

La culture du riz a été *essayée avec succès dans plusieurs parties de la France*, en Provence, dans le Forez, le Dauphiné, la Bresse, en Languedoc et dans le Roussillon, et, de nos jours, aux environs de la Rochelle par madame du Cayla. Mais elle a été abandonnée, à cause des maladies meurtrières qui l'accompagnaient, et qui portèrent le gouvernement à l'interdire formellement. Ces ordonnances, quoique sans application depuis un très long temps, n'ont point été abolies ; en sorte qu'on peut se demander si la culture du riz pourrait être rétablie en France de nos jours, sans l'intervention de l'autorité législative. *En Espagne,* elle avait été aussi proscrite sous peine de mort ; mais cette défense est tombée en désuétude ; cependant il est encore défendu d'établir des rizières, si ce n'est à la distance d'une lieue des villes. En Amérique, comme *en Italie et en Piémont,* la culture du riz est soumise à diverses mesures restrictives, qui ont pour but de diminuer les fâcheux effets de son insalubrité, dont il est facile de se convaincre en observant les visages livides, pâles et bouffis des habitans, et en remarquant que des fièvres intermittentes y règnent presque toute l'année. Dans ces derniers pays même, où l'influence délétère des rizières est en partie dissimulée par leur mode d'exploitation, si l'on écoutait les vœux des amis de l'agriculture et de l'humanité, au lieu d'encourager cette culture, on tendrait à la réduire.

Les grands travaux nécessaires pour niveler le sol des rizières et y amener les eaux d'une manière régulière, ne permettent pas ce genre de culture aux paysans, ni aux petits propriétaires. En Piémont, ils restent tout-à-fait étrangers à la culture des rizières, qui sont ordinairement des propriétés d'une vaste étendue, situées dans des contrées où la population est rare et chétive, et qui appartiennent à de riches citadins. Ceux-ci en confient la direction et la surveillance à des régisseurs qui font exécuter tous les travaux de culture comme de récolte, par des étrangers ; ceux-ci arrivent à cet effet de diverses contrées, aux époques convenables.

Pour l'agriculture française, le riz n'offre un grand intérêt que par l'étendue que sa culture pourrait prendre sur le territoire d'Alger, où il existe de vastes plaines d'un terrain fertile et facilement irrigable, et où la population, peu considérable dans certaines localités, aurait peu à souffrir de l'insalubrité des rizières. Peut-être aussi pourrait-on l'introduire, sans de grands dommages pour la santé publique, dans quelques contrées du midi de la France, qui trouveraient ainsi un emploi plus productif que par la végétation des mauvais herbages et des roseaux qu'elles fournissent.

§ III.— Culture du riz.

Le *climat exigé par le riz* ne permet pas à cette culture de dépasser avantageusement vers le nord le 45ᵉ ou le 46ᵉ degré de latitude; il faut, en effet, au riz, pour bien fructifier en Europe, une température élevée pendant 4 à 5 mois au moins. Il demande aussi, autant que possible, une *exposition méridionale* et une *situation qui ne soit pas ombragée*.

Le *terrain préféré par le riz* est gras, humide et naturellement fertile. Le sol des rizières est souvent assez riche par lui-même et par la décomposition des matières animales et végétales, sans cesse activée par l'action de l'eau, pour permettre la culture du riz sans engrais pendant plusieurs années de suite. Il est même des sols si riches qu'on risquerait d'y voir *verser le riz*, ce qui anéantirait la récolte. On lui fait alors succéder d'autres céréales, et surtout le maïs ou le sorgho. Il est des rizières où le riz est *cultivé sans interruption;* dans d'autres, tous les 4, 5 ou 6 ans, on le soumet à une *année de jachère,* pendant laquelle *on fume* ou bien on adopte un *assolement* qui intercale de loin en loin le maïs et le chanvre. Du reste, les engrais sont rarement inutiles de temps en temps, si ce n'est sur les terrains trop féconds, et ils deviennent très-avantageux sur ceux de médiocre qualité.

Environné de toutes parts d'eau qu'il faut renouveler constamment, le riz y pompe presque toute sa nourriture, en sorte qu'il *épuise très-peu le sol.* Son propre feuillage et la présence de l'eau préviennent aussi très-efficacement l'évaporation des principes fertilisans et la propagation des herbes. Il en résulte que toutes les récoltes qui succèdent immédiatement à celles du riz, sont nettes, abondantes et très-avantageuses, et

qu'on peut prolonger la culture du riz sur le même sol, pendant plusieurs années consécutives, avec plus d'avantages et moins d'inconvéniens que pour la plupart des autres graminées.

Quoique le riz préfère un terrain riche, il peut cependant donner de *bons produits sur un sol peu fertile,* pourvu que sa couche inférieure lui fasse retenir à sa superficie l'eau et les matières fertilisantes. On dit que cette plante est très-productive *sur les terrains salés,* ce qui peut rendre sa culture avantageuse sur certaines laisses de mer.

Les *eaux préférables pour les rizières* sont celles de rivières, puis celles des étangs, lacs, mares ou marais; celles de sources ou de puits sont pour le sol européen les moins convenables, comme les plus fraîches et les moins propres à la végétation; lorsqu'on est obligé d'y avoir recours, on doit les améliorer par un séjour dans des réservoirs bien découverts et peu profonds, et même en y mêlant des engrais animaux.

Le sol des rizières *doit être labouré* pour ameublir la terre, et permettre aux racines d'y pénétrer. Mais les labours ne doivent pas être profonds, surtout dans les terrains médiocres.

Ainsi, la culture du riz ne peut être établie que dans un bon sol ;—disposé en plaine ou en pente douce, afin de rendre facile l'entrée et l'écoulement de l'eau ; — voisin d'une rivière ou de tout autre dépôt d'eau favorable; — écarté le plus possible de toute plantation qui nuirait au riz en l'ombrageant et l'exposant davantage aux dégâts des oiseaux et autres animaux ; — enfin, convenablement préparé par des labours et des engrais.

Avant de procéder aux semis, une *préparation particulière aux rizières* consiste à *diviser le sol en compartimens* à peu près égaux, carrés et contigus, dont l'étendue doit être proportionnée à la pente plus ou moins forte du terrain, et est généralement, dans la Catalogne et le royaume de Valence, de 15 à 20 pi. de côté. Ces *planches* sont séparées les unes des autres par de petites levées ou chaussées en terre, en forme de *banquettes,* dont on proportionne la hauteur et l'épaisseur au volume d'eau qu'elles doivent renfermer, mais qui ont généralement 2 pieds d'élévation sur 1 de large. Ces banquettes permettent de parcourir les rizières en tout temps à pied sec, et de retenir les eaux à volonté ; elles sont percées d'*ouvertures* opposées, pour l'introduction et l'écoulement des eaux. Le *sol des planches* doit être aplani et bien nivelé, afin que l'eau se maintienne partout à une égale hauteur.

L'*époque favorable pour les semailles* est ordinairement en avril pour les nouvelles rizières, et seulement au milieu de mai pour les anciennes, dont le sol, refroidi par une inondation longtemps prolongée, a besoin d'être réchauffé par l'action des rayons solaires auxquels il faut le laisser exposé. Au moment de semer, on fait pénétrer l'eau, et lorsqu'elle est uniformément répandue à peu de hauteur, on y entre pieds nus, et on *sème a la volée* comme pour le froment. En Asie, on sème souvent *en rayons;* et dans l'Inde comme en Chine, et ailleurs, généralement on *transplante le riz*, semé d'abord en pépinière, lorsqu'il est parvenu à 5 ou 6 pouces de hauteur. Il est aussi des lieux où l'on n'introduit l'eau qu'après avoir semé et hersé.

Il est utile d'avoir préalablement *disposé la graine à germer* en la faisant tremper dans de l'eau pendant un ou deux jours, ou même assez longtemps pour qu'il y ait un commencement de germination. La semence, tout le monde le sait, doit avoir été *conservée avec sa balle* ou enveloppe.

Pour *enterrer la semence*, voici le procédé en usage dans le Piémont et la Romagne : On attèle un cheval à une planche d'environ 3 mètres (9 pieds) de longueur, sur 33 centim. (1 pied) de largeur, et sur laquelle un conducteur se tient debout en se soutenant au moyen des guides. Il fait parcourir à la planche toutes les parties des compartimens, dont il rabat ainsi les sillons, en ayant soin de descendre lorsqu'il passe d'un compartiment dans un autre, par-dessus les berges.

Les *façons d'entretien du riz* consistent à suivre la distribution des eaux, qui doivent être plusieurs fois renouvelées, et toujours un peu courantes pendant la végétation de la plante, et qu'on fait écouler une ou deux fois pour permettre des sarclages. — Au bout de 12 ou 15 jours, les premières feuilles du riz commencent à paraître hors de l'eau ; il faut alors augmenter successivement la quantité de l'arrosement ; de sorte que l'extrémité des feuilles soit constamment flottante à la surface de l'eau, et cela jusqu'à ce que les tiges soient assez développées pour se soutenir, ce qu'on reconnaît à l'existence du premier nœud et a une teinte verte plus foncée. — A cette période de la végétation du riz inondé, on *fait écouler l'eau* pour donner plus de consistance aux plantes et permettre l'enlèvement des mauvaises herbes ; mais on ne tarde pas à restituer l'eau plus abondamment, dès que le riz jaunit et paraît souffrir. — Cette nouvelle inondation active promptement sa croissance, et on l'entretient aussi complète et aussi haute que possible, surtout par les grandes chaleurs et à l'époque de la floraison. — Assez souvent, vers la fin de juin, on *retire encore une fois les eaux, afin de sarcler* les mauvaises herbes, principalement les prêles, les souchets, carex, etc. qui ruineraient bientôt les rizières en se propageant ; dans tous les cas, on débarrasse toujours rigoureusement les banquettes.

Avant que le riz soit en fleur, c'est-à-dire généralement vers le milieu de juillet, *on le cime*, opération qui se fait à la faulx comme l'effanage des blés trop vigoureux, et qui consiste à retrancher les sommités des tiges. Le riz, plus ferme, épie, fleurit et mûrit alors plus également ; mais cette pratique n'est point générale.

Le riz *fleurit une 15e de jours après le cimage*, et le grain se forme au bout de 15 autres jours ; durant cette période, plus grande est l'abondance de l'eau, et plus fortes sont les chaleurs, plus on fait de riz. — Dès qu'on s'aperçoit *que la maturité approche*, ce qu'indique la couleur jaunâtre que prennent les épis et la paille, on fait entièrement écouler l'eau, et on dégage, à cet effet, les ouvertures jusqu'au bas des banquettes, afin que le terrain perde son humidité, tant pour qu'il puisse recevoir le labour en temps convenable que pour rendre la récolte plus facile. Il est cependant des *lieux où elle se fait dans l'eau*, ce qui augmente beaucoup l'insalubrité ordinaire des rizières.

Depuis quelques années, les rizières de la haute et basse Italie sont sujettes à une *maladie désignée en Italie* sous le nom de *brusone*. Le riz se trouve instantanément frappé de stérilité par cette maladie, attribuée par les uns à un insecte inconnu, et par d'autres à une végétation agame, dont le développement rapide serait sans exemple. Mais ces deux opinions nous paraissent peu vraisemblables ; nous croyons que le brusone est plutôt dû à un phénomène électrique. En effet, nous avons toujours remarqué que le riz qui végétait sur les bandes de terre imprégnées d'une humidité plus profonde, y était plus exposé. Nous avions soupçonné aussi que le riz cultivé en Piémont avait pu dégénérer, faute d'en avoir renouvelé la semence depuis l'époque déjà ancienne de son introduction. Nous fîmes venir en 1829 du riz de l'Amérique septentrionale, pour le distribuer aux cultivateurs piémontais, et il résulte de leurs essais que ce grain américain n'a pas été atteint du brusone, quoique cultivé dans les mêmes circonstances ; nous énonçons ce fait sans oser conclure que notre soupçon soit fondé.

§ IV. — De la récolte et des produits.

La *récolte a lieu* quand la couleur jaune foncée de la paille et de l'épi annonce une complète maturité ; ce qui arrive ordinairement 5 mois après les semailles, et vers la fin de septembre. Elle *se fait à la faucille* en sciant à moitié paille. — On *botèle* sur-le-champ en petites gerbes qu'on *lie* avec des liens de paille de blé ou d'osier.

Le *battage s'opère* généralement en Piémont par les procédés de dépiquage qui ont été décrits page 330. On pourrait aussi battre le riz au fléau. A l'île Maurice, on le bat en frappant de fortes poignées sur 2 morceaux de bois de 4 à 5 pouces de diamètre, placés à côté l'un de l'autre. Dans plusieurs pays, on se contente de frapper les épis contre une muraille ou contre des planches. — Après la séparation du grain d'avec la paille, on *amasse le riz en tas* et on le *vanne*. Ensuite, ou *le met sécher* sous des hangars ou au soleil, et des ouvriers le remuent avec des râteaux jusqu'à ce qu'il soit parfaitement sec, ce que l'on reconnaît en mettant quelques grains sous la dent ; ils doivent être alors aussi durs que ceux qu'on livre à la consommation. On passe ensuite le grain dans trois *différens cribles*, pour l'épurer parfaitement. — Dans cet état, le riz est enveloppé de sa balle jaunâtre, qui est très-adhérente ; il porte le nom de *riz en paille*, et de *rizon* en Piémont, celui de *riz* étant réservé pour le riz préparé et blanchi. — Quant à *cette dernière opération*, elle s'exécute en Italie au moyen de *mortiers et de pilons* en bois dur ou en pierres, mis en action par l'eau ou par un cheval, et en Espagne par des *moulins* dans le genre de ceux à farine, qui pourraient facilement être appliqués à cette destination, notamment en gar-

nissant de liége la meule d'en bas, par dedans, c'est-à-dire entre les deux meules, afin
qu'elles n'écrasent point les grains. On trouve
un moulin fort simple, décrit et figuré dans
la Collection d'instrumens et de machines de
M. DE LASTEYRIE.—Celui que nous représentons (*fig.* 573), d'après l'ouvrage de BORGNIS,

Fig. 573.

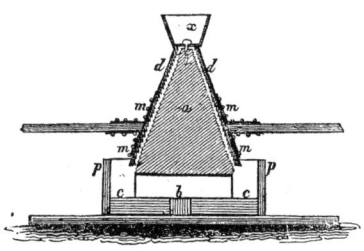

nous paraît préférable. Agissant par frottement, et non par percussion, il ne peut que
dépouiller le riz de son écorce sans le pulvériser. On voit que cette machine très-simple est composée d'un cône de bois *a*, de 5 à
7 pieds de long sur 3 à 5 de diamètre à la base,
et 12 à 15 pouces au sommet. Ce cône est fait
d'un assemblage de pièces de bois collées et
réunies par de fortes chevilles ; il est soutenu
fixement par une mèche *b*, scellée dans une
plate-forme en maçonnerie *c c*. Ce cône est
entaillé sur toute sa surface convexe par des
cannelures d'une forte ligne de profondeur,
de 4 à 5 d'empatement, tirées parallèlement
et en ligne oblique. Une cape *dd*, conique,
exactement correspondante à celle du cône
a, le recouvre entièrement ; sa surface concave est entaillée de cannelures semblables à
celles du noyau *a*, mais inclinées en sens inverse. Cette cape, construite de madriers
rapprochés comme les douves d'une futaille,
est liée par 3 ou 4 cercles en fer ; elle est
soutenue en équilibre par un boulon en fer
encastré dans la partie supérieure du cône *a*.
L'extrémité de ce boulon entre dans une
calotte de bronze hémisphérique, soudée au
centre de 2 petites barres de fer assujetties
au fond de la trémie *x*. Ce fond est percé de
plusieurs trous pour laisser passer peu-à-peu
les grains qui, en descendant entre le noyau
et la cape, sont dépouillés de leur capsule
par le frottement que produit la rotation de
cette dernière, laquelle est mise, au moyen
des 2 leviers, en un mouvement circulaire
alternatif de droite à gauche. Cette machine,
mue par 2 hommes, blanchit, en une journée
de travail, 4 quintaux de riz.

Au sortir des moulins, le riz *passe encore
au crible*, mais on ne le nettoie pas davantage
dans les rizières, et ce sont les marchands
qui *achèvent de l'épurer*, en en formant plusieurs qualités. La plus inférieure se nomme
rizot; elle sert à la nourriture du peuple, à la
préparation d'un amidon inférieur à celui de
blé, et aussi à l'engraissement de la volaille.
—Le déchet du rizon au riz blanchi est communément dans le rapport de 38 à 25.

L'un des grands avantages du riz est sa *fa-*

cile *conservation*, qui le rend, par suite, très-
précieux pour les voyages de long cours, pour
les approvisionnemens des villes de guerre
et pour les cas de disette.

Les *produits du riz* sont considérables,
comparés au froment. Quand le grain du riz
est beau, bien nourri, bien plein, 100 livres
en gerbes donnent jusqu'à 75 livres de riz
blanc ou pilé; le plus communément, on en
obtient de 40 à 50 livres. Le prix du riz de
Piémont blanchi est d'environ 25 centimes le
kilog. (2 sous 1/2 la livre). — Dans les Carolines, on compte que le produit d'un acre est
de 50 à 80 boisseaux de riz, selon la qualité du
sol; 20 boisseaux de grains, revêtus de l'é-
corce, pèsent environ 500 livres; ces 20 boisseaux se réduisent à 8 quand le riz est dépouillé de son enveloppe, mais il y a peu de
perte sur le poids.

Matthieu BONNAFOUS.

SECTION IX. — *De quelques autres plantes de
la famille des graminées.*

Le PATURIN *flottant* (Poa *fluitans*), plus
vulgairement connu sous le nom de *Fétuque
flottante, manne de Pologne* ou de *Prusse*, a
été rangé parmi les paturins par les botanistes
modernes, parce que, comme dans toutes les
espèces de ce genre, il a des balles dépourvues d'arêtes. — Sa panicule est fort longue, resserrée en forme d'épis, et composée
d'épillets cylindriques et alongés.— Ses graines sont petites et nombreuses. C'est une
plante vivace qui croît abondamment dans
les fossés et les marais vaseux; elle sera figurée au chap. des *Fourrages.*

Dans le nord de l'Europe, et notamment
en Pologne, on récolte, dit-on, *soigneusement
les graines* de ce paturin, que l'on fait cuire
à la manière du riz et des millets, et auxquelles on trouve un goût délicat et sucré.—
On en nourrit aussi les volailles et les oiseaux. Parmi les personnes qui en ont goûté
en France, à ma connaissance, les unes les
ont trouvées fort bonnes, les autres leur ont
reconnu une saveur marécageuse presque
repoussante. — Quoi qu'il en soit, on a, dans les années de pénurie, et dans les pays à marais
comme la triste Sologne, il ne peut être indifférent d'appeler l'attention des habitans
de la campagne sur la propriété alimentaire
de cette plante, dont il serait facile de peu-
pler, par les semis, la plupart des terrains
aquatiques, et d'employer les produits herbacés, comme l'un des meilleurs fourrages
verts de ces sortes de localités, lorsqu'on ne
jugerait pas à propos d'utiliser ses semences;
on pourrait même profiter de ses fanes et
de ses graines en fauchant après la maturité
de ces dernières.

Toutes *les graines ne mûrissent pas en même
temps* sur le même pied; on en obtient ordinairement, dit Bosc, en plaçant un tamis sous
les épis, et frappant sur eux avec des bâtons. On répète cette opération toutes les
semaines jusqu'à la fin de la récolte.

Le PATURIN *d'Abyssinie* (Poa *abyssinica*)
est annuel. Sa panicule est lâche, penchée,
composée d'épillets linéaires de 4 fleurs. C'est
dans le pays qui lui a donné son nom qu'on

mange ses graines, malgré leur petitesse, de la même manière que celles de la précédente espèce, sous le nom de *Teff*. — On a pensé que la rapidité de croissance de cette plante pourrait la rendre, dans la France méridionale, aussi utile qu'elle l'est en Abyssinie, où on peut manger au bout de 40 jours le produit d'un semis, et où l'on en fait jusqu'à 3 dans une année lorsque la saison est favorable.

L'ALPISTE ou *Phalaride des Canaries* (*Phalaris Canariensis*), *graine des Canaries* (voir la *fig.* au *chap.* des *Plantes fourragères*), a un épi terminal, ovale ou à peu près cylindrique, assez épais ; — des balles glabres à courts pédoncules. — Quoiqu'on le regarde comme originaire des Canaries, on le retrouve fréquemment à l'état sauvage sur plusieurs points de la France, notamment en Bourgogne, dans le Lyonnais et le Languedoc. Il se plaît de préférence dans les prés humides.

Les voyageurs rapportent que, dans les îles dont je viens de parler, cet alpiste *servait autrefois de nourriture aux habitans* qui en font encore des bouillies fort bonnes, comme cela a lieu aussi dans certains cantons de l'Espagne, de l'Italie et même de la France méridionale. Mais, dans tous ces pays, lorsqu'on le cultive en petit, c'est principalement pour en donner la graine aux oiseaux. Il est moins productif que beaucoup d'autres graminées tout aussi propres à cette destination. — Une propriété particulière, qui, si elle était bien reconnue, augmenterait cependant probablement la culture de cette plante, c'est que la farine de ses graines paraît être préférable à toute autre pour faire la colle destinée à affermir la chaîne des tissus fins, parce qu'elle conserve plus longtemps son humidité.

Le phalaris des Canaries *aime les terres légères, chaudes* et pourtant substantielles. Sa végétation s'accomplit rapidement au sud de l'Europe ; — assez lentement, au contraire, dans les régions du nord, puisqu'en Angleterre il ne fleurit que vers le mois de juillet et ne parvient à maturité que vers septembre ou octobre. Dans la plupart des contrées où on le cultive, on le sème à la manière de l'avoine ou de l'orge. En Angleterre, il paraît qu'on le sème en rayons distans d'un pied les uns des autres, dans le courant de février.

La ZIZANIE (*Zizania aquatica*), *riz de Canada*, improprement *folle-avoine*, — *Zizanie claveleuse* de Bosc, est, d'après cet auteur, une plante monoïque annuelle, qui s'élève, en Caroline, dans les eaux stagnantes et boueuses, à la hauteur de 7 à 8 pieds. — Ses fleurs sont disposées en panicules terminales, les mâles à la partie supérieure, et les femelles à la partie inférieure. Celles-ci sont remplacées par des graines qui n'ont pas moins de 7 à 8 lignes (0ᵐ016 à 0ᵐ018) de long, et qui sont regardées comme un excellent manger. Le même agronome dit que, les ayant mâchées, il les a trouvées plus farineuses qu'aucune de celles de la famille des graminées, et que les sauvages, avant l'arrivée des Européens, en faisaient cuire avec leur viande en guise de riz.—Aussi fait-il des vœux pour que cette belle et utile plante soit introduite dans les parties méridionales de l'Europe, où elle réussirait certainement.

Les graines de *Zizania aquatica*, dit M. Loudon, *contribuent* encore essentiellement à *la nourriture des tribus* errantes d'Indiens, et à celle d'immenses troupeaux de cygnes, d'oies et d'oiseaux d'eau de diverses sortes, qui affluent de toutes parts dans les marais du nord de l'Amérique. Parkinson s'étonne, tant il a vu cette plante productive dans les climats les plus rigoureux, et en des positions complètement impropres à toute autre culture, que les Européens, habitans des parties les plus septentrionales du pays que je viens de citer, n'aient encore fait aucune tentative pour propager et améliorer une production végétale qui semble destinée par la nature à devenir un jour le pain du nord.

Oscar LECLERC-THOUIN.

CHAPITRE XVI. — DES LÉGUMINEUSES A SEMENCES FARINEUSES.

SECTION Iʳᵉ. — *Des fèves.*

Si les *fèves*, ou plutôt les *féverolles*, dont nous devons nous occuper d'une manière spéciale dans un *Traité d'agriculture*, ne sont pas plus généralement cultivées en France, cela tient surtout à ce que, dans beaucoup de lieux, on ne trouverait pas à vendre avantageusement leurs produits, et on ne saurait pas les utiliser, comme ils peuvent l'être, à la nourriture journalière et à l'engrais des animaux domestiques.

Chacun connaît l'*emploi des fèves à la nourriture* de l'homme. — La féverolle ou fève de cheval, ainsi que ce nom l'indique, est particulièrement propre à celle des chevaux, qui la mangent mêlée à de l'avoine ou à des fourrages hachés, sans nulle autre préparation. — Réduite en farine grossière, elle peut faire partie de leurs breuvages, et servir très-avantageusement à engraisser rapidement tous les ruminans, les porcs et les animaux de basse-cour. Cette farine, facilement obtenue au point de finesse voulu, à l'aide du petit moulin Molard, est une des plus riches en parties nutritives.

Dans le département de Lot-et-Garonne, les fèves sont, après le froment et le maïs, le *principal objet de la culture.* Celles qui cuisent bien, dit M. DE PÈRE, ont une valeur égale à celle du froment ; elles forment presque exclusivement la soupe des habitans de la campagne, qui les emploient à cet usage en si grande quantité, qu'elles remplacent en bonne partie les autres alimens. Celles qui ne cuisent pas, entrent pour un douzième dans la formation de leur pain.

M. Gaujac, dont on a inséré un très-bon Mémoire sur la culture des lèves dans le 37ᵉ vol. des *Annales d'agriculture française,* rapporte qu'il a *nourri* des grains de cette plante *ses chevaux et autres bestiaux,* et surtout ses brebis pleines et nourrices, ses vaches, ses veaux et ses porcs, auxquels il les donnait concassées, ou en purée, ou en eau blanche un peu tiède.— « Lorsque les veaux ont tété pendant une douzaine de jours, ajoute le même auteur, on ne leur donne qu'une partie de lait de leur mère mêlée avec 3 parties de fèves délayées dans 2 ou 3 litres d'eau tiède, et cette boisson, qu'on leur distribue 3 fois par jour, à des doses convenables, leur procure une excellente nourriture et un engrais suffisant pour être livrés à 6 semaines au boucher, à un prix élevé. — Un veau engraissé suivant cette méthode ne coûte que le quart du prix de la vente, et on conserve pendant longtemps le lait des vaches, qui couvre infiniment au-delà de ce qu'il en a coûté en farine de fèves.»—Quant aux chevaux, Yvart, qui était mieux que personne à même de vérifier un pareil fait, a reconnu souvent qu'ils étaient aussi bien nourris avec les trois quarts d'un boisseau de fèves qu'avec un boisseau d'avoine.

§ Iᵉʳ. — Espèces et variétés.

La Fève (*Faba,* De Cand.); en anglais,*Bean; —*en allemand,*Bohn;—*en italien, *Fava,—*et en espagnol,*Alverjanas(fig.* 574),se trouve dans

Fig. 574.

la famille des Légumineuses, tout à côté des *Vesces,* dont elle diffère principalement par sa gousse grande, coriace, un peu renflée,et par ses graines oblongues,dont l'ombilic est terminal. — Elle a les tiges droites, les feuilles ailées, ordinairement à 4 folioles entières et semi-charnues; —le pétiole est stipulé; les fleurs sont presque sessiles, réunies 2 ou 3 ensemble aux aisselles des feuilles;—la corolle est blanche ou rosée, avec une tache noire au milieu de chaque aile.

Cette espece, que l'on sait originaire des environs de la mer Caspienne, a donné naissance en Europe à deux races principales qui se subdivisent à leur tour en plusieurs autres variétés; ce sont : *la grosse Fève de marais* (*Faba major*) et *la Féverolle* (*Faba equina*), qui se distingue particulièrement de la précédente par ses moindres dimensions, l'abondance plus grande de ses produits, et qui paraît se rapprocher davantage du type primitif.

1.*La Féverolle proprement dite (fig.*575)*est,* de toutes,la plus cultivée en grand. Elle est petite, assez tardive, donne des graines presque cylindriques, à-pres et à robe coriace, qui ne sont guère propres qu'à la nourriture des chevaux et autres bestiaux. On la sème après l'époque des grands froids.

Fig. 575.

2. *La Féverolle d'hiver* n'offre d'autre particularité notable que sa plus grande rusticité. C'est elle que, dans le midi, on préfère pour les semis d'automne.

3. *La Féverolle d'Héligoland,* que M. Vilmorin a rapportée d'Angleterre, est trop peu connue encore dans nos campagnes. Elle doit être considérée comme une des meilleures sous le rapport de ses produits.

4. *La Fève julienne (fig.* 576) est plus grosse qu'aucune des variétés précédentes, mais moins grosse que les suivantes, quoiqu'elle appartienne aux lèves proprement dites. — On la cultive dans les jardins, et assez souvent, à cause de sa précocité, aux alentours des grandes villes, pour la nourriture des hommes.

Fig. 576.

5. *La grosse Fève ordinaire,* ou *Fève de marais (fig.* 577), est cependant plus généralement connue encore, et plus recherchée dans beaucoup de lieux, à cause de son plus gros volume.

Fig. 577.

6. *La Fève de Windsor* est la plus grosse de toutes,mais non la plus productive. On la cultive peu en grand.—Diverses autres variétés, telles que la *verte,* la *violette,* la *Fève à longue cosse,* etc., ne sont recherchées que dans les jardins.

§ II. — Choix et préparation du terrain.

Les fèves, à l'aide d'une culture convenable, réussissent fort bien *sur les terres argileuses* rendues par leur trop grande tenacité impropres à la végétation de la plupart des autres plantes qu'il est possible d'intercaler aux récoltes de blé. Sous ce seul point de vue, leur importance est fort grande, car elles facilitent singulièrement l'admission d'un bon assolement, dans les localités où le trèfle vient mal, en préparant la terre, au moins aussi bien que lui, à recevoir un froment. A la vérité, le trèfle, pour féconder le sol, n'exige presque aucuns frais de main-d'œuvre, tandis que la féverolle nécessite des façons d'autant plus dispendieuses pour nos exploitations agricoles qu'on n'y possède encore ni les semoirs, ni les houes ou les charrues perfectionnés qui abrègent et simplifient d'une manière si remarquable les semis et les cultures en ligne. A la vérité encore, le trèfle laisse plus à la terre qu'il ne lui enlève, tandis que les fèves, quoiqu'on ait remarqué qu'elles épuisent beaucoup moins le sol que toute autre récolte portant graine, enlèvent cependant plus qu'elles ne rendent d'engrais. Mais, d'une part, la première de ces plantes ne vient pas partout assez bien pour remplir le but qu'on se propose en la semant ; — de l'autre, les cultures sarclées sont indispensables dans tout bon assolement, — et enfin, des diverses récoltes auxquelles on est dans l'usage de donner une fumure, celle des féverolles laisse probablement le plus d'engrais après elles, ainsi que l'atteste, à côté de bien d'autres preuves, la beauté des céréales qui lui succèdent.

A ne considérer que la culture, indépendamment de l'emploi des produits des fèves, ces diverses considérations devraient leur assurer une place dans presque tous les assolemens des terres fortes; mais leur utilité ne se borne pas là. — Elles viennent fort bien, sous notre climat, aux latitudes les plus méridionales et les plus septentrionales, et on peut dire qu'elles s'accommodent de presque tous les terrains, pour peu qu'ils ne soient pas trop légers, par conséquent trop arides dans le midi, trop humides dans le nord; car, quoique ces plantes, en général, aiment la fraîcheur, en dépit de leur vieille qualification (fèves de marais), elles redoutent beaucoup une humidité stagnante.

Les fèves suivent ordinairement et précèdent une récolte céréale. — Dans l'assolement quadriennal, elles commencent le plus souvent la rotation. Après elle vient un froment suivi d'un trèfle, ou, si l'état de ténacité du sol l'exige, d'une nouvelle culture sarclée, à laquelle succède un second froment ou une autre céréale. — Malgré le retour continuel des deux mêmes espèces, il est des lieux où l'on suit depuis fort longtemps avec succès l'assolement biennal : fèves fumées et froment sans engrais. Toutefois, cette pratique ne peut être recommandée que comme exception, car elle pèche à la fois contre les théories physiologiques et contre les préceptes d'une sage économie, qui veut qu'on évite l'application trop fréquente des fumiers.

Depuis un certain nombre d'années, il paraît que la culture des féverolles (*horse beans*) *a pris en Angleterre une étendue* jusque là insolite, et qu'elle est passée des glaises riches et fraîches, qu'on avait cru lui convenir exclusivement, sur toutes les variétés du sol. Elle s'est aussi perfectionnée en raison de l'importance qu'elle acquérait aux yeux d'un plus grand nombre de cultivateurs. Là, on donne jusqu'à 3 labours de préparation : le premier, aussi profond que possible, avant les gelées, dans le sens de la pente du terrain, afin de mettre le sol à même d'être plutôt sec au printemps ; — le second, en travers, dès que la terre est accessible après les pluies ou les froids de l'hiver ;—enfin, le troisième, immédiatement avant le semis. Après le deuxième labour, on exécute les hersages nécessaires pour bien niveler le terrain, de sorte qu'il est ensuite facile de donner la troisième façon à la charrue à double versoir et de former des rayons qui, d'après ROBERT BROWN, doivent être généralement espacés de 27 pouces (0ᵐ 731).«Dans les sillons ouverts,

ajoute le même praticien, déposez votre semence avec le semoir à brouettes, puis refendez vos raies pour recouvrir les graines, et votre opération est achevée pour le moment. 10 ou 12 jours après, suivant l'état du sol, hersez vos raies en travers, afin de niveler pour le binage; tracez ensuite proprement vos sillons d'écoulement, et curez à la pelle et à la bêche toutes vos rigoles, ce qui termine la préparation du sol.»

Cette *méthode, regardée comme la meilleure de toutes* chez les Anglais, n'est cependant pas la seule à laquelle ils recourent de préférence. Souvent, au labour d'hiver, ne succède qu'un seul labour de printemps, sur lequel on fait passer le semoir à brouette dans chaque troisième sillon, puis on herse avant la levée des jeunes plantes.

En France, on donne assez rarement *plus de deux labours,* et l'on trouve souvent profitable de remplacer le second par 2 ou 3 traits d'extirpateur.

Il est de bonne pratique de fumer les fèves. Tantôt cette opération se fait avant le premier labour, tantôt seulement avant le dernier, sans qu'on puisse approuver ou blâmer d'une manière absolue l'une ou l'autre méthode; car, avant de se prononcer, il faudrait connaître l'état de décomposition plus ou moins avancée du fumier, et les propriétés physiques de chaque sol sur lequel on opère. En enterrant les fumiers de prime-abord, on les mélange mieux dans la couche labourable ; mais, d'un autre côté, si les dernières façons sont moins profondes que les premières, on court risque de les enfouir trop avant, et d'ailleurs on ne doit pas perdre de vue que la fumure donnée aux fèves a aussi pour but de profiter aux récoltes suivantes. Je ne suis donc pas éloigné de croire que, malgré l'emploi des fumiers longs, le retard qu'on met à les répandre offre généralement plus d'avantages que d'inconvéniens, au commencement d'une rotation de 3 ou de 4 ans. — S'il ne s'agissait que d'obtenir des fèves le plus de produits possible, on pourrait calculer autrement. — J'ai acquis la certitude que les engrais pulvérulens, et notamment le noir animalisé, profitent d'une manière toute particulière à la plante utile qui nous occupe, et que je voudrais voir plus généralement apprécié.

§ III. — Des semis.

On croit généralement, et je pense que c'est avec raison, partout où le climat n'y met pas empêchement, que, pour les fèves, *l'ensemencement le plus hâtif* est le meilleur, parce que, conformément à un principe déjà plusieurs fois rappelé dans le cours de cet ouvrage, sauf un bien petit nombre d'exceptions, la production des plantes annuelles est en rapport direct avec le temps plus ou moins long qu'elles occupent le sol. En conséquence, j'ai vu souvent commencer, dans le midi de la France, les semis de féverolles *immédiatement après les semailles d'automne,* c'est-à-dire de la fin d'octobre à celle de novembre. En pareil cas on répand l'engrais sur les chaumes, et on donne un seul labour.

THAER rapporte qu'en *Allemagne* on les

sème en décembre, sans s'inquiéter beaucoup du froid, parce qu'on croit que, si une gelée les atteint, les feuilles jaunissent à la vérité, mais qu'il en pousse d'autres, de sorte qu'on s'aperçoit à peine que les plantes aient souffert. Toutefois il ajoute que les fèves semées tard lui ont particulièrement réussi.

En Angleterre, on attend que les plus grands froids soient passés. Selon la disposition des saisons et l'état des terres, on commence vers la fin de janvier, et on ne finit jamais plus tard que la fin de mars. Communément on saisit *la première occasion favorable après la Chandeleur.* — Dans le centre et le nord de la France on suit la même coutume. Il faudrait un concours assez rare de circonstances atmosphériques favorables, pour que les semis d'avril donnassent d'aussi abondans produits que ceux d'hiver. — Si on voulait semer en automne, il faudrait choisir les variétés que j'ai fait connaître comme les plus rustiques ; encore succomberaient-elles à des hivers un peu rigoureux.

La quantité de semence change selon les lieux et l'espacement qu'on croit devoir donner aux lignes, cet espacement étant plus considérable dans les localités naturellement humides ou sur les terrains très-fertiles ; la proportion de semence doit être moindre dans ces deux cas que dans les circonstances contraires. En général, cette proportion varie entre deux et trois cents litres.

Il y a deux manières principales de semer les fèves : le semis à la volée, dont on fait rarement usage autrement que pour les cultures fourragères qui nous occuperont ailleurs ; — les semis en lignes, de beaucoup préférables aux autres, et qui se pratiquent de diverses façons.

Quelquefois le semeur suit la charrue et laisse tomber les graines une à une au fond de chaque sillon, ou de chaque deuxième ou troisième sillon, ce qui porte l'écartement des lignes de 9 ou 10 pouces (0 ^{m} 244 ou 0 ^{m} 271) à 28 ou 30 pouces (0 ^{m} 659 ou 0 ^{m} 663).

D'autres fois, comme l'indique ROBERT BROWN, on dépose la semence *avec le semoir* dans les sillons, et on refend les raies pour les recouvrir ; puis on herse quelques jours après.

Avec le semoir de M. HUGUES, la terre étant préalablement ameublie et nivelée, en une seule opération *on répand la semence,* on *la sème et on la recouvre* parfaitement, à la distance et à la profondeur les plus convenables, eu égard à la nature du sol.

§ IV. — Soins d'entretien.

Quel que soit le mode de semis qu'on aura adopté, *des binages d'autant plus fréquens que le sol contient davantage de semences de mauvaises herbes,* seront plus tard indispensables. Souvent la première de ces opérations se fait à la herse, peu de jours avant la levée des fèves, de manière à faciliter leur sortie et à détruire à leur naissance les plantes adventices qui se montrent dès-lors sur le terrain. Un pareil travail est d'une très-grand : utilité sur les sols argileux, surtout lorsque les pluies en ont tassé la surface avant le moment de la germination.

Les binages qui se font ultérieurement à la levée des jeunes fèves, commencent, dans beaucoup de lieux, douze à quinze jours après qu'elles se sont montrées. Lorsque les rayons sont suffisamment espacés, c'est-à-dire lorsqu'il se trouve entre chacun d'eux au moins 18 pouces (0 ^{m} 338), on se sert avantageusement de la houe à cheval ; — s'ils n'étaient distans que de 9 à 10 pouces (0 ^{m} 244 à 271), il faudrait recourir à la houe à main. — Les deux méthodes présentent leurs avantages. — La première, comme plus expéditive, est mieux appropriée aux habitudes de la grande culture ; on peut la préférer dans les localités où les bras manquent. La seconde, en ne la considérant que dans ses rapports avec la plante qui nous occupe actuellement, est à la vérité plus dispendieuse, et pourtant, dans presque tous les cas, plus lucrative, non que la perfection soit plus grande, mais parce que, en augmentant le nombre des lignes, on augmente sensiblement les produits de la récolte. — Si, dans les localités humides et froides ou d'une fécondité plus qu'ordinaire, on trouve utile d'adopter le plus grand espacement, je pense que plus généralement 12 à 15 pouces (0 ^{m} 325 à 0 ^{m} 334) suffisent pour les plus grosses espèces. — Ajoutons que, de même que le semoir Hugues permet de modifier à volonté l'écartement des rayons, le sarcloir ingénieux inventé par le même agronome (*voy.* pag. 225 *fig.* 326) permet aussi, avec une économie notable sur le temps ordinaire employé aux binages à la main, de labourer entre les lignes peu espacées, même des cultures céréales.

On doit biner et sarcler les fèves au moins deux fois pendant le cours de leur végétation. Il est des localités où, après le dernier binage, on sème des navets, soit pour les récolter, soit pour les enterrer à la charrue comme engrais ; mais il ne faut pas perdre de vue qu'un des grands avantages de la culture des fèves est d'en préparer une de froment. A cet effet, on les enlève dès qu'elles sont suffisamment mûres, pour donner tout de suite un premier labour.

En beaucoup de lieux, on est dans l'usage *de pincer la sommité des fèves au moment de la floraison.* Cette opération a pour but, soit de détruire les pucerons qui endommagent gravement ces sortes de cultures lorsque la saison favorise leur rapide propagation ; — soit de faire mieux nouer les fruits. Dans le premier cas, le pincement est incontestablement nécessaire, mais il est douteux qu'il le soit également dans le second. Je manque d'expériences comparatives pour mieux asseoir un jugement à cet égard.

Quant au butage, fort bon dans les terrains légers pour maintenir la fraîcheur au pied des touffes, je ne me suis jamais aperçu qu'il fût, sauf cette circonstance, aussi avantageux sur les cultures de fèves que sur celles de maïs, de millet, etc. ; cependant je dois dire qu'il est généralement utile et jamais nuisible, à moins qu'on ne veuille plus tard faucher la récolte, ce qui devient plus difficile, à cause des inégalités du terrain.

§ V. — De la récolte et des produits.

Les fèves semées à l'automne, dans le midi,

se récoltent fort souvent avant la moisson de l'été suivant. — Celles que l'on sème dans le courant de l'hiver ou du printemps occupent le sol jusqu'en septembre ou octobre. Dans quelques pays, on les coupe à la faucille ou à la faulx, on les lie en petites gerbes après les avoir laissées quelques jours en javelles, la graine en haut, et on les dispose en meules. — Dans d'autres, on les arrache par poignées. — Presque partout on les bat au fléau, soit en plein champ aussitôt après leur maturité, soit en grange pendant l'hiver.

Le produit en grain des fèves est tout aussi variable que celui de la plupart des autres plantes cultivées. — Dans le Midi, où l'on détruit à la vérité une quantité considérable de gousses vertes pour la consommation des pauvres et des riches, vers le mois de juin, le battage des gousses sèches donne rarement au-delà de quatre fois la semence. — Ailleurs, avec une culture en ligne soignée, il n'est pas rare de voir doubler ce produit. — ROBERT BROWN regarde 32 hectolitres par hectare, comme le produit moyen de ses récoltes sur un *loam* de bonne qualité. Ce résultat me semble un des plus heureux qu'on puisse atteindre dans la grande culture.

SECTION II. — *Des Haricots.*

De toutes les semences farineuses, après les blés et souvent à côté des blés, *les haricots sont sans nul doute une des plus généralement utiles* et dont les usages économiques ont le moins besoin d'être rappelés. Aussi sont-ils devenus, partout où le climat favorise leur production, soit dans les champs, soit dans les jardins, l'objet de cultures fort importantes.

§ Iᵉʳ — Espèces et variétés.

Dans le genre *Haricot* (*Phaseolus*); en angl., *Kidneybean*; en allemand, *Schminkbohne*, et en italien, *Fagiuolo* (*fig.* 578), on remarque

Fig. 578.

quelques espèces reconnues comme telles par les botanistes, et un très-grand nombre de variétés et de sous-variétés plus ou moins fixes, dont je crois ne devoir indiquer ici que celles qui ont ou peuvent avoir quelque mérite dans la grande culture.

Les caractères du genre sont, d'après M. DE CANDOLLE, un calice à 2 lèvres, dont la supérieure échancrée et l'inférieure à 3 dents · — une carène et des organes sexuels contournés en spirale; — des gousses oblongues, à plusieurs grains.

Les cultivateurs divisent les haricots en haricots à rames et haricots nains : les premiers ne pouvant soutenir leurs longues tiges sans appui ou sans ramper à la surface du sol; — les autres qui supportent plus ou moins bien leurs tiges par eux-mêmes. Toutes les variétés qui composent ces deux groupes semblent appartenir à l'espèce commune. A côté de celle-ci il en existe quelques autres dont deux seulement me semblent devoir trouver place dans ce traité : le haricot de Lima et celui à bouquets.

I. HARICOTS A RAMES.

A. *A grains blancs.*

1. *Le Haricot blanc commun.* — Il a des cosses longues de 5 à 6 pouces, légèrement recourbées, à parchemin coriace, et contenant 7 ou 8 grains qu'il est très-facile de confondre à la vue avec ceux de Soissons, mais dont la qualité est cependant inférieure.

2. *Le Haricot de Soissons* (*fig.* 579) ne paraît être qu'une sous-variété locale de la précédente. Ses cosses acquièrent communément un peu plus de largeur; — ses grains sont le plus souvent d'un blanc plus brillant. Cultivé

Fig. 579.

hors des terrains dans lesquels il a acquis sa réputation, il dégénère plus ou moins promptement. De tous les haricots c'est le plus estimé, en sec, sur les marchés de Paris.

3. *Le Haricot de Liancourt* est aussi une sous-variété du n° 1. — Ses grains sont un peu plus gros, moins plats et à peau un peu plus dure.

4. *Le Haricot sabre ; — sabre d'Allemagne* (*fig.* 580), est de moyenne grosseur. Cette race, remarquable par l'abondance de ses produits, l'est aussi par leur qualité. Ses cosses larges et longues sont fort bonnes en vert; elles le

Fig. 580.

sont encore alors qu'elles contiennent des grains déjà fort gros. Enfin ces derniers, nouveaux ou secs, valent ceux de Soissons.

5. *Le Haricot blanc commun hâtif; mignon blanc*, n'est point aussi précoce que pourrait l'indiquer son nom. Il est petit, d'un très-grand produit, rame moins haut que les précédens. — Ses jeunes cosses sont bonnes en vert; — ses grains secs, d'un excellent goût.

6. *Le Haricot Prédome* (*fig.* 581) est sans

DES HARICOTS.

Fig. 581.

parchemin. C'est une des variétés les meilleures du groupe des haricots dits mangetout. Son grain arrondi est également estimé frais ou sec. On le cultive fréquemment dans la Normandie.

B. *A grains colorés.*

7. *Le Haricot rouge de Prague ; pois rouge* (*fig.* 582), s'élève beaucoup, est tardif et d'un grand rapport. Ses cosses recourbées en arc et sans parchemin, comme celles du numéro précédent, sont fort bonnes en vert, et si tendres, que, lorsqu'on les fait bouillir presque sèches, elles cuisent encore beaucoup plus vite que les grains qu'elles contiennent. — Ces grains, d'un rouge violet et presque ronds, ont la peau un peu épaisse en sec, mais sont très-farineux et d'une excellente saveur.

Fig. 582.

Au nombre des haricots à rame, on pourrait citer bon nombre de variétés à grains rouges, — blancs et rouges, — jaunes, — grivelés, fauves, etc., etc. Mais comme elles sont peu cultivées ou qu'elles ne le sont pas hors des jardins, j'ai cru devoir ne les mentionner ici qu'en passant.

II. LES HARICOTS NAINS.

A. *A grains blancs.*

8. *Le Haricot rond blanc commun* (*fig.* 583), est l'un des plus rustiques et des plus productifs. On le cultive abondamment dans tout l'ouest de la France, où il prend en certains lieux le nom de *févette.* Quoiqu'on l'estime assez peu à Paris, ce haricot, dont les cosses sont longues et garnies de grains nombreux, arrondis sur leur diamètre, et dont les parchemins sont épais et coriaces, est fort bon mangé en sec, et l'un des plus répandus dans la culture des campagnes.

Fig. 583.

9. *Le Haricot Soissons nain* ou *gros pied* (*fig.* 584) ressemble par ses grains et ses cosses à celui de Soissons ; il est hâtif, assez productif et fort bon en grains écossés avant la complète maturité, ou en sec.

Fig. 584.

10. *Le haricot sabre nain* (*fig.* 585), fort cultivé en Hollande, mériterait de l'être davantage en France. Ses cosses sont longues et larges, les grains aplatis de moyenne grosseur. On peut le manger longtemps vert, et il est excellent en sec.

Fig. 585.

11. *Le Haricot nain blanc, sans parchemins,* offre avec le précédent une très-grande analogie. Comme lui, il forme une touffe

épaisse, est très-productif et d'excellente qualité à toutes les époques de sa croissance. Malheureusement, ses longues cosses traînent en partie à terre, et, y pourrissent souvent dans les années humides. Il est du reste très-hâtif.

12. *Le Haricot hâtif de Hollande* (*fig.* 586). a, comme le flageolet, les cosses assez longues et étroites ; c'est un des plus précoces et des meilleurs pour consommer en vert.

Fig. 586.

13. *Le Haricot hâtif de Laon ou flageolet* (*fig.* 587) est très-nain, fort hâtif, excellent en vert et bon en sec. C'est une des variétés les plus recherchées, et par conséquent les plus cultivées aux environs de Paris.

Fig. 587.

14. *Le Haricot Suisse blanc* (*fig.* 588), comme tous ceux qu'on a réunis sous le nom de Suisses, a les gousses et les grains alongés ; quoique son principal emploi soit d'être mangé en vert, il est cependant bon en sec.

Fig. 588.

B. *A grains colorés.*

15. *Le Haricot jaune précoce, à parchemin,* est une des variétés les plus hâtives et peut-être des plus productives. Sa gousse est petite ; ses grains, à peu près régulièrement ovales, ont l'ombilic bordé d'un peu de brun rougeâtre.

16. *Le Haricot de Chine* (*fig.* 589) est aussi fort productif. Ses grains, plus gros que ceux de la variété 15, sont arrondis, couleur de soufre pâle , et excellens , soit fraîchement écossés, soit en sec.

Fig. 589.

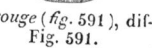

17. *Le Haricot rouge d'Orléans* (*fig.* 590) est à grains petits et légèrement aplatis. Il est renommé pour être mangé sec, à l'étuvée ou en purée.

Fig. 590.

18. *Le Haricot Suisse, rouge* (*fig.* 591), diffère fort peu, pour la qualité et les usages, de la variété n° 14.

Fig. 591.

19. *Le Haricot Suisse, gris,* est l'un des plus cultivés , ainsi que le suivant , pour approvisionner, à l'époque des haricots verts, les marchés de la capitale.

20. *Le Haricot gris de Bagnolet* (*fig.* 592), a sur le précédent l'avantage d'être plus précoce et de tendre moins à s'élever, défaut assez ordinaire aux haricots Suisses.

Fig. 592.

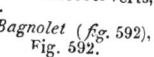

21. *Le Haricot Suisse, ventre de biche* (*fig.* 593), est fort bon, surtout en sec. Cepen-

Fig. 593.

dant, comme les autres Suisses, on le mange aussi en vert.

Fig. 594.

22. *Le Haricot noir ou nègre* (*fig.* 594) est au moins aussi bon que les Suisses pour être mangé en vert. Dans beaucoup de lieux, on le préfère même, et il est de fait que ses gousses longues et cylindriques, dans leur jeunesse, sont d'un goût parfait. Il est précoce et donne beaucoup. Malheureusement il est sujet à filer.

23. *Le Haricot de Lima* (*fig.* 595) appartient à l'espèce que les botanistes ont désignée sous le nom de *Phaseolus lunatus.* « Son grain est très-gros, épais, d'un blanc sale ; sa cosse large, courte, un peu rude et chagrinée comme celle du haricot d'Espagne. C'est une variété remarquable par son énorme produit et la qualité farineuse de son grain ; mais il est délicat et tardif pour le climat de Paris, où l'on n'obtient la maturité d'une partie des gousses qu'en l'avançant sur couche dans de petits pots, pour le planter ensuite en mai, un à la touffe. On le mange écossé ou en vert. Il rame très-haut et pourrait devenir précieux pour le midi de la France. — M. Vilmorin a reçu d'Amérique, sous le nom de *stéva*, une variété du précédent, un peu plus petite et beaucoup plus hâtive. » (*Bon jardinier.* 1835.)

Fig. 595.

24. *Le Haricot d'Espagne* ou à bouquets (*Phaseolus, coccineus*) est encore une espèce distincte, remarquable par la grosseur de ses grains. Outre les deux variétés *à fleurs et à grains blancs* (*fig.* 596), et *à fleurs rouges et à grains gris jaspés de noir* (*fig.* 597), il pa-

Fig. 596.   Fig. 597.

 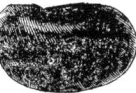

raît qu'il en existe quelques autres voisines de la première, et qu'on a, dans ces derniers temps, préconisées peut-être outre mesure. Le haricot d'Espagne peut devenir en quelque sorte vivace par ses racines. Cette année même, M. Rendu en a donné une nouvelle preuve à la Société d'horticulture de Paris. — Cette espèce est, à mon gré, plus remarquable par l'abondance de ses gousses qui se prolongent jusqu'aux gelées, et le volume de ses grains, que par leur qualité.

§ II. — Du climat et du terrain.

Les haricots, en général, ont besoin à la fois de *chaleur* pour fructifier abondamment et pour amener leurs graines à bien ; de *fraîcheur* dans le sol, pour entretenir leur luxueuse et rapide végétation. Ce sont des plantes plutôt du midi et du centre que du nord de la France, où cependant on les cultive encore, mais beaucoup moins en plein champ que dans les jardins ou à des expositions choisies.

Un sol léger, et pourtant substantiel et frais, leur convient particulièrement. — Dans les terres argileuses, leur culture est plus difficile et presque toujours moins productive. Ils y grènent peu, parce qu'ils fleurissent moins abondamment, et parce que leurs fleurs sont plus sujettes à la coulure. — Dans les terres *sablo-calcaires*, les haricots donnent des produits très-abondans, si l'on peut féconder la chaleur naturelle à ces sortes de sols par des arrosemens ou des irrigations. — On sait que les *terrains gypseux* ont l'inconvénient de produire des graines d'une cuisson d'autant plus difficile qu'ils abondent en sulfate de chaux.

§ III. — De la préparation du terrain.

Quelle que soit l'aridité naturelle du sol, on parvient toujours *à le rendre propre à la culture des haricots*, en lui donnant des engrais et surtout de l'humidité ; car l'eau et la chaleur sont les deux agens les plus puissans de leur belle végétation. — Dans les lieux où des infiltrations naturelles humectent le sous-sol, pendant les chaleurs estivales, jusqu'à portée des racines, comme on le remarque assez fréquemment dans le sud-est de la France, la Toscane et bien d'autres lieux, des graviers qui, partout ailleurs, resteraient inféconds, deviennent alors d'une fertilité prodigieuse, notamment pour la précieuse légumineuse qui nous occupe en ce moment.

Sur les terres légères, *deux labours de préparation* suffisent. Le premier, donné en automne ou pendant l'hiver, peut être profond, car il ne faut pas perdre de vue que plus la couche labourée sera épaisse, et mieux la fraîcheur s'y conservera pendant l'époque des sécheresses ; — le second labour sert à enfouir les engrais et à disposer le champ à recevoir le semis. Celui-là doit pénétrer d'autant moins avant que le sol est plus perméable, et que les eaux pluviales pourraient entraîner par conséquent plus promptement les sucs nourriciers au-delà de l'atteinte du chevelu des racines.

Sur les terres plus compactes, *trois labours* sont souvent de rigueur. Nous ne reviendrons pas ici sur la nécessité de les commencer avant les fortes gelées, pour la bonne préparation de ces sortes de terrains, et l'économie des façons suivantes. On sait qu'un seul labour d'automne, donné à propos, en vaut souvent plusieurs autres.

Tous les engrais conviennent aux haricots. Quand la terre est légère à l'excès, les fumiers de vache lui donnent quelque consistance, et sont par conséquent préférables sous ce rapport. Les terres qui s'échauffent facilement n'ont pas, d'ailleurs, besoin d'engrais très-actifs. Il en est tout autrement des argiles compactes, naturellement froides. Là, le fumier de cheval, de mouton, et les engrais pulvérulens d'une décomposition rapide, tels que le noir animalisé, la poudrette, etc.; les amendemens ou les stimulans d'une grande énergie, tels que la chaux, produisent de meilleurs effets et peuvent jusqu'à un certain point remédier aux dispositions physiques de la masse terreuse. Par leur moyen, la proportion des fleurs et des gousses augmente sensiblement, ainsi que nous pouvons l'attester par expérience.

Les haricots enlèvent à la terre beaucoup de parties nutritives. Lorsqu'on veut les faire entrer dans un assolement comme culture préparatoire, il faut donc les fumer copieusement. — Il est des lieux où, à cette condition, les fermiers cèdent gratuitement leur terrain, l'année de jachère à des cultivateurs spéciaux, qui en tirent un fort bon produit: car, lorsque l'année est favorable, leur récolte rend quelquefois plus que celle d'un beau blé; et après elle, le champ n'en est pas moins en meilleur état qu'après une jachère morte. — Dans ce cas, les haricots succèdent à une avoine ou à une orge, et précèdent un froment ou un seigle. En Toscane, comme nous l'apprend M. ᴅᴇ Sɪsᴍᴏɴᴅɪ, leur place est la même. « Le blé, dit-il, alterne avec les haricots, le maïs ou les fèves, dans les métairies qui ne sont pas assez fertiles pour être propres au chanvre; on les entremêle de quelques grains de blé de Turquie, pour leur tenir lieu de rames. Ils réussissent assez bien, même pour alterner avec le blé, dans le terrain des montagnes où l'on peut les arroser, comme on le fait fréquemment dans les Apennins, où les sources sont communes. »

Yᴠᴀʀᴛ a vu cultiver très-en grand, avec beaucoup de succès, le haricot blanc dit rognon de coq, sur le territoire de la commune de Bazoche, près de Montfort-l'Amaury, *entre deux cultures de grains.* Elle y rapporte souvent au-delà de 150 fr. net par hectare, année commune. Aussi, les cultivateurs qui ne connaissent pas de meilleur moyen de détruire le chiendent et toutes les autres plantes nuisibles aux récoltes, au lieu de céder comme ci-dessus leurs terres, les louent jusqu'à 80 fr. l'hectare, pour cette culture, à des particuliers qui en retirent un grand bénéfice et les rendent très-nettes et très-améliorées pour les semailles subséquentes. — On y reconnait que cette culture est la meilleure préparation que la terre puisse recevoir pour la culture de la luzerne, qui suit avec une graminée; et, au second binage que les haricots reçoivent, on sème quelquefois, entre les rayons, des navets dont la récolte dédommage en grande partie des frais de culture.

Les céréales paraissent donc être pour les haricots, et ceux-ci pour les céréales, de bonnes cultures préparatoires.

§ IV.—Du choix de la graine et du semis.

On a souvent recommandé *de choisir un à un* les haricots, pour rejeter ceux qui sont ou plus petits ou moins bien conformés, parce qu'on s'est aperçu qu'ils donnaient de moins beaux produits. Cette prescription est fondée sur ce que, lorsque les cotylédons

sont moins volumineux, la plante, végétant moins vivement à sa naissance, reste en arrière des autres, et se montre rarement aussi vigoureuse et aussi féconde que celle qui a été mieux favorisée au moment de la germination. Cela est vrai, et quoique, dans la grande culture, l'exclusion de quelques graines sur des milliers ne soit pas indispensable, une telle précaution peut être utile dans quelques cas.

Les haricots conservent longtemps leur propriété germinative. Aussi il importe peu de semer des graines de la dernière ou des 2 ou 3 dernières récoltes. Quelques personnes ont même cru remarquer que des semences de 2 et de 3 ans étaient plus productives en gousses, et moins sujettes à la dégénérescence que celles d'un an. Je voudrais d'autant moins le nier que ce fait physiologique n'est pas isolé dans la pratique de la culture, et que je connais moi-même plusieurs exemples analogues; mais j'ai acquis, d'un autre côté, la certitude qu'il serait dangereux d'en outrer les conséquences; car, non seulement les haricots vieillis lèvent moins vite et moins nombreux, mais on peut reconnaître dans la plupart des cas, à la couleur jaune de leur naissante plumule et de leurs feuilles séminales, la progression décroissante de leur force végétative.

On cultive les haricots de deux manières : *tantôt en augets,* contenant chacun de 6 à 8 grains, et disposés en échiquier de la même manière que pour les pois, les lentilles, etc.; *tantôt en lignes,* dont l'espacement est déterminé par le choix des variétés et le développement plus ou moins grand qu'elles doivent prendre, eu égard à la fécondité du sol.

Les semis en augets sont les plus fréquens aux environs de Paris. Leur principal avantage est de faciliter l'emploi des fumiers boueux dont on les recouvre, et, dans quelques lieux, des pailles qu'on emploie avec un succès trop peu apprécié, pour conserver la fraîcheur au pied des jeunes plantes; mais cet avantage, qu'on peut d'ailleurs retrouver dans les semis en lignes, ne compense pas, à mon avis, des inconvéniens plus graves, tels que la lenteur de l'opération, l'impossibilité d'utiliser plus tard, pour les binages, la houe à cheval, et l'accumulation, sur quelques points seulement du terrain, des pieds qui devraient être, autant que possible, enveloppés de toutes parts d'air et de lumière.

Les semis en rayons, dont l'usage, déjà beaucoup plus répandu depuis quelques années, se répandra davantage encore à mesure qu'on verra prévaloir celui des semoirs, réunissent mieux les conditions désirables. M. Hugues a ajouté par ses expériences une nouvelle démonstration à cette proposition. Partout où on possédera son ingénieuse machine, la culture des haricots en plein champ sera singulièrement simplifiée et améliorée. — Là où les semoirs sont encore inconnus, le semis en lignes se fait tantôt sous raies, à la charrue, tantôt en laissant tomber les graines une à une dans les sillons, et en recouvrant à la herse. La première de ces pratiques est propre aux terrains *très-légers,* faciles à échauffer; la seconde, aux terrains plus consistans. Dans cette dernière situation, les haricots doivent être fort peu enterrés, attendu qu'ils pourrissent facilement. — Un pouce suffit généralement.

M. MATHIEU DE DOMBASLE croit que la meilleure manière de semer les haricots, dans la culture champêtre, est en rayons espacés de 18 pouces (0ᵐ50), en mettant 5 ou 6 graines par pied de longueur dans le rayon. On obtient certainement ainsi une grande économie de main-d'œuvre, mais on ne peut se dissimuler que la terre ne donne pas, à beaucoup près, tous les produits qu'on serait en droit d'en attendre à l'aide d'un semis plus rapproché, car diverses variétés naines peuvent se développer convenablement en rayons de moins de 12 po. (0ᵐ 33). — En se tenant au premier espacement, on obtient une diminution très-sensible sur le temps employé aux binages et les frais occasionés par eux ; — on épuise moins le sol pour la culture suivante, mais aussi on récolte moins. Chacun, selon les moyens d'exécution dont il peut disposer et la position locale dans laquelle il se trouve, appréciera ce qu'il doit faire. — Dans les jardins, on sait qu'on cultive les haricots en planches de 1 à 1 1/2 mètre, séparées par des petits sentiers qui permettent de sarcler et de biner au besoin. Là, les rayons sont rarement distans de plus de 6 à 8 pouces (15 à 20 cent.).

Lorsque la terre est humide et la température douce, les haricots lèvent assez promptement. Dans des circonstances moins favorables, il n'est pas rare de ne les voir sortir de terre qu'après une quinzaine de jours. Si, sur les terres un peu compactes, il survenait une pluie qui durcit la surface avant l'apparition des cotylédons, on se trouverait fort bien de donner un léger hersage. Cette opération, qui n'est, comme on voit, qu'accidentellement nécessaire, peut être considérée, lorsqu'on la juge telle, comme le complément du semis.

Les semis ne doivent être effectués, pour chaque climat, que lorsque les gelées printanières ne sont plus à craindre. Vers le centre de la France, on commence rarement avant la fin d'avril, et on a soin de ne pas dépasser celle de mai. Cependant la culture des haricots peut quelquefois succéder, la même année, soit à une récolte fourragère, soit même, si le sol est très-fécond, à une moisson précoce. — Dans les jardins, on sème de 8 en 8 jours, depuis la fin de mars jusqu'à la fin de juillet; mais là, on peut mieux se procurer les abris nécessaires au printemps, et l'on peut remédier aux sécheresses de l'été par des arrosemens.

On doit juger, d'après ce qui précède, que la quantité de graines employées est fort variable. Il a été calculé, dit Bosc, qu'un arpent (sans doute 1/2 hectare) peut contenir 12,000 touffes de haricots de Soissons, qui absorbent environ 175 livres (87 kilog. 1/2) de semence.

§ V. — Soins d'entretien et recoltes.

A peine les haricots ont-ils atteint 2 à 3 po. de haut (0ᵐ 054 à 0ᵐ 081), qu'on doit songer à leur donner un premier binage.—On leur en donne ordinairement un second , ou plutôt un butage, vers le moment de la floraison, et un troisième un mois plus tard.

Dans les jardins où l'on préfère frequemment les variétés grimpantes comme plus productives, on les rame dès que les filets commencent à s'alonger. Dans les champs, une pareille opération serait plus coûteuse que profitable. Pour la rendre inutile, on choisit des variétés naines.

Pendant leur croissance, les haricots redoutent autant une excessive sécheresse qu'une constante humidité. Dans le nord, les semis tardifs sont le plus souvent impossibles, parce que les pluies de la fin de l'été font pourrir les gousses et même les plantes qui les portent. — Dans le midi, le manque d'eau au printemps arrête le développement des tiges et empêche le grossissement des gousses. Aussi, les irrigations sont-elles, en pareil cas, une précieuse ressource. Lorsqu'elles ne sont pas possibles, on trouverait bien encore moyen de retenir la fraîcheur dans le sol en le couvrant, à la manière des jardiniers, d'un paillis, après le second binage, qui précède ordinairement les fortes chaleurs; mais ce moyen , auquel j'ai pu recourir avec succès sur des cultures peu étendues (1), serait rarement praticable en grand, à moins que le voisinage de champs de genêts, de bruyères, ou la proximité des côtes et la facilité de se procurer des herbes marines n'en diminuassent singulièrement les frais.

Les haricots ramés mûrissent fort inégalement, parce que leurs tiges florales continuent de s'élever long-temps après l'apparition des premiers boutons et la formation des premières gousses. C'est une raison de plus pour les exclure de la culture des champs. — Les haricots nains ne présentent pas au même degré cet inconvénient. Généralement on commence à les récolter au moment où la dessiccation avancée des dernières gousses, qui devance de quelque temps celle des tiges, permet d'arracher ces dernières sans inconvénient pour la bonté des produits. Il n'est pas sans importance de remarquer que les haricots récoltés les plus mûrs sont de meilleure qualité et d'une bien plus longue conservation que les autres. La meilleure

(1) Je possède un terrain tellement situé que, malgré sa nature argilo-sableuse, il se dessèche rapidement, et devient brûlant en été. A chaque pluie d'averse, à chaque arrosement un peu copieux, il se prend en masse à sa surface, de sorte que, faute d'eau et de binages multipliés à l'excès, je ne pourrais lui demander aucune récolte à demi productive. Depuis quelques années, j'ai assez bien paré au double inconvénient précité en répandant, après un premier ou un 2ᵉ binage, entre les rayons des cultures en lignes, des tontures de charme et d'aubépine trop grêles pour être utilisées à la boulangerie ou à la buanderie. Les résultats marqués de cette pratique ont été économie d'eau, de travail; récoltes plus productives, et amélioration progressive du sol, par suite de l'enfouissement des branchages après la récolte. Cette dernière considération mérite à mon gré quelque attention. Du reste, je crois , comme il a été dit plus haut, qu'un pareil moyen ne peut être que rarement praticable tout-à-fait en grand.   O. L.T

manière de garder ceux qu'on destine à la semence est de les laisser dans leurs gousses.
— On bat les autres au fléau, ou, ce qui vaut mieux, parce qu'on n'écrase aucun grain, à l'aide de perchettes assez minces pour conserver leur élasticité

§ VI. — Quantité des produits.

La culture des haricots est généralement productive, mais cependant très-variable dans ses produits en raison du climat, du sol et du mode de culture, et des fluctuations extrêmes du cours du commerce. Sur un seul hectare, on a quelquefois trouvé dans le voisinage des grandes villes, où les fumiers sont à bas prix et la vente très-avantageuse, un bénéfice net de plus de 1000 fr.

SECTION III. — Des Dolics.

Les *Dolics*, tous originaires des régions intertropicales, où on les cultive pour la nourriture des hommes, parfois celle des animaux, sont à peine connus dans quelques parties seulement du midi de la France, notamment en Provence, où on en cultive une espèce, sous le nom de *mongette*.
Les dolics *diffèrent fort peu des haricots*. — Leur calice court est à quatre dents, dont la supérieure seulement est échancrée; — leur étendard, réfléchi, comprime à sa base les deux ailes; — leur carène n'est pas contournée en spirale; — leur gousse, de formes diverses, est parfois velue; leurs grains offrent la plus grande analogie avec ceux du genre précédemment cité.
1. *Le Dolic à onglet; mongette* ou *banette* (*Dolichos unguiculatus*) (*fig.* 598), est le plus

Fig. 598.

répandu en Europe.— Ses gousses sont fort alongées, ses grains à ombilic noir. Il est assez productif et fort bon en purées. Il donne successivement ses gousses pendant une grande partie de l'été.
2. *Le Dolic à longues gousses* (*D. sesquipedalis*) est surtout remarquable par la longueur de ses gousses étroites et charnues, assez bonnes en vert; — il n'est cultivé que dans quelques jardins.
3. *Le Dolic lablab* (*D. lablab*) (*fig.* 599),

Fig. 599.

estimé en Égypte, est trop délicat sous notre climat, pour y devenir l'objet d'une culture utile.—Ses siliques violettes renferment des grains noirs bordés de blanc, quelquefois tout-à-lait blancs.
4. *Le Dolic soja* (*D. soja*) (*fig.* 600) ne s'élève qu'à une faible hauteur; ses légumes, pendans et hérissés, contiennent un petit nombre de grains d'un brun foncé et presque mat. Il paraît qu'on le cultive dans quelques parties de l'Ariége. M. DOUNOUS, en ayant

Fig. 600.

remis, il y a 3 ans, un certain nombre de pieds garnis de leurs semences, à la Société centrale d'agriculture, j'en ai semé, deux années successives, une centaine de grains, qui ont réussi à merveille en Maine-et-Loire. Ce dolic a la propriété précieuse de résister à des sécheresses continues; il est productif, mais d'une cuisson presque impossible et d'un goût qui m'a semblé peu agréable.
Les dolics *aiment une terre légère et chaude; —* ils redoutent des pluies trop continues. Aussi, je ne crois pas que leur culture s'étende beaucoup au-delà de ses limites actuelles. Du reste, elle est en tout la même que celle des haricots.

SECTION IV. — Des Pois

On cultive les pois en grand pour la nourriture des hommes ou pour celle des animaux domestiques. — Les premiers les mangent, soit en vert, soit en sec, de diverses manières; — on les fait consommer aux seconds, tantôt comme fourrage, tantôt en grains, en farine, etc.
Le pois gris, bisaille ou *pois brebis,* présente des avantages assez importans pour l'élève et l'engrais des bêtes à laine, surtout des jeunes agneaux, dont il rend la chair aussi blanche que délicate. — Les cochons mangent avec avidité les fanes et les cosses de pois. En divers lieux on emploie habituellement la farine qu'on peut en extraire, mêlée à celle de l'orge et quelquefois du maïs, pour engraisser rapidement ces animaux. — Enfin, les chevaux, les bœufs, les vaches laitières, les chèvres, et jusques aux volailles, se trouvent fort bien de la nourriture que leur procurent cette même plante, l'un des fourrages verts les plus riches en parties nutritives lorsqu'on les fauche à l'époque où les cosses sont déjà formées, et l'un des végétaux qu'on doit considérer dans beaucoup de lieux comme les plus avantageux à cultiver, à côté des céréales, pour leurs produits en substance farineuse.

§ Ier. — Espèces et variétés.

Comme presque toutes les plantes depuis long-temps cultivées, les pois se divisent maintenant en une foule de variétés ou de races plus ou moins distinctes, dont l'étude intéresse davantage le jardinier que l'agriculteur, car on n'en cultive en plein champ qu'un bien petit nombre. Cependant, comme pour les haricots, il sera nécessaire de citer ici, à côté du *pois des champs*, les autres espèces les plus généralement cultivées hors des jardins, pour l'approvisionnement des marchés des grandes villes.
Le Pois (*Pisum*); en anglais, *Pea*; en allemand, *Erbse*; en italien, *Pisello*; et en espagnol, *Pesoles* (*fig.* 601), présente pour caractères génériques un calice à 5 dents, dont les deux supérieures sont plus courtes; — un étendard plus grand que les ailes; — un style courbé en carène, triangulaire et surmonté d'un stigmate velu; — un légume de forme variable, contenant des grains plus ou moins régulièrement arrondis.

Fig. 601.

Dans un ouvrage de la nature de celui-ci, il est indispensable de partager d'abord *les pois en deux groupes*, l'un comprenant ceux qui font spécialement partie de l'agriculture proprement dite, — l'autre, les pois de jardin et de la petite culture des champs.

I. — POIS DES CHAMPS, POIS GRIS OU BISAILLE.

(*Pisum arvense.*)

C'est une espèce distincte dont on connaît deux variétés principales de printemps, et une d'hiver (*fig.* 602).

Fig. 602.

1. *Le Pois gris hâtif*, que l'on sème en mars.
2. *Le Pois gris tardif*, que l'on peut différer de confier à la terre jusqu'en mai.
3. *Le Pois gris d'hiver*, c'est-à-dire que l'on sème en automne,et qui convient particulièrement aux climats sans pluies printanières, et aux terrains sécs.

II. — POIS DE PETITE CULTURE.

(*Pisum sativum*).

A. *Pois à écosser ou à parchemin.*

a. *A rames.*

1. Le *Pois michaux de Hollande* est le plus hâtif de tous. Il est, à la vérité, assez délicat et sensible aux froids; mais lorsqu'on le sème en mars, il devance presque toujours le michaux semé à la fin de novembre. On peut se passer de le ramer en le pinçant convenablement.

2. Le *Pois michaux ; petit pois de Paris.* Très-précoce; excellent. C'est lui que l'on préfère pour les semis d'automne à bonne exposition. Il peut, ainsi que le précédent et le suivant, se passer de rames.

3. Le *Pois michaux de Rueil* (*fig.* 603), sous-variété du n° 2. A grains plus gros et à fructification encore plus précoce.

Fig. 603.

4. Le *Pois de Marly* (*fig.* 604) est tardif; — ses cosses, fort grosses, contiennent des grains ronds bien pleins et fort tendres.

Fig. 604.   Fig. 605.

5. Le *Pois de Clamart* ou *carré fin* (*fig.* 605) s'élève et produit beaucoup. Ses grains, pressés dans leurs cosses, prennent une forme irrégulièrement carrée. Il est tardif. Dans les champs des environs de Paris, où on le sème le plus tard, pour l'arrière-saison, on le laisse s'étendre sans rames.

6. Le *Pois cul-noir, carré à œil noir* (*fig.* 606) s'élève encore davantage. Il est fort bon, mais souvent plus productif en parties foliacées qu'en fruits et en grains. — Très-tardif.

Fig. 606.

7. Le *Pois carré blanc* partage les inconvéniens de la variété n° 5. — Ses grains sont peut-être d'une saveur plus sucrée.

8. Le *Pois carré vert, gros vert normand,* très élevé, tardif, excellent en vert.

9. Le *Pois ridé* ou *de Knight* (*fig.* 607) a été introduit en France par M. VILMORIN. — Tardif et à grandes rames, il l'emporte probablement, par la qualité sucrée et moëlleuse de son grain carré, gros, ridé, sur tous les autres. — Sa cosse, grosse et longue, est richement fournie de grains.

Fig. 607.

b. *Nains.*

10. Le *Pois nain hâtif* (*fig.* 608), le plus précoce de cette section, s'élève de 1 à 2 pieds, selon le degré de fertilité du sol; sa cosse est petite et contient des grains d'assez bonne qualité.

Fig. 608.

11. Le *Pois nain de Hollande* s'élève constamment moins que le précédent ; il produit en abondance des cosses à grains petits et très-savoureux.

12. Le *Pois nain vert* est fort bon, plus productif qu'aucune des autres variétés naines à écosser.

B. LES POIS MANGE-TOUT

a. *A rames.*

13. *Pois sans-parchemin, blanc* (*fig.* 609). Le

Fig. 609.

meilleur, peut-être, le plus productif des mange - tout, dont on connaît plusieurs variétés , telles que le *sans-parchemin à demi-rames,* — *sans-parchemin à fleurs rouges* ; — le *sans-parchemin turc ou couronné,* etc.

b. *Nains.*

14. Le *Pois sans-parchemin nain ordinaire* s'élève de 1 à 2 pieds et plus. — Ses cosses, petites, sont fort nombreuses et très-tendres. — On cultive aussi en pleine terre un *pois sans-parchemin nain et hâtif de Hollande,* et un autre *en éventail.*

II. — Choix et préparation du terrain.

Comme les fèves, les pois gris sont particulièrement *propres aux assolemens des terrains argileux,* peu favorables à la culture du trèfle. Ils remplacent jusqu'à un certain point cette légumineuse, lorsqu'on veut les faucher en vert ; — mais, comme les fèves, ils peuvent aussi prospérer dans des sols de *nature fort différente.* Plus que les variétés jardinières, ils aiment cependant la fraîcheur, et tandis que ces dernières donnent de meilleurs produits sur un fonds meuble et chaud, quoique substantiel, ils en donnent eux de plus abondans sur les champs qui conservent plus longtemps l'humidité pluviale.

Les pois ne végètent jamais mieux que dans les terres *argilo-calcaires* ou *sablo-argilo-calcaires ;* on se trouve donc fort bien pour leur culture de l'emploi des marnes et de la chaux, dans les localités où ces principes manquent. Une telle remarque n'est pas nouvelle, puisqu'il est des contrées entières où l'on a éprouvé que la culture des pois ne réussissait complètement que sur les terrains marnés ou chaulés ; mais elle acquiert de nos jours d'autant plus d'importance que la pratique du chaulage se propage de proche en proche dans beaucoup de lieux où elle était précédemment inconnue, et que cette pratique s'applique avec un avantage tout particulier aux terres fortes, plutôt fraîches que sèches, qui conviennent à la culture du froment, des fèves, des choux, de la bisaille, etc., toutes plantes dont les amendemens calcaires favorisent sensiblement la végétation. — Il est probable que le plâtre produirait aussi de puissans effets sur les pois-fourrages ; jusqu'ici, cependant, son emploi ne s'est pas, à ma connaissance, étendu à leur culture en grand.

La question de *donner ou de ne pas donner d'engrais aux cultures de pois* se rattache à la place qu'elles occupent dans les assolemens. — Dans l'assolement triennal, il est des lieux où cette plante remplace la jachère En pareil cas, il faut fumer abondamment si l'on ne veut voir diminuer les produits de la céréale suivante. Il faut aussi ne pas ramener les pois trop souvent, et faire en sorte que leur récolte ait lieu assez tôt pour permettre de donner au sol les façons nécessaires. La grande quantité d'engrais, en ajoutant à l'abondance ou plutôt à la longueur des fanes, diminue peut-être parfois la proportion des graines. Toutefois nous devons constater ici que, lorsqu'on peut user des amendemens calcaires, on profite de l'avantage sans encourir l'inconvénient, par suite de la propriété remarquable de la chaux à ses divers états, de rendre la terre plus *grainante.* D'ailleurs, sur un sol de qualité moyenne, les pois qui ont été fumés ont toujours la supériorité en grains comme en tiges.

THAER affirme que de nombreux essais comparatifs lui ont donné la preuve que le fumier, soit consommé, soit frais et pailleux, répandu sur le sol *après l'ensemencement,* est non seulement plus avantageux aux pois semés sur une glaise sableuse que si on l'eût enterré avec le labour ; mais aussi plus favorable à la récolte de grains d'automne, qui vient après ces pois. On peut encore enterrer le fumier avec la semence, par un seul et même labour.

La bisaille réussit fort bien sans engrais, et, le plus souvent, à l'aide d'un seul labour sur toute espèce de défriches, de prairies naturelles ou artificielles, de bois, etc., ou après une culture sarclée et fumée. On voit par le premier fait qu'elle n'exige pas une préparation bien soignée ; cependant, je l'ai toujours vue mieux végéter sur les terres fortes, après deux labours qu'après un seul, et je crois pouvoir affirmer d'une manière absolue qu'elle est loin de redouter un sol profondément ameubli.

§ III. — Du choix, de la quantité de graines et du mode des semis.

On sait que les larves des Bruches (*Bruchus*) attaquent la partie farineuse des pois avec une grande voracité. Quoique leurs ravages ne s'étendent pas toujours jusqu'à l'embryon, et qu'en pareil cas les graines, à moitié rongées, soient susceptibles de germer à peu près aussi bien que les autres, il serait *peu prudent de choisir sans examen,* pour la semence, des pois qui auraient été longtemps exposés aux atteintes de ces insectes destructeurs. — Il serait peu prudent aussi, bien que les grains conservent leurs propriétés germinatives plus longtemps qu'on ne le croit généralement, de ne pas préférer ceux de la dernière récolte, attendu qu'ils lèvent plus promptement et qu'ils donnent des produits plus vigoureux, toutes circonstances restant les mêmes, que les pois plus vieux. fussent-ils encore intacts.

Les pois des champs s'élevant presque toujours sur une seule tige, et leurs graines étant d'ailleurs avidement recherchées par les pigeons, on a recommandé avec raison de les *répandre plutôt épais que clair*. Cette précaution est surtout nécessaire lorsqu'on les sème sur raies, ce qui est le plus ordinaire, et qu'on les enterre par conséquent à la herse. — Dans ce cas, on peut considérer le plus souvent 2 hectolitres comme insuffisans. La quantité varie jusqu'à près de 300 litres. — Il ne faut pas perdre de vue, cependant, que le semis doit être moins dru quand on vise à la récolte sèche, que quand on ne veut obtenir qu'un fourrage fauchable en vert.

Hors des jardins et des environs des grandes villes où l'on cultive les pois spécialement pour la nourriture des hommes, on les *sème habituellement à la volée*, du moins en France; car, *en Angleterre*, il n'est pas rare de les voir cultiver *en lignes*, tantôt à la charrue, alors on en répand les grains de 2 en 2 sillons, de la même manière que pour les fèves; — tantôt au semoir; — tantôt, enfin, au plantoir, quoique ce dernier moyen soit peu usité.

Mais ces divers procédés sont *peu applicables au pois champêtre*, que l'on considère chez nous comme une culture étouffante, et que, par conséquent, on a intérêt à voir couvrir entièrement le terrain. Si l'on voulait faire jouir le sol des binages d'une culture sarclée, sans renoncer à celle des pois, on devrait alors choisir une variété mieux disposée à former touffe. Dans les terrains légers, une des meilleures méthodes de cultiver les pois est, après avoir répandu le fumier à la surface du champ, de les semer à la volée et de les enterrer à la charrue, à une profondeur d'autant plus grande que la couche labourable présente moins de consistance. — Dans ces sortes de terres, on ne doit pas redouter de recouvrir de 4 à 5 po. (0 ᵐ 108 à 0 ᵐ 135).

On peut commencer les semis de pois *dès que les fortes gelées cessent d'être à craindre*. — J'ai indiqué une bisaille d'hiver qui mérite d'être connue, surtout dans le midi, où les récoltes de printemps manquent si souvent, faute de pluies suffisantes. Il est hors de doute, cette circonstance même à part, que les semis d'automne seraient plus productifs. Ceux de printemps doivent rarement être différés, vers le centre de la France, plus tard que la première quinzaine de mars.

§ IV. — Culture d'entretien et récolte.

Partout où les pigeons sont abondans, on est dans l'usage de *faire garder les semis de pois* jusqu'après la levée. Une fois que les jeunes tiges ont pris un certain développement, on ne leur donne plus aucun soin jusqu'à la récolte.

On fauche la bisaille aussitôt qu'une moitié environ de ses gousses sont arrivées à maturité. Si on attendait plus longtemps, beaucoup de graines se perdraient par un temps sec, ou pourriraient au bas des tiges par un temps humide. D'ailleurs, *les fanes produisent un fourrage* d'autant plus succulent qu'elles contiennent encore quelques sucs séveux lorsqu'on les coupe. J'ajouterai

que si les gousses de la sommité de la plante ne sont point assez mûres pour s'ouvrir lors du battage, elles ajoutent à la qualité nutritive de ce fourrage, considéré à bon droit comme un des meilleurs qu'on puisse donner, même en sec, à tous les bestiaux.

On bat les pois gris, tantôt au fléau, tantôt à l'aide de simples gaules qui les égrènent fort bien lorsqu'ils sont assez desséchés pour se détacher facilement de leurs gousses. Un soleil ardent facilite beaucoup cette opération. — On *vanne* ensuite, pour séparer les graines des fragmens de cosses et des nombreux débris de feuilles, auxquels ils sont mêlés.

§ V. — Des autres variétés de pois cultivées en grand.

Les semis de pois de primeur, qu'on cultive sur d'assez grandes étendues de terrain, surtout aux abords des grandes villes, pour en utiliser les produits à la nourriture des hommes, diffèrent de ceux de la bisaille en ce qu'ils ne se font presque jamais à la volée, mais bien *en touffes ou en rayons*. D'une et d'autre manière, quoique la quantité de semence soit réduite d'environ moitié, le produit augmente cependant à peu près dans la même proportion, tant est grande l'influence de l'air et de la lumière solaire sur le plus grand développement de chaque touffe. — En général, les semis en rayons me paraissent préférables, non seulement parce que je les considère comme les plus productifs, mais parce qu'ils permettent les binages à la houe à cheval, binages que l'on doit souvent répéter plusieurs fois, jusqu'à l'époque de la première floraison.

En divers lieux, *on butte* aussi les pois, de manière à leur tenir le pied plus frais et à les empêcher de se coucher.

«*Autour de Paris*, la culture des pois de primeur en grand est l'objet d'un produit de première importance, puisqu'on en a évalué le résultat, dans une bonne année, à un million de francs. Ce sont toujours les terrains sablonneux qui y sont consacrés. On laboure à la charrue ou à la houe, mais plus souvent avec ce dernier instrument, pour pouvoir faire des ados en plan incliné du côté du midi, ados auxquels on donne 2 pieds de large, et sur chacun desquels on place trois rangs de pois, dès la fin de janvier ou le commencement de février, et de 8 jours en 8 jours. — Pour expédier un grand semis en peu de temps, une femme accompagne l'homme qui fait les trous, et jette 5 à 6 pois dans chaque trou, que l'homme recouvre avec la terre qu'il tire du trou suivant. Il en est de même quand on sème à la charrue, c'est-à-dire qu'une femme suit le laboureur et fait tomber des graines à peu près de 4 pouces en 4 pouces, graines qui sont recouvertes par la terre du sillon suivant. Dans ce cas, il faut donner peu d'entrure à la charrue. — On étend sur le semis, ou au moins sur chaque touffe, force boues des rues de Paris, conservée de l'automne précédent. — On bine deux ou trois fois le pied des pois, et on pince. Le succès de la récolte dépend beaucoup de la succession des pluies et des chaleurs; le froid, la sécheresse et les pluies trop prolongées leur étant également contraires. — Jamais, à raison de la dépense, on ne rame les pois de primeur cultivés en plein champ, mais on a soin de les espacer de manière qu'ils ne se gênent point, ou peu, en rampant. D'ailleurs, comme les premiers petits pois se vendent dix à douze fois plus chers que les derniers, et qu'ils ne coûtent cependant pas davantage de frais de culture, non seulement on les sème le plus tôt possible, mais on les pince dès qu'ils ont deux ou trois fleurs, ce qui les empêche de s'élever beaucoup au-delà d'un pied. » Bosc, *Cours complet d'agriculture théorique et pratique.*)

Comme on vient de le voir, la culture des pois peut être fort avantageuse dans les localités où la valeur de leurs produits permet de les cultiver avec le soin nécessaire.— Il n'est pas impossible de recueillir de 11 à 12 hectol. de graines par demi-hectare; mais il n'est pas sans exemple, non plus, de n'obtenir que 3 ou 4 fois la semence.

On a calculé que les pois-primeurs cueillis en vert et encore contenus dans leurs gousses, doivent donner en des circonstances favorables, et à l'aide d'une bonne culture, de 25 à 30 et 40 hectolitres par arpent, ou le double par hectare.

Si le produit en grains est assez casuel, du moins lorsque le sol est convenablement préparé et amendé, on peut toujours compter, bon an mal an, sur un produit assez considérable en *fanes desséchées.* Une telle récolte est fort importante dans certaines exploitations rurales, et contribue beaucoup à ajouter aux bénéfices que peuvent procurer les cultures de pois,

SECTION V. — *Des Lentilles.*

La culture de la lentille en plein champ a *deux destinations principales :* la production de ses graines, dont on fait en France une consommation assez considérable, et celle de ses tiges, qui, fauchées en vert lorsque les gousses sont déjà formées, procurent un fourrage dont le peu d'abondance est compensé par l'excellente qualité, puisqu'aucun autre herbage n'est plus riche en parties nutritives, et qu'on est obligé de ne donner celui-là aux bestiaux, même en sec, qu'avec modération.

Fig. 610.

§ Iᵉʳ. — Espèces et variétés.

La Lentille (Ervum); en angl..*Lentil;* en all., *Lentzen,* et en ital., *Lenticio* (*fig.* 610), a pour caractères génériques un calice en tube à 5 divisions profondes, qui diffère de celui des *vesces* parce que ces divisions sont presque égales;—un étendard plus grand que les ailes et la carène, arrondi, légèrement courbé et creusé de deux fossettes au-dessus de l'onglet; — des ailes obtuses; — un légume oblong, contenant de 2 à 4 graines plus ou moins comprimées.

On cultive en grand deux espèces et trois variétés de lentilles : *la grande* (*Ervum lens major*), *la petite ou lentillon* (*Ervum lens minor*), et *la Lentille à une fleur* (*Ervum monanthos*).

1. *La grande Lentille* (*fig.* 611) est une des plus cultivées. On l'apporte abondamment Fig. 611.

sur les marchés de Paris, des sables quartzeux des environs de Rambouillet, des sols volcaniques du Puy, et des terres calcaires et légères du Soissonnais. Le grain de cette lentille est de couleur blonde, fortement comprimé et large d'environ 3 lignes (0ᵐ 007).

2. *La petite Lentille, Lentille à la reine, Lentille rouge* (*fig.* 612), est plus petite de près de moitié que la précédente. Ses grains, plus bombés et plus colorés, sont regardés dans Fig. 612.

beaucoup de lieux comme plus délicats. C'est cette variété qui, sous le nom de *lentillon,* est cultivée le plus fréquemment dans les champs comme fourrage, quoique l'autre soit également propre à la même destination.

3. *La Lentille uniflore,* assez répandue dans le Loiret, sous le nom impropre de *Jarosse,* et dans le Roussillon sous celui de *petite Lentille,* diffère essentiellement des autres lentilles, par ses stipules dont l'une est linéaire et entière, tandis que l'autre est beaucoup plus grande et divisée en 6 ou 7 lanières grêles et profondes. Les 3 ou 4 grains de la gousse sont irrégulièrement sphériques (*fig.* 613). Cette espèce est cultivée comme fourrage et pour Fig. 613.

ses fruits. — Nous verrons, en parlant des prairies, qu'elle offre une précieuse ressource sur les terrains sableux les plus médiocres.

Toutes les lentilles sont des plantes *propres aux assolemens des terres légères ;* elles redoutent la trop grande humidité plus qu'elles ne craignent la chaleur. Aussi croissent-elles beaucoup mieux que les fèves, les pois même et les haricots, sur les sols sablonneux d'assez médiocre qualité; sur les terrains sablo-calcaires ou calcaro-sableux, peu susceptibles de donner d'autres produits aussi avantageux.

On les *sème ordinairement* comme cultures jachères, sur un ou deux labours, tantôt en augets ou en touffes de la manière que j'ai indiquée pour les haricots; tantôt *en rayons ou en lignes,* tantôt enfin à *la volée.*

Les deux premières méthodes sont particulièrement applicables aux cultures de lentilles dont on veut récolter les graines. Les *semis en quinconce, par touffes,* qui se font nécessairement à la main, ainsi qu'on l'a dès long-temps remarqué, ont non-seulement l'inconvénient d'être lents et par conséquent peu praticables en grand, de rendre les binages à la houe à cheval impossibles et les autres plus difficiles, mais encore de réunir ou plutôt d'accumuler sur un seul point, contre tous les principes de la végétation, un nombre plus ou moins considérable de plantes qui s'affament et se privent réciproquement des influences bénignes de l'air et de la lumière. — *Les semis en lignes* sont donc préférables. On les fait derrière la charrue, au fond du dernier sillon qu'elle vient de tracer, et en laissant successivement un sillon sur deux sans grains. Un homme qui suit le semeur recouvre à l'aide d'un léger râteau, si mieux on n'aime le faire à la herse de branchages, qui remplit le même but plus économiquement et souvent avec une perfection suffisante. — « Le résultat des expériences comparatives que nous avons faites de la méthode ordinaire et de celle qui vient d'être décrite, écrivait notre savant confrère Yvart, a été, en faveur de la dernière, économie de semence, célérité et régularité dans les travaux, diminution de frais, augmentation de produits ; et la terre laissée dans un état de netteté et d'ameublissement très-favorable aux cultures subséquentes. Nous ne saurions en conséquence trop la recommander... »

Le lentillon, cultivé comme fourrage, se *sème presque toujours à la volée,* à raison de 150 litres environ par hectare. Assez souvent on le mélange à une petite quantité de seigle pour le soutenir. En pareil cas, on peut réduire d'autant la proportion de la semence.

Les cultures de lentilles réservées pour leurs graines, soit qu'elles se pratiquent en augets ou en rayons, exigent une quantité moins considérable de semence.

Les semis commencent, sous le climat de Paris, dans la dernière quinzaine d'avril. La lentille à une fleur se confie seule à la terre en automne. Elle résiste très-bien au froid.

La culture d'entretien des lentilles semées à la volée se borne assez souvent à des sarclages répétés. Cependant cette plante se trouve à merveille des binages qu'on ne manque pas de lui donner lorsqu'on le peut. De là le grand avantage des semis en lignes, toutes les fois du moins qu'on vise à la récolte des graines.

Le moment favorable pour récolter les lentilles est celui où les feuilles inférieures se détachent d'elles-mêmes de la tige, et où les gousses prennent une teinte roussâtre. On les arrache alors ; — on les laisse sécher par petites bottes, et on les bat au fléau au fur et à mesure de la consommation qu'on en fait dans le commerce.

Indépendamment de *la graine* de lentille, qui a toujours une assez grande valeur, on ne doit pas perdre de vue que son *fourrage vert ou sec* est un des plus nourrissans connus. A l'état de paille, beaucoup de personnes le considèrent encore comme préférable au meilleur foin. Aussi la culture des lentilles peut-elle être considérée assez souvent *comme une des plus productives sur les sols médiocres.*

Section VI. — *De quelques autres plantes de la même famille.*

Le Pois chiche (*Cicer arietinum*) (*fig.* 614) est une plante légumineuse, voisine des lentilles,

dont il se distingue surtout par son légume ovoïde, renflé, vésiculeux et renfermant une ou deux graines arrondies, parfois raboteuses, sur lesquelles la place occupée par la radicule est plus ou moins proéminente.

Fig. 614.

Le Pois chiche, garvance ou *cicerole,* cultivé exclusivement dans les jardins du centre de la France, l'est beaucoup plus en grand dans le sud de ce même pays et de l'Europe. — Il se fait en Asie et en Afrique une consommation considérable des grains de ce végétal, soit rôtis et encore chauds, soit bouillis et diversement préparés. Dans plusieurs de nos départemens méridionaux on les mange en purées, et on les utilise, chez les restaurateurs, pour préparer les potages aux croûtons, justement renommés par leur délicatesse. — Les fanes du pois chiche sont un excellent fourrage.

Dans les contrées où la température des hivers ne s'oppose pas à la culture en grand du cicer, on le sème en automne, le plus souvent à la volée et sur un seul labour. — Plus au nord, on ne peut le confier à la terre qu'au printemps, aussi son produit y est-il de beaucoup inférieur. — On le récolte à la manière des lentilles.

La Vesce blanche (*Vicia sativa alba*), ou *lentille du Canada,* est une variété qui se distingue de l'espèce la plus ordinairement cultivée comme fourrage par la couleur blanche ou blanchâtre, et la grosseur plus considérable de ses grains. Dans plusieurs cantons, les habitans de la campagne les mangent en purée, ou mêlent en petite quantité sa farine à celle des céréales, pour en faire du pain. — La vesce blanche n'en est pas pour cela moins bonne à faucher en vert. Ses usages sont donc multiples, et sous ce point de vue je crois qu'on devrait la préférer à l'autre. J'en ai vu souvent dans l'ouest de fort belles cultures. (*Voy.* l'art. *Prairies.*)

La Gesse cultivée (*Latyrus sativus*), ou *lentille d'Espagne,* est aussi cultivée pour son fourrage et pour sa graine, que l'on mange tantôt en vert, comme les petits pois, tantôt en purées. — Dans plusieurs cantons du midi de la France, les cultivateurs pauvres s'en nourrissent pendant une partie de l'année. — Les enfans la mangent grillée ; — en cet état, après avoir été réduite en poudre, on en fait des infusions analogues à celles que l'on obtient du lupin, de l'orge, de la chicorée, etc.

La Gesse blanche est une variété de la précédente.

La Gesse chiche (*Latyrus cicera*), est une espèce voisine qu'on cultive en Espagne, et dont, sous le nom de *petits pois chiches,* on estime beaucoup les grains.

Les gesses comme les cicers sont des plantes du midi; leur culture est la même, c'est-à-dire qu'on les sème en automne, partout où l'on n'a pas à redouter les effets de l'hiver, au printemps, lorsqu'on peut craindre les gelées. (*Voy.* l'art. *Prairies.*)

Le Lotier comestible croît dans le midi de l'Europe et sur plusieurs points du nord de l'Afrique. En Egypte on mange, dit-on, ses gousses remplies, avant leur maturité, d'une pulpe sucrée, d'un goût analogue à celui des petits pois. On peut aussi appliquer au même usage le *lotier cultivé* (*lotus corniculatus*).

Il serait possible d'ajouter encore à ce chapitre quelques autres plantes légumineuses dont on peut ou pourrait, en cas de besoin, manger les graines. Mais aucune, à ma connaissance, n'a sous ce rapport assez d'importance pour trouver place dans un livre plutôt pratique qu'historique.

Oscar LECLERC-THOUIN.

CHAPITRE XVII. — DES PLANTES CULTIVÉES EN GRAND POUR LEURS RACINES.

Dans le système de culture perfectionnée, adopté dans tous les pays où l'agriculture a fait de notables progrès, les végétaux cultivés pour leurs *racines, sont les plantes sarclées par excellence*, et ce sont eux qui forment le pivot de ce mode de culture. En effet, ils permettent d'ameublir et de nettoyer parfaitement le sol, sans avoir besoin de recourir à la jachère; ils fournissent une quantité très-considérable d'une nourriture excellente pour tous les animaux domestiques qu'on peut ainsi multiplier en bien plus grand nombre dans la ferme; par suite, ils assurent une abondance d'engrais qui influe favorablement sur toutes les autres cultures, et permet d'étendre davantage celles qui donnent des produits industriels, lesquelles sont toujours les plus productives; enfin, les végétaux à racines eux-mêmes se prêtent facilement et avantageusement à une foule d'applications, soit dans les arts, soit à la nourriture de l'homme. et figurent ainsi au premier rang parmi les cultures les plus propres à prévenir les disettes et à trouver, dans tous les cas, des débouchés faciles, puisqu'on peut sans inconvénient substituer leurs emplois les uns aux autres selon le besoin.

Les plantes cultivées spécialement pour leurs *racines sont nombreuses :* celles qui appartiennent essentiellement à la grande culture, dans le climat de la France, sont la *Pomme-de-terre*, les *Navets* et *Raves*, les *Carottes*, les *Panais* et *Topinambours*, auxquelles on peut ajouter, pour le midi, la *Patate :* nous allons nous en occuper successivement; puis la *Betterave* et la *Chicorée*, dont l'importance pour l'extraction du sucre et comme succédanée du café, les range plus particulièrement parmi les cultures industrielles, mais que nous devons mentionner ici comme d'une utilité égale à celle des autres racines pour la nourriture du bétail. Plusieurs de celles dont nous allons parler dans ce chapitre ont, du reste, aussi des usages plus ou moins importans dans la technologie agricole, surtout la Pomme-de-terre.

D'autres racines, telles que les *Oignons*, sont aussi quelquefois cultivées en grand; mais ce sont véritablement des *cultures maraichères* qui appartiennent par conséquent au jardinage; il ne doit pas en être traité ici, non plus que des autres *cultures essentiellement potagères*, comme les Asperges, les Artichauts et plusieurs du même genre qui sont cependant cultivées en plein champ dans quelques localités.

C. B. de M.

SECTION 1re. — *De la pomme-de-terre.*

La *Pomme-de-terre* (*Solanum tuberosum*, L.); en anglais, *Potato ;* en allemand, *Kartoffel;* en italien, *Tartuffo* ou *Pomo-di-terra ;* en espagnol, *Batata* (*fig.* 615), appartient à la famille des solanées, dont elle forme le type.

Fig. 615.

Cette plante, si utile par ses nombreux usages, a été reconnue originaire de l'Amérique méridionale, ayant été trouvée sauvage dans le Chili et à Buénos-Ayres. MM. DE SCHLECHTENDOHL et BOUCHÉ ont démontré tout récemment que la pomme-de-terre trouvée au Mexique est une autre espèce à laquelle ils ont donné le nom de *stoloniferum ;* BANKS est d'avis que la pomme-de-terre a été apportée des parties élevées du Pérou, dans le voisinage de Quito, où on la nomme *papas*, en Espagne, vers le commencement du xvie siècle. De là elle s'est répandue dans les autres parties de l'Europe, qui la reçurent aussi plus tard des colons de l'Amérique du nord. Si la France n'en doit pas l'introduction à PARMENTIER, c'est à ses écrits et à ses efforts qu'elle en doit la propagation, et ce n'est pas un de ses moindres titres à la reconnaissance publique.

§ 1er. — Emplois et usages de la pomme-de-terre.

On sait que le philanthrope PARMENTIER servit un jour un dîner où, *depuis le pain jusqu'au café et au gloria,* tous les mets étaient uniquement composés des produits de la pomme-de-terre. Sans prétendre que cette plante puisse remplacer pour l'homme toutes les préparations alimentaires, nous ne craindrons pas d'être démentis en affirmant qu'elle fournit à l'art culinaire les apprêts les plus diversifiés. Nous nous contenterons d'indiquer l'emploi de la pomme-de-terre comme racine alimentaire pour l'homme et pour les animaux.

Comme plante destinée à la nourriture de l'homme, la parmentière est incontestablement au premier rang. Des savans distingués ont en vain voulu démontrer qu'elle ne peut pas nourrir l'homme; il n'en est pas moins vrai que les Allemands, les Alsaciens, les Lorrains, les Irlandais, les Ecossais, en font, une partie de l'année, leur aliment unique. Si on prend pour base de ses calculs les données généralement admises par les meilleurs économistes, 3 kilog. de pommes-de-terre équivalent à 1 kilog. de blé; en supposant qu'un hectare de froment produise 18 hectol. de blé, on aura récolté en poids à peu près 1440 kilog. de grains; le produit moyen d'un hectare de pommes-de-terre s'élève à 17,500 kilog., ou, en divisant par trois, pour obtenir la valeur en froment, à 5,833. La récolte est donc à celle de la morelle, comme 14 à 58, sur la même surface; où, pour traduire autrement ce résultat, une étendue donnée de pommes-de-terre nourrira 4 fois autant d'individus que pareille surface cultivée en froment.

La manière la plus simple de consommer les pommes-de-terre, c'est de les faire cuire à la vapeur, dans un pot ou une marmite dont le couvercle ou la cloche ne donne point d'issue à la vapeur. C'est sous ce rapport qu'on a dit que la morelle est un pain tout fait. Pour que les pommes-de-terre consommées sous cette forme plaisent au goût, elles doivent avoir été produites dans un terrain sec et sablonneux, et contenir proportionnellement une faible quantité d'eau de végétation. On connaît qu'un tubercule remplit ces conditions, quand, après la cuisson, la peau s'est crevassée et soulevée. — Cuites ainsi, les pommes-de-terre, assaisonnées de beurre fondant et de fines herbes, présentent un aliment très-agréable. Refroidies et mises en salade, elles sont du goût de la plupart des consommateurs. Nous ne pousserons pas plus loin ces détails.

On a proposé bien des fois de mélanger la farine de pomme-de-terre avec celle des céréales pour en faire du pain. Froment, féverolles et pommes-de-terre, pourvu qu'un aliment se présente sous la forme de pain, il est bien mieux accueilli par les habitans de certaines contrées, que s'il paraissait déguisé sous une autre préparation. Que ce soit à tort ou à raison, c'est un fait qu'il a fallu accepter, et dès-lors la panification de la pomme-de-terre a attiré l'attention d'hommes d'un grand mérite.

Le procédé le moins embarrassant connu jusqu'alors, sans citer ceux que couvre encore le voile du secret, consiste à faire le levain à la manière ordinaire; de faire cuire le lendemain des pommes-de-terre qu'on pèle, qu'on écrase et qu'on divise, le plus possible, à l'aide de rouleaux. Après les avoir mélangées avec deux tiers de farine ordinaire, en favorisant le mélange par une addition d'eau

tiède et par le pétrissage, on les mêle au levain préparé et on termine à l'ordinaire. — Une méthode plus simple encore, c'est de râper les tubercules crus, et d'en mélanger la pulpe avec de la farine, dans les proportions ci-dessus. — Enfin, la fécule sèche présente de grands avantages dans toutes les préparations panaires. Si les dispositions réglementaires de la boulangerie n'en permettent pas l'introduction légale dans la fabrication du pain, il est hors de doute que le pain de ménage ne puisse l'employer avec profit.

La fabrication des terouen, de la polenta, de la fécule, leurs usages et transformations en sucre, sirops, dextrine, bière, boissons, etc., appartiennent à la Technologie agricole à laquelle nous renvoyons. (Tome III.)

La faculté nutritive des pommes-de-terre pour l'alimentation du bétail n'est mise en doute par personne. THAER et PÉTIR pensent qu'il faut 2 livres de ces racines pour équivaloir à une livre de foin : KRANTZ estime qu'il n'en faut que 1,25; M. DE DOMBASLE a sur ces auteurs le mérite éminent d'avoir formulé son opinion sur des faits positifs, au lieu de la déduire de probabilités très-équivoques; il pense qu'il faut, pour remplacer 1 de foin, 1,73 de pommes-de-terre cuites, et 1,87 de crues. D'ailleurs, la variété des plantes, l'espèce de bétail, l'année et l'époque des expériences seraient plus que suffisantes pour concilier des opinions tant soit peu diverses.

On a observé que les pommes-de-terre crues poussent à la production du lait, et cuites à celle de la graisse. Les pommes-de-terre crues doivent être administrées avec prudence. Données en trop grande abondance, elles sont regardées comme un régime débilitant.

On conseille de n'en pas donner plus de la moitié de la ration qui doit composer la nourriture journalière. Ainsi, dans le cas où une vache consommerait 20 livres de foin par jour, on pourrait ne lui donner que 10 livres de foin et 15 à 20 livres de racines.

Pour l'engraissement des cochons, on commence par donner la pomme-de-terre crue : à moitié terme, on les fait cuire, on les laisse un peu aigrir, en y mélangeant quelque peu de farine d'orge, et avant de les donner aux animaux on y jette un peu de sel ou de salpêtre.

Pour l'engraissement des bœufs on suit la même marche, seulement on ne les laisse point aigrir. Quelquefois on se contente de les tremper quelques instans dans l'eau bouillante, afin de leur enlever leur crudité.

Quelques agronomes, persuadés que l'eau de végétation exerce une action nuisible sur les organes digestifs, râpent les tubercules et les soumettent à une forte pression pour la leur enlever. On a peu d'objets de comparaison pour apprécier ces diverses méthodes.

On a cru long-temps que les chevaux ne peuvent consommer avec avantage les tubercules de la morelle. C'est vrai, si l'on entend parler des tubercules crus; c'est une erreur, si cette assertion tombe sur les pommes-de-terre cuites. Il y a déjà long-temps que M. RIBECK, de Lindow, l'a prouvé. On fait cuire les tubercules à la vapeur, et on les distribue lorsqu'ils sont refroidis. Ce genre d'alimentation se répand très-rapidement dans plusieurs cantons de la France septentrionale, et menace de détrôner l'avoine. Il en résultera nécessairement des modifications très-importantes dans la combinaison des assolemens.

Les pommes-de-terre cuites et distribuées à *la volaille* la font engraisser promptement et déterminent chez les femelles une ponte abondante et précoce.

Les Allemands sont bien connus pour la consommation qu'ils font des pommes-de-terre diversement préparées. Sans vouloir introduire dans nos mœurs de nouvelles habitudes, nous ne négligerons pas cependant de faire connaître quelques économies domestiques en honneur chez nos voisins. On fait avec le *mélange de la pomme-de-terre cuite avec le caillé*, des fromages excellens et d'une digestion facile. Après avoir fait cuire et épluché les tubercules, on les écrase de manière à en faire une pâte homogène, sans grumeaux; on la malaxe avec une partie égale de caillé, et on laisse reposer deux jours : on pétrit la masse une seconde fois, et on la soumet ensuite aux manipulations ordinaires. — On fait un *mélange semblable pour le beurre* destiné à être mangé sur le pain, et on s'en trouve bien.

CADET DE VAUX a donné un moyen de faire avec la pomme-de-terre des *peintures d'intérieur* qui offrent économie et propreté. On prépare deux bouillies, l'une avec des pommes-de-terre cuites, épluchées et écrasées, l'autre avec du blanc d'Espagne. On mélange et on brasse les deux bouillies en ayant soin de mettre deux parties et demie de la seconde, pour une de la première. Cette peinture s'étend au pinceau : elle sèche promptement. Appliquée sur le bois, sur la pierre, sur le plâtre, elle ne s'écaille pas. On peut la colorer avec diverses espèces d'oeres, de noir de fumée, du vert de gris, etc.

La *colle de pâte* qu'on prépare avec la pomme-de-terre peut être livrée à meilleur marché que celle du froment. Un boisseau produit environ 150 livres de bonne colle, qui peut se conserver dix ou douze jours ; on la prépare en délayant une partie de pulpe râpée dans 2 parties et demie d'eau, portant le mélange à l'ébullition, et ajoutant par livre de pulpe une demi-once d'alun, bien pulvérisé ; — En y ajoutant de l'hydrochlorate ou muriate de chaux au lieu d'alun, on rendra cette colle très-propre à servir de *parement* ou *paron pour les tisserands*.

Quant aux *fanes de la pomme-de-terre*, on a essayé de les donner en vert aux bestiaux; mais divers accidens ont démontré que quand on y a recours, il faut au moins les exposer quelques jours au soleil avant de les faire consommer, et y ajouter du sel.— D'ailleurs on sait que la coupe prématurée des fanes diminue très-sensiblement la production et la croissance des tubercules.

M. DURUC, de Rouen, et M. DAOLMI, de Sorèze, ont pu retirer de ces fanes, comme de celles de beaucoup d'autres végétaux, du *salpêtre ou de la potasse ;* mais la diminution qu'en éprouve la récolte de tubercules rend assez rares les circonstances où il y aurait profit à se livrer à cette extraction d'ailleurs très-variable suivant les sols.

§ II. — Especes et varietes.

Depuis qu'on a eu recours à la voie des semis pour renouveler et multiplier les pommes-de-terre, le nombre des variétés s'est accru à un tel point, qu'une classification complète est désormais illusoire. Les caractères qui distinguent chaque variété sont tellement fugaces et insaisissables, qu'il serait impossible au botaniste et au phytographe le plus exercé de donner pour chacune un signalement reposant sur des bases que la culture ou le climat ne pussent désormais modifier. Cette difficulté ne doit pas cependant nous empêcher d'indiquer les principales variétés ou races cultivées aujourd'hui en France.

1. La *truffe d'août* de la halle de Paris, et du Catalogue de la Société d'agriculture, n. 37 (*fig.* 616). C'est une des plus recom-

Fig. 616.

mandables sous le rapport de la précocité et de ses qualités comestibles. Les tubercules sont ronds, et les yeux logés dans des cavités profondes, sans cependant qu'il y ait de protubérances à la surface. En la cultivant dans des lieux abrités, on peut, sous le climat de Paris, en obtenir déjà à la fin de mai des tubercules mangeables, quoique non complètement mûrs.

2. La *schaw* ou *chave*, n. 129 du Catalogue précité (*fig.* 617). Jaune, ronde, excellente,

Fig. 617.

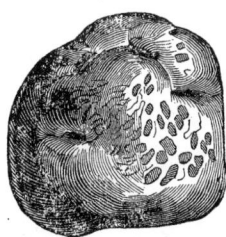

plus productive que la précédente, et plus hâtive d'environ 15 jours.

3. La *grosse grise*, nommée en Lorraine *paubée*. Hâtive et très-productive; excellente en août et septembre; elle prend une saveur fade en hiver, pour redevenir sucrée en mars et avril.

4. La *grosse blanche*, n. 63 du Catal.; *patraque blanche* de la halle de Paris (*fig.* 618). Tubercule blanchâtre maculé de rose, très-

gros et bosselé. Elle est cultivée généralement pour les bestiaux.

Fig. 618

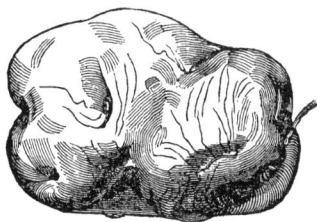

5. La *brugeoise* ou de Bruges (*fig.* 619), nom-

Fig. 619.

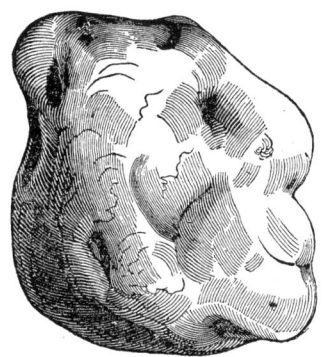

mée aussi divergente à cause de la disposition de ses tiges. C'est l'espèce qui, dans les plantations de la Société d'agriculture, surveillées et enrichies depuis 1813, avec tant de soin, par M. Vilmorin, s'est constamment montrée la plus productive.

6. La *patraque jaune*, de la halle de Paris; n. 79 du Catal. (*fig.* 620). Tubercules gros, irréguliers; yeux enfoncés dans des cavités profondes.

Fig 620.   Fig. 621.

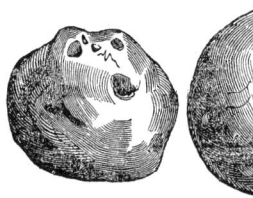

7. La *patraque rouge*, de la halle de Paris; n. 34 du Cat. (*fig.* 621). Tubercule très-gros; éminemment propre aux terres humides.

8. La *Hollande jaune*, de la halle de Paris; n. 167 du Catal. (*fig.* 622), ou *cornichon jaune*. Peau fine; tubercule alongé, aplati, très-lisse: yeux rares à la superficie.

Fig. 622.

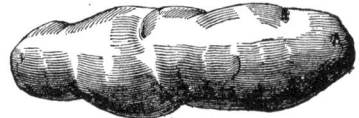

9. La *Hollande rouge*, de la halle de Paris, n. 1 du Cat. (*fig.* 623), ou *cornichon rouge*. Tu-

Fig. 623.

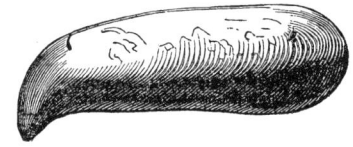

bercule alongé, aplati et un peu pyriforme; cassure farineuse.

Ces deux dernières espèces sont très-estimées dans les apprêts culinaires, parce qu'elles subissent peu de déchet lorsqu'on les pèle, et que, d'ailleurs, elles ont un goût excellent.

10. La *vitelotte*, de la halle de Paris; n. 6 du Catal. (*fig.* 624). Alongée, cylindrique; yeux

Fig. 624.

nombreux, placés au bas d'autant de protubérances; très-estimée pour la table.

11. La *tardive d'Irlande*, n. 125 du Cat. (*fig.* 625), a l'inconvénient d'être peu productive,

Fig. 625.

mais elle a l'avantage de rester long-temps sans germer.

Nous pourrions *augmenter considérablement ce tableau*, mais un tel travail n'aurait qu'une utilité secondaire pour le cultivateur praticien; cependant nous ne pouvons nous dispenser de parler ici de quelques races étrangères qui se distinguent par des qualités particulières. Nous puiserons nos exemples chez les peuples qui se sont acquis une juste célébrité dans la culture des pommes-de-terre.

1° Pommes-ae-terre saxonnes.

La *grosse pomme*. Tiges creusées par 3 sillons longitudinaux; ailes décurrentes peu prononcées; feuilles cordiformes, mais spatulées avant la floraison; fleurs très-blanches, en grosses houppes; tubercules ronds et aplatis. C'est une des plus productives; les tiges s'élèvent à 5 pieds.

La *faîne*. Ce qui la distingue, c'est qu'après avoir été gelée, elle peut encore servir à la reproduction.

La *corne bleue*. Fécule bleue passant au violet par la cuisson.

2° Pommes-de-terre néerlandaises.

La *jaune d'août (Jemmapes)*. Très-hâtive; tubercule oblong; se cultive bien en seconde récolte.

Le *bloc jaune (frise)*. Très-productive et très-grosse.

La *neuf-semaines*. Parcourant en très-peu de temps la période de sa végétation.

La *bocine* ou *supérieure*. De très-bonne garde.

3° Pommes-de-terre anglaises.

Ox noble. Tardive, productive et vigoureuse.

La *Cantorbery*. Tardive; tubercule gros, jaune, long et lisse.

La *champion*. Belle espèce; tubercule gros et jaune.

4° Pommes-de-terre suisses.

Pommes-de-terre de Rohan. Nous devons encore citer cette variété toute nouvelle, découverte, par M. le prince DE ROHAN, près Genève, qui l'a communiquée à MM. JACQUEMET-BONNEFOND, pépiniéristes à Annonay, lesquels en ont adressé aux Sociétés d'agriculture et d'horticulture de Paris. Ses qualités ne paraissent pas très-bonnes, mais elle produit immensément; ses tiges atteignent 6 à 7 pieds, et ont besoin d'être soutenues.

Ce n'est pas tant le volume ni le poids absolu qu'il faut rechercher dans le choix d'une variété de pommes-de-terre, que la *quantité de substance sèche* qu'elle contient; car c'est cette dernière partie seule qui est alimentaire, le reste n'est que de l'eau. KOERTE, qui s'est beaucoup occupé de ce travail, et qui a examiné sous ce rapport 55 espèces de pommes-de-terre, a trouvé une grande *différence dans la proportion de substance sèche* contenue dans la même espèce de pommes-de-terre, suivant qu'elle avait été récoltée à des degrés différens de maturité. En résumant toutes les données qui lui ont fournies ses recherches, on voit que des tubercules arrivés à une maturité complète ont réalisé une proportion de substance sèche qui va de 30 à 32 1/2 p. 100, tandis que ceux dont la maturation n'avait pas été achevée ne pesaient, après complète dessiccation, que 24 p. 100 du poids primitif. 100 parties de tubercules ordinaires contiennent, en moyenne, 24,89 p. 100 de matière solide; et dans celles-ci se trouvent compris 11,25 p. 100 de fécule.

Pour *apprécier avec assez d'exactitude la quantité de matière solide* que contient une espèce de pomme-de-terre, on en prend plusieurs tubercules qu'on débarrasse de toute terre adhérente. On les pèse et on note le poids. On les coupe en tranches et on les fait sécher dans un lieu dont la température soit de 25 à 30 degrés. Lorsqu'après les avoir pesées à plusieurs reprises, à des intervalles d'une heure, ils n'éprouvent plus de diminution, on note le poids et on établit la proportion.

Le *choix et la convenance des variétés* sont encore subordonnés aux circonstances dans lesquelles on se trouve. En général, on peut se guider d'après les principes suivans : 1°Dans les *terrains argileux*, préférer les variétés hâtives et dont les racines s'étendent peu. — 2° Dans les *terres sablonneuses* et chaudes cultiver les variétés tardives et dont les tubercules descendent à une grande profondeur. — 3° Dans les *marais froids*, on cultivera les variétés hâtives et dont les tubercules iront chercher leur nourriture à une grande distance. — 4° Pour la *consommation des villes*, on peut cultiver des variétés peu productives à la vérité, mais qui, en raison de leurs qualités pour les apprêts culinaires, atteignent un prix élevé. Elles seront hâtives; leur périphérie sera lisse, sans anfractuosités, afin qu'on puisse les peler sans déchet considérable et sans perdre beaucoup de temps.

§ III. — Du sol et du climat.

Il s'en faut de beaucoup que tous les *terrains*, que toutes les *positions agricoles permettent de cultiver la pomme-de-terre* sur une grande échelle. Cette plante produit d'abord des tubercules qui n'ont qu'une très-petite dimension, et sont très-mous. Si, dès leur formation, ils rencontrent une terre dure, sèche, imperméable aux influences atmosphériques, leur accroissement est contrarié; ils se difforment. Il faut donc placer les pommes-de-terre dans un champ qui soit assez poreux pour permettre aux produits de se multiplier et de se développer. Un *sol argileux* se laisse difficilement travailler pendant l'été; or, celui qui a lu attentivement ce que nous avons dit de l'influence des façons d'entretien sur les récoltes sarclées, n'hésitera pas à renoncer à la culture de cette plante dans une situation où il serait dans l'impossibilité de donner ces menus cultures. Une autre raison vient encore confirmer ce principe : on sait que dans un sol où se trouve une forte portion d'argile, les plantes mûrissent bien plus tard que dans ceux où domine la silice. Ce même terrain demande à être, à l'automne, ensemencé plus tôt que les autres, parce qu'une fois les pluies arrivées, la charrue ne peut plus y fonctionner. Si l'on y mettait des pommes-de-terre, elles n'atteindraient un degré suffisant de maturité qu'à une époque si avancée, que les travaux d'ensemencement ne seraient plus possibles.

Cette considération doit attirer surtout l'attention des cultivateurs qui habitent le nord, où la période culturale est beaucoup plus restreinte que dans le midi.

Il ne faut pas confondre un sol argileux dans son état normal avec un *sol marneux*. Celui-ci participe des qualités des sols sableux et de celle des sols argileux, et se trouve être, dans bien des cas, le plus favorable à la production des pommes-de-terre, pourvu que l'élément calcaire y soit dans une proportion sensible. Si la chaux devient prédominante, le sol n'est plus propre à cette culture que dans quelques circonstances qui n'arrivent que de loin en loin, comme après un défrichement de sainfoin.

Une *humidité surabondante* est encore plus nuisible aux pommes-de-terre que la séche-resse. Dans ce dernier cas, la récolte peut être quelquefois réduite à fort peu de chose, il est vrai; mais dans un sol où l'eau demeure stagnante, les pommes-de-terre qui ne sont point pourries se conservent avec beaucoup de peine, et ont des propriétés nuisibles sur la santé des êtres qui les consomment; dans plusieurs circonstances, elles ont occasioné des épizooties qui ont causé des ravages incalculables. La surabondance d'humidité dépend souvent du sous-sol plutôt que du sol lui-même. On devra donc avoir égard, non seulement à la superficie, mais encore aux couches subjacentes.

Pour fixer les idées sur ce point, je donne la composition chimique des *sols qui, dans la plupart des cas, conviennent* à la culture des pommes-de-terre.

SOL.	ARGILE. p. 100.	CHAUX. p. 100.	HUMUS. p. 100.	SABLE. p. 100.	OBSERVATIONS.
Glaizo-calcaire.	plus de 50	de 0,5 à 5,0	de 1,5 à 5,0	Le reste.	Seulement pour les pays méridionaux.
Argilo-calcaire.	de 3,0 à 5,0	de 0,5 à 6,0	de 1,5 à 5,0	Le reste.	Principalement pour les climats méridionaux.
Loameux-argileux { ordinaire.	de 1, à 3,0	» »	d 1.5 à 5,0	Le reste.	} Pour tous les climats.
et sableux. . . . { calcaire. .	de 1,0 à 3.0	de 0,5 à 5,0	de 1,5 à 5,0	Le reste.	
Siliceux. . . . . . { ordinaire.	de 0 à 1,0	» »	de 1,5 à 5,0	Le reste.	Pour tous les climats.
. . . . . . { calcaire. .	de 0 à 1,0	de 0,5 à 5,0	de 1,5 à 5,0	Le reste.	Convient peu aux pays méridionaux.
Marneux.	de 1,0 à 5,0	de 5 à 20	de 1,5 à 5,0	Le reste.	Pour tous les pays.
Calcaire.	de 1,0 à 5,0	plus de 20	de 1,5 à 5,0	Le reste.	Pour les pays septentrionaux

Quant au climat, le plus favorable pour la pomme-de-terre est celui qui est plutôt humide que sec, tempéré ou frais que chaud. Voilà pourquoi celui de l'Angleterre et surtout de l'Irlande lui conviennent si bien.

Il y a *dans les pays méridionaux*, même en France, un grave obstacle à la culture des pommes-de-terre sur les terrains trop siliceux. Lorsque les grandes chaleurs dessèchent le sol, la végétation demeure longtemps stationnaire; les tubercules n'augmentent pas en grosseur. Quand, enfin, les pluies viennent arroser le sol et ranimer la végétation, ces petits tubercules, au lieu de se développer, poussent de nouveau des tiges, donnent de nouvelles fleurs, et ni les premiers produits ni les seconds ne peuvent remplir le but auquel on les destinait. Dans les années sèches, cette circonstance se rencontre déjà dans les environs d'Orléans.

Les *terrains pierreux*, et surtout ceux qui contiennent beaucoup de fragmens schisteux, sont peu propres aux pommes-de-terre. Ceux qui contiennent des *cailloux roulés* en produisent qui sont fort estimées pour leur saveur.

§ IV. — Place dans la rotation.

Lorsqu'on examine une plante relativement à son influence sur une succession de cultures, il faut examiner deux choses : son *action chimique* et son action mécanique. Sous le premier point de vue, plusieurs agriculteurs ont attribué aux pommes-de-terre une très-grande propriété épuisante. SCHWERTZ les met dans la catégorie des plantes qui appauvrissent le sol; THAER est de la même opinion; PARMENTIER et Victor YVART sont d'un sentiment opposé, et s'efforcent de l'étayer par le raisonnement et les faits. Entre des opinions si diverses, nous ne pouvons mieux faire que de répéter avec un auteur qui était placé de manière à distinguer les causes de ces contradictions apparentes : « La meilleure récolte de pommes-de-terre n'épuise pas plus la matière organique assimilable aux plantes que la plus riche production de froment, de seigle, d'orge ou d'avoine. Si on donne un libre accès à l'humidité, la récolte la plus abondante de pommes-de-terre épuise moins le vieil humus que les céréales, et sur une fumure fraîche les élémens de fertilité et l'ancienne force ne sont pas assimilés en aussi grande proportion qu'après une récolte de céréales. La déperdition de matière organique pour le même poids de pommes-de-terre est d'autant plus grande que les tubercules contiennent plus de substance féculente, et d'autant moindre que les parties constituantes de la récolte sont plus aqueuses. »

Plus on donne de soin à la culture des pommes-de-terre, moins le sol est argileux et compacte, moins la production des tubercules nuit au sol. Une culture négligée qui favorise la multiplication des plantes parasites et resserre le sol, n'empêche pas seulement le développement des organes foliacés des pommes-de-terre, et par suite paralyse l'action de l'humidité atmosphérique, ce qui force les plantes à tirer leur nourriture dans le sol même, mais elle agit encore mécaniquement d'une manière plus ou moins défavorable à l'état d'ameublissement et de pulverisation du sol. Plus la récolte est considérable, plus cet état se trouve dans les conditions convenables; plus le produit est mince, moins le sol est bien préparé mécaniquement.

L'action mécanique que les pommes-de-terre exercent sur le sol a également *les ré-sultats les plus avantageux* au succès des récoltes ultérieures. Les tubercules, en grossissant, sou'èvent la terre intérieurement, en écartent les molécules; leur extraction ne peut avoir lieu sans remuer le sol à une grande profondeur; les façons qu'on leur prodigue ameublissent la surface et détruisent les mauvaises herbes; le feuillage abondant qu'elles produisent couvre le sol et empêche l'évaporation. Tout, ici, concourt à faire de cette plante une excellente préparation pour la plupart des autres végétaux, surtout si les circonstances ont permis de faire la récolte de bonne heure. Il ne faut pas oublier cependant que si cette dernière opération avait été exécutée à une époque très-avancée, les ensemencemens d'automne que l'on confierait ensuite à la terre se ressentiraient d'un vice de culture qu'on ne doit point rejeter sur la plante elle-même, mais sur l'imprévoyance des cultivateurs. La récolte étant une opération assez longue, il arrive que lorsqu'on cultive beaucoup de pommes-de-terre, on fait sagement de ne point leur faire succéder des fromens d'hiver ou du seigle, mais des plantes qui se sèment au printemps, comme du froment de mars, de l'orge, de l'avoine. C'est la pratique des meilleurs cultivateurs en France, en Allemagne et en Angleterre.

Dans le second de ces pays, les cultivateurs qui n'ont pu renoncer entièrement à l'*assolement triennal*, l'ont modifié de manière à suivre le cours suivant, dont on reconnaît tous les jours les avantages : 1ʳᵉ année : pommes-de-terre fumées, en place de la jachère; 2ᵉ : orge avec trèfle. dans la sole de grains d'hiver; 3ᵉ : trèfle, dans la sole de grains d'été; 4ᵉ : trèfle en place de la jachère (1 coupe); 5ᵉ : froment d'hiver; 6ᵉ : avoine.

L'ensemencement en céréales qui suit une récolte de pommes-de-terre n'exige pas ordinairement de labour. On sème sur la terre après un coup d'extirpateur, et on enfouit à la herse; quelquefois même on ne donne aucune préparation, mais alors la semence de céréales s'enfouit au moyen de l'extirpateur. Quelle supériorité n'a point un tel procédé sur une jachère, qui exige beaucoup de labours et ne produit rien!

Les pommes-de-terre *réussissent très-bien après une récolte de printemps* consommée de bonne heure. Ainsi, après des vesces, du trèfle incarnat, du colza pour fourrage, cette plante a souvent donné de plus beaux produits que si l'on n'eût rien demandé préalablement à la terre.

Il est même des pays où l'hiver arrive assez tard pour permettre un ensemencement de pommes-de-terre *après une récolte parvenue a maturité*. Cela a lieu surtout après le colza, le lin, la navette. Il ne faut pas croire que cette facilité soit un privilége exclusif des climats méridionaux. Ce procédé est usité, non seulement dans quelques parties du territoire français, mais encore en Hollande et en Belgique.

L'écobuage rend soluble une telle proportion d'élémens de fécondité, que les céréales y poussent en paille, mais donnent peu de grains. C'est donc la pomme-de-terre qu'il faut *préférer dans cette dernière circonstance.* On ne doit pas surtout perdre de vue cette considération lorsqu'on livre à la culture des terrains tourbeux qu'on a écobués ou chaulés. C'est par les pommes-de-terre que doivent toujours commencer les nouvelles rotations.

La pomme-de-terre *n'est point*, comme l'ont avancé quelques botanistes cultivateurs, *antipathique avec elle-même.* Dans là plaine que baigne la Moselle depuis Epinal jusqu'à Metz, on suit de temps immémorial l'assolement biennāl : 1ᵒ pommes-de-terre, 2ᵒ seigle. On trouve même, dans quelques parties, des terres qui reçoivent tous les ans un ensemencement en pommes-de-terre, sans qu'on aperçoive aucune diminution dans le produit. Schwertz rapporte des faits très-concluans. « Il résulte, dit-il, des observations qui m'ont été communiquées en Alsace, que la pomme-de-terre ne se repousse pas, lorsqu'elle est cultivée sur un terrain convenable. On m'a montré un champ qui en avait toujours porté de deux ans l'un. Ailleurs on en met 4 ou 6 ans consécutifs sur le même sol, sans que l'on aperçoive aucune diminution dans le produit. On cite des champs qui ont produit 6 récoltes successives de pommes-de-terre avec une seule fumure, et cette série de récoltes fut suivie par un ensemencement en orge dont le produit fut très-considérable. Dans un autre endroit, je vis un champ qui, dans l'espace de vingt ans, avait donné une fois de l'orge et 19 fois des pommes-de-terre. On cite, dans le Würtemberg, un propriétaire qui, 32 années de suite, avait cultivé les pommes-de-terre sur le même champ, en fumant tous les ans. Mais à la fin les tubercules n'étaient pas plus gros qu'une noix. »

Cette propriété de la pomme-de-terre de revenir plusieurs fois sur le même terrain sans diminution dans le produit, simplifie beaucoup sa culture, parce que la terre est dans un ameublissement continuel, et que les frais d'entretien sont considérablement diminués. Les mauvaises herbes disparaissent totalement après deux ou trois années. Aujourd'hui que la féculation des produits de cette plante est une branche importante de l'industrie agricole, il était nécessaire de faire connaître les avantages et la latitude que les cultivateurs peuvent avoir sous ce rapport.

§ V. — De la fumure.

On pourrait sans doute *cultiver la pomme-de-terre sans fumier* dans un sol amélioré de longue main. mais ce ne peut être que dans quelques cas exceptionnels ; et l'épargne qu'on aurait cru faire amènerait inévitablement l'épuisement total du sol, et la non-réussite des autres récoltes. La vieille force est un trésor dont on ne doit user que modérément. On se plaint généralement que les morelles contractent une odeur désagréable si on leur applique un engrais de *fumier frais* ou de *gadoue*, quoique cette dernière substance soit fréquemment employée en Flandre. Dans les terres un peu compactes, on se trouve bien de l'usage du *fumier pailleux*. Je pourrais même ici invoquer des expériences qui prouvent que, dans les sols de cette nature, de la paille seule et des *chaumes enfouis* au dernier labour ont donné des récoltes extraordinaires. Mais, en général, on doit être circonspect dans l'emploi de ces fumures exceptionnelles qui conviennent peu à d'autres récoltes. Somme toute, le *fumier décomposé* sera appliqué aux terres chaudes et légères; le *fumier long* sera réservé pour les sols argileux et froids.

Pour donner une idée de *l'influence que la nature et la quotité de la fumure* exercent sur le produit de la pomme-de-terre, je crois utile de citer les essais qui ont été entrepris sur cette matière et publiés par les meilleurs agronomes du continent et de l'Angleterre. La disposition par tableaux me dispensera de toute observation de détail, en même temps qu'elle fera ressortir les résultats avec plus d'évidence.

Tableau des quantités en prix comparés de divers engrais employés pour la fumure des pommes-de-terre pour un égal produit, environ 300 hectol. de tubercules.

Numéro.	Nature de l'engrais.	Quantité par hectare.	Volume par hectolitre.	Poids en kilos.	Prix.
1	Noir animalisé.	1 mèt. 1/2.	15	1,500 à 5 f. »	75 fr.
2	Résidus des raffineries. . . .	2 mèt. cubes.	20	2,000 à 5 »	100
3	Chair musculaire en poudre.	6 sacs.	8	600 à 17 »	102
4	Sang sec en poudre.	6 1/2.	8 2/3	650 à 17 »	110 50 c.
5	Râpures d'os.	15 sacs.	20	1,200 à 15 »	180
6	Chiffons, laine et soie. . . .	20 balles.	30	2,000 à 8 »	160
7	Fumier de cheval.	45 voies.	900	54,000 à 0, 41	216

D'autres *expériences faites en Allemagne* sur un sol léger, mais un peu humide, ont donné des produits qui font clairement apercevoir les avantages des diverses fumures. Si l'on appelle 100 le produit d'un hectare non fumé, ce produit se portera à :

119, si l'on fume avec du fumier frais de cheval, à raison de 75 mille kil. par hectare ;

162, si l'on fume avec du fumier décomposé de cheval, à raison de 75 mille kil. par hectare ;

190, si l'on fume avec du fumier frais de bœuf, à raison de 75 mille kil. par hectare ;

185, si l'on fume avec du fumier décomposé de bœuf, à raison de 75 mille kil. par hectare ;

148, si l'on fume avec du compost (2/3 fumier, 1/3 gazon), à raison de 75 mille kil. par hect.;

225, si l'on fume avec de l'urine ou du purin, à raison de 75 mille kil. par hect. ;

123, si l'on fume avec du plâtre, à raison de 75 mille kil. par hect.;

Une chose à remarquer dans ces calculs, c'est l'effet prodigieux du purin, qui fait plus que doubler le produit de la récolte.

Quant à *l'application* même *de la fumure*, il n'y a pas de règle constante. Les uns conduisent les engrais à l'hiver, d'autres pendant l'automne, enfin le plus grand nombre fument immédiatement avant la plantation. La question ne doit pas être résolue seulement par les usages locaux; elle est plutôt subordonnée à la nature de l'engrais et à la composition du sol. Dans un *sol sec et très-léger*, on se trouvera bien de conduire et de répandre le fumier pendant l'hiver. La couche d'engrais empêche les vents desséchans du printemps de hâter l'évaporation de l'humidité, que ces terres retiennent faiblement, et qui est pourtant si nécessaire au succès de la plantation.

Quand le *sol est argileux*, on agira d'une manière plus rationnelle si, pendant l'hiver, on enfouit le fumier. La terre se trouve ainsi allégée, ameublie, et les façons ultérieures s'exécutent avec plus de perfection Lorsque l'on enterre le fumier, il ne faut pas le faire à une trop grande profondeur, afin que les plantes immédiatement en contact avec les détritus organiques s'en assimilent facilement une grande partie.

L'enfouissement du *fumier en même temps qu'on plante les tubercules*, est le plus communément en usage. Cette méthode est excellente lorsque les produits sont destinés à la consommation des animaux ou à la distillation; mais lorsque les pommes-de-terre doivent être livrées à la consommation de l'homme, elles contractent par ce moyen une saveur désagréable. Le fumier se place de trois manières. On en met dans chaque raie ouverte par la charrue, ou bien seulement dans le sillon qui reçoit les tubercules. Quelquefois même on n'étend le fumier que sur la surface même où l'on déposera la pomme-de-terre de semence. Ces deux dernières méthodes sont préférables toutes les fois que, dans une rotation, la pomme-de-terre est regardée comme produit principal, et dans les circonstances où l'on éprouve une pénurie d'engrais. La première mérite la préférence lorsqu'on regarde la pomme-de-terre comme récolte préparatoire des céréales, et lorsqu'on dispose d'une grande masse de fumier. Lorsqu'on enterre le fumier en même temps qu'on plante, on ne doit pas perdre de vue deux considérations qu'on est trop disposé à négliger. Dans les sols humides, les tubercules de pommes-de-terre seront placés sur le fumier même, afin que celui-ci attire l'humidité contenue dans la couche qui couvre les racines, et en rende ainsi la surface plus sèche et plus facile à travailler. Dans les sols légers, au contraire, qui souffrent par excès de sécheresse, on place les tubercules d'abord et le fumier ensuite, afin que ce dernier, qui attire puissamment l'humidité et contracte avec elle une grande adhérence, tienne les racines toujours fraîches. C'est surtout dans les terres très-calcaires que cette dernière méthode a de bons résultats.

Quelques cultivateurs vantent beaucoup la *fumure en couverture*. L'engrais, disent-ils, exerce son action, non seulement sur les pommes-de-terre, mais encore sur les autres plantes de la rotation. On l'emploie surtout dans les sols très-secs; le fumier se conduit lorsque les premières pousses sortent de terre, et après le hersage qu'on leur donne à cette époque. La fumure superficielle a surtout cet avantage qu'on peut planter les pommes-de-terre quand même on n'aurait pas pour le moment de fumier à sa disposition.

Dans les contrées où l'on peut se procurer facilement et à bon compte des *chiffons de laine*, on ne saurait les employer plus utilement qu'à la récolte des pommes-de-terre. On entoure d'un lambeau chaque tubercule au moment de la plantation. C'est un engrais très-puissant.

§ VI. — Préparations du sol.

La nature et la forme des produits de la pomme-de-terre *exigent un sol meuble*. Que cet ameublissement provienne de la composition même de la terre ou des préparations qu'on lui fait subir, toujours est-il indispensable. Le *nombre de labours* requis pour arriver à ce résultat ne peut être déterminé d'une manière absolue. On en donne communément 3. Dans les sols bien préparés par les cultures antérieures, on peut n'en donner que 2, tandis que dans ceux qui sont tenaces ou infestés d'herbes parasites, 4 peuvent à peine suffire. Les Flamands, dit Schwertz, ne se contentent pas d'un labour profond dans les sols pesans; ils en donnent deux : plus tôt le premier est exécuté, mieux cela vaut. Dans le Brabant, où en général les charrues ne sont attelées que de deux chevaux, elles le sont alors de quatre, et pénètrent à une profondeur de 15 à 16 pouces dans les terres sablonneuses. Mais jamais on n'enfouit le fumier à une aussi grande profondeur.

Dans l'hypothèse où l'on donne trois labours, le premier s'exécute avant l'hiver et à une grande *profondeur* (8 à 9 pouces au moins); le second, un peu moins profond, lorsque les vents desséchans du printemps permettent de le faire; enfin le troisième, au moment de la plantation. Ce dernier couvre les tubercules de semence et enterre les engrais. A ceux qui douteraient de l'efficacité de labours aussi profonds, nous pourrions citer les expériences de M. de Voght. Ce célèbre cultivateur, à la suite de ses essais, a été amené à conclure que si le produit d'un terrain labouré à 10 pouces est représenté par 100, celui du même terrain labouré à 15 pouces le sera par 131.

Quant à la *profondeur du dernier labour*, on se tromperait étrangement si l'on pensait qu'elle doit être égale à celle du premier ou du second. Suivant le même expérimentateur, des pommes-de-terre plantées à deux pouces rapportèrent 27 p. 100 de plus que celles qui l'avaient été à 6. Néanmoins, comme un labour de deux pouces s'exécute difficilement avec une certaine perfection, surtout lorsque l'on enfouit simultanément le fumier; comme, d'un autre côté, une profondeur de deux pouces ne soustrairait pas les racines à l'influence nuisible de la sécheresse dans nos climats, on croit généralement que le dernier labour ne doit pas dépasser quatre pouces ni rester en-deçà.

§ VII. — Plantation des tubercules.

I. *Avec des instrumens à main.* — Ce mode n'est usité que dans la petite culture. Il s'exécute soit avec la houe, soit avec la bêche. Ce dernier instrument est toujours le plus convenable. Lorsque la surface du sol a été bien ameublie par les labours, les hersages et les plombages, un ouvrier ouvre, sur une largeur déterminée de la pièce, une rangée de trous. Un enfant tenant un panier rempli de tubercules en dépose un dans chaque trou. Cela fait, l'ouvrier, faisant un pas en arrière, ouvre une seconde série de trous parallèle à la première. La terre extraite de cette seconde rangée sert à couvrir les tubercules de la première. Faisant encore un pas en arrière, il ouvre une troisième rangée de trous, et la terre qui en sort sert immédiatement à combler les trous de la seconde série. Ce procédé est bien préférable à celui qui consiste à ouvrir d'abord des trous sur toute la surface du terrain, à déposer ensuite dans chacun d'eux la pomme-de-terre de semence, puis enfin à les combler.

La plantation avec des instrumens à main donne beaucoup de facilité pour placer les pommes-de-terre à une distance et une profondeur déterminées. C'est la seule employée dans les jardins et les marais. Lorsqu'on veut obtenir des primeurs, on plante également à la main. On aura laissé auparavant les tubercules dans un lieu éclairé et à l'abri du froid; aussitôt que les yeux se tuméfient et annoncent un commencement de végétation, on plante dans un champ abrité. Au lieu de recouvrir totalement les trous à mesure qu'on ouvre la seconde rangée, on ne les recouvre que partiellement, en dirigeant avec la bêche la plus grande partie de la terre vers le nord.

De cette manière, les vents froids, les gelées qui peuvent survenir à une époque rapprochée de l'hiver, n'ont aucune prise sur la plante qui pousse ses jeunes feuilles dans la cavité, et qui est d'ailleurs abritée par le monticule qu'on a formé. Un peu d'exercice a bientôt appris à l'ouvrier le plus inexpérimenté à saisir le coup de main nécessaire pour couvrir à la fois le tubercule et former le monticule.

II. *Avec les instrumens aratoires.* — Pour la plantation des morelles avec des instrumens conduits par les animaux, on se sert de la charrue ou du binot comme en Saxe. C'est donc à la fois une opération préparatoire et une opération de semaille. La plantation des pommes-de-terre ne s'exécute nulle part avec plus d'ordre, de méthode et de célérité qu'à Roville : c'est donc là que nous chercherons nos modèles.

« Dans le mois d'avril, dit M. DE DOMBASLE, on herse le premier labour; et on donne le second un peu moins profond que le premier; afin de pouvoir conduire le fumier avec facilité et sans endommager le sol, on ne laboure qu'environ les deux tiers des billons ; on herse la partie labourée ; on ouvré, avec la charrue à deux versoirs, les sillons d'écoulement qui séparent les billons, et on laisse la terre en cet état pour la conduite du fumier. Comme les billons ont environ 25 pieds de largeur, et comme ce labour s'exécute en les fendant, il reste au milieu de chaque billon un espace suffisant pour la circulation des voitures. On place une roue dans le dernier sillon ouvert, et l'autre sur la terre qui n'est pas labourée, et l'on décharge le fumier sur la terre labourée. Aussitôt que cette opération est faite, on achève le labour, on herse cette dernière partie, et l'on étend le fumier sur toute la surface du billon. Le fumier reste ainsi étendu jusqu'au moment de la plantation, qui commence dans les premiers jours de mai. Le fumier se trouvant ainsi étendu sur la surface d'une terre nouvellement labourée et déjà meuble, celle-ci profite de tous les sucs qui pourraient s'en écouler par l'effet des pluies. Quant à l'évaporation des principes fertilisans de ce fumier, l'expérience démontre qu'on ne doit nullement craindre cet inconvénient. »

«Au moment de la plantation, le labour se donne en adossant ; chaque charrue prend deux billons, et elle travaille alternativement dans l'un pendant que les planteuses fonctionnent dans l'autre ; de cette manière, une femme suffit pour planter derrière chaque charrue. On plante chaque troisième raie, ce qui établit une distance de 27 pouces entre les lignes. Le labour se donne à 5 pouces de profondeur, et l'on place les tubercules non pas dans la raie ouverte, où ils seraient dérangés par les pieds des animaux, mais en les enfonçant à la main dans la terre meuble au pied de la bande de terre retournée. On doit exiger que les planteuses fichent une petite baguette ou branche d'arbre aux deux extrémités de chaque sillon planté ensuite. »

M. DE DOMBASLE fait mettre ordinairement les tubercules à un pied de distance dans la ligne, mais je ne suis pas bien assuré que cet éloignement ne soit pas trop peu considérable. Relativement à cette dernière circonstance, on a trouvé, par des expériences qui paraissent exactes, que, si l'on représente par 100 le produit de 1 hectare de pommes-de-terre à 6 po. dans la raie, les rangées étant espacées de 22 pouces, le produit de l'hectare dont les tubercules auront été éloignés de 12 pouces dans la ligne sera 64 ; s'ils ont été éloignés de 18 pouces, le produit ne sera que de 57, pour tomber à 48 si la distance était portée à 24 pouces. M. DE LASTEYRIE a cité dernièrement, à la Société centrale d'agriculture, un cultivateur anglais qui a obtenu une immense récolte en plantant ses pommes-de-terre à 6 pouces dans des lignes très-espacées, et exactement dirigées du nord au sud. Cela est conforme avec l'opinion émise

par KNIGHT, que l'on obtiendrait un produit au moins égal en espaçant davantage les lignes et en rapprochant les tubercules dans la ligne. Cette méthode aurait l'avantage de permettre de cultiver facilement l'espace qui se trouve entre chaque rangée.

Les diverses méthodes que nous venons de décrire sont celles qui sont le plus généralement usitées; elles permettent de cultiver les pommes-de-terre entre les rangées ; mais les plantes ainsi disposées ne peuvent admettre la culture dans les lignes, même au moyen des instrumens aratoires, en sorte qu'il est toujours indispensable que la main de l'homme en vienne compléter les façons. Le procédé que nous allons décrire, employé dans quelques contrées où les ouvriers sont rares et le taux des journées à un prix élevé, permet de supprimer toute main-d'œuvre complémentaire. On enterre le fumier par le second labour. Lorsqu'on veut opérer la plantation, on herse le champ et on fait passer sur toute la superficie, dans le sens de la largeur, un marqueur ou rayonneur dont les pieds sont à une distance de 20 pouces. Ensuite on laboure la pièce comme pour la plantation ordinaire. Dans chaque troisième raie ouverte par la charrue, les planteuses déposent un tubercule au point d'intersection des lignes du labour avec celles du rayonneur. Les plantes se trouvant ainsi parfaitement disposées en quinconce ; le butoir et la houe à cheval peuvent fonctionner dans les deux sens.

§ VIII. — Des divers autres moyens de propagation.

A la question de plantation se rattache celle des divers autres moyens de multiplication, dont nous allons dire quelques mots.

I. Par drageons.—Dans une terre qui aura reçu les préparations convenables et une fumure suffisante, on plante des pommes-de-terre à la manière ordinaire. Après 6 ou 7 semaines, on arrache de chaque souche avec précaution toutes les pousses qui sortent de terre, excepté une qu'on laisse. On aura auparavant préparé une terre pour recevoir ces drageons ou éclats ; on les transplante à la manière des colzas, c'est-à-dire que dans chaque 3ᵉ sillon ouvert par la charrue on en dépose une rangée que recouvre le sillon suivant. Ce moyen de propagation ne doit être tenté que sur de petites superficies, et pour des variétés qu'on a intérêt à multiplier promptement.

II. Par tubercules de rejet. — M. JEBENS a publié, en 1828, à Altona, un nouveau procédé de multiplication pour la variété de parmentière connue sous le nom de pomme-de-terre anglaise ou de Gibraltar. Lorsque après la récolte, les tubercules ont été amoncelés dans un lieu à l'abri du froid, ils ne tardent pas à produire de petits tubercules dont la formation a valu à cette variété le surnom de couveuse, dénomination qui la caractérise dans certaines contrées. Quoique ces tubercules adventices soient mous et aqueux; on a reconnu qu'ils peuvent être employés à la reproduction de l'espèce ; souvent même ils ont donné un produit plus considérable que les tubercules fournis par la récolte précédente. On pourrait avec beaucoup d'avantage utiliser ce moyen de reproduction pour toutes les variétés qui présenteraient la même particularité.

III. *Par le moyen des pelures.*—On dépouille les tubercules d'une épaisseur suffisante de leur enveloppe; on divise ces pelures en plusieurs morceaux ayant chacun un œil, et on plante à la manière ordinaire. Cette méthode a donné quelquefois de bons résultats dans les années de disette; mais toutes les fois qu'on n'y est pas forcé par la nécessité, on devra recourir à une méthode plus assurée de multiplication.

IV. *Au moyen d'yeux séparés des tubercules.* — On a longtemps préconisé ce moyen comme le plus économique. Il est encore aujourd'hui généralement pratiqué dans les environs de Freyberg (Saxe). Il est certain qu'un œil portant une bonne épaisseur de pulpe, placé dans un terrain riche, humide et très-bien préparé, donne des produits satisfaisans. Cette méthode entraîne avec elle plusieurs inconvéniens qui peuvent être écartés lorsqu'on opère en petit, mais que doit forcément subir celui qui plante de grandes étendues de terrain. Ainsi l'amputation des yeux est longue et très-coûteuse; si on les plante dans un sol et par un temps qui ne soient pas humides, ils se dessèchent et se racornissent : il faut les planter deux fois plus épais, ce qui ne permet plus un espacement suffisant pour la manœuvre de la houe et du butoir à cheval.

V. *Au moyen de fragmens de tubercules.* — Au moment de la plantation, on coupe les gros et moyens tubercules en fragmens de diverses dimensions, en ayant soin que chaque morceau soit muni de deux yeux au moins. À volume égal, on remarque peu de différence entre des tubercules entiers et des fragmens de gros tubercules, si on les plante dans un terrain sec. Mais si on les met dans un terrain humide, les morceaux de pommes-de-terre ont plus de disposition à pourrir. Cependant, lorsque les pommes-de-terre atteignent un haut prix, ce qui arrive communément au printemps, on pourra user avec avantage de ce moyen.

VI. *Par la plantation de tubercules entiers.* — C'est incontestablement le moyen le plus sûr et souvent le plus économique, pourvu que l'on n'emploie que des tubercules de moyenne grosseur. Trop gros, ils pousseraient un grand nombre de petites tiges qui s'affament réciproquement : trop petits, les tubercules ne contiennent pas assez de substance amilacée pour nourrir les jeunes bourgeons. Les pousses tendres et délicates, obligées de passer subitement de la nourriture succulente fournie par le tubercule à celle qui se trouve dans les engrais, mais qui n'est point préparée, languissent quelque temps, et il est bien rare que cette circonstance n'exerce pas une influence désavantageuse sur la vigueur de la plante adulte.

VII. *Par provignage.* — C'est un procédé, fort connu des horticulteurs, pour multiplier promptement des espèces rares ou rebelles à tout autre mode de reproduction. Il ne peut être conseillé pour la culture économique des pommes-de-terre, et ne doit être utilisé que pour les variétés nouvelles dont on ne possède qu'une petite quantité.

VIII. *Par semis.* — Aussitôt que les baies sont mûres, on les écrase, on les délaie dans l'eau pour enlever le mucilage qui adhère aux petites semences. Au printemps, on sème sur un carré bien préparé; et aussitôt que les jeunes plants ont atteint la hauteur de 3 à 4 pouces, on les transplante. Les petits tubercules qu'on récolte à l'automne sont mis dans un lieu à l'abri de la gelée, pour être au printemps plantés à la manière ordinaire. Ce mode de propagation n'est usité que dans la vue de multiplier les variétés et d'en obtenir de nouvelles; il a l'inconvénient de ne pas procurer dans la même année des produits aussi abondans que les autres modes. D'un autre côté, il permet de multiplier au loin cette plante précieuse : c'est ainsi qu'il a été fait, dans ce but, des envois de graines dans la Grèce, il y a plusieurs années. M. Sa-geret est l'agronome qui s'est occupé avec le plus de succès des semis de pommes-de-terre, et les résultats obtenus par lui ont été très-satisfaisans.

§ IX. — Des façons d'entretien.

Culture irlandaise. — Avant de passer à ce sujet, nous croyons utile de décrire la *culture irlandaise des pommes-de-terre.* Voici ce qu'en dit M. Huzard fils, qui l'a étudiée sur les lieux :

« L'Irlande est le pays aux pommes-de-terre; aussi y ai-je vu la culture de cette plante plus commune que partout ailleurs. Elle est singulière, et, malgré la grande perte de terrain qu'elle paraît occasioner, elle donne autant de produits et souvent bien davantage que les autres méthodes : elle est la même dans la culture en grand et dans la culture en petit. On défonce grossièrement le sol avec une charrue, une pioche, une bêche, suivant les moyens du cultivateur, ensuite on le divise par planches de 5 à 6 pieds de largeur, entre lesquelles on laisse un espace de 2 pieds à 2 pi. 1/2 de large, de manière que le champ présente successivement un espace de 2 pieds et un espace de 5 pieds ; ou un espace de 2 pieds 1/2 et de 6 pieds : on brise alors les mottes de terre sur les grands espaces, et quand il s'y trouve quelque inégalité, on prend pour les remplir la terre du petit espace; de manière que le champ commence à présenter des planches larges de 5 ou 6 pieds, entrecoupés de fossés de 2 pieds et plus de largeur.

» On porte alors le fumier sur les planches, on l'y étend ; on place les pommes-de-terre entières ou coupées dessus le fumier, et ensuite on le couvre d'une couche de terre de deux pouces environ d'épaisseur, que l'on prend dans le fossé. On sème ou on plante ainsi successivement toutes les planches. Quelques agriculteurs placent les pommes-de-terre à des distances égales et assez régulièrement; mais j'ai vu des champs où les pommes-de-terre paraissaient avoir été jetées à peu près au hasard. Dans cette opération, les planches larges s'élèvent au moins de deux pouces, tandis que les fossés qui fournissent la terre et qui sont de moitié moins larges, s'abaissent au moins de 4. Les fossés se trouvent donc déjà de 6 à 7 pouces de profondeur. Il n'est pas besoin de dire que cette opération se fait à la main et à la bêche. La première façon que l'on donne aux pommes-de-terre après leur levée, est un sarclage avec le sarcloir à main. La seconde est un sarclage et butage en même temps, et c'est encore la terre du fossé qui sert à couvrir les jeunes plants d'une couche de terre épaisse d'un pouce et demi à deux pouces. Cette opération creuse donc encore les fossés et augmente la hauteur des planches. La troisième est la même opération, pratiquée encore de la même manière à une époque plus avancée de la croissance : le champ présente alors des planches larges de 5 à 6 pieds, séparées par des fossés larges de 2 à 2 1/2 pieds, et profonds de 18 pouces ; j'en ai mesuré de 2 pieds en profondeur. Les hommes qui donnent ces trois opérations ne marchent point sur les planches; ils marchent dans les fossés, et avec une bêche ils coupent d'abord toutes les plantes inutiles, et ensuite recouvrent de terre la surface de la planche, en prenant garde de couvrir les plantes qui ne sont pas encore assez hautes.

»Malgré cette perte énorme de terrain, les récoltes que l'on a par cette culture sont en général plus abondantes que celles obtenues de toute autre manière ; et plusieurs cultivateurs irlandais instruits, qui ont tenté la culture en rayons, sont revenus à cette culture, qu'on appelle par *lits* ou par *couches*.

» L'avantage de cette manière de cultiver la pomme-de-terre dans les terrains humides n'est pas douteux ; j'ai vu beaucoup de terrains à tourbes nourrir, par cette méthode, d'abord leurs malheureux ouvriers, ensuite des cochons et des vaches, et enfin rendre ces terrains propres à quelques maigres récoltes d'avoine, et même de blé dans les parties les moins mauvaises.

» Les fossés qui se trouvent entre les planches ne sont pas comblés entièrement pour les récoltes qui suivent celles des pommes-de-terre ; on les comble en partie seulement en arrachant les tubercules, et, dans la préparation de la terre pour la céréale qui suit, on la laisse en dos d'âne. Le fond des sillons où il ne vient jamais une grande quantité de plantes, sert à fournir un passage aux ouvriers qui sarclent les blés à deux époques différentes de leur croissance, avec un petit sarcloir à main. Quand, après une certaine rotation de récoltes, le tour des pommes-de-terre revient, quelques cultivateurs placent le milieu des nouvelles planches où étaient les anciens fossés. »

Cultures d'entretien. — Ce qui a été dit dans les diverses sections du chap. VIII *du sarclage et du binage en général* nous dispense de nous étendre longuement ici. Trois considérations doivent dominer la pensée de celui qui cultive les pommes-de-terre : *détruire les mauvaises herbes, ameublir la terre, multiplier les tubercules.*

Si l'on fume en couverture ou avec des engrais liquides, on doit le faire avant que les premières pousses paraissent. Immédiatement après le *purinage,* on *roule,* afin d'empêcher l'évaporation de l'eau.

Aussitôt que quelques germes viennent

dessiner les rangées de plantes, on donne un *hersage énergique* pour détruire les mauvaises herbes, entretenir l'ameublissement du sol, écarter les bourgeons qui croissent par touffes, et les forcer de chercher leur nourriture en des points différens. Alors est ouverte, pour le cultivateur, la série des travaux dont il doit être prodigue.

Dès que les lignes de verdure formées par les tiges dessinent les intervalles, on doit *passer la houe* ; on commence les binages que l'on répète aussi souvent que le demandent la terre ou les plantes. Ordinairement, *deux butages suffisent.* Ils deviendraient inutiles du moment où les plantes seraient assez vigoureuses pour couvrir le terrain de leur ombrage.

§ X. — Maladies, animaux nuisibles, soustraction des fleurs et des feuilles.

Je dois dire un mot des maladies qui attaquent la morelle. On n'en connaît que deux principales : *la rouille* et *la frisolée.*

Dans *la rouille,* les feuilles se couvrent de macules roussâtres qui sont d'abord presque imperceptibles, mais qui finissent par couvrir toutes les parties foliacées. La transpiration qui a lieu par les feuilles est arrêtée, les tiges deviennent maigres et souffrantes, se consument et se dessèchent. Les tubercules présentent à l'intérieur des rognons noirs qui ressemblent à des ulcères, sont plus durs et plus fibreux que le reste du parenchyme. Quelquefois cette maladie est de peu de durée, et disparaît après une pluie douce. Mais si l'affection gagne du terrain, il n'y a pas d'autre moyen d'en arrêter la marche que de couper toutes les tiges avant l'apparition des organes floraux. Une pousse plus vigoureuse s'ensuit bientôt ; et plusieurs récoltes traitées de cette manière n'ont présenté que peu de diminution dans le produit. On ignore encore la cause de cette maladie, qui, du reste, ne se montre pas souvent. (*Allegemanei Encyclopœdia.*)

Quoique la *frisolée* ait fait invasion dans quelques départemens de la France, notamment dans les environs de Metz, on la rencontre cependant plus souvent en Allemagne. « Les plantes qui en sont attaquées, dit PUTCHE dans sa Monographie des pommes-de-terre, paraissent souffrantes à l'extérieur. Les tiges sont lisses, d'une couleur brune tirant sur le vert, quelquefois bigarrées, souillées de taches couleur de rouille, qui pénètrent jusqu'à la moelle, en sorte que celle-ci n'est point blanche, mais roussâtre, et virant au noir. Le limbe des feuilles n'est point plane comme chez les individus en santé, mais rude, sec, ridé et crépu. Elles ne s'étalent pas au loin à l'entour des tiges, mais s'en rapprochent plus que de coutume, et leur développement n'est pas en rapport avec la longueur de leur pétiole. Il en résulte que la plante pâtit, se ride, jaunit prématurément à l'automne, et meurt au moment même où la végétation devrait être vigoureuse. Le petit nombre de tubercules que produisent ces plantes, mortes avant le temps, ont une saveur désagréable, parce qu'ils ne sont point mûrs, et sont impropres à l'alimentation de l'homme, parce qu'après avoir été mangés, ils laissent dans la gorge une substance âcre qui en lèse les parois, propriété commune à beaucoup de végétaux récoltés avant maturité. Plusieurs faits prouvent que certaines espèces de pommes-de-terre sont plus exposées que d'autres à la frisolée; cette maladie fait moins de ravages sur les montagnes que dans les plaines et dans les bas-fonds. Elle est héréditaire, et ce n'est que par une bonne culture que l'influence en est paralysée à la 4° ou 5° génération. Le seul remède connu, c'est de renouveler l'espèce par des semis ou des importations de variétés nouvelles. »

Les tubercules sont aussi sujets à quelques maladies, notamment à une *espèce d'ulcère* qui attaque leur surface, et qui n'est pas encore bien connu; on l'attribue aux principes ammoniacaux ou alcalins des fumiers, et on ne peut y remédier qu'en changeant la semence ou le terrain.

Effet de la soustraction des fleurs.— Il est hors de doute que la formation des fleurs et des fruits ne s'opère qu'au détriment des substances élaborées par la plante; mais l'augmentation de produit obtenue par ce moyen est tellement insignifiante, qu'elle ne peut entrer en comparaison avec les frais qu'exige un pareil travail. Cette méthode peut amuser l'amateur et l'horticulteur; mais, quoi qu'on en ait dit dans ces derniers temps, elle ne mérite pas d'être prise sérieusement en considération par le cultivateur.

Soustraction des feuilles. — Si c'est par les racines que les plantes s'assimilent les élémens de fertilité que contient le sol, c'est par les feuilles qu'elles exploitent les couches atmosphériques à leur profit. Si on enlève à une plante le feuillage qui lui procurerait encore beaucoup d'alimens, il est hors de doute que le produit ne doive être diminué dans une proportion plus ou moins grande, et en rapport avec l'époque où s'opère la soustraction. C'est ce qui résulte évidemment de quelques expériences directes sur cet objet, que l'on doit à MOLLERAT.

Le fanage coupé immédiatement avant la floraison, on a eu en tubercules, par hectare, 4,300 kilog.; le fanage coupé immédiatement après la floraison, le produit en tubercules a été de 16,330 kil.; le fanage coupé un mois plus tard, le produit en tubercules a été de 30,700 kil.; le fanage coupé un mois plus tard encore, le produit en tubercules a été de 41,700 kilog.

§ XI. — De la récolte.

L'*époque de la récolte* dépend de la variété cultivée et d'une foule de circonstances qu'il serait trop long d'énumérer. Des faits bien observés ont détruit l'opinion émise par plusieurs cultivateurs, que les tubercules récoltés avant maturité ont une influence malfaisante sur la santé des consommateurs. Mais des inconvéniens très-graves sont attachés aux *récoltes prématurées.* Si les produits ne nuisent point à la santé, ils flattent peu le goût; la conservation est très-difficile et la production diminuée.

La maturité se reconnaît à la teinte jaune des tiges et des feuilles; quand même cet indice n'avertirait pas que l'époque de la ré-

colte est arrivée, on devrait néanmoins arracher les morelles si une gelée avait bruni les tiges.

La récolte se fait : 1° *avec des instrumens à main;* 2° avec des instrumens conduits par des animaux. Le premier procédé est pratiqué généralement dans la petite culture, et même par la grande dans les contrées où les cultivateurs ne connaissent pas les charrues à arracher les plantes tuberculeuses. C'est le plus long, le plus coûteux, mais c'est aussi souvent le plus parfait, parce qu'il laisse moins de tubercules dans le sol. Pour rendre la besogne plus facile, il faut prendre les plantes un peu sur le vert, afin que les tubercules, encore fortement attachés aux racines, s'arrachent avec facilité. On se sert pour cela d'instrumens appropriés à la nature du terrain; de la bêche dans les terres franches et un peu humides, du crochet dans les terres sèches et graveleuses, de la fourche dans les terrains pierreux.

La *récolte à la charrue* finira par triompher des répugnances qu'on a contre elle dans bien des provinces. Les inconvéniens qu'on cru lui trouver des praticiens qui ne l'ont point essayée par eux-mêmes, ne sont qu'illusoires, et les bons esprits finiront par avouer que c'est grever leurs récoltes d'une dépense inutile que d'employer exclusivement les bras de l'homme pour l'extraction des pommes-de-terre. Lorsque les tiges ont éprouvé un commencement de dessiccation, ou, qu'ait vertes encore, on les a coupées ou fait pâturer, afin qu'elles n'entravent point l'instrument dans sa marche, on conduit le butoir dans le champ de pommes-de-terre, on place les deux chevaux de front, de sorte que l'ados où se trouvent les tiges soit précisément entre les deux animaux. On fait piquer l'instrument à une moyenne profondeur, et on lui imprime une direction telle que, dans son mouvement de progression, il fende toujours en deux parties égales la butte qui est devant lui, et que le double versoir éparpille de chaque côté la terre et les tubercules. On procède du reste comme il a été dit en traitant de la *récolte des racines* (page 303), à laquelle nous renvoyons.

Lorsque tous les tubercules sont ramassés et mis en tas sur le sol ou déposés immédiatement dans des chariots de transport, on donne un coup de herse pour découvrir les tubercules qui auraient été couverts de terre.

Un grand *avantage de la récolte exécutée au moyen des animaux* de travail, c'est que la terre se trouve labourée et préparée sans frais pour un ensemencement de céréales d'automne.

§ XII.—Conservation des pommes-de-terre; emploi des tubercules gelés.

Outre les moyens généraux de conservation que nous avons indiqués pour les racines alimentaires, il en est quelques-uns de particuliers pour les pommes-de-terre, parce que le haut prix qu'on peut en obtenir à certaines époques est plus que suffisant pour payer les frais de construction ou de manipulation nécessités par les procédés que nous allons décrire.

Dans une excavation creusée dans un sol

sec et revêtu d'un mur de soutènement en briques, on place d'abord un lit de sable fin et parfaitement desséché, puis une couche de tubercules, une couche de sable et un lit de tubercules, en alternant ainsi jusqu'à ce qu'on soit arrivé au niveau du sol. On recouvre la dernière couche de paille et de terre. On a vu des pommes-de-terre ainsi traitées se conserver deux ans sans perdre leur propriété germinative ni leur saveur première.

Dans quelques contrées de l'Allemagne, les cultivateurs conservent leurs provisions de pommes-de-terre en plaçant les tubercules *dans des tonneaux* mis au milieu du tas de foin ou de paille. On défonce le tonneau à un bout, on le place droit; et, après avoir mis une couche de foin dans la partie inférieure, on le remplit de pommes-de-terre et on entasse le foin à la manière ordinaire. Les pommes-de-terre se conservent longtemps par ce procédé, mais on se plaint qu'elles contractent une odeur de foin qui les fait rebuter par les hommes et par les animaux ; avant de les livrer à la consommation, on pourrait les exposer quelque temps à l'air.

Si, nonobstant les précautions que l'on aura prises contre *la gelée*, les pommes-de-terre en sont atteintes, tout n'est pas encore perdu. Avant qu'elles soient dégelées, on peut les faire tremper dans l'eau froide et *les râper* quelques heures après; on en obtient autant de fécule que des tubercules ordinaires. Si on n'a point de râpe à sa disposition, on les fait dégeler dans une étuve ou dans tout autre endroit chaud : on les *soumet ensuite à l'action d'une presse;* et lorsque les gâteaux, épuisés d'eau de végétation, ont été séchés, on les distribue au bétail : on peut même, sans inconvénient, les faire moudre, et en mélanger la farine avec celle de froment dans la proportion d'un quart à un cinquième.

M. BERTIER, auquel on doit de curieuses observations sur les pommes-de-terre gelées, étend les tubercules attaqués sur un gazon ou sur des claies, dans un endroit exposé à un grand courant d'air; lorsque l'eau de végétation est complètement évaporée, il fait moudre les tubercules, après les avoir grossièrement concassés, et en retire une farine excellente. Plusieurs mères de famille se sont servies de cette sorte de fécule pour faire à leurs jeunes nourrissons une bouillie plus facile à digérer que celle faite avec la farine de froment.

On prétend que les pommes-de-terre gelées *n'ont pas perdu leur faculté germinative:* il serait à désirer que de nouvelles expériences vinssent confirmer ce fait important.

Plusieurs personnes ont avancé qu'en transportant les pommes-de-terre, au printemps, dans un lieu sec et aéré, et en les remuant fréquemment à la pelle pour en détacher les germes, on peut les *conserver jusqu'aux nouvelles.*

§ XIII. — Des produits de la pomme-de-terre.

En général, les variétés précoces fournissent moins que les autres ; les terres sablonneuses produisent moins en volume et en poids que les terres plus compactes et plus humides ; mais, en revanche, elles procurent une plus grande proportion de substances alibiles. SCHWERTZ, qui a recueilli beaucoup de documens sur les *produits de la pomme-de-terre,* dit que le plus haut produit qui soit venu à sa connaissance s'élevait à 477 hectol. par hectare; et que le plus petit ne descendait pas au-dessous de 96. Le produit le plus considérable que THAER ait obtenu était de 264 hectol., le produit moyen de 174. On cite des récoltes de 550 et même de plus de 600 hectol. par hectare.

Quant au poids, on suppose communément que 1 hectol. pèse 80 kilog. : les tubercules récoltés sur une terre humide pèsent moins, les espèces riches en fécule et produites par un terrain sec pèsent quelque chose de plus. En admettant comme probable un produit moyen de 220 hect., on récolterait en poids 17,600 kilog.

J'emprunte à THAER un tableau représentant la somme de travail nécessaire à la culture d'un hectare de pommes-de-terre, et je donne à ce travail une valeur moyenne déduite de données prises sur divers points de la France.

En Automne.	JOURNÉES				Dépense en argent.
	D'un cheval à 2 fr.	D'un bœuf à 1 fr. 50 c.	D'un homme à 1 fr. 10 c.	D'une femme à 75 cent.	
	fr. c.	fr. c.	fr. c.	fr. c.	fr. c.
Labour profond, à 35 ares par journée de charrue, conduite par des bœufs de rechange.	» »	5 »	2 60	» »	10 66
Au Printemps.					
Herser légèrement.	1 »	» »	» 55	» »	2 8
Charrier le fumier (1/3 pour les pommes-de-terre).	4 20	» »	1 05	» »	9 55
Charger et épandre le fumier (2/3 pour les pommes-de-terre).	» »	» »	1 05	1 05	1 94
Enterrer le fumier à la charrue.	» »	3 12	1 56	» »	6 40
Herser.	1 56	» »	» 39	» »	3 55
Labour pour planter et travail des planteuses	» »	3 90	1 95	3 25	10 42
Un porteur et surveillant.	» »	» »	» 65	» »	» 7
Herser légèrement.	1 »	» »	» 25	» »	2 2
Passer l'extirpateur ou un double hersage.	1 10	» »	» 65	» »	2 9
En Été.					
1ʳᵉ culture (petite houe à cheval).	» 78	» »	1 56	» »	3 27
2ᵉ culture (grande houe à cheval). . . .	1 56	» »	1 56	» »	4 83
Arracher les mauvaises herbes.	» »	» »	» »	1 95	1 46
Arracher les tubercules.	» »	» »	4 »	32 »	28 40
Transporter les tubercules.	5 20	» »	1 30	» »	11 83
Un aide pour serrer.	» »	» »	1 30	» »	1 43
Totaux des Journées et de la Dépense.	16 40	12 22	20 12	38 25	101 92

Ainsi, en supposant un *produit probable* de 200 hect. à 2 fr., on réalisera une valeur de. . . . . 400 f.
Si à la dépense en travail évaluée ci-dessus à. . . . . 102 f.
on ajoute, pour le fumier. . . 80
— pour le loyer. . . . . 60 } 292
— pour les frais généraux. 50

on aura un déboursé total de 292

ce qui établira un bénéfice net de. . 108 f. sans y comprendre les fanes.

Il n'est peut-être pas inutile de transcrire ici les *cotes des différentes espèces de pommes-de-terre* sur la halle de Paris, prix moyens, parce que ces détails pourront guider les cultivateurs dans le choix des variétés qu'ils peuvent produire avec plus d'avantage.

1834	Hollande nouvelle. l'hect.		Vitelotte. l'hect.		Jaunes. 1 hect.		Grises. l'hect.	
	fr.	c.	fr.	c.	fr.	c.	fr.	c.
Février . . .	5	»	5	»	3	50	4	»
Mars	5	»	5	»	3	»	4	»
Juin.	»	»	8	12	4	06	8	10
Juillet. . . .	»	»	8	»	4	»	6	»
Septembre . .	4	»	4	»	2	50	3	50
De sept. à janv.	3	50	4	27	2	75	3	64

Il résulte de ce tableau, qui résume assez bien les variations dans les prix, qu'il y a un grand avantage à cultiver des variétés qui conservent leurs qualités pendant un grand espace de temps, et qu'il est possible, dans bien des cas, d'obtenir un prix double en adoptant un procédé de conservation qui permette de reculer l'époque de la vente.

ANTOINE, de Roville.

SECTION II. — *Des Raves, Navets, Turneps et Rutabagas.*

Tout le monde sait qu'il est avantageux de cultiver successivement sur le même sol un grand nombre de plantes, parce que moins elles sont cultivées à des époques rapprochées, moins elles épuisent la terre et plus elles donnent de produits : sous ce rapport, l'introduction de la *culture des navets est avantageuse;* elle l'est encore sous d'autres qui sont particuliers à la plante : cultivée pour préparer le sol à la culture des céréales, elle l'épuise moins que les autres plantes cultivées dans le même but, telles que les pommes-de-terre, les pois, les betteraves même; elle est en même temps, pour le bétail de toute espèce, particulièrement pour celui destiné à l'engrais, une nourriture d'hiver excellente, qui remplace presque les fourrages verts d'été, empêche les animaux de souffrir du passage du régime de cette saison au régime d'hiver, et, comme la betteraves, elle fournit une quantité immense de nourriture ; elle ne le cède donc sous aucun point avantageux aux autres plantes sarclées, et il faut bien qu'il en soit ainsi pour qu'elle soit devenue en Angleterre la plante de prédilection, celle qui occupe un sixième environ des terres labourées.

C'est surtout *pour occuper la terre pendant l'année de jachère* triennale, ou pour passer de l'assolement triennal à un assolement de

plus longue durée, que cette culture est d'un avantage marqué. Après une culture de navets, la récolte des céréales, du blé, soit d'hiver, soit de printemps surtout, est plus abondante dans la plupart des terrains, parce que le terrain est mieux fumé, plus net et plus ameubli.

Il en est de la consommation des navets par les bestiaux, comme de la consommation des betteraves par une fabrique de sucre de cette plante. Le *mode d'emploi par les bestiaux* est une véritable manufacture qui convertit un produit dans un autre beaucoup plus lucratif, ce qui augmente d'autant les bénéfices du cultivateur. Il y a cependant pour les cultivateurs cette différence, que la fabrication du sucre de betteraves exige des capitaux assez considérables et des connaissances particulières; tandis que l'action de faire consommer les navets par les bestiaux n'exige que la connaissance des besoins et des débouchés locaux.

On sait que les navets sont aussi une bonne ressource *pour la nourriture de l'homme,* non seulement par les racines, mais encore par les pousses; en effet, au printemps, lorsqu'elles montent en graines, ces pousses vertes sont un très-bon manger; bouillies et servies avec la viande, ou assaisonnées au beurre, blanchies à la cave ou dans une serre à légumes, elles sont encore plus tendres et plus douces, offrent ainsi en hiver un mets facile à se procurer et à la portée de tous, puisqu'il ne coûte que la peine de le cueillir.

§ Ier. — Espèces et variétés.

Les *Navets* (*Brassica napus*) et les *Raves* (*Brassica rapa*); en anglais, *Turnip;* en allemand, *Rube;* en italien, *Rapa ;* en espagnol, *Nabo,* sont considérés par certains botanistes comme deux espèces, par d'autres comme deux variétés du genre Chou (*Brassica*) de la famille des Crucifères, dont le type originaire croît spontanément sur les terrains sablonneux des bords de la mer, et que l'on confond souvent ensemble, ainsi que sous les dénominations de *Rapes, Rabioules, Rabioles, Rabettes, Navettes, Turneps, Rutabagas* ou *Navets de Suède,* etc. On en cultive en plein champ et dans les jardins, principalement en Angleterre, en Allemagne et en France, une foule de variétés et de races. Les *Raiforts* ou *Radis* (*Raphanus*) forment un genre très-voisin, mais distinct et qui appartient exclusivement à l'horticulture.

Les *principales variétés* qu'il convient de recommander à la grande culture en France sont :

Le *Navet des Vertus* (*fig.* 626), dit aussi *Rond pyriforme,* très-blanc, hâtif et de bonne qualité (*voy.* page suivante);

Le *N. des Sablons,* demi-rond, blanc, très-bon;

Le *N. de Claire-Fontaine,* très-long, sortant presqu'à moitié de terre ;

Le *N. de Meaux,* très-alongé et en forme de carotte effilée.

Ces variétés sont principalement cultivées pour la nourriture de l'homme : les jardiniers en énumèrent un bien plus grand nombre.

Fig. 626.

Le *Turneps* (*fig.* 627), *Rave du Limousin,*

Fig. 627.

Rabioule, généralement cultivé pour les bestiaux, mais cependant très-bon à manger. Disons, au surplus, que, sous le nom de *turneps,* les Anglais ne désignent pas une variété seule de navets, le rutabaga y étant même compris ; on dénomme donc ainsi une quantité assez considérable de variétés, dans lesquelles celle qu'on appelle le *globe blanc* (*the white globe*) est la plus estimée pour la culture en grand et pour la nourriture du bétail. Les autres variétés tirent leur nom de la couleur que prend ou la racine entière, ou la partie qui se trouve à fleur de terre, et qui a plusieurs couleurs : on pourrait traduire les noms de quelques-unes de ces variétés par les mots de *navet à tête verte* (green topped) ; *à tête verdâtre et purpurine; à tête rouge; à racine jaune,* etc.

Le *Rutabaga* ou *Navet de Suède* (*fig* 628), à racine jaunâtre, plus compacte, plus pesante, moins aqueuse, très délicate au goût, plus nourrissante et plus rustique. Il a encore l'avantage de concourir à engraisser les bestiaux, que les turneps paraissent nourrir seu-

lement ; on peut le semer quinze jours ou trois semaines avant les autres variétés de gros navets. Enfin il résiste mieux aux gelées et peut passer plus facilement l'hiver en terre. On lui reproche d'exiger plus de fumier, ou de meilleures terres; de n'être pas mûr assez tôt en automne pour que la récolte puisse être suivie immédiatement d'un ensemencement en blés d'automne ; de donner un mauvais goût au lait des vaches : d'être moins gros, ou de donner une masse moins considérable d'alimens ; enfin de produire un plus grand nombre de radicelles qui retiennent la terre, ce qui rend plus difficile sa préparation pour le bétail.

La *Rave* (*Brassica rapa*, Lin.), en anglais, *Red topped turnep ;* en allemand, *Gemeine rübe.* On en cultive un grand nombre de variétés. L'une de celles qu'on préfère dans la grande culture est la *R. à tête rose* ou *grande rave* (*fig.* 629) ; ses fleurs jaunes s'épanouis-

Fig. 628.

Fig. 629.

sent en mai.

§ II. — Climat et sol propres aux navets.

Toutes les localités ne sont pas propres aux navets; celles dont le climat est humide sont les plus convenables, et sous ce rapport il en est beaucoup en France qui doivent être désavantageuses à cette culture ; tandis qu'en

Angleterre, où les côtes, comme l'intérieur des terres, sont souvent couvertes de brouillards, et où une couche d'humidité est presque constamment déposée sur le sol, chaque nuit, cette plante trouve tous les élémens d'une bonne réussite. Dans beaucoup de plaines, entièrement sèches en été, du centre et du midi de la France, il ne serait donc pas prudent de les cultiver sans faire attention à cette circonstance; cependant il est encore dans ces contrées des localités humides, telles que des vallons et des lieux au voisinage des bois et des rivières, où ces plantes trouveraient un air assez chargé d'humidité pour prospérer, surtout si le terrain était naturellement frais et meuble. Mais s'il est des plaines du midi et du centre de la France peu propres à cette plante, dans combien d'autres, soit de nos départemens du nord, de l'est et de l'ouest, soit même de nos pays de montagnes du midi, ne serait-il pas avantageux de la propager, surtout au moyen de la culture en rayons ? Bosc était persuadé qu'en ne semant la plante que tard en été, en août et en septembre par exemple, au lieu de la semer en mai et en juin comme en Angleterre, on en obtiendrait des récoltes dans beaucoup de lieux où l'on ne pense pas qu'elle puisse venir, à cause de la sécheresse de l'été.

L'ensemencement en rayons sur le fumier, comme je vais le décrire, contribuerait efficacement à l'accroissement rapide des navets en leur fournissant l'humidité dont ils ont besoin dans leur jeune âge, et que le fumier consommé a, comme corps éminemment hygrométrique, la propriété de conserver et d'attirer même du sol environnant, pour la donner aux racines qui le pénètrent. Ce bon effet aurait surtout lieu si on choisissait pour semer le moment où la terre est humide, après une pluie, ou au moment où il va pleuvoir. Les premières pluies d'automne, mêlées des dernières chaleurs, viendraient achever rapidement leur croissance, et les mettre en état d'être avantageusement récoltés en hiver.

Presque tous les terrains peuvent produire des navets; les plus convenables cependant sont ceux qui sont peu compactes (crétacés ou siliceux), un peu frais sans être humides, et d'une certaine profondeur. J'ai vu près de Doncaster des terrains de cette nature, assez mauvais pour n'avoir produit que de l'orge jusqu'au moment de l'introduction de la culture des navets, qui depuis donnaient d'assez belles récoltes de blé. Les terres fortes, argileuses, compactes, sont peu propres à la culture des navets; ils n'y viennent pas si bien, et donnent généralement moins de produits.

La culture des navets, en Angleterre, *commence généralement une rotation* de récolte; par conséquent c'est quand la terre a donné quelques récoltes non fumées et est remplie de mauvaises plantes, qu'on fait revenir celle des navets, pour remettre le sol en état de donner de nouvelles récoltes de céréales. La *sole qui suit les navets* varie selon le temps de la récolte de la variété qu'on a cultivée : ainsi, si ce sont des variétés hâtives, si la saison a été favorable à la végétation, et la récolte faite de bonne heure, on sème du blé d'automne immédiatement après. Si on n'a

pas pu ensemencer en blé d'automne, ce qui arrive le plus fréquemment en Angleterre et en Ecosse, quelquefois on sème l'année suivante du blé de printemps, mais le plus souvent de l'orge ou de l'avoine : cela dépend des terrains. La culture des navets sert à *nettoyer admirablement la terre* et à la préparer à produire des céréales; j'ajouterai cependant que, dans les terres légères, où les navets prospèrent souvent le mieux, ils *ont l'inconvénient de tellement ameublir* la terre, qu'il est souvent nécessaire de faire manger les navets sur le sol par les moutons pour le raffermir. Dans le cas où on ne pratique pas cette opération, il est fréquemment utile d'y substituer le roulage.

§ III.— Culture des navets.

Lorsqu'on attache aux navets, comme *culture de jachères*, l'importance que les Anglais lui accordent, et qu'elle doit avoir pour but principal : d'ameublir et de nettoyer le sol, elle est assez compliquée, difficile et dispendieuse ; c'est en Angleterre qu'elle a été portée à son plus haut degré de perfection, telle que nous la décrirons tout-à-l'heure. Lorsque les navets, au contraire, ne sont qu'une *culture dérobée* à la suite d'un blé ou d'une autre récolte, cette culture est très-simple et n'exige presque aucun soin.

I. *Culture anglaise.*

Préparation du sol. — En automne, immédiatement après la récolte qui vient d'être enlevée, on *donne un labour profond*, quelquefois on en donne un second, surtout dans les terres fortes; ensuite on laisse le champ dans cet état jusqu'au printemps prochain.

En avril, un peu plus un peu moins tard, suivant la contrée sud ou nord, commence la grande *série des travaux de cette culture*. Quand la terre a commencé à se ressuyer, et par un temps sec, autant que possible, on *laboure* de nouveau le champ en travers des anciens sillons, et à plat ; le champ a dû être bien nivelé d'abord ; s'il y avait des bas-fonds où, dans les temps de grandes pluies, l'eau puisse se rendre et séjourner, on serait sûr de n'y faire aucune récolte. Quand une partie assez considérable du champ est labourée, le cultivateur divise les attelages, et pendant que la moitié continue à labourer, l'autre moitié commence à *herser* et à *rouler*.

Souvent, au lieu de donner les façons de printemps avec la charrue à versoir, on les donne avec les divers instrumens appelés *scarificateurs, cultivateurs,* etc. (voy. *page* 200) qui divisent la terre aussi bien, mais sans la retourner, et qui permettent d'expédier davantage de travail pendant les instans favorables.

Quand la terre a été ainsi hersée et ensuite roulée pour être *pulvérisée le plus possible,* on la *herse de nouveau*, mais avec une herse plus pesante généralement, à dents recourbées et en fer : avec cette espèce de herse on enlève, sans retourner la terre, la plus grande partie des herbes étrangères et des racines de chiendent surtout, et on les dépose en petils tas. Vient alors un certain nombre de femmes armées de râteaux à dents de fer, et qui *ramassent* toutes les racines, toutes les plantes, toutes les mottes, et qui les *déposent* en grands tas. Le jour même, on *brûle* ces tas de mauvaises herbes et l'on en *disperse les cendres* sur le sol. D'autres cultivateurs, au lieu de les brûler, les font enlever et déposer dans l'endroit où l'on doit faire un compost. Dans cette opération, le champ reste labouré à plat et très-uni.

Un mois environ après cette grande opération, quand les graines qui étaient restées dans la terre ont eu le temps de germer et de pousser, on la *renouvelle* une seconde fois. Le champ ressemble alors à un tapis où l'on ne rencontre que difficilement une motte de terre plus grosse qu'une pomme.

Dans les terres légères, naturellement assez faciles à être ameublies, cette opération deux et même une seule fois pratiquée suffit, avec le labour d'automne; mais, *dans les terres fortes,* compactes, argileuses, cette opération pratiquée une seconde fois ne suffit quelquefois pas encore, et il est bon, si la terre n'est pas bien ameublie, de la répéter une troisième fois. Plus la terre est meuble, plus la récolte est assurée.

Fumage et ensemencement.

Ces deux opérations doivent être faites le même jour dans la culture bien entendue des turneps en rayons; elles devraient même l'être pour la plupart des autres plantes fumées et cultivées de la même manière.

Ces opérations *se pratiquent depuis le commencement de mai jusqu'à la fin de juin,* selon que la saison est plus ou moins hâtive et que les pluies ont permis de préparer la terre plus tôt ou plus tard, et suivant la variété des navets qu'on veut cultiver.

Quand la terre a été bien préparée par les opérations précédentes, on *choisit l'instant où elle est encore d'une humidité* convenable pour être facilement travaillée, et en même temps favorable à la germination des semences; ou, si on a laissé passer ce moment, celui où l'atmosphère, chargée d'humidité, promet de la pluie, et l'on commence les opérations du fumage et de l'ensemencement.

Un *premier trait de charrue* donne au champ la surface suivante (*fig.*630)(1) au lieu

Fig. 630.

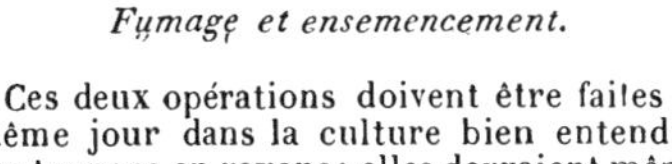

de la surface plate qu'il avait.

Comme les oreilles des charrues ne déversent point deux pieds de terre, il reste une petite partie, B, B, peu remuée, entre les rayons séparés par cette distance de 2 pieds. Un *deuxième trait* de charrue déverse la terre du côté opposé et donne au sillon la forme régulière suivante.

La ligne pointillée indique les premiers rayons, et le trait noir la forme des rayons après le second coup de charrue (*fig.* 631).

Fig. 631.

Quand il y a assez de rayons formes, quelques attelages vont à la ferme chercher les chariots à fumier, que l'on a dû charger pendant ce temps, et les amènent au champ. Les chevaux marchent dans le sillon *c*, l'une des roues dans le sillon *d*, et l'autre dans le sillon suivant.

Pendant que les chevaux, conduits par la voix seule du charretier, traînent le chariot, le conducteur, par-derrière ou dans le chariot même, décharge le fumier dans le sillon du milieu, et il est aussitôt distribué par une femme dans les 3 sillons parcourus par le chariot.

Le *terrain fumé* présente la coupe régulière suivante (*fig.* 632).

Fig. 632.

Pour *recouvrir de terre* les sillons remplis de fumier, les charrues, en coupant par la moitié les anciens rayons 1, 2, 3, déversent la terre sur le fumier, et donnent au terrain la coupe de la *fig.*633; puis, revenant en sens opposé,

Fig. 633.

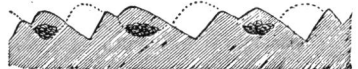

posé, elles donnent de nouveau au terrain la forme de rayons parfaits (*fig.* 634).

Fig. 634.

Quand la terre est prête pour le fumage, on peut, au lieu d'ouvrir les sillons avec la charrue ordinaire, par deux traits de charrue, employer une charrue à deux oreilles qui, par conséquent, déverse la terre également de chaque côté et forme le sillon d'un seul coup; on se sert avec le même avantage de cette charrue, pour recouvrir le fumier placé dans les sillons, et on abrège ainsi de moitié cette partie de l'opération; cette méthode me semble préférable dans les terrains légers.

C'est immédiatement après que le fumier a été déposé en terre, qu'en Angleterre *on sème les navets,* et l'on emploie à cet effet l'un des semoirs décrits et figurés au chap.

(1) Dans cette figure, comme dans les suivantes, la charrue est censée arriver au-devant du spectateur.

des Ensemencemens (page 213). Nous avons vu employé très-généralement en Angleterre, et notamment dans la belle ferme de M. RENNYE, où nous avons suivi tous les détails de la culture des navets, le semoir que nous représentons (*fig.* 635), et qui nous pa-

Fig. 635.

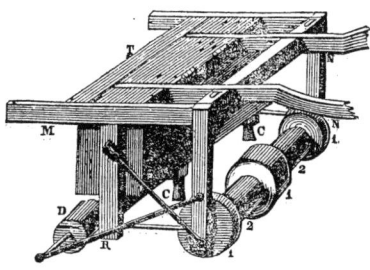

raît l'un des plus simples et des plus solides. L'action de cette machine donne d'abord aux billons la forme suivante (*fig.* 636), puis les

Fig. 636.

socs creux qui suivent immédiatement les rouleaux ouvrent les billons (*fig.* 637) directe-

Fig. 637.

ment au-dessus de l'endroit où est placé le fumier, et déposent la graine dans le fond des petits sillons qu'ils font. Enfin, derrière ces socs, d'autres rouleaux recouvrent de terre les graines, les enterrent et redonnent aux billons la forme de la figure 636 (1).

Le placement de la graine se trouve ainsi fait immédiatement au-dessus du fumier, afin que les premières racines de la plante trouvent constamment non pas tant de quoi se nourrir que de l'humidité. On a remarqué qu'autrement les premières racines étaient facilement desséchées par les chaleurs, ce qui faisait périr la plante : ce qui était très-rare au contraire quand la graine était déposée immédiatement au-dessus du fumier. Sous ce rapport seul, la culture en rayons est d'un immense avantage.

Cette préparation de la terre pourra paraître compliquée, difficile et dispendieuse : en l'étudiant attentivement, on verra cependant qu'elle n'est compliquée et difficile que parce que tous les travaux se font en même temps ; et qu'elle ne demande que les mêmes opérations qu'on serait obligé de donner à la jachère complète, pour la préparer

aux ensemencemens de blé d'hiver, et qui consistent aussi dans l'ameublissement du sol, dans le fumage et dans l'enterrement du fumier.

On *sème les navets depuis mai jusqu'à la fin de juin;* mais le commencement de juin est l'époque en général la plus favorable. Le navet de Suède ou rutabaga peut être semé quinze jours plus tôt que les autres espèces, et c'est un avantage dans les grandes exploitations où on a une vaste quantité de terrain à ensemencer en cette plante ; on commence par le rutabaga, et on finit par les autres variétés.

On ne fait pas beaucoup attention à la *quantité de graine* que l'on met en terre, et le semoir en verse ordinairement dix fois plus qu'il n'est nécessaire. Cette espèce de prodigalité est utile pour parer aux effets des années défavorables à la végétation, à la mauvaise qualité de la graine, qui ne lève qu'en partie ; enfin des insectes qui attaquent les jeunes plants et qui les détruisent. Au moyen d'un semis abondant, on trouve dans les places trop garnies de quoi pouvoir, au moyen du repiquage, planter celles qui sont dépourvues : la graine de navets est généralement si peu chère que le surcroît qu'on en sème dans ces différens buts est une dépense presque insignifiante.

Travaux qui suivent l'ensemencement.

Quand les navets ont été semés de la manière que nous avons indiquée, les travaux qui suivent deviennent faciles. Les plantes étant hors de terre et ayant deux feuilles un peu larges, on donne une *première façon* avec une houe à cheval. Le but de cette opération est de débarrasser la terre des plantes étrangères qui sont levées en même temps que les navets, et aussi d'ouvrir la terre, sans la retourner, pour la rendre perméable aux influences atmosphériques, surtout à l'humidité de la nuit. Ce sarclage est extrêmement facile dans les rangées de navets; un homme et un cheval tranquille font beaucoup de besogne dans une journée.

Cette opération ne peut détruire les plantes étrangères qui sont *entre les navets d'une même rangée;* on détruit celles-ci de la manière suivante : Des femmes, armées d'une houe à main, dont le fer est large de cinq à six pouces, marchent chacune dans un sillon, et d'un coup à travers la rangée de navets enlèvent tout ce qui s'y trouve. Entre chaque espace ainsi nettoyé, reste une petite touffe de navets, qu'elles éclaircissent ensuite avec un des angles du fer de la houe ou avec la main, de manière à ne laisser que le pied le plus vigoureux. — Cette seconde opération enlève le reste des plantes étrangères et espace les navets d'environ un pied. On espace davantage, et souvent jusqu'à 18 pouces, les variétés dont les tubercules sont très-gros.

Quelque temps après ce premier sarclage, on donne une *troisième façon* avec une petite

(1) Les agriculteurs préfèrent généralement changer cette graine en la renouvelant par des graines venues d'un sol situé sous un climat peu éloigné, plutôt que de la reproduire constamment chez eux par la conservation de porte-graines.

araire à un cheval et à versoir, et qui en deux traits donne à la terre la forme suivante (*fig.* 688). Plus tard une 4ᵉ *façon*, avec le même in-

Fig. 638.

strument, coupe de nouveau les billons intermédiaires et les rejette sur les rangées de navets(*fig.*639).Les intervalles dans les lignes,

Fig. 639.

entre les navets, sont à chacune de ces époques sarclés par des femmes ou des enfans, avec la houe à main.

Ces opérations *ne sont pas toutes indispensables :* assez souvent on ne pratique pas les dernières; mais elles servent beaucoup à la réussite de la récolte, augmentent la quantité des produits, et par l'ameublissement continuel qu'elles donnent à la terre, la tiennent prête aux récoltes de céréales qu'on veut obtenir après les navets. Il n'est presque pas utile de dire que l'époque des opérations qui suivent l'ensemencement varie suivant le temps qu'il fait, le développement des mauvaises plantes et les autres travaux plus ou moins urgens de l'exploitation.

Il est des agriculteurs qui *utilisent les espaces entre les navets* par la plantation d'autres végétaux, notamment des choux; mais alors les sarclages ne peuvent plus se faire qu'à la main; les petites cultures seules admettent cette possibilité.

II. *Culture dérobée, sur les chaumes.*

La culture des navets, comme récolte principale et de jachère, est très-peu répandue en France. C'est plus généralement *après une première récolte* qu'on sème cette plante, et elle donne alors assez souvent des produits d'autant meilleurs qu'ils ne sont achetés que par très-peu de soins et de dépenses. Cette culture, telle qu'elle est pratiquée, par exemple dans la plaine des Vertus. près Paris, se borne communément à un labour qui enterre le chaume de la récolte précédente, et qu'on fait suivre d'un deuxième si la terre est trop sèche. On sème aussitôt, le plus ordinairement à la volée, et, autant que possible, par un temps pluvieux ou couvert, et on recouvre la semence par un hersage. Le semis peut avoir lieu de la fin de juillet jusqu'à la fin d'août, principalement pour le Navet rond pyriforme; pour le Rutabaga, on ne peut le différer au-delà de la fin du premier de ces mois; encore arrive-t-il quelquefois qu'il ne parvient pas à toute sa grosseur. — Lorsque les plantes ont acquis leurs premières feuilles, on donne un sarclage à la main qui suffit presque toujours, et termine les façons d'entretien. — Suivant cette méthode, les navets sont espacés, terme

moyen, de 8 pouces les uns des autres, et donnent environ 45,000 livres (22,500 kilog.) de racines par hectare, dans la plaine des Vertus, au fils de l'agronome distingué sur les traces duquel il marche, M. DEMARS (Nicolas), qui a la fourniture des légumes des hôpitaux de Paris et des Invalides. Ce cultivateur pense, au surplus, qu'on n'atteindrait pas généralement cette quantité, le sol de la plaine d'Aubervilliers étant très-bon et richement fumé.

En Allemagne, dans les parties où la température de l'automne le permet, on cultive aussi plus volontiers les navets sur les chaumes; cette culture est même générale dans les contrées occidentales de ce pays. — Aussitôt après l'enlèvement du seigle on déchaume superficiellement, on donne un fort hersage , on amasse au râteau le chaume qu'on brûle, on donne un ou deux labours, et après le semis on herse. Lorsque les plantes ont développé leurs feuilles, on donne un fort hersage que l'on considère comme la condition d'une bonne réussite. On fait quelquefois suivre la récolte des navets d'un seigle d'automne; mais, plus généralement, on destine le sol qui a donné cette récolte à des grains de printemps. —Lorsqu'on se livre à cette culture sur la jachère, on sème à la fin de juin ou au commencement de juillet, après avoir donné trois labours et avoir fumé. Mais on n'y donne pas aux navets les soins minutieux qui en font obtenir en Angleterre de si beaux produits.

§ IV. —Récolte, conservation et consommation.

Nous avons vu que l'on pouvait semer les navets à environ deux mois de distance. Plus tôt ils sont semés, plus tôt, en général, *ils sont bons à récolter.* Cette époque est donc variable selon celle de l'ensemencement, et selon que le temps est plus ou moins favorable à la végétation. En général, on ne doit commencer à faire la récolte qu'après la maturité complète.

Dans le cas où l'on ne veut pas laisser les navets en place pour y être consommés, ou enlevés successivement, *on les arrache* par un temps sec; on coupe les feuilles, que l'on donne d'abord aux bestiaux, et on met ensuite les racines à l'abri pour les conserver. Si on a beaucoup de navets à arracher, on commencera par couper les feuilles dans le champ avant l'arrachage, ou on les fera manger sur place par les bestiaux, et on ne fera l'arrachage qu'après cette opération préalable. Quand on fait manger sur le sol la feuille aux bestiaux, il faut avoir soin que les animaux en trouvent assez, pour qu'ils n'aillent pas déterrer les navets et en attaquer le corps, qui se gâterait alors avec plus de facilité.

Quant aux *racines que l'on veut conserver* pour l'hiver, on les place dans un endroit très-sec, soit le côté d'une cour, d'un jardin, d'un champ près de la maison; on pose une couche de paille sur le sol; on y entasse les navets jusqu'à la hauteur de 3 pieds; on les recouvre d'une couche de paille et d'une couche de terre par-dessus. Par-dessus la couche de terre, que l'on fait assez épaisse, on met une seconde couche de paille, qui fait toit et empêche la pluie de pénétrer dans l'intérieur. On les laisse dans cet état jusqu'au moment de s'en servir. Ils se conservent ainsi assez bien jusqu'au printemps suivant. Les Anglais appellent ces tas des *pâtés*. Ils les font larges et hauts de 4 pieds environ, et aussi longs que la quantité de navets l'exige. On entame le pâté par un bout, et on continue ainsi jusqu'à la fin. C'est à peu près la même méthode que celle employée dans les marshlands du Lincolnshire pour conserver les pommes-de-terre.

Quand on veut faire *manger les navets sur place*, on est obligé d'avoir des claies, afin d'empêcher les animaux de vaguer à travers le champ, et de gâter plus de nourriture qu'ils n'en consommeraient. Ces claies maintenant sont dans beaucoup d'endroits en fer laminé et d'une grande économie. On commence par faire manger les feuilles ; ensuite on retourne, avec la charrue, autant de rangées de navets qu'on en croit nécessaires pour la nourriture journalière du nombre d'animaux ; on environne de claies la place, et on y enferme les bestiaux. Comme ils n'ont que la quantité suffisante pour leur consommation, tout est mangé et il n'y a point de perte ; on recommence cette opération tous les jours, jusqu'à ce que toute la récolte du champ soit consommée.

Le plus ordinairement, on fait manger la moitié de sa récolte sur place et on arrache l'autre moitié ; dans ce cas, la plupart des fermiers enlèvent trois ou quatre rangées de navets et laissent successivement le même nombre de rangées en terre, de manière que le champ tout entier, quoique dépourvu de navets dans la moitié de sa surface, puisse être successivement parqué par les animaux, et profiter également partout des excrémens et de l'urine que ceux-ci répandent.

Quand, avant l'époque présumée de leur consommation, *on a à craindre*, pour les navets qu'on laisse ainsi en terre, *la gelée,* qui les détériorerait et les ferait même pourrir, on les recouvre, avec la charrue, d'une couche de terre qu'on prend, pour la rangée du milieu entre les rangées latérales, et pour celles-ci dans les intervalles dégarnis déjà de navets. On peut même conserver les navets ainsi pendant tout l'hiver, pour ne les faire consommer qu'au printemps.

§ V.— Des ennemis et des maladies des navets.

A peine les feuilles sortent-elles de terre, qu'elles sont attaquées et dévorées par divers petits animaux, par des altises, principalement la bleue, que nous avons représenté (*tome II, fig.* 2, *page* 5) (*the fly* des Anglais), par les pucerons, par les limaces, et plus tard par les larves d'un petit papillon (le papillon blanc du chou), par celle d'une tenthrède, et par une mouche (la mouche des racines), qui dépose dans la bulbe un œuf d'où sort une larve qui perfore le navet. C'est le premier de ces insectes qui est le plus dangereux, et c'est particulièrement de sa destruction que l'on s'est occupé en Angleterre. Un grand nombre de moyens ont été successivement vantés ou mis en usage dans ce but. Malheureusement, ils ont été insuffi-

sans pour la plupart, ou inapplicables dans la culture en grand. Un seul me paraît pouvoir être de quelque utilité. Il est dû à M. POPPY, et consiste à semer les turneps *en rangées épaisses* et *en rangées clair-semées,* et cela dans le but de détourner les attaques des insectes des rangées clair-semées destinées à être récoltées. — Un journal belge a rapporté en 1824 des expériences faites en Belgique, desquelles il résulterait que l'altise est propagée dans le sol par des œufs accolés aux graines, qu'on peut détruire en trempant ces graines pendant quelques heures dans une forte saumure (voy. *tome II, page* 5).

Quant aux autres ennemis des navets, on n'a pas trouvé de moyen efficace de les détruire.

La *rouille* et la *nielle attaquent les navets* à différentes périodes de leur croissance, et cette croissance en souffre beaucoup ; il n'est d'autre moyen connu de les prévenir que celui d'une bonne culture dans des terrains bien assainis et bien meubles. Les racines sont sujettes à croître d'une manière extraordinaire, à se couvrir de *tubérosités* comme les pommes-de-terre. Dans les temps chauds, on peut s'apercevoir de cette maladie à l'état des feuilles, qui deviennent flasques. Si on entame la substance de ces racines, elle est semblable à celle d'un navet sain ; mais le goût en est âcre, et les moutons les laissent de côté. On ne connaît pas la cause de cette maladie, qu'on croit due à la piqûre d'un insecte. — Les racines du navet, et le tubercule lui-même, sont encore affectés d'une espèce de *chancre* qui les détruit en partie ; on ignore la cause de cette maladie, qui paraît moins fréquente dans les champs amendés avec la chaux.   HUZARD fils.

SECTION III. — *De la carotte et de sa culture.*

Aucune racine n'a plus d'utilité que celles de la carotte *pour l'alimentation du bétail de* toute espèce : les *chevaux* les préfèrent à toute autre. L'huile essentielle qu'elles contiennent les rend un peu excitantes et leur donne beaucoup d'analogie avec l'avoine.

D'après beaucoup d'expériences comparatives, A. YOUNG a constaté leur supériorité sur le grain et sur les pommes-de-terre pour l'engraissement des *cochons.* Mais il faut pour cela qu'elles aient été cuites. M. BIOT pense que la cuisson a pour résultat de rompre les tégumens qui emprisonnent la substance nutritive, et de la faire profiter en totalité à l'alimentation, résultat que ne peuvent effectuer que partiellement les organes des animaux.

Les *vaches à lait* se trouvent très-bien de la nourriture dont les carottes forment la base ; cette plante a la propriété de donner au beurre, même en hiver, cette belle teinte jaune que les acheteurs regardent, à tort ou à raison, comme un indice d'une excellente qualité.

D'après HERMBSTAEDT, 100 parties de racines de carottes contiennent :

80,00 eau;
6,00 mucilage saccarin;
1,75 mucilage gommeux ;
1,10 albumine ;

0,35 huile essentielle ;
1,50 substance analogue à la manne ;
9,00 fibre végétale à laquelle se trouve intimement uni un peu d'amidon et d'albumine.

Les chimistes modernes en ont extrait une
substance cristalline d'un rouge pourpre
qu'ils ont appelée *carottine*, mais qui n'intéresse pas actuellement les arts agricoles.

§ 1ᵉʳ. — Espèces et variétés.

La *Carotte* (*Daucus Carotta*) ; en anglais,
Carrot ; en allemand, *Gelbe Rübe* ; en italien,
Carota ; en espagnol, *Chiravia* (*fig.* 640),
Fig. 640.

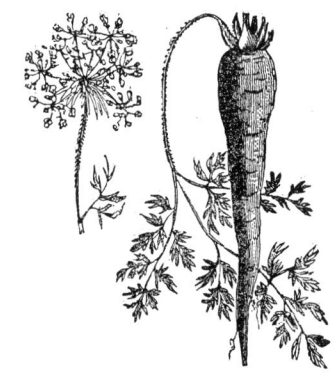

est une plante bisannuelle de la famille des
ombellifères, dont les espèces sont peu
multipliées : il serait à désirer que l'agriculture fît sous ce rapport de nouvelles conquê-
tes : celui qui trouverait une variété qui par-
courût toute la période de sa végétation en
peu de temps, rendrait un véritable service
aux cultivateurs, à ceux surtout qui cultivent
cette plante comme racine secondaire.

Voici les principales variétés cultivées :

1° La *Carotte jaune commune* (*Daucus Carotta radice lutea*). Racine étranglée, courte,
élargie.

2° La *C. blanche* (*D. C. radice alba*). Variété de la précédente, mais inférieure sous tous
les rapports.

3° La *C. jaune dorée* (*D. C. radice aurantii
coloris*). Sa racine ne colore point le bouillon. C'est la meilleure espèce, mais une des
plus petites.

4° La *C. rouge* (*D. C. radice atro-rubente*).
Longue et grosse ; vient bien dans les sols argileux.

5° La *C. Hollandaise* ou *printanière*. Variété de jardin.

6° La *C. d'Achicourt* et *de Breteuil*. Variété
maraîchère, qui, d'après mes observations,
ne diffère pas sensiblement du n° 4, et qui
ne doit les qualités qu'on lui connaît qu'aux
soins particuliers que lui prodiguent les
habitans d'Achicourt et de Mont-Didier
(Somme).

7° La *C. blanche à collet vert*. Espèce bien
caractérisée et propagée surtout par les soins
de M. Vilmorin. C'est une espèce très-productive ; et dont la racine sort un peu de
terre, avantage incalculable pour les sols qui
ont peu de profondeur, et qui permettra la
culture de la carotte dans les terres à navets.

Il arrive souvent que, même à la première
année, les carottes, au lieu de développer
leurs racines, déterminent la croissance des
tiges et des organes floraux et la production
des semences. Comme presque toujours cette
propriété est héréditaire, on ne devra pas
employer ces graines à la reproduction, ni
les livrer au commerce de la grainèterie. Au
moment de la récolte on doit choisir les *racines qu'on destine à porter semence* : on
prendra celles qui réunissent le plus grand
nombre de qualités qui constituent l'espèce
dans sa pureté. Elles seront droites, alongées, lisses, bien saines et surtout sans bifurcation. On coupera l'extrémité des feuilles en
en laissant attachées à la racine seulement la
longueur d'un pouce : si on les laissait entières, cette partie de la plante, pourrissant la
première, pourrait altérer le corps même de
la racine. On les transportera dans un lieu où
elles soient à l'abri de la gelée, de l'humidité
et de la lumière.

A la fin de mars on les plante à 3 pieds de
distance dans un sol bien préparé, on les bine
comme les autres récoltes sarclées ; et, lorsque la plus grande partie des ombelles sont
mûres, ce qui arrive dans le courant d'août,
on les coupe et on les suspend dans un endroit sec et abrité.

§ II. — Du sol.

Comme presque toutes les plantes dont la
racine forme le principal produit, les carottes
demandent un sol meuble, ou du moins une
terre dont la compacité n'offre pas trop de
résistance à l'extension des racines. Si elles
préfèrent un *loam sablonneux* qui ne soit pas
exposé à une grande sécheresse ni à une
humidité stagnante, elles donnent aussi des
produits très-abondans, lorsqu'on les cultive
dans un *sol argileux*, surtout si celui-ci contient un peu de chaux, et approche, par sa
composition chimique, des terrains que l'on
nomme *marneux*. Mais, dans l'*argile pure*,
les carottes courent une double chance de
non-réussite : en effet, si un pareil sol est humide, les racines y pourrissent ; s'il est sec
et resserré, elles ne peuvent s'y développer.

On éloignera la carotte des *terrains pierreux et graveleux*, parce qu'ils s'opposent
au développement des racines, et qu'ils augmentent dans une forte proportion les dépenses de binage et d'arrachage. Cette plante
supporte sans en souffrir un plus *grand degré d'humidité* que la plupart des autres plantes tuberculeuses ou fusiformes ; mais il faut
pour cela que le climat soit chaud. On a remarqué que dans les pays où la période culturale est généralement humide, comme en
Angleterre et notamment dans le Suffolk,
les carottes donnent un plus haut produit
que dans les contrées exposées à une grande
sécheresse à la même époque. Il ne faut pas
néanmoins perdre de vue la destination à laquelle on réserve ce produit ; cultivées dans
un climat sec, les carottes ont plus de saveur

et par conséquent plus de valeur quand on les destine à la vente.

La racine de la carotte étant fusiforme, et pénétrant généralement à une grande profondeur, le sol auquel on la confie doit avoir *une couche arable assez profonde* pour ne point l'arrêter dans son développement longitudinal. On connaît depuis peu d'années quelques variétés dont les racines se rapprochent beaucoup dans leur configuration de celles de certaines espèces de navets et de raves, et qui par cela même n'exigent pas un sol aussi profond. On peut encore cultiver dans ces mêmes terrains la variété dite *blanche à collet vert*, dont les racines croissent en partie hors de terre.

§ III.— Place dans la rotation.

Sous le rapport des assolemens, les carottes laissent au cultivateur bien moins de latitude que la plupart des autres plantes sarclées. En effet, elles aiment à être semées de bonne heure ; dans bien des cas, lorsqu'on en veut étendre la culture sur une grande surface, la terre doit être déjà préparée avant l'hiver, et il n'est pas rare que l'automne empêche le laboureur de faire les dispositions préliminaires qui assurent la réussite de la semaille de laquelle néanmoins dépend tout le succès.

D'un autre côté, peu de plantes agricoles, autant que les carottes, *souffrent de la présence des herbes parasites*. Il est donc indispensable de les placer à la suite d'une récolte qui elle-même ait nécessité cette destruction, ou du moins qui ait été enlevée d'assez bonne heure pour qu'on puisse provoquer la germination de semences que recèle le sol, et pour les détruire ensuite. C'est pourquoi la place qui leur convient le mieux, est à la suite d'une récolte de pommes-de-terre, de betteraves, etc. Il est vrai que, par l'adoption de cette combinaison, on ne peut guère regarder les carottes comme une récolte jachère, mais je n'en suis pas moins convaincu que c'est dans une telle succession de culture que cette plante donne le plus haut produit, et demande le moins de déboursés.

Lorsqu'une pièce de terre, soumise à l'assolement alterne depuis longues années, se trouve amenée à un état suffisant de propreté, on peut y cultiver des carottes *après une récolte céréale*. Mais il serait imprudent, dans l'état actuel des choses, de conseiller aux cultivateurs triennaux de semer des carottes sur une jachère précédée elle-même de deux récoltes céréales ; les frais de culture se portent, en pareil cas, à une somme si élevée, que cette circonstance seule suffirait pour éteindre chez des hommes naturellement et justement circonspects, tout désir d'amélioration agricole.

Si la carotte est exigeante sous le rapport des plantes qui la précèdent dans une rotation, elle est en revanche *très-accommodante pour les végétaux qui la suivent*. Elle est pour tous une excellente préparation. Si l'on en excepte le colza et l'orge d'hiver, tous les végétaux aiment à venir à sa suite. On avait cru longtemps que la carotte est antipathique avec elle-même, c'est une erreur. M. BERTIER père, bien connu pour les excellentes études

qu'il a faites sur cette plante, l'a cultivée trois fois de suite sur le même terrain, sans que pour cela le produit en fût diminué. La carotte a néanmoins une assez grande *puissance d'épuisement*. Son feuillage assez rare ne lui permet pas de tirer de la couche atmosphérique une grande partie de sa nourriture, ce qui fait qu'à poids égal, elle est plus appauvrissante que la pomme-de-terre. Sous un autre rapport elle est encore inférieure à cette dernière plante. La pomme-de-terre, à une certaine époque de sa croissance, ombrage parfaitement le sol et empêche les rayons du soleil de le resserrer et de le dessécher ; la carotte ne couvre le sol qu'imparfaitement ; son ombrage est impuissant à empêcher la multiplication des mauvaises herbes ; et s'il fallait encore ajouter une raison à celle que je viens d'énumérer, je dirais que les tubercules de pomme-de-terre, dans leur accroissement, soulèvent et divisent le sol, tandis que les racines de la carotte ne font que le resserrer.

Le point de vue sous lequel on a trop souvent négligé de considérer les carottes, c'est celui des avantages qu'elles présentent dans la combinaison des assolemens simultanés, et dès ressources qu'elles procurent *comme récolte dérobée*. A la première époque de sa croissance, cette plante est long-temps faible et chétive. On a imaginé de la cultiver, comme le trèfle, en société avec une autre qui puisse lui procurer un ombrage salutaire sans l'étouffer, et qui mûrisse d'assez bonne heure pour lui permettre ensuite d'atteindre tout le développement dont elle est susceptible. Le lin, la navette, le seigle sont les végétaux qui s'associent le mieux avec la carotte. Après la récolte des premières plantes on arrache les chaumes, on sarcle et on bine. De cette façon la seconde récolte donne quelquefois plus de bénéfice que la première.

§ IV. — Culture des carottes.

C'est un fait bien reconnu, que la terre qui doit rapporter des carottes ne donnera qu'un produit insignifiant *si elle n'est pas bien amendée ;* c'est un fait également incontestable, qu'une terre fraîchement fumée avec du fumier d'étable donne aux racines une odeur désagréable ; que les plantes se bifurquent et ont à combattre l'influence des herbes parasites dont le fumier a apporté les germes dans le sol ; et plus d'une fois les carottes, épuisées dans la lutte, ont été forcées de céder la place : c'est ce qui arrive fréquemment quand la main de l'homme ne vient pas à son secours. Placé dans cette alternative, le cultivateur devra fumer abondamment la récolte qui précédera les carottes, afin que celles-ci, tout en profitant de l'engrais qui reste dans la terre, ne se trouvent point cependant en contact avec un fumier non décomposé. Si l'on n'a pu se ménager cet avantage, on aura du moins la précaution de n'appliquer à la carotte que des engrais pulvérulens, tels que la colombine, les tourteaux d'huile, la poudrette, le noir animal et animalisé. Afin que ces engrais agissent directement et avec plus d'efficacité, on ne les dispersera pas sur toute la surface mais on les répandra dans les rayons mêmes où l'on dépose la semence.

On convient généralement que *la terre devra être labourée* pour les carottes, aussi profondément que possible, parce que de toutes les plantes sarclées c'est celle dont les racines traversent la plus grande épaisseur de terre. Avant de donner ce labour profond, on aura soin de *herser et d'ameublir* la surface, afin de ne pas placer au fond de la raie une terre durcie et resserrée.

On peut déjà *semer les carottes vers la fin de février,* mais l'époque la plus favorable, c'est la première quinzaine de mars. Cette époque serait encore reculée de plusieurs semaines si la température s'opposait à un ensemencement convenable.

Si on cultive la carotte *comme récolte isolée,* et sans l'associer à un autre végétal, il ne faut point songer à la semaille à la volée. La disposition par rangées a ici des avantages encore plus marqués que pour la plupart des autres plantes.

Si on n'a pas encore de semoir, on en choisira un des plus simples parmi ceux figurés précédemment. Avant de répandre la semence, on aura la précaution de *laisser germer et lever les graines de plantes nuisibles* qui se trouvent à la superficie et de les détruire par un léger hersage, répété plusieurs fois. On s'épargnera ainsi les frais d'un premier sarclage, ou du moins on en reculera beaucoup l'époque.—Les *rangées seront éloignées de deux pieds.* Une plus grande distance serait nuisible, parce que l'intervalle ne pourrait être en totalité ombragé par les feuilles : un éloignement moindre ne permettrait plus à la houe à cheval de fonctionner. —*Avant d'employer la graine* on l'exposera au soleil ou dans un local chauffé, et on la frottera entre les mains, afin de briser les aspérités qui la recouvrent et au moyen desquelles les semences s'accrochent et se pelotonnent.—*4 à 5 livres de graines* sont une quantité suffisante; il est rarement avantageux de la dépasser, parce que si les plantes lèvent bien, il faut ensuite une grande dépense de main-d'œuvre pour arracher les plants surnuméraires.

Quand on sème *la carotte dans une autre récolte* qui doit lui servir d'abri, elle n'exige pas d'autre préparation que cette récolte principale. Comme il est probable que beaucoup de semences ne se trouveront pas dans des conditions favorables à la germination, on en augmentera un peu la quantité qu'on portera à 8 ou 9 livres. Ici il n'est guère possible d'opérer la semaille en lignes : mais ce qu'on perd sous ce rapport, on le récupère largement par la diminution des frais de sarclage, qui ne sont plus aussi nécessaires que si la plante eût été semée seule.

Nous avons déjà laissé entrevoir que celui qui cultive les carottes doit s'attendre et se préparer à des *travaux dispendieux d'entretien.* Cette plante, en effet, a une enfance longue et laborieuse : pendant que sa végétation se traîne lente et pénible jusqu'aux premières chaleurs du printemps, les mauvaises herbes se multiplient avec rapidité et ne tardent pas à envahir toute la superficie, et il faut de toute nécessité les arracher et les emporter. Les carottes, lorsqu'elles n'ont encore que leurs premières feuilles, ont tant de ressemblance avec les herbes parasites qui croissent au milieu d'elles, que les ouvriers peu habitués au port de cette plante les confondent souvent.

Il est très-nécessaire de faire le *premier sarclage à la main.* Les praticiens sont partagés d'opinion sur l'époque où il doit être exécuté. Les uns conseillent de l'opérer le plus tôt possible, afin que les mauvaises herbes ne puissent ni étouffer ni affamer les carottes. Les autres soutiennent que le sarclage ne doit être exécuté qu'au moment où les mauvaises herbes commencent à fleurir : ils disent, pour étayer leur opinion, que la végétation des parasites, loin de nuire aux carottes, favorise leur accroissement en couvrant la terre de leur ombrage, et en empêchant le sol de se resserrer, et d'empêcher l'alongement et le développement des racines. Cette opinion paraît fondée ; un fait certain, c'est que les carottes ne craignent nullement le contact d'autres plantes : il est inutile d'invoquer à l'appui de cette assertion l'exemple des carottes que l'on sème dans le colza, dans le lin, etc. Mais dans ce cas il faut se tenir sur ses gardes, et avoir à sa disposition une armée de sarcleuses, afin que jamais aucune plante parasite n'arrive, je ne dis pas en graine, mais en fleur. Ce premier sarclage se fera à reculons, afin de piétiner la terre le moins possible et de ne pas fouler des plantes tendres et délicates.

Lorsque, quelques semaines après ce premier sarclage, les carottes ont poussé plusieurs feuilles, et qu'elles annoncent un état de santé et de vigueur, on donne un *hersage* énergique, si elles ont levé dru ; au contraire, si elles sont peu épaisses, on en donnera plusieurs, mais très-légers.

Ordinairement, après cette façon, les plantes prennent un accroissement rapide ; les rangées se dessinent, et on peut dès-lors *faire fonctionner la houe à cheval* autant de fois que le demande l'état de la terre sous le double rapport de l'ameublissement et de la propreté. C'est également le moment d'éclaircir les places trop épaisses. On laissera les plantes à 9 pouces les unes des autres dans la ligne. Quelques auteurs conseillent de regarnir les places vides en y plantant des carottes prises soit dans le champ même, soit dans une pépinière : cette méthode est peu pratiquée.

Les carottes semées au milieu d'une autre récolte se traitent à peu près comme celles semées en récolte principale, à l'exception que les binages se font à la main. Immédiatement après l'enlèvement de la première récolte, on donne *plusieurs hersages* répétés dans tous les sens, afin d'enlever le plus de chaumes possible. On procède ensuite à *l'éclaircissage du plant* dans les places trop garnies : on *enlève tous les débris* rassemblés par le hersage ; *on bine* autant de fois qu'on le juge à propos. Comme il est rare que les carottes deviennent dans ce cas aussi grosses que les autres, on les laisse un peu plus épaisses.

Le feuillage des carottes a une odeur qui repousse presque tous les insectes. Cependant il est des contrées où les *limaces* les rongent si impitoyablement à leur naissance qu'elles ne laissent parfois aucune trace des semis. Dans les jardins de l'Anjou le meilleur moyen connu de remédier à ce grave inconvénient est de saupoudrer la terre, à l'époque de la germination, de chaux en poudre qui éloigne ces animaux, tant qu'elle n'est pas éteinte par les pluies, sans faire le moindre tort aux plantes. Il y a lieu de croire que dans la grande culture le même moyen, ou l'emploi de cendres répandues à la volée de la même manière, tout en préservant les jeunes carottes, profiterait plus tard à leur développement.

§ V.— Récolte, conservation et produit.

Les carottes en récolte principale ont atteint tout leur développement *vers la fin de septembre ;* celles qui n'ont été cultivées que comme récolte accessoire et supplémentaire n'arrivent à maturité que *vers le milieu d'octobre.* Ces plantes craignent peu la gelée, et, quand, à l'arrière-automne, elles n'ont pas atteint toute leur croissance, on peut en retarder un peu la récolte sans inconvénient, à moins qu'on n'ait besoin de préparer la terre pour procéder à un ensemencement de plantes hivernales. « Dans la contrée que j'habite, dit Schwertz, nous n'avons pas eu de
» pluie pendant tout l'été. Vers la fin de sep-
» tembre on aurait dû procéder à la récolte
» des carottes, mais la terre était tellement
» durcie qu'elle pouvait à peine être entamée
» par un fort brabant ; les feuilles des carot-
» tes et des betteraves tombaient flétries.
» Pendant qu'on opérait l'arrachage de quel-
» ques-unes, il survint pendant plusieurs
» jours une pluie violente qui dura jusqu'au
» 12 octobre. Les carottes auxquelles on n'a-
» vait pas encore touché commencèrent à vé-
» géter de nouveau, produisirent un chevelu
» blanc et abondant ; les racines augmentè-
» rent d'épaisseur, et celles qui furent arra-
» chées les dernières étaient 1,3 plus grosses
» que celles qui l'avaient été auparavant. »
(*Un leitung zum praktischen ackerban.*)

On a cru remarquer que les carottes provenant d'une semence produite elle même par des racines cultivées depuis long-temps dans les jardins, supportent moins bien les intempéries des saisons et les variations brusques de la température que celles qui ont été cultivées long-temps en plein champ : elles sont surtout beaucoup plus exposées à la pourriture dans les champs humides. Lors-

qu'on cultive les carottes dans cette dernière espèce de terre, on aura soin, quelque temps avant la récolte, de couper une partie des fanes, afin que la surface se sèche un peu , et que la terre ne souffre pas du piétinement des ouvriers qui les arrachent.

Les carottes semées en lignes peuvent *s'arracher avec la charrue,* indiquée précédemment. Celles qui ne sont pas disposées par rangées ne peuvent être récoltées qu'*au moyen du louchet,* ou de tout autre instrument analogue.

Dans les sols légers et par un temps sec, après les avoir laissées exposées au soleil une heure ou deux, on *procède au décoletage* et on emmagasine immédiatement. Dans les sols argileux et par un temps humide, on les laisse sur la terre sans les entasser, et elles demeurent là plusieurs jours, afin qu'elles soient ou lavées par les pluies, ou desséchées par le soleil. Plusieurs économes ont remarqué qu'elles se conservent mieux lorsqu'un peu de terre adhère à leur surface.

Le décoletage ne doit pas se borner au retranchement des feuilles, il faut amputer un peu au-dessous du collet et couper dans le vif, afin que la racine ne puisse plus germer: c'est un préliminaire indispensable pour les carottes qu'on veut conserver.

Si les *feuilles* sont abondantes, on pourra les rassembler en petits monceaux, afin de les faire consommer par les animaux, soit sur place, soit à l'étable.

La *conservation* repose sur les mêmes principes et s'exécute par les mêmes procédés que pour la pomme-de-terre, avec cette différence que les carottes craignent moins la gelée, et que le décoletage prévient toute germination. On ne devra pas néanmoins les amonceler autant que les parmentières.

Les carottes destinées à la nourriture de l'homme seront placées dans un jardin d'hiver ou un cellier, par lits alternatifs avec du sable bien sec, qu'on aura voituré pendant l'été.

Le *produit de la carotte* varie en raison des soins de culture, des qualités du sol et d'une foule d'autres circonstances; c'est, du reste, de toutes les racines cultivées, celle dont le produit est le moins variable sous l'influence des agens atmosphériques : ses racines, qui pénètrent à une grande profondeur, lui permettent de résister à de grandes sécheresses, lors même que, dans d'autres plantes, la végétation paraît comme suspendue.

D'après Burger, le produit moyen de la carotte s'élève :

Dans un sol médiocre à 267 hectol. par hectare.
Dans un bon sol à . . . 320
Dans un excellent sol à 426

Schwbrtz évalue le produit en racines à . . . . 340 quint. métriq. par hect.
en feuilles à 120

Thaer (*Agriculture raisonnée*) porte le produit des racines à 647 hectol. par hectare.
Ou comptant l'hectolitre à 54 kil. . . . . 349 quintaux métriques.

Schubarth (*Allgemeine encyklopœdie*), avec du lin. . . . . . 245 quint. métr. par hectare
. Avec de la navette. . . . 314
Seules après les précédens. 482

M. de Dombasle sur un sol produisant 18 hectol. de blé. . 250
Sur un sol de la plus haute fertilité. 750

En calculant sur ces données une moyenne générale, on voit que, *comme récolte secondaire*, les carottes bien cultivées donnent un produit en racines de 235 quintaux métriques (47,000 livres poids de marc); que, cultivées en *récolte principale*, on arrive facilement à un produit de 392 quintaux métriques (78,400 livres) par hectare. Dans le premier cas, on peut compter sur 65 quintaux métriques de *feuilles vertes*, et sur 98 dans le second.

En comptant que 2 livres 2/3 de racines de carottes contiennent autant de substance alibile qu'une livre de foin, et que 10 livres de feuilles représentent également une livre de foin, on trouve qu'un hectare de carottes en récolte secondaire procure, pour les animaux, autant de substance nutritive que 94 quintaux métriques de bon foin, et que cette quantité s'élève à 156 quintaux métriques si les carottes sont cultivées seules.

CALCUL DES FRAIS ET PRODUITS POUR UN HECTARE.

Carottes semées seules.

2 labours, l'un de 18 francs et l'autre de 20 francs.	48 f.
Semailles et frais de semences. . . .	30
Hersages et roulages.	16
Sarclage à la main.	50
Main-d'œuvre comme supplément à la houe à cheval et éclaircissage. . .	50
Binages à la houe à cheval.	12
Récolte par la charrue.	30
Transport et emmagasinage. . . .	20
Loyer.	50
Frais généraux.	30
Fumier.	120
	456
Bénéfice.	328
Produit probable, 392 quintaux à 2 fr. =784 f. ci.	784

Carottes en récolte secondaire.

Semaille et frais de semences. . . .	30
Hersage.	16
Sarcler et éclaircir.	50
Binage.	20
Récolte à bras.	80
Frais généraux (1/3 seulement). . .	18
Fumier (1/2) seulement). . . .	60
	274
Bénéfice.	196
Produit : 235 quintaux métriques à 2 f. l'un — 470, ci	470

Il y aurait ainsi, pour les carottes cultivées seules, un bénéfice plus grand que lorsqu'elles ne viennent que comme récolte dérobée. Mais cette augmentation de bénéfice n'est qu'apparente. En effet, si la récolte dérobée, qui n'a occupé le sol que 4 mois, a procuré un bénéfice de 196 fr., la récolte principale, qui l'a occupé pendant 1 an, devrait réaliser un bénéfice de 588 fr., toute proportion gardée. Mais on voit, au contraire, que le profit ne s'élève qu'à 328 fr. : il y a donc évidem-

ment du côté de la récolte secondaire, un avantage incontestable de 260 f. par hectare; l'avantage serait encore bien plus marqué si quelque circonstance venait diminuer le produit.

SECTION IV. — *Du Panais.*

On cultive deux espèces de Panais (*Pastinaca sativa*, Lin.), en anglais *Parsnep*; en allemand, *Pastinake*; en italien, *Pastinaca*; en espagnol, *Zanahoria* (*fig.* 641) : le *Panais rond*,

Fig. 641.

aussi nommé *sucré* à cause de ses propriétés comme plante culinaire; il est peu cultivé hors des jardins ; — le *Panais long*, cultivé principalement pour les bestiaux dans la Bretagne, dans les îles de Jersey et de Guernesey, etc. La culture de cette plante s'est peu répandue, quoique dans certaines contrées, et notamment dans quelques cantons de la Bretagne, on en ait obtenu de très-hauts produits. Il y a, dans les exigences de cette plante, quelque chose qu'on n'a pas encore bien déterminé, et il est actuellement impossible d'apprécier avec exactitude toutes les circonstances qui lui sont favorables. Il paraît que, *dans les terres médiocres*, le panais produit moins que la carotte, mais que, *dans les terres de haute fertilité*, la récolte est beaucoup plus abondante que celle de cette dernière plante. Nous puiserons le peu que nous avons à dire sur cette plante, dont la culture a une analogie parfaite avec celle de la carotte, dans un auteur de la Bretagne, qui connaissait fort bien les localités et les procédés qui assurent le succès de cette plante.

« Le panais, dit M. LE BRIGANT DE PLOUEZACH, *se sème surtout après une récolte d'orge*. La terre doit être bien retournée, bien ameublie. A mesure que la charrue travaille, des hommes armés de bêches ou de pelles tirent la terre du fond de la raie, et la rejettent sur celle qu'on a remuée. On forme des planches larges de 10 à 12 pieds. On creuse, entre chaque planche, un petit fossé dont on rejette la terre sur les deux planches voisines. On se sert ensuite d'un râteau pour briser les mottes qui peuvent rester et bien aplanir le terrain. (Dans la grande culture, cette opération s'exécuterait économiquement à l'aide du rouleau et de la herse). Il faut cependant que la surface de chaque planche ait de chaque côté une pente légère vers les fossés (pour procurer l'écoulement de l'eau). *La graine est semée* au plus tôt à la fin de février, et au plus tard en mars. Il est essentiel de semer le panais fort clair. S'il se trouve des endroits où il lève abondamment, on en arrache une partie. *On sarcle* avec attention dès que les mauvaises herbes paraissent, et cette opération est répétée plusieurs fois.»

« *On fait la récolte* ou en octobre ou en novembre. On la fait avec une pelle ou avec une tranche (sorte de bêche). On tient les racines serrées l'une contre l'autre, dans un endroit sec, *pour les conserver* longtemps. Elles *servent à nourrir et même à engraisser le bétail* de toute espèce : les chevaux, les bœufs, les vaches, les cochons, s'accommodent également de ces racines. On les leur donne d'abord crues; lorsqu'on s'aperçoit que les animaux s'en dégoûtent, on les fait cuire. Dans cet état, les bestiaux en mangent avec avidité et ne s'en dégoûtent plus. Les cochons n'ont pas d'autre nourriture pendant tout l'hiver, et; quand les fourrages manquent, les vaches ne mangent que des panais. Elles donnent alors plus de lait et de meilleur beurre. »

Le panais, comme la carotte, se cultive *en récolte dérobée*, après le chanvre, le lin, le colza, le seigle, etc. On a également conseillé de cultiver le panais comme une sorte de *prairie artificielle ;* on le sème au mois de septembre, et on le fauche avant qu'il fleurisse. On assure qu'il donne ainsi plusieurs coupes très-abondantes.

On sème 10 à 12 livres de graine par hectare. Il est à remarquer que la semence de panais ne se conserve pas au-delà d'une année. Les ailes ou expansions fibreuses qui l'entourent sont un grand obstacle à l'emploi du semoir. Si la carotte doit être enterrée très-superficiellement, il n'en est pas de même du panais, dont la semence doit être recouverte au moins d'un pouce et demi de terre.

La culture de cette plante est un peu *moins dispendieuse* que celle de la carotte. Le panais présente encore un immense avantage : c'est que, même par des froids très-rigoureux, il *ne souffre nullement des gelées* lorsqu'il se trouve dans le sol. On peut ainsi le laisser dans la terre jusqu'au printemps pour en faire la récolte au fur et à mesure du besoin. *Son feuillage* est aussi beaucoup plus abondant et meilleur que celui des autres racines. — Le panais est regardé, par M. DE DOMBASLE, comme égalant en valeur nutritive les carottes de bonne qualité. — *En Islande,* après l'avoir soumis à la fermentation, on en retire une espèce de bière.

ANTOINE, de Roville.

SECTION V. — *Du Topinambour.*

Le *Topinambour* (*Helianthus tuberosus*, L.) en anglais, *Jerusalem artichoke ;* en allemand, *Erde apfel* ou *Erdapfel;* et en italien, *Girasole* (*fig.* 642), est une plante

Fig. 642.

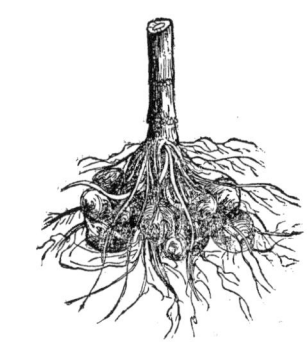

vivace par ses racines, qui atteint communément de 6 à 8 pieds, et dont les fortes tiges sont chargées d'abondantes feuilles, ayant généralement de 8 à 10 pouces de longueur. Ses racines sont accompagnées de tubercules souvent très-volumineux et très-multipliés, dont la forme a fait donner à cette plante le nom de *Poire-de-terre;* elle est aussi connue sous les noms vulgaires de *Crompère, Canada, Taratouf,* etc. Le topinambour appartient au genre *Soleil* de la grande famille des Radiées. Originaire du Chili ou du Brésil, ses fleurs très-petites, en comparaison de plusieurs autres espèces de soleils, ne donnent point de graines fertiles dans le nord et dans le centre de la France; cette circonstance rend plus difficiles les essais que l'on a proposé de faire pour *améliorer cette plante* utile, par des semis, à l'effet d'obtenir de nouvelles variétés, comme on l'a fait pour la pomme-de-terre; cependant M. VILMORIN a déjà fait des tentatives qui lui ont permis de reconnaître que le topinambour a une extrême disposition à varier par le semis, surtout dans les caractères de ses tubercules; il en a obtenu en effet de différens pour la grosseur, les positions dans le sol, la couleur, etc. ; d'où il conclut que si l'on s'attachait à semer le topinambour avec la même persévérance qu'on l'a fait pour la pomme-de-terre, on pourrait arriver de proche en proche à améliorer beaucoup ses qualités.

§ 1ᵉʳ. —Avantages et usages du topinambour.

Les avantages que présente le topinambour, d'après V. YVART, qui a beaucoup contribué à les faire valoir et à étendre la culture de cette plante, sont : de résister aux plus fortes sécheresses, même sur des sols naturellement arides, et de croître avec succès dans des terrains variés de la plus mauvaise qualité.

En second lieu, les tubercules du topinambour ont la précieuse faculté de résister aux froids les plus rigoureux, sans se désorganiser, d'où résulte l'immense avantage de pouvoir n'en faire la récolte qu'au fur et à mesure des besoins; enfin nous verrons plus loin que l'abondance et l'utilité de ses tubercules, de son feuillage et de ses tiges, sont très-grandes.

Le seul *inconvénient qu'on reproche* avec raison à cette plante, est la difficulté d'en empêcher la reproduction dans les cultures subséquentes; les plus petits tubercules et même les moindres racines laissées dans le sol suffisent pour produire de nouvelles tiges; le meilleur moyen pour remédier à cet inconvénient, est de faire pâturer au printemps, par les vaches ou les moutons, toutes les tiges qui repoussent, puis de donner des labours et hersages soignés et énergiques.

Le *principal produit du topinambour* consiste dans les abondans tubercules, ordinairement de couleur rouge, qui naissent de ses racines. Ils peuvent fournir à l'homme un aliment sain, cuits dans l'eau ou sous la cendre; leur goût offre beaucoup de ressemblance avec celui du fond ou réceptacle de l'artichaut. Néanmoins leur principal emploi est *pour la nourriture des bestiaux.* V. Yvart s'est assuré que tous pouvaient s'en accommoder, quoiqu'ils le rejettent quelquefois au premier abord; mais ils conviennent surtout pour *les porcs* et les moutons. Daubenton assure même que, pour ces derniers animaux, cette nourriture, fraîche en hiver, est préférable aux choux. On peut les faire consommer par les bestiaux également crus ou cuits; nous pensons que cette dernière préparation est préférable, la cuisson devant diminuer la qualité aqueuse et détruire le principe âcre que ces tubercules renferment nécessairement, la plante ne parvenant jamais à maturité complète. Pour les porcs, on peut leur faire consommer sur place les topinambours en leur faisant déterrer les tubercules.

Du reste, il est très-essentiel d'éviter, en les donnant aux bestiaux, qu'ils aient éprouvé *un commencement de fermentation ou de décomposition*, qui produit souvent des cas de météorisation très-dangereux. La qualité un peu aqueuse des tubercules en rend même nuisible une quantité trop forte pour les moutons, car le même inconvénient n'existe pas pour les vaches et les cochons. On corrige cette qualité trop rafraîchissante des tubercules pour les moutons, en y mêlant une petite quantité de sel, de baies de genièvre concassées ou de quelque autre substance tonique; on y obvie surtout en ayant soin de les aller avec la nourriture sèche, et en ne les comprenant pas pour plus de moitié, en poids, dans la ration journalière.

Avant de donner les topinambours crus aux bestiaux, *il convient de les laver* afin d'en extraire la terre adhérente, et ensuite de *les couper* avec le coupe-racines ou de *les concasser* grossièrement.

La *qualité nutritive du topinambour* n'a pas été rigoureusement établie, et, d'après sa nature aqueuse, on doit la croire assez faible; cependant Yvart et plusieurs autres agronomes l'estiment à l'égal de la pomme-de-terre pour la nourriture des bestiaux. M. Mat-

thieu de Dombasle y a trouvé sur 100 parties 22,64 de substance sèche, quantité pareille à celle des variétés inférieures de pommes-de-terre.

Le *feuillage* du topinambour est un fourrage très-recherché par tous les bestiaux, et qui peut être une ressource très-précieuse. M. V. de Tracy en cite un exemple remarquable dans le *Cultivateur* de mars 1835. Dans sa ferme de Paray-le-Frésil, près Moulins (Allier), dans l'été de 1834, les prairies naturelles étaient desséchées, les trèfles fleurissaient à quelques pouces de terre; dans cette circonstance, il eut recours aux topinambours, dont la hauteur moyenne était alors de 5 à 6 pieds, et qui présentaient un feuillage de la plus belle verdure. Depuis la mi-août, il fit faucher ces tiges, et, pendant près de deux mois, on en amena chaque jour à la ferme un char du poids de 1500 livres environ; ce fourrage vert fut constamment mangé avec plaisir par les bœufs de travail. Ce qui mérite d'être remarqué, c'est que la récolte en tubercules ne fut pas sensiblement moindre, sur les parties où les tiges avaient été coupées. Le feuillage des topinambours peut encore être *converti en fourrage sec* pour l'hiver, comme on le fait de la feuillée des arbres, ainsi qu'il sera expliqué dans le chapitre suivant.

Enfin les *tiges du topinambour*, fortes et assez dures, fournissent un combustible qui n'est point à dédaigner; elles brûlent fort bien lorsqu'elles sont sèches, et sont très-propres à chauffer les fours, et à servir de menu bois de chauffage : cet usage paraît préférable à celui de les convertir en fumier ou de les faisant servir de litière aux bestiaux; on s'en est même servi quelquefois pour échalas, pour tuteurs, pour ramer les pois et les haricots, ou pour confectionner des palissades.

§ II. — Sol et culture du topinambour.

Le topinambour s'accommode très-bien de *climats et de sols très-divers et très-médiocres.* Ainsi M. Vilmorin le cultive en grand, avec un plein succès, dans de mauvais terrains calcaires où l'on a souvent tant de peine à créer des moyens de nourriture pour le bétail. M. Allaire l'a vu très-bien réussir sur le sol crayeux de la Champagne dont on connaît assez l'ingratitude. M. Poyferre de Cère l'a aussi introduit avec un grand avantage sur les landes sablonneuses du dép.ᵗ auquel elles ont donné leur nom. M. V. de Tracy, dans des terrains argilo-siliceux, très-bien désignés par le nom de *terres-froides*, et reposant sur un banc de glaise imperméable à l'eau, en obtint, sans engrais et presque sans frais, une récolte passable, tandis que les navets, et surtout les betteraves et les carottes, ne donnèrent presque aucun produit; si l'on fume le terrain, la récolte surpasse de beaucoup, en poids et en volume, celle de la pomme-de-terre.

Cette plante croît assez bien *dans les expositions ombragées;* aussi Parmentier conseillait-il d'utiliser en les cultivant les places vagues des bois et les intervalles des allées dans les taillis où il se trouve assez de terre végétale, pendant deux ans dans les bons terrains, et 4 à 5 dans les mauvais; on pourrait ainsi obtenir des récoltes abondantes, sans nuire à la reproduction du bois. Le revers des fossés, le bord de beaucoup de haies et de murs devraient être toujours garnis de topinambours; tous les lieux enfin que leur situation ombragée rend impropres à la culture des autres plantes, tels que les vergers dont les arbres sont trop rapprochés, l'exposition nord des avenues, plantations et bâtimens, etc., le recevraient avec avantage. Dans la plupart de ces cas on pourrait abandonner les feuilles sur place aux moutons pendant l'automne, et les tubercules également sur place aux cochons pendant l'hiver.

On peut encore utiliser le topinambour en le *plantant en rangées* plus ou moins écartées et dirigées du levant au couchant, pour fournir des abris contre le soleil à tous les semis qui redoutent la sécheresse, notamment à ceux des arbres verts. On pourrait même peut-être par ce moyen cultiver en seigle, avoine et quelques autres plantes qui n'ont guère besoin que d'un peu de fraîcheur pour prospérer, les sables des environs du Mans, ceux de Fontainebleau, etc., et les craies de la Champagne.

La *rotation de culture* préférée par V. YVART, lorsqu'on veut y introduire le topinambour, est la suivante : 1re *année* : topinambour, après enfouissement du chaume de la dernière récolte en grain, labours et engrais ; 2e *année* : céréale de printemps avec prairie artificielle. Dans les labours et hersages, on ramasse soigneusement les tubercules et racines de topinambours qui ont échappé; plus tard il est indispensable de détruire les nouvelles pousses à l'échardonnette; 3e *année* : prairie artificielle ; 4e *année*, ou après un plus long terme si l'on a adopté une prairie artificielle pérenne : céréale d'hiver.

La *culture des topinambours* est en général simple et facile, cette plante étant sous ce rapport l'une des moins exigeantes et l'une des plus robustes; cependant on peut dire que cette culture est la même que pour la pomme-de-terre, et nous renverrons pour les détails à la section 1re de ce chapitre, qui traite de cette plante.

Les topinambours doivent être *plantés en lignes* plus ou moins espacées, en raison de la qualité plus ou moins bonne du terrain, et distantes en moyenne de 18 po. (0^m 50). La plantation peut avoir lieu beaucoup plus tôt que pour les pommes-de-terre, les tubercules ne craignant pas les gelées; ainsi, on peut y procéder dès janvier ou février; mais l'époque la plus ordinaire est le mois de mars. On emploie de 20 à 25 hectolitres de tubercules par hectare.

Les *soins d'entretien* se bornent à un premier *binage* aussitôt qu'on s'aperçoit que la terre commence à se couvrir de mauvaises herbes; un fort *hersage*, au moment où les plantes se montrent hors de terre, produit un très-bon effet. On renouvelle les *binages avec la houe à cheval* aussi souvent que l'exige l'état du sol, et que le permettent les bras et les animaux disponibles. Lorsque les plantes s'élèvent assez pour commencer à ombrager

le sol et à avoir besoin d'être fortifiées, on les *butte* avec le butoir à cheval. Il y a généralement de l'avantage à réitérer cette opération tant qu'elle est praticable, et qu'on peut accumuler au pied des tiges de nouvelle terre, parce qu'il s'y développe ordinairement de nouveaux et beaux tubercules. Après ces opérations, dans des terrains favorables, les topinambours forment une espèce de taillis épais, vigoureux et régulier, qui récrée la vue et annonce au cultivateur l'espoir qu'il peut fonder sur une abondante récolte.

§ III. — Récolte et produits du topinambour.

La *récolte*, et la manière dont on peut l'opérer, sont sans contredit les principaux avantages qui recommandent la culture des topinambours. Non seulement les tubercules supportent impunément en terre comme hors de terre les plus grands froids de nos hivers, lorsqu'on n'y touche pas au moment de la congélation; mais, ainsi que V. YVART s'en est assuré, ces tubercules augmentent encore de volume en terre lorsque la partie extérieure de la tige ne donne plus aucun signe apparent de végétation. Il y a donc de ce côté avantage de *laisser les tubercules en place*, à part l'extrême commodité et la grande économie qui résultent de la possibilité d'éviter ainsi une récolte faite subitement en automne, et l'embarras comme la dépense de loger, emmagasiner et conserver pendant l'hiver des produits très-nombreux. Le topinambour peut donc être tiré du sol au fur et à mesure des besoins, et par conséquent il n'exige ni un local spécial, ni des dépenses quelquefois considérables, ni des attentions constantes, pour être serré convenablement et conservé intact jusqu'à son emploi.

Cependant il est prudent, dans la crainte des pluies prolongées, des neiges et des gelées de longue durée, d'en faire, *vers la fin de l'automne, une provision suffisante ; il suffit* qu'elle soit mise à couvert et à l'abri de l'humidité, car c'est la seule *chose que redoute le topinambour*, et cette circonstance doit engager à lui laisser passer l'hiver le moins possible dans des terrains qui y sont ordinairement exposés. Douze à quinze jours d'immersion dans l'eau suffisent en effet pour faire pourrir les tubercules, qui exhalent alors l'odeur la plus nauséabonde. Une forte humidité, lorsqu'ils sont hors de terre, suffit également pour les faire noircir et moisir, comme une grande sécheresse les ride et les rapetisse considérablement. Leur amoncellement et leur mélange avec de la paille ou d'autres corps étrangers, les fait aussi quelquefois germer ou se gâter.

L'*extraction des tubercules de la terre* s'exécute comme pour la pomme-de-terre. A l'automne, on doit préalablement *faucher les tiges* le plus près possible de terre, en choisissant un temps sec; on les lie en bottes ou fagots et on les met à couvert.

La *quantité des produits du topinambour* varie beaucoup en raison des terrains et des soins de culture qu'on lui donne. V. YVART, d'après ses essais comparatifs avec la grosse pomme-de-terre blanche commune, affirme que, toutes circonstances égales, l'avantage a toujours été en faveur du topinambour dont la supériorité de produit s'est quelquefois élevée au tiers en sus, et souvent au quart. M. V. DE TRACY évalue la récolte en tuber-cules à 8 ou 9 fois, la semence dans le sol, argilo-siliceux de son domaine, c'est-à-dire à 120 ou 140 hectolitres par hectare; il estime le produit en fourrage vert à 16 ou 20 chars de 1500 livres environ, aussi par hectare.

C. B. DE M.

CHAPITRE XVIII. — DES PLANTES A FOURRAGES.

L'industrie manufacturière demande, au commerce la matière première qu'elle lui restituera plus tard sous une autre forme. L'industrie agricole peut trouver presque toujours en elle-même toutes ses ressources. — La terre est son vaste laboratoire; les herbes qu'elle nourrit deviennent un premier moyen de production; avec elles il est facile d'entretenir et de multiplier les animaux indispensables aux besoins de la grande culture, sinon comme objets de vente, au moins comme agens de travail et producteurs des fumiers à l'aide desquels on peut ensuite demander au sol toutes les plantes utiles à la nourriture de l'homme et aux besoins de la fabrication.

Sans les herbages il n'est pas d'agriculture possible; — avec eux, il en est rarement d'imposs ble. Malheureusement, on ne trouve pas toujours aussi facile qu'on pourrait le croire d'en obtenir une suffisante quantité, ou, ce qui revient au même, à des conditions pécuniaires assez avantageuses. Avant de faire connaître les principales difficultés que rencontre à cet égard la pratique, et d'indiquer autant qu'il sera en moi les moyens de les lever, je chercherai à classer les diverses sortes d'herbages, afin de rendre mon travail à la fois plus méthodique, plus concis, d'une exécution et d'une intelligence plus faciles.

Tous les herbages fourragers peuvent être compris sous deux titres principaux : les pâturages, c'est-à-dire ceux dont les produits sont consommés sur place par les bestiaux; — les prairies, dont la récolte se fait à l'aide de la faulx.

Les pâturages sont dits naturels lorsqu'on abandonne le soin de leur formation à la seule nature; — artificiels lorsqu'ils sont formés, par le moyen des semis, d'espèces particulières cultivées isolément ou plusieurs ensemble, et qui, dans presque tous les cas, ne croîtraient pas spontanément sur le terrain auquel on juge avantageux de les confier.

Les pâturages naturels ou artificiels sont permanens, c'est-à-dire d'une durée illimitée, ou temporaires, c'est-à-dire d'une durée limitée par la nature des assolemens dont ils font partie.

Les prairies sont aussi naturelles ou artificielles dans les mêmes circonstances et par les mêmes raisons que les pâturages, c'est-à-dire qu'on doit comprendre sous la seconde désignation toutes celles dont les herbages ne sont pas le produit d'une végétation spontanée, qu'elles appartiennent exclusivement à l'une des grandes familles des graminées ou des légumineuses, ou à un mélange de plantes diverses, semées simultanément dans le but d'ajouter à la bonté ou à la masse totale des foins.

Eu égard à la nature des terrains qu'elles couvrent, au mode de leur culture à la richesse ou à la qualité de leurs produits, les prairies de l'une ou l'autre origine se distinguent en prés secs, dits à une herbe, parce que, sauf le cas où il est possible de les arroser, on ne peut généralement les faucher qu'une fois; — prés bas, regaignables ou de deux herbes, et prés marécageux.

Selon la place qu'elles occupent dans les assolemens à court ou à long terme, ou en dehors de tout assolement, on les subdivise en annuelles, bisannuelles et vivaces; — temporaires ou permanentes, etc., etc.

SECTION Iʳᵉ. — Des pâturages.

Avant l'introduction encore moderne des prairies artificielles et des racines fourragères, les herbages naturels, sous leurs deux modifications de pâturages et de prairies, formaient la base de l'agriculture européenne. A toutes les époques où les bras manquèrent aux travaux de la terre et où la consommation restreinte des produits du sol le laissa sans grande valeur, nul autre système ne dut être préféré à celui-là. Il fallait produire avec le moins de travail possible, et tandis que les pâturages permanens en offraient le moyen, il était tout simple de chercher dans leur étendue une compensation à leur faible rapport, car la terre était peu de chose aux yeux de celui qui la possédait au-delà de ses moyens de culture. Toutefois ce qui fut bon alors, a cessé de l'être aujourd'hui, ou, du moins la règle est devenue l'exception à mesure que les populations plus pressées durent ménager davantage la terre et épargner moins le travail. Les bonnes prairies ont peu perdu à la vérité de leur importance, mais les prairies artificielles ont, généralement remplacé les pâturages, parce qu'à leur aide on a pu, sur de moindres étendues, augmenter le nombre des bestiaux. Ce n'était pas assez de ce premier résultat : afin d'éviter toute perte de fumiers, au lieu de laisser vaguer comme autrefois les bestiaux, on a compris l'avantage de les nourrir presque toute l'année à l'étable, et de substituer en partie les racines aux fourrages herbacés. Toutes ces causes ont nécessairement restreint de beaucoup, parfois presque à rien, l'importance première des pâturages en général, et des pâturages naturels en particulier. Cependant je tâcherai de faire voir dans ce qui va suivre qu'il serait injuste de les comprendre tous dans une même proscription. Il existe des localités où les herbages de cette sorte ne pourraient être avantageusement remplacés par aucun autre produit agricole ; — il en est où l'on spécule en grand sur la multiplication des moutons, sur l'élève des chevaux ou des bêtes bovines et parfois même l'engraissement de celles-ci, où les pâturages, petits ou grands, doivent être considérés comme indispensables; — Enfin, il se présente encore telles circonstances où dans les assolemens alternes, avec pâturage, sont à la fois les plus simples et les mieux appropriés aux moyens de culture de diverses exploitations.

Ier SUJET. — *Des pâturages permanens.*

ans l'état actuel de l'agriculture européenne, on ne réserve guère en pâturages permanens que ceux des montagnes ou des pentes raides, inaccessibles à la charrue, et par conséquent impropres à toute autre culture qu'à celle des arbres ou des herbes vivaces; — ceux qui appartiennent d'une manière indivise à des communes ou sections de commune, et sur lesquels la législation aura tôt ou tard à prononcer dans l'intérêt de l'Etat, comme dans celui des usagers ; — ceux que j'ai nommés prairies-pâturages, parce que, grâce à leur heureuse situation et à une fécondité qui ne s'altère jamais, ils peuvent remplir l'une ou l'autre et très-souvent l'une et l'autre destinations; — ceux enfin que leur position rend accessibles aux inondations et dont la destruction pourrait être dommageable au sol qu'ils protégent contre l'effort des courans.

§ Ier.—Des pâturages des montagnes et des pentes rapides.

Il est vrai d'une manière générale que l'espèce et la qualité des herbages varient selon le climat ; — elles varient aussi en raison de l'exposition basse ou élevée, sèche ou humide, découverte ou abritée du sol, de sa composition chimique et de ses propriétés physiques.

Quoiqu'à l'aide des arrosemens on puisse obtenir dans le Midi des produits en herbe beaucoup plus considérables que dans le Nord, en toute autre circonstance les climats septentrionaux sont préférables pour les prairies. Depuis l'équateur, où les grands végétaux ligneux se montrent presque seuls, jusqu'aux dernières limites des régions où les froids ne sont pas assez intenses pour arrêter la végétation, on voit en effet progressivement le nombre des arbres diminuer, relativement à celui des plantes herbacées, et, même dans notre France, on sait que les cultures arbustives l'emportent au sud comme les cultures fourrageuses au nord.

A mesure qu'on s'élève sur les hautes montagnes, les herbes, obéissant en cela aux lois générales de la végétation, prennent à la vérité une moindre croissance; mais, constamment humectées par l'infiltration des eaux produites par la fonte des neiges, elles conservent leur fraîcheur, et la lenteur même de leur végétation paraît ajouter à leur qualité ; aussi fournissent-elles presque toujours une nourriture aromatique, substantielle, fort du goût de tous les herbivores.

Dans la plupart des pays élevés de nos contrées européennes, on consacre les hauteurs au pâturage des troupeaux — Les habitans des Alpes et du Tyrol y envoient leurs vaches laitières et les y laissent nuit et jour jusqu'aux approches de la saison des frimas. — Ailleurs on les destine, eu égard à leur plus grande fécondité, aux bœufs qu'on se propose d'engraisser, et à ceux qu'on élève pour le trait. — Enfin sur les hauteurs moins accessibles, où les herbages épais, mais courts, ne suffiraient plus à la nourriture des bêtes bovines, on peut trouver encore un grand avantage à propager les moutons.

En des localités simplement montueuses, ce n'est plus, comme dans le voisinage des neiges, la chaleur qui manque, mais bien l'humidité, à moins que le voisinage des forêts n'entretienne sur quelques points une fraîcheur favorable, ou qu'une exposition particulière ne diminue les effets de l'évaporation produite par les rayons solaires et rendue plus fâcheuse encore par suite de la déclivité du sol qui permet aux eaux pluviales de s'écouler avec une rapidité excessive. On pourrait être surpris de voir l'un des versans d'une colline couvert d'une fraîche et riche verdure, tandis que l'autre est pour ainsi dire dénudé de toute végétation, dès la première partie de l'été, si l'on ne savait qu'une vive chaleur est aussi nuisible aux herbages, lorsqu'elle n'est pas combinée à une quantité d'humidité suffisante, qu'elle leur devient utile dans les circonstances contraires. — Il est des terrains sur lesquels, malgré leur élévation et la raideur de leur pente, on peut diriger et retenir les eaux pluviales par des moyens bien simples que je ferai connaître un peu plus loin, en traitant de l'amélioration des herbages en général, et qui changent entièrement d'aspect par suite de cette pratique, à l'importance de laquelle peut ajouter encore sensiblement l'aptitude plus grande du sol et du sous-sol à se pénétrer d'une plus grande quantité d'eau, et à la retenir plus longtemps au profit de la végétation.

§ II. — Des pâturages communaux.

Les pâturages communs sont presque toujours et partout dans un état déplorable, parce que, quoique chacun veuille en profiter, nul ne songe le moins du monde à les améliorer, et qu'au lieu d'en user avec discernement on en abuse à l'envi, comme si l'on craignait de laisser sous ce rapport trop à faire à son voisin. — Non-seulement on les charge outre mesure d'animaux de toutes

sortes qui s'affament et se nuisent réciproquement, mais on les fait pacager en tout
temps, quels que soient d'ailleurs la nature et
l'état du sol; de sorte qu'au lieu de présenter
une surface unie et partout verdoyante, ils
se transforment, à l'époque des pluies, en cloaques fangeux, et n'offrent plus, au moment
des sécheresses, qu'un amas irrégulier de
mottes durcies et sans végétation.

De toutes parts on s'est élevé avec force,
depuis l'introduction des prairies artificielles
et des assolemens alternes auxquels elle a
donné lieu, contre les pâturages communaux,
et plus encore contre le droit de vaine pâture
qui s'étend, après la récolte principale, à une
foule de propriétés particulières non closes.
— On a pu facilement démontrer que les pâ-
tis, autrefois d'une importance réelle pour faciliter la multiplication des bestiaux alors que
l'assolement triennal avec jachère laissait peu
d'autres ressources, étaient devenus, à bien
peu d'exceptions près, plus nuisibles qu'utiles
dans l'état actuel de notre agriculture; — que,
très-peu productifs en eux-mêmes, loin de permettre d'augmenter le nombre de têtes de
bétail qu'on peut entretenir sur un espace
donné, ils produisaient l'effet contraire et diminuaient ainsi doublement la masse des engrais en empêchant d'une part leur plus grande
production, et en occasionant de l'autre une
perte énorme de fumiers; — et qu'enfin le droit
de parcours, sans parler de divers autres inconvéniens qui seront discutés dans la partie
législative de cet ouvrage, est indubitablement le plus grand obstacle à toute amélioration dans le nouveau système de culture des
terres arables et même des prairies.

Les pâturages communaux, de quelque
manière qu'on les envisage, sont donc de tous
les plus mauvais, et si, dans quelques circonstances bien rares, des sections de communes
ont su, par une administration éclairée, en
tirer un bon parti, on peut être assuré d'a-
vance que ce n'est qu'en mettant des restric-
tions aux droits des usagers; — en proportionnant le nombre des bestiaux à l'étendue
des terrains; — en limitant la durée des parcours à celle des saisons convenables, et enfin
en changeant jusqu'à un certain point la
destination première de ses sortes de terrains.

§ III. — Des prairies-pâturages.

Loin d'être, comme les précédens, limités
aux localités les moins accessibles, ou aux terrains les moins féconds, ceux-ci sont au
contraire situés dans des sols fertiles et
pour la plupart susceptibles de se prêter
à tout autre genre de culture; mais l'abondance et la qualité de leurs herbages sont telles qu'on trouve avantageux de les réserver,
soit pour y envoyer une partie du jour les
vaches laitières ou nourrices, les élèves de
diverses espèces et de différens âges, les animaux fatigués par un travail excessif ou prolongé, et principalement les bœufs destinés
à la boucherie. — Il est vrai qu'on pourrait
les utiliser autrement dans beaucoup de cas,
mais il est fort douteux qu'on pût en tirer
un meilleur parti, car la nature, qui fit tous
les frais de leur formation, fait aussi presque

exclusivement ceux de leur entretien. Le propriétaire n'a d'autres soins à prendre que d'y
envoyer ses bestiaux ou de traiter à des conditions toujours avantageuses avec les marchands qui spéculent sur l'engrais des bœufs.
Il est en Normandie tel acre (environ 80 ares)
de *bonne* pâture qui peut s'affermer de 3 à
400 fr. Il en est peu qui ne vaille de 180 à
200 fr.

Quelquefois on fauche les prairies-pâturages, et on ne les ouvre aux bestiaux qu'à l'é-
poque où les regains se sont développés, c'est-
à-dire vers la fin d'octobre ou dans le courant
de novembre. Les bœufs dont l'engraissement
commence à cette époque tardive de l'année
passent l'hiver entier dehors, et ne reçoivent,
sauf le temps de trop grandes pluies ou de
neige, aucune nourriture à l'étable; aussi en-
graissent-ils moins vite que ceux qu'on met
dans les herbages aux approches de mai; mais
on peut les vendre en juin, et alors leur prix
est plus élevé parce que la concurrence est
moins grande. — En général, ceux de ces animaux qu'on met au pâturage au printemps
n'y séjournent que quatre mois pour atteindre le maximum de leur poids.

Tous les herbages destinés à recevoir les
bœufs qu'on engraisse dans l'ancien Cotentin,
le pays d'Auge, la Basse-Normandie, une partie de la Vendée, etc., ne sont pas également
fertiles ; mais tous trouvent néanmoins leur
emploi, parce que les marchands qui amènent
parfois de fort loin des animaux maigres et
habitués à de chétifs pâturages, croient devoir les disposer progressivement à recevoir
une nourriture plus substantielle et plus
abondante. Ils louent en conséquence d'abord
des terrains de médiocre valeur, — puis de
meilleurs ; et enfin, assez souvent, lorsqu'ils
veulent hâter le moment de la vente, ils conduisent en dernier lieu leurs bœufs dans les
pacages, si chèrement payés, dont j'ai parlé ci-
dessus.

La position la plus favorable pour ces sortes d'herbages est un fonds constamment ra-
fraîchi par le voisinage de quelque ruisseau
ou l'infiltration de sources souterraines qui
ne sont ni assez voisines de la surface ni assez
nombreuses pour donner au terrain l'aspect
et les propriétés d'un marécage, auquel cas
il se couvrirait d'herbes grossières fort peu
du goût des animaux ; — ceux-ci se trouveraient d'ailleurs très-mal d'un séjour prolongé dans un semblable lieu.

Il est assez rare qu'on améliore ou plutôt
qu'on entretienne ces pâturages privilégiés
autrement qu'en répandant également les
engrais qu'y laissent les bœufs et en détruisant les taupinières; un homme qui n'obtient
en échange de ce léger labeur que le loge-
ment et la permission de nourrir une seule
vache à son compte, peut inspecter à la fois,
en n'y employant qu'une faible partie de son
temps, d'assez vastes étendues, car les bœufs
casés en plus ou moins grand nombre, selon
la fécondité des herbages, dans chaque sub-
division de la prairie, sont entourés de haies
ou de fossés qui les empêchent de s'écarter
du lieu qu'on leur a destiné.

Par leur position et la nature des plantes
qui les composent, les prairies - pâturages
appartiennent presque toujours à la division

des prairies basses proprement dites dont j'aurai à parler plus tard.

§ IV. — Des pâturages exposés aux inondations.

Il est des terrains presque toujours très-fertiles, parce que les eaux qui les couvrent à des intervalles plus ou moins rapprochés déposent à leur surface un limon fort riche en matières végéto-animales. Trois causes principales s'opposent cependant à leur mise en cultures alternes : la crainte de les voir promptement minés ou entraînés par les courans, si on détruit, sur quelques points seulement, la masse gazonneuse qui les protége; — l'incertitude des récoltes économiques qu'on pourrait leur demander dans l'intervalle présumable d'une inondation à l'autre; — enfin, la qualité et l'abondance des fourrages qu'ils produisent annuellement.

Ceux qui n'ont pas l'habitude de parcourir les rives des grands fleuves, en voyant des îles entières sensiblement plus creuses à l'intérieur qu'à la circonférence, et entourées d'une sorte de levée verdoyante, seraient tentés d'attribuer à l'art cet effet d'une cause toute naturelle. — Les herbes, non-seulement consolident puissamment les terres qu'elles recouvrent, en liant leurs molécules par de nombreuses racines, et en présentant une surface unie sur laquelle l'eau coule sans occasioner de dégâts; mais lorsque l'inondation tire à sa fin, chaque touffe, chaque fragment de chaume, et pour ainsi dire chaque feuille, opposant un léger obstacle, arrêtent quelques parcelles de limon, de sorte que lorsque le fleuve est rentré dans son lit, toutes les parties gazonneuses se trouvent plus ou moins recouvertes d'une croûte fertilisante, qui disparaît bientôt après sous la riche végétation des gramens, tandis que les parties habituellement labourées, bien que moins exposées, abandonnent davantage au courant et reçoivent moins de lui. — Je connais telle île de la Loire, qui n'est cependant pas cultivée depuis un fort long temps, et dans laquelle les *chantiers* sont plus élevés de près d'un mètre que l'intérieur.

En de telles circonstances on comprend combien il est important de réserver un pâturages ou en prairies toutes les portions d'une propriété qui sont les plus menacées. Aussi la distribution et la conservation des herbages dans les lieux submersibles par des eaux courantes est-elle une question qui intéresse vivement le fermier, et bien plus encore le propriétaire, puisqu'il y va, je ne dirai pas de l'amélioration graduelle, mais de la conservation ou de la destruction plus ou moins prompte de son avoir. — Il ne faut pas croire du reste, quelque productives que puissent être ordinairement les cultures diverses des terrains d'alluvion de formation aussi récente que ceux qui nous occupent en ce moment, que ce soit un grand sacrifice d'en abandonner une partie aux graminées naturelles, car, en définitive, elles valent souvent alors, à bien peu près, les meilleures prairies artificielles, et leur production est indispensable à la nourriture du bétail. A la vérité, dans beaucoup de lieux, la culture des îles et des vallées riveraines se fait exclusivement à bras d'hommes; les bœufs y sont à peu près inconnus; mais comme il n'en faut pas moins des fumiers, les habitans élèvent le plus possible de vaches, et non-seulement ils spéculent sur le laitage, le beurre ou le fromage qu'ils en obtiennent, mais ils font de nombreux élèves destinés au marché ou à la boucherie; or, dans tous ces cas, les pâturages, dont nous verrons plus loin qu'ils savent parfaitement utiliser les produits, ne pourraient jamais être entièrement remplacés, et ne pourraient être que rarement l'être avantageusement, même en partie, par d'autres cultures fourragères.

Malheureusement, si la végétation des herbes oppose souvent une digue assez puissante aux efforts des eaux, il est un autre inconvénient, inhérent également au voisinage de certains fleuves, contre lequel elle ne peut rien. Je veux parler de l'*ensablement*. Parfois, dans les parties basses, à la place du limon précieux qui fertilise, le courant roule et accumule à plusieurs pieds d'épaisseur des sables presque sans mélange de terre végétale; quand il se retire, une *grève* aride et désormais irrévocablement fixée a remplacé la terre végétale et détruit pour longtemps tout espoir du cultivateur.—Dans cette fâcheuse circonstance, c'est encore aux herbages qu'on demandera les premiers produits et le retour progressif du sol à la fertilité, car dès que la couche gazonneuse aura pu s'établir au milieu des peupliers ou des saules qu'on aura préalablement plantés, la surface s'élèvera, se pénétrera de sucs nutritifs, et le sable se trouvera resserré entre deux épaisseurs de bonne terre dont, en dépit des obstacles, la persévérance humaine aura su profiter, puisque, tandis que les racines des arbres iront chercher la nourriture et la fraicheur jusque dans la première, à l'ombre de leurs feuillages les gramens prospéreront sur la seconde.

Dans les vallées dont les terres arables sont situées sur les hauteurs, les pâturages et les prairies submersibles deviennent, avec raison, la base du système de culture qu'on y suit ; plus ils sont abondans, moins on devra consacrer d'autres terres aux herbages dits artificiels et aux récoltes racines.— Chacun sait que dans le voisinage de la mer, jusques aux dernières limites des eaux saumâtres, on trouve des pâturages, à la valeur nutritive desquels paraît ajouter beaucoup la petite quantité de sel dont ils sont accidentellement imprégnés.

IIᵉ SUJET. — *Des pâturages temporaires.*

On peut diviser ces sortes de pâturages en deux séries principales : 1° les pâturages des jachères, et sur les chaumes de l'assolement triennal; — 2° les pâturages d'assolement de plusieurs années d'existence.

§ Iᵉʳ. — Des pâturages de l'assolement triennal.

En suivant la méthode justement qualifiée de déplorable de l'assolement triennal avec jachère, le défaut de prairies artificielles oblige les fermiers à chercher le plus souvent la nourriture indispensable à leurs bestiaux, *sur les chaumes* qu'ils négligent à cet effet de retourner en automne, au grand dommage de certaines terres, afin de conserver ce maigre pâturage jusqu'aux approches du printemps, c'est-à-dire jusqu'à l'époque où il devient indispensable de préparer les marsages ; — ou *sur la sole entière des jachères* qu'ils ne commencent à labourer, par la même raison, que dans le courant de l'été, pour les semis de septembre. Je me suis prononcé ailleurs sur les tristes résultats de cette double pratique, tant à cause de ses inconvéniens relativement aux cultures suivantes, que par suite de son insuffisance pour la production du fourrage.—Cependant, dans certaines terres, il peut arriver qu'on obtienne ainsi l'année de jachère, jusqu'à la fin de juin, et quelquefois un peu plus tard, et la seconde année, après la moisson, pendant une partie de l'hiver, un pâturage qui ne serait pas à dédaigner, s'il n'entravait la marche des labours.

§ II. — Des pâturages d'assolement alterne.

A côté de ces *pâtures-jachères* de quelques semaines ou tout au plus de quelques mois de durée, on sait qu'on en rencontre d'autres de plusieurs années, qu'il faut bien se garder de condamner d'une manière aussi générale.—J'ai effleuré ce sujet en traitant des assolemens, je dois l'aborder ici d'une manière spéciale, et avec une étendue proportionnée à son importance.

Il est des herbages si heureusement situés et d'une si abondante production, qu'il ne peut, dans aucun cas, y avoir de l'avantage à les détourner, même momentanément, de leur destination.

Il en est d'autres qui, sans être aussi productifs, doivent également être conservés parce qu'on ne pourrait les remplacer plus utilement ; — d'autres enfin dont la destruction serait éminemment dommageable au terrain qu'ils recouvrent.

J'ai dû citer dans les paragraphes précédens quelques exemples qui viendraient à l'appui de la première de ces vérités, s'il était besoin à cet égard d'autres preuves que celles que chacun peut acquérir journellement chez soi ou dans son voisinage.— Quant à la seconde proposition, elle est presque aussi claire, car si, d'une part, il est des pâturages élevés, et tellement situés, que la charrue ne pourrait les atteindre, il est aussi des prés bas humides, des terrains fréquemment couverts d'eau, qui ne pourraient changer de production qu'en changeant de nature. — Dans les contrées montueuses, peu fertiles par suite de leur aridité ou de leur nature crayeuse ; — partout où les prairies permanentes sont rares et ajoutent par conséquent d'autant plus à la valeur des terrains environnans, que les prairies artificielles y sont plus difficiles à établir et moins productives, aucun motif ne peut déterminer à rompre un herbage même de qualité médiocre. — On a vu qu'il en est encore de même dans le voisinage des cours d'eau rapides sur les terrains sujets aux inondations périodiques, d'abord parce qu'en général ces terrains sont très-productifs en herbes, ensuite parce qu'ils

seraient indubitablement entraînés ou minés, si on détruisait sans réflexion la couche gazonneuse qui les protége, et qui contribue d'année en année à les élever davantage. Cette dernière considération ne se rattache pas moins aux plateaux sillonnés fréquemment par les pluies d'orages, ou les torrens occasionés par la fonte des neiges, qu'aux rives fertiles, mais exposées, des grands fleuves.

En des circonstances plus ordinaires et lorsque la première ne sont pas de première qualité, il peut devenir très-profitable, soit de les détruire entièrement, soit de les rendre pour un temps plus ou moins long aux cultures économiques. D'après les données recueillies dans tous les pays, il est certain que la même étendue de terrain cultivée habilement en prairies légumineuses, ou en racines fourragères, produit beaucoup plus qu'en prairie naturelle de moyenne qualité. Le résultat important d'une enquête faite à ce sujet par le bureau d'agriculture de Londres, a été qu'un acre de trèfle, de vesces, de raves, de pommes-de-terre, de turneps ou de choux peut donner au moins trois fois autant qu'un acre réservé en pâturage de *médiocre valeur*, et conséquemment que le même terrain, tout en nourrissant un égal nombre d'animaux, doit encore produire en sus une récolte de céréale dont la paille, soit qu'on la fasse consommer comme nourriture, soit qu'on l'utilise en litière, ajoutera nécessairement à la masse des engrais. Il résulte de là, ajoute l'auteur anglais, que, si l'on excepte de cette comparaison les *riches pâturages*, les terres arables sont comparativement supérieures aux prairies pour procurer des alimens à l'homme, dans la proportion de 3 à 1, et conséquemment que chaque pièce de terre laissée *mal à propos* en herbages naturels et dont le produit ne peut faire vivre qu'une seule personne, prive le pays de la nourriture suffisante au maintien de l'existence de deux nouveaux membres de la grande famille.

Ce n'est pas ici le lieu d'examiner si de semblables calculs ne pécheraient pas chez nous par exagération ; si, en admettant qu'ils fussent à peu près vrais pour diverses localités, ils le seraient également pour d'autres ; si, pour arriver à des données de quelque utilité à la pratique particulière de chacun, on pourrait laisser sur la même ligne des plantes aussi différentes par leur nature et leurs produits que celles dont il a été parlé et dont il n'a pas été parlé ci-dessus, telles que la luzerne, le sainfoin, etc. ; enfin si, partout où la population n'est pas encore suffisante, il ne faudrait pas porter sérieusement en décompte des produits supérieurs des prairies artificielles de courte durée, le surcroît de main-d'œuvre de l'assolement.Il nous suffira, pour le moment, de reconnaître leurs avantages sans chercher à les apprécier rigoureusement par des chiffres ; car, la question étant posée comme j'ai cherché à le faire, ces avantages me paraissent incontestables.

On a cependant élevé quelques objections contre la transformation, même momentanée, des herbages permanens en terres labourables. La principale, quoique la moins fondée, c'est qu'après les avoir rompus il était difficile de leur rendre plus tard leur valeur primitive, et l'on a cité à l'appui de cette opinion, des contrées dans lesquelles la rente de terrains naturellement fort médiocres avait baissé par suite de la destruction des pâturages. Je le conçois si, comme dans les parties les moins fécondes du Norfolk, on a renoncé à l'éducation facile et aux produits assurés des bêtes à laine, pour la culture bien moins lucrative en pareil cas et plus imposée cependant des céréales, ou si, par suite d'un mauvais calcul trop fréquent encore presque partout, on a mésusé de la fertilité lentement acquise, pour obtenir coup sur coup, sans une suffisante addition d'engrais, plusieurs récoltes épuisantes. Mais dans des cas moins exceptionnels et avec une meilleure direction, il en arrivera à coup sûr fort différemment, c'est-à-dire que d'une part les cultures économiques s'amélioreront de la permanence des herbes et du pacage des troupeaux, et que de l'autre les herbes elles-mêmes, lorsqu'on les laissera occuper de nouveau le sol, profiteront incontestablement des fumiers et des façons nécessaires à la belle venue des céréales.

L'origine de toute culture alterne se trouve dans la succession des pâturages et des plantes économiques. D'abord ce furent les pâturages naturels qui succédèrent exclusivement aux céréales; puis à ceux-ci on en substitua peu à peu d'artificiels, et on appela indistinctement culture alterne avec pâturages *tous les assolemens dans lesquels, à la suite d'un plus ou moins grand nombre de récoltes, le champ est laissé ou mis en herbages pour être pâturé par le bétail pendant deux ou plusieurs années.*

Il est à remarquer que ce système, qui est encore assez irrégulièrement suivi dans diverses parties de la France, où l'on ne peut guère maintenant considérer chez nous que comme une nécessité locale ou une transition d'un mauvais à un meilleur mode de culture, depuis que nous avons vu prévaloir l'excellente coutume de nourrir le plus possible tous les bestiaux, et même les moutons, à l'étable et à la bergerie, fut introduit il y a environ un siècle et s'est conservé jusqu'ici dans plusieurs contrées d'Allemagne comme une importante amélioration. — « Les avantages qui résultèrent de ce genre de culture, dit THAER, principalement sur les domaines fortement épuisés par l'assolement triennal, et qui chaque jour voyaient diminuer l'espace qu'on pouvait fumer, éclairèrent alors tellement les agriculteurs, qu'on envisagea ce système comme le plus parfait de tous ceux qui étaient possibles, et que, dans ces contrées, le propriétaire s'estima heureux que la dépendance absolue des paysans lui permit de réunir d'abord ses champs et de les diviser en soles. Alors seulement on commença à estimer la terre à sa valeur....... La grande fécondité du terrain reposé, la sûreté, l'abondance des récoltes qu'il donne, la richesse comparative du pâturage qu'on obtient des terrains non arrosés soumis à la culture et qu'on laisse pour quelques années en repos, avant qu'ils soient épuisés; la su-

périorité de ce pâturage sur celui des pacages à demeure; tant d'avantages durent frapper les observateurs attentifs. » — Et cependant, d'après les écrivains allemands, ces avantages sont loin d'être les seuls : les assolemens alternes avec pâturage embrassent dans leur rotation toute l'étendue des terres arables. Celles-là seulement que leur humidité surabondante, ou leur élévation trop grande et leur accès difficile doivent faire laisser en herbages et en bois, doivent en être soustraites. — Ils rendent superflu le pâturage dans les prairies permanentes, — dans les bois, et, dans beaucoup de circonstances, au lieu de diminuer l'étendue des soles cultivées en plantes économiques, ils permettent de l'augmenter non-seulement des pâturages qui auparavant étaient nécessaires à l'entretien du bétail, mais encore et surtout des bois dépeuplés. — D'un autre côté, ils procurent des engrais en plus grande abondance ; — le produit des céréales, grâce à la quantité plus considérable de sucs nourriciers contenus dans le sol, est tellement augmenté que, dans la plupart des cas, bien qu'on ensemence une moindre surface, il dépasse cependant celui qu'on peut attendre de l'assolement triennal, puisque, tout calcul fait, on a dû convenir que, dans les mêmes circonstances d'engrais et d'assolement, un champ mis alternativement en culture rapportait après le repos un de plus pour un de semence, ce qui, comme produit net, est d'une grande importance. — « A cela, dit encore THAER, il faut ajouter l'augmentation que donne sur la rente du bétail une nourriture abondante qui se soutient, à mon gré, à l'assolement tout l'été, et qui, soit à cause de la grande étendue des herbages, soit à cause de leur richesse, permet d'entretenir un beaucoup plus grand nombre d'animaux. Ainsi donc, supposé même que le produit en grains ne dût pas être grossi, l'augmentation de la rente du bétail seule, augmentation que personne ne met en doute, déciderait la question en faveur du système de culture alterne avec pâturage. »

Dans les pays où, bonne ou mauvaise, la coutume de faire pâturer les bestiaux s'est conservée, et où l'on élève un grand nombre de bêtes à laine, il n'est pas douteux, en effet, qu'un pareil système, bien préférable partout à mon gré, à l'assolement triennal, puisse devenir l'un des meilleurs possibles, surtout lorsque la culture des racines fourragères et des plantes légumineuses présente, par une cause quelconque, des difficultés qui l'empêchent totalement ou la restreignent à d'étroites limites. — Ailleurs on peut encore l'adopter partiellement sur les exploitations dont le personnel, le matériel et les capitaux, ne correspondent pas à l'étendue, car on ne saurait trop répéter qu'il vaut mieux répartir une faible quantité d'engrais et de travail sur une petite étendue, que de la gaspiller, pour ainsi dire, en pure perte sur une grande. Dans ce dernier cas la culture alterne *avec pâturage* doit faire place graduellement à la culture alterne *avec fourrages artificiels*, à mesure que le fermier deviendra plus fort en capitaux et en bras ou en instrumens propres à les remplacer, car alors il sentira la possibilité d'étendre davantage la culture des

plantes panaires ou économiques, et la nécessité, pour cela, de diminuer l'étendue des
herbages, tout en augmentant celle des engrais, ce qui ne peut se faire qu'en substituant les légumineuses et les racines aux graminées des pâturages.

En résumé, les pâturages, dans l'acception
rigoureuse du mot, peuvent donc, ainsi que
certaines prairies de graminées, remplacer
dans les cultures alternes à long cours les
prairies artificielles, qui en font le plus habituellement partie dans les assolemens moins
longs. D'après ce qui précède, on a pu déjà
prévoir dans quelles circonstances il est nécessaire ou possible d'adopter le premier ou
le second système. — En général, les assolemens avec pâturages de quelque durée sont
moins profitables, mais aussi ils entrainent
moins de frais de toutes sortes que ceux dans
lesquels on fait entrer les fourrages légumineux annuels et les racines sarclées; — ils
peuvent être partiellement suivis sur les parties de la ferme où la nature des terres rendrait les autres impossibles ou peu productifs. — Ils conviennent donc particulièrement
aux contrées pauvres, peu peuplées, et aux
fonds mauvais ou d'une grande médiocrité.
— Les assolemens avec prairies artificielles
et racines fourragères de courte durée sont
ordinairement beaucoup plus productifs, mais
nécessitent plus d'avances et de travail. Ils ne
se prêtent pas à toutes les localités; ils sont
donc particulièrement appropriés aux cantons déjà riches en habitans et en terrains
bons ou de qualité moyenne. — Quant aux
prairies artificielles d'une existence durable,
telles que les luzernes, il est certain que, là
où elles réussissent, elles donnent, sans frais
ou presque sans frais d'entretien, des produits bien supérieurs à toutes les herbes de
pâturages et de prairies graminées; mais outre qu'elles ne réussissent pas à beaucoup
près partout, nous savons encore qu'il n'est
pas sans inconvénient d'user avec irréflexion
des avantages nombreux qu'elles présentent
dans les localités où on peut les cultiver (voy.
l'art. Assolement). Aussi, à côté des prairies
légumineuses, dont on verra plus loin que
je ne méconnais nullement la prééminence,
dans beaucoup de cas, je ne puis admettre, avec quelques théoriciens, qu'il ne
reste plus de place utile sur nos guérets pour
les graminées fourragères.

IIIe SUJET. — Des considérations qui doivent
diriger le choix des espèces pour la formation des herbages.

Les botanistes qui ont analysé les herbages
naturels, dit M. CH. D'OURCHES, les ont distingués en moyens, hauts et bas; ils ont reconnu que sur 42 espèces de plantes que
contenaient quelques prairies moyennes, il
y en avait 17 de convenables à la nourriture
des animaux, et que les 25 autres étaient inutiles ou nuisibles; que, dans les hauts pâturages, sur 38 espèces, il ne s'en trouvait que
8 utiles; —et qu'enfin, dans les prairies basses, il ne s'en trouvait que 4 sur 29. Il résulte
de ces expériences, qui ont été faites avec le
plus grand soin en Bretagne, ajoute le même
auteur, que sur le foin des prairies moyen-

nes, il doit y avoir 5/7 de perte; plus des 3/4
sur celui des hauts pâturages, et 6/7 sur celui
des prairies basses, si l'animal rejette tout
ce qui lui est insipide ou nuisible, et qu'il est
exposé à quantité de maladies, lorsqu'à la
suite de son travail, attaché à un râtelier, la
faim le force de manger tout ce qu'on lui
donne.

Partout où on a fait de semblables recherches, on est arrivé à des résultats sinon
absolument les mêmes, au moins assez analogues pour démontrer jusqu'à l'évidence
de quelle importance il peut être, dans un
grand nombre de cas, au lieu d'abandonner
au hasard la formation des pâturages, de
faire choix des plantes vivaces les mieux
appropriées à chaque terrain et à chaque localité. — Ceci nous conduit à l'examen d'une
question trop neuve encore pour la plupart
de nos départemens, quoiqu'elle ait de tout
temps fixé l'attention des agronomes et des
agriculteurs instruits; je veux parler du semis des herbages que l'on s'est habitué, dans
la plupart des lieux, à désigner comme naturels.

En traitant de chaque culture économique,
on a grand soin d'indiquer la nature du terrain qui lui convient, et de conseiller de ne
l'entreprendre que sur ce terrain ou tout autre à peu près de même espèce ; — ici, la question doit être posée à l'inverse, c'est-à-dire
qu'il s'agit surtout de savoir quelles plantes
herbagères peuvent croître profitablement sur
des terrains de nature parfois fort différente et le plus souvent de qualité fort médiocre qu'on destine, faute de mieux, à servir de pâturages. A la vérité, à l'exception du
roc dénudé de terre végétale, ou des sables
mobiles qui cèdent en tous sens aux efforts
capricieux du vent, il est peu de sols assez dés-
hérités de la nature, pour ne pas se couvrir
spontanément de végétation; mais, de ce qui
précède, on peut conclure que cette végétation n'est pas toujours la mieux appropriée
aux besoins des bestiaux. — Dans ce qui va
suivre, je tâcherai de poser quelques règles
générales propres à guider le cultivateur
dans les essais qu'il jugera convenable de faire,
et la marche qu'il devra adopter pour arriver,
aux moindres frais possibles, à des résultats
plus avantageux.

Et d'abord, avant de comparer le mérite
respectif des espèces entre elles, il importe
en effet de rechercher celles qui pourront
réussir dans la localité qu'on leur destine;
car il est telles de ces localités où, à défaut
de bonnes plantes, on doit s'estimer très-heu-
reux d'en voir croître de médiocres, et où
l'on doit rechercher ces dernières avec d'autant plus d'empressement et de persévérance
que le choix qu'on peut faire entre elles est
plus limité.

§ Ier. — Du choix des plantes eu égard à la nature
du terrain.

Les terrains considérés comme les plus
propres à établir des herbages permanens,
sont de plusieurs sortes. — Les terres fortes,
tenaces et froides, d'un travail difficile à l'excès, impropres à la culture de la plupart des
racines et des fourrages artificiels, tels que

le trèfle, la luzerne, etc., etc., donnent généralement, par compensation à tant de défauts, d'assez bons pâturages. Une fois que des plantes graminées d'un bon choix s'en sont emparées, elles s'y maintiennent longtemps; y donnent des foins peu précoces à la vérité, mais abondans et de bonne qualité. Elles y résistent, mieux que dans les terrains plus légers, aux sécheresses estivales, et se recommandent, dans l'arrière-saison, par une nouvelle herbe plus longue, plus verte et plus succulente. Les terres de cette sorte s'améliorent d'ailleurs tellement à l'état de prairies, qu'elles changent, pour ainsi dire, à la longue de nature, et qu'elles deviennent très-propres à d'autres cultures.

Les terres argilo-sableuses conviennent également à l'établissement des herbages, lorsqu'elles reposent à une faible profondeur sur un sous-sol imperméable, et qu'elles sont situées de manière à recevoir l'égout des terres environnantes. L'humidité fréquente, qui les rendrait impropres aux récoltes de céréales, les rend au contraire très-propres à la production des graminées vivaces.

Par la même raison, *les sols de toutes natures situés dans les vallées* parcourues par des cours d'eau dont les infiltrations ou les débordemens accidentels entretiennent une fraîcheur plus ou moins constante, sont encore on ne peut mieux disposés pour se couvrir de beaux et bons herbages, sans nuire à d'autres productions; car il est remarquable que, dans les trois circonstances dont je viens de parler, les terres et les localités qui se prêtent le mieux à la végétation des herbes fourragères sont justement celles qui conviendraient le moins aux cultures économiques. — Là, comme nous le verrons en traitant à part, dans une des sections de ce chapitre, des diverses espèces fourragères, le choix du cultivateur est peu limité, puisque presque toutes les plantes graminées, celles même qui résistent le mieux à la sécheresse, aiment une fraîcheur modérée, et, tandis que beaucoup ne peuvent s'en passer, il en est un certain nombre qui ne réussissent jamais mieux qu'à l'aide d'une humidité stagnante. — De l'une à l'autre de ces limites, on peut cultiver, à peu près dans l'ordre de leur moindre besoin d'eau, les *ivraies vivaces* et *d'Italie*, la *houque laineuse*, le *paturin des prés*, le *vulpin des prés*, la *fétuque élevée et celle des prés; l'agrostis fiorin* et *l'agrostis d'Amérique*, la *fléole des prés*, le *phalaris roseau*, et beaucoup d'autres d'un produit non moins avantageux, auxquelles il est facile d'adjoindre diverses légumineuses du genre *des trèfles, des gesses, des lotiers, des luzernes*, etc.

Sur les fonds sablonneux, où les *petits trèfles* croissent à côté de la *tupuline*, de la *gesse chiche*, du *lotier corniculé*, etc., etc., se placent, au premier rang, le *fromental*, la *flouve odorante*, la *fétuque ovine* et la *fétuque traçante*, puis le *dactyle pelotonné*, le *ray-grass*, l'*avoine jaunâtre*, le *paturin des prés*, la *cretelle*, le *brome des prés*, etc., etc.

Dans les sols plus arides, une partie de ces mêmes plantes viennent encore avec la *canche flexueuse*, la *fétugue rougeâtre*, la *mélique ciliée*, la *brize tremblante*, l'*élyme des sables*, la *petite pimprenelle*, etc., etc.

Enfin, dans les terres calcaires à l'excès, de toutes les plus difficiles à féconder, pour remplacer les *chardons*, les *euphorbes* et les quelques graminées à feuilles coriaces que les moutons mêmes repoussent, et qui croissent parfois seules, spontanément, en de semblables localités, les espèces qui réussissent le mieux, sont : le *brome des prés*, les *fétuques ovine* et *traçante*, la *fétuque rouge*, le *dactyle pelotonné*, le *fromental*, le *ray-grass*, le *paturin des prés*, celui *à feuilles étroites*, etc., etc.

Quelque limité que soit le nombre des plantes cultivables sur un terrain donné, n'y en eût-il que 3 ou 4, il peut y avoir comparaison entre elles, et il est bien probable que les unes devront l'emporter sur les autres. — On devra donc avoir égard aux diverses circonstances suivantes : — le goût plus ou moins marqué que montre le bétail pour telles ou telles herbes, — leur précocité, — l'abondance de leurs produits, — leur permanence, — et les propriétés nutritives propres à chaque espèce.

§ II. — Du choix des plantes fourragères eu égard au goût des diverses sortes d'animaux.

Le goût plus ou moins marqué que montrent les bestiaux pour telles ou telles herbes est un indice qui trompe peu, et qu'on fera bien, en général, de prendre en grande considération; cependant il n'est pas douteux, d'une part, que les animaux rejettent parfois au premier abord des plantes favorables à leur santé, et auxquelles on les habitue à la longue, au point même de les leur faire rechercher avec une sorte d'avidité, tandis qu'on les voit assez souvent manger spontanément d'autres plantes nuisibles, soit à leur existence, soit à la qualité de leurs produits. — « Sans avoir fait d'essais sur cette matière, dit Sprengel, on ne peut jamais parvenir à un résultat certain; l'analogie, dans ce cas, ne peut être un guide sûr, car le trèfle des champs (*trifolium arvense*) n'est pas mangé par le bétail, malgré que les autres variétés de trèfle soient pour lui une bonne nourriture. Il en est de même de plusieurs autres familles; celle des composées nous en offre un exemple singulier : le pissenlit (*leontodon*), l'apargie (*apargia*), la petite marguerite (*bellis*), la thrincie (*thrincia*), l'épervière, (*hieracium*), la crépide (*crepis*), etc., etc., sont recherchées par le bétail, tandis que la matricaire (*matricaria*), la grande marguerite (*chrysanthemum*), l'arnique (*arnica*), la centaurée (*centaurea*), l'immortelle (*gnaphalium*), la tanaisie (*tanacetum*), la camomille (*anthemis*), etc., etc., ne sont broutées par les animaux que lorsque la faim les presse. Nous voyons figurer de même, dans les familles de plantes généralement désagréables aux bestiaux, des espèces qu'ils paraissent manger avec plaisir ; c'est ainsi qu'ils recherchent le liseron (*convolvulus arvensis*), quoiqu'ils repoussent les autres espèces de la famille des convolvulacées.

» On ne peut jamais conclure des effets que doit produire sur le bétail une plante quelconque, d'après ceux qu'elle produit sur les hommes, car l'on voit fréquemment des plantes nuisibles à l'homme être mangées sans inconvénient par les animaux. On remarque même, à l'égard des espèces de bestiaux entre elles, une grande différence : le gros bétail, par exemple, repousse les labiées et les personnées (excepté peut-être le mélampire des champs et celui des prairies (*melampirum arvense* et *ratense*); ainsi, il ne touchera guère au thym, à la véronique, à la sauge, à la crète-de-coq (*rhinanthus*), etc., tandis que ces plantes sont pour les moutons une nourriture saine et agréable. — Le bétail à cornes mange avec plaisir tous les végétaux de la famille des *crucifères*, comme les choux, les raves ; les chevaux, au contraire, ne s'en nourrissent qu'avec répugnance ; ils recherchent par contre, de même que les moutons, les plantes qui appartiennent à la famille des *équisitacées;* ils s'en nourrissent sans préjudice pour leur santé, tandis que ces mêmes plantes déterminent, chez le bétail à cornes, lorsque la faim l'a forcé à en manger, des dyssenteries et enfin la mort. Les plantes de la famille des *hypéricinées*, très-nuisibles aux moutons, sont consommées sans inconvénient par les chevaux. Une espèce de cette famille, le millepertuis crépu (*hypericum crispum*), contient un poison tellement énergique pour les moutons, que le seul contact avec la rosée qui, le matin, se trouve sur les feuilles, leur est très-dangereux. — On trouve ensuite des familles entières de plantes dont les feuilles et les tiges sont rejetées par toutes sortes d'animaux; telles sont, entre autres, les *solanées*(1); et enfin on en voit d'autres dont toutes les espèces, à l'exception de quelques-unes, sont mangées par les chevaux et le gros bétail, de même que par les moutons et les cochons : telles sont les *graminées*. Cependant, parmi les différentes espèces de graminées, on en remarque plusieurs qui paraissent plus propres à tel genre d'animaux qu'à tel autre.

» Si l'on veut connaître les plantes que les animaux recherchent le plus, il faut observer ceux-ci lorsqu'ils se trouvent au pâturage ; là ils s'abandonnent à leur instinct, et, lorsqu'ils ont assez à manger, ils ne touchent point aux plantes qui leur sont préjudiciables. Cependant on remarque avec étonnement qu'ils mangent des plantes reconnues comme vénéneuses, et cela sans danger: mais, en observant de plus près, on voit qu'il se trouve dans le pâturage des plantes dont les propriétés neutralisent les effets des premières. En cherchant à connaître les végétaux dangereux et utiles qui se trouvent dans un pâturage, il faut considérer le nombre d'espèces qu'il contient : plus il y en a, mieux on peut distinguer celles qui conviennent aux animaux, tandis que, dans le cas contraire, on peut facilement se tromper. »

§ III. — Du choix des plantes fourragères eu égard à leur précocité.

La précocité des herbages, pour les animaux qui ont été nourris pendant tout l'hi-

ver au foin et aux racines, est une qualité précieuse, qui peut tenir à la nature du terrain, comme au choix des espèces végétales. Dans les terrains argileux, humides et froids, le développement fourrager des plantes est souvent plus tardif de 15 jours que sur des sables facilement échauffés par les premiers rayons du soleil de printemps, et d'un autre côté entre certaines plantes, telles, par exemple, que le *pâturin des bois* et la *fétuque élevée*, il n'est pas rare de remarquer, sur le même sol, une différence au moins aussi grande. — On comprend, sans qu'il soit besoin d'entrer à cet égard dans des détails circonstanciés, que le meilleur moyen de remédier à la disposition tardive d'une localité ou d'une espèce, c'est de couvrir l'une d'herbes naturellement précoces, et de placer l'autre en des lieux perméables à la chaleur. Toutefois un pareil arrangement, très-facile et très commode pour un certain nombre de graminées, ne l'est pas, à beaucoup près, pour toutes : il en est qui ne pourraient végéter hors des lieux auxquels elles furent destinées par la nature.

La précocité, en elle-même, n'a pas le seul avantage de hâter le moment où l'on peut mettre les animaux au vert ou celui de la fauchaison ; nous verrons, lorsqu'il sera parlé spécialement du *vulpin des prés*, du *dactyle*, des *ivraies*, etc., que la richesse du pâturage ou le nombre des coupes que l'on peut effectuer dans le courant de la belle saison, dépend, en grande partie, de la rapidité de végétation des herbes qui composent les pâturages et les prairies. — Il existe toutefois, entre ces deux sortes d'herbages, des différences qu'il importe de signaler ici. — L'époque de la plus forte végétation des plantes réunies naturellement dans un même lieu est rarement le même : le *vulpin des prés*, la *flouve odorante*, le *dactyle pelotonné*, l'*ivraie vivace*, le *poa des prés*, l'*avoine des prés*, etc., devancent les autres dans leur croissance printanière, et fournissent un abondant fanage pendant la première partie de l'été ; — dans le cours de cette saison, ce sont : l'*avoine jaunâtre*, la *crételle*, la *fétuque des prés*, divers *pâturins*, la *houque laineuse*, le *trèfle des prés*, le *trèfle rampant*, la *gesse des prés*, etc. etc. ; — enfin, pendant l'automne, la *fétuque élevée*, l'*agrostis stolonifère*, le *chiendent*, la *millefeuille*, etc., etc. Un tel mélange et de telles dispositions présentent, entre autres avantages (*voy.* le paragraphe 7), celui de régulariser, pour ainsi dire, la production du fourrage sur les pâturages, pendant presque toute l'année; dans les prairies, au contraire, si l'on n'a pas la précaution de réunir des espèces d'une végétation à peu près uniforme quant à son développement et à sa durée, il arrivera, ou qu'on récoltera des herbes précoces lorsqu'elles auront perdu la plus grande partie de leurs sucs nutritifs, par suite de la dessiccation sur pied; ou que les herbes tardives seront loin encore d'être arrivées au point de maturité qui constitue les bons foins. Aussi, en pareil cas, surtout lorsque les

---

(1) On sait que dans beaucoup de lieux les fanes de pommes-de-terre avant leur entière dessiccation sont utilisées pour la nourriture des vaches et des bœufs, qui ne les mangent à la vérité que faute de mieux, mais enfin qui les mangent sans en être incommodés.   O. L. T.

prairies ne doivent occuper la place qu'on leur destine que pendant un nombre limité d'années, préfère-t-on assez souvent des semis homogènes.

§ IV.— Du choix des plantes fourragères eu égard à l'abondance de leur produit.

L'abondance des produits qu'on doit attendre d'une herbe quelconque considérée isolément, dépend soit de *l'élévation et du volume* ou *de la multiplicité* de ses tiges et de ses feuilles ; — soit *de la rusticité* plus grande qui lui permet de croître dans des terrains de moindre qualité et de résister aux intempéries des saisons ; — soit, enfin, de la faculté qu'elle possède de *continuer de végéter* plus long-temps et *de mieux repousser* sous la faulx ou la dent des animaux.

En général les plantes qui s'élèvent et grossissent beaucoup, telles que les *panis*, le *sorgho*, *l'alpiste*, etc., etc., ne sont propres qu'à être mangées en vert parce qu'elles durcissent en se desséchant de manière à rebuter les animaux ; — d'autres, comme le *fromental*, la *fétuque élevée*, les *bromes*, etc., doivent au moins être fauchées de fort bonne heure. Mais il en est aussi, et de ce nombre on pourrait citer la *fléole des prés*, ou *thimothy* des Anglais et *l'ivraie d'Italie*, dont l'élévation des fanes ne diminue en rien la qualité du foin.

Assez souvent des herbes dont les tiges s'élèvent beaucoup *tallent et gazonnent fort peu*; celles-là peuvent faire quelquefois partie des prairies, mélangées à d'autres espèces, mais elles sont peu propres à entrer dans la formation des pâturages, tandis que d'autres herbes *moins élevées et plus gazonneuses* conviennent beaucoup mieux à cette dernière destination. — Dans les herbages fauchables, elles deviendraient inutiles, parce qu'elles échappent en grande partie à la faulx, et nuisibles, parce qu'elles occupent la place de meilleurs produits, tandis que sur les pacages celles même qui ne sont qu'effleurées par la dent des chevaux ou des bêtes bovines sont atteintes rez-terre par les moutons, auxquels elles procurent une bonne nourriture.

La rusticité ne consiste pas seulement, pour chaque espèce, à résister aux vicissitudes des saisons, a supporter accidentellement une humidité surabondante dans le sol et une sécheresse prolongée dans l'atmosphère ; à pousser avec assez de vigueur pour ne rien craindre du voisinage d'autres plantes plus voraces et moins utiles, mais encore, pour les plantes étrangères, à résister sans dommage aux froids de nos climats et à mûrir leurs graines avant l'atteinte des gelées. — Parmi nos graminées les plus rustiques il faut citer *l'agrostis fiorin*, le *brome des prés*, le *dactyle pelotonné*, la *fétuque ovine*, etc., etc.

Quant à la faculté *de pousser de nouvelles feuilles et même de nouvelles tiges florales* après l'époque de la fauchaison ou le passage des animaux, elle est loin d'appartenir également à toutes les espèces : le *fiorin* la possède à un haut degré ; sa végétation est presque continuelle, et ses tiges conservent long-temps leur fraîcheur en hiver ; le *dactyle pelotonné*, qui se maintient mieux que beaucoup d'autres graminées des prés sur les terrains secs et médiocres, y repousse aussi avec une facilité et une rapidité remarquable ; le *ray-grass* talle et se fortifie d'autant plus qu'il est plus brouté et piétiné, le *vulpin des prés* peut épier jusqu'à deux fois dans la même année, etc. Au point où nous en sommes, il serait, je crois, inutile de multiplier de semblables exemples ; il nous suffira de remarquer que la propriété qui nous occupe en cet instant est une des plus importantes par rapport aux herbes fourragères, qui composent les prairies à regain, et surtout les pâturages ouverts pendant la plus grande partie de l'année aux animaux.

§ V. — Du choix des plantes fourragères eu égard à la durée de leur existence.

C'est une loi fort ordinaire de la nature, que plus la durée d'un végétal est longue, moins son premier développement est rapide. — Une plante annuelle, semée au printemps, parcourt dans la même année toutes les périodes de sa courte existence, tandis qu'une plante bisannuelle ou vivace s'empare pour ainsi dire seulement du terrain, et ne pousse ses tiges florales que la seconde année. Il en est même beaucoup de plantes vivaces qui n'arrivent qu'après 3, 4 et 5 ans à leur plus fort développement. Ainsi on doit attendre le maximum des produits d'un *trèfle* dès la seconde année ; mais on ne peut compter sur celui d'un *sainfoin* que la 3ᵉ a la 4, et malgré la position en quelque sorte exceptionnelle où se trouve à cet égard la *luzerne*, dont chacun connaît la rapidité de croissance, toujours est-il qu'elle augmente annuellement en produits, jusqu'à ce que ses puissantes racines se soient suffisamment emparées du sol. Il en est de même des graminées vivaces ; quoique la plupart végétent vigoureusement dès la seconde année, beaucoup ne parviennent à toute leur force que plus tard.

Les fourrages annuels, à quelques familles qu'ils appartiennent, peuvent avoir une très-grande utilité dans la culture alterne. Nous les avons déjà vus, en traitant des assolemens, et nous les verrons bientôt en parlant de chaque plante des prairies et notamment des légumineuses en particulier, jouer un rôle important pour remplacer la jachère morte et préparer le sol à d'autres cultures. — Il n'est pas rare non plus qu'on les utilise momentanément dans la formation des prairies artificielles de longue durée et des pâturages permanens, pour obvier à la lente croissance des plantes qui les composent, et obtenir, dès la première année, une récolte de fourrage. C'est ainsi que l'on peut dans certains cas semer la *luzerne* de bonne heure en automne avec de *l'escourgeon* ou du *seigle ;* — mêler dans les terrains calcaires le *brome doux* et celui des *seigles* au *sainfoin ;* — ailleurs *l'orge des prés* à des herbes dont le produit doit se faire attendre deux ans, etc., etc. — En pareil cas, les plantes annuelles, pour peu qu'elles ne soient pas semées trop épais, protégent au printemps la première croissance des végétaux d'une plus longue durée, et lorsqu'elles commenceraient à les gêner dans leur développement, elles tombent sous la faulx sans avoir eu le temps de répandre leurs graines. Ajoutons que, tandis qu'elles procurent par leurs fanes une utile récolte, elles laissent encore dans le sol quelques débris qui devront, en se décomposant, tourner au profit de la végétation des années suivantes.

Quand on veut établir un herbage temporaire, avant de choisir les végétaux qu'on pourra faire entrer dans sa composition, il faut être d'abord à peu près fixé sur la durée qu'il devra avoir. Il serait également fâcheux, en effet, de cultiver des plantes qui ne donneraient pas encore le maximum de leurs produits lorsqu'il faudrait les détruire, ou qui dépériraient avant l'époque fixée pour le retour des cultures économiques ; — de remplacer, par exemple, dans l'assolement quadriennal le *trèfle* par le *sainfoin* ou la *luzerne*, et, dans un assolement qui comporte un herbage de 5 à 6 ans de durée, le *sainfoin* par le *trèfle* ; l'*agrostis* d'*Amérique* ou la *fétuque élevée* par l'*ivraie d'Italie*, etc., etc. — Il y a donc place dans la bonne culture pour les herbes fourragères *de quelques années d'existence seulement*, comme nous venons de voir qu'il y en avait parfois pour les herbes annuelles ; en pratique, leur importance est même très-grande. — Le *trèfle*, quoique vivace, est traité presque partout, avec grande raison, comme s'il n'était que bisannuel ou tout au plus trisannuel, parce que, dès la 3e année il est rare qu'il ne se dégarnisse pas. Mais aussi, dès l'année qui suit le semis, on sait combien il est fourrageux. — Ce seul exemple suffit.

Lorsqu'il s'agit plus spécialement des pâturages permanens, la longue durée des plantes qui les composent est une condition première de succès. Cette durée peut s'obtenir, soit en faisant choix d'espèces naturellement très-vivaces, comme la *fétuque élevée*, l'*agrostis d'Amérique*, le *thymothy*, etc. ou d'espèces qui se régénèrent facilement par suite de la disposition de leurs racines à tracer ou de leurs tiges à pousser de nouvelles racines de chacun de leurs nœuds inférieurs, telles que les *fétuques traçante* et *flottante*, le *fiorin*, etc., etc., soit en mélangeant plusieurs espèces différentes, ce qui présente, lorsque le choix est fait avec discernement, d'assez nombreux avantages, car non seulement la disposition différente des tiges et des racines, l'élévation et la profondeur plus ou moins grandes auxquelles parviennent les premières ou pénètrent les secondes, font que le terrain peut nourrir un plus grand nombre de plantes et se trouve mieux garni à sa surface, de sorte que les produits sont plus considérables, mais encore que la somme totale de ces produits est moins dépendante de la variation des saisons, et qu'enfin l'herbage est infiniment plus durable, attendu qu'ils s'établit entre tous les végétaux une sorte de rotation telle que ce sont toujours ceux qui se trouvent dans les circonstances, pour eux les plus favorables, qui dominent alternativement les autres.

§ VI. — Du choix des plantes fourragères eu égard à leurs qualités nutritives.

Quoiqu'il y ait parmi les chimistes quelque divergence d'opinion sur les propriétés plus ou moins nutritives de telles et telles substances qui entrent dans la composition des végétaux, telles, par exemple, que le principe amer que Sprengel considère, à cause de l'azote qu'il contient, comme l'un des plus nourrissans, après l'albumine, et que Davy croit, au contraire, devoir être rejeté, dans les excrémens, avec la fibre ligneuse ; — sur l'importance plus ou moins grande, dans l'acte de la nutrition, de divers sels, notamment de l'hydrochlorate de soude ou sel marin, et du phosphate de chaux, qui abonde dans les os des animaux ; — enfin, sur celle des acides, tels que les acides hydrochloriques, phosphoriques, etc., et des nombreux corps simples qu'on retrouve en petites quantités dans les cendres végétales, comme la soude, la potasse, la chaux, la magnésie, la silice, le fer et la manganèse. — Il est un point sur lequel on est généralement d'accord, c'est que, *plus les plantes possèdent de substances solubles, plus elles sont nutritives.*

« Si l'on veut connaître avec exactitude, dit Sprengel, la valeur d'une plante comme fourrage, il faut, dans les analyses, considérer, avant toute chose, la quantité en poids de l'eau et de la fibre végétale en raison de celle des autres substances qui s'y trouvent, puis la quantité des parties incombustibles nutritives, comme le sel marin, le phosphate de chaux, etc., et enfin, celle des parties incombustibles qui ne servent pas, ou presque pas, à la nutrition, comme la silice, l'alumine, etc. — Il est important de connaître la quantité d'eau et de fibre végétale, parce qu'une trop grande proportion de l'une peut occasioner la pourriture aux moutons, et l'autre résiste en grande partie à la digestion. — Il faut que les plantes destinées au pâturage des moutons soient riches en sel commun, en principe amer, en arome, en phosphate de chaux et en substances contenant de l'azote ; — les premières de ces substances conservent l'énergie des organes digestifs, les autres contribuent beaucoup à la production de la laine, de la viande, etc.

» Les plantes qu'on destine au gros bétail, et surtout aux vaches laitières, peuvent contenir une plus grande quantité d'eau que pour les moutons, puisque l'eau contribue à la formation du lait. Outre cela, il faut qu'elles contiennent les matières que nous trouvons dans le lait, c'est-à-dire la soude, le chlore, le soufre, le phosphore, la potasse, le carbone et l'azote. On voit ordinairement les vaches donner une plus grande abondance de lait après avoir mangé des plantes contenant un suc laiteux et amer, mais non âcre, comme plusieurs espèces de plantes de la famille des composées, par exemple, le *pissenlit*, l'*hypochœris*, le *laiton*. Plus ce suc laiteux est riche en substance saccharine, en albumine, en gluten, en gomme, en mucilage, en phosphate de chaux, en sel marin et en hydrochlorate de potasse, plus il convient à la production du lait. Les plantes dont le suc laiteux est âcre, comme l'*eu-phorbe*, sont dangereuses. »

Il ne faut pas croire que *la substance soluble* soit identique dans toutes les plantes, et que la proportion de ses parties constituantes ne varie pas, dans le même végétal, eu égard à diverses circonstances, parmi lesquelles on doit placer en première ligne l'époque plus ou moins avancée de la végétation. Ainsi, l'albumine abonde dans certaines herbes, parmi lesquelles je citerai le pied d'oiseau (*ornithopus perpusillus*) et le pissenlit (*leontodon taraxacum*) ; — dans d'autres, comme les graminées, c'est le mucilage ; — dans plusieurs, telles que le boucage saxifrage (*pimpinella saxifraga*), la lupuline (*medicago lupulina*), ce sont la gomme et le mucilage ; — dans quelques-unes, par exemple l'elyme des sables (*elymus arenarius*), la matière sucrée domine, etc., etc. Ainsi encore, d'après les nombreuses expériences qui ont été faites sur les graminées, sous les auspices du duc DE BEDFORT, par les soins de G. SINCLAIR et de DAVY, on voit que la mat ère saccharine est plus considérable au commencement de la floraison, et le mucilage pendant la maturation des graines, tandis que les principes amers et les ingrediens salins abondent dans les récoltes de regain. De sorte qu'en théorie, avant de faire choix d'une plante fourragère, il faudrait non seulement connaître sa composition chimique, mais savoir encore si, par suite de sa disposition physique, elle se prêtera à être consommée au moment où elle contient le plus de parties favorables à la nutrition, ce qui ne peut avoir lieu que pour un certain nombre de végétaux, attendu qu'il en est beaucoup dont le foin cesse alors d'être mangeable, soit parce que la fibre ligneuse devient trop roide, soit parce que les enveloppes florales et les arêtes qui les accompagnent prennent assez de consistance pour gêner plus ou moins les bestiaux pendant la mastication.

Il est certain que les plantes vertes, déduction faite de la quantité d'eau de végétation qu'elles renferment, quantité telle qu'elle peut quelquefois occasioner de graves désordres dans la santé des animaux, contiennent, à poids égal, moins de parties nutritives que les plantes arrivées au moment de la floraison, et celles-ci généralement moins que les plantes déjà plus avancées dans la maturation Ici les découvertes de la science sont parfaitement d'accord avec les don-

nées de la pratique ; et cette coïncidence est d'une haute importance pour la formation des prairies, comme on le verra ailleurs. Dans les pâturages, toutes les plantes étant consommées en vert, il n'y a plus lieu de s'occuper de cette circonstance, mais il reste toujours à étudier comparativement les qualités nutritives des diverses espèces.

Cette étude, ainsi que je l'ai déjà dit, a été faite avec soin pour les graminées, en Angleterre, dans le jardin du duc de Bedfort ; — elle l'a été aussi pour un grand nombre de plantes de familles différentes, en Allemagne, par SPRENGEL. — Je crois utile de reproduire ici, en les présentant sous une forme un peu différente, une partie, non pas des analyses, mais seulement des résultats des analyses qui ont été faites dans ces deux pays, sans leur donner toutefois plus d'importance qu'elles n'en doivent raisonnablement avoir dans l'état actuel de nos connaissances chimiques (1).

Parmi les diverses graminées herbagères qu'on rencontre le plus habituellement dans les prés et les pâturages naturels et artificials, celles qui paraissent, à l'état de dessication ou de foin, contenir à poids égal le plus de parties nutritives, sont divers *pâturins*, entre autres celui *des bois* ou *à feuilles étroites*, et le *poa comprimé*, dont on fait peut-être trop peu de cas en France; le *pâturin commun* contient moins de parties solubles, et il en est de même de celui *des prés*, surtout lorsqu'on le laisse sur pied jusqu'à la floraison. — A côté des pâturins et sur la même ligne, se trouve *la fléole des prés*, lorsqu'on la fauche déjà en graines ; — *l'élyme des sables*, trop ignoré comme fourrage vert ; — la *fétuque élevée*, de toutes la plus riche en parties nutritives ; puis celle *des prés*, la *houque odorante*, la *houque molle* et la *houque laineuse* ; la *cretelle* et quelques *brômes*, tels que le *stérile*, le *brôme sans arêtes* et la *flouve odorante*, fauchés, les deux premiers, lors de l'épanouissement de leurs premières fleurs, la 3e à l'époque de la fructification ; viennent ensuite : le *pâturin élevé*, le *dactyle pelotonné*, les *fétuques durette* et *glauque*, la *brize*, l'*avoine jaunâtre*, l'*orge des prés*, l'*agrostis stolonifère*, etc. — En 5e ligne se trouvent l'*ivraie vivace*, le *pâturin commun*, l'*avoine des prés*; quelques *aira*, le *chiendent*, le *brôme élevé*, l'*agrostis des chiens*, etc. — Enfin, d'après les mêmes auteurs, le *froment-tal* et l'*avoine pubescente*, la *canche flexueuse*, la *fétuque flottante* et la *mélique bleue*, se-

(1) Voici comment ont opéré les deux chimistes anglais et allemand : — DAVY, après avoir soumis à l'action de l'eau bouillante seulement les herbes, soit vertes, soit sèches, jusqu'à ce que toutes les parties solubles fussent enlevées, fit ensuite filtrer la liqueur pour en séparer la fibre ligneuse et l'évaporer ensuite à siccité ; le résidu solide de cette évaporation lui paraissant renfermer d'une manière suffisamment exacte la masse de la matière nutritive qu'il désirait connaître. — SPRENGEL, afin d'arriver à plus de précision, a cherché combien de substance on pouvait extraire des plantes préalablement desséchées et pulvérisées, en les traitant au moyen de l'eau, de l'alcool et d'une lessive alcaline caustique. — D'après le premier procédé, il est probable que toutes les parties rendues ordinairement solubles par suite de la mastication et de la digestion ne furent point enlevées par l'eau ; — d'après le second, on doit penser que le contraire eut lieu, c'est-à-dire qu'il y eut plus de matières dissoutes à l'aide des procédés artificiels employés par l'expérimentateur qu'il n'y en a naturellement dans l'estomac des animaux ; mais, comme les analyses furent faites de la même manière pour chaque série de végétaux, on peut croire, sinon à leur précision rigoureuse, au moins à leurs résultats comparatifs, les seuls que j'aie eu l'intention de présenter ici. J'ajouterai toutefois que, pour arriver à cet égard à des données suffisamment exactes, il faudrait connaître mieux qu'on ne le fait la nature des réactions chimiques qui ont lieu dans les divers organes de chaque espèce d'herbivores et notamment des ruminans.   O. L. T.

raient, à toutes les époques de leur végétation, les moins riches en substance soluble.

SPRENGEL, de son côté, en analysant comparativement les diverses pailles qu'on emploie le plus fréquemment en agriculture, pour affourrager les animaux à l'étable, est arrivé a les classer de la manière suivante, dans l'ordre décroissant de leurs propriétés nutritives : 1° celle de *millet;* 2° celle de *maïs;* 3° celle de *lentilles;* 4° celle de *vesces;* 5° ce le de *pois;* 6° celle de *fèves;* 7° celle de *colza;* 8° celle d'*orge;* 9° celle de *seigle ;* 10° celle de *froment;* 11° celle d'*avoine;* 12° celle de *sarrasin.* Je ferai remarquer que le célèbre chimiste ne paraît pas avoir tenu compte des diverses variétés de chacune de ces espèces, ce qui, pour plusieurs, eût été cependant d'autant plus utile qu'il est probable qu'il aurait trouvé des différences peut-être aussi grandes et même plus grandes entre certaines variétés ou races de la même espèce qu'entre des espèces du même genre. Ceci s'applique surtout à nos céréales les plus cultivées.

Quant aux végétaux suivans, la plupart d'entre eux n'ont point encore été soumis à la culture en grand, quoique plusieurs semblent pouvoir entrer avec avantage dans la formation des herbages artificiels. Je reviendrai ailleurs sur le compte de quelques-uns, me bornant ici, pour ne pas sortir de la spécialité de ce paragraphe, a en présenter la liste. — Le premier de tous est le *genêt des teinturiers,* qui contient à l'état vert jusqu'à 35 ½ pour cent de parties nutritives ; — le 2ᵉ, chose remarquable, est un *jonc,* celui de *Bothnie,* dans lequel on eu retrouve 28. Viennent ensuite le *petit boucage,* le *grand boucage,* qui contiennent le 1ᵉʳ, 26, le 2 24 p 100 de parties nutritives ; la *pimprenelle,* 24 ; le *genêt velu,* id ; la *gesse des prés,* 23 3/4 ; le *lotier corniculé,* 19 1/2 : le *plantain lancéolé,* 18; la *petite marguerite,* 17 1/4 ; la *tupuline,* 16 ; l'*ornithopus pied d'oiseau,* 15 2/3; l'*épervière.* 14 1/3; le *lotier uligineux,* 13 1/2 ; le *pissenlit,* 12 1/3; l'*héracle blanc-ursine,* 10; enfin, l'*achillée mille-feuilles,* 9. —A l'état sec, ou de foin, ces plantes, à poids égal, contiennent, comme on le peut bien penser, infiniment plus de substances solubles. Je me bornerai à citer deux des exemples les plus frappans : le pissenlit, qui n'en renferme en vert que 12 1/3 en contient à l'état de foin 82, et la petite marguerite jusqu'à 86 1/3, c'est-à-dire plus du quart en sus de la paille la plus nutritive, celle du millet, qui n'en abandonne que 61 1/2. Du reste, tous ces végétaux en foin, excepté peut-être, la lupuline, qui se trouve sur la même ligne que le millet, sont beaucoup plus nourrissans qu'aucune des pailles dont il a été parlé.

Ces travaux, et tous ceux auxquels les chimistes pourront se livrer par la suite, dans le même but, présenteront d'autant plus d'intérêt qu'en regard des qualités nutritives des végétaux herbagers, ils auront examiné comparativement les diverses conditions qui ont fait le sujet des paragraphes précédens ; car les plantes les plus riches en parties solubles peuvent n'être ni les plus fourrageuses, ni les plus précoces, ni les plus durables, etc., etc.

Quand on voit ce qui se passe journellement dans la nature, on ne peut nier que la variété de nourriture ne soit, pour les animaux, un élément de santé. Les plantes qu'ils appètent le moins, celles qu'ils rejettent toutes les fois qu'ils peuvent faire un meilleur choix, et dont l'usage exclusif et continu leur deviendrait inévitablement nuisible, sont au contraire mangées sans danger, recherchées même, lorsqu'elles sont mêlées à d'autres plantes. Il y a mieux : dans un champ où domine une seule espèce, quelle que soit sa qualité, on a vu les animaux la délaisser accidentellement pour brouter avidement quelques touffes des herbes qui les tentent ordinairement le moins. — Voici, entre bien d'autres, un fait qui le prouve d'une manière frappante : Deux pièces de terre semées, l'une en trèfle blanc (*white clover*), l'autre en trèfle mêlé à diverses graminées, furent destinées par G. SINCLAIR à servir de pâturage aux moutons. Le long des haies de clôture qui entouraient la première, poussait une assez grande quantité de dactyle pelotonné (*cock's foot grass*) à tiges coriaces et très-peu fourrageuses, par suite de la qualité du sol Cependant, après quelques jours, le troupeau rechercha cette plante et n'en laissa pas vestiges. Puis il revint au trèfle et s'en nourrit exclusivement jusqu'à ce que l'état de maladie dans lequel il se trouvait, et qui causa la perte de plusieurs individus, forçât d'arrêter l'expérience. — Dans la pièce voisine, au contraire, sur laquelle se trouvait un mélange de dactyle pelotonné, de pâturin commun (*rough stalked meadow grass*), d'ivraie vivace (*rye grass*), de vulpin (*fox tail grass*) et de trèfle blanc, les moutons n'éprouvèrent aucun malaise, *et ne touchèrent pas aux tiges du dactyle,* quoiqu'elles fussent cependant plus tendres et plus succulentes que celles que leurs voisins avaient recherchées avec tant d'empressement.

Justement convaincu qu'on devrait toujours contrôler les résultats des analyses chimiques par des expériences faites sur les animaux eux-mêmes, et que ce n'est réellement qu'en faisant marcher de front ces deux moyens de recherche qu'on parviendra à apprécier les propriétés alimentaires de chacun des principes immédiats des végétaux, et que l'on pourra arriver au point où la seule analyse d'une plante nous fournira des connaissances suffisantes sur ses propriétés nutritives, M. MATHIEU DE DOMBASLE a fait en 1831 une série d'essais qu'il n'a pu malheureusement étendre jusqu'aux espèces végétales qui nous occupent ici, plus spécialement ici, mais qui présentent trop d'intérêt, et qui se rattachent de trop près au titre de ce paragraphe, pour que je ne fasse pas connaître au lecteur au moins leurs résultats, le renvoyant pour les détails à la 7ᵉ livraison des *Annales de Roville.*

L'expérience, dit M. de Dombasle, a été faite sur 49 moutons divisés en 7 lots, de 7 animaux chacun. Une étable fut destinée exclusivement à cet usage, et l'on y pratiqua 7 loges munies de crêches et de râteliers, et où les animaux ont été tenus constamment pendant tout le temps de l'expérience. Un local particulier était disposé dans l'étable même pour y préparer les rations, et une balance y servait à peser les animaux et les fourrages. — Ces moutons ayant été pesés individuellement à jeun, le 17 décembre, le poids total se portait à 3,053 livres ou demi-kilogrammes, ce qui donnait un poids moyen de 62 livres 30 par individu. Comme il était fort important d'égaliser les lots sous le rapport du poids des animaux, on a assorti ceux-ci de manière que chaque lot pesât 436 livres, excepté un qui se trouva excéder ce poids d'une livre. Le même jour, on plaça les animaux dans leurs cases respectives, et, le lendemain 18 on commença l'expérience, qui lui continuée pendant 5 semaines.

De premiers essais, faits exclusivement avec de la luzerne, ayant amené d'abord ce résultat, que 15 livres de cette plante sèche, par jour, pour chaque lot, ou 2 liv. 1/7 par tête, pouvaient être considérées comme s'approchant très-près du point d'équilibre, qu'on peut appeler la *ration d'entretien*, on trouva successivement ensuite que, pour former la demi-ration, ou représenter la valeur nutritive de 7 livres ½ de luzerne sèche, il fallait, ou 3 livres ½ d'orge appartenant à la variété d'hiver, dite escurion, et pesant 132 livres par hectol., — ou 14 l. de pommes-de-terre crues, lesquelles sont susceptibles d'acquérir par la cuisson une augmentation de propriété nutritive d'environ deux treizièmes; — ou environ 16 livres ½ de betteraves de la variété blanche de Silésie de moyenne grosseur, cultivées en terrains médiocrement fertiles : ces observations sont nécessaires, car on pourrait rencontrer des betteraves de l'espèce dite racines de disette, cultivées en sol très-riche, qui présenteraient des propriétés nutritives beaucoup inférieures à celles-ci : — ou enfin 23 livres de carottes.

Il est fort regrettable que des expériences analogues n'aient pas été faites par les Allemands et les Anglais, comme complément des analyses intéressantes de DAVY, d'EINHOF et de SPRENGEL.

§ VII. — *Du choix des plantes eu égard à l'emploi qu'on en peut faire isolément ou simultanément dans la formation des herbages.*

Lorsque l'on veut créer des pâturages permanens, il est hors de doute qu'il faut les composer de plusieurs espèces, car, s'ils étaient homogènes de leur espèce, ils cesseraient bientôt de l'être par suite de l'affaiblissement progressif de l'espèce primitive, et l'envahissement d'herbes nouvelles. D'ailleurs, le mélange en pareil cas ne peut avoir que des avantages, quand il a été bien combiné. Les plus importans sont, à côté de celui d'offrir aux animaux de toutes sortes une nourriture *plus saine, plus agréable et mieux appropriée* à la nature des produits qu'on en attend, — l'*abondance* à peu près égale de cette même nourriture pendant toutes les parties de l'année, — et la *durée* de l'herbage dans un état tel que les mauvaises herbes ne trouvent aucune place pour se montrer.

Je regarde la première proposition comme suffisamment établie par le contenu du paragraphe précédent. La seconde, que j'ai aussi abordée déjà, en parlant de la précocité plus ou moins grande des espèces, est démontrée journellement par l'expérience. Il est en effet facile de se convaincre que, sur tous les pâturages, non seulement les graminées diverses se succèdent dans le développement de leur végétation, mais que, dans les localités moins favorisées que d'autres par l'humidité, toutes les plantes à racines fibreuses et peu profondes cessent pour ainsi dire entièrement de se développer durant les fortes chaleurs, tandis que les plantes à racines fortes et pivotantes, comme celles de plusieurs trèfles, de la luzerne, du sainfoin, du lotier, de la mille-feuille, de la pimprenelle, de la jacée des prés, etc., etc., trouvent encore assez de fraîcheur dans le sol pour continuer de fournir au pâturage des animaux, jusqu'à ce que des pluies d'orage assez abondantes, ou celles d'automne, aient ravivé la masse gazonneuse.

Quant à la troisième proposition, il est vrai qu'un très-petit nombre d'espèces herbagères, parmi lesquelles on doit citer en première ligne la luzerne et parfois le sainfoin, par la vigueur soutenue de leur végétation, peuvent assez longtemps éloigner toute concurrence dans les terrains qui leur conviennent ; mais à la longue, cependant, elles sont envahies par d'autres herbes qui commencent à se montrer dès qu'elles faiblissent sur quelques points; ce qui leur arrive après un nombre d'années plus ou moins long, arrive à la plupart beaucoup plus tôt; il est donc évident que toujours la nature tend à établir dans les herbages ce qu'on a nommé un assolement simultané. Or on comprendra qu'en pareil cas il vaut bien mieux choisir tout d'abord, d'après leur mérite, les espèces qui composeront cet assolement, que de s'en rapporter au hasard pour l'avenir; je parle toujours des herbages permanens.

Si les pâturages ne doivent durer qu'un petit nombre d'années, l'inconvénient du semis d'une seule espèce est moins grand sous ce dernier rapport. Mais, lors même que cette espèce réunirait d'ailleurs toutes les conditions voulues pour procurer une bonne nourriture aux animaux, resterait encore la crainte fondée, à bien peu d'exceptions près, de n'obtenir des produits fourragers que pendant une partie de la saison. Aussi, est-ce une coutume fort générale, même dans ce cas, de mêler diverses plantes, et d'adjoindre aux graminées quelques légumineuses, principalement le trèfle rouge ou blanc et la lupuline. La plupart des herbages qui ne doivent durer que 3 ou 4 ans sont composés, soit d'ivraie vivace et de trèfle, soit de ces deux plantes, auxquelles on ajoute le dactyle pelotonné ou la houque laineuse; soit de trèfle et de lupuline mêlés à 2 ou 3 graminées, soit enfin de tout autre mélange analogue.

Relativement aux prairies fauchables, la question doit être considérée sous d'autres points de vue. Depuis Rozier, plusieurs agronomes ont pensé avec lui que — « Deux espèces de graminées n'ayant strictement ni la même époque de floraison et de maturité, ni une force de végétation égale, il arrive nécessairement, dans le premier et le second cas, qu'une partie de l'herbe est mûre, tandis que l'autre ne l'est pas, et, par conséquent, qu'il faudra retarder la fauchaison. Il résulte de ce mélange que ce qu'une espèce gagne en maturité, l'autre le perd par trop de maturité; dès-lors on n'aura que la moitié de la récolte prise à point. Quant à l'inégalité de force dans la végétation, c'est là que réside un abus aussi démontré que les deux premiers. Il est dans l'ordre naturel que le plus fort détruise le plus faible. Une plante a, par exemple, une force de végétation comme 18, tandis que celle de la plante voisine est comme 4; il s'ensuit que les graines de ces plantes, semées ensemble, végèteront à peu près également pendant la première année, parce qu'elles trouveront toutes à étendre leurs racines; mais peu-à peu la plus active devancera la plus faible, toutes deux en souffriront jusqu'à ce qu'enfin la plus vigoureuse triomphe. Il ne restera plus à cette époque que des plantes vigoureuses, égales en végétation, et dès-lors susceptibles de se tenir toutes en équilibre de vigueur. »

Le fait est généralement vrai. En conclura-t-on que tout mélange soit impossible ou peu fructueux dans les prairies? Non, certes : mais seulement que ce mélange doit être fait avec encore plus de soin, et dirigé d'après d'autres principes que pour les pâturages. Et d'abord, quant à l'époque de la maturité, l est rarement difficile de rencontrer des espèces qui se rapprochent assez sous ce rapport, pour n'avoir point à craindre de dommages notables dans la qualité du foin. Le moment de la floraison différât-il un peu, on trouverait encore des herbes qui se conserveraient vertes et succulentes assez long-temps pour attendre les autres, et l'on sait même que, tandis que les unes contiennent plus de parties nutritives lors de l'entier épanouissement des fleurs, d'autres sont plus riches en substance soluble à une époque déjà avancée de la maturation des graines —Sous le second point de vue, puisque les prairies naturelles ne sont point homogènes, on doit aussi conclure qu'il est possible d'associer des plantes qui vivent et se maintiennent parfaitement ensemble. —Le tout est de les choisir à peu près également rustiques.

Cependant, lorsqu'une herbe de bonne qualité réussit mieux que d'autres sur un terrain qu'elle ne doit occuper que temporairement, il ne faut nullement proscrire tel ou tel semis homogène, même de graminées, et à plus forte raison de légumineuses fauchables, telles, par exemple, que les luzernes, le sainfoin, les trèfles. La durée de ces espèces, leur mode de végétation, l'époque de leur floraison et les terrains qui leur conviennent n'étant pas les mêmes, il serait rarement profitable de les associer ensemble. A cet égard, la pratique a prononcé tout aussi bien que la théorie.

IVᵉ SUJET.— De la formation des herbages et particulièrement des pâturages.

§ Iᵉʳ. —Manière de se procurer la graine.

La difficulté d'obtenir les graines des es-

pèces qu'on désire propager en suffisante quantité pour faire immédiatement des semis tant soit peu en grand, est une des causes qui s'opposent le plus fréquemment à la création d'herbages permanens artificiels.

— Il y a cependant trois moyens de se procurer ces graines : — 1° de les récolter à la main, sur pied; — 2° de les récolter dans les greniers ou dans les rateliers; — 3° de les acheter dans le commerce, ce qui est désormais possible, au moins pour les principales espèces.

Le premier moyen permet de faire un choix rigoureux des meilleures plantes qui croissent dans chaque localité, mais il est accompagné de plusieurs graves inconvéniens. D'abord la récolte est assez coûteuse en elle-même, à cause de la lenteur avec laquelle elle s'effectue, et par suite des dégâts qu'elle occasione dans les prairies, quelques précautions qu'on mette à les traverser à cette époque où toutes les tiges couchées par accident ne se relèveront plus; d'un autre côté, toutes les graines sont loin d'être mûres au moment de la fenaison, de sorte qu'une première année, il ne faudrait, pour ainsi dire, songer qu'à former une pépinière de porte-graines, dont les produits, récoltés en temps plus convenable les années suivantes, permettraient d'ajouter progressivement à l'étendue des nouveaux herbages. Si l'on calcule la dépense et la perte de temps, on trouvera dans bien des cas que ce moyen est plus cher que le troisième.

Cependant il ne faut pas se dissimuler que l'établissement d'un herbage ne soit rendu parfois beaucoup plus coûteux par la nécessité où l'on se trouve d'acheter toutes les graines. Aussi, pour se soustraire à cette obligation, a-t-on souvent recours au 2ᵉ moyen que j'ai indiqué. Avec lui on peut être certain d'obtenir des semences bien mûres, pa ce que les autres ne se détachent pas du foin; malheureusement, à côté des bonnes se trouvent les mauvaises qu'il n'est pas possible d'en séparer, et cette circonstance paraîtra toujours des plus fâcheuses à tous ceux qui ont médité sur la composition des pâturages naturels. A la vérité, il n'est de si heureusement formés que l'objection perd, quand on les a en vue, une grande partie de sa force. Je serais le premier à conseiller de profiter sans hésitation de leur voisinage, toutes les fois qu'il y aura lieu. Mais j'ai assez fait voir, dans ce qui précède, que ce cas est trop rare; aussi le mentionnais-je ici plutôt comme une exception que comme une règle d'une application habituelle. Quoi qu'il en soit, quand on croit pouvoir recourir à ce moyen, voici comment on s'y prend, d'après PICTET, dans quelques cantons de la Suisse, pour se procurer la graine en plus grande abondance qu'on ne pourrait le faire par le simple balayage des greniers ou autres lieux où on dépose les foins avant de les donner aux animaux : « On établit un grillage en bois en remplacement de la paroi de planches qui, par son inclinaison, rapproche le fourrage de la base des rateliers placés verticalement, comme ils le sont dans la plupart des écuries et des étables de ce pays; la base de ces rateliers étant à 15 ou 18 po. du mur ou de la paroi de la grange, laisse des intervalles par lesquels les graines de prés s'échappent, et tombent dans des boîtes, des tiroirs ou coffres placés sous la crèche, d'où on peut les tirer, lorsqu'on présume qu'ils sont à peu près remplis de graines. »

L'agronome genevois, en recommandant cette pratique pour remédier à la cherté de la *fenasse* ou graine de foin dans le canton qu'il habite, a du reste b en soin de prescrire, afin de l'obtenir sans mélange, de aire rigoureusement et prealable eut arracher, à la pousse de l'herbe, les plantes qui, comme l'arrête-bœuf, le plantain à larges feuilles, etc., etc., le saliraient inévitablement de leurs semences inutiles ou nuisibles.

Quant au 3ᵉ moyen, en le comparant au premier, chacun, selon la position dans laquelle il se trouve, sera à même d'opter pour l'un ou l'autre. Il suffira d'indiquer ici que les espèces fourragères, considérées comme les plus avantageuses en France, c'est-à-dire la plus grande partie de celles dont il sera qu stion dans la suite de ce chapitre, sont cultivées pour graines dans les belles propriétés de M. VILMORIN. et qu on peut se les procurer avec entière sécurité dans la maison de commerce qui porte son nom, à Paris.

En général, *les semences les moins vieilles*, surtout parmi les graminées et quelques légumineuses, sont celles qui lèvent le plus p omptement, le plus c mplètement, et qui donnent lieu à la végétation la plus vigoureuse. Il faut donc tâcher de se les procurer de la dernière récolte. Si on les achète, il faut veiller à ce qu'elles soient *nettes, bien pleines*, sans autre *odeur* que celle du bon foin, et surtout *pesantes*, ce qui est le meilleur in dice de leur complète maturité et de leur bonne qualité. — Dans quelques espèces, la *couleur* est aussi un ind ce assez certain. Ainsi les graines de trèfle et de luzerne sont d'abord d'un jaune doré; en vieillissant elles prennent une teinte rougeâtre. Il en est de même de celles de la lupuline. Les semences de sainfoin passent du gris au noir, etc., etc. — Du res e, il est toujours s ge d'essayer en petit les graines que l'on n'a pas récoltées soi-même. Après en avoir laissé tremper une quantité ou un nombre déterminé dans l'eau à une douce température, afin d'obtenir plus promptement le résultat de l'expérience, on fera donc bien de les semer de manière à constater leur qualité.

Quoiqu'on ait proposé beaucoup de recettes, toutes merveilleuses, pour préserver les graines, dans la terre, du ravage des insectes, l s disposer a une plus prompte et plus facile germination, et même pour ajouter, pendant toute la durée de la végétation, à la vigueur des plantes qui en proviendront, je ne sache pas qu'aucun de ces moyens, dont plusieurs sont plus nuisibles qu'utiles, puisse être recommandé, si ce n'est peut-être le chaulage pour celles des graminées dont on a reconnu la disposition à être atteintes de la carie et du charbon. La meilleure préparation de toutes les semences fourrageuses et autres, c'est l'humidité modérée et chaude qu'elles trouvent dans un sol perméable aux gaz atmosphériques; et le meilleur préservatif contre l'insuccès, c'est l'opportunité des semis.

§ II. — Préparation du sol.

Quelques plantes fourragères peuvent à la vérité réussir dans les terrains marécageux; mais, d'une part, les bestiaux et surtout les moutons s'accommodent fort mal de semblables localités, et, de l'autre, toutes les herbes qui font la base des meilleures prairies-pâturages redoutent par-dessus tout une humidité stagnante. Partout où cette humidité existe, le premier soin du cultivateur doit donc être de lui procurer *un écoulement suffisant*. (Voy. l'article *Desséchement.*) — Lorsqu'au contraire les terrains se trouvent dans le voisinage d'eaux courantes, on sait trop de quelle importance il est de pouvoir les arroser pour qu'il soit besoin de recommander de les disposer de manière *à favoriser le plus possible les irrigations*. (Voy. le chap. *Arrosemens.*)

Il importe ensuite de les nettoyer le plus exactement possible des graines et des racines vivaces des mauvaises herbes, ce qu'on obtient à l'aide de labours plus ou moins nombreux, donnés pendant une jachère complète, ou mieux une culture sarclée qui a le double avantage, tout en atteignant aussi efficacement le même but, de payer par ses produits, d'abord la préparation du sol, et de plus une grande partie de l'engrais qu'on lui donne, et qui devra cependant profiter beaucoup encore au succès du pâturage. J'ai eu plusieurs fois l'occasion de remarquer qu'une terre, qui n'était pas par trop épuisée par les cultures antérieures, se trouvait ainsi préparée de la manière la plus complète et la plus profitable à recevoir des semences herbagères. — Dans le cas où l'on ne pourrait disposer que d'une faible quantité d'engrais déjà préparés, et où l'on jugerait plus utile de lui donner une autre destination, *un parcage* serait fort avantageux. — Enfin, à défaut de ces deux moyens, *une récolte enfouie* produirait encore un très-bon effet. Je ne dois pas omettre d'ajouter ici que sur les terres froides, tourbeuses ou uligineuses, l'*écobuage* est la meilleure préparation possible pour la création d'un herbage. — Nous verrons tout-à-l'heure qu'on sème aussi les pâturages comme les prairies artificielles sur les céréales, *sans autre préparation qu'un hersage de printemps*. Quand les terres sont propres et en bon état, ce moyen, par sa grande simplicité, est un des meilleurs.

La profondeur des labours ne peut jamais être trop grande dans un bon fonds. Ce qui a été dit ailleurs à ce sujet me dispensera d'entrer dans de nouveaux détails. J'ajouterai cependant que, pour les fourrages à racines fortes et pivotantes, tels que la luzerne, le sainfoin, etc., il faut de toute nécessité une couche labourable plus épaisse que pour des graminées à racines minces et traçantes, et je rappellerai, comme fait d'une importance toute spéciale dans le sujet qui nous occupe, que, tandis que les labours profonds conservent la fraîcheur pendant l'été, et facilitent l'absorption des eaux surabondantes pendant l'hiver, les labours superficiels exposent les plantes à périr par suite des sécheresses de la première de ces saisons et de l'humidité froide de la seconde.

On a recommandé avec raison *d'éviter de semer sur un labour trop récent*, surtout s'il a ramené à la surface quelques fragmens du sous-sol, et lorsque la terre est encore creuse et soulevée, auquel cas on courrait le risque de perdre une partie des graines, principalement lorsqu'elles sont fines. — Lorsque le guéret n'est pas assez rassis, pour obvier à cet inconvénient on a recours tantôt *au plombage à l'aide de rouleaux* d'un poids proportionné à la légèreté du sol ; — tantôt *a la herse* renversée et chargée plus ou moins de pierres, ou conduite de manière que les dents, au lieu d'être inclinées en avant, le soient en arrière ; — tantôt, enfin *au piétinement des animaux*, ce qui donne, en pareil cas, au parcage un double but d'utilité.

En général, lorsqu'on est dans l'obligation de donner plusieurs labours, le premier seul doit être profond, les autres n'ayant d'autre but que d'ameublir et de niveler convenablement la couche supérieure du sol, et d'enterrer les engrais, si l'on a cru nécessaire de fumer directement pour le pâturage.—En Angleterre, on regarde comme d'un très-grand avantage, indépendamment *de la fumure enterrée*, de répandre sur le guéret tout prêt à recevoir la semence *un engrais ou un compost pulvérulent* destiné à être recouvert en même temps que la semence par un seul hersage. Cette pratique est excellente, surtout dans le cas où l'herbage succède à d'autres cultures qui ont absorbé une grande partie de l'engrais. Dans l'ouest de la France, j'ai vu semer ainsi des prairies sur un mélange de terre végétale, de chaux ou de cendres lessivées et de fumier d'étable, le tout répandu à la volée à la surface du sol, en des proportions que je regrette de n'avoir pas notées, mais qui me parurent peu considérables. Les résultats furent admirables. Je ne doute pas que le noir de raffineries ou le noir animalisé ne produisît, de la même manière, des effets tout aussi marqués. « N'établissez en prairies, disait PICTET, que la quantité de terrain que vous pouvez amplement fumer et convenablement sarcler pendant le temps que vos plantages (les cultures préparatoires) l'occuperont; vos prairies seront ainsi *bien établies et à bon marché.* »

§ III. — De l'époque des semis et de la manière de les effectuer.

Est-il plus profitable de semer les herbages *en automne ou au printemps*? Il n'y aurait jamais eu d'aussi vives controverses sur cette question, si l'on s'était donné la peine de chercher à la résoudre selon les lieux et les circonstances, au lieu de le faire d'une manière absolue. — *Toutes les fois que les semis d'automne peuvent réussir*, ils sont préférables à ceux de printemps, par la raison qu'ils donnent gé éralement des produits ou plus abondans ou plus prompts; — plus abondans, lorsqu'on cultive une plante, même annuelle, qu'on a intérêt à voir se développer et tailler beaucoup, comme celles de nos céréales qui sont utilisées accidentellement

pour *coupage*;—plus prompts, quand il s'agit de plantes vivaces, attendu que les plus précoces d'entre elles ne montent qu'incomplètement a graines la première année, si leurs racines n'ont déjà pris possession du sol avant l'hiver, et si leur touffe ne s'est en grande partie développée avant l'époque des chaleurs. — Pour toutes les herbes qui ne redoutent pas, dans un climat quelconque, les froids de la mauvaise saison ; — sur tous les sols qui ne retiennent pas assez l'eau des pluies automnales pour faire pourrir les graines, et dans tous les cas où les dispositions d'assolement s'y prêtent, je pose donc en fait que les semis de septembre doivent être préférés a ceux de mars. Il est à peine besoin d'ajouter que cette convenance se fait remarquer, plus impérieuse que partout ailleurs, dans les pays chauds et sur les terres légères, élevées et arides, où l'on a surtout à redouter les effets de la sécheresse printanière. Mais dans les circonstances contraires, c'est-à-dire, là où l'on a moins à craindre le manque de pluies que leur surabondance et la rigueur des gelées, principalement dans les sols argileux et les localités basses, il est avantageux de différer l'ensemencement *jusqu'au printemps*, car en retardant la jouissance on la rend plus assurée.

L'époque des semis est aussi subordonnée à la précocité de la culture qui les précède; ainsi, après une récolte hâtive ou une prairie artificielle fauchée aux approches de juillet, on trouvera le temps de préparer convenablement la terre à un ensemencement d'automne, tandis qu'après d'autres cultures plus tardives, il en sera le plus souvent autrement. — Pour semer sur une céreale, il faut de toute nécessité choisir le printemps, dans la crainte que les graminées fourragères ne dominent les blés ou ne les affament, ce qui ne peut avoir lieu avec cette précaution, parce qu'elles ne prennent leur plus fort développement qu'après la moisson.

Dans les climats favorisés par des pluies estivales, il peut y avoir parfois de l'avantage à devancer le mois de septembre. On cite en Angleterre des semis du milieu et de la fin de juin qui ont parfaitement réussi, et Ch. PICTET, qui habitait Genève, recommande de ne pas dépasser les premiers jours d'août; dans la plupart de nos départemens, le succès qu'on pourrait se promettre de l'observation rigoureuse de tels préceptes serait extrêmement casuel.

On sème toutes les plantes herbagères des pâturages à la volée, en une seule fois lorsque les graines sont à peu près de même grosseur; — en deux fois, lorsqu'il en est autrement. Sitôt que la surface du terr in a été convenablement préparée, on répand, après les avoir préalablement mêlées ensemble, les semences les plus volumineuses; puis on les recouvre immédiatement par un hersage d'autant plus énergique qu'on croit utile de les enfoncer plus profondément. — On mêle également ensuite, et on sème sur ce hersage les semences les plus fines, que l'on enterre par un hersage plus léger, ou même par un simple roulage, selon que l'état de la terre et l'espèce de la graine l'exigent.

Quand on seme au printemps sur un fro- ment d'automne, il est des cultivateurs qui se bornent à répandre la semence sans aucune préparation du sol et sans la recouvrir, dans la crainte presque toujours mal fondée de nuire à la récolte du grain. — D'autres, mieux instruits par l'expérience, hersent d'abord le blé sans s'inquiéter de briser une partie de ses feuilles (voy. l'art. *Froment*), sèment ensuite, et recouvrent en passant une seconde fois une herse plus légère. Cette méthode, sur les terres tenaces et encroûtées, est sans nul doute la meilleure. — Sur les terrains légers, les hersages pourraient avoir des inconvéniens si l'on ne modérait beaucoup leur énergie. En pareil cas, à la deuxième de ces opérations, on substitue avantageusement un roulage.

Quant à la quantité de graines à employer sur des espaces donnés, elle est extrêmement variable d'espèces à espèces. Je l'indiquerai approximativement en parlant de chacune en particulier, en faisant observer toutefois, avec M. VILMORIN, qu'un point semblable ne peut être déterminé exactement, attendu que non seulement une livre de la même semence peut contenir un nombre très-différent de germes, suivant le terrain où elle aura été récoltée et la température de l'année; mais, de plus, qu'il est nécessaire, selon les circonstances diverses, de semer plus ou moins épais; — un mauvais terrain demande plus de semence qu'un bon; — sur une terre médiocrement préparée; — par un temps sec et défavorable; — dans une situation exposée à des gelées tardives; — sous toutes les conditions, enfin, défavorables à un semis, il faut le faire plus épais que si le sol et la saison le favorisent.

§ IV. — Des autres modes de formation des herbages.

Parmi les pratiques autres que les semis, dont quelques cultivateurs anglais se sont récemment avisés, il en est une, à mon gré, beaucoup plus singulière que profitable, dont je dois cependant dire quelques mots : c'est la *transplantation par plaques*. Ces plaques, enlevées sur des terres bien gazonnées, sont transportées sur d'autres terres destinées à être converties en pâturages permanens, et placées à 6 pouces les unes des autres, de sorte qu'on estime que la dépouille d'un acre peut servir à en planter 9. — Si le champ dont on enlève la surface doit rentrer dans la rotation des plantes économiques, on le dénude en entier, excellente méthode pour détruire en un instant tous les bons effets de l'herbage sur les cultures suivantes; s'il doit rester en pâturage, la charrue à écobuer, en découpant parallèlement des bandes longitudinales de 6 po. de large, laisse intactes d'autres bandes enherbées de 3 po.; puis, lorsque les premières ont été enlevées, elle recommence un travail analogue, perpendiculairement au premier, de manière qu'il reste sur toute la pièce de petits monticules d'herbe de 3 po. carrés, séparés les uns des autres par des sentiers ou espaces vides de 6 po.; après quoi on donne au champ ainsi maltraité une copieuse fumure, ou on le recouvre d'un

abondant compost, dont une bonne terre végétale fait la plus grande partie. — Quant à la transplantation sur le second champ, elle n'exige d'autres précautions que la promptitude et le soin de bien affermir les plaques dans le sol, pour défendre les racines contre les vicissitudes des saisons. — Aucun animal ne doit être ensuite introduit sur le nouveau pâturage, qu'après la maturité et la dispersion des graines. — On estime que les seuls frais de découpage et de transplantation du gazon pour un acre (40 ares) s'élèvent à 2 liv. 9 s. 6 den. (59 fr. 40 c.)—Si l'on ajoute à cela la récolte perdue sur le terrain totalement ou partiellement dépouillé; — le tort qu'on lui fait pour les années suivantes; — les frais de fumure; — l'impossibilité d'utiliser avant la seconde année les produits du terrain planté, et si l'on compare toutes ces dépenses et non-recettes aux frais et résultats d'un semis fait avec discernement, je doute fort que l'avantage ne reste pas tout entier à ce dernier mode, et je suis par conséquent convaincu qu'une semblable méthode, si elle est parfois utile, ne peut l'être que dans des cas fort exceptionnels.

Mais il existe un autre moyen de *transplantation*, parfois même de *marcottage* ou de *bouturage*, qui, pour n'être pas d'un emploi très-étendu n'en est pas moins assez souvent d'une utilité réelle. Les Anglais l'emploient à peu près exclusivement, je crois, pour la propagation du fiorin (*Agrostis stolonifera*), l'une des plantes fourragères dont ils font le plus de cas, et les personnes qui l'ont, depuis quelques années, essayé en France, à ma connaissance, soit pour les plantes qui, comme l'agrostis d'Amérique, croissent lentement de graines et tallent beaucoup, soit pour celles qui, comme l'herbe de Guinée (*Panicum altissimum*), ne donnent pas encore une grande quantité de bonnes semences dans nos régions, ont eu lieu d'en être satisfaites. — Ce moyen consiste, tantôt à ouvrir à des distances proportionnées au développement futur des touffes, de petites rigoles peu profondes au fond desquelles on étend les tiges déjà en partie enracinées, ou même sans racines, des plantes traçantes, de manière que leurs extrémités se touchent; puis à couvrir à l'aide du râteau, et à rouler la surface du sol; — tantôt à faire un semis en petit à bonne exposition, lorsque les dernières gelées ne sont plus à craindre, et à mettre le plant en place, au cordeau et au plantoir, dès qu'il est assez fort pour supporter cette opération; — tantôt enfin, dans la crainte que la lenteur du premier accroissement de la plante ne compromette le succès du semis, à moins de sarclages et de binages trop répétés, à la cultiver d'abord plus ou moins clair au semis au jardin, et à la viser ensuite par éclats, lorsque l'état des touffes le permet, pour repiquer en définitive comme précédemment. Je répète que ces diverses méthodes sont rarement employées. Je crois donc suffisantes les indications que je viens de donner.

Vᵉ SUJET. — *Des soins d'entretien des herbages en général, et des pâturages en particulier.*

§ 1ᵉʳ. — De la destruction des herbes et des animaux nuisibles.

Les plantes inutiles ou nuisibles aux troupeaux abondent dans une foule d'herbages. Il est d'une telle importance pour le cultivateur de connaître au moins les principales d'entre elles, que j'entrerais immédiatement dans d'assez longs détails à ce sujet, si, d'après l'ordre adopté dans cet ouvrage, je ne devais renvoyer le lecteur au dernier chapitre de ce livre ; me bornant ici à quelques généralités qui perdront malheureusement de leur intérêt par suite de leur isolement.

Parmi les plantes considérées comme nuisibles, il en est qui sont réellement telles par suite *de leurs propriétés délétères ;* — d'autres, parce qu'elles communiquent à certains produits des animaux, au laitage et au beurre, par exemple, *une saveur désagréable,* ou encore parce qu'elles rendent plus difficile *la transformation de ces mêmes produits ;* — d'autres seulement, parce que les bestiaux ne les mangent pas ou les mangent avec répugnance, et qu'elles donnent par conséquent des foins *rejetés ou de très-peu de valeur,* quoiqu'elles occupent la place de bonnes plantes. — Il est aussi des herbes fort bonnes dans les pâturages, et qui deviennent nuisibles dans les prairies à cause de *leur peu d'élévation,* qui les soustrait en grande partie à la faulx.

Nous verrons que c'est surtout dans les *lieux bas et humides* que se multiplient le plus abondamment les mauvaises herbes. Là, le meilleur moyen de les détruire, au moins en grande partie, c'est de changer la nature même du terrain, en facilitant l'écoulement des eaux stagnantes qui le couvrent ou le pénètrent pendant une partie de l'année. Par ce moyen, on fera promptement disparaître toutes les espèces des marais.

Si, lorsque le sol est convenablement égoutté, il conservait encore quelques restes de sa disposition tourbeuse ; s'il était encore *aigre,* comme le disent si justement les habitans des campagnes, les amendemens calcaires et alcalins, tels que la chaux, les cendres de bois, de tourbe, les cendres pyriteuses, etc., achèveraient indubitablement de le bonifier.

En des positions analogues, il a aussi été reconnu qu'un des meilleurs et des plus simples moyens de détruire une grande partie des mauvaises herbes, c'était de les faire pâturer au printemps aussitôt que l'état du sol le permet. La plupart des herbivores broutent sans inconvénient ces plantes lorsqu'elles sont jeunes encore, et beaucoup ne repoussent plus que faiblement, tandis que les bonnes graminées, par suite de

leur disposition à taller d'autant plus qu'elles sont plus fréquemment coupées, s'emparent du terrain, et, si les circonstances défavorables qui les en avaient précédemment exclues ne se représentent pas, elles s'y maintiennent par la suite sans souffrir de concurrence. — J'ajouterai que les engrais d'origine animale paraissent plus nuisibles qu'utiles aux plantes marécageuses. Est-ce par suite d'une action délétère sur celles-ci, ou seulement parce qu'elles augmentent davantage la force végétative des gramens et des légumineuses, et les mettent ainsi à même de dominer dans le pâturage? Toujours est-il, quelle qu'en soit la cause, que, dans le cas dont il s'agit, les déjections que les animaux laissent sur le terrain semblent concourir pour quelque chose au but qu'on veut atteindre.

Il est des plantes dont on doit se débarrasser en les *arrachant à la pioche ou à l'échardonnoir.* Cependant, si cette méthode est la plus sûre, elle est aussi la plus longue et la plus coûteuse, et elle n'est même pas applicable à toutes les espèces, puisqu'on en rencontre, telles que la fougère, dont les racines étendent leurs réseaux jusqu'au sous-sol, à quelque profondeur qu'il se trouve. D'ailleurs, lorsque ces plantes sont très-nombreuses, et que leurs touffes offrent peu de volume, telles que les orties, par exemple, l'arrachage est impossible (1). Il faut alors, non seulement se bien donner de garde de les laisser grainer, mais encore les faucher, s'il est possible, jusqu'à 4 et 5 fois dans le cours de l'année, surtout à l'époque des chaleurs. Rarement elles résistent longtemps à une pareille mutilation.

Pour ajouter aux effets d'un fauchage persévérant et répété, ou plutôt pour rendre inutile sa prolongation, on a proposé dans de vieux livres une recette que quelques faits postérieurs semblent justifier. C'est, après avoir coupé rez-terre la tige de la plante qu'on veut détruire, de la fendre un peu et d'introduire à la place de la moelle une certaine quantité de sel marin. Dans une lettre toute récente, écrite par M. TROCHU, qui a rendu d'immenses services à l'agriculture de Belle-Isle-en-Mer, à M. le duc DECAZES, on voit que ce moyen, tout empirique qu'il paraisse, lui a fort bien réussi pour la destruction des ronces, et, je crois, des fougères.

La *destruction des mousses* s'opère au moyen de hersages ou de ratissages plus ou moins multipliés, et dont l'énergie doit être proportionnée à la ténacité du sol. Ces opérations produisent d'ailleurs d'excellens effets sur les pâturages, en les ouvrant aux influences atmosphériques et en préparant l'émission de nouvelles racines. C'est à leur aide que l'emploi des composts et des simples amendemens acquiert véritablement toute son efficacité. Il n'est pas sans exemple que sur un herbage ainsi gratté, une simple couche de sable (*voy.* le § 4) ait empêché

_____

(1) Je sais qu'on a recommandé de cultiver l'ortie pour affourrager les vaches, et en effet elles la mangent, quoiqu'avec répugnance, à l'état de foin ; mais, chez moi, elles la rejettent constamment au pâturage. Telle plante qui offrirait une ressource dans un très-mauvais terrain devient nuisible dans celui auquel on peut demander mieux. Mon fermier fait donc tous ses efforts pour détruire les orties. Il y est arrivé en grande partie par le moyen que je propose.

pour long-temps le retour des mousses et sensiblement favorisé la végétation des bonnes plantes.

Cependant il peut arriver encore que tous ces moyens soient insuffisans. On doit alors en conclure que l'herbage est en entier à renouveler, et, pour cela, toutes les fois que la position le permet, il faut pendant quelques années le remplacer par des cultures économiques. Je ne reviendrai pas ici sur ce sujet important, que j'ai tâché de développer page 458 et suivantes.

Au nombre *des animaux les plus nuisibles* aux prairies, il faut compter la taupe, parfois le mulot, le hanneton, la courtilière, la fourmi et le criquet ou plus vulgairement la sauterelle. Il en sera également parlé dans un chapitre particulier de cet ouvrage. Malheureusement, les zoologistes n'ont point encore assez cherché à appliquer leurs études aux progrès de l'art agricole. On connaît fort imparfaitement la manière de vivre de beaucoup d'animaux destructeurs de la végétation, et, plus malheureusement encore, en apprenant à la connaître, on est souvent bien loin de trouver les moyens de les détruire. Qui ne déplore maintenant l'effrayante multiplication des hannetons dans la plupart de nos contrées, et qui pourrait dire que, pendant les trois années que sa larve destructrice passe dans la terre, il a trouvé un moyen praticable d'arrêter ses ravages? Qui pourrait se flatter d'avoir mis à la disposition de tous les cultivateurs un moyen efficace et complet de détruire la terrible alucite des grains, le charançon même, et d'éloigner sans retour de nos guérets ces bandes nomades de mulots ou ces nuées de sauterelles qui ne redoutent, en masse, d'autres ennemis que les intempéries des saisons?

§ II. — De l'épierrement, de l'étaupinage et de l'affermissement du sol.

Les *pierres*, qui ont, dans les prairies, le très-grave inconvénient d'entraver la fauchaison, et d'ajouter beaucoup, non seulement aux frais d'acquisition et d'entretien des faulx, mais encore au temps qu'on est obligé de passer à les aiguiser, ne sont pas aussi nuisibles sur les pâturages. Là, à la vérité, lorsqu'elles ont un certain volume, elles occupent une place précieuse, et il est par conséquent presque toujours avantageux de les enlever; cependant, en certains cas, elles rendent le service d'opposer un obstacle permanent à l'évaporation produite par l'action des rayons solaires. Ceux qui ont parcouru la vaste plaine de la Crau ont pu acquérir à chaque pas une preuve remarquable de cette vérité; car c'est autour des galets qui la couvrent en grande partie, et que les moutons roulent devant eux en les repoussant du nez, que croissent les herbes les plus fines, les plus fraîches et les plus recherchées de ces animaux. Il ne serait donc pas impossible qu'en des localités particulièrement arides, on dût éviter d'épierrer trop rigoureusement. Quelques-uns de nos lecteurs ont lu sans doute l'histoire des choux monstrueux que Duhamel obtint sur un terrain presque

couvert de dalles de couleur blanche. Il serait facile d'ajouter à cet exemple plus d'un fait analogue pour prouver, si c'était ici le lieu, combien un corps aussi peu conducteur de la chaleur que la plupart des pierres, interposé entre l'atmosphère et la terre, peut conserver de fraîcheur à cette dernière; mais nous n'en arriverions pas moins à cette conclusion, que l'épierrement des herbages est généralement utile.

Quant à *l'étaupinage*, c'est une opération aussi importante que facile et bien connue. Les baux en imposent l'obligation aux fermiers; ce serait de la part de ceux ci une négligence impardonnable de ne pas s'en occuper chaque année, au printemps, lorsque les herbes ne commencent pas encore à monter, avec un soin d'autant plus minutieux qu'il s'agit d'herbages fauchables; car, dans ce cas surtout, il y va de leur intérêt autant que de celui du propriétaire. La méthode la plus ordinaire est de répandre la terre des monticules, à l'aide de la pelle ou de la bêche, par un mouvement des bras analogue à celui que l'on fait en répandant les engrais, de manière à ne pas amonceler la terre plus en un endroit que dans l'autre. Ce travail, loin d'être dommageable, est au contraire utile aux herbes environnantes, qui se trouvent recevoir ainsi une sorte d'amendement en couverture, ou, en adoptant l'expression difficile à traduire de nos voisins, un véritable *top-dressing*. — Quand le nombre des taupinières est considérable, pour les détruire, on substitue la herse aux instrumens à main. Cette méthode procure une grande économie de travail et de temps. Elle ne donne pas des résultats aussi réguliers, mais elle n'en a pas moins aussi ses avantages. Ainsi, sur les vieux herbages, elle contribue à détruire les mousses, et elle produit un binage toujours fort utile en pareil cas. J'ai vu des pâturages très-détériorés qu'un simple hersage énergique donné en long et en travers a pu améliorer sensiblement pour plusieurs années.

D'un autre côté, il pourrait arriver que les plantes nouvellement enracinées fussent fortement endommagées par une semblable pratique, et que le sol, déjà trop soulevé par l'action des gelées, loin de demander à être remué de nouveau, se trouvât au contraire fort bien d'être affermi autour des racines. Ce cas se présente fréquemment sur les terres légères, calcaires ou tourbeuses sujettes au déchaussement. Là, l'étaupinage, s'il y a lieu, se fera à la bêche, à la herse renversée ou à la rabattoire (*voy.* pag. 386), et le plus souvent il devra encore être suivi d'un roulage. — C'est au printemps et en automne, lorsque la terre n'est ni assez sèche pour rendre le travail difficile ou inefficace, ni assez humide pour être gâcheuse, qu'il convient d'entreprendre ces utiles opérations. Elles sont surtout nécessaires au printemps pour remédier aux effets de l'hiver.

Afin de réunir, à l'aide d'un seul instrument, les avantages du nivellement du sol et de son affermissement, on a inventé et on utilise depuis longtemps en Normandie une machine connue sous le nom de *coupe-taupe*, dont je donne ici le dessin (*fig.* 643) de profil en A, de face en B et sur son plan en C. — Elle se

Fig. 643.

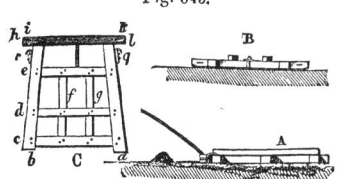

compose : 1° de deux soles *a* et *b*, fig. C, de 14 à 17 centimètres d'équarrissage sur 2 mètres de longueur; 2° de trois traverses *c*, *d*, *e*, de même grosseur que les soles et assemblées avec elles à tenons et mortaises : cet assemblage est établi de manière que la herse présente la forme d'un trapèze de 2 mètres environ de longueur sur un mètre 83 cent. de largeur à sa partie postérieure; 3° de deux entretoises *g*, *f*, de 9 à 12 centim. de grosseur, chevillées sur les 3 traverses, à deux chevilles chacune; 4° d'une lame de fer ou couteau *h*, *i*, *k*, *l*, de 12 millimètres d'épaisseur au talon, amincie à son tranchant, et d'un mètre 83 centim. Les deux extrémités *h*, *i* et *k*, *l* de ce couteau sont saillantes de 22 cent. de chaque côté, et recourbées en dessus d'environ 12 millim. de hauteur. Il est solidement fixé sur le devant de l'instrument et dans sa partie inférieure : savoir, aux deux soles *a* et *b* par deux écrous, et à la 1ʳᵉ traverse *e* par une lame de fer recourbée à cet effet et contenue par des écrous; 5° de deux crochets *q* et *r*, pour attacher les chevaux. « Cet instrument, dit DE PERTUIS, dont l'inventeur n'est pas connu, devrait être adopté par tous les propriétaires de grands herbages. Nous l'avons fait exécuter nous-mêmes, et nous en avons reconnu l'avantage et les excellens effets. »

§ III. — Du desséchement et des irrigations.

Il y a beaucoup encore à apprendre sur la manière dont l'eau agit dans l'acte de la végétation, soit par elle-même, à son état de pureté, soit comme dissolvant de substances nutritives ou délétères contenues dans le sol, et combinées à une quantité plus ou moins considérable de ces substances; soit enfin par suite de la présence et du dépôt à la surface du sol, des matières favorables ou défavorables qu'elle tient en suspension. De là résultent assez souvent, aux yeux des théoriciens, des doutes qui ne manquent pas de gravité, sur le choix des eaux les plus favorables aux irrigations. Il est vrai que toutes n'agissent pas exactement de la même manière et ne produisent pas au même degré les mêmes effets; mais, en définitive, à l'exception de celles qui sont surchargées de certains sels minéraux nuisibles, heureusement peu abondans dans la nature, ou de sels terreux qui obstruent les spongioles des racines (auquel cas la pratique est bien vite éclairée par l'observation la plus superficielle des faits), toutes activent puissamment la croissance des herbes, de sorte qu'en définitive, il est bien plus utile de savoir utiliser, quelles

qu'elles soient, celles dont on peut disposer selon chaque localité, que de chercher péniblement à reconnaître leur supériorité ou leur infériorité sur d'autres eaux qu'on n'a pas à sa proximité. Mais deux effets généraux, à peu près indépendans des qualités relatives des eaux qui les produisent, et qui ont dû depuis longtemps fixer sérieusement l'attention des herbagers, c'est, d'une part, le succès frappant des arrosemens de toutes sortes, à l'aide d'eaux courantes ou rendues telles au moment où on les emploie, de façon qu'elles ne séjournent pas ou ne séjournent que peu de temps à la surface du sol, et, de l'autre, les résultats tout contraires que donnent les eaux stagnantes. Là où elles se conservent, les plantes médiocres ou mauvaises remplacent bientôt les bonnes, et non seulement le fourrage qu'elles procurent ne plaît nullement aux bestiaux, mais, qui pis est, dans beaucoup de cas, il est évidemment nuisible à leur santé. De là le besoin d'assainir les terrains marécageux plus impérieux encore que celui d'arroser les autres.

Les fâcheux effets de la permanence des eaux se font surtout sentir, dans le voisinage des rivières dont le cours est peu rapide, *sur les terrains longtemps submergés et sans écoulement possible pendant la belle saison*. En pareil cas, les améliorations sont difficiles; car, si l'on a recours à un endiguage général, il faut se décider à sacrifier une partie du terrain pour exhausser l'autre, c'est-à-dire qu'il faut creuser des fossés d'autant plus rapprochés et plus profonds que l'on a besoin d'élever davantage les chaussées intermédiaires. Or, cette opération peut être souvent tellement dispendieuse par rapport aux résultats qu'on est en droit d'en attendre, qu'elle effraie à juste titre celui qui ne voit dans l'agriculture qu'un placement utile de ses fonds, et qui ne spécule pas seulement pour les générations futures. Avant donc de l'entreprendre, il faut se rendre un compte exact de la hauteur à laquelle on devra élever le niveau du sol pour le soustraire aux eaux stagnantes; — de la profondeur que l'on pourra donner aux fosses selon la nature du terrain, puisque, plus cette profondeur peut être grande, plus on obtiendra de matériaux de remblais, et moins on sacrifiera d'espace; — et enfin de la distance à laquelle ces fossés devront être les uns des autres, tout calcul fait de leur profondeur et de leur espace.

Pour le desséchement des terres labourables, on évite autant que possible les fossés ou les tranchées ouvertes, parce que, d'une part, ces sortes d'excavations prennent beaucoup de place, et que, de l'autre, elles entravent les travaux de la charrue. Sur les herbages, et particulièrement les pâturages, le second inconvénient n'existe plus, et le premier est presque toujours compensé par l'avantage que présentent les clôtures (*voy.* le § 6).

Lorsque le terrain à dessécher a une pente suffisante, et lorsque, dans des circonstances différentes, il est au moins plus élevé que le niveau des eaux environnantes, le desséchement est ordinairement plus facile. Je ne fais que rappeler ici qu'on doit recourir, dans le premier cas, à des rigoles d'écoulement habilement dirigées; dans le second, à des puisards ou puits perdus (voy. p.136 et suiv.).

Quant aux irrigations, elles peuvent avoir lieu, comme on l'a vu, par submersion, par infiltration, et quelquefois par suite du rejaillissement des eaux. Le premier et le troisième moyens ne sont applicables que dans un certain nombre de localités privilégiées; le second l'est, du plus au moins, à peu près partout; car, à défaut de cours d'eau naturels, on peut en créer, au moins momentanément, d'artificiels. J'ai souvent été surpris de voir comb en peu on ménageait les eaux des pluies sur une foule de terrains en pente, que les orages sillonnent en tous sens, sans que l'humidité ait le temps de pénétrer à une profondeur assez grande pour s'y conserver au profit de la végétation, ou, en adoptant l'expression énergique des habitans de nos campagnes, pour *en fondre* la couche végétale jusqu'au sous-sol. — Dans les Vosges, on ne perd pas une goutte du précieux liquide. Voici comment M. le baron Roguet rend succinctement compte de la manière dont on s'y prend sur les montagnes d'une pente rapide : « On construit successivement, à partir du plus haut du terrain, des rigoles parallèles, d'autant plus rapprochées les unes des autres, et d'autant moins inclinées que le sol est plus escarpé. Quelquefois même, un bourrelet de terre, en contrebas de chaque rigole, offre un meilleur obstacle aux eaux qui, retenues de gradins en gradins, s'écoulent lentement sans *ecréter* le sol, de manière qu'on puisse arroser autant de fois et aussi longtemps qu'il est nécessaire. — Les rigoles dont il est question sont à la fois rigoles d'arrosage et de dessèchement. On leur donne habituellement un fer de bêche de large et de profondeur. »

Sur les terrains plats et humides, on dirige les rigoles non plus perpendiculairement, mais parallèlement ou obliquement à la pente; enfin, les terrains de pente moyenne exigent concurremment l'emploi des procédés de dessèchement et d'arrosage utilisés sur les pentes escarpées et sur les terrains plats. Lorsque ces terrains sont situés de manière qu'on puisse les faire profiter des eaux produites accidentellement sur une partie du plateau supérieur, et qui s'écoulent presque toujours en pure perte par les chemins qu'elles creusent et dégradent, les résultats sont tels qu'on doit faire des vœux pour qu'ils soient appréciés partout comme ils le sont dans le pays que je viens de citer. « La, ajoute M. Roguet, un canal supérieur, n'ayant qu'une très-légère inclinaison, reli nt les eaux des parties les plus élevées; des rigoles de dessèchement, tracées en guise de ruisseaux secondaires le long des parties creuses du sol jusqu'au ruisseau au fond de la val ée, déchargent dans celui ci, pendant les temps humides, l'excédant du *canal-réservoir;* des maîtresses rigoles creusées le long des arêtes du terrain, et communiquant avec les rigoles de dessèchement par des rigoles d'arrosage, très-légèrement inclinées permettent, pendant les sécheresses, de faire successivement séjourner aussi longtemps qu'il est nécessaire, les eaux tirées du canal-

réservoir sur les zones de la partie à arroser. Cette opération n'exige d'autre manœuvre que celle de fermer avec une pierre les rigoles maîtresses (celles d'écoulement l'étant à leur origine), immédiatement au-dessous de la rigole d'arrosage que l'on veut remplir pour humecter la petite bande de terrain inférieure et juxtaposée. » — Les rigoles maîtresses ont t pied d'ouverture, plus ou moins, suivant l'abondance des sources; leur nombre et leur tracé sont, comme on le conçoit, fixés par la configuration du sol.

Dans beaucoup de lieux, et cette pratique devrait être encore plus générale, les cultivateurs industrieux ont bien soin d'attirer vers leurs pâturages ou leurs prairies les eaux surabondantes des pluies. Ils les reçoivent en masses souvent assez considérables, dans des mares ou bassins creusés partout où se dirige la pente du terrain. Lorsque cela se peut, ils les retiennent à la partie supérieure des prés, par des barrages peu dispendieux, et cette excellente méthode, qui leur permet parfois d'activer, après la fauchaison, la végétation des regains, les met encore à même, lors du curage qui suit l'écoulement, d'amasser, pour la réunir l'année suivante aux composts, une bonne quantité de terre riche en parties nutritives, et toujours très-propre à cette destination.

De tous les pâturages, les plus mauvais sont ceux qui reposent à peu de profondeur sur un sous-sol imperméable, *qui restent sous les eaux pendant une partie de l'année, et qui se dessèchent rapidement pendant l'autre partie,* au point de perdre toute fraîcheur. Dans une semblable situation, on ne trouve d'autre moyen d'amélioration que d'ajouter à la profondeur de la couche végétale; — il est assez curieux que les irrigations en offrent parfois un moyen facile, soit que l'on ne cherche à obtenir chaque année qu'une mince couche limoneuse qui recouvre l'herbe sans la détruire, soit qu'on ait recours dans son entier à la méthode, beaucoup plus connue en Italie qu'en France, sous le nom de *colmates* (voy. pages 122 et suivantes de ce volume).

Lorsque les eaux d'irrigation sont vaseuses, à moins qu'on ne les emploie par submersion avant que l'herbe ait commencé à s'élever, on ne peut plus s'en servir que par infiltration. Ce dernier mode a donc sur l'autre l'avantage de pouvoir être appliqué pendant tout le temps de la végétation, sauf celui où la maturation des foins s'effectue; encore cette considération n'est-elle relative qu'aux prairies, et nullement aux pâturages. — Du reste, il n'est pas indifférent de régler de telle manière ou de telle autre l'époque et la durée des arrosemens sur les herbages. — En général, ceux d'automne et du commencement de l'hiver sont fort utiles, parce qu'ils apportent sur le sol une couche limoneuse fécondante; ceux de printemps et surtout d'été activent puissamment la végétation, mais il faut dans bien des circonstances savoir en user modérément. Voici comment un praticien anglais, dont M. de Dombasle a cru devoir reproduire en grande partie le travail dans la 6ᵉ livraison de ses *Annales,* développe la méthode d'irrigation qu'il a adoptée et pratiquée avec un succès suivi sur divers points du pays qu'il habite.

« Au commencement d'octobre, dit M. STEPHENS, on doit nettoyer et mettre en état toutes les raies d'arrosage et de desséchement ; on doit réparer les bords des canaux lorsqu'ils ont été endommagés par le piétinement des bestiaux. Après cela, l'eau étant généralement abondante à cette époque de l'année, l'irrigation doit commencer ; le premier travail de l'irrigateur consiste à détourner l'eau dans le canal de conduite, la rigole principale, ou, si l'herbage est divisé en plusieurs parties distinctes, il faut distribuer convenablement l'eau dans chaque canal de conduite ; alors on commence à placer les barrages temporaires dans la première raie d'irrigation, et on y laisse entrer l'eau de la maîtresse rigole, en augmentant l'ouverture jusqu'à ce que l'eau reflue sur chaque bord, d'une manière uniforme et en quantité suffisante, d'une extrémité à l'autre de la raie, et ainsi de suite, jusqu'à ce que l'eau soit lâchée dans toutes. L'irrigateur doit faire sa ronde pour examiner si l'eau coule bien également sur toute la surface de la prairie ; il détruira les obstacles qui pourraient en gêner le cours, et fera en sorte que partout le gazon soit recouvert d'un pouce d'eau. Lorsque tout est dans l'ordre voulu, on doit laisser couler les eaux pendant les mois d'octobre, novembre, décembre et janvier par périodes de 15 à 20 jours consécutifs. Entre chaque période on doit laisser le sol se ressuyer complètement en retirant les eaux pendant 5 et 6 jours, afin de donner de l'air au gazon ; car il est peu d'herbes parmi celles des diverses espèces, que l'on trouve dans les prairies arrosées qui puissent résister à une immersion totale plus longtemps prolongée. En outre, si la gelée devient forte et si l'eau commence à se congeler, il est urgent de la retirer, de suspendre l'irrigation, sans quoi toute la surface du sol ne formerait qu'une nappe de glace ; or, partout où la glace s'empare du sol, elle finit par le soulever, au grand préjudice des plantes qui se trouvent alors déchaussées. — Tous ces préparatifs d'automne ont pour but de faire profiter l'herbage des ondées qui ont lieu à cette époque de l'année et qui entraînent avec elles une grande quantité de débris animaux et végétaux très-propres à enrichir et fertiliser le sol.... En février, il faut que l'irrigateur surveille l'arrosage, encore de plus près, parce qu'à cette époque, l'herbe commence à végéter de nouveau ; en conséquence, si, lorsque la température s'est radoucie, on laisse trop long temps l'eau couler sans interruption dans la prairie, il s'y forme une écume blanchâtre extrêmement nuisible à la jeune herbe. On a également à craindre la gelée à cette époque, car si les eaux ont été détournées de dessus le pré, trop tard dans la soirée, pour que la surface ait pu se bien ressuyer avant le moment du gel, les plantes alors très-tendres en souffriront beaucoup. Pour prévenir le premier de ces inconvéniens, on ne doit arroser que par périodes de 6 ou 8 jours ; et, pour éviter le second, il faut toujours retirer les eaux de bonne heure dans la matinée....

— Dans le mois de mars, l'irrigateur peut suivre les mêmes instructions que pour février, à moins que l'on ne se trouve dans un climat où l'herbe est déjà suffisamment élevée pour présenter une pâture assez abondante à toute espèce de bétail ; dans ce dernier cas, il faut dessécher complètement l'herbage avant d'y faire entrer les animaux... — De la fin de mars au commencement d'avril, il faut employer l'eau avec plus de réserve encore ; on ne la laisse couler que par périodes de 5 à 6 jours, et comme dès-lors la température devient de plus en plus chaude, on ne doit, jusqu'à la fin de mai, prolonger chaque arrosage que pendant 2 à 3 jours. — Vers le commencement de juin, toute irrigation doit être suspendue ; car alors l'herbe est assez haute et assez touffue pour couvrir le sol de manière à laisser au soleil peu d'action desséchante sur les racines, et parce que les eaux déposeraient sur les feuilles un sédiment terreux qui rendrait le fauchage difficile et qui détériorerait beaucoup les fourrages... — Enfin, après la fenaison de la première coupe, on conduit quelquefois de nouveau les eaux à la surface du sol pendant un jour ou deux..... »

On voit que tout ceci s'applique plus aux prairies qu'aux pâturages, et surtout qu'aux pâturages ouverts aux troupeaux pendant presque toute l'année. Pour ceux-là, les irrigations par submersion ne sont qu'accidentellement profitables ; les irrigations par infiltration ont au contraire l'avantage de pouvoir être appliquées sans humecter assez le sol pour le rendre inabordable au gros bétail. Quant aux moutons, à moins qu'on ne les destine à la boucherie et qu'on ne veuille les engraisser promptement, il ne faut pas perdre de vue que l'arrosage d'été produit une végétation si rapide et si aqueuse qu'elle pourrait dans bien des cas leur communiquer la pourriture.

En résumé, les arrosemens sous toutes ses formes, pour peu qu'ils soient convenablement dirigés, sont le principal élément de fécondité des herbages naturels ou artificiels, temporaires ou permanens.—Sous l'influence des climats méridionaux, ils peuvent sextupler leurs récoltes. Aussi un cultivateur des plus distingués du midi (M A. de Gasparin), dans son style énergique et rapide, en parlant des prodiges du plan incliné, représentait-il la fécondité du sol, par ces quatre mots : *chaleur multipliée par humidité.*

§ IV. — Des engrais et des amendemens.

C'est l'opinion de quelques agronomes, que les engrais sont plus profitablement employés sur les terres labourables que sur les herbages permanens, et *que ceux qui ne peuvent s'en passer doivent être rompus.* Cette opinion peut être parfois fondée, mais à coup sûr elle ne l'est pas toujours, et, loin de chercher à la généraliser, je crois qu'il faut au contraire éviter de lui donner trop de portée, attendu que l'opinion contraire, partout où elle a prévalu, est devenue la source d'importantes améliorations. En fumant les prairies, on peut bien mieux se procurer, par suite de l'augmentation de fourrages, les engrais néces-

saires aux champs labourables, et, en définitive, tou e la question se réd it à savoir si la
valeur vénale du surplus des foins est en
rap,ort avec les frais de fumure ; or, à bien
peu d'exceptions près, la réponse ne peut être
douteuse.

En traitant la question qui nous occupe
actuellement il nous importe d'abord de distinguer les pâturages des prairies, et parmi
ces dernières, de faire enco e la différence de
celles qui sont accidentellement ou ne sont
jamais pâturées. — Les pâturages reçoivent,
en échange de la nourriture qu'ils procurent
aux bestiaux, une partie, sinon la totalité des
engrais qui en proviennent ; — les prairies,
au c ntraire, abandonnent une ou plusieurs
fois chaque année leurs produits sous la faulx,
sans rien recevoir en compensation. Toutes
circonstances égales, elles doivent donc avoir
et elles ont, en effet, plus besoin d'être fumées que les pâturages.

Il existe, à la vérité, des prairies tellement
améliorées par suite des débordemens périodiques des cours d'eau ou des irrigations
limoneuses, qu'elles peuvent se passer indéfiniment de toutes fumures. Ce sont alors autant de sources de prospérité pour le pays qui
les possède et des moyens que la nature
accorde à leurs heureux habitans pour élever, sans effort, les produits de leur culture
au-delà de tout ce que le travail le plus opiniâtre et l'industrie la mieux entendue
pourraient accorder dans d'autres contrées.
— Il existe aussi des herbages sur lesquels
l'abondance et la qualité des eaux suppléent
aux engrais ; — enfin, on en rencontre que la
fertilité seule du sol défend pendant un fort
long temps contre les effets de l'épuisement ;
mais en général, la fécondité des prairies dé-
croît tôt ou tard, surtout si l'on y fait habituellement deux coupes dans le cours de
chaque saison. — Il faut donc les fumer ;
« mais, la mesure d'engrais dont elles ont
besoin peut être faible en comparaison de
ce qu'elles rendent de produits conversibles
en fumiers; et tandis que, sous les assolemens
de la culture des grains, les champs reproduisent en élémens d'engrais moins qu'ils
n'exigent et ne consomment, les prairies qui
ont été amendées, au contraire, rendent, par
l'excédant de produit qu'elles donnent, après
l'équivalent de ce qu'elles ont consommé, au
moins le double d'engrais de ce qui leur avait
été appliqué. Il n'y a donc aucun doute que
la manière la plus certaine d'augmenter les
engrais, c'est de les appliquer aux prairies ;
par cette méthode on s'est procuré des prés,
et on s'est donné la possibilité de fumer
complètement les champs dans des lieux où
auparavant cela était impossible. Lorsque
cette vérité est si généralement reconnue
par les gens de l'art, comment se fait-il que,
dans la plupart des contrées, on fume si rarement les prairies? La première avance est
le p us souvent trop difficile , car, lors même
que le fumier qu'on donne aux prairies revient au tas sûrement et multiplié, cela ne
s'effectue cependant pas dès la première année, mais seulement après le laps de six ou
sept ans, puisque l'effet du fumier se prolonge
durant ce temps et plus encore. C'est un capital qui, durant cet espace de temps, est tri-

plé, quadruplé et plus encore; mais il faut
en faire l'emploi, et à beaucoup de gens cela
paraît impossible à exécuter sans que leurs
champs en soient appauvris. » (THAER, Principes raisonnés d'agriculture.)

On confond généralement sous le nom d'engrais, les fumiers proprement dits et les divers amendemens ou stimulans de la végétation,qu'on emploie simultanément avec eux
ou isolément pour l'amélioration des prairies Cependant, jamais l'action différente des
uns et des autres ne fut plus nettement marquée. — Les premiers agissent évidemment,
en ajoutant à la puissance végétative de toutes les plantes en contact desquelles ils se
trouvent; — les derniers ne semblent profiter qu'à un certain nombre de végétaux, et
contribuent bien plus à la destruction qu'au
développement de la vigueur des autres. J'ai
souvent été à même de faire cette remarque
en étudiant comparativement les effets, sur
les herbages, des composts simplement formés de terre et de fumier d'étable, et de ceux
dont la chaux ou quelque autre oxide alcalin
faisait partie. Je parlerai donc séparément
des uns et des autres.

En Allemagne, il n'est pas sans exemple
qu'on utilise sur les prairies des fumiers
longs d'étable. On les répand le plus ordinairement avant l'hiver, afin que les pluies entraînent dans le sol les parties solubles qu'ils
contiennent, et le printemps suivant, par un
temps sec, on enlève au râteau les pailles non
décomposées, pour les réunir aux autres engrais de la ferme, ou même les employer une
seconde fois comme litière. — Plus communément on a recours à des fumiers consommés, parce qu'il est moins difficile de les répandre également. Lorsqu'on est à même de
faire choix des espèces, il est avantageux de
préférer les fumiers les moins actifs, ou, en
termes vulgaires, les moins chauds, comme
ceux de vache et de cochon, pour les terrains les plus exposés aux effets de la sécheresse ; — les plus chauds, tels que ceux de
cheval et de mouton, au contraire pour les
prés bas plus humides que secs. — Les expériences répétées aux environs de Paris par
mon collaborateur PAYEN, prouvent que le
noir animalisé produit dans tous les cas, quoiqu'à petite dose, des effets fort bons et qui paraissent plus durables que ceux du noir de
raffinerie, dont l'activité n'est révoquée en
doute par personne, mais que son prix élevé
et son action passagère rendent moins propre
cette destination qu'à beaucoup d'autres. —
Dans quelques départemens du nord on emploie fréquemment la poudrette.

Tantôt on fait usage de ces engrais divers
sans les mélanger à d'autres substances et à
l'état sec; tantôt, comme dans quelques parties de la Suisse, de l'Italie, de l'Allemagne, etc., on arrose les pâturages avec le jus
de fumier fort étendu d'eau. Dans ce dernier
pays, dit THAER, on destine principalement à
la fumure des prairies les liziers, urines ou
engrais liquides qui s'écoulent immédiatement des écuries, des étables, ou en masse de
pluie, des tas de fumiers et surtout des
égouts des toits à porcs, que l'on recueille
ordinairement en des réservoirs particuliers.
Ce genre d'engrais est très-efficace. Quelque-

fois un ruisseau voisin ou un canal établi à cet effet, qui recueille les eaux de pluie et les conduit sur une prairie rapprochée, fournit l'occasion d'y diriger ces engrais liquides, et de les étendre sur le pré.

Dans mon opinion, le meilleur moyen d'utiliser toutes les matières fertilisantes pour la fécondation des herbages, c'est de les transformer en composts. Par ce moyen, non seulement la répartition parfaitement égale en devient plus facile, mais les diverses substances liquides et même gazeuses sont absorbées de manière qu'il ne s'en fait aucune déperdition et que toutes se trouvent d'ailleurs généralement combinées dans la masse de façon à produire des effets infiniment plus durables.

La manière la plus ordinaire de former ces composts, est de réunir sur la lisière du terrain à améliorer, les fumiers d'étable et les terres destinées à les composer; celles qui provenaient de cultures jardinières étaient naguère et sont encore, dans quelques parties de l'ouest, prisées, pour cette destination, presque à l'égal du fumier. À leur défaut on recherche les curures d'étangs, de fossés, de marres; — les boues des villes et celles des chemins fréquentés; — les déblais desséchés et convenablement mûris des localités marécageuses; — les terres gazonneuses qu'on a pu se procurer sans inconvéniens dans le voisinage; — enfin, faute de tout cela, la terre prise autant que possible à la partie inférieure des champs limitrophes, parce que c'est presque toujours, par suite de l'effet des pluies, la plus riche et la plus profonde. — On mélange et on remue plusieurs fois ensemble ces diverses substances pendant le cours de la belle saison, et on les répand parfois à une assez forte épaisseur, d'après des considérations qui trouveront bientôt leur place soit dans le cours de l'automne, soit au commencement du printemps.

A. Thouin, dans son Cours de culture, rapporte qu'il a vu en Belgique, aux environs de Malines, employer les cadavres des animaux de voirie, et particulièrement ceux des chevaux, à la fertilisation des terres. Voici, selon lui, les procédés usités pour composer cet engrais trop peu connu, bien qu'il ait perdu une partie de ses avantages depuis les travaux sur la meilleure manière d'utiliser les animaux morts, de M. Payen. — On fait une fosse de 2 pieds de profondeur sur 20 pieds en carré dans un lieu sec; un lit de mottes de gazon de bruyère, de 6 pouces d'épaisseur, est placé au fond de cette fosse. On rassemble un nombre quelconque de cadavres de chevaux qu'on coupe, chacun en plusieurs parties, après en avoir enlevé la peau. Sur le lit de bruyère du fond on étend une 1re couche de chair ainsi découpée, de manière que les morceaux de cheval soient placés à peu de distance les uns des autres; on les recouvre d'un lit de gazon de bruyère semblable au 1er, puis de nouvelle chair, et ainsi de suite, de manière à former une espèce de conche montée carrément, et que l'on recouvre ensuite d'assez de terre du voisinage, pour que l'odeur cadavérique ne se fasse pas sentir au dehors, et que tous les gaz qui s'échappent puissent,

étant retenus, se combiner avec la masse de terre. — Au bout de 6 semaines ou 2 mois, on mélange le tout, on rejette les os, et on amoncelle de nouveau cette masse dans la même forme, puis on la couvre d'une nouvelle couche de terre. Elle reste dans cet état, et, l'année suivante, on la répand sur les terres qu'on veut graisser, et auxquelles elle communique, à petite dose, une fertilité prodigieuse pendant plusieurs années.

À peu près dans la même contrée, on rencontre fréquemment dans les grandes fermes une fosse destinée à recevoir les engrais réservés spécialement pour les prairies. C'est là qu'on accumule à côté des mauvaises herbes produites par le sarclage, des débris du bûcher, des balayures de la maison, du fenil et de la cour, les résidus du battage des grains, et toutes les autres substances animales ou végétales susceptibles de fermentation. — On y joint fréquemment la poussière et les matières excrémentitielles ramassées sur les chemins, et on facilite la décomposition et le mélange du tout en arrosant de temps en temps avec du jus de fumier. Lorsque la masse entière est en état d'être utilisée, on en forme des composts avec de nouvelle terre et une faible quantité de fumiers plus riches. Le principal but de cette pratique est d'abord de ne rien laisser perdre de ce qui peut ajouter aux engrais, et ensuite de ne pas mêler à ceux qu'on réserve pour les cultures économiques des germes de plantes nuisibles.

À côté de ces mélanges de fumier et de terre il faut placer des terres mêmes sans addition immédiate d'engrais, telles qu'on peut les enlever dans des localités naturellement fécondées par suite d'une bonne culture. Il est de fait qu'elles forment à elles seules, lorsqu'on les emploie en quantité suffisante, et qu'elles sont d'une nature un peu différente de celle de l'herbage, un fort bon compost et un amendement dont les effets sont marqués et durables. Ceci nous conduit à parler des divers amendemens qui conviennent aux prairies.

La seule action physique de nouvelles molécules terreuses peut produire sur les prairies, comme sur toute autre culture, des effets très-favorables. C'est ainsi qu'on peut améliorer sensiblement les herbages qui couvrent des sols argileux ou tourbeux, humides et froids, en les recouvrant à leur surface de sable maigre qui absorbe facilement la chaleur, ou qui diminue peu-à-peu leur porosité; c'est ainsi encore que, dans le même cas, les déchets pulvérulens des houillères, et les terres bitumineuses qui remplissent les faux filons, employés avec réserve, produisent les meilleurs effets. — À plus forte raison, lorsqu'aux propriétés physiques s'en joignent de chimiques, ou, en d'autres termes, lorsque les mêmes substances agissent à la fois, à la façon des engrais, des amendemens ou des stimulans, les résultats sont très marqués. — On a parlé ailleurs des composts dans lesquels la chaux se rencontre en proportion plus ou moins grande : leur action sur les herbages est puissante. — Il est certain qu'ils contribuent non seulement à la destruction des mousses, mais de la plupart des mauvaises herbes qui surabondent surtout dans les prés bas, et qu'ils favorisent au contraire le développement et la croissance de végétaux plus utiles, parmi lesquels on a dès longtemps remarqué que dominent les légumineuses. On peut donc supposer que, malgré les différences importantes qui les caractérisent, il y a quelque analogie, sous ce rapport du moins, entre les effets de la chaux et ceux du plâtre — Ceci doit donner lieu à de nouvelles expériences qui ne manqueront pas d'importance dans les contrées où l'on ne possède que la première de ces substances. — Mais la chaux n'agit pas seulement de cette façon, elle active la décomposition des nombreux détritus végétaux qui se trouvent sur les fonds humides. — Elle forme avec leurs élémens de nouvelles combinaisons appropriées aux besoins de la vie des plantes ; elle corrige l'acidité des terrains uligineux ou tourbeux, et, dans tous ces cas, elle favorise encore la croissance des bonnes plantes ; aussi, pour moi, qui ai mille fois été à même d'apprécier ses actifs résultats, est-elle un des meilleurs, des plus prompts et des plus sûrs moyens d'amélioration des prairies basses, lorsque les végétaux nuisibles commencent à les envahir.

Les cendres lessivées, — celles de tourbes agissent, sinon de la même manière, du moins d'une manière analogue quant à ses résultats pratiques ; — les cendres pyriteuses s nt aussi excellentes ; — enfin je me bornerai à rappeler ici la puissance stimulante du plâtre sur les luzernes, les trèfles, etc. — Sur les terres légères et sèches, les argiles marneuses produisent les plus heureux effets.

Dans tout ce qui précède, afin d'éviter des redites, je n'ai point parlé *des quantités à employer*. On trouvera à ce sujet toutes les données possibles aux chapitres 3 et 4 de ce volume. Toutefois il est bon de faire observer que les proportions doivent varier sans cesse, eu égard à diverses circonstances que chacun doit savoir apprécier par soi-même. — Bien souvent aussi *le choix des amendemens ou des engrais* est réglé, non en raison de leurs qualités relatives, mais d'après la facilité plus ou moins grande avec laquelle ou peut se les procurer.

Les époques les plus favorables au transport et à la répartition sur le sol des substances diverses dont il vient d'être parlé. sont dépendantes surtout de la position des herbages. — Il serait peu prudent de fumer avant l'hiver des prairies sujettes aux inondations, car, si les eaux débordaient, elles entraîneraient en totalité ou en grande partie les sucs extractifs des engrais. La même chose aurait inévitablement lieu sur les terrains soumis aux longues irrigations d'hiver et de printemps ; mais là, le concours des engrais n'est pas nécessaire. — Sur les prairies sèches qui en ont le plus besoin, j'ai déjà dit qu'on répandait parfois les fumiers longs en automne. Cette coutume paraît avoir en Allemagne de nombreux partisans, parce que les particules de fumier entrent mieux en terre, et qu'une semblable couverture protége les plantes herbagères contre les effets du froid ; mais souvent aussi on a cru lui trouver des inconvéniens, parce que le long fumier fournit une retraite aux souris, aux mulots et aux insectes et par conséquent les attire ; et aussi parce que cette couverture chaude rend les plantes trop délicates au printemps, hâte leur végétation, et, par là, leur rend d'autant plus nuisibles les gelées tardives qui surviennent après qu'on a enlevé les pailles. — Quant aux engrais consommés et aux composts qui conviennent également aux prairies ou aux pâturages plus secs qu'humides, la fin de l'automne semble préférable, en ce sens que les effets de la fumure se font sentir plus promptement et, par conséquent plus complètement l'année suivante.

Les amendemens calcaires et alcalins, avons nous vu, conviennent surtout aux bas herbages, et pourtant il est important de remarquer qu'ils n'opèrent que fort imparfaitement sur les terrains mal égoutés. L'eau en surab ndance noie, pour ainsi dire, leurs effets. Le moment de les répandre est donc subordonné à l'état du sol. Bien souvent on trouvera avantageux de saisir celui qui suit immédiatement la fauchaison, pour les prairies, et de devancer le plus possible l'époque à laquelle la terre devra être sur-saturée d'eau, pour les pâturages. Dans des cas assez nombreux, du reste, il est difficile d'entrer dans les herbages au moment où on voudrait les fumer ou les amender, parce qu'ils sont alors trop mouillés. On s'en rapprochera toujours le plus possible.

§ V. — De l'entretien des herbages par des semis partiels.

Il peut arriver qu'après l'extraction des mauvaises herbes, ou par suite de la longue durée du pâturage, il se forme des vides qui se rempliraient lentement, si on abandonnait ce soin à la seule nature. A la vérité, c'est un indice d'épuisement qui doit engager à changer pour quelque temps la destination de semblables herbages ; mais, sans parler de l'impossibilité où l'on se trouve parfois d'introduire à leur place des cultures économiques, il est telles circonstances où l'on a intérêt à prolonger le plus possible leur durée. Les semis partiels en offrent le moyen ; toutefois, pour devenir efficaces, il faut qu'ils aient été préparés par les travaux d'assainissement et de conservation dont il a été parlé dans les paragraphes précédens, et dont ils forment pour ainsi dire le complément.

Ces semis s'opèrent, selon les lieux, en automne ou au printemps. Le premier élément de leur succès, c'est que le hersage qui les précède ait été énergique et aussi complet que possible. En pareil cas, le scarificateur remplace la herse avec avantage, parce que la forme de ses coutres et la facilité qu'on trouve à le diriger, permettent de le faire mieux pénétrer. Il ne faut pas s'effrayer de voir bon nombre de plantes mutilées, coupées même, par suite de l'action de cette machine, car on a remarqué que la division des touffes est déjà par elle-même un bon résultat. On ne doit pas s'attendre non plus à une grande régularité dans le travail des coutres, mais cette régularité n'est nullement indispensable, comme on le conçoit très-bien, puisqu'une simple herse, pour peu que ses dents soient assez fortes, assez aiguës, et qu'elle soit suffisamment chargée, produit ordinairement des résultats satisfaisans.

Le terrain ainsi préparé, il est encore utile de le rouler en temps convenable pour unir le mieux possible sa surface, si l'on a fait choix d'espèces dont les graines soient très-fines et très-coulantes, comme celles du trèfle blanc, par exemple, l'une des meilleures plantes qu'on puisse employer en lui adjoignant, dans le cas où les vides seraient un peu considérables, une ou deux des graminées qui paraissent présenter le plus d'avantages et de chances de réussite dans la localité. — Si les graines sont plus grosses, le roulage est inutile avant leur dispersion.

Après le semis, qui ne sera fait, bien entendu, qu'aux endroits où le besoin s'en fera sentir, on devra se hâter de répandre le plus également possible le compost qui aura été préalablement préparé pour cette destination; puis on roulera de nouveau, afin de recouvrir les graines et de les affermir dans le sol.

Ce moyen, sanctionné maintes fois par la pratique, a le plus souvent donné des résultats très-satisfaisans. — Les dépenses qu'il occasione sont subordonnées à la facilité plus ou moins grande de se procurer les engrais et les terres nécessaires à la formation du compost.

§ VI. — Des clôtures.

Partout où les pâturages entrent pour une partie importante dans le système d'assolement et d'éducation des animaux, il est utile de les diviser en petits enclos : 1° parce qu'il est plus facile alors de répartir convenablement les animaux selon leur espèce, leur âge, etc.; 2 parce que ces mêmes animaux, distribués sur chaque enclos en nombre proportionné à son étendue, parcourent moins d'espace et gâtent une moins grande quantité d'herbes pour chercher celles qu'ils appètent le plus; 3° parce qu'on a remarqué qu'ils se trouvent beaucoup mieux à l'abri que donnent les haies contre les fortes chaleurs de l'été et contre les vents de printemps et d'automne, que sur de plus grands espaces où ils jouissent de moins de tranquillité; 4° parce qu'en les faisant passer au besoin d'un enclos dans l'autre, on permet à l'herbe de recroître dans celui qu'on leur fait quitter ; 5° parce qu'enfin les clôtures en elles-mêmes présentent par leurs produits, des avantages de plusieurs sortes.

Dans les riches pâturages d'une partie de la Normandie, de la Charente-Inférieure, etc., les fossés qui séparent les enclos servent en même temps à égoutter les terres pendant la mauvaise saison. Leur largeur et leur profondeur sont combinées en conséquence, et, assez souvent, ils ne sont bordés d'aucune haie, dans la crainte de diminuer les effets de l'évaporation, l'étendue et la qualité de l'herbage. — En des localités où l'on n'a pas à redouter comme là l'excès d'humidité, il est rare qu'on ne plante pas les berges de haies

propres à donner de l'ombrage, et à procurer de temps en temps quelque bois de chauffage. — Ailleurs enfin, comme on peut le remarquer dans presque tous nos départemens de l'ouest, on remplace entièrement les fossés, lorsqu'ils sont inutiles à l'assainissement du sol, par des haies dans lesquelles les têtards de chêne, de frêne, d'orme, etc., se trouvent assez rapprochés pour se toucher de leur feuillage sur chaque ligne.

Cependant, on ne doit pas se dissimuler que les haies, et surtout les haies à baliveaux, ont, par rapport aux pâturages, deux inconvéniens parfois assez graves : celui d'occuper par elles-mêmes beaucoup de place, et de nuire par leurs racines à la production de l'herbe dans leur voisinage; — celui d'intercepter la lumière au point que, sous leur influence, les plantes s'étiolent et perdent une partie de leur qualité nutritive. Mais ces inconvéniens, qui naissent de l'abus, ne condamnent pas l'usage. Il est possible de choisir des arbres à racines plus pivotantes que traçantes, et, tout en cherchant à produire un ombrage salutaire, on peut facilement éviter d'outre-passer le but en les plantant à des distances trop rapprochées. La plupart, je dirai presque toutes les pâtures des deux rives de la Loire sont entourées de haies à baliveaux; — on plante souvent sur leur surface des lignes de peupliers, de frênes, de saules, ou même, en dépit de leur disposition à tracer, d'ormeaux taillés en têtards ; et lorsque ces plantations sont faites avec discernement, elles ne paraissent pas sensiblement nuisibles aux herbages. Le fussent-elles un peu, il est certain qu'elles ne seraient jamais aussi dommageables que profitables; car, non seulement l'abatis des branches, qui a lieu tous les 3 ans, est fort lucratif, mais la feuillée, qu'on enlève en automne aux frênes et aux ormeaux, produit un supplément de fourrage d'autant moins à dédaigner qu'il convient parfaitement aux vaches, et qu'il leur donne un lait excellent. Le beurre qu'on en obtient, à cette époque de la saison, est particulièrement estimé.

Je sais que beaucoup d'agriculteurs n'approuvent pas, en général, la plantation d'arbres, et notamment du frêne, dans les haies. Il est curieux, à côté de ce que l'expérience de tout un pays m'a mis à même de rapporter ci-devant, de lire le passage suivant dans un ouvrage justement estimé, celui de sir JOHN SINCLAIR; il prouve combien il est difficile de généraliser les théories en agriculture, et combien les effets peuvent changer avec les positions. « Les racines des arbres, en s'étendant dans le champ dans toutes les directions, nuisent au reste de la haie, endommagent ou font rompre la charrue, et interrompent les travaux de culture. Les grains qui croissent à l'ombre sont toujours de peu de produit, inégalement mûrs, et ne peuvent pas se remirer en même temps que ceux du reste du champ. Dans les saisons humides et tardives, il est même rare qu'on y recueille le grain en bon état, et quelquefois il est entièrement perdu. — Le frêne, en particulier, est un formidable ennemi pour les céréales. L'influence de ses racines pour absorber l'humidité et les principes nourriciers du sol s'aperçoit facilement par le cercle qui se trouve formé autour de chaque arbre dans les terres arables. Aussi l'a-t-on appelé le larron complice du propriétaire, parce qu'il dérobe chaque année, au profit du fermier, dix fois la valeur qu'il acquiert lui-même. — Sous ces arbres, les herbages sont aussi fort inférieurs, comparés à ceux du reste du champ. » (*Code d'agriculture.*)

De tout ceci, on ne doit pas plus conclure qu'il ne faille jamais planter de baliveaux dans les haies, que, de ce que j'ai dit, on ne peut induire qu'il faille en planter partout. J'ai souvent remarqué que leur influence fâcheuse se faisait sentir davantage du côté du nord que du midi du tronc, et surtout qu'elle s'étendait beaucoup plus dans les terrains peu profonds que dans les autres. Il y a pour cela deux raisons : d'abord les premiers de ces terrains contiennent une moindre quantité d'humidité, et ensuite la proximité de leur sous-sol force les racines à s'étendre au lieu de pivoter. En voilà plus qu'il ne faut pour expliquer de grandes différences dans les résultats qu'on a pu observer en des localités différentes.

VI° SUJET. — *Des meilleurs moyens d'utiliser les produits des herbages par le pâturage.*

Il y a trois manières de récolter les produits des herbages : — 1° *le pâturage proprement dit,* qui doit nous occuper plus spécialement ici ; — 2° *le fauchage et la consommation en vert* au parc ou à l'étable ; — 3° le fauchage à l'époque de la maturité des herbes, et *la transformation en foin.*

§ 1er. — Des pâturages dans les prairies.

Est-ce une bonne ou une mauvaise méthode de faire *pâturer les prairies* à certaines époques de l'année ? A ce sujet les auteurs se sont prononcés de manières fort différentes. Tâchons de trouver dans l'observation des faits la solution du problème. — Dans un assez grand nombre de lieux, on met les troupeaux sur les herbages fauchables pendans une partie de l'hiver et du printemps. Je dis les troupeaux, parce qu'en effet les pâturages de cette saison sont d'ordinaire réservés aux bêtes à laine. — Presque partout où les regains ne sont pas assez abondans pour procurer une coupe de quelque importance, on les fait également consommer sur pied en automne, et à cette époque c'est aux bêtes à cornes qu'on les abandonne. — Le pâturage des prairies n'est possible que dans ces deux cas.

Au printemps, la présence des bestiaux peut avoir deux inconvéniens principaux : — celui de piétiner un sol encore mal égoutté ; — et celui de retarder la croissance des herbes et de nuire par cela même à la production du foin. Sans nul doute cela arrivera, si, d'une part, le terrain n'est pas suffisamment ressuyé, si sa nature très-argileuse le prédispose à un tassement trop considérable, et si, de l'autre, on laisse les animaux séjourner assez longtemps pour que les gramens n'aient plus la possibilité de monter convenablement avant l'époque

ordinaire de la fauchaison ; mais, hors ces deux cas, qu'il est facile de prévoir et très-important d'éviter, le pâturage présente généralement plus d'avantages que d'inconvéniens. — Les moutons et notamment les brebis nourrices s'en trouvent à merveille. En broutant particulièrement les espèces les plus précoces qui devanceraient les autres dans leur maturité, et diminueraient plus tard la qualité du foin, ces animaux égalisent en quelque sorte la croissance des herbes ; — ils contribuent beaucoup, comme je l'ai dit, à la destruction des plantes inutiles, au profit des graminées ; — la pression qu'ils exercent à la surface des terrains poreux, faciles à soulever, est d'un très-bon effet ; — enfin leurs excrémens, en dépit de tout paradoxe, contribuent sensiblement à maintenir la fertilité du sol et à améliorer les fenaisons suivantes. Quant à la durée d'un tel pâturage, il est d'une haute importance de ne pas la prolonger outre mesure. Le moment où il convient de fermer la prairie, est déterminé par l'état d'avancement ou de retard de la végétation, selon les années. « Si le printemps est chaud, dit THAER, le pâturage doit cesser dès le 20 avril dans la partie septentrionale de l'Allemagne, ou du moins au commencement de mai ; si la température est froide et que l'herbe ne pousse que faiblement, on peut le prolonger jusqu'au 10 mai.» — Dans la partie moyenne de la France, ce serait plus d'un mois trop tard. Beaucoup de personnes pensent qu'il ne faut pas continuer de faire pâturer les prairies au-delà du terme des dernières gelées un peu fortes, et les anciens usages de parcours ont en effet fixé le 25 mars.

Dans les pays où l'on n'élève pas de moutons, le pâturage de printemps a moins souvent lieu, parce que la pesanteur des bêtes bovines rend le premier inconvénient dont j'ai parlé plus fréquent et plus grave. Leurs excrémens sont aussi moins profitables que ceux des moutons, non seulement parce qu'ils communiquent à l'herbe qu'ils recouvrent une saveur qui en éloigne les bestiaux même après qu'ils ont été enlevés, mais parce qu'avant qu'on ait pu les répartir, ce qui est impossible de faire fort également, ils sont en grande partie détruits par une foule d'insectes qu'ils attirent et auxquels ils servent de refuge. Beaucoup de personnes croient aussi que les bêtes bovines ont moins besoin que les brebis de cette première nourriture verte ; j'avoue que je ne suis pas de leur avis, et que je la regarde comme fort utile à leur santé. Quoi qu'il en soit, le pâturage au moyen des bœufs, même au printemps, peut être, en des circonstances favorables, une bonne pratique.

Il est beaucoup de localités où *en automne* le pâturage des prairies basses pourrait devenir fort nuisible à la santé des bêtes ovines : on a remarqué maintes fois qu'il leur occasionait la pourriture ; aussi, après la récolte des foins, livre-t-on les regains plutôt aux bœufs et aux vaches qu'aux moutons. Cette nouvelle pousse d'herbe, dit fort bien THAER, qui, dans plusieurs localités, n'est jamais plus forte que dans cette partie de l'année, est très-avantageuse au gros bétail ; elle donne aux vaches une augmentation de

lait très-sensible. A cette époque on a beaucoup moins à redouter les empreintes que
les pieds du bétail laissent sur la terre, parce
qu'au printemps, même sur les sols spongieux et mous, ces empreintes s'effacent par
suite de l'effet des gelées. Les engrais que le
pâturage laisse dans les prairies leur sont
aussi d'un grand avantage, surtout lorsqu'on a soin de diviser et épandre les excrémens des animaux, travail très-léger qui doit
être imposé au berger. Le bétail à cornes
trouve souvent jusqu'à la fin de novembre
une bonne nourriture sur ces pâturages.

Les Anglais tiennent si fort à faire pâturer
les prairies qui leur appartiennent en propre,
qu'ordinairement ils n'en tirent qu'une seule
récolte de foin chaque année ; qu'ils prolongent le pâturage de printemps pour les bêtes
à laine, et que, bientôt après la fauchaison,
ils mettent les bêtes bovines sur ces mêmes
prairies, à moins que le voisinage des grandes
villes, la facilité de se procurer des engrais
et le prix du foin ne les engagent à adopter
un autre système. Ils pensent généralement
que dans les localités plus éloignées, partout
où les cultivateurs ne peuvent compter, pour
la production des fumiers, que sur les propres ressources de leurs fermes, un double
fauchage quelque temps répété est une cause
de ruine pour les herbages.—Assez fréquemment même ils consacrent des prés une année entière au pâturage, dans le but de les
améliorer. Cette dernière méthode toutefois
est, je suppose, peu fréquente et ne paraît pas
fondée en raison ; car si le pâturage, en tant
qu'il ne fait que retarder un peu la croissance
des herbes, donne évidemment plus qu'il n'enlève en fertilité, il pourrait fort bien arriver
le contraire lorsque la soustraction continuelle des feuilles priverait en grande partie
les plantes de leur nourriture aérienne et que
les racines seraient par conséquent à peu près
seules chargées de l'entretien de la vie. YVART
a fait autrefois quelques expériences qui viennent à l'appui de cette théorie. « Nous avons
divisé, dit-il, en deux parties des prairies
qui avaient été jusqu'alors soumises au même traitement sous tous les rapports ; dans
lesquelles la nature du sol, l'exposition et
toutes les autres circonstances essentiellement influentes sur la végétation étaient aussi égales qu'il est possible, et que nous avions
l'intention de défricher l'année suivante.
Nous avons fait pâturer l'une, à diverses reprises, depuis le commencement du printemps jusqu'à l'époque du fauchage, et nous
avons fait faucher l'autre, à laquelle les bestiaux n'avaient pas touché, à l'époque où la
majeure partie des plantes entrait en fleurs.
La totalité ayant ensuite été rigoureusement soumise au même traitement, défrichée et ensemencée en diverses natures de
céréales et autres productions, nous avons
constamment reconnu que la partie fauchée
donnait des produits supérieurs à la partie
pâturée. La différence était d'autant plus
sensible, que la prairie était naturellement
plus sèche et la terre de qualité moins
bonne..... »

Un autre motif, résultant d'observations
tout aussi positives, de ne pas laisser pâturer
longtemps de suite une prairie, c'est que

plusieurs espèces de graminées destinées à
produire du foin, et plus spécialement celles qui atteignent une grande hauteur, supportent difficilement d'être souvent broutées.
— En général, sur les terrains constamment
pâturés, l'herbe s'épaissit, mais ne s'élève
plus autant.

§ II. — De la dépaissance des pâturages.

Nous aurons encore sous ce titre deux choses à examiner : — 1° Quels sont les pâturages
qui conviennent le mieux aux divers herbivores ? — 2° Comment, à quelle époque, et
dans quelles proportions il convient de répartir ces derniers sur les herbages.

Les bêtes bovines sont, de toutes, celles qui
endommagent le moins les herbages, en ce
sens qu'elles broutent les herbes à une certaine hauteur, et que jamais elles ne les arrachent. Aussi, on doit leur réserver les pâturages les plus féconds, et de la meilleure
qualité.— On a cru remarquer « que les herbages les plus nouveaux sont généralement
les plus appropriés à l'état des jeunes animaux, parce qu'ils les développent et les
nourrissent plus qu'ils ne les engraissent. Les
herbages anciens, au contraire, dont l'herbe
a plus de corps, plus de soutien, dont les
sucs, moins aqueux, sont plus élaborés et
plus disposés à l'assimilation, conviennent
essentiellement aux animaux adultes, parce
qu'ils leur procurent promptement l'embon-
point et la graisse dont ils ont besoin, lorsqu'ils sont consacrés à la boucherie; on doit
les dispenser avec beaucoup de sobriété aux
animaux qu'on désire conserver, pour le travail ou pour tout autre objet, dans un état
moyen entre la maigreur et l'obésité, qui sont
également à redouter.—Il est d'observation
que les herbages les plus bas et les plus humides sont moins propres à engraisser les bœufs
qu'à augmenter la quantité du lait des vaches,
et on doit les destiner préférablement à ce
dernier objet, lorsque les circonstances le permettent. — Les herbages élevés, ouverts et
très-exposés à l'action des vents, conviennent moins aussi, pour la production du lait,
comme pour l'engraissement, que ceux qui
sont bas, clos, et abrités. — On observe encore en plusieurs endroits que les herbages
nouveaux, aqueux, marécageux, garnis d'herbes grossières, sont plus convenables ordinairement à la fabrication du fromage qu'à
celle du beurre qui, à son tour, est il généralement plus abondant et de meilleure qualité sur les herbages anciens, sains et fertі-
les. — Enfin, on a observé également que le
beurre se conserve plus longtemps, et qu'il
est plus ferme et plus consistant lorsqu'il provient du pâturage dans les herbages anciens
naturellement fertiles et non engraissés, que
lorsqu'il résulte d'herbages altérnés avec les
cultures céréales qui ont exigé des engrais ou
des amendemens, et surtout lorsque ces
derniers sont d'une nature calcaire, ou l'on
doit être pris en considération dans les assolemens. » (Cours complet d'agriculture
théorique et pratique).

Le cheval tond l'herbe un peu plus
court que le bœuf. Ses déjections, fortement
alcalines, lorsqu'on n'a pas le soin de les dis-

séminer peu après qu'elles ont été produites, nuisent aux plantes avec lesquelles elles
se trouvent en contact immédiat. Cet inconvénient, joint à celui du piétinement, dont
les effets sont très-marqués par suite de la
forme de son pied, explique pourquoi, dans
les anciens baux, on stipulait communément
qu'on n'en mettrait pas plus d'un certain
nombre sur telle ou telle étendue de pâturage.
— Les herbages qui lui conviennent ne sont
donc ni ceux dont l'aridité exclut les engrais
chauds, ni ceux que leur humidité rendrait
trop faciles à défoncer.

Les bêtes à laine pincent l'herbe beaucoup
plus pres encore que le cheval. Elles l'arrachent même par un mouvement de tête bien
connu, lorsqu'elle est encore trop jeune pour
avoir formé une touffe de quelque épaisseur
et poussé des racines en suffisante quantité.
Aussi se garde-t-on bien de mettre des moutons sur des pâturages ou des prairies tout
nouvellement formés. Ces animaux, redou-
tant par-dessus tout l'humidité du sol, se
plaisent sur les herbages élevés, arides même.
Cependant ils se trouvent fort bien des pacages plus riches, pour peu qu'ils soient sains.
Dans quelques parties des Pyrénées-Orientales, notamment aux environs de Pratz-de-
Mollo, à l'époque où les troupeaux, sortant de
leurs quartiers d'hiver, se répandent dans les
campagnes, les propriétaires les plus heureusement situés afferment momentanément aux
bergers les pièces enherbées qu'ils sont dans
l'intention de rendre pour quelques années à
la culture, ou les herbages féconds dont on
extrait le soir les animaux pour les parquer
sur les terres arables ; — ceux dont les habitations sont plus élevées, par conséquent
moins accessibles et presque toujours d'un
moindre rapport, s'estiment heureux de fournir le pâturage en compensation du fumier
qu'il produit ; — enfin, ceux qui résident à
des élévations plus grandes encore, paient de
quelques indemnités le séjour des troupeaux
que la pauvreté de leurs guides prive de
meilleurs pâturages.

De tous les herbivores, *la chèvre* est un de
ceux que l'on doit considérer comme le
moins délicat sur le choix de sa nourriture,
mais aussi comme l'un des plus vagabonds
et des plus destructeurs. Elle se contente,
au besoin, des herbages les plus escarpés et
les plus couverts de broussailles. Lorsqu'on
lui en livre d'autres, il faut apporter la
plus rigoureuse attention à défendre contre
ses atteintes les haies et les plantations voisines.

Quoique, trop souvent, on *réunisse pêle-
mêle* sur les mêmes pâturages les animaux
les plus différens, cette pratique ne doit pas
être approuvée. A la vérité, chaque espèce
ayant une manière différente de brouter
l'herbe, et ceux-ci pouvant utiliser ce qui ne
convient pas à ceux-là, il n'est pas douteux
qu'on ne puisse ouvrir les pâturages à plusieurs ; mais si on les y laisse ensemble, ils
se gênent et se privent mutuellement de la
nourriture qui leur convient le mieux. Il est
donc infiniment préférable de les répartir
successivement, lorsque cela se peut, sur chacun des enclos dont j'ai fait ressortir l'avantage en parlant des clôtures. Les Hollandais

nous ont donné sur ce point d'excellens exemples : — chez eux, les bœufs et les vaches passent les premiers ; — quelques chevaux leur
succèdent lorsque l'état et la nature du sol le
permettent ; — viennent ensuite les moutons
— puis parfois des cochons qui déterrent et
détruisent les racines charnues ou tuberculeuses des mauvaises herbes. Après ces animaux, il est nécessaire de râteler çà et là la
surface du sol qu'ils ont fouillé, puis, bien
entendu, de donner aux graminées le temps
de repousser.

Lorsqu'on fait *passer les bestiaux de leur
régime d'hiver au pâturage,* il importe que
ce soit le plus tôt possible, et que la transition
ne soit pas trop brusque. Par ce double motif, bien plus encore que pour ne pas donner
aux herbes les plus précoces le temps de
s'élever assez pour être délaissés, on fera bien
d'ouvrir les herbages au printemps, aussitôt
que l'état du sol le permettra. On ne craint
point ainsi les inconvéniens qui pourraient
résulter d'une nourriture verte trop succulente et prise, tout d'un coup, en trop grande
quantité.

Depuis ce moment jusqu'à ce que les pluies
continuelles ou les frimas de l'hiver mettent un obstacle plus ou moins long à l'entrée des bestiaux sur les terres, le pâturage
se continue dans beaucoup de lieux sans dis-
continuer. Dans d'autres cependant on l'in-
terrompt pendant une partie de la saison des
fortes chaleurs et de la sécheresse, d'une
part, parce qu'il ne présente alors presque
aucune ressource au bétail, et de l'autre,
parce qu'on craint, en mettant la terre trop
à nu, d'ajouter à son aridité, et de faire périr
une partie des herbes qui la couvrent.

Il serait fort difficile d'indiquer, même approximativement, le *nombre d'animaux de
chaque espèce* qu'il convient de mettre sur
une étendue donnée de pâturage ; car cela
dépend de sa fertilité, de la saison, et du plus
ou moins de nourriture que les troupeaux
reçoivent à l'étable en diverses saisons. Tout
ce qu'on peut dire, c'est que, lorsque l'herbage est trop chargé, les bestiaux pâtissent, et,
ne trouvant pas la nourriture suffisante, ils
rongent les plantes jusqu'au collet et souvent
les arrachent. — Lorsqu'au contraire ils sont
en trop petit nombre, ils foulent aux pieds et
détériorent presque autant d'herbes qu'ils en
mangent ; ils délaissent toutes les plantes qui
les appètent le moins, et c'est une raison
pour que les plantes se multiplient davantage; car,
s'ils ne les ont pas broutées lorsqu'elles
étaient tendres, ils y toucheront bien moins
encore à mesure qu'elles durciront, de sorte
qu'à moins d'une surveillance, trop rare chez
la plupart des cultivateurs, elles mûriront et
répandront annuellement leurs graines au
grand détriment du reste de l'herbage pour
les années suivantes.

Un excellent *moyen d'éviter les inconvéniens
divers qui résultent de la dispersion des animaux* en trop petit ou en trop grand nombre
sur les pâturages ou les prairies, c'est de faire
la part à chacun, et de limiter l'étendue qu'il
peut parcourir. Pour cela, dans beaucoup de
contrées, notamment dans presque tout
l'ouest de la France, on attache les animaux
à une corde, dont la longueur est en rapport

inverse avec l'abondance des herbages, et qui est fixée à un piquet qu'on déplace chaque jour, pour le rapprocher de la partie non broutée. On évite ainsi de multiplier outre mesure les clôtures ; — les bestiaux se nourrissent abondamment sans rien gaspiller ; — l'herbe est tondue également ; — les engrais peuvent être chaque soir répandus ou réunis à la masse des fumiers ; — Enfin, lorsque le pâturage a lieu sur des plantes légumineuses, les limites dans lesquelles on le restreint font disparaître tout danger.

SECTION II.— *Des prairies.*

Les détails précédens abrégeront nécessairement beaucoup ce qui me reste à dire des prairies, ou du moins des *prairies permanentes,* plus vulgairement connues sous le nom de *naturelles.* Elles ne diffèrent en effet parfois des pâturages proprement dits que par la manière dont on récolte leurs produits. — Pâturages et prairies de graminées ont la même origine. — Ce que j'ai dit de la formation des uns ; — du meilleur choix possible des plantes qui les composent ; — de la manière de les semer lorsqu'on juge convenable de le faire ; — de les entretenir et de les améliorer, se rapporte à très-peu près aux autres. Lorsqu'il existait des différences importantes, j'ai dû déjà les faire ressortir dans chaque paragraphe, et, pour ne pas diviser les matériaux qui se rangeaient naturellement sous chaque titre, autant que pour éviter plus loin des répétitions sans cela inévitables, j'ai cru devoir encore réunir, dans plusieurs parties de la 1ʳᵉ section de ce travail, ce qui aurait pu se rapporter, peut-être d'une manière plus spéciale, aux herbages dont il me reste à parler. C'est ainsi que je n'aurai plus à revenir sur l'étaupinage, les irrigations, etc.

Iᵉʳ SUJET.— *Des prairies à base de graminées.*

Si, d'un côté, les grandes hauteurs et les lieux très-secs produisent rarement des herbes assez élevées pour être fauchées, souvent les lieux bas et marécageux ne peuvent admettre le pâturage. Hors de ces deux cas, la position des herbages de l'une et l'autre sorte est à peu près la même ; c'est-à-dire qu'on cherche à les placer dans des sols ou à des situations plus humides que les terres arables.— Lorsque l'humidité est excessive et stagnante, elle constitue les *prairies marécageuses ;* — lorsqu'elle est due aux inondations ou aux infiltrations périodiques des cours d'eau, elle donne naissance aux *prairies basses ;*—enfin, lorsqu'elle n'est le produit que des eaux de pluie plus ou moins habilement dirigées des terrains voisins sur les prairies, ces dernières prennent communément le nom de *prés secs.*

§ Iᵉʳ. — *Des prairies marécageuses.*

Dans les localités où les *eaux séjournent constamment,* la nature des herbages est telle qu'on ne doit compter sur leurs produits, lorsqu'on peut les récolter, que pour ajouter à la masse des fumiers. Je dirai même

à ce sujet que cette ressource n'est pas encore appréciée partout autant qu'elle devrait l'être (*Voy.* l'article *Engrais végétaux*). A la vérité, sur les bords des étangs et des marais, quelques graminées, dont il sera parlé, disputent le terrain aux plantes aquatiques. Presque toutes, en mûrissant, acquièrent une dureté telle que la faulx pourrait à peine les abattre, et que les animaux les rejetteraient ; mais il en est qui, coupées en vert, procurent un assez bon fourrage après qu'on les a laissées se dépouiller de leur surabondance d'eau en les exposant pendant une douzaine d'heures aux effets du soleil.

Lorsque les eaux ne sont *stagnantes qu'une partie de l'année,* les végétaux marécageux qui ne pourraient supporter quelques mois de sécheresse, disparaissent pour faire place à d'autres plantes, sortes d'amphibies du règne végétal, qui peuvent vivre sous l'eau et dans l'air, et parmi lesquelles se rencontrent en plus ou moins grand nombre des herbes fourragères. La quantité de celles-ci augmente à mesure que la durée de l'inondation est plus limitée, de sorte que toutes les fois qu'on peut entrer dans ces sortes de prairies pendant la 2ᵉ partie de la belle saison, faucher à sec et faire sécher le foin, on peut être certain que ce foin, bien que fort médiocre, pourra en définitive être utilisé. Cependant il ne faut pas prendre en considération la seule durée de l'inondation. La nature des eaux est pour beaucoup dans les effets qu'elles produisent ; au moins ai-je souvent remarqué que celles des rivières peu rapides qui favorisent surtout la propagation des joncs, des stipes, etc., nuisent infiniment plus promptement à la qualité des herbages que les eaux d'un cours plus vif.

Le *foin des prairies longtemps couvertes d'eaux stagnantes* est toujours dur et souvent fort malsain. Un de mes fermiers en récolte chaque année de semblables dans la commune de Brisarthe, non loin de la rivière. Lorsque la nécessité le force à l'employer autrement qu'en très-petite quantité, à la nourriture de ses bœufs, ces animaux, bien que dans des étables fort saines, perdent en peu de jours leur énergie ; leur poil cesse d'être lisse ; ils se couvrent d'une multitude de poux qui disparaissent presque aussitôt qu'on leur donne une autre nourriture, et ils maigrissent à vue d'œil. —On conçoit qu'en pareil cas il faut être bien à court d'autres fourrages pour recourir à celui-là. Heureusement, dans les années où les prairies artificielles manquent par suite de l'aridité de la belle saison, le marais se découvre plus tôt que de coutume, et le foin qu'il produit est de meilleure qualité. Dans les années, au contraire, où les fourrages herbagers réussissent, ce foin ne doit servir en grande partie que de litière. — Cette destination dans une ferme où une portion du terrain reçoit du chanvre, où, par conséquent, les pailles sont moins abondantes que dans d'autres, ne laisse pas d'être importante.

En général, les foins des prairies marécageuses exigent plus de soin que d'autres à l'époque de la récolte. Il est bon, pour éviter leur complet endurcissement, de les faucher de bonne heure et de les faner avec une attention toute particulière, car, sans cette dernière précaution, ils noircissent et perdent le peu d'odeur qu'on doit chercher à leur conserver. J'ai été fort surpris de lire dans THAER que, dans quelques cantons d'Allemagne, on préfère les *foins bruns* aux foins verts. Là, au lieu d'éparpiller l'herbe fauchée, on la laisse en andains jusqu'à ce qu'on la mette d'abord en petites meules, puis en grosses meules qu'on piétine fortement, de manière que le tout s'échauffe et se transforme pour ainsi dire en une masse tourbeuse, dont on détache ensuite les fragmens à l'aide d'une hache ou d'une bêche. — Les foins marécageux sont tout disposés à se décomposer de la même manière. Mais en France, on évite le plus possible que pareille chose arrive.— Lorsqu'ils sont *vaseux*, probablement on pourrait les améliorer à l'aide de la machine à battre.« Quoique je n'aie pas encore eu l'occasion d'exécuter ce travail, dit M. MATHIEU DE DOMBASLE, je suis convaincu qu'en faisant passer du foin de cette espèce dans la machine pourvue du râteau et du ventilateur, on trouverait le moyen le plus efficace qu'il soit possible d'imaginer pour le débarrasser de la poussière, par l'effet du battage énergique suivi d'une forte ventilation. »

On sait que, dans divers pays, on *mêle le regain avec de la paille* au moment où on l'entasse après la fauchaison. On a remarqué que cette pratique facilite la dessiccation complète de la masse du regain : il est probable que si l'on avait quelques restes d'une semblable *métée* ou de vieille paille, on en tirerait bon parti en les faisant entrer dans un second mélange avec le foin des prairies très-humides. — Pour le rendre plus appétissant, il serait souvent assez facile d'y joindre une petite quantité de mélilot. — Enfin, il est encore un moyen que la cherté du sel rend malheureusement impraticable dans nos campagnes, malgré son efficacité reconnue: il consiste à saupoudrer légèrement de cette substance chaque couche des foins dont on craint que la dessiccation ne soit pas assez complète au moment où on les élève en meule. Le sel prévient leur fermentation future, ajoute à leur qualité, et les rend plus agréables aux bestiaux.

Il est aussi d'autres méthodes purement mécaniques de hâter et de compléter la dessiccation des foins, dont il a été parlé dans le xiᵉ chapitre de ce livre, auquel je renvoie le lecteur.— Je n'ai rien à ajouter non plus aux moyens précédemment indiqués de changer la nature des terrains marécageux et d'améliorer leurs produits.

§ II. — Des prairies basses.

Le passage des prairies marécageuses aux prairies basses n'est pas toujours sensible. Cependant les dernières, telles que je les ai définies, se distinguent essentiellement par la qualité de leurs herbages. Elles occupent *souvent de larges vallées* sur les bords des fleuves ou des rivières qui les couvrent de temps en temps, sans nuire autrement à leurs foins que lorsque les débordemens vaseux, source de fécondité en automne, après les coupes, surviennent accidentellement dans le cours de la belle saison. Quelque prolongée que soit la submersion en hiver, elle n'offre aucun inconvénient pour la qualité des herbes. — Lorsque ces prairies s'égouttent facilement, leur sol, recouvert par des alluvions continuelles, est d'une richesse plus qu'ordinaire, et donne par conséquent naissance à des herbages d'une abondance remarquable; mais, lorsque le fond en est plus bas que le lit de la rivière, il se forme alors une couche végétale semi-tourbeuse, dont les produits sont de qualité fort inférieure.

A côté de ces prairies, il faut classer celles qui *longent les cours d'eau*, moins considérables, et sur lesquelles diverses constructions, propres à élever le niveau du liquide, le font refluer à volonté. Tantôt ces constructions ont pour but principal de faciliter les irrigations; — tantôt, elles sont au contraire destinées à faire marcher des moulins ou d'autres usines. Alors, quoique la question d'arrosage devienne très-secondaire, il n'est pas impossible, en combinant convenablement l'époque des barrages, de tirer parti d'une telle position, pour obtenir plusieurs coupes d'un fort bon foin.

On trouve aussi dans les vallées, *au pied des montagnes et des collines,* des terrains à la superficie desquels l'eau coule sans y séjourner. Ils donnent assez souvent, pendant toute la belle saison, une grande quantité d'herbes de bonne qualité, qu'on a soin de faucher dès que l'état du fonds le permet, et dont on emporte le foin immédiatement, soit pour le faire consommer en vert à l'étable, soit pour le sécher. Si, au lieu de s'étendre à la surface, l'eau pénétrait jusqu'au sous-sol et y séjournait, ces mêmes terrains rentreraient encore dans la classe des prairies marécageuses; mais, comme ils offrent ordinairement de la pente, les travaux d'amélioration sont faciles.

Dans toutes ces localités, le peu de fermeté du sol rend le pâturage à peu près impossible. La fauchaison est alors bien plus profitable sous ce rapport et sous plusieurs autres.

§ III. — Des prairies hautes et moyennes.

Selon la position qu'elles occupent, elles *peuvent être excellentes ou très-médiocres.* Leur qualité dépend de la nature et de la fertilité du terrain qu'elles recouvrent, ainsi que de celle des collines environnantes que les cours d'eau pluviale dépouillent à leur profit, et surtout de l'abondance de ces mêmes cours d'eau dont l'excédant doit pouvoir s'échapper à travers le sous-sol dans les saisons pluvieuses à l'excès, sans cependant s'écouler à d'autres époques avec une trop grande rapidité. — En pareil cas, il serait possible de citer plusieurs exemples d'une fertilité prodigieuse; mais des circonstances si heureusement combinées sont rares. Beaucoup de prairies hautes sont trop sèches pour donner du regain ; — beaucoup même ne donnent pas toujours une herbe fauchable. Il en est dont le sous-sol retient les eaux au point qu'elles sont marécageuses une partie de l'année, quoiqu'elles deviennent brûlantes dans l'autre. Aussi, à mesure que l'on apprécie mieux les avantages des prairies artificielles, ces sortes d'herbages perdent-ils considérablement de leur importance aux yeux des cultivateurs instruits, et sont-ils successivement défrichés partout où les bons assolemens gagnent du terrain. — Si l'on n'a eu qu'elles en vue, je conçois fort bien l'opinion récemment émise dans un journal, que les prés naturels sont une superfétation et une dépense inutile, en ce sens qu'ils occupent une place qui pourrait presque toujours rapporter davantage tout calcul fait du prix de ferme, de la somme des produits, et en définitive du bénéfice net.

On a quelquefois cherché à *évaluer comparativement le produit* des prairies permanentes et des terres arables. Un auteur justement célèbre les a divisées en 6 classes, dans l'ordre décroissant de leur fécondité ; puis, mettant en regard les unes des autres chaque classe correspondante, il est arrivé à ce résultat moyen que la valeur d'un champ, dans l'assolement triennal, n'est à celle d'un pré que comme deux à trois, lorsque des circonstances de localité n'apportent pas quelque changement à cette proportion. — En prenant pour point de départ l'assolement quadriennal, d'autres écrivains ont trouvé au contraire que le champ rapportait plus que la prairie. Pour ma part, j'avoue que j'ai appris à me méfier beaucoup de ces calculs dont la précision séduit plus qu'elle n'éclaire, et que je n'attache pas grande importance à des moyennes qui ne peuvent guider utilement la pratique locale, ainsi que le prouve suffisamment le peu de concordance qu'elles présentent entre elles dans les livres. — La valeur d'une prairie à base de graminées, même médiocre, peut être considérable dans les lieux où les terres arables ne sont pas propres à produire avec sûreté les meilleures plantes à fourrage ; — une bonne prairie peut au contraire être moins estimée dans les fermes où non seulement on récolte beaucoup de paillé, mais où la nature des terres favorise la culture de la luzerne, du trèfle, des choux et d'autres plantes propres à faciliter l'hivernage du gros bétail ou des troupeaux.—A cette considération principale se joint celle de la proximité ou de l'éloignement de l'herbage du corps des bâtimens ; — les casualités d'inondations intempestives ; — les travaux plus ou moins considérables d'entretien, etc., etc.

IIᵉ SUJET. — *Des prairies à base de légumineuses.*

L'introduction et la propagation rapide des *prairies artificielles* a été presque partout le principal, parfois le seul élément des améliorations qu'on remarque depuis un demi-siècle dans notre économie rurale. Heureusement cette vérité est désormais assez sentie pour se propager, en quelque sorte, d'elle-même. — Parmi les terrains les moins propres aux cultures économiques, il en est que leur nature condamne à rester en pâturages ; — d'autres que leur position basse ou marécageuse doit faire réserver en prairies permanentes. -- En dehors de ce double moyen

de pourvoir à la nourriture des herbivores, les prairies légumineuses en offrent un troisième sur les terres arables où elles se marient avec le plus grand avantage aux cultures qui ont pour but direct l'alimentation de l'homme, ou la production des plantes industrielles.

Dans l'état actuel de l'agriculture française, malgré le développement que prennent chaque année l'éducation et l'engrais des animaux, leur nombre, aux yeux des économistes, n'est guère plus de la moitié de ce qu'il devrait être. Il est pénible, en effet, de voir une partie essentielle de la population connaître à peine la viande de boucherie dont elle approvisionne les villes. — D'un autre côté, au milieu de ses inévitables variations si dommageables, tantôt au cultivateur par suite de l'abaissement du prix et du défaut de vente, tantôt au consommateur par une cause contraire, on ne peut pas dire qu'en définitive la production des grains dépasse en rien les besoins d'une population incessamment croissante. Il fallait donc trouver les moyens, pour qu'aucun intérêt ne fût froissé, d'augmenter le nombre des bestiaux et par conséquent celui des fourrages, sans étendre les prairies aux dépens des terres labourables. — La première pensée fut *d'utiliser les années de repos de la terre ;* — la seconde, *d'obtenir davantage sur de moindres espaces,* à l'aide de meilleures combinaisons de cultures. — Les prairies artificielles en offrirent les moyens. Le passé leur doit déjà beaucoup, et l'avenir peut leur devoir immensément encore.

§ 1ᵉʳ.—Des principaux avantages des prairies légumineuses, dans le système de culture alterne.

Les principaux *avantages des prairies artificielles* en elles-mêmes, sont : 1° de demander pour la nourriture d'un même nombre de bestiaux une étendue beaucoup moins considérable de terrain, que les pâturages et la plupart des bonnes prairies de graminées ; — 2° de disposer, en général, très-bien la terre à recevoir les plantes économiques les plus habituellement cultivées et du plus haut produit ; — 3° de faciliter, conjointement avec les racines fourragères, l'adoption du système de culture qui a pour base la nourriture du gros bétail et même des troupeaux à l'étable pendant la plus grande partie de l'année, parfois même pendant toute l'année.

Les deux premières propositions méritent ici quelque examen. Je parlerai avec plus de détails de la troisième au § III.

D'après les évaluations de GILBERT pour l'ancienne généralité de Paris, évaluations qui reposent sur des données aussi nombreuses que précises, la production m$_{\text{oye}}$nne d'une étendue déterminée de terrain en prairie graminée, n'est à très-peu près *que la moitié* de celle d'une luzerne ; *un peu plus de la moitié* de celle d'un champ de trèfle, et elle s'élève encore *sensiblement moins* que le produit d'un sainfoin et même d'une culture de vesces.

THAER, en généralisant les expériences qui lui étaient personnelles ou bien connues, arrive à des résultats plus frappans encore, puisque, sans faire la distinction des diverses prairies artificielles entre elles, il estime qu'en terme moyen, avec leur concours, *on obtient d'une étendue de moitié plus petite, une nourriture tout aussi abondante.* — Enfin j'ai rappelé précédemment que le résultat d'une enquête faite par le bureau d'agriculture de Londres a élevé jusqu'aux *deux tiers* la différence en faveur des prairies artificielles et des cultures-racines sur les herbages d'une autre nature.

On se rend facilement compte de semblables faits, en considérant, d'une part, que la plupart des légumineuses sont à la fois plus fourrageuses et plus nourrissantes, à poids égal, que les graminées, et de l'autre, qu'on donne aux champs destinés à recevoir les premières une préparation et des soins de culture tout différens de ceux qu'on accorde, parfois seulement, et presque toujours avec trop de parcimonie, aux dernières.

Quant à la *seconde proposition*, qui se rattache directement à un bon ou mauvais système d'assolement, j'aurai peu de choses à ajouter à ce qui a été dit au chap. X. — Il est reconnu généralement que toutes les cultures herbagères, alors surtout que, comme les principales de nos légumineuses, elles couvrent complètement le terrain de leur épais feuillage, lorsqu'on ne les réserve pas pour graines, et qu'on les enfouit en partie quelque temps après leur dernière coupe, donnent au sol plus de fertilité qu'elles ne lui en enlèvent, fussent-elles fauchées jusqu'à 2 et 3 fois chaque année, ainsi que la luzerne. Que cela soit dû, conformément à l'opinion de M. De Candolle, à la nature même des sécrétions de leurs racines ; selon d'autres, à l'absorption continuelle de sucs nutritifs qu'elles font dans l'atmosphère au profit de la terre ; à la décomposition graduelle des détritus qu'elles laissent dans la couche labourable ; à ces diverses causes réunies, ou à toute autre moins appréciable dans l'état actuel de nos connaissances chimiques, il ne reste guère de doute sur la véracité du fait en lui-même. — Or, on conçoit de quelle importance peut être en agriculture une récolte qui, loin d'enlever quelque chose, ajoute au contraire à l'ancienne fécondité du sol pour les récoltes suivantes ; — qui permet d'équilibrer conformément aux exigences des assolemens et aux besoins de la consommation, la production des denrées indispensables, d'une part à l'existence de l'homme, de l'autre à l'entretien de la vie des animaux, et qui, le plus souvent, sans ajouter aux frais de culture, augmente considérablement les profits de toutes sortes. Aussi, le premier coup a-t-il été porté dans bien des lieux à la routine triennale, par l'introduction des trèfles sur la sole de jachères, et cette plante, la seule dont il faudrait parler pour les rotations à court terme, si elle réussissait partout et toujours, est-elle un des élémens en quelque sorte indispensable de l'assolement quadriennal.

Nous verrons bientôt, en nous occupant des diverses espèces de légumineuses fourragères en particulier, à quelles conditions on peut espérer de les faire concourir, chacune selon sa nature et les circonstances, à ces importans résultats.

§ II. — Des procédés généraux de culture spécialement applicables aux prairies légumineuses.

L'époque à laquelle on doit semer les plantes fourragères de cette utile et nombreuse famille n'est pas encore et ne peut être déterminée rigoureusement. Cependant, les praticiens, tandis que les auteurs recommandaient l'automne, ont généralement opté pour le printemps, parce qu'ils ont cru remarquer que les légumineuses dont les jeunes tiges et les jeunes feuilles sont toujours pleines de sucs aqueux, même celles qui redoutent le moins le froid quand elles ont accompli leur croissance, ont beaucoup plus à souffrir que les graminées des alternatives de gelées et de dégels d'un premier hiver. — Contre un fait d'observation il n'y a rien à objecter ; — mais d'autres cultivateurs ont éprouvé aussi que, selon les espèces et les localités, les semis d'automne, surtout dans les climats qui manquent de pluies printanières, offraient de grands avantages. Laissons donc chacun prendre conseil de sa position particulière. En pareil cas, quelques essais ne peuvent être sérieusement dommageables, pécuniairement parlant.

La quantité de semence qu'on doit employer est un second point d'une importance particulière, relativement à la prospérité future des prairies légumineuses. — « Les nuages qu'a répandus sur tant de parties de l'agriculture, la manie de tout généraliser, dit GILBERT, semblent s'être épaissis sur cette question. » En effet, les variations qui se trouvent à cet égard dans les anciens auteurs sont à peine croyables. — « Je conviens d'abord, ajoute l'agronome précité dont l'excellent ouvrage, couronné par la Société centrale d'agriculture, en est arrivé de nos jours à sa sixième édition, je conviens que les plantes dont sont formées ces prairies deviendront plus grandes, plus grosses, plus vigoureuses; qu'elles donneront enfin plus de fourrage lorsque la semence aura été économisée, que lorsqu'elle aura été prodiguée. Les exemples que cite M. Tull ; les expériences faites après lui par MM. de Châteauvieux, les membres de la Société de Bretagne, et Duhamel, ne laissent aucun doute à cet égard ; mais, la quantité de fourrage est-elle donc le seul avantage qu'on doive rechercher dans les prairies artificielles ; n'est-ce pas à la qualité qu'il faut surtout s'attacher ? Or, il est hors de doute que la luzerne, le trèfle et spécialement le sainfoin, semés dru, sont d'une qualité bien supérieure à celle de ces plantes semées plus clair. Le défaut des plantes de prairies artificielles est en général d'avoir des tiges trop grosses, trop dures, qui opposent une trop grande résistance à l'action de la mastication, et surtout à celle des sucs dissolvans de l'estomac. Cet inconvénient diminue, il disparaît même presque entièrement lorsque la semence n'a pas été épargnée. Les tiges sont déliées, tendres, nes'élèvent pas à une aussi grande hauteur; mais, comme elles sont plus nombreuses, elles gagnent en quelque sorte d'un côté ce qu'elles perdent de l'autre. — Un autre avantage important, c'est que les plantes très-serrées étouffent, dès la première année, les plantes étrangères

qui leur disputent le terrain; elles rendent
inutiles les sarclages si dispendieux et quelquefois même si nuisibles aux herbages nouvellement sortis de terre. L'un des plus grands
fléaux pour les prairies artificielles, dans nos
climats du moins, surtout pour le trèfle et
la luzerne, c'est la sécheresse : les tiges se
défendent contre elle ; elles dérobent le sol
qu'elles recouvrent à l'action de la chaleur
du soleil, et s'opposent à l'évaporation de
l'humidité qu'il contient.... — Une autre considération qui ne paraît pas moins importante et que je tire de la constitution même
de ces plantes, c'est qu'étant très-serrées,
leurs tiges sont bien moins difficiles à sécher,
et, quoique je n'aie pas été à même de faire
cette comparaison, je suis persuadé qu'une
récolte de luzerne qui aura été semée dru,
sera sèche deux ou trois jours plus tôt que
celle dont les tiges auront été plus espacées,
et tous ceux qui savent quel est le prix de
l'économie d'un jour seulement pour des
fourrages coupés, et surtout des fourrages
artificiels, ne regarderont pas cet avantage
comme peu important. — On m'a souvent ob-
jecté que les prairies semées trop dru ont
une durée bien moins longue que les autres;
c'est une vérité que j'ai observée plusieurs
fois, mais c'est précisément cette circonstance
qui détermine beaucoup d'agriculteurs à ne
pas épargner la semence. Pressés par l'expi-
ration trop prochaine de leurs baux, ils se
hâtent de retirer de la terre le fruit de leurs
avances; si elle donne moins longtemps, elle
donne des jouissances plus promptes.... Cependant, si l'extrème n'est pas aussi nuisible
que l'extrème contraire, il n'est pas sans inconvénient. N'en eût-il d'autre que d'occasioner une depense inutile, ce serait déjà
beaucoup. On peut admettre comme principe
général, que les plantes vivaces doivent être
moins serrées que les plantes annuelles, et
qu'elles doivent l'être d'autant moins qu'elles
sont plus vivaces... — On doit savoir encore
que la nature du sol, la quantité d'engrais
qu'il a reçue, le temps de l'ensemencement,
la température atmosphérique et bien d'autres circonstances encore, doivent apporter
des variations dans cette fixation, ete ,ete. —
A ce long extrait, je n'ai rien à ajouter. J'indiquerai, en parlant de chaque espèce en particulier, quelles sont, dans quelques circonstances principales, les proportions de semences qui me semblent convenables.

La préparation du terrain n'offre aucune
particularité, sinon que l'épaisseur de terre
végétale qui suffit à la rigueur aux céréales,
est insuffisante pour les fourrages vivaces
dont les longues racines, comme celles de la
luzerne et du sainfoin, pivotent profondément. Ce n'est pas que le soc puisse atteindre, ainsi qu'elles le font à la longue, jusqu'au
sous-sol; mais il n'en est pas moins d'observation qu'un champ défoncé à une profondeur de 12 à 15 po. (0m 325 à 0m 406) donne
naissance à des herbages d'une végétation
plus belle, plus productive dès les premières
années, et, chose moins facile à expliquer,
plus durable cependant qu'un champ de
même nature labouré à 6 ou 7 po. (0m 162 à
0m 189) seulement.

On sème encore parfois quelques prairies

artificielles en lignes. Toutefois cette pratique est si peu fréquente et paraît offrir généralement si peu d'avantages, que je ne
m'arrêterai pas à en parler. — Un sujet plus
important est de savoir s'il vaut mieux les semer seules ou en même temps que les céréales. Pour le trèfle, la lupuline et quelques
autres légumineuses, la pratique a sanctionné
la seconde méthode qui est devenue générale.
Mais il n'en est pas tout-à-fait de même de
la luzerne, du sainfoin, etc. Plusieurs agriculteurs ont cru reconnaître qu'un pareil mélange était nuisible aux plantes à longue durée, tandis que d'autres, s'ils lui ont reconnu
de légers inconvéniens, ont trouvé que ces
inconvéniens étaient plus que compensés par
les avantages. Toutes les observations qui me
sont personnelles m'ont amené à partager
entièrement cette dernière manière de
voir.

Les semis d'automne, faits immédiatement
sur ceux de céréales de la même saison, dont
l'usage est peu répandu, n'exigent qu'un léger hersage, ou, selon les circonstances, un
roulage de plus. Souvent même on confie à
la première pluie le soin de recouvrir les
graines de prairies. — Les semis de printemps sur céréales de mars sont dans le même
cas. On juge quelquefois prudent de ne répandre les semences herbagères que lorsque
la céréale est levée et déjà un peu forte, dans
la crainte que la croissance trop rapide de
la légumineuse ne nuise à ses produits,
comme il n'est pas sans exemple que cela
soit arrivé dans les terres très-favorables à
la végétation du trèfle; mais la manière de
couvrir n'est pas pour cela changée. — Enfin, le semis de printemps sur un blé d'automne n'exige pas non plus habituellement
autre chose qu'un hersage, du reste assez
profitable à la récolte du grain, pour que les
frais qu'il entraîne soient amplement couverts par l'augmentation de produit.

Dans toutes ces circonstances, on voit que
les frais de culture de la céréale ne sont vraiment augmentés que du prix d'acquisition
des graines de la prairie; tandis que si cette
dernière devait être semée seule, elle exigerait la plupart du temps les mêmes travaux
de préparation que le blé lui-même. Certes,
une telle considération est importante. Reste
donc à savoir si le semis simultané devra
nuire plus tard à l'une des deux récoltes, et
si, dans le cas où il en serait ainsi, il pourra
nuire au point de balancer en perte le bénéfice notable que procurent la diminution des
frais de main-d'œuvre et le produit de la
moisson. Or, il peut arriver que la première
question soit parfois résolue affirmativement,
mais je doute qu'il en puisse jamais être
ainsi de la seconde. — Peut-être, la légumineuse répandue sur un blé ne lèvera pas
aussi complètement et ne se développera pas
aussi vite que si elle eût été semée seule;
mais les bons cultivateurs savent qu'en prenant les précautions convenables on peut obtenir une prairie suffisamment touffue après
une récolte très-lucrative de grain, et, si la
première coupe est retardée, ils s'en conso-
lent facilement par la vente de leur blé et
l'emploi de sa paille.

M. de Dombasle, qui fait quelquefois biner

au printemps les céréales semées en automne, a trouvé que ce moyen est un des plus efficaces pour assurer la réussite du trèfle et des autres prairies artificielles. Après avoir parlé de l'insuffisance de la herse dans les terres fortes, surtout lorsqu'elles sont disposées en billons, il ajoute : « Avec la binette, l'opération se fait partout avec uniformité, et on modifie l'action de l'instrument en employant alternativement, selon que l'exigent la dureté du sol, les cornes ou la lame tranchante. Une semaille de trèfle couverte ainsi se trouve certainement placée dans les circonstances les plus favorables pour la germination de la graine et la prompte croissance des jeunes plantes. J'ai ensemencé cette année (1825) par ce procédé, 12 hectares de trèfle ou de ray-grass sur des fromens, dans des terres argileuses, où la réussite du trèfle est en général très-casuelle, à cause de la difficulté d'y couvrir convenablement la semence, et on n'y rencontrerait pas un mètre carré où les plantes n'aient parfaitement réussi. »

Un autre moyen d'assurer la réussite des prairies légumineuses, tant dans les céréales de printemps que dans celles d'hiver, est le *plâtrage au moment de la semaille*. « Je dois, dit encore le savant rédacteur des *Annales de Roville*, la connaissance des avantages de cette pratique à l'un des hommes de France qui possèdent à la fois le plus d'instruction pratique sur l'art agricole, et les plus vastes connaissances en agronomie et en économie politique, à M. le vicomte EMMANUEL D'HARCOURT. Mes expériences ont parfaitement confirmé les résultats qu'il avait obtenus, et je considère cette pratique comme un des moyens les plus certains d'assurer la réussite d'une récolte de trèfle, de luzerne ou de sainfoin. Je répands un hectolitre de plâtre par hectare, en même temps qu'on sème la prairie artificielle, c'est-à-dire la moitié seulement de ce qu'on met ordinairement sur un trèfle à sa seconde année, et, au printemps suivant, j'en répands encore une même quantité si la récolte me paraît en avoir besoin. — Le plâtre, employé avant la germination des graines, produit des effets tellement énergiques, qu'il est bon de prendre quelques précautions pour empêcher que le trèfle nuise trop considérablement, par la vigueur de sa végétation, à la céréale à laquelle on l'associe. »

L'amendement ou plutôt le stimulant par excellence pour les légumineuses est donc le plâtre (Voy. pag. 71 et suiv.). Du reste, *tous les engrais* dont j'ai parlé dans la section précédente peuvent être employés avec un égal succès sur les herbages de diverses sortes.

Lorsque les prairies légumineuses sont semées assez épais, il est rare qu'elles aient besoin de *sarclages*. Il faut qu'elles ne végètent que faiblement ou qu'on les ait semées dans des terrains bien infestés de mauvaises herbes, pour que celles qui se montrent d'abord ne soient pas bientôt détruites. Annuelles, elles sont peu à redouter, puisqu'on les fauche avant qu'elles aient pu grainer; vivaces, elles sont rarement nombreuses sur les terrains bien assolés. Il peut arriver cependant que quelques-unes de ces dernières

fassent un tort réel aux herbages artificiels de quelque durée. Aussi, je suis loin de dissuader de les détruire dans leur jeunesse, autant que faire se pourra, soit à la main, soit à la binette. — A cette époque, il faut déjà commencer à regarnir les vides trop considérables en répandant des graines de la même ou de toute autre espèce susceptible d'ajouter à la masse des fourrages sans nuire à leur qualité.

Plus tard, *les binages* pourront encore être utiles pour raviver une prairie sur le retour. Si mieux on n'aime la défricher quand on la voit par trop faiblir, un hersage énergique, un ou deux traits de scarificateur, et l'application d'un riche compost devront encore lui rendre quelques années de fécondité ; mais ce sera le dernier effort de la nature et la dernière ressource de l'art.

§ III. — De l'emploi du produit des prairies légumineuses considéré comme base du système d'éducation des animaux à l'étable.

On étend trop souvent le pâturage jusqu'aux prairies artificielles. Les graves inconvéniens qui résultent, on peut dire journellement, de cette coutume sur la santé des animaux, devraient la faire abandonner, sauf le seul cas où ces prairies, arrivées au terme de leur existence, ou manquées au semis, ne sont point assez garnies pour être profitablement fauchées. En cet état, les légumineuses se trouvent mêlées à une foule d'herbes adventices qui diminuent leur fâcheuse influence. Encore, si elles dominent beaucoup, faut-il prendre la précaution de mettre le gros bétail au piquet pour fixer sa ration du jour, et, dans tout état de cause, n'introduire les troupeaux que lorsque le soleil a pompé une partie des sucs gazeux accumulés durant la nuit dans les jeunes tiges et les feuilles de ces plantes dont l'abus cause si facilement la météorisation.

La véritable manière de faire consommer en vert ou en sec les fourrages légumineux, c'est *à l'étable*, ou, faute d'étables assez saines et assez grandes pour y laisser constamment les animaux, *dans une cour* disposée convenablement pour cette destination ; ou encore *dans des parcs mobiles* transportés chaque année près des soles qui doivent fournir la plus grande partie des fourrages.

On a fait contre ce système, ou plutôt contre le système général des prairies artificielles substituées en tout ou en partie au pâturage, plusieurs objections, qui toutes se réduisent à 3, savoir : le besoin d'air et d'exercice pour les animaux, et la moindre qualité de certains de leurs produits ; — la casualité des récoltes de trèfle ou d'autres légumineuses ; — l'augmentation de frais de diverses sortes. — Il convient d'examiner séparément ces différens points.

Quant au besoin d'air et d'exercice, et à la qualité des produits, il faut s'entendre. Il est certain que dans beaucoup de lieux la mauvaise disposition et les étroites dimensions des étables rendent indispensable de n'y renfermer que le moins possible les bestiaux; mais cette difficulté n'est pas insurmontable, puisque partout on peut trouver en plein air un emplacement où il sera facile d'étendre la litière et d'affourager comme à l'étable, à toutes les époques où l'on est dans l'usage de laisser vaguer les animaux. — En second lieu, pour ceux de travail, le repos est bien plus souvent nécessaire que l'exercice, de sorte que l'objection tombe encore d'elle-même en ce qui les concerne.—Restent donc les jeunes animaux, les vaches laitières et les moutons. A leur égard, les avis sont partagés, et, pour ma part, j'avoue que je ne crois pas qu'on doive les tenir constamment renfermés en de trop étroites limites. Il m'est démontré que les jeunes élèves se développent mieux lorsqu'on les abandonne entièrement à eux-mêmes au pâturage pendant une partie de la journée. Je dirai aussi, tout en reconnaissant combien il est avantageux de donner du fourrage vert aux vaches, au moins au milieu du jour, pendant les fortes chaleurs et à l'époque où la plupart des herbages ont perdu leur fraîcheur, que l'exercice qu'on leur permet de prendre le soir et le matin est éminemment favorable à leur santé comme à la sécrétion et à la bonne qualité de leur lait.—Enfin, conformément aux opinions assez généralement répandues parmi les bergers, je crois encore que le système de nourriture à l'étable, pour les moutons, doit s'allier à celui du pâturage, autant dans l'intérêt des animaux que par suite de l'impossibilité de faire autrement dans beaucoup d'exploitations agricoles.

La casualité des récoltes que donnent les prairies artificielles n'est guère plus grande que celle de tout autre herbage. A la vérité, dans les domaines dont le sol varie, si l'on s'obstinait à cultiver partout du trèfle ou de la luzerne, il pourrait bien arriver que ces plantes ne donnassent pas les produits qu'on croyait devoir en attendre, ou qu'elles manquassent même tout-à-fait, de sorte que, faute de prairies permanentes ou de pâturages, on se trouverait fort embarrassé de pourvoir à la nourriture des herbivores ; mais un cas semblable ne peut être prévu dans une exploitation bien dirigée et bien assolée. Si les légumineuses y manquent, ce ne sera ni parce qu'on les aura placées sur une sole qui ne leur convient pas, ni parce qu'on n'aura pas pris les soins nécessaires à leur culture ; la saison seule aura été un obstacle à leur succès, et la saison aurait tout aussi bien arrêté le développement d'autres herbes. Le meilleur m_{oyen} d'échapper à la disette accidentelle des fourrages, c'est de varier les produits fourragers ; et, à ce sujet, il faudrait parler longuement des racines, si cette tâche n'était déjà remplie. Je rappellerai seulement qu'elles offrent cela d'avantageux, dans leurs rapports avec l'alimentation à l'étable ou au parc, que, lorsqu'elles surabondent, elles permettent d'augmenter le nombre de bœufs à l'engrais ; — qu'elles sont d'ailleurs susceptibles d'être utilisées pour la nourriture de l'homme, et qu'elles se prêtent en outre, dans l'état industriel de la France, à divers usages qui leur assurent, dans beaucoup de localités du moins, un débit assuré.

L'augmentation des frais est une objection plus fondée, quoique souvent on s'en exagère l'importance. Il est certain que la nourriture à l'étable exige pour le fauchage journalier, le transport du fourrage, la distribution des litières et le travail des fumiers, plus de matériel et de main-d'œuvre. Cette augmentation dans le cheptel mort, et le nombre de journaliers, est surtout sensible dans les grandes exploitations. Le capital en circulation doit y être nécessairement plus considérable, mais aussi c'est là que l'augmentation de produits est plus importante, car elle est toujours en rapport avec les avances qu'on peut faire au sol. Refuser ces avances là où elles sont profitablement possibles, ce serait à peu près laisser un champ fertile en jachère pour éviter les frais de labour, ou perdre la moisson dans la crainte de payer les moissonneurs.

Les avantages les plus marqués que présente la consommation, à l'étable, du produit des prairies légumineuses et des racines fourragères, sont les suivans : 1° *la diminution d'étendue de terrain réservé pour la nourriture du bétail*. Cette proposition a été suffisamment démontrée précédemment.

2° *L'économie de nourriture*. En effet, les animaux ne détruisent pas seulement les herbes pour s'en nourrir ; ils leur nuisent plus ou moins, soit en les foulant aux pieds, en se couchant dessus, ou en les rendant moins appétissantes par leur haleine ; — soit en répandant leurs excrémens en trop grande quantité sur un seul point :— soit enfin en les broutant de trop près pendant les fortes sécheresses, ou même en les arrachant dans quelques cas. Contre ces divers inconvéniens, la nourriture à l'étable est un remède certain ; là, tout se consomme et rien n'est perdu.

3° *L'abondance de cette même nourriture pendant toute l'année* lorsque l'assolement est bien entendu ; — *la convenance* de fourrages verts à l'époque des sécheresses, et de racines aqueuses alliées au foin pendant l'hiver ; — enfin, *la possibilité* de réserver pour une année moins féconde l'excédant de nourriture d'été que le bétail n'a pas consommé.

4° *La moindre déperdition d'engrais* : parce que, sans nier que ceux qui sont disséminés sur les pâturages, lorsqu'on prend le soin de les répandre, soient véritablement profitables, il est bien certain qu'ils le sont infiniment moins dans ce cas que si on les utilisait à la culture des champs ou à la formation de composts propres à être répandus sur les herbages.

5° *L'amélioration du bétail*, en ce sens qu'avec les soins convenables, qui consistent à le mener à l'abreuvoir, à le faire baigner et à lui faire prendre de temps en temps l'exercice qui convient à son espèce, à son âge et à sa destination ultérieure, on peut, non seulement le conserver en parfaite santé dans les cas ordinaires, mais le préserver de la plupart des maladies les plus dangereuses qui l'atteignent au pâturage, telles que l'inflammation de la rate, la météorisation, la pourriture, etc.

6° Enfin, *la plus grande facilité* de faire succéder les récoltes fourragères et celles de grain dans un court espace de temps, et *l'accroissement de valeur des produits du sol*, ainsi que j ai tâché de le démontrer en traitant des assolemens.

SECTION III. — *De l'étendue relative des herbages et du nombre de bestiaux nécessaires dans chaque exploitation.*

S'il est vrai que les fourrages, de quelque nature qu'ils soient, sont une base indispensable de toute exploitation agricole, après avoir étudié les moyens de se les procurer, il devient d'une haute importance de *savoir proportionner leur étendue* à celle des autres cultures économiques ou industrielles. La question qui se présente à ce sujet est fort complexe; aussi ne doit-on pas s'attendre à la voir résolue dans un livre avec une rigueur mathématique; car, pour qu'il en fût ainsi, non seulement il faudrait savoir positivement quelle étendue de pâturage ou de prairies peut suffire à la nourriture d'une tête de bétail, ce qui varie, pour les mêmes espèces, en raison de la différence du climat, de la nature, de la position du sol et de la qualité des plantes fourragères, mais il faudrait aussi indiquer le nombre des bestiaux de chaque sorte que l'on doit élever, engraisser ou entretenir, ce qu'il n'est possible de faire, pour chaque localité, qu'après avoir étudié tout le système de culture qu'on a cru devoir y adopter.

Je connais peu de sujets en agriculture qui aient davantage appelé la discussion que la première partie de ce problème multiple, et malheureusement chacun, en voulant le résoudre, n'a pas toujours assez senti qu'il fallait étendre les observations au-delà des étroites limites de telle ou telle contrée, ou éviter de donner aux résultats de ces mêmes observations, quelque précises qu'elles fussent, un caractère de généralité. — Si l'on suppose un sol parfaitement de même nature, exposé ici au soleil et aux étés sans pluies de la Provence, là au ciel nuageux, aux vents humides et aux marées pluvieuses de la France occidentale, on aura, dans le premier cas, une garigue inféconde, où les cistes et la lavande peuvent seuls épanouir leurs fleurs à côté du myrte, et dont l'unique habitante paraît être la cigale; — dans le second, un pâturage vert encore au milieu de la saison des sécheresses et couvert de gras troupeaux. Puis, transportez ce même terrain dans la plaine de Nîmes, ou dans la riche Toscane, à côté de quelques-uns de ces cours d'eau qui répandent sur tout ce qu'ils approchent une fécondité inconnue aux régions du nord, au lieu d'un pâturage, vous verrez une riche prairie tomber et renaître 5 ou 6 fois sous la faulx dans le cours d'une seule saison.

Lorsque l'influence du climat se complique de la variété des terrains et des herbages, la question devient encore plus insoluble; car il y a tout autant de différence entre un coteau à couche labourable peu épaisse, une lande sablonneuse ou crayeuse et un vallon profond ou une terre à luzerne, qu'entre les saisons du nord et du sud de la France; — entre le produit du petit nombre de plantes qui végètent parfois à grande peine sur les mauvais fonds, et celles bien plus nombreuses qui prospèrent sur les bons;

— enfin, entre les herbages fauchables ou de pâturage dont on abandonne insoucieusement la formation au hasard, et ceux dans lesquels on associe avec discernement les espèces les plus propres à bien garnir le terrain, à croître, à mûrir ensemble, et à procurer aux bestiaux la meilleure nourriture possible.

Dans les calculs que GILBERT a faits avec un soin particulier sur toute l'ancienne généralité de Paris, tandis qu'il ne *portait le produit moyen* des 138,000 arpens de prairies artificielles qui y existaient de son temps, qu'à 2,500 livres de fourrage sec pour chacun d'eux, il estimait que l'arpent de luzerne en donnait 4,604, — celui de trèfle, 3,561, — celui de sainfoin, 2,946, — et celui de vesces, 2,733. Or, si l'on cherchait à calculer de la même manière la différence des produits des pâturages naturels et artificiels, il est hors de doute que cette différence serait proportionnellement, en faveur des seconds, beaucoup plus tranchée encore.

Ce n'est pas tout : assez ordinairement on *range les animaux herbivores*, eu égard à la quantité de nourriture qu'il convient de donner à chaque espèce, de la manière suivante : — un cheval, — un bœuf, — une vache, forment chacun *une tête* à laquelle correspondent 3 têtes de veaux d'un an, ou une tête 1/2 de veau de 2 ans, ou, selon les races, de 6 à 12 têtes de bêtes ovines; mais on sent qu'une telle évaluation est encore d'un vague tout aussi grand, car non seulement la plupart des chevaux mangent davantage que les bêtes à cornes, mais le bœuf mange plus que la vache, et, certes, il n'y a pas d'exagération à dire qu'une belle vache normande consomme trois fois autant de fourrage qu'une vache solognote; tandis que 14 à 15 brebis de la seconde de ces contrées équivalent à peine à la moitié de ces animaux, bien nourris et de belle race, quoique de même espèce, tels qu'on peut les rencontrer dans le Berry.

A côté de toutes ces difficultés, auxquelles ajoute encore la différence de nourriture des bestiaux dans les localités où les racines peuvent être profitablement cultivées et dans celles où le fermier n'a encore d'autres ressources que le foin et les pâturages, on sent combien il est difficile d'arriver à calculer d'une manière seulement approximative l'étendue des divers herbages, d'après les quantités nécessaires de chacun d'eux, pour entretenir une ou plusieurs têtes de bétail, puisque, hors de localités assez restreintes et souvent dans des exploitations tout-à-fait voisines, les animaux, selon la race à laquelle ils appartiennent ou le régime auquel on les soumet, *mangent ou beaucoup plus ou beaucoup moins, selon que les prairies peuvent donner des produits complètement différens.*

En terme moyen, THAER admet qu'*un cheval* de labour, nourri à l'écurie, demande annuellement, outre l'avoine ou autres grains qu'il suppose lui être donnés en suffisance, 7,500 livres de Berlin de gros fourrage, dont un tiers en foin, soit 2,500 livres, et les deux tiers en paille; — qu'une bonne *vache laitière* de taille moyenne, ou un *bœuf de trait* nourri à l'étable, consomme, dans le même espace de temps, en nourriture et en litières, 4,500 liv. de paille et pareille quantité de foin (les diverses nourritures vertes étant réduites à cette espèce). Il a calculé que, lorsque ces animaux sont mis pendant le jour au pâturage, ils ont assez de 4,000 livres de paille et de la quantité de racines qui, réduite en foin, ferait l'équivalent de 2,800 livres : en tout 6,500. A Roville, les chevaux reçoivent par tête, pendant 6 ou 7 mois de l'année, une ration de 10 kilog. de foin ou de luzerne sèche, avec une addition de grains et de carottes qui représente encore une quantité à peu près égale de fourrage sec. Pendant le reste de l'année, ils sont nourris de fourrages verts avec un peu de grain, et l'on peut supposer que leur ration, pendant cette partie de l'année, forme l'équivalent de la ration donnée en fourrage sec. On ne peut donc s'éloigner beaucoup de la vérité, en évaluant à 20 kilog. de foin par jour, ou à 7,300 kilog. par an, la consommation de chaque cheval pour tous les genres de nourriture. — La ration des bœufs à l'engrais, tant en foin qu'en racines et en tourteaux, doit être considérée comme approximativement égale à celle des chevaux. — Celle des vaches peut s'évaluer à moitié de celle des chevaux et des bœufs à l'engrais. — Quant à la ration de la bergerie, elle est environ, pour chaque tête de bête adulte, d'un kilog. de foin ou l'équivalent en racines ou en nourriture prise aux pâturages, etc. La consommation de chaque bête à laine représente donc à peu près 365 kilog. de foin par an.

Yvart portait, en terme moyen, d'après la pratique d'Alfort, la provende de chaque tête de gros bétail à 5 et 6,000 kilog., quoiqu'il eût reconnu qu'elle est parfois beaucoup plus considérable; tandis que Gilbert, faisant à la vérité abstraction des pailles, de l'avoine, du son, et, très-probablement, quoiqu'il ne le dise pas, des herbages de pâture consommés annuellement par les mêmes animaux, n'estimait qu'à 4,000 livres (2,000 kilog.) le fourrage sec qu'on leur donnait de son temps dans la généralité de Paris.

De ces données, telles diverses qu'elles soient, il ressort cependant une vérité utile : c'est que, si l'on ne peut présenter des calculs tout faits aux cultivateurs d'un pays entier, chacun, selon les circonstances et les lieux dans lesquels il se trouve, — d'après la connaissance qui lui est acquise des herbages, et, si je puis m'exprimer ainsi, de la capacité des animaux qu'il possède, pourra facilement arriver, pour son propre compte, à savoir combien, avec l'aide des pâturages et des racines fourragères, il lui faut d'étendue de prairies de diverses sortes, *pour entretenir tel ou tel nombre de bestiaux;* et ceci est fort important, non seulement en théorie, mais en pratique, car il vaut mieux vendre du foin dans les années ordinaires, que des bestiaux dans les mauvaises, et les engrais qu'on obtient toujours en quantité plus considérable d'animaux copieusement nourris, l'augmentation de produit en chair, en laitage et même en force musculaire, sont des compensations plus que suffisantes à un léger surcroît de consommation.

Après avoir cherché ce qu'une étendue donnée de prairie peut nourrir de têtes de bétail, il reste à savoir *combien de bestiaux*

de toutes sortes *on doit entretenir* sur l'exploitation, pour obtenir la quantité d'engrais suffisante à la production des grains et des autres produits de la culture.

Dire au juste et *d'une manière absolue* ce qu'il faut de fumier pour fertiliser une étendue donnée de terre pendant un temps voulu, et, en étendant cette proposition, *combien de têtes de bétail il faut pour produire les engrais raisonnablement nécessaires pour cela,* est tout aussi difficile que d'indiquer de la même manière la quantité de tel ou tel herbage qui doit suffire partout à la nourriture d'un cheval, d'un bœuf, etc. — La qualité chimique, la disposition physique du sol; — le retour plus ou moins fréquent des récoltes céréales ou industrielles; — la durée des prairies artificielles et bien d'autres circonstances font varier la quantité d'engrais en raison de la fertilité du sol. Ainsi, dans un champ crayeux où l'on ne peut rien obtenir qu'à force de fumiers; — dans un sable qui laisse s'écouler avec l'eau des pluies tous les sucs extractifs qu'il contient; — en des localités où deux plantes, comme le froment et le lin ou le chanvre, se succèdent sans interruption, on ne jugera certainement pas qu'il ne faille pas plus d'engrais que dans une terre franche, profonde et substantielle; — sur un fonds argilo-sableux assez compacte pour retenir au profit des racines l'eau et les engrais qu'elle dissout; — sur un champ rendu tous les 5 ou 6 ans à la production des herbages naturels ou artificiels, ou fécondé de 4 en 4 ans par une récolte partiellement enfouie, etc.

Cependant, à défaut de règles bien précises et bien générales, il n'est pas impossible d'arriver à des données utiles. — *Pour les fermes dites à grain,* nous avons vu un agronome praticien, bien connu par ses belles expériences sur les assolemens, trouver que, chez lui (*Voy.* pag. 267), chaque bête bovine ou chevaline consommait tout juste, en paille de froment et d'avoine et en fourrages verts et secs, ce que peut fournir un demi-hectare de chaume de ces céréales, et un demi-hectare de bonne prairie artificielle, tandis qu'elle donnait en fumier 12 tombereaux de 3,600 à 4,000 livres chacun (1,800 à 2,000 kilog.) par an, c'est-à-dire autant qu'il en faut dans l'assolement adopté à la Celle-Saint-Cloud, de sorte qu'il arrivait à cette conclusion *qu'une seule tête de bétail suffit pour deux hectares,* et qu'un quart de l'exploitation seulement doit être cultivé en prairies artificielles.

Aux yeux de beaucoup de ceux qui se sont soigneusement occupés de leur comptabilité agricole, la culture des grains est une des plus productives, sinon la plus productive, pour la grande généralité de la France, lorsqu'elle est bien combinée; car, soit dit en passant, si on la charge, comme dans l'assolement triennal avec jachère, de 3 années de loyers et d'impôts du terrain pour deux récoltes; — du prix exorbitant des labours de la première année et de celui des engrais, il est fort douteux qu'elle donne habituellement, et je pourrais attester qu'il est même assez rare qu'elle donne un bénéfice net de quelque importance. — Le propre d'un mauvais assolement est à la fois de diminuer la production des fumiers et d'augmenter le besoin qu'on éprouve de s'en procurer. — Le but d'un bon assolement est, au contraire, non seulement d'ajouter à la masse des engrais, mais encore de les employer, à quantité égale, bien plus profitablement et par conséquent plus économiquement; d'où il doit résulter non seulement que sur des étendues égales on obtient plus de blés, mais encore qu'il est possible d'étendre davantage leur culture sur la ferme. — On sent combien il serait avantageux qu'un quart de la propriété pût suffire pour fumer tout le reste. Toutefois, il devient indispensable de faire observer, à propos de l'exemple que je viens de citer, que d'une part M. DE VINDÉ récolte par hectare, tout regain compris, jusqu'à 1200 bottes de fourrage, poids marchand de 10 à 11 livres, c'est-à-dire plus de 12,000 livres, ce qui serait, pour beaucoup de lieux, une estimation évidemment forcée; et que de l'autre, en nourrissant ses troupeaux de toutes sortes à l'étable et en leur donnant une litière très-abondante, il obtient une quantité d'engrais qui dépasse, par tête de bétail, ce qu'on peut espérer dans les circonstances ordinaires (de 21,600 à 24,000 kilog.).

A Roville, la nourriture de chaque *cheval* étant, comme il a été dit plus haut, de 7,300 kilog., la quantité de fumier produite par tête est de 25 voitures du poids moyen de 650 kil. chacune, en tout 16,200 kil. ou 222 kil. de fumier par 100 kil. de fourrage; et cependant la litière est toujours en quantité suffisante pour absorber toutes les urines, car l'écurie est construite de manière qu'aucune partie de ces dernières ne peut en sortir, en sorte qu'on est forcé de les faire absorber dans la rigole qui règne derrière les animaux. — Quant aux *bœufs à l'engrais*, M. DE DOMBASLE a trouvé bien souvent qu'une écurie contenant 12 de ces animaux, du poids de 3 à 400 kil. chacun, donnait 9 voitures de fumier par semaine, ce qui fait, par tête de bœuf, pour l'année entière, 39 voitures, soit 25,350 kil., c'est-à-dire beaucoup plus que les chevaux, quoique la masse des alimens soit à peu près la même. Cette différence vient d'abord de ce que ces derniers passent une partie du temps hors de l'écurie, tandis que les bœufs n'en sortent pas pendant toute la durée de l'engraissement ; et, probablement aussi, de ce que les excrémens du bœuf, étant plus liquides que ceux du cheval, exigent plus de paille pour les absorber. — Les *vaches*, dont la ration est environ moitié moindre que celle des bœufs, produisent du fumier à peu près dans la même proportion que ces derniers relativement à la quantité de nourriture, c'est-à-dire approchant d'une vingtaine de voitures. — Les *moutons* produisent environ 600 kil. de fumier chacun, en déduisant celui que l'on peut raisonnablement imputer aux agneaux, et celui qui est disséminé au parcage. Comme ils consomment par tête de bête adulte 1 kil. de foin ou l'équivalent, on voit que 100 kil. de foin ne pro-

duisent ici que 164 kil. de fumier (1). — Enfin les *cochons*, dont le nombre est très-variable sur la ferme, donnent encore une certaine quantité de fumier qui n'a pu être évaluée comparativement à la nourriture de chaque animal.

D'après ce calcul, chaque cheval produisant 25 voitures de fumier, si l'on estime à 50 de ces voitures la *quantité nécessaire pour fumer un hectare*, il faudra 2 chevaux par hectare; — un peu moins de 2 bœufs de travail;—environ 1 1/2 bœuf à l'engrais; — 3 vaches;—et, en admettant qu'on ne fît jamais parquer les moutons, environ 50 de ces animaux dont je suppose ici que les excrémens auront été réunis à la masse générale des engrais pour compenser le défaut d'énergie de ceux des bêtes à cornes.

A la vérité, au lieu de 50 voitures de fumier, c'est-à-dire de 32,500 kil. par hectare, il est des lieux où l'on en met et où l'on peut en mettre raisonnablement moins; mais il en est aussi où cette quantité ne paraîtra que suffisante. A la vérité encore, ce n'est pas à beaucoup près tous les ans qu'il faut revenir à une pareille fumure. Il est des terres qui ne comportent pas une grande quantité d'engrais à la fois, mais qui ont besoin d'être fumées souvent ; — d'autres au contraire qui gardent mieux l'engrais, de sorte que ce ne peut être qu'après avoir fait une étude approfondie des divers terrains de chaque exploitation, de l'assolement qui lui convient le mieux et de l'étendue de soles qu'on devra fumer chaque année, qu'il deviendra possible de savoir de combien d'engrais on aura besoin.

En quelques *circonstances on fume* tous les deux ans;— le plus souvent, c'est tous les trois ou quatre ans ; — parfois seulement tous les six ans.—Dans l'assolement quadriennal, que je prendrai pour terme moyen, pour peu que les terres soient de bonne qualité, on ne répand annuellement de fumier que sur un quart de celles qui sont régulièrement assolées. (*Voy.* l'art. *Assolement.*)

Ainsi, partout et toujours en agriculture, les circonstances locales veulent être d'abord attentivement étudiées. Le savoir qu'on rencontre dans les livres doit pouvoir *faciliter* cette étude, et, lorsqu'ils sont bien faits, *guider* encore l'esprit intelligent vers les améliorations possibles. Heureux l'auteur consciencieux qui pourra approcher de ce double but, et qui saura faire comprendre l'utilité des théories en les dépouillant du faux brillant dont on les a trop souvent entourées!

SECTION IV. — *Des diverses plantes fourragères propres à être cultivées sous le climat de la France.*

§ 1ᵉʳ.—Des graminées.

La famille des graminées, dont les semences farineuses fournissent aux habitans d'une grande partie du monde leur principale,

(1) A la vérité, le fumier de mouton est plus puissant et plus actif, à poids égal, que celui de bœuf, de vache et même de cheval ; mais il ne demeure pas moins démontré, par de semblables faits, que l'évaluation par tête de bétail, lorsqu'il s'agit de la production du fumier, est fort différente de celle qu'on peut faire, quand on n'a en vue que la quantité de nourriture nécessaire à chaque animal.

trop souvent presque leur seule nourriture, est aussi celle dont les espèces nombreuses font partout la base des pâturages et des prairies naturelles. — Dans beaucoup de lieux, elles concourent essentiellement à la formation des prairies semées.

Parler de toutes les graminées plus ou moins propres à la nourriture de nos bestiaux, au pacage ou à l'état de foin, ce serait reproduire presque en entier l'une des parties les plus étendues de la flore française. Tel ne peut être notre but. Dans ce paragraphe, le lecteur retrouvera seulement les espèces les plus recherchées ou les plus dignes de l'être comme fourrages, soit à cause de l'abondance ou de la qualité supérieure de leurs produits, soit par suite de leur rusticité et de la propriété si précieuse aux yeux de l'agriculteur, de croître sur les terrains les moins féconds et dans les localités les moins favorisées.

En présentant ce travail dans un ordre différent de celui qui a été adopté dans d'autres ouvrages, j'ai eu en vue non seulement de me rapprocher davantage des classifications naturelles qui me paraissent plus satisfaisantes pour l'esprit, mais encore d'arriver à faire mieux ressortir, par le moyen de très - courtes descriptions, les différences principales qui caractérisent les plantes des divers groupes et des genres dont je devrai parler. — A l'aide de ces descriptions, quelque incomplètes qu'elles dussent paraître dans un traité spécial de botanique, et des figures que j'ai fait faire toutes sous mes yeux en consultant minutieusement la nature (1), j'espère qu'on pourra assez facilement reconnaître et distinguer entre elles les espèces, même les plus faciles à confondre si l'on s'en rapportait à l'aspect, sans considérer quelques-uns des détails d'organisation.

FLOUVE (*Anthoxanthum*), genre qui appartient à la première division des graminées, c'est-à-dire à celle dont toutes les espèces ont des panicules ou des épis, dont chaque épillet (*Voy.* page 366) n'est composé que d'une fleur, et qui se trouve aussi l'un des premiers de cette grande division dans les classifications botaniques.—Ses caractères sont : une glume à deux valves inégales sans arête (*Voy.* b, fig. 644); — une balle à deux valves aiguës, oblongues, portant chacune une arête (*Voy.* a) à la partie extérieure, et renfermant deux étamines.

La *Flouve odorante* (*Anthoxanthum odoratum,* Lin.) (*fig.*644) est vivace. Elle a des tiges à 2 ou 3 articulations, s'élevant rarement au-dessus de 10 à 11 po. (0ᵐ 271 à 0ᵐ 300);—des feuilles plus ou moins velues, assez courtes; — un épi ovale, jaunâtre; — des fleurs à balles (a), d'un roux foncé sous les valves de la glume représentée isolée en b, et portant chacune une arête ou barbe, de longueur différente. — c représente une fleur ou un épillet entier.

Cette espèce se trouve sur des terrains de nature et d'expositions fort différentes : sur

Fig. 644.

des coteaux arides, dénudés de végétation ; à l'ombre des bois et même dans les prairies basses. Ses tiges, généralement peu élevées, la rendent d'un faible produit; mais si elle ne peut faire seule de bonnes prairies à faucher, elle a deux qualités qui la recommandent à l'attention des cultivateurs : sa grande précocité et l'odeur aromatique qui la fait avidement rechercher par tous les herbivores. Sous le premier point de vue, grâce à sa rusticité, elle convient aux pâturages secs; sous le second, lorsqu'on mêle en petite quantité ses graines à celles des autres plantes de prairies, elle ajoute à la saveur et à la qualité du foin. — Elle est, du reste, assez commune dans les prés.

VULPIN (*Alopecurus*), genre assez voisin de la flouve, et dont les caractères sont : une glume à deux valves, uniflore, sans arête; — une balle, dont une des valves seulement est munie d'une arête extérieure; — des fleurs en panicules ou épis serrés et cylindriques.

Le *Vulpin des prés* (*Alopecurus pratensis,* Lin.) (*fig.*645) a une tige simple, droite, de 1 à 3 pieds (0ᵐ 325 à 1 mètre);— les fleurs serrées sur une grappe en forme d'épi cylindrique, mou, blanchâtre, velu; — les feuilles lisses et terminées en pointe aiguë.— a représente les deux valves cotonneuses de la glume; — b les deux valves réunies de la balle, d'où sortent les organes sexuels, et à l'une desquelles adhère une barbe ou arête genouillée.

Sur tous les points de la France, de l'Angleterre et de l'Allemagne, ce vulpin est considéré comme une de nos graminées fourragères les plus précieuses par sa précocité et l'abondance de ses produits. — Son foin, quoique un peu gros, convient également à tous les bestiaux, et surtout aux vaches et aux chevaux.

(1) Mon confrère VILMORIN, l'un des hommes qui se sont le plus occupés de l'étude comparative des graminées fourragères dans la culture en grand, a mis à ma disposition son excellent herbier. — De nombreuses citations apprendront au lecteur que ce n'est pas à ce seul titre qu'il aura contribué à la rédaction des pages suivantes.   O. L. T.

Fig. 645.

La rapidité avec laquelle il accomplit les diverses phases de sa végétation, rapidité si grande qu'il n'est pas rare de le voir épiller deux fois la même année, lorsqu'il a été fauché de bonne heure une première fois, rend assez difficile de l'allier avec d'autres gramens ; cependant il en est, tel que le ray-grass, la houque et diverses bonnes espèces, qui arrivent à leur point de fauchaison lorsque les tiges du vulpin des prés sont encore succulentes.

Cet excellent fourrage aime la fraîcheur autant qu'il redoute une humidité stagnante. Il convient particulièrement aux prés bas, aux étangs desséchés, mais il s'accommoderait fort mal des fonds marécageux. — Il ne redoute nullement les froids de nos climats, aussi peut-on le semer de bonne heure en automne ou au printemps. — M. VILMORIN recommande de répandre environ 20 kilog. de graines par hectare.

Le *Vulpin des champs* (*Alopecurus agrestis* Lin.) (*fig.* 646) est vivace. Il se distingue facilement du précédent; non seulement à ses glumes absolument glabres, mais à la simple inspection de sa panicule cylindrique, beaucoup plus grêle et plus alongée, qui prend souvent une teinte d'un vert purpurin. — *a* glume ; — *b* balle extraite de la glume et vue au moment de la floraison.

Fig. 646.--

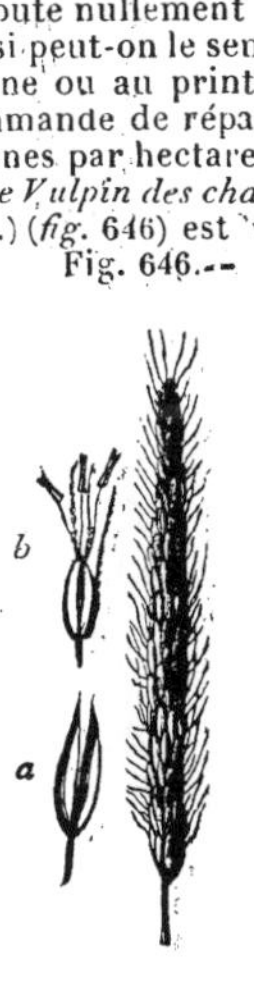

Il s'élève communément moins, mais il talle peut-être plus encore que le vulpin des prés, et s'il donne en définitive un fourrage

moins abondant, il possède en compensation là propriété de mieux réussir sur les terrains élevés, de qualité même médiocre. On le voit souvent croître spontanément dans les champs cultivés. Après la moisson des céréales, il procure aux troupeaux un pâturage excellent. — YVART s'est bien trouvé de le mêler parfois à des trèfles et à d'autres prairies artificielles.

Le *Vulpin genouillé* (*Alopecurus geniculatus*, Lin.) (*fig.* 647), vivace, a les panicules plus courtes que les deux espèces précédentes; sa couleur est d'un vert plus franc;—ses fleurs, quelquefois tout-à-fait glabres à la base de l'épi, sont légèrement velues à la sommité, — ses tiges sont fortement genouillées.

Fig. 647.

Ce vulpin, qui croît naturellement au bord des étangs et dans beaucoup de lieux humides, est particulièrement propre aux terrains marécageux. Son fourrage est de meilleure qualité que celui de beaucoup d'autres plantes de semblables localités. Les vaches, les bœufs et les chevaux s'en accommodent et s'en trouvent fort bien.

FLÉOLE (*Phleum*). Glume à deux valves tronquées et surmontées de deux pointes, à une seule fleur ; — balle plus petite que la glume. (*Voy.* les détails de la *fig.* 648.)

Fléole des prés (*Phleum pratense*, Lin.), *Thimothy* des Anglais, *fléau*, etc. (*fig.* 648), vi-

Fig. 648.

vace; sa tige, articulée, droite, feuillue, s'élève au-delà de 3 pieds (1 mètre); — l'épi, cylyndrique, grêle et serré, est long d'environ 4 po.;—les balles sont petites, blanches à l'extérieur, vertes sur les côtés.

Ce gramen, justement vanté par les Anglais à cause de l'abondance de ses fanes et de la bonne qualité de son fourrage pour les bestiaux de toutes sortes, a depuis longtemps été semé isolément pour en faire des prairies artificielles. — Il se plaît de préférence et donne ses meilleurs produits dans les terrains humides, quelle que soit d'ailleurs leur composition, argileuse, sableuse ou même tourbeuse. — « Dans les terres sablonneuses de Bonny (Loiret), j'en ai vu, dit M. VILMORIN, des pièces excellentes chez feu M. le comte DE CHAZAL, qui en obtenait depuis 1000 jusqu'à 1400 bottes de 5 à 6 kilog. par hectare. Le foin de cette plante, quoique gros, est très-bon. Le thimothy étant une des graminées les plus tardives, si on l'emploie pour former le fonds d'une prairie permanente, on doit éviter de lui adjoindre les espèces très-hâtives. Les agrostis, les fétuques des prés et élevée, sont celles qui, sous ce rapport, iraient le mieux avec lui. — On peut encore employer très-avantageusement le thimothy en pâture, même sur des terrains médiocres, pourvu qu'ils aient de la fraîcheur ; M. de Chazal en faisait également un grand emploi de cette manière. — La graine se sème en septembre et octobre, ou en mars et avril, à raison de 14 à 16 livres par hectare. »

La Fléole noueuse (*Phleum nodosum*, Lin.) est facile à distinguer par ses racines bulbeuses, par ses tiges remarquablement coudées aux articulations, par sa panicule plus courte et ses glumes parfois purpurines encore plus distinctement ciliées.

Cette espèce, qui se plaît dans les mêmes terrains que la précédente, n'est ni plus précoce ni aussi productive.

PHALARIS (*Phalaris*). Glume uniflore, à deux valves égales creusées en nacelle, et non tronquées comme dans le genre précédent ; — balle à deux valves inégales, pointues et de moindre longueur que la glume ; — fleurs en panicule ou sorte d'épi cylindrique. (*Voy.* les détails de la *fig.* 649.)

Phalaris roseau (*Phalaris arundinacea*, Lin.), *Ruban d'eau* ; — *Rubanier* ; — *Alpiste roseau*, etc. (*fig.* 649), vivace : tiges droites de 4 à 5 pieds, poussant facilement des racines de chacun de leurs nœuds ; — feuilles lisses, larges et longues ; — panicules blanchâtres nuancées de violet. Il existe une variété bien connue par ses feuilles rubanées de vert et de blanc.

Quoique cette belle graminée ait en quelque sorte l'apparence d'un roseau, elle en diffère cependant essentiellement par le fait. Ses tiges, dans leur jeunesse, produisent sous la faulx un fourrage tendre et nourrissant. — Elle abonde à la vérité dans les prairies humides ou arrosées de la Lombardie, de la Suède, et on la retrouve fréquemment en France dans les lieux analogues ou sur les bords des fleuves ; mais, bien qu'elle ne croisse spontanément que dans les terrains presque aquatiques, des expériences récentes dues à MM. VILMORIN, dans le Gâtinais, JACQUEMET-BONNEFONDS, près d'Annonay, et DESCOLOMBIERS, aux environs de

Moulins, tendent fortement à faire croire que la même plante peut utiliser des terres calcaires assez maigres, des terrains granitiques très-secs, et qu'elle résiste même mieux que beaucoup d'autres à des étés peu pluvieux.

Le Phalaris, ou *Alpiste des Canaries* (*Phalaris canariensis*, Lin.), dont il a été parlé ailleurs sous d'autres rapports (*Voy.* pag. 410 et *fig.* 650), peut aussi servir de fourrage. Les chevaux s'accommodent assez bien de sa paille fauchée après la maturité des graines, quoiqu'elle soit en cet état dure, et qu'elle doive communément être préalablement brisée. En Angleterre, où on cultive çà et là cette plante pour sa graine, et où on la regarde sous ce point de vue comme une récolte fort incertaine, eu égard au climat, on se console en partie de la voir manquer, parce qu'elle donne toujours au moins un fourrage vert plus estimé, d'après LOUDON, que celui de tous les autres végétaux culmifères.

Le Phalaris Fléole (*Phalaris phleoïdes*, Lin.) est beaucoup moins élevé que le rubanier ; — ses feuilles sont larges et courtes ; — ses fleurs, réunies en une sorte d'épi grêle assez semblable à celui de la fléole des prés, mais dont les épillets sont portés sur des pédoncules rameux. — On le rencontre ordinairement sur les terrains élevés, et peu fertiles ; aussi est-ce en pareille situation qu'on peut recommander de l'utiliser.

Il fournit un herbage recherché de tous les bestiaux, et surtout des bêtes à laine, qui le broutent avidement sur les pâturages où ils le rencontrent encore jeune.

PANIS (*Panicum*). Glume uniflore, bivalve, à la base de laquelle se trouve une troisième valve placée en dehors du côté plane de la

Fig. 649.

Fig. 650.

fleur. — fleurs en panicules. (*Voy.* la fig. suivante.)

Le Panis élevé (*Panicum altissimum*, Vilm.), *Herbe de Guinée* (fig. 651), vivace, a les tiges droites, lisses, marquées d'une nervure longitudinale blanche, s'élevant parfois à plus de 4 pieds; il forme des touffes fort larges d'un vert gai; — sa panicule est lâche, alongée; — ses fleurs verdâtres.

Fig. 651.

L'herbe de Guinée est fort estimée en Amérique comme fourrage. Il y a longtemps qu'on a cherché à l'introduire en France, où elle a été plusieurs fois confondue avec d'autres panis; mais ce n'est que depuis une quinzaine d'années que les essais sont devenus fructueux, puisque jusque là on n'avait pu parvenir à la faire grainer. Maintenant, la plupart de ses graines arrivent à maturité; et le petit nombre de celles qui sont fertiles se ressèment et lèvent fort bien d'elles-mêmes, non seulement dans nos départemens méridionaux, mais sous le climat de Paris. — Ce n'est que la seconde année qu'elle acquiert toute sa force. Elle est alors tellement féconde en tiges et en feuilles, qu'elle présente une masse on peut dire extraordinaire d'un fourrage particulièrement propre à être donné en vert aux chevaux, aux vaches et aux bœufs. C'est une excellente acquisition pour nos pays.

En Amérique, c'est par la division et la plantation des touffes qu'on multiplie fréquemment cette graminée, afin d'avancer d'une année le moment de ses plus riches produits. Le même mode pourrait être adopté en France. — Quand on veut semer, ce ne peut être, dans nos régions du centre, avant la fin d'avril ou le courant de mai; encore choisit-on une exposition chaude et abritée. — Si l'on semait en place, ce devrait être fort clair; mais, jusquà présent, dans la crainte de compromettre l'avenir de cultures encore si précieuses, autant que pour régulariser mieux leurs résultats, on repique en juin chaque plant, en rayons espacés les uns des autres de 12 à 15 po. (0 m. 325 à 0 m. 406).

Le Panis ou Millet d'Italie (*Panicum italicum*, Lin.), *voy.* p. 404, fig. 569,—et *le Millet à grappes* ou *commun* (*Panicum miliaceum*, Lin.), *voy.* même pag., fig. 568,—sont plutôt cultivés pour leurs graines que pour leur fourrage.

Cependant, semés épais en terrains légers et à exposition chaude, ils produisent un fort bon fourrage vert réservé, dans quelques contrées, pour les vaches laitières dont il augmente et améliore les produits.

Le Moha, Millet de Hongrie (*Panicum altissimum*, Willd.), dont il a été parlé aussi (*voy.* pag. 404, fig. 570), est cultivé depuis quelques années sur divers points de la France, notamment à la ferme-modèle de Grignon. Vantée d'abord outre mesure, cette espèce, étudiée depuis comparativement avec celle d'Italie, s'est cependant montrée constamment supérieure comme fourrage, parce que ses tiges sont à la fois plus nombreuses et plus minces. Le moha est très-fourrageux sur les fonds légers et substantiels de nature sableuse ousabl o-argileuse. M. VILMORIN a éprouvé que dans les terres calcaires, même d'assez bonne qualité, il ne donne pas à beaucoup près d'aussi riches produits.

La culture de ce millet ne diffère en rien de celle des autres. Il aime des champs richement fumés. On l'y répand à la volée de la fin d'avril au milieu de mai.

PASPALE (*Paspalum*). — Ce genre diffère du précédent, dont il se rapproche sous divers autres rapports, par l'absence de la troisième valve qui caractérise les panis. (*Voyez* les détails de la figure suivante.)

Le *Paspale stolonifère* (*Paspalum stoloniferum*, Bosc; — *Milium latifolium*, Lin.) (*fig.* 652), vivace, est une plante du Pérou que Bosc a fait connaître en France et recommandée à l'attention des cultivateurs du midi du royaume comme un excellent fourrage; elle existe depuis longtemps dans les carrés du Jardin des plantes de Paris, où elle ne donne malheureusement que peu de graines, parce qu'on ne doit la semer que tard, et que les froids arrêtent sa végétation, avant l'entière maturation.—«Cette espèce, disait l'agronome que je viens de citer, est vivace, s'élève de 2 à 3 pieds, et chacun de ses nœuds inférieurs prend successivement racine, de sorte que, dans le courant d'une année, une seule graine peut fournir de quoi couvrir plusieurs toises carrées en fourrages; ses feuilles larges sont si tendres et si sucrées, ainsi que les tiges, que j'ai trouvé du plaisir à les mâcher. On peut sans doute les couper trois

Fig. 652.

ou quatre fois l'année dans les parties méridionales de la France. »

AGROSTIS (*Agrostis*), genre très-nombreux
que M. DE CANDOLLE a divisé en deux sections;— l'une dont toutes les espèces se rap-
procheraient beaucoûp des pâturins, si leurs
épillets n'étaient uniflores ; tels sont les
Agrostis vulgaires, stolonifères, etc. ;—l'autre
à balles, portant une arête sur le dos et
offrant par conséquent plus de rapport avec
les avoines, dont elles diffèrent également par
leur fleur unique, comme les *Agrostis paradoxa, rubra, etc.*

L'*Agrostis vulgaire* (*Agrostis vulgaris*) (*fig.*
653). vivace, a les tiges longues de 1 a 2

Fig. 653.

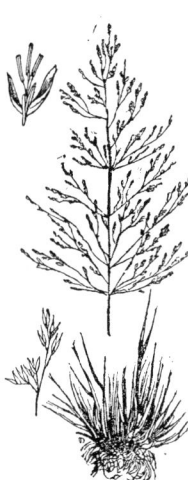

pieds, assez droi-
tes; les feuilles
peu longues ; —
la panicule fine-
ment ramifiée,
ovoïde, de cou-
leur violâtre ou
roussâtre, et à
pédicules sensi-
blement plus a-
longés que dans
l'espèce suivan-
te.—Elle est éga-
lement commu-
ne dans les prés,
les bois et les
champs. Son
fourrage est fin
et délicat.

L'*Agrostis sto-
lonifère* ou *tra-
çante* (*Agrostis
stolonifera*, Lin.)
(*fig.* 654), viva-
ce, a des tiges
nombreuses,
couchées, ra-
meuses à leurs
bases, et pous-
sant des racines
de tous les nœuds
qui ⟨se trouvent
en contact avec
le sol. Cette plan-
te, vulgairement
connue sous les
noms de *Trai-
nasse*,*Terre nue,*
etc., n'est autre
chose que le *Fio-
rin,* ou du moins
qu'une variété
peu distincte du
Fiorin tant van-
té des Anglais.
D'après GEOR-
GES SINCLAIR ,
c'est l'*Agrostis
stolonifera lati-
folia.* Chez M.
VILMORIN , on
cultive sous le
nom de *Fiorin*
deux variétés ,
l'une dont les
panicules éta-
lées au moment

Fig. 654.

de la floraison se resserrent ensuite, l'autre
dont les panicules restent toujours ouvertes.
Toutes deux ont des dimensions plus fortes
que notre *Agrostis stolonifera*.— Dans les
champs, cette plante est à bon droit redoutée
des cultivateurs.— Comme fourrage, attendu
qu'elle a la propriété de croître sur presque
tous les mauvais terrains de nature fort diverse, et notamment dans les localités tourbeuses, froides, humides, et qu'elle procure
un foin de bonne qualité, on peut en tirer un
parti avantageux.

Sa graine est si fine qu'il ne faut presque
pas la recouvrir et qu'on ne doit pas en répandre au-delà de 4 1/2 à 5 kilog. par hectare.
—On peut la semer en septembre ou en mars.

En Angleterre, on propage généralement
le fiorin en éclatant ses touffes ou même
à l'aide de ses tiges non enracinées. Pour
cela, après un labour préalable, on creuse à
9 ou 10 pouces de distance les unes des
autres de petites rigoles de moins de 2 pouces de profondeur, au fond desquelles on
étend longitudinalement les tiges de manière
que leurs extrémités se touchent. — On recouvre au râteau et on roule la surface du
sol.—Six mois après elle se trouve verdoyante,
et si cette sorte de bouturage a été fait de
bonne heure au printemps, on peut compter
sur une abondante récolte en automne.

Quoique j'aie dit que cette plante s'accommode de presque tous les terrains, elle croît
beaucoup moins dans les localités sèches et
élevées ; là on ne peut guère espérer la faucher, mais elle produit encore, ainsi que la
suivante, un bon pâturage.

L'*Agrostis d'Amérique* (*Agrostis dispar,*
Mich.) (*fig.* 655), vivace, a, comme l'espèce
précédente, la
tige élevée et
un peu dure;—
sa panicule lâ-
che, forme une
pyramide régu-
lièrement verti-
cillée.— C'est le
Herd - Grass,
herbe aux trou-
peaux, ou le
Red-top-grass
des Etats-Unis ,
où elle produit
sur les terrains
humides et
tourbeux un
fourrage abon-
dant et de bon-
ne qualité. Dans
les essais qui ont
été faits en Fran-
ce, notamment
par M. VILMO-
RIN, pour y pro-
pager cet agros-
tis, il a très-bien
réussi sur des
terres sablo-ar-
gileuses et même
calcaires fraiches, sans humidité. Comme en
Amérique, il y donne des masses de fourrage
considérables.

A cause de la très-grande finesse de la graine

Fig. 655.

et de la lenteur du premier développement de la plante, on a proposé de la repiquer comme nous avons vu qu'on le fait pour quelques autres espèces, et c'est d'autant plus facile pour celle-ci que ses touffes tallent considérablement, et qu'on peut en diviser une seule en une foule d'éclats. — Si l'on aime mieux semer, il ne faut répandre que 7 à 8 livres de semences par hectare et les recouvrir fort peu.

L'*Agrostis des chiens* (*Agrostis canina*, Lin.) s'élève à peu près à la même hauteur que le précédent ; ses feuilles sont plus longues, mais moins nombreuses sur chaque tige. Il appartient à la section des agrostides fausses-avoines. Je l'ai vu parfois réussir passablement sur des sols assez secs, quoiqu'il préfère les prairies basses et humides. — Selon qu'il occupe la première ou la seconde position, il donne un foin remarquable, comme celui du fiorin, par la propriété qu'il possède de conserver longtemps sa fraîcheur après avoir été fauché, ou procure un fort bon pâturage pour les moutons.

L'*Agrostis paradoxale* (*Agrostis paradoxa*, Lin.) s'élève davantage que les deux précédens. Dans les localités abritées des provinces du midi, où il croit spontanément, telles que la Provence, l'Hérault, etc., il est très-fourrageux ; aussi suis-je disposé, en consultant mes souvenirs, à croire avec M. BOITARD, qu'il serait plus productif que la plupart de ses congénères. — Son foin, quoiqu'un peu dur, plaît aux chevaux et aux ruminans. — Cette plante, particulièrement propre à nos contrées méridionales, se trouve cependant aussi dans celles du centre, et il serait facile et utile de l'essayer au moins en petit.

Jusqu'ici, sans exception, toutes les graminées dont j'ai parlé sont à épillets uniflores. On pourra facilement en distinguer les genres suivans, dont les épillets, également disposés en panicules, sont à plusieurs fleurs.

SORGHO (*Sorghum vulgare*, Wild. — *Holcus sorghum*, Lin.) (*Voy.* pag. 405, *fig.* 571.) Fleurs géminées, l'une mâle ou stérile, et l'autre hermaphrodite, dont la glume est à deux valves, et la balle à trois valves, la seconde aristée, la troisième portant un nectaire velu.

Lorsqu'on se propose de cultiver le sorgho comme fourrage, on le sème presque toujours à la volée, et très-épais, dès que les gelées printanières ne sont plus à craindre. — D'autres fois, après l'avoir semé en lignes ou à la volée, on éclaircit progressivement les pieds de manière à ne laisser en définitive sur le terrain que ceux que l'on destine à donner leurs graines. — Il n'est pas difficile d'obtenir ainsi, sur de petites étendues de terrain, deux récoltes différentes, l'une et l'autre assez productives dans les climats méridionaux.

Le sorgho coupé ou arraché en vert avant que ses tiges deviennent dures, est un excellent fourrage pour tous les ruminans, mais surtout pour les jumens nourrices, les vaches laitières et tous les jeunes animaux.

HOUQUE (*Holcus*). Glume bivalve, tantôt à deux, tantôt à trois fleurs, dont une ne contient le plus souvent que des étamines ; — balle à deux valves dont l'extérieure porte sur le dos une courte arête, sur l'une des fleurs seulement. (*Voy.* les détails de la *fig.* suivante.)

La *Houque laineuse* (*Holcus lanatus*, Lin.) (*fig.* 656), vivace, se distingue au premier abord par le duvet cotonneux qui abonde sur la gaine des feuilles ; — la couleur blanche ou violâtre de la panicule, et la disposition particulièrement velue de ses glumes ; — ses feuilles sont larges et tendres ; — ses tiges s'élèvent peu dans les lieux arides, mais elles atteignent près d'un mètre dans les prés bas qui paraissent lui convenir de préférence.

Fig. 656.

Elle fait le fonds des meilleures prairies d'une partie du centre de la France, où je l'ai vue fort belle, même dans des terrains très-secs, tels que beaucoup de ceux des environs de Paris.

Les personnes qui ont entrepris de la cultiver seule, et qui n'ont pas craint de bien préparer le terrain, ont toujours obtenu des résultats fort satisfaisans. — On peut aussi mélanger la houque à la plupart des autres gramens, sans craindre qu'elle ne les devance ou ne reste beaucoup en arrière à l'époque de la maturité, parce qu'elle tient le milieu entre les espèces tardives et hâtives, et qu'elle a d'ailleurs l'avantage de se conserver encore verte et succulente quelque temps après la fructification. — Toutes ces circonstances réunies en font une de nos plantes les plus précieuses pour la formation des prés et des pâturages ; — ajoutons qu'elle convient à tous les bestiaux.

La *Houque molle* (*Holcus mollis*, Lin. — *Avena mollis*, D. C.) (*fig.* 657), vivace, quand on la voit en panicule, a un aspect fort différent de la précédente. Par la disposition de ses épillets, elle ressemble aux avoines parmi lesquelles M. DE CANDOLLE l'a placée. — La gaine des feuilles est sensiblement glabre, et les articulations des tiges sont garnies de houpes soyeuses. Ces mêmes tiges sont éparses et traçantes ainsi que les racines.

Fig. 657.

Cette espèce, qu'on ne devrait employer qu'à défaut de la précédente, attendu qu'elle est moins productive et peut-être aussi moins avidement recherchée des bestiaux, paraît être cependant moins difficile encore sur le choix du terrain et des expositions.

Mélique (*Melica*). Glume à deux valves scarieuses, renfermant le plus ordinairement deux fleurs hermaphrodites, et le rudiment imparfait d'une troisième, porté sur un pédicelle ; — valves de la balle ventrues. (*Voy.* les détails de la *fig.* 659.)

La *Mélique ciliée* (*Melica ciliata*, Lin.) (*fig.* 658), vivace, ne s'élève pas habituel-lement au-dessus de 1 pied à 18 pouc. (0ᵐ 325 à 0ᵐ 487). Ses ti-

Fig. 658.

ges sont grêles, garnies de feuilles étroites, glabres ; ses fleurs sont réunies en une pani-cule, le plus ordinaire-ment simple ; chaque épillet en comprend deux fertiles dont l'u-ne a les balles soyeu-ses, et une stérile.

Les méliques crois-sent naturellement sur les coteaux pierreux, arides, et c'est là leur principal avantage ; car, sur les bons ter-rains, il est facile de les remplacer par de meilleurs fourrages. Celle qui nous occupe ici convient à tous les bestiaux, mais elle est peu fourrageuse et peu nutritive.

La *Mélique élevée* (*Melica altissima fig.* 659), vivace, se distingue aisément de

Fig. 659.

la précédente à sa panicule très-rameuse et à ses fleurs sans barbes. Elle est originaire de Sibérie.

Yvart en faisait un cas particulier. « Elle

nous paraît, disait-il, être une plante pré-cieuse, par la vigueur et la précocité de sa végétation ; elle élève quelquefois ses tiges, nombreuses et droites, jusqu'à la hauteur de 1 mètre, et elle s'accommode de terrains peu fertiles. — En somme, je la crois préférable aux espèces indigènes. »

Avoine (*Avena*). Glume bivalve, renfermant deux ou un plus grand nombre de fleurs hermaphrodites ou polygames ; — balle à deux valves, dont l'extérieure porte une arête plus ou moins genouillée, qui manque cepen-dant quelquefois sur une des fleurs ; — fleurs en panicule.

Ce genre, dont on a indiqué ailleurs les es-pèces et les variétés semées en grand pour leurs grains, en renferme plusieurs autres propres à l'être plus spécialement comme fourrages. La plus importante de toutes, sous ce point de vue, est sans contredit la sui-vante :

L'*Avoine élevée* (*Avena elatior*, Lin.), Fro-mental (*fig.* 660), vivace, improprement connue, sur quelques points de la France, sous le nom de *ray-grass*, s'élè-ve à plus d'un mètre ; sa tige est garnie de feuilles larges ; sa panicule est longue, mais é-troite ; ses épil-lets sont à deux fleurs, dont une seule (*a*) se trouve commu-nément fertile et à barbe nulle ou très-courte ; et l'autre (*b*), stérile ou im-parfaite, à bar-be fort longue. — Elle redoute davantage l'ex-cessive humidi-té que la séche-resse ; aussi, c'est une des meil-leures plantes

Fig. 660.

pour les prés hauts et moyens. — Dans ces derniers, lorsqu'ils sont établis sur une terre argilo-sableuse, fertile, elle donne des pro-duits d'une abondance remarquable, et son foin, quoiqu'un peu dur, comme celui de la plupart des graminées très-élevées, et quoi-que sujet à sécher sur pied, est de bonne qualité ; mais cette double disposition doit engager à le faucher de bonne heure. — On a proposé avec raison de la semer dru, et de la mêler à des plantes de la famille des légu-mineuses, telles que le trèfle, la lupuline, le sainfoin, etc. On peut répandre sans inconvé-nient jusqu'à 100 kil. de graines par hectare.

L'*Avoine jaunâtre* (*Avena flavescens*, Lin.) (*fig.* 661), *Avoine blonde, petit fromental*, vivace ; — elle a des tiges grêles qui s'élèvent d'un tiers moins environ que celles de la précédente, et dont la panicule ordinaire-

Fig. 661.

ment moins lâche, d'une couleur qui a donné son nom à l'espèce, est composée d'épillets au moins moitié plus petits que ceux du véritable fromental, et qui renferment deux ou plusieurs fleurs hermaphrodites, dont toutes les valves externes des balles sont aristées et nettement divisécs, au sommet, en deux pointes acérées. (*Voy.* les détails de la *fig.* 661.)

Cette avoine, qui croît naturellement sur les coteaux et dans les prés secs, se sème rarement seule. Mêlée à d'autres herbes, dans les terrains élevés, sans aridité, elle augmente à la fois la quantité et la qualité des foins, avantage qui lui est du reste commun avec les deux espèces suivantes. — On la sème au printemps.

L'Avoine pubescente (*Avena pubescens*, Lin.), *Avoine velue*, *Avrone* (*fig.* 662), vivace, s'élève de 2 à 3 pieds (0 m 650 à 1 mètre); ses feuilles inférieures sont larges, courtes, molles et très-velues; — ses épillets, sensiblement plus gros que ceux de l'avoine jaunâtre, luisants, quelquefois rougeâtres ou violets à leur base, et comme argentés à leur sommet, sont d'ailleurs composés de fleurs hermaphrodites, beaucoup plus volumineuses et souvent réunies au nombre de trois dans chaque glume, comme le représente le détail de la figure.

Fig. 662.

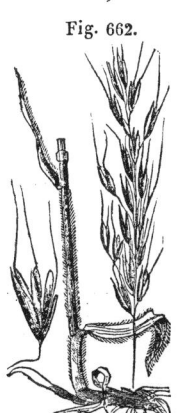

Mieux que les précédentes, elle s'accommode des terrains secs et élevés; on l'y voit croître spontanément avec vigueur, et lorsqu'on la sème, elle produit, seule ou mélangée, un fourrage durable, particulièrement propre aux chevaux. — On peut semer, selon la qualité du sol, de 50 à 60 kilog. par hectare.

L'Avoine des prés (*Avena pratensis*, Lin.) (*fig.* 663), vivace, s'élève moins que l'avrone; ses feuilles glabres sont plus étroites et plus longues, sa touffe talle davantage. — Sa panicule est plus resserrée, presqu'en forme d'épis; — ses épillets sont encore plus alongés, panachés de blanc et de violet pâle, et composés d'environ 5 fleurs, fixées sur deux rangs opposés l'un à l'autre.

Cette espèce habite les prés et les champs; elle redoute l'humidité excessive, et résiste assez bien à la sécheresse. — Son fourrage est excellent et très-recherché de tous les herbivores. On peut la semer de même, et à peu près dans les mêmes proportions que les espèces précédentes. G. SINCLAIR, qui ne lui croit pas des qualités nutritives égales à celles des avoines pubescente et jaunâtre, lui a reconnu la propriété de s'accommoder particulièrement des sols calcaires.

CANCHE (*Aira*). Comme dans les avoines, la glume est bivalve; elle contient deux fleurs hermaphrodites; la balle est aussi à deux valves dont l'extérieure porte également une arête plus ou moins genouillée, mais qui part de la base et non plus du dos de la balle.

La Canche flexueuse (*Aira flexuosa*, Lin.) (*fig.* 664), vivace, a été appelée aussi *Canche*

Fig. 663.

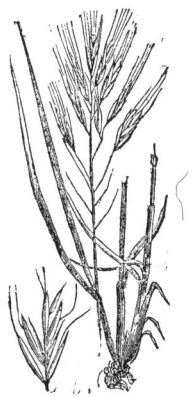

Fig. 664.

de montagne, parce qu'elle affecte les lieux secs et élevés. C'est plutôt une plante de pâturage que de prairie. Ses tiges nombreuses, mais grêles, sont peu fourrageuses. — Elle forme à sa base une touffe assez fournie de feuilles courtes, glabres et jonciformes; ses fleurs, réunies en panicule lâche et divergente, ont des balles luisantes et argentées.

Cette espèce, qui forme assez fréquemment

la base des herbages très-élevés, est recherchée de tous les ruminans. Elle produit un des meilleurs pâturages pour les moutons.

La Canche aquatique (Aira aquatica, Lin.). — Voy. *Pâturin canche (Poa airoïdes,* D. C.).

La Canche élevée (Aira cœspitosa, Lin.), vivace, qui est un peu plus feuillue que la précédente, forme un gazon assez épais sur les terrains ombragés ; mais il lui faut de la fraicheur. —Dans les clairières où elle réussit, elle est fort recherchée des vaches, et on lui a reconnu la propriété de repousser plus épaisse et de s'améliorer par l'effet du pâturage.

Fétuque(*Festuca*). Ce genre, qui se rapproche des poa ou pâturins, et des brômes, diffère des premiers par ses balles très-acérées, le plus souvent munies d'arêtes ; et des seconds, parce que l'arête de la valve externe de la balle, lorsqu'elle existe, est aiguë et part du sommet. — Ce dernier caractère le distingue aussi du genre Aira.

La Fétuque des prés (Festuca pratensis, Lin.) (*fig.* 665), vivace, a des tiges qui s'élèvent parfois à plus d'un mètre.—La panicule est généralement peu considérable, et composée d'épillets plus volumineux que les suivans; ces épillets contiennent de sept à un plus grand nombre de fleurs.—Les valves des balles sont dépourvues d'arête. (*Voy.* les détails de la figure.

Fig. 665.

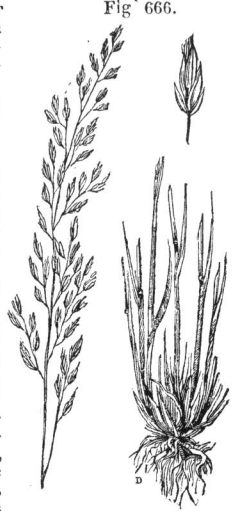

Fig. 666.

Cette plante, une des meilleures que l'on puisse employer pour l'ensemencement des prés bas, à cause de l'abondance et de la bonne qualité du fourrage qu'elle produit, n'a d'autre défaut que d'être un peu tardive ; aussi a-t-on recommandé, avec raison, de ne l'associer qu'à des espèces de la seconde saison. — Semée seule, elle doit l'être à raison d'une cinquantaine de kilog. par hectare.

La Fétuque élevée (Festuca elatior, Lin.) (*fig.* 666), vivace s'élève davantage que la précédente ; — ses feuilles sont plus larges et plus nombreuses encore; ses panicules plus amples, à épillets de grandeur moyenne; ces derniers contiennent un moindre nombre de fleurs. Les valves, membraneuses sur les bords, portent de courtes arêtes qui se brisent facilement, et disparaissent en grande partie dans les herbiers.

Cette espèce se rapproche beaucoup de celle qui précède, par ses qualités et ses inconvéniens. — Elle est cependant encore plus tardive et donne un foin un peu plus dur; mais, d'un autre côté, on a remarqué qu'elle est plus durable et sensiblement plus productive. En somme, il faut la regarder comme une des graminées les plus utiles

pour concourir à la formation des prairies permanentes.— Elle croit naturellement sur les pâturages montagneux,et réussit cependant fort bien dans les plaines fraiches et abritées, et dans des terrains de diverses natures.

La Fétuque ovine (Festuca ovina, Lin.), *grande fétuque ovine, fétuque rouge (fig.* 667), vivace, a été souvent confondue avec l'espèce suivante, dont elle diffère cependant plus encore par ses qualités que par ses caractères botaniques. — Elle a les feuilles plus longues et plus larges ; — les panicules plus volumineuses; — les balles portent des arêtes visibles à l'œil. (*Voy.* les détails de la figure.)

« Cette espèce, signalée par Linné comme une plante par excellence pour la nourriture des moutons, a failli plus tard perdre entièrement cette réputation, parce que les botanistes lui avaient réuni, à titre de variété, une plante fort voisine d'elle, mais qui est réellement une espèce distincte et que les moutons ne mangent pas. C'est sur cette dernière qu'avaient porté très-généralement les essais de culture, et de là étaient nées les préventions défavorables. Une observation faite en 1826, ayant reproduit des doutes avec plus de force qu'auparavant, j'ai fait de nouvelles recherches pour les éclaircir, et, avec l'aide principalement de M. J. Lindley, botaniste très-exact, qui a bien voulu faire pour moi, dans l'herbier de Linné, les confrontations nécessaires, je suis parvenu à connaître que, non seulement notre fétuque ne se rapportait pas à l'échantillon de celle de Linné,

Fig. 667.

mais qu'elle n'existe même pas dans son herbier. — Elle a été décrite par Sibthorp, sous
le nom de *Festuca tenuifolia,* qui désormais
devra servir à la distinguer. »

« A l'égard de la *vraie fétuque ovine*, la
même vérification m'a fait reconnaître que
c'était la plante que j'avais recommandée et
cultivée depuis longues années, sous les noms
incertains de *fétuque rouge* et *ovina major.*
On a pu voir, dans les éditions précédentes
du *Bon Jardinier,* que, sans la reconnaître
alors sous son vrai nom, je la regardais
comme une espèce précieuse pour établir des
pâtures sur les mauvais terrains. — Elle n'a
peut-être pas cependant en France, pour la
nourriture des moutons, le degré particulier
de mérite que Linné et Gmélin ont cru lui
reconnaître en Suède et en Sibérie. J'ai remarqué chez moi que les moutons ne la pâ-
turent bien qu'en hiver, et qu'en été ils ne
mangeaient guère que les pieds isolés, ce qui
paraît être une indication pour la semer plutôt mélangée que seule. Je l'emploie souvent
de cette manière, mais j'en fais aussi des pièces séparées, à raison des ressources qu'elle
offre pour l'hiver, et de l'avantage qu'elle
possède éminemment de s'établir avec vigueur
sur des terres arides, soit calcaires, soit siliceuses, et de les couvrir d'un gazon épais et
durable... Si l'on sème la fétuque ovine seule,
il faut environ 30 kilog. de graines à l'hee-
tare. » VILMORIN.

La *Fétuque à feuilles fines* (*Festuca tenuifolia*, Sibt.) (*fig.* 668), vivace, croît en
touffes épaisses et ser-
rées. — Ses feuilles

Fig. 668.

très-fines sont roulées
en tubes d'un vert
blanchâtre ; — ses ti-
ges ne s'élèvent guère
au-delà de 8 à 10 pouces
(0ᵐ à 217 0ᵐ271); elles
sont grêles, nombreu-
ses, et supportent des
panicules assez ser-
rées. Les balles ne por-
tent point d'arêtes.
(*Voy.* a,*fig.* 668.) 
Cette espèce comme
la véritable Fétuque
ovine de Linnée, a l'a-
vantage de croître sur
les sables et les sols
crayeux les plus arides;
mais, comme on vient
de le voir, elle plaît
moins qu'elle aux moutons qui la mangent
cependant durant l'hiver.

Quelques personnes ont cru remarquer
que les vaches la refusaient ; notre confrère
Vilmorin s'est assuré que chez lui elles la
paissent au contraire fort bien, d'où il résulte
que lors même qu'elles auraient contracté
l'habitude de meilleurs herbages, il ne serait pas difficile de les accoutumer à celui-là.

La *Fétuque traçante* (*Festuca rubra*, Lin.),
vivace (*voy.* b, *fig.* 668), *Fétuque duriuscule* de
quelques auteurs, mais la véritable *Fétuque
rouge* de l'herbier de Linné et du Jardin
des Plantes de Paris.— Elle produit annuellement des traces nombreuses ; — ses tiges,
peu feuillées, sont susceptibles de prendre

dans les bons terrains un assez grand développement ; — ses feuilles sont étroites, roulées, pubescentes en dedans, assez longues ;
— ses épillets, réunis en panicules volumineuses, se composent de 4 ou 5 fleurs plus
souvent vertes que rougeâtres, et ses balles
sont très-longues ; — ses touffes radicales ne
tallent pas autant que celles des deux espèces
précédentes.

Cette Fétuque est propre à former des pâturages sur les terrains les plus ingrats et
aux expositions les plus arides où elle croît
naturellement. Dans les prés plus frais, où on
la rencontre aussi quelquefois, elle devient
presque méconnaissable. Là elle donne un
foin fauchable de bonne qualité ; toutefois
c'est une des Fétuques les moins productives
hors des mauvais sols ; — 35 kil. environ de
graines par hectare.

PATURIN (*Poa*). Tandis que dans la plupart
des fétuques les balles sont garnies d'arêtes,
elles en manquent constamment dans les
poa ; ce dernier genre se distingue encore
du précédent par la forme moins aiguë de
ces mêmes balles ; — le nombre des fleurs
varie de 2 à 20.

Le *Paturin flottant* ou *Fétuque flottante*
(*Poa,* ou *Festuca fluitans ,* Lin.) (voy. *fig.*
669 et page 409), s'élève à 2 ou 3 pieds;
ses tiges sont

Fig. 669.

épaisses , mol-
les, les unes
droites, les au-
tres flottantes ;
ses feuilles sont
larges ; — ses é-
pillets contien-
nent de 8 à 12
fleurs et plus,
et forment com-
me autant de
petits épis à
deux rangs sur
chaque pédi-
celle ; ses balles
sont sans arêtes.
(*Voy.* les détails
de la figure.)

Nous avons
fait connaître
ailleurs les usa-
ges économi-
ques de cette
plante et indi-
qué déjà qu'elle peut être employée aussi
comme fourrage. En effet, tous les ruminans
et les chevaux la mangent en vert avec avidité, et on la voit croître, prospérer même dans
les prés les plus marécageux, sur les bords des
étangs, et autres lieux où il serait difficile de
demander à tout autre végétal aquatique de
meilleurs et de plus abondans produits.

Le *Paturin commun* (*Poa trivialis,* Lin.),
vivace, est en effet une des plantes les plus
communes des herbages naturels. Il est facile de le confondre, au premier aspect, avec
le pâturin des prés, dont il diffère cependant
par la languette alongée et comme déchi-
quetée, qui se trouve à la base externe des
feuilles, par la forme plus aiguë de celles-
ci, la rudesse de leur gaine et par sa racine
fibreuse.

Il croît dans les plaines les plus arides, où il n'acquiert à la vérité qu'une faible hauteur, et dans les prés naturellement frais où il s'élève souvent au-delà de 2 pieds; partout son fourrage est un de ceux que préfèrent les bestiaux. Quoique plus tardif d'une quinzaine de jours que l'espèce suivante, il doit être fauché de bonne heure, attendu qu'il sèche promptement sur pied après sa floraison. — Pour le semer seul, il faut répandre 18 kil. environ de graines par hectare.

Le Pâturin des prés (*Poa pratensis*, Lin.) (*fig.* 670), vivace, porte à l'ouverture de la gaine de chaque feuille une membrane courte et très-obtuse ; sa racine est traçante. — Il croît comme le premier, tantôt grêle et chétif sur le bord des routes, les berges desséchées des fossés, etc., tantôt succulent et fourrageux dans les prés bas. — Il est précoce et d'une dessiccation très-prompte; aussi, dans les mélanges naturels avec des herbages plus tardifs, a-t-il presque toujours perdu une partie de ses qualités quand il tombe sous la faux : c'est d'autant plus fâcheux, que, cultivé seul ou associé à des plantes également précoces, il peut donner un foin de première qualité. — La quantité de graines est à peu près la même que pour le pâturin commun.

Fig. 670.

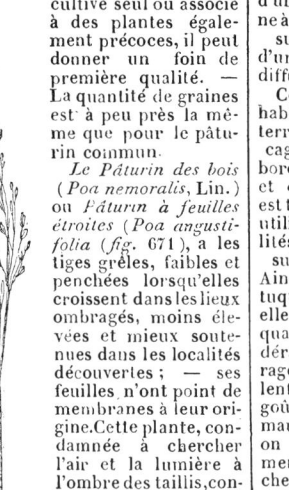

Fig. 671.

Le Pâturin des bois (*Poa nemoralis*, Lin.) ou *Pâturin à feuilles étroites* (*Poa angustifolia* (*fig.* 671), a les tiges grêles, faibles et penchées lorsqu'elles croissent dans les lieux ombragés, moins élevées et mieux soutenues dans les localités découvertes ; — ses feuilles n'ont point de membranes à leur origine. Cette plante, condamnée à chercher l'air et la lumière à l'ombre des taillis, conserve en rase campagne la même disposition à pousser verticalement ses tiges ; aussi n'est-elle pas ce qu'on appelle gazonneuse, mais, en compensation de cet inconvénient qui n'en est un que lorsqu'elle est semée seule, elle présente des avantages précieux. — Sa précocité est telle que, dès le mois de mars, elle offre déjà une masse assez importante de verdure lorsque les autres espèces commencent à peine à végéter. — Son foin est abondant et très-nourrissant, même dans les terrains de nature sèche et de qualité médiocre. Ce poa robuste est fort durable ; associé à d'autres graminées également fines, nul n'est plus propre à procurer partout, excepté peut-être dans les localités humides à l'excès, le meilleur foin connu.

Le Pâturin à crête (*Poa cristata*, Lin.), qui a aussi des feuilles très-étroites et sensiblement plus courtes que celui des bois, forme une touffe gazonneuse, mais peu élevée. — Sa panicule en épis est beaucoup plus serrée que dans les espèces précédentes. Il se rapproche un peu, sous ce rapport, du *Pâturin comprimé* (*Poa compressa*), qui n'a à été recommandé par les auteurs que parce qu'ils ont cru à tort reconnaître en lui le *Bird-grass* des Américains, qui paraît être plutôt l'Agrostis dispar, et dont il ne possède nullement les qualités. Je dois dire cependant que cette espèce est regardée par G. SINCLAIR et DAVY comme une des plus nutritives.

Le pâturin à crête a pour principal mérite de croître sur les terrains sablonneux de peu de valeur. Il est fort inférieur aux autres comme fourrage, non qu'il soit moins recherché des bestiaux, mais parce qu'il est moins productif.

Le Pâturin aquatique (*Poa aquatica*, Lin.) (*fig.* 672), vivace, s'élève de 1 à 2 mètres. Sa tige épaisse, succulente, à feuilles larges et tendres, marquées d'une tache brune à la gaine, est surmontée d'une panicule diffuse.

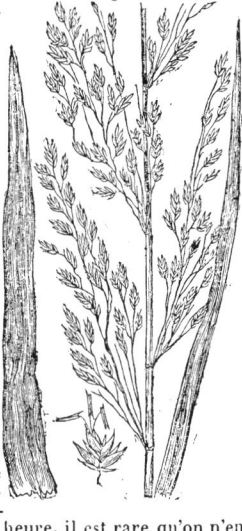

Fig. 672.

Cette espèce habitante des terrains marécageux, des bords des étangs et des fleuves, est très-propre à utiliser les localités longtemps submergées. Ainsi que la fétuque flottante, elle fournit une quantité considérable de fourrage vert succulent et fort du goût des animaux. Comme on doit commencer à la faucher de bonne heure, il est rare qu'on n'en obtienne pas au-delà de deux coupes par an.

Le *Pâturin canche* (*Poa airoïdes* de D. C. *Aira aquatica* de Lin.) (*fig.* 673), vivace , est facile à distinguer des précédens, à la seule inspection de ses tiges : les unes couchées , donnant naissance, à tous leur nœuds, à une touffe de racines ; les autres s'élevant, perpendiculairement aux premières, au-dessus de chacune de ces touffes ; à la forme de ses feuilles planes, larges, arrondies au sommet, etc. C'est une des plantes de marais qui plaisent le mieux aux bestiaux. On les voit souvent aller la chercher jusque dans l'eau; aussi, lorsqu'elle est fauchée verte, la mangent-ils avec grand plaisir à l'étable et au râtelier ; — sèches, elles ne sont plus guère propres qu'à servir de litière.

Fig. 673.

Le *Pâturin des marais* (*Poa palustris* , Lin.) est sinon la même espèce venue dans l'eau que le pâturin commun, au moins une espèce infiniment voisine qui en diffère seulement, d'après M. DE CANDOLLE, par ses feuilles proportionnellement plus étroites, et dont la gaine n'est pas rude au toucher ; ses épillets parfaitement glabres et ses balles dont la valve externe porte 5 nervures dorsales.—Comme le précédent, il est propre à utiliser des terrains excessivement humides, ou couverts, une partie de l'année, d'eaux stagnantes.

BRIZE (*Briza*).Ce genre diffère des pâturins parce que les valves des balles sont très-ventrues et à peu près cordiformes; — panicuic divergente ; — épillets pendans d'une extrême mobilité.

Fig. 674.

La *Brize tremblante* (*Briza media*, Lin.), *A-mourette* (*fig.* 674), a des tiges hautes de 1 à 2 pieds (0 m 325 à 0 m 650); elle a été surnommée tremblante, parce que les pédoncules, qui supportent les épillets de forme ovale arrondie, sont tellement déliés qu'ils s'agitent au moindre souffle du vent.

Cette plante peu fourrageuse n'est remarquable que par la finesse et la bonté de son foin particulièrement recher-

ché des moutons. J'ai vu des terrains sablo-argileux très-arides dans lesquels elle croissait abondamment. Sa présence ajoute beaucoup, aux yeux des cultivateurs, à la bonne qualité des herbages.

BROME (*Bromus*). Glume à deux valves renfermant de 5 à 18 fleurs.— La valve extérieure de la balle est grande, concave, et porte une barbe ou arête qui part un peu au-dessous du sommet ou du milieu d'une petite échancrure ;— l'intérieure, concave en dehors et ciliée sur les deux bords (*voyez* les détails de la fig. 675.)

Le *Brome des prés* (*Bromus pratensis*, Koel.) (*fig.* 675), vivace, qui présente quelque analogie avec le suivant, s'élève rarement au-dessus de 2 pieds ; les gaines des feuilles, surtout de celles qui se trouvent à la partie inférieure de la plante, sont velues ; — les feuilles le sont aussi, quoique beaucoup moins hérissées que dans la figure ; — la panicule est étalée; — les 5 à 8 fleurs que contient chaque épillet sont très-pointues et surmontées d'arêtes égales à leur propre longueur.

Fig. 675.

Au nombre des défauts que l'on reproche aux Bromes comme fourrage, il en est deux qui méritent surtout de fixer l'attention des cultivateurs. Les tiges de plusieurs d'entre eux, une fois désséchées, sont dures, et les barbes longues et aiguës qui accompagnent les balles, non seulement repoussent les bestiaux dès le moment de la floraison, mais peuvent les incommoder beaucoup plus tard, lorsque, mêlées avec le foin, elles s'arrêtent à leur palais, sous leur langue, ou se fixent dans leurs gencives. Aussi doit-on considérer ces plantes bien plutôt comme fourrages verts que comme propres à donner du foin. « Mais il est des terrains et des circonstances où une plante, médiocre d'ailleurs, peut devenir très-utile ; c'est ainsi que sur un sol calcaire, trop pauvre même pour le sainfoin et où il s'agissait d'obtenir des fourrages quelconques, le Brome des prés m'a donné des résultats plus satisfaisans qu'aucune autre espèce. Il s'y est établi vigoureusement, de manière à fournir une bonne pâture et même à devenir fauchable, mieux que le Fromental et le Dactyle. Il en a été de même sur des sables fort médiocres. On peut donc ranger cette plante au nombre de celles qui, par leur vigueur et leur rusticité, sont en état de réussir sur les plus mauvais terrains, et d'y offrir des ressources et des moyens d'amélioration que l'on n'obtiendrait pas d'espèces plus précieuses. Sa durée paraît être longue ; elle a été chez moi de 5 à 6 ans en très-mauvaises terres..... Un hectare emploie 90 à 100 livres de graines. » VILMORIN.

Le *Brome des seigles* (*Bromus secalinus*, Lin.) (*fig.* 676), a la tige simple, haute parfois

Fig. 676.

d'un mètre et plus, glabre ; — ses feuilles ont aussi la gaine glabre et le limbe à peine velu, — sa panicule est peu garnie ; — les 5 ou 8 fleurs de chaque épillet sont presque cylindriques et à arête moins rude que dans le Brome des prés.

Cette espèce, moins rustique peut-être que la précédente, donne un fourrage vert aussi abondant ; mais en mûrissant elle devient encore plus dure. — Il est important de faire observer qu'elle est annuelle, et que, quoiqu'elle se ressème d'elle-même comme presque toutes ses congénères avec une facilité trop souvent désespérante pour le cultivateur, cette circonstance n'est pas ici à son avantage, à moins qu'on ne veuille la faire entrer dans un assolement où elle ne doit occuper le sol qu'une année. Autrement, il faudrait ou la ressemer annuellement, ou ne la faucher que beaucoup trop tard.

Le *Brome doux* (*Bromus mollis*, Lin.), qui ressemble beaucoup à celui du Seigle, en diffère cependant essentiellement par ses dimensions, en tout presque moitié moindres, par le duvet cotonneux et épais qui couvre les feuilles, les épillets et jusques aux nœuds de la tige. — C'est encore une espèce annuelle que l'on peut trouver parfois avantageux de mêler à quelque légumineuse de semblable durée, pour ajouter à la masse de fourrage vert ou *coupage* qu'on cherche à récolter sur des sols légers et peu féconds. — On peut en dire autant du *Brome des champs* (*Bromus arvensis*, Lin.), qui a peut-être même l'avantage d'être un peu moins dur que la plupart des autres.

Le *Brome stérile* (*Bromus sterilis*, Lin.), peu connu en France comme fourrage, est considéré en Angleterre comme une des graminées les plus riches en matières nutritives. G. SINCLAIR et DAVY le mettent sur la même ligne, sous ce rapport, lorsqu'il est fauché en fleur et non en grains, que les meilleurs pâturins, la Fétuque élevée, etc.

DACTYLE (*Dactylis*). Genre qui diffère fort peu des Bromes par ses caractères et surtout

ses usages comme fourrage.—La glume est à deux valves inégales, courbées en carène ; elle renferme de 3 à 8 fleurs ; les valves de la balle sont aussi courbées en carène ; l'une d'elles porte à son sommet une arête très-courte.

Le *Dactyle pelotonné* (*Dactylis glomerata*, Lin.) (*fig.* 677), vivace, s'élève de 2 pieds à

Fig. 677.

1 mètre ; ses feuilles, larges d'un centimètre environ, sont rudes au toucher ; sa panicule est composée d'épillets petits, nombreux, ramassés par pelotons et tournés presque tous du même côté de chaque pédicule.

Cette plante est, comme les Bromes, fort peu propre à la formation des prairies à faucher, parce que ses tiges durcissent outre mesure après la floraison ; mais, comme les Bromes aussi, soit qu'on la coupe en vert ou qu'on la réserve en pâturage, elle présente l'avantage réel de réussir sur les terrains les plus médiocres et les plus secs. — Le Dactyle glomeré est robuste, précoce ; de toutes les graminées, c'est une de celles qui repoussent et se maintiennent le mieux sur de mauvais sols.

CYNOSURE (*Cynosurus*). Genre qui diffère particulièrement de ceux qui le précèdent et le suivent, par la présence d'une bractée foliacée et découpée qui accompagne chaque épillet à sa base ; — glume bivalve contenant de 2 à 5 fleurs ; — les valves de la balle entières.

Cynosure ou *Cretelle des prés* (*Cynosurus cristatus*, Lin.) (*fig.* 678), vivace ; tiges de 15 à 18 po. (0ᵐ 406 à 0ᵐ 487), assez feuillées ; — Epillets sessiles, en forme de crête ou plutôt de peigne conique et à deux rangs de dents.

Cette plante a le mérite de croître dans les terrains secs, quoiqu'elle s'accommode mieux des autres. — En général, elle ne convient pas à la formation des prairies fauchables. parce qu'en se desséchant, ses épis à bractées rudes la rendent peu agréable aux bestiaux ; mais elle est assez productive et fort du goût des moutons comme pâture.

Fig. 678.

FROMENT (*Triticum*). (*Voy.* pag. 365.)

Nous avons dit que les fromens pouvaient accidentellement, et sans diminution notable de la récolte suivante, être fauchés ou pâturés au printemps, et nous avons indiqué dans quelles circonstances une telle pratique devenait avantageuse; je dois seulement la rappeler ici, bien plus comme une exception à la règle générale que comme une coutume qu'on puisse étendre et généraliser sans inconvénient; mais, à défaut des fromens annuels, on a recommandé de cultiver comme fourrage des fromens vivaces, et, malgré l'anathème porté contre lui par tous les cultivateurs, on a fait voir que le *Chiendent* n'était pas sous ce point de vue sans quelques avantages. Il n'est pas inutile d'indiquer le parti qu'on peut tirer d'une plante aussi commune.

Le *Chiendent* (*Triticum repens*, Lin.), dont les racines longues et rampantes poussent avec une si grande facilité des tiges de chacune de leurs articulations, s'élève parfois jusqu'à un mètre et plus; ses feuilles sont vertes, molles, velues, fort du goût des bestiaux. Il fait en partie la base des prairies justement célèbres connues sous le nom de Prévalaie, et on le retrouve communément dans un grand nombre de pâturages estimés principalement pour la nourriture habituelle des vaches laitières ou nourrices. — Il paraît que les chevaux s'accoutument fort bien à manger les racines de chiendent, ramassées à la surface des champs nouvellement labourés, et qu'ils se trouvent à merveille d'une semblable nourriture, ainsi que le démontre la pratique de diverses parties de l'Espagne et de l'Italie.

Ce végétal, dont la rusticité fait si souvent le désespoir du laboureur, s'accommode surtout des terrains substantiels, plutôt humides que secs. Il résiste facilement à d'assez longues submersions, et donne, en pareille position, un fourrage aussi abondant et meilleur que bien d'autres plantes aquatiques ou semi-aquatiques. Sur les bords des fleuves, de toutes les eaux à cours rapides, ses longues et flexueuses racines retiennent les terres d'une manière efficace; ses tiges nombreuses arrêtent le limon qui ajoute annuellement à l'élévation du sol, et n'en donnent pas moins de fort utiles produits au moins en vert.

SEIGLE(*Secale*). (*Voy.* pag. 383 et suivantes.)

Le *Seigle d'hiver*, ainsi que le froment et surtout l'orge, peut être cultivé spécialement comme fourrage. Semé en automne, il procure l'une des premières, et, dans quelques lieux, la principale nourriture verte dont on puisse affourrager les bestiaux après la consommation des racines hivernales. — Il donne même un assez bon coupage pendant les hivers doux, et l'on sait que, dans ce dernier cas, une pareille récolte n'exclut pas celle des grains.

Le *Seigle de la Saint-Jean*, semé vers l'époque dont il a pris le nom, est particulièrement propre à cette destination. Dans les contrées où l'on en fait usage, notamment en Saxe, on commence à le faucher en automne; on le fait ensuite pâturer jusqu'à la fin de l'hiver, puis on le laisse monter au printemps.

La précocité du seigle, et la facilité avec laquelle il pousse dans les terres légères qui ne conviennent ni au froment ni même à l'orge, devrait le faire rechercher plus généralement pour créer des *fourragères* semblables à celles que l'on remarque encore fréquemment en Italie et aux environs de quelques-unes de nos grandes villes, pour la nourriture des vaches que les nourrisseurs tiennent à l'étable.

IVRAIE (*Lolium*). Epillets aplatis, solitaires sur chaque dent de l'axe, et à peu près parallèles à cet axe; glume bivalve contenant un grand nombre de fleurs.

L'*Ivraie vivace* (*Lolium perenne*, Lin.) (*fig.* 679), — *ray-grass d'Angleterre*, a les tiges droites, hautes de 1 à 2 pi. (0 m 325 à 0 m 650), à feuilles glabres, longues, assez étroites; les épillets sont barbes. — C'est le *gazon anglais* utilisé si fréquemment dans nos jardins pour former ces tapis de verdure qu'aucune autre graminée ne pourrait égaler en finesse et en fraîcheur. Il est moins employé dans la grande que dans la petite culture, et paraît mieux convenir aux climats du Nord qu'à ceux du sud de l'Europe.

Fig. 679.

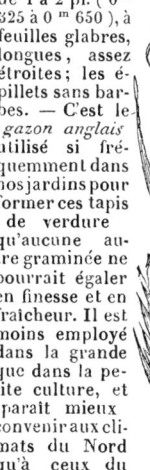

—On peut, je crois, poser en fait que cette Ivraie ne convient en France, comme prairie à faucher, que dans les fonds bas et frais où elle dépasse ses dimensions ordinaires, et où elle donne un très-bon fourrage si elle est associée à d'autres gramens d'une végétation aussi rapide que la sienne; car on doit la couper de bonne heure, sous peine de la voir sécher et durcir au point d'être rebutée même par les chevaux.—En des circonstances moins favorables, elle s'élève rarement assez pour donner un foin passable; mais sur les terres argilo-sableuses qui ne se dessèchent pas trop rapidement, elle peut encore procurer des pâturages précieux, par suite de leur précocité, de leur aptitude à s'épaissir et à se fortifier d'autant plus qu'ils sont broutés de plus près, et foulés davantage par le piétinement des troupeaux. — Cette plante est à juste titre considérée comme l'une de celles qui contiennent, sous un petit volume, le plus de substance nutritive; aussi, lorsque, dans la vaste plaine de la Crau, les moutons soulèvent les cailloux pour y chercher les tiges grêles et déliées qui croissaient à leur ombrage, une très-petite quantité leur suffit, et les bergers ont coutume de dire que *bouchée fait ventrée* (*bouccado vao ventrado*). — Néanmoins, le ray-grass, dans les situations ou les terrains arides, est d'une faible ressource et peut presque toujours être remplacé avantageusement par quelque autre graminée. — Pour semer un pré, on emploie environ 50 kilog. par hectare.

En Angleterre, il n'est pas rare d'associer cette graminée à diverses légumineuses, et notamment au trèfle rouge ou blanc, pour former des prairies qui peuvent se conserver au-delà de 4 ans, et qui sont considérées comme d'un excellent produit.

L'*Ivraie d'Italie* (*Lolium Italicum*) (*fig.* 680),

Fig. 680.

vivace, que divers auteurs considèrent comme une simple variété de la précédente, en diffère cependant, non seulement parce qu'elle ne talle ou ne gazonne pas autant, mais parce que ses tiges sont plus élevées, ses feuilles plus larges, d'un vert plus blond, et ses fleurs constamment barbues.—Comme le *Lolium perenne*, celui-ci est vivace; cependant, d'après des observations précises, dues à M. DE DOMBASLE, M. VILMORIN et plusieurs autres, il ne paraît pas qu'on puisse en obtenir des produits satisfaisans pendant plus de 2 ans, du moins comme prairie fauchable.

On a prétendu que cette plante cultivée depuis un certain temps, avec un succès fort remarquable dans le pays qui lui a donné son nom, par sa propriété de croître dans les localités arides, devait être au sud ce que la précédente est au nord de l'Europe; et il est de fait que je l'ai vue sur des sables où je doute que l'autre eût réussi pareillement. Toutefois, je ne pense pas qu'année commune on trouve grand avantage à la cultiver, sans le concours des irrigations, sur les terrains secs et médiocres pour lesquels on l'a si fort préconisée. — Dans les sols frais et substantiels, l'*Ivraie* d'Italie végète avec une vigueur des plus remarquables; sa croissance est si rapide qu'on peut obtenir, même au centre de la France, la première année d'un semis différé jusqu'en mai, *trois fortes coupes* d'un excellent fourrage. On citerait peu d'exemples d'une pareille abondance sur d'autres graminées. — L'ensemencement d'un hectare exige de 40 à 50 kilogrammes de graines.

ÉLYME (*Elymus*). Chaque glume renferme de deux à quatre fleurs; est à deux valves unilatérales; — les épillets sont géminés ou ternés sur chaque dent de l'axe.

L'*Elyme des Sables* (*Elymus arenarius*, Lin.) (*fig.* 681), est dans toutes ses parties d'une couleur blanchâtre; ses feuilles sont nombreuses, longues; — ses tiges, qui ne sont pas beaucoup plus hautes, se terminent par un long épi pubescent. Elle croît naturellement sur les dunes dont elle contribue puissamment à fixer les sables. — L'aptitude avec laquelle cette plante et quelques-unes de ses congénères supportent les sécheresses les plus continues, et peuvent prospérer dans les sols les moins substantiels, ont fait désirer de la voir essayer comme fourrage. A la vérité, les bestiaux refusent de la manger sèche, mais ses fanes vertes leur procurent une nourriture saine, et qui, d'après les expériences des chimistes, abonde en parties assimilables. Ces réflexions me semblent de nature à être méditées par les habitans des bords de la mer, et les propriétaires des terrains ensablés. Malheureusement, pour qui voudrait faire des essais sur la culture de cette élyme ou de toute autre, il faudrait trouver d'abord le moyen de s'en procurer des graines. Quelque petite qu'en fût la quantité, en peu de temps on pourrait, grâce aux racines traçantes de la plante, et à ses féconds épis, étendre l'expérience à une plus grande étendue de terrain.

Fig. 681.

ORGE (*Hordeum*). (*Voy.* page 386).

L'*Orge escourgeon* (*Voy.* page 387), l'une des espèces d'hiver les plus hâtives et les plus productives en tiges et en feuilles, est aussi celle que l'on cultive le plus ordinairement comme fourrage, pour le donner en vert aux chevaux, aux jeunes poulains, surtout aux vaches laitières et à tous les animaux fatigués ou malades. Voici ce qu'en dit OLIVIER DE SERRES : « Avec le seul orge chevalin ou d'hiver, fait-on aussi de bon farrage. On sème cest orge quand et en semblable terre que l'autre farrage ; et de mesme, le bestail le paist en campagne durant l'hiver. Si de ce l'on se veut abstenir, gardé jusques au printems, cest orge est fauché ou moissonné en herbe ; mais petit-à-petit pour de jour à autre le faire manger aux chevaux, dont profitablement ils se purgent, de là prenans le commencement de leur graisse. Tout autre bestail gros et menu s'en porte aussi très bien, si on le paist modérément de ceste herbe : car, de leur en donner à discrétion seraient en danger de s'en trouver mal, par trop de replection, tant abondante est elle en substance. Couppé à la fois, cest orge en herbe, séché et serré au grenier comme autre foin, est aussi bonne viande pour tout bestail en hiver, et, avenant que la coupe en soit tost faiete, comme sur la fin d'avril ou commencement de may, le reject de ses racines conservé, produira gaillardement nouvelle herbe et grain avecque, le tems n'estant extraordinairement chaud. »

La *grosse Orge nue* (*Voy.* page 388) est aussi cultivée fréquemment comme fourrage. Elle se sème au printemps ; ses produits sont regardés par la plupart des nourrisseurs de Paris comme préférables à tous autres pour rafraîchir les vaches ou les ânesses laitières, renouveler leur lait et augmenter à la fois la qualité et sa quantité.

L'*Orge noire* (*Voy.* page 387), par suite de la propriété singulière qu'on lui a reconnue de ne pas monter, si on attend, pour la semer, le mois de mai ou seulement la fin d'avril, paraîtrait très-propre à remplir la double destination de plante fourragère et à grain. Il est probable qu'on pourrait la faucher plusieurs fois la première année, sans nul inconvénient pour l'année suivante.— Elle occuperait ainsi deux ans de l'assolement et donnerait double produit sans exiger double culture.

L'*Orge des prés* (*Hordeum secalinum,* Schreb.), *Orge faux seigle*, etc., est une des espèces sauvages que l'on rencontre le plus souvent dans les prairies basses ; — ses tiges sont grêles, ses feuilles assez rares ; — ses épis diffèrent de ceux de *l'Orge queue de souris* ou de muraille, parce qu'ils sont plus courts et garnis de barbes moins longues et beaucoup plus fines. (*Voy. fig.* 682.)

Fauchée de bonne heure, cette espèce produit un foin fin et de fort bonne qualité. Si on la laissait approcher de la maturité, ses barbes acquerraient une rudesse désagréable aux bestiaux, et ses feuilles radicales jauniraient promptement. En résumé, comme fourrage annuel fauché ou pâturé, elle est loin de valoir celles de ses congénères que je viens de citer. Tout au plus peut-elle une première année, mélangée en petite quantité à d'autres fourrages plus durables qu'elle, augmenter leurs produits sans nuire à leur succès futur, puisqu'elle laisse le terrain entièrement libre dès la seconde année. Pour cela il est clair qu'il faut qu'elle soit coupée avant la formation de ses graines.

Fig. 682.

MAÏS (*Zea-maïs*), *Voy.* pag. 396 et suivantes. — Plante monoïque à fleurs mâles rameuses et terminales, dont chaque glume est biflore. — Les fleurs femelles sont serrées en épis axillaires cachés sous des spathes et dont les styles sortent en houppes soyeuses ; — leur glume est uniflore. — La tige est haute de 1 à 2 mètres, selon les variétés ; — les feuilles longues, succulentes et larges.

Non seulement dans beaucoup de lieux le maïs en grains fait une partie essentielle de la nourriture des hommes et des animaux de travail et d'engrais, mais ses fanes vertes et ses feuilles même desséchées produisent un fourrage dont on ne connaît pas assez généralement l'importance. — Quand on commence à le couper avant la sortie des fleurs mâles, aucune plante des prairies n'est autant du goût des bestiaux et ne les nourrit mieux à dose égale. Aussi évite-t-on de leur en donner à discrétion dans la crainte d'accidens assez graves qui se renouvelleraient d'autant plus fréquemment qu'on ne prendrait pas la précaution de le laisser se faner, après l'avoir coupé, pendant assez de temps pour lui enlever par l'évaporation une partie de ses sucs aqueux.

L'usage modéré du maïs vert est également profitable à tous les herbivores ; il les rafraîchit, les maintient frais et luisans au milieu des chaleurs de l'été. Les bœufs et les vaches en sont particulièrement avides ; il augmente la quantité du lait de ces dernières et lui donne un goût exquis.

Dans le midi, quelques cultivateurs font macérer les feuilles sèches de maïs en versant dessus de l'eau bouillante tantôt pure, tantôt légèrement salée, ce qui ajoute beaucoup à la qualité du fourrage. — Après la récolte des grains, les tiges écrasées, hachées et humectées sont encore du goût des bestiaux ; et, si l'on ajoute foi aux analyses curieuses de Sprengel, elles contiennent en cet état 74 pour cent de parties nutritives, c'est-à-dire presque autant que les tiges sèches du millet et beaucoup plus que la paille de froment.

On sème le maïs-fourrage épais, à la volée, depuis la fin d'avril jusqu'à celle de juin et même le milieu de juillet, cependant, quoique cette méthode soit la plus ordinaire, d'habiles cultivateurs préfèrent les semis en lignes. Ils fument le terrain au printemps et le sèment par petites parties de 15 en 15 jours, se ménageant ainsi pendant 3 ou 4 mois une ample récolte de l'un des meilleurs fourrages verts connus, tout en disposant leur sol, par les binages, à recevoir l'automne suivante une belle culture de froment.

§ II. — Des plantes légumineuses (1).

Lupin (*Lupinus*). Calice à deux divisions ; — carène bipétale ; — étamines soudées à la base et à anthères, les unes rondes, les autres oblongues ; — gousses coriaces, oblongues, à plusieurs grains ; — fleurs en épis ; — feuilles digitées et à stipules adhérentes au pétiole.

Le *Lupin blanc* (*Lupinus albus*, Lin.), annuel, se distingue suffisamment du lupin bigarré, dont il se rapproche le plus, par la couleur blanchâtre de ses fleurs alternes, disposées en grappes droites et dépourvues de bractées ; par la lèvre supérieure de son calice qui est entière, etc.; il s'élève à plus de 2 pieds (0 ᵐ 650). — Cette plante, qui a l'avantage incontestable de croître fort bien sur les sols de très-médiocre qualité, dans les graviers et les sables ferrugineux, comme sur les argiles les plus maigres, et de résister partout à la chaleur, vient au contraire assez mal à l'humidité et dans les terrains calcaires à l'excès; elle craint les froids du nord et du centre de la France; aussi ne peut-on l'y semer que vers la mi-avril, à raison de 10 à 12 décalitres par hectare.

Le lupin en vert est un assez bon pâturage pour les moutons; lorsqu'on le cultive sur une terre de la nature de celles dont je viens de parler, c'est ordinairement ou pour le faire pâturer sur place par ces animaux, ou pour l'enfouir au moment de la floraison. Dans l'un et l'autre cas, il présente un moyen puissant et peu coûteux d'amélioration. — On a quelquefois donné les tiges sèches de lupin aux bœufs, qui mangent les sommités en cas de pénurie d'autres fourrages, mais qui rejettent toujours la partie inférieure, à moins qu'elle n'ait été préalablement pilée ou hachée. — Les grains macérés dans l'eau sont un excellent aliment pour les ruminans.

Dans quelques parties du midi, notamment aux environs de Bordeaux, on cultive aussi le *Lupin à feuilles étroites* (*Lupinus angustifolius*, Lin.).

Anthyllide (*Anthyllis*). Calice à cinq divisions, renflé à partir de sa base, et rétréci vers son orifice, velu, persistant ; — étendard plus long que les ailes et la carène ; — gousse petite, renfermée dans le calice, et à une ou deux graines seulement ; — feuilles ternées ou ailées, avec impaire plus grande que les autres folioles, et à stipules adhérentes au pétiole.

« L'*Anthyllide vulnéraire* (*Anthyllis vulneraria*, Lin.), vivace (*fig.* 683), est une plante indigène que nous avons souvent rencontrée dans les prés et les pâturages secs; que les bêtes à laine, les chevaux, les chèvres et les bœufs mangent, et qui nous paraît *propre à utiliser les sols les plus ingrats.* Ses racines, vivaces et pivotantes, fournissent des tiges herbacées, un peu velues, couchées dans l'état de nature, et formant une touffe étalée d'environ 34 centimètres. Ses feuilles ailées ont peu de folioles, et ses fleurs jaunes sont ramassées en têtes géminées. » **Yvart** (*Cours complet d'agriculture théorique et pratique*).

Fig. 683.

Fig. 684.

Trèfle (*Trifolium*). Calice tubuleux, à cinq divisions ; — carène d'une seule pièce, plus courte que les ailes et l'étendard ; — gousse petite, renfermée dans le calice, et de deux à quatre graines ; — feuilles ternées ; — fleurs réunies en tête ou en épis serrés.

Le *Trèfle commun* (*Trifolium pratense*, Lin.), grand *Trèfle rouge, Trèfle de Hollande*, etc., en anglais, *Clover* (*fig.* 684), vivace, a des tiges plus ou moins rameuses, longues de 1 pied à 1 p. 1/2 (0 ᵐ 325 à 0ᵐ 487), redressées, peu ou point velues dans l'état de culture; ses 3 folioles sont elliptiques, glabres ou très-peu velues, à peine dentées ; ses fleurs sont d'un rouge pourpre, disposées en tête serrée, portant à sa base

<hr/>

(1) La fleur des légumineuses est composée de deux parties : un *calice* qui correspond à la glume des céréales, c'est-à-dire qui forme l'enveloppe extérieure de la seconde partie ou de la *corolle*. Pour l'intelligence de ce qui va suivre, il est nécessaire de savoir que cette dernière est formée de 4 divisions ou *pétales*, savoir : un à la partie supérieure appelée *étendard :* c'est ordinairement le plus long; — 2 opposés sur les côtés, appelés *les ailes*, et un en bas recourbé et parfois divisé, désigné sous le nom de *carène*.   O. L. T,

deux feuilles formant une sorte d'involucre ; la division inférieure du calice est presque double des autres en longueur. (*Voy.* les détails de la figure.)

De toutes les légumineuses fourragères, celle-ci est la plus répandue dans la grande culture. Ses avantages nombreux ont à peine besoin d'être rappelés.

La culture du trèfle paraît avoir été complètement inconnue d'Olivier de Serres, et, longtemps après cet écrivain, elle était encore fort peu répandue en France, si l'on en juge à la manière dont en parle Duhamel. Ce fut, je crois, l'Allemand SCHOUBART qui enseigna l'un des premiers à le semer parmi les céréales de printemps, afin de le récolter pendant l'année de jachère. Ses efforts durant une partie du siècle dernier furent couronnés d'un succès si national, qu'ils lui valurent le titre de noble de *Kléefeld* (champ de trèfle) chez nos voisins, peu de temps avant que PARMENTIER s'immortalisât chez nous en y répandant la culture de la pomme-de-terre. — On peut juger par la lecture des auteurs allemands qu'à cette époque de l'apparition du trèfle dans les assolemens triennaux, on ne tarissait pas sur ses éloges. Ce végétal précieux, disait-on, n'épuisait nullement le sol, il l'améliorait au contraire par ses racines et par ses feuilles pleines de sucs, que la troisième coupe rendait à la terre, et d'ailleurs il lui aidait à absorber les sues nourriciers de l'atmosphère. — Il tenait le terrain tellement meuble et propre, qu'un seul labour y assurait aussi bien, si ce n'était mieux que ne l'eût fait une jachère, la réussite d'une récolte de blé. — Le fourrage abondant et succulent qu'on obtenait ainsi de la jachère procurait par la nourriture à l'étable et l'excédant de foin qu'on avait à sa disposition, une rente du bétail beaucoup plus élevée, et une véritable surabondance d'engrais. — On croyait pouvoir, à l'avenir, se passer de prés, de pâturages et de tous autres moyens de nourrir les herbivores. — Le trèfle était enfin considéré comme le tout de l'agriculture ; sur lui et sur l'abolition du pacage et de la jachère, reposait le bonheur du genre humain !...

Or, à cette époque, un semblable engouement était tout naturel ; car les inconvéniens inhérens à la culture du trèfle sont en grande partie la suite de son trop fréquent retour sur les mêmes soles, et l'expérience seule pouvait les faire connaître. On s'aperçut depuis qu'en effet, s'il *n'épuisait* pas le terrain sur lequel on voulait le ramener de 2 en 2 ou de 3 en 3 ans, il *l'effritait* au point de ne pouvoir plus s'y soutenir ; — que par suite de cet inconvénient fort grave en lui-même, il cessait d'être une culture nettoyante, et qu'il ne pouvait plus en aucune façon remplacer en pareil cas la jachère, attendu qu'il était souillé de mauvaises herbes ; — que son fourrage, consommé sur pied dans les lieux où l'on conservait l'usage des pâturages, offrait des dangers, à moins qu'on ne l'associât à quelque autre, et qu'il était assez difficile de le sécher convenablement. — Enfin, on trouva aussi que l'impossibilité de le conserver plus de 2 ou, à la rigueur, de 3 ans, était une chose fâcheuse ; mais, sous ce point de vue, la faci-

lité que donne la rapidité de sa croissance de le faire entrer dans les assolemens à court terme, sans perdre pour ainsi dire un seul instant de la rente du sol, dut paraître dans tous les temps, comme elle l'est en effet, une compensation suffisante à sa courte durée.

— Quoi qu'il en soit, en se défendant de l'abus, et en prenant les diverses précautions qui ont été indiquées à l'article *Assolement*, et dans le cours des premières sections de ce chapitre, les pompeux éloges de Schoubart et de ses contemporains sont bien près de la réalité.

Le trèfle se plaît de préférence dans les terrains frais et profonds de nature sablo-argileuse ; et, quoiqu'il soit parfois assez difficile d'en obtenir de beaux semis dans les terres fortes, une fois qu'il y a établi ses longues racines, il y vient bien. — Sur les sols dans lesquels le calcaire ne se trouve pas en proportion excessive, il réussit aussi, pourvu que le fonds en soit argileux. — Quant aux sols très-légers, ils lui conviennent moins qu'à la lupuline. Celle-ci y pousse plus vigoureusement, et n'a pas au même point que lui l'inconvénient de soulever et de diviser à l'excès la couche végétale.

Le plus souvent (*Voy.* p. 487 et suiv.) on sème le trèfle *au printemps*, avec les avoines, les orges, les blés de mars ou d'automne, le maïs ; — d'autres fois avec le lin, ce qui exige, comme je l'ai rappelé en parlant de cette plante, quelques précautions ; — avec le colza, etc. — *L'automne* ne convient pas dans nos régions moyennes. Elle ne convient guère mieux dans les départemens méridionaux. Là, les hivers sans neige détruisent fréquemment le trèfle, ou, s'ils sont fort doux, ils lui permettent d'acquérir un développement tel, et sa précocité devient si grande au printemps suivant, qu'il peut fleurir avant la moisson, et causer un notable dommage à la céréale. Afin de parer autant que possible à ce double résultat, on choisit donc généralement le printemps, quoiqu'il soit rare que les pluies soient assez abondantes dans la France méridionale, à cette époque, pour assurer le succès des semis. — Cependant, divers cultivateurs, parmi lesquels je cite avec confiance M. LOUIS DE VILLENEUVE, ont trouvé préférable de semer clair dans les 15 premiers jours d'octobre, avec le blé, et, lorsque le froid acquiert plus tard une certaine intensité, de répandre de nouveau, à la fin de février, un tiers environ de semence en sus de la quantité ordinaire. Lorsque le trèfle d'automne nuit au blé par son rapide développement, chance du reste fort rare, on peut se procurer une sorte de dédommagement en coupant ce dernier très-haut, et en fauchant de suite la chaume. « On obtient ainsi un mélange de trèfle et de paille qui fait un excellent fourrage. Si on doit avoir une assez grande quantité de terre en trèfle, il est prudent d'en semer une partie en automne, et l'autre au printemps. » (*Essai d'un manuel d'agriculture*, etc. Toulouse, 1825.)

De la fin de février à celle de mars ou même d'avril, selon les localités et la température des saisons, on fume quelquefois le trèfle. Toutefois, cette précaution est rarement nécessaire dans un bon assolement et sur des terres d'une fertilité moyenne.

Partout où les frais de transport n'ajoutent pas excessivement à la valeur du plâtre, c'est aussi après la cessation des gelées qu'on répand ce puissant stimulant, en choisissant un temps calme, et au moment où les feuilles sont humectées par la rosée ou par une pluie. Dans tous les lieux où le plâtrage a pénétré, on le regarde, en principe, comme indispensable à la culture du trèfle; il est certain qu'aucun engrais ne peut mieux assurer la réussite de cet excellent fourrage, et, par une conséquence désormais bien appréciée, le succès de l'assolement dont il fait partie.

Autrefois on laissait assez souvent le trèfle occuper le sol 3 années, y compris celle du semis; mais alors il était rare que la 3e il pût être employé autrement qu'au pâturage. On regarde aujourd'hui avec raison comme beaucoup plus profitable de le rompre à la fin de la seconde année, et même, quoiqu'il fût le plus souvent possible d'obtenir 3 coupes, on enfouit la dernière pour ajouter à la fécondité du sol. Il y a loin de cette pratique raisonnée à la coutume de quelques cantons de l'Allemagne, d'utiliser même les racines de cette légumineuse à la dépaissance du bétail : à la vérité, elles lui procurent une nourriture de bonne qualité; mais si l'on met en ligne de compte les frais d'extraction et le tort qu'on fait au sol, on se convaincra facilement qu'en définitive il y a plus de perte que de profit à agir de la sorte.

Dans beaucoup de contrées on ne cultive le trèfle que comme plante fourragère, — dans d'autres on le fauche une seule fois de bonne heure au printemps de la seconde année et on le laisse monter et fleurir pour en récolter la graine; — dans d'autres, enfin, on ne spécule que sur la production de celle-ci et, dans la persuasion qu'elle est infiniment plus belle et plus marchande lorsque la fructification n'a pas été retardée par une coupe, on ne fauche pas du tout cette seconde année. — Dans ces deux derniers cas, la culture du trèfle devient véritablement culture économique et ne peut plus être considérée comme améliorante, mais ses produits sont parfois considérables. « Il n'est pas rare, dit Bosc, qu'un arpent de trèfle en bon fonds donne 1500 kil. de graines nettoyées, qui, à 50 centimes le kilog., font 750 fr., revenu énorme, vu que les tiges et les feuilles, quoique alors épuisées de matières nutritives, peuvent encore être employées à la nourriture des bestiaux.» J'ai vu rarement des récoltes qui approchassent de semblables produits. Cependant elles sont ordinairement assez lucratives pour indemniser richement le cultivateur des soins qu'elles nécessitent, des difficultés de l'égrainage et des frais d'acquisition de machines propres à l'effectuer. Je regrette de ne pouvoir entrer, dans ce chapitre dont je crains d'avoir déjà dépassé les bornes, en des détails suffisans sur cette importante matière qui se rattache bien plus à une question de culture économique et commerciale qu'à une simple question de culture fourragère. On trouvera sans doute occasion d'y revenir dans le 2e livre de cet ouvrage.

Le grand Trèfle normand, que M. de LAQUESNERIE a fait connaître sous le nom de *Trèfle du pays de Caux,* est une variété du trèfle commun, plus élevée et plus tardive qu'elle. « Les semis que j'en ai faits, dit M. VILMORIN, m'ont mis à même de reconnaître cette double vérité. Il ne donne ordinairement qu'une coupe, mais qui souvent équivaut aux deux coupes du trèfle ordinaire. Son fourrage est plus gros, et la plante m'a paru être plus durable. Ce trèfle doit-il être préféré à l'espèce ordinaire? Je ne prendrai pas sur moi de résoudre cette question qui, d'ailleurs, est probablement susceptible de solutions opposées dans des terrains et des circonstances différentes. Cette espèce est encore trop récemment connue pour qu'il soit possible d'en porter un jugement ; mais j'ai cru devoir l'indiquer aux cultivateurs comme un sujet intéressant d'épreuve et d'observation. »

« *Le Trèfle d'Argovie* est une autre variété du trèfle rouge, cultivée depuis quelques années en Suisse, et qui paraît posséder des qualités importantes. On assure qu'il dure 4 à 5 ans, ce qui lui a fait donner le nom de *trèfle perpétuel.* Je n'ai pas encore été à même de vérifier ce point ; mais ce que j'ai reconnu en lui et qui me paraît encore plus intéressant, c'est une disposition très-prononcée à monter en tiges et une précocité d'au moins 15 jours sur le trèfle ordinaire ; il est d'ailleurs vigoureux et à larges feuilles. Si les caractères que présente en ce moment cette variété sont confirmés par des épreuves plus nombreuses, et s'ils se conservent sans altération sensible pendant une suite de générations, ce sera certainement une acquisition précieuse pour l'agriculture. » VILMORIN.

Le Trèfle intermédiaire (*Trifolium intermedium,* Lin.), en anglais *Marl clover* ou *Cowgrass,* se distingue du trèfle commun par la disposition moins serrée et plus alongée de ses fleurs ; par la longueur plus grande des 3 folioles de chaque feuille, la forme des divisions du calice dont les 2 supérieures sont courtes, les 2 moyennes plus longues et l'inférieure plus longue encore. — Dans le trèfle commun, les stipules sont glabres, ovales, terminées par un faisceau de poils ; — dans le trèfle intermédiaire, elles sont étroites, longues et garnies de poils épars dans toute leur longueur.

Cette espèce est beaucoup plus vivace que la précédente ; on lui a reconnu l'avantage de croître sur des terrains de nature fort diverse et de résister, au moins aussi bien que le trèfle blanc dont je parlerai tout-à-l'heure, aux effets des fortes sécheresses. Le fait est qu'on la voit continuer de fleurir dans les herbages lorsque les graminées qui se trouvent près d'elle ont perdu toute leur fraîcheur, et qu'elle repousse encore sous la dent des animaux qui en sont avides. J'ai été souvent à même de faire ces remarques chez moi. — Quant à la somme de ses produits et à la qualité nutritive de ses fanes, le trèfle intermédiaire est de beaucoup inférieur à celui des prés. Aussi ne peut-il entrer en concurrence avec lui dans la culture alterne; mais, considéré comme plante de pâturage, il lui est au contraire incontestablement préférable, tant à cause de sa longévité que par suite de sa rusticité et de la propriété qu'i possède à un haut degré, de végéter dans les terrains arides de toute nature, une fois qu'il est parvenu à s'y bien établir.

Le Trèfle blanc (*Trifolium repens*, Lin.). petit Trèfle de Hollande (*fig.* 685), vivace, a

Fig. 685.

des fleurs blanches portées chacune sur un pédoncule particulier d'une très-grande longueur; ses trois folioles, dentées en scie, sont plus arrondies que dans les espèces précédentes ; ses tiges, presque ou entièrement glabres, sont rampantes à leur base et naturellement couchées sur la terre. Les pédicelles de chaque feuille sont, comme les pédoncules, d'une longueur remarquable.

Cette espèce serait peu propre à remplacer le trèfle rouge, comme prairie artificielle sans mélange; mais son mérite n'en est pas moins bien connu des cultivateurs; on le retrouve plus ou moins abondant dans presque tous les pâturages; à peine visible dans les terrains arides ou privés des élémens calcaires qui lui conviennent à un si haut degré, il se développe et apparaît tout-à-coup au milieu des graminées à la suite d'une fumure ou d'un simple amendement à base de chaux, ce qui, par parenthèse, a donné lieu plusieurs fois à d'étranges conjectures sur la croissance spontanée des végétaux. — Sa racine centrale pivote à une profondeur telle qu'il résiste très-bien à la sécheresse, même sur les sols les plus légers; d'un autre côté, les tiges latérales se couvrent de distance en distance de racines fibreuses qui pompent leur nourriture à une beaucoup moindre profondeur. De là sans nul doute la propriété du trèfle blanc de croître dans les argiles comme dans les sables, quelle que soit l'épaisseur de la couche végétale.

On emploie fort avantageusement cette plante pour former le fonds des prairies et des pâturages sur lesquels dominent les graminées. Dans quelques lieux on la sème seule à raison de 5 à 6 kil. au moment de leur formation, et on abandonne à la nature le soin de faire le reste. On sait combien il est préférable de former en entier le mélange. — Le trèfle blanc est une des meilleures légumineuses connues pour regarnir les herbages vieillis. d'après le procédé qui a été indiqué page 479 de ce chapitre.

Le Trèfle incarnat (*Trifolium incarnatum*,

Lin.), *Farouch*, *Farouche*, *Trèfle de Roussillon* (*fig.* 686), a des fleurs rosées ou purpurines,

Fig. 686.

disposées en long épi conique, non accompagné de feuilles ; son calice, dont les divisions sont égales, est très-velu et marqué de côtes ; les folioles sont arrondies, en forme de coin à la base, à pédicelles fort courts, surtout vers le haut.

« La culture de ce fourrage annuel, longtemps limitée à quelques-uns de nos départemens méridionaux, s'est étendue depuis dans plusieurs de ceux du nord, et deviendra probablement, d'ici à peu d'années, générale en France. Quoique le trèfle incarnat ne donne qu'une coupe, et que son fourrage sec soit inférieur en qualité à celui du trèfle ordinaire, cependant il est peu d'espèces qui puissent rendre d'aussi grands services à l'agriculture, attendu que presque sans frais, sans soins et sans déranger l'ordre des cultures, on en peut obtenir d'abondantes récoltes de fourrages. Il a de plus le mérite d'être très-précoce, et, soit en pâturage, soit coupé en vert, d'offrir au printemps des ressources pour la nourriture du bétail, presqu'avant aucune autre plante. On sème ce trèfle en août ou au commencement de septembre, ordinairement sur les chaumes, après les avoir retournés par un très-léger labour à la charrue ou à l'extirpateur. Cette façon ou du moins l'ameublissement de la surface du sol par des hersages répétés, est nécessaire pour la graine mondée qui a besoin d'être recouverte à la herse; mais lorsque l'on a de la graine en gousse, il suffit de la répandre sur le chaume sans aucune préparation préalable, et de passer ensuite le rouleau ; elle réussit presque toujours très-bien ainsi, surtout lorsqu'on s'est pressé de semer aussitôt après l'enlèvement de la moisson. On voit par là avec quelle facilité les pays dépourvus de fourrages, ceux surtout qui suivent l'assolement triennal, pourraient améliorer leur situation agricole. Qu'un fermier, par exemple, sème ainsi une portion de ses chaumes d'avoine, je supposerai le quart, dans les premiers jours de mai s'il veut couper en vert, du 15 au 25 s'il récolte en sec, tout peut être débarrassé. Il est encore à temps de lever les guérets sur cette portion de sa sole, et de lui donner toutes les façons de jachère. Ainsi, sans dérangement aucun, il aura obtenu de cette partie de ses chaumes une forte provision de fourrages, entre la récolte et l'époque où naturellement il y aurait mis la charrue. Le trèfle incarnat offre une ressource précieuse pour regarnir un trèfle manqué, en jetant simplement de la graine en gousse sur les clairières, ou même, au moyen de hersages ou ratissages suffisans, de la graine mondée.

Presque toute terre à froment ou à seigle,

pourvu qu'elle soit saine, peut porter du trèfle incarnat ; j'en sème beaucoup et j'en vois
semer avec succès sur des sols très-divers ;
il ne manque chez moi que sur des terrains
excessivement calcaires qui se gonflent beaucoup par l'effet des gelées. Quelquefois nos
hivers font périr cette plante, mais cet accident est rare. — On emploie de graines mon-
dées 20 kil. à l'hectare, et de graines en gousse,
environ 8 hectolitres, ou, en poids, 90 à 100
livres. » VILMORIN.

A cette excellente notice je n'aurais rien à
ajouter, si le trèfle incarnat n'était, aux yeux
de la plupart des cultivateurs qui en ont étudié l'usage, une plante assez épuisante. Sans
chercher à expliquer un fait qui n'est peut-
être pas encore suffisamment constaté, j'ai dû
cependant le désigner à l'attention des personnes qui voudront faire de nouveaux essais
à ce sujet.

M. BALBIS a désigné sous le nom de *Trèfle
de Molineri* (*Trifolium Molineri*), une espèce
fort voisine de la précédente, dont les fleurs
sont rosées au lieu d'être d'un rouge vif
et profond. Elle croît spontanément assez
avant dans le nord, ce qui a fait penser à
quelques personnes qu'elle devait y remplacer celle du Roussillon. Les essais qui ont
été jusqu'ici tentés ont amené à ce résultat,
que le Molineri, par suite de sa disposition à
vivre 2 ans, est plus lent dans son développement, et qu'il est sous plusieurs rapports
inférieur à l'espèce plus généralement cultivée.

Il existe encore dans le midi une variété
tardive du Farouche ordinaire. On en fait cas
notamment aux environs de Toulouse, parce
qu'il ne commence à fleurir que lorsque l'autre est déjà en grande partie consommé, et
parce que, lorsqu'on est obligé de regarnir un
trèfle ordinaire à l'aide du trèfle incarnat,
comme cela arrive assez fréquemment, celui-
ci s'accorde beaucoup mieux avec lui pour
l'époque de la fauchaison.

MÉLILOT (*Melilotus*). Ce genre diffère
essentiellement du précédent par ses gousses saillantes hors du calice ; le port de
toutes les espèces qui le composent est
d'ailleurs fort différent ; — leurs fleurs,
jaunes ou bleuâtres, sont disposées en
grappes alongées, axillaires ; — des trois
folioles de chaque feuille, les deux inférieures, au lieu d'être insérées comme la 3° au
sommet du pétiole, le sont plus bas, etc. etc.

Le *Mélilot officinal* (*Melilotus officinalis*,
Lam.) s'élève jusqu'à un mètre ; ses tiges
sont droites, dures, rameuses ; — ses fleurs
sont jaunes, quelquefois blanches: c'est une
plante bisannuelle, à racines pivotantes et
fibreuses. (*Voy.* la *fig.* 687 et détails.)
Les motifs qui ont engagé GILBERT, et, depuis lui, plusieurs agronomes, à recommander la culture du mélilot comme fourrage,
c'est que tous les animaux le mangent avec
plaisir, et que l'odeur qu'il communique aux
foins des autres plantes ajoute à leur qualité ; — qu'il est vert et fourrageux pendant
presque toute l'année ; — qu'il réussit enfin
sur les terres d'une grande médiocrité, et
résiste à de fortes sécheresses. Tout cela est
vrai, et il peut arriver qu'il y ait dans certains lieux de l'avantage à cultiver cette

plante; mais son fourrage, qui perd beaucoup
en se desséchant, lorsqu'on le fauche de
bonne heure, devient tellement ligneux à
l'époque de la floraison, que les animaux n'en
broutent plus que les sommités. Cette double considération fait qu'en général on a renoncé avec raison à la culture du mélilot
annuel partout où il a été possible de lui substituer la lupuline, qui s'accommode comme
lui des sols sablonneux et chauds, ou le sainfoin, qui prospère sur les fonds calcaires.

Fig. 687.

Le *Mélilot blanc de Sibérie* (*Melilotus alba*,
Lam.) est facile à confondre avec la variété
blanche du mélilot ordinaire ; ses tiges s'élèvent cependant beaucoup plus, elles ont de 2
à près de 3 mèt.; — ses folioles, d'un vert clair
à leur surface supérieure, sont pâles et parse-
mées de quelques poils à la partie inférieure
du limbe ; — ses fleurs, constamment blanches, sont plus petites et disposées en grappes
beaucoup plus alongées. — Divers auteurs
l'ont indiqué comme trisannuel ; chez moi,
où j'en ai fait autrefois quelques essais et où
depuis 7 à 8 ans il se ressème de lui même
avec une extrème facilité, il n'a jamais dépassé deux ans.

Comme le précédent, il réussit dans les localités les plus arides, mais j'ai éprouvé
qu'en pareil cas on ne devait pas compter
pour la 1" année sur une coupe de quelque
importance. La seconde, il présente tous les
avantages et les inconvéniens de l'espèce annuelle. Quelques personnes, en le semant
très-épais, à raison de 25 à 70 kil., en ont obtenu de bon foin ; — d'autres, en le semant
conformément au conseil donné par A.
THOUIN avec de la vesce de Sibérie, ont obtenu un *coupage* vert dont les herbivores de
toutes sortes sont avides, mais dont l'usage
immodéré causerait promptement la météorisation.

Le *Mélilot bleu* (*Melilotus cœrulea*, Lam.),
Lotier odorant, Trèfle musqué, etc., se distingue suffisamment à la couleur bleue de ses
fleurs. Il est annuel. On le dit cultivé communément dans quelques parties de l'Allemagne.

à cause de sa rusticité. Cette espèce s'élève moins et procure par conséquent un foin moins dur que les précédentes ; elle est du reste très-feuillue, et ses fleurs, comme toutes celles des mélilots, sont fort recherchées des abeilles.

LUZERNE (*Medicago*). — Calice cylindrique ; — étendard écarté, réfléchi ; — gousse plus ou moins courbée en forme de faulx ou tortillée en spirales. — Toutes les luzernes sont à feuilles ternées, à folioles dentées en scie et à fleurs presque toujours disposées en petites grappes lâches.

La Luzerne cultivée (*Medicago sativa* Lin.), vivace (*fig.* 688), a les tiges droites, hautes

Fig. 688.

d'un à deux pieds, glabres et peu rameuses ; — ses folioles sont ovales-lancéolées, dentées vers leur sommet seulement ; — ses fleurs violettes, purpurines, bleuâtres ou jaunâtres, donnent naissance à des gousses glabres, étroites, contournées en forme d'escargot.

De toutes les plantes fourragères, la luzerne est la plus productive. A côté de cet avantage qui résume tous les autres, elle présente cependant deux inconvéniens qui contribueront toujours à restreindre sa culture : d'une part, quoiqu'elle vienne en des terrains de diverses sortes, il faut, pour qu'elle y prospère, qu'ils soient en même temps profonds, substantiels et d'une consistance moyenne ; — de l'autre, ainsi que j'ai dû le répéter en traitant des assolemens, plus sa durée est longue, moins il est possible, sans compromettre l'avenir, de la ramener fréquemment sur le même sol. En vert, elle offre les mêmes dangers que le trèfle et la plupart des légumineuses.

La luzerne préfère à toutes autres les bonnes terres franches, les sables gras, les dépôts limoneux bien égouttés et les terres argilo-sablo-marneuses. Elle languit dans les localités arides et sur les fonds compactes, d'une humidité froide. Elle redoute également les sols calcaires à l'excès, lors même qu'ils ne seraient tels qu'à une certaine profondeur. — A la vérité, M. de Dombasle l'a vue réussir momentanément sur des coteaux d'une argile marneuse presque partout très-tenace, d'une fertilité au-dessous de la moyenne, et reposant sur un sous-sol en apparence imperméable à ses racines, ou, dans beaucoup de cas, sur une marne pure appelée dans le pays *chalin*, d'une infertilité presque absolue ; mais elle y a peu duré, et ses produits ont été en définitive si médiocres qu'il a fallu renoncer à l'y cultiver.

On sème le plus habituellement la luzerne au printemps, sur de l'orge ou de l'avoine. Comme elle craint le froid, surtout pendant sa première jeunesse, dans les terrains bas et exposés aux gelées tardives, il est prudent d'attendre le mois de mai. — Yvart avait adopté la coutume de la semer sur de l'escourgeon ou du seigle d'automne (*Voy.* page 470.)

Il est rare, lorsque l'on veut conserver une luzernière aussi long-temps et en aussi bon état que possible, qu'on ne la recouvre pas de quelques-uns *des engrais pulvérulens, des composts* dont il a été précédemment parlé, ou *de plâtre*, et quelquefois alternativement *des uns et de l'autre*, ce qui, dans mon opinion, est une excellente pratique. On peut fumer une fois de la fin de l'hiver au commencement du printemps, vers la moitié de la durée de la prairie, et plâtrer à petites doses de deux années l'une sur les jeunes pousses déjà développées de la première coupe.

Olivier de Serres appelait la luzerne *la merveille du ménage des champs*. En effet, il n'est pas rare qu'elle fournisse dans les climats méridionaux, qui lui conviennent particulièrement, lorsqu'on peut l'arroser, jusqu'à 5 et 6 coupes. — Duhamel rapporte qu'un arpent de luzerne lui avait donné, sur un sol assez médiocre, 20.000 livres de fourrage sec. Cependant, terme moyen, on ne doit compter que sur trois coupes que GILBERT évalue, d'après un grand nombre d'observations, à 2,519 livres la première, 1400 la seconde, 685 la dernière ; en tout 4,680 livres par arpent de Paris. — Cette quantité peut être très-habituellement augmentée à l'aide de quelques avances d'engrais et de plâtrage.

Il a été parlé ailleurs (*Voy.* le chap. X) des avantages et des inconvéniens faciles à éviter de la luzerne dans ses rapports avec les autres cultures économiques et notamment celle des grains.

La Luzerne faucille (*Medicago falcata*, Lin.), (*fig.* 689), vivace, a 3 caractères principaux qui la distinguent de l'espèce cultivée : d'une part la forme de ses gousses comprimées, oblongues et courbées en forme de faucille ; — de l'autre la couleur

Fig. 689.

jaune rougeâtre de ses fleurs; — enfin la position de ses tiges couchées inférieurement
et se redressant à peine à leur partie supérieure.

Le seul avantage que cette plante trop
vantée pourrait présenter sur l'espèce précédente serait la faculté de croitre en des terrains fort médiocres, mais, d'après plusieurs
essais, il est à craindre qu'elle n'y donne jamais que des produits tout aussi médiocres,
à moins peut-être qu'on ne la sème avec d'autres fourrages graminéens d'une longue durée. Je crois, du reste, que les essais dont je
parlais tout-à-l'heure ne se sont pas étendus
à un assez grand nombre de localités pour
en empêcher d'autres.

« La Luzerne rustique (Medicago media?).
Il croit naturellement en France une luzerne
voisine de l'espèce cultivée, mais qui en diffère par la disposition de sa tige à s'étaler
plutôt qu'à se dresser, et par sa végétation
un peu plus tardive : c'est celle que j'appelle
ici luzerne rustique. D'après plusieurs observations qui m'ont été communiquées et celles
que j'ai faites moi-même, j'ai lieu de croire
qu'elle est en effet plus rustique et moins
difficile sur le choix du terrain que l'espèce
que nous cultivons. Elle est très-vigoureuse
et produit souvent des tiges de 4 pieds et plus
de longueur. Quoique les essais que j'en ai
faits ne soient pas assez avancés pour que
j'en puisse porter un jugement assuré, cette
plante me parait cependant offrir assez d'intérêt pour que je croie devoir l'indiquer aux
cultivateurs et appeler sur elle leur attention. Elle est intermédiaire entre la luzerne
ordinaire et la luzerne faucille, et je soupçonne, sans en être assuré, que c'est la plante
désignée par PERSOON (Synopsis plantarum)
sous le nom de M. media. » VILMORIN.

La Luzerne lupuline (Medicago lupulina,
Lin.), Minette dorée. Trèfle jaune, etc.(fig.690.)
— Bisannuelle; tiges dépassant rare-
ment 1 pied (0 ᵐ 325),
couchées, nombreu-
ses ; — feuilles pétio-
lées, à folioles ovales,
un peu élargies vers
le sommet ; — fleurs
fort petites, jaunes,
en épi ovale. et portées
sur des pédoncules
axillaires plus longs
que les feuilles; — lé-
gumes petits, striés,
réniformes et ramas-
sés en tête.

Divers auteurs ont
confondu cette plante
avec le mélilot hou-
blonet (Melilotus lu-
pulina de Lam.). La
description que j'en
donne rend toute mé-
prise impossible.

La lupuline, dont il
faudrait à peine parler
si elle ne venait que
sur les terres à trèfle,
a sur celui-ci l'avantage fort important de
réussir dans les sols médiocres et très-légers. Elle est devenue en quelques lieux pour

Fig. 690.

les assolemens des terres à seigle, ce que le
trèfle est aux assolemens des terres à froment.
Une qualité aussi précieuse est de nature à
augmenter rapidement le nombre de ses partisans. Il ne faut pas croire toutefois qu'on en
obtiendra des récoltes sèches qui puissent
approcher, même de loin, de celles du trèfle;
mais elle offre en vert beaucoup moins de
danger comme pâturage et elle n'épuise pas
davantage le sol.

On sème la lupuline avec les céréales de
printemps, à raison d'une quinzaine de kil.
par hectare.

LOTIER (Lotus). Calice tubuleux; — ailes
de la fleur plus courtes que l'étendard, rapprochées longitudinalement par le haut ; —
gousse oblongue, droite, cylindrique; — stipules grandes, distinctes du pétiole et présentant l'aspect de folioles.

Le Lotier corniculé (Lotus corniculatus,
Lin.), Trèfle cornu, etc. (fig. 691), vicace, a
des tiges très-
feuillues, lon-
gues de 6 pou-
ces à 1 pied, fai-
bles, velues ou
non velues ; —
ses folioles sont
ovales, cunéi-
formes, parfois
glabres comme
la tige ; — ses
fleurs jaunes,
réunies en tête
déprimée, sont
portées sur des
pédoncules
très-longs.

Fig. 691.

Chacun con-
naît cette jolie
plante, qui vient
à côté du trèfle
blanc dans
presque tous
les herbages, où
elle résiste très-
bien à l'aridité
du sol et à la
sécheresse de
l'atmosphère.

Elle reste fort petite dans les situations défavorables, mais elle s'élève beaucoup plus sur
les fonds de meilleure qualité, et elle y es
très-fourrageuse. Le Lotier corniculé, quoiqu'un praticien anglais, M. WOODWARD, nous
informe que dans les localités humides il parvienne à une plus grande hauteur que les
trèfles, et qu'il y donne des produits supérieurs à la plupart d'entre eux, n'a point,
à ma connaissance, été cultivé en France de
manière à justifier un si pompeux eloge.
J'ignore même si on l'a jamais semé seul ; c'est
mais ce que je regarde comme certain, c'est
que, contre une opinion autrefois accréditée,
il n'est rejeté par les animaux, ni comme
pâturage, ni à l'état de foin. La seule remarque que j'aie été à même de faire, et qui puisse
justifier jusqu'à un certain point le préjugé
qui s'était élevé contre lui, c'est que les moutons broutent plus volontiers ses feuilles que
ses fleurs. Il en est de même du trèfle blanc.
— Malheureusement un obstacle plus réel ι

l'extension de sa culture, dans les pâturages artificiels, c'est le peu d'abondance de ses grains.

Le Lotier velu (Lotus villosus, Vilm.) est considéré par quelques auteurs comme une simple variété du précédent. D'autres le regardent comme une espèce distincte, parce que ses dimensions sont beaucoup plus considérables, qu'il affectionne des localités différentes, qu'il est plus grenant, etc.

Quoi qu'il en soit, espèce ou variété botanique, ce lotier est bien plus fourrageux que l'espèce précédente ; il croit à merveille dans les terrains frais, humides même et ombragés. Il est d'une longue durée, et se prête très-bien à la culture. M. VILMORIN, d'après les essais qu'il en a faits, ne doute pas qu'il ne soit une bonne plante à cultiver, peut-être seule, et à plus forte raison dans les mélanges destinés à former des prairies à bases de graminées. — Il faut le semer en mars ou avril, à raison d'environ 8 kilog. par hectare.

GALÉGA OU RUE DE CHÈVRE (*Galega*)..Calice en cloche, à 5 divisions pointues, presque égales ; — la gousse est oblongue, droite, comprimée. Les feuilles sont ailées et à stipules distinctes du pétiole.

Le Galéga officinal (Galega officinalis, Lin.) a des tiges hautes d'environ 1 mètre, cylindriques, abondamment garnies de feuilles de 13 à 15 folioles longues, obtuses et quelquefois échancrées au sommet ; — des fleurs disposées en épis pédoncules et axillaires plus longs que les feuilles, bleuâtres ou blanches ; — des gousses grêles et fort longues, marquées de stries obliques.

Il était tout naturel qu'une plante de cette famille et d'un aspect aussi fourrageux attirât l'attention des cultivateurs ; aussi beaucoup d'auteurs l'ont-ils recommandée dans diverses parties de l'Europe. Il parait que, vers la fin du siècle dernier, M. AMMERMULLER, curé dans le Wurtemberg, après plusieurs expériences, en répandit la culture dans les environs de Derdinguen. J'ignore si elle s'y est maintenue, mais je suis d'autant plus disposé à en douter, que toutes les fois qu'on a essayé de donner en France le galéga aux animaux, après y avoir quelquefois goûté, ils l'ont délaissé. A la vérité, je ne sache pas qu'on ait poussé l'expérience plus loin ; mais à cette présomption déjà très-défavorable, se joint le fait matériel de la dureté des tiges, dès l'époque de la floraison. — Il faudrait donc faucher de très-bonne heure si l'on voulait obtenir un foin mangeable.

Je n'ai parlé de cette belle légumineuse que pour prémunir ceux de nos lecteurs qui seraient tentés de l'essayer, contre des apparences trop flatteuses.

GESSE (*Lathyrus*). Calice en cloche, à 5 divisions, dont les deux supérieures plus courtes ; — style aplati, élargi au sommet ; stygmate velu ; gousse oblongue, comprimée, à plusieurs graines anguleuses ou globuleuses ; — de 2 à 6 folioles ; — stipules en demi-fer de flèche.

La Gesse cultivée (Lathyrus sativus, Lin.), annuelle (*fig.* 692), a les tiges hautes de 1 à 2 pi. (0ᵐ 325 à 0ᵐ 650), un peu grimpantes, glabres et ailées. — Ses feuilles sont à 2, plus rarement à 4 folioles longues, et

plus étroites proportionnellement que dans celle des prés ; — les fleurs sont solitaires , de couleur variable, mais jamais jaunes ; — les légumes sont ovales, larges et canaliculés sur le dos ; — les pédicelles sont axillaires , uniflores, articulés un peu au-dessous de la fleur, et munis à leur articulation de une, quelquefois de 2 bractées qui ne s'allongent et ne deviennent vraiment visibles, comme l'indique la figure, que pendant le développement de la gousse ; — les vrilles sont ramifiées.

Fig. 692.

Cette espèce redoute une humidité excessive ; du reste, elle est peu difficile sur le choix du terrain. Bien des personnes la préfèrent à la vesce, pour affourrager les bêtes ovines, parce qu'elle est, dit-on, moins échauffante Du reste, les bœufs, les vaches et les chevaux la mangent avec un égal plaisir en vert ou en sec. — On sème aussi la gesse en automne ou au printemps. La première de ces saisons doit être préférée généralement dans le midi, la seconde dans le nord et le centre qui, du reste, convient mieux à cette culture.

Quand on cultive la gesse comme fourrage vert, on la fauche par petites portions, depuis le commencement de la floraison. — Si on veut la transformer en foin, on attend que la maturation soit déjà avancée. — Il a été dit ailleurs qu'on peut aussi spéculer sur ses produits en graines.

La Gesse velue (Lathyrus hirsutus, Lin.) se distingue suffisamment de la précédente par sa tige, ses folioles pubescentes, son calice et son légume velus.

C'est à M. le baron DE WALL, propriétaire aux environs de Givet, qu'on doit en France les premiers essais sur la culture de cette plante fourragère. Elle est rustique et peut rivaliser dans ses produits avec la vesce d'hiver. On la sème en automne.

La Gesse chiche (Lathyrus cicera, Lin.), *Jarosse, petite Gesse,* etc., diffère surtout de la première espèce, d'après M. DE CANDOLLE, par ses gousses sacs appendices membraneux ; par ses pédoncules de moitié plus courts et dont l'articulation est placée beaucoup plus bas.

On la cultive dans l'Ouest, le bas Poitou, et sur plusieurs points du Midi, notamment aux environs de Montpellier, principalement pour les moutons. On la regarde comme trop échauffante pour les chevaux. On mange aussi quelquefois ses graines, soit à la manière des petits pois, soit en farine mêlée à celle des céréales; cependant, d'après des expériences consignées plusieurs fois dans divers journaux, il paraîtrait qu'à dose trop considérable elle peut occasioner des accidens graves et même la mort. — On la sème dès la fin d'août ou le courant de septembre, à raison de 2 ½ à 3 hectolitres par hectare.

La Gesse des prés (*Lathyrus pratensis*, Lin.) *(fig. 693).*—Vivace;— tiges de 1 à 2 pi. (0ᵐ 325 à

Fig. 693.

0ᵐ 650), anguleuses, grêles;— folioles lanceolées, sensiblement moins longues que dans l'espèce cultivée, à 3 nervures très-apparentes;— stipules sagittées presque aussi longues que les folioles; vrilles simples;— fleurs réunies de 2 à 8 au haut du pédoncule, de couleur jaune;— légumes comprimés, terminés par le style persistant de la fleur;— pédicelles axillaires sans bractées.

Cette plante très-vivace croît dans les terrains de diverses sortes; elle aime l'humidité et cependant résiste parfaitement bien à la sécheresse, au moins dans les terres argileuses, ainsi que j'ai eu depuis long-temps occasion de le remarquer chez moi. — Elle y croît dans les terres labourables, même très-peu profondes, avec une facilité beaucoup trop grande aux yeux du laboureur. Dans une petite pièce de terre engazonnée et plantée d'arbres fruitiers, sur une terrasse fort aride, lorsque les graminées sont à peine fauchables, cette gesse, formant çà et là des touffes épaisses, les dépasse de beaucoup dans sa croissance et produit un fourrage fort recherché de tous les animaux herbivores.

Cette circonstance m'engagea à en envoyer un certain nombre de graines à M. Vilmorin, qui n'en a pas été aussi content dans les terres arides du Gâtinais, qu'il en avait conçu l'espérance, d'après ce que je lui avais écrit. —Toutefois, je crois encore que la Gesse des prés pourrait occuper fort utilement des terrains de peu de valeur de la nature de ceux dont je parlais tout-à-l'heure. Ma conviction à cet égard étant fondée sur des faits, je ne puis qu'engager à de nouveaux essais

Pois (*Pisum*). *Voy.* pag. 419 et suivantes de ce volume.

Vesce (*Vicia*). Calice tubuleux à 5 divisions, dont les deux supérieures sont plus courtes, comme dans les gesses ;—style filiforme, formant un angle droit avec l'ovaire, velu à sa partie supérieure dans toute sa longueur, et en dessous seulement vers le sommet ;— gousse oblongue, à plusieurs graines, dont l'ombilic est latéral ;— folioles nombreuses :— stipules petites.

La Vesce commune (*Vicia sativa*, Lin.) (*Voy.* page 424 et *fig.* 694), varie beaucoup

Fig. 694.

dans son port et la forme des folioles. Celles-ci, toujours assez larges, sont tantôt aiguës, tantôt, comme nous les représentons, obtuses et même concaves au sommet; mais quels que soient du reste la pubescence ou le manque de poils de la tige, sa position couchée ou grimpante, etc., etc., un caractère qui distingue nettement cette espèce des suivantes, c'est qu'elle appartient à la section des vesces qui ont les fleurs presque sessiles à l'aisselle des feuilles. — Ses stipules sont petites, tachées de noirâtre ;— ses gousses sont comprimées, brunâtres ;— les graines qu'elles contiennent ne sont point chagrinées. Il est à remarquer que les divisions de son calice sont presque égales.

Cette vesce, dont on connaît deux variétés, l'une de printemps, l'autre d'automne, est un des fourrages annuels les plus répandus et les plus avantageux : d'abord parce qu'il est très-propre à utiliser la jachère, et ensuite parce qu'on peut semer la variété estivale jusqu'en juin, si l'on s'aperçoit à cette époque que les autres récoltes fourragères sont compromises.

Les vesces réussissent généralement dans les terrains qui conviennent à la bisaille. Toutefois il est utile de faire observer que celle d'hiver redoute une excessive humidité, et celle de printemps, surtout lorsqu'on la sème tard, un fonds trop sec. — Il est assez ordinaire de semer l'une ou l'autre sans engrais; cette coutume, parfois excusable, ne l'est jamais lorsqu'on considère sa culture comme préparatoire à quelque autre récolte épuisante. Du resté, elle consomme par elle-même assez peu d'engrais lorsqu'on ne la laisse pas grener.

Si l'on veut donner la vesce en vert à l'étable, il faut prendre les précautions qui ont déjà été recommandées plusieurs fois pour la plupart des légumineuses. — Pour la transformer en foin, on doit la couper au moment de l'épanouissement des dernières fleurs, c'est-à dire lorsqu'une partie des gousses sont déjà formées, parce que c'est le moment où elles contiennent le plus de parties nutritives.

La Vesce bisannuelle (*Vicia biennis*, Lin.). Vesce de Sibérie (*fig.* 695), est une plante bisannuelle dont les tiges, le plus souvent simples, longues, maismoinsfeuillues que dans l'espèce précédente, portent à l'extrémité d'assez longs pédoncules axillaires; — plusieurs fleurs disposées en épis irréguliers. de couleur bleue; — ses feuilles sont composées de 8 à 10 et 12 folioleslancéolées,et leur pétiole se termine en vrilles presque toujours rameuses.

Fig. 695.

Elle a été depuis longtemps recommandée par Muller, comme une des plantes fourrageuses les plus rustiques et les plus propres à procurer une nourriture verte aux bestiaux pendant tout l'hiver. Comme elle s'élève beaucoup trop pour se soutenir, A. Thouin proposait de la semer avec le mélilot de Sibérie, dont la végétation offre beaucoup d'analogie avec la sienne. Cette plante ne craint pas le froid. Si on voulait en tenter la culture, il faudrait la semer dès le commencement de l'automne pour qu'elle devînt fauchable l'année suivante, car sa croissance est peu rapide. Ce motif, joint à la nécessité de lui donner des soutiens, sont peut-être les deux causes qui ont le plus empêché sa propagation. — Il est à désirer que de nouveaux et plus nombreux essais soient entrepris.

La Vesce multiflore (*Vicia cracca*, Lin.) (*fig.* 696) est vivace. Ses tiges grimpantes sont susceptibles de s'élever jusqu'à 1 mètre et plus; elles sont grêles, rameuses, très-feuillues; — ses feuilles ailées, terminées par une vrille assez souvent simple, sont de 14 à un plus grand nombre de folioles, tantôt lancéolées et aiguës, le plus souvent ovales et obtuses, terminées par une petite pointe centrale; ses pédoncules portent jusqu'à 30 fleurs violâtres, auxquelles succèdent des légumes courts de 5 à 7 et 8 graines.

Cette espèce, qui a l'avantage d'être vivace, croît naturellement sur la lisière des bois et dans le voisinage des haies auxquelles elle s'enlace, Plusieurs auteurs anglais, parmi lesquels il faut citer le Dʳ Plot et Anderson, en font un grand éloge. Le fait est que les bestiaux la mangent avec plaisir et s'en trouvent fort bien. On a remarqué qu'elle contenait une moindre sura bondance d'eau que la Vesce cultivée. Je regarde comme assez vraisemblable qu'en la semant comme prairie artificielle parmi des graminées d'une longue durée, on en obtiendrait de bons produits.

Fig. 696.

Indépendamment des espèces précitées, il en est encore quelques autres, telles que la Vesce des haies (*Vicia sepium*), dont on parle dans tous les ouvrages anglais; la Vesce des buissons (*Vicia dumetorum*), etc., que les bestiaux recherchent, et qui pourraient peut-être offrir quelque intérêt.

La Fève (*Vicia faba*), Féverolle, etc. (Voy. page 411).

Ers ou Lentille (*Ervum*). Calice à 5 divisions profondes, linéaires, égales ou presque égales, de la longueur de la corolle; stigmate glabre, en tête; légume oblong enveloppant étroitement les graines qui forment par conséquent saillie.

1. Ers ervillier (*Ervum ervilia*, Lin.), Orobe officinale, Komm, Vesce ervilière, annuelle (*fig.* 697), a des tiges droites, rameuses, à 4 angles, qui s'élèvent de 10 à 12 po. (0ᵐ 271 à 0ᵐ 325), très-feuillues et à feuilles composées d'un tres-grand nombre de folioles. Le pétiole se termine par un faible rudiment de vrille; les stipules sont à 3 divisions; les fleurs, au nombre de 3 ou 4 au plus, sont portées sur le même côté du pédoncule; le légume contient de 2 à 4 graines.

Fig. 697.

L'ers ervillier est utilisé à la nourriture des animaux, soit en grain, soit comme fourrage vert ou sec. En grain on a cru remarquer qu'il n'était pas sans danger; cependant on emploie souvent sa farine mêlée à du son.

ou pour augmenter le lait des vaches, ou pour la nourriture des autres bestiaux. M. DE VILLENEUVE ajoute souvent aux pommes-de-terre dont ses bœufs mangent, dans la saison, de 130 à 140 livres par paire, de la farine d'ers, pétrie avec un peu d'eau et de sel. Il affirme, avec beaucoup d'autres, que cette même farine est très-dangereuse pour les cochons. — Quant aux fanes, elles sont tellement nourrissantes et échauffantes, qu'il faut en modérer l'usage, et ne les donner aux animaux de travail que pour augmenter leur énergie.

On sème cette plante en automne ou au printemps, à raison de 50 kilog. environ à l'hectare. Elle a la précieuse propriété de résister aux sécheresses, et de prospérer dans les terrains calcaires fort médiocres.

Lentille (*Ervum lens*). *Voy.* page 423 et suivantes.

SAINFOIN (*Hedisarum*). Calice persistant, à 5 divisions subulées ; carène aplatie ; gousses plus ou moins comprimées, de forme irrégulièrement arrondie et à une seule graine.

Le *Sainfoin commun*(*Hedisarum onobrychis*, Lin.), *Crête-de-coq, Esparcette, Sainfoin de Bourgogne*, etc.(*fig.* 698), a une tige droite, ra-

Fig. 698.

meuse, de 1 à 2 pi. d'élévation; des feuilles ailées avec impaire, ordinairement à 17 ou 19 folioles ; des stipules minces, sèches et demi-transparentes; les fleurs en épi terminal, de couleur rose, à ailes très courtes et à divisions du calice aussi longues que la corolle; des légumes raboteux, garnis de pointes piquantes qui leur donnent l'aspect de crêtes.

Le sainfoin est un des fourrages les plus précieux, non seulement parce qu'il est excellent en lui-même, mais parce qu'il croît dans les terrains très-médiocres de nature sableuse ou calcaire, et qu'il les améliore sensiblement. C'est surtout dans le midi que la faculté de résister aux sécheresses le rend d'une haute importance, bien que dans beaucoup de lieux on ait déjà trouvé de l'inconvénient à le ramener trop souvent aux mêmes places.

Les renseignemens suivans ont été transmis à la direction de la *Maison rustique du 19ᵉ siècle*, par M. le baron D'HOMBRES FIRMAS.

« L'esparcet qu'OLIVIER DE SERRES appelle *une herbe fort valeureuse*, est cultivé très en grand dans quelques communes du département du Gard, et depuis longtemps justement apprécié des paysans, qui lui attribuent leur bien-être. Les plus âgés se rappellent et conviennent tous qu'avant son

introduction, leurs troupeaux étaient beaucoup moins considérables; qu'ils ne tenaient pas la moitié des bêtes de labour qu'ils emploient aujourd'hui; qu'ils ayaient moins de terres en rapport, et que, faute de travail ou d'engrais, elles ne rendaient pas d'aussi bonnes récoltes.

» Les frais de culture du sainfoin ne sont pas considérables, la graine est peu chère, et l'on ne fume pas la terre, à moins qu'on n'ait des engrais de reste, qui, dans ce cas cependant, ne sont pas perdus. On fait un premier labour en novembre ou décembre, un mois après on en fait un second, et l'on sème au commencement d'avril ; les labours sont faits avec l'araire du pays, attelée de deux bœufs ou deux mules. On sème à la main, en employant à peu près deux fois autant de semence que si c'était du blé, parce que le fourrage épais est plus délicat, ses tiges étant moins fortes. Ensuite on passe sur la terre la herse, pour recouvrir la semence, ou, faute de cet instrument, on emploie pour briser les mottes et unir la terre, une claie de parc ou une planche sur laquelle monte le conducteur du cheval qui la traîne. Si l'on fait épierrer ou du moins ôter les plus grosses pierres, les plus saillantes, ce ne sera que mieux, et l'on pourra faucher de plus près.

» Lorsqu'il y a des arbres isolés au milieu d'une terre, on a grand soin de laisser un intervalle, sans semer autour de leur pied ; nous avons vu périr des noyers et des gros chênes sans autre cause apparente; aussi, dans tous les baux à ferme de ce pays, on prescrit de laisser un rond de deux pas de rayon autour des arbres, et la même distance entre les allées de mûrier qui bordent ou divisent les terres.

» Quelquefois on sème le sainfoin avec de la paumelle (orge n° 6) ou de l'avoine; on avance alors d'un mois l'époque des semences, et l'on obtient une récolte la même année. Mais c'est moins avantageux qu'on ne croit, la paumelle et la prairie artificielle en souffrent l'une et l'autre: elles réussiront toujours mieux si on les sépare.

» On dit qu'en Provence on sème le sainfoin en automne. Nos hivers sont peu rigoureux ; cependant quelques essais nous persuadent que des petites gelées et des dégels alternatifs sont très-contraires à cette plante lorsqu'elle est jeune, quoiqu'un froid plus rigoureux ne lui porte pas atteinte quand elle a pris de la force.

» C'est vers le milieu de mai, pendant la floraison de l'esparcet, qu'on le fauche, quand on le destine à la nourriture des animaux. On le coupe plus tard, comme je le dirai tout-à-l'heure, lorsqu'on veut recueillir sa graine ; la première année cette récolte est peu considérable, mais la seconde il est déjà en bon rapport, et dans les bonnes terres il acquiert 7 décimètres de hauteur. Un champ de 2 hectares produit 20 charretées de 10 quintaux métriques de fourrage sec.

» Lorsque la température est favorable à la végétation, on fait une seconde coupe au commencement d'août, qui rend à peu près un quart de la première en regain tendre, qu'on garde pour les agneaux. Je parle des bonnes terres, nous en avons peu qui soient susceptibles d'être fauchées deux fois.

»Le sainfoin sec reste d'un beau vert, conserve une odeur agréable ; tous les bestiaux le mangent avec délices : c'est une nourriture fort saine et qui n'est pas indigeste comme la luzerne. Nous en donnons à nos chevaux à discrétion, sans le moindre inconvénient.

»La floraison durant près de trois semaines, la maturité des graines arrive graduellement. Celles du bas des épis se détachent et tombent, s'il fait du vent, quand celles du milieu sont à peine mûres, qu'un peu plus haut elles sont toutes vertes, et que les sommités présentent encore des fleurs à peine écloses. Si l'on fauche trop tôt, les graines stériles dominent ; si l'on fauche trop tard, on n'a pas demi-récolte ; il faut savoir choisir le moment convenable ; mais, quand on préfère la qualité à la quantité, à Saint-Hippolyte par exemple, où nous sommes jaloux d'avoir de la bonne graine, nous attendons que la floraison soit prête à finir. La réputation méritée de cette graine, ce qui fait qu'on la recherche dans cette commune, tient à cette précaution et à l'usage où nous sommes de réserver, pour le laisser grener, un pré de sainfoin ou le côté de ce pré le plus vigoureux, le plus beau, et toujours de la première année. Par ce moyen, non seulement les graines sont plus pures, mais celles qui mûrissent les premières, qui se détachent des épis et tombent en fauchant, ne sont pas perdues ; une partie du moins, si le temps la favorise, se trouve semée naturellement, et épaissit la prairie pour les années suivantes.

»On fauche le sainfoin de graine au commencement de juin, de grand matin, avec la rosée, afin qu'il s'égrène moins ; le lendemain, au milieu du jour, après avoir étendu des draps par terre, on y porte, avec une fourche de bois, une certaine quantité de sainfoin ; pour peu qu'on frappe dessus avec le même instrument, les graines s'en séparent ; on l'enlève et on l'entasse à côté pour recommencer l'opération sur une nouvelle quantité de sainfoin.

»Le sainfoin qu'on a laissé grener a les tiges plus dures, il a perdu ses feuilles et ses sommités, il est par conséquent moins succulent ; mais les mules s'en accommodent fort bien, quoique d'une qualité inférieure. Il ne vaut que le tiers ou la moitié du premier coupé.

» On garde les bœufs ou les mules dans les sainfoins fauchés, quand ils ont repoussé, en août ou en septembre. Les bêtes à laine broutent de trop près, on leur en défend l'entrée ; cependant, après les pluies d'automne, on y mène paître les brebis prêtes à mettre bas, et les jeunes agneaux. Les cochons doivent toujours en être éloignés.

» Les feuilles, les graines, les débris qui tombent au fond des greniers à foin, sont une nourriture appétissante pour les chevaux, en les criblant pour en enlever la poussière. Nous ne leur donnons pas cependant de la graine mûre au lieu d'avoine, comme on dit que cela se fait dans d'autres pays, parce qu'elle est plus chère.

»Au bout de 5 à 6 ans nos sainfoins dépérissent ; ils perdent en qualité comme en quantité, en ce qu'ils sont mêlés de mauvaises plantes. Nous sommes dans l'usage de les défricher ordinairement dès la quatrième année. Arthur Young attribue cette pratique *à la brièveté des baux, à la mauvaise gestion des fermes, à l'ignorance de l'importance des bestiaux.* Mais, calculons le revenu d'un sainfoin pendant quinze ans, en supposant qu'il ne dégénérât pas, et le produit en foin ou en froment et en légumes, si l'on change le pré artificiel trois fois de place dans ce même temps, le résultat est en faveur de notre méthode. Est-ce donc là une preuve que l'agriculture française est dans l'enfance, comme le célèbre agronome que j'ai cité a voulu le dire ? »

§ III. — Des diverses autres plantes herbacées, cultivées ou propres à l'être comme fourrages (1).

Le Jonc de Botnie (*Juncus bottnicus*), famille des joncées. — « On regarde généralement les plantes appartenant à la famille des *joncées* comme peu nutritives ; elles sont pour la plupart dédaignées du bétail et elles lui deviennent souvent préjudiciables ; cependant, comme partout, on trouve des exceptions. Le jonc de Botnie en est un exemple. Cette plante est recherchée avec avidité des moutons, des vaches et des chevaux, et, d'après l'expérience de toutes les personnes qui ont le bonheur d'en posséder une grande quantité dans leurs pâturages et leurs prairies, ces animaux s'en trouvent parfaitement bien. Il forme le gazon le plus fourré que j'aie jamais vu ; mais il ne se plaît que dans les terres riches en sel commun. La grande quantité de ce sel, que contient le jonc de Botnie, est ce qui le fait rechercher avec tant d'avidité par les moutons et par les autres bestiaux, et qui le rend si favorable à leur santé. On pourrait semer cette plante précieuse dans des pâturages humides ; en ayant soin d'amender le sol avec du sel, je suis persuadé qu'elle viendrait bien partout ; néanmoins les terrains calcaires et crayeux paraissent moins lui convenir... » SPRENGEL, *Trad. des Annales de Roville.*

La BISTORTE (*Polygonum bistorta*, Lin.), famille des polygonées, est cultivée comme prairie artificielle, dans une partie de la Suisse et du Jura. En général, elle est plus vigoureuse dans les localités humides que partout ailleurs ; cependant je l'ai vue réussir assez bien dans les terrains légers, mais richement fumés du Jardin des Plantes de Paris. Son fourrage, un peu dur, est assez abondant. Il paraît convenir surtout aux vaches et aux moutons.

Le Sarrasin (*Polygonum fagopyrum*, Lin.). même famille. (*Voy.* page 393 et suivantes.)

---

(1) Les courtes descriptions qui ont paru jusqu'ici nécessaires pour aider à distinguer les genres nombreux et les espèces souvent fort voisines des mêmes genres de graminées et de légumineuses, maintenant qu'il ne sera parlé que d'espèces prises çà et là dans des familles fort différentes, ne présenteraient pas le même intérêt. Je les ai en conséquence supprimées. O. L. T.

Le **Plantain lancéolé** (*Plantago lanceo-lata*, Lin.), famille des plantaginées, a été recommandé en Angleterre par ANDERSON, en France par GILBERT, et plus récemment en Allemagne par SPRENGEL. C'est une plante dont les moutons sont avides, et qui serait beaucoup plus propre à être pâturée que fauchée, car au fanage elle se réduit presque à rien. Aussi l'exclut-on soigneusement des prairies. Dans les pâturages il en doit être tout différemment. Là, elle dure fort longtemps et produit un pacage à la fois plus nutritif et plus abondant que les graminées. Le plantain lancéolé est peu difficile sur le choix du terrain.

L'**Épervière Piloselle** (*Hieracium pilosella*, Lin.), famille des semi-flosculeuses, décriée comme dangereuse pour les moutons par quelques auteurs, est, au contraire, considérée par SPRENGELL comme une des plantes les plus propres a changer les sables les plus stériles en pâturages, excellens pour ces animaux. Ses feuilles et ses tiges, dit-il, ne souffrent nullement des gelées, de sorte que celles qui n'ont pas été mangées en automne procurent aux troupeaux, dès qu'ils commencent à pâturer au printemps, une nourriture fraîche qui vient alors très à propos. — La végétation de cette plante commence au mois de mars, et dure tout l'été, même pendant les plus fortes chaleurs. Le pâturage des bestiaux ne lui est nullement nuisible. — On pourrait la semer avec une céréale d'automne.

La **Laitue** (*Lactuca sativa*, Lin.), même famille. — « Dans les exploitations rurales où l'on élève beaucoup de cochons, il est d'un grand avantage de semer en diverses fois, en mars, avril et mai, quelques ares de laitues que ces animaux aiment excessivement, et qui contribuent beaucoup à les entretenir en bonne santé pendant l'été; — un sol très-riche, meuble, fortement amendé et situé près des bâtimens de l'exploitation, est ce qui convient pour cela; on sèmera, soit à la volée, à raison d'une livre et demie de graines pour 10 ares, soit en lignes à 12 ou 15 pouces de distance, à raison d'une livre seulement pour la même étendue. Dans tous les cas, on enterrera fort peu la semence. — On sarclera et binera soigneusement; car, sans ces soins, la laitue profite peu. » *Calendrier du Cultivateur*, 3ᵉ édition.

Fig. 699.

La **Chicorée** (*Cichorium intybus*, Lin.) (*fig.* 699), de la même famille, produit, dans les terres de qualités fort différentes, un fourrage précoce, abondant, qui peut être pâturé sur place ou fauché successivement pour être porté à l'étable.—Elle dure 3 ou 4 ans et résiste fort bien à la sécheresse.

— On la sème au printemps ou en automne, seule ou avec de l'orge, de l'avoine, du froment ou du trèfle rouge.

Depuis un certain nombre d'années, la culture de la chicorée a pris une certaine extension sur plusieurs points de la France. Dans le nord on en cultive une variété dont on utilise les racines comme succédanées du café. Ces mêmes racines qui se conservent dans le sol, sans craindre les effets de la gelée pendant tout l'hiver, sont, dit-on, une assez bonne nourriture pour les porcs Cette variété est, du reste, aussi fourrageuse que l'autre.

La **Centaurée noire** (*Centaurea nigra*, Lin.), *Jacée des prés*, etc., famille des flosculeuses, est une plante des sols arides et élevés; elle fournit un bon pacage aux moutons, et elle ne gâte nullement la qualité des autres foins. Les prairies dans lesquelles elle se trouve en certaine quantité sont fort estimées aux environs de Cléry dans l'Orléanais et ailleurs. J'ai souvent eu occasion de remarquer la facilité avec laquelle elle repousse après avoir été fauchée ou pâturée pendant la saison des plus fortes sécheresses, et cela, sur des terrains de toutes sortes et de très-médiocres qualités. — On pourrait l'essayer seule, à raison de 8 à 10 kilogrammes.

La **Petite-Marguerite** (*Bellis perennis*, Lin.), famille des radiées, possède plusieurs qualités qui, indépendamment de sa propriété très-nutritive, la rendent aussi précieuse dans les pâturages qu'inutile dans les prairies. Sa végétation est précoce et de longue durée, car depuis mars elle ne cesse de croître jusqu'en décembre; — elle repousse rapidement sous la dent des animaux ; — elle est de longue durée et forme un gazon court, mais épais, excellent pour les moutons, et qui a la propriété de ne redouter nullement le parcours des oies.

La **Millefeuille** (*Achillea millefollium*, Lin.) même famille, n'est ni très fourrageuse, ni très-nourrissante, mais elle a le mérite de croître sur les terres peu profondes, et de résister à des sécheresses opiniâtres. Semée avec quelques légumineuses rustiques, elle offrirait sans doute une précieuse ressource en été, pour les moutons qui l'aiment beaucoup. Il est bon d'ajouter que dans plusieurs contrées d'Allemagne on arrache ses racines au printemps, pour les donner aux vaches dont elle améliore, dit-on, beaucoup le lait.

Le **Grand** et le **Petit Boucages** (*Pimpinellæ saxifraga et magna*), famille des ombellifères, ont été étudiés chimiquement et recommandés par SPRENGELL à l'attention des cultivateurs. Le premier, qui a des feuilles très-fines, peu aqueuses et un peu dures, convient parfaitement aux moutons; il peut être brouté continuellement sans en souffrir; il se contente d'un sol maigre, pierreux, sablonneux et très-peu profond; il dure longtemps et conserve sa verdure toute l'année. — Quant au grand boucage, toujours d'après le même auteur, il est fort bon pour le bétail à cornes. Cette plante, atteignant dans un terrain convenable une hauteur de 3 à 4 pieds, est plutôt propre à être fauchée qu'à être pâturée. Ce qui la rend surtout précieuse, c'est qu'elle a une végétation très-précoce, qu'elle est bien

garnie de feuilles et qu'elle repousse promptement après avoir été coupée, de sorte qu'on
pourra en avoir plusieurs coupes dans une
année. Outre cela, elle supporte fort bien les
plus grandes sécheresses et dure longtemps.
La BERCE BLANC-URSINE (*Heracleum spon-
dylium*.Lin.), même famille, toujours d'après
SPRENGEL,pourrait être placée parmi les plantes à fourrage les plus précieuses. Elle ressemble beaucoup au panais : de même que ce
végétal, elle pousse des tiges hautes de 3 à 4
p., bien garnies de feuilles ; elle donne par
conséquent un fourrage abondant, et très-
favorable à la production du lait.—La racine
fusiforme de la berce a plus d'un mètre de
longueur, et il est probable qu'elle s'amélio-
rerait par la culture ; mais on sent qu'elle
exige un sol profond et fertile. A cette condition, elle peut supporter les plus grands
froids et les sécheresses les plus prolongées.
Plusieurs espèces de CHOUX (*Brassica oleracea*, Lin.), famille des crucifères, sont cultivées, notamment dans le nord et dans l'ouest
de la France, exclusivement comme plantes
fourragères; ce sont: Le *Chou cavalier* (*fig.*
Fig 700.

700), le meilleur
peut-être à cau-
se de son éléva-
tion et de l'am-
p ur de ses
feuilles ; — le
Caulet, qui s'en
rapproche sous
tous les rap-
ports;— le *Chou
branchu* ou *de
Poitou*, moins
élevé que le ca-
valier, mais gar-
ni fort souvent
de jets nom-
breux qui se
développent
tout le long de
la tige ; — le
Chou vivace, gé-
néralement plus
élevé que celui
de Poitou et
moins ramifié à
la partie basse de la tige ; —le *Chou en arbre*
de Laponie, qui ne paraît être qu'une variété locale de ce dernier; — *les Choux frisés
verts* ou *rouges*, qui diffèrent de tous les précédens par leurs feuilles découpées, parfois
presque laciniées; on les cultive de préférence dans le nord, quoique moins productifs, parce qu'ils résistent mieux aux froids
très-rigoureux.

Les avantages principaux des choux dans
la grande culture, sont : 1° de procurer une
nourriture verte, abondante et très-recher-
chée du gros bétail en général, pendant tout
le cours de l'hiver : dans les contrées où le
foin fait encore seul ou presque seul la base
de l'alimentation des animaux, ce premier
point est surtout d'une grande importance;
— 2° d'exiger l'emploi d'engrais et la pratique de binages qui les rendent une fort bonne
culture préparatoire pour d'autres récoltes
fourragères ou céréales. Mais, à côté de ces
avantages, il faut noter que ces plantes sont

assez épuisantes, lors même qu'on ne leur
permet pas de monter en graines, parce qu'elles ne laissent aucune de leurs dépouilles sur
le sol. Aussi, tant pour leur propre réussite
que pour celle des cultures suivantes, faut-
il les fumer abondamment.

On sème tous les choux-fourrages en pépinière, le plus souvent en mars et avril, pour
les mettre en place de septembre en novembre, aux approches des premières pluies
d'automne : quelquefois en juillet et août,
pour les transplanter en avril ou mai, par
l'un des procédés qui ont été indiqués pour
le colza. — L'espacement varie de 2 à 3 pieds
(0ᵐ 650 à 1 mètre), selon l'espèce cultivée
et la fertilité du terrain. — Pendant toute la
durée de leur végétation, c'est-à-dire le printemps de la 2° année, on entretient le sol
meuble et net de mauvaises herbes par des
labours ou des binages. A cette dernière époque,quelques cultivateurs les laissent monter
et même grener pour continuer d'affourrager
les animaux de leurs tiges florales jusqu'à
l'entier épanouissement, ou pour récolter
la graine.(*Voy* pag. 7 et suivantes du liv. 2)

Les CHOUX-NAVETS (*Brassica napo-brassica*,
Lin.) ont de grosses racines charnues analogues à celles des navets, et qui jouissent de la
précieuse propriété de se conserver intactes
dans le sol même pendant les fortes gelées, de
sorte qu'on peut ne les extraire qu'au fur et à
mesure des besoins de la consommation. La
manière de les cultiver en grand est la même
que pour les précédens; seulement 12 à 15 po.
(0ᵐ 325 à 0ᵐ 406) suffisent entre chaque pied.
Dans quelques lieux,on les sème cependant en
place de la fin d'avril à la mi-juin. J'ai éprouvé cette méthode, et j'ai trouvé que, dans un
sol bien préparé, elle donnait des résultats
plus avantageux que la transplantation.

Le CHOU RUTABAGA (*Brassica rutabaga*) se
distingue particulièrement du chou-navet à
la couleur jaunâtre de sa racine et aux dé-
coupures plus profondes de ses feuilles. Ses
avantages et les soins qu'il exige sont à très-
peu près les mêmes. Comme culture potagè-
re, le rutabaga m'a toujours paru préférable
au chou-navet à cause de sa saveur. Il n'est
pas inutile d'ajouter qu'il se forme plus vite
que ce dernier, et que conséquemment on
peut, on doit même le semer plus tard.

Les choux à racines charnues sont trop peu
répandus dans la grande culture; ils donnent,
dans les terres argilo-sableuses et même sablo-argileuses fertiles ou suffisamment fumées, un produit d'autant plus important
que l'emploi des racines n'exclut pas celui
des feuilles.

Le CHOU-COLZA (*Brassica oleracea campestris*, D.), dont il a été parlé, pag. 2 et suivantes du livre 2, sous d'autres rapports, est
aussi cultivé dans quelques lieux comme fourrage. La meilleure manière d'en tirer parti,
en pareil ca , est de le semer à la volée sur
le chaume, immédiatement après la moisson,
à l'aide d'un fort hersage ou d'un seul trait
d'extirpateur, à raison de 4 à 5 kilog. par
hectare. Lorsque le froid n'endommage pas
le semis, on obtient ainsi, dès le premier
printemps, un fourrage précieux à cette époque.

Le CHOU-NAVETTE (*Brassica napus sylves-*

tris, C. V.), *Voy.* pag. 8 du livre 2, est préféré par quelques cultivateurs à la moutarde blanche, comme fourrage. On le sème à la même époque et de la même manière que le colza, en ayant la précaution d'employer environ le double de graines.

La Moutarde blanche (*Synapis alba*, Lin.), même famille, est généralement préférée à la moutarde noire (*Voy.* pag. 10 du livre 2, fig. 5 et 6), comme récolte fourragère; ainsi que c'est les deux espèces précédentes, c'est sur le chaume qu'on est dans l'habitude de la semer, à raison d'un 10ᵉ de kilog. par hectare. Pour peu que le temps ne soit pas trop sec, la moutarde, dont chacun connaît la rapide croissance, donne promptement aux vaches, dont elle améliore le lait, une excellente nourriture jusqu'aux gelées.

La Buniade (*Bunias orientalis*, Lin.), même famille, est remarquable par la précocité de son fourrage. On peut le faire pâturer ou même le faucher dès la fin de mars ou le courant d'avril. C'est une qualité si importante, qu'on a beaucoup vanté cette plante. Dans les essais que j'en ai faits sur une terre argilo-sableuse aride et très-peu féconde, j'ai obtenu, en petit, de très-bons résultats du semis de printemps en place; d'autres se sont mieux trouvés, dit-on, de semer en pépinière et de repiquer. En général, la Buniade est très-fourrageuse et paraît peu difficile sur le choix du terrain et les soins de culture; mais une chose dont les auteurs ne parlent pas et que j'ai éprouvée, c'est que les bœufs et les vaches la repoussent en présence de tout autre fourrage : il en est de même des chevaux. Peut-être cependant pourrait-on les y habituer, et alors ce végétal présenterait des avantages analogues à ceux qu'on retrouve dans la chicorée.

Le Pastel (*Isatis tinctoria*, Lin.), même famille, se recommande aussi par sa grande précocité. Dès la fin de février, il est déjà en végétation. On lui a reproché d'être peu du goût des bestiaux; cela est vrai pour les bêtes bovines; cependant des expériences positives démontrent qu'on peut les y habituer, et qu'elles s'en trouvent assez bien. Quant aux moutons, ils le mangent sans difficulté. On sème au printemps 20 kilog. par hectare.

La Spergule (*Spergula arvensis*, Lin.) (*fig.* 701), famille des Caryophillées, partage avec la moutarde l'avantage d'utiliser le sol peu de temps après la moisson et de procurer jusqu'aux gelées un pacage ou un fourrage vert fortrecherchés des vaches. Dans les terres médiocres ou tenaces, elles'élève si peu qu'on ne peut guère en conseiller la culture que sur des sols sablo-argileux, substantiels et frais. Là, je l'ai vue donner en Belgique sur

Fig. 701.

les chaumes, ou après l'arrachage des lins, de fort bons produits. Je conseille donc de l'essayer dans des circonstances analogues, partout où les pluies estivales promettent quelques chances de succès.

La Pimprenelle (*Poterium sanguisorba*, Lin.), famille des rosacées (*fig.* 702). Le grand mérite de cette plante, dit M. Vilmorin, parfaitement d'accord en cela avec tous les essais que j'ai faits et vu faire, est de fournir d'excellentes pâtures sur les terres les plus pauvres et les plus sèches, soit sablonneuses, soit calcaires. Elle résiste aux extrêmes de la chaleur et du froid, offre surtout une ressource très-précieuse en hiver pour la nourriture des troupeaux. Quelques parties de la Champagne pouilleuse ont dû à la pimprenelle une amélioration sensible dans leur situation agricole, amélioration dont bien des milliers d'hectares en France seraient susceptibles. Il paraît que son foin ne convient ni aux vaches ni aux chevaux, quoiqu'il soit excellent pour les moutons; mais son fourrage vert plaît à tous les herbivores, et elle repousse pendant la belle saison plus vite peut-être qu'aucune autre plante. On la sème en mars ou septembre, à raison de 30 kilog. environ par hectare.

Fig. 702.

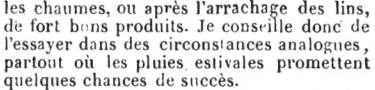

La Sanguisorbe (*Sanguisorba officinalis*, Lin.) (*fig.* 703), même famille, plus vulgairement connue sous le nom de grande pimprenelle, s'élève beaucoup plus que l'espèce précédente, et n'est guère plus difficile qu'elle sur le choix des terrains. J'en ai vu de belles sur des terres tuffacées, et j'en ai possédé de magnifiques sur des sols argilo-sableux maigres et arides. Je la crois préférable à la pimprenelle comme plus fourrageuse.

Les Courges ou Citrouilles (*Cucurbita*), famille des Cucurbitacées, dans plusieurs parties de la France méridionale et occidentale, sont cultivées sur de petites étendues pour concourir à la nourriture des ruminans, et surtout des cochons, pendant une

Fig. 703.

partie de la mauvaise saison. Cette nourriture, un peu aqueuse, a besoin d'être mitigée
par d'autres alimens. L'espèce que j ai vue
le plus habituellement recherchée est verte,
oblongue, de la grosseur de la tête ou davantage, et rayée de blanc ; quelquefois simplement tachetée de cette dernière couleur et
presque ronde.

On la sème sans grande précaution lorsque
les dernières gelées ne sont plus à craindre,
tantôt en des augets, au fond desquels on
a déposé quelques engrais, tantôt sans cette
précaution, sur des fonds naturellement fertiles, au plantoir ou à la main, à des distances à peu près égales entre chaque pied.
D'après le premier procédé, qui est préférable, on répand 4 à 5 graines dans chaque
auget, quoique plus tard on ne doive laisser subsister que deux pieds. A mesure que
les courges mûrissent, ce qu'on reconnaît
à leur changement de couleur, et surtout à
la dureté complète de leur écorce, on les
cueille ; on les laisse se ressuyer quelque
temps en plein air, et on les rentre toutes
avant les gelées dans un lieu sec et abrité.

La culture des courges est assez étendue
dans les départemens de l'Ain, de Saône-et-
Loire, de la Sarthe, de Maine-et-Loire, etc.
Là, les cultivateurs en font grand cas pour
les localités dont le fond est léger, quoique
fertile. Au-delà du 49 degré vers le nord,
elle ne présenterait plus les mêmes avantages.

§ IV. — Des arbres et arbrisseaux fourragers.

Les végétaux sous-ligneux et même ligneux
offrent dans quelques localités, et pourraient
offrir dans beaucoup d'autres, des ressources
assez importantes pour la nourriture des bestiaux. Comme les plantes herbacées, il y a
deux manières principales de les faire consommer : en vert, soit au pacage, soit à l'étable ; — à l'état sec, à l'aide de divers modes
de conservation.

Les BRUYÈRES (*Ericæ*) elles-mêmes, dans les
terrains qui ne conviennent qu'à leur végétation, sont quelquefois broutées par les moutons. M. DE MOROGUES en cite des exemples
pour la Sologne. D'après les essais qu'il rapporte, ce sont les *Erica cinerea* et *vulgaris* dont
les mérinos s'accommodent le mieux. Quand
les bruyères croissent mêlées à des *genévriers*,
ce dernier arbrisseau rend leur pacage meilleur, parce que les moutons le broutent avec
plaisir et profit pour leur santé. On pourrait
donc semer le genévrier comme le genêt, s'il
ne croissait pas avec une si grande lenteur.

Les GENÊTS (*Genista* et *Spartium*, Lin.), famille des légumineuses, croissent spontanément dans beaucoup de localités sur les terrains qu'on abandonne sans culture pendant
un certain nombre d'années. Dans d'autres
on les sème, comme l'un des meilleurs moyens
d'amélioration des coteaux à pente rapide et
des sables arides. C'est le *Genêt à balai* (*Spartium scoparium*, Lin.) qui est le plus répandu
en France. Je ne me suis jamais aperçu chez
moi que le gros bétail y touchât dans les pâturages mais il procure une bonne nourriture verte aux moutons. L'agronome distin-

gué que je citais tout-à-l'heure en a tiré un
fort grand parti dans ses propriétés du Loi
ret : « Les genêts, dit-il, sont peu coûteux à
multiplier; on en fait ramasser la graine par
des pâtres; le litre revient à 50 ou 60 c., et il
en faut 2 à 3 litres par arpent de 20 pieds
pour perche. Afin d'éviter les labours, on les
sème dans les terres usées et arides avec le
seigle et le sarrasin ; au bout de 3 ans la ge-
netière peut être pacagée avec avantage. Heureusement on commence, depuis plus de 20
ans, à se servir de ce moyen pour améliorer
les pâturages de la Sologne, et cela seul a
déjà produit un bien réel que la généralisa-
tion de cette pratique ne fera qu'accroître. »

Le *Genêt velu* (*Genista pilosa*, Lin.), d'après
SPRENGEL, est celui qui tient le 1er rang parmi
toutes les espèces de genêts les plus propres
à garnir les pâturages des moutons. Voici les
raisons qu'il en donne : 1° Il vient fort bien
dans les terrains sablonneux et même dans
ceux qui, à cause de leur grande aridité, ne
produisent que la canche blanchâtre, l'épervière piloselle et quelques autres plantes, partage des terres les plus stériles ; 2° ses tiges
et ses feuilles ne gèlent jamais, de manière
que, même pendant l'hiver, il procure aux
moutons une nourriture abondante; 3° les
rameaux sont mangés en hiver; 4° de toutes
les espèces de genêts, c'est celle que les moutons préfèrent, ce dont il est facile de se convaincre dans un pâturage où il se trouve
plusieurs autres espèces de ce genre; 5° ses racines s'étendent à des profondeurs telles que
la plante est insensible aux excès de la sécheresse et du froid, et qu'elle tire du sous-
sol une grande partie de ses principes nourriciers ; 6° elle ne souffre nullement d'un
pâturage continuel; 7° sa présence non seulement ne nuit aucunement au trèfle, aux
graminées, mais elle procure à ces plantes
une végétation plus vigoureuse, parce que le
genêt velu améliore la couche supérieure du
sol ; aussi ne devrait-il manquer dans aucun
pâturage à moutons, en sol sablonneux et sec.

La *Genestrolle* (*Genista tinctoria*, Lin.) partage une partie de ces avantages. L'analyse
nous la montre comme plus nourrissante encore; elle dure longtemps, est d'une culture
facile, parce que la semence, qui est fort
grosse, lève aisément, et souffre peu du
voisinage des autres plantes. SPRENGEL recommande de semer ce genêt avec d'autres
plantes fourragères en automne ou au printemps, par-dessus une céréale d'hiver.

L'AJONC (*Ulex europeus*, Lin.), même famille,
croît aussi naturellement dans diverses localités sur les terres abandonnées pendant un
certain nombre d'années sans culture, après
quelques récoltes économiques. — Ailleurs
on juge convenable de le semer, dans la persuasion qu'il améliore le sol pour les céréales. On répand alors à la volée une quinzaine
de kilog. de semence par hectare. L'ajonc
aime les terrains consistans. Il vient de préférence dans les schistes argilo-sableux, sur
la crête des fossés où il forme d'assez épaisses clôtures, pendant ses premières années,
et sur les friches, où, comme en Bretagne
et une partie de la Vendée, on peut en retirer un combustible abondant et de bonne
qualité.

Lorsqu'on cultive l'ajonc pour fourrage, on le tond ordinairement deux fois, üne au commencement et la seconde vers la fin de l'hiver, en ayant soin de prévenir l'entier épanouissement des fleurs, parce que dèslors ses nombreuses épines seraient plus difficiles à briser, et parce que surtout les tiges acquerraient une rigidité telle que la faulx ne pourrait plus les renverser. Lorsque les champs d'ajoncs arrivent à un certain âge, on doit recourir à la serpe. Dans tous les cas, on frappe les branchages au maillet sur un billot, ou on les fait passer sous les meules à cidre pour émousser les piquans qui repousseraient les animaux. En cet état, tous les mangent avec grand plaisir, et ce peut être, à défaut d'autres fourrages, une ressource souvent importante.

Les Pins (*Pini*) sont aussi, dans les assolemens où l'on juge utile de les introduire pour quelques années, employés à la nourriture des troupeaux. Je ne reviendrai point ici sur le mode de culture applicable à de tels assolemens (*Voy.* le chap. X); mais il est utile d'appeler l'attention des cultivateurs sur le parti qu'on peut tirer des espèces les plus abondamment cultivées, et notamment du *Pin maritime* (*Pinus maritima*, Lin.), dont l'usage sous ce rapport est trop peu connu. Je ne puis mieux faire que de laisser parler M. DE MOROGUES : « N'omettons pas ici le parti qu'on peut tirer des branchages de cette dernière espèce. Malheureusement les mérinos en font peu de cas; mais les bêtes à laine indigènes qui ne les appètent point en été, les mangent en hiver. Depuis deux ans, M. le comte DE TRISTAN a affourragé de cette manière pendant tout l'hiver deux troupeaux de brebis, race de Sologne, et il s'en est applaudi. — M. DE GAUVILLIERS, président de la Société d'agriculture du département de Loir-et-Cher, a aussi employé avec succès, dans sa terre près de Blois, ces branches pour nourrir les moutons; et moi-même j'ai fait, de mon côté, plusieurs expériences à ce sujet qui toutes m'ont paru concluantes. — Il ne faut couper les branches de pins qu'au fur et à mesure du besoin, parce que quand elles sont sèches, les moutons paraissent ne s'en pas soucier, tandis qu'ils se jettent dessus avec avidité quand elles sont fraîches et qu'ils y ont été accoutumés. Si par hasard ils y répugnaient, on pourrait vaincre ce dégoût en trempant d'abord dans de l'eau salée les branches qu'on leur donnerait. Cet expédient, dont on use avec succès pour faire manger (les premières fois, aurait dû ajouter l'auteur) des marrons d'Inde concassés aux brebis mérinos qui allaitent leurs agneaux, réussirait sans doute dans le cas que nous venons de mentionner. » (*Essai sur les moyens d'améliorer l'agriculture en France.*)

Certes, on ne cultivera jamais des pins comme fourrage dans les lieux où l'on pourra entreprendre des cultures herbagères; mais on ne doit pas perdre de vue que M. de Morgues, en les recommandant, parlait aux habitans de la Sologne, et que les circonstances fâcheuses qu'il avait en vue peuvent se présenter malheureusement en bien d'autres lieux. (*Voy.* l'art. ASSOLEMENT.)

Beaucoup d'*arbres estivaux sont très propres à donner des feuillards* qui conviennent également à tous les herbivores. A. THOUIN a consacré une partie de l'école pratique du Muséum d'histoire naturelle, et un paragraphe de son Cours de culture, a la formation et a la description de *haies à fourrages*. Malheureusement les espèces qui conviennent le mieux au bétail ne sont pas généralement celles qui procurent les clôtures les plus défensives, attendu qu'elles doivent être privées d'épines. Cet inconvénient est assez grave; néanmoins il est telles positions ou l'on pourrait atteindre suffisamment le second but, sans manquer le premier; or, selon moi, cette question est plus importante qu'on ne paraît le croire. Ce n'est pas seulement au Jardin des Plantes de Paris qu'on peut voir de superbes haies qu'une tonture rigide ne fait que rendre plus touffues dans leur mince épaisseur. Tous ceux qui ont parcouru la Belgique en ont pu remarquer de semblables en plein champ, et certes l'abondance des ramées obtenues une ou deux fois dans le cours de la belle saison, lorsqu'elles sont de nature à affourrager les animaux, sont d'autant moins à dédaigner, qu'on peut choisir pour les abattre, le moment où les prairies offrent le moins de ressources.

Une première condition à rechercher dans les végétaux qu'on destine à former des haies fourragères, c'est : 1° qu'ils plaisent aux bestiaux ; 2° que leur végétation soit le plus active possible, et que de fréquentes tontures ne leur soient pas nuisibles. L'*orme*, les *érables*, le *charme* et divers autres végétaux ligneux remplissent fort bien ce double but.

Quant aux arbres ou arbrisseaux qui ne pourraient former de bonnes clôtures, parce que leurs tiges sont ou trop faibles ou trop disposées à se dégarnir du pied, ou enfin parce qu'ils auraient à souffrir des effets de la tonture, on peut encore les utiliser à la nourriture des bestiaux, en les plantant, comme on l'a conseillé, en taillis, en quelque sorte fauchables chaque année ; — en les arrêtant sur souches très-basses; — ou en les élevant en têtards, destinés à être coupés tous les 3 ou 4 ans, et dépouillés seulement de leurs feuilles chaque année aux approches de l'automne. Sous les deux premières formes, quelques-unes des espèces qui paraîtraient présenter le plus d'avantage sont les suivantes :

La LUZERNE EN ARBRE (*Medicago arborea*, Lin.), famille des légumineuses, qui est considérée par la plupart des naturalistes comme le vrai cytise, tant vanté des anciens, dont quelques essais avantageux ont été faits, je crois, aux environs de Montpellier, et qui paraît très-propre à fournir à la fois dans les régions méridionales un excellent fourrage aux bestiaux et une nourriture de prédilection pour les abeilles. On sait que l'excellent miel du mont Hybla, célébré par Virgile, était recueilli sur les fleurs de ce végétal.

Le CYTISE DES ALPES (*Cytisus laburnum*, Lin.), même famille, qui prospère sur les terres sèches, rocailleuses, et dont il est probable qu'on obtiendrait des feuillards abondans et fort du goût des bestiaux.

Le BAGUENAUDIER ORDINAIRE (*Colutea arborescens*, Lin.), même famille. Arbrisseau à croissance rapide qui se plaît aussi dans les terrains sablonneux ou calcaires de peu de valeur, et que toutes les bêtes fauves rongent jusqu'au bois. J'en ai vu des haies tondues depuis long-temps 2 et 3 fois chaque année, sans en souffrir.

Le CARAGANA ou *Arbre aux pois* (*Robinia caragana*, Lin.) ; le *Robinier faux-acacia* (*Robinia pseudo-acacia*, Wild.) ; le *Robinier sans épines* (*Robinia inermis*), même famille.

Tous les 3 très-propres à être conduits en têtards de 2 à 3 pieds de haut, et à donner à la fin de l'été des branchages abondans et feuillus dont les herbivores de toutes sortes sont avides.

La variété du *Robinier* connue sous le nom de *spectabilis*, dont les feuilles un peu glaunûes sont plus grandes que celles de l'espèce commune, et dont les branches sont entièrement dépourvues d'épines, a, dans ces derniers temps, attiré d'autant plus l'attention des cultivateurs, qu'on est parvenu à l'obtenir franche de pied. M. MICHAUX, notre confrère, qui s'est tout particulièrement occupé de l'étude des arbres sous le point de vue économique, tout en recommandant d'une manière spéciale la multiplication de cette intéressante variété, ne laisse cependant pas ignorer que si on permettait aux bestiaux de manger l'écorce d'acacia, le principe irritant qu'elle contient en proportions telles que les Indiens de l'Amérique du Nord en emploient les décoctions pour se faire vomir, pourrait produire des accidens fâcheux.

Quant au *Robinier sans épines* ou *Acacia boule*, dont j'ai déjà parlé ci-dessus, comme il ne fructifie pas, il est plus difficile de le multiplier en grand. Cependant son feuillage délicat et très-abondant est recherché avec unempressement remarquable par les vaches, les moutons et les chèvres ; — M. MICHAUX a éprouvé qu'on pouvait le couper au moins deux fois dans le cours de l'été; qu'il peut être très-utilement conservé en sec pour l'hiver, et il conseille en conséquence de greffer cet arbre en fente sur la racine même ou sur le collet des racines de l'acacia ordinaire, afin de le cultiver en rangées parallèles ou d'en placer les pieds isolés aux endroits qu'on ne pourrait utiliser d'une manière plus profitable.

L'ORME (*Ulmus campestris*, Lin.), famille des amentacées, est depuis long-temps et dans beaucoup de lieux utilisé pour la nourriture des bestiaux. Il se conserve parfaitement en massifs plantés sur les terrains d'u e pente rapide et tondus chaque année. Il vient bien aussi en haies dans les lieux où l'on peut se défendre contre la disposition traçante de ses racines: enfin, il forme des têtards d'un grand produit en branches et en feuilles. — L'*Orme e Hollande*, dont les feuilles sont plus gran les et plus épaisses que celles de l'espèce ordinaire, devrait être généralement préféré.

Le feuillage des divers ERABLES, famille des acérinées, en exceptant toutefois celui du *negundo* (*Acer negundo*, Lin.), donne frais, ou encore conservé sec pour l'hiver, un aliment très-nourrissant aux bestiaux. L'*Erable jaspé* est de toutes les espèces de ce genre celle dont la sève est la plus sucrée. Dans le nord des Etats-Unis, au Canada et à la Nouvelle-Ecosse, les cerfs et les élans se nourrissent presque exclusivement de ses branches de deux années d'existence, ainsi que de ses bourgeons qui se développent de très-bonne heure au printemps, ce qui lui a fait donner le nom de *moose-wood* (*bois d'élan*). L'érable jaspé se trouve particulièrement aux endroits élevés, humides et ombragés. Introduit dans les montagnes de la Suisse, des Vosges, de l'Auvergne, etc., il s'y reproduirait naturellement et il ajouterait utilement à la nourriture des vaches qui seules peuvent gravir les pentes rapides et escarpées de ces montagnes. — On peut encore donner aux bestiaux des ramées du *Peuplier suisse*, du *Peuplier franc* et du *Peuplier de Canada*. Les Indiens de la haute Louisiane nourrissent leurs chevaux, une partie de l'hiver, avec les jeunes branches conservées de cette dernière espèce. » MICHAUX. *Note communiquée.*

Le FRÊNE (*Fraxinus excelsior*, Lin.), famille des jasminées, est un des arbres les plus utiles sous le point de vue qui nous occupe ici. Je n'ai pas vu couper ses jeunes branches pour affourrager les ruminans à l'étable; mais dans plusieurs départemens, comme dans celui de Maine-et-Loire, on l'effeuille chaque année en automne avec un soin minutieux pour en nourrir les vaches laitières. Ce sont ordinairement des femmes et des enfans qui sont chargés de monter sur les têtards, toujours peu élevés, pour faire cette cueillette. Ils la font également sur les ormeaux, parfois sur les peupliers, et ces produits, malgré leur grande utilité, au moins en certaines années, ne coûtent cependant qu'un peu de temps, et ne peuvent nuire sensiblement aux arbres à l'époque où on les obtient. Il n'en est pas toujours de même de l'ébranchage.

Lorsque l'on veut *conserver des ramées ou feuillards pour l'hiver*, on en forme de petits fagots qu'on superpose, après quelque temps de séjour à l'air libre, dans un endroit abrité des grandes pluies, d'où on les retire ensuite au fur et à mesure du besoin.—La feuillée est susceptible aussi de conservation. Aux environs de Lyon, on entasse les feuilles de vigne dans des citernes ou des tonneaux, et après les avoir foulées le plus possible, on les couvre d'eau. On les coupe ensuite à la bêche lorsqu'on veut en faire usage pendant l'hiver. Il paraît que les animaux, une fois accoutumés à ce genre de nourriture, s'en trouvent à merveille. Dans quelques provinces d'Italie, on cueille les feuilles en septembre. On les laisse plusieurs heures étendues au soleil, puis on les entasse de la même manière dans des tonneaux ou des espèces de silhos simplement recouverts de saule, parfois même de paille et de terre.

D'après les analyses que SPRENGEL a faites des espèces de feuilles employées à la nourriture des bestiaux en Allemagne, on trouverait que celles de chêne contiennent à l'état sec environ 80 pour cent de parties nutritives ;—celles de frêne, 81 2/3 ; — celles d'orme,

81 ; — celles de charme, 76 1/2 ; — celles d'é-rable, 77 ; — celles d'acacia, 78 1/2 ; — celles de hêtre, 72 1/2 : — celles de peuplier, 76 1/2 ; --celles d'aune, 71 1/2 ; — celles de saule, plus de ⁸0 ; — celles de tilleul, 80 1/3 ; — enfin, celles de bouleau, 72 1/2. Toutes ces feuilles étaient sèches lorsqu'elles ont été soumises à l'expérience : mais il est probable qu'elles avaient été détachées des arbres avant que la sève les eût abandonnées, c'est-à-dire dans le cours de l'été ou le commencement de l'automne. J'ajouterai, avec M. Pu-vis, que, dans une ferme où l'on a donné pendant plusieurs mois à 3 vaches, comme supplément au pâturage, 24 livres de ra-mée de peuplier de Virginie, elles con-sommaient chacune en moyenne 11 livres tant bois que feuilles ; donnaient autant de lait, et étaient aussi bien entretenues que lorsqu'on les affourrageait de 15 à 18 livres de trèfle !..... — De tels résultats, quelle que soit la manière de les envisager, doivent, ce me semble, engager à étudier, plus qu'on ne l'a encore fait, l'utilité des feuilles d'ar-bres comme fourrages, et conduiront très-probablement à étendre leur emploi au-delà de ses limites actuelles.

). Leclerc-Thouin.

CHAPITRE XIX. — DES MALADIES ET DES ATTAQUES AUXQUELLES LES VÉGÉTAUX CUL-TIVÉS SONT SUJETS, ET DES MOYENS D'Y REMÈDIER.

Les chapitres précédens, qui développent d'une manière aussi complète et aussi claire qu'il nous a été possible de le faire, les prin-cipes théoriques et pratiques de la culture des plantes qui font l'objet principal de l'a-griculture européenne, ne suffisent pas en-core pour assurer au cultivateur la récom-pense de ses travaux : les végétaux cultivés sont sujets aux attaques de *maladies organi-ques et d'agens extérieurs* qui compromet-tent plus ou moins gravement leur dévelop-pement ou leur existence ; un grand nombre de *plantes parasites*, souvent presque im-perceptibles, des végétaux plus ou moins inutiles ou nuisibles, non seulement absor-bent, au detriment des bonnes plantes, les sucs nourriciers du sol, mais encore déve-loppent chez celles-ci des affections maladi-ves fort redoutables ; enfin, une foule *d'ani-maux de toutes les classes* vivent aux dépens des diverses parties du végétal, et menacent continuellement de détruire nos récoltes, de-puis l'instant où le laboureur les a confiées à la terre et même encore après qu'il les a rentrées dans ses greniers. Il faut donc in-diquer aux cultivateurs les moyens sanction-nés par l'expérience, que l'état actuel de nos connaissances nous offre, pour nous mettre à l'abri de ces divers agens destructeurs, ou du moins diminuer leurs ravages.

Section Iʳᵉ — *Des maladies organiques et agens externes.*

Les plantes, aussi bien que les animaux, *sont sujettes à des désordres et à des infirmi-tés* qui peuvent altérer leur santé, les empê-cher de remplir le but qu'on se proposait en les cultivant, et même amener leur fin pro-chaine. Mais, il faut l'avouer, si la médecine appliquée à l'espèce humaine est encore un art empirique, bien souvent trompé par la variété infinie des maladies, la pathologie végétale est encore tout-à-fait dans l'enfance, aussi bien pour la connaissance des affec-tions maladives que pour celle des moyens curatifs. Les cultivateurs ont recueilli quel-ques faits isolés, incomplets, ont proposé quelques remèdes empiriques ; un petit nombre de physiologistes ont cherché à en former un corps de doctrine : M. Tessier dans son *Traité des maladies des grains*, Bosc, dans le *Cours d'agriculture*, M. De Candolle, dans sa *Physiologie végétale*, d'une part ; Duhamel, Plenck, Wildenow, Smith, Ré, M. de Mirbel, M. Turpin, de l'autre, se sont plus ou moins occupés de ce sujet difficile, mais il laisse encore beaucoup à désirer. Réduits à ne point en former un ensemble satisfaisant, nous ne pourrons ici donner que quelques généralités sur les lé-sions accidentelles, internes et externes des végétaux, et indiquer quelques prat ques sui-vies de succès dans plusieurs maladies spé-ciales.

§ Iᵉʳ. — Des lésions accidentelles.

Les cultivateurs savent combien la succes-sion favorable ou défavorable du temps con-court au succès ou aux mauvaises chances de l'agriculture. A vrai dire, chez la plante, d'une organisation infiniment plus simple que l'animal, attachée d'ailleurs au sol qui l'a vue naître, et privée ainsi des moyens de fuir les agens nuisibles, l'histoire des m ala-dies n'est presque qu'une simple conséquence de l'influence des agens extérieurs, tels que le sol, l'eau, l'air, la chaleur, la lumière, l'é-lectricité (*Voir* le chap. I de ce livre) ; et de plus, sous le point de vue pratique, c'est par-ticulièrement sur cette influence qu'il est utile d'appeler l'attention du cultivateur.

Les *effets de la température* sont les plus importans, parce que les conséquences en sont plus graves. Chacun connaît les fâcheux accidens de plusieurs genres qui résultent des *gelées*, non seulement pour les végétaux exotiques ou imparfaitement acclimatés, mais encore pour les plantes indigènes ou culti-vées de temps immémorial. Il existe quel-ques moyens généraux de *diminuer les fâ-cheux effets de la gelée* sur les plantes : 1° On peut, au moyen de paillassons, de toiles, de treillis, de simples canevas, de paillis gros-siers en litières ou en fougères, abriter les végétaux du rayonnement nocturne, et par suite du dépôt de la rosée qui, lorsque la température de l'air n'est que de peu de de-grés supérieure à 0°, se transforme en gelée blanche et cause quelquefois la *perte des bourgeons* et presque toujours la *coulure des fleurs* ; cette pratique est susceptible d'un grand nombre d'applications aussi bien dans l'agriculture que dans le jardinage.—On peut avoir recours, dans le même cas, à des arrosemens superficiels avec une eau à la température des sources ou des puits, et qu'il faut avoir soin de répandre avant le lever du soleil : cette eau, en fondant la gelée blanche, empêche la transition subite de l'état glacé à une température élevée, qui paraît être cause de la désorganisation des tissus délicats qu'il s'agit de préserver.— On a aussi recommandé, dans le même but, de secouer la rosée, et, pour les blés, de promener une corde assez forte qui courbe les tiges et paraît enlever les petits glaçons : deux ou un plus grand nombre de personnes s'alignent dans le champ, de distance en distance, et marchent en portant la corde assez bas pour que les tiges soient fortement abaissées : il est indispensable que cette opération ait lieu avant que les rayons du soleil viennent frapper le champ. — Un autre moyen dont on obtient aussi de bons résultats dans diverses circonstances, c'est de brûler devant les espaliers, les arbres, les champs, les coteaux qu'on suppose frappés de la gelée blanche, du fumier ou de la paille mouillée dont la fumée intercepte les premiers rayons du soleil, et, en réchauffant l'air, fond les petits glaçons. — 2° Pour les végétaux vivaces ou ligneux qui passent l'hiver en plein air, et redoutent les gelées de nos climats, on peut les en abriter, soit en les empaillant avant l'époque des froids, c'est-à-dire en enveloppant de paille ou de fougère les tiges et les branches ou bien les rameaux seulement, suivant la délicatesse de l'individu ; soit en couvrant de litière, de feuilles, etc., ou même simplement de terre, les basses tiges, les racines ou les tubercules qui restent dans le sol durant l'hiver et pourraient y être détruits par les gelées.— 3° Enfin, pour les arbres et arbustes qui n'ont pas été protégés contre les froids, ou pour lesquels la protection donnée n'a pas suffi, on peut au printemps, quand l'apparition des bourgeons indique bien les parties qui ont souffert, rabattre les rameaux gelés sur les parties saines. — Une dernière lésion, résultat de la fâcheuse influence des gelées, consiste dans la désarticulation des parties, d'où résulte la chute des feuilles, des fruits, et même des jeunes rameaux chez plusieurs végétaux, comme la vigne. On a donné à cette affection le nom de *champlure.*

L'action de la chaleur occasione aussi des affections dangereuses et communes : on en a désigné sous le nom de *brûlure* ou *brouissure*, plusieurs de caractères très-différens. On nomme plus particulièrement *brûlure*, la lésion qu'éprouve un arbre exposé contre un mur à toute l'ardeur du soleil, ou transporté d'un lieu abrité, tel qu'un bois, une pépinière épaisse, etc., à une vive lumière, et dont l'écorce se fend, s'écaille, se sépare du tronc, se dessèche et noircit ; les branches frappées de la sorte ne se nourrissent plus qu'imparfaitement et quelquefois périssent. Les gelées, en soulevant l'écorce, produisent le

même effet. Pour garantir les arbres de ces inconvéniens, on enveloppe souvent les troncs et les grosses branches de paille ou de toiles grossières ; mais il vaut beaucoup mieux les abriter avec des planches qui préservent des rayons du soleil sans entretenir l'humidité ; l'écorce se rétablit alors plus ou moins promptement. — On appelle encore brûlure le *dépérissement des racines*, causé par la sécheresse extrême du sol ; ce mal atteint les céréales principalement dans les terrains sablonneux ou graveleux, qui ont peu de profondeur, et aux expositions chaudes ; on le voit quelquefois s'étendre presque soudainement, se développer sur de grandes étendues, et ruiner les récoltes. Lorsque cela arrive au commencement de l'été, la récolte est perdue entièrement, l'épi se desséchant complètement ; quand c'est plus tard, le grain est ce qu'on appelle *retrait ;* dans tous les cas, la paille perd beaucoup de sa qualité. On reconnaît le froment brûlé à la blancheur de sa tige et de son épi.

On désigne plutôt sous le nom de *brouissure,* l'espèce de brûlure qu'éprouvent les jeunes bourgeons des arbres ou des plantes, par l'effet d'un soleil ardent, d'un vent sec ou des hâles : les bourgeons encore tendres deviennent subitement noirs ; les extrémités des branches se dessèchent et périssent. On peut attribuer cette affection à l'évaporation qui se fait par les rameaux à l'état de bourgeons et non consolidés ; évaporation qui est très-considérable, et qui n'étant plus remplacée par la même quantité de sève, permet à l'ardeur du soleil de les dessécher, et par conséquent de les frapper de mort, comme l'écorce dans le cas dont nous venons de parler. Les arrosemens, tout ce qui peut activer la végétation, sont les remèdes les plus convenables à administrer. — Enfin, on désigne encore sous le nom de brûlure, l'effet produit par l'eau des rosées et par les gelées blanches, sur les feuilles et les fleurs, et dont nous avons parlé tout-à-l'heure.

Chez les céréales et beaucoup d'autres végétaux cultivés, si, lorsque les jeunes tiges sont tendres et vertes, il survient tout-à-coup de grandes chaleurs et de la sécheresse, au lieu de grossir, elles se dessèchent, les graines mûrissent trop promptement, et par conséquent n'acquièrent ni leur grosseur, ni leurs qualités.

On ne sait que trop bien que, si pendant la floraison, il tombe des *pluies abondantes, continuelles*, surtout accompagnées de vent ou d'une température froide, les poussières des étamines sont délayées, dissoutes, en sorte que les fleurs avortent et coulent. Cet accident fait trop souvent disparaître pour la vigne l'espoir de la plus belle récolte ; mais les céréales et beaucoup d'autres plantes n'en sont pas à l'abri, et, malheureusement, on ne peut offrir aucun moyen au cultivateur pour remédier à cette espèce de *coulure.*

On connaît également bien d'autres effets des mêmes agens extérieurs : une *pluie froide,* persistante, qui pénètre jusque dans la texture du grain en lait, lui donne un grand volume, mais il n'acquiert ni poids, ni qualité, à cause de l'abondance de son écorce et de la petite quantité de farine qui n'est pas de garde.—Si cette pluie se prolonge jusqu'au moment de la moisson, le grain, au lieu de se perfectionner et d'achever sa maturité, germe et se gâte au milieu des champs.

Les *vents impétueux,* accompagnés de fortes pluies, les *orages,* occasionent aussi un tort considérable en faisant verser les récoltes ; les tiges, dans ce cas, plus ou moins ployées, subissent une espèce d'étranglement; la sève, interrompue dans son cours, ne monte plus jusqu'aux épis et aux graines ; les mauvaises herbes prennent le dessus et étouffent les bonnes plantes ; celles-ci, entassées et mouillées, s'échauffent et finissent souvent par fermenter, noircir et pourrir. Il n'est aucun moyen direct d'apporter remède au *versement des récoltes;* mais on peut le prévenir, d'abord en multipliant les haies et les plantations d'arbres, ou en plaçant de distance en distance, dans le champ qu'on suppose en danger de verser, des perches transversales attachées à des piquets ; en second lieu, comme ce sont ordinairement les récoltes trop fortes qui courent le danger de cet accident, on y obvie en semant deux années de suite des récoltes épuisantes, en ne mettant pas de fumier, en semant clair, ce qui fait obtenir des tiges moins nombreuses mais plus résistantes, en coupant les feuilles au printemps, enfin, pour les céréales, en donnant la préférence aux variétés à petits épis. Lorsque ces précautions n'ont point été prises, et que le versement a lieu, si c'est peu avant la maturité complète, il est ordinairement avantageux de moissonner sans retard; mais, si cela arrive environ un mois avant cette époque, comme les herbes s'éleveraient au-dessus des tiges, et que la perte pourrait être complète par suite de là pourriture, il n'y a souvent pas d'autre moyen de salut que de couper immédiatement pour en faire un fourrage abondant et d'excellente qualité.

La *grêle* cause des ravages semblables et souvent bien plus considérables, puisqu'elle hache les récoltes, meurtrit les tiges et les rameaux, et répand dans le champ un froid glacial qui suspend la végétation pendant un temps plus ou moins long. Pour les plantes annuelles ainsi maltraitées par la grêle, il n'y a souvent rien de mieux à faire que de les retourner et de les enterrer en semant le champ en vesce d'hiver, en navette, en haricots, en navets, etc. — Les moyens proposés pour prévenir les ravages de la grêle sont illusoires, à l'exception des *Assurances* dont nous avons parlé précédemment (*page* 303 de ce volume).

Les grains qui ont subi les altérations causées par les accidens dont nous venons de parler, sont menus, chétifs, ridés, et portent des signes qui les font désigner dans le commerce par les noms de *blés échaudés, blés maigres, blés coulés, blés stériles, blés versés, etc.*

§ II. — Des lésions internes.

Les *affections produites par le dérangement des fonctions de la vie végétale* sont les moins connues : les unes paraissent avoir pour cause la faiblesse, d'autres l'excès de la végétation.

L'abondance des sucs séveux cause parfois des dérangemens plus ou moins graves, principalement chez les végétaux ligneux. Pour toutes les plantes, nous voyons généralement la *stérilité,* c'est-à-dire l'avortement des fleurs et des fruits, être la suite d'une trop grande vigueur. L'abondance excessive des engrais ou leur mauvaise qualité altèrent la marche des sucs végétatifs, et par suite les fonctions organiques jusque dans leur essence : les organes deviennent difformes, changent de couleur, exhalent une odeur insolite qui nuit à la qualité des produits ; les plantes poussent trop en feuilles et pas assez en fruits; enfin, dans certains cas, il se développe de véritables maladies. C'est ainsi que les mûriers blancs, placés près des fumiers ou dans des sols trop engraissés, sont sujets à la *gangrène humide,* sorte d'ulcères d'où découle une sanie âcre et noirâtre qui accélère souvent leur mort. — Dans les années très-pluvieuses, beaucoup de végétaux éprouvent une sorte de *pléthore* ou d'*hydropisie :* l'eau ne s'élabore plus dans les vaisseaux ; les huiles, les résines ne peuvent se former; les fruits sont sans saveur; les graines ne mûrissent pas, et sont sans fécule ; les feuilles tombent; les racines se couvrent de moisissures et pourrissent. — Lorsque cette humidité coïncide avec une température élevée, elle détermine les plantes à pousser trop en feuilles ou en pousses herbacées, état considéré comme heureux lorsqu'il s'agit de la culture des prairies, et comme une maladie lorsque ce sont les fleurs ou les fruits qui étaient l'objet principal des soins du cultivateur. — On conçoit que, pour ces affections, écarter leur cause, lorsque cela est au pouvoir de l'homme, voilà le seul moyen d'y porter remède.

Dans les arbres, les *flux des sucs séveux* sont parfois considérables et donnent naissance à des affections très-dangereuses. Un mauvais élagage, lorsqu'on coupe de grosses branches latérales, notamment aux ormes, aux marronniers, et en général aux arbres des routes et promenades, cause, au printemps, un *écoulement de sève ascendante;* elle coule sur l'écorce, y dépose des matières terreuses ordinairement blanchâtres, qui obstruent l'action superficielle de l'écorce, et tendent aussi à désorganiser celle-ci en s'infiltrant entre elle et le bois ; elle détermine, par suite, des ulcères plus ou moins graves dans les parties inférieures. — L'écoulement appelé *pleurs de la vigne* est du même genre, mais ne parait pas altérer gravement la santé de ce végétal. — Ces flux paraissent avoir pour cause la succion trop forte des racines, alors que les feuilles ne sont pas assez développées pour en absorber ou exhaler les produits. — On observe aussi chez plusieurs végétaux des *extravasations* de sucs propres : telle est la *gomme* des cerisiers, pruniers, etc., rarement nuisible à leur santé, si ce n'est en causant des *obstructions,* lorsqu'elle s'insinue dans les vaisseaux de la plante. Cette affection est ordinairement le résultat d'un sol, d'une exposition, ou d'un climat mal appropriés aux végétaux : le meilleur moyen d'y remédier serait de choisir une meilleure situation ; on peut aussi couper la partie attaquée, et y apposer un emplâtre. — Quand la sève monte trop abondamment, il arrive souvent qu'il se forme à l'intérieur, dans les parties solides, des *fissures* où la sève s'épanche et altère profondément les tissus en s'y corrompant.

Toutes ces affections passent souvent à l'état gangreneux et dégénèrent en *ulcères*, terme analogue à ce qu'il exprime dans le règne animal, et qui désigne des plaies compliquées d'accidens particuliers dus à la nature des sucs spéciaux qu'elles transsudent. — Les uns laissent suinter des sucs âcres et corrosifs qui désorganisent les bords de la plaie, et, en empêchant l'écorce de s'étendre, maintiennent cette plaie ou même l'augmentent : c'est ce que nous voyons chez les ormes, les mûriers, que ces ulcères peuvent faire périr. — M. DE CANDOLLE fait observer que ces accidens semblent plus graves chez les végétaux qui vivent près des fumiers et dans les terrains gras. — D'autres ulcères sont occasionés par les *contusions* qu'éprouvent les végétaux, lesquelles, en rompant la continuité du tissu interne de l'écorce, y déterminent des dépôts de sucs âcres; ceux-ci, lorsqu'ils ne peuvent se frayer un passage à l'extérieur, se glissent, par leur poids et la corrosion qu'ils exercent, entre l'écorce et le bois, et désorganisent ainsi les parties les plus essentielles à la vie. Il résulte de là des *gouttières ulcérées* très-dangereuses,

Le seul remède connu et appliqué uniformément à tous les ulcères, c'est de couper toute la partie ulcérée ou pourrie jusqu'au vif, et de transformer ainsi la plaie compliquée en plaie simple qu'on traite comme nous le dirons tout-à-l'heure.

Les *affections produites par débilité dans la végétation* peuvent provenir de la faiblesse des organes ou du défaut de sucs nutritifs. Un des plus remarquables est l'*étiolement* total ou partiel, auquel on donne aussi les noms de *chlorose* et *pâleur*, produit par l'absence ou l'action trop faible de la lumière, et qui a pour effet l'alongement, la décoloration et la tendreté des tiges et des feuilles, ce dont le cultivateur, le jardinier surtout, ont su tirer parti dans beaucoup de circonstances.

Une affection du même genre est l'*ictère* ou *jaunisse*, qui arrive naturellement au milieu de l'automne, mais accidentellement par suite de la suspension de l'activité organique, annonçant, dans ce cas, des changemens analogues à ceux qui s'opèrent à l'époque de la chute des feuilles.

Le dépérissement des feuilles et des tiges, que PLENCK appelle *phthisie végétale*, et qu'on désigne aussi sous le nom de *consomption*, est le résultat d'un grand nombre de causes très-diverses : comme la privation de sucs nutritifs, la végétation dans un sol aride ou contraire à la plante, ou bien sous un climat défavorable, une transplantation mal faite, une blessure profonde, des érosions chancreuses à la racine, la défoliation pendant l'été, un excès de floraison et de fructification, l'invasion de plantes ou d'insectes parasites. — La nature du sol paraît être une des principales causes des affections de ce genre : Un sol maigre ne porte que des plantes chétives; elles y éprouvent avant l'âge les infir-

mités de la vieillesse; l'écorce des arbres est sillonnée d'érosions cancéreuses; leur tissu abonde en matières terreuses et salines; leurs branches se dessèchent; enfin leur tronc se dégarnit, ou, comme on le dit, se *couronne*.

Une bonne appropriation des végétaux que l'on cultive aux diverses natures de terre qu'on a à exploiter, l'amélioration du sol par des amendemens et des engrais convenablement choisis, tels sont les moyens d'éviter les inconvéniens qui résultent de ces affections presque aussi variées que les genres et les espèces du règne végétal, et dont le nombre se multiplie à mesure que les observations deviennent plus exactes. — Les arbres surtout sont sujets à une foule d'affections de ce genre. Ainsi, les propriétaires de Peupliers, dans beaucoup de contrées de la France, se plaignirent récemment du dépérissement d'une multitude de ces arbres, chez lesquels on n'observait à l'extérieur que quelques taches noirâtres produites par un écoulement de sève. Ainsi encore, en Angleterre et en Écosse, on a depuis peu remarqué deux maladies très-fâcheuses qui se sont emparées des Mélèzes; la 1ʳᵉ est une plaie qui se forme à l'écorce, à deux pieds environ au-dessus du sol, et de laquelle exsude une grande quantité de résine ; ces plaies se forment d'ordinaire des deux côtés de l'arbre alternativement jusqu'à ce qu'elles atteignent le sommet; alors l'arbre meurt du haut en bas; quelquefois les plaies sont opposées, et dans ce cas le vent brise l'arbre, ou bien elles entourent une branche qui tombe au bout de peu de temps. L'autre maladie est la destruction du cœur du bois, que M. STEPHENS attribue à la mort du bois parfait, survenant lorsque les sucs élaborés dans l'écorce et les feuilles sont empêchés, d'une façon quelconque, de passer en quantité suffisante par les rayons médullaires, de l'aubier au bois. M. DE CANDOLLE pense que l'humidité habituelle de l'atmosphère et le défaut d'une lumière assez intense sont les causes de ces maladies, et qu'on pourrait les prévenir en plantant les mélèzes sur les pentes, surtout à l'exposition du nord, et en les espaçant davantage.

Nous pourrions multiplier beaucoup, mais sans grande utilité, les citations d'exemples analogues pour d'autres végétaux.

§ III. — Des lésions externes ou blessures.

Les *affections qui sont le résultat de lésions externes ou de blessures* peuvent provenir de causes très-diverses : le mouvement de la sève interrompu, gêné ou trop abondant, produit, comme nous venons de le voir, des *ruptures* et des *écoulemens* qui deviennent quelquefois *sanieux*, d'où naissent des *érosions* qui minent peu-à-peu la substance organique et dégénèrent souvent en *ulcères* plus ou moins dangereux. — Le dépôt de matières qui se concrètent, l'introduction, sous l'épiderme ou à la surface, de plantes ou d'animaux parasites, interceptent la transpiration ou la détournent à leur profit. — Enfin, les *plaies*, qui vont nous occuper, résultent de *blessures*, et sont souvent compliquées de *contusions*, de *déchirures*, de *fractures*, qui le aggravent. Ces lésions très-souvent mortelles pour les plantes herbacées, sont en général peu dangereuses pour les végétaux ligneux, qu'on guérit ordinairement sans difficulté en rendant la plaie nette, ou y appliquant un emplâtre. Ce qui va suivre ne sera donc applicable qu'aux arbres et arbustes.

Les *fractures* occasionées par les vents, par la foudre, par la chute d'arbres voisins, les *déchirures* provenant de la dent des animaux, sont les plaies les plus dangereuses ; il n'y a souvent pas de meilleur remède que de rabattre au tronc si ce sont les branches qui ont été brisées, et rez-terre si le tronc lui-même a souffert.

Les *fentes* qui se produisent naturellement à l'écorce en raison de la croissance, ou qu'on y fait quelquefois pour favoriser l'accroissement, sont des accidens rarement suivis de lésions. Il n'en est pas de même des *fentes longitudinales* considérables qu'éprouvent les arbres par suite des grands froids, et qui altèrent profondément le bois lorsqu'elles ne font pas périr les individus. On y a quelquefois remédié, pour des végétaux précieux, en rapprochant les parties désunies au moyen de liens très-forts, tels que des cercles de fer, etc. Ces fentes sont quelquefois rayonnantes, partant du centre et suivant à peu près la direction des rayons médullaires ; on leur donne alors les noms de *cadran* ou *cadranure*. La maladie appelée *roulure* consiste en ce que la partie celluleuse de chaque couche ligneuse se désorganise d'une manière analogue aux gelivures, d'où résulte dans ces couches des intervalles vides ou peu remplis de tissu cellulaire. On nomme *gelivures* quand elles sont anciennes, *faux-aubier* quand elles sont récentes, les couches d'aubier désorganisées en partie par la gelée, et qui, revêtues d'une nouvelle zone ligneuse, peuvent se conserver quelquefois dans les vieux troncs ; si l'arbre a éprouvé durant sa vie deux ou trois fois le même accident, on trouve alternativement dans sa coupe des zones de bois sain et de bois gelé : c'est ce qu'on appelle *gelivures entrelardées*. On peut facilement reconnaître la date des gelivures en comptant le nombre des couches. « C'est ainsi, dit M. DE CANDOLLE, qu'on trouve souvent dans les vieux troncs des traces de l'hiver de 1709. » Le plus ordinairement on ne s'aperçoit de ces accidens que lorsqu'il n'est plus temps d'y porter remède.

Les *plaies transversales* produites en cassant ou coupant une branche, ne sont pas toujours sans danger, la nature ne présentant aucun moyen direct pour les recouvrir ; telle est l'origine des cavités ou *gouttières* qui se creusent dans le bois et réduisent souvent à l'écorce les gros et vieux arbres qu'on dirige en têtards, tels que les saules, les châtaigniers, les peupliers, etc.; l'olivier taillé est fréquemment soumis au même accident.

Les moyens de guérir ou diminuer les inconvéniens des plaies, aussi bien dans les cas d'élagages que dans la coupe des taillis et l'abattage des arbres, consistent à ne pas laisser ces plaies baveuses, et à leur donner une coupe oblique qui procure l'écoulement de l'eau, et fait que s'il se développe un bourgeon du côté supérieur, l'écorce, se trouvant alors alimentée, pourra former un bourrelet latéral capable de recouvrir la plaie. S'il s'agit d'une branche latérale, on doit la couper près du tronc et de manière à présenter une coupe oblongue que l'accroissement de l'écorce recouvrira comme une plaie verticale. Les forestiers savent cependant que pour quelques arbres, comme les conifères, les rameaux latéraux doivent être coupés à un pouce du tronc, parce que si l'on coupe à la naissance des branches, il se forme un trou qui pénètre jusque dans le bois, tandis que ces tronçons, en se desséchant, ferment la plaie.

Les *plaies qui mettent à nu le corps ligneux* méritent toujours de fixer l'attention, parce qu'elles peuvent devenir graves ; l'air agit sur le carbone du bois et diminue sa solidité ; l'eau dissout les parties attaquables, les amollit et les désorganise. Le bois résiste mieux que l'aubier à cette désorganisation, et les bois durs mieux que les bois tendres. Les Conifères, à cause de la résine que contient leur bois, résistent mieux aussi à l'action de l'eau. On évite autant que possible ces inconvéniens, lorsque la surface de la plaie est lisse et ne présente aucune anfractuosité, parce que l'eau pouvant s'écouler, la destruction est plus lente ; les bois coupés à tranche nette souffrent donc moins que ceux rompus ou à tranche baveuse, qui permettent l'infiltration des eaux. Il y a moins d'inconvéniens lorsque ce sont des surfaces verticales qui sont dénudées que quand ce sont des surfaces horizontales, parce que l'eau s'y arrête moins ; aussi les coupes transversales produisent-elles des accidens plus graves que les plaies longitudinales.

Les *plaies qui n'attaquent que les parties extérieures de l'écorce* sont peu importantes ; ces blessures ne deviennent graves que quand elles ouvrent un passage aux sucs laiteux, gommeux, résineux, qui abondent dans certaines écorces, ou bien lorsqu'elles mettent à nu un tissu très-parenchymateux et susceptible de pourriture.

Toutes ces plaies se guérissent souvent naturellement par suite de la direction du cambium qui tend à former un bourrelet croissant aux deux bords ; il s'ensuit que la longueur de la plaie est de peu d'importance comparée à sa largeur : étroite, elle est promptement recouverte et le corps ligneux est peu altéré ; large ou circulaire, il lui faut des mois, des années pour se recouvrir ; quelquefois elle ne se couvre jamais, et il en résulte la mort du végétal.

Empêcher l'action de l'atmosphère sur la plaie, c'est le seul moyen de favoriser la réunion de l'écorce ; voilà pourquoi les cultivateurs recouvrent ces plaies de diverses manières. Une simple planche clouée ou fixée de toute autre manière est un moyen bien grossier ; le meilleur abri de ce genre, c'est *l'onguent de Saint-Fiacre*, que FORSITH compo sait comme il suit : bouse de vache, une livre ; plâtre, demi-livre ; cendre de bois, demi-livre ; sable siliceux, une once ; on pulvérise d'abord ces trois dernières substances, puis on les mêle avec la première. La manière d'employer cet onguent consiste à l'étendre sur la plaie à l'épaisseur d'un huitième de pouce; on saupoudre de sable, on presse ce sable, et on répète l'opération jusqu'à ce que la surface soit unie comme une pierre; cette pâte a l'avantage de ne pas se fendiller et elle remplit bien son but, abriter de l'air les surfaces dépouillées d'écorce. Dans la confection de ces emplâtres, qui varient à l'infini, et que l'on compose souvent tout simplement de bouse de vache et de terre franche, auxquelles il est bon d'ajouter un peu de menue mousse, on peut encore employer avec avantage les matières cireuses ou résineuses, mais il faut rejeter avec soin les substances huileuses et celles qui sont un poison pour les plantes.

Ainsi, tout ce qui concerne la guérison des plaies des arbres se réduit à protéger le plus possible le corps ligneux contre l'action de l'air et de l'eau, en favorisant le développement de l'écorce, ou y suppléant par des abris artificiels; et on peut presque dire que c'est à l'emploi diversement modifié de ces emplâtres préservatifs, que se réduisent presque tous les pansemens chirurgicaux des végétaux.

L'*effeuillaison* ou la *défoliation*, qui prive le végétal des organes les plus importans de la nutrition, est un accident sans gravité quand il n'est pas total ou presque total; la nature répare bientôt cet accident par le développement de bourgeons axillaires qui donnent naissance à de nouvelles feuilles; c'est ce qu'on voit sur les arbres défeuillés par la grêle, chez les mûriers effeuillés pour la nourriture des vers-à-soie, et dans quelques autres circonstances. Lorsque l'effeuillaison a lieu par la volonté de l'homme, comme dans le mûrier, on a soin de laisser quelques feuilles à l'extrémité des rameaux, afin que ces feuilles attirant la sève, celle-ci dans sa route nourrisse les branches et produise un développement plus prompt des bourgeons. Les effets de la grêle ou de la dent des bestiaux sont d'ailleurs plus graves, parce que, outre que ces précautions ne sont pas prises, il y a souvent contusion et déchirure; aussi est-on quelquefois obligé de rabattre les rameaux les plus maltraités.

La *compression* des organes et particulièrement de l'écorce, comme il arrive lorsqu'on serre un arbre avec une corde, ou que ce lien n'est pas relâché en proportion de l'accroissement de la tige, produit des effets analogues à la section annulaire de l'écorce; cette ligature empêche, en tout ou en partie, la descente des sucs élaborés dans les feuilles, et donne lieu à la formation d'un bourrelet supérieur et inférieur.

La *flagellation*, c'est-à-dire l'action de frapper les branches avec des perches ou des gaules pour s'éviter la peine de cueillir certains fruits, tels que les pommes, les noix, les olives, etc., cette pratique, en usage dans beaucoup de contrées, inflige souvent aux arbres des lésions compliquées des effets de l'effeuillaison, de la contusion et de la plaie. En agissant de cette manière, on fait d'abord avec les fruits tomber les feuilles, ce qui n'est pas sans inconvénient pour les végétaux à feuilles persistantes, comme l'olivier; en second lieu, on rompt les petits rameaux qui portent les bourgeons fruitiers pour les années suivantes; on entame souvent l'écorce des grosses branches, de façon à déterminer une multitude de petites plaies qui se transforment quelquefois en ulcères; en tous cas, les coups dont on frappe l'écorce la meurtrissent et produisent plusieurs des fâcheux effets de la contusion; enfin, en précipitant lourdement les fruits à terre, on les meurtrit aussi, ce qui hâte considérablement leur pourriture. Cette pratique est donc condamnable sous tous les rapports, et doit être proscrite en bonne agriculture.

La *décortication* ou l'enlèvement de l'écorce, est une autre pratique, accidentelle ou faite avec intention, qui peut gravement compromettre la santé et même la vie des arbres; le premier cas rentre dans les plaies dont nous avons parlé précédemment. Lorsqu'on exécute volontairement la décortication totale, elle a pour but de donner plus de dureté au bois, ou de se procurer l'écorce pour des usages particuliers; il s'ensuit la mort du végétal; mais cela était entré dans les prévisions du cultivateur.—On la fait quelquefois partielle, comme dans l'*incision annulaire*, afin de diminuer la force de végétation de l'arbre, le porter à fruit, ou empêcher la coulure des fleurs. Des *entailles* ou des *trous de tarière* faits dans l'écorce, et même jusque dans le corps ligneux, ont le même but en procurant un écoulement de sève. Il en est de même de l'*arcure* ou *courbure* des branches, de la *torsion* ou du *pincement* des jeunes rameaux, qui sont recommandés dans la culture de plusieurs végétaux. —Dans la greffe, la taille, l'ébourgeonnement et dans beaucoup d'autres pratiques agricoles, on cause encore des plaies aux végétaux : loin de chercher à y remédier, on se propose, en les exécutant, un but utile; nous n'avons donc point à nous en occuper ici.   **C. B. DE M.**

SECTION II. — *Des plantes nuisibles en agriculture.*

Un auteur allemand, TEINDL, a fait un Traité sur les mauvaises herbes seulement; on pourrait en composer un non moins étendu sur les plantes parasites et microscopiques nuisibles aux végétaux cultivés. Contraints de nous réduire ici aux données pratiques les plus positives, nous ne donnerons pas la description botanique de tous les végétaux dont le cultivateur doit repousser la multiplication ou détruire la race, nous n'en ferons pas même une énumération complète; ce travail aurait peu d'utilité, et, avec les moyens spéciaux qui seront indiqués dans les articles suivans, il nous suffira de dire, d'une manière générale, que l'agriculteur soigneux de ses récoltes et qui désire l'amélioration progressive de son fonds, doit détruire exactement toutes les plantes adventices sauvages ou cultivées, toutes les mauvaises herbes, tous les végétaux parasites qui viennent habituellement ou accidentellement salir ou infester ses cultures. Avant de parler de ceux qui nuisent plus particulièrement soit aux céréales, soit aux prairies, soit aux cultures industrielles ou forestières,nous renverrons à la section du *Nettoyage du sol* (Chap. VIII de ce livre, p. 231 et suiv.),où il est question de la destruction des mauvaises herbes dans les champs cultivés en général,et des moyens d'y parvenir,selon les espèces à détruire et l'état de la culture.

C. B. DE M.

ARTICLE 1ᵉʳ.— *Plantes nuisibles aux céréales.*

Parmi les plantes que les cultivateurs redoutent comme les fléaux des céréales, les unes les attaquent directement et désorganisent leur tissu, ce sont les *parasites intestines* ou *biogènes* de M. DE CANDOLLE ; les autres ne leur préjudicient que par leur voisinage.

§ 1ᵉʳ. — Des Parasites internes.

Nous rangeons dans cette classe la rouille, le charbon, la carie et même l'ergot, les trois premières à l'exemple de la plupart des botanistes, la dernière sur la foi de M. DE CANDOLLE. Les cultivateurs, il est vrai, et même plusieurs naturalistes regardent ces affections comme tout autre chose que des productions cryptogamiques; ils y voient de véritables maladies, des altérations propres du tissu végétal, sur la nature et les causes desquelles ils ne sont d'ailleurs pas d'accord; car ils les ont prises tour-à-tour pour des ulcères, pour des tumeurs analogues aux gales, c'est-à-dire recelant des œufs d'insectes, pour des pustules logées dans la cavité des stomates ou pores exhalans, pour un développement anormal dé la globuline ou molécule élémentaire du tissu, etc., et ils les ont attribuées successivement aux attaques des insectes; à la moisissure du grain de semence en terre, à l'accumulation surabondante et à la mauvaise élaboration des sucs nourriciers par suite du trouble des fonctions d'exhalation et de respiration, au déchirement des utricules et à l'extravasion de la sève, à une sorte de fermentation ou de germination, etc. Au milieu des nuages qui voilent encore à nos yeux les causes des maladies des végétaux, nous avons préféré l'hypothèse qui lève le plus facilement les difficultés du sujet, et qui présente en sa faveur le plus d'observations positives. Elle s'appuie en effet sur les recherches anatomiques et microscopiques de FONTANA, de BANKS, de Bénédict PRÉVOST et de M. Ad. BRONGNIART; sur les analyses chimiques de DAVY et de M. DULONG d'Astafort, qui ont trouvé dans la carie et le charbon des produits analogues à ceux que donnent les champignons; enfin, sur l'autorité de BULLIARD, de MM. DE CANDOLLE, PERSOON et FRIES, qui, s'étant spécialement occupés des végétaux cryptogames, sont les plus capables de décider si les corps qu'on découvre dans les tissus altérés sont des champignons ou n'en sont pas.

Toutes les parasites biogènes *se développent sous l'épiderme des végétaux*, le soulèvent,le rompent,et,s'épanouissant au dehors, répandent une poussière composée de corps regardés comme leurs graines; elles épuisent les plantes sur lesquelles elles vivent en se

nourrissant de leurs sucs ; souvent même elles les déforment, les tuent ou les empêchent de porter des graines. MM. KNIGHT et DE CANDOLLE ont observé qu'elles se développent surtout lorsqu'à un mois de juin très-sec succède un mois de juillet chaud et pluvieux.

Comme *causes prochaines* des maladies des plantes en général, et par conséquent des céréales aussi, M. UNGER reconnaît une prédisposition spécifique dépendant de l'organisation de chaque espèce, la plénitude de la sève, la jeunesse de la plante, la mollesse des parties, un terrain trop fumé ou trop gras, et en général une vitalité énergique, mais mal équilibrée dans ses fonctions; puis, comme *causes occasionelles*, une atmosphère habituellement chargée d'eau, comme elle l'est, par exemple, dans les bois et les prairies humides, en Angleterre, en Hollande, dans les printemps et les automnes pluvieux; l'absence de la lumière, des changemens subits dans l'atmosphère, une longue sécheresse, des semailles trop épaisses, le séjour de l'eau.

I. *De la Rouille*.—On comprend et confond ordinairement sous le nom de *Rouille* (*Ruggine, Nebbia*, ital.; *Rost, Græserrost*, allem.; *Blight, Blast, Red rust.*, angl.) plusieurs affections des feuilles et des tiges des graminées. M. DE CANDOLLE en distingue trois formes dont il fait autant d'espèces : 1° La *véritable rouille* (*Uredo rubigo*, DC.). Elle attaque la plupart des céréales, mais surtout l'orge et le froment ; elle se développe presque toujours à la surface supérieure des feuilles sous la forme de pustules ovales, très-nombreuses et très-petites, puisque leur longueur n'est que de 1/6 à 1/2 ligne, ayant un aspect blanchâtre qui résulte du soulèvement de l'épiderme, et répandant, quand elles l'ont rompu,une poussière fine,d'abord jaune,puis rousse. Cette poussière se détache facilement et elle est quelquefois si abondante qu'elle jaunit les habits des personnes qui traversent un champ de blé attaqué de rouille. Vue au microscope, elle est toute composée de globules ou capsules très-petites. Le blé abondamment chargé de rouille ne donne que des grains peu nombreux et souvent rabougris.

2° L'*Uredo linéaire* (*Ur. linearis*, Pers.). Il croît très-rarement à la surface supérieure des feuilles; il s'établit presque toujours sur leur gaîne, sur leur face externe ou sur la tige. Il est formé de pustules alongées, étroites, d'un jaune assez vif, et d'une consistance plus compacte que celle de la vraie rouille. Au microscope, chaque pustule se montre composée de capsules oblongues, à peu près cylindriques, beaucoup plus grosses et plus longues que celles de la rouille. L'épeautre et le gros blé (*Triticum turgidum*) y sont, d'après M. VAUCHER, moins sujets que les autres céréales.

3° La *Puccinie des graminées* (*Puccinia graminum*) croît sur toutes les parties de ces plantes, même quelquefois sur les glumes et les barbes des épis. Elle consiste (*fig.* 704) en pustules ovales ou linéaires qui, au moment où elles percent l'épiderme,sont déjà presque noires, et le deviennent complètement en peu de temps. A l'aide du microscope, on voit que ces pustules sont composées de petites plantés qui ressemblent à des massues B,C, c'est-à-dire qui, sur un pédicelle blanc et Fig. 704, filiforme, portent une capsule noire, oblongue, divisée par une cloison et un petit étranglement, en deux loges, dont l'inférieure représente un cône renversé, tandis que la supérieure est un peu arrondie et plus grande.

Non seulement on a confondu la Puccinie des graminées et l'Urédo linéaire avec la Rouille, mais encore, comme elles naissent souvent mêlées entre elles, notamment les deux premières, on a cru qu'elles étaient toutes les trois des états divers d'un même champignon, et que la diversité de leurs apparences était une conséquence de leur développement dans des circonstances différentes. Mais M. DE CANDOLLE a trouvé des plantes de blé qui portaient l'un ou l'autre de ces champiguons ; il a vu que ceux-ci conservaient leur forme, depuis leur première apparition jusqu'à leur dispersion, et que, quand ils étaient mêlés, chacun végétait de son côté. On a pris aussi la Puccinie des graminées pour un état particulier du Charbon, et on les a désignés tous les deux par les noms de *noir* et de *mouchet*. L'Urédo linéaire et la Puccinie, quoique plus gros que la Rouille proprement dite, sont moins épuisans, parce que la quantité en est toujours moindre.

Analysée par la voie humide, la rouille a donné à M. GUIART fils, de la chlorophylle, une matière cireuse et une substance astringente qui recélait probablement plusieurs principes, mais qui n'a pu être décomposée, vu la faible quantité qui était soumise à l'opération.

C'est dans les champs ombragés et humides, à la suite des pluies ou des brouillards suivis d'un soleil ardent, que *la rouille se développe* avec le plus d'intensité. LôSANA cependant assure qu'elle est fréquente dans les années sèches et chaudes, mais il reconnaît qu'elle l'est également dans les saisons remarquables par les alternatives de pluie et de chaleur. En général, les terrains gras long-temps pâturés, ou défrichés depuis peu, sont favorables à sa production. On regarde comme une chose certaine en Angleterre que les fromens semés dans le voisinage de la mer, où fumés avec des varecs dans lesquels on a répandu du sel marin, sont fort peu sujets à la rouille ; on dit aussi dans le même pays, et en Amérique, qu'elle attaque plus fréquemment et plus abondamment les céréales semées clair que les céréales semées épais. Elle sévit d'autant plus sur les plantes, qu'elles sont plus vigoureuses. Si celles qu'elle atteint sont jeunes, le tort

qu'elle leur cause n'est pas considérable, et, suivant BAYLE BARELLE, une pluie qui lave les feuilles suffit pour les remettre en bon état ; mais il devient plus grand lorsqu'elle apparaît après la formation de l'épi et avec abondance ; dans ce cas, les grains restent légers et rabougris.

La paille rouillée a peu de valeur ; elle est une mauvaise nourriture pour les bestiaux, et le fumier dans la composition duquel elle entre est de mauvaise qualité.

Le cultivateur n'a en sa puissance *aucun moyen de guérir de la rouille* les blés qui en sont infestés ; il est réduit à laisser faire la nature qui les en débarrasse quelquefois, soit par de copieuses ondées, soit de quelque autre manière que nous ignorons ; ou à les faucher, si l'épi n'est pas encore formé, comme on le fait dans la Toscane et à Bologne. En prenant ce dernier parti, il a assez de chances de voir se développer une nouvelle génération de feuilles exemptes de rouille, et, dans tous les cas, il a moins à redouter le mal pour les récoltes suivantes, puisque les sporules du parasite n'ont pu se répandre encore.

Quant aux *moyens préservatifs*, les seuls qu'indique M. DE CANDOLLE, outre les soins généraux d'une bonne culture, c'est de ne pas semer les céréales dans les lieux bas et humides, et de ne pas faire succéder dans les assolémens une céréale à une autre qui aurait déjà été attaquée de la même maladie. On pourra se conduire aussi d'après la connaissance des autres circonstances indiquées comme favorables ou contraires à la naissance de la rouille, en se tenant toutefois pour averti que leur influence n'est pas parfaitement avérée. On fera bien de ne pas couper les blés rouillés les premiers, afin que, s'il vient à pleuvoir pendant la moisson, la paille soit lavée, et que les grains attendris deviennent plus ronds.

La maladie que RE appelle *carolo, ruggine* ou *brusone*, paraît n'être que la *rouille du riz*. Elle consiste en taches roussâtres qui se montrent sur les feuilles, et ensuite quelquefois sur les tiges, et d'où s'échappe une poussière jaunâtre, d'abord insipide et inodore, puis un peu acide et d'une odeur argileuse. Elle se jette sur les plantes vigoureuses, qui trahissent sa présence par un vert plus foncé, et qui y sont sujettes dans leur jeunesse, comme dans un âge plus avancé. Elle paraît due à l'excès d'engrais ; elle ne se manifeste jamais, dans les vieilles rizières. Faucher le riz, faire écouler l'eau de la rizière, voilà les seuls moyens qu'indique Re pour la combattre.

II. *Du Charbon.*—Le parasite qui constitue le *Charbon (Flugbrand, Russbrand, Nagelbrand,* allem.; *Carbone* ou *Fuliggine*, ital.; *Loose smut,* angl.; et l'*Uredo Carbo,* DC. (*U. segetum,* Pers.; *Cœoma seget.,* Link.; *Ustilago seget.,* Dittm.) (*fig.* 705, A) qui attaque l'axe de l'épi, les glumes et la surface des graines, ou, selon M. Ad. BRONGNIART, le petit pédicule qui supporte les organes floraux B *d.* A la fin de sa vie, il les recouvre d'une poudre très-abondante, noire ou d'un brun verdâtre, toujours visible à l'extérieur, très-légère, inodore et quelque peu visqueuse quand elle est fraîche

Fig. 705.

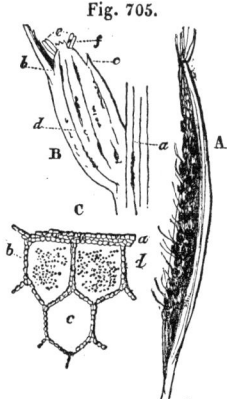

mais se laissant facilement emporter par les vents quand elle est sèche; enfin composée de capsules parfaitement sphériques, extrêmement petites et à demi transparentes. M. Ad. Brongniart, qui en a suivi tous les développemens dans l'orge, depuis le moment où il se forme au sein des épis à peine longs d'un centimètre, a vu dès l'origine les globules dont il se compose légèrement adhérens les uns aux autres et réunis en masses compactes, de couleur verdâtre, dans des cavités quadrilatères C c, que présentait le tissu cellulaire et que séparait une couche ou deux de cellules très-petites b d. Mais, par les progrès de la végétation, les cloisons celluleuses finissaient par disparaître; les globules s'isolaient complètement, et leur couleur devenait noire. Leur développement avait causé l'avortement des organes de la fructification Be, dont on ne retrouvait plus que des rudimens sur le pédicelle tuméfié, et avait détruit une partie des enveloppes de ces organes b c.

En général, il sort fort peu de tiges d'un pied frappé de charbon, et ces tiges sont grêles. On les distingue dans le froment, non seulement à ce signe et à la couleur noirâtre des épis, mais encore, avant même que l'épi ait paru, à leur feuille supérieure qui est tachée de jaune et sèche à son extrémité. M. Tessier a rencontré le charbon sur des fromens faibles comme sur des fromens vigoureux, dans différens terrains et à diverses expositions, mais plus particulièrement sur le blé de mars; il soupçonne que les espèces barbues y sont moins sujettes que les espèces dépourvues d'arêtes. Suivant le même auteur, toutes les variétés d'orge en sont également attaquées, quels que soient le sol et l'exposition où elles se trouvent placées. Dans une expérience faite sur la même céréale, il s'est assuré que plus le grain était enterré profondément, plus il fournissait de pieds charbonnés.

Toutes les céréales sont sujettes au charbon : il cause peu de dommage au froment, parce qu'il ne l'attaque ni fréquemment ni violemment, et parce que sa poussière se disperse. avant la moisson, de sorte qu'il n'en arrive à la grange que la petite quantité que peuvent recéler les épis restés dans le fourreau;

mais il est plus funeste à l'orge et à l'avoine qui en reçoivent des atteintes plus souvent réitérées et plus rudes, et qui en propagent davantage les germes; toutes les deux les entrainant avec elles à la grange, soit parce que leurs glumes se décomposent moins et ne leur livrent pas aussi facilement passage avant la récolte, soit, ce qui est particulièrement le cas de l'avoine, parce qu'elles se charbonnent plus inégalement, les épis ou même les grains étant ordinairement en partie sains, en partie malades, tandis que chez le froment l'ordinaire est de voir les épis affectés en entier. Cette persistance de la poudre charbonneuse sur les épis d'orge et d'avoine a été bien constatée par M. Vilmorin, qui, après la moisson faite et rentrée, ayant besoin de cette poudre pour des expériences, a pu trouver dans les gerbes une quantité de panicules ou d'épis tout-à-fait ou en partie intacts, quoique charbonnés, et qui ayant examiné à la loupe, après le battage, le grain de masses d'orge et d'avoine plus infestées que les autres, a reconnu sur sa surface une quantité de globules de charbon.

De même que la poudre de la carie, celle du *charbon noircit souvent le visage* des personnes qui battent de l'orge ou de l'avoine, mais elle les fait moins tousser. Elle ne paraît pas communiquer de qualité délétère à la farine, avec laquelle au surplus elle n'est jamais mêlée qu'en très-petite quantité dans le froment. Le tort qu'elle cause aux cultivateurs consiste essentiellement dans la diminution de la quantité de la récolte. Cette diminution doit se mesurer non seulement au nombre des épis charbonnés qui paraissent hors de leur gaine, mais encore à la quantité de ceux que leur état de faiblesse y tient renfermés. La paille de froment, d'orge et d'avoine charbonnée déplaît aux bestiaux; on ne sait si elle les incommode.

Il résulte des expériences de M. Tessier que le *charbon peut se communiquer par contagion,* et qu'on peut empêcher sa reproduction par les mêmes moyens employés contre la carie. Cependant il paraît beaucoup moins contagieux que cette dernière, et moins susceptible d'être prévenu par le chaulage ou par le sulfatage. Il est arrivé à M. Vilmorin d'avoir plus de charbon dans la moitié d'une pièce semée avec de l'avoine chaulée que dans l'autre moitié dont la semence n'avait pas reçu de préparation, tout étant égal d'ailleurs; d'autres fois le résultat a été en sens inverse; d'autres fois enfin il y a eu parité. Le sulfatage a produit, en général, des effets plus prononcés que le chaulage, mais les exceptions ont encore été saillantes : il est vrai que lorsque le chaulage et le sulfatage ont montré le moins d'efficacité, ils avaient eu lieu par aspersion, méthode quelquefois à peine suffisante pour le froment et peu convenable pour l'avoine et l'orge qui sont beaucoup moins propres que le grain de froment à s'imprégner d'une dissolution quelconque, et pour lesquelles on devrait par conséquent augmenter non seulement l'énergie de la préparation détersive, mais encore la durée du bain, ce qui augmenterait les dépenses. C'est probablement la crainte de cette augmentation de frais qui a empêché les cultivateurs d'appliquer au charbon de l'orge et de l'avoine les moyens que maintenant ils emploient généralement contre la carie du froment. Toutefois la chose vaut la peine d'être essayée, le sulfatage surtout qui a parfaitement réussi à M. Le Blanc dans le dép. de la Haute-Garonne. Thaer, prétendant que la maladie ne se transmet point par les semences, qu'elle se reproduit d'elle-même sur les terrains mouilleux et excessivement gras sous l'influence d'une température humide et chaude, enfin qu'elle affecte non seulement l'épi, mais la plante entière, ne voit d'autres moyens de la prévenir que de semer avec tous les soins convenables, sur un sol bien choisi et bien égoutté, des grains accomplis ; il croit aussi que la nature de l'engrais peut exercer une influence sur la production du charbon. M. de Candolle, dans l'idée que la poussière charbonneuse qui se répand sur la terre est absorbée par les jeunes plantes, pense qu'une rotation de culture telle que les céréales ne reviennent pas à des intervalles trop rapprochés sur un même champ, peut seule diminuer l'effet dû à cette cause.

Sous le nom d'*Uredo destruens*, M. Duby, auteur du *Botanicon gallicum*, a fait une espèce à part du *Charbon du millet*, à cause de l'irrégularité et de la forme oblongue des sporules dont se compose ce champignon parasite. Suivant M. Tessier, l'épi, serré étroitement entre les feuilles supérieures de la tige, ne les écarte qu'avec peine ; il paraît communément au dehors sous la forme d'un cône alongé recouvert d'une peau grise qui se déchire et laisse apercevoir un corps composé de filets et d'une matière noire dans toute sa longueur, excepté à la partie inférieure où elle est grise, plus ferme et plus compacte. Ce charbon n'exerce pas de grands ravages sur le millet.

On a fait de même une espèce particulière du *Charbon du maïs* (*Uredo maydis*, DC.), qui attaque la tige à l'aisselle des feuilles, ou les fleurs mâles, ou les graines elles-mêmes. La partie attaquée grossit et devient une tumeur d'un blanc rougeâtre ou cendré, d'abord charnue, puis entièrement remplie d'une poussière noirâtre, presque inodore, très-abondante, légère et composée de globules semblables à ceux de la carie, si ce n'est qu'ils sont plus petits. Ces tumeurs ont depuis la grosseur d'un pois ou d'une noisette, qu'elles présentent sur les fleurs mâles, jusqu'à celle du poing qu'elles dépassent même quelquefois sur les tiges et sur les graines ; elles sont enveloppées par l'épiderme distendu, qui, lorsque l'Urédo est parvenu à sa maturité, se rompt au moindre choc, et laisse échapper la poussière qu'il renferme.

D'après les observations de M. Bonafous, cette production parasite du maïs se forme indifféremment sous l'influence de l'humidité et de la sécheresse. L'opinion commune est cependant qu'elle se développe préférablement dans les lieux et les années humides ; elle est devenue plus fréquente dans le Piémont depuis qu'on y arrose le maïs. Suivant le même auteur, elle ne paraît pas non plus dépendre de la nature des engrais ou du sol ; enfin elle n'é-

pargne pas les pieds les plus vigoureux, et elle s'attache plus aux variétés tardives qu'aux variétés précoces. Sa poussière n'est pas plus malfaisante que celle de l'*Uredo Carbo*. Tillet et Imhof ont conclu de quelques expériences qu'elle n'est pas contagieuse ; le fait aurait besoin d'être vérifié.

Dans le but de *préserver le maïs de cette maladie*, on a conseillé de chauler la semence, de ne pas arroser les champs, et surtout d'apporter une attention scrupuleuse dans le choix des graines : ces précautions ne suffisent pas toujours ; un moyen efficace pour délivrer le maïs de ces tumeurs, c'est de les enlever quand elles apparaissent.

M. Dulong a trouvé dans l'Urédo du charbon une matière analogue à la fungine ; une matière azotée, soluble dans l'eau et dans l'alcool, analogue à l'osmazome végétal ; une matière (azotée ?) soluble dans l'eau, insoluble dans l'alcool ; une matière grasse, une petite quantité de cire, une matière colorante brune, un acide organique libre ou en partie uni à la potasse et peut-être à la magnésie, du phosphate de potasse. du chlorure de potassium, du sulfate de potasse, du sous-phosphate de chaux, un sel à base d'ammoniaque, de la magnésie et une très-petite quantité de chaux sans doute unies à un acide organique, enfin du fer.

III. *De la Carie.* — On désigne sous le nom de *Carie* (*Golpe, Volpe* ou *Fama*, ital. ; *Schmier-Stein* ou *Faulbrand*, all. ; *Smut balls*, angl.) une maladie qu'on a souvent confondue avec le charbon, parce que, comme celui-ci, elle affecte les parties de la fructification, mais qui cependant s'en distingue par des caractères bien tranchés. L'*Uredo Caries*, DC., qui la constitu et que la *fig.* 706 représente à différens grés de maturité dans le grain entier ou coupé *a b c d*, est logé dans l'intérieur même de la graine ; il forme une poussière grasse au toucher, d'un noir tirant sur le brun ou l'olivâtre, remarquable, quand elle est fraîche, par sa fétidité, et qui ne se répand pas au dehors du grain pendant la végétation de la plante ; ses globules *e, f* sont opaques ou à demi transparens et un peu plus grands que

Fig. 706.

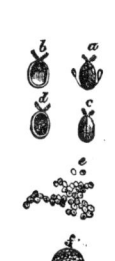

ceux du charbon ; leur diamètre varie de 1/140 à 1/280 de ligne, d'après M. Tessier. Les grains cariés sont légèrement ridés, un peu grisâtres, plus arrondis et plus petits qu'à l'ordinaire ; leur poids, par rapport à celui du froment sain, est à peu près comme 2 à 5. La poudre de carie analysée par Fourcroy a donné une huile verte, butireuse, âcre et d'une odeur infecte, une matière végéto-animale, de l'acide phosphorique, et de l'ammoniaque libre ; d'autres chimistes y ont trouvé de l'acide oxalique libre. Elle est inflammable et insoluble dans l'eau.

Les pieds qui doivent donner des grains cariés ont, dès le moment où ils lèvent, des feuilles d'un vert foncé comme celui de la feuille de chêne, et les tiges ternes; l'odeur infecte et les globules se font apercevoir dans l'épi, même avant qu'il soit sorti de ses enveloppes. Quand les épis cariés se montrent, ils sont bleuâtres et étroits, mais ensuite ils deviennent plus larges que les épis sains; leur maturité est plus hâtive, et ils se chargent d'une plus grande quantité de grains; leur légèreté fait qu'ils restent droits. Les étamines ne s'alongent pas et les anthères ne contiennent pas de pollen. M. Tessier a trouvé fréquemment des épis sains sur des pieds qui en offraient de viciés; des grains sains mêlés avec des grains cariés dans le même épi; enfin quelquefois des grains à moitié sains et à moitié cariés.

Entre toutes les céréales, le froment est le plus sujet à la carie; peut-être même y est-il seul exposé; mais toutes les espèces et variétés de froment n'y sont pas également exposées. Les blés du nord la contractent plus facilement que ceux du midi; les blés durs, qui en général appartiennent au midi, n'en offrent point naturellement; il en est de même des barbus, excepté celui dont les épis sont roux ou blancs et les barbes divergentes. Les épeautres en sont quelquefois perdus. Le froment de mars y est plus sujet que les blés d'automne.

Tillet et M. Tessier ont reconnu, par des expériences réitérées, que différens engrais, la nature du sol et les brouillards ne sont pas la cause de la carie; cela n'empêche pas de croire que l'humidité de l'atmosphère et du sol ne puisse contribuer à sa production. Les mêmes observateurs l'ont fait naître maintes et maintes fois en infestant de noir, nom sous lequel on la désigne quelquefois, des grains sains, et surtout en l'inoculant près du germe. On a pu obtenir ainsi une quantité d'épis cariés quatre fois plus grande que celle des épis sains; mais on n'a pu faire naître la maladie dans les grains d'épis formés, en les saupoudrant de carie à différentes époques. Plus la carie est vieille, moins elle a d'action sur le blé nouveau ou vieux; plus le blé est vieux, moins la carie nouvelle ou vieille l'infecte facilement ou abondamment. Elle retarde la germination et la pousse des grains qui en sont tachés. Ce qu'il y a de remarquable, c'est que l'huile qu'on retire de la carie par la distillation à feu nu, ayant été mise en contact avec du blé sain, lui a fait produire près d'un tiers d'épis cariés.

Toutes choses égales d'ailleurs, plus le grain était enterré profondément, plus M. Tessier, dans ses expériences, récoltait de carie. On a aussi remarqué que les ensemencemens par un temps haleux ou sur des labours récens favorisent sa production; peut-être le mal, dans ce dernier cas, vient-il de ce que la herse enfonce le grain plus avant. Un observateur, M. Thomassin, assure que les fromens coupés avant leur maturité ne reproduisent pas la carie; une expérience de M. Girou de Buzareingues tend à faire croire le contraire. Elsner fait observer que le fumier non encore élaboré par un repos prolongé l'amène très-souvent, sans doute parce que la fermentation n'y a pas détruit les sporules de l'Urédo qu'on y a jetés avec

les pailles et les criblures des blés cariés.

Quand la poussière de la carie est abondante, comme elle sort de son enveloppe dans l'opération du battage, elle cause des démangeaisons aux yeux des batteurs, et les fait tousser; en s'attachant au blé sain, elle lui donne cette apparence défavorable qu'on désigne dans le commerce par les expressions de blé moucheté, blé bouté; elle nuit aussi à sa qualité; car les blés mouchetés empâtent les meules, graissent les bluteaux, et rendent défectueuse la mouture du blé sain qui leur succède; de plus ils fournissent une farine terne et onctueuse qui n'est pas de garde; enfin, le pain fait avec de la farine de blé moucheté a une teinte violette et un peu d'âcreté; on soupçonne que ce pain est malsain. Sous ces différens rapports, la carie cause un tort réel aux cultivateurs, mais peu important comparativement à la diminution qu'elle occasione dans le produit de la récolte. Cette diminution consiste non seulement dans le nombre des épis cariés, nombre qui est assez souvent le quart de celui des épis sains, mais encore, quand la maladie est intense, dans l'infériorité du poids de ceux-ci.

S'il est vrai que la carie se propage, surtout en s'attachant dans les bâtimens de ferme aux substances qui doivent servir d'engrais et principalement aux grains de semence, il est clair qu'il faut non seulement s'abstenir de porter sur les champs des fumiers qui n'ont pas encore subi une fermentation convenable, mais encore mettre une grande attention dans le choix de la semence et la dépouiller par tous les moyens possibles des germes dont elle peut être infestée. Pour les qualités de la semence, nous renvoyons à l'article Froment où il en est question. Quant aux procédés de purification, ils sont physiques ou chimiques. Les moyens physiques consistent essentiellement dans les frictions, la ventilation et les lavages; les moyens chimiques se réduisent à l'emploi de substances assez caustiques et assez corrosives pour altérer la poudre de la carie, sans désorganiser le grain; les premiers éloignent, emportent avec eux les germes du mal, et les autres le détruisent.

On sépare quelquefois les épis cariés des épis sains par le triage à la main. Dans une année où les premiers ne sont pas très-nombreux, une femme épluche par jour environ 60 gerbes, donnant 1 1/4 sétier de blé. D'autres fois, sachant que les tiges cariées sont plus courtes que les autres, on se contente de couper les épis les plus saillans des gerbes, ou de frapper les tiges soit sur les parois d'un tonneau, soit sur une perche à hauteur d'appui. On a proposé de déterger le grain battu en le roulant dans de l'argile sèche, du sable, des cendres, etc. Mais les moyens mécaniques les plus employés sont le criblage et le vannage. (Voyez ce Vol., p. 342.)

En suivant l'ordre des opérations et la gradation des effets, on passe des procédés qui viennent d'être indiqués aux lavages. L'eau pure exerce deux genres d'effets: 1° elle agit par le frottement quand on la fait couler sur le blé, ou qu'on y plonge celui-ci en l'y remuant; 2° les grains cariés étant plus légers que les grains sains, restent ou s'élèvent plus facilement à sa surface, d'où il est facile de les enlever. Pour être plus sûr qu'ils surnagent tous, on fera bien de remuer la masse de temps en temps et d'augmenter la densité de l'eau par l'addition de sel commun, comme c'est la coutume en Angleterre où l'on rend la dissolution assez forte pour qu'elle puisse supporter un œuf. L'eau de lavage doit être plusieurs fois renouvelée.

Comme tous ces moyens sont le plus souvent insuffisans, on les complète et même on y supplée par *l'emploi des substances caustiques et corrosives.* Les plus énergiques parmi celles dont l'usage est plus général, sont, outre les substances vénéneuses dont nous ne parlerons pas, le sulfate de cuivre ou vitriol bleu, la chaux, le sel commun, l'urine, l'eau de fumier, les fientes d'animaux. Le sulfate de cuivre, qui ne donne pas lieu à de graves accidens, a été employé d'abord par Bénédict Prévost : c'est le plus efficace de tous les remèdes contre la carie. Supposons qu'on ait 100 mesures de blé à traiter, on met dans une cuve 14 mesures égales d'une eau contenant en dissolution 1/150 de son poids de vitriol ; dans un autre vase de la capacité de 2 ou 3 hectolitres, on jette du blé et l'on verse dessus la dissolution, de manière qu'elle le recouvre de la hauteur de la main ; puis on remue, on enlève les grains qui surnagent, et au bout d'une demi-heure on verse le blé dans un autre vase de même capacité où l'on répète le traitement. Enfin on le place sur une corbeille ou un filtre quelconque pour le débarrasser de l'eau saturée de vitriol. La chaux, dont il a déjà été question à l'article du froment (*Voy.* p. 377), est un peu moins efficace que le vitriol bleu.

Le sel marin, les lessives de cendres, les urines putréfiées, l'eau de fumier, la fiente de pigeon, sont souvent mêlés avec la chaux dans le chaulage ; toutes ces substances ajoutent à l'action de la chaux celle des alcalis qui forment la base des sels inhérens à leur composition. Tel est en particulier le cas du sel marin et des urines ; on a même des exemples de blés dont la faculté germinative a été détruite par l'ammoniaque qu'ont dégagée les urines dans le chaulage. Cependant, d'un autre côté, ces substances, surtout si elles sont solides, doivent aussi, excepté le sel, exercer une action en sens inverse, parce qu'elles interposent entre les matières actives d'autres matières inutiles pour l'objet qu'on se propose. Après avoir été soumis à l'action quelconque de l'un de ces ingrédiens, le blé doit être écarté de tout ce qui peut receler la poussière de carie ; il ne faut ni le laver ni le laisser s'échauffer en tas.

On peut suivre des procédés très-divers pour le lavage et l'immersion dans une des dissolutions indiquées.—Au sud de l'Ecosse, on trempe successivement dans deux cuves, contenant l'une de l'eau, l'autre des urines d'étable, deux vases d'une moindre capacité, dont le fond est en fil-de-fer, et qui contiennent le blé à purifier ; on plonge plusieurs fois, on remue, on écume, et l'on renouvelle l'eau aussi souvent qu'on le juge nécessaire, jusqu'à ce qu'elle sorte à peu près complète-ment claire. Ailleurs, on place le blé sur des corbeilles pour le descendre dans le bain, ou bien on l'y verse peu-à-peu, en enlevant au fur et à mesure les grains surnageans, etc.

Les huiles essayées par M. Tessier contre la carie n'ont empêché le développement sans retarder la germination.

On n'a pas encore songé à fixer par des expériences les limites de quantité, de concentration et de durée d'action, en dehors desquelles les préparations employées contre la carie n'exercent pas une action assez marquée, ou deviennent funestes à la germination de la graine.

IV. *De l'Ergot.* — L'ergot est une des maladies les plus singulières des graminées ; il en attaque un grand nombre, mais particulièrement le seigle, la seule céréale qui, outre le maïs, y soit sujette. C'est une excroissance (*fig.* 707) dure, compacte, cassante, cylindrique ou un peu anguleuse, présentant à peu près la forme d'une corne obtuse, ordinairement blanche ou grise à l'intérieur, d'un noir tirant sur le violet à l'extérieur. Elle occupe la place du grain et sort d'entre les glumes ; sa longueur est très-variable, mais ne dépasse pas 18 lignes. Son poids, d'après M. Tessier, est à celui du seigle à peu près comme 9 à 14, ou comme 5 à 8, suivant qu'on les compare l'un à l'autre sous leur forme entière ou à l'état pulvérulent. Suivant le même agronome, on l'observe plus particulièrement parmi les seigles semés sur des terres récemment défrichées, parmi ceux qui sont mélangés de vesce, dans les saisons et les terres humides, dans les parties basses des lieux en pente, sur les bords des chemins, dans les terres maigres et sablonneuses. Suivant Baumé, les seigles cultivés plusieurs années de suite sur le même terrain, sont fort exposés à ses atteintes.

Fig. 707

M. de Candolle regarde l'Ergot comme une végétation cryptogamique, qu'il appelle *Sclerotium clavus.* Il est inutile de dire ici les raisons sur lesquelles il fonde sa manière de voir, que d'autres botanistes ne partagent pas ; elles ne nous paraissent pas sans réplique, mais du moins son opinion est bien aussi satisfaisante que le vague où nous laissent les partisans du système opposé. Il vaut tout autant regarder l'ergot comme un champignon que de le définir, avec M. Unger, un *embryon qui se dévore lui-même.*

Vauquelin a trouvé dans le seigle ergoté, comme substances immédiates, deux matières colorantes, l'une jaune, l'autre violette qui peut être employée dans la teinture, une matière huileuse, douceâtre et très-abondante, un acide indéterminé, de l'ammoniaque libre, enfin une substance végéto-animale très-abondante et très-disposée à la putréfaction; par conséquent, ni amidon, ni sucre, ni mucilage, ni albumine, matières dont est presque entièrement composée la farine de seigle à l'état ordinaire.

Lorsque l'Ergot se trouve mélangé en quantité notable dans les farines de seigle ou de froment, il donne lieu à des vertiges, à des étourdissemens, à la gangrène des extrémités, et même à la mort. On lui attribue aussi la propriété d'exciter les contractions de la matrice et de faciliter les accouchemens.

Il est facile de *séparer l'ergot du bon grain* par le crible et le van, ou même l'épluchage à la main. Dans les pays où il est très-commun, comme, par exemple, dans la Sologne, on ferait bien de le récolter pour le détruire. Si les circonstances indiquées comme favorables à sa propagation sont vraies, on devra chercher à y soustraire le seigle.

§ II. — Des plantes qui nuisent aux céréales par leur voisinage.

Il a déjà été question ailleurs (t. I, p. 231 et suiv.) des *mauvaises herbes*, qui ne font de tort aux cultivateurs qu'en envahissant spontanément et occupant inutilement le sol destiné aux céréales; nous ne parlerons donc ici que de quelques autres plantes qui, non seulement sont inutiles, mais encore directement nuisibles, soit aux moissons elles-mêmes, soit à l'homme.

En général, tous les *grands végétaux nuisent aux blés*, non seulement parce qu'ils les privent, en l'absorbant eux-mêmes, d'une nourriture qui aurait pu leur profiter, mais encore parce qu'ils leur ravissent en partie les bienfaits de la chaleur et de la lumière solaire; il est vraisemblable aussi qu'ils les contrarient par la concurrence et l'entre-croisement de leurs racines. On s'accorde à dire que les *ormes plantés le long des routes* exercent une influence défavorable sur les céréales situées dans leur voisinage. DUHAMEL a même reconnu que la sphère de cette influence s'agrandit à mesure qu'ils avancent en âge, de telle sorte que restreinte d'abord à quelques pieds autour de leur tronc, elle s'étend ensuite à une distance considérable. Aussi, dans les pays à blé, proscrit-on des champs les plantations d'arbres et même les haies.

A ces effets généraux, *quelques végétaux joignent une action spéciale.* Ainsi, l'effet un peu pernicieux que produit le noyer sur les blés qui croissent sous son feuillage, paraît venir de ce que les pluies dissolvent quelques portions de la matière astringente contenue dans les feuilles, et la portent sur le blé et dans le sol. Le *Coquelicot* et la *Crète de coq* (*Rhinanthus crista-galli*) effritent la terre, parce que, renfermant des sucs âcres, ils laissent transsuder quelque matière qui l'altère. Vraisemblablement le *Cirse des champs,* qu'on regarde comme nuisible à l'avoine, l'*Erigeron âcre* et l'*Ivraie* (*Lolium temulentum*), qui passent pour nuire au froment, excrètent quelque matière contraire à la végétation de ces céréales. Cependant aucune de ces plan-

tes n'agit comme cause réellement modifique.

On adresse à l'*Epine-Vinette* un reproche plus grave; on l'accuse de faire naître la rouille ou même la carie et le charbon sur les céréales. Malgré la généralité de cette croyance qui a en sa faveur les recherches nombreuses et quelques expériences faites par YVART, les botanistes doutent encore qu'elle soit fondée. Ils admettent bien que l'épine-vinette peut exercer quelque action pour la production de la rouille dans les céréales, mais c'est au même titre que les autres buissons, c'est-à-dire en raison de son ombrage. On a cru que l'épine-vinette étant souvent chargée d'un *Æcidium* (*Æ. Berberidis*), la poussière de cet æcidium tombait sur le blé, et lui communiquait la rouille dont il a la couleur. Mais, comme il est fort différent de l'urédo, il faut, dans cette hypothèse, admettre qu'il y a transformation d'espèces, ce qui est contre toutes les analogies. On fait d'ailleurs remarquer que, dans certaines provinces où l'épine-vinette abonde, par exemple dans les environs de Dijon, on ne lui attribue point d'action fâcheuse, et que des effets assez semblables à ceux de l'épine-vinette se rencontrent dans une foule de localités où cet arbuste n'existe pas. Il n'est donc pas démontré que l'épine-vinette soit une cause spéciale de rouille, de charbon ou de carie pour les céréales; mais, d'un autre côté, il est vraisemblable que sa floraison coïncidant pour l'ordinaire avec celle du blé, le principe qui fait la base de l'odeur désagréable qu'elle répand alors, ou des effluves quelconques sorties de ses fleurs, ou même son pollen, contrarient la fécondation du blé.

Enfin, il est quelques plantes dont les *graines étant récoltées avec celles des céréales,* communiquent au pain des propriétés désagréables ou délétères. Ainsi, les graines du *Muscari,* introduites par la mouture dans la farine du blé, donnent au pain de l'âcreté, une amertume excessive et permanente, et le pointillent de noir : celles de la *Nielle* (*Lychnis Gythago*) lui communiquent une couleur noirâtre et un arrière-goût amer, mais innocent; celles de l'*Ivraie,* une amertume et une âcreté sensibles, et, lorsqu'elles sont en quantité considérable, elles la rendent capable de produire un assoupissement ou une ivresse accompagnée quelquefois de symptômes très-fâcheux.

Pour détruire ces *herbes importunes ou nuisibles,* il faut les arracher dans leur jeunesse, ou les couper, en imprégnant, s'il se peut, de quelque dissolution corrosive, par exemple de sulfate de fer, les instrumens qui servent à les détruire. Pour en prévenir l'invasion, on doit semer des graines pures, de tout mélange, et tenir la terre dans un état continu d'assolement et de culture. J.YUNG.

ART. II. — *Plantes nuisibles aux herbages.*

§ Iᵉʳ. — Des mauvaises herbes.

En jetant un coup-d'œil sur la Flore française, nous voyons qu'aucune plante IN-EM-BRYONÉE (1) ne peut être considérée comme

(1) Ce sont celles dont on ne connaît qu'imparfaitement les organes de la fructification et dans lesquelles on ne distingue, lors de la germination, aucun embryon proprement dit.

fourragère; plusieurs au contraire sont nuisibles aux herbages. De ce nombre sont surtout les *Mousses* (*Musci*, Juss.), dans les prairies moyennes et élevées; les *Fougères* (*Filices*, Juss.), dont les espèces communes font sur les sols profonds et frais le désespoir du cultivateur, parce qu'elles s'y multiplient en dépit de tous ses efforts; enfin les *Prêles* (*Equisetaceæ*, DC.) qui abondent dans les lieux humides et n'y donnent cependant aucun ou presque aucun produit.

Au nombre des EMBRYONÉES, dans la grande division des MONOCOTYLÉDONES et dans la famille des *Cypéroïdes* (*Cyperaceæ*, Juss.), presque tous les *Carex* ou *Laiches* (*Carex*) doivent être rejetés à cause de la dureté de leurs fanes sèches et la disposition tranchante de leurs feuilles qui les rendent dangereuses pour les animaux; — Les *Scœnus* (*Scœni*) répugnent aux herbivores; — les *Scirpes* (*Scirpi*) présentent à la vérité quelques espèces qui ne leur déplaisent pas autant, mais tous pourraient être remplacés par de meilleurs fourrages; — les *Souchets* (*Cyperi*) sont dans le même cas.

Viennent ensuite les *Graminées*, parmi lesquelles on ne trouve au contraire, à vrai dire, dans nos climats, aucune espèce qui ne convienne plus ou moins aux bestiaux, bien qu'il soit avantageux d'en écarter plusieurs, soit à cause de leur dureté, soit par suite du peu d'élévation ou d'abondance de leurs fanes, etc.

Dans la famille des *Joncs* (*Jonceæ*), diverses espèces qui se multiplient abondamment sur les fonds humides occupent inutilement beaucoup d'espace.

Dans celle des *Alismacées* (*Alismaceæ*), il est aussi plusieurs herbes inutiles, d'autres nuisibles. — Au nombre des premières il faut ranger le *Butome en ombelle* (*Butomus umbellatus*, Lin.) et le *Plantain d'eau* (*Alisma plantago*, Lin.); — parmi les secondes, le *Veratre blanc* (*Veratrum album*. Lin.), plante âcre et vénéneuse, même après la dessiccation, et la *Colchique d'automne* (*Colchicum automnale*, Lin.), dont toutes les parties ont une odeur forte, nauséabonde, et dont les feuilles, par leur abondance, nuisent essentiellement à la récolte et à la qualité du foin.

Les *Liliacées* ne donnent aucun produit fourrager, mais rarement elles sont assez abondantes pour nuire beaucoup aux herbages par leur végétation. J'ai cependant vu des prés entièrement envahis par la *Fritillaire* (*Fritillaria meleagris*, Lin.), comme on en trouve parfois d'occupés en grande partie, sur les hauteurs et dans les lieux plus secs qu'humides, par diverses espèces d'*Ail* (*Allium vineale*, *oleraceum*, etc.) qui communiquent au laitage, au beurre et même au fromage une saveur à laquelle il est difficile de s'habituer.

Ailleurs, les *Orchidées* dominent, et, dans cette belle famille, les *Orchis mâle* et panaché (*Orchis mascula* et *variegata*, Lin.), parfois l'*Orchis militaire* (*Orchis militaris*, Lin.) sont si abondans que les herbes disparaissent presque en entier à l'ombre de leurs fleurs.

Dans la division des DICOTYLÉDONES, les *Aristoloches* (*Aristolochiæ*) communiquent au foin une odeur repoussante. Celle qui porte le nom de *clématite* (*Aristolochia clematitis*, Lin.) trace beaucoup dans les lieux humides, et doit être particulièrement détruite avec soin. Cependant on a exagéré ses dangers, et je dois dire que j'ai vu souvent des vaches en manger, à la vérité en petite quantité, sans en être incommodées.

Au nombre des *Polygonées* (*Polygoneæ*), les *Patiences* (*Patientiæ*, Lin.), dont les larges feuilles et les tiges coriaces occupent inutilement de grands espaces, telles que la *Parelle* (*Rumex aquaticus*, Lin.), et même la grande *Oseille* (*Rumex acutus*, Lin.), auxquelles les ruminans ne touchent jamais en vert lorsqu'on les laisse libres du choix, et qui ne sont pas susceptibles d'être transformées en foin, sont par conséquent des plantes nuisibles. Nous ajouterons que le *Poivre d'eau* (*Polygonum hydropiper*, Lin.) est considéré comme dangereux pour les animaux.

Dans la famille des *Lysimachies* ou des *Primulacées* (*Lysimachiæ*, Juss.), on doit proscrire la *Lysimache commune* (*Lysimachia vulgaris*, Lin.), qui se propage avec rapidité le long des cours d'eau, et la *Primevère* (*Primula veris*, Lin.), qui envahit souvent une grande partie du terrain, et qui ne peuvent être converties en foin, la première, à cause de la dureté de ses tiges presque ligneuses, la seconde, parce qu'elle est trop peu élevée; la *Globulaire commune* (*G. vulgaris*, Lin.), qui déplaît aux animaux, etc.

Parmi les *Pédiculaires* (*Pedicularez*), la *P. des marais* (*Pedicularis palustris*, Lin.) est regardée comme nuisible aux moutons; la *Cocrète* (*Rhinanthus crista-galli*, Lin.) donne un très-mauvais foin.

Les *Labiées* (*Labiatæ*) et les *Personnées* ou *Scrophulaires* (*Scrophulariæ* et *Pediculares*, Juss.) sont généralement repoussées par le gros bétail, quoique plusieurs espèces soient du goût des bêtes à laine. Dans les prairies basses, la *Germandrée* (*Teucrium scordium*, Lin.), lorsque les vaches sont forcées d'en manger, communique à leur lait une saveur fort désagréable; la *Menthe aquatique* (*Mentha aquatica*, Lin.) empêche, dit-on, la coagulation du beurre; le *Stachys des marais* (*Stachys palustris*, Lin.) se multiplie beaucoup sans utilité par le moyen de ses traces. Il en est de même de la *Scrophulaire aquatique* (*Scrophularia aquatica*, Lin.). Toutes les *Linaires*, surtout la *commune* (*Linaria vulgaris*, Lin.), qui abondent dans les localités plus sèches qu'humides, doivent être détruites. Sur les terrains plus élevés, on a recommandé avec raison de détruire aussi les *Sauges* (*Salviæ*), et notamment les espèces suivantes: la *Sauge officinale*, *S. officinalis* Lin.), et celle des *prés* (*S. pratensis*, Lin.), la *S. sauvage* (*S. sylvestris*, Lin.), la *sclarée* (*S. sclarea*, Lin.), la *Cataire* (*Nepeta cataria*, Lin.), la *Bétoine* (*Betonica officinalis*, Lin.), la *Ballote noire* (*Ballota nigra*, Lin.), et le *Marrube commun* (*Marrubium vulgare*, Lin.), qui répugnent généralement aux bestiaux; le *Lierre terrestre* (*Glecoma hederacea*, Lin.), la *Cardiaque officinale* (*Lecaurus cardiaca*, Lin.), qui tracent ou s'élèvent beaucoup au détriment des bonnes herbes; la *Mélisse calament (Melissa calamenta,* Lin.), dont l'odeur repousse les animaux et se communique aux foins, etc., etc.

Les *Solanées (Solaneæ)* sont assez souvent vénéneuses,du moins en vert. La *Douce-amère (Solanum dulcamara,* Lin.), dont la propagation est très-rapide, gâte aussi le foin en lui communiquant son odeur nauséabonde; les *Molènes (Verbascum nigrum, album,* etc.) ne sont jamais touchées par le bétail ; — les *Jusquiames (Hyosciami); —* la *Stramoine épineuse (Datura stramonium); —* la *Mandragore* et la *Belladone (Atropa mandragora* et *belladona,* Lin.) seraient très-nuisibles à sa santé, si la faim le forçait d'y toucher.

Les *Borraginées* ne sont pas non plus en général de bonnes plantes fourragères. La *Consoude (Symphitum officinale,* Lin.), qui leur appartient, nuit beaucoup, par son développement, à celui des plantes voisines, à la quantité et à la qualité de leur foin. La *Vipérine (Echium vulgare,* Lin.) déplaît également aux herbivores.

La *Lobelia brûlante,* Lin., qui appartient aux *Campanulacées,* leur est nuisible.

Parmi les *Flosculeuses,* il faut rechercher avec un soin particulier, pour les arracher, le *Cnicus des champs (Cnicus arvensis),* l'un des plus communs et des plus nuisibles, à cause de ses racines traçantes et de ses graines nombreuses; — les *Chardons marie* et *à feuilles d'acanthe (Carduus marianus* et *acanthoides,* Willd.); celui qu'on a nommé *acaulis,* parce qu'il n'a presque pas de tiges, mais dont les racines sont longues et traçantes ; — l'Onoporde *à feuilles d'acanthe (Onopordium acanthium,* Lin.); — la *Carline commune (Carlina vulgaris,* Lin.), et la *Bardane (Arctium lappa,* Lin.),qui envahissent des espaces considérables ; — la *Centaurée chausse-trape (Centaurea calcitrapa,* Lin.), ainsi que les *Tussilages (Tussilago farfara* et *petasites,* Lin.), trop connus par leur rapide propagation.

Dans l'ordre des *Radiées,* plusieurs espèces offrent à un degré plus ou moins marquant les mêmes inconvéniens : ce sont, diverses *Aunées (Inulæ),* principalement la *britannique (Inula britannica,* Lin.), et la *disentérique (I. disenterica,* Lin.); — la *Cinéraire* et le *Seneçon des marais (Cineraria palustris* et *Senecio paludosus);* — les *Mille-feuilles eupatoire* et *sternutatoire (Achillea ageratum* et *ptarmica,* Lin.), etc., etc.

Dans l'ordre des *Rubiacées,* les *Caille-lait* ou *Galium* sont à la vérité mangeables en vert, mais leur foin est à peu près nul; celui des *marais (G. palustre,* Lin.) est surtout nuisible par la rapidité avec laquelle il se répand et se substitue aux autres herbages.

Au nombre des *Caprifoliacées,* l'*Hièble (Sambucus ebulus,* Lin.) se propage avec une rapidité d'autant plus malheureuse que non seulement les bestiaux ne le mangent pas, mais qu'il communique aux autres herbages une odeur qui leur répugne fortement.

On a remarqué dans bien des cas que la plupart des plantes de la famille des *Ombellifères,* qui croissent dans les pâturages secs et élevés, peuvent donner d'assez bons fourrages, tandis que celles des lieux humides sont généralement dangereuses ou tout au moins inutiles, parce qu'elles ne sont pas susceptibles de se transformer en foin. Parmi les espèces vénéneuses à divers degrés, il faut citer, d'après les auteurs, les *Myrrhis sauvage* et *des marais (Chærophyllum sylvestre et palustre,* Lin.); la *Ciguë aquatique(Cicuta virosa* Lin.); le *Phellandrium aquatique (Ph. aquaticum,* Lin.); la *Ciguë des jardins (Conium maculatum,*Lin.); les*Berles à petites et à larges feuilles (Sium angustifolium et latifolium,* Lin.),etc. et, parmi les espèces simplement délaissées, les *OEnanthes fistuleux à feuilles de persil* et *à feuilles de bourrache (OEnantha fistulosa,crocata* et *pimpinelloides,* Lin.), etc.; les *Sison aquatique* et *verticillé (Sison aquaticum* et *verticillatum,* Lin.); le *Buplèvre épineux (Buplevrum spinosum,* Lin.); l'*Eryngium des champs (Eryngium campestre,* Lin.), etc., etc.

Beaucoup de *Renonculacées* sont malsaines, telles que les *Anemones des bois* et la *passe-fleur (Anemone nemorosa* et *pulsatilla,* Lin.) ; —l'*Adonis printanier (Adonis æstivalis,* Lin.); —presque toutes les *Renoncules,* qui perdent à la vérité en partie cette fâcheuse propriété en se desséchant, mais qui n'en donnent pas moins un très-mauvais foin ; comme, la *petite douve (Ranunculus flammula,* Lin.); la *R. lancéolée (R. lingua,* Lin.); la *R. petite Chélidoine (R. ficaria,* Lin.); la *R. printanière (R. auricomus,* Lin.); la *R. scélérate (R. sceleratus,* Lin.); la *R. bulbeuse (R. bulbosus,* Lin.); la *R. âcre (R. acris,* Lin.), etc.; — les *Aconits,* et notamment le *Tue-Loup* et le *Napel (Aconitum lycoctonum* et *napellus,* Lin.); — l'*Actée des Alpes (Actea alpina,* Lin.); — l'*Erysimum alliaria* ou *alliaire ; le Sisymbrium des marais (S. palustre,*Lin.) nuisent, le premier à la qualité du lait, le second à celle du foin.

Le *Millepertuis crêpu (Hypericum crispum,* L.), heureusement peu commun, est un poison violent pour les moutons.

Parmi les *Malvacées,* les *Mauves,* les *Althées* et *Alcées* occupent inutilement beaucoup de place, puisqu'elles sont délaissées par les bestiaux.

Dans la famille des *Joubarbes (Sempervivæ),* la *J. vermiculaire (Sedum acre,* Lin.), qui a le défaut de gâter le foin, se propage d'autant plus facilement dans les localités arides, que ses feuilles succulentes peuvent vivre presque sans le concours des racines.

Dans celle des *Euphorbiacées (Euphorbiaceæ),* toutes les espèces du genre *Euphorbe (Euphorbia)* sont dangereuses, à cause de l'âcreté de leurs sucs propres.

Enfin, pour citer, parmi les plantes qui se propagent avec le plus de facilité dans les herbages, un dernier exemple, entre bien d'autres qu'il serait possible d'ajouter en envisageant des localités plus restreintes, il faut parler de l'*Ortie dioïque (Urtica dioica,* L.), que les bestiaux n'appètent pas en vert, et qui n'est pas susceptible de donner un bon foin.

On a vu ailleurs (pag. 231 et suiv., et page 472) quels sont les moyens de détruire les *mauvaises herbes de diverses sortes :* il serait superflu d'y revenir ici.

§ II. — Des plantes parasites.

Les *parasites nuisibles aux herbages* sont peu nombreuses; elles se réduisent en France à l'Orobanche, la Clandestine et la Cuscute ; encore, les deux premiers genres, auxquels on peut disputer le nom de vraies parasites, ne se subdivisent qu'en un petit nombre d'espèces rarement assez fécondes pour causer de grandes dommages dans les prairies.

L'*Orobanche commune* (*Orobanche vulgaris*, Lam.) et l'*O. majeure* (*O. major*, Lin.) croissent cependant très-communément dans les terrains secs où dominent les légumineuses. Au dire de M. DE CANDOLLE, la première nuit sensiblement en Italie à la culture des fèves. Toutes deux attachent une ou quelques-unes seulement de leurs racines sur celles des ajoncs, des genêts et de divers autres arbustes de la même famille, dont elles causent parfois la mort. — L'*Orobanche rameuse* (*O. ramosa*, Lin.) vient dans les blés et la plupart des lieux cultivés. C'est elle, dit Bosc, qui cause souvent de si grandes pertes dans les récoltes de chanvre, sur les racines duquel elle aime principalement à croître, et dont elle fait immanquablement périr la tige. On a vu des propriétaires être forcés d'interrompre la culture de leurs chenevières pendant plusieurs années consécutives pour s'en débarrasser, et encore ne pas complètement réussir. En effet, les graines des orobanches subsistent long-temps dans la terre sans germer lorsqu'elles sont enterrées profondément, ou peut-être seulement lorsqu'elles ne trouvent pas une racine sur laquelle elles puissent s'implanter. Un cultivateur soigneux doit donc arracher avant la maturité des graines tous les pieds qu'il trouve dans les champs lorsqu'il y en a peu ; et, lorsqu'il y en a beaucoup, le meilleur moyen est de substituer, pendant plusieurs années, au blé, au chanvre, etc., des cultures de pommes-de-terre, de haricots, de maïs et autres plantes qui demandent pendant l'été des binages qui détruisent immanquablement les pieds d'orobanche avant la maturité de leurs graines.

Les *Clandestines* (*Lathreæ clandestina* et *squammaria*, Lin.) viennent surtout dans les lieux frais et dans le voisinage des arbres, au milieu de mousses dont la présence est beaucoup plus nuisible que la leur.

Quant à la *Cuscute* (*Cuscuta*), appelée *teigne*, *rache*, *perruque* par les cultivateurs, c'est une plante filiforme de la famille des *Convolvulacées*, dont les graines germent en terre, et dont les tiges, dépourvues de feuilles, s'élèvent sans appui jusqu'à ce qu'elles aient pu rencontrer les végétaux auxquels elles s'accrochent au moyen de suçoirs, et dont elles tirent plus tard toute leur nourriture ; on la trouve surtout dans les prairies naturelles et artificielles, dans les champs de lin, de houblon, et parfois de blé. Du pied sur lequel elle s'est fixée, elle étend ses rameaux comme autant de greffes sur ceux du voisinage, de sorte que dans le cours de quelques mois, un seul individu peut envahir un espace considérable et faire périr toutes les herbes qui le couvrent. Lorsque la cuscute se développe sur des plantes annuelles, on doit se hâter de les arracher et de les brûler ; plus tôt on fera cette opération, moins on verra s'étendre les ravages, et plus on sera certain d'avoir devancé le moment de la floraison qui a lieu dans le courant de l'été. Lorsque ce sont des plantes vivaces qui en sont attaquées, des luzernes, par exemple, on les coupe entre deux terres pour les brûler ensuite de la même manière. A la place des pieds qui ont été ainsi mutilés, quoiqu'ils repoussent quelquefois, si on en a coupé un certain nombre, il sera bon, pour utiliser les vides, de semer de préférence du sainfoin, parce qu'il est de toutes les plantes légumineuses la moins attaquable par la cuscute. On a recommandé aussi de détruire cette parasite par le feu, à l'aide de la paille que l'on étend sur les places qui en sont infestées, et on a éprouvé que ce moyen, très-efficace en lui-même, ne laissait cependant aucune trace sur les luzernes, dont les longues racines se développent peu de temps après en nouvelles tiges exemptes de toute contagion.

O.-L-T.

ART. III. — *Plantes nuisibles aux cultures éco-nomiques, industrielles et forestières.*

Chaque plante ayant son organisation individuelle et son mode de vivre à part, a aussi ses ennemis particuliers et ses maladies spéciales ; c'est assez dire que nous n'aurons que fort peu de généralités à donner à cet égard pour les cultures économiques, industrielles et forestières, qui réclament de notre part des articles isolés, dans lesquels ces notions seront beaucoup mieux placées qu'ici, et auxquels, par ce motif, nous renvoyons nos lecteurs. Mentionnons simplement quelques plantes parasites très-nuisibles à un grand nombre d'arbres.

En tête nous devons placer les *Lichens*, les *Mousses*, les *Hépatiques*, qui naissent assez indifféremment sur les écorces de tous les arbres, et même sur les rochers et les bois morts. Ces végétaux sont nuisibles en maintenant, par leur ombre et leur abri, de l'humidité à la surface de l'écorce, en servant d'habitation aux insectes qui s'y cachent et y déposent leurs œufs, en augmentant les gerçures et les fentes de l'écorce où elles s'implantent, et par suite en hâtant sa destruction. Les cultivateurs savent qu'on les détruit assez facilement, soit en les râclant à l'aide de couteaux émoussés et de brosses, soit par un lavage à l'eau de chaux, pourvu que leur développement ne soit pas encore très-grand ; ce dernier moyen a l'avantage de détruire en même temps les insectes, leurs larves et la plupart de leurs œufs.

Le *Lierre commun* (*Hedera helix*) agit d'une façon analogue, mais sur de bien plus grandes proportions, et nuit beaucoup aux arbres en les serrant à la manière de liens très-forts, et en implantant dans les crevasses des écorces ses nombreux crampons. Il est facile d'enlever les lierres ou du moins d'en arracher les pieds au bas des arbres, avant qu'ils aient atteint de grandes dimensions.

Le *Gui* (*Viscum*) est une véritable parasite qui se multiplie en abondance et nuit beaucoup à plusieurs de nos arbres les plus utiles. Ses graines, entourées d'une matière gluante, se fixent facilement sur tous les corps, notamment sur les branches, et y germent bientôt ; la racine, qui périt promptement si elle se trouve sur un corps brut ou mort quelcon-

que, lorsqu'elle a au contraire rencontré
l'écorce d'un arbre vivant, y implante l'espèce de disque ou d'épatement qui la termine,
et pousse alors de nombreuses tiges qui
croissent dans une direction quelconque. La
racine du gui traverse l'écorce des plus gros
arbres, et, au bout de quelque temps, se
trouve greffée si intimement sous le corps
ligneux, que tous les sucs de celui-ci traversent sans difficulté du sujet dans cette greffe.
Du reste, il ne paraît pas y avoir d'adhérence
entre le gui et l'écorce de son support; cette
écorce forme bourrelet autour du gui, en
sorte que celui-ci ne reçoit point les sucs
élaborés dans les feuilles, mais il aspire la
sève qui monte dans le corps ligneux. Le gui
nuit donc aux arbres en arrêtant la marche
des sucs descendans, dont une partie ne va
plus alimenter les racines, et en attirant à
lui la sève ascendante et la consommant au
préjudice des feuilles. Il est évident que le
seul moyen de débarrasser les arbres de ces
parasites, c'est de les couper à la base de manière à les empêcher de repousser et de donner des graines.   C. B. DE M.

SECTION III. — *Des animaux nuisibles en
agriculture.*

Le nombre des *animaux redoutables aux
cultivateurs* est très-considérable, et on peut
dire que tous peuvent lui nuire d'une manière
ou d'une autre; en effet, nos animaux domestiques, lorsqu'ils ne sont pas attachés ou
gardés, ravagent nos cultures et dévorent
nos récoltes. Le chien, le furet, le chat, qui
nous aident à détruire certains animaux nuisibles, peuvent eux-mêmes se rendre dépréda-
teurs. Enfin l'homme, qui est lui-même son
plus utile serviteur, devient quelquefois le
plus grand ennemi du cultivateur. D'un autre
côté, plus de la moitié des animaux sauvages
se nourrit de matières végétales, et, parmi ceux
qui s'alimentent de substances animales, la
plupart font la guerre aux espèces qui vivent
elles-mêmes de plantes. « Ainsi le règne végétal, considéré dans son ensemble, dit
M. DE CANDOLLE, est un vaste laboratoire ou
une vaste association d'êtres par lesquels la
matière brute est sans cesse transformée en
matière organique, et devient par là propre à
soutenir la vie du règne animal, tandis que
celui-ci, immédiatement ou médiatement,
vit tout entier aux dépens du règne végétal,
et serait sans lui incapable de maintenir sa
propre existence. » Mais l'homme, dans ses
vues particulières, n'a pas intérêt à protéger
cette harmonie universelle; de même que lui
vit aux dépens de bien des êtres qui sont
obligés de lui obéir ou de disparaître devant
sa puissance ou son adresse, de même, les
végétaux et les animaux qui lui conviennent
doivent être préférés et l'emporter sur tous
les autres.

Les *moyens divers par lesquels les animaux
nuisent* aux produits de l'agriculture, sont
actifs et variés: les uns dévorent les feuillages
et les jeunes bourgeons des végétaux, ce sont
les plus redoutables, surtout lorsqu'ils portent leurs attaques au moment même de la
naissance des plantes; d'autres vont déterrer
les graines confiées au sol pour en faire leur

pâture, ou, vivans sous terre, s'en repaissent en cachette et les accumulent pour la
saison d'hiver; il en est qui s'attachent aux
racines des végétaux. soit pour s'en nourrir,
soit pour se creuser des galeries, et qui causent souvent ainsi les plus grands désastres.
De nombreuses espèces vivent des fruits ou
des graines qui sont l'objet des soins du cultivateur, et il en est qui déposent leurs germes dans les grains pour les poursuivre et
les dévorer tout à leur aise dans nos greniers;
enfin, des classes entières d'êtres vivans,
cherchent dans les plantes, non plus seulement le vivre, mais le couvert : ils s'y logent et
s'y nourrissent, ou s'y abritent et s'y cachent
seulement, ou y déposent leur progéniture,
et, par tous ces actes, ils occasionent des ac-
eldens et souvent des maladies fort dangereuses pour les végétaux.

Avant d'entrer dans la revue détaillée de
ces êtres malfaisans pour nos cultures, et des
moyens spéciaux de s'opposer à leurs ravages
ou de les écarter, indiquons quelques *circonstances générales préservatrices* pour les
végétaux utiles.

Presque tous les animaux recherchent la
tranquillité et la sécurité; au nombre des
circonstances qui les multiplient, il faut donc
compter l'existence de grands espaces abandonnés à eux-mêmes, comme les forêts qui
sont les repaires d'une foule d'animaux nuisibles, depuis le sanglier jusqu'aux hannetons;
comme les dunes, les landes, les bruyères,
qui recèlent des légions d'animaux nuisibles
qui se jettent sur les terrains cultivés dès
qu'une cause quelconque a favorisé leur développement. On peut conclure de là qu'on
augmente la multiplication des animaux nuisibles par les méthodes de culture qui laissent longtemps certaines terres sans être
remuées.

Beaucoup d'animaux nuisibles, notamment
de la classe des insectes, ne peuvent vivre
que sur une espèce ou un petit nombre d'espèces de plantes. En faisant succéder, pendant
une ou plusieurs années, des végétaux qui ne
leur conviennent pas, on éloignera donc les
chances de leur multiplication.

La malpropreté, le désordre, l'incurie, apportés dans le rangement et la conservation
des produits de l'agriculture, sont des causes
qui multiplient sans cesse les animaux nuisibles et augmentent leurs ravages.

L'une des causes qui favorisent le plus le
développement des animaux nuisibles, c'est
la destruction irréfléchie des autres animaux
qui les détruisent eux-mêmes; ainsi, des
mammifères, des oiseaux, des insectes qu'on
poursuit journellement, rendent au contraire de signalés services: tels sont le hérisson et même la taupe, destructeurs des
limaces, des vers, et d'une foule d'insectes; les
fourmis, destructives de beaucoup de pucerons, et surtout un grand nombre d'oiseaux
insectivores.

Le gouvernement peut exercer une grande
influence sur les améliorations agricoles qui
résulteraient de la destruction des animaux
nuisibles, principalement en tenant la main
à l'exécution des lois concernant l'échenillage, et en les étendant aux hannetons; et
aussi en offrant des récompenses à ceux qui

auront détruit une certaine quantité de ces êtres malfaisans : cela existe déjà pour les loups, et plusieurs propriétaires se sont bien trouvés, comme en Suisse, de proposer des primes par chaque boisseau de hannetons apporté.

Pour terminer ces généralités, nous ne pouvons mieux faire que de citer les réflexions d'un illustre botaniste. «La cause qui a rendu jusqu'ici peu fructueux les efforts de l'homme contre les animaux nuisibles et les mauvaises herbes, c'est que chacun, frappé du mal présent, a attaqué l'espèce qui lui nuisait dans un point donné, tandis que son voisin en attaquait une autre. Il serait préférable, si la chose était possible, que tous les efforts d'un grand pays se tournassent à la fois contre une même espèce d'animaux ou de plantes nuisibles, de manière à en détruire les œufs ou les graines. Alors on pourrait en attaquer d'autres graduellement, et on diminuerait ainsi sensiblement leur nombre; tandis qu'aujourd'hui, chaque champ, chaque territoire rend à son voisin les animaux ou les herbes que celui-ci s'était donné la peine de détruire chez lui. Ainsi, l'industrie se trouve découragée; et, pour vouloir attaquer à la fois toutes les espèces, on reste en réalité toujours en face du même nombre d'ennemis. Au surplus, il faut ajouter ici que si des combinaisons spéciales d'influences atmosphériques développent de temps en temps dans nos pays des légions d'une certaine espèce d'animaux nuisibles, d'autres influences tout aussi inconnues viennent également de temps en temps les détruire. » (DE CANDOLLE.)

ART. Iᵉʳ. — *Des mammifères ou quadrupèdes nuisibles.*

Il n'y a aujourd'hui en France, parmi les mammifères, qu'un petit nombre des carnassiers, de rongeurs, de ruminans et de pachydermes qui puissent être nuisibles à l'agriculture.

§ Iᵉʳ.—Mammifères carnassiers.

Famille des Carnivores.—Les animaux nuisibles compris dans cette famille, sont la fouine, la belette, le putois, la loutre, le renard, le loup et le chat sauvage.

Fouine (Mustela Foina, L.). Pendant l'été la Fouine (*fig.* 708) vit dans les bois, mais elle se

Fig. 708.

glisse de nuit dans les habitations isolées et les jardins, où elle mange la volaille, les œufs et les fruits. En hiver elle s'y établit à demeure, et se tient perpétuellement en hostilité

avec les cultivateurs, à qui elle fait cependant quelque bien en détruisant les rats, les souris, les mulots et même les belettes. On lui fait la guerre avec des lacets de fil de laiton ; avec des assommoirs, tels que celui de la *fig.* 709 dont le bâtonnet *ab* se désarticule

Fig. 709.

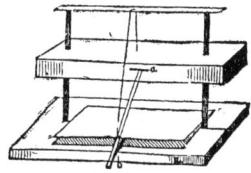

en *b* quand l'animal appuie le pied sur la marchette; avec des trébuchets plus ou moins semblables à celui de la *fig.* 710, qui se ferme par le

Fig. 710.

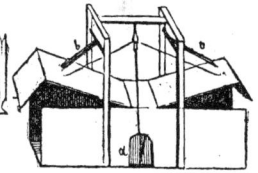

jeu de *a*, et qui est retenu fermé par *b*, *b*; avec des piéges de fer qu'on place à l'ouverture des trous par où elle entre dans les greniers; avec de petits chiens courans à jambes torses qui la poursuivent jusqu'au dehors du bâtiment, où on la tue à coups de fusil; avec des poisons qu'on introduit dans de petits oiseaux, dans des cœurs de mouton, dans des œufs, mets qu'elle préfère, et qui servent aussi d'appâts dans les piéges. Si l'on parvient à traquer dans une seule pièce toutes les fouines qui sont dans une habitation, on les y tue à coups de bâton. On attirera les mâles en cachant, soit près d'un piége, soit dans un lieu où l'on se tiendra à l'affût, quelque objet frotté avec la vulve d'une femelle, si l'on parvient à en prendre une en chaleur, et l'on pourra faire longtemps usage de cette amorce, si on lave la vulve dans de l'huile qu'on emploiera à la place. La même manœuvre est conseillée contre le loup et le renard. Une fouine qui a pénétré dans un colombier ou un poulailler, y massacre tout ce qu'elle peut attraper, quitte à revenir la nuit suivante pour consommer, et, si elle a des petits, emporter ce qu'elle a été forcée d'abandonner la veille. Dans ce cas, on peut être sûr de la tuer à l'affût, la seconde nuit.—Ces moyens de destruction ne doivent pas faire négliger ceux de précaution; il faut habituer les poules à coucher et à pondre dans le poulailler, tenir ceux-ci bien clos pendant la nuit, crépir exactement les colombiers, en munir l'entrée de feuilles de fer-blanc, etc.

Belette (Mustela vulgaris, L. *fig.* 711). Elle a à peu près les mêmes habitudes que la fouine, mais paraît avoir encore plus de goût pour la

Fig. 711.

volaille et les œufs qu'elle transporte les uns après les autres dans son trou. Sa petitesse la dérobe davantage aux poursuites de l'homme. On dresse contre elle les quatre-dechiffres, les traquenards (*fig.* 713), et les autres piéges ci-dessus indiqués. On la fait, dit-on, sortir de son trou en y introduisant de la rhue. Sa morsure passe pour venimeuse.

Putois (*Mustela putorius*, L.). Plus grand que la fouine, et reconnaissable à l'odeur infecte qu'il répand. Il vit près des lieux habités, cause de grands dégâts dans les garennes, ainsi que dans les basses-cours et les colombiers, où il s'introduit quelquefois pendant la nuit. Mêmes moyens de destruction que contre ses congénères.

Loutre (*Lutra vulgaris*). La loutre se nourrit surtout de poisson, et c'est par conséquent pour les étangs qu'elle est le plus redoutable. Tout l'art de la chasse à la loutre consiste à lancer l'animal dans un lieu où il n'y a que fort peu d'eau ; autrement elle échappe facilement aux chiens. On reconnaît sa présence dans le voisignage des étangs, à ses excrémens qui sont remplis d'écailles et d'arêtes, et qu'elle a l'habitude de déposer sur quelque pierre blanche lorsqu'elle en rencontre une dans le voisinage. Quand on a découvert le chemin qu'elle suit habituellement, on y tend un traquenard (*fig.* 713), ou bien on la tue à l'affût.

Loup (*Canis lupus*, L.). Comme le loup est fort redoutable pour les troupeaux, on a imaginé toutes sortes de moyens, soit pour les préserver de ses attaques, soit surtout pour le détruire. Une simple lanterne portant quatre verres de différentes couleurs, suffit pour l'écarter d'un parc de brebis pendant la nuit ; on la suspend au côté de l'enceinte opposé à la cabane du berger. Les grandes chasses à courre et à tir, avec chevaux, lévriers et chiens courans ; les battues pour lesquelles tous les hommes armés d'une commune sont mis en réquisition au besoin ; enfin l'affût : tels sont les moyens par lesquels on attaque directement et tue le loup. Mais plus ordinairement on emploie, pour lui donner la mort ou le prendre vivant, des moyens détournés très-divers. Ainsi, par exemple, on met une pincée de noix vomique dans un cadavre de mouton ou de chien qu'on dépose surtout en hiver dans un lieu solitaire, après l'avoir traîné dans les chemins et sur la lisière des bois. Assez souvent on suspend à des arbres de forts hameçons garnis de viande qu'il happe et avale en entier, car il ne mâche pas. Quelquefois on établit dans un chemin étroit un hausse-pied (*fig.* 712) dont la marchette *ff*, appuyée sur la traverse *c*, la fait tomber quand elle est foulée

Fig. 712.

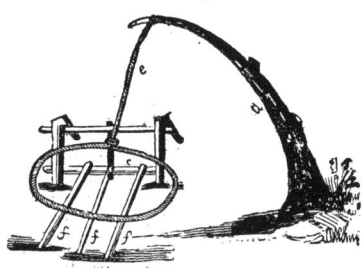

par l'animal, de sorte que le petit morceau de bois plat auquel est attachée la corde *e*, n'étant plus retenu par la traverse *c*, le nœud coulant se relève avec l'arbre *a* en même temps qu'il se resserre et saisit l'animal. Plus souvent on a recours au traquenard simple (*fig.* 713) ou double, dont les demi-cercles, à,

Fig. 713.

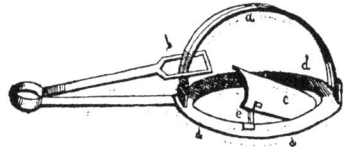

d'abord fixés en *ddd*, se rapprochent par l'effet de la détente d'un ressort *b*, quand l'animal marchant sur la planchette *c*, décroche en *e* les demi-cercles *a*, et le saisissent par le museau ou par la patte. Les autres piéges sont destinés à emprisonner le loup : ce sont les enceintes et les fosses. L'enceinte formée d'un seul rang de pieux a une porte disposée de manière à rester fermée quand l'animal, ayant pénétré dans l'enceinte, où l'appellent les cris d'une oie, d'un chien ou d'un mouton qu'on y a placé, a rencontré des ficelles transversales correspondant à un bâton qui maintenait la porte à demi ouverte ; la porte de la double enceinte, au contraire, est établie de manière à revenir, après avoir été poussée, à l'état d'écartement où elle était d'abord ; l'intervalle entre les deux rangs circulaires de pieux n'est que juste ce qu'il faut pour laisser passer le loup ; celui-ci, une fois qu'il y est entré, comptant trouver le moyen de pénétrer dans l'intérieur de la double enceinte où l'on a placé une proie, tourne continuellement dans l'étroit passage, parce qu'il ne sait pas faire volte face, et qu'en poussant pour avancer la porte bâillant en dedans, il se ferme à lui-même l'issue qu'il cherche. Les fosses profondes de 8 à 10 pieds, et larges de 6 à 8 pieds, sont recouvertes tantôt simplement de baguettes, de mousse et de feuillage, tantôt de trappes à simple bascule ou à deux bascules qui se relèvent au moyen de contre-poids, quand elles ont été abaissées. Le plus souvent elles ne sont entourées d'aucune enceinte ; quelquefois elles sont bordées d'un double rang de pieux placés verticalement et recouverts d'une claie, ou obliquement dirigés et s'affrontant par le haut pour former une sorte de toit; on place sous la galerie ainsi formée un chien ou un mouton, et le loup, après avoir cherché en vain à les saisir du dehors, s'élance et tombe dans la fosse.

Renard (Felis vulpes, L.). Les cultivateurs voisins des bois ont beaucoup à redouter, pour leurs basses-cours, leurs ruches et leurs vignes, le rusé et patient renard; mais les chasseurs riches ou de profession se chargent volontiers de les délivrer de cet ennemi, dont ils peuvent d'ailleurs se défaire par les moyens employés contre le loup, ou par des assommoirs, des lacets en fil de laiton, et des fumigations. Différentes compositions dans lesquelles entrent en général des chairs grillées, du galbanum et du camphre, sont indiquées comme propres à servir d'appâts pour le renard. Il faut prendre les plus grandes précautions pour que le piége ne conserve pas les marques de la présence de l'homme, et surtout l'odeur qui lui est propre. La personne qui dresse un piége, qui traîne un appât sur le terrain où elle veut attirer la bête, fera donc bien de frotter la semelle de ses souliers et le piége lui-même, avec les substances qui servent d'appâts ou avec de la graisse. Elle devra aussi laisser autant que possible à l'emplacement qu'elle a choisi, son apparence naturelle.

Famille des Insectivores. — On a dit que le *Hérisson commun (Erinaceus europæus*, Lin.) *(fig.*714), qui appartient à cette famille, allait

Fig. 714.

à la maraude des pommes et d'autres fruits qu'il rapportait sur ses épines. Non seulement le fait n'est pas avéré, mais encore il est douteux que le hérisson touche jamais aux substances végétales; ce qu'il y a de sûr, c'est qu'il a un grand appétit pour la chair; aussi fait-il sa pâture de taupes, de rats, de mulots, d'escargots, de limaces, de vers de terre, de larves de hannetons et en général de tous les insectes, c'est-à-dire d'animaux dont le cultivateur est bien aise de se débarrasser; et, comme d'ailleurs il est craintif, qu'il ne cherche ni à mordre, ni à griffer, au lieu de le détruire on devrait chercher, pour l'avantage des jardins, à en propager l'espèce qui devient rare.

Ce carnassier insectivore écarté, il n'en reste qu'un qui soit préjudiciable aux cultures en France; c'est la *Taupe (fig.* 715). Cet animal vit essentiellement, sinon exclusivement, de la chair des petits animaux, notamment des grenouilles, des vers de terre, des vers-blancs et autres larves d'insectes. Sous ce rapport il est donc plus utile que nuisible au cultivateur, mais d'un autre

Fig. 715.

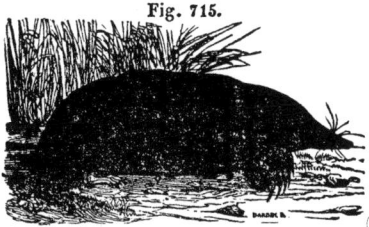

côté il lui cause beaucoup de dommage : 1° en bouleversant les semis; 2° en s'emparant, pour faire son nid, de tiges de diverses graminées qu'il saisit par la racine et fait descendre sous terre; 3° en creusant peu au-dessous de la surface de la terre de nombreuses galeries, qui dérobent aux plantes situées au-dessus l'appui et la nourriture, et qui deviennent des retraites pour d'autres animaux nuisibles, et des obstacles aux irrigations, ou qui, dans le voisinage des rivières, peuvent miner les digues et fournir un passage aux eaux; 4° en coupant les racines qu'il rencontre; 5° enfin en élevant des monticules qui rendent la surface des prairies inégales et le fauchage difficile. Néanmoins, tout n'est pas perte pour le cultivateur dans ces opérations de la taupe; il faut y voir aussi une sorte de labourage, et lorsqu'on étend les taupinières à mesure qu'elles se forment, la terre neuve qui est ainsi continuellement ramenée à la surface fait beaucoup de bien à la prairie; d'ailleurs, parmi les plantes dont la taupe entame les racines, il en est quelques-unes dont on est bien aise de se débarrasser, notamment le colchique d'automne, auquel elle a préférablement recours en cas de famine.

Ce mammifère vit solitaire et vient rarement à la surface du sol. Il se tient habituellement au pied d'un arbre, d'une haie ou d'un mur, dans un gîte d'où il s'éloigne trois ou quatre fois par jour, principalement le matin et le soir, pour chercher sa nourriture et construire ses galeries. Il habite préférablement dans les terres douces et meubles, à moins qu'elles ne soient souvent labourées ou sujettes aux infiltrations et aux inondations. Le mâle est plus fort que la femelle. Celle-ci met bas, au printemps, et peut-être une seconde fois à une autre époque de l'année, 2 à 5 petits. Elle prépare en hiver, pour les y déposer, un nid souterrain couvert d'une voûte solide, dans un endroit élevé et ordinairement protégé par une haie ou un buisson; on voit 4 ou 5 grosses taupinières fort rapprochées au-dessus de cette demeure. De son gîte la taupe creuse à peu près en ligne droite une galerie principale qu'elle prolonge quelquefois à plusieurs centaines de toises et d'où elle ouvre d'autres boyaux accessoires; de distance en distance elle rejette en dehors la terre et forme ainsi les taupinières. La profondeur de ces chemins souterrains, les dimensions des monticules varient suivant l'âge et le sexe de l'animal et suivant le degré de chaleur ou de froid. La taupe travaille dans toutes les saisons, mais c'est au printemps qu'elle montre le plus d'ardeur à l'ouvrage.

On empoisonne les taupes en imprégnant de noix vomique, d'arsenic ou d'autres drogues vénéneuses, les substances animales qu'elles recherchent pour leur pâture, et en plaçant ces préparations dans leurs galeries. On a remarqué que des noix simplement bouillies dans la lessive leur sont funestes, et ce moyen de destruction serait économique si elles consommaient plus volontiers le fruit. Les odeurs fortes leur sont contraires; aussi a-t-on conseillé de les expulser de leur demeure en y introduisant de l'ail infusé dans l'huile de pétrole, préparation dont l'odeur seule paraît leur causer des convulsions. On les prend aussi en leur donnant la chasse ou avec des piéges.

M. Dralet a fait de la chasse des taupes à l'affût un art qui a ses principes et ses règles, fondés presque tous sur un seul point de fait: savoir que la taupe vient réparer les dommages faits à ses travaux dès qu'elle s'en aperçoit et qu'elle se croit seule. On cherche d'abord les gîtes et les galeries, puis on opère suivant les cas qui se présentent:

1° Supposons celui d'une seule taupinière (a fig.716): on l'enlève d'abord avec la houe et

Fig. 716.

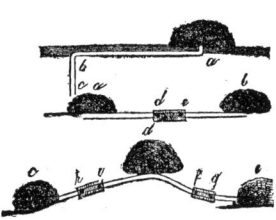

l'on s'assure si elle n'a pas de communication avec d'autres. Pour y parvenir, on tousse dans l'ouverture qu'on a faite, c'est-à-dire à l'entrée des galeries, et l'on en approche en même temps l'oreille. Si la taupinière n'a pas de communication avec d'autres, la taupe, peu éloignée, est effrayée par le bruit, et on l'entend s'agiter; alors on découvre avec la houe la galerie a b jusqu'en b, où l'on rencontre la taupe. Mais l'animal, connaissant le danger, peut-être eu le temps de s'enfoncer verticalement en terre, suivant b c; alors on le prend en creusant jusqu'en c ou en versant de l'eau en b et le forçant ainsi à s'y présenter. Si au contraire, en toussant, on ne l'entend pas se remuer, c'est une preuve qu'il y a une communication de cette taupinière avec d'autres, et alors on opère comme dans les cas suivans;

2° Lorsque la taupe a élevé deux taupinières (ab, fig.716), on fait une brèche d e longue de plus de 9 pouces, dans la galerie qui les joint, et l'on ferme avec un peu de terre les deux orifices de la galerie d et e. La taupe ne tardera pas à venir réparer le dommage, et suivant le côté où elle se sera présentée, on découvrira la galerie de d en a ou de e en b. On peut aussi l'attendre au passage et la cerner entre le bout du manche de la houe qu'on aura posé derrière elle, et l'un des points d, e qui sont bouchés.

3° Si la taupe a fait 3 taupinières (c d e, fig. 716), on pratique deux ouvertures fg, hi cha-

cune entre deux taupinières consécutives, et, suivant le côté où l'animal se présente, on opère comme précédemment.

4° On peut toujours ramener au cas précédent ceux où le nombre des taupinières est supérieur à trois. Pour cela on ouvre toujours la première brèche au milieu de la chaîne que forment les taupinières et les galeries; si la portion où s'est montrée la taupe comprend trois taupinières, on agit comme dans le troisième cas; si elle en comprend un plus grand nombre, on la subdivise comme il vient d'être dit.

5° Si la taupe, ne venant pas souffler aux brèches, cesse aussi de souffler aux taupinières fraîches, c'est qu'elle s'est jetée dans la grande galerie pour regagner son gîte; on l'y attaque en pratiquant plusieurs ouvertures à proximité du gîte.

6° Se trouve-t-on près d'une taupinière extrême au moment où la taupe y souffle, on l'y retient prisonnière en donnant un grand coup de houe sur la galerie qui y aboutit.

7° Le cas le plus embarrassant pour le taupier est celui où de vieilles taupinières sont situées à proximité d'une des taupinières fraîches ou de plusieurs. Pour opérer avec sécurité, il faut commencer par intercepter toutes les communications entre celles-ci et celles-là, puis opérer comme dans les premiers cas.

Si l'on attaque plusieurs taupes à la fois, on doit être très-actif et très-vigilant, parce que, lorsqu'on est occupé à en guetter une, d'autres peuvent avoir le temps de traverser les parties des boyaux qu'on a mises à découvert. Pour s'apercevoir plus facilement de leurs mouvemens, on y plante de petits étendards de paille ou de papier dont l'agitation ou la chute indique la présence des taupes, auxquelles on rend encore le passage plus difficile, en plaçant dans la brèche une petite motte de terre. On reconnaîtra encore si une taupe vient souffler à une taupinière d'où l'on est obligé de s'éloigner, en l'aplatissant légèrement avec le pied.

Plusieurs piéges ont été inventés pour prendre les taupes. Le plus simple est un tube creux dans lequel elles entrent facilement en poussant une soupape, mais d'où elles ne peuvent sortir, parce qu'un rebord du tube ne permet pas à la soupape de s'ouvrir de dedans en dehors. Tantôt une seule extrémité est munie d'une soupape, l'autre restant fermée par un fond plein ou un grillage; tantôt chacune a la sienne. Le cylindre doit avoir un diamètre un peu plus grand que celui des galeries. Dans les environs de Paris, on emploie généralement pour la même fin une pincette élastique dont les extrémités sont maintenues écartées l'une de l'autre par une plaque de tôle percée et légèrement retenue sur leurs bords. On fait aussi des piéges du même genre en croix de St.-André, au moyen d'un ressort placé dans l'angle supérieur. Le piége imaginé par le vicomte de Beaulaincourt (fig.717) est une sorte de double collet : deux fils de laiton attachés en RR à la surface supérieure d'une planchette la traversent librement en UU, se courbent en cercle le long d'une rainure pratiquée dans deux anses de bois tenant à la planchette, tra-

Fig. 717.

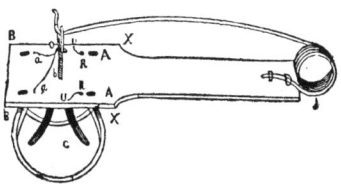

versent de nouveau celle-ci par deux autres trous *a a*, et viennent, en se réunissant solidement avec un bout de cordon *b* qui a passé par un trou central dont elle est percée, s'engager dans un anneau *o* suspendu à l'extrémité d'un ressort à boudin *d*. Le piège est maintenu dans l'état de tension au moyen d'une petite fourche *c* dont la tête peut entrer légèrement dans le même trou que le cordon *b*, et dont les deux branches divergentes barrent jusqu'à un certain point la galerie où elles sont placées; c'est en les dérangeant que la taupe fait partir le ressort et se trouve prise par un des collets. Dans d'autres pièges du même genre, les collets sont simplement attachés à des cerceaux, à des branches élastiques fichées en terre et courbées, et ils sont maintenus en place, soit par une motte de terre affleurant une planchette qui est suspendue elle-même à la branche élastique, et que la taupe doit déplacer, soit par quelque cheville qui se décroche aisément quand elle est remuée, comme cela a lieu dans certaines souricières. Tous ces pièges sont d'un emploi avantageux, lorsque les taupes font des monticules ort éloignés les uns des autres, et surtout quand ils sont dressés sur la route qui conduit au gite de la taupe. Les fumigations sulfureuses ou autres ne réussissent qu'autant qu'on est parvenu à confiner la taupe dans une partie de sa demeure, qui n'a point d'autre issue que cel e où l'on opère.

Quand on ne veut pas se donner la peine de détruire les taupes dans les prairies, on se borne à étendre les taupinières le plus tard qu'on le peut, c'est-à-dire lorsque l'herbe commence déjà à grandir, attendu que si l'on s'y prend trop tôt, il se forme bientôt un grand nombre de nouvelles taupinières.

§ II. — Mammifères rongeurs.

Genre rat (Mus). — Dans ce genre, tel que le circonscrivent les naturalistes modernes, Fig. 718.

nous trouvons quatre ou cinq espèces qui font tort aux cultivateurs en France : 1° Le *Rat noir* (*fig.* 718) ou *commun* (*Mus ratus*, L.), qui vit dans les maisons, tue les poussins et les pigeonneaux, mange le grain, creuse les murs, ronge la paille et le foin, en un mot, qui causerait des dommages incalculables, s'il était aussi multiplié que la souris. Plus gros et moins rusé que celle-ci, il devient plus facilement la proie du chat, qui cependant ne le mange pas volontiers. On l'empoisonne avec la *mort aux rats*, c'est-à-dire avec de la graisse mêlée avec du pain et de la graine de ménisperme (coque du Levant) en poudre, qu'on remplace, quand on juge qu'il ne peut y avoir de danger pour les enfans ou pour d'autres animaux, par du verre pilé, du vert-de-gris ou de l'arsenic. On se sert aussi d'une éponge qu'on a fait griller avec du beurre salé ; cette préparation excite chez le rat qui l'a dévorée une soif ardente, et l'eau qu'on met à sa disposition devient elle-même une cause de mort pour lui. On le prend aussi avec des pièges de diverses sortes, notamment avec de grandes souricières ou ratières, qu'on amorce avec du lard, du fromage, des noix rôties, etc. — Deux méthodes pour le faire tomber dans un réservoir d'eau où il se noie, sont indiquées par M. LOUDON. 1re : On accoutume les rats à venir manger sur un tonneau peu élevé, mais large et couvert d'un plancher de bois ; au bout d'une semaine, on le remplit d'eau à une hauteur de 6 pouces environ, on place au milieu un morceau de brique ou de pierre qui s'élève d'un pouce ou deux au-dessus de la surface de l'eau, et l'on remplace le couvercle de bois par une peau de parchemin à laquelle on fait plusieurs incisions croisées au centre, et sur laquelle on place l'appât. Les rats qui tombent à travers ces ouvertures s'empressent de se réfugier vers la pierre, et leurs lamentations, qui ne tardent pas à être suivies de combats, attirent vers le lieu fatal tous les rats du voisinage. — 2e : La trappe inventée par M. Paul DE STARTON (*fig.* 719 et 720) est très-

Fig. 719.   Fig. 720.

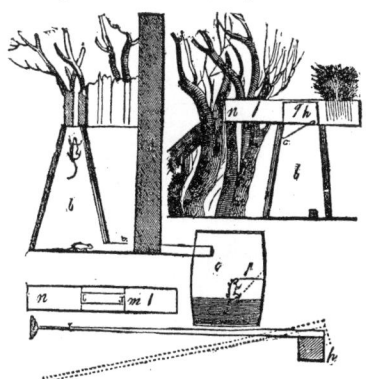

ingénieuse. On l'établit sous quelque appentis qu'on sait être fréquenté par les rats, ou dans lequel on les a habitués à se réunir, et l'on en rend les abords séduisans en l'entourant de fagots, de menu bois, de paille, etc. Le piége se réduit essentiellement à une auge *nm*, à une trappe *hc* qui y est pratiquée, à une sorte de vase en cône renversé *b* sur lequel s'ouvre la trappe, à un petit conduit *cc* qui part du fond de ce vase, enfin à un tonneau où le conduit *cc* aboutit et qui est enfoncé en terre. Ce tonneau est en partie rempli d'eau; à sa paroi est adaptée une bascule qui, en s'abaissant momentanément, laisse glisser dans l'eau le rat qui a cru y trouver un refuge. La trappe est dans une sorte de défilé LJ au-delà duquel est placé l'appât; elle ne doit pas céder à la première pression que fait la patte du rat; c'est pour cela que le bout opposé au contre-poids *h* est garni d'une lame de fer et appuie sur un petit rebord de forme courbe. Comme leurre, on emploie de la drèche peu colorée qu'on oint d'huile de carvi, et de la paille de froment.

2° *Souris* (*Mus musculus*, L.). Nous n'avons rien à dire de particulier de cette espèce (*fig.* 721), qui ne vit guère dans les champs et que

Fig. 721.

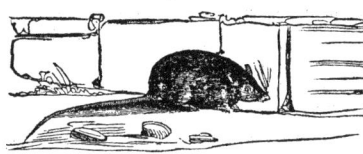

l'on combat avec les armes employées contre les rats.

3° *Surmulot* (*Mus decumanus*, Pall.). Plus grand que le rat noir qu'il détruit partout où il pénètre. Vorace, hardi et recherchant moins les grains que la chair, il fait la guerre à tous les petits animaux et se bat contre les chats. Il est des lieux où l'on ne peut sauver de sa dent les couvées de toute espèce qu'avec des précautions sans nombre, car il perce les murs. Il habite volontiers dans le voisinage des cimetières, des voiries, des rivières et des grands établissemens; on le fait sortir de son trou en y versant de l'eau ou l'enfumant pour l'assommer à coups de bâton dans des sacs placés à l'entrée; on lui dresse des piéges de toute espèce, on le poursuit avec des chiens dressés à cette chasse, on l'empoisonne. Il faut varier souvent les appâts.

4° *Mulot* (*fig.* 722) ou grand rat des champs

Fig. 722.

(*Mus sylvaticus*, L.). Un peu plus gros que la souris et le campagnol. Il vit dans le voisinage des forêts et dans les pays de montagnes, d'où il se répand dans les champs à l'époque des semailles et des moissons pour y dévorer autant de grains qu'il le peut. Il fait de grandes provisions pour l'hiver. Il est très-commun dans certains cantons, et sa multiplication, habituellement moindre que celle du campagnol, est parfois étonnante; elle devient alors un fléau. Il est moins nuisible aux plantes cultivées dans les champs qu'aux arbres dont il ronge l'écorce et endommage les racines. Il ne fouit pas volontiers et se réfugie dans les trous pratiqués par d'autres animaux. Mêmes moyens de destruction que pour le campagnol.

Vraisemblablement cette espèce est souvent confondue avec le *Rat champêtre* (*Mus campestris*, Fr. Cuv.) et le *Rat des moissons* (*Mus messorius*).

Genre *Campagnol* (*Arvicola*). Le Campagnol ou petit rat des champs (*fig.* 723), vit principa-

Fig. 723.

lement de grains qu'il sait mettre à sa portée en sapant les tiges; il se tient donc surtout dans les champs; mais il se jette aussi dans les prairies hautes où il ronge des racines, ainsi que dans les jardins et dans les bois, où il consomme des fruits. Il fait de grandes excursions pour se procurer sa nourriture, mais il revient toujours à sa première demeure. Au rebours des mulots, il creuse sans cesse de nouveaux trous et ne fait pas de provisions. Les oiseaux de proie, les nocturnes surtout, les petits mammifères carnassiers, les chats, détruisent beaucoup de campagnols; quelques chiens les chassent avec fureur. Ils périssent aussi par milliers dans les inondations et après les grandes pluies; néanmoins leur nombre est toujours trop considérable pour le cultivateur. On les combat donc par différens procédés : dans les terrains forts, par l'ouverture de fosses profondes de 18 à 20 pouces, plus larges en bas qu'en haut, et dont on aplanit bien les parois; par le forage, c'est-à-dire, en pratiquant des trous dans le sol au moyen de tarières; par les fumigations sulfureuses répétées sur les trous ouverts dans l'intervalle d'une nuit, après qu'on a bouché tous ceux qu'on avait trouvés ouverts la veille; dans tous les terrains, en inondant leurs demeures, en y introduisant des bâtons ferrés, en faisant fouiller le terrain par les cochons, ou suivre la charrue par des enfans qui tuent tous les animaux que le soc amène au jour, en dressant des chiens pour les chasser, en recourant aux préparations empoisonnées, etc.

Lérot (*Myoxus Nitela*, Gm.). Nos vergers, et surtout nos espaliers de pêchers ou d'abricotiers, sont quelquefois dévastés par le Lérot, espèce qui appartient au même genre que le Loir, mais qui n'est pas de la même espèce, quoiqu'on lui donne souvent ce nom. On le chasse la nuit pendant qu'il mange, en portant devant soi une lumière artificielle, et à coups de bâton. On lui tend des pièges lorsqu'il sort de son sommeil d'hiver, parce qu'alors il est affamé; on l'attire avec des fruits huileux, ou de la viande. Son habitation se fait reconnaître à la mauvaise odeur qui en sort, et aux excrémens qui sont à l'entrée.

Hamster (*Cricetus*). Le Hamster commun, qu'on appelle aussi *cochon de seigle*, *marmotte de Strasbourg*, n'habite en France que l'Alsace; il creuse en terre des trous qui ont jusqu'à 5 ou 6 pieds de profondeur, et il les remplit de grains dont il peut à chaque voyage apporter jusqu'à 3 onces dans ses abajoues. On n'indique pas de méthode particulière pour sa destruction.

Nous croyons inutile de parler ici du lièvre, du daim, du cerf, du chevreuil et du sanglier, animaux qui sont l'objet de la chasse proprement dite, et qui ne peuvent pas causer de grands dommages au cultivateur.

Comme moyen de destruction pour tous les animaux qui se cachent dans des trous ou des terriers, M. THÉNARD a indiqué l'emploi de l'hydrogène sulfuré : on mêle exactement dans un mortier ou un poêlon 4 onces (en général 4 parties en poids) de limaille de fer et 3 de fleur de soufre; on place ensuite le mélange dans un autre vase et on l'humecté partout d'eau bouillante en le remuant; il se forme presque aussitôt du sulfure noir; quand l'action commence à s'affaiblir, on ajoute 4 nouvelles parties d'eau en 2 fois, à 7 minutes d'intervalle, et quand la matière couverte d'une couche du liquide n'est plus qu'à la température de la main, on l'introduit dans des flacons au moyen d'un entonnoir et d'une cuiller de fer. Ces flacons doivent avoir 2 tubulures, l'une pour l'introduction de l'acide sulfurique, l'autre pour donner issue au gaz hydrogène sulfuré. On ajoute l'acide par portions, après avoir engagé l'extrémité du tube qui passe par la 2° tubulaire dans le trou qu'on veut infecter, et en l'assujettissant par du plâtre ou de la terre glaise. Si quelque fente du sol ou du mur laisse échapper du gaz, on y versera quelques gouttes d'acide sulfurique faible sur une très-petite quantité de chlorure de chaux.　　　J. Y.

Art. II. — *Des oiseaux nuisibles.*

C'est surtout à l'égard de cette classe d'animaux qu'il *convient d'agir avec précaution* dans les attaques qu'on doit lui porter, et même, en France où il existe une conspiration permanente contre la gent volatile, nous avons peut-être plus besoin de faire valoir les services qu'elle rend, que d'indiquer les moyens de la combattre. On connaît ce fait arrivé dans le Palatinat, où une prime ayant été offerte par tête de moineaux dont les cul-

tivateurs se plaignaient beaucoup, après leur destruction, les dégâts bien plus redoutables causés par les insectes devinrent tels, qu'on se hâta d'offrir une prime pour l'importation des oiseaux qu'on avait considérés comme des ennemis, tandis qu'ils n'étaient que des serviteurs un peu dispendieux.

Les oiseaux ne sont guère *nuisibles à l'agriculture* que par la consommation qu'ils font des graines et fruits pendans par racines ou confiés à la terre pour semences. Quelques-uns cependant arrachent les jeunes plants en cherchant leur nourriture dans les terres fraîchement remuées, et d'autres coupent ou déchiquètent les jeunes bourgeons naissans; mais ces dégâts sont peu graves et ne méritent point à leurs auteurs une guerre à mort.

Quant aux *oiseaux granivores;* on range parmi eux les Corbeaux, les Corneilles, les Freux, les Pies, les Geais, les Grives, les Merles, les Etourneaux, les Alouettes, et bien d'autres; mais c'est à tort, car tous sont omnivores, c'est-à-dire qu'ils se nourrissent de substances animales et végétales : en sorte que, s'ils sont nuisibles au cultivateur en été et en automne, parce qu'ils déciment les graines qu'il était sur le point de récolter, ou lui ravissent une partie de celles déposées dans le sol pour la germination, ils lui rendent en compensation, pendant toutes les saisons, de signalés services en détruisant partout d'immenses quantités d'insectes. Faisons remarquer que plusieurs semblent préférer cette dernière nourriture, et qu'en tous cas, les insectes, par la destruction desquels ces oiseaux sont utiles au cultivateur, deviennent leur seule nourriture pendant la saison où les provisions sont rares, tandis que nos grains ne sont à leur portée qu'à des époques où les vivres de tout genre abondent. Depuis quelques années, les cultivateurs semblent élever plus de plaintes sur les ravages que leur causent les insectes, et beaucoup de personnes pensent qu'on peut attribuer leur multiplication à la destruction irréfléchie des oiseaux. M. LOUDON, la Société d'horticulture de Berlin, celle d'histoire naturelle de Gorlitz qui soutient que la diminution des fruits est en raison de celle des oiseaux ; les Sociétés de Metz et de Mâcon, ont publié des Mémoires sur l'utilité des oiseaux. « De l'autre côté de la Manche, dit un de ces écrits, nous ne détruisons pas ces oiseaux entomivores, au contraire nous les protégeons; le paysan même les respecte et ne permet point à ses enfans de s'en emparer. Nos campagnes en sont plus vivantes; en hiver nos bois et nos bosquets sont peuplés de ces animaux, et en été les insectes ne pullulent pas au point d'être nuisibles. On voit, pendant les travaux des champs, des volées de corneilles s'abattre sur les sillons, fouiller la terre fraîchement remuée et se repaître des larves d'insectes qu'elle renferme; lorsqu'on tue ces oiseaux, l'ouverture du gosier prouvé qu'ils ne mangent pas de blé, mais seulement les insectes. »

Au reste, ces oiseaux sont utiles ou nuisibles au cultivateur à des degrés fort divers. Les *Perdrix* (*Perdix cinerea* et *rufa*), les *Cailles* (*Perdix cothurnix*), les *Bruans* (*Em-*

berisa, Lin.), les *Alouettes* (*Alauda*), vivent bien un peu aux dépens de nos récoltes, mais elles consomment une bien plus grande quantité de fourmis si funestes aux champs et aux jardins, et de graines des plantes agrestes qui, sans les oiseaux, couvriraient bientôt le sol de leurs produits inutiles ou nuisibles. Ces oiseaux nous rendent donc des services, et, dans notre pays où la chasse est libre, ce moyen suffit grandement pour en limiter la reproduction.

Il n'en est pas de même des *Pigeons* (*Columba*), qui vivent en très-grande partie aux dépens du cultivateur. Mais les *Pigeons ramiers* (*Columba palumbus,* Lin.) sont peu nombreux, et les *Pigeons de nos colombiers* (*Columba Livia*, Lin.) sont des oiseaux domestiques dont la multiplication peut convenir dans la basse-cour, devant toutefois être limitée dans de justes proportions par le cultivateur et réglée par la loi dans l'intérêt général. Pour éviter leurs déprédations dans les champs récemment ensemencés, on doit y poster des enfans ou des chiens comme gardiens, et n'ensemencer que la portion de terre qu'on peut presque immédiatement recouvrir.

Le *Corbeau commun* (*Corvus corax,* Lin.), le *Corbeau corbine* (*C. corrone,* Lin.), le *Freux,* la *Corneille* (*C. cornix,* Lin.), vivent de tout, même des petits animaux vivans, des charognes, insectes, graines, etc., etc.; mais ils paraissent préférer les vers de terre, les larves de hannetons (vers-blancs), les mulots, les crapauds, tous les animaux nuisibles à l'agriculture ; ce sont eux qui suivent souvent le laboureur pour profiter de ce qu'il met à découvert. C'est dans les terres ensemencées qu'ils causent des dégâts, soit en fouillant le sol meuble, soit en déterrant les graines de pois, de haricots, de vesces, et même le blé. Il en est de même des Pies (*Pica*) et des Geais (*Corvus glandarius,* Lin.), qui mangent cependant davantage les fruits des vergers.

Les *Grives* (*Turdus musicus,* Lin.), les *Étourneaux* (*Sturnus vulgaris,* Lin.), ne sont guère nuisibles qu'au jardinier et au vigneron, par la grande consommation de fruits rouges et de raisins qu'ils font ; car, en général, ils vivent d'insectes et rendent ainsi à l'agriculture un grand service. Les étourneaux suivent même les troupeaux pour les délivrer des taons, des asiles, des stomoxes, des mouches et autres insectes qui les tourmentent.

Les *Pics* et notamment le *Pivert* ou *Pic-Vert* (*Picus viridis*), creusent des trous profonds dans les troncs des arbres pour y faire leurs nids; ils causent ainsi un tort assez grand aux forestiers; mais, en compensation, combien ils détruisent d'insectes qu'ils vont chercher jusque sous les écorces les plus dures! Et les fourmis, combien ils en avalent en leur tendant pour appât leur longue langue rétractile et gluante qu'elles prennent pour un ver et à laquelle elles viennent s'attacher!

Les *Gros-Becs* (*Loxia coccothraustes,* Gm.), et les *Bouvreuils* (*Pyrrhula vulgaris,* Briss.), sont généralement nuisibles, et les cultivateurs peuvent leur faire la chasse, parce que, pendant l'hiver et surtout au printemps, ils

vivent de boutons et font ainsi quelquefois beaucoup de tort aux arbres fruitiers; ils sont au reste assez rares. Il n'en est pas ainsi des *Pinsons* (*Fringilla cœlebs,* Lin.), des *Chardonnerets* (*F. carduelis,* Lin.), des *Linotes* (*F. cannabina*), des *Verdiers* (*F. chloris,* Gm.), etc. qui vivent bien principalement de graines, mais recherchent surtout celles peu volumineuses des plantes sauvages.

Le *Moineau* (*Fringilla domestica*), le plus commun de tous nos oiseaux, semble frappé de réprobation. On regarde comme certain qu'il mange annuellement plus d'un demiboisseau de blé; mais, en compensation, Richard BRADLEY a calculé qu'il détruit dans une semaine 3,360 bruches ou autres insectes. On peut donc considérer comme douteux s'il est plus nuisible qu'utile. Néanmoins, comme sa hardiesse est extrême et qu'il vient piller nos produits avant la récolte, dans les granges, les greniers, les cours et jusque dans les habitations; comme sa multiplication est très-rapide, il semble convenable de laisser à son égard aux chats et aux enfans toute latitude de destruction. Ce moyen suffit le plus souvent, mais il en existe un grand nombre d'autres plus prompts et plus efficaces encore. Ainsi, comme les moineaux se couchent ordinairement dans les haies, un homme se place, lorsque la nuit est close, à une des extrémités de cette haie, tenant étendu un *Rafle* ou *filet contremaillé,* composé de trois rets les uns sur les autres, de 6 pieds de large, attaché à 2 bâtons; un autre homme se place derrière avec une lumière, et un 3ᵉ va attaquer la haie à l'extrémité opposée et revient doucement retrouver les autres en frappant légèrement la haie avec un bâton; les moineaux effrayés se sauvent du côté de la lumière et s'embarrassent dans le filet où on les prend ; cette chasse, surtout à certaines époques, est extrêmement destructive. — On peut aussi disposer un grenier de manière qu'il n'y ait que *deux fenêtres,* dont l'une est garnie d'un filet contremaillé fixé à demeure, et l'autre de volets croisés qu'on puisse fermer à volonté de la cour ou de l'intérieur, à l'aide d'une poulie de renvoi et d'une corde; on attire les moineaux dans ce grenier par de mauvaises graines, et lorsqu'ils y sont entrés en foule, on ferme la fenêtre à volets; tous les moineaux se jettent aussitôt vers celle fermée du filet et s'y prennent. — Les *pots,* que dans beaucoup de lieux on présente aux moineaux pour faire leur nids, permettent la destruction d'un grand nombre; on peut disposer ces pots sur les branches d'un arbre sec, ou le long des murailles. — Du reste, les *fantômes* et *divers épouvantails* sont d'une faible défense contre les moineaux, qui s'y accoutument et les bravent très- promptement. Plusieurs enfans ne suffisent pas toujours pour les empêcher de marauder dans les chenevières et autres récoltes dont ils sont très-avides. Les moineaux attaquent moins les seigles et les fromens barbus que les autres espèces.

Quant aux *oiseaux entièrement insectivores,* tels que le *Martinet* (*Hirundo apus,* Gm.), l'*Hirondelle* (*Hirundo rustica,* Lin.), les *Fauvettes, Pouillots,* etc. (*Sylvia hortensis, orphea, S. Protonotarius,* Lin.), les *Roitelets*

(*S. regulus*, et *S. troglodytes*, Lath.), le *Ros-signol* (*Motacilla luscinia*, Gm.), le *Rouge-Gorge* (*Motacilla rubecula*), la *Mésange* (*Parus major*, Lin.), et une foule d'autres à becs effilés ou très-larges, non seulement on ne doit pas chercher à les détruire, mais au contraire le cultivateur doit les protéger; il serait même à désirer que le gouvernement proposât des mesures législatives qui missent un terme à la destruction que les petites chasses et les enfans font de ces serviteurs tout-à-fait désintéressés, qui ne cessent de travailler pour nous sans rétribution.

L'échenillage exécuté avec soin pourrait détruire un grand nombre de chenilles sans doute, mais pas assez pour faire disparaître leurs ravages; il ne détruit guère que les œufs déposés avant l'hiver. Mais les chenilles des pontes printanières qui naissent peu après ces pontes, et dont le nombre est immense, lui échappent; à côté de ces chenilles marchent les innombrables cohortes des insectes de toutes les classes et de leurs larves, qui dévorent le bois, l'écorce, les racines, détruisent les fleurs, les embryons des fruits et s'établissent à demeure dans le fruit même. Quelles mesures de police rurale, quelles lois pourraient être efficaces contre de tels ennemis? Les lois de la nature qui, toujours bonne, toujours prévoyante, a placé le remède à côté du mal; ce remède, nous le trouvons dans les oiseaux que nous venons de citer, qui vivent presque exclusivement d'insectes, et ne peuvent se nourrir de graines. A côté d'eux il en est d'autres, tels que les *Pics* (*Pici*), les *Torcols* (*Yunx torquilla*, Lin.), les *Grimpereaux* (*Certhia familiaris*, Lin.) etc., qui, doués d'un instinct particulier, s'attachent de préférence aux larves cachées dans les écorces et dans l'intérieur même des arbres: ils enfoncent leurs becs effilés dans ces galeries pour surprendre le mineur, ou frappent sur l'arbre à coups redoublés pour le faire sortir.

Et c'est à ces petits êtres si industrieux, si inoffensifs, si utiles, destinés par le Créateur à conserver, à animer nos forêts silencieuses, nos bosquets, nos plantations, qui récréent à la fois la vue par la vivacité de leurs couleurs et l'ouïe par l'agrément de leurs chants; c'est à ces petits êtres, disons-nous, que nous permettons à une jeunesse imprévoyante et inconsidérée de déclarer une guerre cruelle, acharnée, constante, capable enfin d'anéantir les espèces si l'on ne se hâte d'y mettre un terme! Déjà l'Ecosse tout entière n'entend plus le chant du rossignol! Mais un mal beaucoup plus grave qui nous menace, c'est la multiplication excessive des insectes malfaisans. Pouvons-nous ne pas le craindre lorsque nous voyons nos enfans fureter sans obstacles jusqu'au moindre buisson pour découvrir les nids, déranger les couvées, prendre à pure perte les jeunes à peine éclos, attendre ceux qui échappent, secondés alors par une foule de chasseurs, à l'abreuvoir, à la pipée, à la tendue, leur dresser enfin des piéges de toute sorte ? **C. B. DE M.**

ART. III. — *Des Mollusques nuisibles.*

Parmi les mollusques, deux genres seulement sont sensiblement nuisibles aux intérêts de l'agriculture : ce sont les *Hélices* ou *Limaçons* (Helix), et les *Limaces* (*Limax*) appelées *loches* dans diverses contrées.

Le genre *Limaçon*, trop connu des cultivateurs pour que nous cherchions à le décrire, appartient aux coquillages de la classe des univalves; il comprend un grand nombre d'espèces qui toutes vivent aux dépens des végétaux et dont quelques-unes sont tellement multipliées qu'elles causent de grands désastres dans les champs et surtout les jardins. Le *grand escargot*, connu vulgairement sous le nom d'*Escargot des vignes* (*Helix pomatia*, Lin.), est de ce nombre; sa coquille, ordinairement de plus d'un pouce de diamètre, est d'un gris fauve avec des bandes plus pâles et des stries. L'animal est gris. L'*Hélice chagrinée* ou *la jardinière* (*Helix adspera*, Mull.) est de toutes peut être la plus commune; sa coquille, moins volumineuse que celle de l'espèce précédente, est jaunâtre, rugueuse, avec des bandes brunes; elle a l'ouverture blanche; l'animal est verdâtre. L'*Hélice livrée* (*Helix nemoralis*, Lin.) est encore plus petite; sa coquille est jaune, unie, rayée de bandes brunes, ou brunâtres, plus ou moins nombreuses, avec le bord interne de son ouverture de couleur foncée. Enfin, dans le midi on cite également, parmi les espèces les plus répandues et les plus dévastatrices, malgré leur petite taille, l'*Hélix rodostome* (*Helix pisana*, Mull.), dont la coquille est globuleuse, blanche, rayée et tachetée de bandes et de points jaunes.

Tous les limaçons restent cachés, soit dans le sol même, soit aux pieds des murs de clôture ou dans les anfractuosités des rochers, pendant la partie la plus chaude des journées de la belle saison. C'est la nuit, ou lorsque le temps est doux et sombre, qu'ils sortent de leurs retraites et qu'ils se jettent avec avidité sur les jeunes végétaux. C'est donc le soir, un peu tard, le matin de bonne heure, ou après la pluie, qu'il faut leur faire la chasse. Pendant l'hiver ils se retirent également dans les trous les mieux garantis des gelées, ils ferment l'ouverture de leur coquille par une substance d'un aspect cartilagineux, et passent ainsi jusqu'à 5 et 6 mois sans manger. Cette époque est celle où il est le plus facile de les détruire, parce qu'on les trouve en grand nombre dans les mêmes cavités. C'est aussi celle où les limaçons sont le plus recherchés des personnes qui les aiment. Il paraît que les Grecs et les Romains en faisaient beaucoup d'usage comme aliment. On retrouve dans leurs auteurs qu'ils construisaient des espèces de garennes où ils les engraissaient. Ils estimaient surtout ceux qui venaient des îles de Sardaigne et de Chio, de la Sicile, des Alpes, de la Ligurie et de l'Afrique. En Silésie, aux environs de Brunswick, et dans d'autres contrées, on est encore dans l'usage de garder les limaçons qu'on a ramassés pendant l'été, dans des fosses faites exprès, recouvertes en treillage, et dans lesquelles on les nourrit avec des herbes particulières dont font partie le thym et le serpolet, pour les manger à l'époque des froids. On sait que les Brabançons et les Liégeois en forment une espèce de hachis dont ils sont très-friands; que les Suisses, les Bourguignons, etc., les font cuire avec leurs coquilles dans de l'eau de fontaine à laquelle on ajoute parfois du vin, et qu'on les assaisonne ensuite après les avoir extraits de leur coquille, avec du bouillon, des épicés, quelques tranches d'orange ou de citron et du beurre frais. « On en fait aussi, dit VALMONT DE BOMARE, de petits pâtés très-estimés des gourmands. Nous avons vu, ajoute-t-il, aux environs de La Rochelle, des paysans occupés dans les campagnes à ramasser une très-grande quantité de petits limaçons à coque bigarrée de jaune et de noir, que l'on mettait dans des barriques remplies de branches croisées çà et là, afin que les limaçons pussent s'y disperser sur des surfaces multipliées. Cette récolte de limaçons était destinée pour l'Amérique, et il y a des années où les négocians du pays font commerce de ces animaux vivans. Ces limaçons se collent contre les branches ou les parois de la futaille, et de cette manière ils peuvent faire le voyage sans périr de faim, parce qu'ils ne dissipent que peu de leur humeur visqueuse. Il y a des pays où on les fait cuire dans leur coquilles, sur la braise, et on les mange ainsi. »

Nous avons cru devoir entrer dans ces courts détails, pour faire voir que si la chasse aux hélices est accompagnée de quelque ennui, et exige, par sa lenteur, un certain emploi de temps, elle ne laisse pas, d'un autre côté, d'être assez fructueuse. Il y a donc une double raison pour ne pas la négliger. Ajoutons que de tous les moyens proposés pour détruire ces animaux, c'est aussi le plus sûr. Malheureusement, ce qui est praticable en jardinage et sur de petits enclos, cesse de l'être en grand. Dans les champs et les bois, les blaireaux et surtout les hérissons suppléent à l'homme; la multiplication de ce dernier animal complètement inoffensif pourrait devenir un bienfait dans un grand nombre de localités, car les hérissons non seulement détruisent les escargots, les limaces, les vers de terre, et en général tous les insectes, mais on les a vus se nourrir de taupes, de mulots et même de jeunes rats.

Les Limaces (Limax) sont des mollusques nus dont l'organisation, à la coquille près, puisqu'elles n'en ont pas, se rapproche beaucoup de celle des limaçons. Les espèces les plus destructives sont la *Limace rougé*, les *Limaces noire* et *cendrée*, et la *Limace agreste*, qui est d'un blanc sale.

Comme on l'a dit bien dit dans tous les livres : « Les limaces mangent la plupart des plantes que l'homme cultive, presque tous les fruits qu'il préfère. C'est principalement dans les semis qu'elles font de grands ravages, parce que les herbes tendres leur plaisent davantage, et que chaque coup de dent est la perte d'un pied. Dans certains cantons et dans certaines années elles sont un véritable fléau. »

C'est la Limace agreste qui, par sa désolante multiplicité, cause, malgré sa petite taille, le plus de dommages aux cultures

champêtres et jardinières. Presque toutes les plantes cultivées conviennent dans leur jeunesse à sa voracité. Cachée pendant le jour près des racines ou sous les petites mottes qui lui procurent de l'ombre, et ainsi à l'abri des recherches de ses ennemis, elle se répand le soir à la surface du sol, et, d'un semis qui donnait la veille les plus riches espérances, il ne reste souvent le lendemain matin aucune trace.

On connaît et on met en usage plusieurs moyens pour détruire les limaces. Comme il serait difficile de faire la chasse aux petites espèces autrement qu'en leur tendant des piéges, dans les jardins on dispose çà et là des planches, des ardoises ou toutes autres pierres plates qui laissent entre elles et le sol un léger intervalle; dans les champs on répand sur le terrain infesté un grand nombre de feuilles de choux sous lesquelles ces animaux se retirent et s'attachent de préférence. Le lendemain dans le courant du jour, on enlève ces feuilles pour les donner aux cochons qui les mangent avec d'autant plus d'avidité que le nombre des limaces est plus considérable, ou aux volailles qui les recherchent et les détruisent en fort peu de temps jusqu'à la dernière. Dans certains cantons on regarde comme le meilleur moyen à employer pour se débarrasser de ces mollusques, de laisser les dindes parcourir dès le matin les champs de blé, de colza, de navette, de carottes, etc., etc., qu'ils commencent à dévaster. « Je les ai vus, dit Bosc, disparaître en peu de jours d'une ferme qui en était infestée, par l'acquisition que fit le propriétaire d'un troupeau de ces animaux. Les poules, les canards, rendent le même service, mais il est plus difficile de les conduire. Au reste, il est rare que les limaces (je veux dire les jeunes, car les vieilles ne sont jamais très-nombreuses) soient communes deux années de suite. Un été sec et chaud, un hiver très-froid, leur sont également funestes; elles périssent alors par millions. Un hiver très-doux ne leur est guère plus avantageux, parce qu'alors elles sortent de leurs retraites, et que les corbeaux, les plus dangereux de tous leurs ennemis, en font une grande déconfiture. » Il est vrai que ces animaux redoutent beaucoup les intempéries des saisons; cependant nous connaissons des localités où tous les ans ils sont plus ou moins à craindre.

Plusieurs substances minérales qu'il est ordinairement assez facile de se procurer, font périr les limaces ou tout au moins les éloignent efficacement des terrains sur lesquels on les répand. Tels sont la chaux, les cendres, le sable très-fin, etc. Lorsqu'on les met en contact avec la première de ces substances, on les voit immédiatement se contracter, rejeter en abondance une matière visqueuse qui entraîne avec elle les molécules alcalines, et si l'effet se prolonge, elles changent de couleur, se raidissent et meurent. Les cendres non lessivées produisent à un moindre degré des effets analogues; aussi partout où l'on peut saupoudrer la surface de la terre de l'une ou des autres, n'a-t-on à peu près rien à craindre des limaces tant qu'une pluie ou un arrosement n'a pas éteint la chaux ou agglomëré leš cehdrès, auquel cas il faudrait recommencer l'opération. Le sable fin, tant qu'il n'est pas mouillé, s'attache au corps toujours glutineux de l'animal et paraît opérer sur lui, soit en gênant ses mouvemeus de progression, soit de toute autre manière, un effet si désagréable,qu'il rebrousse immédiatement chemin dès qu'il rencontre un pareil obstacle. O. L.-T.

Art. IV.—Des insectes nuisibles.

Partie i.—Tableau des insectes nuisibles dans l'agriculture et l'économie rurale.

Quoiqu'on décrive spécialement aux articles de la vigne, de l'olivier et des principales cultures, les divers insectes qui ravagent ces végétaux, l'agronome n'en doit pas moins étudier avec soin lés races malfaisantes qui dévastent ses productions les plus essentielles, comme les céréales et frumentacées,les plantes légumineuses,les herbes potagères, les arbres fruitiers, enfin qui attaquent les comestibles en général, ou les bestiaux et autres animaux domestiques. Non seulement il s'agit de rechercher les procédes les meilleurs pour la destruction de ces petits et dangereux assailfans, mais encore comment on doit s'opposer à leur multiplication. En effet, si l'on ne connaît pas les habitudes ou mœurs des insectes, on ne pourra point les anéantir aussi avantageusement, puisque les méthodes doivent être appropriées aux genres d'ennemis que l'on veut combattre avec succès.

§ Ier. — Insectes destructeurs des céréales.

Les graminéés, en général, sont infestées par trois principales classes d'insectes : 1° des Coléoptères ; 2° des Lépidoptères ; 3° et des Diptères.

Parmi les premiers, le Taupin strié (Elater striatus, Fabr.), dans l'état dé larve, cause dé grands dégâts en rongeant les racines du froment; mais personne n'ignore que la famille des Charançons ou Becmares, et surtout la Calandre (Calandra granaria), ne détruise immensément de grains, en dévorant, à l'état de larve surtout, l'intérieur farineux du blé. Sa forme est assez connue pour nous épargner sa description. La tête de l'insecte parfait porte un bec ou trompe longue, cylindrique, un peu courbée, avec des mandibules dentelées, des mâchoires velues. Le corps est de forme elliptique, déprimé, dur; les pattes sont robustes et avec des crochets pour sé cramponner. La couleur de l'animal est brune, très-ponctuée. On a remarqué que même moulué et mêlée au pain, la calàndre n'a pas les qualités vésicantes attribuées aux autres coléoptères; elle contient plutôt du tannin. Tous les moyens préconisés pour la destruction de cet insecte dans les greniers sont insuffisans; seulement le froid arrête leur multiplication et leurs ravages; aussi une ventilation fréquente et l'agitation par le crible et la pelle sont avantageux, car ces insectes ai-

ment le repos et la chaleur. Par le mouvement on force plusieurs de ces larves à fuir; on les amasse alors avec des balais en un tas, et on les tüe avec de l'eau bouillante, où on les écrasé. — Le riz est également attaqué par une Calandre (Curculio oryzæ): Le Curculio sanguineus est aussi ennemi du seigle, et l'orge est atteinte par une Altica cœrulea.

En Provence, il est une autre larve qui endommage beaucoup les grains, et qu'on nomme Cadelle (Tenebrio mauritanicus, L., rángée parmi les Trogossita. Fabr).Cette larve grosse et vorace, ronge également le pain, les noix, et n'épargne pas même les écorces d'arbres; mais à l'état parfait, l'insecte ne touche plus au blé. En le tenant dans des sacs, on le met à l'abri dé la cadelle ou Trogossite mauritaniquè (fig. 724).

Fig. 726. 724. 727.

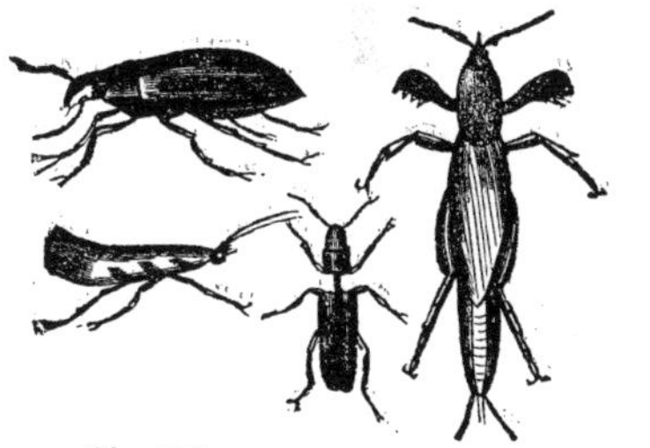

Fig. 725.

Parmi les Lépidoptères funestes aux frumentacées, l'Alucite des grains ou teigne des blés (fig. 725) (Alucita granella), qui jadis causa tant de ravages dans l'Angoumois, et sur laquelle Duhamel et Tillet ont publié un traité en 1762, est la plus connue. On sait que cette fausse teigne paraît offrir plusieurs espèces, car celle qui exerça tant de destruction sur les seigles et même l'orge en 1770, a été rangée dans le genre Æcophora,Latr.; et une autre, aussi commune sur les fromens, est rapportée par le même entomologiste, parmi les Yponomeuta. Ces larves ou chenilles grises - blanches s'insinuent une seule en chaque grain, y dévorent toute la farine, puis lient plusieurs de ces grains ensemble, et forment des tuyaux d'une soie blanche, dans lesquels elles passent à l'état de nymphe pour se transformer en teignes. L'œuf dé ce lépidoptère est insinué dans le grain par un trou imperceptible, à sa partie la plus tendre; la larve se tient renfermée dans l'enveloppe du grain, c'est la mesuré de sa nourriture et de sa taille, puis elle soulève une calotte tégumentaire du son pour sortir.— On n'a encore trouvé aucun moyen bien efficace de faire périr ce dangereux ennemi dont la propagation est si énorme, sinon par la chaleur de 36 à 40 degrés Réaum.,qui peut le faire périr sans altérer le germe du blé. Les saisons chaudes favorisent la multiplication des alucites; elles fuient le grand jour et le mouvement; c'est pourquoi il convient de remuer souvent les tas de blé et de ramasser toutes les larves qui s'en échappent pour les détruire. La *Phalæna secalina* fait avorter aussi les épis de seigle.

Parmi les Diptères, on avait fait peu d'attention à ces petites espèces de *mouches* qui causent des ravages secrets dans les moissons, avant OLIVIER. Ce savant entomologiste a commencé cette importante recherche, quoique déjà LINNÉ avait dit (*Acta Stockholm*, 1750, p. 182) que la seule espèce décrite par lui sous le nom de *Musca frit* détruisait, chaque année, la cinquième partie de toute la récolte d'orge du royaume de Suède, ou plus de cent milles tonnes, d'une valeur de plusieurs millions. OLIVIER s'est assuré que diverses mouches du genre *Oscina* (les *Osc. pumilionis*, *lineata*, etc. de FABRICIUS) piquent, soit les collets des tiges, soit le chaume tendre du blé, y déposent leurs œufs, et les jeunes larves dévorant la substance interne, interceptent ainsi la sève nourricière, en sorte que l'épi demeure sec et stérile. On ne saurait dire combien les moissons perdent ainsi de grains. Il paraît que la *Tephritis strigula*, FABR., cause les mêmes dommages. Quant aux espèces de *Sapromyza* (de FALLEN et MEIGEN), mouches très-petites, noires ou cendrées, lisses, avec de fortes pattes et de gros yeux, leurs larves s'insinuent aussi dans le chaume des céréales et d'autres graminées, à l'époque de la sève sucrée, ou avant la fructification qui est ainsi empêchée. Cette étude n'a pas été encore bien approfondie, car on doute même si l'ergot du seigle n'est point une maladie engendrée par l'effet de la piqûre d'une mouche, comme L. MARTIN, agronome anglais, l'a pensé.

Nous pourrions joindre à ces faits ceux concernant d'autres graminées, soit des pays chauds (comme la Canne-à-Sucre, attaquée par des Coléoptères, etc.), soit de contrées tempérées et même froides qu'infestent les *Phalæna calamitosa*, *mesomela*, *panthera*, *secalina*, etc.

On sait aussi que les sorghos, millets, les semences des panics et autres frumentacées, sont la proie des *Anobium paniceum* et *minutum*, FABR., que les *Ténébrions*, les *Blaps* détruisent les farines (*Blaps mortisaga*, (*fig.* 726); la larve du *Tenebrio molitor* est fréquente dans les moulins, y dévore la farine et le son; elle est recherchée pour nourrir les rossignols. L'*Hispa atra* concourt à disséquer aussi diverses tiges de graminées. Enfin nous n'énumérons point ici les funestes passages des sauterelles qui, loin d'épargner les moissons, semblent les dévorer avec plus de prédilection que les autres végétaux. Nous devons renvoyer ce genre de calamité aux causes générales qui multiplient immensément, en certaines années, les insectes, surtout dans les climats secs et chauds, comme après des hivers trop doux, qui en ont épargné les larves, ou chenilles et œufs : il en est parlé plus loin.

D'ailleurs, les graminées produisent deux principes essentiellement nutritifs, la fécule, dans leurs graines ou périsperme, et la matière sucrée dans leurs tiges les plus suculente. Si elles président surtout à l'alimentation de l'homme, elles attirent pareillement un grand nombre d'autres animaux qui en

extraient leur substance. On ne doit donc pas être surpris que la plupart des insectes phytophages les dévastent de préférence. Nous en verrons encore des exemples en traitant des espèces qui saccagent nos autres comestibles, également farineux ou féculens: genre de trésor dont chaque être prétend tirer sa part aux dépens de l'avare dépositaire.

§ II. — Insectes attaquant les cultures potagères et autres.

Nous sommes loin de vouloir exposer ici l'histoire complète de la multitude de ces ennemis; cependant il importe d'appeler l'attention journalière sur des espèces d'insectes qu'il serait dangereux d'ignorer, puisqu'on leur livrerait en quelque sorte le champ de bataille sans défense.

Ce qu'on nomme *plantes oléracées* consiste en herbes dont les racines, les tiges et feuilles, non moins que les fruits ou fleurs, servent à notre nourriture. Elles sont également ravagées sous terre, dans leurs racines, par les *Courtilières* ou *Taupes-grillons* (*Gryllus gryllo-talpa* (*fig.* 727), et par les *vers-blancs* des *Hannetons* (*Melolontha vulgaris*), comme par une foule d'autres scarabéides. Tous les agriculteurs connaissent ces races si détestables pour les jardins. On ne peut y porter remède qu'en s'efforçant d'en écraser le plus possible. Les *Scarabéides lamellicornes* (à antennes en feuillets) sont particulièrement dangereux aux plantes potagères; les *Géotrupes* fouillent les fumiers et terreaux; le *Læthrus cephalotes*, FABR., avec ses mandibules tranchantes, coupe les jeunes pousses, les germes des plantes; les *Scarabæus stercorarius* et *vernalis*, le *Trox horridus*, Fabr.; l'*Oryctes nasicorne* (*Oryctes nasicornis*, *fig.* 728), sous

Fig. 729.   **Fig. 728.**

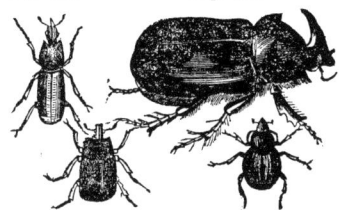

Fig. 731.   **Fig. 730.**

les couches de tan, ne blessent, ne déchirent, n'arrachent, ne rongent pas moins de jeunes plantes que les autres *Phyllophages* et *Xylophiles*; les *Scarabæus fullo*, *Melolontha villosa*, *farinosa*, des *Trichius*, des *Cetonia*, coupent les feuilles et fleurs; les *Passalus* charpentent de grosses patates, les *Lucanus*; les *Sinodendrum* (*Sinodendron cylindrique*) (*fig.* 729), taillent, avec leurs fortes mâchoires, les tiges printanières des arbres. Ce sont les fumiers et autres engrais ou matières excrémentitielles qui amassent surtout une multitude d'espèces de *Bousiers*, *Copris*; l'*Aphrodius fimetarius*, les *Coprophages* et *Coprobies*, *Onthophages* (*Onthophage taureau*) (*fig.* 730), de la même famille, ne se bornent pas à placer leurs œufs et leurs larves dans ces débris de végétaux ou de matières en décomposition, ils nuisent au développement des plantes qu'on y sème; tels sont encore les *Escarbots* (*Hister unicolor*) (*fig.*731) et les *Bostriches* (*Bostriche capucin*) (*fig.* 732).

Fig. 732.

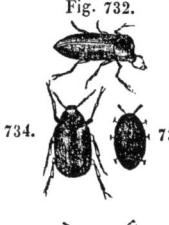

Dès l'état cotylédonaire, la plupart des légumes de nos jardins sont dévorés par les *Altises*, qu'on appelle *Puces*, parce qu'à l'aide de leurs

734.   736.   grosses et longues cuisses, elles sautent. (Telles sont les *Chrysomelæ saltatoriæ* de Lin.) Le dommage est d'autant plus grand que les cotylédons,

735.   en périssant si. tendres sous la morsure de ces petits insectes, laissent mourir la plante qu'ils étaient destinés pour ainsi dire à allaiter dans son enfance.

Les plants d'asperges sont non seulement désolés par le *Criocerus asparagi*, d'un rouge ponceau, et rendant un petit cri lorsqu'on le saisit, mais encore par le *C. duodecim punctatus.*

Parmi les *Altica*, si funestes aux plantes potagères, la plus nuisible de ces pu ces de jardin est la *Chrysomela oleracea*, d'OLIVIER. Les plantes semi-flosculeuses sont également désolées par la *Chrysomela sericea* (rangée sous le genre *Cryptocephalus*), et les artichauts éprouvent les plus grands dommages de la *Cassida viridis*, L. (*Cassule verte*)(*fig.*733). Les plantes liliacées et les oignons reçoivent de graves atteintes de la *Chrysomela merdigera* et d'autres *Crioceris* de GEOFF. (*Lema* de FAB.) Des *Donacies*, ou *Lepturus*, ont des larves qui s'enfoncent jusque sous les eaux pour ronger les racines de la berle (*Sium latifolium*). La même plante nourrit une espèce de *Charançonite*, le *Lixus paraplecticus*, FABR. (*Curculio*, L.), auquel on attribue la cause de la paraplégie des chevaux qui l'avalent. Ce même insecte habite aussi sur le *Phellandrium aquaticum*, autre ombellifère, mais vénéneuse par elle-même.

D'autres *Chrysomélides*, les *Chr. helxines* et *nemorum* (*Chrysomèle sanguinolente*) (*fig.*734), n'épargnent pas non plus les herbes des jardins, comme celles des prairies; elles s'attaquent surtout aux jeunes feuilles les plus tendres, au lieu que les Curculionides recherchent les tiges et les sommités. On trouve les laitues et autres syngenèses attaquées spécialement par les *Chrysomèles*.

Les plantes de la famille des crucifères, comme choux, raves, etc., sont moins ravagees par des coléoptères (excepté le *Psylliodes napi*, les *Thrips*, les *Cistèles* (*Cistèle sulfureuse*) (*fig.*735), le *Curculio alliariæ*, que par des lépidoptères particuliers à ces végétaux, et dont les chenilles montrent une prédilection dans leur goût pour cette classe de saveur spéciale. En effet, les papillons dits *Brassicaires* (*Papil. raparia* et *naparia*, *brassicaria*); plusieurs *Phalènes* (*Phal. oleracea*, *Ph. caja*,

la *Noctua gamma*, funeste aux potagers, etc.), à l'état de larves, rongent nuit et jour leurs feuilles; d'autres espèces, les *Phal. brumata*, *urticata*, *cæruleo-cephala*, etc., partagent leur choix sur d'autres herbes de nos jardinages ou sont moins exclusives. Le houblon est rongé par une *Pyrale* et par l'*Hepiala humularia* (*Hépiale du houblon*)(*fig.*736); le cerfeuil,

Fig. 736.   Fig. 737.   Fig. 739.

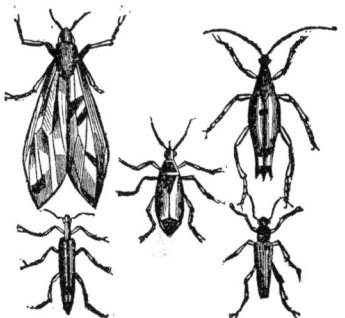

Fig. 738.   Fig. 740.

par la *Phalæna umbellaria*, la capucine par des *Brassicaires*, l'œillet par une *Chenille arpenteuse*, les pois par la *Phalæna exsoleta*, les laitues par la *Phal. togata*, le trèfle par la *Phal. antennulata*, etc. On connaît peu de moyens de se garantir contre ces ennemis, si ce n'est un échenillage assidu et le secours de quelques oiseaux insectivores; car toutes les lotions et liqueurs fétides préconisées contre ces insectes nuisent également aux plantes potagères.

Il est, parmi les hémiptères, plusieurs races de *Punaises terrestres* ou *Géocorises pentatomes*, qui fréquentent les végétaux crucifères; telles sont les *Cimex oleraceus* et *ornatus* des choux. Une autre grosse espèce, le *Lygæus* ou *Cimex apterus* (*Lygée aptère*) (*fig.* 737), infecte également les jardins.

Les diptères offrent des espèces très-malfaisantes pour nos potagers; ce sont les grandes *Tipulaires terricoles*, dont les larves s'enfonçant sous le terreau, le tan, les engrais, pénètrent jusqu'aux racines des plantes, et causent des dommages d'autant plus grands qu'on ne les aperçoit pas d'abord pour y remédier. Ainsi la *Tipula oleracea*, commune également dans les prairies, et la *ruffa* des asperges, ravagent les légumes de toute sorte. La *Tipula hortulana* abonde au printemps. On connaît les *Bibions précoces* (*Bibio*, GEOFFR. ou *Hirtea*, FABR.), dites *mouches de Saint-Marc* et *de Saint-Jean* : le mâle est noir, la femelle présente un thorax rouge. On regarde sa larve et celle de la *Thereva* (*Bibio plebeia*, FABR.), avec celle du *Nemotelus hirtus*, comme pernicieuses aux bourgeons des plantes qui en périssent. D'autres tipules passent l'hiver dans nos maisons (les *Trichocera* de MEIGEN) ou se cachent sous de vieux champignons (les *Mycetobia*, *Boletophila*); enfin, un autre genre de diptères ou mouches, l'*Eristhalis narcissi*, FABR. (*Merodon* de MEIGEN), à l'état de larve, se niche dans le cœur des bulbes de narcisse pour le dévorer.

§ III. — Insectes dévastateurs des arbres fruitiers.

Le nombre en est si considérable que nous insisterons peu sur ceux qui n'attaquent que les troncs ou parties ligneuses; on en traite d'ailleurs à l'article des arbres forestiers; nous ferons observer toutefois qu'on a passé sous silence des *Buprestides* et *Elater* creusant fortement les bois, comme le *dermestoïdes*, la *Lampyris cœrulea*, l'*Omalisus suturalis*, les *Lymexylon navale* (*Lymexylon naval*) (*fig.*738), si pernicieux aux chantiers; des *Hister*, des *Erotylus*, des *Mordella*, des *Dendrophagus*, les *Cerambyx*, *Leptura* (*Lepture éperonnée*) (*fig.* 739), etc. On ne peut negliger la larve de *Saperda* ou *Cerambyx carcharias*, qui détruit si souvent les plus belles plantations des peupliers; ni celle du *C. linearis*, qui ravage les jeunes coudriers; ni les *Necydalis*, rongeant les saules (*Nécydale fauve*) (*fig.*740), ni la *Chrysomela populi*, ni la *Galeruca calmariensis* (*Galéruque de la tanaisie*) (*fig.*741), destructive des charmilles, etc.

Fig. 743.

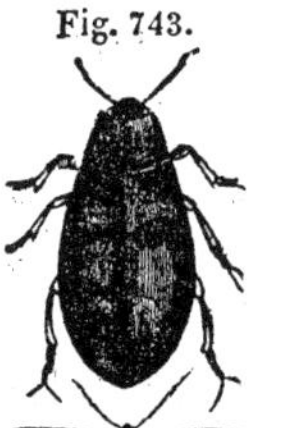

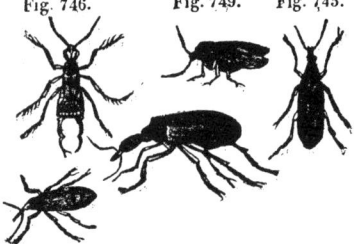

Aux premiers jours du printemps, une armée immense de *Chenilles* assiégent nos arbres à fruit, s'y promènent pour les ravager, et menacent toutes nos espérances; telles sont les *Processionnaires* 742. (*Bombyx neustria*), les *Phal.castralis,hiemalis, geometra*, etc., sur les abricotiers, pruniers, cerisiers, et les *Pyralis pomana* 741 (*Pyrale des pommes*) (*fig.* 742), *vitis, Phal. antiqua*, *brumata*, etc., sur les arbres à pepins, pommiers, poiriers, etc.; la *Phal. grossulariata*, sur les groseillers; la *Tinea* (*Yponomeuta*) *padella*, en société nombreuse sur les arbres à noyaux; les *Cossus ligniperda*, les *Pithyocampa*, les espèces poilues, sur une foule d'autres végétaux.

Sans doute nos fruits courent les plus grands risques en présence de tant de rongeurs; mais ceux-ci ont aussi pour ennemis, outre les oiseaux, des races vengeresses, les larves d'*Ichneumonides* et de *Chalcides*, qui détruisent bon nombre de ces chenilles en les perçant de leurs dards, et en les chargeant de leurs œufs. Ainsi le *Calosoma sycophanta* fait une grande consommation des processionnaires; une armée de légers coureurs, d'autres coléoptères carabiques, avec les *Cicindèles*, les *Staphylins*, se régalent chaque jour de cette abondante pâture; mais cela n'empêche pas les soins indispensables de l'échenillage.

Ensuite arrivent les immenses générations des *Pucerons* et autres *Aphidiens*. Peu de jeunes végétaux en sont exempts, et ces hémiptères en extraient une sève sucrée qui,

exsudant ensuite de leur corps, attire les *Fourmis* nuisibles à leur tour par leur acidité et leur instinct déprédateur.

On a tenté diverses lotions amères ou fétides contre les pucerons et les fourmis qui les suivent. Ces moyens sont préférables aux fumigations étouffantes du soufre brûlant qui tuent les jeunes pousses, et aux corps gras ou résineux qui fatiguent également les végétaux. C'est ainsi qu'on a conseillé des lotions avec de l'eau imprégnée d'essence de térébenthine délayée avec de la terre, selon de THOSSE; depuis peu l'on a découvert un moyen plus efficace dans des aspersions faites avec de l'eau chargée d'essence de houille fétide; c'est ainsi qu'on parvient à écarter le *Puceron lanigère*, si funeste aux pommiers de la Normandie, qui s'est tant répandu depuis l'an 1812, et que l'on croit originaire de l'Amérique. Toutefois, il ne faut pas moins laisser multiplier les larves des *Coccinella*, dites *lions des pucerons*, parce qu'elles en font un énorme carnage sans toucher aux végétaux. Les *Érotyles* leur ressemblent dans d'autres contrées (*Erotyle bigarré*) (*fig.* 743). Il en est de même des larves de *Syrphus* et autres *Muscides* (*Musca*, L.), qui sucent avec une étonnante rapidité ces pucerons, espèce de bétail nourricier pour des races carnassières, et pour des *Némotèles*, des *Hémérobes*.

Outre les pucerons, il y a des *Psylla*, des *Kermes*, qui fatiguent d'autres végétaux, comme le Kermès du figuier, celui du châtaignier, etc.

Les *Cochenilles*, ou *Coccus* se multiplient aussi de préférence dans les serres d'orangerie, sous les feuilles des hespéridées, surtout par la chaleur humide; il faut les en délivrer le plus qu'on le pourra.

Enfin, dès avant la maturité de nos fruits, ils sont déjà rongés au cœur par une foule de larves appelées des *vers*, et qui appartiennent à plusieurs races d'insectes.

D'abord, les fruits farineux ou féculens sont recherchés par les *Bruchus*, GEOFF., les *Ptinus fur*, et *P. latro*, *P. scotias*, *P. sulcatus*, les *Anobium* ou *Vrillettes* (*Vrillette marquetée*) (*fig.* 744), les *Byrrhus pilula* à autres à l'état de larve, les *Anthrenus* qui n'épargnent rien; ainsi le *Bruchus pisi* se niche dans les pois et vesces; plusieurs *Anthribus* ou *Rhinomacer*, et des *Rhychœnus* attaquent beaucoup d'autres semences légumineuses (*Rhinomacer curculionoïde*) (*fig.* 745). Les

Fig. 746.   Fig. 749.   Fig. 745.

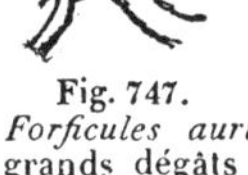

Fig. 747.   Fig. 748.

Forficules auricularia et *minor* causent de grands dégâts parmi les fruits de nos jardins (*Forficule biponctuée*, mâle) (*fig.* 746).

La plupart des prétendus *vers* qui se trouvent dans les fruits pulpeux, les cerises, les framboises et fraises, viennent de *teignes*; cependant il en est aussi beaucoup qui sont dus à des œufs de mouches des genres *Carpomyza, Tephritis* (FABR. et LATR.) et *Ortalis* de FALLEN. Ainsi, à l'Ile-de-France, presque tous les jeunes citrons sont percés par la larve du *Tephritis citri*; nos bigarreaux contiennent fréquemment celle de l'*Ortalis (Musca) cerasi*; les noyaux, les pépins des autres fruits, dès leur naissance, renferment des œufs déposés par ces genres de diptères encore peu étudiés dans leurs espèces. Les mouches à ailes vibrantes, qui planent sur les fleurs, appartiennent à cette famille.

Les fruits oléagineux, noix, noisettes, au contraire, voient leur coque percée par des *Curculio nucum (Charançon des noisettes) (fig.* 747) ou des *Attelabus (Attelabe du coudrier, fig.* 748); il n'est pas jusqu'à des *Acarus* ou *Mites* qui ne s'y recèlent. D'ailleurs, chacun connaît assez les insultes des *Guêpes*, des *Fourmis*, des *Bourdons*, contre les fruits les plus sucrés, et les piqûres de quelques *Cynips* sur les figues; des *Diplolèpes* élevant des galles sur plusieurs rosacées (*Diplolèpe de la galle (fig.* 749), et celles de diverses *Punaises, Tingis pyri*, etc., qui en sucent les sucs en même temps qu'elles y répandent leurs odeurs fétides ou dégoûtantes.

Les *Mouches à scie (Tenthredo)*, sans attaquer les fruits eux-mêmes, sont fort nuisibles à beaucoup d'arbustes, notamment aux rosiers, en perçant, rongeant, trouant, à l'aide de leur instrument dentelé, les jeunes tiges et les feuilles de plusieurs arbres de la même classe, les pruniers, les poiriers, etc. Ainsi ces hyménoptères ont des larves à pieds nombreux, simulant des chenilles, qui dévorent le feuillage de nos arbres à pépins et à noyaux, et qui s'opposent aussi à la multiplication de leurs fruits.

§ IV. — Insectes pernicieux aux prairies.

La grande calamité pour celles-ci vient de la famille des *Sauterelles* et *Criquets.* Personne n'ignore les déplorables déprédations du passage des *Sauterelles (Gryllus migratorius,* Gr. *apricatorius,* Gr. *lineola* et autres espèces), qui, après avoir tout ravagé, finissent par se dévorer elles-mêmes. On a vu des milliards de ces insectes entassés par les vents sur certaines contrées, à tel point qu'on les ramassait par boisseaux et dans de grands sacs. Les *Gryllus campestris* et notre *Grillon domestique*, faisant entendre son cri nocturne près des foyers, dans les chaumières, viennent fureter dans nos provisions; tous ces insectes rongent les herbes, comme les autres *Criquets (Acridium)*, et les *Truxales (Gryllus acrida)*, notamment le *T. à grand nez (fig.*750), les grandes *Sauterelles, Locusta viridissima* des campagnes, la *Sauterelle grise (fig.* 751).

C'est encore à l'état de chenilles que les *Phalæna calamitosa*, la *Noctua graminis*, les Tinéides du genre des *Crambus*, désolent surtout les meilleurs pâturages et se multiplient au milieu des foins. Ces insectes

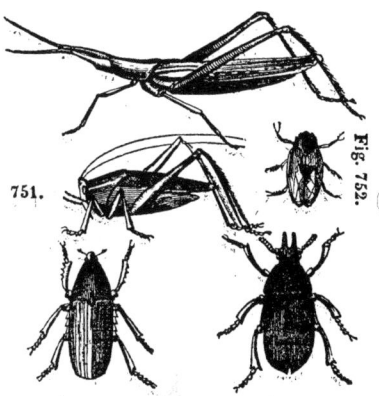

Fig. 750.

Fig. 752.

751.

Fig. 753.   Fig. 754.

sont en même temps dégoûtans pour les bestiaux, qui ne peuvent pas s'empêcher d'en avaler. Plusieurs de ces petits papillons qui en naissent, et qui, d'ailleurs, sont fort jolis, ont été décrits et figurés par Hubner, par Germar, etc. Il faut y ajouter aussi d'autres *Alucites* que celle du froment, ou des *Adela*, des *Æcophora*, dont le nombre et les espèces font même le désespoir des plus habiles entomologistes.

Les *Cicadaires* ou *Cigales* et *Ranâtres,* le *Cercope écumeux (Cicada spumaria, Cercopis sanguinolente (fig.* 752), si remarquables au printemps dans les prairies, par l'écume qu'elles y déposent, épuisent de sève ou font faner plusieurs glumacées dans leur fructification naissante. Tous ces épis blanchissans et stériles de seigle et d'autres céréales ont été atteints, soit par la *Phalæna secalina*, soit par les *Cicadaires*, tandis que les larves des *Tipules* travaillent dans les racines, que des *Tanypus*, autres tipulaires culiciformes, se creusent des demeures dans des galles, que diverses mouches déjà notées, en traitant des céréales, n'épargnent pas les autres graminées. Il faut citer encore le *Sepsis cynipsea*, espèce de mouche attaquant les fleurons des syngenèses, etc., et diverses *Cétoines rongeuses*, comme la *C. dorée (fig.* 751), et la *C. à deux cornes (fig.* 754).

§ V. — Insectes attaquant les provisions animales et végétales, ou comestibles.

1° Les *substances végétales.* — Deux fléaux en ce genre nous ont été communiqués avec les substances commerciales des deux mondes; ce sont les *Blattes* et les *Termites.* La *Blatta orientalis* et la *B. americana*, L. ou *Kakerlack, Blatte américaine (fig.* 757), est commune aussi dans les régions septentrionales. On ne peut conserver aucun genre de comestible qu'elle ne dégrade et n'infecte; elle butine de nuit dans les habitations, ronge particulièrement les farines, le pain dans les boulangeries, les moulins, les cuisines, etc.; de plus, elle répand une odeur détestable;

rarement elle se sert de ses ailes, mais elle court très-vite et fuit l'éclat du jour, dans des fentes et des trous, ce qui empêche qu'on ne détruise ce malfaisant orthoptère.

Fig. 757.   Fig. 756.   Fig. 755.·

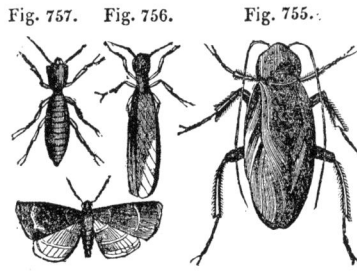

Fig. 758.

Les *Termites* sont des névroptères plus particuliers aux climats chauds, également ennemis du jour comme tous les voleurs. Ainsi le *Termès lucifuge* (*fig.* 756 et 757) qui représente la larve, *Termès lucifugum*), malheureusement multiplié dans les chantiers de Rochefort, y a déjà causé les plus grands dommages parmi les magasins de la marine.

Les *Termites*, appelés aussi *fourmis blanches*, ont plusieurs rapports avec les fourmis, et vivent en sociétés composées de trois ou quatre sortes d'individus à l'état de larve, de nymphe et d'insecte parfait ; également laborieux, voraces, et d'autant plus dévastateurs qu'ils sont omnivores, ils se creusent des routes souterraines dans les objets qu'ils rongent. Le *Termès atroce*, le *mordant*, le *belliqueux*, le *destructeur* ou le *fatal*, le *pou de bois*, le *voyageur*, sont autant d'espèces ravageuses ; celui *à cou jaune* (*Termes flavicollis*) attaque, en Provence, les olives.

Parmi les Lépidotères, nous avons signalé déjà ceux qui ravagent le blé dans les greniers ; mais la farine nourrit spécialement une espèce de larve de *Tinéide* (*Phalœna*, L.; *Aglossa farinalis*, Latr.), *Phalène de la farine* (*fig.* 758), ainsi désignée parce que l'insecte parfait n'a point de trompe, et ne mange plus en ce dernier état, tandis qu'il est fort vorace et gras à l'état de ver. Parmi les Coléoptères à longs becs, plusieurs *Rynchènes* et autres *Curculionides* se multiplient dans les fécules, comme le *Curculio palmarum* qui vit de sagou. Divers *Mélasomes nocturnes*, outre les *Blaps* déjà signalés, viennent saccager les substances alimentaires ; tels sont les *Pimélies*, les *Érodies*, les *Nyctélies*, tous privés d'ailes. Il faut y joindre les *Opatrum*, les *Ténebrio culinaris* et *cadaverinus* de Fabr., *Ténébrion de la farine* ou *des trogossites* (*fig.* 759). D'autres fourragent dans les meilleurs champignons comestibles, comme le *Boletophagus taxicornes*.

2° *Rongeurs des substances animales.*— Le nombre de ceux-ci est considérable. Parmi les Coléoptères les plus destructeurs, il faut placer en première ligne les *Dermestes lardarius*, *lardarius*, *trifasciatus*, etc., le *Derneste du lard* (*fig.* 760); la *Vrillette* (*Anobium pertinax*), qui, étant touchée, contrefait la morte et se laisserait plutôt brûler que de se

remuer ; les *Ptinus*, les *Bruchus* déjà signalés; la *Necrobia violacea* et les *Nitidules* (*Nitidule biponctuée*) (*fig.* 761), qui détruisent les chairs salées non moins que les charognes. On ne peut passer sous silence aussi le grand rongeur des pelleteries, *Dermestes pellio*, les *Staphylins*, les *Silpha* et *Nécrophores* que toute chair attire d'abord.

Fig. 763.

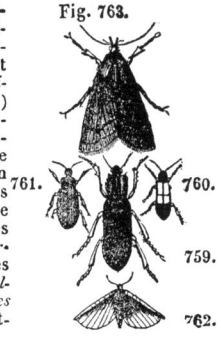

761.
760.
759.
762.

La famille des *Teignes* est surtout la plus coupable de ces goûts carnivores, à l'état de larves. Telles sont surtout les *Botys*, qui pénètrent dans les matières les plus grasses, et l'*Aglossa pinguinalis* (*Aglosse de la graisse*) (*fig.* 762), rongeant les cuirs ou peaux à l'état frais. On ne peut pas garantir les tapis et autres tissus en laine· ou en poils, contre les ravages perpétuels des *Tinea tapezana*, *sarcitella*, *pellionella*, *flavifrontella*, etc. (*Noctuelle trapézine* (*fig.* 763), et de tous ces vers rongeurs qui se pratiquent des fourreaux de leurs excrémens, avec une si redoutable industrie.

On sait aussi combien plusieurs Diptères, en été, hâtent la corruption et le dégât des viandes, par leurs œufs bientôt transformés en vers ou larves des *Mouches créophiles*. Ainsi les *Musca vomitoria*, grosse espèce bleue ; la *Musca carnaria*, dite vivipare, car ses œufs éclosent immédiatement ; la *Musca cæsar*, si commune sur les charognes ; la *Musca putris*, qui recherche les corps pourris, les ulcères (*la piophyla* de Fallen), les *Mouches du vieux fromage* (*Musca casei*), méritent d'être remarquées. Elles prouvent, par les œufs déposés dans ces matières animales, que les vers ne s'y engendrent point spontanément, comme le suppose le vulgaire. Leurs larves semblent avoir la propriété de hâter encore la putréfaction des matières qu'elles dévorent. On peut ajouter à ces espèces les *Scatophaga* (*Musca stercoraria*, L.) et les vers des latrines ou autres lieux analogues, des *Eristhalis tenax* (*vers à queue de rat*) dont la vie est si dure, *E. sepulchralis*, *cryptarum*, etc.

Joignons à ces espèces celle qui contribue à faire aigrir le vin ou la bière et le cidre, la *Musca cellaria* (*Notophila* de Fallen); elle dépose ses œufs dans les vaisseaux à vin des caves et celliers; on en accuse également l'*Ips cellerier* (*fig.* 766). Enfin, les *Acarus* (*Mite domestique* (*fig.* 767 grossie à la loupe), se développent par myriades sans nombre dans les vieux fromages, les viandes sèches ou fumées, comme sur toutes les matières animales en putréfaction; la nature faisant ainsi servir les débris de la mort à la multiplication de la vie.

Fig. 766.   764.   765.   767.

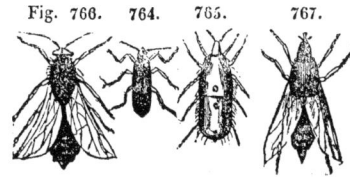

§ VI. — Des insectes nuisibles aux bestiaux et autres animaux domestiques.

La grandeur et la puissance des animaux, de l'homme lui-même, ne les mettent point à l'abri des insultes des moindres races, et le chétif *Cousin* suffit pour tourmenter ce roi du monde. Aucune race n'est plus importune sous tous les climats; car il n'est point de relation de voyages qui n'entretienne des insupportables cuissons causées par les nuées inévitables des *Moustiques* et *maringouins* (*Culex pipiens* et *pulicarius*), non seulement sous les climats brûlans, mais jusque sous les cieux glacés des Lapons et des Esquimaux, et non pas uniquement pour la peau nue de l'homme, mais pour les bestiaux qui ne peuvent se soustraire à leurs dards acérés et brûlans. Il y a plus: d'autres moustiques encore plus petits et noirs se multiplient sous les humides ombrages des forêts; décrits sous les noms de *Rhagio* par Fabr., et de *Simulium* par Meigen, leur piqûre imperceptible est tellement fatigante lorsqu'ils pénètrent même dans les parties génitales si sensibles des bestiaux, qu'ils excitent une sorte de rage et jettent ces animaux dans des états convulsifs de fureur qui les font périr.

On sait quelle frayeur causent les *Taons*, *Tabanus bovinus*, etc. (*Taon des bœufs, fig.*766), à des troupeaux de bœufs; ils les mettent en fuite Une espèce appelée *tsaltsalya* en Nubie, est redoutable même au lion, et poursuit les hommes avec férocité. Une autre espèce, le *Chrysops cæcutiens*, s'attaque aux yeux des chevaux et les aveugle au milieu des campagnes sans qu'ils puissent retrouver leur chemin.

Joignons à ces insultans Diptères tant d'autres espèces piquantes, le *Stomoxe* (*Stomoxe piquant*) (*fig.*767), le *Conops Calcitrans, Conops rufipède* (*fig.*768), qui, suçant le sang des

Fig. 769.

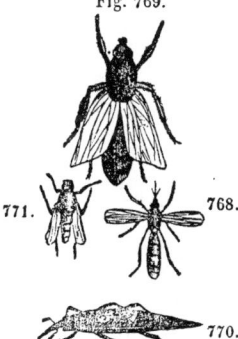

771.   768.

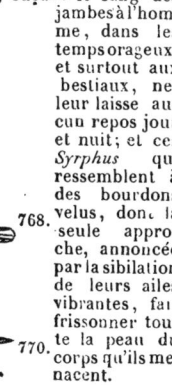

770.

jambes à l'homme, dans les temps orageux, et surtout aux bestiaux, ne leur laisse aucun repos jour et nuit; et ces *Syrphus* qui ressemblent à des bourdons velus, dont la seule approche, annoncée par la sibilation de leurs ailes vibrantes, fait frissonner toute la peau du corps qu'ils menacent.

Les plus dangereux des Diptères Athéricères sont les *OEstres*, sans contredit. Leur famille semble instituée pour vivre dans la peau et le corps même de nos bestiaux, le bœuf, le cheval, l'âne, le chameau, le mouton, le renne (*OEstre du renne* (*fig.*769). le cerf, les antilopes, le lièvre, ou la plupart des herbivores; l'homme lui-même n'en est point exempt en Amérique. Le genre entier des *OEstrus* présente l'aspect d'une grosse mouche velue, dont les poils colorés par zones imitent ceux des bourdons; ils ont les ailes grandes; les femelles portent à l'extrémité de leur abdomen un stylet perçant, composé de plusieurs lames pour ouvrir la peau dure d'un animal, et pour y faire pénétrer des œufs qui doivent s'y changer en larve rongeante; ces larves, en effet, creusent leur nid dans les tissus cellulaires, pompent les sucs et forment une sorte de cautère naturel sur le dos des bestiaux, qui ne peuvent s'en garantir, et à tel point que des oiseaux du genre *Buphaga* viennent en quelques pays extraire avec leur bec ces dangereuses larves. M. CLARK, savant vétérinaire anglais, qui a fait un ouvrage sur ces œstres, en énumère trois familles d'après le lieu d'habitation qu'elles choisissent sur les bestiaux. les œstres qui vivent sous la peau y forment des tumeurs ou bosses remplies de pus dont ils s'engraissent; tels sont les *cuticoles purivores*; ceux qui s'insinuent dans le nez, les sinus frontaux et l'arrière-bouche ou pharynx, comme chez le mouton, sont les *cavicoles lymphivores*; enfin ceux qui, déposés vers l'anus du cheval, ou pénétrant par les voies digestives jusque dans l'estomac et autour du pylore, sont les *gasticoles chylivores* : il est à remarquer que la nature a donné à ces larves, non des pattes, mais des poils épineux qui leur permettent de s'accrocher aux intestins des bestiaux; elles ne se laissent expulser, avec les excrémens, qu'à l'époque de leur dernière métamorphose, pour se reproduire dans une vie libre et extérieure; en ce dernier état, ces œstres ne mangent point. On les trouve fréquentant les bois et les pâturages; ils font quelquefois entrer leurs œufs par centaines dans un animal qui n'en périt pas; cependant Valisneri et d'autres auteurs ont attribué aux œstres des accidens graves et même des causes d'épizootie. Les œstres du lièvre et d'autres rongeurs appartiennent au genre *Cutebera*.

Après ces insectes, c'est en sans doute de moins dangereux, les *Tanystomes*, ou *Asilus* (*A. crabriformis* et *A. forcipatus*), les *Anthrax*, dont la piqûre inflammatoire cause une sorte de furoncle ou charbon; les *Volucella*, les *Mulio*, les *Empis*, les *Bombylius*, des *Nemotelus*, etc. Toutefois, il n'en résulte que des tourmens passagers, comme on pourrait le dire des *Bourdons* et *Guêpes*; mais il est une autre classe plus dommageable.

Les anciens ont appelé *Bupreste* l'insecte auquel ils attribuaient la mort ou le gonflement des bœufs quand ils l'avalaient. Ce n'est point notre genre Bupreste qui produit cet accident attribué plutôt de nos jours à une sorte d'empatement ou d'enflure, d'indigestion d'herbes et contre laquelle on a préconisé l'emploi du vinaigre ou du sel; mais il paraît vraisemblable que des insectes vésicans, tels que le *Meloë de mai*, ou *Proscarabée* (*Meloe proscarabæus* et *majalis*), des *Cantharides*, le *Mylabris cichorii* (cantharide des anclens et des Chinois), des *Lytta*, *Cerocoma*, *Zonitis*, et divers coléoptères à élytres mollasses, ne sont pas avalés sans péril les herbivores. Ils causent de violentes inflammations viscérales et de l'irritation jusque dans les voies urinaires. On a rapporté à un Charançonite, le *Curculio* (*Lixus*) *paraplecticus* (*Lixe paraplectique fig.*770), cette maladie des chevaux, qui paralyse leurs membres postérieurs; cependant ce fait ne paraît pas suffisamment prouvé, et il paraît dû à toute autre cause, et plutôt à des végétaux vénéneux aquatiques, ombellifères, comme le *phellandrium* et les *œnanthe*, *æthusa*, etc.

Les chevaux sont encore infestés par une mouche presque sans ailes, courant comme une araignée sur leur corps; c'est l'*Hippobosca equina* (*Hippobosque des chevaux*, fig. 771); une autre espèce est familière aussi sur les moutons et d'autres bestiaux; c'est le *Melophagus vulgaris*), Mélophage commun (*fig.*772).

Fig. 775.   Fig. 774.

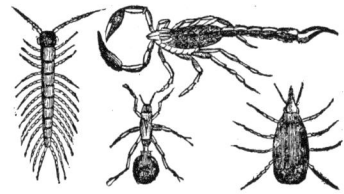

Fig. 772.   Fig. 773.

Les oiseaux de basse-cour sont également attaqués par des *Ornithomyes*, ou mouches de genre analogue. La plupart de ces insectes parasites portent leurs œufs dans leurs oviductes assez longtemps pour qu'ils passent à l'état de larves avant d'être pondus. Cela était nécessaire afin que celles-ci, dès leur naissance, pussent s'attacher à l'animal qui les nourrit.

Ces demi-aptères nous conduisent naturellement à la nombreuse série des Aptères parasites des animaux. Nous ne nous arrêterons point au genre assez connu des *Puces* (*Pulex irritans*) et du *Nigua* (*P. penetrans*), qui s'enfonce, sous le nom de *chique*, dans les chairs de l'homme et de divers animaux, dans les climats chauds; mais on ne peut passer sous silence les *Tiques* et les *Ricins des chiens*, *des bœufs* et *chevaux*; etc. Tels sont les *Ixodes*, *Ixode reduve* (fig.773), les *Cynoræsthes* d'Hermann, les *Smaris*, les *Reduvius*, les *Gamasus*, qui s'accrochent dans la peau et la chair, au moyen de pinces didactyles, d'un bec avec des palpes filiformes, pour sucer le sang et se remplir le corps presque à la manière des sangsues. Ces *Ricins*, d'abord imperceptibles sur les arbustes des bois où ils vivent cachés, gagnent les bestiaux, les chiens qui y passent, et dès-lors trouvent sur ceux-ci une nourriture abondante; ils ne lâchent prise que par la force. Il en est à peu près de même du *Rouget* (*Leptus autumnalis*), espèce de mite rousse qui fréquente ou même rend malades les ha-

ricots et autres plantes des vergers; elle s'attache, en automne surtout, aux jambes des passans et à divers animaux; elle leur cause des rougeurs et démangeaisons vives dont on ne se débarrasse bien que par des lotions vinaigrées. (OLIVIER; Obs. dans les *Mém. d'agricult.*, 1787.)

Les *Poux* sont des espèces presque aussi nombreuses que les divers animaux qui les portent; chaque oiseau semble avoir le sien en particulier, et l'on sait combien ils sont fâcheux pour les poules, les pigeons; car ils infestent leurs habitations. La plupart se rapportent à la famille des Acariens (*Acarus*, L.). Parmi ceux-ci se multiplient aussi les *Sarcoptes* ou insectes de la gale, non seulement des animaux domestiques. On sait qu'ils ont la fâcheuse propriété de communiquer ces maladies et se transmettant d'un individu galeux, teigneux, dartreux, ladre, où ils pullulent, à un individu sain. Ces parasites ou épizoïques ont, à l'état complet, huit crampons ou pattes, et un bec acéré pour sucer. Il paraît qu'en distillant dans la plaie une liqueur irritante, ils y font affluer le sang ou les humeurs. Quelques-uns se nichent sous l'épiderme comme les *Cirons*, et y pratiquent des chemins couverts.

Parmi les insectes aptères, les plus hideux et redoutables par leur venin, sont surtout les Aranéides. Le *Scorpion roux d'Europe* (*Scorpio occitanus* d'Amoreux), ou *Scorpion roussâtre* (*fig.*776), blesse vivement de son dard caudal recourbé; une légère cautérisation par l'ammoniaque en est le remède le plus convenable. Il y a de grandes Aranéides, telles que les *Tarentules* ou *Lycoses*, et les *Théridions* dont les morsures ne sont point exemptes de danger, surtout dans les temps et les pays chauds; le même moyen de guérison paraît le plus efficace. On redoute aussi la morsure de la *Scolopendre roussâtre* (*Scolopendra morsitans*, fig. 775), pour les animaux, surtout au nez, aux lèvres, etc. Elle cause une enflure plus ou moins douloureuse.

Enfin, des insectes deviennent fort nuisibles pour les insectes utiles. Des larves de divers coléoptères des genres *Clerus* ou *Trichodes* s'insinuent dans les ruches, et font de grands dégâts des larves ou nymphes d'abeilles; tels sont les *T. apiarius* Fabr., ou *Attelabus apiarius* (clairon des ruches (fig.776). La *Chrysomela cerealis*, qui vit sur le genêt, paraît nuisible aussi aux édifices de cire des apiaires; les *Frêlons* s'emparent de leurs trésors. Des espèces de Tinéides, surtout du genre des *Galleria*, pénètrent dans les ruches; la

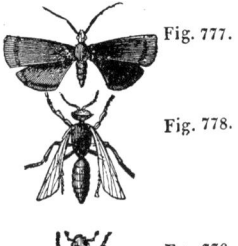

Fig. 777.

Fig. 778.

Fig. 776.

G. cereana (Galerie de la cire (fig. 777) ronge et dissout dans son estomac la cire par une action singulière ; il en est de même de la G. alvearia qui attaque jusqu'au couvain et à l'espérance de nouveaux essaims. Le Philante apivore (fig. 778) tue les abeilles sur les fleurs.

§ VII. — **Des insectes et crustacés attaquant les poissons.**

Il ne reste plus à dénoncer que les races aquatiques les plus nuisibles dans les viviers et autres lieux où l'on multiplie le poisson. Les ennemis redoutables du jeune alvin ou fretin avec lequel on peuple les étangs, sont : les écrevisses, *Astacus fluviatilis;* leurs dures et tranchantes mâchoires ou mandibules déchirent facilement ces petits poissons encore si tendres. Il y a, de plus, d'autres crustacés, tels que les *Pœcilopodes*, qui s'attachent sur de plus grands poissons; ainsi l'*Argule foliacé* se fixe sur de grosses truites et des carpes; il parvient même à les tuer. Les *Caliges (Monoculus piscinus)*, quoique petits, attaquent, comme le précédent, même les brochets et les perches, et leur nuisent beaucoup. On peut ajouter que d'autres *Monoculus*, des *Cypris* et diverses espèces parasites pénètrent dans les branchies des poissons, les tourmentent et contribuent, par la destruction de ces organes respiratoires, à faire périr les meilleurs poissons.

Nous terminerons cette revue générale en signalant ce petit crustacé décrit par M. Leach (*Encyclop. Edinburgh;* tom. VII, p. 433) comme très-dangereux, parce qu'il perce avec une promptitude prodigieuse, quoiqu'à peine loin de deux lignes, les bois dans la mer, et que ni les digues les plus épaisses, ni les navires les mieux calfatés n'ont été jusqu'à présent à l'abri de ses petites dents destructives. C'est la *Limnoria terebrans*.

Ce n'est pas tout, sans doute; mais ce tableau doit suffire pour montrer combien la classe entière des insectes abonde en races nuisibles à toutes les branches de l'économie rurale et domestique.

PARTIE II. — *Description des espèces les plus nuisibles et des moyens qu'on peut opposer à leurs ravages.*

§ 1er.—*De la Calandre du blé, ou charançon.*

On distingue ce coléoptère en ce qu'il a, comme les autres charançons, un bec alongé, des tarses à quatre articles, des antennes coudées, insérées à la base du bec, formées de huit articles dont le dernier prend la forme de massue. Les élytres sont durs, l'abdomen finit en pointe, les pieds sont terminés par des crochets avec lesquels l'insecte se cramponne fortement.

C'est de tous le plus redoutable par ses ravages dans notre principale nourriture, le froment, car il se multiplie parfois en si grande abondance dans les masses de blé des greniers, qu'il ronge tout et ne laisse exactement que le son ou l'enveloppe du grain. Chaque larve, en effet, toujours isolée en chaque grain, s'y loge et grossit à mesure qu'elle en dévore toute la farine; alors elle

prend la forme de nymphe pour devenir insecte parfait.

La calandre à l'état de larve se présente comme un ver mou, alongé, très-blanc; son corps a neuf anneaux saillans, arrondis; sa longueur ne dépasse guère une ligne; sa tête écailleuse, jaune et arrondie, est armée de mâchoires rongeantes. La nymphe qui lui succède est également blanche, mais transparente, et l'on distingue déjà sous son enveloppe la trompe, les antennes et les membres de l'animal. En cet état, il ne mange pas. Après huit à dix jours de cette somnolence immobile, l'insecte rompt la coque dans laquelle il se tenait emmaillotté, soulève une calotte du grain, et la Calandre paraît au jour.

Sous cette forme dernière, le Charançon du blé cherche à s'accoupler, puis la femelle pond bientôt ses œufs et les dépose sur les tas de froment; mais il paraît qu'alors l'insecte est moins destructeur qu'à l'état de larve.

La chaleur atmosphérique hâte beaucoup les développemens et les dégâts des calandres, tandis que pendant un froid vif elles s'engourdissent et restent incapables de nuire. Dès le mois d'avril, sous nos climats tempérés, les calandres pondent et se propagent jusqu'à la mi-septembre; mais sous les climats chauds, elles s'accouplent même plutôt et plus tard encore. On les trouve accouplées si longuement, et avec tant de ténacité, qu'on peut les balayer et les transporter en cet état sans qu'elles se séparent. Les reproductions des calandres ont lieu plusieurs fois dans l'année (quoique chaque individu meure après sa génération); il s'écoule de 40 à 45 jours entre l'accouplement ou le dépôt d'un œuf et sa transformation en insecte parfait. D'après une table formée par la multiplication des calandres, une seule paire de ces insectes, pondant à la fin d'avril des œufs dont les individus se multiplieront jusqu'au milieu de septembre, ou pendant cinq mois, par une température moyenne de 15°, il doit en naître six mille quarante-cinq calandres. Qu'on juge de l'immensité de ces insectes, sous des températures plus chaudes, et combien de monceaux énormes de blé disparaissent sous les mâchoires de ces armées de rongeurs!

La calandre femelle ne dépose qu'un œuf sur chaque grain de blé, entre la pellicule et la farine; la larve qui en naît reste parfaitement à l'abri; ses excrémens servent à boucher le trou par lequel l'œuf a été introduit. Les monceaux de blés attaqués ne le sont pas à la superficie, mais bien à quelques pouces de profondeur, afin que l'insecte soit plus à l'abri; on n'aperçoit rien qui le décèle extérieurement; le grain paraît entier : seulement son poids est moindre, et il surnage l'eau, parce qu'il a été vidé par l'insecte.

La calandre n'aime pas à être remuée par le crible ou la pelle; alors elle déloge et quitte le grain. Elle le quitte aussi dans les temps froids, pour chercher un abri plus chaud dans les fentes du plancher ou des murs des greniers. Ce ne sont guère que les œufs, ou les larves qui restent engourdie, qui passent l'hiver.

On a cru qu'en mettant le blé dans des caves planchéiées, pendant l'hiver, on le garantirait des calandres ; mais outre l'inconvénient de l'humidité capable de faire pourrir ou germer le blé, le repos et l'obscurité, à l'abri du grand froid, seraient au contraire favorables à la conservation des calandres. Le criblage est plus efficace ; il peut séparer les larves;cependant les œufs sont trop bien collés aux grains pour qu'ils se détachent par cette opération. Les fumigations de tabac brûlé, les odeurs fortes, comme celles d'essence de térébenthine, les décoctions d'herbes puantes, dont on a conseillé d'arroser le froment, etc., n'ont rien produit d'efficace ; enfoncées dans les tas de blé, les larves n'ont pas lâché prise, et même la vapeur acide et pénétrante du soufre brûlant n'a pu asphyxier ces insectes qui ont besoin de très-peu d'air pour respirer.

L'expérience a constaté qu'une chaleur subite de 39° Réaum. peut faire périr les calandres, mais on ne peut communiquer assez subitement cette température à de grandes masses de blé pour en suffoquer les calandres. Il a fallu jusqu'à 70° d'échauffement à l'étuve pour les faire périr ; mais à ce degré, qui tue larves, insectes, œufs, le germe du blé, trop desséché, peut perdre sa faculté germinative.

Le froid étant cause de l'engourdissement des calandres, on a proposé un ventilateur capable d'entretenir dans les greniers un air assez frais pour arrêter la multiplication des calandres ; ce moyen a été efficace en plusieurs circonstances.

D'autres économistes ont proposé, au retour du printemps, d'établir de petits tas de blé à portée des grandes masses. On remue fortement et souvent à la pelle ces masses ; les calandres aimant beaucoup la tranquillité, fuient cette agitation, elles courent se réfugier dans les petits tas laissés en repos ; ou si elles fuient vers les murailles et les fissures des planches, on les ramasse à l'aide de balais. Par ces moyens on en peut détruire une forte quantité. Quand on a réuni le plus possible de ces calandres dans les petits tas de blé, on échaudera ce blé à l'eau bouillante. Ainsi, l'on étouffera les calandres, et on criblera ce blé échaudé pour en séparer les insectes morts. Cette opération faite dès le printemps, a l'avantage de détruire les calandres avant qu'elles pondent ; car les œufs, une fois multipliés, ont mille chances pour de nouvelles reproductions.

Ces procédés peu dispendieux et peu difficiles méritent la préférence sur beaucoup d'autres que nous passons sous silence et dont l'utilité n'est pas aussi bien constatée.

§ II. — De l'Alucite des grains.

Deux larves de teignes sont principalement devenues des fléaux pour les blés recueillis dans les greniers, et elles ont causé parfois de tels ravages qu'elles ont excité le zèle du gouvernement pour chercher les moyens de les détruire. L'une est l'*Alucite* appelée aussi *Pou' volant* ou *Papillon des grains* (*OEcophora granella*, Latreille). Elle fut l'objet d'un ouvrage spécial de Duhamel et Tillet,

sur les blés de l'Angoumois, en 1762, puis de mémoires de beaucoup d'autres auteurs, et en dernier lieu d'un rapport fait en 1831 à la Société royale et centrale d'agriculture de Paris, par M. Huzard fils, après les nombreuses recherches de MM. de La Tremblaye, le marquis de Travanet, le docteur Guérin, de Marivault, etc.

Bien que l'alucite, à l'état parfait de papillon nocturne, ressemble à celui de la teigne des blés, dite *fausse teigne*, et soit de même grandeur, voici leurs différences les plus essentielles : L'alucite a des ailes d'une couleur café au lait plus pâle que celle de la fausse teigne (*Yponomeuta tritici*, Lat., *Tinea* de L.) et qui n'ont point de taches brunes transversales aussi marquées que chez la fausse teigne. L'alucite porte les ailes plus aplaties, en forme de chappe, ou moins bombées, tandis que la fausse teigne les rapproche autour de son corps en toit incliné. Entre les antennes de l'alucite s'élèvent deux petits palpes ou petites cornes; tandis que la fausse teigne n'a que de longues antennes filiformes. Les papillons de l'alucite ne restent point dans les greniers, mais se répandent dans les campagnes, surtout pendant les temps chauds, tandis que ceux des fausses teignes demeurent sous les toits et dans les maisons. L'alucite, à l'état de larve, se tient complètement renfermée dans le grain, même lorsqu'on agite et manipule les tas de blé ; elle se transforme en nymphe ou chrysalide dans ce grain même et y laisse sa dépouille, pour sortir uniquement à l'état de papillon. Elle ne lie pas ensemble les divers grains de blé à l'aide de soies, pour former des espèces de coques; on ne découvre donc point, avant l'apparition des papillons, que les grains de blé sont attaqués par l'alucite, à moins d'essayer leur légèreté spécifique, et une chaleur assez vive qui se manifeste dans les monceaux de blé quelques jours avant le départ de ces papillons. Les excrémens de la chenille alucite restent même contenus sous l'enveloppe du grain, et en ferment l'ouverture par laquelle cette teigne s'était introduite des son dégagement de l'œuf. Enfin les papillons alucites, se répandant, à la fin du printemps, dans les campagnes ou moissons de céréales, surtout pendant la soirée et la nuit, viennent déposer leurs œufs sur les épis de froment. On peut consulter les détails relatifs aux habitudes de cet insecte dans l'ouvrage de Duhamel et Tillet, et le tom. 2e des Mémoires de Réaumur, p. 486.

La *fausse-teigne* est plus universellement répartie en France que l'alucite, qui désole particulièrement certaines contrées, en concurrence avec elle. Cette *Yponomeuta tritici*, à l'état de jeune larve, appelée aussi *ver des blés,* d'abord jaunâtre, devient plus grise et noirâtre en grandissant ; elle arrive à 3 lignes,comme l'a fort bien décrite Parmentier dans son Mémoire sur les blés du Poitou, en 1785. Sa tête et la première articulation sont noirâtres, luisantes ; elle porte sur le dos 3 lignes blanches parallèles; il y a 12 articulations, dont les 3 premières portent 6 pattes; il y a 8 fausses pattes aux 6, 7, 8 et 9e articulations, puis 2 crochets à l'extrémité anale. Ces fausses teignes attaquent non seulement le froment, mais aussi le seigle et l'avolne. Petites, elles creusent le grain et s'y cachent; grandes, elles le rongent entièrement. Dès l'épi, dans les champs, elles ont déjà parfois ravagé le grain, et le seul secouement des gerbes en fait tomber plusieurs, qui se dérobent aux intempéries et au froid sous les fumiers ou les mousses. Elles passent l'hiver engourdies, se transforment en nymphes au printemps, et restent environ 2 mois en cet état avant de devenir papillons-teignes parfaites. Dans les greniers, la fausse-teigne réunit plusieurs grains de froment au moyen d'un petit cocon de soie blanche; elle se blottit dans ce fourreau imparfait, en rongeant les grains de blé et rejetant ses excrémens sous forme de points ronds, blanchâtres.

Pour se former en chrysalides, ces vers du blé abandonnent leur coque ou fourreau, rampent le long des poutres ou des planches des greniers, s'y suspendent par la région postérieure du corps, et sans manger, dans cet état presque immobile, elles parviennent à se développer en papillons.

Il est plus facile, en agitant souvent les tas de blé, de diviser les coques de ces fausses-teignes et de froisser ou faire périr leurs larves, que pour celles de l'alucite. On peut aussi, lorsque ces vers montent hors des tas, les écraser ou balayer; ces soins répétés peuvent en détruire beaucoup; mais déjà à cette époque, leurs ravages sont terminés; à l'état de nymphe et de papillon, en effet, ni les alucites ni les fausses-teignes ne prennent aucune nourriture. Seulement, il importe beaucoup de détruire toujours ces insectes, puisqu'ils multiplient si abondamment; ils se tiennent de préférence dans l'obscurité, et peuvent, d'après ce que Du-HAMEL-DU-MONCEAU et TILLET ont observé, avoir plusieurs générations chaque année. Les uns comme les autres déposent leurs œufs, tant sur les épis dans les champs, que sur les grains de blé entassés dans les greniers, en sorte qu'il n'y a guère d'interruption que pendant l'hiver. Cependant la fausse-teigne se plaît davantage dans les greniers, à l'état de papillon, et s'en écarte moins que ne le fait l'alucite.

Plusieurs Sociétés d'agriculture ont proposé des prix en faveur des meilleurs moyens pour détruire ces malfaisans insectes, soit qu'ils attaquent le blé en gerbes, soit qu'ils pénètrent dans les tas de blé des greniers. La chaleur d'une étuve ou d'un four avait paru, à Duhamel et Tillet, le plus sûr procédé pour faire périr ces insectes, et assurément il est efficace, mais dispendieux et capable d'altérer le germe du blé, si la chaleur dépasse 50° R.; quand il ne s'agit que du blé destiné à la consommation il n'en résulte aucun inconvénient. Cependant le prix du combustible nécessaire pour obtenir cette chaleur dans de grandes quantités de blé, doit être mis en comparaison avec les ravages causés par ces teignes. MM. MARCELLIN CADET DE VAUX et TERRASSE DESBILLONS ont imaginé récemment deux sortes de brûloirs, plus grands que ceux pour rôtir le café, et propres à chauffer les blés attaqués. Ces sortes de moulins *insecticides* (ainsi nommés) exi-

gent aussi de la main-d'œuvre pour introduire et retirer les blés de ces machines et entretenir le feu. Les blés en gerbes ne peuvent être soumis à ces manipulations, il faut les battre auparavant.

Quant à l'emploi d'un froid vif pour tuer ces insectes, M. DENARP, et PENEAU pharmacien ont constaté qu'une gelée de 6 degrés sous 0 pendant deux nuits a fait périr les alucites et les fausses-teignes, soit leurs œufs, soit leurs larves et leurs insectes parfaits. Mais cette méthode ne peut pas facilement s'obtenir à volonté, même dans des glacières. Cependant un froid moindre suffirait pour engourdir et paralyser ces insectes, et le moyen n'est point à dédaigner. Il prouve que les grandes ventilations ne sont pas non plus sans utilité.

Nous ne nous étendrons point sur d'autres moyens illusoires, comme celui de placer des toisons ou des peaux de moutons sur les tas de blé, dans l'espoir que les fausses teignes y accourront de préférence pour les ronger et qu'on pourra les y tuer sans difficulté. En effet, il faut être peu instruit en histoire naturelle pour ne pas savoir que les mœurs des teignes du blé, aimant la substance farineuse, sont tout autres que celles des teignes des pelleteries qui préfèrent les substances animales, et qui appartiennent à des espèces fort différentes.

§ III.—De la Cadelle ou Trogossite mauritanique.

Cet insecte, causant, parmi nos départemens méridionaux, de grands dégâts, surtout à Nîmes, à Montpellier, et à tout le commerce des grains de l'ancien Languedoc, il mérite une attention spéciale. Sa larve blanchâtre, longue d'environ 8 lignes, a une tête écailleuse brune et une tache sur chacun des trois premiers anneaux. L'abdomen est terminé par deux crochets bruns. Cette larve, analogue à celle des *boulangers,* qui lui est congénère, ou du *Ténébrion de la farine* (*Ten. molitor*) dont on nourrit les rossignols, est plus petite. La *Cadelle* ou *Cenegra* paraît avoir été apportée d'Alger, avec les blés de Barbarie, car LINNÉ dit avoir reçu de ces pays l'insecte parfait, par son disciple E. BRANDER; c'est pourquoi il lui donna le nom de *Tenebrio mauritanicus.* Ce ténébrion, qu'on nomme *panetière* dans le Midi, entre quelquefois dans le pain et en dévore la mie jusqu'à la croûte, sans qu'on aperçoive par où il y a pénétré. Pour s'assurer que les larves dites *cadelles* viennent bien du même insecte, DORTHÈS en renferma dans une bouteille avec du blé; elles vécurent jusqu'à l'hiver, mais ne purent s'y transformer en chrysalide et en insecte. Il s'aperçut que ces larves avaient besoin, pour leur métamorphose, de s'enfermer dans la terre. Alors elles y ont donné le *Ténébrion ailé,* noir en dessus, brun en dessous du corps, lequel est lisse et plat. Sa tête, armée de fortes mâchoires, est finement pointillée, ainsi que son corselet : celui-ci est échancré en croissant pour s'adapter à la tête, avec des pointes aiguës de chaque côté. Les élytres ou étuis de ses ailes, brunes, sont striés et arrondis. L'insecte porte environ quatre lignes de longueur sur une et demie de largeur. Il se pose sur les grains de blé pour y pondre, mais il ne les rongeaucunement en son état complet; il dévorerait plutôt alors ses semblables que d'y toucher, et même il attaque en cet état les teignes du blé devenues papillons; cependant ce ténébrion est vorace de mie de pain.

Si l'on empêchait la *Cadelle* en larve de s'attacher aux murs et aux planchers des greniers, elle ne pourrait trouver les localités propres à sa transformation et périrait, selon la remarque du même naturaliste. Les poules sont si friandes *de ces bestioles,* disait OLIVIER DE SERRES, *qu'elles mangent ces animaux-là jusqu'au dernier, ne touchant au blé tant qu'ils durent.*

PARMENTIER, qui avait observé la cadelle, mais non l'insecte parfait, a vu qu'elle se sert de ses deux crochets abdominaux pour s'accrocher et se suspendre, ou pour se défendre contre d'autres cadelles; c'est donc une espèce insociable; on croit même qu'elle attaque les fausses-teignes et les larves des alucites ou celles des charançons du blé; en ce sens, elle serait moins à redouter (1).

On s'est aperçu que cette larve et l'insecte cherchant la chaleur, viennent jusque dans le lit des personnes qui couchent près des greniers à blé, et qu'ils mordent même vivement le corps de l'homme; toutefois il n'en résulte aucun accident.

§ IV.—Hannetons, Vers-Blancs ou Mans.

L'abondance, malheureusement trop commune, de ces scarabéides, nous dispense de les décrire. De tous les insectes herbivores, ce sont peut-être les plus funestes par leur voracité. A l'état de larves, ce sont ces gros *vers-blancs* souterrains qui rongent pendant deux, ou même jusqu'à quatre années consécutives, les plus tendres racines des plantes et les plus dures des arbres. Pendant l'hiver, ces larves, ramassées et s'enfonçant profondément ensemble, vivent à demi engourdies et sans manger, mais, remontant au printemps, elles dévorent tout sous terre dans les temps chauds; puis, se transformant en nuées immenses, ces coléoptères, après leur noviciat inférieur, viennent ravager le feuillage de tous les végétaux.

Les espèces diverses de hannetons, outre le *vulgaire,* sont aussi nombreuses que dévastatrices. Engourdis, pendant le jour, dans la chaleur et la sécheresse, à peine le soir arrive qu'ils s'élancent étourdiment (leur nom vient, dit-on, de *ala* et *tonus, ale-ton,* à cause du bruit de leurs ailes) et s'entre-heurtant, se culbutant, mâles et femelles, vont rongeant et s'accouplant lourdement, inconsidérément; leur accouplement dure vingt-quatre heures environ; le mâle est plus petit que la femelle, et il succombe bientôt sans manger et traînant après cet effort. La femelle dépose ses œufs, d'un jaune clair et un peu alongés, dans la terre qu'elle creuse en la fouillant des ses pattes de devant, jusqu'à un demi-pied de profondeur; elle périt ensuite. Six semaines après, il

éclôt des vers d'un blanc sale; ces larves molles, ridées, à six pattes, à tête grosse et écailleuse, à treize segmens, sont détestées des jardiniers sous le nom de *vers-blancs* ou *mans;* ils vivent ainsi enterrés pendant trois à quatre années, se changeant alors en nymphe pour devenir hannetons.

Dans leur état de larve, pour passer à celui de nymphe, elles se construisent sous le sol une case unie, tapissée de fils de soie et de leurs excrémens; ramassées en masse globuleuse, et se gonflant, elles perdent leur peau pour prendre l'enveloppe de nymphe, sous laquelle se dessinent déjà toutes les parties de l'insecte parfait. Dès le mois de février, le hanneton déchire cette coque ou enveloppe et en sort encore mou, humide; il passe en cet état quelque temps pour se fortifier, puis, à l'approche des beaux jours, invité par la chaleur, il s'élance de ces limbes souterraines; le contact de l'air le raffermit et colore sa robe à l'état parfait.

Tels sont les *dégâts causés par ces insectes* qu'ils suffisent en peu de jours pour dépouiller les forêts de leur verdure. C'est au point qu'ils deviennent un véritable fléau; jardins, vergers, pépinières, prairies, moissons, pommes-de-terre, betteraves, tout est dévasté par leur voracité. Il s'est élevé de tous côtés un cri d'alarme; les jardiniers, les maraichers sont ruinés; voyez surtout les arbres et les plantes d'ornement, dans les terres de bruyère qu'attaque le *ver-blanc* et les terrains les mieux peuplés et ameublis; ces précieuses cultures deviennent le théâtre de prédilection pour les ravages des hannetons; ils y viennent pondre de toutes parts. Les jardins d'agrément, les végétaux les plus délicats sont le plus horriblement maltraités; les arbres à fruit saccagés dans leurs racines restent deux années sans produire. Dans notre climat, les hannetons sortent hors de terre en légions infernales à la mi-avril; ils s'accouplent une ou deux semaines après; leurs œufs éclosent au bout de vingt à trente jours. La première année, le ver blanc cause des dégâts moins sensibles, mais la seconde année, il s'enfonce au mois de juin pour changer de peau: il remonte ensuite affamé et dévorant jusqu'aux piquets de bois, à défaut de toute racine. Le froid qui le force à s'enfoncer de nouveau, en octobre, le laisse ensuite reparaître la troisième année, pour commettre des ravages incalculables; car il est devenu plus fort et plus vorace jusqu'à sa transformation.

Malgré de nombreux ennemis qui s'engraissent aussi de ces vers-blancs, comme les taupes, les hérissons, les rats, et plusieurs oiseaux, tels que les corbeaux qui les déterrent avec plaisir, il en reste toujours trop, car ils se multiplient d'autant plus que les cultures sont plus riches. C'est pour cela qu'ils font le désespoir des plus opulentes récoltes du jardinage.

Les *meilleurs moyens de destruction* du ver-blanc consistent: 1° à recueillir avec soin, au moment du labour et des binages, toutes les larves mises à découvert; 2° à garnir pendant toute la belle saison, de plants de sa-

(1) PARMENTIER, *Traité théorique et pratique sur la culture des grains,* tom. 2, p. 355 et suiv.

lade et de fraisiers, ou de bordures en gazon, en pimprenelle ou *statice,* en les renouvelant plusieurs fois, les terrains occupés par des cultures précieuses, afin d'attirer les vers-blancs et les tuer auprès de ces plantes sacrifiées ; 3° à parsemer de chaux, de suie, de cendres de tourbe, à forte dose, le terrain pour en écarter ces vers.—On a vanté aussi les affusions ou arrosages avec de l'eau rendue puante par la hue et autres herbes dégoûtantes ; mais ces moyens sont insuffisans.

Ce n'est pas le ver-blanc qu'il suffit d'attaquer, ce sont les hannetons femelles à qui surtout on doit déclarer une guerre à mort. Un battage des arbres, ou *hannetonage* pendant le jour, lorsque ces insectes restent cois, depuis les 7 heures du matin jusqu'à 3 ou 4 heures du soir, les faisant tomber, on peut alors en amasser ou écraser par milliers. On a payé 15 et 20 centimes le décalitre de ces hannetons, et l'utilité de cette guerre est moins illusoire que la guerre souterraine toujours désespérante et sans garantie de succès. Il serait à désirer que des réglemens de police devinssent obligatoires pour cette destruction, comme pour l'échenillage ; car l'extermination de ces légions, si elle n'est pas suivie avec persévérance, ne serait que momentanée ; elle laisserait le péril subsister et bientôt s'accroître au-delà de toute prévision dans les meilleures terres, tandis que les sols argileux, tenaces et denses, sont moins assaillis par les vers-blancs. Déjà le département de Seine-et-Oise a voté 3,000 fr. pour la destruction des hannetons. Ces insectes à vol pesant, aimant d'ailleurs à se cantonner dans les terroirs les plus favorables à leur multiplication, peuvent être bornés à des espaces étroits, où une guerre acharnée finirait par les rendre plus rares ; mais il faut le concours des administrations supérieures ; tel est le vœu d'un rapport fait à la Société d'agriculture de Seine-et-Oise en 1834.

On a conseillé encore plusieurs autres méthodes : c'est : 1° d'enfumer les hannetons sur les arbres, pendant le jour, au moyen de flambeaux préparés avec une mèche soufrée, entourée de résine et de cire. On promène ces flambeaux allumés, de manière à suffoquer ces insectes, aux mois de mai et juin, aux heures du jour où ils se tiennent en repos sous les feuilles. Les arbres secoués ou battus avec des gaules, laissent tomber ces hannetons par milliers : il est facile de les ramasser et de les brûler à un feu de paille. 2° La méthode de ramasser les vers-blancs. après la charrue et dans les binages est trop peu efficace ; il en reste des millions dans les terrains voisins non labourés ; et en hiver, d'ailleurs, ces vers sont si profondément enfoncés que la charrue ne les déterre pas. 3° Le sacrifice des laitues ou des fraisiers, pour attirer les vers-blancs, afin qu'ils épargnent les espaliers des jardins, n'est qu'un faible palliatif. 4° L'addition de suie, de cendres de tourbe ou de houille, et de chaux, pour faire périr les vers-blancs, ne peut être ni assez considérable, ni assez profonde pour écarter d'un vaste terrain ces larves ; toutefois, ce serait au moment où les vers-blancs remontent vers la surface du sol, au printemps, que cette pratique conviendrait le mieux.

Les prédictions des retours d'années à hannetons plus nombreux, tous les trois ans, suivant quelques observateurs, n'ont rien de certain. En effet, les hivers longs et rigoureux, ou doux et chauds, n'ont pas toujours manifesté leur influence sur le développement et la multiplicité de ces scarabéides. Les années pluvieuses paraissent, au contraire, diminuer, pour les suivantes, le nombre des œufs déposés par les femelles de hannetons. Celles-ci pondent de 40 à 100 œufs. Ensuite les vers de plusieurs années précédentes forment des essaims pour celles qui succèdent, en sorte qu'on ne peut guère prévoir le degré de leur multiplication.

§ V. — Des Sauterelles et Criquets.

Les *Sauterelles* qu'on voit si communément sauter dans les prairies, sont, pour les naturalistes, de véritables *Criquets,* ainsi que les sauterelles de passage, si ravageuses et qui furent une des sept plaies de l'Egypte selon la Bible. C'est à l'aide de leurs longues cuisses postérieures, fortes ou musculeuses, que ces orthoptères s'élancent très-loin. Ils déploient aussi leurs ailes et volent parfois très-haut et à de grandes distances. Ils ont un chant ou plutôt rendent un bruit nommé *chant des sauterelles,* lequel est produit au moyen du frottement des élytres l'une contre l'autre sur cette partie interne, de chaque côté du corps, qui ressemble à un petit miroir de parchemin, incolore et scarieux chez les mâles seulement.

Les femelles pondent une grande quantité d'œufs réunis dans un parchemin très-mince ; il en sort bientôt des larves qui n'ont encore ni élytres ni ailes, mais, du reste, qui ressemblent aux insectes parfaits ; les nymphes présentent déjà les rudimens ou bourgeons de ces ailerons et étuis sur leur dos ; mais les sauterelles-criquets, dans toutes leurs espèces nombreuses, ne se reproduisent qu'à l'époque où les organes du vol sont développés, et où elles ont quitté leur peau qui se fend sur le dos. Ceci a lieu vers la fin de l'été.

A quelque période de leur vie que ce soit, les sauterelles mangent énormément ; leurs larges intestins formant plusieurs cavités ont été comparés à ceux des ruminans ; on a même prétendu que ces insectes ruminaient. On a vu les criquets-sauterelles, après avoir tout dévoré dans les campagnes où elles fondent en épaisses nuées, se manger entre elles par nécessité, en sorte qu'elles deviennent carnassières dans l'occasion. Cependant, les véritables sauterelles vertes (*Locusta*), outre qu'elles ne se multiplient jamais aussi immensément que les criquets de passage (*Gryllus*), produisent moins de ravages dans les campagnes : au contraire, ces sauterelles-criquets sont si voraces, qu'on a vu des mâles montés pour l'accouplement et tenant leurs femelles embrassées fortement de leurs deux premières paires de pattes, volant ensemble en cet état, finir par ronger la tête de ces femelles qui n'en achevaient pas moins de pondre.

Les sauterelles criquets (*Acrydium migratorium*, Oliv.), ont près de deux pouces de longueur, une tête verte ou brune, tronquée en devant; il y a sur le front une ligne et de chaque côté une autre, également noirâtres; les mandibules sont d'un noir bleu; le corselet, brun ou verdâtre, est comprimé sur les flancs, avec deux lignes sur le dos et une tache de côté. Le ventre brun-gris tacheté porte une bande brunâtre sur ses côtés. Les élytres brun-clair sont marbrées de noir, et les ailes transparentes ont une teinte verdâtre; les jambes rougeâtres, les pattes brunâtres et les grosses cuisses tachetées de noir complètent l'aspect de cette sauterelle de passage. On la rencontre en quelques parties de la France; elle se laisse difficilement saisir. D'autres espèces offrent plusieurs rapports avec elle; comme les *Acrydium lineola*, *tataricum*, *italicum*, *biguttulum*, si commun avec le *stridulum*, dont le cri ennuyeux semble sortir de partout dans les terrains secs et pierreux, et qui est notre criquet vulgaire.

Ces insectes marchent mal et lentement, mais sautent et volent très-bien. On ne peut trop redouter les légions innombrables qui émigrent en troupes si extraordinaires dans certains pays de l'Orient, de l'Afrique et de la Tartarie, dévastant, plus que ne ferait la flamme, toute la végétation des contrées qu'ils parcourent, sans que les millions d'individus qu'on s'efforce d'écraser puissent porter remède à un tel fléau.

Souvent ces insectes sont poussés par les vents; et au coucher du soleil, ils s'abattent comme une averse d'orage, en telles masses que les arbres se courbent sous leurs poids. Une fois les campagnes ravagées, les sauterelles ne trouvant plus rien, périssent de faim par millions, et cependant leurs femelles déposent leurs œufs en quantité incalculable. Leur fécondité en effet est si énorme, que parmi les lieux où elles s'abattent, l'on peut remplir des sacs, des muids entiers de leurs œufs dans une médiocre étendue de terrain. En 1613, un passage de sauterelles aux environs d'Arles, dévasta jusqu'à la racine plus de quinze mille arpens de blé en peu de jours; malgré des nuées d'étourneaux ou d'autres oiseaux accourus, comme guidés par la Providence, pour les attaquer, on recueillit au-delà de trois mille boisseaux des seuls œufs; chacune de ces mesures aurait donné près de deux millions de sauterelles, ce qui en fait environ six milliards. Ces sauterelles entraient jusque dans les granges et les greniers pour tout ravager. En 1780, à Boutzida, en Transylvanie, il fallut commander des régimens pour ramasser des sacs de sauterelles; quinze cents personnes furent chargées de les écraser, de les brûler, de les enterrer; il n'y paraissait pas de diminution jusqu'à ce qu'un froid aigu les frappa; mais le printemps suivant, il se leva de nouvelles légions; il fallut faire lever le peuple en masse pour détruire cette peste, et malgré tant d'efforts, une multitude de pays furent rongés à nu. On poussait avec de grands balais dans des fosses les masses de ces insectes qu'on étouf-

fait ou brûlait en les retenant par des toiles tendues.

Dans plusieurs contrées d'Orient, après que ces insectes ont tout ravagé, les peuples désolés se jettent sur ces ennemis et les dévorent à leur tour. Les Bédouins les font griller à petit feu; d'autres nations les font sécher, les réduisent en farine et en font une sorte de pain. On en vend au marché à Bagdad. Des Arabes acrydophages en tirent leur nourriture et les conservent dans du beurre, qui sert à les frire ensuite. D'autres les apprêtent avec de la saumure. Un homme en peut manger deux cents par repas : leur chair a, dit-on, le goût du pigeon. Des enfans de nos contrées méridionales mangent parfois les cuisses de ces sauterelles.

Enfin, quand ces insectes, en masse, viennent à périr dans une contrée, leurs corps entassés se putréfient; l'odeur infecte qui s'en exhale peut engendrer des épidémies; les eaux qui en sont corrompues ont déterminé des maladies pestilentielles, soit pour les bestiaux, soit pour l'homme.

Les étés chauds et humides sont favorables à la multiplication des sauterelles; les temps secs et sereins concourent à leurs voyages. Telle est leur facilité pour ronger les tiges de blé ou d'orge qu'elles semblent les avaler dans leur longueur; on les a vues attaquer les gros arbres à défaut d'autre nourriture.

Il paraît toutefois que d'immenses fumigations avec le soufre, les résines brûlantes, l'acide muriatique (hydrochlorique en vapeur) éloignent ces insectes comme plusieurs autres.

§ VI. — Des courtilières.

Ce sont d'autres orthoptères remarquables par leurs sortes de mains fouisseuses, par leur habitation souterraine et leur vie nocturne, mais très-dommageables parce qu'elles rongent les racines des plantes potagères et pondent jusqu'à trois ou quatre cents œufs luisans, jaunes, dans un terrier bien préparé. Ces œufs éclosent au bout d'un mois, et les jeunes courtilières gris-blanchâtres fourragent déjà les plates-bandes et les carrés les mieux cultivés. Cependant elles détruisent aussi des insectes malfaisans et des plantes inutiles, comme elles deviennent une proie très-friande pour les volailles. En plaçant des vases plats remplis d'eau près des nids de courtilières, celles-ci venant pour se désaltérer, s'y noient souvent. Ces nids se reconnaissent à un renflement du terrain et à la langueur des plantes qui croissent dessus. On peut creuser rapidement à la bêche pour enlever la couvée presque entière. L'eau de savon noir, l'huile rance, les dissolutions de foie de soufre surtout, éloignent ces insectes; on en a purgé ainsi une garancière qui en contenait peut-être cent mille individus.

Nous avons vu dans la première partie de cet article, qu'il existe beaucoup d'autres insectes plus ou moins nuisibles à l'agriculture, mais nous avons dû nous borner à l'histoire des plus dangereux par leurs ravages.

                         J. J. VIREY.

Printed and bound by CPI Group (UK) Ltd, Croydon, CR0 4YY

21/04/2025

01848948-0001